Kaisenberg-Dennler

Kommentar zum

Bayerischen Notariatsgesetze.

Kommentar

zum

Bayerischen Notariatsgesetze

vom 9. Juni 1899

von

Heinrich Kaisenberg,
weil. Kgl. Justizrat und Notar in München,

nach dessen Tode fortgeführt

von

Dr. Wilhelm Dennler,
Kgl. Notar in Lauf.

München 1907.
J. Schweitzer Verlag (Arthur Sellier).

Kgl. b. Hof- u. Univ.-Buchdruckerei von Junge & Sohn, Erlangen.

Vorwort.

Als am 7. April 1905 der Herausgeber dieses Kommentars, Justizrat Heinrich Kaisenberg durch den Tod dahingerafft wurde, waren von dem Kommentar die drei ersten Lieferungen erschienen. Die Lieferungen gingen bis zu dem Artikel 84. Von den weiteren Artikeln hatte Kaisenberg bereits die Artikel 85 bis 111, 119 bis 125, 127 und 128 in Bearbeitung genommen. Dem Unterzeichneten lag es deshalb in der Hauptsache nur ob, die Artikel 112 bis 118, 126, 129 bis 139 zu kommentieren. Er hat versucht, den Kommentar im Sinne Kaisenbergs zu Ende zu führen.

Als Anhang ist dem Kommentar die Geschäftsordnung für die Notariate vom 24. Dezember 1899 beigegeben. Durch kurze Hinweisungen auf andere einschlägige Vorschriften, sowie auf Ergebnisse der Rechtsprechung und der Rechtslehre sollte der Wert des Anhangs erhöht werden.

In einem Nachtrag sind die Änderungen und Neuerungen, die sich bezüglich der in den ersten drei Lieferungen enthaltenen Artikel ergeben haben, dargestellt worden. Die Darstellung hat sich auf das Notwendigste beschränkt, um das Erscheinen der Schlußlieferung nicht länger zu verzögern.

Lauf, im Februar 1907.

Dr. Dennler.

Systematisches Inhaltsverzeichnis.

Berichtigungen und Ergänzungen.

1. S. 286: bei Anm. 7 Zeile 13 lies „Januar" statt „Juli".
2. S. 356: seit 1. Februar 1907 ist das Grundbuch auch für die Steuergemeinde Föckelberg, AG. Wolfstein als angelegt anzusehen, Bek. v. 4. Jan. 1907 (JMBl. S. 3).
3. S. 369: bei Anm. 14 Zeile 1 lies „Gen. S. 5", statt „Gen. S. 57".
4. S. 402: bei Anm. 1 des § 158 GeschO., Zeile 1 lies „Satz 4" statt „Satz 2".
5. S. 404: bei Anm. 2 des § 165 GeschO. lies „R. G., 15. Februar 1906 (Bd. 62 S. 1)" statt „R.G. 15. Februar 1901 (Bd. 61 S. 1)".
6. S. 404: bei Anm. 1 des § 166 GeschO. lies „B. N. Z." (Bay. Notz.) statt „B. N. G."
7. S. 434: zur Gebührengesetznovelle vom 20. Aug. 1906 (Anm. 1 § 287 GeschO.) ist eine Vollzugsbekanntmachung am 8. Januar 1907 ergangen (JMBl. S. 43, FinMBl. S. 11).
8. S. 456: bezüglich des Verkehrs mit Konsularbehörden (Anm. 4 Nachtr. zu Art. 8 Not.-Ges.) siehe jetzt das Verzeichnis der fremden Konsularbehörden, mit denen der unmittelbare Verkehr gestattet ist (JMBl. 1907 S. 52).
9. S. 457: im Nachtrag zu Art. 12 Notges. Zeile 2 lies „gewerbsmäßigen" statt „gewerblichen".

Bei der Benutzung des Werkes wollen die Ergänzungen zu den einzelnen Artikeln im

Nachtrag

auf Seite 450 ff. beachtet werden.

Notariatsgesetz.

Im Namen Seiner Majestät des Königs.

Luitpold,

von Gottes Gnaden Königlicher Prinz von Bayern,

Regent.

Wir haben nach Vernehmung des Staatsrathes mit Beirath und Zustimmung der Kammer der Reichsräthe und der Kammer der Abgeordneten beschlossen und verordnen, was folgt:

Erster Abschnitt.

Zuständigkeit und Organisation.

I. Zuständigkeit.

Artikel 1.

Die Notare sind zuständig, öffentliche Beurkundungen und Beglaubigungen zu bewirken und Urkunden in amtliche Verwahrung zu nehmen, soweit nicht nach besonderen Vorschriften andere Beamte oder Behörden ausschließlich zuständig sind, einzelne Arten von Beurkundungen und Beglaubigungen zu bewirken oder die amtliche Verwahrung einzelner Arten von Urkunden zu übernehmen.

Die amtliche Verwahrung von Testamenten und Erbverträgen erfolgt nur durch die Notare. Die Notare sind zuständig, an Stelle des Nachlaßgerichts die von ihnen verwahrten Testamente und Erbverträge nach §§ 2260, 2262, 2273, 2300 des Bürgerlichen Gesetzbuchs zu öffnen und bekannt zu geben.

Bayern Art. 11; Pfalz Art. 1; Motive 423. 429; Entwurf Art. 1; Prot. Abg. 617. 626—630. 733. 745. Prot. R.R. XIX. 1; Verh. Abg. 882; Verh. R. R. 392. Becher, Materialen 25. 36. 81. 99. 312. 366. 438.

Anm. 1. Die bisherige Zuständigkeit der Notare zur Vornahme aller öffentlichen Beurkundungen und Beglaubigungen ist für künftig im Allgemeinen aufrecht erhalten und nur für einzelne Fälle theils eingeschränkt, so insbesondere in Grundbuchsachen, dann durch die Zulassung des holographischen Testamentes als ordentliche Testamentsform, theils erweitert, z. B. für amtliche Verwahrung, Oeffnung und Verkündung der Testamente und Erbverträge.

Ausgeschlossen ist die Zuständigkeit der Notare nur für die Fälle, für welche andere Beamte oder Behörden ausschließlich zuständig sind, so Zuständigkeit des Standesbeamten zur Eheschließung (B.G.B. § 1317), der Registerbehörden zur Beurkundung der Registereinträge, dann für die Fälle, bei denen es sich um die Beurkundung der bei anderen Behörden und Beamten vorkommenden, in deren Geschäftszuständigkeit fallenden Vorgänge handelt, z. B. um Vorgänge bei den Gerichten, Staatsanwaltschaften, Polizei- und anderen Behörden, endlich in Sachen des öffentlichen Rechtes.

In allen anderen Fällen sind die Notare theils ausschließlich, theils neben anderen Behörden und Beamten zur öffentlichen Beurkundung zuständig. So ist z. B. durch die Bestimmungen der Anlegungsgesetze (Art. 10 des Grundbuchanlegungsgesetzes und Art. 27, 28 des pfälzischen Liegenschaftsgesetzes) für die Beurkundung von Erklärungen, Eintragungsbewilligungen und Verträgen, die durch die Anlegung des Grundbuchs veranlaßt werden, die Zuständigkeit der Notare nicht ausgeschlossen, sondern nur die bisherige Vorschrift ihrer ausschließlichen Zuständigkeit durchbrochen; wenn die Betheiligten wollen, können sie die Beurkundung auch vom Notar vornehmen lassen*). Ebenso ist die Zuständigkeit des Merkantil-, Friedens- und Schiedsgerichts in Nürnberg (zur Beglaubigung von Handelsvollmachten und von Auszügen aus den Handelsbüchern) wie bisher so auch künftig keine ausschließliche, sondern konkurrirt nur das Friedensgericht mit den Notaren.

Insbesondere ist in den weitaus wichtigsten Fällen, in welchen das B.G.B. gerichtliche oder notarielle Beurkundung vorschreibt, in Anwendung des im E.G. z. B.G.B. Art. 141 den Landesgesetzen gemachten Vorbehaltes die Zuständigkeit der Gerichte zu Gunsten des Notariates ausgeschlossen und die Beurkundung der ausschließlichen Zuständigkeit der Notare überwiesen. Vergl. E.G. z. B.G.B. Art. 141:

> „Die Landesgesetze können bestimmen, daß für die Beurkundung von Rechtsgeschäften, die nach den Vorschriften des Bürgerlichen Gesetzbuchs gerichtlicher oder notarieller Beurkundung bedürfen, entweder nur die Gerichte oder nur die Notare zuständig sind."

und A.G. z. G.V.G. Art. 15 in der Fassung des A.G. z. B.G.B. Art. 167:

> „Das Ausführungsgesetz vom 23. Februar 1879 zum Reichsgerichtsverfassungsgesetze wird dahin geändert:
> I. Der Artikel 15 erhält folgende Fassung:
> Die Amtsgerichte sind, soweit nicht andere Bestimmungen getroffen sind, für die Angelegenheiten zuständig, welche zur Zuständigkeit der Stadt- und Landgerichte gehört haben.
> Die Amtsgerichte sind neben den Notaren zuständig für die Beurkundung von Vereinbarungen zwischen dem Vater des unehelichen Kindes und diesem über den Unterhalt für die Zukunft oder über eine an Stelle des Unterhalts zu gewährende Abfindung sowie die Beurkundung einer Vereinbarung zwischen dem Vater eines unehelichen Kindes und der Mutter über die der Mutter aus der Beiwohnung und der Entbindung entstandenen Ansprüche, sofern diese Vereinbarung mit der Vereinbarung über den Unterhalt des Kindes in derselben Urkunde verbunden wird. Die Amtsgerichte sind nicht zuständig für die Beurkundungen, die nach den Vorschriften der Reichsgesetze durch ein Gericht oder einen Notar zu bewirken sind, sowie für die öffentliche Beglaubigung einer Unterschrift oder eines Handzeichens.
> Die Amtsgerichte sind als Nachlaßgerichte nicht zuständig zur Aufnahme des Inventars."

---

*) Vergl. Schneider, Liegenschaftsrecht S. 268.

Auf Grund letzterer Bestimmungen in Verbindung mit Ges. freiw. Gerichtsb. § 167 Abs. 2 und § 191 Abs. 2 ist auch die öffentliche Beglaubigung einer Unterschrift oder eines Handzeichens, welche das B.G.B., das H.G.B., das Gesetz über die Angelegenheiten der freiwilligen Gerichtsbarkeit, die Grundbuchordnung und das Gesetz über die Zwangsversteigerung und die Zwangsverwaltung in weit ausgedehnterem Maße wie bisher fordern, der ausschließlichen Zuständigkeit der Notare überwiesen mit der einzigen Ausnahme des A.G. z. B.G.B. Art. 51 Abs. 4, wonach bei Verfügungen über Schuldverschreibungen des Staates und der übrigen juristischen Personen des öffentlichen Rechts für die Beglaubigung des Antrags und der Vollmacht auch die Gemeindebehörde zuständig ist.

Die Bestimmungen des Reichsgesetzes über die Angelegenheiten der freiwilligen Gerichtsbarkeit vom 17. Mai 1898 lauten:

> „§ 167. Für die gerichtliche Beurkundung eines Rechtsgeschäfts sowie für die gerichtliche Beglaubigung eines Handzeichens sind die Amtsgerichte zuständig.
>
> Für die öffentliche Beglaubigung einer Unterschrift sind außer den Notaren die Amtsgerichte zuständig. Das Gleiche gilt für die Aufnahme der in § 1718 und in § 1720 Abs. 2 des Bürgerlichen Gesetzbuches vorgesehenen öffentlichen Urkunden über die Anerkennung der Vaterschaft; für die Aufnahme dieser Urkunden ist, wenn die Anerkennung der Vaterschaft bei der Anzeige der Geburt des Kindes oder bei der Eheschließung seiner Eltern erfolgt, auch der Standesbeamte zuständig, welcher die Geburt oder die Eheschließung beurkundet."
>
> „§ 191. Unberührt bleiben die landesgesetzlichen Vorschriften, nach welchen für die Aufnahme der nach dem § 1718 und dem § 1720 Abs. 2 des Bürgerlichen Gesetzbuchs erforderlichen öffentlichen Urkunden sowie für die öffentliche Beglaubigung einer Unterschrift außer den Amtsgerichten und Notaren auch andere Behörden oder Beamte zuständig sind.
>
> Durch Landesgesetz kann die Zuständigkeit der Amtsgerichte für die öffentliche Beglaubigung einer Unterschrift oder eines Handzeichens ausgeschlossen werden."

Anm. 2. Uebersicht über die Zuständigkeit der Notare.

Die Notare sind zuständig

A. Ausschließlich:

I. für jede gesetzlich vorgeschriebene oder von den Parteien vereinbarte öffentliche Beurkundung oder Beglaubigung auf dem Gebiete des Privatrechtsverkehrs, soweit sie nicht im Laufe der Geschäfte von einer anderen Behörde oder einem anderen Beamten vorzunehmen ist;

II. für die Beurkundung aller Rechtsgeschäfte, die nach den Vorschriften der Reichsgesetze vor einem Gericht oder einem Notar vorzunehmen oder gerichtlich oder notariell zu beurkunden sind, insbesondere

1. des Vertrags, durch den sich der eine Theil verpflichtet, sein gegenwärtiges Vermögen oder einen Bruchtheil desselben zu übertragen oder mit einem Nießbrauche zu belasten, B.G.B. § 311,
2. des von künftigen gesetzlichen Erben über ihren gesetzlichen Erbtheil oder ihren Pflichttheil geschlossenen Vertrags, B.G.B. § 312 Abs. 2,
3. des Vertrags, durch den sich der eine Theil verpflichtet, das Eigenthum an einem Grundstücke zu übertragen d. i. des obligatorischen Vertrags z. B. Kauf, Tausch, Uebergabe, Versteigerung, B.G.B. § 313,
4. des Schenkungsversprechens, B.G.B. § 518,
5. des Ehevertrags, B.G.B. § 1434,
6. des Vertrags eines antheilberechtigten Abkömmlings mit dem überlebenden Ehegatten und den übrigen antragsberechtigten Abkömmlingen über Verzicht auf seinen Antheil an dem Gesammtgute sowie der Zustimmung des anderen Ehegatten hiezu B.G.B. § 1491 Abs. 2, § 1516, 1517,

7. des Vertrags des überlebenden Ehegatten mit den antheilsberechtigten Abkömmlingen über Aufhebung der fortgesetzten Gütergemeinschaft, B.G.B. § 1492 Abs. 2,

8. der Vereinbarung des überlebenden Ehegatten mit den übrigen antheilsberechtigten Abkömmlingen über die Anrechnung der Abfindung, die bei fortgesetzter Gütergemeinschaft einem antheilsberechtigten Abkömmlinge für den Verzicht auf seinen Antheil an dem Gesammtgute gewährt worden ist, B.G.B. § 1501 Abs. 2,

9. der Zustimmung des einen Ehegatten zu einer letztwilligen Verfügung des anderen über die Rechte der Abkömmlinge im Falle der Fortsetzung der Gütergemeinschaft, B.G.B. § 1516,

10. des Antrags des Vaters eines unehelichen Kindes auf Ehelichkeitserklärung des Kindes, sowie der Einwilligung des Kindes selbst und, wenn solches das 21. Lebensjahr noch nicht vollendet hat, seiner Mutter und der Frau des Antragstellers, B.G.B. § 1730,

11. der Anträge über Annahme oder Aufhebung der Annahme an Kindesstatt sowie der Einwilligung des Ehegatten des Annehmenden und der Eltern und des Ehegatten des Angenommenen, B.G.B. § 1748, 1750, 1770,

12. des Vertrags, durch den ein Miterbe über seinen Antheil am Nachlasse verfügt, B.G.B. § 2033,

13. des ordentlichen Testaments, soweit es nicht holograph errichtet wird, B.G.B. § 2231 Ziff. 1,

14. des einseitigen Widerrufs einzelner in einem gemeinschaftlichen Testamente zweier Ehegatten enthaltener letztwilligen Verfügungen, B.G.B. § 2271,

15. des Erbvertrags, B.G.B. § 2276,

16. der Anfechtung des Erbvertrags durch den Erblasser, B.G.B. § 2282 Abs. 3,

17. der Aufhebung des Erbvertrags, B.G.B. § 2290 Abs. 4, § 2291,

18. des Rücktritts vom Erbvertrag, B.G.B. § 2296,

19. des Erbverzichtsvertrags, B.G.B. § 2348,

20. des Vertrags, durch den ein Erbverzicht aufgehoben wird, B.G.B. § 2351,

21. des Vertrags, durch den ein eingesetzter Erbe oder ein im Testament oder Erbvertrage mit einem Vermächtnisse Bedachter auf die Zuwendung verzichtet, B.G.B. § 2352,

22. des Erbschaftskaufes, B.G.B. § 2371,

23. der Verhandlungen über die Feststellung des Gesellschaftsvertrags bei Aktiengesellschaften und Kommanditgesellschaften auf Aktien, ferner der Verhandlungen über die Uebernahme der Aktien und über die Bestellung des Aufsichtsraths im Falle der Simultangründung, endlich aller Beschlüsse der Generalversammlungen von Aktiengesellschaften und Kommanditgesellschaften auf Aktien, H.G.B. §§ 182, 188, 190, 259, 320, 321;

24. für die Beurkundung der Einigungserklärung bei Eigenthumsübertragung an buchungsfreien Grundstücken, insoferne diese Erklärungen nicht von öffentlichen Stellen herrühren und als solche schon an sich die Form der öffentlichen Urkunden haben, A.G. z. B.G.B. Art. 83;

Hiezu ist zu bemerken, daß Art. 83 A.G. z. B.G.B. nur das dingliche Uebertragungsgeschäft regelt, während der obligatorische Vertrag über die Verpflichtung zur Uebertragung (Kaufvertrag u. s. f.) unter die Regel des § 313 Satz 1 B.G.B. fällt und § 313 Satz 2 B.G.B. bei buchungsfreien Grundstücken unanwendbar ist;

25. für den Abschluß sowie jede Abänderung des Gesellschaftsvertrags, dann zur Abtretung von Geschäftsantheilen durch Gesellschafter bei Gesellschaften m. b. H. und die Vereinbarung über Verpflichtung zu einer solchen Abtretung, Ges. betr. die Gesellschaften mit beschränkter Haftung in der Fassung vom 20. Mai 1898 §§ 2, 15, 53;

26. der Erklärung des gesetzlichen Vertreters oder eines Dritten zur Tragung

der Unterhalts- und Equipirungskosten eines Einjährig-Freiwilligen, Wehrordnung für das Königreich Bayern vom 19. Januar 1889 § 89 Ziff. 4 b in der Fassung der A.V. vom 15. August 1899, Aenderung der Wehrordnung betr., G.V.Bl. 1899 S. 826.

III. Zur Beurkundung der Erklärung, mit welcher der Schuldner für einen Geldanspruch Hypothek, Grundschuld oder Rentenschuld bestellt und sich der sofortigen Zwangsvollstreckung unterwirft (Hypothekdarlehensvertrag), C.P.O. § 794 Nr. 5, § 799, 800. Eine Zwangsvollstreckung aus den künftigen Hypothekenbriefen, Grundschuldbriefen und Rentenschuldbriefen als solchen findet nicht statt, weshalb der Schuldner, wenn der Gläubiger eine vollstreckbare Hypothek-Urkunde erhalten will, immer der sofortigen Zwangsvollstreckung sich unterwerfen muß, was er nur in einer Notariatsurkunde erklären kann. Bezüglich Zwangsvollstreckung aus den vor Anlegung des Grundbuchs errichteten Hypothekenbriefen verbleibt es bei dem bisherigen Rechte, A.G. z. C.P.O. und K.O. Art. 127—134, 136, A.G. z. B.G.B. Art. 166 XVI (siehe Art. 45 Anm. 1).

IV. Zur öffentlichen Beglaubigung:

1. der Unterzeichnung mittels Handzeichens, wenn durch Gesetz oder Rechtsgeschäft schriftliche Form bestimmt ist, B.G.B. 126, 127,

2. auf Verlangen des Schuldners, der die schuldige Leistung bewirkt hat, für die Anerkennung, daß die Schuld erloschen ist, wenn der Gläubiger nicht im Stande ist, die Schuldurkunde zurückzugeben, B.G.B. § 371,

3. der Abtretungsurkunde auf Verlangen des neuen Gläubigers einer abgetretenen Forderung und des Anerkenntnisses einer kraft Gesetzes erfolgten Forderungsübertragung, B.G.B. § 403, 412, 1154, 1155,

4. der Mittheilung, welche über die Abtretung von Gehaltsansprüchen an die Zahlungsstelle zu machen ist, B.G.B. § 411,

5. für die Auszüge aus Urkunden zum Nachweis der rechtlichen Verhälnisse an verkauften Gegenständen, B.G.B. § 444,

6. im Falle der Bestellung des Nießbrauchs an einem Inbegriffe von Sachen des Nießbrauchers und des Eigenthümers für die Unterzeichnung des Verzeichnisses der Sachen, B.G.B. § 1035,

7. für die Anfechtung der Ehe nach dem Tode des nicht anfechtungsberechtigten Ehegatten und für die Anfechtung der Ehelichkeit eines Kindes nach dessen Tode, B.G.B. § 1342, 1597,

8. für die Unterzeichnung des über das eingebrachte Gut aufgenommenen Verzeichnisses auf Verlangen eines Ehegatten, B.G.B. § 1372, 1528, 1550,

9. für die Erklärung, wodurch der überlebende Ehegatte die Fortsetzung der Gütergemeinschaft ablehnt oder die fortgesetzte Gütergemeinschaft aufhebt, dann für die Erklärung, mit welcher ein Abkömmling einseitig auf die fortgesetzte Gütergemeinschaft verzichtet, B.G.B. § 1484, 1491, 1492,

10. für die Erklärung der geschiedenen Frau, daß sie ihren früheren Namen wieder annimmt, und für die Erklärung des Mannes, wodurch er der geschiedenen Frau die Weiterführung seines Namens untersagt, B.G.B. § 1577,

11. für die Erklärung, wodurch die Eltern auf die elterliche Nutznießung verzichten, B.G.B. § 1662, 1686,

12. für die Erklärung des Mannes, daß er dem unehelichen Kinde seiner Ehefrau seinen Familiennamen geben will, und für die Einwilligung des Kindes und der Mutter hiezu, B.G.B. § 1706,

13. für die Erbschaftsausschlagung durch den berufenen Erben sowie für die Vollmächt des hiezu Bevollmächtigten, B.B.G. § 1945,

14. für die Einwilligung des Nacherben zu Verfügungen des Vorerben und

für das auf Verlangen des Nacherben dem Vorerben obliegende Verzeichniß der Nachlaßgegenstände, B.G.B. § 2120, 2121;

15. für die Erklärung, wodurch ein vom Erblasser bezeichneter Dritter die Person des Testamentsvollstreckers bestimmt, B.G.B. § 2198,

16. für die Unterzeichnung des Nachlaßverzeichnißes durch den Testamentsvollstrecker, B.G.B. § 2215 Abs. 2;

17. für alle Anmeldungen zum Vereins-, Güterrechts- und Handelsregister, B.G.B. §§ 77, 1560, H.G.B. §§ 12, 201, 234, 284, 304, 320, 333,

18. für die Erklärungen über Eintragungen im Schiffsregister, Ges. freiw. Gerichtsb. § 107,

19. in Grundbuchsachen für die Eintragungsbewilligungen und die sonstigen zur Eintragung erforderlichen Erklärungen sowie für Erklärungen, durch die ein Eintragungsantrag zurückgenommen oder eine zur Stellung des Eintragsantrags ertheilte Vollmacht widerrufen wird, B.G.B. § 873 Abs. 2, § 875 Abs. 2, § 876, 877, Gr.B.O. § 29, 32,

20. im Zwangsversteigerungsverfahren für den Nachweis der Vertretungsmacht desjenigen, welcher das Gebot für den Bieter abgegeben hat, für den Nachweis der vorbehaltenen Zustimmung eines Dritten oder einer Behörde, z. B. des Vormundschaftsgerichtes, für den Nachweis der Erklärung über die Abtretung des Rechtes aus dem Meistgebote, der Vereinbarung über den Fortbestand eines Rechtes an einem zugeschlagenen Grundstücke, der Einigung der Betheiligten über die Vertheilung des Erlöses, der Befriedigung der durch das Gebot gedeckten Berechtigten, Zw. V.G. §§ 71, 81, 91, 143, 144;

21. bei der Zwangsvollstreckung für den zur Ertheilung einer vollstreckbaren Ausfertigung erforderlichen Beweis des Eintritts der Thatsache, von der die Zulässigkeit der Vollstreckung abhängt, C.P.O. § 726 Abs. 1, dann für den Beweis der Rechtsnachfolge oder des Besitzverhältnisses, C.P.O. § 727, für den Nachweis der geschehenen Sicherheitsleistung, C.PO. § 751 Abs. 2 und für den Nachweis der bewirkten Leistung des Gläubigers an den Schuldner, C.P.O. § 756, 765;

22. für den Verzicht des Nachbarn auf das Anwenderecht, A.G. z. B.G.B. Art. 76, 77 Abs. 1;

23. für die Erklärung des Berechtigten über Aufhebung einer im Grundbuche nicht eingetragenen Grunddienstbarkeit oder Reallast, A.G. z. B.G.B. Art. 84 Abs. 2;

24. für die Erklärungen des Gewerken und der Gläubiger in den Fällen der Art. 119, 121 des Berggesetzes vom 20. März 1869 in der Fassung des A.G. z. B.G.B. Art. 157 XXI;

25. für die Vollmacht zur Unterzeichnung des Gesellschaftsvertrags, soweit diese Vollmacht nicht zu notarieller Urkunde ertheilt wird, sowie für die Uebernahme einer erhöhten Stammeinlage eines Gesellschafters, Ges. betr. die Gesellschaften m. b. H. § 2 Abs. 2, § 55, 56;

26. für die Vollmacht in Angelegenheiten der freiwilligen Gerichtsbarkeit auf Anordnung des Gerichtes oder Verlangen eines Betheiligten, Ges. freiw. Gerichtsb. § 13, sowie für die Vollmacht des Prozeßbevollmächtigten auf Verlangen des Gegners, C.P.O. § 80 Abs. 2.

V. Zur Uebernahme der Verwahrung von Urkunden, die nicht vom Notar errichtet sind, sondern ihm nur zum Zwecke der Uebernahme in amtliche Verwahrung von den Betheiligten übergeben werden, z. B. einer rechtserheblichen Erklärung (Quittung, Zeugniß, Bestätigung u. A.);

VI. Zur amtlichen Verwahrung der Testamente und Erbverträge sowie Oeffnung und Verkündung der amtlich verwahrten Testamente und Erbverträge, Not.Ges. Art. 1 Abs. 2;

VII. für die Aufnahme der Vermögens- und Nachlaßverzeichnisse (Inventare), B.G.B. § 1035, 1372, 1528, 1550, 1640, 1667, 1686, 1692, 1760, 1802, 1897, 1915, 2002, 2003, 2121, 2215, 2314, Not. Ges. Art. 2 Ziff. 1, A.G. z. G.V.G. Art. 15 Abs. 3 in der Fassung des A.G. z. B.G.B. Art. 167, vorbehaltlich der Konkurrenz des Gerichtsschreibers in Bagatellsachen, A.G. z. G.V.G Art. 63 in der Fassung des A.G. z. B.G.B. Art. 167;

VIII. Für die Vornahme öffentlicher Versteigerungen von Immobilien d. i. freiwilliger Versteigerungen und für die Geschäfte des Versteigerungsbeamten bei der Zwangsversteigerung von Immobilien, Not. Ges. Art. 2 Ziff. 3, B.G.B. § 313, A.G. z. G.V.G. Art. 15 in der Fassung des A.G. z. B.G.B. Art. 167, E.G. z. Zw. V.G. § 13, A.G. z. Gr. B.O. Art. 25;

IX. Für die eidliche Vernehmung von Zeugen und Sachverständigen, Abnahme von Eiden und Bewirkung von Zustellungen in ausländischen Rechtsangelegenheiten, Not.Ges. Art. 3 Abs. 2.

B. Neben den Amtsgerichten:

1. Für die Vaterschaftsanerkennung eines unehelichen Kindes, wenn sie nicht bei der Geburtsanzeige oder bei der nachfolgenden Eheschließung der Eltern vor dem Standesbeamten erfolgt, und für die Aufnahme von Alimentenverträgen, B.G.B. § 1718, 1720 Abs. 2, Ges. freiw. Gerichtsb. § 167 Abs. 2, A.G. z. G.V.G. Art. 15 in der Fassung des A.G. z. B.G.B. Art. 167, Uebergangs-G. Art. 141,

2. für die Vermittlung der Auseinandersetzung von Verlassenschaften und Gütergemeinschaften, Ges. freiw. Gerichtsb. § 86, 99, 193, A.G. z. B.G.B. Art. 104,

3. für die Vernehmung der Sachverständigen zur amtlichen Ermittelung des Werthes von Grundstücken, A.G. z. B.G.B. Art. 87*).

C. Neben den Grundbuchämtern:

1. Zur Aufnahme der Einigung der Parteien bei der Uebertragung des Eigenthums und der Bestellung eines Erbbaurechts in Ansehung der in Bayern liegenden Grundstücke (Auflassung) B.G.B. § 873, 925, 1015, E.G. z. B.G.B. § 143, A.G. z. B.G.B. Art. 81, 82. Bezüglich der Auflassung bei der Zwangsenteignung s. A.G. z. C.P.O. und K.O. Art. 26.

2. Zur Aufnahme der Erklärungen der Parteien über die Belastung eines Grundstücks mit einem Rechte und die Uebertragung oder Belastung eines solchen Rechtes und über die Aenderungen des Inhalts eines Rechts an einem Grundstück, B.G.B. § 873 Abs. 2, 877, 1116, Gr.B.O. § 56, 70; vergl. hierzu oben A. III.

3. Für Ausstellung von Theilhypothekenbriefen, Theilgrundschuldbriefen und Theilrentenschuldbriefen, Gr.B.O. § 61, 70, A.G. z. Gr.B.O. Art. 21.

D. Neben den Gerichten und Behörden überhaupt:

Für die Abnahme der Versicherung an Eidesstatt, welche bezweckt, einer öffentlichen Behörde eine thatsächliche Behauptung oder Aussage glaubhaft zu machen, Not.G. Art. 3 Abs. 1.

E. Neben den Gerichtsschreibern:

1. Für die Aufnahme von Bagatellinventaren, s. oben A. VII.

2. Zur Feststellung des Datums einer Privaturkunde, A.G. z. C.P.O. und K.O. Art. 33 (88).

---

*) Die Ernennung und Beeidigung der Sachverständigen gehört dagegen zur ausschließlichen Kompetenz des Gerichts, A.G. z. B.G.B. Art. 87, Bayer. Not. Z. 1899 S. 112, G.O. § 269 Abs. 2.

F. Neben den Gerichtsvollziehern:

Für die Aufnahme von Wechselprotesten, W.O. Art. 87, A.G. z. G.V.G. Art. 66 Ziff. 1.

G. Neben den Gerichtsvollziehern, Gerichtsschreibern und Gemeindebehörden:

Für Vornahme von Siegelungen und Entsiegelungen, Not.G. Art. 2 Ziff. 2, A.G. z. G.V.G. Art. 66 Ziff. 2, A.G. z. B.G.B. Art. 105.

H. Neben den Gerichtsvollziehern und öffentlichen Auktionatoren:

Für Vornahme der öffentlichen Versteigerung von beweglichen Sachen, Not.G. Art. 2 Ziff. 3, B.G.B. § 383 Abs. 3.

I. Neben den Gemeindebehörden:

Für die Beglaubigung des Antrags, welcher eine Verfügung über Schuldverschreibungen des Staates und der übrigen juristischen Personen des öffentlichen Rechtes enthält, A.G. z. B.G.B. Art. 51.

K. Neben Privaten:

1. Für die Testamentsvollstreckuug, Not.G. Art. 13 Abs. 2.
2. Für die Hinterlegung von Aktien zum Nachweis des Aktienbesitzes behufs Ausübung des Stimmrechts in einer Generalversammlung, H.G.B. § 255 Abs. 2.

Anm. 3. Daß die Notare zur Verwahrung der von ihnen selbst errichteten Urkunden zuständig sind, versteht sich als Ausfluß ihres Berufes zur Beurkundung von selbst, weshalb es hiefür keiner eigenen Zuständigkeitsvorschrift bedarf, sondern die Bestimmung hierüber in Art. 37 bei der geschäftlichen Behandlung der notariellen Urkunden aufgenommen ist; siehe des Näheren sowie über Verpflichtung der Notare zur Ertheilung von Ausfertigungen und Abschriften Art. 37—47.

Entgegen dem bisherigen Rechte sind künftig die Notare auch zur Uebernahme von Urkunden, die nicht von ihnen errichtet sind, sondern von Privaten ihnen zum Zwecke der amtlichen Verwahrung übergeben werden, zuständig. Es können dies private Schriftstücke oder öffentliche Urkunden, soweit letztere im Besitze der Betheiligten sind, Urschriften oder Abschriften sein und können solche offen oder verschlossen in amtliche Verwahrung übergeben werden. Enthält das Schriftstück ein Testament, so ist die Zuständigkeit der Notare zur Uebernahme in amtliche Verwahrung gemäß der Bestimmung in Abs. 2 eine ausschließliche und kommen hiebei die Vorschriften des B.G.B. §§ 2232—2246 über Errichtung eines Testaments nur in Betracht, wenn es sich um Errichtung eines öffentlichen Testaments vor einem Notar durch Uebergabe einer Schrift, B.G.B. § 2231 Ziff. 1, § 2238 Abs. 1, handelt, nicht auch bei Uebergabe eines holographischen Testaments in amtliche Verwahrung, B.G.B. § 2248. Siehe hierüber Anm. 4, II 2. Der Hauptfall der Uebernahme einer Urkunde in amtliche Verwahrung wird die Uebernahme eines holographischen Testaments in Gemäßheit der Bestimmung in B.G.B. § 2248 sein. Außerdem werden sich aber noch vielfach Fälle ergeben, in welchen eine Privatperson irgend ein Schriftstück von rechtsgeschäftlicher Bedeutung, z. B. eine private Schenkungsurkunde, die Zusage einer Vermögenszuwendung oder Leibrente, Familiendokumente, Zeugnisse u. dergl. in amtliche Verwahrung übergeben will, zu deren Uebernahme künftig die Notare zuständig sind. Immer aber müssen es Urkunden sein, während zur dauernden Verwahrung von Geldern und Werthpapieren die Notare im Allgemeinen nicht zuständig sind; zu deren Annahme ist der Notar gemäß Art. 4 nur verpflichtet, wenn und insoweit die Gelder, Werthpapiere oder Kostbarkeiten ihm aus Anlaß eines Amtsgeschäftes übergeben werden; siehe hierüber Art. 4 Anm. 1. Ein Ausnahmefall ist die in H.G.B. § 255

Abs. 1 zugelassene Hinterlegung von Aktien bei einem Notare zum Nachweis des Aktienbesitzes behufs Ausübung des Stimmrechtes in der Generalversammlung. Dagegen ist ein Depositenschein einer Bank wohl als Urkunde zu erachten und besteht kein Hindernis, daß der Notar Vermögensobjekte einer Person auf deren Namen bei einer Bank anlegt und den hierüber ertheilten Depositenschein in amtliche Verwahrung übernimmt.

Ueber die Uebernahme einer Urkunde in amtliche Verwahrung ist ein Protokoll nach den Vorschriften der Art. 24—31 aufzunehmen, welches nebst der beizufügenden Urkunde in die Urkundensammlung aufzunehmen ist; G.O. § 273 Abs. 1.

Nach G.O. § 64 Nr. 3 dürfen die zur Verwahrung übergebenen Urkunden, welche sich ihres Umfanges halber nicht zur Unterbringung in der allgemeinen Urkundensammlung eignen, sammt dem über die Uebergabe errichteten Protokoll an einem anderen geeigneten Orte verwahrt werden. Verschlossene Urkunden, Depositenscheine, wichtige Familiendokumente, hinterlegte Aktien u. s. f., soferne solche nicht bei der Hinterlegungsstelle hinterlegt werden, sind am zweckmäßigsten bei den Depositen zu verwahren.

Durch die Uebernahme einer Privaturkunde in amtliche Verwahrung erhält die Urkunde nicht die Eigenschaft einer Notariatsurkunde, wie dies bisher in den Fällen des Art. 22 rechtsrh. Not.Ges. unter der dort vorgesehenen Einschränkung möglich war, da die Uebernahme in amtliche Verwahrung nur eine Sicherungsmaßregel bildet.

Deshalb braucht nach G.O. § 273 Abs. 2 über die Rückgabe, welche von den Betheiligten jederzeit verlangt werden kann, kein Protokoll aufgenommen zu werden, sondern kann solche lediglich auf dem Uebergabsprotokoll vermerkt werden; die Rückgabe ist auch nicht als eigenes Geschäft im Geschäftsregister einzutragen, sondern nur bei dem Eintrag über die Uebergabe zu vermerken.

Anm. 4. Einzelnes über Testamente und Erbverträge.

Bezüglich der Testamente und Erbverträge ist die Zuständigkeit und Thätigkeit der Notare in dreifacher Richtung gegeben.

I. Errichtung der Testamente und Erbverträge und zwar

A. Testamente.

1. Fähigkeit zur Testamentserrichtung.

Ein Testament kann vom Erblasser nur persönlich errichtet werden, B.G.B. § 2064. Der Erblasser kann sich bei der Testamentserrichtung weder durch einen Bevollmächtigten vertreten lassen, noch kann er dabei durch einen gesetzlichen Vertreter vertreten werden; wie die Fähigkeit zur Testamentserrichtung nach der Person des Erblassers bestimmt wird, so muß die Willenserklärung durch den Erblasser selbst abgegeben werden, der erklärte Wille ihm unmittelbar angehören.

Unfähig zur Testamentserrichtung sind:

a) Geschäftsunfähige und Personen, die im Zustande der Bewußtlosigkeit oder vorübergehenden Störung der Geistesthätigkeit sich befinden, auf die Dauer dieses Zustandes, B.G.B. § 104, 105;

b) Personen, die das 16. Lebensjahr nicht vollendet haben. Ein Minderjähriger, der das 16. Lebensjahr vollendet hat, bedarf zur Testamentserrichtung nicht der Zustimmung seines gesetzlichen Vertreters, B.G.B. § 2229 Abs. 1 und 2, also auch nicht verheirathete minderjährige Frauen. Minderjährige oder wer Geschriebenes nicht zu lesen vermag (Blinde, Analphabeten), können aber ein ordentliches Testament nicht durch Uebergabe einer Schrift oder in holographer Form, sondern nur durch mündliche Erklärung errichten, B.G.B. § 2238 Abs. 2, § 2248; siehe hierüber unten ad II (Verwahrung der Testamente);

c) die wegen Geistesschwäche, Verschwendung oder Trunksucht Entmündigten; die Unfähigkeit zur Testamentserrichtung tritt schon mit Stellung des Antrags ein, auf Grund dessen die Entmündigung erfolgt; B.G.B. § 2229 Abs. 3. Würde aber der Antrag auf Entmündigung abgewiesen, so würde ein zwischen dem Antrag und dessen Abweisung errichtetes Testament Giltigkeit haben;

d) Personen, die nach der Ueberzeugung des Notars stumm oder sonst am Sprechen verhindert sind, können nach B.G.B. § 2243 ein Testament nur durch Uebergabe einer Schrift errichten und müssen die Erklärung, daß die Schrift ihren letzten Willen enthalte, bei der Uebergabe eigenhändig in das Protokoll oder auf ein besonderes dem Protokoll als Anlage beizufügendes Blatt schreiben. Letzteren Falles soll nach G.O. § 232 der Inhalt dieses besonderen Blattes als zum Protokoll gehörig mit letzterem vorgelesen werden.

Die Ueberzeugung des Notars, daß der Testator stumm oder am Sprechen verhindert ist, muß im Protokoll festgestellt werden, ebenso die Erklärung des Testators, daß die übergebene Schrift seinen letzten Willen enthalte. Wie der Notar sich die Ueberzeugung verschafft, ist ihm überlassen, ausgeschlossen ist aber eine Untersuchung durch Sachverständige; es wird sich nur darum handeln, daß etwa vorhandene Bedenken des Notars in Ansehung des Unvermögens des Testators zu sprechen durch Befragung des Arztes oder derer, die in der letzten Zeit vor der Testamentserrichtung in der Nähe des Erblassers sich befunden haben, klar gestellt werden.

Vergl. B.G.B. § 2243 Abs. 2:

> „Das eigenhändige Niederschreiben der Erklärung sowie die Ueberzeugung des [Richters oder des] Notars, daß der Erblasser am Sprechen verhindert ist, muß im Protokoll festgestellt werden. Das Protokoll braucht von dem Erblasser nicht besonders genehmigt zu werden."

In Folge dieser einschränkenden Bestimmung des B.G.B. in Verbindung mit der aus B.G.B. § 2238 Abs. 2 und § 2248 sich ergebenden Beschränkung (siehe b) können Stumme oder sonst am Sprechen verhinderte Personen, insoferne sie minderjährig oder schreibensunkundig sind oder Geschriebenes nicht zu lesen vermögen, überhaupt nicht testieren, sind also vollständig testamentsunfähig.

Was für Stumme gilt, gilt in gleicher Weise auch für Taubstumme, insoferne solche sich durch Zeichensprache oder Vermittlung einer ihrer Zeichensprache mächtigen Vertrauensperson verständlich machen können; das B.G.B. enthält keine auf die Fähigkeit der Taubstummen zur Testamentserrichtung bezügliche Bestimmung; nach den Motiven zum B.G.B. Bd. 5 S. 278 ist es in dem Falle, daß mehrere Gebrechen oder Mängel zusammen kommen, nicht Aufgabe des Gesetzes, die aus den einschlagenden verschiedenen Vorschriften sich ergebenden Folgerungen, bei denen es zu bewenden habe, zu ziehen.

e) Auch bezüglich der Testirfähigkeit tauber Personen enthält das B.G.B. keine Bestimmung. An sich ist der Taube im Stande, sowohl mündlich zu testiren als auch ein geschriebenes Testament zu übergeben; aber nachdem er in beiden Fällen den Inhalt des aufzunehmenden Protokolls zu genehmigen hat, genügt das schon wegen der Zeugen absolut notwendige Vorlesen nicht, um der Genehmigung rechtliche Wirkung zu verleihen; es ist deshalb nach Art. 29 dem tauben Testator, auch wenn er es nicht verlangt, das Protokoll zur Durchsicht vorzulegen. Da der Taube anders wie der Stumme sich durch die Sprache verständlich machen und seinen Willen unzweideutig zum Ausdruck bringen kann, ist er vom Testiren auch nicht ausgeschlossen, wenn er Geschriebenes nicht zu lesen vermag oder wenn er nicht schreiben kann; nur ist er im ersteren Falle auf die mündliche Form angewiesen. Es muß aber in diesem Falle die Garantie verstärkt werden; da nemlich auch die Vorlegung des Protokolls an den des Lesens nicht kundigen Tauben zur Vermittlung des Verständnisses nichts hilft, soll nach Art. 29 Abs. 2 neben den Zeugen oder aus ihnen eine Vertrauensperson zugezogen werden, die sich mit dem Testator verständigen kann. Es muß auch in diesem Falle das Protokoll vorgelesen und vom tauben Testator unterzeichnet werden, nachdem ihm der Inhalt des Protokolls durch die Vertrauensperson vermittelt und auf Grund dieser Vermittlung die Genehmigung erfolgt ist; im Protokoll soll festgestellt werden, daß der Beteiligte nach der Ueberzeugung des Notars die Vertrauensperson verstanden hat; vergl. Art. 29 Anm. 1, bayr. Not. Z. 1899 S. 80 und G.O. § 233 Ziff. 1 Satz 2.

f) Als Uebergangsvorschrift ist hier einschlägig die Bestimmung des E.G. z. B.G.B. Art. 214, wonach die vor dem Inkrafttreten des B.G.B. erfolgte Errichtung oder Aufhebung einer Verfügung von Todeswegen nach den bisherigen Gesetzen beurtheilt wird, auch wenn der Erblasser nach dem Inkrafttreten des B.G.B. stirbt.

Diese Bestimmung ist besonders von Bedeutung für die Testamente jugendlicher Personen, insoferne solche nach bisherigem Rechte schon vor vollendetem 16. Lebensjahre testirfähig sind, so z. B. nach gemeinem Rechte nach eingetretener Mündigkeit d. i. Knaben nach vollendetem 14., und Mädchen nach vollendetem 12. Lebensjahre*), nach bayer. Landrecht beide Geschlechter nach vollendetem 14. Lebensjahre**), ebenso nach preußischem Landrechte mit der Einschränkung, daß Minderjährige zwischen 14 und 18 Jahren nur zu gerichtlichem Protokoll testiren können***).

Ein im Gebiete des bayer. Landrechts oder des gemeinen Rechtes von einem 14 Jahre alten Knaben im Jahre 1899 errichtetes Testament bleibt daher giltig, wenn derselbe auch erst nach dem 1. Januar 1900 stirbt.

Aus der weiteren Uebergangsbestimmung des E.G. z. B.G.B. Art. 215 Abs. 1, wonach derjenige, welcher vor dem Inkrafttreten des B.G.B. die Fähigkeit zur Errichtung einer Verfügung von Todeswegen erlangt und eine solche Verfügung errichtet hat, diese Fähigkeit behält, auch wenn er das nach dem B.G.B. erforderliche Alter noch nicht erreicht hat, ergibt sich, daß unser im Jahre 1899 bei Errichtung des Testaments 14 Jahre alt gewesene Knabe dieses Testament im Jahre 1900, obwohl erst 15 Jahre alt, aufheben, abändern, ergänzen und durch ein neues Testament ersetzen kann.

Bezüglich Feststellung der Identität und Geschäftsfähigkeit des Erblassers vergl. auch G.O. § 228, 229.

2. Form der Testamente.

Das B.G.B. kennt zwei Formen des ordentlichen Testaments, nemlich

das gerichtliche oder notarielle Testament, welches vor einem Richter oder einem Notar zu errichten ist, und

das eigenhändige (holographische) Testament, d. i. eine von dem Erblasser unter Angabe des Ortes und Tages eigenhändig geschriebene und unterschriebene Erklärung des letzten Willens, B.G.B. § 2231.

Letzteres, das sogenannte Privattestament ist bei der Frage der Verwahrung des Testaments näher zu besprechen; siehe II. 4.

Zur Beurkundung des ersteren d. i. öffentlichen Testaments sind, da in Bayern von dem Vorbehalte des Art. 141 E.G. z. B.G.B. in Art. 1 Abs. 1 des gegenwärtigen Gesetzes zu Gunsten der Notare Gebrauch gemacht ist, ausschließlich die Notare zuständig.

Die Errichtung eines solchen öffentlichen Testaments erfolgt nach B.G.B. § 2238 in der Weise, daß der Erblasser entweder

a) dem Notar seinen letzten Willen mündlich erklärt oder

b) dem Notar eine Schrift mit der mündlichen Erklärung übergibt, daß

*) Windscheid III § 539 Ziff. 1, Seuffert's Pandekten III 522[d], Roth, Bayer. Civilrecht III § 300 Note 13.

**) Bayer. Landrecht Th. III cap. 3 § 3 Ziff. 2.

***) Preuß. allg. Landr. I 12 § 16, 17.

die Schrift seinen letzten Willen enthalte; die Schrift kann offen oder verschlossen übergeben werden, kann vom Erblasser oder von einer anderen Person insbesondere auch von dem Notar in deutscher oder fremder Sprache geschrieben sein und braucht nicht einmal vom Erblasser unterschrieben zu sein.

Daß ein Minderjähriger oder wer Geschriebenes nicht zu lesen vermag, ein Testament nur in der ad a bezeichneten Form der mündlichen Erklärung und ein Stummer, Taubstummer oder sonst am Sprechen Verhinderter nur in der ad b bezeichneten Form d. i. durch Uebergabe einer Schrift errichten kann, siehe oben A 1 b und d. Wird das den letzten Willen enthaltende Schriftstück offen übergeben, braucht der Notar vom Inhalt eine Kenntniß nicht zu nehmen und dasselbe mit dem Protokolle auch nicht vorzulesen; beides soll jedoch geschehen, wenn der Erblasser es wünscht, weshalb der Notar denselben hierüber soweit nötig befragen soll; G.O. § 230. Soll die Schrift, welche den letzten Willen des Erblassers enthält, verschlossen übergeben werden, so kann der Notar auf Ersuchen des Erblassers an dem Verschließen durch Beidrückung seines Amtssiegels mitwirken; G.O. § 231.

Ueber die Errichtung des Testaments in der einen oder anderen Form hat der Notar ein Protokoll in deutscher Sprache aufzunehmen, welches bei Vermeidung der Nichtigkeit enthalten muß:

a) Ort und Tag der Verhandlung,
b) die Bezeichnung des Erblassers und der bei der Verhandlung mitwirkenden Personen,
c) die Erklärung des Erblassers über den Inhalt seines letzten Willens bei mündlicher Erklärung des letzteren oder daß die von ihm übergebene Schrift seinen letzten Willen enthalte, und letzteren Falles auch die Feststellung der Uebergabe,

B.G.B. §§ 2240, 2241.

Dieses Protokoll muß, gleichfalls bei Meidung der Nichtigkeit, vorgelesen, von dem Erblasser genehmigt und von ihm und den mitwirkenden Personen unterschrieben werden; daß dies alles geschehen ist, muß im Protokoll festgestellt werden. Verlesung durch den Notar selbst ist nicht mehr vorgeschrieben, jedoch im Hinblick auf Not.G. Art. 26 Abs. 3 wohl das einzig richtige; Bayr. Not.Z. 1899 S. 80; vergl. auch Art. 26 Anm. 7. Auf Verlangen des Erblassers soll ihm außerdem das Protokoll zur Durchsicht vorgelegt werden. Erklärt der Erblasser, daß er nicht schreiben könne, so wird seine Unterschrift durch die Feststellung dieser Erklärung im Protokoll ersetzt; ein Handzeichen ist nicht erforderlich; B.G.B. § 2242. Auch der Zuziehung eines eigenen Schreibzeugen, welcher bei Schreibensunkunde eines Betheiligten nach Ges. freiw. Ger. § 177 Abs. 2 bei Beurkundung eines Rechtsgeschäftes erforderlich ist, bedarf es bei Schreibensunkunde des Erblassers nicht, weil die Bestimmungen der §§ 169—182 des Ges. freiw. Ger. nur für Beurkundung der übrigen Rechtsgeschäfte gelten, während für Errichtung von Testamenten und Erbverträgen nach § 168 l. c. die Vorschriften des B.G.B. maßgebend sind.

Zur Errichtung des Testaments muß bei Vermeidung der Nichtigkeit der Notar einen zweiten Notar oder zwei Zeugen zuziehen, welche während der ganzen Verhandlung d. i. also insbesondere bei der mündlichen Erklärung des Erblassers über seinen letzten Willen oder bei der Uebergabe der Schrift und der mündlichen Erklärung des Erblassers, daß diese Schrift seinen letzten Willen enthalte, dann bei der Beurkundung dieser Erklärung und dem Vorlesen des Protokolls zugegen, als mitwirkende Personen im Protokolle bezeichnet sein und letzteres mitunterschreiben müssen; B.G.B. §§ 2233, 2239, 2242 Abs. 3.

3. Ausschluß des Notars und der Zeugen.

Nach B.G.B. §§ 2234, 2235 kann als Notar oder Zeuge bei Errichtung des Testaments nicht mitwirken:

a) Der Ehegatte des Erblassers, auch wenn die Ehe nicht mehr besteht,
b) wer mit dem Erblasser in gerader Linie oder im zweiten Grade der Seitenlinie verwandt oder verschwägert ist; siehe das Nähere hierüber Art. 14 Anm. 1 A I a,
c) wer in dem Testament bedacht wird oder zu einem Bedachten in einem ad a und b bezeichneten Verhältnisse der Verwandtschaft oder Verschwägerung steht,

ferner nach B.G.B. § 2236 als zweiter Notar oder Zeuge nicht, wer zu dem beurkundenden Notar in einem Verhältnisse der im B.G.B. § 2234 (Ehegatte oder Verwandte oder Verschwägerter in gerader oder der Seitenlinie bis zum zweiten Grade) bezeichneten Art steht.

Diese Ausschließungsgründe gelten nicht nur für mündlich erklärte oder durch Uebergabe einer offenen Schrift errichtete Testamente, sondern ebenso auch für Testamente, welche durch Uebergabe einer verschlossenen Schrift vor dem Notar errichtet werden; Prot. f. die 2. Lesung des Entwurfs z. B.G.B. 360, Sitzung S. 7179. Es hat also der Notar, wenn ihm ein verschlossenes Schriftstück als Testament übergeben wird, zuvor durch Befragung sich zu vergewissern, daß weder er noch einer seiner Angehörigen in dem vom Gesetze genannten Verwandtschafts- oder Schwägerschaftsverhältnisse, ebenso auch nicht die Zeugen oder deren gleiche Angehörige im Testamente bedacht sind, und wird er zur Vermeidung von Haftungen gut thun, diese Befragung und die negative Erklärung des Erblassers in der von ihm über die Uebernahme des Testamentes zu errichtenden Urkunde aufzunehmen. Es wird eine allgemeine Konstatirung, daß nach Erklärung des Disponenten kein die Ausschließung des Notars oder der Zeugen begründender Hinderungsgrund vorliegt, genügen.

Bezüglich Uebernahme eines holographischen Testaments in amtliche Verwahrung siehe dagegen unten II. 2.

Dagegen ist die im Testament enthaltene Ernennung des Notars zum Testamentsvollstrecker kein Ausschließungsgrund für den Notar zur Beurkundung des Testaments und zwar auch dann nicht, wenn dem Notar für die Testamentsvollstreckung eine Vergütung im Testamente bestimmt ist; das Gleiche gilt für einen zum Testamentsvollstrecker ernannten Zeugen.

Die ad a und b genannten Ausschließungsgründe sind zwingender Natur mit der Folge der Nichtigkeit des ganzen Testaments bei Mitwirkung einer hienach ausgeschlossenen Person, während im Falle c die Mitwirkung einer der ausgeschlossenen Personen nur die Nichtigkeit der Zuwendung an den Bedachten zur Folge hat, B.G.B. §§ 2234, 2235.

Endlich soll bei der Errichtung des Testaments nicht mitwirken:

aa) ein Minderjähriger;
bb) wer der bürgerlichen Ehrenrechte für verlustig erklärt ist, während der Zeit, für welche die Aberkennung der Ehrenrechte erfolgt ist;
cc) wer nach den Vorschriften der Strafgesetze unfähig ist, als Zeuge eidlich vernommen zu werden;
dd) wer als Gesinde oder Gehilfe im Dienste des beurkundenden Notars steht; B.G.B. § 2237.

ad aa: Nach B.G.B. § 3 Abs. 2 erlangt der Minderjährige durch die Volljährigkeitserklärung die rechtliche Stellung eines Volljährigen; ein volljährig Erklärter kann also als Zeuge zugezogen werden.

ad bb: Vergl. Str.GB. § 34:

„Die Aberkennung der bürgerlichen Ehrenrechte bewirkt ferner die Unfähigkeit, während der im Urtheile bestimmten Zeit . . . . 5, Zeuge bei Aufnahme von Urkunden zu sein."

ad cc: Vergl. Str.G.B. § 161 Abs. 1:

„Bei jeder Verurtheilung wegen Meineides mit Ausnahme der Fälle in den §§ 157 und 158 ist auf Verlust der bürgerlichen Ehrenrechte und außerdem auf die dauernde Unfähigkeit des Verurtheilten, als Zeuge oder Sachverständiger eidlich vernommen zu werden, zu erkennen."

ad dd: Dienstboten des Erblassers dagegen sind als solche nicht ausgeschlossen.

Diese im B.G.B. § 2237 gegebenen weiteren Ausschließungsgründe für Testamentszeugen sind nicht zwingender Natur, sondern haben nur die Bedeutung einer Ordnungsvorschrift, deren Einhaltung zwar dem Notar als Dienstpflicht obliegt, aber ohne Einfluß auf die Giltigkeit des Testaments ist. Der Notar genügt seiner Pflicht, wenn er die Betheiligten (Testator und Zeugen) auf die Ausschlußgründe aufmerksam macht und sie befragt, ob solche nicht vorliegen, da er besonders ad bb und cc eigene Kenntniß selten haben und sich auch kaum verschaffen kann; wenn nach Angabe der Betheiligten solche Ausschlußgründe nicht vorliegen, ist der Notar außer Verantwortung, wenn sich hinterher auch ergibt, daß der Zeuge das Vorhandensein eines Ausschließungsgrundes, z. B. seine Verurtheilung zum Verlust der bürgerlichen Ehrenrechte oder wegen Meineids, verschwiegen hat. Zur Vermeidung einer solchen Möglichkeit empfiehlt sich bei Auswahl der Zeugen die größte Vorsicht; vergl. auch Art. 29 Anm. 2.

Da die Zeugen das Protokoll mitzuunterschreiben haben, können schreibensunkundige oder -unfähige Personen nicht als Zeugen zugezogen werden.

Ob die Zeugen im Gerichtsbezirke oder außerhalb desselben wohnen, ob sie In- oder Ausländer sind, ist gleichgiltig.

Frauenspersonen können wie bei allen Beurkundungen, so auch bei Testamenten als Zeugen zugezogen werden; Motive z. Entw. d. B.G.B. V S. 268.

Ueber Geschäftszeugen siehe auch G.O. §§ 106—117.

4. Testament einer der deutschen Sprache nicht mächtigen Person.

Erklärt der Erblasser, daß er der deutschen Sprache nicht mächtig sei, so muß nach B.G.B. § 2244 Abs. 1 bei der Errichtung des Testaments ein vereideter Dolmetscher zugezogen werden; auf den Dolmetscher finden alle für die Zeugen geltenden Ausschließungsgründe (B.G.B. §§ 2234—2237, siehe Nr. 3) entsprechende Anwendung.

Das Protokoll muß zwar in deutscher Sprache errichtet, aber in die fremde Sprache übersetzt werden; die Uebersetzung muß vom Dolmetscher angefertigt oder, wenn sie von einem Anderen angefertigt ist, vom Dolmetscher beglaubigt werden und ist von diesem vorzulesen und dem Protokoll als Anlage beizufügen. Das Protokoll muß die Erklärung des Erblassers, daß er der deutschen Sprache nicht mächtig sei, sowie den Namen des Dolmetschers und die Feststellung enthalten, daß der Dolmetscher die Uebersetzung angefertigt oder beglaubigt und sie vorgelesen hat; auch muß der Dolmetscher das Protokoll unterschreiben.

Sind sämmtliche mitwirkende Personen, d. i. der Notar und die beiden Zeugen und eine allenfalls zugezogene Vertrauensperson ihrer Versicherung nach der fremden Sprache, in der sich der Erblasser erklärt, mächtig, so ist die Zuziehung eines Dolmetschers nicht erforderlich; B.G.B. § 2245 Abs. 2. Wird ein solcher trotzdem zugezogen, was sowohl der Erblasser, wie jeder der beiden Zeugen verlangen, aber auch der Notar ohne solches Verlangen bestimmen kann, so verbleibt es bei obigen Bestimmungen des B.G.B. § 2244 Abs. 1. Unterbleibt aber in diesem Falle die Zuziehung eines Dolmetschers, so muß das Protokoll — als einziger Ausnahmefall von der allgemeinen Regel, daß alle Protokolle in deutscher Sprache aufgenommen werden müssen oder sollen, G.V.G. § 186, B.G.B. § 2240, Not.Ges. Art. 25 Abs. 1 — in der fremden Sprache aufgenommen werden, also nicht etwa nur die Erklärung des Erblassers, sondern das ganze Protokoll mit Ueberschrift, Einleitung, Inhalt und Abschluß. Das Protokoll muß, gleichfalls in der fremden Sprache, die Erklärung des Erblassers, daß er der deutschen Sprache nicht mächtig sei, sowie die Versicherung der mitwirkenden Personen, d. i. des Notars und der Zeugen, daß sie der fremden Sprache mächtig seien, enthalten; eine deutsche Uebersetzung soll als Anlage beigefügt werden. Letztere Bestimmung ist nur Ordnungsvorschrift, während die übrigen Bestimmungen wesentliche Formvorschriften sind, von deren Einhaltung die Giltigkeit des Testaments abhängt. Bei einem Widerspruch zwischen dem in fremder Sprache abgefaßten Protokolle und der deutschen Uebersetzung ist der Wortlaut des Protokolls als der in der Sprache des Erblassers erfolgten Niederschrift maßgebend.

Die Beeidigung des Dolmetschers ist Sache des Amtsgerichts, Ges. freiw. Ger. § 8, G.V.G. § 191. Vergl. hierher auch Art. 25 Anm. 5 und G.O. § 233.

5. Gemeinschaftliches Testament.

Nach B.G.B. § 2265 kann ein gemeinschaftliches Testament nur von Ehegatten errichtet werden, nicht auch von Brautleuten; Näheres hierüber B.G.B. § 2265—2273.

6. Widerruf eines Testaments.

a) Ein Testament sowie eine einzelne in einem Testament enthaltene Verfügung kann von dem Erblasser jederzeit widerrufen werden, B.G.B. § 2253 Abs. 1.

Eine gegentheilige vertragsmäßige Vereinbarung ist nichtig, B.G.B. § 2302. Der Widerruf erfolgt durch Testament, B.G.B. § 2254. Es muß aber nicht die nemliche Testamentsform gewählt werden, in welcher das Testament errichtet ist; ein öffentliches Testament kann durch ein holographisches und umgekehrt, ein Testament durch einseitige Verfügung in einem Erbvertrag, ein Erbvertrag zwischen Ehegatten durch ein gemeinschaftliches Testament derselben widerrufen werden und umgekehrt. Vergl. Bayer. Not.Z. 1899 S. 82 und wegen des gemeinschaftlichen Testaments von Ehegatten lit. c.

Durch ein neues Testament mit lediglich positivem Inhalt, ohne daß darin das frühere Testament ausdrücklich widerrufen ist, wird jedoch dieses frühere Testament nur insoweit aufgehoben, als das spätere Testament mit dem früheren in Widerspruch steht, B.G.B. § 2258 Abs. 1. Wird das spätere Testament widerrufen, so ist das frühere Testament in gleicher Weise wirksam, wie wenn es nicht aufgehoben worden wäre, B.G.B. § 2258 Abs. 2.

b) Abgesehen von dem ausdrücklichen Widerruf durch Testament kann ein Testament auch durch Handlungen, welche auf die Absicht des Erblassers, das Testament aufzuheben, gerichtet sind, widerrufen werden und zwar

aa) Durch Vernichtung der Testamentsurkunde oder Vornahme solcher Veränderungen, durch die der Wille, eine schriftliche Willenserklärung aufzuheben, ausgedrückt zu werden pflegt, z. B. Durchstreichung, Rasuren einzelner Bestimmungen, B.G.B. § 2255 Abs. 1. Diese Art der Testamentsaufhebung kann, da künftig alle öffentlichen Testamente in amtliche Verwahrung zu nehmen sind, nur bei den holographischen Testamenten, soweit solche nicht gleichfalls auf Verlangen des Erblassers in amtliche Verwahrung genommen werden, und bei den nach bisherigem Rechte, Art. 26 rechtsrh. Not.Ges., dem Notar verschlossen übergebenen und den Disponenten auf Verlangen wieder zurückgestellten Testamenten in Frage kommen.

bb) Durch Zurücknahme der Testamentsurkunde aus der amtlichen Verwahrung. Der Erblasser kann jederzeit die Rückgabe des von ihm vor dem Notar mündlich erklärten Testaments oder des seinen letzten Willen enthaltenden übergebenen Schriftstücks verlangen; die Rückgabe darf aber nur an ihn persönlich erfolgen, also nicht etwa brieflich oder an einen Bevollmächtigten, B.G.B. § 2256 Abs. 1 und 2. Es ist, wenn die Errichtung des Testaments durch mündliche Erklärung des letzten Willens vor dem Notar erfolgt ist, bei der Zurücknahme dem Erblasser das über die Testamentserrichtung selbst aufgenommene, den letzten Willen enthaltende Protokoll zurückzugeben, nicht etwa nur, wie nach bisherigem Rechte, über die Kraftloserklärung des Testaments eine Urkunde zu errichten.

Ebenso ist, wenn die Testamentserrichtung durch Uebergabe einer den letzten Willen enthaltenden Schrift erfolgt, nicht nur diese Testamentsschrift selbst, sondern auch das zugehörige Protokoll über die seinerzeitige Uebernahme dem Erblasser zurückzugeben. G.O. § 240 Abs. 2. Ueber die Zurückgabe ist eine Urkunde zu errichten, aber — insoferne sie nicht einen ausdrücklichen Widerruf des Testaments oder ein neues Testament enthält, nicht in Testamentsform, also ohne den für ein Testament geltenden besonderen Solemnitäten, weil entgegen dem bisherigen bayerischen Rechte schon durch die Zurückgabe eines solchen Testaments dasselbe als widerrufen gilt; B.G.B. § 2256 Abs. 1. Vergl. Motive zum B.G.B. Band V Seite 302/303, wonach die Zurücknahme des in amtliche Verwahrung genommenen Testaments als eine erleichterte Art des Widerrufes in Ansehung der amtlich verwahrten Testamente zugelassen ist, um nicht die Zahl der amtlich verwahrten Testamente ohne Noth zu vermehren. Siehe auch G.O. § 240 und 45 Abs. 2, wonach das Protokoll über die Rückgabe von Testamenten und Erbverträgen im Geschäfsregister und im Testamentsregister aufzunehmen und außerdem bei dem im Testamentsregister befindlichen Vortrag über die Testamentserrichtung oder Verwahrungsübernahme auf die Zurückgabe zu verweisen ist.

In gleicher Weise kann auch ein in amtliche Verwahrung übergebenes holographisches Testament zurückgegeben werden, wobei aber die Rückgabe auf die Wirksamkeit des Testaments ohne Einfluß ist; B.G.B. § 2256 Abs. 3. Nach G.O. § 240 Abs. 4 soll der Notar, wo es nach den Umständen veranlaßt erscheint, den Erblasser auf die sich an die Rückgabe des Testaments (öffentlichen oder eigenhändigen) knüpfenden Folgen aufmerksam machen.

c) Ein gemeinschaftliches Testament kann durch Zurücknahme der Testamentsurkunde nur von beiden Ehegatten zurückgenommen werden; B.B.G. § 2272. Außerdem kann es durch ein gemeinschaftliches neues Testament oder einen Erbvertrag der Ehegatten widerrufen werden, B.G.B. §§ 2271, 2278. Sogenannte korrespektive Testamente von Ehegatten, d. h. solche, von deren Verfügungen anzunehmen ist, daß die Verfügung des einen Ehegatten nicht ohne die Verfügung des anderen getroffen sein würde, welche Eigenschaft bei gegenseitigen Zuwendungen zwischen den Ehegatten oder Zuwendungen an Verwandte des anderen Ehetheils im Zweifel vermutet wird, können auch einseitig von dem einen Ehetheil durch notarielle Erklärung, welche dem anderen Ehetheil zuzustellen ist, diesem gegenüber im Wege des Rücktritts widerrufen werden, nicht aber durch eine neue Verfügung von Todeswegen; denn der andere Ehetheil muß vom Widerruf Kenntniß erhalten, um seinerseits auch anderweitig verfügen zu können; B.G.B. §§ 2270, 2271, 2296; vergl. Bayer. Not.Z. 1899 S. 84.

7) Wie erfolgt die Zurücknahme oder der Widerruf eines **vor dem 1. Januar 1900** errichteten Testaments nach Inkrafttreten des B.G.B.?

Wie die Errichtung so erfolgt auch die Aufhebung einer Verfügung von Todeswegen vom 1. Januar 1900 an ausschließlich nach den Vorschriften des Bürgerlichen Gesetzbuchs, da nach Art. 213 E.G. z. B.G.B. für die erbrechtlichen Verhältnisse die bisherigen Gesetze nur maßgebend bleiben, wenn der Erblasser vor dem 1. Januar 1900 gestorben ist.

Es sind daher für den Widerruf, die Aufhebung und Zurücknahme eines vor dem 1. Januar 1900 errichteten Testamentes, gleichgiltig ob solches zu offener notarieller Urkunde errichtet oder verschlossen bei einem Notar hinterlegt ist, nicht mehr die Vorschriften des bisherigen Rechtes, sondern die des B.G.B. §§ 2253—2258 maßgebend; vergl. vorige Nr. 6. Erfolgt also die Aufhebung durch ausdrücklichen Widerruf, so kann dies nur in Testamentsform geschehen, welche den Vorschriften des B.G.B. entsprechend zu errichten, zu verschließen und in besondere amtliche Verwahrung zu nehmen ist. Außerdem kann aber der Erblasser auch die Rückgabe seines in amtliche Verwahrung übergebenen Testaments nach B.G.B. § 2256 Abs. 1 und 2 jederzeit verlangen und ist ihm in diesem Falle gerade so, wie wenn das Testament erst unter der Herrschaft des B.G.B. errichtet worden wäre, die Testamentsurkunde selbst mit dem dazu gehörigen Protokoll, d. i. bei einem offen errichteten Testamente die hierüber seiner Zeit aufgenommene notarielle Urkunde und bei einem verschlossenen Testamente letzteres selbst mit der dazu gehörigen notariellen Uebernahmsurkunde in der in G.O. § 240 vorgeschriebenen Weise zurückzugeben.

Durch die Zurückgabe gilt das Testament als widerrufen und wird entgegen der bisherigen Bestimmung des Art. 26 Abs. 2 rechtsrh. Not.Ges. aufgehoben und unwirksam, auch wenn ein verschlossen hinterlegt gewesenes und dem Erblasser zurückgegebenes Testament in Frage steht. Letzterer ist vom Notar in dem über die Rückgabe zu errichtenden Protokolle auf diese Folge aufmerksam zu machen; G.O. § 240 Abs. 4.

Dagegen bleibt gemäß der Uebergangsvorschrift in Art. 214 Abs. 1 E.G. z. B.G.B. eine vor dem 1. Januar 1900 gemäß Art. 26 rechtsrh. Not.Ges. bei dem Notar hinterlegte und den Disponenten sogleich oder zu einer anderen Zeit, aber vor dem 1. Januar 1900 zurückgestellte letztwillige Verfügung auch für die spätere Zeit in Geltung und Kraft, solange sie unversehrt und unverändert bleibt; der Widerruf eines solchen Testaments kann nach B.G.B. § 2255 auch durch absichtliche Vernichtung oder wesentliche Veränderung (Streichungen, Korrekturen, Ausschabungen u. a.) erfolgen.

8) Nach G.O. § 234 soll der Notar gelegentlich der Beurkundung des Testaments sich nach dem Alter des Erblassers sowie danach erkundigen, wo und wenn allenfalls späterhin nach dem Leben des Erblassers Nachforschungen angestellt werden können, wo er seinen Wohnsitz zu halten gedenkt u. dergl., sofern nicht die betreffenden Verhältnisse dem Notar ohnehin bekannt sind, und soll der Notar über das Ermittelte oder ihm Bekannte eine Vormerkung im Testamentsregister (G.O. § 46 Abs. 5) machen.

B. Erbverträge.

Die für Testamente geltenden Vorschriften über Fähigkeit zur Errichtung, Form, Urkundspersonen, Ausschluß der mitwirkenden Personen und Betheiligung von der deutschen Sprache nicht mächtigen Personen finden nach B.G.B. § 2276 Abs. 1 auch für den Erbvertrag mit der Maßgabe Anwendung, daß was nach diesen Vorschriften beim Testament für den Erblasser gilt, beim Erbvertrag für jeden Vertragschließenden gilt. Abweichend von den für Testamente geltenden Bestimmungen ist Folgendes zu bemerken:

1. Der Erblasser kann einen Erbvertrag nur persönlich schließen und als Erblasser kann einen solchen nur schließen, wer unbeschränkt geschäftsfähig ist, B.G.B. §§ 2274, 2275 Abs. 1. Der Erblasser muß also, von den übrigen Voraussetzungen der unbeschränkten Geschäftsfähigkeit abgesehen, großjährig sein, B.G.B. §§ 104—106; nur Ehegatten und Brautleute können als Erblasser miteinander einen Erbvertrag schließen, auch wenn sie oder eines von ihnen minderjährig sind. Der minderjährige Vertragstheil bedarf der Zustimmung seines gesetzlichen Vertreters und, wenn letzterer ein Vormund ist, auch der Genehmigung des Vormundschaftsgerichts; B.G.B. § 2275 Abs. 1 und 2. Der gesetzliche Vertreter ist der Vater und nach dessen Ableben oder in den sonst vom Gesetze vorgesehenen Fällen die Mutter, nach deren Wiederverehelichung oder Ableben der Vormund; B.G.B. §§ 1626, 1627, 1630, 1684, 1685, 1686, 1697.

Da die Verehelichung nach B.G.B. nicht mehr das Recht der Großjährigkeit verleiht, bedarf die minderjährige Ehefrau — ein minderjähriger Ehemann kann nach

B.G.B. § 1303 nicht in Frage kommen — zum Abschluß eines Erbvertrags der Zustimmung ihres gesetzlichen Vertreters. Ist aber die Eheschließung vor dem 1. Januar 1900 erfolgt und hat der minderjährige Ehegatte nach dem bisherigen Rechte durch die Verehelichung oder die mit dieser verbundene Gründung eines eigenen Haushaltes die rechtliche Stellung eines Volljährigen erhalten (so z. B. nach Bayer. Landrecht, den Rechten von Augsburg, Ansbach, Bayreuth, Dinkelsbühl, Fulda, Lindau, Memmingen, Nördlingen, Oettingen, Kempten uud Nürnberg), so steht er nach der Uebergangsvorschrift in Art. 153 E.G. z. B.G.B.*) vom Inkrafttreten des B.G.B. an einem Volljährigen gleich.

2. Ein Erbvertrag kann nur vor einem Notar bei gleichzeitiger Anwesenheit beider Theile geschlossen werden und zwar nach den für die Errichtung eines Testaments geltenden Vorschriften. Der Erbvertrag kann also sowohl durch mündliche Erklärung vor dem Notar als auch durch Uebergabe einer Schrift mit der mündlichen Erklärung, daß diese den Erbvertrag enthalte, erfolgen, auf letztere Art aber nur von großjährigen Ehegatten oder Verlobten und nur von solchen Personen, welche Geschriebenes zu lesen vermögen. Auch sind immer ein zweiter Notar oder zwei Zeugen zuzuziehen. Für einen Erbvertrag zwischen Ehegatten oder Verlobten, wenn er mit einem Ehevertrag in derselben Urkunde verbunden wird, bedarf es jedoch nicht der Formvorschriften eines Testaments, sondern genügt die für den Ehevertrag vorgeschriebene Form, B.G.B. § 2276, also Errichtung zu notarieller Urkunde unter gleichzeitiger Anwesenheit beider Vertragstheile, B.G.B. § 1434.

3. Bezüglich Inhalts, Aufhebung des Erbvertrags und Rücktritt vom Erbvertrag vergl. B.G.B. § 2278 ff. und G.O. § 253:

> „Soweit nach dem Bürgerlichen Gesetzbuche für Erbverträge die gleichen Bestimmungen gelten wie für Testamente, sind auch die Bestimmungen der Geschäftsordnung über die Testamente auf die Erbverträge entsprechend anzuwenden.“

Hienach kann ein Erbvertrag nicht wie ein Testament durch Widerruf, Vernichtung oder Zurücknahme aus der amtlichen Verwahrung, sondern nur durch einen Vertrag zwischen den nemlichen Personen, die ihn geschlossen haben, und zwar in der für den Erbvertrag vorgeschriebenen Form (B.G.B. § 2290) oder durch Testament (B.G.B. § 2291), ein Erbvertrag zwischen Ehegatten auch durch gemeinschaftliches Testament der Ehegatten (B.G.B. § 2292) aufgehoben werden. Ein nach B.G.B. § 2277 vom Notar verschlossener und in besondere amtliche Verwahrung genommener Erbvertrag oder auch ein gewöhnlicher zu notarieller Urkunde errichteter Erbvertrag kann also niemals den Vertragstheilen zurückgegeben werden, weil diese Art des Widerrufs nur für Testamente in B.G.B. § 2256, nicht auch für Erbverträge zugelassen ist. Mit Rücksicht hierauf wird sich bei einer gemeinschaftlichen Verfügung von Ehegatten empfehlen, wegen der erleichterten Art des Widerrufes im Sinne des § 2256 B.G.B. die Form eines gemeinschaftlichen Testaments statt eines Erbvertrags zu wählen.

II. Amtliche Verwahrung der Testamente und Erbverträge.

1. Nach B.G.B. §§ 2246 und 2277 soll das über die Errichtung des Testaments oder Erbvertrags aufgenommene Protokoll, letzteren Falles insoferne nicht die Parteien das Gegentheil verlangen, was im Zweifel anzunehmen ist, wenn der Erbvertrag mit einem anderen Vertrag, z. B. einem Ehevertrag, Vertrag über Annahme

---

*) E.G. z. B.G.B. Art. 153:

> „Wer zur Zeit des Inkrafttretens des Bürgerlichen Gesetzbuches nicht das einundzwanzigste Lebensjahr vollendet hat, aber für volljährig erklärt ist oder sonst die rechtliche Stellung eines Volljährigen erlangt hat, steht von dieser Zeit an einem Volljährigen gleich.“

an Kindesstatt, Abnährungs-, Schenkungsvertrag, verbunden ist, nebst Anlagen, insbesondere im Falle der Errichtung des Testaments oder Erbvertrags durch Uebergabe einer Schrift nebst dieser Schrift von dem [Richter oder] Notar in Gegenwart des Erblassers und der übrigen mitwirkendem Personen mit dem Amtssiegel verschlossen, mit einer das Testament oder den Erbvertrag näher bezeichnenden, vom [Richter oder] Notar zu unterschreibenden Aufschrift versehen, in besondere amtliche Verwahrung gebracht und hierüber dem Erblasser ein Hinterlegungsschein und zwar auch ohne Verlangen (G.O. § 239) ertheilt werden; ebenso bestimmt B.G.B. § 2248, daß ein holographisches Testament auf Verlangen des Erblassers in amtliche Verwahrung zu nehmen ist und dem letzteren hierüber ein Hinterlegungsschein ertheilt werden soll. Eine Bestimmung, wer die amtliche Verwahrung der Testamente und Erbvertiäge zu übernehmen hat, enthält das Reichsrecht nicht und ist insbesondere die Vorschrift in B.G.B. § 2246 nicht dahin aufzufassen, daß nur der [Richter oder] Notar, welcher das Testament errichtet, schon deshalb solches auch in Verwahr zu nehmen habe (Motive z. Entw. eines B.G.B. 5 S. 296, Motive S. 430). Die Bestimmung hierüber ist vielmehr in Ges. freiw. Gerichtsb. § 200 dem Landesrechte vorbehalten, auf Grund welchen Vorbehaltes in Konsequenz der in Abs. 1 des Art. 1 gegenwärtigen Gesetzes erklärten ausschließlichen Zuständigkeit der Notare zur Beurkundung der öffentlichen Testamente und aller Erbverträge in Abs. 2 die Notare auch zur Verwahrung derselben, und zwar ausschließlich, nicht alternativ mit dem Nachlaßgerichte, für zuständig erklärt sind. Es sind hienach nicht bloß die vom Notar zu errichtenden Testamente und Erbverträge, sondern auch die holographischen Testamente, soweit solche auf Verlangen in amtlichen Verwahr zu nehmen sind, ausschließlich von den Notaren in Verwahr zu nehmen.

Auch ein vor dem Gemeindevorsteher nach B.G.B. § 2249 errichtetes Testament kann nicht von diesem in amtliche Verwahrung genommen werden, weil er hiezu nicht zuständig ist, sondern soll von demselben sofort nach der Errichtung, soferne nicht der Erblasser vor der Verbringung des Testaments in besondere amtliche Verwahrung gestorben ist, an den vom Erblasser bezeichneten Notar, eventuell einen Notar des Gerichtsbezirks überbracht oder übersendet werden, da ausschließlich die Notare zur amtlichen Verwahrung aller Testamente zuständig sind.

Welcher Notar im einzelnen Falle das Testament zu verwahren hat, ist im Gesetze nicht ausdrücklich gesagt. Zuständig ist daher, wenn der Erblasser nicht anderweitig verfügt, derjenige Notar, welcher das Testament beurkundet hat; der Erblasser kann jedoch jederzeit die Verwahrung bei einem anderen bayerischen Notar oder bei einer außerbayerischen deutschen Behörde verlangen, welche nach dem für sie geltenden Rechte zur Uebernahme der Verwahrung zuständig ist; die Versendung geschieht im letzteren Falle stets auf Antrag des Erblassers durch den Notar; vergl. G.O. § 236.

Beispiele:

a) Ein Hamburger Kaufmann erkrankt lebensgefährlich auf einer Geschäftsreise in Augsburg und errichtet bei einem Notar in Augsburg sein Testament; auf Antrag des Testators hat der Notar das Testament an das Amtsgericht Hamburg zur Verwahrung zu übersenden, §§ 93, 94 des Ges. der Freien und Hansestadt Hamburg vom 14. Juli 1899, betr. die Ausführung des Bürgerlichen Gesetzbuchs, Becher, Ausf.Ges. VII S. 15.

b) Ein Beamter wird von Hof nach Rosenheim versetzt und ersucht den Notar in Hof, bei welchem er sein Testament früher errichtet hat, solches an ein Notariat in Rosenheim zur ferneren amtlichen Verwahrung zu senden. Der Antrag braucht nicht persönlich beim Notar in Hof gestellt zu werden, da es sich nicht um Rückgabe des Testaments handelt, sondern kann auch brieflich erfolgen. Der Notar hat — bei persönlicher Antragstellung unter Errichtung eines Protokolls — das bei ihm verwahrte Testament unter Beachtung der in G.O. § 236 Abs. 3 und 4 gegebenen Vorschriften an den vom Erblasser bestimmten Notar in Rosenheim zu senden.

Hiedurch ist trotz der Vorschrift des § 2256 B.G.B., daß die Rückgabe eines in amtliche Verwahrung genommenen Testaments nur an den Erblasser persönlich erfolgen kann, für letzteren die Erreichung seines hierauf gerichteten Zweckes wesentlich vereinfacht und erleichtert, indem der Erblasser zunächst den Notar, in dessen Verwahrung sein Testament sich befindet, brieflich ersuchen kann, das Testament an das Notariat seines neuen Wohnsitzes oder an die sonst zur Uebernahme desselben in die amtliche Verwahrung zuständige Behörde zu senden, und dann nach Eintreffen des Testaments sich solches von diesem letzteren Notariate oder dieser Behörde gemäß der Vorschrift des § 2256 B.G.B. zurückgeben läßt.

Wird einem Notar von einem zur Beurkundung der Testamentserrichtung zuständigen Gericht, Notar oder Gemeindevorsteher (B.G.B. § 2249) ein Testament zur Uebernahme in die besondere amtliche Verwahrung übersandt, so hat er dasselbe zu übernehmen, die Uebernahme zur Verwahrung auf dem der Sendung beiliegenden Schreiben, oder auf dem Umschlag des Testaments zu vermerken und im Geschäftsregister wie im Testamentsregister einzutragen, endlich der übersendenden Stelle den Empfang zu bestätigen.

Ueber die Formalitäten der Verwahrung und des amtlichen Verschlusses vergl. G.O. § 235. Eine Anheftung des den letzten Willen enthaltenden, vom Erblasser übergebenen Schriftstückes an das über die Testamentserrichtung aufgenommene notarielle Protokoll ist nicht vorgeschrieben, auch nicht praktisch und, wenn das Schriftstück verschlossen übergeben ist, überhaupt nicht möglich. Da bei Errichtung des Testaments, besonders am Krankenbett des Erblassers oder sonst außerhalb der Amtsräume des Notars, das Protokoll nicht sofort in das Geschäfts- und Testamentsregister eingetragen werden kann, wird die Geschäfts- und Testamentsregisternummer nicht auf dem Protokoll selbst, welches im Anschluß an seine Errichtung in Gegenwart des Erblassers und der Zeugen zu verschließen ist, sondern als Ausnahme von der allgemeinen Regel des § 157 G.O., wonach allen Urkunden, die im Geschäftsregister vorgetragen werden, die Geschäftsregisternummer voranzustellen ist, nur auf die Außenseite des Verschlusses zu setzen sein, wie auch G.O. § 235 vorsieht.

2) Vergl. G.O. § 241:

> „Verlangt der Erblasser, daß ihm das verschlossen in amtlicher Verwahrung befindliche Testament nicht zurückgegeben, sondern zur Einsichtnahme geöffnet und vorgelegt werde, etwa weil er sich des Inhalts nicht mehr genau erinnert und im Zweifel ist, ob er eine Abänderung vornehmen soll, so soll der Notar den Verschluß in Gegenwart des Erblassers öffnen, das Testament dem Erblasser zur Einsicht vorlegen, nach genommener Einsicht wieder vorschriftsmäßig verschließen und über den ganzen Hergang ein Protokoll aufnehmen.
>
> Der Notar soll während der ganzen Dauer der Einsichtnahme durch den Erblasser, vom Augenblicke der Oeffnung bis zur Vollendung des Wiederverschließens, anwesend sein; im Protokolle soll dies festgestellt werden. Ebenso soll festgestellt werden, daß der Verschluß vor dem Oeffnen unverletzt befunden worden ist.
>
> Der Sicherung gegen Anfechtungen halber können auf Verlangen des Erblassers zur ganzen Verhandlung zwei Zeugen oder ein zweiter Notar herbeigezogen werden."

3) Nach G.O. § 60 Abs. 1 und 2 sind die Testamente sammt den zugehörigen Protokollen und ebenso die Erbverträge, soweit sie in amtliche Verwahrung zu nehmen sind, bis zu ihrer Eröffnung nebst den Testamentsregistern und den dazu gehörigen Namensverzeichnissen in besonderen Behältnissen, am besten in den feuer- und einbruchsicheren Kassen, unter Verschluß zu halten, ebenso die Protokolle über den Widerruf und die Zurücknahme von Testamenten. Der Notar hat die Schlüssel zu den Behältnissen persönlich in Gewahrsam zu behalten und das erforderliche Oeffnen und

Schließen selbst zu besorgen. Die Duplikate der Schlüssel sollen in einem mit dem Amtssiegel verschlossenen und mit einer entsprechenden Aufschrift versehenen Umschlage bei dem Amtsgerichte hinterlegt werden.

4. Ueber Begriff und Form des holographischen Testaments siehe oben I A 2. Das eigenhändige (holographische) Testament muß seinem ganzen Inhalt nach vom Erblasser unter Angabe des Ortes und Tages eigenhändig geschrieben und unterschrieben sein; ob die Niederschrift in deutscher oder fremder Sprache, mit Tinte, Blei oder Farbstift, in Kurrent- oder Stenographieschrift erfolgt ist, ist gleichgiltig. Eine auf eine Manschette mit Blei geschriebene Verfügung von Todeswegen eines auf einsamer Bergeshöhe oder bei einem Eisenbahnunfalle Verunglückten ist, wenn sie nur mit Datum und Unterschrift versehen ist, ein giltiges Testament. Zur Errichtung eines gemeinschaftlichen Testaments zweier Ehegatten in holographischer Form genügt nach B.G.B. § 2267, wenn einer der Ehegatten das Testament eigenhändig schreibt und unter Beifügung des Ortes und Tages unterschreibt und der andere Ehegatte die von ihm unter Beifügung des Ortes und Tages eigenhändig geschriebene Erklärung beifügt, daß das Testament auch als sein Testament gelten soll.

Für die Uebergabe eines holographischen Testaments in amtliche Verwahrung bedarf es nicht der für die Errichtung des Testaments vor dem Notar gegebenen Formvorschriften (Zuziehung von Zeugen, Ausschließungsgründe des Notars). Es ist über die Uebergabe lediglich eine notarielle Urkunde in Protokollsform ohne Zuziehung von Zeugen zu errichten; für die Frage der Behinderung des Notars sind nicht die Vorschriften des B.G.B. §§ 2234—2236, wohl aber die Bestimmungen des gegenwärtigen Gesetzes Art. 15 maßgebend. Der Notar kann also z. B. das holographische Testament seiner Ehefrau oder gewesenen Ehefrau und sonstigen nächsten Angehörigen nicht zur amtlichen Verwahrung übernehmen. Während aber bei Errichtung eines Testaments durch Uebergabe einer Schrift der Notar sich vergewissern muß, daß weder er selbst noch einer seiner Angehörigen im Testamente bedacht ist (vergl. oben I A 3), ist dies bei Uebernahme eines holographischen Testaments in amtliche Verwahrung nicht erforderlich, weil der Bedachte nicht Betheiligter im Sinne des Art. 15 Nr. 1 des gegenwärtigen Gesetzes ist.

Das holographische Testament erhält nicht erst durch die Uebergabe in amtliche Verwahrung die Giltigkeit und Wirkung eines ordentlichen Testaments, sondern schon durch seine Errichtung in vorgeschriebener Form, während die Uebernahme in amtliche Verwahrung nur die bessere Sicherung bezweckt; deshalb ist auch eine spätere Rückgabe des holographischen Testaments auf dessen Wirksamkeit ohne Einfluß, B.G.B. § 2256 Abs. 2.

Eine entsprechend der Vorschrift des B.G.B. § 2231 Nr. 2 vor dem 1. Januar 1900 errichtete Niederschrift ist kein Testament im Sinne dieser Bestimmung, wenn auch der Todesfall erst nach dem 1. Januar 1900 eintritt, weil nach E.G. z. B.G.B. Art. 214 die vor dem Inkrafttreten des Bürgerlichen Gesetzbuches erfolgte Errichtung oder Aufhebung einer Verfügung von Todeswegen nach den bisherigen Gesetzen beurtheilt wird, auch wenn der Erblasser nach dem Inkrafttreten des Bürgerlichen Gesetzbuches stirbt. Vergl. hiezu G.O. § 238, wonach das in amtliche Verwahrung übergebene eigenhändige (holographische) Testament, wenn es offen übergeben wird, nicht verschlossen zu werden braucht und auch von einer anderen Person als von dem Erblasser übergeben werden kann.

III. Eröffnung und Verkündung der Testamente und Erbverträge.

Der zweite Satz des Art. 1 Abs. 2 des gegenwärtigen Gesetzes, wonach die Notare zuständig sind, an Stelle des Nachlaßgerichts die von ihnen verwahrten Testamente und Erbverträge zu öffnen und bekannt zu geben, ist in dem Gesetzesentwurfe der Regierung nicht enthalten gewesen, sondern erst vom Ausschuß der Kammer der Reichsräthe auf Antrag des Reichsraths Excellenz Dr. von Schmitt, Präsident des Obersten Landesgerichts, mit Zustimmung der Staatsregierung angefügt worden, welchem Antrage der Justizgesetzgebungsausschuß der Kammer der Abgeordneten beigetreten ist; vergl. Pr.R.R. XIX S. 5, Pr. Abg. 745, Becher, Materialien 314, 367. Der Referent des Justizgesetzgebungsausschusses der Kammer der Abgeordneten äußerte sich hiezu wie folgt:

„Nachdem nun die Notariate in Bayern Behörden werden, kann den Zweckmäßigkeitserwägungen, die für den § 2261 des Bürgerlichen Gesetzbuchs maßgebend waren, auch bei den Notariaten dadurch Rechnung getragen werden, daß den Notaren die bezügliche Funktion des Nachlaßgerichts übertragen wird. Es ist dies auch nothwendig, da die Verwahrung den Notaren ausschließlich übertragen werden soll und in Folge dessen in jedem Falle eine Uebermittlung des Testaments von dem Notar an das vielleicht weit entfernte Nachlaßgericht stattfinden müßte. Es soll also die Eröffnung und Verkündung der verwahrten Testamente und Erbverträge den Notaren übertragen werden, wie sie ihnen nach der bisherigen Uebung im rechtsrheinischen Bayern in allen Fällen übertragen wurde, wo Notariat und Nachlaßgericht nicht an demselben Orte waren, und wie es in der Pfalz sich aus der Bestimmung ergab, daß ein Notar sich von einer Testamentsurschrift nicht trennen durfte."

Das Verfahren bei Eröffnung und Verkündung der bei den Notaren verwahrten Testamente und Erbverträge richtet sich nach den Vorschriften im B.G.B.:

§ 2260: „Das Nachlaßgericht hat, sobald es von dem Tode des Erblassers Kenntniß erlangt, zur Eröffnung eines in seiner Verwahrung befindlichen Testaments einen Termin zu bestimmen. Zu dem Termine sollen die gesetzlichen Erben des Erblassers und die sonstigen Betheiligten soweit thunlich geladen werden.

In dem Termine ist das Testament zu öffnen, den Betheiligten zu verkünden und ihnen auf Verlangen vorzulegen. Die Verkündung darf im Falle der Vorlegung unterbleiben.

Ueber die Eröffnung ist ein Protokoll aufzunehmen. War das Testament verschlossen, so ist in dem Protokolle festzustellen, ob der Verschluß unverletzt war."

§ 2262: „Das Nachlaßgericht hat die Betheiligten, welche bei der Eröffnung des Testaments nicht zugegen gewesen sind, von dem sie betreffenden Inhalte des Testaments in Kenntniß zu setzen."

§ 2273: „Bei der Eröffnung eines gemeinschaftlichen Testaments sind die Verfügungen des überlebenden Ehegatten, soweit sie sich sondern lassen, weder zu verkünden noch sonst zur Kenntniß der Betheiligten zu bringen. Von den Verfügungen des verstorbenen Ehegatten ist eine beglaubigte Abschrift anzufertigen. Das Testament ist wieder zu verschließen und in die besondere amtliche Verwahrung zurückzubringen."

§ 2300: „Die für die Eröffnung eines Testaments geltenden Vorschriften der §§ 2259—2263, 2273 finden auf den Erbvertrag entsprechende Anwendung, die Vorschriften des § 2273 Satz 2, 3 jedoch nur dann, wenn sich der Erbvertrag in besonderer amtlicher Verwahrung befindet."

Vergl. das Nähere hierüber G.O. §§ 242—248 und M.Bktm. vom 21. Dezember 1899, das Nachlaßwesen betr., J.M.Bl. 1900 S. 1 §§ 24—35. Nach dieser Bestimmung des § 2300 B.G.B. und § 34 der angeführten Nachlaßordnung ist für die Zuständigkeit zur Eröffnung von Erbverträgen, die unter der Herrschaft des Bürgerlichen Gesetzbuches errichtet sind, zu unterscheiden, ob sie in die besondere amtliche Verwahrung des Notars genommen sind, was die Regel bildet, oder ob sie, sei es weil sie mit einem anderen Vertrage in derselben Urkunde verbunden sind, sei es daß die Parteien ausdrücklich das Gegentheil verlangt haben, nicht in besonderen Verschluß und Verwahr genommen sind. Ersteren Falles sind zur Eröffnung ausschließlich die Notare, letzteren Falles dagegen die Amtsgerichte zuständig.

Nach Oeffnung und Verkündung an die hiezu erschienenen Betheiligten hat der Notar die Urschrift des Testaments oder Erbvertrags, von welchem er beglaubigte Abschrift zu fertigen und zurückzubehalten hat, sammt dem von ihm aufgenommenen Protokoll, den Ladungsnachweisen und etwa sonstigen Aktenstücken (Todesanzeige,

Anfrage des Verlassenschaftsgerichts über Vorhandensein eines Testaments oder Erbvertrags) dem Nachlaßgerichte zu übermitteln. Erscheinen trotz Ladung nicht alle Betheiligten oder gar keine im Eröffnungstermin, hat der Notar über Oeffnung des letzten Willens und Konstatirung des Nichterscheinens der Betheiligten ein Protokoll zu errichten und letztere in Gemäßheit des B.G.B. § 2262 von dem sie betreffenden Inhalte des Testamentes oder Erbvertrags in Kenntniß zu setzen.

Vergl. hiezu G.O. §§ 250 und 251, welche lauten:

§ 250: „Der Notar hat die Betheiligten, welche bei der Eröffnung des Testaments nicht zugegen gewesen sind, nach § 2262 des B.G.B. von dem sie betreffenden Inhalte des Testamentes in Kenntniß zu setzen.

Als Betheiligte gelten nicht nur die als Erben eingesetzten, sondern auch die Nacherben und Vermächtnißnehmer, Empfänger von Auflagen, die Behörde, welche die Vollziehung einer Auflage verlangen kann (Art. 107 des Ausf.Ges. zum B.G.B., § 24 der zur Ausführung des Bürgerlichen Gesetzbuches erlassenen Zuständigkeitsverordnung) und der Testamentsvollstrecker."

§ 251: „Nach Erledigung der nach §§ 246—250 vorzunehmenden Geschäfte hat der Notar die Akten einschließlich der Urschrift des Testaments, wenn dieses nicht in die amtliche Verwahrung zurückzubringen war, an das Nachlaßgericht abzuliefern.

Von der abzuliefernden Urschrift ist eine beglaubigte Abschrift zurückzubehalten.

Der Notar soll die Betheiligten im Eröffnungstermin und in den nach § 250 ergehenden Mittheilungen von der bevorstehenden Abgabe der Akten an das Nachlaßgericht, verständigen. Die Eröffnung des Testaments und die Abgabe der Akten an das Nachlaßgericht, im Falle des § 249 auch die Rückverbringung in die besondere Verwahrung ist im Testamentsregister bei dem Eintrage über die Aufnahme des Testaments zu vermerken,"

und M.Bktm. vom 31. Dezember 1899, das Nachlaßwesen betr., J.M.Bl. 1900 S. 1 § 35:

„Hat ein bayerischer Notar ein Testament oder einen Erbvertrag eröffnet, so hat er nach den §§ 250, 251 der Geschäftsordnung für die Notariate vom 27. Dezember 1899 (J.M.Bl. S. 680) die Verfügung von Todeswegen, soweit diese nicht in die amtliche Verwahrung zurückzubringen ist, sowie die Akten in Urschrift an das Nachlaßgericht abzuliefern; die in § 2262 des B.G.B. vorgeschriebene Mittheilung des Inhalts der Verfügung von Todeswegen obliegt dem Notar. Hat ein nichtbayerisches Gericht ein Testament oder einen Erbvertrag eröffnet, so hat es das Testament oder den Erbvertrag in Urschrift sowie eine beglaubigte Abschrift des über die Eröffnung aufgenommenen Protokolls dem Nachlaßgerichte gemäß § 2261 Satz 2 des B.G.B. zu übersenden; das Nachlaßgericht hat die im § 2262 des B.G.B. vorgeschriebene Mittheilung des Inhalts der Verfügung von Todeswegen zu bethätigen."

Ist der Notar vom Erblasser im Testament zum Verlassenschaftskommissär nach bisherigem Rechte ernannt, so ist zu unterscheiden, ob der Erblasser vor dem 1. Januar 1900 oder nach dem 31. Dezember 1899 gestorben ist. Ersteren Falles sind gemäß E.G. z. B.G.B. Art. 213 die Vorschriften des bisherigen Rechtes auf die Auseinandersetzung des Nachlasses anzuwenden und kann daher der Notar wie bisher als amtlicher Verlassenschaftskommissär mit allen Befugnissen des Nachlaßgerichtes thätig werden; vergl. G.O. § 255. Letzteren Falles kann der Notar zwar nicht als Verlassenschaftskommissär thätig sein, aber die Bestellung zu solchem bleibt soweit wirksam, als darin die Ernennung zum Testamentsvollstrecker liegt. Der Notar hat mit Abgabe der Akten an das Nachlaßgericht diesem seine Ernennung zum Testamentsvollstrecker nur anzuzeigen und sich hiebei über Annahme oder Ablehnung des Amtes zu erklären. Das Amt des Testamentsvollstreckers ist in allen Fällen nicht Amtsgeschäft des Notariats, sondern persönliches Privatamt des Notars; vergl. das Nähere über Verlassenschaftskommissär und Testamentsvollstrecker G.O. § 256 und unten Art. 13.

Anm. 5. Die Zuständigkeit des Notars zur Oeffnung und Verkündung der Testamente und Erbverträge erstreckt sich auch auf die nach dem bisherigen Rechte vor dem 1. Januar 1900 bei ihm errichteten oder verwahrten Testamente und Erbverträge und zwar gleichgiltig, ob sie zu offener notarieller Urkunde errichtet oder verschlossen übergeben sind, ob sie mit einem Ehevertrag verbunden sind oder nicht. Nach der Absicht der Gesetzesbestimmung ist der Notar zuständig, an Stelle des Nachlaßgerichts alle bei ihm verwahrten Testamente und Erbverträge zu öffnen und den Betheiligten bekannt zu geben; ist eine Oeffnung nicht erforderlich, weil das Testament oder der Erbvertrag nach bisherigem Rechte offen errichtet ist, so ist nur mehr die Bekanntgabe erforderlich und zwar ausschließlich durch den Notar, welcher die Urkunde in seinem Verwahr hat. Eine Unterscheidung bezüglich der Erbverträge, ob sie in besonderer amtlichen Verwahrung des Notars sind oder nicht, hat das bisherige Notariatsrecht nicht gekannt, weshalb alle vor dem 1. Januar 1900 errichteten Erbverträge gleich den Testamenten zu behandeln und ausnahmslose von den Notaren zu eröffnen sind.

Anm. 6. Wenn mehrere Testamente oder Erbverträge bei verschiedenen Notaren verwahrt sind, ist jeder von ihnen zur Oeffnung und Verkündung der bei ihm verwahrten Verfügungen zuständig, soferne nicht eine ausdrückliche Aufhebung der einen Verfügung erfolgt und dem Notar amtlich bekannt geworden ist, weil der Zweck des Gesetzes, eine Verlustgefahr durch Versendung der verschlossenen letztwilligen Verfügungen auszuschließen, gleichmäßig zutrifft; auch wird der Notar in der Regel nicht in der Lage sein, die Frage der Aufhebung einer bei ihm hinterliegenden letztwilligen Verfügung durch eine spätere anderswo errichtete zu prüfen, wenn er hievon nicht amtliche Mittheilung erhalten hat.

Von dem verkündeten Testamente oder Erbvertrag ist beglaubigte Abschrift zu fertigen und zurückzubehalten, während das Original an das Nachlaßgericht abzugeben ist.

Anm. 7. Aus der Zuständigkeit zur Verwahrung, Oeffnung und Verkündung ergibt sich für den Notar die Verpflichtung hiezu, deren er sich ohne zureichenden Grund nicht entziehen darf, vergl. Art. 15.

Anm. 8. Nach Abgabe eines Testamentes oder Erbvertrages aus dem Verwahr des Notars an das Nachlaßgericht bildet der letzte Wille einen Bestandtheil der Gerichtsakten und hat in der Regel nicht mehr in die Verwahrung des Notars zurückzugehen. Eine Ausnahme hievon besteht für ein gemeinschaftliches Testament nach B.G.B. § 2273, wonach bei der Eröffnung eines gemeinschaftlichen Testaments die Verfügungen des überlebenden Ehegatten, soweit sie sich sondern lassen, weder zu verkünden noch sonst zur Kenntniß der Betheiligten zu bringen sind, von den Verfügungen des verstorbenen Ehegatten vielmehr eine beglaubigte Abschrift anzufertigen, das Testament selbst aber wieder zu verschließen und in die besondere amtliche Verwahrung zurückzubringen ist.

Da die Oeffnung und Verkündung auch eines solchen gemeinschaftlichen Testaments dem Notar obliegt, hat er nach Verkündung dem Nachlaßgericht lediglich eine auszugsweise beglaubigte Abschrift bezüglich der Verfügungen des verstorbenen Ehegatten abzugeben, das Testament selbst aber wieder zu verschließen und in seinen amtlichen Verwahr zu nehmen. Vergl. G.O. § 249 und M.Bktm. vom 31. Dezember 1899, das Nachlaßwesen betr., J.M.Bl. 1900 S. 1, § 32. Der in letzteren beiden Vorschriften gegebenen Instruktion, wonach in dem Protokoll über die Eröffnung des Testamentes festgestellt werden soll, daß das Testament wieder verschlossen und in die besondere Verwahrung zurückgebeacht oder, wenn letzteres nicht mehr veranlaßt ist, dem überlebenden Ehegatten hinausgegeben worden ist, wird bei umfangreicheren Testamenten, von welchen nicht sofort bei der Verkündung und in Anwesenheit der Betheiligten die beglaubigte Abschrift wird gefertigt und kollationirt werden können, oder wenn solches aus anderen Gründen nicht möglich ist, Genüge geschehen, wenn der Verschluß des Testaments nach Fertigstellung der Abschrift nachträglich erfolgt und die Konstatirung, daß solches geschehen und das Testament wieder in die amtliche Verwahrung zurückgebracht worden ist, dem Eröffnungsprotokolle vom Notar nachträglich mit Datum und Unterschrift beigefügt wird.

Anm. 9. Bezüglich Verkündung der mehr als 54 Jahre in amtlicher Verwahrung befindlichen Testamente und Erbverträge vergl. A.G. z. B.G.B. Art. 108:

> „Befindet sich ein Testament oder ein Erbvertrag seit mehr als vierundfünfzig Jahren in amtlicher Verwahrung, so ist die Eröffnung vorzunehmen, sofern nicht bekannt ist, daß der Erblasser noch lebt. Die Vorschriften des § 2259 Abs. 2 und der §§ 2260 bis 2262 des Bürgerlichen Gesetzbuches finden entsprechende Anwendung."

Nach G.O. § 252 soll der Notar vor der Eröffnung nochmals Nachforschung nach dem Erblasser halten. Ergibt sich dabei, daß der Erblasser noch lebt, so ist dies im Testamentsregister zu vermerken; ergibt sich, daß der Erblasser gestorben ist, so ist nach den allgemeinen Regeln über die Testamentseröffnung (G.O. §§ 243 ff.; oben Anm. 4 III) zu verfahren; bleibt trotz der Nachforschung ungewiß, ob der Erblasser noch lebt oder gestorben ist, so hat der Notar die Eröffnung des Testaments selbst so vorzunehmen, als ob der Erblasser unmittelbar vor der Eröffnung im Bezirke des Amtsgerichts verstorben wäre, in dem der Notar seinen Sitz hat. Die Mittheilung des Eröffnungstermins an das Nachlaßgericht (G.O. § 247 Abs. 1) hat bei der Ungewißheit darüber, ob der Erlasser noch lebt oder gestorben ist, zu unterbleiben.

Das eröffnete Testament ist sammt dem Eröffnungsprotokoll in die allgemeine Urkundensammlung aufzunehmen. Ergibt sich bei der Eröffnung oder nachher, daß der Erlasser noch lebt, so ist dies zu den Akten festzustellen und das Testament sammt dem Eröffnungsprotokoll und den zugehörigen Aktenstücken — aber nicht unter amtlichen Verschluß — wieder in die besondere Verwahrung d. i. in das Testamentsbehältniß zu übernehmen.

Ergibt sich bei der Eröffnung oder nachher, daß der Erblasser gestorben ist, so ist weiterhin nach den allgemeinen Vorschriften zu verfahren, welche mit Rücksicht auf Zeit und Ort des Todes anzuwenden sind (G.O. §§ 244—246).

Anm. 10. Testamentsregister. Nach §§ 25 Nr. 2, 45—47 der G.O. hat der Notar ein Testamentsregister zu führen, in welches, nach der Zeitfolge geordnet, unter fortlaufenden Nummern alle Geschäfte aufzunehmen sind, welche die Errichtung von Testamenten und solchen Erbverträgen betreffen, welche in besondere amtliche Verwahrung zu nehmen sind (§ 2277 Abs. 1 B.G.B.), ferner die Protokolle über Widerruf und Zurückgabe von solchen Testamenten und Erbverträgen, die Aufnahme übergebener oder übersendeter Testamente in die amtliche Verwahrung — nemlich holographischer oder vor einem anderen bayerischen Notar, einer außerbayerischen Behörde oder einem Gemeindevorsteher errichteter Testamente —, endlich die Protokolle über die Gestattung der Einsicht in Testamente und Erbverträge, welche noch nicht eröffnet sind. Die Protokolle über die Eröffnung von Testamenten werden im Testamentsregister nicht unter eigener Nummer aufgeführt, sondern lediglich bei dem Eintrag über die Errichtung oder Uebergabe des Testaments vermerkt.

In der dritten Spalte des für das Testamentsregister angeordneten Formulars ist das Geschäft ohne Angabe des Gegenstands oder der Gegenstandssumme lediglich als „Testament", „Erbvertrag", „Testamentszurücknahme", „Uebergabe eines eigenhändigen Testaments zur amtlichen Verwahrung" zu bezeichnen.

In die vierte Spalte sind Namen, Stand und Wohnort aller Personen, die in dem Testament oder Erbvertrag letztwillig verfügt haben, einzeln aufzuführen; auch ist, soweit es sich um die Errichtung oder Verwahrung einer letztwilligen Verfügung oder eines Erbvertrags handelt, das Alter der Verfügenden nach deren eigenen Angabe oder in Ermangelung einer solchen nach der Schätzung des Notars einzutragen; vergl. oben Anm. 4 I. A. 8.

In die für Bemerkungen bestimmte letzte Spalte ist zunächst die Verweisung auf das Geschäftsregister aufzunehmen, sodann die Verweisung auf frühere und spätere Vorträge des Testamentsregisters und insbesondere der Vermerk über die Anstellung von Ermittelungen darüber, ob der Verfügende noch lebt oder gestorben ist, und der Vermerk über deren Ergebniß, endlich der Vermerk über die Testamentseröffnung. Auch ist es hier zu vermerken, wenn die Verfügenden Angaben darüber gemacht haben, wo nöthigenfalls über ihren Verbleib nachgeforscht werden kann.

Zu dem Testamentsregister ist ein alphabetisches Namensregister, gleich dem zum Geschäftsregister, und zwar dauernd zu führen, in welches die Namen aller Personen ohne Ausnahme, wie sie in Spalte 4 des Testamentsregisters aufgenommen werden, einzutragen sind.

Diese Testamentsregister sind nebst den Namensverzeichnissen hiezu stets bei den uneröffneten Testamenten in den besonderen Testamentsbehältnissen aufzubewahren, solange sie nicht amtlich gebraucht werden; G.O. § 60 Abs. 3.

Auseinandersetzung eines Nachlasses oder einer Gütergemeinschaft.

Anm. 11. A. Die Notare sind wie bisher befugt und berufen, die freiwilligen Auseinandersetzungsverhandlungen der bei einer Erbschaft betheiligten Personen und die freiwillige Auseinandersetzung von Gütergemeinschaftsmassen auf Ersuchen zu leiten und zu beurkunden. Als amtliche Verlassenschaftskommissäre im Sinne der Vorschriften des rechtsrh. Not.Ges. können sie aber künftig nur dann thätig sein, wenn der Erblasser vor dem 1. Januar 1900 gestorben und deshalb das bisherige Recht auf die Auseinandersetzung des Nachlasses anzuwenden ist; E.G. z. B.G.B. Art. 213, G.O. §§ 254, 255, oben Anm. 4 III. und Art. 13 Anm. 4 und 5.

Ist ein Notar in einem vor dem 1. Januar 1900 errichteten Testamente zum Verlassenschaftskommissär bestellt, und der Erblasser nach dem 31. Dezember 1899 gestorben, so kann der Notar zwar nicht als Verlassenschaftskommissär thätig sein, die Bestellung bleibt jedoch soweit wirksam, als darin die Ernennung zum Testamentsvollstrecker liegt. Der Notar hat sich in diesem Falle bezüglich der Annahme oder Ablehnung des Amtes des Testamentsvollstreckers und bezüglich der Führung des Amtes nach den Bestimmungen des Bürgerlichen Gesetzbuchs zu richten.

Die Testamentsvollstreckung ist nicht Amtsgeschäft des Notariats, sondern persönliches Privatamt des Notars. G.O. § 256.

B. Können sich die Betheiligten über die *freiwillige* Auseinandersetzung eines Nachlasses oder Gesammtgutes nicht einigen, so kann auf Antrag die *amtliche* Vermittlung der Auseinandersetzung erfolgen, welche also immer erst an zweiter Stelle in Frage kommt und die Ausnahme von der regelmäßig freiwilligen Auseinandersetzung bilden wird.

Die Zuständigkeit und Mitwirkung der Notare bei der amtlichen Vermittlung der Auseinandersetzung eines Nachlasses zwischen mehreren Erben oder in Ansehung des Gesammtgutes einer aufgehobenen ehelichen oder fortgesetzten Gütergemeinschaft zwischen den Betheiligten gründet sich auf den landesrechtlichen Vorbehalt des Ges. freiw. Ger. § 193:

> „Unberührt bleiben die landesgesetzlichen Vorschriften, nach welchen für die gemäß § 99 den Amtsgerichten obliegenden Verrichtungen andere als gerichtliche Behörden zuständig sind, sowie die landesgesetzlichen Vorschriften, nach welchen in den Fällen der §§ 86, 99 an Stelle der Gerichte oder neben diesen die Notare die Auseinandersetzung zu vermitteln haben",

und A.G. z. B.G.B. Art. 104:

> „Für die Vermittlung der Auseinandersetzung in Ansehung eines Nachlasses zwischen mehreren Erben oder in Ansehung des Gesammtguts einer aufgehobenen

ehelichen oder fortgesetzten Gütergemeinschaft zwischen den Betheiligten sind neben den Amtsgerichten die Notare zuständig.

Der Antrag kann, sofern nicht die Betheiligten die Wahl eines anderen Notars vereinbaren, nur bei einem Notar gestellt werden, der im Bezirk oder am Sitze des für die Vermittlung zuständigen Gerichts aufgestellt ist.

Bei den nach den Vorschriften der Civilprozeßordnung erfolgenden Zustellungen obliegen dem Notar auch die Verrichtungen des Gerichtsschreibers. Der Notar ist auch für die Festsetzung der einem Betheiligten zu erstattenden Kosten zuständig."

Wegen Auseinandersetzung des Nachlasses eines vor dem 1. Januar 1900 verstorbenen Erblassers oder einer nach den bisherigen Vorschriften zu beurtheilenden Gütergemeinschaft siehe Ueberg.G. Art. 36:

„Die Vermittlung der Auseinandersetzung zwischen den Betheiligten in Ansehung eines Nachlasses oder des Gemeinschaftsvermögens einer ehelichen oder einer fortgesetzten Gütergemeinschaft nach den Vorschriften der §§ 86—99 des Gesetzes über die Angelegenheiten der freiwilligen Gerichtsbarkeit kann nach dem Inkrafttreten des Bürgerlichen Gesetzbuches auch beantragt werden, wenn der Tod des Erblassers vor diesem Zeitpunkt eingetreten ist oder für die Auseinandersetzung in Ansehung der Gütergemeinschaft die bisherigen Vorschriften maßgebend sind. In dem Falle des § 99 Abs. 2 Satz 3 tritt an die Stelle der Zuständigkeit des Reichskanzlers die Zuständigkeit des Staatsministeriums der Justiz."

Vergl. hiefür auch Art. 13 Anm. 4 und 5 und G.O. § 257.

Zur Vermittlung einer Nachlaß- und Gemeinschaftsauseinandersetzung sind hienach nur die Notare in dem Amtsgerichtsbezirke zuständig, in welchem der Erblasser zur Zeit des Erbfalls beziehungsweise der Ehemann oder überlebende Ehegatte seinen Wohnsitz und in Ermanglung eines inländischen Wohnsitzes seinen Aufenthalt hatte, während andere Notare nur auf dem Wege der Prorogation zuständig werden können; A.G. z. B.G.B. Art. 104 Abs. 2, Ges. freiw. Ger. §§ 73, 99.

C. Des Einzelnen hierüber ist Folgendes zu bemerken:

I. Auseinandersetzung eines Nachlasses:

a) Die materiellen Bestimmungen über die Auseinandersetzung sind in B.G.B. §§ 2042—2057 enthalten.

Bezüglich des Verfahrens vergl. Ges. freiw. Ger.:

§ 86. „Hinterläßt ein Erblasser mehrere Erben, so hat das Nachlaßgericht auf Antrag die Auseinandersetzung in Ansehung des Nachlasses zwischen den Betheiligten zu vermitteln, sofern nicht ein zur Bewirkung der Auseinandersetzung berechtigter Testamentsvollstrecker vorhanden ist.

Antragsberechtigt ist jeder Miterbe, der Erwerber eines Erbtheils, sowie derjenige, welchem ein Pfandrecht oder ein Nießbrauch an einem Erbtheile zusteht."

§ 87. „In dem Antrage sollen die Betheiligten und die Theilungsmasse bezeichnet werden

Hält das Gericht vor der Verhandlung mit den Betheiligten eine weitere Aufklärung für angemessen, so hat es den Antragsteller zur Ergänzung des Antrags, insbesondere zur Angabe der den einzelnen Betheiligten in Ansehung des Nachlasses zustehenden Ansprüche, zu veranlassen. Es kann dem Antragsteller auch die Beschaffung der Unterlagen aufgeben."

§ 88. „Einem abwesenden Betheiligten kann, wenn die Voraussetzungen der Abwesenheitspflegschaft vorliegen und eine Pflegschaft über ihn nicht bereits anhängig ist, für das Auseinandersetzungsverfahren von dem Nachlaßgericht ein Pfleger bestellt werden. Für die Pflegschaft tritt an die Stelle des Vormundschaftsgerichts das Nachlaßgericht."

§ 89. „Das Gericht hat den Antragsteller und die übrigen Betheiligten, diese unter Mittheilung des Antrags, zu einem Verhandlungstermine zu laden. Die Ladung durch öffentliche Zustellung ist unzulässig. Die Ladung soll den Hinweis darauf enthalten, daß ungeachtet des Ausbleibens eines Betheiligten über die Auseinandersetzung verhandelt werden würde und daß, falls der Termin vertagt oder ein neuer Termin zur Fortsetzung der Verhandlung anberaumt werden sollte, die Ladung zu dem neuen Termin unterbleiben könne. Sind Unterlagen für die Auseinandersetzung vorhanden, so ist in der Ladung zu bemerken, daß die Unterlagen auf der Gerichtsschreiberei eingesehen werden können."

§ 90. „Die Frist zwischen der Ladung und dem Termine muß mindestens zwei Wochen betragen.

Diese Vorschrift findet auf eine Vertagung sowie auf einen Termin zur Fortsetzung der Verhandlung keine Anwendung. In diesen Fällen kann die Ladung der zu dem früheren Termine geladenen Betheiligten durch die Verkündung des neuen Termins ersetzt werden."

§ 91. „Treffen die erschienenen Betheiligten vor der Auseinandersetzung eine Vereinbarung über vorbereitende Maßregeln, insbesondere über die Art der Theilung, so hat das Gericht die Vereinbarung zu beurkunden. Das Gleiche gilt, wenn nur ein Betheiligter erschienen ist, in Ansehung der von diesem gemachten Vorschläge.

Sind die Betheiligten sämmtlich erschienen, so hat das Gericht die von ihnen getroffene Vereinbarung zu bestätigen. Dasselbe gilt, wenn die nicht erschienenen Betheiligten ihre Zustimmung zu gerichtlichem Protokoll oder in einer öffentlich beglaubigten Urkunde ertheilen.

Ist ein Betheiligter nicht erschienen, so hat das Gericht, sofern er nicht nach Abs. 2 Satz 2 zugestimmt hat, ihm den Inhalt der Urkunde, soweit dieser ihn betrifft, bekannt zu machen und ihn gleichzeitig zu benachrichtigen, daß er die Urkunde auf der Gerichtsschreiberei einsehen und eine Abschrift der Urkunde fordern könne. Die Bekanntmachung muß den Hinweis darauf enthalten, daß, wenn der Betheiligte nicht innerhalb einer von dem Gerichte zu bestimmenden Frist die Anberaumung eines neuen Termins beantrage oder wenn er in dem neuen Termine nicht erscheine, sein Einverständniß mit dem Inhalte der Urkunde angenommen werden würde. Beantragt der Betheiligte rechtzeitig die Anberaumung eines neuen Termins und erscheint er in diesem Termine, so ist die Verhandlung fortzusetzen. Anderenfalls hat das Gericht die Vereinbarung zu bestätigen."

§ 92. „War im Falle des § 91 der Betheiligte ohne sein Verschulden verhindert, die Anberaumung eines neuen Termins rechtzeitig zu beantragen oder in dem neuen Termine zu erscheinen, so ist ihm auf Antrag von dem Gerichte die Wiedereinsetzung in den vorigen Stand zu ertheilen, wenn er binnen zwei Wochen nach der Beseitigung des Hindernisses die Anberaumung eines neuen Termins beantragt und die Thatsachen, welche die Wiedereinsetzung begründen, glaubhaft macht. Eine Versäumung, die in dem Verschulden eines Vertreters ihren Grund hat, wird als eine unverschuldete nicht angesehen. Nach dem Ablauf eines Jahres, von dem Ende der versäumten Frist an gerechnet, kann die Wiedereinsetzung nicht mehr beantragt werden."

§ 93. „Sobald nach Lage der Sache die Auseinandersetzung stattfinden kann, hat das Gericht einen Auseinandersetzungsplan anzufertigen. Sind die erschienenen Betheiligten mit dem Inhalte des Planes einverstanden, so hat das Gericht die Auseinandersetzung zu beurkunden. Sind die Betheiligten sämmtlich erschienen, so hat das Gericht die Auseinandersetzung zu bestätigen; dasselbe gilt, wenn die nicht erschienenen Betheiligten ihre Zustimmung zu gerichtlichem Protokoll oder in einer öffentlich beglaubigten Urkunde ertheilen.

Ist ein Betheiligter nicht erschienen, so hat das Gericht nach § 91 Abs. 3 zu verfahren. Die Vorschriften des § 92 finden entsprechende Anwendung."

§ 94. „Ist vereinbart, daß eine Vertheilung durch das Loos geschehen soll, so wird das Loos, sofern nicht ein Anderes bestimmt ist, für die nicht erschienenen Betheiligten von einem durch das Gericht zu bestellenden Vertreter gezogen."

§ 95. „Ergeben sich bei den Verhandlungen Streitpunkte, so ist ein Protokoll darüber aufzunehmen und das Verfahren bis zur Erledigung der Streitpunkte auszusetzen. Soweit bezüglich der unstreitigen Punkte die Aufnahme einer Urkunde ausführbar ist, hat das Gericht nach den §§ 91, 93 zu verfahren."

§ 96. „Gegen den Beschluß, durch welchen eine vorgängige Vereinbarung oder eine Auseinandersetzung bestätigt, sowie gegen den Beschluß, durch welchen über den Antrag auf Wiedereinsetzung in den vorigen Stand entschieden wird, findet die sofortige Beschwerde statt. Die Beschwerde gegen den Bestätigungsbeschluß kann nur darauf gegründet werden, daß die Vorschriften über das Verfahren nicht beobachtet seien."

§ 97. „Eine vorgängige Vereinbarung sowie eine Auseinandersetzung ist nach dem Eintritte der Rechtskraft des Bestätigungsbeschlusses für alle Betheiligten in gleicher Weise verbindlich wie eine vertragsmäßige Vereinbarung oder Auseinandersetzung.

Bedarf ein Betheiligter zur Vereinbarung oder zur Auseinandersetzung der Genehmigung des Vormundschaftsgerichts, so ist, wenn er im Inlande keinen Vormund, Pfleger oder Beistand hat, für die Ertheilung oder die Verweigerung der Genehmigung an Stelle des Vormundschaftsgerichts das Nachlaßgericht zuständig."

§ 98. „Aus einer vorgängigen Vereinbarung sowie aus einer Auseinandersetzung findet nach dem Eintritte der Rechtskraft des Bestätigungsbeschlusses die Zwangsvollstreckung statt. Die Vorschriften der §§ 795, 797 der Civilprozeßordnung finden Anwendung."

b) Während nach bisherigem Rechte der Auseinandersetzung einer Verlassenschaft die Thätigkeit des Notars, sei es als Verlassenschaftskommissär oder als Urkundsbeamte, darauf beschränkt ist, die Erklärungen der Betheiligten und deren Vereinbarungen über die Erbtheilung oder einzelne Punkte derselben zu beurkunden, ein Erbtheilungsvertrag insbesondere nur mit ausdrücklicher Zustimmung aller betheiligten Erben zu Stande kommen und bei Widerspruch auch nur eines Betheiligten eine Theilung nicht vorgenommen werden kann, sondern die Betheiligten auf den Rechtsweg verwiesen werden müssen, sind die Befugnisse des Notars als Nachlaßrichter durch die angeführten Bestimmungen des Ges. freiw. Ger. wesentlich erweitert. Die bedeutendsten Neuerungen sind die Zulassung der Versäumnißfolgen gegen die Nichterschienenen, die Bestätigung der Vereinbarungen über vorbereitende Maßregeln z. B. über Vornahme einer Schätzung, Wahl der Sachverständigen, Loosziehung, Veräußerung einzelner Rücklaßbestandtheile u. A., die Fertigung eines vorbereitenden Auseinandersetzungsplanes, die Bestätigung der Auseinandersetzung, die Zulassung der sofortigen Beschwerde gegen die Bestätigung der Vereinbarungen und der Auseinandersetzung und schließlich die Zwangsvollstreckung aus einer vorgängigen Vereinbarung sowie aus einer Auseinandersetzung nach eingetretener Rechtskraft des Bestätigungsbeschlusses. In letzterer Beziehung ist hervorzuheben, daß es einer Erklärung der Betheiligten, sich der sofortigen Zwangsvollstreckung zu unterwerfen, in der über die Vereinbarung oder Auseinandersetzung aufgenommenen notariellen Urkunde nicht bedarf, da für die Zwangsvollstreckung hieraus nach Ges. freiw. Ger. § 98 nur die Vorschriften der §§ 795, 797 C.P.O., nicht auch des § 794 C.P.O., Anwendung finden; vergl. Art. 45 Anm. 2.

Sowohl die von den erschienenen Betheiligten vor der Auseinandersetzung getroffenen Vereinbarungen wie die Auseinandersetzung selbst sind zu beurkunden d. i. zu notarieller Urkunde in Protokollsform festzustellen; gehören zum Nachlaß buchungspflichtige Rechte oder handelt es sich um den Eigenthumsübergang von Grundstücken, so sind die zur Eintragung in das Grundbuch oder in die öffentlichen Register erforderlichen Erklärungen und Anträge, z. B. bezüglich Umschreibung und Löschung von Hypotheken, Uebergang von Gesellschaftsantheilen an einzelne Miterben u. A., dann die Auflassung in die Auseinandersetzung aufzunehmen. Wenn nicht alle Betheiligten bei der Auseinandersetzung mitwirken, ist die in Ges. freiw. Ger. § 91 Abs. 3 mit § 93 Abs. 2 für die nicht erschienenen Betheiligten ausgesprochene Versäumnißfolge, daß unter den dortigen Voraussetzungen ihre Zustimmungserklärung als abgegeben gilt, auch auf die Auflassung anwendbar. Vergl. Schneider § 98 Anm. 5, Keidel § 93, Erläuterung letzter Absatz.

Sind alle Betheiligten im ersten Termin anwesend und über die einzelnen Punkte der Theilung einig, braucht es weder einer vorbereitenden Vereinbarung noch eines Theilungsplanes, sondern kann sofort die Auseinandersetzung beurkundet und bestätigt werden; Ges. freiw. Ger. § 93. Die Nachlaßauseinandersetzung ist dann nichts Anderes wie der bisherige Erbtheilungsvertrag, wirkt aber durch den Bestätigungsbeschluß des Notars weiter, indem nach eingetretener Rechtskraft des Bestätigungsbeschlusses jeder Betheiligte aus der Auseinandersetzung die ihm in dieser zugewiesenen Ansprüche im Wege der Zwangsvollstreckung gegen die Verpflichteten verwirklichen kann. Statt dessen kann aber in diesem Falle der Antrag auf Vermittlung der Auseinandersetzung, weil eine solche immerhin umständliche amtliche Vermittlung nicht mehr veranlaßt ist, auch zurückgezogen und die Erbtheilung oder Auseinandersetzung von den Betheiligten im Wege des Vertrags bethätigt werden, was einfacher und zweckmäßiger ist.

Wenn zwar nicht alle Betheiligten erschienen, die erschienenen aber einig sind, ist gleichfalls die Auseinandersetzung sofort zu beurkunden; eine Bestätigung kann aber erst erfolgen, wenn entweder die nicht erschienenen Betheiligten ihre Zustimmung in einer notariell beglaubigten Urkunde ertheilt haben oder nach Zustellung einer den Inhalt der Urkunde enthaltenden Mittheilung innerhalb der ihnen zur Erklärungsabgabe bestimmten Frist die Anberaumung eines neuen Termins nicht beantragt haben oder in letzterem wieder nicht erschienen sind; Ges. freiw. Ger. § 93 und 91 Abs. 3. Ein Widerspruch des nicht erschienenen Betheiligten genügt also nicht, um eine Auseinandersetzung zu vereiteln, sondern wenn ein Betheiligter mit den Vorschlägen und Anträgen der übrigen Interessenten nicht einverstanden ist und sich mit denselben nicht einigen kann, muß er entweder im ersten Termin oder in dem von ihm nach Mitteilung der von den erschienenen Betheiligten vorgenommenen Auseinandersetzung beantragten weiteren Termin erscheinen oder einen Bevollmächtigten (Ges. freiw. Ger. § 13) schicken und in diesem Termin seine Anträge stellen. Erst wenn auch in der neuerlichen Verhandlung eine Einigung nicht erzielt wird, gilt die Auseinandersetzung als gescheitert und erfolgt Verweisung auf den Rechtsweg.

Die Vereinbarung der erschienenen oder die Vorschläge des allein erschienenen Betheiligten müssen ohne weitere sachliche Prüfung bestätigt werden, sobald die Zustimmung der Nichterschienenen entweder ausdrücklich ertheilt ist oder nach Ablauf der ihnen zur weiteren Antragstellung vorgesetzten Frist als abgegeben gilt.

Auf Grund dieser gesetzlichen Präsumtion der Zustimmung der Nichterschienenen kann also, wenn letztere sich vollständig unthätig verhalten, auf Antrag eines einzigen oder einzelner Betheiligter das ganze Verfahren durchgeführt und ein Bestätigungsbeschluß erlangt werden, welcher möglicherweise die Rechte der übrigen Betheiligten wesentlich beeinträchtigt; vergl. Schneider § 91 Anm. 5, 14, 16 und 17, Keidel, Erläut. zu § 91.

Bei Betheiligung minderjähriger oder sonst bevormundeter Personen bedarf der Vormund zur Auseinandersetzung der Genehmigung des Vormundschaftsgerichtes, B.G.B. § 1822 Nr. 2, der Inhaber der elterlichen Gewalt dagegen im Allgemeinen nicht, sondern nur soweit, als im Erbtheilungsvertrage über Gegenstände verfügt wird, zu deren Verfügung der Gewaltinhaber nur mit Zustimmung des Vormundschaftsgerichts befugt ist; B.G.B. § 1643. Erst nach Ertheilung der obervormundschaftlichen Genehmigung kann die Bestätigung erfolgen.

Die Bestätigung hat in Form eines Beschlusses zu erfolgen, welcher allen Betheiligten gemäß Ges. freiw. Ger. § 16 Abs. 2*) zuzustellen ist; statt der Zustellung kann der Beschluß den anwesenden Betheiligten gemäß Ges. freiw. Ger. § 16 Abs. 3*) zu Protokoll bekannt gemacht werden. Die Zustellung erfolgt nach den für die Zustellung von Amtswegen geltenden Vorschriften der C.P.O. — vergl. Art. 3 Anm. 4 — und zwar durch Vermittlung des Notars (A.G. z. B.G.B. Art. 104 Abs. 3). Sind also alle Betheiligten bei der Auseinandersetzung anwesend, kann der Bestätigungsbeschluß sofort in den Auseinandersetzungsvertrag aufgenommen und den Betheiligten mit letzterem durch Vorlesen bekannt gegeben werden. Anderen Falls wird der Beschluß, da er den Nichtanwesenden zuzustellen ist, in einer eigenen Urkunde zu erlassen sein. Gegen den Bestätigungsbeschluß findet die sofortige Beschwerde statt (Ges. freiw. Ger. § 96), welche nach § 22 binnen einer Frist von zwei Wochen einzulegen ist; die Beschwerde geht an das Landgericht, §§ 19, 194 Abs. 1. Näheres

*) Siehe Art. 3 Anm. 4.

über Einlegung der Beschwerde und der weiteren Beschwerde, Besetzung und Entscheidung der Beschwerdegerichte s. Ges. freiw. Ger. §§ 19—30. Da der Notar, dessen Bestätigungsbeschluß mit der sofortigen Beschwerde angefochten wird, selbst Gericht erster Instanz ist, kann er nicht Namens des Beschwerdeführers die Beschwerde gegen seinen eigenen Beschluß einlegen, daher auch nicht die sofortige weitere Beschwerde gegen die Entscheidung des Beschwerdegerichts; Ges. freiw. Ger. § 29 Abs. 1. Vergl. hiezu auch G.O. § 28 Nr. 3, wonach Urkunden, welche Bestandtheile eines bei dem Notar anhängigen Auseinandersetzungsverfahrens bilden, nicht in das Geschäftsregister aufzunehmen sind.

c) Bezüglich der Gebühren des Notars für die Vermittlung einer Auseinandersetzung vergl. Not.Geb.O. Art. 47, 49, 50. Wird im Verlaufe des amtlichen Vermittlungsverfahrens eine Auseinandersetzung bezüglich eines Grundstückes, z. B. eines Anwesens, unter den Erben beurkundet, so kommt hiefür für den Staat außer der für das ganze Verfahren geltenden Pauschalgebühr des Art. 165 Geb.Ges. ($^1/_{10}$ der Sätze des § 8 R.G.K.G.) noch eigens die Mutationsgebühr des Art. 146 Nr. 1 Geb.Ges. (1% der Gegenstandssumme) zur Erhebung, während der Notar nicht die Vertragsgebühr des Art. 22 Geb.O. erhält, sondern die in Art. 47 Nr. 1 Geb.O. bestimmte Gebühr von $^5/_{10}$ und bei Betheiligung eines minderjährigen Erben $^2/_{10}$ der Sätze des § 8 R.G.K.G., welche Gebühr bei besonderer Weitläufigkeit und Schwierigkeit der notariellen Thätigkeit um $^2/_{10}$ erhöht werden kann, nach Art. 47 Abs. 3 Geb.O. auch die Beurkundung der Auseinandersetzung umfaßt. Dagegen erhält der Notar in solchen Fällen gemäß § 11 Abs. 3 A.B. vom 23. Dezember 1899, die Ausführung des Reichsgerichtskostengesetzes und des Gesetzes über das Gebührenwesen betr., und der hiezu erlassenen Bekanntmachung der K. Staatsministerien der Justiz und der Finanzen vom 2. Januar 1900 Nr. 29804 bis auf Weiteres von den von ihm nach Art. 146 Geb.Ges. perzipirten und der Staatskasse verrechneten Gebühren eine Tantieme von 10% bei einer Staatsgebühr bis zu 300 Mark für jeden einzelnen Fall; beträgt die Staatsgebühr mehr als 300 Mark, so bemißt sich die Tantieme des Notars aus dem diese Summe übersteigenden Betrage nach den Vorschriften in § 11 Abs. 2 der A.B. vom 23. Dezember 1899. Würden dagegen die Erben einen freihändigen Verkauf oder eine freiwillige Versteigerung eines Grundstücks vornehmen, so würde ein solches Rechtsgeschäft nicht zur amtlichen Vermittlung der Auseinandersetzung gehören, sondern außerhalb des Rahmens dieses Verfahrens liegen und die Gebühren des Notars gemäß Art. 50 Geb.O. nach Art. 22 Geb.O. (Vertragsgebühr) sich richten. Vergl. auch G.O. § 260 Abs. 1.

d) Da der Notar, wenn er zur amtlichen Vermittlung einer Auseinandersetzung berufen ist, richterliche Funktionen ausübt, kann er nicht gleichzeitig das Amt des Testamentsvollstreckers ausüben, G.O. § 260 Abs. 2. Ist der Notar zum Testamentsvollstrecker ernannt und wollen ihm außerdem die Erben die Vermittlung der Auseinandersetzung übertragen, so muß er das Amt des Testamentsvollstreckers entweder ablehnen oder, wenn er es schon angenommen hat, gemäß B.G.B. § 2226 künden und niederlegen.

e) Ist dem Notar nicht die Vermittlung der Auseinandersetzung übertragen, so hat er, wenn er als Testamentsvollstrecker ernannt ist, als solcher die Auseinandersetzung des Nachlasses unter mehreren Erben nach Maßgabe des B.G.B. §§ 2042 bis 2056 zu bewirken und die Erben über den Auseinandersetzungsplan zu hören; B.G.B. § 2204. Die Bestimmungen des Ges. freiw. Ger. §§ 86—98 finden hierauf aber keine Anwendung, weil das Amt des Testamentsvollstreckers privater Natur ist und demselben keine richterlichen Funktionen zukommen. Dagegen ist der Notar durch seine Eigenschaft als Testamentsvollstrecker nicht behindert, Vereinbarungen der Erben unter sich oder mit Dritten, z. B. einen Erbtheilungs- oder Kaufvertrag, oder die freiwillige Versteigerung eines zum Nachlaß gehörenden Grundstücks zu beurkunden.

Das aus der Verwaltungsbefugniß des Testamentsvollstreckers sich ergebende Verbot des § 2211 B.G.B., wonach über einen der Verwaltung des Testamentsvollstreckers unterliegenden Nachlaßgegenstand der Erbe nicht verfügen kann, hindert die Erben nicht, eine solche Verfügung mit Zustimmung des Testamentsvollstreckers zu treffen; es wird also der Notar, welcher zugleich Testamentsvollstrecker ist, bei Beurkundung eines Vertrags der Erben z. B. über ein Grundstück zunächst die Umschreibung des letzteren auf die Erben veranlassen oder zum Vollzug der Urkunde seine Zustimmung erklären und ist er deshalb noch nicht beim Vertrag betheiligt; vergl. Art. 15 Anm. 3 Ziff. 4, Pr. Abg. 653, Becher, Materialien 150.

II. Auseinandersetzung einer Gütergemeinschaft.

Das B.G.B. verordnet die Auseinandersetzung des Gesammtgutes in allen Fällen der Beendigung der Gütergemeinschaft als eine an diese Beendigung sich von selbst knüpfende nothwendige Rechtsfolge. Die Gütergemeinschaft endet zwischen den Ehegatten selbst durch Vertrag § 1432, Urtheilsspruch §§ 1468, 1469, 1542, die Errungenschaftsgemeinschaft auch bei Eröffnung des Konkurses über das Vermögen des Mannes § 1543, dann bei Auflösung der Ehe durch Scheidung und Tod, soweit letzteren Falles nicht Fortsetzung der Gütergemeinschaft eintritt. Eine Fortsetzung der Gütergemeinschaft tritt bei der allgemeinen Gütergemeinschaft auf Ableben des einen Ehegatten, wenn gemeinschaftliche Abkömmlinge vorhanden sind, kraft Gesetzes ein, B.G.B. § 1483, soferne sie nicht von den Ehegatten vertragsmäßig ausgeschlossen ist, § 1508, oder der überlebende Ehegatte sie ablehnt, § 1484, bei Fahrnißgemeinschaft dagegen umgekehrt nur, wenn sie durch Ehevertrag vereinbart ist, § 1557, während eine Fortsetzung der Errungenschaftsgemeinschaft im B.G.B. nicht vorgesehen ist. Die fortgesetzte Gütergemeinschaft endlich endet in den Fällen der §§ 1492 bis 1496 B.G.B.

Die materiellen Vorschriften des B.G.B. über Auseinandersetzung des Gesammtgutes sind enthalten für die allgemeine Gütergemeinschaft in § 1474—1481, für die Errungenschaftsgemeinschaft in § 1546, für die Fahrnißgemeinschaft in § 1549, für die fortgesetzte Gütergemeinschaft in §§ 1497—1506.

Bezüglich des Verfahrens bestimmt Ges. freiw. Ger. § 99:

> „Nach Beendigung einer ehelichen Gütergemeinschaft oder einer fortgesetzten Gütergemeinschaft finden auf die Auseinandersetzung in Ansehung des Gesammtguts die Vorschriften der §§ 86—98 entsprechende Anwendung.
>
> Für die Auseinandersetzung ist, falls ein Antheil an dem Gesammtgute zu einem Nachlasse gehört, das Amtsgericht zuständig, welches für die Auseinandersetzung in Ansehung des Nachlasses zuständig ist. Im Uebrigen ist das Amtsgericht zuständig, in dessen Bezirke der Ehemann oder bei fortgesetzter Gütergemeinschaft der überlebende Ehegatte zur Zeit der Beendigung der Gütergemeinschaft seinen Wohnsitz oder in Ermangelung eines inländischen Wohnsitzes seinen Aufenthalt hatte. Hatte der Ehemann oder der Ehegatte zu der bezeichneten Zeit im Inlande weder Wohnsitz noch Aufenthalt, so finden die Vorschriften des § 73 Abs. 2 entsprechende Anwendung."

Anm. 12. Bezüglich der in der Pfalz am 1. Januar 1900 anhängigen gerichtlichen Theilungsverfahren vergl. Ueberg.G. Art. 114 und 115, wonach ein gerichtliches Theilungsverfahren in Ansehuug der in Art. 114 bezeichneten Gemeinschaften nach den bisherigen Vorschriften nicht mehr stattfindet und ein bei einem Notar anhängiges Theilungsverfahren als ein Verfahren nach Art. 36 Ueberg.G. gilt. Ist der Erblasser vor dem 1. Januar 1900 verstorben, bestimmt sich das Rechtsverhältniß der Erben gemäß Art. 213 E.G. z. B.G.B. nach dem bisherigen Rechte, desgleichen auch bei Auseinandersetzung einer vor dem 1. Januar 1900 aufgehobenen Gütergemeinschaft; es bleibt insbesondere das Recht, die Theilung gemeinschaftlicher Gegenstände in Natur zu verlangen, in dem in Art. 826, 827 Code civil gewährten

Umfang unberührt. Dagegen sind durch Art. 114 und 115 Ueberg.G. die Vorschriften des bisherigen Rechtes über das Theilungsverfahren beseitigt und treten an deren Stelle die Vorschriften der Art. 86—99 Ges. freiw. Ger.; dies gilt insbesondere für diejenigen, welche bisher dem Theilungsverfahren ferne geblieben sind. Ein bei einem Landgericht eingereichtes Gesuch um Ermächtigung zur Vornahme der Theilung gilt als ein an den im Gesuche bezeichneten Notar gerichteter Antrag auf Einleitung des Vermittlungsverfahrens; das Landgericht hat daher das Gesuch an den Notar abzugeben. Ist in dem Gesuch ein Notar nicht bezeichnet, so ist das Gesuch den Gesuchstellern als gegenstandslos zurückzugeben. Vergl. Verhdlg. d. Just. Ges. Aussch. d. K. Abg. Beil. Bd. XX Abth. I S. 290, Abth. II S. 529, Pr. R. R. XVI, Becher, Materialien VII S. 68, 157, 254.

Anm. 13. In allen Fällen, in welchen eine zu einer Eintragung in ein öffentliches Buch oder Register erforderliche Erklärung eines Betheiligten notariell beurkundet oder beglaubigt wird, ist der Notar zuständig, die Eintragung im Namen des Antragstellers zu beantragen, ohne daß er hiezu einer Vollmacht bedarf; vgl. Gr.B.O. §§ 15, 80, Ges. freiw. Ger. §§ 71, 100, 129, 159, 161. Vergl. die Vorschriften über die Führung des Handelsregisters vom 24. Dezember 1899, J.M.Bl. S. 815, §§ 49, 50, 52, 55, 56, 57, 59, 183.

Anm. 14. Für Vollmachten ist nach dem B.G.B. eine besondere Form insbesondere öffentliche Beurkundung oder Beglaubigung in der Regel nicht erforderlich und bedarf nach B.G.B. § 167 Abs. 2 die Erklärung über Vollmachtsertheilung nicht der Form, welche für das Rechtsgeschäft bestimmt ist, auf das sich die Vollmacht bezieht. Siehe auch B.G.B. §§ 169—176. Ausnahmsweise ist öffentlich beglaubigte Form vorgeschrieben für die Vollmacht zur Ausschlagung einer Erbschaft, B.G.B. § 1945 Abs. 2, für die Prozeßvollmacht auf Verlangen des Gegners, C.P.O. § 80 Abs. 2, in Angelegenheiten der freiwilligen Gerichtsbarkeit auf Anordnung des Gerichts oder auf Verlangen eines Betheiligten, Ges. freiw. Ger. § 13, in Grundbuchssachen für die Vollmacht zu Eintragungsbewilligungen und anderen zu einer Eintragung erforderlichen Erklärungen, Gr.B.O. § 29, 30, in Handelssachen für die Vollmacht zur Anmeldung zum Handelsregister, H.G.B. § 12, bei Gesellschaften m. b. H. für die Vollmacht zur Unterzeichnung des Gesellschaftsvertrages, Gesellsch. Ges. § 2 Abs. 2. Die öffentliche Beglaubigung wird durch die öffentliche d. i. notarielle Beurkundung ersetzt, B.G.B. § 129 Abs. 2.

Anm. 15. Ueber Zuständigkeit der Notare zur Feststellung des Zustands von Personen und Sachen, dann zur Vornahme von Schätzungen, vergl. G.O.:

> § 267: „In den Fällen, in denen nach den Vorschriften des bürgerlichen Rechtes Jemand den Zustand oder den Werth einer Sache durch Sachverständige feststellen lassen kann (B.G.B. §§ 1034, 1067, 1372, 1439, 1528, 1550, 2122, H.G.B. §§ 438, 464, 608, 609), sind die Notare für die Ernennung, Beeidigung und Vernehmung der Sachverständigen in amtlichen Verfahren nicht zuständig. Diese Geschäfte gehören vielmehr nach § 164 des Gesetzes über die Angelegenheiten der freiwilligen Gerichtsbarkeit ausschließlich zur Zuständigkeit der Amtsgerichte.
>
> Dagegen kann, abgesehen von diesem amtlichen Verfahren, die notarielle Beurkundung unbeeidigter freiwilliger Aussagen über den Zustand oder den Werth einer Sache oder über den geistigen oder körperlichen Zustand einer Person von jedem begehrt werden, der daran ein rechtliches Interesse hat."
>
> § 268: „Der Notar selbst kann auf Ersuchen seine Wahrnehmungen über die Beschaffenheit einer Sache, den geistigen oder körperlichen Zustand einer Person in einer notariellen Urkunde feststellen.
>
> Er hat sich jedoch hiebei der Rolle des Sachverständigen zu enthalten und die Feststellung nur dann vorzunehmen, wenn der Zustand so deutlich zu Tage

liegt, daß es vernünftigem Ermessen nach der Hilfe eines Sachverständigen nicht bedarf."

§ 269: „Nach Artikel 87 des Ausführungsgesetzes zum Bürgerlichen Gesetzbuche sind die Notare neben den Amtsgerichten zuständig, die Sachverständigen zu vernehmen, durch welche der Eigenthümer eines Grundstücks den Werth des Grundstücks mit Rücksicht auf die Sicherheit von Hypotheken, Grundschulden oder Rentenschulden feststellen lassen kann.

Die Aufstellung der Sachverständigen und ihre Beeidigung erfolgt durch das Amtsgericht, dem Notare obliegt nur die Vernehmung des vom Amtsgericht aufgestellten und beeidigten Sachverständigen. Bei der Vernehmung hat der Notar die dafür von den Staatsministerien der Justiz und des Innern aufgestellten Vorschriften einzuhalten."

§ 270: „In den Landestheilen r. d. Rh. sind die Notare bis zur Anlegung des Grundbuchs zuständig neben den Amtsgerichten nach Maßgabe des § 132 des Hypothekengesetzes, des § 14 der Instruktion für die Schätzungen in Hypothekensachen vom 13. März 1823 und der Justizministerialentschließung vom 10. Oktober 1862 (J.M.Bl. 1863 S. 40 *), bei den Hypothekenschätzungen durch Vernehmung der Schätzmänner auf Ersuchen des Gerichts oder der Betheiligten mitzuwirken."

Artikel 2.

Die Notare sind zuständig:

1. für die Aufnahme von Vermögens- und Nachlaßverzeichnissen;
2. für die Anlegung und die Abnahme von Siegeln;
3. für die Vornahme von öffentlichen Versteigerungen.

Entwurf Art. 2; Motive 430; Prot. Abg. 630; Becher, Materialien 38. 107.

Anm. 1. Die Zuständigkeit der Notare erstreckt sich nicht nur auf die Aufnahme der vom B.G.B. geforderten amtlichen Verzeichnisse (Zusammenstellung siehe Art. 1 Anm. 2 A VII), sondern auf alle amtlichen Vermögensverzeichnisse des bürgerlichen Rechtes, z. B. Renten- und Vermögens-Nachweise. Die Zuständigkeit zur Aufnahme umfaßt ferner die Zuständigkeit zur Mitwirkung bei der Aufnahme; vergl. B.G.B. § 1802 Abs. 2, wonach der Vormund bei der von ihm selbst zu bethätigenden Aufnahme des Vermögensverzeichnisses sich der Hilfe eines Notars bedienen kann.

Da nach § 75 der M.Bktm. vom 31. Dezember 1899, die Nachlaßbehandlung betr., der Gerichtsschreiber das Inventar nicht immer an Ort und Stelle errichten muß, wird auch der Notar in einfacheren Fällen die ihm übertragene Inventarserrichtung nicht an Ort und Stelle, sondern in seinen Amtsräumen beurkunden dürfen.

Anm. 2. Zur Anlegung und Abnahme von Siegeln kann der Notar nicht nur von einer Behörde, z. B. dem Nachlaß- oder Vormundschaftsgerichte, sondern auch von Privaten ersucht werden, wenn Jemand außerhalb eines behördlichen Verfahrens an der Siegelung ein rechtliches Interesse hat, z. B. behufs Feststellung eines thatsächlichen Zustandes, amtlichen Abschlusses eines verlassenen Raumes oder hinterlassener Behältnisse.

Bei Abnahme von Siegeln, welche andere Behörden oder der Notar selbst angelegt haben, ist zu konstatiren, ob solche unverletzt befunden worden sind.

Nach G.O. § 274 hat der Notar, wenn er vom Nachlaßgericht zum Zwecke der Sicherung eines Nachlasses um Vornahme einer Siegelung ersucht wird, bei der Ausführung der Siegelung nach Maßgabe der Bestimmungen über das Nachlaßwesen (M.Bktm. vom 31. Dezember 1899, J.M.Bl. 1900 S. 1) und nach Maßgabe der vom Gericht gegebenen besonderen Anweisungen zu verfahren. Gleiches gilt von der Entsiegelung in Nachlaßsachen und von der Aufnahme eines Nachlaßverzeichnisses im Auftrage des Gerichts. Die vom Notar hierüber errichteten Urkunden sind in Urschrift an das Nachlaßgericht abzugeben; vergl. auch Nachlaßordnung vom 31. Dezember 1899 § 19 und 20.

Anm. 3. Vergl. M.Bktm. vom 31. Dezember 1899, das Nachlaßwesen betr., J.M.Bl. 1900 S. 1 § 2—23.

Nach § 7 dieser M.Bktm. sind Gelder, Werthpapiere oder Kostbarkeiten, die zum Nachlasse gehören und bei der Siegelung vorgefunden werden, wenn das Nachlaßgericht nicht ausdrücklich ein Anderes angeordnet hat, zu verzeichnen und bei der Hinterlegungsstelle zu hinterlegen; ausnahmsweise können sie auch im Einverständnisse mit den anwesenden Betheiligten an dem bisherigen Verwahrungsorte belassen werden, wenn sie hier unter einen sicheren Verschluß gebracht werden können.

Wegen der Hinterlegungsstelle, des Verfahrens und der Gebühren der Hinterlegung siehe A.V. vom 18. Dezember 1899, das gerichtliche Hinterlegungswesen betr. (Hinterlegungsordnung), G.V.Bl. 1899 S. 1033, J.M.Bl. 1899 S. 1057, F.M.Bl. 1900 S. 5, A.V. vom 25. Dezember 1899, die Erhebung von Hinterlegungsgebühren betr., G.V.Bl. 1899 S. 1235, J.M.Bl. 1899 S. 1074, F.M.Bl. 1900 S. 24, M.Bktm. vom 23. Dezember 1899, die Behandlung der Depositen bei den K. Bankkassen betr., G.V.Bl. 1899 S. 1240, M.Bktm. vom 27. Dezember 1899, die Errichtung von gemeinsamen Hinterlegungsstellen betr., G.V.Bl. 1899 S. 1248, J.M.Bl. 1899 S. 1079, F.M.Bl. 1900 S. 29, M.Bktm. vom 28. Dezember 1899, die Geschäftsführung der amtsgerichtlichen Hinterlegungsstellen betr., F.M.Bl. 1900 S. 30, J.M.Bl. 1899 S. 1080, M.Bktm. vom 28. Dezember 1899, die Uebertragung der Besorgung des gerichtlichen Hinterlegungswesens an die K. Bank betr., G.V.Bl. 1899 S. 1249, J.M.Bl. 1899 S. 1115, F.M.Bl. 1900 S. 65, M.Bktm. vom 28. Dezember 1899, die Besorgung des gerichtlichen Hinterlegungswesens durch die K. Bank betr., J.M.Bl. 1899 S. 1116, F.M.Bl. 1900 S. 66, M.Bktm. vom 28. Dezember 1899, die Anlage der gerichtlichen Depositen bei der K. Bank betr., J.M.Bl. 1899 S. 1121, F.M.Bl. 1900 S. 71, M.Bktm. vom 30. Dezember 1899, das Reglement für die Hinterlegungsstellen der K. Bank betr., J.M.Bl. 1899 S. 1124, F.M.Bl. 1900 S. 74, M.Bktm. vom 12. Januar 1900, die Erhebung der Hinterlegungsgebühren betr., F.M.Bl. 1900 S. 81.

Anm. 4. Die Zuständigkeit zur Vornahme von öffentlichen Versteigerungen erstreckt sich auf freiwillige und Zwangsversteigerungen, bewegliche und unbewegliche Sachen; siehe oben Art. 1 Anm. 1 A VIII und H. Mobiliarversteigerungen durch Notare werden übrigens, von den in den Weingegenden besonders in der Pfalz üblichen Weinversteigerungen abgesehen, wohl nur selten vorkommen, da die Notare diese Geschäfte gerne den Gerichtsvollziehern und Auktionatoren überlassen und mit diesen nicht konkurriren wollen.

Zur Vornahme der Versteigerung gehört nicht nur die Beurkundung der Versteigerungsverhandlung durch Aufnahme des Versteigerungsprotokolls, sondern der ganze Versteigerungsakt, insbesondere Entscheidung über Zulassung oder Zurückweisung eines Gebotes und Ertheilung des Zuschlags; die Vereinnahmung des Strichschillings ist zwar kein nothwendiger Bestandtheil des Versteigerungsgeschäftes, kann aber auf Verlangen des Ansteigerers vom Notar geschehen; vergl. Art. 4 Anm. 1.

Anm. 5. Bei Protokollirung von freiwilligen Versteigerungen gelten nach Ges. freiw. Ger. § 181 Bieter nicht als Betheiligte, sofern sie nicht an ihr Gebot gebunden bleiben; entfernt sich ein solcher Bieter, d. h. derjenige, dessen Gebot den Zuschlag erhält, vor dem Schluß der Verhandlung, so genügt an Stelle seiner Unterschrift die Angabe des Grundes, aus welchem sie unterblieben ist. Der Bieter ist an sein Gebot gebunden, sobald es abgegeben ist; das Gebot erlischt, wenn ein Uebergebot abgegeben oder die Versteigerung ohne Ertheilung des Zuschlags geschlossen wird; B.G.B. § 156. Gemäß dieser Vorschrift des § 181 Ges. freiw. Ger. können die Angehörigen des Notars (vergl. Ges. freiw. Ger. § 170 Nr. 2 und 3) wohl als Bieter, nicht aber als Ansteigerer auftreten, weil der Notar entgegen der bisherigen Bestimmung des rechtsrheinischen Notariatsgesetzes Art. 47 Abs. 2 ihr Meistgebot und den Zuschlag an sie nicht beurkunden darf; Schneider § 181 Anm. 2, Keidel § 191. In Folge dessen empfiehlt es sich für Angehörige des Notars nicht, mitzubieten, da ihnen der Zuschlag doch nicht ertheilt werden könnte und sie sich nur dem Verdachte aussetzen würden, als ob sie nur mitbieten, um das Gebot hinaufzutreiben. Durch ein Mitbieten von Angehörigen des Notars würde sogar, weil ein früherer dritter Bieter an sein Gebot nicht mehr gebunden ist, ein Resultat der Versteigerung in Frage gestellt werden, wenn das Gebot eines Angehörigen des Versteigerungsbeamten nicht überboten wird, wegen dieses Verwandtschaftsverhältnisses zu letzterem aber den Zuschlag nicht erhalten kann. Vergl. G.O. § 223 Nr. 1.

Als weitere Folge der in Ges. freiw. Ger. § 181 gegebenen Vorschrift braucht nur derjenige Bieter, welcher den Zuschlag erhält, das Versteigerungsprotokoll zu unterschreiben und wird auch dessen Unterschrift, wenn er sich vorzeitig entfernt hat, durch die Angabe des Grundes, aus welchem sie unterblieben ist, ersetzt, ohne daß der Mangel der Unterschrift die Rechtsgiltigkeit des Protokolls beeinflußt. Vergl. G.O. § 223 Nr. 2, §§ 224—226.

Anm. 6. A. Das Verfahren bei der Zwangsversteigerung von Grundstücken richtet sich gemäß E.G. z. B.G.B. Art. 189 nach den bisherigen Vorschriften, bis das Grundbuch als angelegt anzusehen ist, d. i. also nach den Bestimmungen des Gesetzes vom 23. Februar 1879, die Zwangsvollstreckung in das unbewegliche Vermögen wegen Geldforderungen betr. (Subhastationsordnung), mit der Novelle hiezu vom 29. Mai 1886, Aenderungen der Bestimmungen über die Zwangsvollstreckung in das unbewegliche Vermögen betr. Für die Uebergangszeit vergl. die Uebergangsbestimmungen in A.G. z. Gr.B.O.:

> Art. 52: „Das Gesetz vom 23. Februar 1879, die Zwangsvollstreckung in das unbewegliche Vermögen wegen Geldforderungen betreffend, und das Gesetz vom 29. Mai 1886, Aenderungen der Bestimmungen über die Zwangsvollstreckung in das unbewegliche Vermögen betreffend, werden aufgehoben.
>
> Die Vorschrift des Art. 42*) des Gesetzes vom 29. Mai 1886 bleibt jedoch für die Hypotheken in Kraft, welche schon zu der Zeit bestehen, zu welcher das Grundbuch als angelegt anzusehen ist."
>
> Art. 53: „Die Vorschriften der Artikel 1—52 treten für jeden Grundbuchbezirk mit dem Zeitpunkt in Kraft, in welchem das Grundbuch als angelegt anzusehen ist."
>
> Art. 54: „Von dem Inkrafttreten des Bürgerlichen Gesetzbuchs an erfolgt die nach Art. 55 Abs. 1 Ziff. 1 des Gesetzes vom 23. Februar 1879 als gesetzliche Versteigerungsbedingung geltende Verzinsung des Kaufpreises mit vier vom Hundert."
>
> Art. 55: „Von der Verkündigung dieses Gesetzes an soll in dem Falle des Art. 66 Abs. 2 des Gesetzes vom 23. Februar 1879 die in dem Art. 64 Abs. 1 Ziff. 1 desselben Gesetzes vorgeschriebene Anheftung wiederholt werden."

---

*) Siehe Art. 45 Anm. 1 am Ende.

Subh.O. Art. 64 Abs. 1 Ziffer 1:

„Der Versteigerungsbeamte hat einen Auszug der Versteigerungsbekanntmachung spätestens einen Monat vor dem Termine

1. in der Gemeinde, in welcher das beschlagnahmte Grundstück belegen ist, in der Pfalz überdies in der Gemeinde des Wohnorts des Schuldners, falls derselbe in einer anderen Gemeinde der Pfalz wohnt, an dem hiefür üblichen Platze durch einen Gerichtsvollzieher anheften zu lassen."

Subh.O. Art. 66 Abs. 2:

„Hat die Versteigerung nach Beseitigung des Hindernisses stattzufinden, so ist die desfallsige Ankündigung wenigstens zwei Wochen vor dem neuen Termine durch eben diese Blätter zu veröffentlichen. Die Ankündigung hat unter Bezugnahme auf die frühere zu erfolgen und etwaige Abänderungen zu enthalten."

Hiezu vergl. M.Bktm. vom 1. Juli 1899, die Veröffentlichung der Versteigerungsbekanntmachung betr., J.M.Bl. 1899 S. 165:

„Die Notare werden hiemit auf die im Artikel 55 des Ausführungsgesetzes vom 9. Juni ds. Js. zu der Grundbuchordnung und dem Gesetz über die Zwangsversteigerung und die Zwangsverwaltung enthaltene Vorschrift aufmerksam gemacht, daß von der Verkündung dieses Gesetzes, d. i. vom 1. Juli d. Js. an, in dem Falle des Art. 66 Abs. 2 des Gesetzes vom 23. Februar 1879, die Zwangsvollstreckung in das unbewegliche Vermögen wegen Geldforderungen betreffend, die in dem Art. 64 Abs. 1 Ziff. 1 desselben Gesetzes vorgeschriebene Anheftung wiederholt werden soll."

Vergl. auch G.O. § 227.

B. Von dem Zeitpunkt an, in welchem das Grundbuch als angelegt anzusehen ist (vergl. Gr.B.O. § 82), gelten für jeden Grundbuchbezirk die Bestimmungen des Gesetzes über die Zwangsversteigerung und die Zwangsverwaltung vom 24. März 1897 gemäß E.G. z. Zw.V.Ges. § 1:

„Das Gesetz über die Zwangsversteigerung und die Zwangsverwaltung tritt, soweit es die Schiffe betrifft, gleichzeitig mit dem Bürgerlichen Gesetzbuch, im Uebrigen für jeden Grundbuchbezirk mit dem Zeitpunkt in Kraft, in welchem das Grundbuch als angelegt anzusehen ist.

Die Art. 2--5, 32, 55 des E.G. z. B.G.B. finden entsprechende Anwendung."

Für die Zuständigkeit der Notare als Versteigerungsbeamte sind maßgebend: E.G. z. Zw.V.G. § 13:

„Durch Landesgesetz kann bestimmt werden, daß die in dem Gesetz über die Zwangsversteigerung und die Zwangsverwaltung dem Vollstreckungsgerichte zugewiesenen Amtshandlungen, soweit nicht über die Anordnung, Aufhebung oder Verbindung des Verfahrens oder über die Zulassung des Beitritts eines Gläubigers zu entscheiden ist, von einer anderen Behörde oder einem Beamten oder einem Notare ganz oder theilweise wahrzunehmen sind.

Wird die Aenderung einer Entscheidung der Behörde, des Beamten oder des Notars verlangt, so ist die Entscheidung des Vollstreckungsgerichts nachzusuchen; auf das Verfahren finden die Vorschriften der §§ 96—104 des bezeichneten Gesetzes entsprechende Anwendung. Die Beschwerde findet gegen die Entscheidung des Vollstreckungsgerichts statt,"

und A.G. z. Gr.B.O. Art. 25:

„Ordnet das Vollstreckungsgericht die Zwangsversteigerung an, so hat es zugleich die Ausführung der Versteigerung einem Notar als Versteigerungsbeamten zu übertragen.

Dem Versteigerungsbeamten obliegen die auf die Versteigerung bezüglichen Amtshandlungen von der Terminsbestimmung an mit Einschluß der Entscheidung über den Zuschlag; er entscheidet während der Dauer des auf die Versteigerung bezüglichen Verfahrens auch über die einstweilige Einstellung des Verfahrens und über die Fortsetzung des einstweilen eingestellten Verfahrens, soweit die Entscheidung in dem Gesetz über die Zwangsversteigerung und die Zwangsverwaltung dem Vollstreckungsgerichte zugewiesen ist. Bei den von Amtswegen erfolgenden Zustellungen obliegen dem Versteigerungsbeamten auch die Verrichtungen des Gerichtsschreibers.

Aendert das Vollstreckungsgericht die Entscheidung des Versteigerungsbeamten über den Zuschlag, so kann es die Ausführung der Versteigerung einem anderen Notar übertragen.

Auf die Ausschließung und die Ablehnung des Versteigerungsbeamten finden die für die Ausschließung und Ablehnung von Richtern geltenden Vorschriften entsprechende Anwendung. Die Entscheidung erfolgt durch das Vollstreckungsgericht."

Die Vorschriften für die Ausschließung und Ablehnung von Richtern sind in C.P.O. §§ 41—48 enthalten; vergl. Art. 14 Anm. 1 A II b und Art. 15 Anm. 2.

Anm. 7. Nach G.O. 171 kann, wenn in einem Protokolle verschiedene Rechtsgeschäfte neben einander beurkundet werden, das Vorlesen, Genehmigen und Unterschreiben für die einzelnen Rechtsgeschäfte gesondert stattfinden. Dies gilt namentlich für Versteigerungen, wenn nicht sämmtliche Ansteigerer bis zum Schlusse der ganzen Versteigerung beisammen bleiben, sondern diejenigen Meistbietenden, welche früher zum Zuge gekommene Gegenstände ersteigert haben, sich an der Versteigerung nicht weiter betheiligen wollen. Es besteht kein Bedenken dagegen, daß ein solcher Betheiligter sofort nach der Beurkundung seines Meistgebots unterschreibt und sich entfernt, während die Unterschrift des Versteigerers und Siegel und Unterschrift des Notars erst nach der Beurkundung der ganzen Verhandlung mit Wirksamkeit für alle Einzelakte am Schlusse der Urkunde beigesetzt wird. Das gleiche Verfahren kann auch bei anderen ähnlich gelagerten Fällen, z. B. bei der Zusammenfassung einer Mehrzahl von Grundabtretungen zu öffentlichen Zwecken, sich als zweckmäßig erweisen.

Durch diese instruktionelle Vorschrift der Geschäftsordnung für die Notariate ist die bisher in Theorie und Praxis wie auch von den Aufsichtsstellen verschieden gehandhabte Frage, ob bei notariellen Urkunden, welche eine Mehrzahl von Rechtsgeschäften, z. B. eine Reihe von Theilkäufen bei einer Anwesenszertrümmerung, umfassen, die Unterschrift sämmtlicher Betheiligter am Schlusse der ganzen Urkunde unbedingt erforderlich sei, damit solche als öffentliche Urkunde gelten könne, oder wenigstens jeder Theilverhandlung die Unterschriften beider Vertragstheile und die amtliche Fertigung des Notars und dessen Siegel beizufügen seien, im Sinne der weitaus überwiegenden Praxis entschieden.

Artikel 3.

Die Notare sind, soweit nicht ein Anderes bestimmt ist, zuständig für die Abnahme von Versicherungen an Eidesstatt, die abgegeben werden, um einer öffentlichen Behörde eine thatsächliche Behauptung oder eine Aussage glaubhaft zu machen.

Durch die Geschäftsordnung kann den Notaren die eidliche Vernehmung von Zeugen und Sachverständigen, die Abnahme von Eiden und die Bewirkung von Zustellungen in den Fällen übertragen werden, in denen die eidliche Vernehmung, die Abnahme des Eides oder die Zustellung nach dem Rechte eines ausländischen Staates oder nach der Bestimmung einer ausländischen Behörde von einem Notar vorgenommen werden soll.

Pfalz Code de procédure civile Art. 943 Nr. 8; Entwurf Art. 3; Motive 430; Prot. Abg. 631; Becher, Materialien 39. 108.

Anm. 1. Die künftige Zuständigkeit der Notare zur Abnahme von Versicherungen an Eidesstatt ist eine Folge der den Notariaten in Art. 6 verliehenen Eigenschaft staatlicher Behörden. Die Zuständigkeit der Notare ist aber nicht ausschließlich, sondern konkurrirend mit den übrigen Behörden, welche innerhalb ihres amtlichen Wirkungskreises schon bisher hiezu zuständig waren, so die Verwaltungs- und Disziplinarbehörden, dann im Verfahren vor dem Verwaltungsgerichtshofe und in Sachen des Militärstrafverfahrens. In dem Falle des B.G.B. § 2356 Abs. 2 (Nachweise zur Erwirkung eines Erbscheines) sind die Notare neben dem Nachlaßgerichte ausdrücklich zur Abnahme der Versicherung an Eidesstatt für zuständig erklärt. Insoweit gewisse Versicherungen an Eidesstatt nur vor bestimmten anderen Behörden abgegeben werden können, z. B. in Steuersachen, verbleibt es hiebei und ist die Zuständigkeit der Notare ausgeschlossen.

Anm. 2. Nach A.G. z. C.P.O. und K.O. Art. 14 (21) (s. Anm. 7) ist zur Eidesmündigkeit wie zur Versicherung an Eidesstatt die Zurücklegung des sechzehnten Lebensjahres erforderlich.

Anm. 3. Die Glaubhaftmachung einer thatsächlichen Behauptung z. B. des Vorhandenseins eines rechtlichen Interesses oder einer Aussage kann vom Gesetze vorgeschrieben sein, so B.G.B. § 1597 Abs. 2, § 1953 Abs. 3, § 1994 Abs. 2, §§ 2010, 2228, 2264, Ges. freiw. Ger. § 22 Abs. 2, § 34, 85, 92, 93 Abs. 2, § 137, C.P.O. §§ 707, 710, 712, 769, 805 Abs. 4, §§ 807, 815 Abs. 2, §§ 903, 914, 920 Abs. 2, §§ 963, 986, 1043, oder durch den Privatwillen der Betheiligten zu irgend einem rechtserheblichen Zwecke herbeigeführt werden und kann gemäß C.P.O. § 294 in allen Fällen durch Versicherung an Eidesstatt erfolgen. Ein Zwang zur Abgabe der Versicherung ist selbstverständlich ausgeschlossen.

Nach G.O. § 262 haben die Notare bei der Abnahme von Versicherungen an Eidesstatt das den Gerichten für solche Fälle vorgeschriebene Verfahren einzuhalten. Ueber den Hergang ist ein Protokoll aufzunehmen; das Protokoll kann den Betheiligten in Urschrift ausgefolgt werden.

Anm. 4. Zur eidlichen Vernehmung von Zeugen und Sachverständigen sowie zur Abnahme von Eiden in inländischen Angelegenheiten sind die Notare nicht zuständig, sondern verbleibt es bei der ausschließlichen Zuständigkeit der einschlägigen Gerichte und Behörden; vergl. G.O. § 263.

Zur Bewirkung von Zustellungen in inländischen Angelegenheiten sind zunächst die Notare wie bisher zuständig, die von ihnen beurkundete Erklärung eines Betheiligten (Kündigung, Zahlungsaufforderung, Widerruf einer Vollmacht u. dergl.) einem Dritten, dem Schuldner, Mandatar u. s. w. zuzustellen. Da aber nach B.G.B. § 132 eine Willenserklärung dann als zugegangen gilt, wenn sie durch Vermittlung eines Gerichtsvollziehers zugestellt worden ist, darf der Notar, wenn Zustellung durch die Post stattfinden soll, dieselbe nicht vermitteln, sondern es muß die Partei — oder in ihrem Namen der Notar — sich wegen Bewirkung der Zustellung an den Gerichtsvollzieher wenden. Ausgeschlossen ist natürlich nicht die persönliche Uebergabe der Urkunde über die Erklärung oder einer Ausfertigung an denjenigen, dem die Erklärung gemacht werden soll; hier beweist die von dem Notar über die Uebergabe errichtete Urkunde unmittelbar, daß die Erklärung dem Adressaten zugegangen ist, und es bedarf der gesetzlichen Fiktion (gilt als zugegangen) nicht mehr. Vergl. G.O. § 201.

Außerdem obliegt den Notaren bei Vermittlung der Auseinandersetzung eines Nachlasses oder einer Gütergemeinschaft sowie in Subhastationssachen als Versteigerungsbeamten auf Grund A.G. z. B.G.B. Art. 104 Abs. 3 und A.G. z. Gr.B.O. Art. 25 Abs. 2 an Stelle des Gerichtsschreibers die Vornahme der von Amtswegen erfolgenden Zustellung, desgleichen nach G.O. § 203 auch bei dem amtlichen Verfahren über die Eröffnung von Testamenten und Erbverträgen.

Die Vorschriften über die von Amtswegen erfolgenden Zustellungen sind enthalten in

Ges. freiw. Ger. § 16: „Gerichtliche Verfügungen werden mit der Bekanntmachung an denjenigen, für welchen sie ihrem Inhalte nach bestimmt sind, wirksam.

Die Bekanntmachung erfolgt, wenn mit ihr der Lauf einer Frist beginnt, durch Zustellung nach den für die Zustellung von Amtswegen geltenden Vorschriften der Civilprozeßordnung; durch die Landesjustizverwaltung kann jedoch für Zustellungen im Ausland eine einfachere Art der Zustellung angeordnet werden. In denjenigen Fällen, in welchen mit der Bekanntmachung nicht der Lauf einer Frist beginnt, soll in den Akten vermerkt werden, in welcher Weise, an welchem Orte und an welchem Tage die Bekanntmachung zur Ausführung gebracht ist; durch die Landesjustizverwaltung kann näher bestimmt werden, in welcher Weise in diesen Fällen die Bekanntmachung zur Ausführung gebracht werden soll.

Einem Anwesenden kann die Verfügung zu Protokoll bekannt gemacht werden. Auf Verlangen ist ihm eine Abschrift der Verfügung zu ertheilen."

§ 89, 91, 93 und 95 siehe Art. 1 Anm. 10 I.

Dann C.P.O. § 208: Auf die von Amtswegen zu bewirkenden Zustellungen finden die Vorschriften über die Zustellungen auf Betreiben der Parteien entsprechende Anwendung, soweit nicht aus den nachfolgenden Bestimmungen sich Abweichungen ergeben.

§ 209: „Für die Bewirkung der Zustellung hat der Gerichtsschreiber Sorge zu tragen."

§ 210: „Die Beglaubigung der bei der Zustellung zu übergebenden Abschrift geschieht durch den Gerichtsschreiber."

§ 211: „Der Gerichtsschreiber hat das zu übergebende Schriftstück in einem durch das Gerichtssiegel verschlossenen, mit der Adresse der Person, an welche zugestellt werden soll, versehenen und mit einer Geschäftsnummer bezeichneten Briefumschlag einem Gerichtsdiener oder der Post zur Zustellung auszuhändigen. Auf den Briefumschlag ist der Vermerk zu setzen: Vereinfachte Zustellung.

Die auf dem Briefumschlag angegebene Geschäftsnummer ist in den Akten zu vermerken.

Die Vorschrift des § 194 Abs. 2 findet keine Anwendung."

§ 213: „Ist die Zustellung durch Aufgabe zur Post (§ 175) erfolgt, so hat der Gerichtsschreiber in den Akten zu vermerken, zu welcher Zeit und unter welcher Adresse die Aufgabe geschehen ist. Der Aufnahme einer Zustellungsurkunde bedarf es nicht."

Vergl. ferner G.O. § 203 und M.Bktm. vom 16. Dezember 1899, die Ausführung der Zustellungen von Amtswegen betr., J.M.Bl. 475.

Anm. 5. Ueber Form der notariellen Zustellungsurkunde vergl. Art. 33, wonach es der Aufnahme eines Protokolls nicht bedarf.

Anm. 6. Bezüglich Zuständigkeit der Notare zur eidlichen Vernehmung von Zeugen und Sachverständigen, Abnahme von Eiden und Bewirkung von Zustellungen in ausländischen Angelegenheiten und Verfahren hiebei vergl. G.O.

§ 263: „Eine Beeidigung findet in inländischen Angelegenheiten durch die Notare nicht statt.

In ausländischen Angelegenheiten ist sie insoweit ausgeschlossen, als es sich um Strafsachen handelt. Im Uebrigen werden in ausländischen Angelegenheiten die Notare auf Grund des Art. 3 des Notariatsgesetzes vom 9. Juni 1899 zur eidlichen Vernehmung von Zeugen und Sachverständigen und zur Abnahme von Eiden insoweit für zuständig erklärt, als nach dem fremden Rechte oder nach der Bestimmung einer fremden Behörde die eidliche Vernehmung oder Beeidigung von einem Notar vorgenommen werden soll (z. B. in gewissen englischen Konkurssachen, amerikanischen und englischen Pensions- und Rentenangelegenheiten 2c.)."

§ 264: „Der Nachweis, daß die Vernehmung und Beeidigung zum Zwecke der Verfolgung von Rechten im Auslande geschehen soll und daß ihre Vornahme durch den Notar nach den maßgebenden ausländischen Bestimmungen zulässig und erforderlich ist, braucht nicht durch förmliche Bestätigung Seitens der berufenen ausländischen und inländischen Behörden geführt zu werden. Es soll vielmehr regelmäßig die glaubhafte Versicherung der Betheiligten genügen."

§ 265: „Die Betheiligten, die Zeugen und die Sachverständigen sollen, wenn sie nicht unmittelbar auf Ersuchen desjenigen, der die Vernehmung oder Beeidigung veranlaßt, bei Amt erscheinen, nicht im Wege der förmlichen behördlichen Ladung vor den Notar berufen, sondern im Namen dessen, der die Vernehmung veranlaßt, zum Erscheinen eingeladen werden.

Irgend ein Zwang zum Erscheinen, zur Abgabe einer Erklärung oder zur Eidesleistung findet nicht statt."

§ 266: „Die Vernehmung und Beeidigung geschieht nach den Vorschriften der Civilprozeßordnung durch den Notar. Auch die Beurkundung des Hergangs geschieht durch den Notar allein. Zieht der Notar zur Führung des Protokolls einen Gehilfen bei, so ist dieser nicht als Mitwirkender aufzuführen.

Wird um die Einhaltung besonderer Förmlichkeiten ersucht, so kann diesem Ersuchen stattgegeben werden, wenn kein inländisches Verbotsgesetz und auch sonst kein begründetes Bedenken entgegensteht."

§ 202: „Soll die Zustellung einer im Ausland ergangenen Erklärung, Eröffnung oder Verfügung nach dem maßgebenden ausländischen Rechte durch einen Notar erfolgen, so kann diese Zustellung innerhalb Bayerns durch einen bayerischen Notar vorgenommen werden. Sie soll jedoch von dem Notar nur dann übernommen werden, wenn sie innerhalb des Amtsgerichtsbezirkes, in welchem das Notariat seinen Sitz hat, ausgeführt werden kann.

Die Zustellung soll in der Weise ausgeführt werden, daß der Notar derjenigen Person, welcher zugestellt werden soll, das zuzustellende Schriftstück bei Amt, oder wenn dies nicht geschehen kann, in ihrer Wohnung persönlich übergibt und hierüber eine Urkunde errichtet."

Anm. 7. Wegen Eidesmündigkeit und Betheuerung an Eidesstatt vergl. A.G. z. C.P.O. und K.O.:

Art. 14 (21): „Personen, welche das sechzehnte Lebensjahr nicht zurückgelegt haben, darf, soweit nicht die Reichsgesetze hierüber bestimmen, ein Eid oder eine Versicherung an Eidesstatt von öffentlichen Behörden nicht abgenommen werden."

Art. 15 (22): „Mitgliedern von Religionsgesellschaften, deren Bekenntniß die Eidesleistung untersagt, ist an Stelle des Eides die dem Bekenntniß entsprechende Betheuerung gestattet."

Zu letzterer Bestimmung (Betheuerung an Eidesstatt) vergl. C.P.O. § 484 und Böhm S. 37, wonach den Mennoniten nach Allerhöchster Verordnung vom 20. Oktober 1811 die Betheuerung an Eidesstatt durch Abnahme des Handschlags und die Worte: „Ich verspreche mit gegenwärtigem Handschlage, wie bei meinem Taufbunde, die reine Wahrheit zu sagen" gestattet ist.

Anm. 8. Wegen Betheiligung einer der deutschen Sprache nicht mächtigen Person vergl. Art. 25 Anm. 5; wegen Eidesleistung einer solchen Person s. G.V.G. § 190: „Personen, welche der deutschen Sprache nicht mächtig sind, leisten Eide in der ihnen geläufigen Sprache."

Anm. 9. Die Strafbestimmungen wegen Verletzung der Eidespflicht sind enthalten im Str.G.B.:

§ 153: „Wer einen ihm zugeschobenen, zurückgeschobenen oder auferlegten Eid wissentlich falsch schwört, wird mit Zuchthaus bis zu zehn Jahren bestraft."

§ 154 Abs. 1: „Gleiche Strafe trifft denjenigen, welcher vor einer zur Abnahme von Eiden zuständigen Behörde wissentlich ein falsches Zeugniß oder ein falsches Gutachten mit einem Eide bekräftigt oder den vor seiner Vernehmung geleisteten Eid wissentlich durch ein falsches Zeugniß oder ein falsches Gutachten verletzt."

§ 156: „Wer vor einer zur Abnahme einer Versicherung an Eidesstatt zuständigen Behörde eine solche Versicherung wissentlich falsch abgibt oder unter Berufung auf eine solche Versicherung wissentlich falsch aussagt, wird mit Gefängniß von einem Monat bis zu drei Jahren bestraft."

§ 157: „Hat ein Zeuge oder Sachverständiger sich eines Meineides (§§ 154, 155) oder einer falschen Versicherung an Eidesstatt schuldig gemacht, so ist die an sich verwirkte Strafe auf die Hälfte bis ein Viertheil zu ermäßigen, wenn

1. die Angabe der Wahrheit gegen ihn selbst eine Verfolgung wegen eines Verbrechens oder Vergehens nach sich ziehen konnte, oder

2. der Aussagende die falsche Aussage zu Gunsten einer Person, rücksichtlich welcher er die Aussage ablehnen durfte, erstattet hat, ohne über sein Recht, die Aussage ablehnen zu dürfen, belehrt worden zu sein.

Ist hiernach Zuchthausstrafe unter einem Jahre verwirkt, so ist dieselbe nach Maßgabe des § 21 in Gefängnißstrafe zu verwandeln."

§ 158: „Gleiche Strafermäßigung tritt ein, wenn derjenige, welcher sich eines Meineides oder einer falschen Versicherung an Eidesstatt schuldig gemacht hat, bevor eine Anzeige gegen ihn erfolgt oder eine Untersuchung gegen ihn eingeleitet, und bevor ein Rechtsnachtheil für einen Anderen aus der falschen Aussage entstanden ist, diese bei derjenigen Behörde, bei welcher er sie abgegeben hat, widerruft."

§ 159: „Wer es unternimmt, einen Anderen zur Begehung eines Meineides zu verleiten, wird mit Zuchthaus bis zu fünf Jahren, und wer es unternimmt, einen Anderen zur wissentlichen Abgabe einer falschen Versicherung an Eidesstatt zu verleiten, mit Gefängniß bis zu einem Jahre bestraft."

§ 160: „Wer einen Anderen zur Ableistung eines falschen Eides verleitet, wird mit Gefängniß bis zu zwei Jahren bestraft, neben welchem auf Verlust der bürgerlichen Ehrenrechte erkannt werden kann, und wer einen Anderen zur Ableistung einer falschen Versicherung an Eidesstatt verleitet, wird mit Gefängniß bis zu sechs Monaten bestraft.

Der Versuch ist strafbar."

§ 161: „Bei jeder Verurtheilung wegen Meineides mit Ausnahme der Fälle in den §§ 157 und 158 ist auf Verlust der bürgerlichen Ehrenrechte und außerdem auf die dauernde Unfähigkeit des Verurtheilten als Zeuge oder Sachverständiger eidlich vernommen zu werden, zu erkennen.

In den Fällen der §§ 156—159 kann neben der Gefängnißstrafe auf Verlust der bürgerlichen Ehrenrechte erkannt werden."

§ 163: „Wenn eine der in den §§ 153—156 bezeichneten Handlungen aus Fahrlässigkeit begangen worden ist, so tritt Gefängnißstrafe bis zu einem Jahre ein.

Straflosigkeit tritt ein, wenn der Thäter, bevor eine Anzeige gegen ihn erfolgt oder eine Untersuchung gegen ihn eingeleitet und bevor ein Rechtsnachtheil für einen Anderen aus der falschen Aussage entstanden ist, diese bei derjenigen Behörde, bei welcher er sie abgegeben hat, widerruft."

Artikel 4.

Der Notar ist verpflichtet, Gelder, Werthpapiere und Kostbarkeiten, die ihm aus Anlaß eines Amtsgeschäfts von den Betheiligten übergeben werden, zur Aufbewahrung für die Betheiligten oder zur Ablieferung an Dritte oder an eine Behörde zu übernehmen.

Die Bestimmungen über das Verfahren bei der Uebernahme, Aufbewahrung und Ablieferung, insbesondere über die Führung von Verwahrungsbüchern, werden durch Ministerialvorschrift getroffen.

Bayern Art. 36, 37; Entwurf Art. 13; Motive 432; Prot. Abg. 639, 733; Prot. RR. XIX. 5; Verh. Abg. 885; Becher, Materialien 42. 121. 289. 400.

Anm. 1. Da die Uebernahme von Depositen für die Notare Dienstpflicht ist, bedürfen sie hiezu keiner speziellen Vollmacht. Aus Anlaß eines Amtsgeschäftes sind Gelder und Geldeswerthe dem Notar übergeben, wenn die Uebergabe in einem inneren sachlichen Zusammenhang mit dem Amtsgeschäfte steht; Beispiele hiefür: Erlegung des Kaufpreises zur Hinauszahlung an Hypothekgläubiger oder andere Personen, Empfangnahme des Hypothekdarlehens zur Wegfertigung bisheriger Gläubiger und Auszahlung an den Schuldner, Erlegung einer Hypothekschuld durch den Schuldner oder Cessionar behufs Auszahlung an den Gläubiger gegen Löschung oder Cession der Hypothek,

Vereinnahmung von Geldern und Berichtigung von Nachlaßverbindlichkeiten bei Auseinandersetzung eines Nachlasses, Vereinnahmung der Kautionen bei Zwangsversteigerung von Immobilien, desgleichen der Strichschillinge bei Versteigerung von Mobilien und Immobilien, Annahme der Wechselsumme beim Wechselprotest, Uebernahme der vorhandenen Gelder, Werthpapiere und Pretiosen bei Siegelungen.

Da das Amt eines Testamentsvollstreckers nicht zu den Dienstpflichten des Notars gehört, sondern privater Natur ist (vergl. Art. 13 Abs. 2 und Anm. 3 hiezu), sind Gelder und Geldeswerthe, welche dem Notar als Testamentsvollstrecker übergeben werden, nicht aus Anlaß eines Amtsgeschäftes übergeben. Ebensowenig wenn ein Privater außerhalb der amtlichen Thätigkeit des Notars oder nur gelegentlich einer solchen ihm Gelder oder Werthpapiere zur Aufbewahrung oder Hinausgabe an einen Dritten übergibt, z. B. wenn Jemand den Notar ersucht, die von diesem erhaltenen Geldbeträge für ihn in Werthpapieren anzulegen und letztere in Verwahr zu nehmen. Hiezu besteht für den Notar keine Verpflichtung, wohl aber die Berechtigung, insoferne er der ihm angesonnenen Vermögensverwaltung oder -Uebernahme, welche als private Vertrauenssache sich darstellt, sich unterziehen will und solche mit seiner amtlichen Stellung vereinbar ist.

Wegen Haftung des Staats aus den Hinterlegungsgeschäften des Notars vergl. Art. 126; über Kontrolle des Hinterlegungswesens durch die Finanzbehörden siehe Art. 66.

Anm. 2. Ueber Hinterlegungsgebühren des Staates vergl. Geb.G. Art. 284 (257) und § 8 der A.V. vom 25. Dezember 1899, die Erhebung von Hinterlegungsgebühren betr., G.V.Bl. S. 1235, J.M.Bl. 1074. Nach letzterer Bestimmung beträgt die Hinterlegungsgebühr des Staates für die aus Anlaß eines Amtsgeschäftes erfolgenden Hinterlegungen von Geld, Werthpapieren und Kostbarkeiten, sofern die Beträge oder Werthe den Betrag von 20 Mark übersteigen, $^2/_{10}$ vom Tausend des jeweils hinterlegten Betrages oder Werthes für jedes angefangene Jahr der Hinterlegung, mindestens aber 20 Pfennig. Nach § 12 der angeführten A.V. kann der Notar die Herausgabe der hinterlegten Sachen von der vorherigen Entrichtung der Hinterlegungsgebühr abhängig machen. Nach § 13 l. c. finden für die Entscheidung von Streitfragen über die Pflicht zur Entrichtung der Hinterlegungsgebühr oder deren Größe für den Fall, daß die Hinterlegungsgebühr bei einem Notare zum Anfalle gelangt ist, die Vorschriften der Art. 47—50 des Gesetzes über das Gebührenwesen in der Fassung vom 11. November 1899 Anwendung. Nach § 15 Abs. 3 l. c. gelten die am 1. Januar 1900 bei den Notaren hinterliegenden Gelder, Werthpapiere und Kostbarkeiten, welche unter den Art. 4 NotGes. fallen, mit dem 1. Januar 1900 als im Sinne dieser Verordnung hinterlegt; es ist daher aus diesen Beträgen und Werthen die Hinterlegungsgebühr des Staates in Ansatz zu bringen und zu verrechnen.

Anm. 3. Bezüglich der Hinterlegungsgebühren der Notare vergl. A.V. vom 29. Dezember 1899, die Notariatsgebührenordnung betr., G.V.Bl. 1899 S. 1183, J.M. 1899 S. 761:

Elfter Abschnitt.

Hinterlegungsgebühren.

Artikel 97.

„Für die Uebernahme, Verwahrung und Ablieferung von Geldern, Werthpapieren und Kostbarkeiten nach Artikel 4 des Notariatsgesetzes erhalten die Notare Hinterlegungsgebühren nach Maßgabe der folgenden Bestimmungen."

Artikel 98.

„Die Gebühr enthält die Vergütung für die gesammte Thätigkeit des Notars. Für die Korrespondenz über die Uebernahme, die Bescheinigung über den Empfang, die Verzeichnung und Verrechnung, die verzinsliche oder unverzinsliche Hinterlegung bei öffentlichen Banken und die Wiedereinziehung der Werthe von diesen, für die wegen der Ablieferung gepflogenen schriftlichen oder mündlichen Verhandlungen mit den Betheiligten, mit Behörden oder Dritten, endlich für die Verhandlung bei der Ablieferung selbst darf keine besondere Gebühr in Ansatz gebracht werden. Die thatsächlich erwachsenen Postportoauslagen — einschließlich der allenfallsigen Versicherungskosten — dürfen aufgerechnet werden."

Artikel 99.

„Die Gebühr wird nach dem Werthe des hinterlegten Betrages oder Gegenstandes berechnet.

Als Gegenstandssumme gilt auch für die Gebühr des Notars die zum Zwecke der Bemessung der staatlichen Hinterlegungsgebühr ermittelte Summe."

Artikel 100.

„Die Gebühr beträgt in der Regel:
für den Betrag bis zu 2000 Mark ¼ vom Hundert,
darüber hinaus für den Mehrbetrag ⅛ vom Hundert."

Artikel 101.

„Die Gebühr beträgt, wenn dem Notar die Einnahme, Aufbewahrung und Ablieferung der Strichgelder aus einer Versteigerung obliegt,
a) bei Versteigerung von unbeweglichen Gegenständen:
für den Betrag bis zu 2000 Mark 1 vom Hundert,
darüber hinaus für den Mehrbetrag ½ vom Hundert;
b) bei Versteigerung von beweglichen Gegenständen:
für den Betrag bis zu 2000 Mark 2 vom Hundert,
darüber hinaus für den Mehrbetrag 1 vom Hundert."

Artikel 102.

„Auch bei der Berechnung der Gebühr in den Fällen der Artikel 100, 101, werden Pfennigbeträge, die nicht durch zehn theibar sind, auf zehn aufgerundet."

Artikel 103.

„Für die Uebernahme, Aufbewahrung und Ablieferung von Werthen unter 20 Mark werden Gebühren nicht erhoben."

Artikel 104.

„Soweit bestimmt ist, daß die Notare bei der Berechnung und Erhebung der aus Anlaß ihrer Amtsgeschäfte dem Staate und den Gemeinden anfallenden Gebühren mitzuwirken haben, haben die Notare von den Betheiligten für die Einnahme, Aufbewahrung und Ablieferung dieser Gebühren Hinterlegungsgebühren nicht zu beanspruchen."

Nach § 276 G.O. regelt sich das Verfahren der Notare bei der ihnen obliegenden Uebernahme von Geldern, Werthpapieren und Kostbarkeiten zur Verwahrung und Ablieferung bis zur Erlassung der Hinterlegungsordnung für die Notariate nach den bisherigen Vorschriften. Bis zu diesem Zeitpunkt verbleibt es daher bei den in der generalisierten Bekanntmachung des Kgl. Staatsministeriums der Justiz vom 5. Juni 1897 Nr. 2996, die Buchführung der Notare betr., gegebenen Weisungen und dem hierin angeordneten Depositenbuche.

Artikel 5.

Durch Königliche Verordnung kann bestimmt werden, daß die Notare bei der Berechnung und Erhebung der aus Anlaß ihrer Amtsgeschäfte dem Staate und den Gemeinden anfallenden Gebühren unter Leitung und Aufsicht der Finanzbehörden mitzuwirken haben.

Bayern-Pfalz Art. 105; Entwurf Art. 4; Motive 431; Prot. Abg. 631; Becher, Materialien 40, 109.

Anm. 1. Bezüglich der gemeindlichen Besitzveränderungsabgaben vergl. Ges. vom 15. Juni 1898, G.V.Bl. 292, J.M.Bl. 195, M.Bktm. vom 25. Juni 1898, J.M.Bl. 197, dann Bktm. des Staatsministeriums des Innern vom 2. Oktober 1898 J.M.B. 1898 S. 607.

Anm. 2. Nach Geb.G. Art. 286 (258 Abs. 3) werden die Vorschriften über Erhebung und Verrechnung der anfallenden Gebühren und Auslagen sowie über die Führung und Revision der Gebührenregister, über das Verfahren bei Aufnahme und Bescheidung der Revisionsprotokolle, dann bei Streitfragen und Beschwerden, soweit es nicht gesetzlich geregelt ist, und über die Abrechnung mit den Rentämtern von der Staatsregierung erlassen. Vergl. hiezu die Allerhöchste Verordnung vom 23. Dezember 1899, die Ausführung des Reichsgerichtskostengesetzes und des Gesetzes über das Gebührenwesen betr., G.V.Bl. 1899 S. 1223, F.M.Bl. 291.

Nach § 1 Abs. 2 dieser A.V. haben die Notare bei Berechnung und Erhebung der aus Anlaß ihrer Amtsgeschäfte dem Staate und den Gemeinden anfallenden Gebühren unter Leitung und Aufsicht der Finanzbehörden mitzuwirken.

Nach § 2 steht den Finanzbehörden jederzeit frei, behufs Prüfung der Richtigkeit der Gebührenansätze und der Ueberträge in die Gebührenregister von den einschlägigen Akten der Notare Einsicht zu nehmen und zu diesem Zwecke Kommissäre in die Bureaus der Notare abzuordnen. Letztere sind verpflichtet, auf die von der Revision erhobenen Bedenken die erforderlichen Aufschlüsse zu ertheilen und, sofern zur weiteren Verfügung die Vorlage von Aktenstücken an die Revisionsstelle nothwendig ist, Abschriften derselben fertigen zu lassen, falls die Einsendung der Originalakten sich als unthunlich darstellen sollte.

Nach § 11 erhalten die Notare für die Besorgung des Gebührenwesens und der damit verbundenen Auslagen für Schreibmaterialien, Register und Gebührenforderungsformulare als Tantieme aus den von ihnen perzipirten und der Staatskasse verrechneten Gebühren 2% von den ersten 80000 Mark und 1% von dem diese Summe übersteigenden Betrage der Jahreseinnahme. Die Staatsministerien der Justiz und der Finanzen sind befugt, in den Fällen, in welchen die Vermittlung der Auseinandersetzung in Ansehung eines Nachlasses oder einer ehelichen Gütergemeinschaft oder einer fortgesetzten Gütergemeinschaft durch den Notar stattfindet (Art. 165 des Gesetzes über das Gebührenwesen), wenn die Auseinandersetzung Grundstücke oder diesen gleichstehende Rechte zum Gegenstande hat, dem Notar aus den von ihm nach Art. 146 des Ges. über das Gebührenwesen perzipirten und der Staatskasse verrechneten Gebühren von der Vorschrift in Abs. 2 abweichende Tantiemen zu gewähren. Auf Grund dieser Allerhöchsten Ermächtigung sind durch Entschließung der K. Staatsministerien der Justiz und der Finanzen vom 2. Januar 1900 Nr. 29804 bis auf Weiteres die Tantiemen der Notare in den bezeichneten Fällen auf 10% bei einer Gebühr bis zu 300 Mark jedes einzelnen Falles einschließlich festgesetzt; beträgt die Staatsgebühr mehr als 300 Mark, so bemißt sich die Tantieme aus dem diese Summe übersteigenden Betrage nach den allgemeinen Vorschriften d. i. 2% von dem Mehrbetrag der Staatsgebühr bis zu 80000 Mark und 1% von dem diese Summe übersteigenden Betrage der Jahreseinnahme.

Im Falle eines während des Jahres eintretenden Wechsels in der Person des gebührenverrechnenden Notars bestimmt sich der Tantiemensatz nach der Gesammtsumme der von dem abgetretenen und dem antretenden Notar auf diesem Notariate perzipirten und der Staatskasse verrechneten Gebühren. Die Vertheilung der Tantieme unter den abgetretenen und den antretenden Notar erfolgt nach Verhältniß der von jedem der beiden Beamten perzipirten und der Staatskasse verrechneten Gebühren.

Wird ein von dem gebührenverrechnenden Notar perzipirter und der Staatskasse verrechneter Betrag an den Gebührenpflichtigen wieder zurückerstattet, so findet entsprechende Kürzung des Tantiemenbezuges nach Maßgabe der zurückgezahlten Gebühren statt.

Nach § 13 obliegt die Erhebung, Ablieferung und beziehungsweise Wegrechnung der bei den Notaren anfallenden Gebühren den Notaren, die zwangsweise Beitreibung dagegen den Rentämtern. Nach § 17 bringen die Notare die anfallenden Gebühren und Auslagen nach Maßgabe der einschlägigen gesetzlichen Vorschriften und vorbehaltlich der Bestimmungen der §§ 5 und 10 selbständig in Ansatz. Hinsichtlich der weiteren rechnerischen Behandlung haben dieselben, unbeschadet der gesetzlichen Befugniß der einschlägigen Gerichte zur Entscheidung von Erinnerungen und Beschwerden, den ihnen durch die Finanzstellen zugehenden Entschließungen und Weisungen zu entsprechen. Jedoch stehen die Notare auch bezüglich dieser Geschäfte unter der ausschließlichen Disziplinargewalt der Dienstaufsichtsstellen (Not.Ges. Art. 63).

Nach § 18 endlich werden die weiteren Vorschriften über die Erhebung und Verrechnung der anfallenden Gebühren sowie über die Führung und Revision der Gebührenregister, über das Verfahren bei Aufnahme und Bescheidung der Revisionsprotokolle, dann bei Streitfragen und Beschwerden, soweit dasselbe nicht bereits gesetzlich geregelt ist, und über die Abrechnung mit den Rentämtern im Instruktionswege erlassen. Vergl. hiezu Bktm. des Kgl. Staatsministeriums der Finanzen vom 25. Dezember 1899, Instruktion zum Vollzuge des Reichsgerichtskostengesetzes und des Gesetzes über das Gebührenwesen betr., F.M.Bl. 1899 S. 300.

Anm. 3. Nach Art. 104 der Not.Geb.O. (s. oben Art. 4 Anm. 3) haben die Notare, soweit sie bei der Berechnung und Erhebung der aus Anlaß ihrer Amtsgeschäfte dem Staate und den Gemeinden anfallenden Gebühren mitzuwirken haben, von den Betheiligten für die Einnahme, Aufbewahrung und Ablieferung dieser Gebühren Hinterlegungsgebühren nicht zu beanspruchen.

2. Organisation.

Artikel 6.

Für die Wahrnehmung der den Notaren obliegenden Geschäfte werden Notariate errichtet.

Die Notariate sind staatliche Behörden.

Die Zahl und die Sitze der Notariate werden durch Königliche Verordnung bestimmt. In jedem Amtsgerichtsbezirke soll wenigstens ein Notariat bestehen.

Der Amtsbezirk jedes Notariats umfaßt den Landgerichtsbezirk, in dem es seinen Sitz hat. Befinden sich am Sitze des Notariats mehrere Landgerichte, so umfaßt sein Amtsbezirk die Bezirke dieser Landgerichte.

Ein Notariatsgeschäft ist nicht aus dem Grunde unwirksam, weil es von einem Notar außerhalb seines Amtsbezirks vorgenommen ist.

Bayern Art. 5. 9. 148; Pfalz Art. 6. 31; Entwurf Art. 5; Motive 427. 431; Prot. Abg. 618. 631; Prot. R.R. XIX. 9; Verh. Abg. 882. 886; Becher, Materialien 33—41. 83. 109. 321. 395. 402.

Anm. 1. Die Grundlage der bisherigen Notariatsorganisation war die persönliche Beamtenstellung des Notars, welcher nicht Verwalter eines behördlichen, staatlichen Amtes gewesen ist, sondern sein Amt nur als persönliche Eigenschaft in sich getragen hat, weshalb solches mit dem Tode des Notars als dessen Inhabers erloschen ist. An Stelle dieses persönlichen Amtes tritt künftig das Notariat als wirkliche Staatsbehörde, welches unabhängig von der Person des Notars ein Glied des allgemeinen Behördenorganismus und entsprechend seiner Zuständigkeit und Aufgabe eine eigene, dem Amtsgerichte koordinirte Behörde bildet. Vergl. Justizrat Dr. Weber in Bayr. Not.Z. 1899 S. 123 zu Art. 6—11: „In diesen kurzen Sätzen ist im Zusammenhalte mit den Bestimmungen über den Umfang der notariellen Zuständigkeit dem Grundprinzipe Ausdruck gegeben, daß das bayerische Notariat nicht nur, wie bisher, ein von Gericht und Anwaltschaft getrenntes, selbständiges Institut ist, sondern zugleich den Charakter einer **Staatsbehörde** hat — ein neuer schöpferischer Gedanke, welcher dem germanischen Rechtsbewußtsein und speziell der bayerischen Rechtsentwicklung in hohem Maße entspricht und sehr geeignet ist, die für das Notariat so nothwendige Autorität gegenüber dem Publikum zu steigern und speziell die Stellung des Notariats zum Amtsgerichte klarer zu gestalten.

Das Notariat ist also eine Staatsbehörde, berufen, einen wesentlichen Theil der sog. freiwilligen Rechtspflege selbständig auszuüben; selbstverständlich ist hienach das Notariat nicht bloß ein Beurkundungsamt, wie nicht selten in der norddeutschen Litteratur behauptet wird, wenn gleich allerdings das Beurkundungswesen den Hauptbestandtheil desselben bildet. Mit dieser Erhebung des Notariats zu einer Behörde hat Bayern, wie bereits im Eingang hervorgehoben ist, ähnlich wie im Jahre 1861 für das selbständige Notariat eine eigenartige Bahn betreten und hat dasselbe von den Fesseln des französischen Notariats, insbesondere von dem Beigeschmack einer gewerblichen Thätigkeit vollständig befreit und auf eine Stufe der Entwicklung gefördert, welche ohne Zweifel sowohl in der Wissenschaft die lebhafteste Anerkennung finden als auch in der Praxis die wohlthätigsten Wirkungen äußern wird."

Die Vorschriften über den dienstlichen Verkehr der Behörden, über Rechtshilfe, Hauspolizei, Betheiligung der Behörden an öffentlichen Feierlichkeiten gelten daher auch für die Notariate.

Im Uebrigen ist die Organisation der Notariate Hoheitsrecht der Krone, welche Zahl und Sitze der Notariate durch Königliche Verordnung bestimmt, dementsprechend je nach Bedürfniß neue Notariate errichten und bestehende einziehen kann.

Anm. 2. Die Bestimmung, daß in jedem Amtsgerichtsbezirke wenigstens **ein** Notariat bestehen soll, wird in der Regel dahin führen, daß an jedem Amtsgerichtssitze wenigstens ein Notariat besteht, da wie bisher so noch weniger künftig, wenigstens in den Landestheilen rechts des Rheines, ein Bedürfniß sich ergeben wird, den Sitz eines Notariates an einem anderen Orte als am Sitze des Amtsgerichts zu bestimmen. Immerhin aber hat es die Staatsregierung in der Hand, gegebenen Falles auch außerhalb des Sitzes eines Amtsgerichts den Sitz eines Notariates zu bestimmen, was unter Umständen bei mehreren Notariaten innerhalb eines größeren Amtsgerichtsbezirkes wünschenswerth werden kann.

In der **Pfalz** hört mit 1. Januar 1900 der Unterschied zwischen Bezirks- und Landkommissariatsnotariaten auf, da die Bestimmung des Art. 135 Ges.Entwurfs, wonach die bisherigen Notariatsbezirke bis zu der Zeit, zu welcher das Grundbuch im ganzen Oberlandesgerichtsbezirk als angelegt anzusehen ist, bestehen bleiben sollten, auf Antrag der pfälzischen Ausschußmitglieder vom Justizgesetzgebungsausschuß der Kammer der Abgeordneten mit Zustimmung der Staatsregierung gestrichen worden ist; doch werden nach Erklärung der Staatsregierung die Orte, an welchen bisher ein Landnotariat besteht, auch künftig und bis auf Weiteres ein Notariat behalten, insolange solches sich als lebensfähig bewährt.

Anm. 3. Der Amtsbezirk jedes Notariats in den Landestheilen rechts des Rheines wie in der Pfalz umfaßt, wie bisher nach rechtsrheinischem Rechte, den ganzen Landgerichtsbezirk, in dem es seinen Sitz hat, und kann jeder Notar innerhalb seines Landgerichtsbezirkes Amtsgeschäfte vornehmen, also z. B. der Notar von Mutterstadt in Meckenheim und in Lambsheim, der Notar von Göllheim in Börrstadt und in Winnweiler, der Notar von Dettelbach in Wiesentheid, der Notar von Schwabmünchen oder Friedberg in Augsburg und ebenso umgekehrt, was bei Verhinderung des einen oder anderen Notars besonders für dringende Fälle (Testamentserrichtung) nicht selten von praktischer Bedeutung ist.

Außerhalb seines Amtsbezirkes, d. i. des Landgerichtssprengels, darf der Notar Amtshandlungen nicht vornehmen, auch nicht bei Gefahr auf Verzug und selbst nicht, wenn er anwesend ist oder näher zu dem Orte der angesonnenen Amtshandlung hätte wie ein zuständiger Notar.

Während aber bisher nach Art. 148 rechtsrh. Not.Ges. Urkunden, welche von einem nicht zuständigen Notar aufgenommen worden, nicht als öffentliche Urkunden gelten, daher nichtig sind oder höchstens als Privaturkunden rechtliche Geltung haben können, ist künftig entsprechend der Bestimmung in Ges. freiw. Ger. § 200 Abs. 2 ein Notariatsgeschäft nicht aus dem Grunde unwirksam, weil es von einem Notar außerhalb seines Amtsbezirks vorgenommen ist. Diese Bestimmung, welche im Interesse der Rechtssicherheit verhüten soll, daß unter dem Versehen oder der Pflichtwidrigkeit des Notars unnöthiger Weise die Betheiligten leiden, ist der Vorschrift in Ges. freiw. Ger. § 7 nachgebildet, wonach gerichtliche Handlungen nicht aus dem Grunde unwirksam sind, weil sie von einem örtlich unzuständigen Gericht oder von einem Richter vorgenommen sind, der von der Ausübung des Richteramts kraft Gesetzes ausgeschlossen ist. „Die Abgrenzung der Amtsbezirke der Notariate ist keine Zuständigkeitsabgrenzung, sondern nur eine Schranke für die Bewegung des Notars. Die Ueberschreitung dieser Schranke soll die Wirksamkeit des Geschäftes nicht berühren, damit nicht die Betheiligten unter dem Fehler des Notars leiden. Ein Mißbrauch der Vorschrift ist nicht zu befürchten, da der Notar für die Ueberschreitung disziplinär verantwortlich ist." (Motive 431.) Vergl. auch Schneider § 4 Anm. 4, § 193 Anm. 6, § 194 Anm. 2, § 200 Anm. 5, Keibel § 200 Note zu Abs. 2.

Anm. 4. Bei dieser örtlichen Abgrenzung der Notariate ist immer nur die Vornahme des Amtsgeschäftes, d. i. der Beurkundungsakt, auf den Amtsbezirk beschränkt, während es wie bisher so auch künftig zulässig ist, daß die Betheiligten bei einem beliebigen auswärtigen Notariate ihre Rechtsgeschäfte oder ihre Erklärungen beurkunden lassen; es kann nach wie vor ein Notar von Bamberg den Kauf eines in Hof gelegenen Anwesens zwar nicht in Hof, aber, vorbehaltlich der Bestimmung des Art. 30, in seiner Amtsstube zu Bamberg beurkunden, der Notar von Bruck, königlichen Landgerichts München II. in seiner Amtsstube ein Schuldbekenntniß mit Hypothekbestellung auf einem in Friedberg, königlichen Landgerichts Augsburg, gelegenen Anwesen errichten. Dagegen sind für die Vermittlung der Auseinandersetzung eines Nachlasses nach Ges. freiw. Ger. § 73 und A.G. z. B.G.B. Art. 104 Abs. 2 nur die Notare in dem Amtsgerichtsbezirke zuständig, in dem der Erblasser zur Zeit des Erbfalls seinen Wohnsitz und in Ermanglung eines inländischen Wohnsitzes seinen Aufenthalt hatte. Ebenso kann im Verfahren bezüglich Zwangsversteigerung von Grundstücken nach Zw.V.Ges. § 1, 2, 163, 172, E.G. z. Zw.V.Ges. § 13, A.G. z. Gr.B.O. Art. 25 die Ausführung der Versteigerung nur einem Notar des Amtsgerichtsbezirkes der belegenen Sache übertragen werden.

Die Vorbereitungshandlungen fallen gleichfalls nicht unter die örtliche Abgrenzung des Amtsbezirkes und kann ein Notar in München zur Vorbereitung der ihm übertragenen Beurkundung eines Kaufvertrags bezüglich eines in Augsburg gelegenen Anwesens das Hypothekenbuch in Augsburg persönlich oder durch seinen Gehilfen einsehen. Da endlich das Amt eines Testamentsvollstreckers privater Natur ist, ist der Notar als Testamentsvollstrecker überhaupt nicht amtlich thätig, weshalb für ihn in dieser Eigenschaft die Zuständigkeitsgrenzen nicht in Frage kommen.

Daß ein bayerischer Notar nicht außerhalb Bayern und ein außerbayerischer Notar nicht in Bayern amtliche Funktionen verrichten kann, ergibt sich aus der territorialen Landeshoheit. Dagegen kann jeder deutsche Notar ohne Rücksicht auf die Territorialbegrenzung öffentliche Beurkundung vornehmen, insoferne er die Beurkundung innerhalb seines Amtsbezirkes bethätigt. Der Vertrag, durch den sich Jemand verpflichtet, das Eigenthum an einem in Bayern gelegenen Grundstücke zu übertragen (B.G.B. § 313) und die Einigung der Betheiligten über die Bestellung einer Hypothek, Grundschuld oder Rentenschuld (B.G.B. § 873) kann in jedem deutschen Bundesstaate beurkundet werden, da das Reichsrecht weder eine Bestimmung darüber, wo diese Beurkundung stattzufinden hat, noch einen Vorbehalt für die Landesgesetze, daß letztere einen Ort der Beurkundung vorschreiben können, enthält. Dagegen kann die Auflassung bezüglich eines in Bayern gelegenen Grundstückes außer vor dem Grundbuchamte, in dessen Bezirk das Grundstück liegt (B.G.B. § 925), gemäß E.G. z. B.G.B. Art. 143 Abs. 1 und A.G. z. B.G.B. Art. 81 nur vor einem bayerischen Notar erklärt werden. Es kann also der Notar von Neuulm in seiner Amtsstube wohl den Verkauf eines in Ulm gelegenen Anwesens beurkunden, die zur Eintragung in das Grundbuch erforderliche Auflassungserklärung aber nur, wenn nach der Landesgesetzgebung Württembergs die Auflassung außer vor dem Grundbuchamte auch vor einem nicht württembergischen Notar erklärt werden könnte*); umgekehrt kann der Notar von Ulm wohl den obligatorischen Vertrag über ein in Neuulm gelegenes Anwesen, nicht aber die Auflassung beurkunden. Vergl. auch Geb.G. Art. 118, 119.

Anm. 5. Wegen Zahl und Sitze der Notariate und ihre Besetzung vergl. Königlich Allerhöchste Verordnung vom 22. Dezember 1899, die Zahl und die Sitze der Notariate und ihre Besetzung betr., G.V.Bl. 1205, J.M.Bl. 733:

„**Luitpold**,

von Gottes Gnaden Königlicher Prinz von Bayern, Regent.

Wir finden Uns bewogen, zur Ausführung des Artikel 6 des Notariatsgesetzes vom 9. Juni 1899 zu verordnen, was folgt:

§ 1.

Vom 1. Januar 1900 ab werden in den Bezirken der Landgerichte des Königreichs die in der Anlage verzeichneten Notariate als staatliche Behörden errichtet.

§ 2.

Die neuerrichteten Notariate in Amorbach, Baunach, Euerdorf, Nordhalben, Rehau, Schillingsfürst, Thiersheim, Weidenberg und Wiesentheid werden vorerst nicht mit Notaren besetzt. Zur Wahrnehmung der Geschäfte dieser Notariate sind nach Artikel 95 Abs. 2 des Notariatsgesetzes Notariatsverweser zu bestellen.

§ 3.

Jedes der durch § 1 errichteten Notariate hat seinen Sitz an dem Orte, dessen Namen es führt.

Die Gemeinden Krumbach und Hürben gelten für den Sitz der Notariate Krumbach I und Krumbach II als ein Ort.

§ 4.

Die Besetzung der neuerrichteten Notariate ergibt sich aus der Anlage. Diejenigen Notare, welche hienach ohne Versetzung an einen anderen Ort im Amte verbleiben, behalten ihre bisherigen Urkundensammlungen, Repertorien und sonstigen Amtsbestände. Im Uebrigen wird das Staatsministerium der Justiz über die Zuweisung der Urkundensammlungen, Repertorien und sonstigen Amtsbestände verfügen."

(Folgt:

Verzeichniß der Notariate;

siehe J.M.Bl. 1899 S. 735 ff.).

---

*) Im württemb. A.G. z. B.G.B. und zu dessen Nebengesetzen vom 28. Juli 1899 ist von dem Vorbehalte des Art. 143 Abs. 1 E.G. z. B.G.B. kein Gebrauch gemacht.

Artikel 7.

Jedes Notariat wird mit einem Notar besetzt.

Entwurf Art. 6; Motive 431; Prot. Abg. 633; Prot. R.R. XIX. 9; Becher, Materialien 41. 113. 321.

Anm. 1. Vergl. hiezu Art. 95 Abs. 2, wonach für ein Notariat, dessen Besetzung mit einem Notar wegen der Geringfügigkeit der Zahl der Amtsgeschäfte unthunlich ist, ein Notariatsverweser bestellt werden soll.

Die Besetzung eines Notariats erfolgt also ausschließlich mit einem Notar; da, wo ein Notariat wegen Geringfügigkeit der Amtsgeschäfte nicht das Minimaleinkommen eines Notars erreicht und von der in Art. 48 Abs. 2 vorgesehenen Zuschußleistung kein Gebrauch gemacht werden will, bleibt das Notariat unbesetzt und wird bis auf Weiteres ein Verweser bestellt. Während der Notar gemäß Art. 8 Abs. 2 auf Lebenszeit ernannt ist und abgesehen von einer organisatorischen Veränderung wider seinen Willen nur durch richterliches Urtheil seines Amtes enthoben oder an eine andere Stelle versetzt werden kann, ist die Bestellung des Notariatsverwesers entsprechend dem provisorischen Charakter der Verwesung gemäß Art. 100 Abs. 1 jederzeit widerruflich. Es kann also die Staatsregierung für ein Notariat vorerst einen Notariatsverweser bestellen und später, wenn der Anfall der Amtsgeschäfte sich größer erweist, als wie angenommen war, das Notariat mit einem Notar besetzen, wie ebenso umgekehrt ein Notariat, welches zunächst mit einem Notar besetzt ist, bei eingetretener Vakatur bis auf Weiteres unbesetzt lassen und für dasselbe einen Verweser bestellen.

Anm. 2. Siehe § 2 A.B. vom 22. Dezember 1899 (voriger Art. 6 Anm. 5).

Artikel 8.

Die Notare sind öffentliche Beamte.

Sie werden vom König auf Lebenszeit ernannt und können — außer bei einer Veränderung in der Organisation der Notariate oder ihrer Bezirke — wider ihren Willen nur kraft richterlicher Entscheidung ihres Amtes enthoben oder an eine andere Stelle versetzt werden.

Bayern Art. 1; Pfalz Art. 1. 2; Entwurf Art. 7; Motive 431; Prot. Abg. 634. 736; Verh. Abg. 886; Becher, Materialien 41. 113. 295.

Anm. 1. Die Vorschrift entspricht sachlich dem bisherigen Rechte; trotzdem aber die bisherigen bayerischen Notariatsgesetze sich von der Auffassung des Notariates als eines konzessionirten, mit der Begünstigung des öffentlichen Glaubens ausgestatteten Privatberufes losgesagt und den Notar als öffentlichen Beamten anerkannt haben, bestanden wegen der nur persönlichen Beamtenstellung des Notars in Theorie und Praxis Zweifel, ob der Notar überhaupt Staatsbeamter im eigentlichen Sinne sei, d. h. ob seine Amtshandlungen den Charakter von Handlungen der staatlichen Autorität tragen. In Folge der nunmehrigen Eigenschaft der Notariate als staatliche Behörden sind die Notare Staatsbeamte mit dem Charakter der öffentlichen Autorität; ihre Anstellung ist wie die der Richterbeamten sofort definitiv, auch wenn sie unter der Regentschaft erfolgt, da sie gleich den Amtsrichtern Beamte der freiwilligen Gerichtsbarkeit sind. Die Notare sind nicht Staatsdiener im Sinne der Verfassung und der Dienstespragmatik, welche auf sie keine Anwendung findet, haben in Folge dessen auch nicht Anspruch auf Gehalt und Pension, sondern sind definitiv angestellte Beamte nach den Bestimmungen des gegenwärtigen Gesetzes und im Sinne der Art. 2 Abs. 2 und Art. 13 Abs. 2 des Heimathgesetzes und erwerben in Folge dessen mit ihrer Ernennung die Heimath in der Gemeinde ihres Amtssitzes.

Rang und Uniform ist den Notaren nicht verliehen; da wo Rangverhältnisse allenfalls in Frage kommen können, z. B. bei Betheiligung an offiziellen Feierlichkeiten, werden die Notare mit den Richterbeamten der Amtsgerichte je nach dem Dienstesalter rangiren, insoferne trotz Mangel einer Uniform eine solche Betheiligung bethätigt werden will oder soll.

Der dienstliche Verkehr der Notare untereinander und mit den übrigen Behörden sowie umgekehrt richtet sich nach den allgemeinen Vorschriften für die Behörden; siehe M.Bktm. vom 6. April 1874, J.M.Bl. 108.

Anm. 2. Für die Notare gelten wie für alle Staatsbeamte die Vorschriften über dienstliche Verehelichungsbewilligung, Betheiligung an Vereinen, Uebernahme einer Vormundschaft.

Anm. 3. In den Fällen einer Veränderung in der Organisation der Notariate oder ihrer Bezirke konnte als selbstverständlich auch schon bisher ein Notar wider seinen Willen versetzt oder vom Amte enthoben werden und ist solches nun im Gesetze ausdrücklich hervorgehoben. Hievon abgesehen, kann eine Amtsenthebung oder Versetzung eines Notars wider dessen Willen analog der in G.V.G. § 6 und 8 für die Richter gegebenen Bestimmungen nur kraft richterlicher Entscheidung erfolgen und zwar entweder durch strafrichterliches Urtheil in den Fällen, in welchen mit der Verurtheilung zur Strafe der Verlust des Amtes verbunden ist, oder durch Erkenntniß des Disziplinargerichtes in den Fällen der Zwangsversetzung und Zwangsenthebung; siehe hierüber Art. 70—74, 77, 86—90. Die Suspension ist keine Enthebung des Notars vom Amte, sondern nur eine vorläufige oder zeitweise Enthebung desselben vom Dienste unter Belassung im Amte; siehe hierüber Art. 91—94.

Anm. 4. Will ein Notar sein Amt niederlegen und resigniren, so hat er nicht mehr wie bisher an die Krone die Bitte zu stellen, seinen Rücktritt vom Amte zu genehmigen, sondern wie alle anderen Staatsbeamten um Enthebung vom Amte nachzusuchen.

Er hat aber wie alle Beamten sein Amt fortzuführen bis zur Uebernahme durch den Amtsnachfolger oder Amtsverweser. Die bisherige Bestimmung des Art. 103 bayer. Not.Ges., wonach ein Notar, welcher freiwillig von seinem Amte zurücktreten will, dasselbe bis zum Dienstesantritte seines Nachfolgers oder Amtsverwesers fortzuführen hat, ist lediglich in das Gesetz nicht aufgenommen, weil es sich bei der künftigen Eigenschaft des Notars als Staatsbeamter von selbst versteht, daß er nicht sein Amt mit dem Augenblicke der Amtsenthebung verläßt, bevor eine ordnungsgemäße Uebergabe stattgefunden hat.

Artikel 9.

Zum Notar kann nur ernannt werden, wer die Fähigkeit zum Richteramt erlangt und den Nachweis einer zur Vorbereitung für das Amt eines Notars genügenden Beschäftigung bei einem Notariat erbracht hat.

Der Vorbereitungsdienst soll nach der Erlangung der Fähigkeit zum Richteramt abgeleistet werden und in der Regel nicht weniger als zwei Jahre dauern.

Von dem Erfordernisse des Vorbereitungsdienstes kann bei Bewerbern, die das Richteramt bekleiden oder bekleidet haben, abgesehen werden.

Bayern Art. 2. 3; Pfalz Art. 35. 36; Entwurf Art. 8; Motive 431; Prot. Abg. 634; Prot. R.R. XIX. 9—13; Becher, Materialien 41. 114. 321.

Anm. 1. Die Voraussetzungen für die Ernennung zum Notar sind im Allgemeinen im Anschluß an das bisherige Recht geregelt. Die Fähigkeit zum Richteramt wird nach G.V.G. § 2 durch Ablegung zweier Prüfungen erlangt; der ersten Prüfung hat ein dreijähriges Studium der Rechtswissenschaft auf einer Universität, und zwar mindestens drei Halbjahre auf einer deutschen Universität, vorauszugehen; zwischen der ersten und zweiten Prüfung ist ein dreijähriger Vorbereitungsdienst bei den Gerichten und Verwaltungsbehörden und der Rechtsanwaltschaft zu nehmen; vergl. des Näheren A.V. vom 4. Juli 1899, die Prüfungen für den höheren Justiz- und Verwaltungsdienst und die Vorbereitung für diese Prüfungen betr., G.V.Bl. 367, J.M.Bl. 179 und M.Bktm. vom 6. Juli 1899 gleichen Betreffs, J.M.Bl. 194.

Nach bestandener Prüfung für den Justizstaatsdienst (Staatskonkurs) kann der Notariatsbewerber sofort den Vorbereitungsdienst bei einem Notariat antreten und ist für ihn die für die Bewerber um Anstellung im Justizdienst vorgeschriebene sechsmonatliche Gerichtspraxis nicht erforderlich. Zum Vorbereitungsdienst ist jedes Notariat ohne Rücksicht auf seinen Umfang und gleichgiltig ob in einer Stadt oder auf dem Land, ob am Sitz des Landgerichts oder nur eines Amtsgerichts, geeignet; zur vollkommenen Ausbildung des Rechtspraktikanten besonders auch in Handels- und Wechselsachen empfiehlt sich, den Vorbereitungsdienst wenigstens theilweise bei größeren Notariaten zu nehmen.

Anm. 2. Die Vorschrift des bisherigen Rechtes, daß die Vorbereitungspraxis bei einem Notar wenigstens zwei Jahre dauern muß, ist in dieser eine Ausnahme bisher nicht zulassenden Bestimmtheit nicht aufrecht erhalten, sondern gilt nur als Regel, von welcher im Bedürfnißfalle, beim Mangel an Bewerbern oder aus sonstigen Gründen, z. B. bei besonderer Qualifikation des Bewerbers, ausnahmsweise abgesehen werden kann. Ob und unter welchen Voraussetzungen Unterbrechungen des Vorbereitungsdienstes durch Gerichts- oder Anwaltspraxis, Dienstleistung bei anderen Behörden, Einberufung zum Militärdienst, längere Erkrankung oder außergewöhnlichen Urlaub in die Vorbereitungszeit einzurechnen sind, wird von der Justizverwaltung bestimmt werden, desgleichen sind die Vorschriften über Dienstaufsicht, Qualifikation, Urlaubsertheilung und dienstliche Verehelichungsbewilligung der zum Notariatsdienste adspirirenden Rechtspraktikanten noch abzuwarten.

Anm. 3. Während nach bisherigem Rechte von der zweijährigen Vorbereitungspraxis ausgenommen ist und ohne solche zum Notar ernannt werden kann, wer die Stelle eines Richters, Staatsanwaltes, Gerichtssekretärs oder Rechtsanwaltes bekleidet hat, ist die gesetzliche Befreiung vom Vorbereitungsdienst künftig eingeschränkt auf Bewerber, die das Richteramt bekleiden oder bekleidet haben. Ein Staatsanwalt oder Rechtsanwalt, der noch nicht Richter war und den zweijährigen Vorbereitungsdienst bei einem Notar vor seiner Anstellung oder Ernennung zum Rechtsanwalt noch nicht durchgemacht hat, muß also, wenn er zum Notariatsdienst übertreten will, seine Stelle niederlegen und bei einem Notariate in Vorbereitungsdienst treten, desgleichen ein Gerichtsschreiber. Zu den Bewerbern, die das Richteramt früher bekleidet haben, zählen nicht nur aktive Staatsbeamte, welche früher Richter waren, z. B. II. und I. Staatsanwälte nach der gegenwärtigen Organisation, wonach die Funktionäre der Staatsanwaltschaft mit dem Richterdienste abwechseln, sondern auch zeitlich und definitiv pensionirte Richter. Uebrigens besteht für keinen dieser Bewerber ein Anspruch auf

Anstellung als Notar, da ihnen das Erforderniß der Vorbereitungspraxis nur erlassen werden kann, nicht muß; bei Zulassung solcher Bewerber aus dem Richterdienste werden nach wie vor die Rücksichten auf die Adspiranten aus dem Notariatsdienste selbst neben der Qualifikation und sonstigen Würdigkeit in erster Linie maßgebend sein, nicht weniger aber auch, wie bei allen Staatsdienstadspiranten, die Gesundheitsverhältnisse; ein Richter, welcher wegen vorgerückten Alters, Krankheit oder sonstiger Dienstuntauglichkeit in Pension gehen muß, wird sich kaum zum Notar qualifiziren und noch weniger Anlaß haben, seine erworbenen Pensionsrechte aufzugeben.

Artikel 10.

Der Notar soll vor dem Antritte seines Amtes schwören, daß er die ihm obliegenden Amtspflichten nach bestem Wissen und Gewissen den Gesetzen gemäß mit Fleiß und Sorgfalt erfüllen werde.

Der Eid wird in der öffentlichen Sitzung des Landgerichts geleistet.

Ein Notar, der den Amtseid geleistet hat, braucht ihn im Falle der Versetzung nicht noch einmal zu leisten.

Bayern Art. 6; Pfalz Art. 47. 48; Entwurf Art. 9; Motive 432; Prot. Abg. 634; Becher, Materialien 41. 114.

Anm. 1. Die Eidesleistung der Notare ist analog derjenigen der Richter bestimmt; A.G. z. G.V.G. Art. 2—4. Während bisher die Leistung des Diensteides Voraussetzung des Rechtes auf die Amtsführung und damit der Giltigkeit der Amtshandlung ist und die Verletzung dieser Vorschrift nicht bloß disziplinär, sondern auch strafrechtlich wegen unbefugter Amtsausübung verantwortlich macht, ist nun die Eidesleistung nur eine dem Dienstrechte angehörende Sollvorschrift, deren Verletzung den Notar zwar disziplinär verantwortlich macht, auf die Giltigkeit des vor der Eidesleistung etwa errichteten Notariatsaktes aber ohne Einfluß ist, weshalb hierin auch nicht eine strafrechtlich zu verfolgende unbefugte Amtsausübung enthalten ist.

Im Uebrigen vergl. wegen der Eidesleistung G.O. § 2.

Die Bestimmung in Abs. 3 ist auf den Fall der Versetzung eines Notars beschränkt; ein Notar, der vom Amte enthoben ist und später wieder als Notar angestellt wird, hat den Eid neuerdings zu leisten; vergl. G.O. § 3.

Anm. 2. Die Bestimmung des bisherigen Rechtes, daß der Notar vor Antritt des Amtes eine Dienteskaution von 1000 bezw. 2000 Mk. zu erlegen hat, welche für Ablieferung der Staatsgebühren, sowie für die Verurtheilungen zu Schadensersatz, Strafen und Kosten haftet, ist in das gegenwärtige Gesetz nicht aufgenommen; nach den Motiven S. 429 werden die Kautionen den über das Kautionswesen jetzt herrschenden Anschauungen entsprechend als entbehrlich beseitigt. In Folge dessen werden die Kautionen der bisherigen Notare nur noch für deren amtliche Thätigkeit bis 1. Januar 1900 in Anspruch genommen werden können und nach den noch zu erlassenden näheren Bestimmungen frei gegeben werden; eine Inanspruchnahme dieser Kautionen für Haftungen oder Strafen des Notars für die Zwischenzeit vom 1. Januar 1900 bis zur wirklichen Freigabe ist auf Grund der bisherigen Kautionserklärung ausgeschlossen und wäre nur im Wege der Zwangsvollstreckung zulässig.

Anm. 3. Ebenso ist die Vorschrift des Art. 119 bayer. Not.Ges., wonach jeder neu ernannte oder auf eine andere Stelle versetzte Notar eine dreimonatliche eventuell noch längere Frist zum Amtsantritte hat, in gegenwärtiges Gesetz nicht aufgenommen, weil sie weder in den Rahmen der neuen Organisation des Notariates als einer staatlichen Behörde paßt noch mit den Interessen des Dienstes und des Publikums vereinbar ist.

Der neuernannte oder versetzte Notar hat künftig wie jeder andere Beamte seinen Posten unverzüglich anzutreten; sollte ihm dies wegen Krankheit oder aus sonstigen Gründen nicht möglich sein, hätte er nach G.O. § 1 Abs. 3 und § 3 dem Landgerichtspräsidenten sofort Anzeige zu erstatten; hat in solchem Falle der Ernannte oder auf eine andere Stelle Versetzte von seiner Ernennung oder Versetzung schon vor der Einberufung Kenntniß erhalten, so soll er die Anzeige über das Hinderniß alsbald erstatten, ohne damit auf die Einberufung zu warten. Bei längerer Verhinderung hat der Notar gemäß Art. 99 Abs. 2 auf dem Dienstwege die Aufstellung eines Notariatsverwesers zu beantragen und eine geeignete Person vorzuschlagen.

Auch die weitere Vorschrift des bisherigen Rechtes, daß der Notar Namensunterschrift und Handzug, dessen er sich etwa zu bedienen gesonnen ist, beim vorgesetzten Landgericht zu hinterlegen hat, ist nicht mehr aufrecht erhalten. Die Beifügung eines Handzugs auf den einzelnen Blättern der Urkunden, Ausfertigungen und beglaubigten Abschriften ist überhaupt nicht mehr vorgeschrieben und auch eine Hinterlegung der Namensunterzeichnung, welche bezweckte, die Unterschrift des Notars, wenn nöthig, vergleichen und prüfen zu können und hiedurch die Echtheit der Notariatsurkunde festzustellen, ist bei der nunmehrigen Beamteneigenschaft des Notars überflüssig.

Anm. 4. Nach G.O. § 4 wird die Ernennung oder Versetzung eines Notars nicht mehr durch das Kreisamtsblatt, sondern lediglich durch das Justizministerialblatt öffentlich bekannt gemacht; außerdem hat der Landgerichtspräsident von dem Wechsel in der Besetzung des Notariats der Kreisregierung, dem Rentamt und dem Amtsgericht, zu deren Bezirk das Notariat gehört, Mittheilung zu machen, und soll der Notar selbst seinen Amtsantritt dem Amtsgericht und dem Rentamt mündlich oder schriftlich anzeigen.

Anm. 5. Wegen Amtsübernahme bei Neuernennung oder Versetzung eines Notars, der hiebei zu übergebenden Amtsbestände, Uebernahme und Ablösung der Geschäftsräume und ihrer Einrichtung, der litterarischen Hilfsmittel und der Bestände an Formularen u. A., dann Vermerkung der Amtsübernahme im Geschäftsregister, Aufnahme und Inhalt des Protokolls über das Uebernahmegeschäft, Vorlage desselben an den Landgerichts-Präsidenten u. A. vergl. G.O. § 5—10. Wegen der Uebergabe der in der amtlichen Verwahrung befindlichen Gelder, Werthpapiere und Kostbarkeiten, der Prüfung und des Abschlusses der Verwahrungsbücher und insbesondere der Betheiligung der Beamten der Finanzverwaltung bei dieser Uebergabe bleiben nach G.O. § 11 besondere Anordnungen vorbehalten.

Artikel 11.

Der Notar hat an dem Sitze des Notariats zu wohnen. In Städten von mehr als hunderttausend Einwohnern kann ihm bei der Uebertragung des Amtes die Verpflichtung auferlegt werden, seinen Amtssitz in einem bestimmt begrenzten Theile der Stadt zu nehmen.

Außerhalb seines Amtssitzes darf der Notar Geschäftsräume nicht halten.

Bayern Art. 9; Pfalz Art. 4; Entwurf Art. 10; Motive 432; Prot. Abg. 634; Verh. Abg. 886; Becher, Materialien 41. 115. 403.

Anm. 1. Daß der Notar am Sitze seines Amtes auch seine Privatwohnung zu nehmen hat, ist schon bisher Vorschrift und im Interesse der ordnungsmäßigen Ausübung des Amtes wie des Publikums, welches den Notar in dringenden Fällen auch außerhalb der gewöhnlichen Bureauzeit beanspruchen muß, geboten. Will ein

Notar, wie bisher in vereinzelten Fällen geschehen, in einem Vororte, welcher eine eigene Gemeinde bildet, wohnen, wird er dies nur dadurch erreichen können, daß er um Verlegung des Sitzes des Notariats in den Vorort beziehungsweise darum, daß beide Orte für den Sitz des Notariats als ein Ort erklärt werden, nachsucht, was unter Umständen, wenn hiemit die Interessen des Amtes und der Bevölkerung nicht kollidiren, von der Justizverwaltung gestattet werden kann, wogegen eine Verlegung der Wohnung in den Vorort, während der Amtssitz in einer anderen wenn auch angrenzenden Gemeinde ist, auch ausnahmsweise nicht zulässig ist. Vergl. hiezu § 3 Abs. 2 der A.V. vom 22. Dezember 1899, die Zahl und die Sitze der Notariate und ihre Besetzung betr. (Art. 6 Anm. 5), worin verordnet ist, daß die Gemeinden Krumbach und Hürben für den Sitz der Notariate Krumbach I und Krumbach II als ein Ort gelten.

Anm. 2. Die Bestimmung, daß in Städten von mehr als hunderttausend Einwohnern dem Notar bei Uebertragung des Amtes (dies gilt also nicht für die in einer solchen Stadt schon angestellten Notare, vgl. Bayer. Not.Z. 1899 S. 125) die Verpflichtung auferlegt werden kann, seinen Amtssitz in einem bestimmt begrenzten Theile der Stadt zu nehmen, ist gegenüber dem bisherigen Rechte neu, jedoch in den Notariatsgesetzen der meisten anderen größeren Staaten enthalten, so Preußen, Sachsen. Nach dem gegenwärtigen Stande der Bevölkerung werden durch sie nur München*) und Nürnberg betroffen. Diese Vorschrift bezweckt, einem oder mehreren Notaren den Amtssitz an der Peripherie der Großstadt anzuweisen, wenn die Bedürfnisse der Bevölkerung solches erheischen, während die Notare, welche im Inneren der Stadt wohnen, durch sie nicht betroffen werden. Ein Bedürfniß, von dieser Bestimmung Gebrauch zu machen, wird mit Rücksicht auf die enge Fühlung des Notariates mit dem Grundbuchamt und insbesondere mit Rücksicht auf die Bestimmung des Art. 30 nur dann gegeben sein, wenn in der Vorstadt oder in dem sonst bestimmt begrenzten Stadttheil ein Amtsgericht oder wenigstens eine Gerichtsabtheilung mit Grundbuchamt sich befindet. Da auch hier das Interesse und Bedürfniß der außenwohnenden Bevölkerung der Vorschrift zu Grunde liegt, und der Notar mehr wie jeder andere Beamte vom Publikum auch zu solchen Zeiten aufgesucht wird, zu welchen die Kanzlei geschlossen ist, insbesondere auch zu Nachtzeit behufs Testamentserrichtung, muß der Notar in dem ihm angewiesenen Stadttheil nicht nur seine Amtsräume, sondern auch seine Wohnung haben, und darf z. B. ein Notar, dem sein Amtssitz in der Au-Vorstadt München r. d. Isar angewiesen ist, nicht in München l. d. Isar oder Schwabing wohnen, sondern muß gleichfalls in der Au wohnen. Selbstverständlich kann jeder Notar, dem nicht ein bestimmter Stadttheil als Amtssitz angewiesen ist, seinen Amtssitz oder seine Wohnung in jedem beliebigen Stadttheil oder Vorort innerhalb der ihm als Amtssitz angewiesenen Stadt nehmen. Auch ist es nicht erforderlich, daß Amtssitz, d. h. Amtsräume und Wohnung verbunden oder in dem gleichen Hause sein müssen, so daß der Notar, welchem der Amtssitz in der Au angewiesen ist, in der einen Straße der Au seine Amtsräume und in einer anderen Straße der Au seine Wohnung haben kann; würde der Amtssitz nicht auf die Au, sondern z. B. nur auf München r. d. Isar beschränkt sein, so könnte der Notar auch unbedenklich in der einen Vorstadt r. d. Isar, z. B. in der Au, seine Geschäftsräume und in der anderen Vorstadt, z. B. Haidhausen oder Giesing, seine Wohnung nehmen und umgekehrt.

Anm. 3. Die Bestimmung, daß der Notar außerhalb seines Amtssitzes Geschäftsräume nicht halten darf, richtet sich gegen die Errichtung förmlicher Filialbureaus

---

*) Eine früher für München (Au) bestandene analoge Vorschrift ist später wieder aufgehoben worden; vergl. A.V. vom 29. Januar 1862, Reg.Bl. S. 227, A.V. vom 12. Oktober 1877, J.M.Bl. S. 197, A.V. vom 3. August 1879, J.M.Bl. S. 354.

außerhalb des Amtssitzes; sie hindert jedoch nicht, daß ein Notar, dem die Abhaltung von regelmäßigen auswärtigen Amtstagen gestattet oder zur Pflicht gemacht ist, hiezu einen Geschäftsraum sich hält, der an den Amtstagen und nur an diesen geöffnet ist (Motive 432). Wegen Amtstage vergl. Art. 19. Auch am Amtssitze selbst darf der Notar nicht mehrere von einander getrennte Geschäftsräume, sondern nur eine Amtsstelle, d. h. einen Standplatz seiner Amtsthätigkeit halten.

Zweiter Abschnitt.

Dienstverhältnisse und Geschäftsführung.

1. Ausschließlichkeit des Dienstes, Nebengeschäfte.

Artikel 12.

Der Notar kann nicht zugleich Rechtsanwalt sein. Ein öffentliches Amt, mit dem eine Besoldung verbunden ist, darf der Notar nur mit Erlaubniß des Staatsministeriums der Justiz übernehmen.

Bayern Art. 4; Pfalz Art. 7; Entwurf Art. 11; Motive 432; Prot. Abg. 637; Prot. R.R. XIX. 13; Verh. Abg. 887; Becher, Materialien 42. 117. 328. 403.

Anm. 1. Durch vorstehende Bestimmung ist die Unvereinbarkeit des Notariats mit der Rechtsanwaltschaft, wie schon bisher, so auch für künftig aufrecht erhalten, dagegen die bisherige Unvereinbarkeit des Notariats mit anderen öffentlichen Aemtern mit Ausnahme unbezahlter Gemeindeämter gemildert. Das Verbot, ein besoldetes öffentliches Amt zu bekleiden, ist zwar aufrecht erhalten, doch kann das Staatsministerium der Justiz in Ausnahmefällen hievon dispensiren; eine solche ausnahmsweise Genehmigung wird nur aus besonderen Gründen und nur dann ertheilt werden können, wenn von der Führung des Nebenamtes durch den Notar keine Beeinträchtigung seiner notariellen Thätigkeit oder seines amtlichen Ansehens zu besorgen ist. Hiedurch ist gleiches Recht für die Notare wie für alle übrigen Staatsbeamten geschaffen. Unbezahlte öffentliche Aemter darf der Notar ohne weiters bekleiden, Gemeindeämter nur vorbehaltlich der Bestimmungen des Art. 173 der Gem.O., welcher lautet:

Art. 173 Gem.-O.

„Die Stelle eines Bürgermeisters, Beigeordneten oder Magistratsrathes ist mit dem aktiven Dienstverhältnisse eines Staatsdieners, Geistlichen, öffentlich angestellten Lehrers, Notars oder eines von der Gemeinde oder Kirche besoldeten Bedienssteten nicht vereinbar.

Staatsdiener im zeitlichen Ruhestande können eine solche Stelle nur nach erhaltener königlicher Genehmigung übernehmen.

Die vorstehenden Bestimmungen sind nicht anwendbar auf Personen, welche zu der Stelle eines technischen Magistratsmitgliedes ernannt werden sollen, sowie auf dem Kaufmannsstande angehörige Mitglieder der Handelsgerichte.

Die der aktiven Armee und den besoldeten Stämmen der Landwehr angehörigen Militärpersonen, ferner zeitlich pensionirte Offiziere und Militärbeamte sind zu keinem Gemeindeamte wählbar."

Anm. 2. Die Frage, ob die Notare zum Schöffen- und Geschworenendienst berufen werden können, richtet sich nach G.V.G. §§ 34 und 85 Abs. 2 und wird, da die Notare in Bayern als Vollstreckungsbeamte im Sinne des G.V.G. § 34 Ziff. 6 zu erachten sind, zu verneinen sein; vergl. Deutsche Not.Z. 1880 S. 195, Loewe, Komm. z. Str.P.O. 8. Aufl. (1894) Anm. 5 zu § 34 G.V.G.

Artikel 13.

Der Notar darf weder selbst Handel oder Gewerbe betreiben, noch die Verwaltung einer Handelsgesellschaft oder einer ähnlichen auf Erwerb gerichteten Unternehmung führen. Mitglied des Aufsichtsraths einer solchen Gesellschaft oder Unternehmung darf er nur mit Erlaubniß des Staatsministeriums der Justiz werden.

Zur Uebernahme des Amtes des Testamentsvollstreckers bedarf der Notar einer dienstaufsichtlichen Erlaubniß nicht.

Bayern Art 10. 29; Entwurf Art. 12. 14; Motive 432; Prot. Abg. 637. 647. 736; Verh. Abg. 887; Becher, Materialien 42. 119. 137. 295. 404.

Anm. 1. Das Verbot des Handels- und Gewerbebetriebs und der Verwaltung finanzieller Unternehmungen enthält gegenüber dem bisherigen Rechte keine Neuerung; insbesondere fällt hierunter wie bisher so auch künftig nicht eine einzelne Vermögensverwaltung; vergl. Rösl S. 81. 82, Zink I 399, II 21, Enderlein 127. Ebensowenig fällt eine Betheiligung an einem Geschäfte oder Gewerbe, einer Gesellschaft oder Genossenschaft, z. B. als stiller Theilhaber oder Gesellschafter, unter das gesetzliche Verbot, insoferne sich der Notar nur vom Geschäftsbetrieb und der Verwaltung ferne hält und kein unlauteres Spekulationsgeschäft im Sinne des Art. 68 in Frage kommt; ein Fall der erlaubten Betheiligung ist z. B. gegeben, wenn das Privatvermögen des Notars oder seiner Frau in einem Geschäfte eines Verwandten oder einer Gesellschaft m. b. H. enthalten ist. Vergl. übrigens auch Art. 68.

Anm. 2. Ein Handels- oder Gewerbebetrieb durch die Ehefrau des Notars wird in der Regel in gleicher Weise mit der Würde des Notariats unvereinbar sein und würde auf Grund Art. 86 die Zwangsversetzung des Notars begründen, wie auch unter Umständen die Duldung eines solchen Geschäftsbetriebes als ein gegen die Ehre und Würde des Standes verstoßendes außeramtliches Verhalten des Notars gemäß Art. 67 disziplinär zu ahnden wäre.

Anm. 3. Die Annahme einer Aufsichtsrathsstelle in einer Aktiengesellschaft oder ähnlichen Unternehmung ist wie die Annahme eines besoldeten Nebenamtes bei den Notaren in gleicher Weise wie bei allen anderen Beamten von der ministeriellen Erlaubniß abhängig und werden Bedenken gegen die Bewilligung dann nicht bestehen, wenn die Mitgliedschaft des Notars dem Ansehen seines Amtes und der Wahrnehmung seines Dienstes nicht schädlich ist. Häufig kann es sogar im Interesse einer Aktiengesellschaft selbst gelegen sein, einen tüchtigen Notar, der mit den gesetzlichen Bestimmungen vertraut ist, im Aufsichtsrath als Mitglied zu haben, und kann der Notar unbedenklich als Aufsichtsrath der juristische Berather der Gesellschaft sein. Dagegen kann er dann nicht zugleich die Beschlüsse oder die Erklärungen der Gesellschaftsorgane beurkunden und zwar auch dann nicht, wenn er an der Generalversammlung oder bei dem Beschlusse, welcher beurkundet werden soll, in seiner Eigenschaft als Aufsichtsrathsmitglied sich nicht betheiligt, weil der Aufsichtsrath als überwachendes und vollziehendes Gesellschaftsorgan bei allen Rechtsgeschäften und rechtsgeschäftlichen Erklärungen der Gesellschaft betheiligt ist und in Folge dessen auch jedes einzelne Mitglied dieses Gesellschaftsorganes betheiligt erscheint. Siehe auch Art. 15 Anm. 3 Ziff. 1 und Art. 32 Anm. 1.

Anm. 4. Das Amt eines Testamentsvollstreckers ist privater Natur, für dessen Annahme eine amtliche Verpflichtung nicht besteht, weshalb auch in Art. 126 Abs. 3 die Haftung des Staates für den Schaden, den ein Notar oder Notariatsverweser in Ausübung des Amtes des Testamentsvollstreckers einem Dritten zufügt, ausdrücklich ausgeschlossen ist.

Bezüglich der rechtlichen Stellung, der Rechte und Pflichten des Testamentsvollstreckers und seines Verhältnisses zu den Erben und den Nachlaßgläubigern vergl. §§ 2197—2228 B.G.B. und Motive hiezu V S. 217 ff.

Hienach kann nur der Erblasser durch Testament einen oder mehrere Testamentsvollstrecker ernennen (§ 2197 B.G.B.), ein Dritter also auch der Erbe nur, wenn der Erblasser die Bestimmung ihm überlassen hat (§ 2198 B.G.B.), und das Nachlaßgericht, wenn der Erblasser solches im Testament hierum ersucht hat (§ 2200 B.G.B.).

Das Amt des Testamentsvollstreckers beginnt mit der dem Nachlaßgericht gegenüber zu erklärenden Annahme (§ 2202 B.B.G.), weshalb vor der Annahmeerklärung der Ernannte zur Vornahme von Amtshandlungen nicht befugt ist; der Ernannte kann die Annahme in gleicher Weise ablehnen. Der Testamentsvollstrecker hat die letztwilligen Verfügungen des Erblassers zur Ausführung zu bringen, B.G.B. § 2203, wenn mehrere Erben vorhanden sind, die Auseinandersetzung unter ihnen nach Maßgabe der §§ 2042—2056 B.G.B. zu bewirken und die Erben über den Auseinandersetzungsplan vor der Ausführung zu hören, B.G.B. § 2204, soferne ihm nicht durch den Erblasser ausdrücklich nur die Verwaltung des Nachlasses übertragen ist, B.G.B. § 2209. Vergl. hierüber Art. 1 Anm. 11 C I d und e.

Der Testamentsvollstrecker hat Anspruch auf Ersatz seiner Aufwendungen und auf eine angemessene Vergütung, soferne nicht der Erblasser ein anderes bestimmt hat (§ 2218, 670 und 2221 B.G.B.).

Anm. 5. Das Amt eines Verlassenschafts-Kommissärs im Sinne des Art. 29 bayer. Not.Ges. kennt das Reichsrecht nicht und kann daher in einem nach dem 1. Januar 1900 errichteten Testamente der Notar vom Erblasser nur zum Testamentsvollstrecker ernannt werden. Ist dies in einem beim Notar verwahrten Testamente geschehen, so hat der Notar künftig nach der von ihm gemäß Art. 1 Abs. 2 vorzunehmenden Verkündung des Testaments dem Nachlaßgerichte von seiner Ernennung Anzeige zu machen und sich über Annahme oder Ablehnung des Amtes eines Testamentsvollstreckers zu erklären.

Ist die Ernennung des Notars zum Testamentsvollstrecker in einem nicht in amtlichen Verwahr genommenen holographischen Testament oder nach § 2198 oder 2200 B.G.B. durch den vom Erblasser ermächtigten Dritten oder das Nachlaßgericht erfolgt, so ist der Notar vom Nachlaßgericht nach Verkündung des Testaments von seiner Ernennung zu verständigen und zur Erklärung über Annahme oder Ablehnung aufzufordern (§ 2202 B.G.B.).

Hat der Erblasser weder einen Verlassenschaftskommissär noch einen Testamentsvollstrecker ernannt, so können die Erben, wenn der Erblasser erst nach dem 1. Januar 1900 verstorben ist, dem Angeführten zu Folge die Auseinandersetzung der Verlassenschaft nicht mehr, wie bisher nach Art. 35 bayer. Not.Ges., einem Notar als Verlassenschaftskommissär übertragen, ebensowenig einen Testamentsvollstrecker im Sinne des B.G.B. ernennen, dagegen auf Grund § 2042 ff. B.G.B., §§ 86—98, 193 Ges. freiw. Ger. und Art. 104 A.G. z. B.G.B.*) dem Notar die Vermittlung der Nachlaßauseinandersetzung übertragen, wodurch der Notar künftig im Allgemeinen ähnliche Befugnisse erhält wie nach bisherigem Rechte als Verlassenschaftskommissär. Vergl. das Nähere hierüber Art. 1 Anm. 11. Wegen Auseinandersetzung des Rücklasses eines vor dem 1. Januar 1900 verstorbenen Erblassers vergl. Ueberg.Ges. Art. 36**).

---

*) Siehe Art. 1 Anm. 11 Seite 26.
**) Siehe Art. 1 Anm. 11 Seite 27.

Ist endlich in einem vor dem 1. Januar 1900 errichteten Testamente ein Notar als Verlassenschaftskommissär ernannt, so bleibt diese Ernennung auch für den Fall des Todes des Erblassers nach dem 31. Dezember 1899 insoweit wirksam, als in dem bisherigen Amte des Verlassenschaftskommissärs zugleich das Amt eines Testamentars (Art. 29 bayer. Not.Ges.) gleich Testamentsvollstreckers enthalten ist (Motive S. 432); nur tritt in diesem Falle an die Stelle des Verlassenschaftskommissärs das Amt des Testamentsvollstreckers, welches allerdings nicht Amtsgeschäft des Notariats, sondern persönliches Privatamt des Notars ist; vergl. G.O. § 256 und Art. 1 Anm. 4 III. a. E. S. 23.

2. Verpflichtung zur Dienstleistung.

Artikel 14.

Der Notar darf die Vornahme eines Amtsgeschäfts nicht ohne zureichenden Grund verweigern.

Bayern Art. 43; Pfalz Art. 3; Entwurf Art. 15; Motive 433; Prot. Abg. 651; Becher, Materialien 43. 145.

Anm. 1. Die allgemeine Verpflichtung des Notars zur Vornahme eines ihm angesonnenen Amtsgeschäftes ist mehrfach eingeschränkt und ausgeschlossen und zwar:

A. Aus Gründen in der Person des Notars.

Kraft Gesetzes ist der Notar von der Ausübung seines Amtes ausgeschlossen:

I. nach Reichsrecht:

a) bei Errichtung eines Testaments oder Erbvertrags in den Fällen des B.G.B. §§ 2234—2236, 2276 (siehe Art. 15 Anm. 2), wenn der Notar Ehegatte des Erblassers oder Vertragstheils ist, auch wenn die Ehe nicht mehr besteht, und wenn der Notar mit dem Erblasser oder Vertragstheil in gerader Linie oder im zweiten Grade der Seitenlinie verwandt oder verschwägert oder im Testamente oder Erbvertrag bedacht ist oder zu einem Bedachten in dem angeführten Verwandtschafts- oder Schwägerschaftsverhältnisse steht. Hiebei ist zu bemerken, daß die Verwandtschaft auch mit dem an Kindesstatt Angenommenen und dessen Abkömmlingen, dann zwischen dem außerehelichen Kinde einerseits und dessen Mutter und deren Verwandten andererseits, nicht aber dem außerehelichen Vater und dessen Verwandten besteht, B.G.B. §§ 1757, 1762, 1705, 1589 Abs. 2, sowie daß die Schwägerschaft auch nach Auflösung der Ehe fortdauert, B.G.B. § 1590 Abs. 2; siehe Art. 15 Anm. 3 zu Ziff. 3.

Die Verhinderung des Notars zur Errichtung oder Uebernahme eines Testaments, wenn er selbst oder einer seiner Angehörigen im Testament bedacht ist, bezieht sich in gleicher Weise auf die Testamentserrichtung durch mündliche Erklärung wie auf Uebergabe einer offenen oder auch verschlossenen Schrift; siehe Art. 1 Anm. 4 I A. 3;

b) bei Beurkundung eines Rechtsgeschäftes, wofür die Ausschließungsgründe des Notars im Ges. freiw. Ger. §§ 168, 170—172 (siehe Art. 15 Anm. 2) enthalten sind.

Die im Reichsgesetz über die Angelegenheiten der freiwilligen Gerichtsbarkeit vom 17. Mai 1898 (R.G.Bl. 1898 Nr. 25 S. 771) §§ 167—184 sowohl für die Ausschließung [des Richters und] Notars wie für die Form der [gerichtlichen und] notariellen Protokolle gegebenen Vorschriften beziehen sich nur auf die Beurkundung von Rechtsgeschäften, während für andere nicht Rechtsgeschäfte enthaltende Beurkundungen die Erlassung der Vorschriften in § 200 l. c. den Landesgesetzen vorbehalten ist.

Begriff der Rechtsgeschäfte. Rechtsgeschäft ist jede rechtsverbindliche, auf Begründung, Aufhebung und Aenderung eines Rechtsverhältnisses gerichtete Willenserklärung einer Person d. i. jede Erklärung rechtsgeschäftlichen Inhalts (rechtsgeschäftliche Erklärung vergl. Art. 27).

Diese Willenserklärung kann einseitig sein, wenn der gewollte rechtliche Erfolg durch die alleinige Willenserklärung desjenigen herbeigeführt wird, welcher den Erfolg will, z. B. bei einem Testament, Ausschlagung einer Erbschaft, Aufgabe eines Rechtes, Entlobung u. A., oder zweiseitig bei Verträgen d. i. die übereinstimmende auf Ordnung ihrer Rechtsverhältnisse abzielende Willenserklärung zweier oder mehrerer Personen, z. B. Ehe- und Erbvertrag, Kauf, Tausch und sonstige Uebertragung des Eigenthums an Sachen oder Grundstücken, Schenkung, Miete, Begründung einer Dienstbarkeit u. A.; hieher gehören auch die Beschlüsse der Generalversammlungen der Aktiengesellschaften u. s. w.

Verschiedene Arten der Rechtsgeschäfte. — Außer den bereits angeführten Unterscheidungen der Rechtsgeschäfte in einseitige und Verträge ist zu unterscheiden zwischen

aa) Rechtsgeschäften unter Lebenden, d. i. Willenserklärungen, welche die Verhältnisse des Verfügenden zu seinen Lebzeiten zu ordnen bestimmt sind, z. B. Kauf, Schenkung, Kündigung, Aufgabe eines Rechtes, und

Rechtsgeschäften von Todeswegen, welche bestimmt sind die Verhältnisse des Verfügenden nach seinem Tode zu regeln, z. B. Testamente, Erbverträge;

bb) empfangsbedürftigen Rechtsgeschäften, d. i. solchen, welche rechtliche Wirkung nur dann äußern, wenn die Willenserklärung an einen bestimmten Empfänger gerichtet ist und an diesen auch wirklich gelangt, d. i. Willenserklärungen, die einem anderen gegenüber abzugeben sind (B.G.B. §§ 130, 131), z. B. Kündigung einer Miete, B.G.B. § 542; hiebei gebraucht das B.G.B. häufig den Ausdruck „Rechtsgeschäfte, die einem anderen gegenüber vorzunehmen sind", z. B. bei Anfechtung von Rechtsgeschäften, B.G.B. § 143, beim Rücktritt von einem Vertrag, B.G.B. § 349, Widerruf einer Schenkung, B.G.B. § 531 Abs. 1;

nichtempfangsbedürftigen Rechtsgeschäften, d. i. denjenigen Rechtsgeschäften, welche eine rechtliche Wirkung haben, ohne an einen bestimmten Betheiligten als Empfänger gelangen zu müssen, z. B. die Erklärung über Annahme einer Erbschaft, Testamentserrichtung, Anerkennung eines Kindes als eheliches durch den Ehemann der Kindesmutter, B.G.B. § 1598;

cc) von den empfangsbedürftigen Willenserklärungen verschieden sind jene, welche wirksam werden, wenn sie einer Behörde gegenüber (nicht vor einer Behörde) abgegeben werden, z. B. Ausschlagung der Erbschaft, Anfechtung der Erbschaftsannahme oder Ausschlagung gegenüber dem Nachlaßgericht, B.G.B. §§ 1945, 1955, Aufgabe des Eigenthums an einem Grundstücke auch durch Verzichtserklärung gegenüber dem Grundbuchamte mit Eintragung dieses Verzichts im Grundbuch, B.G.B. § 928 Abs. 1, Zustimmungserklärung des Drittberechtigten zur Aufhebung eines belasteten Rechtes gegenüber dem Grundbuchamt oder demjenigen gegenüber, zu dessen Gunsten die Zustimmung erfolgt, B.G.B. § 876, ebenso bei Aufgabe einer nicht eingetragenen Grunddienstbarkeit, Ueberg.G. Art. 11.

II. nach Landesrecht.

a) In Anwendung des in Ges. freiw. Ger. § 200 gemachten Vorbehalts sind im Art. 15 nicht nur die für Beurkundung von Rechtsgeschäften geltenden reichsgesetzlichen Bestimmungen über Ausschließung des Notars theilweise ergänzt und erweitert, sondern im Anschluß an diese Bestimmungen für alle sonstigen Urkunden, welche nicht Rechtsgeschäfte enthalten, Ausschließungsgründe für den Notar normirt, welche im Allgemeinen mit den im Ges. freiw. Ger. § 6 für die Ausschließung vom Richteramte gegebenen Vorschriften übereinstimmen; Einzelnes hiezu siehe Art. 15 Anm. 3.

Verhältniß der reichsrechtlichen und landesrechtlichen Bestimmungen zu einander.

Handelt es sich um Beurkundung eines Rechtsgeschäftes (rechtsgeschäftlichen Erklärung), so sind für die Frage, ob der Notar von der Ausübung seines Amtes ausgeschlossen ist, zunächst die Bestimmungen der §§ 168, 170—172 Ges. freiw. Ger. maßgebend (siehe oben 1 b), außerdem und neben diesen reichsgesetzlichen Bestimmungen aber noch die Bestimmungen des Notariatsgesetzes Art. 14—16, da diese landesrechtlichen Bestimmungen nicht bloß dann Platz greifen, insoweit reichsrechtliche Bestimmungen überhaupt nicht vorliegen, sondern auch für die Fälle der letzteren, insoferne diese durch die landesrechtlichen Vorschriften ergänzt und erweitert werden.

Während aber die angeführten Vorschriften des Reichsrechtes zwingender Natur sog. Mußvorschriften sind, von deren Einhaltung die Rechtsgiltigkeit der Beurkundung abhängt, sind die ergänzenden Vorschriften des Landesrechtes nur dienstrechtlicher Natur sog. Sollvorschriften; siehe Ges. freiw. Ger. § 200 und Art. 15 Anm. 1. Vergl. hierüber die Erklärung des Regierungskommissärs Landgerichtsrath Schmitt in Prot. Abg. S. 652:

„Es sei zur Aufklärung des Verhältnisses des Art. 16 [des Gesetzesentwurfs, Art. 15 des Gesetzes] zu den Bestimmungen der Reichsgesetze über die Ausschließung der Richter und Notare bei Beurkundung von Rechtsgeschäften und zum § 6 des Ges. freiw. Ger. über die Ausschließung der Richter eine Bemerkung gestattet.

Zunächst ist es wohl kaum zutreffend, daß der Art. 16 [des Gesetzesentwurfs, Art. 15 des Gesetzes] lediglich Anwendung finden soll auf diejenigen notariellen Geschäfte, welche die Beurkundung von Gegenständen, die nicht Rechtsgeschäfte sind, betreffen. Der Art. 16 [des Gesetzesentwurfs, Art. 15 des Gesetzes] ist ganz allgemein gedacht; er soll für alle notariellen Geschäfte gelten, gleichviel ob Rechtsgeschäfte in Betracht kommen oder nicht. Gerade deswegen aber, weil er allgemein gedacht ist, ist er als Sollvorschrift gesetzt, denn eine allgemeine Mußvorschrift — die Mußvorschrift unterscheidet sich ja von der Sollvorschrift darin, daß nur die Verletzung der Mußvorschrift die Nichtigkeit des Geschäftes zur Folge hat — eine allgemeine Mußvorschrift des Inhalts von Art. 16 [des Gesetzesentwurfs, Art. 15 des Gesetzes] wäre für die Landesgesetzgebung nicht möglich. In dem § 200 des Ges. freiw. Ger. ist im Abs. 2 gesagt: ‚Soweit in Landesgesetzen allgemeine Vorschriften über die Errichtung gerichtlicher oder notarieller Urkunden erlassen werden, ist ein Verstoß gegen eine solche Vorschrift unbeschadet der Vorschriften über die Folgen des Mangels der sachlichen Zuständigkeit ohne Einfluß auf die Giltigkeit der Beurkundung.‘ Art. 16 [des Gesetzesentwurfs, Art. 15 des Gesetzes] muß sich also mit dem Charakter einer Sollvorschrift begnügen.

Es kommt dann die zweite Frage, ob man nicht hätte sagen sollen: ‚Für die Beurkundung von Rechtsgeschäften gelten ausschließlich die Vorschriften der Reichsgesetze, wie sie in § 170 ff. des Ges. freiw. Ger. enthalten sind, die Vorschriften des Art. 16 [des Gesetzesentwurfs, Art. 15 des Gesetzes] aber, die sich mit denen des § 6 des Ges. freiw. Ger. decken, sollen lediglich auf die übrigen Beurkundungsgeschäfte der Notare Anwendung finden.‘ Allein es hat sich gezeigt, daß die Vorschriften, welche in dem Reichsgesetz über die Angelegenheiten der freiwilligen Gerichtsbarkeit gegeben sind, doch nicht so vollständig sind, daß sie einer Ergänzung durch die Landesgesetzgebung auch bezüglich der notariellen Urkunden über die Rechtsgeschäfte ganz entbehren könnten.“

Handelt es sich nicht um Beurkundung eines Rechtsgeschäftes, sondern einer nichtrechtsgeschäftlichen Erklärung oder um eine sonstige notarielle Beurkundung (Inventar, Wechselprotest, Bestätigung, Zeugniß u. A.), so kommen lediglich die landes-

rechtlichen Vorschriften des Notariatsgesetzes in Betracht, welche allerdings im Allgemeinen sich mit den für die rechtsgeschäftlichen Erklärungen gegebenen reichsgesetzlichen Vorschriften decken, solche sogar theilweise ergänzen und erweitern, aber nicht zwingender, sondern nur dienstrechtlicher Natur, sog. Sollvorschriften sind.

b) Für die Ausschließung und Ablehnung des Notars als Versteigerungsbeamte bei der Zwangsvollstreckung von Grundstücken finden nach Art. 25 Abs. 4 des A.G. z. Gr.B.O. (siehe Art. 15 Anm. 2) die für die Ausschließung und Ablehnung von Richtern geltenden Vorschriften entsprechende Anwendung; die Entscheidung erfolgt durch das Vollstreckungsgericht.

Es sind dies die Vorschriften in C.P.O.

§ 41: „Ein Richter ist von der Ausübung des Richteramtes kraft Gesetzes ausgeschlossen:

1. in Sachen, in welchen er selbst Partei ist, oder in Ansehung welcher er zu einer Partei in dem Verhältnisse eines Mitberechtigten, Mitverpflichteten oder Regreßpflichtigen steht;
2. in Sachen seiner Ehefrau, auch wenn die Ehe nicht mehr besteht;
3. in Sachen einer Person, mit welcher er in gerader Linie verwandt, verschwägert oder durch Adoption verbunden, in der Seitenlinie bis zum dritten Grade verwandt oder bis zum zweiten Grade verschwägert ist, auch wenn die Ehe, durch welche die Schwägerschaft begründet ist, nicht mehr besteht;
4. in Sachen, in welchen er als Prozeßbevollmächtigter oder Beistand einer Partei bestellt oder als gesetzlicher Vertreter einer Partei aufzutreten berechtigt ist oder gewesen ist;
5. in Sachen, in welchen er als Zeuge oder Sachverständiger vernommen ist;
6. in Sachen, in welchen er in einer früheren Instanz oder im schiedsrichterlichen Verfahren bei der Erlassung der angefochtenen Entscheidung mitgewirkt hat, soferne es sich nicht um die Thätigkeit eines beauftragten oder ersuchten Richters handelt."

§ 42: „Ein Richter kann sowohl in den Fällen, in welchen er von der Ausübung des Richteramtes kraft Gesetzes ausgeschlossen ist, als auch wegen Besorgniß der Befangenheit abgelehnt werden.

Wegen Besorgniß der Befangenheit findet die Ablehnung statt, wenn ein Grund vorliegt, welcher geeignet ist, Mißtrauen gegen die Unparteilichkeit eines Richters zu rechtfertigen.

Das Ablehnungsrecht steht in jedem Falle beiden Parteien zu."

§ 43: „Eine Partei kann einen Richter wegen Besorgniß der Befangenheit nicht mehr ablehnen, wenn sie bei demselben, ohne den ihr bekannten Ablehnungsgrund geltend zu machen, in eine Verhandlung sich eingelassen oder Anträge gestellt hat."

§ 44: „Das Ablehnungsgesuch ist bei dem Gerichte, welchem der Richter angehört, anzubringen; es kann vor dem Gerichtsschreiber zu Protokoll erklärt werden.

Der Ablehnungsgrund ist glaubhaft zu machen; zur Versicherung an Eidesstatt darf die Partei nicht zugelassen werden. Zur Glaubhaftmachung kann auf das Zeugniß des abgelehnten Richters Bezug genommen werden.

Der abgelehnte Richter hat sich über den Ablehnungsgrund dienstlich zu äußern.

Wird ein Richter, bei welchem die Partei in eine Verhandlung sich eingelassen oder Anträge gestellt hat, wegen Besorgniß der Befangenheit abgelehnt, so ist glaubhaft zu machen, daß der Ablehnungsgrund erst später entstanden oder der Partei bekannt geworden sei."

§ 45: „Ueber das Ablehnungsgesuch entscheidet das Gericht, welchem der Abgelehnte angehört; wenn dasselbe durch Ausscheiden des abgelehnten Mitgliedes beschlußunfähig wird, das im Instanzenzuge zunächst höhere Gericht.

Wird ein Amtsrichter abgelehnt, so entscheidet das Landgericht. Einer Entscheidung bedarf es nicht, wenn der Amtsrichter das Ablehnungsgesuch für begründet hält."

§ 46: „Die Entscheidung über das Ablehnungsgesuch kann ohne vorgängige mündliche Verhandlung erfolgen.

Gegen den Beschluß, durch welchen das Gesuch für begründet erklärt wird, findet kein Rechtsmittel, gegen den Beschluß, durch welchen das Gesuch für unbegründet erklärt wird, findet sofortige Beschwerde statt."

§ 47: „Ein abgelehnter Richter hat vor Erledigung des Ablehnungsgesuchs nur solche Handlungen vorzunehmen, welche keinen Aufschub gestatten."

§ 48: „Das für die Erledigung eines Ablehnungsgesuchs zuständige Gericht hat auch dann zu entscheiden, wenn ein solches Gesuch nicht angebracht ist, ein Richter aber von einem Verhältnisse Anzeige macht, welches seine Ablehnung rechtfertigen könnte, oder wenn aus anderer Veranlassung Zweifel darüber entstehen, ob ein Richter kraft Gesetzes ausgeschlossen sei.

Die Entscheidung erfolgt ohne vorgängiges Gehör der Parteien."

B. Aus sachlichen Gründen

hat der Notar seine Amtsthätigkeit bei Geschäften zu verweigern, die gegen ein Strafgesetz verstoßen oder offenbar nichtig sind oder nur zum Schein oder zum Scherz vorgenommen werden sollen; siehe hierüber Art. 16.

Anm. 2. Aus der Eigenschaft des Notariats als Behörde folgt, daß der Notar zur Dienstleistung verpflichtet ist, solche also ohne zureichenden Grund nicht ablehnen darf. Ein zureichender Grund zur Verweigerung ist z. B. Befangenheit oder Erkrankung des Notars, offensichtliche Trunkenheit eines Betheiligten, wenn auch nicht in solchem Grade, daß hiedurch dessen Geistesthätigkeit im Sinne des § 105 Abs. 2 B.G.B. vorübergehend gestört wäre, Unbekanntheit eines Betheiligten und Mangel von Identitätsbehelfen, Ges. freiw. Ger. § 176, auch momentane Verhinderung wegen anderer Geschäfte, wobei jedoch der Notar befugt sein wird, die Vordringlichkeit des einen Amtsgeschäftes zu berücksichtigen und nach vernünftigem Ermessen zu handeln.

Abgesehen von einer solchen Ablehnung bei momentaner Verhinderung bildet Geschäftsüberlastung bei Geschäften, die sich später erledigen lassen, keinen Ablehnungsgrund. Auch darf der Notar die Vornahme einer Amtshandlung mit einem an einer ansteckenden Krankheit leidenden Schwerkranken ebensowenig wie der Arzt oder Geistliche oder sonstige Beamte ablehnen, wenn die vorzunehmende Amtshandlung ihrer Bedeutung nach zur Uebernahme der Gefahr in einem vernünftigen Verhältniß steht.

Ein hauptsächlicher und häufiger Ablehnungsgrund ergibt sich endlich aus Art. 30 und 35.

Anm. 3. Die Verpflichtung des Notars bezieht sich nur auf Vornahme der Amtsgeschäfte innerhalb seiner sachlichen und örtlichen Zuständigkeit, zu welchen auch die in Art. 4 dem Notar überwiesenen Hinterlegungsgeschäfte und die nach Art. 104 A.G. z. B.G.B. den Notaren neben den Amtsgerichten zugewiesene Vermittlung der Auseinandersetzung eines Nachlasses und eines Gesammtgutes gehören, nicht auf außeramtliche Nebengeschäfte, z. B. Vermögensverwaltung, Amt eines Testamentsvollstreckers; in letzterer Beziehung vergl. Art. 13 Anm. 4.

Anm. 4. Die Bestimmung des bisherigen Rechtes, daß der Notar seine Dienste nur auf Ansuchen eines Betheiligten oder aus Auftrag des Gerichtes zu leisten hat, ist in gegenwärtiges Gesetz nicht aufgenommen; diese Bestimmung ist selbstverständlich, soweit der Notar sich nicht unberufen den Parteien aufdrängen darf oder Geschäfte in Frage kommen, die nur auf Ansuchen vorgenommen werden können, anderseits aber unzutreffend, soweit es sich um Geschäfte des inneren Dienstes handelt (Registerführung, Kostenerhebung u. dergl.). Vergl. G.O. § 13.

Artikel 15.

Der Notar soll, soweit er nicht durch besondere Vorschriften von der Ausübung seines Amtes ausgeschlossen ist, die Vornahme von Amtsgeschäften verweigern:

1. in Sachen, in denen er selbst betheiligt ist oder in denen er zu einem Betheiligten in dem Verhältniß eines Mitberechtigten oder Mitverpflichteten steht;
2. in Sachen seiner Ehefrau, auch wenn die Ehe nicht mehr besteht;
3. in Sachen einer Person, mit der er in gerader Linie oder im zweiten Grade der Seitenlinie verwandt oder verschwägert ist;
4. in Sachen, in denen er als Vertreter eines Betheiligten bestellt oder als gesetzlicher Vertreter eines solchen aufzutreten berechtigt ist.

Bayern Art. 47; Pfalz Art. 8 und Gesetz vom 16 Mai 1868, das Notariat in der Pfalz betr., Art. 9; Entwurf Art. 16; Motive 433; Prot. Abg. 652; Verh. Abg. 887; Becher, Materialien 44. 146. 405.

Anm. 1. Die Fassung dieser Bestimmung ist dem § 6 Ges. freiw. Ger. nachgebildet, so daß der Notar, soweit er nicht durch besondere Vorschriften von der Ausübung seines Amtes ausgeschlossen ist, in den übrigen Fällen, in welchen ein Richter von der Ausübung des Richteramtes kraft Gesetzes ausgeschlossen ist, gleichfalls ausgeschlossen und die Vornahme von Amtsgeschäften zu verweigern verpflichtet ist.

In Uebereinstimmung mit dem Reichsrechte in § 7 Ges. freiw. Ger., wonach gerichtliche Handlungen nicht aus dem Grunde unwirksam sind, weil sie von einem örtlich unzuständigen Gerichte oder von einem Richter vorgenommen sind, der von der Ausübung des Richteramtes kraft Gesetzes ausgeschlossen ist, ist auch gegenwärtige Bestimmung, soweit nicht besondere Vorschriften in Frage kommen, für die Notare keine Mußvorschrift, welche die Nichtigkeit der von einem ausgeschlossenen Notar vorgenommenen Amtshandlung nach sich ziehen würde, sondern nur eine dienstrechtliche sog. Sollvorschrift, deren Nichtbeachtung als Dienstvergehen des Notars zu ahnden ist. Siehe auch § 200 Ges. freiw. Ger., wonach ein Verstoß gegen allgemeine Vorschriften der Landesgesetzgebung über die Errichtung gerichtlicher oder notarieller Urkunden, unbeschadet der Vorschriften über die Folgen des Mangels der sachlichen Zuständigkeit, ohne Einfluß auf die Giltigkeit der Beurkundung ist.

Anm. 2. Bezüglich der besonderen Vorschriften, nach welchen der Notar von der Ausübung seines Amtes ausgeschlossen ist, vergl.

für Testamente und Erbverträge B.G.B.:

§ 2234. „Als Richter, Notar, Gerichtsschreiber oder Zeuge kann bei der Errichtung des Testaments nicht mitwirken:
1. der Ehegatte des Erblassers, auch wenn die Ehe nicht mehr besteht;
2. wer mit dem Erblasser in gerader Linie oder im zweiten Grade der Seitenlinie verwandt oder verschwägert ist."

§ 2235. „Als Richter, Notar, Gerichtsschreiber oder Zeuge kann bei der Errichtung des Testaments nicht mitwirken, wer in dem Testament bedacht wird oder wer zu einem Bedachten in einem Verhältnisse der im § 2234 bezeichneten Art steht.

Die Mitwirkung einer hiernach ausgeschlossenen Person hat nur zur Folge, daß die Zuwendung an den Bedachten nichtig ist."

§ 2236. „Als Gerichtsschreiber oder zweiter Notar oder Zeuge kann bei der Errichtung des Testaments nicht mitwirken, wer zu dem Richter oder dem beurkundenden Notar in einem Verhältnisse der im § 2234 bezeichneten Art steht."

§ 2276. „Ein Erbvertrag kann nur vor einem Richter oder vor einem Notar bei gleichzeitiger Anwesenheit beider Theile geschlossen werden. Die Vorschriften der §§ 2233—2245 finden Anwendung; was nach diesen Vorschriften für den Erblasser gilt, gilt für jeden Vertragschließenden.

Für einen Erbvertrag zwischen Ehegatten oder zwischen Verlobten, der mit einem Ehevertrag in derselben Urkunde verbunden wird, genügt die für den Ehevertrag vorgeschriebene Form."

für die Beurkundung eines Rechtsgeschäftes Ges. freiw. Ger.:

§ 168. „Für die gerichtliche und notarielle Beurkundung eines Rechtsgeschäfts gelten, unbeschadet der Vorschriften des Bürgerlichen Gesetzbuches über die Errichtung von Testamenten und Erbverträgen, die §§ 169—182. Als Betheiligter im Sinne der §§ 169—182 ist derjenige anzusehen, dessen Erklärung beurkundet werden soll."

§ 170. „Als Richter, Notar, Gerichtsschreiber oder Zeuge kann bei der Beurkundung nicht mitwirken:

1. wer selbst Betheiligter ist, sowie derjenige, für welchen ein Betheiligter als Vertreter handelt;
2. der Ehegatte eines Betheiligten, auch wenn die Ehe nicht mehr besteht,
3. wer mit einem Betheiligten in gerader Linie oder im zweiten Grade der Seitenlinie verwandt oder verschwägert ist;
4. wer zu demjenigen für welchen ein Betheiligter als Vertreter handelt, in einem Verhältnisse der unter Nr. 2, 3 bezeichneten Art steht."

§ 171. „Als Richter, Notar, Gerichtsschreiber oder Zeuge kann bei der in Beurkundung nicht mitwirken:

1. derjenige, zu dessen Gunsten in der Urkunde eine Verfügung getroffen wird;
2. wer zu denjenigen, zu dessen Gunsten in der Urkunde eine Verfügung getroffen wird, in einem Verhältnisse der im § 170 Nr. 2, 3 bezeichneten Art steht.

Die Mitwirkung einer hiernach ausgeschlossenen Person hat zur Folge, daß die Beurkundung insoweit nichtig ist, als sie eine Verfügung zu Gunsten einer der im Abs. 1 Nr. 1, 2 bezeichneten Personen zum Gegenstande hat."

§ 172. „Als Gerichtsschreiber oder zweiter Notar oder Zeuge kann bei der Beurkundung nicht mitwirken:

wer zu dem Richter oder dem beurkundenden Notar in einem Verhältnisse der im § 170 Nr. 2, 3 bezeichneten Art steht."

Hienach sind die Ausschließungsgründe für Beurkundung von Rechtsgeschäften und Aufnahme eines Testaments oder Erbvertrags keine Soll-, sondern zwingende Mußvorschriften, deren Außerachtlassung der Beurkundung den öffentlichen Charakter entziehen würde; vergl. Schneider § 169 Anm. 5 und § 170 Anm. 2. Für die Ausschließung und Ablehnung des Versteigerungsbeamten in Subhastationssachen vergl. A.G. z. Gr.B.O. Art. 25 Abs. 4:

„Auf die Ausschließung und die Ablehnung des Versteigerungsbeamten finden die für die Ausschließung und Ablehnung von Richtern geltenden Vorschriften entsprechende Anwendung. Die Entscheidung erfolgt durch das Vollstreckungsgericht."

dann C.P.O. § 41—48; siehe Art. 14 Anm. 1 A. II b.

Für die Frage des Ausschlusses des Notars bei Auseinandersetzung eines Nachlasses oder einer Gütergemeinschaft siehe § 193 und 194 Abs. 3 Ges. freiw. Ger., wonach nicht § 6 l. c., sondern die Vorschriften des gegenwärtigen Gesetzes Anwendung finden (Motive 433, Prot. Abg. 653. Becher, Materialien 44, 148). Siehe Art. 14 Anm. 1 A. II. Wegen Betheiligung des Notars als Testamentsvollstrecker siehe nächste Anm. 3 Ziff. 4.

Die Bestimmungen des gegenwärtigen Artikels enthalten nicht nur eine Ergänzung, soweit reichs- oder landesgesetzliche Vorschriften überhaupt nicht bestehen, sondern auch Erweiterungen dieser besonderen Vorschriften; vergl. z. B. § 168 Ges. freiw. Ger., wonach als Betheiligter im Sinne des § 169—182 nur derjenige anzusehen ist, dessen Erklärung beurkundet werden soll, und daher der Vertretene, für den eine Erklärung abgegeben wird, nicht betheiligt ist (Schneider § 168 Anm. 6; § 170 Anm. 4; Keidel § 168 Note 3). Es könnte daher nach § 170 Ges. freiw. Ger. der Notar eine seiner Ehefrau von einem Dritten zu ertheilende Vollmacht beurkunden, weil die Ehefrau des Notars bei dieser Vollmacht nicht betheiligt ist; solches ist aber nach Ziff. 2 des gegenwärtigen Artikels unzulässig. (Prot. Abg. 653). Vergl. auch Art. 14 Anm. 1 A. II a.

Anm. 3. Zu den einzelnen Ausschließungsgründen ist zu bemerken:

Ziff. 1: Betheiligt ist nicht nur jeder Vertragstheil, sondern jeder in Ansehung der Sache Berechtigte oder Verpflichtete (Geschäftstheilhaber, Gesammtschuldner), auch wenn er beim Amtsgeschäft nicht mitwirkt, Mitberechtigter ist der Nachlaß- oder Pfandgläubiger, Nutznießer, nicht aber der Miether oder Pächter, Mitverpflichteter der Bürge, Regreßpflichtige. Es darf also der Notar den Verkauf eines Anwesens nicht beurkunden, wenn er Hypothekgläubiger, wohl aber wenn er Miether des Hauses ist. Die Betheiligung eines Notars als Mitglied einer Genossenschaft, Gesellschaft oder eines Vereins ist kein Ausschlußgrund für ihn zur Beurkundung der Beschlüsse, solange er in der Versammlung von seiner Mitgliedschaft keinen Gebrauch macht; er darf sich nicht im Theilnehmerverzeichniß aufführen, nicht an der Debatte und Abstimmung betheiligen, nicht als Vorsitzender fungiren u. s. f., da er nicht das Ergebniß von Verhandlungen, an deren Zustandekommen er selbst theilnimmt, amtlich beurkunden kann. Das Gleiche gilt für Beurkundung von Rechtsgeschäften einer solchen Korporation, da hiefür § 168 und 170—172 Ges. freiw. Ger. maßgebend sind, wonach als Betheiligter nur derjenige anzusehen ist, dessen Erklärung beurkundet werden soll, also Betheiligter nicht der Vertretene, sondern nur der Vertreter ist. Siehe auch Art. 32 und Anm. 1 hiezu.

Dagegen ist der Notar von der Amtsübung immer ausgeschlossen, wenn es sich um Beurkundung, sei es einer rechtsgeschäftlichen oder nichtrechtsgeschäftlichen Erklärung einer Korporation (Aktiengesellschaft, sonstige Gesellschaft, Genossenschaft, Verein) oder einer anderen juristischen Person (Fiskus, Gemeinde, Klosterkonvent u. A.) handelt und der Notar mit dem gesetzlichen oder bevollmächtigten Vertreter dieser juristischen Person, welcher diese Erklärung für letztere abgibt, in einem Verwandtschafts- oder Schwägerschaftsverhältnisse im Sinne der Ziff. 3 steht, ebenso wenn für die betheiligte Person ein Bevollmächtigter handelt und der Notar entweder mit der betheiligten Person oder mit deren Vertreter in einem Verwandtschafts- oder Schwägerschaftsverhältnisse im Sinne der Ziff. 3 steht, weil immer die Voraussetzungen des Ges. freiw. Ger. § 170 Ziff. 3 oder des gegenwärtigen Artikels Ziff. 3 zutreffen. Ebenso ist der Notar an der Amtsübung verhindert, wenn er Aufsichtsrath der Gesellschaft ist; vergl. hierüber Art. 13 Anm. 3.

Ziff. 2: Die Ehefrau muß zur Sache in einem Verhältniß der in Ziff. 1 bezeichneten Art stehen; ob die Ehe durch Tod, Scheidung oder Todeserklärung gelöst oder für nichtig erklärt ist, ist gleichgiltig. Der Verlobte ist nicht kraft Gesetzes ausgeschlossen, wohl aber befangen.

Ziff. 3: Auch hier muß der Verwandte oder Verschwägerte zur Sache in einem Verhältniß der in Ziff. 1 bezeichneten Art stehen. Die Verwandtschaft oder Schwägerschaft in der Seitenlinie ist entgegen der bisherigen Bestimmung in Art. 47 rechtsrh. Not.Ges., wonach solche bis zum dritten Grad nach civilrechtlicher Berechnung den Ausschluß des Notars begründete, in Uebereinstimmung mit dem Reichsrechte (B.G.B. §§ 2234, 2276, Ges. freiw. Ger. §§ 6, 170) auf den zweiten Grad beschränkt, weil bei entfernteren Verwandten kaum eine Kollisionsgefahr besteht. Bezüglich Berechnung des Grades siehe B.G.B. § 1589, 1590, wonach der Grad der Verwandtschaft entsprechend der römisch-rechtlichen Berechnung nach der Zahl der sie vermittelnden Geburten sich bestimmt.

Die Verwandtschaft besteht auch mit dem an Kindesstatt Angenommenen und dessen Abkömmlingen, B.G.B. § 1757, 1762, sowie zwischen dem außerehelichen Kinde einerseits und dessen Mutter und deren Verwandten anderseits, nicht aber dessen Vater und dessen Verwandten, B.G.B. §§ 1705, 1589 Abs. 2; die Schwägerschaft dauert auch nach Auflösung der Ehe fort, B.G.B. § 1590 Abs. 2.

Es ist also der Notar in Sachen seiner und seiner Ehefrau Eltern und Voreltern, Abkömmlinge, Adoptivkinder und deren Abkömmlingen, voll- und halbbürtigen

Geschwister von der Ausübung des Amtes kraft Gesetzes ausgeschlossen. Ob er bei Betheiligung entfernterer Verwandten oder Verschwägerten wegen Befangenheit auf Grund Art. 14 abzulehnen berechtigt ist, hängt von den Umständen ab und ist dem Takt des Notars überlassen. Wegen Verhinderung des Notars bei Verwandtschaft mit dem Vertreter einer juristischen Person oder dem Bevollmächtigten eines Betheiligten siehe oben Ziff. 1.

Ziff. 4. Hierunter gehört sowohl der gesetzliche Vertreter (der Vater und nach dessen Tod die Mutter für die in der elterlichen Gewalt stehenden Kinder, der Vormund, Pfleger) wie der vertragsmäßige Vertreter (Bevollmächtigter) und der Beistand, jedoch nur solange die Vertretungsbefugniß besteht. Der Notar kann in Sachen seines Mündels nicht thätig sein, auch nicht wenn er seine Vertretung einem Dritten überträgt, dagegen in Sachen seines früheren Mündels, welcher selbständig handelt, und in Sachen seines Mandanten, wenn er solchen in dieser Sache nicht vertritt.

Als Testamentsvollstrecker ist der Notar nicht Vertreter der Betheiligten, kann daher Rechtsgeschäfte, welche die Erben unter sich abschließen, beurkunden; würde aber der Notar in seiner Eigenschaft als Testamentsvollstrecker ein Rechtsgeschäft für den Nachlaß abschließen, z. B. über Nachlaßgegenstände verfügen, eine Verbindlichkeit für den Nachlaß eingehen (B.G.B. §§ 2205, 2206), ein Anwesen veräußern, so wäre er selbst Betheiligter im Sinne des § 170 Ziff. 1 Ges. freiw. Ger. und könnte das Rechtsgeschäft nicht beurkunden. Vergl. auch Schneider § 6 Anm., Keidel § 6 Erläut. zu Abs. 1, Prot. Abg. 653, Becher, Materialien 150 und Art 1. Anm. 11.

Artikel 16.

Der Notar hat seine Amtsthätigkeit bei Geschäften zu verweigern, die gegen ein Strafgesetz verstoßen oder offenbar nichtig sind oder nur zum Schein oder zum Scherz vorgenommen werden sollen.

Bayern Art. 45 Abs. 2; Entwurf Art. 17; Motive 433; Prot Abg. 655; Becher, Materialien 44. 151.

Durch gegenwärtige Bestimmung ist das bisherige Recht, wonach der Notar alle rechtsgeschäftlichen Erklärungen, soweit sie nicht gegen ein Strafgesetz, gegen die öffentliche Ordnung oder gegen die guten Sitten verstoßen, ohne Rücksicht auf deren civilrechtliche Giltigkeit oder Ungiltigkeit zu beurkunden verpflichtet war, im Interesse der Betheiligten, um solche vor Schaden zu bewahren, wie auch im Interesse des Ansehens und der Würde des Amtes dahin erweitert, daß auch nichtige Rechtsgeschäfte, zu welchen nach B.G.B. §§ 117, 118 Schein- und Scherzgeschäfte gehören, nicht beurkundet werden dürfen.

Des Einzelnen ist zu bemerken:

1. Fälle der Nichtigkeit:

a) wegen Mängel in der Geschäftsfähigkeit z. B. Handlungen und Erklärungen eines Geschäftsunfähigen und einer im Zustande der Bewußtlosigkeit oder vorübergehenden krankhaften Störung der Geistesthätigkeit (vollständige Trunkenheit) befindlichen Person, B.G.B. § 104, 105, ein Testament einer noch nicht 16 Jahre alten oder wegen Geistesschwäche, Verschwendung oder Trunksucht entmündigten Person, B.G.B. § 2229;

b) alle Rechtsgeschäfte, welche gegen ein gesetzliches Verbot verstoßen, wenn sich nicht aus dem Gesetze ein Anderes ergibt, B.G.B. § 134, z. B. eine im Voraus getroffene Vereinbarung über Entrichtung von Zinseszinsen, B.G.B. §§ 248, 289; ein Vertrag, durch den sich der eine Theil verpflichtet, sein künftiges Vermögen oder einen Bruchtheil seines künftigen Vermögens zu übertragen oder mit einem Nießbrauche zu belasten, B.G.B. § 310, ein Vertrag über den Nachlaß eines noch lebenden Dritten,

B.G.B. § 312, eine Vereinbarung, durch welche die Verpflichtung des Verkäufers zur Gewährleistung wegen Mängel der Sache erlassen oder beschränkt wird, wenn der Verkäufer den Mangel arglistig verschweigt, B.G.B. § 476, Veräußerungs-, Belastungs- und Verfügungsbeschränkungen bezüglich eines Grundstücks, wenn sie einem Gläubiger gegenüber eingegangen werden sollen, B.G.B. § 1136, Anl.Ges. Art. 6 Abs. 3; ein Schuldanerkenntniß aus Spiel und Wette oder aus einem staatlich d. i. landesherrlich nicht genehmigten Lotterie- oder Ausspielvertrag, B.G.B. §§ 762, 763, Differenzgeschäfte B.G.B. § 764, die Ausgabe von Inhaberpapieren ohne staatliche Genehmigung, B.G.B. § 795, ein Vertrag, durch den sich Jemand verpflichtet, eine Verfügung von Todeswegen zu errichten oder nicht zu errichten, aufzuheben oder nicht aufzuheben, B.G.B. § 2302, eine Anordnung des Erblassers, durch welche er die alsbaldige Eröffnung seines Testamentes nach seinem Tode verbietet, B.G.B. § 2263, die Uebertragung des dem Ehemann gegen die Ehefrau bei Gütertrennung zustehenden Anspruchs auf einen angemessenen Beitrag zur Bestreitung des ehelichen Aufwandes auf einen Dritten, B.G.B. § 1427;

c) alle Rechtsgeschäfte, die gegen die guten Sitten verstoßen, B.G.B. § 138, z. B. Zahlungsversprechen für Vornahme oder Gestattung einer unerlaubten oder unmoralischen Handlung und Schuldanerkenntnisse hieraus, Wuchergeschäfte;

2. Fälle von Scheingeschäften: die Bestellung einer Hypothek zum Schein, um einen Dritten zu täuschen, die zum gleichen Zwecke nicht selten vorkommenden Schuldanerkenntnisse und Inventarverschreibungen; dagegen kein Scheingeschäft die Cession einer Forderung zwecks deren Beitreibung für den Cedenten; vergl. auch B.G.B. §§ 116, 117.

3. Fälle von Scherzerklärungen: alle offensichtlich nicht ernstgemeinten Erklärungen, die in der Erwartung abgegeben werden, der Mangel der Ernstlichkeit werde nicht verkannt werden, B.G.B. § 118; hierunter fällt auch die Zusage einer unmöglichen Leistung, B.G.B. § 306. Vergl. auch Art. 28.

Artikel 17.

Weigert sich der Notar, ein Amtsgeschäft vorzunehmen, so entscheidet auf Antrag das Landgericht. Eine Anfechtung der Entscheidung findet nicht statt.

Bayern Art. 50; Entwurf Art. 18; Motive 433; Prot. Abg. 655; Becher, Materialien 45. 152.

Der Antrag auf gerichtliche Entscheidung kann in allen Fällen der Artikel 14—16 gestellt werden und ist hiezu jeder bei der vom Notar verweigerten Amtshandlung Betheiligte berechtigt. Entscheidet das Landgericht, daß für den Notar ein Grund zur Verweigerung der Amtsthätigkeit nicht vorliegt, so hat derselbe das Amtsgeschäft vorzunehmen, ist aber der Verantwortlichkeit bezüglich der Frage, ob das Geschäft von ihm rechtsgiltig vorgenommen werden kann, enthoben. Bezüglich des Verfahrens siehe Art. 57 ff.

3. Zeit und Ort der Vornahme der notariellen Amtsgeschäfte.

Artikel 18.

Der Notar ist verpflichtet, in dringlichen Fällen Amtsgeschäfte auch außerhalb der ordentlichen Geschäftszeit vorzunehmen.

Bayern Art. 43; Entwurf Art. 19; Motive 433; Prot. Abg. 655; Becher, Materialien 45. 152.

Anm. 1. Die gewöhnliche und übliche Bureauzeit der übrigen Behörden speziell die für das Amtsgericht des gleichen Ortes vorgeschriebene Geschäftszeit ist auch die ordentliche Geschäftszeit der Notariate und hat der Notar Sorge zu tragen, daß während dieser Zeit seine Amtsräume der Bevölkerung zugänglich sind. Aus der Verpflichtung, in dringlichen Fällen auch außerhalb der ordentlichen Geschäftszeit zu amtiren, folgt nicht das Verbot, in nicht dringlichen Fällen nur innerhalb der ordentlichen Geschäftszeit zu amtiren, und ist es dem vernünftigen und pflichtgemäßen Ermessen des Notars anheimgestellt, auch über die ordentliche Geschäftszeit hinaus zu amtiren, wenn solches zur Erledigung einer begonnenen Amtshandlung erforderlich ist oder damit die Betheiligten nicht länger wie nöthig aufgehalten sind. Nur darf das Entgegenkommen gegen die Parteien nicht soweit gehen, daß hiedurch das Ansehen des Amtes leidet; die Vornahme einer Amtshandlung in vorgerückter Abendstunde, nur damit die Betheiligten ihre täglichen Geschäfte nicht versäumen oder damit nicht bis zum anderen Tag einer der Vertragstheile vielleicht vom Vertrag wieder zurücktritt, kann der Notar unter Umständeu ablehnen.

Ein dringlicher Fall, in welchem der Notar zur Vornahme einer Amtshandlung auch außerhalb der ordentlichen Geschäftszeit verpflichtet ist, ist besonders der Fall der Testamentserrichtung zur Nachtzeit oder an Sonn- und Feiertagen.

Die Nachtzeit umfaßt die Stunden von 9 Uhr Abends bis 6 Uhr Morgens; als allgemeine Feiertage gelten die ohne Rücksicht auf die konfessionellen Verhältnisse des Ortes des Notariatssitzes gebotenen Feiertage und außerdem an Orten, die nicht konfessionell gemischt sind, die gebotenen Feiertage der dort herrschenden Konfession. Bei Zweifeln hat der Notar sich der Uebung des Amtsgerichts anzuschließen. Bei der Vornahme auswärtiger Amtsgeschäfte entscheiden die Verhältnisse des Ortes der Geschäftsvornahme (G.O. § 16).

Vergl. hiezu G.O. §§ 14—17.

Anm. 2. Nach G.O. § 17 hat der Notar, soweit möglich, dafür Sorge zu tragen, daß eine begonnene Verhandlung nicht sich in die Nachtzeit hinein fortsetzt. War es nicht möglich, dies durch entsprechende Festsetzung des Beginnes der Verhandlung zu verhüten, und sprechen wichtige Gründe gegen eine Unterbrechung, so ist die Fortsetzung statthaft und unter Umständen geboten. In diesem Falle kann der Notar die erhöhte Gebühr des Art. 8 Abs. 1 Not.Geb.O. (Erhöhung der Gebühr um ein Viertel) nach Art. 8 Abs. 2 l. c. nur dann beanspruchen, wenn das Geschäft mehr als eine Stunde über den Beginn der Nachtzeit hinaus, d. i. also über 10 Uhr Nachts, in Anspruch genommen hat und der Notar die Betheiligten vor der Fortsetzung in die Nachtzeit hinein auf den Eintritt der Gebührenerhöhung aufmerksam gemacht hat.

Anm. 3. Nach § 15 Abs. 2 G.O. ist bei Vornahme eines Amtsgeschäftes zur Nachtzeit oder an Sonn- und Feiertagen die Rechtfertigung der Ausnahme im Geschäftsregister zu bemerken, ausgenommen bei Aufnahme von letztwilligen Verfügungen kranker Personen.

Artikel 19.

Der Notar soll die Amtsgeschäfte am Amtssitz in seinen Geschäftsräumen vornehmen, soweit nicht ein Anderes vorgeschrieben oder nach den Umständen erforderlich ist.

Amtstage darf der Notar an einem anderen Orte nur mit Erlaubniß des Staatsministeriums der Justiz abhalten.

Bayern Art. 43; Entwurf Art. 20; Motive 434; Prot. Abg. 656; Prot. R.R. XIX. 13; Becher, Materialien 45. 152. 329.

Anm. 1. Die Eigenschaft des Notariates als einer Behörde gestattet nicht, daß das Amt ambulant ausgeübt wird. Soweit nicht ein Anderes vorgeschrieben oder nach den Umständen veranlaßt ist, z. B. Aufnahme eines Inventars in der Regel an Ort und Stelle, des Wechselprotestes im Geschäftslokal des Protestaten, Vornahme von Zwangsversteigerungen in der Gemeinde der belegenen Sache, oder besondere Umstände es erforderlich machen, z. B. Krankheit oder Gebrechlichkeit eines Betheiligten, größere Anzahl der Betheiligten bei Beurkundung der Beschlüsse von Versammlungen und Gesellschaften oder anderer Rechtsgeschäfte, z. B. einer Anwesenszertrümmerung, Klausur der Klosterangehörigen, hat der Notar in der Regel am Amtssitz und zwar in seinen Geschäftsräumen die Amtsgeschäfte vorzunehmen; Ausnahmen hievon können wohl gemacht werden, wenn sie durch Rücksichten des praktischen Lebens oder eines vernünftigen Entgegenkommens oder sonstige Umstände sich rechtfertigen. Die Protokollirung einer Gutsübergabe im Anwesen selbst kann sich nicht bloß im Interesse der Betheiligten, sondern auch im Interesse des Dienstes empfehlen, um die längeren und eingehenderen Besprechungen und Verhandlungen mit den einzelnen Betheiligten ohne äußere Störung und Unterbrechung pflegen zu können.

Bei vorübergehender leichterer Erkrankung des Notars darf er die Amtsgeschäfte auch in seinem Schlafzimmer vornehmen.

Ueber Beschaffenheit der Amtsräume siehe G.O. § 18.

Anm. 2. Bei Beurkundung außerhalb des Amtssitzes des Notars ist für ein der Würde der Amtshandlung entsprechendes geeignetes Lokal Sorge zu tragen, als welche in erster Linie die Rath- und Gemeindehäuser oder auch die Schulhäuser zu benützen sind, selbstverständlich gegen entsprechende Vergütung für Instandsetzung, Beleuchtung und Beheizung. Sind solche amtliche Räume nicht vorhanden oder können sie und andere Lokalitäten, z. B. eine Privatwohnung, nicht benützt werden und muß deshalb, was besonders auf dem Lande häufig nothwendig werden wird, der Notar im Wirthshause amtiren, so hat er unter allen Umständen auf ein geeignetes, von der allgemeinen Wirthsstube getrenntes Zimmer bedacht zu sein; unter keinen Umständen darf der Notar Zechen, Rauchen oder übermäßige, die Amtshandlung störende Unterhaltung der Anwesenden dulden. Vergl. das Nähere G.O. §§ 19, 20; nach letzterer Bestimmung dürfen die allgemeinen Wirthschaftsräume nur im äußersten Nothfalle benützt werden und muß während der ganzen Dauer der Amtshandlung der Wirthschaftsbetrieb darin eingestellt werden, widrigenfalls der Notar verpflichtet wäre, die Fortsetzung des Amtsgeschäftes zu verweigern. Auch ist jede Vornahme eines Amtsgeschäftes in einem Wirthshause im Geschäftsregister in der letzten Spalte zu vermerken.

Anm. 3. Unter Amtstag ist wie auch nach bisherigem Rechte die Einrichtung verstanden, daß ein Notar im Voraus bestimmte Tage festsetzt, an welchen er an einem außerhalb seines Amtssitzes gelegenen Orte seines Gerichtsbezirkes zur Vornahme von Amtsgeschäften sich einfinden wird. Solche Amtstage haben sich bisher in der Praxis sehr gut bewährt und sind für das Publikum, besonders in einem größeren Gerichtsbezirke, oft geradezu ein Bedürfniß.

Die Vorschriften des Gesetzes, wonach die Abhaltung von Amtstagen von der Genehmigung des Staatsministeriums der Justiz bedingt ist, bezweckt, eine Schädigung der Bevölkerung bei allzuhäufiger Abwesenheit des Notars vom Sitze seines Antes zu vermeiden. Es wird daher unbedenklich die Genehmigung von Amtstagen auch künftig ertheilt werden können, wenn für deren Abhaltung ein Bedürfniß nachgewiesen ist und dieselben auf das äußerste Maß beschränkt werden, was schon im Interesse des Notars gelegen ist. Eine Schädigung der übrigen Bevölkerung wird bei entsprechender Bekanntmachung der Amtstage an den Amtstafeln des Notariats, des Amtsgerichts und der Gemeinden für gewöhnliche Fälle selten vorkommen, wenn die Bevölkerung im Voraus für das ganze Jahr weiß, daß der Notar an einem oder zwei bestimnten Tagen des Monats nicht an seinem Amtssitze, sondern an einem anderen Orte des Bezirkes zu treffen ist.

Nach G.O. § 21 wird übrigens die Abhaltung von Amtstagen künftig nicht mehr gestattet werden, wenn dafür zur Vornahme der Verhandlungen kein anderer passender Raum als ein Wirthshausraum zur Verfügung gestellt wird.

Will der Notar einen Amtstag einführen, hat er die Erlaubniß hiezu auf dem Dienstweg einzuholen, wobei außer den lokalen Verhältnissen besonders die Entfernung vom Amtssitze, die Bahnverbindungen, Markt- und ähnliche Verhältnisse, wohl auch die bisherige Uebung, in Frage kommen. Soweit die Vornahme von Amtstagen im Interesse der Bevölkerung liegt, wird sie nicht bloß zu genehmigen, sondern auch zu veranlassen sein; die Anregung hiezu kann nicht nur vom Notar selbst, sondern ebenso von den betheiligten Gemeinden oder den Dienstaufsichtsstellen ausgehen. Der Notar wird in diesen Fällen im eigenen Interesse dem Ansinnen entgegenkommen, da die Justizverwaltung es in der Hand hat, durch Errichtung eines weiteren Notariates dem Bedürfnisse abzuhelfen; vergl. Art. 6 Anm. 2.

Anm. 4. Als Abhaltung eines Amtstages gilt nicht die Vornahme von weiteren Amtsgeschäften gelegentlich eines vom Notar außerhalb seines Amtssitzes vorzunehmenden bestimmten Geschäftes. Es ist vielmehr wie bisher so auch künftig vollständig zulässig, bei Vornahme eines auswärtigen Amtsgeschäftes, z. B. Zwangsversteigerung eines Anwesens oder Inventur in einer Verlassenschaft, auch andere Geschäfte mitzuverbinden, und empfiehlt sich sogar eine derartige Verbindung sehr im Interesse der Betheiligten. Es ist dem Notar auch unbenommen, schon gelegentlich der Anberaumung eines solchen auswärtigen Termines andere Amtsgeschäfte auf den gleichen Termin anzuberaumen oder bekannt zu geben, daß er an dem bestimmten Tage auswärts amtirt und dort für Amtsgeschäfte zu treffen ist. In diesen Fällen können im Interesse aller Betheiligten auch die Kosten der Tagfahrt auf die einzelnen Amtsgeschäfte verhältnißmäßig vertheilt werden, und wird durch eine solche für die betheiligten Parteien nur vortheilhafte Verbindung mehrerer Amtsgeschäfte häufig die Anberaumung eines ständigen Amtstages vermieden werden können.

Vergl. G.O. § 22, wonach alle auswärtigen Amtsgeschäfte mit thunlichster Beschleunigung durchzuführen und soweit möglich auch außerhalb der Amtstage mehrere auswärtige Geschäfte bei einer Reise zu verbinden sind.

Anm. 5. Bezüglich der Entfernungsgebühren und Reisekosten des Notars vergl. Geb.O. Art. 83—96. Hievon ist besonders Folgendes zu beachten:

a) Bei Amtsgeschäften, die außerhalb der Amtsräume aber am A m t s s i t z e des Notariates vorgenommen werden, hat der Notar ohne Rücksicht darauf, ob die Natur des Amtsgeschäftes die Vornahme desselben an Ort und Stelle erfordert, wie z. B. bei Siegelungen und Entsiegelungen, oder ob das Amtsgeschäft auf Ansuchen der Betheiligten außerhalb der Amtsräume vorgenommen wird, nach Art. 83 Geb.O. für den durch den Hin- und Herweg verursachten Zeitaufwand eine Ganggebühr von 2 Mark für jede angefangene Stunde zu beanspruchen, ebenso bei Amtsgeschäften, die zwar nicht am Amtssitze, aber an einem Orte vorgenommen werden, welcher weniger wie 3 Kilometer vom Amtssitze entfernt ist.

Erst bei Vornahme des Amtsgeschäftes an einem Orte, der vom Amtssitze wenigstens 3 Kilometer oder darüber entfernt ist, kann nach Art. 84 das Tagegeld mit 11 Mark für den ganzen Tag und mit 5 Mark 50 Pfennig bei einer Abwesenheit vom Amtssitze bis zu 6 Stunden und daneben die Reiseentschädigung für die wirklich erwachsenen Reiseauslagen auf Eisenbahn, Dampfschiff oder Fuhrwerk und, wenn die Dienstreise zu Fuß oder unter Benützung des Fahrrades gemacht wird, das Wegegeld mit 20 Pfennig für jeden vollen Kilometer (Art. 91) in Ansatz gebracht werden.

Eine Erhöhung des halben oder ganzen Tagegeldes, wie es bisher bei einer länger als 7 oder 14 Stunden währenden Abwesenheit mit 7 Mark und 14 Mark bestimmt war, oder die sog. Nachtgebühr von 5 Mark 50 Pfennig (Art. 24 Abs. 3, 4, 7 der Geb.O. vom 30. November 1875), ist nicht mehr zugelassen. Letztere ist ersetzt durch die Bestimmung in Art. 8 Geb.O., daß bei Vornahme eines Amtsgeschäfts am Krankenlager oder zur Nachtzeit (von 9 Uhr Abends bis 6 Uhr Morgens, Gesch.O. § 16) die Gebühr des Notars, und zwar gleichgiltig ob feste Gebühr, Werthgebühr oder Zeitgebühr, um ein Viertel sich erhöht.

b) Nach Art. 96 Geb.O. sind Dienstreisen zum Zwecke der nach Art. 30 Not.Ges. vorgeschriebenen Einsicht des Grundbuchs oder des Hypothekenbuchs nur dann zulässig, wenn die Betheiligten schriftlich erklärt haben, daß sie die persönliche Einsichtnahme durch den Notar der Erholung und Einsichtnahme eines Auszugs vorziehen und bereit sind, die erwachsenden Reisekosten zu tragen; die Höhe der letzteren ist den Betheiligten vorher bekannt zu geben.

4. Verwendung von Gehilfen.

Artikel 20.

Der Notar kann zu seiner Unterstützung bei den Notariatsgeschäften Gehilfen aufnehmen und sie unter seiner Aufsicht und Verantwortlichkeit verwenden.

Entwurf Art. 21; Motive 434; Prot. Abg. 656; Prot. R.R. XIX. 14; Verh. Abg. 888; Becher, Materialien 46. 154. 330. 405.

Anm. 1. Der Notar hat sein Amt persönlich auszuüben und kann sich seiner Gehilfen nur zu seiner Unterstützung unter seiner vollen und ausschließlichen Verantwortung bedienen; die Vorschrift bezieht sich gleichmäßig auf die rechtskundigen Gehilfen, d. i. die geprüften Rechtspraktikanten und Konzipienten und die in Vorbereitungspraxis stehenden Rechtspraktikanten wie auf das nichtjuristische Kanzleipersonal (Gehilfen, Buchhalter, Schreiber).

Ueber die Berechtigung der Gehilfen zur Einsicht des Hypotheken- und künftig Grundbuchs vergl. Art. 30 Abs. 4, über Aufnahme und Entlassung der Notariatsgehilfen und Entlohnung der nichtrechtskundigen Notariatsgehilfen Art. 129.

Anm. 2. Wegen Haftung des Notars für seine Gehilfen vergl. B.G.B. § 831:

> „Wer einen Anderen zu einer Verrichtung bestellt, ist zum Ersatz des Schadens verpflichtet, den der Andere in Ausführung der Verrichtung einem Dritten widerrechtlich zufügt. Die Ersatzpflicht tritt nicht ein, wenn der Geschäftsherr bei der Auswahl der bestellten Personen und, sofern er Vorrichtungen oder Geräthschaften zu beschaffen oder die Ausführung der Verrichtung zu leiten hat, bei der Beschaffung oder der Leitung die im Verkehr erforderliche Sorgfalt beobachtet oder wenn der Schaden auch bei Anwendung dieser Sorgfalt entstanden sein würde.
>
> Die gleiche Verantwortlichkeit trifft denjenigen, welcher für den Geschäftsherrn die Besorgung eines der im Abs. 1 Satz 2 bezeichneten Geschäfte durch Vertrag übernimmt."

und E.G. z. B.G.B. Art. 78:

> „Unberührt bleiben die landesgesetzlichen Vorschriften, nach welchen die Beamten für die von ihnen angenommenen Stellvertreter und Gehilfen in weiterem Umfange als nach dem Bürgerlichen Gesetzbuche haften."

Von letzterem landesrechtlichen Vorbehalte ist durch die Vorschrift des gegenwärtigen Artikels, daß der Notar Gehilfen unter seiner Aufsicht und Verantwortlichkeit verwenden kann, Gebrauch gemacht, so daß die in B.G.B. § 831 allgemein geregelte Haftung des Geschäftsherrn für seine Stellvertreter und Gehilfen erweitert ist und die ebendaselbst vorgesehene Einschränkung nicht Platz greift. Es haftet also der Notar für die von ihm ausgewählten Gehilfen unbedingt sowohl für Vorsatz wie für jede culpa, selbst für culpa levissima. Vergl. auch Art. 47 Anm. 2.

Anm. 3. Inwieweit der Notar sich zur Einsicht des Grundbuchs seiner Gehilfen bedienen darf, vergl. Art. 30 und G.O. § 93 (s. Art. 30 Anm. 9). Darüber, ob und in welcher Weise die Gehilfen zu verpflichten sind, dann über deren Beaufsichtigung, Qualifikation, Urlaub, Verehelichungsbewilligung, Jahreszeugnisse, Anzeige des Ein- und Austritts der rechtskundigen Gehilfen und deren Ablebens werden die Vollzugsvorschriften das Nähere bestimmen.

5. Amtsgeheimniß, Gestattung der Akteneinsicht.

Artikel 21.

Der Notar hat die Pflicht, das Amtsgeheimniß zu wahren. Er hat dafür zu sorgen, daß nicht Unberufene durch Anwesenheit bei den Verhandlungen oder durch Einsicht der in seiner Verwahrung befindlichen Schriftstücke von Privatgeheimnissen Kenntniß erlangen, und darüber zu wachen, daß nicht seine Gehilfen solche Geheimnisse verletzen.

Bayern Art. 46; Pfalz Art. 23; Entwurf Art. 22; Motive 434; Prot. Abg. 656; Verh.Abg. 888; Becher, Materialien 46. 154. 406.

Anm. 1. Bezüglich des Amtsgeheimnisses vergl. A.G. z. Str.P.O. Art. 106:

> „Jeder Beamte ist verpflichtet, über die vermöge seines Amtes ihm bekannt gewordenen Angelegenheiten, deren Geheimhaltung ihrer Natur nach erforderlich oder von seinen Vorgesetzten vorgeschrieben ist, Verschwiegenheit zu beobachten. Diese Verpflichtung dauert fort, auch nachdem das Dienstverhältniß aufgelöst ist.
>
> Zuwiderhandlungen werden, sofern nicht eine anderweitige Strafe verwirkt ist, disziplinär mit Geld bis zu sechshundert Mark bestraft."

Bezüglich Haftung des Staates für Schäden der Betheiligten durch Verletzung des Amtsgeheimnisses s. Art. 126, bezüglich Entbindung von der Verpflichtung des Amtsgeheimnisses Art. 63 Anm. 2.

Anm. 2. Wegen Verpflichtung des Notars zur Wahrung der ihm anläßlich seines Berufes anvertrauten Privatgeheimnisse vergl. Str.G.B. § 300:

> „Rechtsanwälte, Advokaten, Notare, Vertheidiger in Strafsachen, Aerzte, Wundärzte, Hebammen, Apotheker, sowie die Gehilfen dieser Personen werden, wenn sie unbefugt Privatgeheimnisse offenbaren, die ihnen kraft ihres Amtes, Standes oder Gewerbes anvertraut sind, mit Geldstrafe bis zu eintausendfünfhundert Mark oder mit Gefängniß bis zu drei Monaten bestraft.
>
> Die Verfolgung tritt nur auf Antrag ein."

Anm. 3. Die Abhaltung unberufener Personen von den Verhandlungen der Betheiligten, worunter insbesondere auch die Verlesung der Urkunden fällt, wird am zweckmäßigsten dadurch erreicht, daß diese Verhandlungen, soweit bei denselben wenigstens wie z. B. bei einem Kaufvertrag über ein Anwesen, einem Testamente, einer Hypothekurkunde, einem Schuldanerkenntnisse u. A., Privatgeheimnisse in Frage stehen, nicht in der allgemeinen Kanzlei, sondern in einem hievon getrennten Arbeitszimmer des Notars oder seiner Gehilfen erfolgen, wie solches auch schon bisher wohl allgemein gehalten wird.

Artikel 22.

Die Einsicht der Urkunden und Akten des Notariats soll außer den Betheiligten nur solchen Personen gestattet werden, die ein berechtigtes Interesse glaubhaft machen. Das Gleiche gilt von der Ertheilung einer Abschrift. Die Einsicht der letztwilligen Verfügungen und der Erbverträge darf bei Lebzeiten der Verfügenden anderen Personen nur mit Einwilligung der Verfügenden gestattet werden. Weigert sich der Notar, die Einsicht der Urkunden und Akten zu gestatten oder eine Abschrift zu ertheilen, so entscheidet auf Antrag das Landgericht.

Inwieweit öffentlichen Behörden auf Ersuchen die Einsicht der Urkunden und Akten des Notariats zu gestatten ist und Abschriften zu ertheilen sind, bestimmt das Staatsministerium der Justiz.

Bayern Art. 93. 94; Pfalz Art. 23; Entwurf Art. 23; Motive 434; Prot. Abg. 659; Prot. R. R. XIX. 14; Verh. Abg. 888; Becher, Materialien 46. 159. 331. 406.

Anm. 1. Die Gestattung der Einsichtnahme von Urkunden und Akten und die Entscheidung, wem eine Abschrift zu ertheilen ist, ist dem Ermessen des Notars überlassen und nicht mehr, wie bisher, von der Genehmigung des Landgerichtspräsidenten abhängig; bei Weigerung des Notars entscheidet auf Anrufen das Landgericht, gegen dessen Entscheid Beschwerde an das Oberste Landesgericht zulässig ist. Die Beschwerde steht aber nur demjenigen zu, welcher die Einsicht oder die Ertheilung einer Abschrift verlangt, wenn sein Antrag auch vom Landgericht abgewiesen ist, nicht dem Notar, welcher auf Anordnung des Landgerichts die Einsicht zu gestatten oder die Abschrift zu ertheilen hat. Art. 57, 60.

Der Beschluß des Landgerichts ist im Beglaubigungsvermerk anzuführen; auch sind die gerichtlichen Beschlüsse und Anordnungen der Dienstaufsichtsbehörden in den Generalakten unter eigenem Umschlage zu sammeln und aufzubewahren, um jederzeit sich über die Gestattung der Urkundeneinsicht und Abschriftertheilung rechtfertigen zu können.

Anm. 2. Der Begriff der Betheiligten richtet sich nicht nach Ges. freiw. Ger. § 168, welche Bestimmung sich auf die ebenda §§ 169 u. ff. behandelten Fälle der Beurkundung eines Rechtsgeschäftes beschränkt, sondern ist gemäß § 200 l. c. erweitert und umfaßt alle Vertragstheile sowie deren Rechtsnachfolger, Vertreter und alle, deren Rechte von der Sache betroffen werden, z. B. Hypothekgläubiger, Cessionar.

Berechtigtes Interesse — im Gegensatz zum rechtlichen Interesse, das sich auf ein bereits bestehendes Recht stützt, Ges. freiw. Ger. § 57 Ziff. 1 und 3, § 85 — ist jedes nach vernünftiger Erwägung durch die Sachlage gerechtfertigtes Interesse, mag der in Betracht kommende Rechtsanspruch schon bestehen oder nicht, umfaßt also auch das rechtliche Interesse als das enger begrenzte; vergl. Ges. freiw. Ger. § 34. Beispiele: B.G.B. §§ 1953 Abs. 3, 2010, 2081 Abs. 2, 2146 Abs. 2, 2228, 2264, 2384 Abs. 2, Ges. freiw. Ger. § 78; C.P.O. § 792, Gr.B.O. § 11, H.G.B. § 9 Abs. 2, Zw.V.G. § 76.

Wegen Glaubhaftmachung siehe Ges. freiw. Ger. § 15 und C.P.O. § 294.

Bezüglich der Frage, wem eine Ausfertigung und wem eine Abschrift zu ertheilen ist, siehe Art. 39 Anm. 1 B.

Anm. 3. Für allenfallsigen Schaden, welcher aus einer ungerechtfertigten Einsichtsgestattung erwächst, z. B. Kreditgefährdung, ist der Notar civilrechtlich und disziplinär verantwortlich; es empfiehlt sich daher große Vorsicht und in Zweifelfällen Abweisung des Antrags.

Anm. 4. Wegen Urkundeneinsicht durch die Rentämter in Steuersachen vergl. Einkommensteuergesetz vom 9. Juni 1899:

Art. 30: „Das Rentamt hat die eingegangenen Steuererklärungen nebst Unterlagen auf ihre Vollständigkeit und Richtigkeit zu prüfen, über die Einkommensverhältnisse der Pflichtigen möglichst genaue Nachrichten einzuziehen, sowie überhaupt die Merkmale zu sammeln, welche ein Urtheil über das in Ansatz zu bringende Einkommen zu begründen vermögen.

Hiezu kann sich das Rentamt der Mitwirkung sämmtlicher Staats- und Gemeindebehörden, sowie der Notare bedienen. Dieselben sind verpflichtet, dem Rentamte auf Verlangen Aufschlüsse zu ertheilen und, soferne nicht besondere dienstliche Rücksichten entgegenstehen, worüber im Zweifel die treffende Aufsichtsbehörde entscheidet, die Einsicht aller einschlägigen Behelfe zu gestatten;"

und den mit vorstehendem Abs. 2 gleichlautenden Abs. 3 des Art. 18 des Kapitalrentensteuergesetzes vom 9. Juni 1899, ferner letzteres Gesetz

Art. 26 Abs. 1: „Ein Zugang an der Kapitalrentensteuer hat innerhalb der Steuerperiode zu erfolgen:

a) wenn eine Person, welche bisher keine steuerpflichtigen Kapitalrenten bezogen hat, in den Bezug von solchen tritt, oder wenn eine Person durch Niederlassung im Königreiche steuer- oder umlagenpflichtig wird (Art. 10 und 11);

b) wenn nach dem Tode eines Steuerpflichtigen eine Erbschaftsmasse selbständig der Kapitalrentensteuer zu unterziehen ist (Art. 9)."

Art. 40: „Notare, welche der ihnen nach Art. 28 Abs. 2 auferlegten Verpflichtung zuwiderhandeln, werden mit Ordnungsstrafen und bei fortgesetztem pflichtwidrigen Verhalten mit Disziplinarstrafen nach Maßgabe der einschlägigen gesetzlichen Bestimmungen geahndet."

Anm. 5. Wegen Urkundenedition durch öffentliche Behörden vergl. A.G. z. C.P.O. u. K.O. Art. 3:

„Von Urkunden, welche sich bei einer öffentlichen Behörde befinden, hat diese unbeschadet der Vorschriften der §§ 810, 811 des Bürgerlichen Gesetzbuches sowie vorbehaltlich besonderer gesetzlicher Bestimmungen, Vorlage und Einsicht zu gewähren und beglaubigte Abschrift zu ertheilen, wenn die Zustimmung desjenigen, auf dessen Antrag oder in dessen Interesse die Urkunde bei der Behörde errichtet oder hinterlegt wurde, beigebracht oder seine Verpflichtung hiezu rechtskräftig ausgesprochen ist."

Die hier vorbehaltenen besonderen gesetzlichen Bestimmungen sind für die notariellen Urkunden in gegenwärtigem Gesetze erlassen, so daß für die notariellen Urkunden in erster Linie die Bestimmungen des gegenwärtigen Gesetzes maßgebend sind. Vergl. außerdem auch C.P.O. § 792:

„Bedarf der Gläubiger zum Zwecke der Zwangsvollstreckung eines Erbscheins oder einer anderen Urkunde, die dem Schuldner auf Antrag von einer Behörde, einem Beamten oder einem Notar zu ertheilen ist, so kann er die Ertheilung an Stelle des Schuldners verlangen."

Letztere durch die Novelle zur C.P.O. vom 17. Mai 1898 neu aufgenommene Bestimmung der C.P.O. ersetzt die bisherige Vorschrift der bayer. Subh.O. Art. 13:

„Jeder Gläubiger, welcher sich im Besitze einer vollstreckbaren Urkunde befindet, kann von den öffentlichen Büchern, Plänen und Urkunden, welche das unbewegliche Vermögen des Schuldners oder Drittbesitzers betreffen, an den einschlägigen Stellen Einsicht nehmen und die erforderlichen Abschriften und Auszüge daraus verlangen.

Dasselbe gilt von den Akten über Zwangsvollstreckungen in das unbewegliche Vermögen des Schuldners oder Drittbesitzers."

Anm. 6. Die Einsicht der Urkunden kann von den Betheiligten oder Interessenten auch durch Bevollmächtigte, z. B. Anwälte, bethätigt werden und ist denselben gegen Vorweis der Vollmacht die Einsichtnahme unter den gleichen Voraussetzungen wie den Betheiligten oder Interessenten selbst vom Notar zu gestatten. In allen Fällen hat der Notar dafür zu sorgen, daß die Urkunde nicht zu Verlust geht oder beschädigt wird, und darf daher den Privatpersonen selbst, soferne nicht der Verdacht eines Mißbrauchs ausgeschlossen ist, eine Urschrift niemals frei und unüberwacht in die Hand geben; einem legal bevollmächtigten Rechtsanwalt gegenüber ist selbstverständlich eine solche Vorsicht nicht geboten. Immer aber kann und darf die Urkundeneinsicht nur in den Amtsräumen des Notariats erfolgen und darf die Urschrift nicht zur Einsichtnahme dem Betheiligten oder dessen Anwalt hinausgegeben werden, auch nicht auf wenige Minuten nur, und zwar ohne Rücksicht auf eine Gefahr des Mißbrauchs oder Verlustes; der Notar würde sich durch eine solche vorübergehende Ueberlassung einer nach Art. 37, 38 unzulässigen Aufgabe der Verwahrung schuldig machen und dienstrechtlich zu verantworten haben. Siehe auch Art. 46 Anm. 1, dann wegen der näheren Vorschriften über Gestattung der Einsicht und Ertheilung von Abschriften G.O. §§ 189—200.

6. Geschäftsregister.

Artikel 23.

Der Notar hat nach näherer Bestimmung der Geschäftsordnung seine Amtsgeschäfte in einem Register (Geschäftsregister) zu verzeichnen.

Bayern-Pfalz Art. 77; Entwurf Art. 24; Motive 434; Prot Abg. 660; Becher, Materialien 47 161.

Anm. 1. Vergl. M.Bktm. vom 24. Dezember 1899, die Geschäftsordnung für die Notariate betreffend, J.M.Bl. 591, §§ 23—44.

Des Einzelnen ist zu bemerken:

1. Die von den Notaren zu führenden Bücher und Register sollen vorschriftsmäßig, sauber und deutlich geführt werden. Ausschabungen sind unzulässig; auch Einschaltungen und Zwischenschreibungen sollen möglichst vermieden werden. Nöthig werdende Verbesserungen sollen so, daß der ursprüngliche Text erkennbar bleibt, vorgenommen und durch eine vom Notar unterschriebene Bemerkung erklärt und genehmigt werden; §§ 23, 24.

2. Das Geschäftsregister wird jahrgangweise geführt und sind die Geschäfte chronologisch unter fortlaufenden Nummern aufzunehmen. Für jedes Jahr ist ein gebundenes, mit fortlaufenden Seitenzahlen versehenes Buch in Gebrauch zu nehmen. Vor dem ersten Eintrag soll der Notar auf dem Titelblatte unter Beifügung von Datum, Unterschrift und Siegel feststellen, wie viele Seiten der Band enthält; §§ 26, 33. Die bisher vorgeschrieben gewesene Paraphirung durch den Landgerichtspräsidenten findet nicht mehr statt.

3. In das Geschäftsregister sollen aufgenommen werden:

a) alle von dem Notar aufgenommenen Protokolle mit Ausnahme der Protokolle über Vorgänge des inneren Dienstes, wie Amtsübergabe, Depositensturz, Verpflichtung von Gehilfen;
b) die von dem Notar bewirkten Beglaubigungen von Unterschriften und Handzeichen;
c) die Beglaubigungen von Abschriften und Auszügen von Hauptschriften, welche sich nicht in der Verwahrung des Notariats befinden;
d) die Urkunden über Lebensbescheinigungen und die sonstigen Zeugnisse, welche nicht die Form von Protokollen haben.

Dagegen sind in das Geschäftsregister nicht aufzunehmen:

a) die Hinterlegungsscheine über letztwillige Verfügungen,
b) Wechselprotesturkunden,
c) Urkunden über die Feststellung des Datums von Privaturkunden,
d) Urkunden, welche Bestandtheile eines bei dem Notar anhängigen Auseinandersetzungs- oder Zwangsversteigerungsverfahrens bilden,
e) die Ertheilung von Abschriften und Ausfertigungen von Hauptschriften, die sich in der Verwahrung des Notariats befinden, und zwar auch dann nicht, wenn sie nicht im unmittelbaren Anschluß an die Beurkundung, sondern erst späterhin auf besonderen Antrag erfolgt. Die Ertheilung solcher Abschriften

oder Ausfertigungen ist lediglich bei dem Geschäftsregistereintrag über die Hauptschrift in der für Bemerkungen vorgesehenen letzten Rubrik zu vermerken, wie auch die Gestattung der Einsichtnahme.

f) Nebengeschäfte, welche zu einem im Geschäftsregister aufzunehmenden Hauptgeschäfte gehören, wie Bekanntmachungen von Versteigerungen, Schreiben, mit welchen Urkunden übersendet werden, Vollzugs- und Genehmigungsanträge an Behörden u. dergl.; diese Nebengeschäfte sind vielmehr bei dem Eintrag über das Hauptgeschäft in der Rubrik „Bemerkungen" zu vermerken. §§ 27, 28, 29, 30.

4. Sind in einer notariellen Urkunde mehrere Geschäfte der Betheiligten zusammengefaßt — z. B. mehrere Kaufverträge bei Gutszertrümmerung oder Grunderwerbungen einer Gemeinde, des Eisenbahnfiskus u. dergl. —, so hat doch der Eintrag im Geschäftsregister nur einmal und unter einer Nummer zu erfolgen; § 31.

5. Kommt ein von einem Notar begonnenes Geschäft — z. B. ein Inventar, die Vernehmung von Zeugen oder Sachverständigen in einer Sache — nicht am selben Tage zur Erledigung, sondern muß, nachdem es zum Theil schon beurkundet ist, an einem späteren Tag fortgesetzt werden — was unter Umständen bei jedem längere Zeit beanspruchenden Notariatsakte, z. B. wegen Abberufung des Notars zu einer unaufschieblichen Testamentserrichtung oder Verhinderung eines Betheiligten an weiterer Antheilnahme wegen dringender und wichtiger Geschäfte nothwendig werden kann —, so ist die Fortsetzung nicht als neues Geschäft im Geschäftsregister einzutragen, sondern später entweder im unmittelbaren Anschluß an die begonnene Urkunde unter neuem Datum oder unter Umständen als neue Urkunde, immer aber unter der Registernummer des begonnenen Geschäftes, fortzusetzen und dem ersten Eintrag im Geschäftsregister ein entsprechender Vermerk über die Fortsetzung des Geschäfts in der Rubrik für Bemerkungen beizufügen; § 32.

6. Das Formular des Geschäftsregisters ist im Wesentlichen das gleiche wie bisher mit der hauptsächlichsten Abweichung, daß die Gebühren des Notars nicht mehr in das Geschäftsregister einzutragen sind, sondern für dieselben ein eigenes Notariatsgebührenregister nach Formular IX. zu führen ist, während in der sechsten Spalte des Geschäftsregisters lediglich auf die Einträge in den Notariats- und Staatsgebührenregistern zu verweisen ist, was am besten entsprechend der Ueberschrift dieser Spalte bruchweise geschieht, z. B. $\frac{12}{12}$ oder $\frac{156}{138}$.

Als weitere wichtige Neuerung ist zu beachten, daß in der 4. Spalte, welche die am Geschäfte Betheiligten bezeichnen soll, bei Testamenten, Erbverträgen, soweit letztere in besondere amtliche Verwahrung zu nehmen sind, Widerruf und Zurückgabe von solchen Testamenten und Erbverträgen, Aufnahme übergebener oder übersendeter Testamente in die amtliche Verwahrung, endlich bei Protokollen über die Gestattung der Einsicht in Testamente und Erbverträge, die Namen der Betheiligten nicht aufgenommen, solche aus dem Geschäftsregister überhaupt nicht ersehen werden dürfen, also auch nicht etwa in der Rubrik „Bemerkungen", sondern an Stelle der Bezeichnung der Betheiligten eine Verweisung auf die Nummer des Testamentsregisters zu setzen ist, z. B.: „T.R. Nr. 17"; G.O. §§ 37, 45.

In der 5. Spalte soll nicht bei allen in Urschrift hinausgegebenen Urkunden, sondern nur bei Protokollen die Abgabe angegeben werden und zwar nur dann, wenn diese für immer, nicht bloß vorübergehend, erfolgt. Diese Spalte fünf, soweit eine Ausfüllung nicht erfolgt, durch einen Strich auszufüllen, ist nicht mehr geboten und empfiehlt sich nicht, um bei späterer Abgabe solche in der Spalte vormerken zu können.

Die letzte Spalte des Geschäftsregisters soll alle auf die Urkunde bezüglichen Thätigkeiten ersehen lassen, weshalb für sie nahezu die Hälfte der Doppelseite vorgesehen ist. Hieher gehören Bemerkungen über vorübergehende Hinausgabe von Urschriften an Behörden und Stellen, über nachträgliche Ertheilung von Ausfertigungen und Abschriften über Einsichtsgestattung, Verweisung auf andere Geschäfte, Vermerke über Fortsetzung eines Geschäfts an einem anderen Tage, über Vornahme von Nebengeschäften, welche nach § 30 keine eigene Nummer im Geschäftsregister erhalten, über Vornahme eines Geschäftes in einem Wirthshause zu Nachtzeit und sonstige den inneren Dienst betreffenden Bemerkungen, zu denen Anlaß gegeben ist, z. B. Datum des Rücklaufs der Urkunde vom Hypothekenamte oder einer anderen Behörde, welcher sie vorgelegt worden ist, Konstatirung des Nothfalls im Sinne des Art. 30 Abs. 3 Not.Ges.; vergl. auch G.O. § 15 Abs. 3 (oben Art. 18 Anm. 3).

7. Ein Duplikat des Geschäftsregisters ist nicht mehr zu führen und vorzulegen; auch erfolgt der Abschluß des Geschäftsregisters nicht mehr durch den Landgerichtspräsidenten, sondern durch den Notar, welcher sofort nach Ablauf des Kalenderjahres, d. i. nicht am 31. Dezember, weil möglicherweise noch zur Nachtzeit ein Geschäft anfallen kann, sondern am 1. Januar des folgenden Jahres unter den letzten Eintrag über die ganze Breite des Registers einen Abschlußstrich zu ziehen und darunter den Abschlußvermerk zu setzen hat:

„Hiemit wird das Geschäftsregister für das Jahr 19 . ., enthaltend . . . . Einträge, abgeschlossen.
N. den 1. Januar 19 . .
(Siegel) X, K. Notar.“

Gleichzeitig hat der Notar dem Landgerichtspräsidenten zu berichten, wann und mit wie viel Einträgen abgeschlossen wurde. Formular hiefür:

K. Notariat N. N. den 1. Januar 1901.

An den
Herrn Präsidenten
des K. Landgerichts
A.

Betreff:
Vollzug der Geschäftsordnung
für die Notariate.

Im Vollzug des § 41 der Geschäftsordnung für die Notariate berichte ich gehorsamst, daß ich heute mein Geschäftsregister für das Jahr 1900 mit 945 Einträgen abgeschlossen habe.
Gehorsam!
X, K. Notar.

8. Zu dem Geschäftsregister ist ein alphabetisches Namensverzeichniß fortlaufend zu führen, dessen Formular und Führung analog des bisher schon üblich gewesenen Repertoriums ist; §§ 42, 43, 44.

Anm. 2. Außer dem Geschäftsregister hat der Notar nach § 25 G.O. noch folgende weitere Register zu führen:

1. ein Testamentsregister,
2. ein Wechselprotestregister,
3. ein Buch zum Eintrage von Privaturkunden zum Zwecke der Feststellung des Datums,
4. ein Verzeichniß über die bei ihm angefallenen Auseinandersetzungen von Nachlaß- und Gütergemeinschaftsmassen,
5. ein Verzeichniß über die angefallenen Zwangsversteigerungen,
6. ein Zustellungsregister,
7. ein Aufschreibbuch für Behändigung von Urkunden, Akten u. dergl.,
8. ein Notariatsgebührenregister,
9. ein Vormerkungsbuch für Termine, Wiedervorlagen u. dergl.

Das Nähere über diese Register siehe §§ 45—55 G.O.

Dritter Abschnitt.

Notarielle Urkunden.

Artikel 24.

Für die notariellen Urkunden gelten, soweit nicht Reichsgesetze oder besondere landesgesetzliche Vorschriften maßgebend sind, die Bestimmungen der Artikel 25—47.

Entwurf Art. 25; Motive 434; Prot. Abg. 660; Becher, Materialien 47. 161.

Anm. 1. Bezüglich des Verhältnisses der landesrechtlichen Vorschriften über Errichtung notarieller Urkunden zu den reichsrechtlichen Bestimmungen vergl. E.G. z. B.G.B. Art. 151:

„Durch die Vorschriften der §§ 2234—2245, 2276 des Bürgerlichen Gesetzbuchs und des Artikel 149 dieses Gesetzes werden die allgemeinen Vorschriften der Landesgesetze über die Errichtung gerichtlicher und notarieller Urkunden nicht berührt. Ein Verstoß gegen eine solche Vorschrift ist, unbeschadet der Vorschriften über die Folgen des Mangels der sachlichen Zuständigkeit, ohne Einfluß auf die Giltigkeit der Verfügung von Todeswegen."

und Ges. freiw. Ger. § 200:

„Durch Landesgesetz können Vorschriften zur Ergänzung und Ausführung dieses Gesetzes, mit Einschluß der erforderlichen Uebergangsvorschriften, auch insoweit erlassen werden, als dieses Gesetz Vorbehalte für die Landesgesetzgebung nicht enthält.

Soweit durch Landesgesetz allgemeine Vorschriften über die Errichtung gerichtlicher und notarieller Urkunden erlassen werden, ist ein Verstoß gegen eine solche Vorschrift, unbeschadet der Vorschriften über die Folgen des Mangels der sachlichen Zuständigkeit, ohne Einfluß auf die Giltigkeit der Beurkundung."

dann Schneider § 200 Note 3 und 4, Keidel Erläut. zu § 200.

Die reichsgesetzlichen Bestimmungen sind enthalten in

a) B.G.B. §§ 2232—2246 für die Errichtung eines Testaments und §§ 2276, 2277 für die Errichtung eines Erbvertrags,

b) Ges. freiw. Ger. §§ 168—181 für Beurkundung von Rechtsgeschäften und § 183 für Beglaubigung einer Unterschrift oder eines Handzeichens,

c) H.G.B. § 259, 320 Abs. 3 für Beurkundung über die Generalversammlungsbeschlüsse der Aktiengesellschaften und Kommanditgesellschaften auf Aktien.

Bezüglich der besonderen landesgesetzlichen Vorschriften zur Ergänzung der in Art. 25—47 erlassenen allgemeinen Bestimmungen vergl. G.O. § 74—274.

Anm. 2. Die Vorschriften über Errichtung notarieller Urkunden theilen sich hienach in

aa) materiell rechtliche oder zwingende, deren Außerachtlassung der Beurkundung den öffentlichen Charakter entzieht, sog. Muß vorschriften, B.G.B. §§ 2233, 2234. 2235, 2236, 2239, 2240—2242, 2244 vorbehaltlich 2245, 2276; Ges. freiw. Ger. §§ 169—172, 174, 175, 176 Abs. 1 u. 2, 177, 180, 182, 183 Abs. 2 u. 3, H.G.B. §§ 259, 320;

bb) dienstrechtliche Ordnungs- sog. Soll-Vorschriften, B.G.B. §§ 2237, 2246, 2277, Ges. freiw. Ger. §§ 173, 176 Abs. 3, 183 Abs. 1, deren Außerachtlassung den Rechtsbestand der Beurkundung zwar nicht in Frage stellt, jedoch den Notar, weil deren Beachtung nicht in sein Belieben gestellt ist, sondern für ihn Dienstpflicht ist, disziplinär verantwortlich macht.

Aus letzterem Grunde darf der Notar bei seinen Urkunden keinen Unterschied zwischen Muß- und Sollvorschriften machen und hat letztere ebenso wie erstere zu beachten.

1. Vorschriften über die Errichtung notarieller Urkunden.

Artikel 25.

Die notariellen Urkunden müssen den Tag und den Ort ihrer Errichtung und die Unterschrift des Notars enthalten. Sie sollen in deutscher Sprache errichtet werden.

Der Unterschrift des Notars soll dessen Amtseigenschaft beigesetzt werden. Jede notarielle Urkunde soll mit dem Siegel oder dem Stempel des Notariats versehen werden.

Bayern Art. 63. 67. 73. 96; Bayern-Pfalz Art. 67; Pfalz Art. 12. 27 und Gesetz vom 28. Februar 1880, die Abänderung des Art. 9 des pfälz. Not.Ges. betr.; Entwurf Art. 26; Motive 435; Prot. Abg. 661; Prot. R.R. XIX. 15; Verh. Abg. 888; Becher, Materialien 48. 162. 331. 406.

Anm. 1. Bezüglich des Unterschiedes der Muß- und Sollvorschrift siehe Anm. zu Art. 24.

Anm. 2. Vergl. Ges. freiw. Ger.:

§ 175: „Ueber die Verhandlung muß ein Protokoll in deutscher Sprache aufgenommen werden."

§ 176: „Das Protokoll muß enthalten:

1. Ort und Tag der Verhandlung;
2. die Bezeichnung der Betheiligten und der bei der Verhandlung mitwirkenden Personen;
3. die Erklärung der Betheiligten.

Wird in der Erklärung auf eine Schrift Bezug genommen und diese dem Protokoll als Anlage beigefügt, so bildet sie einen Theil des Protokolls.

Das Protokoll soll eine Angabe darüber enthalten, ob der Richter oder der Notar die Betheiligten kennt oder, sofern dies nicht der Fall ist, in welcher Weise er sich Gewißheit über ihre Persönlichkeit verschafft hat. Kann er sich diese Gewißheit nicht verschaffen, wird aber gleichwohl die Aufnahme der Verhandlung verlangt, so sollen der Sachverhalt und dasjenige, was zur Feststellung der Persönlichkeit beigebracht ist, in das Protokoll aufgenommen werden."

Anm. 3. Unter Tag ist das volle Datum nach Jahr, Monat und Monatstag, unter Ort die Bezeichnung der Ortschaft, innerhalb deren Grenzen die Beurkundung erfolgt, zu verstehen. Der Ortschaft auch Haus und Gelaß beizufügen, in welchem die Urkunde errichtet wird, ist weder im Gesetze noch vom Reichsrechte vorgeschrieben, empfiehlt sich aber, regelmäßig von selbst, wie solches auch bisher allgemein geübt worden ist. Bezeichnungen wie „dahier", „heurigen, vorigen Jahres" sind, weil unbestimmt und mißverständlich, zu vermeiden. Vergl. G.O. § 154, wonach die Bezeichnung der Zeit und des Ortes der Errichtung der Urkunde bei Protokollen in den Eingang, sonst an den Schluß der Urkunde gesetzt werden soll.

Nach G.O. § 139 und 141 Nr. 1 ist das Datum der Urkunde in Ziffern und außerdem, weil es sich um eine besonders wichtige Zahl handelt, mit Buchstaben zu schreiben und zwar zur besonderen Hervorhebung je in eine eigene, sonst freie Zeile.

Wird aber das Datum der Errichtung einer Urkunde nicht, wie bei Protokollen im Text aufgeführt, sondern wie bei Beglaubigungen an den Schluß der Urkunde gesetzt, so genügt es nach G.O. § 143, wenn dasselbe nur mit Buchstaben geschrieben wird.

Ist das Datum einer Urkunde in Ziffern und Buchstaben geschrieben, kann bei einer Verschiedenheit der beiden Vorträge unter Umständen die Gewißheit desselben und die Rechtsgiltigkeit der Urkunde in Frage gestellt sein.

Anm. 4. Die Unterschrift des Notars besteht in seinem bürgerlichen Namen; ob er demselben seinen Vornamen und ihm zustehende Titel oder Adelsprädikate beifügen will, ist seinem Belieben überlassen. Der bürgerliche Name muß voll ausgeschrieben sein, Handzug ist nicht Unterschrift.

Die Amtseigenschaft des Notars ist „kgl. Notar“, nicht etwa „Vorstand des Notariats M.“, die des Amtsverwesers „Notariatsverweser“ oder „Verweser des Notariates M.“, nicht, wie bisher, „Verweser des beurlaubten Notars X. X. in M.“; vergl. Art. 110; siehe auch G.O. § 155 Abs. 1 und 2 und § 309 (bisher J. § 46 Abs. 5).

Anm. 5. Bei Betheiligung einer der deutschen Sprache nicht mächtigen Person ist in Gemäßheit Art. 31 und Ges. freiw. Ger. § 179 ein vereideter Dolmetscher zuzuziehen, wenn der Notar der fremden Sprache nicht mächtig ist; auf Beeidigung des Dolmetschers kann der Betheiligte, d. i. derjenige, welcher der deutschen Sprache nicht mächtig ist, verzichten. Das Protokoll muß bei Strafe der Nichtigkeit dem der deutschen Sprache nicht mächtigen Betheiligten durch den Dolmetscher, oder, wenn ein solcher nicht zugezogen worden ist, durch den Notar in der fremden Sprache vorgetragen werden und die Feststellung enthalten, daß dies geschehen ist. Im Protokoll muß gleichfalls bei Strafe der Nichtigkeit festgestellt werden, daß der Betheiligte der deutschen Sprache nicht mächtig ist; der Dolmetscher muß das Protokoll als Mitwirkender unterschreiben. Das Protokoll muß ausschließlich in deutscher Sprache aufgenommen werden, die Beifügung einer Uebersetzung in der fremden Sprache ist bedeutungslos. Keidel Erläut. zu §§ 175 und 179, Schneider Anm. zu § 179, G.O. §§ 97, 98, 100. Nur bei Errichtung eines Testaments oder Erbvertrags durch einen der deutschen Sprache nicht mächtigen Erblasser muß nach B.G.B. §§ 2244, 2276 das Protokoll in die fremde Sprache übersetzt, die Uebersetzung vom Dolmetscher angefertigt oder beglaubigt und vorgelesen und dem Protokoll als Anlage beigefügt werden; sind sämmtliche mitwirkende Personen, also Notar und beide Zeugen (B.G.B. § 2233), der fremden Sprache mächtig, ist nach B.G.B. § 2245 die Zuziehung eines Dolmetschers nicht erforderlich und muß in diesem Falle das Protokoll in der fremden Sprache aufgenommen werden und die Erklärung des Erblassers, daß er der deutschen Sprache nicht mächtig, sowie die Versicherung der mitwirkenden Personen, daß sie der fremden Sprache mächtig seien, enthalten; eine deutsche Uebersetzung des Protokolls ist demselben als Anlage beizufügen. Siehe Art. 1 Anm. 4 I. A 4 und G.O. § 96.

Anm. 6. Die Unterscheidung zwischen Siegel und Stempel ist dem bisherigen Rechte fremd (vergl. J. §§ 6, 47, Ges. vom 25 ventose XI Art. 27) und auch im Reichsrecht einzig in Ges. freiw. Ger. § 183 Abs. 2 für Beglaubigung einer Unterschrift oder eines Handzeichens gemacht. Insoferne unter Stempel das bisher allgemein, auch bei allen Gerichten und Behörden gebräuchliche Farbsiegel zu verstehen ist, wird zwischen Siegel und Stempel kein begrifflicher Unterschied bestehen, und das Siegel als Trockensiegel bei Verbindung mehrerer Bögen oder Beilagen und Befestigung des Heftfadens, das Farbsiegel aber in allen übrigen Fällen Anwendung finden. Die Aufstellung, daß in allen Fällen, in welchen das Reichsrecht die Anwendung des Siegels vorschreibt, so Gr.B.O. § 56, 61, Ges. freiw. Ger. § 182, hierunter nur das Trockensiegel im Gegensatz zum Farbsiegel zu verstehen sei, ist in Widerspruch mit der bisher allgemeinen Uebung; so ist in W.O. Art. 88 Ziff. 6 als wesentlicher Bestandtheil des Wechselprotestes die Beifügung des Amtssiegels des Protestbeamten erklärt, doch wird allgemein, von den Fällen der Verbindung mehrerer Bögen abgesehen, das Farbsiegel angewendet, ebenso C.P.O. § 317 Abs. 3, 329 Abs. 2 bei den Ausfertigungen der Urtheile und Beschlüsse; vergl. auch C.P.O. § 808 Abs. 2, M.Bktm. vom 23. Juli 1898, Geschäftsanweisung für die Anlegungsbeamten § 5. Ebenso Schneider Anm. 4 zu § 182. Vergl. G.O. § 155 Abs. 3 und 4:

„Das Siegel soll möglichst neben oder die Unterschrift des Notars gesetzt werden. Ob das Trockensiegel (Lacksiegel, Oblatensiegel) oder das Farbdrucksiegel (Schwarzdrucksiegel) angewendet werden soll, richtet sich nach dem Bedürfnisse des einzelnen Falles. Wo das Siegel zur Sicherung eines Verschlusses oder zum

Festhalten von Schnur und Faden u. dergl. benützt werden soll, wird das Trockensiegel zu benützen sein, im Uebrigen wird das Farbdrucksiegel verwendet werden können. Die Anbringung des Farbdrucks beim Ansiegeln mittels Oblate ist nicht ausgeschlossen.

Andere als die amtlich gelieferten Siegel zur Fertigung von Urkunden zu verwenden, ist dem Notar verboten. Privatsiegel oder Stempel dürfen nicht zur Verwendung kommen."

Anm. 7. Vergl. Bktm. des Kgl. Staatsministeriums der Justiz vom 22. Dezember 1899, die Amtssiegel der Notariate betr., J.M.Bl. S. 758:

„Seine Königliche Hoheit Prinz Luitpold, des Königreichs Bayern Verweser, haben mit allerhöchstem Signate vom 26. November 1899 anzuordnen geruht, daß vom 1. Januar 1900 ab die Notariate, wie bisher die Notare, als Trockensiegel (Oblaten- oder Lacksiegel) das ovale Siegel ohne Schildhalter der Klasse IV und als Farbdrucksiegel (Schwarzdrucksiegel) das ovale Siegel ohne Schildhalter der Klasse VIII mit der Umschrift:

„Königl. Bayer. Notariat"
„N"

zu führen haben.

Auf Grund dieser allerhöchsten Entschließung ist vom K. Hauptmünzamte für jedes der künftigen Notariate ein Trockensiegel und ein Farbdrucksiegel angefertigt worden. Die Siegel werden den Notariaten gegen Schluß dieses Monats unmittelbar vom K. Hauptmünzamt zugesendet werden. Diejenigen Notariate, welche außer mit dem Namen ihres Sitzes mit einer Ordnungsziffer bezeichnet sind (z. B. München I, Augsburg II 2c.) erhalten die Siegel durch Vermittelung der Landgerichtspräsidenten zugestellt. Die Landgerichtspräsidenten sind beauftragt, die vom K. Hauptmünzamte an sie gelangenden Notariatssiegel den Notariaten, welchen die Siegel nach Maßgabe der allerhöchsten Verordnung vom 22. Dezember 1899 über die Zahl und die Sitze der Notariate und ihre Besetzung zukommen, umgehend zu übersenden, damit die Siegel am 1. Januar 1900 in Gebrauch genommen werden können. Soweit ein solches Notariat unbesetzt und ein Verweser dafür nicht aufgestellt ist, hat der Präsident die Siegel zurückzubehalten, bis ein Notar oder Verweser aufgestellt wird.

Etwaige an den übermittelten Siegeln wahrgenommene Mängel sind dem K. Hauptmünzamte behufs Abhilfe umgehend bekannt zu geben.

Die bisherigen Siegel, welche am 1. Januar 1900 außer Gebrauch zu treten haben, sind nach dem Eintreffen der neuen Siegel dem K. Hauptmünzamt in München einzuliefern. Die Einlieferung soll Seitens derjenigen Notariate, welche die neuen Siegel durch Vermittelung der Landesgerichtspräsidenten erhalten, durch Vermittelung der Landgerichtspräsidenten, sonst unmittelbar geschehen.

Von den neuen Siegeln sollen die Notare je einen Abdruck dem Präsidenten des Landgerichts zur Aufbewahrung in den Akten vorlegen.

Sollte sich aus irgend welchem Grunde die Uebersendung eines neuen Siegels über das laufende Jahr hinaus verzögern, so kann im Dringlichkeitsfalle das alte Siegel noch benützt werden.

Die Deckung des Aufwandes für den erstmaligen Bedarf an Notariatssiegeln geschieht durch das Staatsministerium der Justiz. Ueber etwaigen späteren Bedarf ist an den Präsidenten des Landgerichts und von diesem an das Staatsministerium der Justiz zu berichten.

Im Uebrigen wird auf die Bekanntmachung vom 1. August 1883, die Anfertigung von Dienstsiegeln für die K. Behörden und Aemter betreffend (G.V.Bl. S. 399) hingewiesen."

Artikel 26.

Die notariellen Urkunden sollen, soweit nicht ein Anderes bestimmt ist, in der Form von Protokollen aufgenommen werden.

Das Protokoll soll die Bezeichnung der Personen, deren Erklärungen beurkundet werden, die Bezeichnung der Personen, die bei der Beurkundung mitwirken, die Darstellung des beurkundeten Vorganges, die Unterschriften der Personen, deren

Erklärungen beurkundet worden sind, und die Unterschriften der Mitwirkenden enthalten.

Das Protokoll soll vor der Beisetzung der Unterschriften von dem Notar oder doch in seiner Gegenwart vorgelesen werden. Liest der Notar das Protokoll nicht selbst vor, so soll er es vorher durchlesen. Er soll im Protokolle feststellen, daß das Vorlesen und Durchlesen geschehen ist.

Bayern Art. 63. 66. 67; Bayern-Pfalz Art. 67; Pfalz Art. 12. 13. 14; Entwurf Art. 27; Motive 435; Prot. Abg. 662; Prot. R.R. XIX. 15; Becher, Materialien 48. 163. 331.

Anm. 1. Die Bezeichnung „Protokoll" für die regelmäßige Form der notariellen Beurkundung ist dem Reichsrecht entnommen; vergl. Ges. freiw. Ger. §§ 175—182, Zw.V.G. §§ 78, 80, H.G.B. § 259. Die Verschiedenheit in der Ausdrucksweise des Art. 26 und der reichsgesetzlichen Bestimmungen begründet keinen Unterschied und ist die in der Form eines Protokolls aufgenommene notarielle Urkunde das vom Reichsrecht vorgeschriebene Protokoll. „Das Protokoll ist eine Urkunde, die der zuständige Beamte, hier der Notar, über eine vor ihm abgegebene Erklärung oder ein vor ihm abgeschlossenes Rechtsgeschäft aufnimmt, also das Zeugniß des Beamten, daß vor ihm von einer bestimmten Person eine Erklärung bestimmten Inhalts abgegeben worden ist;" vergl. Prot. d. R.R. zu Art. 9 des A.G. z. Gr.B.O., Becher, Materialien VI S. 61.

Anm. 2. Von der Vorschrift der Protokollsform sind ausgenommen die notarielle Beglaubigung einer Unterschrift und eines Handzeichens, Ges. freiw. Ger. § 183, die Beglaubigung von Abschriften, sowie Beurkundung von Zustellungen, Lebensbescheinigungen und ähnlichen einfachen Zeugnissen, Art. 33, die Theilhypothekenbriefe Gr.B.O. § 61, ferner die Wechselproteste, für welche lediglich W.O. Art. 87 und 88 maßgebend sind; vergl. G.O. § 160.

Anm. 3. Ueber Bezeichnung der Personen vergl. B.G.B. § 2241, Schneider § 176 Anm. 2, Keidel § 176 Erläut. zu Abs. 1.

Personen, deren Erklärungen beurkundet werden, sind die bei der Beurkundung Betheiligten, d. i. die Vertragstheile, deren Vertreter und Beistände, mitwirkende Personen sind der Notar, der Dolmetscher, die Vertrauensperson und die Urkundspersonen, nämlich der zweite Notar und die Geschäftszeugen, nicht aber Identitätszeugen-Auskunftspersonen; bezüglich letzterer vergl. Art. 31, Ges. freiw. Ger. § 176 Abs. 3.

Anm. 4. Nach G.O. § 163 soll die Bezeichnung des Notars nach Vor- und Zunamen, Amtseigenschaft und Amtssitz erfolgen, die Bezeichnung der sonst bei der Beurkundung Mitwirkenden und der Betheiligten so genau, daß möglichst jeder Zweifel und jede Verwechslung ausgeschlossen ist. Es soll also jedenfalls Vor- und Zuname — bei mehreren Vornamen mindestens der Rufname —, Stand oder Gewerbe und der Wohnort angegeben, und wo wegen häufigen Vorkommens gleicher Namen an einem Orte ein besonders kennzeichnender Beiname vorhanden ist, auch dieser aufgeführt werden. Die genauere Bezeichnung durch Beifügung der Hausnummer u. dergl. ist, wie sie in der Bevölkerung üblich ist, nicht nur gestattet, sondern kann den Umständen nach geboten sein.

Ehefrauen sind mit dem Familiennamen ihres Mannes zu bezeichnen; die Beifügung des Mädchennamens mit einem entsprechenden Beiworte (geborene, geb.) ist gestattet und unter Umständen angezeigt.

Nach G.O. § 164 soll die Feststellung der Identität im Protokoll in der Regel bei der erstmaligen Bezeichnung der Betheiligten erfolgen. Ist dies wegen des Umfanges der Feststellungsbemerkung unzweckmäßig oder ist es aus sonst einer Ursache nicht geschehen, so kann die Feststellung auch an einer anderen passenden Stelle des Protokolls, insbesondere am Schlusse, nachgeholt werden.

Der Notar soll aber davon am Rande neben der Stelle, wo die Betheiligten erstmals aufgeführt sind, auf die spätere Feststellung durch einen kurzen Vermerk verweisen. Die Verweisung bedarf keiner Genehmigung oder Unterzeichnung. Gleiches soll auf die Feststellung der Identität von Mitwirkenden (Zeugen, Dolmetscher, Vertrauensperson), wenn diese Feststellung im Protokoll erfolgt, entsprechende Anwendung finden.

Anm. 5. Unter Darstellung des beurkundeten Vorganges ist im Gegensatz zu den Förmlichkeiten des Protokolls dessen sachlicher Inhalt verstanden, also die rechtserheblichen Vereinbarungen der Vertragstheile über das Rechtsgeschäft mit den näheren Bedingungen, die Erklärungen der Betheiligten, die Aussagen der Zeugen und Sachverständigen und zwar nach ihrem wesentlichen Inhalte oder da, wo es darauf ankommt, nach ihrem Wortlaut, die Eröffnung und Verkündung letztwilliger Verfügungen und Erbverträge und die Erklärungen der Erben über deren Anerkennung oder Nichtanerkennung, die Protesthandlung bei Wechselprotesten, die Art und das Ergebniß der Beschlüsse und Wahlen der Generalversammlungen von Aktiengesellschaften und Kommanditgesellschaften auf Aktien und die Beobachtung der gesetzlichen und statutarischen Bedingungen hiebei u. A.

Anm. 6. Erklärt bei Beurkundung eines Rechtsgeschäftes ein Betheiligter, daß er nicht schreiben könne, ist gemäß Ges. freiw. Ger. § 177 Abs. 2 die Zuziehung eines Zeugen erforderlich, nicht wie nach bisherigem Rechte zweier Zeugen, und zwar nur zur Vorlesung des Protokolls und Genehmigung, nicht zur Aufnahme des Protokolls selbst. Bei anderen notariellen Erklärungen, die kein Rechtsgeschäft enthalten, findet diese Vorschrift, weil im Art. 31 auf Ges. freiw. Ger. § 177 nicht Bezug genommen ist, keine analoge Anwendung, sondern genügt, da die Unterschrift der Betheiligten nur eine Sollvorschrift ist, eine entsprechende Konstatirung des Notars, daß der Betheiligte nach seiner Angabe des Schreibens unkundig oder unfähig ist und daher nicht unterschreibe; auch ist in diesem Falle die Beifügung eines Handzeichens (Kreuzes) zulässig, aber nicht nothwendig. Vgl. Art. 31 Anm. 3 und G.O. § 167.

Bei Betheiligung tauber, blinder, stummer oder sonst am Sprechen verhinderter Personen ist nach Art. 31 und Ges. freiw. Ger. § 169 die Zuziehung eines zweiten Notars oder zweier Zeugen zur ganzen Verhandlung und Beurkundung erforderlich. Außerdem ist bei Betheiligung tauber Personen noch Art. 29 maßgebend; siehe dortselbst, dann Art. 31 und G.O. §§ 101—104.

Anm. 7. Die nach bisherigem Rechte nur für Errichtung letztwilliger Verfügungen bestandene Bestimmung, daß der Notar das Protokoll selbst vorzulesen und im Protokolle festzustellen hat, daß solches geschehen ist, ist nun für alle notariellen Protokolle als Regel vorgeschrieben, wobei als Ausnahme zugelassen ist, daß die Vorlesung, wenn nicht vom Notar selbst, so doch in seiner Gegenwart zu geschehen hat und er letzteren Falls das Protokoll vorher, d. i. vor der Beisetzung der Unterschriften, durchlesen soll; ob diese Durchlesung vor oder nach der Vorlesung erfolgt, ist gleichgiltig. Hiedurch soll eine Gewähr für die richtige Niederschrift und den Inhalt des Protokolls geschaffen und ermöglicht werden, etwa eingeschlichene Schreib- und ähnliche Fehler rechtzeitig berichtigen zu können. Es wird sich für den Notar zur Vermeidung doppelter Arbeit empfehlen, alle Protokolle in der Regel selbst vorzulesen und nur ausnahmsweise, wenn ihm solches wegen größeren Umfanges des Protokolles oder zur Schonung der Stimme unbequem oder unthunlich

(z. B. bei katarrhalischer Affektion) ist, die Urkunde vor deren Vorlesung selbst durchzulesen. Die Vorschrift der Vorlesung des Protokolls bezieht sich auch auf dessen Beilagen, da diese einen wesentlichen Bestandtheil des ersteren bilden. Vergl. G.O. § 165.

Anm. 8. Nach § 166 G.O. sollen die Unterschriften der Betheiligten unmittelbar unter der sie ankündigenden Unterschriftsklausel und über den Unterschriften der Mitwirkenden und dem Siegel stehen.

Der Betheiligte hat stets seinen eigenen, persönlichen Namen zu unterschreiben. Es soll nicht zugelassen werden, daß der Vertreter den Namen des Vertretenen, der Kaufmann den von seinem persönlichen Namen verschiedenen Firmennamen unterschreibt.

Die Betheiligten sollen veranlaßt werden, mit Vor- und Zunamen zu unterschreiben. Der Notar soll darauf sehen, daß kein Widerspruch zwischen der Bezeichnung der Betheiligten im Protokoll und ihrer Unterschrift besteht und soll gegebenen Falls für die Berichtigung des Protokolls Sorge tragen.

Geben Vertreter von Gesellschaften, Vereinen, juristischen Personen an, ihrer Unterschrift nach den Satzungen den Stempel der Gesellschaft beifügen zu müssen, so kann dies, wenn es die Urkunde nicht verunstaltet, gestattet werden. Ebenso ist ein handschriftlicher Zusatz über Vertretungs- und Firmenverhältniß gestattet.

Nach § 168 G.O. sollen die neben dem Notar Mitwirkenden, d. i. die Geschäftszeugen, der zugezogene zweite Notar, Dolmetscher, die Vertrauensperson, womöglich unterhalb der Unterschriften der Betheiligten mit Vor- und Zunamen unterschreiben, und ist es gestattet, aber nicht geboten, den Unterschriften beizusetzen: „als Zeuge", „als zweiter Notar", „als Dolmetscher" u. s. w.

Vergl. auch G.O. §§ 169, 170 und wegen Unterbrechung der Verhandlung und Fortsetzung des Protokolls an einem späteren Tage G.O § 172.

Artikel 27.

Vor der Beurkundung einer rechtsgeschäftlichen Erklärung hat der Notar den wahren Willen der Betheiligten zu ermitteln. Hegt er Zweifel darüber, ob die Betheiligten die Bedeutung und die Folgen des beabsichtigten Geschäfts völlig erkannt haben, so hat er ihnen die nöthige Belehrung zu ertheilen. Der Wille der Betheiligten ist im Protokolle klar, bestimmt und unzweideutig auszudrücken.

Bayern Art. 45; Entwurf Art. 28; Motive 435; Prot. Abg. 663; Becher, Materialien 49. 165.

Anm. 1. Gegenwärtige Vorschrift reproduzirt die Bestimmung des Art. 45 des bisherigen rechtsrheinischen Notariatsgesetzes und ist wegen der ausgedehnten, umfangreichen Pflichten und großen Verantwortlichkeit, welche sie dem Notar auferlegt, eine der wichtigsten und inhaltschwersten Bestimmungen des Gesetzes. Sie betrifft nicht den formellen Theil der Beurkundungsaufgabe des Notars, d. i. die Uebereinstimmung der Urkunde mit dem, was die Parteien zum Zwecke der Beurkundung als ihren Willen dem Notar erklären, sondern den materiellen Theil der notariellen Beurkundung, nämlich die Uebereinstimmung desjenigen, was die Parteien zum Zwecke der Beurkundung vor dem Notar als von ihnen gewollt erklären, mit dem wirklichen, wahren Willen der Parteien. Dem Notar obliegt hienach, die Absicht und den wahren Willen der Parteien zu erforschen und dafür zu sorgen, daß solcher unzweideutig zum Ausdruck kommt. Vergl. G.O. § 12: „Der Notar soll bei Ausübung der Amtsgeschäfte die berechtigten Interessen der Betheiligten nach bestem Wissen wahrnehmen und keinen Theil bevorzugen. Er soll den Willen der Betheiligten sorgfältig ermitteln und feststellen und ihnen — wo es nach den Umständen nöthig ist — Aufklärung und Rath auch unaufgefordert ertheilen." Der Notar ist also insbesondere gegebenen Falles verpflichtet, die Angaben der Betheiligten unter Anwendung aller ihm zu Gebote stehenden Mittel, insbesondere Befragung, Belehrung und Berathung, zu prüfen und sich zu vergewissern, daß die Betheiligten und zwar bei zweiseitigen Rechtsgeschäften alle Vertragstheile die aus dem Geschäfte sich ergebenden thatsächlichen und rechtlichen Wirkungen als solche erkennen und wollen. Durch genaue und gewissenhafte Erfüllung dieser Verpflichtung wird der Notar nicht nur die Betheiligten häufig vor Schaden bewahren, sondern in Wahrheit der treue Berather der Bevölkerung sein. Des Näheren über die Verpflichtungen des Notars und die zu deren Erfüllung anzuwendenden Mittel siehe Zink 518ff.

Die Bestimmung, daß der Notar bei Zweifel darüber, ob die Betheiligten die Bedeutung und die Folgen des beabsichtigten Geschäfts völlig erkannt haben, ihnen die nöthige Belehrung zu ertheilen hat, darf aber nicht dahin aufgefaßt werden, daß der Notar seine Zweifel, ob das Geschäft für den einen oder anderen der Betheiligten vortheilhaftig oder nachtheilig ist, denselben zu äußern berechtigt oder verpflichtet sei, denn selbstverständlich geht die Verpflichtung des Notars nicht soweit, durch seine Rathschläge den Abschluß eines Geschäftes zu beeinflussen. Es hat vielmehr der Notar nur darauf bedacht zu sein, daß die Betheiligten über die Bedeutung und Wirkung des beabsichtigten Geschäftes sich klar sind, sie nöthigen Falls hierüber zu belehren und den so ermittelten wahren Willen der Betheiligten klar, bestimmt und unzweideutig festzustellen. Hieraus ergibt sich auch die Grenze der civilrechtlichen und disziplinären Verantwortlichkeit des Notars.

Anm. 2. Rechtsgeschäftliche Erklärung ist jede rechtsverbindliche, auf Begründung, Aufhebung oder Aenderung eines Rechtsverhältnisses gerichtete Willenserklärung einer Person, umfaßt also sowohl alle einseitigen Rechtsgeschäfte wie die Verträge aller Rechtsgeschäfte unter Lebenden und von Todeswegen, die empfangsbedürftigen und nicht empfangsbedürftigen Willenserklärungen, sowie diejenigen Willenserklärungen, welche einer Behörde gegenüber abzugeben sind, um rechtswirksam zu werden; auch die Beschlüsse der Generalversammlungen von Aktien- und sonstigen Gesellschaften sind rechtsgeschäftliche Erklärungen. Vergl. Art. 14 Anm. 1. Im Gegensatze zu den rechtsgeschäftlichen Erklärungen stehen die Erklärungen, welche nicht Rechtsgeschäfte enthalten (Art. 31), z. B. Zeugenaussagen, Sachverständigengutachten, thatsächliche Behauptungen, die durch Versicherung an Eidesstatt bekräftigt werden. Außerdem gibt es noch notarielle Urkunden, welche weder rechtsgeschäftliche noch sonstige Erklärungen enthalten, z. B. Inventare, Siegelungen und Entsiegelungen, Bestätigungen, Zeugnisse u. A.; siehe hiezu Art. 31 Anm. 4.

Artikel 28.

Macht der Notar bei der Beurkundung eines Rechtsgeschäfts Wahrnehmungen, die geeignet sind, Zweifel darüber zu begründen, ob ein Betheiligter die zu dem Rechtsgeschäft erforderliche Geschäftsfähigkeit besitzt, so soll dies im Protokolle festgestellt werden.

Hat der Notar sonstige Zweifel an der Giltigkeit des Geschäfts, so soll er davon den Betheiligten Mittheilung machen; gelingt es nicht, die Zweifel zu beseitigen, so ist die Mittheilung des Notars und die darauf von den Betheiligten abgegebene Erklärung im Protokolle festzustellen.

Bayern Art. 45; Entwurf Art. 29; Motive 435; Prot. Abg. 663; Becher, Materialien 49. 166.

Anm. 1. Bei einem Zweifel des Notars über die erforderliche Geschäftsfähigkeit eines Betheiligten, z. B. ob eine Person wirklich großjährig oder im Vollbesitze der Verstandeskräfte und Willensfreiheit ist, hat der Notar sich unter Anwendung aller ihm zu Gebote stehenden Mittel über Vorhandensein der Geschäftsfähigkeit zu vergewissern. Solche Zweifel werden nicht selten bezüglich der Altersgrenze bei Errichtung eines Testamentes durch eine jugendliche Person und bezüglich der Zurechnungsfähigkeit bei Betheiligung Kranker, besonders bei Errichtung eines Testamentes am Kranken- oder Sterbebette sich ergeben.

Werden die Zweifel des Notars beseitigt, indem der 16 Jahre alte Testator oder der großjährige Disponent einen amtlichen Altersnachweis vorlegt oder sein Alter durch eine zuverlässige Auskunftsperson bescheinigt, oder überzeugt sich der Notar durch die Unterredung mit dem Kranken und vielleicht durch Bestätigung des anwesenden Arztes von der vollen Zurechnungsfähigkeit desselben, so ist eine Konstatirung hierüber zwar nicht geboten, weil begründete Zweifel nicht mehr bestehen, doch wird der Notar zu seiner Sicherung gut thun, im Protokolle entweder festzustellen, daß und in welcher Weise der Altersnachweis erbracht ist, oder anzuführen, daß die Person nach ihrer Angabe volljährig ist, und festzustellen, daß und wodurch er sich von dem Vorhandensein der vollen Zurechnungs- und Geschäftsfähigkeit des Kranken überzeugt hat. Besonders bei Testamentserrichtung wird der Notar die größte Vorsicht und Sorgfalt anzuwenden haben und soll lieber zu viel als zu wenig thun, da nur zu häufig von ausgeschlossenen oder verkürzten Erben versucht wird, das Testament mit der wenn auch ganz unbegründeten Behauptung, der Testator sei nicht mehr zurechnungsfähig gewesen, anzufechten. Vergl. G.O. § 81.

Werden aber die Zweifel des Notars nicht beseitigt, so darf er seine amtliche Thätigkeit zwar nicht ablehnen, doch hat er seine Wahrnehmungen hierüber im Protokolle festzustellen, wodurch er seiner Verpflichtung nachgekommen und jeder Haftung, wenn sich nachträglich der Mangel der Geschäftsfähigkeit ergibt, enthoben ist. Würde z. B. der Notar zu einem Schwerkranken gerufen, um dessen Testament aufzunehmen, und findet er den Kranken zwar beim Bewußtsein und im Stande, sich wenn auch mühsam verständlich zu machen, der Notar hat aber begründete Zweifel, ob der Kranke sich der Bedeutung der Handlung bewußt und im Stande ist, die an ihn gerichteten Fragen richtig aufzufassen und zu beantworten, so wäre der Notar zwar verpflichtet, den ihm vom Kranken mündlich erklärten oder schriftlich übergebenen letzten Willen aufzunehmen, zugleich aber auch verpflichtet, seine Wahrnehmungen über die geistige Verfassung des Testators im Protokolle festzustellen. Würde der Notar das Testament beurkunden oder zur Verwahrung entgegennehmen ohne Feststellung seiner Wahrnehmungen, so wäre er, wenn das Testament angefochten und aufgehoben würde, hiefür verantwortlich.

Würde endlich der Notar keinen Zweifel, sondern die volle Ueberzeugung haben, daß ein Betheiligter die zu dem Rechtsgeschäfte erforderliche Geschäftsfähigkeit nicht besitzt, also in obigem Beispiele der Testamentserrichtung eines Todtkranken dieser nicht mehr vernehmungs- und zurechnungsfähig sei, so kommt gegenwärtige Bestimmung überhaupt nicht zur Anwendung, sondern ist der Notar auf Grund Art. 14 berechtigt und verpflichtet, die Vornahme des Amtsgeschäftes abzulehnen, und kann hiefür auch dann nicht verantwortlich gemacht werden, wenn sich nachträglich ergeben sollte, daß er sich geirrt hat.

Siehe das Weitere bezüglich Prüfung der Geschäftsfähigkeit der Betheiligten G.O. §§ 78—81.

Anm. 2. Was hat der Notar bei Betheiligung geschäftsunfähiger und geschäftsbeschränkter Personen und Betheiligung von Ehegatten zu beachten?

I. Begriff der Geschäftsfähigkeit.

Der Begriff der Geschäftsfähigkeit ist vom B.G.B. in negativer Beziehung festgestellt, indem es bestimmt, wer geschäftsunfähig und wer nur beschränkt geschäftsfähig ist.

Nach B.G.B. § 104 ist geschäftsunfähig:

1. wer nicht das siebente Lebensjahr vollendet hat;

2. wer sich in einem die freie Willensbestimmung ausschließenden Zustande krankhafter Störung der Geistesthätigkeit befindet, sofern nicht der Zustand seiner Natur nach ein vorübergehender ist; letzteres ist z. B. der Fall bei sinnlos Betrunkenen, Fieberkranken und hypnotisirten Personen. Auf die Dauer dieses Zustandes ist eine Willenserklärung einer solch letzteren Person gleich der eines Geschäftsunfähigen nichtig, B.G.B. § 105;

3. wer wegen Geisteskrankheit entmündigt ist und zwar auch dann, wenn lichte Momente vorhanden sind oder vollständige Genesung eingetreten ist; der wegen Geisteskrankheit Entmündigte ist und bleibt geschäftsunfähig, bis die Entmündigung aufgehoben ist.

Beschränkt geschäftsfähig ist:

1. ein Minderjähriger, der das siebente Lebensjahr vollendet hat, B.G.B. § 106;

2. wer wegen Geistesschwäche, Verschwendung oder Trunksucht entmündigt ist, B.G.B. § 114;

3. ein Volljähriger, welcher bis zur Entscheidung über seine beantragte Entmündigung unter vorläufige Vormundschaft gestellt ist, B.G.B. §§ 114, 1906.

Solche nur beschränkt geschäftsfähige Personen bedürfen zu einer Willenserklärung, durch die sie nicht lediglich einen rechtlichen Vortheil erlangen, der Einwilligung ihres gesetzlichen Vertreters, B.G.B. § 107. Sofern es sich aber um Errichtung eines Testaments handelt, welches nach B.G.B. § 2064 vom Erblasser nur persönlich errichtet werden kann, bestimmt das B.G.B. in § 2229, daß wer in der Geschäftsfähigkeit beschränkt ist, zur Errichtung eines Testaments nicht der Zustimmung seines gesetzlichen Vertreters bedarf, ein Minderjähriger aber ein Testament erst nach Vollendung des sechzehnten Lebensjahres und, wer wegen Geistesschwäche, Verschwendung oder Trunksucht entmündigt ist, ein Testament überhaupt nicht errichten kann, endlich daß für letztere beschränkt geschäftsfähige Personen die Unfähigkeit zur Testamentserrichtung schon mit der Stellung des Antrags eintritt, auf Grund dessen die Entmündigung erfolgt. Vergl. hiezu Art. 1 Anm. 4 I A 1.

Von diesem Ausnahmsfalle der Testamentserrichtung abgesehen ist also bei Betheiligung eines Geschäftsunfähigen oder beschränkt Geschäftsfähigen, insoweit es sich bei letzterem nicht lediglich um Erlangung eines rechtlichen Vortheils handelt oder einer der Ausnahmsfälle der §§ 112, 113 B.G.B. in Frage steht, stets dessen gesetzlicher Vertreter zuzuziehen.

II. Wer ist der gesetzliche Vertreter?

a) Für Minderjährige der Inhaber der elterlichen Gewalt oder der Vormund, B.G.B. §§ 1626, 1773,

b) für entmündigte Volljährige der Vormund B.G.B. § 1896,

c) bei thatsächlicher oder rechtlicher Behinderung des Gewalthabers oder Vormunds und bei einer selbständigen Spezial-Pflegschaft der Pfleger innerhalb seines Wirkungskreises, B.G.B. §§ 1909 u. ff.

Tritt für einen Betheiligten, der geschäftsunfähig oder in der Geschäftsfähigkeit beschränkt ist, ein gesetzlicher Vertreter auf, so ist dieses Verhältniß in der Urkunde festzustellen. Eines Nachweises der gesetzlichen Vertretungsmacht bedarf es in der Regel nicht, es genügt die Feststellung der Angabe des Vertreters über seine Vertretungsmacht. Doch soll der Vormund zur Vorlage seiner Bestallung veranlaßt und, wenn die Vorlage erfolgt, eine entsprechende Bemerkung in die Urkunde aufgenommen werden. G.O. § 84.

III. Elterliche Gewalt.

1. Wer steht unter elterlicher Gewalt?

Unter elterlicher Gewalt stehen lediglich die ehelichen Kinder, welchen die durch nachfolgende Ehe legitimirten, die ehelich erklärten und die an Kindesstatt angenommenen Kinder, letztere jedoch nur im Verhältniß zum Annehmenden, gleichgestellt sind, B.G.B. §§ 1626, 1719, 1736, 1757. Die unehelichen Kinder stehen nicht unter elterlicher Gewalt, bedürfen also stets eines Vormunds, als welcher aber die außereheliche Mutter aufgestellt werden kann; B.G.B. §§ 1707, 1773, 1778 Abs. 3.

2. Inhaber, Wirkung und Beschränkung der elterlichen Gewalt.

a) Elterliche Gewalt des Vaters.

Die elterliche Gewalt über die ehelichen, minderjährigen Kinder steht in erster Linie dem Vater zu, welcher kraft der elterlichen Gewalt das Recht und die Pflicht hat, für die Person und das Vermögen des Kindes zu sorgen; die Sorge für die Person und das Vermögen umfaßt die Vertretung des Kindes. B.G.B. §§ 1627, 1630 Abs. 1. Wegen Kollisionsgefahr ist die Vertretung des Kindes dem Vater trotz Fortdauer der elterlichen Gewalt in den gleichen Fällen entzogen, in welchen ein Vormund von der Vertretung seines Mündels ausgeschlossen ist, B.G.B. § 1630 Abs. 2; in dieser Beziehung bestimmt B.G.B. § 1795:

„Der Vormund kann den Mündel nicht vertreten:
1. bei einem Rechtsgeschäfte zwischen seinem Ehegatten oder einem seiner Verwandten in gerader Linie einerseits und dem Mündel andererseits, es sei denn, daß das Rechtsgeschäft ausschließlich in der Erfüllung einer Verbindlichkeit besteht;
2. bei einem Rechtsgeschäfte, das die Uebertragung oder Belastung einer durch Pfandrecht, Hypothek oder Bürgschaft gesicherten Forderung des Mündels gegen den Vormund oder die Aufhebung oder die Minderung dieser Sicherheit zum Gegenstande hat oder die Verpflichtung des Mündels zu einer solchen Uebertragung, Belastung, Aufhebung oder Minderung begründet;
3. bei einem Rechtsstreite zwischen den in Nr. 1 bezeichneten Personen, sowie bei einem Rechtsstreit über eine Angelegenheit der in Nr. 2 bezeichneten Art.
Die Vorschrift des § 181 bleibt unberührt."

Für diese Fälle ist zur Vertretung des Kindes ein Pfleger zu bestellen, B.G.B. § 1909.

Dem Vater steht kraft der elterlichen Gewalt die Nutznießung an dem Vermögen des Kindes zu, soweit dasselbe nicht freies Vermögen des Kindes ist, B.G.B. §§ 1649, 1650, 1651.

Ist eine minderjährige Tochter verheirathet, so bleibt sie bis zur Großjährigkeit unter der elterlichen Gewalt des Vaters, welchem die Sorge für ihr Vermögen zusteht, während sich die Sorge für ihre Person auf die Vertretung in den die Person betreffenden Angelegenheiten beschränkt; das Nutznießungsrecht des Vaters endigt aber mit der Verheirathung des Kindes, außer es wäre die Ehe ohne die erforderliche elterliche Einwilligung geschlossen worden, B.G.B. § 1661.

Die elterliche Gewalt berechtigt jedoch entsprechend ihrem vormundschaftlichen Charakter den Gewalthaber nicht zur uneingeschränkten Verfügung über das Vermögen des Kindes; das B.G.B. hat vielmehr die Fälle, in welchen der Gewalthaber zu Rechtsgeschäften für das Kind an die Genehmigung des Vormundschaftsgerichts gebunden ist, gegenüber den meisten bisherigen Rechten erheblich vermehrt, wenn auch der Gewalthaber im Allgemeinen wesentlich freier gestellt ist als der Vormund. Nach B.G.B. § 1643, 1821 und 1822 bedarf der Vater der Genehmigung des Vormundschaftsgerichts:

1. Zur Verfügung über ein Grundstück oder über ein Recht an einem Grundstücke oder über eine Forderung, die auf Uebertragung des Eigenthums an einem Grundstück oder auf Begründung oder Uebertragung eines Rechtes an einem Grundstücke oder auf Befreiung eines Grundstücks von einem solchen Rechte gerichtet ist,

dann zur Eingehung der Verpflichtung zu einer der genannten Verfügungen; zu Rechten an einem Grundstück werden aber in dieser Beziehung Hypotheken, Grundschulden und Rentenschulden nicht gezählt;

2. zu einem Rechtsgeschäfte, durch das das Kind zu einer Verfügung über sein Vermögen im Ganzen oder über eine ihm angefallene Erbschaft oder über seinen künftigen gesetzlichen Erbtheil oder seinen künftigen Pflichttheil verpflichtet wird, sowie zu einer Verfügung über den Antheil des Kindes an einer Erbschaft;

3. zu einem Vertrage, der auf den entgeltlichen Erwerb oder die Veräußerung eines Erwerbsgeschäftes gerichtet ist, sowie zu einem Gesellschaftsvertrage, der zum Betrieb eines Erwerbsgeschäfts eingegangen wird;

4. zu einem Mieth- oder Pachtvertrag oder einem anderen Vertrage, durch den das Kind zu wiederkehrenden Leistungen verpflichtet wird, wenn das Vertragsverhältniß länger als ein Jahr nach der Vollendung des 21. Lebensjahres des Kindes fortdauern soll;

5. zur Geldaufnahme auf den Kredit des Kindes;

6. zur Ausstellung einer Schuldverschreibung auf den Inhaber oder zur Eingehung einer Verbindlichkeit aus einem Wechsel oder einem anderen Papiere, das durch Indossament übertragen werden kann;

7. zur Uebernahme einer fremden Verbindlichkeit, insbesondere zur Eingehung einer Bürgschaft;

8. zur Ertheilung einer Prokura;

9. zur Ausschlagung einer Erbschaft oder eines Vermächtnisses sowie zum Verzicht auf einen Pflichttheil; tritt der Anfall an das Kind erst infolge der Ausschlagung des Vaters ein, so ist die Genehmigung nur erforderlich, wenn der Vater neben dem Kinde berufen war.

Siehe das Nähere hierüber Staudinger Bem. zu § 1643.

Ueber weitere Fälle, in welchen der Inhaber der elterlichen Gewalt der Genehmigung des Vormundschaftsgerichts bedarf, siehe B.G.B. §§ 112, 1484 Abs. 2, 1491 Abs. 3, 1492 Abs. 3, 1517 Abs. 2, 2347, 2351, 2352, 1639 Abs. 2, 1803 Abs. 2 und 3, 1642 Abs. 2, 1644, 1645, 1653 Satz 1, 1750 Abs. 1, 1770, 2290 Abs. 3, 2291, 2292.

b) Elterliche Gewalt der Mutter.

Nach B.G.B. § 1684 steht der Mutter die elterliche Gewalt zu:

1. wenn der Vater gestorben oder für todt erklärt ist;

2. wenn der Vater die elterliche Gewalt verwirkt hat und die Ehe aufgelöst ist.

Außerdem bestimmt das B.G.B., daß unter gewissen Voraussetzungen die elterliche Gewalt zwar dem Vater verbleibt, die Ausübung derselben aber der Mutter zusteht, nemlich wenn der Vater an der Ausübung der elterlichen Gewalt thatsächlich verhindert ist oder seine elterliche Gewalt ruht, B.G.B. § 1685. Eine thatsächliche Verhinderung des Vaters — im Gegensatze zur rechtlichen Behinderung bei Kollisionsgefahr, in welchem Falle für den Spezialfall die elterliche Gewalt nicht von der Mutter ausgeübt wird, sondern ein Pfleger zu bestellen ist — liegt vor bei Krankheit, Abwesenheit, Haft des Vaters; die elterliche Gewalt des Vaters ruht, wenn derselbe geschäftsunfähig oder in der Geschäftsfähigkeit beschränkt ist, also wegen Geistesschwäche, Verschwendung oder Trunksucht entmündigt oder unter vorläufige Vormundschaft gestellt ist, ferner wenn ihm ein Pfleger für seine Person oder sein Vermögen bestellt ist, endlich wenn vom Vormundschaftsgerichte festgestellt ist, daß der Vater auf längere Zeit an der Ausübung der elterlichen Gewalt thatsächlich verhindert ist; B.G.B. § 1676, 1677. Vergl. Staudinger § 1676 Anm. 1—4.

Auf die elterliche Gewalt der Mutter, mag diese Inhaberin derselben sein oder solche nur an Stelle des behinderten Vaters ausüben, finden alle für die elterliche

Gewalt des Vaters geltenden Vorschriften Anwendung, nur steht letzteren Falles der Mutter während der Dauer der Ehe nicht die Nutznießung am Vermögen des Kindes zu, welche vielmehr dem Vater verbleibt. Außer den für die elterliche Gewalt des Vaters gegebenen Beschränkungen (siehe oben), kann die elterliche Gewalt der Mutter nach B.G.B. § 1687 noch weiter beschränkt werden durch Bestellung eines Beistands, wenn der Vater als Inhaber der elterlichen Gewalt die Bestellung letztwillig angeordnet hat, oder die Mutter selbst die Bestellung beantragt, oder das Vormundschaftsgericht aus besonderen Gründen die Bestellung im Interesse des Kindes für nöthig erachtet.

3. Beendigung der elterlichen Gewalt.

Während die elterliche Gewalt des Vaters nur durch Tod oder Todeserklärung des Vaters oder durch Verwirkung endet, B.G.B. §§ 1679, 1680, 1684, endet die elterliche Gewalt der Mutter auch durch Eingehung einer neuen Ehe, B.G.B. § 1697. Außer diesen in der Person des Gewalthabers liegenden Beendigungsgründen sind weitere Gründe der Beendigung in der Person des Kindes dessen Tod oder Todeserklärung, Volljährigkeit und Volljährigkeitserklärung, endlich Annahme des Kindes an Kindesstatt, in welch letzterem Falle es an die Stelle der elterlichen Gewalt der leiblichen Eltern in die elterliche Gewalt des Annehmenden tritt. Vergl. Staudinger Vorbem. zu §§ 1676—1683.

IV. Betheiligung von Ehefrauen.

1. Minderjährige Ehefrauen sind trotz ihrer Verehelichung, soferne sie nicht etwa für volljährig erklärt sind und dadurch die rechtliche Stellung eines Volljährigen erlangen, in der Geschäftsfähigkeit beschränkt, da das B.G.B. den Satz „Heirath macht mündig" nicht kennt; sie bleiben daher auch nach ihrer Verehelichung in der elterlichen Gewalt des Vaters eventuell der Mutter oder unter Vormundschaft des Vormunds, als welcher auch der Ehemann bestellt werden kann, B.G.B. § 1778 Abs. 3; vergl. oben III 2a, dann die Uebergangsbestimmung in E.G. z. B.G.B. Art. 153 und gegenwärtiges Gesetz Art. 1 Anm. 4 IB. 1 a. E.

Die Vertretungsbefugniß des Gewalthabers oder Vormunds gegenüber der minderjährigen Ehefrau wird aber beeinflußt durch die dem Ehemann auf Grund des gesetzlichen oder vertragsmäßigen Güterstands zustehenden Rechte am Vermögen der Frau und reicht nicht weiter, als die Befugniß der Ehefrau reichen würde, wenn sie unbeschränkt geschäftsfähig wäre; vergl. Staudinger § 1633 Anm. 2 und § 1793 Anm. 2. Zu allen Rechtsgeschäften also, zu welchen die Ehefrau der Zustimmung des Ehemanns bedarf, muß der gesetzliche Vertreter der minderjährigen Ehefrau den Ehemann zuziehen, wie anderseits zu allen Verfügungen über das ehefrauliche oder gemeinschaftliche Vermögen, zu denen der Ehemann die Zustimmung der Ehefrau bedarf, er bei deren Minderjährigkeit die Zustimmung ihres gesetzlichen Vertreters erholen muß. Siehe hierüber nächster Absatz V.

2. Großjährige Ehefrauen sind als solche unbeschränkt geschäftsfähig, da das B.G.B. von dem leitenden Grundsatz ausgeht, daß die Frau an und für sich durch ihre Verehelichung als solche in der Geschäftsfähigkeit nicht beschränkt wird. Dagegen bedingen die aus dem ehelichen Güterstande sich ergebenden konkurrirenden Verwaltungs- und Nutznießungsrechte des Ehemanns in vielfacher Beziehung eine Beschränkung der Ehefrau in ihrer rechtlichen Bewegungsfreiheit; vergl. Staudinger § 1395 Anm. 1 und 2. Die Ehefrau bedarf vor Allem beim gesetzlichen Güterstand der Verwaltung und Nutznießung (B.G.B. § 1363) zu jeder Verfügung über ihr eingebrachtes Gut der Einwilligung des Mannes, B.G.B. §§ 1395, 1398; im Uebrigen vergl. B.G.B. §§ 1399—1407.

Ueber Vorbehaltgut und Sondervermögen dagegen steht der großjährigen Ehefrau das unbeschränkte Verfügungsrecht zu und bedarf sie zu einer Verfügung hierüber keiner eheherrlichen Genehmigung.

V. Beschränkungen des Ehemannes.

Wie die Verfügungsgewalt der Ehefrau über ihr Vermögen, soweit es der Nutznießung und Verwaltung des Mannes unterliegt, durch dessen Rechte hieran vielfach eingeschränkt und bei der allgemeinen Gütergemeinschaft, Errungenschaftsgemeinschaft und Fahrnißgemeinschaft vollständig aufgehoben ist, so umfaßt auch das dem Manne zustehende Verwaltungsrecht nicht die Befugniß, über das eingebrachte Vermögen der Frau und das Gesammtgut uneingeschränkt einseitig zu verfügen; der Mann ist vielmehr sowohl beim gesetzlichen Güterstand der Nutznießung und Verwaltung als wie bei der allgemeinen Gütergemeinschaft, welcher in dieser Beziehung die Errungenschaftsgemeinschaft und Fahrnißgemeinschaft gleich gestellt sind, bei Rechtsgeschäften vielfach an die Zustimmung der Ehefrau gebunden. So umfaßt beim Güterstand der Nutznießung und Verwaltung das Verwaltungsrecht des Mannes nicht die Befugniß, die Frau durch Rechtsgeschäfte zu verpflichten oder über eingebrachtes Gut ohne ihre Zustimmung zu verfügen, B.G.B. § 1375. Bezüglich der letzteren Alternative macht das B.G.B. in § 1376 zu Gunsten solcher Vermögensbestandtheile, welche zum Umsatz bestimmt sind und in Ansehung derer daher auch dem Manne zur Bethätigung seines Verwaltungsrechtes eine gewisse Bewegungsfreiheit gegönnt sein muß, eine Ausnahme, indem es bestimmt:

> „Ohne Zustimmung der Frau kann der Mann:
> 1. über Geld und andere verbrauchbare Sachen der Frau verfügen;
> 2. Forderungen der Frau gegen solche Forderungen an die Frau, deren Berichtigung aus dem eingebrachten Gute verlangt werden kann, aufrechnen;
> 3. Verbindlichkeiten der Frau zur Leistung eines zum eingebrachten Gute gehörenden Gegenstandes durch Leistung des Gegenstandes erfüllen."

Vergl. Motive z. B.G.B. IV S. 273, Staudinger § 1376 Anm. 1. Aber auch bei solchen Verfügungen, die der Mann nach § 1376 B.G.B. ohne Zustimmung der Frau vorzunehmen berechtigt ist, sind im folgenden § 1377 noch besondere Anordnungen für eine ordnungsmäßige Verwaltung gegeben.

Zu Verfügungen von Grundstücken, die zum eingebrachten Vermögen der Frau gehören, bedarf hienach der Mann immer der Zustimmung der Frau.

Bei der allgemeinen Gütergemeinschaft, Errungenschaftsgemeinschaft und Fahrnißgemeinschaft bedarf der Ehemann der Einwilligung der Frau:

a) zu einem Rechtsgeschäfte, durch das er sich zu einer Verfügung über das Gesammtgut im Ganzen verpflichtet, sowie zu einer Verfügung über Gesammtgut, durch die eine ohne Zustimmung der Frau eingegangene Verpflichtung dieser Art erfüllt werden soll;

b) zur Verfügung über ein zu dem Gesammtgute gehörendes Grundstück, sowie zur Eingehung der Verpflichtung zu einer solchen Verfügung;

c) zu einer Schenkung aus dem Gesammtgute sowie zu einer Verfügung über Gesammtgut, durch welche das ohne Zustimmung der Frau ertheilte Versprechen einer solchen Schenkung erfüllt werden soll; das Gleiche gilt von einem Schenkungsversprechen, das sich nicht auf das Gesammtgut bezieht. Ausgenommen sind Schenkungen, die einer sittlichen Pflicht oder einer auf Anstand zu nehmenden Rücksicht entsprochen wird.

B.G.B. §§ 1444, 1445, 1446, 1519, 1549.

Vergl. wegen Rechtsgeschäften verheiratheter Personen G.O. § 89.

Anm. 3. Bezüglich der Prüfung der Vertretungsmacht und Verfahren bei Willenserklärungen eines Bevollmächtigten Namens des Vollmachtsgebers vergl. G.O.:

Prüfung der Vertretungsmacht.

§ 82.

„Sollen Willenserklärungen beurkundet werden, die jemand innerhalb der ihm zustehenden Vertretungsmacht im Namen des Vertretenen abgibt, so hat der Notar die Frage der Bevollmächtigung außer Zweifel zu stellen.

Ist die Vollmacht in einer von ihm errichteten Urkunde ertheilt worden und die Urkunde noch in seiner Verwahrung, so soll er dies in dem Protokoll über die Vornahme des Geschäfts durch den Bevollmächtigten entsprechend feststellen, soferne nicht die Beifügung einer beglaubigten Abschrift der Vollmacht vorgezogen wird.

Wird dem Notar eine andere öffentliche Urkunde über die Ertheilung der Vollmacht vorgelegt, so soll er diese oder eine beglaubigte Abschrift davon dem Protokolle beifügen oder unter genauer Bezeichnung der Urkunde deren Inhalt, soweit er sich auf die Vollmacht bezieht, im Protokoll angeben.

Im Falle die öffentliche Urkunde über die Vollmachtsertheilung im Ausland errichtet worden ist, soll angegeben werden, ob sie die erforderlichen Legalisationsvermerke trägt.

Im Falle der Vorlage einer Privaturkunde über die Vollmacht ist ebenso zu verfahren, wie im Falle der Vorlage einer öffentlichen Urkunde, jedoch muß im Protokoll ausdrücklich festgestellt werden, ob die Vollmachtserklärung beglaubigt oder nicht beglaubigt ist und wann und durch wen die Beglaubigung stattgefunden hat.

Bei der Vorlage von Spezialvollmachten wird in der Regel die Beifügung der Urschrift zu erfolgen haben.

Zeigen sich an der vorgelegten Vollmacht Mängel, welche deren Glaubwürdigkeit zu beeinträchtigen geeignet sind, so ist dies im Protokolle zu erwähnen.

Kann oder will der Bevollmächtigte seine Vollmacht nicht durch Vorlegung einer Urkunde nachweisen, so ist dies im Protokolle festzustellen. Die Aufnahme des Protokolls wird hiedurch allein nicht gehindert."

§ 83.

„Wird bei der Errichtung einer notariellen Urkunde über die Vornahme eines Rechtsgeschäfts durch einen Vertreter die nachträgliche Beibringung einer Urkunde über die Ertheilung der Vollmacht oder der Genehmigung vorbehalten und diese Urkunde späterhin übergeben, so ist sie der Haupturkunde mit einem Vermerk über die Uebergabe beizuheften. Der Vermerk soll den Tag und den Ort der Uebergabe und die Bezeichnung des Uebergebenden enthalten und mit der Unterschrift des Notars und dem Amtssiegel versehen sein.

Wird die Urkunde über die Ertheilung der Vollmacht oder der Genehmigung nachträglich nicht zur Beiheftung übergeben, sondern nur zur Feststellung ihres Inhalts vorgelegt, so ist über die Vorlegung ein Protokoll aufzunehmen, worin der Inhalt der Vollmacht oder der Genehmigung festzustellen ist. Dieses Protokoll soll der Haupturkunde beigeheftet werden.

In den Fällen des Abs. 1 und 2 soll auf der Haupturkunde am Rande der einschlägigen Stelle auf die beigeheftete Nachtragsurkunde verwiesen werden."

§ 85.

„Bei der Beurkundung von rechtsgeschäftlichen Erklärungen juristischer Personen ist deren Rechtsfähigkeit und die Vertretungsmacht der für sie auftretenden Organe zu erheben und festzustellen. Ist beides amtsbekannt, so ist dies im Protokolle zu erwähnen.

Bei der Betheiligung juristischer Personen des öffentlichen Rechts bedarf es einer ausdrücklichen Feststellung über die Rechtsfähigkeit und Vertretungsmacht im Protokolle nicht, da sich diese aus dem Gesetz ergibt. Den Notaren wird jedoch insbesondere wegen der nicht seltenen irrigen Aufführung von Schulgemeinden, Steuergemeinden u. dergl. als juristischer Personen genaueste Prüfung des Rechtsverhältnisses auch in diesen Punkten zur besonderen Pflicht gemacht."

Bezüglich der Prüfung der Frage, ob eine Bestätigung, Genehmigung oder Zustimmung Seitens eines Dritten oder einer Behörde erforderlich ist, vergl. G.O.:

Prüfung der Frage der Nothwendigkeit einer Bestätigung, Genehmigung, Zustimmung.

§ 86.

„Ist zur Rechtswirksamkeit eines Geschäfts nach gesetzlicher Vorschrift eine Bestätigung, Genehmigung oder Zustimmung erforderlich, so soll der Notar die

Betheiligten nöthigenfalls darauf aufmerksam machen und zur Aufnahme eines entsprechenden Vorbehalts in ihre Erklärungen veranlassen; erkennen die Betheiligten das Erforderniß der Bestätigung, Genehmigung oder Zustimmung nicht als vorhanden an, so soll der Notar die Meinungsverschiedenheit im Protokolle feststellen, sofern er nicht zur Verweigerung der Vornahme des Geschäfts veranlaßt ist.

Die Notare werden hiebei auf die Bestimmungen des Bürgerlichen Gesetzbuchs über die Nothwendigkeit der Genehmigung des Vormundschaftsgerichts zu Verfügungen des Vormundes und des Pflegers,

auf die Vorschriften bezüglich der Verfügungen in Angelegenheiten der Gemeinden und gemeindlichen Stiftungen, insbesondere die Vorschriften in den Artikeln 112, 147, 153 Abs. 9, 159, 63, 66 und 69 der rechtsrheinischen, Art. 47. 50, 53, 91 der pfälzischen Gemeindeordnung,

wegen der Genehmigung von Stiftungen auf § 80 des Bürgerlichen Gesetzbuchs und wegen der erforderlichen Genehmigung zum Vermögenserwerb für juristische Personen auf die Artikel 7, 8, 9, 10 des Ausführungsgesetzes zum Bürgerlichen Gesetzbuche hingewiesen."

§ 87.

„Soll der Notar ein Rechtsgeschäft beurkunden, das der Genehmigung durch eine Behörde bedarf, so kann er, wenn die Betheiligten damit einverstanden sind, vor der Errichtung der Urkunde einen Entwurf der wesentlichen Bestimmungen des Geschäfts der Behörde mit dem Ersuchen um Bekanntgabe der etwa bestehenden Bedenken vorlegen oder vorlegen lassen.

Der Notar soll den Betheiligten dieses Verfahren in den Fällen nahelegen, in welchen es zweckmäßig scheint, insbesondere auch in den Fällen, wo die Genehmigung des Vormundschaftsgerichts erforderlich ist."

§ 88.

„Handelt es sich um die Beurkundung eines Geschäfts, wodurch ein in dem Landestheilen rechts des Rheins auf den Gemeindeverband sich gründendes Recht von dem Hause oder Grundstück, auf dem es ruht, abgetrennt werden soll, so ist der Notar veranlaßt, die Betheiligten über die Nothwendigkeit der Erholung der Genehmigung zur Abtrennung genau aufzuklären und hiebei darauf hinzuweisen, daß nach Art. 33 der rechtsrheinischen Gemeindeordnung (in der Fassung der Bekanntmachung vom 14. März 1890) diese Genehmigung nur ganz ausnahmsweise ertheilt werden kann.

Bestehen die Betheiligten auch dann noch auf der Beurkundung, so soll der Notar seine Mitwirkung von der Einhaltung des in § 87 bezeichneten Weges der vorherigen Anfrage abhängig machen."

§ 89.

„Kommt bei Rechtsgeschäften, wenn sie von einer verheiratheten Person vorgenommen werden, in Frage, ob der Erschienene zu einer Verfügung der Zustimmung oder der Einwilligung des anderen Ehegatten bedarf, so soll der Notar vor der Beurkundung über die maßgebenden Verhältnisse, also über den Familienstand und über den nach Gesetz oder Vertrag bestehenden ehelichen Güterstand sich Aufklärung verschaffen. Hiezu wird in der Regel die Anfrage bei den Betheiligten genügen; wo es nach den Umständen erforderlich und angängig ist, sollen weitere Nachforschungen, insbesondere durch Einsichtnahme von den Ehevertragsurkunden und Güterrechtsregistereinträgen erfolgen.

Ergibt sich hienach die Nothwendigkeit der Zustimmung oder der Einwilligung des nichterschienenen Ehegatten, so hat der Notar nach § 86 Abs. 1 zu verfahren.

Wo irgend ein Zweifel bestehen kann, empfiehlt es sich, die Angaben oder den Befund über den Familienstand und den ehelichen Güterstand im Protokolle festzustellen.

Die Vorschriften in Abs. 1 bis 3 finden entsprechende Anwendung für den Fall der Fortsetzung der Gütergemeinschaft zwischen dem überlebenden Ehegatten und den gemeinschaftlichen Abkömmlingen."

Anm. 4. Die in Abs. 2 angeführten sonstigen Zweifel an der Giltigkeit des Geschäftes werden sich hauptsächlich bei nichtigen und Scheingeschäften ergeben; wenn der Notar Zweifel hegt, ob ein von den Betheiligten vereinbartes Geschäft von ihnen ernstlich beabsichtigt ist oder nur zum Schein abgeschlossen werden soll, hat er seine Zweifel und die darauf von den Betheiligten abgegebene Erklärung im Protokoll festzustellen, wodurch er jeder weiteren Verantwortlichkeit enthoben ist. Besteht dagegen für den Notar kein Zweifel, sondern Gewißheit, daß ein nichtiges oder Scheingeschäft in Frage steht (es will z. B. Jemand seine sämmtlichen Habseligkeiten seinem unmündigen Kinde verschreiben lassen zu dem ausgesprochenen Zwecke, sie dem bevorstehenden Zugriffe eines Gläubigers zu entziehen), so hat der Notar auf Grund Art. 16 seine Mitwirkung zu verweigern.

Anm. 5. Die Bestimmung des Abs. 2 greift auch Platz, wenn bei Versammlung von Gesellschaften u. s. f. sich Bedenken oder Mängel über deren ordnungsmäßige Berufung oder Beschlußfähigkeit ergeben, z. B. wenn die Generalversammlung einer Aktiengesellschaft nicht oder nicht rechtzeitig oder mangelhaft oder nicht von dem zuständigen Organ ausgeschrieben ist; in diesen Fällen hat der Notar die Versammlung auf die Mängel der Berufung oder Zusammensetzung und auf die hieraus sich ergebenden rechtlichen Folgen aufmerksam zu machen, und daß solches von ihm geschehen ist, mit den allenfallsigen Erklärungen der Gesellschaftsorgane oder den hierüber zu fassenden Beschlüssen der Versammlung in das Protokoll aufzunehmen. Siehe auch Art. 32 Anm. 5 d.

Artikel 29.

Ist ein bei der Beurkundung eines Rechtsgeschäfts Betheiligter taub, so soll das Protokoll ihm zur Durchsicht vorgelegt werden, auch wenn er es nicht verlangt. Im Protokolle soll festgestellt werden, daß die Vorlegung geschehen ist.

Ist ein tauber Betheiligter nicht im Stande, Geschriebenes zu lesen, so soll eine Vertrauensperson zugezogen werden, die sich mit ihm zu verständigen vermag. Im Protokolle soll festgestellt werden, daß der Betheiligte nach der Ueberzeugung des Notars die Vertrauensperson verstanden hat. Als Vertrauensperson kann auch eine der bei der Beurkundung neben dem Notar mitwirkenden Personen dienen.

Bayern Art. 57. 58; Pfalz Art. 14 und Gesetz vom 28. Februar 1880, die Abänderung des Art 9 des pfälz. Not.Ges. betr.; Entwurf Art. 30; Motive 435; Prot. Abg. 663; Verh. Abg. 888; Becher, Materialien 49. 166. 407.

Anm. 1. In Ergänzung der durch Art. 31 auch auf die Beurkundung der übrigen Erklärungen, die nicht Rechtsgeschäfte enthalten, ausgedehnten reichsgesetzlichen Vorschrift im Ges. freiw. Ger. § 169, daß bei Betheiligung eines Tauben ein zweiter Notar oder zwei Zeugen als Urkundspersonen zuzuziehen sind, bestimmt gegenwärtiger Artikel in Verbindung mit Art. 31, in welcher Weise die Verständigung mit dem Tauben zu erfolgen hat und im Protokolle festzustellen ist.

Kann der Taube Geschriebenes lesen, so erfolgt die Verständigung mit ihm schriftlich und ist ihm das Protokoll zur Durchsicht vorzulegen und die erfolgte Vorlegung im Protokoll festzustellen; daß er es wirklich liest, ist nicht unbedingt erforderlich. Das Protokoll, welches den übrigen Betheiligten sowie den Zeugen gemäß Art. 26 Abs. 3 vorzulesen ist, hat er zu unterschreiben, wie die anderen Betheiligten, ebenso die Zeugen. Ist der Taube des Schreibens unkundig, bedarf es nicht der Zuziehung eines weiteren Schreibzeugen, sondern fungiren die Urkundspersonen zugleich als solche.

Wenn der Taube Geschriebenes zu lesen nicht im Stande, eine schriftliche Verständigung mit ihm also nicht möglich ist und er das Protokoll nicht selbst durchlesen kann, soll neben den beiden Zeugen (von der Zuziehung eines zweiten Notars als Urkundsperson wird wohl nur in ganz seltenen Ausnahmefällen Gebrauch gemacht werden) eine Vertrauensperson zugezogen werden, welche sich mit ihm durch Zeichen oder sonstwie zu verständigen vermag; diese Vertrauensperson kann ein Angehöriger des Tauben oder ein Dritter oder auch eine der zugezogenen Urkundspersonen sein, in welch letzterem

Falle keine eigene Vertrauensperson, sondern nur die beiden Zeugen, von denen der eine zugleich die Funktion der Vertrauensperson ausübt, zuzuziehen sind.

Während aber die in Ges. freiw. Ger. § 169 vorgeschriebene Zuziehung eines zweiten Notars oder zweier Zeugen obligatorisch, eine sog. Mußvorschrift ist, deren Außerachtlassung der Urkunde den Charakter einer öffentlichen Urkunde entziehen würde, ist die durch gegenwärtigen Artikel vorgeschriebene Verständigung mit der tauben Person durch Vorlegung des Protokolls eventuell durch eine Vertrauensperson nur eine Ordnungsvorschrift, weil nach Ges. freiw. Ger. § 200 Abs. 2 ein Verstoß gegen allgemeine Vorschriften der Landesgesetze über die Errichtung notarieller Urkunden, unbeschadet der Folgen des Mangels der sachlichen Zuständigkeit, ohne Einfluß auf die Giltigkeit der Beurkundung ist.

Anm. 2. Die Auswahl der Zeugen als Urkundspersonen sowie der Vertrauensperson ist in erster Linie den Betheiligten überlassen, eventuell Aufgabe des Notars, welcher in allen Fällen sich zu vergewissern hat, daß die Zeugen die gesetzlichen Eigenschaften hiezu haben; in letzterer Beziehung vergl. Ges. freiw. Ger. §§ 170—173*) und Art. 31, dann bezüglich der Testamentszeugen B.G.B. §§ 2234—2237**). Der Notar genügt seiner Pflicht, wenn er die Betheiligten und Zeugen frägt, ob keine Ausschließungsgründe vorliegen; erweist sich ihre Versicherung, daß solche Ausschließungsgründe nicht vorliegen, hinterher als unrichtig, so ist der Notar außer Verantwortung, wenn er in der Urkunde konstatirt hat, daß nach Angabe oder Erklärung der Betheiligten und der Zeugen Ausschließungsgründe nicht vorliegen. Da der Zeuge als mitwirkende Person das Protokoll mitzuunterschreiben hat, muß er außerdem des Schreibens fähig sein. Für die Auswahl der Zeugen auf ihre Fähigkeit haftet der Notar civilrechtlich (B.G.B. § 839) und disziplinär, nicht dagegen für etwaige Verletzung des Amtsgeheimnisses durch sie.

Anm. 3. Die Zeugen und die Vertrauensperson brauchen nach Ges. freiw. Ger. § 174***) und Art. 31 nicht bei der ganzen Verhandlung, sondern nur bei der Vorlesung, an deren Stelle einem tauben Betheiligten gegenüber die Vorlegung des Protokolls zur Durchsicht oder, wenn er Geschriebenes nicht zu lesen vermag, die Verständigung mit der Vertrauensperson tritt, sowie bei der Genehmigung und Unterzeichnung anwesend zu sein; nur bei Errichtung eines Testaments oder Erbvertrags ist nach B.G.B. §§ 2239, 2276 die Anwesenheit der mitwirkenden Personen, d. i. der Zeugen, Vertrauensperson und des Dolmetschers, während der ganzen Verhandlung geboten.

Anm. 4. Hochgradige Schwerhörigkeit ist nicht Taubheit, sondern es muß das Gehör vollständig aufgehoben sein; bei Schwerhörigen ist die Verständigung mittelst Hör- und Sprachrohrs zu versuchen, wenn die gewöhnlichen Mittel wie lautes und besonders langsames und deutliches Sprechen gegen das Ohr und Ablesen vom Munde nicht ausreichen und solche Instrumente zur Verfügung stehen; wenn aber alle Mittel vergebens sind, darf der Notar seiner Ueberzeugung nach den Betreffenden wohl als taub behandeln und kann deshalb nicht verantwortlich gemacht werden, wenn auch die Taubheit vielleicht vom medizinischen Standpunkte aus nicht vollständig gegeben ist.

Artikel 30.

Vor der Beurkundung einer Erklärung über die Uebertragung des Eigenthums an einem Grundstücke, die Belastung eines Grundstücks mit einem Rechte, die

*) Siehe Art. 15 Anm. 2, Art. 31 Anm. 1.
**) Siehe Art. 15 Anm. 2.
***) Siehe Art. 31 Anm. 1.

Uebertragung oder Belastung eines solchen Rechtes, die Aenderung eines solchen Rechtes nach Inhalt oder Rang und vor der Beurkundung eines jeden Vertrags, durch den sich der eine Theil verpflichtet, eine solche Uebertragung, Belastung oder Aenderung vorzunehmen, hat der Notar durch Einsicht des Grundbuchs oder eines in jüngster Zeit ausgestellten oder berichtigten Auszugs aus dem Grundbuche sich davon zu überzeugen, ob das beabsichtigte Geschäft mit dem Inhalte des Grundbuchs übereinstimmt. Zeigt sich ein Widerspruch, so hat der Notar wie im Falle des Art. 28 Abs.* 2 zu verfahren. Der Notar soll im Protokolle feststellen, ob er die Beurkundung nach Einsicht des Grundbuchs oder eines Auszugs aus dem Grundbuche vorgenommen hat, und soll in letzterem Falle auch den Tag der Ausstellung oder Berichtigung des Auszugs im Protokoll angeben.

Die Vorschriften des Abs. 1 gelten auch für Rechte, die den Grundstücken gleichstehen.

Die Verpflichtung zur Einsicht des Grundbuchs oder des Auszugs aus dem Grundbuche kann von den Betheiligten nicht erlassen werden. Ausnahmen sind nur in Nothfällen zulässig. Der Notar soll den Nothfall in der Urkunde feststellen.

Inwieweit der Notar sich zur Einsicht des Grundbuchs seiner Gehilfen bedienen darf, wird durch die Geschäftsordnung bestimmt.

Entwurf Art. 31; Motive 428. 436; Prot. Abg. 664; Prot. R.R. XIX. 16; Verh. Abg. 889; Becher, Materialien 34. 49. 167. 333. 407.

Anm. 1. Die Verpflichtung, bei allen dinglichen Rechtsgeschäften und Verträgen vor deren Beurkundung durch Einsichtnahme des Grundbuchs oder Grundbuchsauszugs sich von der Uebereinstimmung des beabsichtigten Geschäftes mit dem Inhalte des Grundbuchs zu überzeugen, ist für den Notar dienstrechtlicher Natur und zieht deren Unterlassung Einschreitung wegen Dienstvergehens nach sich, während sie auf die Rechtswirksamkeit der Beurkundung ohne Einfluß ist.

Anm. 2. Die Verpflichtung der Grundbuchseinsicht bezieht sich nicht nur auf die Einträge im Grundbuche selbst, sondern ebenso auf die Einsicht der Beilagen und etwaiger dem Grundbuchamte bereits vorliegender, noch nicht eingetragener Anträge und Einläufe. Zu diesem Zwecke ist neben der Einsicht des Grundbuchs auch die Einsicht des grundbuchamtlichen Tagebuchs oder Befragung des Grundbuchrichters erforderlich, und ist letzterer zur vollen und sofortigen Aufschlußertheilung verpflichtet. Da eine mündliche Anfrage und Aufschlußertheilung wenigstens bei den größeren Grundbuchämtern ohne bedeutende Belästigung des Grundbuchbeamten kaum durchführbar ist, letzterer vielmehr häufig, um sicheren Aufschluß geben zu können, selbst erst das Tagebuch würde nachsehen müssen, wird sich empfehlen, die Einträge des Tagebuchs den Notaren zur Einsicht zugänglich zu machen. Vergl. hiezu G.O. §§ 90—92, 285.

Anm. 3. Die Verpflichtung zur vorherigen Einsichtnahme des Grundbuchs erstreckt sich nicht auf die Fälle der Beurkundung von Löschungsbewilligungen und Erklärungen über Aufgabe des Eigentums an einem Grundstücke oder über Aufgabe eines Rechtes an einem Grundstücke, z. B. Pfandentlaßungen, weil diese Erklärungen nicht die Aenderung eines dinglichen Rechtes, sondern die Aufgabe eines solchen enthalten. Auch die Rangausweichungen der Hypothekgläubiger zu Gunsten einer vom Schuldner neu aufzunehmenden Hypothek fallen nicht unter die Vorschrift des gegenwärtigen Artikels, weil sie nur die erforderliche Zustimmung zu der vom Schuldner zu erklärenden Aenderung des dinglichen Rechtes nach Inhalt oder Rang bilden und das Hypothekenbuch bei Beurkundung der vom Schuldner zu erklärenden Aenderung einzusehen ist. Bei anderen Erklärungen über Aenderung eines dinglichen Rechtes nach Inhalt oder Rang dagegen, z. B. bei einer Vereinbarung mehrerer Hypothekgläubiger über Rangabtretung, ist vorherige Einsicht des Grundbuchs oder eines Grundbuchsauszugs von jüngstem Datum unerläßlich. Vergl. auch G.O § 91, wonach die Einsicht auch bei Erklärungen über Aufgabe eines dinglichen Rechtes zu pflegen ist, wenn die Beteiligten es wünschen oder wenn ein besonderer Anlaß dazu besteht.

Anm. 4. Wird dem Notar bezüglich eines auswärts gelegenen Grundbesitzes von den Betheiligten ein Grundbuchsauszug vorgelegt, hat er nach pflichtgemäßem Ermessen zu prüfen, ob er den Auszug als in jüngster Zeit ausgestellt gelten lassen darf oder nicht. Er wird hiebei die Glaubwürdigkeit der Betheiligten und seine etwaigen Kenntnisse über ihre Kredit- und Vermögensverhältnisse berücksichtigen dürfen. Wenn ein als reell und solvent bekannter Mann mit einem etwa 8—14 Tage zuvor ausgestellten oder ergänzten Grundbuchsauszug über sein auswärtiges Besitzthum kommt und versichert, daß Aenderungen seither nicht eingetreten sind, auch glaubwürdig vorbringt, warum er nicht am Sitze des Grundbuchamtes, sondern auswärts protokolliren und nicht zuwarten will oder kann, bis der Grundbuchsauszug ergänzt ist, wird der Notar unbedenklich die angesonnene Beurkundung vornehmen dürfen. Anderseits wird bei einem vollständig fremden Betheiligten, oder wenn der Notar Anlaß hat, an der Versicherung, daß Aenderungen nicht eingetreten sind, zu zweifeln (der Mann ist ihm vielleicht als überschuldet bekannt, oder es wird die Befürchtung ausgesprochen, bei Verzögerung der Beurkundung könne eine weitere Hypothek oder Beschlagnahme eingetragen werden), wird der Notar sich auch mit einem nur wenige Tage zuvor ausgestellten Grundbuchsauszug nicht begnügen dürfen, sondern sofern er das Grundbuch nicht einsehen und auch nicht etwa durch telegraphische oder telephonische Anfrage beim Grundbuchamte, welches solche Anfragen stets sofort sachgemäß zu erledigen hat, die erforderlichen Aufschlüsse erhalten kann, die sofortige Beurkundung ablehnen müssen. Hiebei hat der Notar stets im Auge zu haben, daß besonders bei Protokollirung auswärtigen Grundbesitzes die größte Vorsicht geboten ist, und wird zu seiner eigenen Sicherheit um so vorsichtiger sein, je dringender die Betheiligten die sofortige Beurkundung beantragen.

Siehe hierüber G.O. § 94, welcher lautet:

„Die Einsicht eines Auszugs an Stelle der Einsicht des Buches selbst ist mit der Beschränkung gestattet, daß der Auszug in jüngster Zeit ausgestellt oder berichtigt sein muß.

Eine Bestimmung des Begriffs jüngste Zeit ist im Gesetze nicht gegeben. Der Notar hat also nach pflichtmäßigem Ermessen zu verfahren. Er wird annehmen können, daß der Auszug noch gebraucht werden kann, wenn nach den Umständen das Dazwischenkommen einer Aenderung in der seit der Ausstellung oder Richtigstellung verflossenen Zeit als unwahrscheinlich betrachtet werden muß. Je nach Lage der Verhältnisse kann hiernach ein vor einer größeren Zahl von Tagen ausgestellter oder berichtigter Auszug noch als in jüngster Zeit ausgestellt betrachtet werden. Immer aber wird der Auszug als in jüngster Zeit ausgestellt oder berichtigt zu gelten haben, wenn seit seiner Ausstellung oder Berichtigung nicht mehr Zeit verflossen ist, als dem ordentlichen Verlaufe nach zur Uebermittlung an die Betheiligten und von diesem an das Notariat nöthig war.

Zur Erfüllung des Erfordernisses der Richtigstellung des Auszuges bedarf es nicht unbedingt einer förmlichen Bestätigung des Hypothekenamts oder Grundbuchamts auf dem Auszuge selbst. Es kann auch eine auf telegraphischem oder telephonischem Wege erholte Auskunft darüber, ob seit der Ausstellung oder Richtigstellung Aenderungen vorgekommen sind, genügen. Anfragen dieser Art sollen jedoch nur dann gestellt werden, wenn es durch die Dringlichkeit und Wichtigkeit der Sache gerechtfertigt wird."

Anm. 5. Ein Nothfall, welcher ausnahmsweise den Notar von der Verpflichtung der vorherigen Einsicht des Grundbuchs entbindet, ist nur bei dringender Lebensgefahr eines Betheiligten gegeben, nicht auch dann, wenn vielleicht wegen anderer Amtsgeschäfte und vorgerückter Zeit das Grundbuch nicht mehr eingesehen werden kann oder weil die Betheiligten am Sitze des Notariats wohnen und nicht eigens zu dem Notariate, an dessen Sitz das Grundbuchamt sich befindet, reisen wollen; ebensowenig ist es ein Nothfall, weil etwa zu befürchten ist, daß bis zur Einsicht des Grundbuchs oder Ergänzung des Grundbuchsauszugs ein Betheiligter vom Vertrage zurücktreten möchte. Der Nothfall ist in der Urkunde festzustellen und wäre der Notar bei Unterlassung dieser Feststellung ebenso dienstrechtlich verantwortlich wie bei Konstatirung eines nicht begründeten Nothfalles. In letzterer Beziehung bedarf es aber nicht einer Glaubhaftmachung des Nothfalles, sondern genügt die Konstatirung des Notars, daß er wegen dringender Lebensgefahr eines Betheiligten zu diesem gerufen worden und solchen wirklich schwer erkrankt angetroffen hat.

Anm. 6. Nach Art. 134 ist die Vorschrift des gegenwärtigen Artikels für die Landestheile r. d. Rh. schon vom 1. Januar 1900 an obligatorisch; für die Uebergangszeit, d. i. bis zur Anlegung des Grundbuchs, ist neben Einsicht des Hypothekenbuches oder Vorlage eines Hypothekenbuchsauszugs nach den bisherigen bis dorthin bestehen bleibenden Vorschriften auch der Grundsteuerkatasterauszug vorzulegen.

Anm. 7. Ein Widerspruch zwischen den Angaben der Betheiligten und dem Inhalte des Grundbuchs wird sich häufig ergeben, wenn z. B. eine bereits bezahlte Hypothekforderung im Grundbuch noch nicht gelöscht, der Erbübergang bezüglich eines Grundbesitzes vom bisherigen Eigenthümer auf den Erben oder die Cession einer Hypothek noch nicht eingetragen ist. In allen diesen Fällen genügt wie bisher die Konstatirung der nach den Angaben der Betheiligten stattgefundenen Rechtsänderung im Protokolle und kann die Beurkundung vorbehaltlich des nachträglichen Vollzugs dieser Rechtsänderung im Grundbuche erfolgen, wobei jedoch der Notar die Betheiligten über den Inhalt des Grundbuchs und die rechtlichen Folgen, insbesondere unter Umständen auf die Rechtsunwirksamkeit des Vertrags bis zur Beseitigung der Hindernisse zu belehren und, daß solches geschehen ist, im Protokolle festzustellen hat.

Vergl. G.O. § 95, welcher lautet:

> „Der Notar soll in der Urkunde feststellen, daß er das Grundbuch oder Hypothekenbuch oder einen Auszug daraus eingesehen hat und im letzteren Falle auch angeben, wann die Ausstellung oder die letzte Richtigstellung dieses Auszugs stattgefunden hat. Hat er die Einsicht unterlassen, was nur im Nothfalle geschehen darf, so soll er die Unterlassung und deren Grund feststellen.
>
> Zeigt sich bei der Einsichtnahme ein Widerspruch zwischen dem Buchinhalt und dem beabsichtigten Geschäft und bestehen die Betheiligten trotz der Mittheilung hievon auf der Vornahme der Beurkundung, so soll der Notar, wenn er nicht Grund zur Verweigerung seines Dienstes zu haben glaubt, den Widerspruch, die Mittheilung davon an die Betheiligten und deren Beharren auf der Vornahme in der Urkunde feststellen.
>
> Die Feststellungen sollen unbeschadet ihrer Deutlichkeit so kurz wie möglich und so gefaßt sein, daß sie im Texte der Urkunde nicht störend wirken."

Anm. 8. Rechte, die den Grundstücken gleichstehen, sind das Erbbaurecht, B.G.B. §§ 1012—1017, Grunddienstbarkeiten, B.G.B. §§ 1018 ff., Nießbrauch an Grundstücken, B.G.B. §§ 1030, 1031, beschränkte persönliche Dienstbarkeiten, B.G.B. §§ 1090—1093, Vorkaufsrechte, B.G.B. §§ 1094 ff., Reallasten, B.G.B. §§ 1105 ff. Bezüglich der Grunddienstbarkeiten vergl. J.M.Bktm. vom 2. Juli 1899, die Eintragung von Dienstbarkeiten in das Hypothekenbuch der Landestheile rechts d. Rh. betr., J.M.Bl. 1899 S. 165.

Anm. 9. Zu Abs. 4 siehe G.O. § 93, welcher lautet:

„Der Notar soll das Grundbuch oder Hypothekenbuch womöglich persönlich einsehen. Ist ihm dies nach den Umständen anderer Geschäfte halber oder wegen sonstiger Verhinderung nicht möglich, so kann er — ohne Minderung seiner Verantwortlichkeit — die Einsichtnahme durch einen in seinem Notariate beschäftigten geprüften Rechtspraktikanten und unter bestimmten Voraussetzungen auch durch einen in seinen Diensten stehenden nichtrechtskundigen Notariatsgehilfen bewirken lassen.

Nichtrechtskundige Notariatsgehilfen, welche zur Einsicht des Grundbuchs verwendet werden sollen, müssen das achtzehnte Lebensjahr überschritten haben und mindestens ein Jahr in einem Notariate verwendet gewesen sein.

Will der Notar einen geprüften Rechtspraktikanten oder einen nichtrechtskundigen Notariatsgehilfen ein für allemal zur Vornahme der Buchseinsicht an seiner Statt ermächtigen, so hat er dies dem Landgerichtspräsidenten und dem betheiligten Amtsgerichte anzuzeigen und für die Vorstellung dieses seines Stellvertreters bei dem Hypothekenbeamten Sorge zu tragen. Uebertragt er die Buchseinsicht nur im einzelnen Falle, so hat er eine entsprechende Sondervollmacht auszustellen.

Dem Präsidenten des Landgerichts ist es vorbehalten, wenn er gegen die Verwendung einer Person zur Buchseinsicht Bedenken trägt, diese Verwendung von Dienstaufsichtswegen zu untersagen. Der Hypothekenbeamte oder Grundbuchbeamte kann, wenn er Anhaltspunkte für die Annahme eines Mißbrauchs hat — vorbehaltlich des Rechts des Notars zur Beschwerde an den Landgerichtspräsidenten — den vom Notar mit der Buchseinsicht Betrauten vorläufig zurückweisen.

Das Staatsministerium der Justiz behält sich vor, wenn ein Notariat sich nicht am Sitze eines Amtsgerichts befindet, in einzelnen Ausnahmefällen zu gestatten, daß der Notar zu Bewirkung der Buchseinsicht und Uebermittelung der Ergebnisse der Einsicht sich der Hilfe eines im Hypotheken- oder Grundbuchamte verwendeten Kanzleigehilfen bedient."

Artikel 31.

Auf notarielle Urkunden über Erklärungen, die nicht Rechtsgeschäfte enthalten, finden die Vorschriften des Art. 28 Abs. 1 und des Art. 29 dieses Gesetzes sowie die Vorschriften der §§ 169, 173, 174, des § 176 Abs. 3*) und der §§ 178, 179 des Gesetzes über die Angelegenheiten der freiwilligen Gerichtsbarkeit entsprechende Anwendung.

Entwurf Art. 32; Motive 436; Prot. Abg. 670; Becher, Materialien 50. 180.

Anm. 1. Nach Ges. freiw. Ger. § 168**) gelten für die gerichtliche und die notarielle Beurkundung eines Rechtsgeschäftes unbeschadet der Vorschriften des Bürgerlichen Gesetzbuches über die Errichtung von Testamenten und Erbverträgen die in den folgenden §§ 169—182 gegebenen Vorschriften und ist als Betheiligter im Sinne der §§ 169—182 derjenige anzusehen, dessen Erklärung beurkundet werden soll. Durch gegenwärtige Bestimmung sind die hauptsächlichsten der für die Beurkundung von Rechtsgeschäften reichsgesetzlich geregelten Vorschriften auch für die Beurkundung von Erklärungen, die nicht Rechtsgeschäfte sind, so z. B. Aussagen von Zeugen oder Sachverständigen, thatsächliche Behauptungen, die durch Versicherung an Eidesstatt bekräftigt werden u. dergl., für anwendbar erklärt, nemlich die Vorschriften über das Verfahren bei Verhandlung mit Tauben, Blinden, Stummen oder sonst am Sprechen verhinderten Personen, sowie Personen, die der deutschen Sprache nicht mächtig sind, dann die Vorschriften über Untauglichkeit der Zeugen, Gegenwart der Mitwirkenden und Identitätsfeststellung.

---

*) Siehe Art. 25 Anm. 2.
**) Siehe Art. 15 Anm. 2.

Diese Vorschriften lauten:

§ 169. „Ist ein Betheiligter nach der Ueberzeugung des Richters oder des Notars taub, blind, stumm oder sonst am Sprechen verhindert, so muß der Richter einen Gerichtsschreiber oder zwei Zeugen, der Notar einen zweiten Notar oder zwei Zeugen zuziehen."

§ 173. „Als Zeuge soll bei der Beurkundung nicht mitwirken:
1. ein Minderjähriger;
2. wer der bürgerlichen Ehrenrechte für verlustig erklärt ist, während der Zeit, für welche die Aberkennung der Ehrenrechte erfolgt ist;
3. wer nach den Vorschriften der Strafgesetze unfähig ist, als Zeuge eidlich vernommen zu werden;
4. wer als Gesinde oder Gehilfe im Dienste des Richters oder des beurkundenden Notars steht."

§ 174. „Die bei der Beurkundung mitwirkenden Personen müssen bei der Vorlesung, Genehmigung und Unterzeichnung der Urkunde zugegen sein."

§ 178. „Ist nach der Ueberzeugung des Richters oder des Notars ein Betheiligter stumm oder sonst am Sprechen verhindert und eine schriftliche Verständigung mit ihm nicht möglich, so muß bei der Beurkundung ein vereideter Dolmetscher zugezogen werden.

Im Protokolle muß festgestellt werden, daß der Richter oder der Notar die Ueberzeugung gewonnen hat, daß der Betheiligte am Sprechen verhindert und eine schriftliche Verständigung mit ihm nicht möglich ist. Das Protokoll muß von dem Dolmetscher genehmigt und unterschrieben werden."

Der Zuziehung eines Zeugen, eines Gerichtsschreibers oder eines zweiten Notars bedarf es in diesem Falle nicht."

§ 179. „Erklärt ein Betheiligter, daß er der deutschen Sprache nicht mächtig sei, so muß bei der Beurkundung ein vereideter Dolmetscher zugezogen werden. Der Zuziehung des Dolmetschers bedarf es nicht, wenn der Richter oder der Notar der Sprache, in der sich der Betheiligte erklärt, mächtig ist; die Beeidigung des Dolmetschers ist nicht erforderlich, wenn der Betheiligte darauf verzichtet.

Das Protokoll muß dem der deutschen Sprache nicht mächtigen Betheiligten durch den Dolmetscher oder, wenn ein Dolmetscher nicht zugezogen worden ist, durch den Richter oder Notar in der fremden Sprache vorgetragen werden und die Feststellung enthalten, daß dies geschehen ist.

Im Protokolle muß festgestellt werden, daß der Betheiligte der deutschen Sprache nicht mächtig ist.

Der Dolmetscher muß das Protokoll unterschreiben.

Eine Beurkundung ist nicht aus dem Grunde unwirksam, weil den Vorschriften des Abs. 1 zuwider die Zuziehung eines Dolmetschers unterblieben ist."

Die Vorschriften der §§ 169, 174, 178 und 179 sind zwingender Natur, deren Außerachtlassung der Beurkundung den öffentlichen Charakter entzieht, die in §§ 173 und 176 Abs. 3 nur Ordnungsvorschriften, für deren Nichtbeachtung der Notar lediglich dienstrechtlich verantwortlich ist.

Anm. 2. Im Einzelnen ist hervorzuheben,

a) daß bei Betheiligung einer tauben Person neben der obligatorischen Zuziehung eines zweiten Notars oder zweier Zeugen als Urkundspersonen das Protokoll der tauben Person auch ohne deren Verlangen zur Durchsicht vorgelegt und daß solches geschehen, im Protokoll festgestellt, in dem Falle aber, daß der taube Betheiligte Geschriebenes nicht zu lesen vermag, eine Vertrauensperson, die sich mit ihm zu verständigen vermag, zugezogen werden soll; vergl. Art. 29 und Anm. 1 hiezu;

b) daß bei Betheiligung einer stummen oder sonst am Sprechen verhinderten Person (z. B. durch Lähmung der Zunge bei einem Schlaganfall, Kehlkopfleiden), insoferne mit ihr eine schriftliche Verständigung nicht möglich ist, nach Ges. freiw. Ger. § 169 lediglich die Zuziehung eines zweiten Notars oder zweier Zeugen, in dem Falle aber, daß eine schriftliche Verständigung nicht möglich ist, statt der Zeugen oder eines zweiten Notars die Zuziehung eines vereideten Dolmetschers obligatorisch ist, Ges. freiw. Ger. § 178;

c) daß die Gegenwart der Zeugen und sonstigen mitwirkenden Personen -- vergl. Art. 26 Anm. 4 — in Uebereinstimmung mit dem bisherigen Rechte nur bei Aufnahme von Testamenten, sowie bei Erbverträgen während der ganzen Verhandlung nothwendig ist (B.G.B. §§ 2239, 2276), bei allen übrigen notariellen Urkunden dagegen dieselben nur bei der Vorlesung, Genehmigung und Unterzeichnung zugegen sein müssen;

d) daß als Geschäftszeugen auch Frauenzimmer zugezogen werden können, und zwar in allen Fällen, auch bei Errichtung von Testamenten und Erbverträgen, insoweit nicht die allgemeinen absoluten oder relativen Untauglichkeitsgründe zutreffen (B.G.B. §§ 2234—2237, Ges. freiw. Ger. §§ 170—173) *); vergl. G.O. § 110;

e) daß die Auskunfts- oder Identitätspersonen, durch welche sich der Notar Gewißheit über die Persönlichkeit der ihm nicht bekannten Betheiligten verschafft, nicht mehr wie nach bisherigem Rechte das Protokoll zu unterzeichnen brauchen, weil sie nicht bei der Beurkundung „mitwirken", so daß es genügt, wenn der Notar im Protokolle konstatirt, daß ihm die Persönlichkeit des ihm nicht bekannten Betheiligten N.N. durch den ihm persönlich bekannten X.X. bestätigt worden ist; selbstverständlich aber ist es unschädlich und empfehlenswerth, wenn der Notar der größeren Sicherheit halber die Identitätsperson mitunterschreiben läßt. Vergl. G.O. § 76, wonach die Unterzeichnung durch die Auskunftsperson in der Regel geschehen soll.

Anm. 3. Die Bestimmungen in Ges. freiw. Ger. § 177 sind auf notarielle Urkunden über Erklärungen, welche nicht Rechtsgeschäfte enthalten, nicht für anwendbar erklärt. Insoweit sie die Vorlesung, Genehmigung und eigenhändige Unterschreibung des Protokolls durch die Betheiligten vorschreiben und zwar für die Beurkundung von Rechtsgeschäften als Mußvorschriften, sind sie für die übrigen Urkunden als dienstrechtliche Sollvorschriften in Art. 26 aufgenommen. Die weitere Bestimmung, daß bei Betheiligung einer nach ihrer Erklärung schreibensunfähigen Person, ein Zeuge oder zweiter Notar als Urkundsperson zuzuziehen ist, findet bei anderen notariellen Urkunden keine entsprechende Anwendung, weil bei der Protokollirung von Erklärungen, welche keine Rechtsgeschäfte enthalten, die Unterschrift der Betheiligten kein wesentliches Erforderniß bildet und daher nicht durch besondere, schwerere Formen ersetzt zu werden braucht. Es genügt daher bei Betheiligung einer schreibensunfähigen (sei es schreibensunkundigen oder wegen eines Gebrechens oder sonstigen Grundes am Schreiben verhinderten) Person bei Aufnahme einer nicht rechtsgeschäftlichen notariellen Urkunde die Konstatirung des Notars, daß die betheiligte Person nach ihrer Erklärung schreibensunkundig oder schreibensunfähig sei, ohne daß ein Zeuge, wie bei Beurkundung eines Rechtsgeschäftes, zugezogen zu werden braucht; auch kann die Unterzeichnung durch Handzeichen oder Unterkreuzung erfolgen. Vergl. Art. 26 Anm. 6 und G.O. § 105.

Anm. 4. Für alle anderen notariellen Urkunden, welche weder Rechtsgeschäfte noch sonstige Erklärungen enthalten, also insbesondere für Inventare, Urkunden über Siegelungen und Entsiegelungen, Bestätigung über Aktien- oder sonstigen Vermögensbesitz, Lebenszeugnisse, dann die in den folgenden Art. 33—35 besonders vorgesehene Beurkundung von Zustellungen, Beglaubigung von Abschriften, einer Unterschrift oder eines Handzeichens gelten gemäß Art. 24 die allgemeinen Vorschriften der Art. 25 und 36.

Die besonderen Vorschriften über Form und Inhalt der Wechselproteste (W.O. Art. 87, 88) und der Theilhypothekenbriefe (Gr.B.O. § 61) bleiben unberührt;

*) Siehe Art. 15 Anm. 2.

vergl. hiezu wegen Wechselprotesten G.O. § 272 und wegen des Protestregisters G.O. §§ 48, 49.

Artikel 32.

Beurkundet der Notar in der Versammlung einer Genossenschaft, einer Gesellschaft mit beschränkter Haftung oder eines Vereins den Gang der Verhandlung, so gelten die Theilnehmer an der Versammlung nicht als Betheiligte.

In der Versammlung ist ein Verzeichniß der erschienenen Genossen, Gesellschafter oder Vereinsmitglieder mit Angabe ihres Namens und Wohnorts aufzustellen. Das Verzeichniß ist vor der ersten Abstimmung zur Einsicht auszulegen; es ist von dem Vorsitzenden zu unterschreiben und mit den Belegen über die ordnungsmäßige Berufung der Versammlung dem Protokolle beizufügen. Die Beifügung der Belege über die Berufung der Versammlung kann unterbleiben, wenn die Belege unter Angabe ihres Inhalts im Protokoll angeführt werden.

Entwurf Art. 33; Motive 436; Prot. Abg. 671; Prot. R.R. XIX. 16; Verh. Abg. 890; Becher, Materialien 51. 181. 334. 411.

Anm. 1. Die Theilnehmer an der Versammlung sind nicht Mitwirkende, sondern eigentlich Betheiligte, werden aber durch die Bestimmung in Abs. 1 dieser Eigenschaft entkleidet. In Folge dessen brauchen die Theilnehmer das Protokoll nicht zu unterschreiben, sondern ist letzteres in Uebereinstimmung mit der in H.G.B. § 259 Abs. 4, § 320 Abs. 3 für die Aktiengesellschaften und die Kommanditgesellschaften auf Aktien gegebenen Vorschrift nur durch den Notar zu unterzeichnen, insoferne nicht etwa durch die Statuten die Unterzeichnung durch den Vorsitzenden oder einen oder mehrere Theilnehmer vorgeschrieben ist. Bezüglich des Gesellschaftsvertrags bei Gesellschaften mit beschränkter Haftung vergl. aber § 2 Abs. 1 des Gesetzes, betr. die Gesellschaften mit beschränkter Haftung, und unten Anm. 5c. Außerdem ist in Folge dieser Bestimmung, daß die Theilnehmer an der Versammlung nicht als Betheiligte gelten, der Notar durch etwaige Verwandtschaft zu einem der Theilnehmer oder Vorstände an der Aufnahme des Protokolls nicht gehindert. Ebensowenig ist der Notar an der Beurkundung behindert, wenn er selbst Mitglied der Korporation ist, insoferne er an der Versammlung in dieser seiner privaten Eigenschaft sich nicht betheiligt; will er aber an der Debatte, Abstimmung oder sonstwie sich in seiner Eigenschaft als Mitglied betheiligen, könnte er in diesem Falle nicht gleichzeitig als Urkundsbeamte fungiren, ebenso nicht, wenn er Mitglied des Aufsichtsraths ist. Siehe Art. 13 Anm. 3 und Art. 15 Anm. 3.

Anm. 2. Die Bestimmung des Abs. 2 ist konform mit der Vorschrift, welche das H.G.B. in §§ 258, 259, 320 Abs. 3, § 321 für die Protokollführung bei den Generalversammlungen der Aktiengesellschaften und Kommanditgesellschaften auf Aktien vorsieht. Das Verzeichniß der Theilnehmer, welches dem Protokoll als Beilage beizuheften ist, ist lediglich vom Vorsitzenden, nicht auch vom Notar zu unterzeichnen. Da die Beifügung des Theilnehmerverzeichnisses und der Belege über die ordnungsmäßige Berufung der Versammlung durch Anheftung an das Protokoll und Verbindung mit letzterem mittelst des Amtssiegels des Notariats zu geschehen hat und diese Belege in der Regel aus den Zeitungsnummern, in denen die Berufung der Versammlung inserirt ist, bestehen werden, würde das Protokoll durch Beiheftung aller dieser Belege einen für den Gebrauch, besonders für Fertigung von Abschriften, sehr lästigen Umfang erhalten; es empfiehlt sich daher, in Anwendung der in Abs. 2 letzter Satz vorgesehenen Bestimmung entsprechend der bisherigen Praxis in der Regel dem Protokolle lediglich das Theilnehmerverzeichniß als Beilage beizuheften, die Belege über die ordnungsmäßige Berufung der Versammlung dagegen unter knapper Angabe ihres Inhaltes im Protokoll selbst anzuführen, wobei zu konstatiren ist, ob die Versammlung vorschriftsmäßig berufen ist; siehe in letzterer Beziehung Anm. 5d.

Gemäß Art. 26 Abs. 3 ist das Protokoll vor dessen Unterzeichnung durch den Notar vorzulesen, ebenso auch die Beilagen, also insbesondere das Theilnehmerverzeichniß, da die Beilagen einen wesentlichen Bestandtheil des Protokolls bilden. Siehe auch Art. 26 Anm. 7.

Anm. 3. Da die Theilnehmer der Versammlung nicht als Betheiligte gelten, brauchen sie dem Notar auch nicht persönlich bekannt zu sein, weshalb es weder im Protokoll selbst noch im Theilnehmerverzeichnisse einer Konstatierung bedarf, ob solche dem Notar bekannt sind oder in welcher Weise er sich Gewißheit über ihre Persönlichkeit verschafft hat.

Anm. 4. Theilnehmer, welche erst nach der ersten Abstimmung in der Versammlung sich einfinden, können noch in das Verzeichniß nachträglich aufgenommen werden und an der weiteren Abstimmung sich betheiligen.

Anm. 5. a) Für die Rechtsverhältnisse der Genossenschaften sind die Vorschriften des Reichsgesetzes, betreffend die Erwerbs- und Wirthschaftsgenossenschaften vom 1. Mai 1889 in der Fassung vom 20. Mai 1898 (R.G.Bl. 1898 S. 810) maßgebend, wonach weder für die Errichtung und Abänderung der Statuten, noch für die Beschlußfassung der Generalversammlung, die Anmeldungen zum Genossenschaftsregister oder die Form der Kundgebungen und Zeichnungen eine öffentliche oder öffentlich beglaubigte Beurkundung gesetzlich geboten ist; auch die Beglaubigung der einzureichenden Statutenabschrift erfolgt durch das Gericht (§ 11 Abs. 4) und die Zeichnung der Vorstandsmitglieder und deren Stellvertreter ist, wenn sie nicht bei Gericht erfolgt, nur in beglaubigter (nicht öffentlich beglaubigter) Form einzureichen (§ 11 Abs. 3, § 28 Abs. 2, § 35), wie auch in allen anderen Fällen, wo beglaubigte Form erforderlich ist, keine öffentliche Beglaubigung vorgeschrieben ist (§ 66 Abs. 2, § 69 Abs. 1, § 84 Abs. 3). In Genossenschaftsangelegenheiten wird daher eine notarielle Thätigkeit nur veranlaßt sein, insoferne etwa das Statut eine solche vorsieht. Die schriftliche Form oder einfache Beglaubigung wird nach B.G.B. § 126 Abs. 3 durch die notarielle Beurkundung oder öffentliche Beglaubigung ersetzt.

b) Bezüglich der Vereine sind an Stelle des durch A.G. z. B.G.B. Art. 175 Ziff. 23 aufgehobenen bayerischen Gesetzes vom 29. April 1869, die privatrechtliche Stellung von Vereinen betr., die Vorschriften des B.G.B. §§ 21—79 maßgebend. Abgesehen von der Bestimmung des B.G.B. § 77, wonach die Anmeldungen zum Vereinsregister von den Mitgliedern des Vorstands sowie von den Liquidatoren mittelst öffentlich beglaubigter Erklärung zu bewirken ist, ist auch hier irgend eine notarielle Mitwirkung vom Gesetze nicht vorgeschrieben. Für die Uebergangszeit vergl. Ueberg.G. Art. 2:

> „Auf die zur Zeit des Inkrafttretens des Bürgerlichen Gesetzbuchs bestehenden nicht rechtsfähigen Vereine finden von diesem Zeitpunkte an die Vorschriften des Bürgerlichen Gesetzbuchs über die Gesellschaft Anwendung.
>
> Aus einem Rechtsgeschäfte, das nach dem Inkrafttreten des Bürgerlichen Gesetzbuchs im Namen des Vereins einem Dritten gegenüber vorgenommen wird, haftet der Handelnde persönlich; handeln Mehrere, so haften sie als Gesammtschuldner.
>
> Erlangt der Verein die Rechtsfähigkeit, so können von der Verkündung dieses Gesetzes an bis zu dem Zeitpunkt, in welchem das Grundbuch als angelegt anzusehen ist, Grundstücke und Rechte an Grundstücken, die zu dem bis-

herigen Vereinsvermögen gehören, durch notariell beurkundeten Beschluß der Mitgliederversammlung auf den rechtsfähigen Verein übertragen werden."

Auf den hier vorgesehenen Beschluß der Mitgliederversammlung, welcher im Uebrigen den Vorschriften über Immobiliarverträge zu entsprechen hat, findet die Bestimmung des gegenwärtigen Art. 32 Anwendung.

c) Für die Gesellschaften mit beschränkter Haftung sieht das Reichsgesetz, betreffend die Gesellschaften mit beschränkter Haftung in der Fassung vom 20. Mai 1898 (R.G.Bl. 1898 Seite 846) für eine Reihe von Fällen notarielle Mitwirkung vor.

Der Gesellschaftsvertrag bedarf der notariellen Form und ist von sämmtlichen Gesellschaftern zu unterzeichnen; die Unterzeichnung durch Bevollmächtigte ist nur auf Grund einer [gerichtlich oder] notariell errichteten oder beglaubigten Vollmacht zulässig; § 2 Abs. 1 und 2. Unter Gesellschaftsvertrag fällt auch jede spätere Abänderung desselben, welche daher gleichfalls notariell beurkundet werden muß, § 53. Auch eine nur redaktionelle Aenderung des Gesellschaftsvertrags kann nur durch Beschluß der Gesellschafter in notarieller Form erfolgen; denn die Bestimmung des H.G.B. § 274 Abs. 1 Satz 2, daß die Vornahme von Aenderungen, die nur die Fassung betreffen, durch Beschluß der Generalversammlung dem Aufsichtsrath übertragen werden kann, ist auf die Gesellschaft mit beschränkter Haftung nicht ausgedehnt. Da das Reichsrecht Unterzeichnung des Gesellschaftsvertrags durch sämmtliche Gesellschafter als Voraussetzung der Rechtswirksamkeit vorschreibt, greift die Bestimmung des gegenwärtigen Artikels, daß die Theilnehmer an der Versammlung nicht als Betheiligte zu erachten sind, für die Gesellschafter nicht Platz. Ferner bedarf es zur Abtretung von Geschäftsantheilen durch Gesellschafter, sowie zur Veräußerung von Theilen eines Geschäftsantheils eines in [gerichtlicher oder] notarieller Form geschlossenen Vertrags, ebenso jede Vereinbarung, durch welche die Verpflichtung eines Gesellschafters zur Abtretung eines Geschäftsantheils begründet wird, § 15 Abs. 3 und 4, § 17.

Für die Anmeldung des Gesellschaftsvertrags und der Aenderungen des Vorstands oder der Vertretungsbefugniß eines Geschäftsführers zum Handelsregister genügt eine beglaubigte (nicht öffentlich beglaubigte) Abschrift des Gesellschaftsvertrags und einfache Abschrift der Bestellungsurkunden, §§ 8 und 39, während die Anmeldung selbst nach H.G.B. § 12 Abs. 1 persönlich oder in öffentlich beglaubigter Form zu geschehen hat. Dagegen bedürfen die Beschlüsse der Generalversammlungen, von dem Falle der Abänderung des Gesellschaftsvertrags abgerechnet, überhaupt keiner Form, nicht einmal der schriftlichen Abfassung, also noch weniger der notariellen Beurkundung, § 48. Bei einer Erhöhung des Stammkapitals endlich bedarf es zur Uebernahme jeder auf das erhöhte Kapital zu leistenden Stammeinlage einer [gerichtlich oder] notariell aufgenommenen oder beglaubigten Erklärung des Uebernehmers, § 55 Abs. 1, § 56.

d) Der Vollständigkeit wegen seien hier auch die hauptsächlichsten Fälle erwähnt, für welche das Handelsgesetzbuch bei den Aktiengesellschaften und Kommanditgesellschaften auf Aktien eine notarielle Mitwirkung oder Thätigkeit vorsieht.

Vor Allem muß der Inhalt des Gesellschaftsvertrags, d. i. das Statut, in [gerichtlicher oder] notarieller Verhandlung festgestellt werden; H.G.B. § 182 Abs. 1, § 321 Abs. 1; Näheres über Inhalt des Gesellschaftsvertrags siehe H.G.B. §§ 182 bis 187, 322. Bei Simultangründung d. i. wenn die Gründer selbst alle Aktien übernehmen, kann diese Uebernahme, soweit sie nicht schon bei der Feststellung des Statuts erfolgt, in einer besonderen [gerichtlichen oder] notariellen Verhandlung unter Angabe der Beträge, welche die einzelnen Gründer noch übernehmen, bewirkt werden, H.G.B. § 188. Da es in diesen Fällen der Simultangründung einer besonderen konstituirenden Generalversammlung nicht bedarf, ist entweder gleichzeitig mit der Errichtung der Gesellschaft oder in einer besonderen [gerichtlichen oder] notariellen Verhandlung der erste Aufsichtsrath und, sofern nicht nach dem Gesellschaftsvertrage die Bestellung in anderer Weise als durch Wahl der Generalversammlung zu geschehen hat, auch der erste Vorstand zu bestellen, H.G.B. § 190.

Ferner bedarf jeder Beschluß der Generalversammlung, mag er die Errichtung oder Abänderung des Gesellschaftsvertrags oder einen sonstigen materiellen oder formellen Gegenstand (z. B. Erhöhung des Aktienkapitals, Genehmigung der Jahresbilanz, Entlastung der Gesellschaftsorgane, Gewinnvertheilung, Wahl von Aufsichtsrathsmitgliedern oder des Vorstands, sofern letzterer überhaupt von der Generalversammlung zu wählen ist, u. A.) betreffen, zu seiner Giltigkeit der Beurkundung durch ein über die Verhandlung [gerichtlich oder] notariell aufgenommenes Protokoll, welches neben den allgemeinen Voraussetzungen die Art und das Ergebniß der Beschlußfassungen anzugeben hat (H.G.B. § 259 Abs. 1 und 2, § 320 Abs. 3). Während bisher nur das Endresultat d. i. das Ergebniß der Beschlußfassungen in das Protokoll aufzunehmen war, ist künftig außerdem auch die Art des Zustandekommens der Beschlüsse d. i. die Verhandlungen selbst, insbesondere also der Inhalt der einzelnen Anträge und Gegenanträge, die Bezeichnung der Antragsteller und das Stimmenverhältniß der Beschlußfassung in das Protokoll aufzunehmen, nicht aber der Verlauf der Debatten, die einzelnen Fragen und Antworten; jeder Widerspruch, den ein Aktionär gegen einen Beschluß zum Protokoll erklärt (H.G.B. § 271 Abs. 3) und jede erhobene Einwendung ist in das Protokoll aufzunehmen. Dem Protokoll, welches nur vom Notar, nicht auch vom Vorsitzenden der Generalversammlung zu unterschreiben ist, insoferne nicht etwa die Statuten eine Unterzeichnung durch den Vorsitzenden oder mehrere Aktionäre vorschreiben, ist das vom Vorsitzenden (nicht auch vom Notar) zu unterzeichnende Theilnehmerverzeichniß beizufügen, bezüglich dessen § 258 H.G.B. das Gleiche vorschreibt, wie gegenwärtiger Artikel für die Versammlungen einer Genossenschaft u. s. f. Siehe hierüber sowie über die Beifügung der Belege über die ordnungsmäßige Berufung oder Konstatierung des Inhalts dieser Belege oben Anm. 2. Entsprechend der Vorschrift, daß die Belege über die ordnungsmäßige Berufung dem Protokolle beizufügen oder im Protokolle unter Angabe ihres Inhaltes aufzuführen sind, hat das Protokoll die Bestätigung des Notars zu enthalten, daß die Generalversammlung vorschriftsmäßig berufen worden ist. Würde solches nicht der Fall, z. B. die Generalversammlung nicht oder nicht rechtzeitig in den Gesellschaftsblättern ausgeschrieben sein, wäre der Notar gemäß Art. 28 Abs. 2 des gegenwärtigen Gesetzes verpflichtet, die Generalversammlung auf die Illegalität der Berufung aufmerksam zu machen und daß solches geschehen, im Protokoll festzustellen. Von dem Generalversammlungsprotokoll ist eine öffentlich d. i. notariell beglaubigte Abschrift unverzüglich nach der Generalversammlung von dem Vorstande zum Handelsgerichte einzureichen, H.G.B. § 259 Abs. 4. Ist in Anwendung der in H.G.B. § 274 Abs. 1 Satz 2 vorgesehenen Bestimmung die Vornahme von nur redaktionellen Aenderungen des Gesellschaftsvertrags durch Beschluß der Generalversammlung dem Aufsichtsrath übertragen, bedarf nur dieser Beschluß der Generalversammlung, nicht auch der die Aenderung enthaltende Beschluß des Aufsichtsrathes der notariellen Beurkundung.

Die Bestellung und jede Aenderung des Vorstandes oder der Vertretungsbefugniß eines Vorstandsmitgliedes oder Prokuristen, ist unter Beifügung einer öffentlich beglaubigten Abschrift der Urkunden durch den Vorstand zur Eintragung in das Handelsregister anzumelden, H.G.B. § 234, während die Anmeldung des Aufsichtsrathes, welcher durch die Generalversammlung zu wählen ist, durch Vorlage des Generalversammlungsprotokolls erfolgt, H.G.B. § 243.

Endlich sind alle Anmeldungen zur Eintragung in das Handelsregister sowie die zur Aufbewahrung bei dem Gerichte bestimmten Zeichnungen von Unterschriften, sofern sie nicht persönlich bei dem Gerichte bewirkt werden, in öffentlich d. i. also notariell beglaubigter Form einzureichen, desgleichen alle Vollmachten; den Anmeldungen sind von den Gesellschaftsverträgen, Generalversammlungs- und Wahlprotokollen öffentlich beglaubigte Abschriften beizufügen, H.G.B. §§ 12, 195 Abs. 2 Ziff. 1 und 5, § 201 Abs. 2, § 325, während die Urschriften nach Art. 37 des gegenwärtigen Gesetzes in der Urkundensammlung des Notariats verbleiben. Werden die Anmeldungen zum Handelsregister, statt in öffentlich beglaubigter Form, zu notarieller Urkunde erklärt, ist die Urschrift dem Handelsgerichte einzureichen, weil dieses die Zeichnung der Unterschriften im Original aufzubewahren hat.

e) Die vorstehend lit. d letzter Absatz angeführten Bestimmungen des H.G.B. über Anmeldung zum Handelsregister und Zeichnung der Unterschriften gelten allgemein für alle Handelssachen, so daß also jede Anmeldung z. B. einer Firma oder deren Erlöschung, einer Prokuraertheilung u. s. f., insoferne sie nicht persönlich bei dem Gerichte bewirkt wird, in öffentlich beglaubigter Form oder an deren Stelle in notarieller Urkunde einzureichen ist.

Artikel 33.

Bei der Beglaubigung von Abschriften, der Beurkundung von Zustellungen, Lebensbescheinigungen und ähnlichen einfachen Zeugnissen bedarf es der Aufnahme eines Protokolls nicht.

Bayern Art. 83; Entwurf Art. 34; Motive 436; Prot. Abg. 671; Prot. R.R. XIX. 16; Becher, Materialien 51. 182 334.

Anm. 1. Von der Regel des Art. 26 Abs. 1, daß die notariellen Urkunden, soweit nicht ein Anderes bestimmt ist, in der Form von Protokollen aufgenommen werden sollen, bestimmt gegenwärtiger Artikel die Ausnahmefälle, für welche es der Aufnahme eines Protokolls nicht bedarf. In Folge dessen finden auch die für das Protokoll bestimmten Vorschriften des Art. 26 Abs. 2, 3 bei Beglaubigung von Abschriften, Beurkundung von Zustellungen, Lebensbescheinigungen und ähnlichen einfachen Zeugnissen keine Anwendung, sondern lediglich die allgemeine Vorschrift des Art. 25, wonach die Abschrift, Zustellungsurkunde oder Zeugnis den Tag und Ort der Errichtung (Datum) und die Unterschrift des Notars unter Beisetzung seiner Amtseigenschaft enthalten muß, in deutscher Sprache errichtet und mit dem Amtssiegel des Notariats versehen sein soll.

Anm. 2. Die Beglaubigung einer Unterschrift oder eines Handzeichens fällt nicht unter die hier vorgesehenen Ausnahmefälle, sondern ist in Art. 35 besonders behandelt. Ueber Beglaubigung von Abschriften siehe das Nähere Art. 34, wegen Beurkundung von Zustellungen vergl. Art. 3 Anm. 4.

Bei Lebenszeugnissen, d. i. Bestätigung, daß eine bestimmte Person an einem bestimmten Tage, unter Umständen auch zu einer bestimmten Stunde, am Leben ist, welche Bestätigung zur Erhebung von Lebens-, Aussteuer- und ähnlichen Versicherungen, von Renten u. dergl. häufig nothwendig ist, muß selbstverständlich die betreffende Person, deren Leben bestätigt werden soll, an dem Tage oder zu der Stunde der Bestätigung dem Notar persönlich sich vorstellen; eine Erwähnung, daß der Notar die Persönlichkeit kennt oder in welcher Weise er sich Gewißheit über deren Identität verschafft hat, ist nicht erforderlich, letzteren Falls aber empfehlenswerth, da der Notar, wenn er ohne solche Erwähnung das Lebensattest ausstellt, für dessen Richtigkeit haftbar ist.

Andere Zeugnisse sind z. B. Hinterlegungsscheine über ein Testament oder Erbvertrag (B.G.B. § 2246 Abs. 2, § 2277 Abs. 2, Geb.Ges. Art. 163 (126), Zeugnisse über das Vorhandensein oder Nichtvorhandensein oder den Inhalt einer

Urkunde oder über einen sonstigen Gegenstand der amtlichen Wirksamkeit, Bestätigung über Aktienbesitz, Erbschaftszeugnisse des Verlassenschaftskommissärs nach bisherigem Rechte; dagegen kann ein Erbschein (B.G.B. §§ 2353 ff.) nur vom Nachlaßgericht, nicht vom Notar, auch wenn ihm die Vermittlung der Auseinandersetzung übertragen oder er Testamentsvollstrecker ist, ertheilt werden. Vergl. M.Bktm. vom 31. Dezember 1899, das Nachlaßwesen betr., § 38 ff.

Anm. 3. Wegen Feststellung des Datums von Privaturkunden siehe G.O. §§ 271 und 50 mit Art. 33 A.G. z. C.P.O. und K.O. in der Fassung der Bekanntmachung vom 26. Juni 1899 und A.V. vom 8. September 1879 G.V.Bl. S. 1161, J.M.Bl. 633. Hienach hat der Notar das zum Eintrage von Privaturkunden zum Zwecke der Feststellung des Datums bisher vorgeschriebene Buch auch weiters zu führen. Dieses Buch, dessen Umfang so anzulegen ist, daß es mehrere Jahre lang seinem Zweck dient, ist mit festem Einbande und vor dem Gebrauche von dem Präsidenten des Landgerichts mit Seitenzahl und Handzug zu versehen. Die Einträge in das Buch haben sofort bei der Vorlegung der Urkunde durch den Notar zu erfolgen; das Datum der Vorlegung der Urkunde ist stets mit Worten zu schreiben. Am Schlusse jedes einzelnen Eintrags hat der Notar mit seinem Namen und mit Bezeichnung seiner Amtseigenschaft zu unterschreiben und das Siegel beizudrücken; unterhalb dieser Fertigung ist jeder Eintrag mit einem Querstrich abzuschließen. Spätere Beisätze oder Abänderungen sind unzulässig.

Die vorgelegte Privaturkunde ist vom Notar sofort ihrem wesentlichen Inhalte nach in das Buch einzutragen und sind hiebei alle Auffälligkeiten, welche die Urkunde darbietet, kurz vorzumerken, insbesondere Ausstreichungen, Radirungen, Ueberschreibungen, Korrekturen, Nachträge und Randbemerkungen, welche nicht durch die sämmtlichen auf der Urkunde befindlichen Unterschriften besonders genehmigt sind. Ueber die Vorlage ist eine den Tag derselben bezeichnende Bescheinigung nach vollzogenem Eintrag in das Buch auf der Urkunde auszustellen, wobei vorgemerkte Auffälligkeiten auch in der Bescheinigung zu erwähnen sind. Diese Bescheinigung auf der Urkunde ist in folgender Form zu vollziehen:

Gegenwärtige Urkunde wurde am .... (Datum der Vorlage) .... mir dem k. Notar N. N. in X. zur Feststellung des Datums vorgelegt und an diesem Tage nach der Vorschrift des Art. 33 Ausf.Ges. z. R.C.P.O. und K.O. unter Nr. ... in das hiefür bestimmte Buch eingetragen.

Hiebei wurden folgende Auffallenheiten der Urkunde vorschriftsmäßig festgestellt:

1. ....

Zur Bescheinigung

...... den ..... 19 ...

N. N.
k. Notar.

Das Datum der Vorlage der Urkunde ist auch in dieser Bescheinigung stets mit Worten zu schreiben.

Nach § 28 Nr. 2 G.O. sind die Bescheinigungen über die Feststellung des Datums von Privaturkunden nicht in das Geschäftsregister einzutragen, also nur in die Notariats- und Staats-Gebührenregister.

Artikel 34.

Die Beglaubigung einer Abschrift geschieht dadurch, daß unter die Abschrift ein Vermerk gesetzt wird, der die Uebereinstimmung mit dem vorgelegten oder vorliegenden Schriftstücke (der Hauptschrift) bezeugt. Aus der beglaubigten Abschrift soll ersichtltch sein, ob die Hauptschrift eine Ausfertigung, eine beglaubigte Abschrift oder eine einfache Abschrift ist. Durchstreichungen, Aenderungen, Einschaltungen, Ausschabungen oder andere Mängel der Hauptschrift sollen in dem Beglaubigungsvermerk angegeben werden.

Soll ein Auszug aus einem Schriftstücke beglaubigt werden, so sind in den Auszug außer denjenigen Theilen des Schriftsstücks und seiner Anlagen, welche die Beobachtung der vorgeschriebenen Förmlichkeiten nachweisen, diejenigen Theile aufzunehmen, welche auf den Gegenstand des Auszugs Bezug haben. In dem Beglaubigungsvermerke soll der Gegenstand des Auszugs angegeben und bezeugt werden, daß das Schriftstück und seine Anlagen über diesen Gegenstand weiter nichts enthalten.

Bayern Art. 83; Entwurf Art. 35; Motive 436; Prot. Abg. 671; Becher, Materialien 51. 182.

Anm. 1. Die Vorschriften über Beglaubigung von Abschriften entsprechen vollständig dem bisherigen Rechte (vergl. Instrukt. § 95—100) und beziehen sich sowohl auf die Beglaubigung von Abschriften öffentlicher wie privater Urkunden. Bei Beglaubigung von Abschriften öffentlicher Urkunden, sei es, daß solche von dem Notare selbst, einem anderen Notare, einem deutschen Gerichte oder einer deutschen Behörde errichtet sind, kann die Uebereinstimmung, wenn die Urkunde in Urschrift vorliegt, mit der vorgelegten Urschrift bestätigt werden; vergl. Instrukt. § 98 Abs. 2. Ist aber die vorgelegte Hauptschrift, von welcher eine Abschrift beglaubigt werden soll, selbst nur eine Ausfertigung, beglaubigte oder einfache Abschrift, muß solches im Beglaubigungsvermerk selbstverständlich konstatirt werden, damit nicht ein Akt in der beglaubigten Abschrift mehr Ansehen bekommt als er in der Hauptschrift hat.

Bei Beglaubigung von Abschriften privater Urkunden, sei es, daß sie beim Notar hinterlegt sind (z. B. Aktenbestandtheile) oder daß sie ihm nur zum Zwecke der Abschriftsbeglaubigung vorgelegt und dann von dem Vorlegenden wieder zurückgenommen werden (z. B. Zeugnisse, Privatverträge, Buchsauszüge), steht dem Notare kein Urtheil darüber zu, ob das ihm als Urschrift bezeichnete Schriftstück, von welchem er eine Abschrift beglaubigen soll, wirklich die Urschrift ist, weshalb er nur die Uebereinstimmung der Abschrift mit dem ihm vorgelegten oder vorliegenden Schriftstücke (der Hauptschrift) bestätigen kann und sich der Bezeichnung der vorliegenden Hauptschrift als Urschrift zu enthalten hat. (Vergl. Instrukt. § 98 Abs. 1 und G.O. § 221). Auch hier ist im Beglaubigungsvermerk zu konstatiren, ob die vorgelegte Hauptschrift kurzweg als solche oder als Abschrift sich darstellt oder bezeichnet ist; läßt sich dies aus der vorgelegten Hauptschrift nicht erkennen, was regelmäßig der Fall sein wird, wenn ein Privatvertrag zur Fertigung einer beglaubigten Abschrift vorgelegt wird, so ist im Beglaubigungsvermerk zu erwähnen, als was die Hauptschrift von dem Vorlegenden bezeichnet worden ist; eine in der Hauptschrift selbst enthaltene Ueberschrift (z. B. „Miethvertrag", „Bürgschaftsvertrag") ist als Bestandtheil des Schriftstückes in die Abschrift mit aufzunehmen, weshalb es einer ausdrücklichen Erwähnung dieser Bezeichnung im Beglaubigungsvermerk nicht bedarf.

Als Ueberschrift aller beglaubigten Abschriften sowohl öffentlicher wie privater Urkunden und Schriftstücke sind die Worte „Beglaubigte Abschrift" oder „Beglaubigte Abschrift einer Notariatsurkunde, eines privaten Schriftstückes" zu setzen, worauf unmittelbar anschließend die wörtliche Abschrift des Schriftstückes und im Anschluß an die letzte Zeile desselben der amtliche Beglaubigungsvermerk mit Datum, Siegel und Unterschrift des Notares und Bezeichnung seiner Amtseigenschaft folgt. Das Datum der Beglaubigung ist wie bei allen notariellen Urkunden, wenn auch nicht die Protokollsform für sie erforderlich ist, mit Worten zu schreiben; Lücken sowohl im Schriftstücke wie in dem Beglaubigsvermerke sind mit Strichen auszufüllen. Vergl. G.O. §§ 143, 216—222.

Anm. 2. Die auch bisher schon (Instrukt. § 97) bestehende Vorschrift, daß Durchstreichungen, Aenderungen, Einschaltungen, Ausschabungen und ähnliche Mängel der Hauptschrift im Beglaubigungsvermerke angegeben werden sollen, bezweckt zu verhüten, daß eine Urkunde, die wegen solcher Mängel unglaubwürdig wäre, durch Vermittelung der beglaubigten Abschrift Glaubwürdigkeit genießt. Vergl. hiezu Motive 437:

„Auf Aenderungen die der ganzen Sachlage nach unbedeutend und der Glaubwürdigkeit offenbar unschädlich sind, z. B. die Durchstreichung eines aus Versehen doppelt geschriebenen Wortes, eines offenbar am unrichtigen Orte befindlichen Interpunktionszeichens u. dergl., bezieht sich natürlich die Vorschrift nicht. Das Gleiche gilt für Aenderungen von Schreibversehen, die in notariellen Urkunden in gesetzlicher Form vorgenommen sind. Der Satz 3 des Abs. 1 des Art. 35 (nun Art. 34) soll nicht die Bedeutung haben, daß die Abschrift eine wortgetreue Abschrift im Sinne der copie figurée des französischen Rechtes sein soll. Nach besonderer Bestimmung oder dem Verlangen der Betheiligten kann übrigens auch eine solche besonders geartete Abschrift zu erteilen sein."

Während also in Abschriften von Privaturkunden darin enthaltene Aenderungen, Einschaltungen und ähnliche Mängel oder besondere Merkmale ausdrücklich aufzunehmen und im Beglaubigungsvermerk zu konstatiren sind, soweit nicht ganz unbedeutende und nebensächliche Korrekturen in Frage kommen, ist dies bei beglaubigten Abschriften von notariellen Urkunden, in welchen Rasuren und Lücken überhaupt nicht vorkommen können und Berichtigungen und Einschaltungen nur in vorgeschriebener Form vorgenommen sein sollen, nicht erforderlich, sondern kann in die Abschrift der berichtigte Wortlaut unter Weglassung der in der Urschrift enthaltenen Berichtigung aufgenommen werden. Wenn z. B. in der Urschrift einer Notariatsurkunde ein Wort ausgelassen und die Einschaltung desselben am Schlusse der Urkunde vorschriftsmäßig erfolgt ist, braucht in der beglaubigten Abschrift nicht gleichfalls an der treffenden Stelle das Wort ausgelassen und der auf die Einschaltung sich beziehende Satz am Schlusse der Urkundenabschrift aufgenommen zu werden, sondern kann das in der Urschrift ausgelassene Wort an der betreffenden Stelle der Abschrift gleich in den Text der letzteren aufgenommen werden; ebenso bei vorschriftsmäßig behandelten Streichungen und sonstigen Berichtigungen.

Sollte freilich in der Urschrift ein eingeschlichener Fehler der bezeichneten Art nicht berichtigt sein, könnte und dürfte natürlich auch in der Abschrift die Berichtigung nicht erfolgen, insoferne es sich nicht wieder um nur ganz nebensächliche Schreibverstöße handelt; ein in der Urschrift ersichtlich nur versehentlich doppelt geschriebenes Wort darf, wenn dessen Streichung darin auch nicht vorgenommen ist, unbedenklich in der Abschrift einmal weggelassen werden. Will der Notar recht vorsichtig sein, so kann er im Beglaubigungsvermerk konstatieren, daß in der Urschrift auf Seite . . . Zeile . . . das in gegenwärtiger Abschrift Seite . . . Zeile . . . enthaltene Wort X ersichtlich als Schreibverstoß doppelt geschrieben ist. Vergl. G.O. § 216.

Anm. 3. Auszüge aus einem Schriftstücke (öffentlicher Urkunde oder Privatschriftstück) sind vielfach zu ertheilen, so z. B. bei Versteigerungsprotokollen, Kaufverträgen über mehrere Grundstücke (Zertrümmerungen), Erbtheilungen, Auszüge von Testamenten für die darin bedachten Personen. Auch hier sollen wie bisher (Instrukt. § 59) zur Verhütung von Täuschungen alle den Gegenstand des Auszuges betreffenden Theile der Hauptschrift in den Auszug aufgenommen werden und die Vollständigkeit des Auszuges im Beglaubigungsvermerk bestätigt werden. Würde z. B. in einem Erbtheilungsvertrag für einen Betheiligten eine Hypothek bestellt und späterhin an einer anderen Stelle des Vertrages eine auflösende Bedingung beigefügt sein, so ist klar, daß der Auszug auch diese mitenthalten müßte. Soll nur ein Auszug aus einzelnen Theilen eines Schriftstückes beglaubigt werden, so sind zwar die in anderen Theilen enthaltenen, auf den Gegenstand des Auszuges bezüglichen Bestimmungen in den Auszug nicht mitaufzunehmen, der Vermerk muß aber deutlich ersehen lassen, daß die Vollständigkeitsbestätigung sich nur auf jenen Theil des Schriftstückes bezieht (Motive 437).

Nach G.O. § 220 soll bei Auszügen, welche von dem Notare beglaubigt worden, durch Striche angedeutet sein, wo Stellen der Urkunde, aus welcher der Auszug entnommen ist, weggeblieben sind.

Neben denjenigen Theilen des Schriftstückes und seiner Anlagen, welche die Beobachtung der vorgeschriebenen Förmlichkeiten nachweisen, also bei Notariatsurkunden Eingang derselben mit Datum und Ort der Errichtung, Bezeichnung des Notares und der betheiligten Personen, dann Schluß mit Konstatirung der geschehenen Vorlesung und Durchlesung, Unterschriften der Betheiligten und des Notares nebst Amtseigenschaft und Siegel des letzteren, sind in den beglaubigten Auszug auch die auf die Vollständigkeit und Rechtsgiltigkeit sowie den Vollzug sich beziehenden, auf der Urschrift befindlichen gerichtlichen Verfügungen wie kuratelamtliche Genehmigung, hypothekenamtliche Vollzugsbestätigung aufzunehmen; ebenso bei Auszügen aus Privatschriftstücken Eingang, besonders Ueberschrift und Schluß, Datum und Unterschriften. Bezüglich Beglaubigung von Buchsauszügen vergl. G.O. § 222.

Anm. 4. Bezüglich Beweiskraft der beglaubigten Abschriften von öffentlichen Urkunden siehe C.P.O. § 435.

Ueber Ertheilung von Ausfertigungen und Auszügen, Form und Inhalt derselben, sowie vollstreckbarer Ausfertigungen vergl. Art. 39—45.

Anm. 5. Auf amtliche Bestätigungen des Inhaltes eines Schriftstückes bezieht sich die Vorschrift des Abs. 2 nicht; solche Bestätigungen oder Bescheinigungen werden insbesondere über den Inhalt von Notariatsakten nicht selten zu ertheilen sein; vergl. Art. 33 Anm. 2. Auch die Verbindung von solchen Bestätigungen mit Abschriften oder Ausfertigungen kann vorkommen und ist die Form vom Notare so zu wählen, daß die Möglichkeit der Verwechselung einer solchen Bescheinigung mit der Abschriftbeglaubigung ausgeschlossen ist (Motive 437).

Artikel 35.

Vor der Beglaubigung einer Unterschrift oder eines Handzeichens soll der Notar von dem Inhalte des Schriftstücks Kenntniß nehmen. Auf das Verfahren bei der Beglaubigung finden außer den Vorschriften des § 183 des Gesetzes über die Angelegenheiten der freiwilligen Gerichtsbarkeit die Vorschriften in den Artikeln 28, 30 dieses Gesetzes und im § 176 Abs. 3 des Gesetzes über die Angelegenheiten der freiwilligen Gerichtsbarkeit*) entsprechende Anwendung: der Notar braucht jedoch, wenn er denjenigen, dessen Unterschrift oder Handzeichen beglaubigt werden soll kennt, dies im Beglaubigungsvermerke nicht ausdrücklich zu erwähnen.

Entwurf Art. 36; Motive 437; Prot. Abg. 671. 747; Prot. R.R. XIX 16—19. Verh. Abg. 891; Becher, Materialien 52. 183. 334. 371. 412.

Anm. 1. Die Bestimmungen über Beglaubigung einer Unterschrift oder eines Handzeichens sind gegenüber dem bisherigen Rechte wesentlich und grundsätzlich verschieden und zwar in formaler wie materieller Beziehung.

A. In formaler Beziehung.

Während bisher nach Instr. § 92 bei Beglaubigung einer Unterschrift alle für die Notariatsurkunden überhaupt, namentlich in Art. 62, 63, 66 und 67 des rechtsrh.

---

*) Siehe Art. 25 Anm. 2.

Not.Ges. vorgeschriebenen Förmlichkeiten zu beobachten sind, also eine Notariatsurkunde mit allen formalen Vorschriften einer solchen zu errichten ist und ein einfacher Beglaubigungsvermerk (z. B.: zur Beglaubigung vorstehender Unterschrift, Datum und Fertigung) als ungenügend erklärt ist, bedarf es künftig zur notariellen Beglaubigung einer Unterschrift oder eines Handzeichens nicht der Aufnahme eines notariellen Protokolles, sondern geschieht solche durch einen unter die Unterschrift zu setzenden Vermerk; hiefür gelten zunächst die Bestimmungen in Ges. freiw. Ger. § 183, welcher lautet:

„Die gerichtliche oder notarielle Beglaubigung einer Unterschrift darf nur erfolgen, wenn die Unterschrift in Gegenwart des Richters oder des Notars vollzogen oder anerkannt wird.

Die Beglaubigung geschieht durch einen unter die Unterschrift zu setzenden Vermerk. Der Vermerk muß die Bezeichnung desjenigen, welcher die Unterschrift vollzogen oder anerkannt hat, enthalten und den Ort und Tag der Ausstellung angeben, sowie mit Unterschrift und Siegel oder Stempel versehen sein.

Diese Vorschriften finden auf die gerichtliche oder notarielle Beglaubigung eines Handzeichens entsprechende Anwendung."

Vergl. auch G.O. § 205, wonach schriftliche Anerkennung, Anerkennung durch einen Vertreter oder Anerkennung gegenüber einem Vertreter des Notares selbst dann nicht genügt, wenn der Notar daraus die Ueberzeugung von der Echtheit der Unterschrift gewonnen haben sollte.

Hienach muß die Unterschrift entweder in Gegenwart des Notares beigesetzt werden oder es muß der Unterschreibende vor dem Notar erklären, daß die auf dem Schriftstück befindliche Unterschrift von ihm herrühre, er solche als seine Unterschrift anerkenne; ob letztere Unterschriftsanerkennung richtig oder unrichtig ist, beeinflußt nicht die formelle Wirksamkeit der Beglaubigung, vorbehaltlich des zulässigen Nachweises der Fälschung (Schneider § 183 Anm. 3). Es ist auch nicht erforderlich, in dem Beglaubigungsvermerk zu beurkunden, daß die Unterschrift vor dem Notare vollzogen oder anerkannt ist, aber zulässig und nach G.O. § 211 im Falle der Anerkennung rathsam. Es genügt als Beglaubigungsvermerk die Beurkundung: „Die Echtheit vorstehender Unterschrift oder des Handzeichens des N. N. in M. wird hiemit beglaubigt", oder: „Vorstehende Unterschrift des N. N. in M. wird hiemit auf Grund erfolgter Anerkennung beglaubigt".

Vergl. G.O. §§ 211—214.

Außer dieser reichsgesetzlichen Bestimmung über Form und Inhalt des Beglaubigungsvermerks hat der Notar in entsprechender Anwendung der in Ges. freiw. Ger. § 176 Abs. 3*) gegebenen Vorschrift über Feststellung der Identität anzuführen, in welcher Weise er sich Gewißheit über die Persönlichkeit desjenigen, dessen Unterschrift er beglaubigt, verschafft hat, insoferne er solchen nicht kennt; kennt der Notar jedoch denjenigen, dessen Unterschrift oder Handzeichen beglaubigt werden soll, so braucht er dies entgegen der für die notariellen Protokolle in Ges. freiw. Ger. § 176 Abs. 3 gegebenen Vorschrift im Beglaubigungsvermerk nicht ausdrücklich zu erwähnen; „denn in der Beglaubigung der Echtheit der Unterschrift einer Person liegt, wenn sie ohne Beisatz erfolgt, zweifellos zugleich die Behauptung, daß der Beglaubigende den Unterzeichnenden kennt. Kennt der Notar den Unterzeichneten nicht, so wird er im Vermerk anzugeben haben, auf welche Weise sich der Unterzeichner bei ihm legitimirt hat" (Motive 437). Siehe hierüber G.O. § 206.

Nach letzterer Vorschrift wird der Notar, wenn er sich von der Identität des Betheiligten nicht überzeugen kann, in der Regel veranlaßt sein, die Beglaubigung als nutzlos abzulehnen; nimmt er die Beglaubigung aus besonderen Gründen (weil z. B. der Betheiligte trotz Belehrung darauf besteht) doch vor, so muß aus dem Ver-

*) Siehe Art. 31 Anm. 1.

merke ersichtlich sein, was zur Feststellung der Persönlichkeit beigebracht ist und daß der Notar sich von der Identität des Betheiligten nicht hat überzeugen können.

Weitere formelle Vorschriften über das Verfahren, insbesondere die in Ges. freiw. Ger. §§ 169—182*) gegebenVorschriften, finden bei Beglaubigung nicht Anwendung und bedarf es also bei tauben, blinden oder stummen Personen keiner Zeugen, bei einer der deutschen Sprache nicht mächtigen Person keines Dolmetschers; dagegen gelten auch hier die allgemeinen Vorschriften der Art. 15 und 16 über Behinderung und Ausschluß des Notares. Siehe G.O. § 207.

B. In materieller Beziehung.

1. Vollständig neu gegenüber dem bisherigen Rechte und von einschneidendster Bedeutung ist die Vorschrift, daß der Notar vor der Beglaubigung einer Unterschrift oder eines Handzeichens von dem Inhalte des Schriftstückes Kenntniß nehmen soll. Während bisher dem Notar eine solche Verpflichtung nicht bloß nicht obliegt (Instr. § 94), sondern derselbe gar nicht berechtigt ist, ohne Zustimmung des das Schriftstück Vorlegenden von dessen Inhalt Einsicht zu nehmen, der Notar vielmehr ohne Rücksicht darauf, ob der Inhalt des Schriftstückes dem Willen der Betheiligten, den Gesetzen oder guten Sitten entspricht oder nicht, lediglich als Urkundsbeamte die Echtheit der vor ihm vollzogenen oder anerkannten Unterschrift bestätigt, ist zur Verhütung eines derartigen mit der künftigen Stellung des Notariates als einer Staatsbehörde unvereinbaren Mißbrauches die Berechtigung und Verpflichtung des Notars künftig wesentlich erweitert. Die Verpflichtung zur vorherigen Kenntnißnahme des Inhaltes ist daher rechtspolizeilicher Natur und bezweckt, einerseits die Gesetzesunkenntniß der Betheiligten vor Nachtheilen zu bewahren, anderseits zu verhüten, die für notarielle Urkunden gegebenen Schutzvorschriften durch Vertauschung der Aufnahme einer öffentlichen Urkunde mit der Beglaubigung eines privaten Schriftstückes zu umgehen. Vergl. Motive S. 437:

> „Des Weiteren sollen die Vorschriften des Reichsrechts dahin ergänzt werden, daß der Notar von dem Schriftstücke, das ihm zur Unterschriftsbeglaubigung vorgelegt wird, Kenntnis nehmen soll. Von einem natürlichen Rechte des Unterzeichners, diese Kenntniß dem Notar vorzuenthalten, kann nicht gesprochen werden. Ein solches Recht müßte auch schon der Gebührenbewerthung halber da und dort durchbrochen werden. Andererseits besteht, wenn der Notar sich der Einsichtnahme entschlagen kann, die Gefahr, daß Geschäfte, die gegen Strafgesetze verstoßen oder offenbar nichtig sind, zum großen Nachtheile der Betheiligten statt abgelehnt, vom Wege der Beurkundung auf den Weg der Beglaubigung hinübergeleitet werden. Es wird angezeigt sein, durch die vom Entwurfe vorgeschlagene gesetzgeberische Maßnahme der Möglichkeit eines solchen Versteckenspielens mit bedenklichen Geschäften vorzubeugen. Nur so wird verbürgt, daß der Notar auch bei der Unterschriftsbeglaubigung die in den Artikeln 16 und 17 des Entwurfs (Art. 15 und 16 des Gesetzes) gegebenen Vorschriften einhält."

Besonders auch mit Rücksicht darauf, daß nach den Bestimmungen des B.G.B. und der Gr.B.O. öffentlich beglaubigte Erklärungen rechtsgeschäftlichen Inhalts weit häufiger erforderlich und zugelassen sind wie bisher, vor Allem diese erleichterte Form der öffentlichen Beglaubigung bei den meisten einseitigen Erklärungen in Grundbuchssachen genügt, während nach bisherigem Rechte in der Regel eine öffentliche Urkunde hiezu erforderlich ist, soll der Notar durch die Verpflichtung, vom Inhalte des vorgelegten Schriftstückes Kenntniß zu nehmen, in die Lage versetzt werden, diesen Inhalt auf seine Richtigkeit und Uebereinstimmung mit den gesetzlichen Erfordernissen zu prüfen, die Betheiligten hierüber entsprechend zu belehren und vor Benachtheiligungen und Irrthümern zu schützen.

Es enthält daher diese Bestimmung eine im Interesse des Publikums zwar sehr wohlthätige, wenn auch nicht immer nothwendige Bevormundung und Beschränkung

*) Siehe Art. 15 Anm. 2, Art. 25 und Art. 31, Anm. 1.

der persönlichen Freiheit der Betheiligten, für den Notar aber eine über seine eigentliche Funktion, die Echtheit der Unterschrift zu bestätigen, weit hinausgehende Aufgabe und Verpflichtung, ohne daß deshalb die Beglaubigung der Unterschrift oder des Handzeichens irgend einen Einfluß auf die Giltigkeit des Inhaltes der Urkunde ausübt; es erhält das Schriftstück durch die Beglaubigung nicht etwa die Eigenschaft einer öffentlichen Urkunde, sondern bleibt trotz derselben immer nur eine Privaturkunde. Vergl. G.O. § 208.

2. Als Folge dieser allgemeinen Verpflichtung des Notars, vor der Beglaubigung der Unterschrift oder des Handzeichens von dem Inhalte des Schriftstückes Kenntnis zu nehmen, ergiebt sich für den Notar die weitere Verpflichtung, sich zu vergewissern, ob der Betheiligte, dessen Unterschrift oder Handzeichen er beglaubigen soll, die zu dem Inhalte des Schriftstückes erforderliche Geschäftsfähigkeit besitzt (Art. 28 Abs. 1). Handelt es sich also z. B. um eine Erklärung einer Ehefrau über ein Zahlungsversprechen, eine Bürgschaft oder sonstige Verpflichtung, so hat der Notar zu prüfen, ob die Ehefrau allein hiezu berechtigt ist oder der Einwilligung des Ehemannes bedarf, und letzteren Falles, wenn solche nicht vorliegt, deren Beibringung zu veranlassen oder die Beglaubigung abzulehnen.

Bei Zweifeln über das Vorhandensein der erforderlichen Geschäftsfähigkeit soll der Notar die von ihm hierüber gemachten Wahrnehmungen im Beglaubigungsvermerke feststellen; siehe hierüber Art. 28 Note 1 und G.O. § 209.

3. Aus der rechtspolizeilichen Natur der Verpflichtung zur vorherigen Einsichtnahme des Schriftstückes und deren Zweck, die Betheiligten vor Benachtheiligung zu bewahren, ergibt sich als fernere Konsequenz, daß der Notar dieselben auch auf sonstige, nicht die Geschäftsfähigkeit der Person betreffende Zweifel an der Giltigkeit des Geschäftes aufmerksam zu machen und hierüber entsprechend zu belehren hat. Es wurde deshalb, um den Zweck der im ersten Satze des Artikels gegebenen Vorschrift voll zu erreichen, von dem Justizgesetzgebungsausschusse der Kammer der Reichsräthe der von der Staatsregierung vorgelegte Gesetzesentwurf, welcher nur die entsprechende Anwendung des Art. 28 Abs. 1 des Gesetzes (Art. 29 Abs. 1 des Entwurfes) vorgesehen hatte, dahin erweitert, daß auch die Vorschriften des Art. 28 Abs. 2, sohin des ganzen Art. 28, als entsprechend anwendbar erklärt worden sind, womit sich die Staatsregierung und die Kammer der Abgeordneten einverstanden erklärten.

Wenn also dem Notar zur Beglaubigung der Unterschrift ein Schriftstück vorgelegt wird, hat er solches auf die Giltigkeit des darin enthaltenen Geschäftes oder der darin abgegebenen Erklärung zu prüfen, seine etwaigen Zweifel hierüber den Betheiligten unter entsprechender Belehrung mitzutheilen und darauf hinzuwirken, diese Zweifel zu heben, eventuell, wenn ihm dieses nicht gelingt, das Entsprechende im Beglaubigungsvermerke festzustellen. Siehe hierüber Art. 28 Anm. 2 und G.O. § 209.

4. Um endlich den erwähnten rechtspolizeilichen Zweck — Schutz des Publikums vor Nachtheilen und Irrthümern — besonders auch bei den vielfachen künftig in Form der öffentlichen Beglaubigung abzugebenden Erklärungen in Grundbuchssachen möglichst zu erreichen, wurde in letzter Konsequenz vom Justizgesetzgebungsausschusse der Kammer der Reichsräthe mit Zustimmung der übrigen Gesetzesfaktoren auch der in dem Gesetzesentwurfe nicht enthalten gewesene Artikel 30 aufgenommen und dessen Vorschriften für entsprechend anwendbar erklärt. Vergl. G.O. § 210.

Hienach obliegt dem Notar bei allen ihm zur Beglaubigung der Unterschrift vorgelegten Schriftstücken, welche eine das Liegenschaftsrecht betreffende Erklärung enthalten, außer den vorstehend besprochenen allgemeinen Verpflichtungen noch die weitere besondere Verpflichtung, durch vorherige Einsicht des Grundbuches oder eines in jüngster Zeit ausgestellten oder berichtigten Auszuges aus dem Grundbuche sich davon zu überzeugen, ob die abgegebene Erklärung mit dem Inhalte des Grundbuches übereinstimmt, und kann diese Verpflichtung, Nothfälle ausgenommen, von dem Betheiligten nicht erlassen werden; auch ist im Beglaubigungsvermerke festzustellen, ob der Notar das Grundbuch eingesehen hat oder ihm ein Auszug aus dem Grundbuche und von welchem Datum vorgelegen ist.

Wenn auch all diese Bestimmungen nur dienstrechtlichen Charakters sog. Sollvorschriften sind, deren Beachtung oder Nichtbeachtung auf die Rechtswirksamkeit der Beurkundung keinen Einfluß ausüben, so darf doch der Notar, wie schon an anderer Stelle erwähnt, wegen seiner disziplinären Verantwortlichkeit keinen Unterschied machen und diese Sollvorschriften nicht etwa leichter nehmen wie die sogenannten Mußvorschriften, so daß seine Thätigkeit und Aufgabe bei Beglaubigung einer Unterschrift oder eines Handzeichens die gleiche ist wie bei Beurkundung der rechtsgeschäftlichen Erklärung. Da auch die Staatsgebühren bei Erklärungen des Liegenschaftsrechtes, mögen solche zu öffentlicher Urkunde oder nur in öffentlich beglaubigter Form abgegeben werden, die gleichen sind, — vergl. Geb.G. Art. 154, 155, 156 — werden sich die Betheiligten bald von selbst und zwar zu ihrem Vortheile daran gewöhnen, ihre Erklärungen im Wege der öffentlichen Beurkundung abzugeben, um denselben hiedurch auch die Vortheile der öffentlichen Urkunde zu sichern.

Wegen der Notariatsgebühren vergl. Not.Geb.O. Art. 45 Abs. 3.

Anm. 2. Aus der Verpflichtung des Notars, vor der Beglaubigung vom Inhalt des Schriftstückes Kenntnis zu nehmen, ergibt sich anderseits die Verpflichtung des das Schriftstück Vorlegenden, diese Kenntnißnahme zu gestatten; würde trotz Belehrung die Einsichtnahme verweigert werden, hätte der Notar auf Grund Art. 14 die Beglaubigung abzulehnen, und dürfte nicht etwa die Verweigerung der Einsicht in Anwendung der für diesen Fall nicht Platz greifenden Bestimmung des Art. 28 Abs. 2 konstatieren und ohne Einsichtnahme die Unterschrift beglaubigen. G.O. § 208 Abs. 2.

Anm. 3. Eine Ausnahme von der Verpflichtung zur vorherigen Einsichtnahme muß jedoch zugelassen werden für Schriftstücke, welche in einer fremden dem Notar nicht mächtigen Sprache abgefaßt sind. Hier gilt der Satz: ultra posse nemo tenetur; nachdem nur eine auf die Rechtswirksamkeit der öffentlichen Beglaubigung einflußlose „Sollvorschrift" in Frage steht und Vorschriften über Anfertigung oder Beibringung einer Uebersetzung nicht bestehen, ist der Notar außer Stande, vom Schriftstücke Einsicht zu nehmen, und genügt die Konstatierung im Beglaubigungsvermerke, daß der Notar vom Inhalte des Schriftstückes, dessen Sprache er nicht mächtig ist, nicht Kenntniß nehmen könne. (Vergl. Prot. R.R. XIX 18, Becher, Materialien S. 338, G.O. § 208 Abs. 3.)

Anm. 4. Die Beglaubigung einer Namenszeichnung auf einem Blanket ist keine Unterschriftsbeglaubigung im Sinne des Gesetzes, weil ein Schriftstück, welches unterschrieben ist oder wird, überhaupt nicht vorliegt. Eine derartige Blanketbeglaubigung kann aus besonderen Gründen in einzelnen Fällen vorkommen (z. B. zur Hinterlegung der Namens- oder Firmenzeichnung im Checkverkehr oder behufs Bekanntgabe der Zeichnung in Kundenkreisen u. A.) und ist vollständig zulässig, nur muß im Beglaubigungsvermerke konstatiert sein, daß der Namenszug, welcher vor dem Notare von einer bestimmten Person gezeichnet oder anerkannt worden ist, auf ein unbeschriebenes Blatt gesetzt ist, oder daß auf dem Blatte, auf welchem die zu beglaubigende Namenszeichnung sich befindet, irgend ein anderer urkundlicher Inhalt nicht enthalten ist. Vergl. G.O. § 215.

Anm. 5. Bezüglich der ausschließlichen Zuständigkeit der Notare zur Beglaubigung einer Unterschrift oder eines Handzeichens vergl. B.G.B. § 126

Abs. 1, Ges. freiw. Ger. § 167, 191 Abs. 2, A.G. z. B.G.B. Art. 167 I Abs. 2; Ausnahme hievon (Konkurrenz der Gemeindebehörden bei Anträgen und Vollmachten bezüglich Schuldverschreibungen des Staates und der übrigen juristischen Personen des öffentlichen Rechtes) s. A.G. z. B.G.B. Art 51 Abs. 4; vergl. auch Art. 1. Note 1.

Anm. 6. Handzeichen ist das von einer schreibensunkundigen oder schreibensunfähigen Person an Stelle der Namensunterschrift abgegebene schriftliche Zeichen, z. B. Kreuz, einzelner Buchstabe, Handzug; s. auch B.G.B.. § 129. (Keidel § 183 Note zu Abs. 3; Schneider § 183 Anm. 8 und G.O. § 214.)

Artikel 36.

Die Vorschriften über die äußere Form der notariellen Urkunden werden, soweit sie nicht in Reichsgesetzen und in diesem Gesetz enthalten sind, in der Geschäftsordnung getroffen.

Die Geschäftsordnung bestimmt insbesondere auch, wie die Aenderungen in den Urkunden vorzunehmen sind, wenn solche nothwendig werden, und welche mechanischen Mittel zur Herstellung und Vervielfältigung der Urkunden benutzt werden dürfen.

Bayern Art. 64. 65. 70—72; Bayern—Pfalz Art. 67. 68; Pfalz Art. 13. 15. 16; Entwurf Art. 57; Prot. Abg. 663; Prot. R.R. XIX 14; Becher, Materialien 165. 332.

Anm. 1. Die Vorschriften des Reichsrechtes über die äußere Form der notariellen Urkunden sind enthalten im Ges. freiw. Ger. §§ 168, 175, 183 Abs. 2 und 3, B.G.B. §§ 2240, 2246, 2276, 2277; bezüglich der Vorschriften des gegenwärtigen Gesetzes siehe Art. 25 ff.

Anm. 2. Vergl. G.O. §§ 118—159. Des Einzelnen ist Folgendes hervorzuheben.

1. Papierformat. Nach G.O. § 118 soll der Notar zu seinen Urkunden und Akten, ebenso zu den von ihm ausgehenden Mittheilungen, Anzeigen und Anträgen an andere Behörden und zu seinen Berichten an die vorgesetzten Stellen nur ganz haltbares weißes Papier von dem vorgeschriebenen Formate (33 Centimeter Höhe und 21 Centimeter Breite des halben Bogens) verwenden.

Statt Papier kann auch, wie bei Verträgen mit Mitgliedern des Königlichen Hauses oder anderen Allerhöchsten Personen üblich, Pergamentpapier oder Pergament verwendet werden; vergl. Art. 76 Abs. 2 Geb.O. Auf jeder Seite sollen mindestens zwanzig Zeilen von durchschnittlich zwölf Silben stehen. Art. 66 Abs. 2 Geb.O.

Zu den Korrespondenzen mit Privatpersonen ist ein besonderes Format nicht vorgeschrieben und kann solche je nach Ermessen des Notars in Briefform oder in Form eines amtlichen Schreibens erfolgen. Auch das Format der vom Notar zu führenden Bücher und Register ist bis auf Weiteres dem Ermessen des Notars freigegeben, während für die Anlage und Einrichtung dieser Bücher und Register die Bestimmungen der §§ 26—57 G.O. maßgebend sind. Wegen der Aufbrauchung der Bestände an bisherigen Büchern, Registern und Papierformat siehe M.Bktm. vom 24. Dezbr. 1899, Geschäftsordnung für die Notariate betr., J.M.Bl. 1899 S. 591.

2. Freier Rand. Wie bisher soll auch künftig etwa der dritte Theil der Seite neben dem Texte der Urkunden für Berichtigungen und Verweisungen frei bleiben und darf auf diesen Rand keine weitere Urkunde gesetzt werden. Neu dagegen ist die Vorschrift, daß dieser freie Rand stets nach der Mitte des ganzen Bogens zu lassen ist, so daß er sich auf den ersten, dritten, fünften Seiten u. s. f. links, auf den geraden Seiten (zwei, vier, sechs u. s. f.) rechts vom Texte befindet, wodurch eine

Verletzung des Urkundentextes bei Einheften der Urkunden in Akten oder Umschlägen verhütet wird; G.O. 119.

3. Handschriftlichkeit der Urkunden und Benützung mechanischer Mittel und Formulare.

a) In der Regel sollen alle Urkunden handschriftlich mit haltbarer schwarzer Tinte hergestellt werden.

Die Benützung der Schreibmaschine ist allgemein sowohl für Urschriften, wie für Abschriften und Ausfertigungen untersagt, ebenso die Verwendung von Stempeln zum Aufdrücken von Beglaubigungsvermerken; G.O. § 120. Auch die Benützung des Hektographen und der Kopirpresse ist nicht gestattet, was sich schon wegen der sehr häufigen Mängel und nur kurz andauernden Lesbarkeit und Haltbarkeit von selbst versteht.

b) Zur Herstellung der notariellen Urschriften ist für den Fall des Bedürfnisses in den Fällen, wenn der Text der Urkunde schon im Voraus so genau festgestellt und vorbereitet werden kann, daß es in der Verhandlung nur mehr der Beifügung des Datums, der Unterschriften und des Siegels bedarf, die Verwendung des Buchdrucks, der Autographie und der Lithographie gestattet, zur Herstellung von Abschriften und Ausfertigungen uneingeschränkt unter der Voraussetzung der vollständigen Lesbarkeit und Haltbarkeit; G.O. §§ 121, 122. Hienach muß das Datum in den Urschriften der Urkunden in allen Fällen handschriftlich beigefügt werden, während in den Abschriften und Ausfertigungen dasselbe auch auf mechanischem Wege, soweit diese mechanischen Mittel zugelassen sind, hergestellt sein darf. Die Unterschrift des Notares muß immer bei Urschriften, Abschriften und Ausfertigungen handschriftlich beigefügt werden.

c) Formulare, entweder handschriftlich oder durch Buchdruck, Autographie oder Lithographie hergestellt, in denen lediglich der Eingang der Urkunde und auf dem Rande die vorgeschriebenen Vermerke über die Einträge in die Register, die Ertheilung von Ausfertigungen u. dergl. vorgesehen sind (Kopfbögen) sind allgemein zu den Urschriften, Ausfertigungen und Abschriften zulässig, vollständig so im Voraus hergestellte Formulare für Urschriften dagegen sind nur soweit zulässig, als einzelne Arten von notariellen Urkunden häufig vorkommen und mit geringen Abweichungen stets denselben Inhalt haben, wie Vollmachten, Wechselproteste, Urkunden über Darlehen von Banken und Sparkassen; G.O. §§ 123, 124. Es ist also zulässig, Urkunden über Schuldbekenntnisse mit Hypothekbestellung und Kreditkautionen über Darlehen von Banken, Sparkassen und ähnlichen Kreditanstalten, deren Bedingungen stets die gleichen sind, dann über Erklärungen dieser Kreditanstalten von Löschungsbewilligungen, Pfandentlassungen und Rangausweichungen vollständig im Voraus nach gleichmäßigem Formulare in der Weise herzustellen, daß nur das Datum der Urkunde, allenfalls der Ort ihrer Errichtung, Name, Stand und Wohnort der Betheiligten, die in Frage kommenden Beträge der Schuldsumme und des Zinsfußes, die Daten ihrer Fälligkeit, die Bezeichnung der Pfandobjekte und die Fertigung der Urkunde handschriftlich einzufügen und beizusetzen sind. Bei Benützung solcher Formulare ist aber immer darauf zu achten, daß nicht eine Unzahl von Klauseln, welche nur in einzelnen Fällen zutreffen, zu dem Zwecke aufgenommen werden, um die Verwendung in allen möglichen Fällen zu gestatten, ferner daß nicht durch die nothwendigen Aenderungen und Zusätze eine unziemliche Verunstaltung der Urkunde oder des Schriftstückes veranlaßt wird, ebenso auch nicht zu Gunsten der Aufrechterhaltung des Urkundenentwurfes oder der Verwendbarkeit des Formulares der Wille der Betheiligten irgendwie beeinflußt wird. Den Dienstaufsichtsbehörden ist es jederzeit vorbehalten, die Weiterverwendung unzweckmäßiger Formulare zu untersagen; G.O. §§ 123, 124, 125, 127.

d) Im inneren Dienste, zu welchem z. B. Ladungen von Betheiligten und Zustellungen an solche im Zwangsversteigerungsverfahren, bei der amtlichen Vermittelung der Auseinandersetzung eines Nachlasses und einer Gütergemeinschaft oder bei der amtlichen Eröffnung von letztwilligen Verfügungen, bei Inventarserrichtung, Vernehmung von Zeugen und Sachverständigen gehören, dann zur Korrespondenz mit anderen Beamten und Behörden oder mit Privaten ist die Verwendung mechanischer Mittel zur Herstellung des Textes (auch Hektographie) und die Verwendung von Formularen unter der Voraussetzung der Lesbarkeit und Haltbarkeit ohne weitere Beschränkung gestattet; G.O. § 126.

4. Leserlichkeit, Verständlichkeit und Uebersichtlichkeit. Die notariellen Urkunden sollen deutlich und leserlich mit deutschen Buchstaben geschrieben sein; nur Fremdwörter, welche möglichst zu vermeiden und nur insoweit anzuwenden sind, als sie allgemein auch im Volke sprachgebräuchlich sind, dann Familiennamen und Anführungen aus fremden Sprachen dürfen mit lateinischen Buchstaben wiedergegeben werden. Auch können lateinische Buchstaben und römische Ziffern zur Bezeichnung von Abschnitten und Absätzen verwendet werden. Notarielle Urkunden, die zum Gebrauch außerhalb des deutschen Sprachgebietes bestimmt sind, sollen mit lateinischen Buchstaben geschrieben werden, wenn dies von den Betheiligten gewünscht wird; G.O. §§ 145, 146, 151. Bezüglich Legalisation notarieller Urkunden, welche zum Zwecke der Benützung im Auslande der gerichtlichen Beglaubigung (Vertrag mit Oesterreich-Ungarn vom 25. Febr. 1880 und 13. Juni 1881 R.G.Bl. 1881 S. 4 und 253) oder gerichtlichen und ministeriellen Beglaubigung bedürfen, vergl. Art. 31 A.G. z. G.V.G. und § 188 G.O.

Die Darstellung in den notariellen Urkunden soll deutlich und verständlich, übersichtlich, kurz und bündig sein. Fremdwörter, die sich nicht auch im Volke eingebürgert haben, und technische Ausdrücke, die nur dem Fachmann verständlich sind, endlich übermäßig lange Sätze und verwickelte Satzgefüge (Perioden) sollen vermieden werden. Es empfiehlt sich dringend, mit der bisherigen Uebung in Bezug auf Satzbau und Styl zu brechen und nicht Sätze und Satzperioden aufzubauen, die eine ganze Seite oder gar mehrere Seiten beanspruchen, worunter nicht nur die Verständlichkeit und Uebersichtlichkeit leidet, sondern auch nur zu leicht der sprachliche und grammatikalische Zusammenhang verloren geht.

Bei größeren Urkunden soll der Stoff zweckentsprechend in Absätze gegliedert, den Absätzen Ueberschriften, Nummern oder Paragraphenbezeichnungen gegeben, besonders Wichtiges durch eigenartige Stellung, stärkere Schrift oder Unterstreichen hervorgehoben werden, kurz nach bestem Ermessen alles gethan werden, was dazu dienen kann, daß der Leser sich in der Urkunde rasch und sicher zurechtfindet. Es ist ferner gestattet, zu gleichem Zwecke am Rande der Urkunde Vermerke und Verweisungen aufzubringen; G.O. § 151.

Hieher gehört auch die Bestimmung in G.O. §§ 139, 141, daß besonders wichtige Zahlen, z. B. die Schuld- und Kaufsummen in Schuld- und Kaufurkunden, die Zahlen der Kündigungs- und Zahlungstermine, außer mit Ziffern auch mit Buchstaben geschrieben und unter Umständen dadurch hervorgehoben werden sollen, daß sie in ihrer Bezeichnung mit Ziffern und mit Buchstaben je in eine eigene, sonst freie Zeile gesetzt werden.

Zur weiteren Uebersichtlichkeit sollen allen Urkunden mit Ausnahme der Beglaubigungen Ueberschriften gegeben werden, die den Gegenstand kurz bezeichnen, wie „Kaufvertrag“, „Pachtvertrag“, „Testament“, „Versteigerung“, „Schuldbekenntniß“, „Hypothekbestellung“, „Hinterlegungsschein“.

Umständliche Ueberschriften, z. B. „Protokoll über die sechste ordentliche Generalversammlung der Aktiengesellschaft N. N. mit dem Sitze in M.“ sollen ebenso vermieden werden, wie zu allgemeine (nicht: Vertrag, Verhandlung, Protokoll). Bei Abschriften lautet die Ueberschrift: „Abschrift“ oder „Beglaubigte Abschrift“, bei Ausfertigungen: „Ausfertigung“ oder „Vollstreckbare Ausfertigung“.

Endlich ist allen im Geschäftsregister vorgetragenen Urkunden die Geschäftsregisternummer voranzustellen und zwar bei den Urkunden, welche eine Ueberschrift haben, oberhalb dieser Ueberschrift, bei den übrigen Urkunden vor dem Beginne des Textes; G.O. §§ 156, 157. In G.O. § 159 ist den Notaren empfohlen, zum Zwecke der Erleichterung des Auffindens der Urschriften in der Sammlung auf dem Rande der ersten Seite links oben die Zeit der Errichtung kurz zu vermerken und allenfalls auch die Registernummer beizufügen; Beispiel: 20. XII. 1900.“ / 1742.

5. Paginirung und Heften der Urkunden.

Während nach dem bisherigen Rechte jede Notariatsurkunde, wenn sie auch nur aus einem Bogen bestand, mit Seitenzahlen zu versehen war, ist dies jetzt nach G.O. § 150 nur mehr für diejenigen Urkunden (Urschriften, Ausfertigungen oder Abschriften) vorgeschrieben, die mehr als einen Bogen umfassen; die fortlaufenden Seitenzahlen sind in der Mitte des oberen Randes anzubringen. Die bisher vorgeschriebene Beifügung des Namenszuges des Notars auf jedem Blatte der Urkunde (Paraphirung) fällt ganz weg.

Jede Urkunde, welche mehr als einen Bogen umfaßt, ist mit Heftfaden und Amtssiegel zu verbinden; hiefür ist in der Regel das Trockensiegel zu benützen, doch kann ebenso auch beim Ansiegeln des Heftfadens mittels Oblatte im Interesse der Leserlichkeit das Farbsiegel verwendet werden; G.O. §§ 150, 155 Abs. 3.

6. Lücken im Texte der Notariatsurkunden sollen nicht willkürlich, sondern nur da gelassen werden, wo es der Uebersichtlichkeit wegen, z. B. zur Bildung von Absätzen, erforderlich ist oder wo es sich wegen der Benützung von Formularen nicht umgehen läßt. Solche Lücken sollen sowohl in den Urschriften, wie in den Ausfertigungen und Abschriften durch Füllstriche gegen nachträgliche Einschaltungen gesichert werden. Wo nach den Umständen auch ohne Anbringung von Füllstrichen jede nachträgliche Einschaltung sofort als solche auffallen müßte, kann die Anbringung unterlassen werden. Dies trifft besonders bei Inventaren, Vermögensverzeichnissen, Schätzungen, Liquidationen, Aufzählung von Grundstücken, Berechnungen und ähnlichen Uebersichten zu, ebenso auch bei Testamenten und Erbverträgen, die in Gegenwart der Betheiligten und Zeugen amtlich verschlossen werden, da in Folge des amtlichen Verschlusses jede nachträgliche Einschaltung von vorneherein unmöglich ist; G.O. §§ 128—130.

7. Berichtigungen.

Die Frage, in welcher Weise Berichtigungen und Abänderungen, Zusätze, Einschaltungen und Streichungen vorzunehmen sind, hat in den §§ 131—137 G.O. eine gegenüber der bisherigen schwankenden Praxis und der dadurch für den Notar bestandenen stetigen Gefahr einer Ahndung und häufig sogar disziplinarer Einschreitung der Aufsichtsbehörden eine höchst glückliche und dankenswerthe Lösung gefunden, indem statt der bisherigen allzu knappen und daher bei strenger Auslegung und Anwendung unzulänglichen Vorschriften der Art. 70—72 bayr. Not.Ges. nunmehr alle einzelnen Fälle spezialisirt sind und die Art und Weise ihrer Behandlung genau vorgezeigt und vorgeschrieben ist.

a) Vor Allem ist wie bisher (Art. 70, 72 Abs. 1 bayr. Not.Ges.) so auch künftig jede Rasur-Ausschabung verboten, und darf nichts ausgeschabt oder sonst unleserlich gemacht oder so ausgestrichen werden, daß der ursprüngliche Text nicht mehr erkannt werden kann.

Verboten ist ferner das Einschalten durch Schreiben über eine Zeile oder zwischen den Zeilen, das Ueberschreiben von Buchstaben und Worten in der Zeile und das Einschreiben in zufällige Lücken.

Nothwendige Berichtigungen des Textes sollen vielmehr immer so vollzogen werden, daß deutlich ersichtlich ist, wie der Text vor der Aenderung gelautet hat und wie er richtig lauten soll; G.O. § 131. Eine unzulässige Einschaltung zwischen den Zeilen ist es auch, wenn am Schlusse einer Seite unter die letzte Zeile des Textes eine weitere Zeile angefügt wird.

Das Ueberschreiben einer Ziffer ist zwar nicht ausdrücklich verboten, weil besonders wichtige Zahlen nach G.O. §§ 139, 141 außer mit Ziffern auch mit Buchstaben geschrieben werden sollen und in Zweifelsfällen immer die mit Buchstaben geschriebene Zahl maßgebend ist, während bei minder wichtigen Zahlen eine die Leserlichkeit und Deutlichkeit nicht beeinträchtigende Ueberschreibung einer Ziffer von untergeordneter Bedeutung ist. Immer aber empfiehlt sich trotzdem auch bei Zahlen und Ziffern dringend die Vermeidung jeder Ueberschreibung, statt welcher vielmehr die unrichtige Zahl so, wie in G.O. § 132 Abs. 2 vorgesehen „14 lies 15“ berichtigt werden kann.

Ein unzulässiges Einschieben in eine zufällige Lücke wäre es, wenn z. B. am Schlusse eines Absatzes ein einzelnes Wort oder mehrere Worte, die nicht mit dem vorangehenden Satzbaue in Zusammenhang stehen, etwa mit einem Verweisungszeichen, das mit einem gleichen Verweisungszeichen im vorausgehenden Texte korrespondirt, angefügt würden.

Wenn dagegen einem vollendeten Satze noch ein oder mehrere Worte, die mit dem Satzgefüge sprachlich und grammatikalisch zusammenhängen, beigefügt werden, weil sich vielleicht beim Vorlesen der Urkunde das Bedürfniß zu einer derartigen Ergänzung ergibt, darf zu diesem Zusatze, welcher sich ledig als Ergänzung des vorbereiteten Entwurfes, nicht als eine Berichtigung des fertigen Textes darstellt, wohl unbedenklich die Lücke am Schlusse des Absatzes benützt werden.

Beispiel einer unzulässigen Einschiebung:

Ursprünglicher Text:	Berichtigter Text:
„Die Zahlung hat innerhalb dreier Monate zu erfolgen.“	„Die Zahlung hat innerhalb dreier Monate |= zu erfolgen. = ab heute.“

einer zulässigen Einschiebung:

Ursprünglicher Text:	Berichtigter Text:
„Die Zahlung hat innerhalb dreier Monate zu erfolgen.“	„Die Zahlung hat innerhalb dreier Monate zu erfolgen, und zwar ab heute.“

Daß eine solche Einschiebung wie alle Berichtigungen nur im Einverständnisse aller Betheiligten, bevor die Urkunde durch diese unterzeichnet und vom Notar abgeschlossen ist, erfolgen darf, ist selbstverständlich und ergibt sich aus G.O. §§ 132 und 136.

Vergl. hiezu auch G.O. § 122, wonach zur handschriftlichen Ergänzung einer vorbereiteten Urkunde in einzelnen Punkten Lücken zu lassen sind, d. i. absichtliche Lücken im Gegensatz zu den in G.O. § 131 erwähnten zufälligen Lücken.

b) Da alle Berichtigungen, in welcher Form sie vorgenommen werden mögen, nur mit Wissen und Genehmigung der Betheiligten erfolgen dürfen, soll bei der Berichtigung des Textes unzweideutig ersichtlich sein, daß die Personen, welche die Urkunde zu genehmigen hatten, auch mit der Anbringung der Berichtigung einverstanden gewesen sind; G.O. § 132 Abs. 1.

Die einfachste und häufigste Form der Berichtigung ist die sofortige Ersetzung eines falschen Wortes oder einer falschen Zahl durch das unmittelbar darauf unter Beifügung eines erklärenden Zwischenwortes (des stereotypen „lies“) beigefügte Richtige, z. B. „vierzehn lies fünfzehn“.

Eine derartige Aenderung gilt als durch die am Schlusse der Urkunde sich findende Billigung der ganzen Urkunde mitgenehmigt und bedarf deshalb keiner besonderen Genehmigung. Wird in dieser Weise eine Mehrheit von Worten berichtigt, so empfiehlt sich, die ersetzten Worte sammt dem Erklärungsworte der Deutlichkeit halber einzuklammern; z. B.: „Die Verzinsung beginnt vom ersten Dezember [heurigen Jahres ab lies richtig] vorigen Jahres ab.“ Eine größere Zahl von Worten, ein ganzer Satz oder Abschnitt soll nicht in dieser Weise, sondern eher durch Ausstreichen berichtigt werden; G.O. § 132 Abs. 2.

Wenn auch vereinzelte Berichtigungen niemals ganz vermieden werden können, ist doch den Notaren und ihrem Hilfspersonal dringend nahe zu legen, darauf bedacht zu sein, sich häufende Berichtigungen möglichst zu vermeiden; es nimmt sich eine Urkunde, in welcher auf jeder Seite ein oder mehrere „lies" und wieder „lies" und Einklammerungen und Verweisungszeichen, vielleicht gar noch einige Streichungen vorkommen, sehr unschön aus und wirft auf die Bedachtsamkeit und Gewandtheit des Verfassers ein gar schiefes Licht. Wer nicht so geübt ist, einen Satz oder Abschnitt fehlerlos niederzuschreiben, möge sich erst die Urkunde entwerfen und dann erst reinschreiben; der größere Zeitaufwand wird durch eine gefällige und fehlerlose Reinschrift des Urkundentextes mehr als hereingebracht.

c) Streichungen sollen immer von den Betheiligten ausdrücklich und zwar entweder daneben am Rande der Urkunde oder am Schlusse der Urkunde im Texte selbst, also vor dem Abschlusse der Urkunde, genehmigt werden, wobei der Wortlaut der Genehmigung genau ersehen lassen muß, was als ungiltig ausgestrichen worden ist, d. h. wie viel Worte oder Zeilen gestrichen sind, während die gestrichenen Worte selbst, sofern nicht ein besonderer Anlaß dafür besteht, bei der Genehmigung nicht wiederholt zu werden brauchen. Daß die Streichung so vorzunehmen ist, daß der ursprüngliche Text noch gelesen werden kann, ergibt sich aus G.O. § 131 und oben lit. a. Erfolgt die Genehmigung der Streichung am Rande, so ist die Genehmigungsbemerkung von allen Personen zu unterschreiben, welche die Urkunde selbst zu unterschreiben haben, d. i. von den Betheiligten, den mitwirkenden Personen (Zeugen, Vertrauensperson, Dolmetscher) und dem Notar; da nach § 76 Abs. 1 G.O. die Auskunftspersonen wie bisher so auch künftig ihre Angaben im Protokolle in der Regel unterzeichnen sollen, ist es räthlich, dieselben, wenn die Randberichtigung sich auf die Bestätigung der Persönlichkeit eines Betheiligten bezieht, auch diese Berichtigung mit unterzeichnen zu lassen. Eine Beifügung des Amtssiegels ist nicht erforderlich, ebensowenig eine Konstatirung, daß die Randgenehmigung vorgelesen und von den Betheiligten genehmigt und eigenhändig unterschrieben worden ist.

Es genügt für die Randberichtigung: „Die neben erfolgte Streichung von fünf Worten wird genehmigt. Karl Mohr, Amalie Mohr, Franz Rhom, Justizrath Schiller, kgl. Notar."

Oder:

„Die Streichung des nebigen Wortes „Mathias" und hiefür die Einschaltung des Wortes „Matthäus" wird genehmigt. Matthäus Riedmann. Georg Pestalozza als Auskunftsperson. Dr. Moser, kgl. Notar."

Erfolgt die Genehmigung der Streichung am Schlusse der Urkunde, so soll dabei außer der Zahl der gestrichenen Worte oder Zeilen angegeben sein, auf welcher Seite und in welcher Zeile die Streichung stattgefunden hat, und soll außerdem am Rande neben der Streichung auf die am Schlusse befindliche Genehmigung verwiesen werden, z. B. „Genehmigung der Streichung siehe am Schlusse." G.O. § 133.

Nach Genehmigung einer Streichung oder sonstigen Berichtigung am Schlusse der Urkunde ergibt sich nicht selten die Nothwendigkeit, eine weitere Ergänzung oder Abänderung des Urkundentextes beizufügen, so daß dann die bereits beigefügte Genehmigung der Berichtigung nicht mehr am „Schlusse der Urkunde" zu stehen kommt, was bisher mitunter zu Beanstandungen und Weiterungen, wenn nicht für den Notar Schlimmeres, Anlaß gegeben hat. Und doch kann die Sache gar nicht anders behandelt werden. Wie oft kommt es vor, daß nach Vorlesung der ganzen Urkunde durch den Notar die Betheiligten sich mit dem Inhalte einverstanden erklären und erst, während dann die Genehmigung einer im Urkundentexte vorgenommenen Berichtigung beigefügt wird, um im Anschluß hieran die Urkunde abzuschließen und unterzeichnen zu lassen, Seitens eines Betheiligten noch ein Bedenken oder Einwand erhoben wird, welcher schließlich zur Abänderung einer bereits aufgenommenen Bestimmung oder zur

Aufnahme einer neuen Vertragsbestimmung oder irgend eines sonstigen Zusatzes Anlaß gibt. Soll der Notar nun wegen vielleicht nur eines einzigen beizufügenden Satzes die ganze Urkunde umschreiben lassen? Hiegegen würden sich wohl in den meisten Fällen die Betheiligten selbst sehr energisch verwahren. Es genügt vollständig eine Konstatirung etwa dahin, daß nach Fertigstellung und Vorlesung der Urkunde vor dem Abschluß die Betheiligten abändernd oder ergänzend vereinbaren, daß u. s. w.

Aber auch ohne eine solche oder ähnliche Konstatirung, welche nur im Interesse des Notares als rathsam empfohlen wird, kann unbedenklich vor der Unterzeichnung der Urkunde jede erforderlich werdende Ergänzung derselben an die am „Schlusse der Urkunde" bereits aufgenommene Genehmigung einer Streichung oder Berichtigung angefügt werden, ohne daß deshalb die Genehmigung vor dem wirklichen Abschluß der Urkunde nochmals wiederholt werden müßte.

d) Was vorstehend von Streichungen gesagt ist, gilt in gleicher Weise von Einschaltungen. Nach G.O. § 134 sollen ausgelassene Worte in den Text der Urkunde in der Weise eingesetzt werden, daß die Einschaltung entweder unter Anbringung von Auslassungszeichen neben dem Texte am Rande oder unter einer entsprechenden Verweisung am Rande auch am Schlusse der Urkunde vor den Unterschriften erfolgt. Geschieht die Beisetzung am Rande, so soll unmittelbar darauf die Genehmigungsbemerkung folgen, in welcher anzugeben ist, wie viele Worte dem Texte zugesetzt werden. Die Genehmigungsbemerkung ist ebenso zu unterschreiben, wie bei der Streichung. Sehr häufig werden Streichung und die Einschaltung eines Wortes oder mehrere Worte zusammen veranlaßt sein, wie im zweiten Beispiel oben lit. c.

e) Als eine sehr dankenswerthe Erleichterung und Neuerung gestattet § 135 G.O., daß ganz unwesentliche und geringfügige Aenderungen, z. B. Durchstreichung eines versehentlich zweimal hintereinander geschriebenen Wortes, Ersetzung eines nach den Regeln der Rechtschreibung falschen Buchstabens durch einen anderen u. dergl., keiner besonderen Genehmigung bedürfen. Beispiel: „Die Gegenstände, wie solche sich in dem Anwesen ~~sich~~ befinden." Hierunter gehören auch unwesentliche Ueberschreibungen unrichtig geschriebener Buchstaben, was nicht selten beim Diktiren von Urkunden in Folge falscher Auffassung oder unrichtigen Hörens des Gehilfen vorkommt, z. B. die sofortige Verbesserung des Geschlechtswortes „das" in die Konjunktion „daß" durch Ueberschreibung des Schlußbuchstabens „s" in „ß" und umgekehrt und ähnliche unwesentliche Aenderungen offensichtlicher Schreibverstöße.

f) Nachträgliche Berichtigungen in einer bereits abgeschlossenen, d. h. nicht bloß von den Betheiligten, sondern auch vom Notar unterfertigten und mit dem Amtssiegel versehenen Urkunde dürfen nicht durch Randzusätze vorgenommen werden, sondern es ist nach § 136 G.O. über die Berichtigung eine Nachtragsurkunde aufzunehmen, welche im unmittelbaren Anschlusse an die Haupturkunde geschrieben werden soll und nicht in Form eines Protokolls errichtet zu werden braucht. Diese nachträgliche Berichtigung ist von denselben Personen zu unterschreiben, wie die Haupturkunde, und soll mit Datum, Unterschrift des Notars und Amtssiegel versehen sein. Handelt es sich aber nicht um die Berichtigung eines Versehens im Protokolle, sondern um eine nachträgliche Aenderung des Willens der Betheiligten, so ist über diese Aenderung ein besonderes Protokoll aufzunehmen.

Von dieser Regel, daß über nachträgliche Berichtigungen eine von den Betheiligten zu unterschreibende Nachtragsurkunde aufzunehmen ist, ist in § 137 G.O. als Ausnahme zugelassen, daß die versehentliche Unterlassung der Identitätsfeststellung in einem Nachtrage zum Protokolle vom Notar allein ohne Unterschrift der Betheiligten, aber unter Beifügung des Datums, Siegels und Unterschrift nachgeholt werden kann.

Weder die ersteren Falles unter Zuziehung der Betheiligten aufzunehmende Nachtragsurkunde noch der letzteren Falles vom Notar allein aufzunehmende Nachtrag sind in das Geschäftsregister einzutragen, weil nach § 27 Nr. 1 G.O. nur alle vom Notar aufgenommenen Protokolle und außerdem die in § 27 Nr. 2—4 ausdrücklich vorgesehenen sonstigen Urkunden in das Geschäftsregister Aufnahme finden.

8. Abkürzungen. Nach 138 G.O. sind in notariellen Urkunden nur solche Abkürzungen zulässig, welche im täglichen Verkehr üblich und weder im allgemeinen noch nach den Umständen des gegebenen Falles einem Mißverständnisse ausgesetzt sind, wie z. B.:

K., Kgl., Königl. für königlich, K. B. für Königlich Bayerisch, Nr. für Nummer, Pl. Nr. für Plannummer.

Diesen von der Geschäftsordnung angeführten Beispielen werden unbedenklich gleichgestellt werden dürfen: z. B. für zum Beispiel, d. i. für das ist, d. h. für das heißt, § für Paragraph, Art. für Artikel, S. für Seite, dann die allgemein auch amtlich üblichen Abkürzungen: B.G.B. für Bürgerliches Gesetzbuch oder J.M.Bl. für Justizministerialblatt in Verbindung mit Citaten hieraus, Hyp.B. für Hypothekenbuch, B. oder Bd. für Band, Gesch.R.Nr. für Geschäftsregisternummer, Geb.R.Nr. für Gebührenregisternummer, endlich wohl auch Dr. für Doktor als Prädikat einer namentlich bezeichneten individuellen Person.

Abkürzungen sollen ferner nur in den Fällen angewendet werden, wo sie auch im täglichen Leben regelmäßig gebraucht werden.

Soweit für die Bezeichnung von Münzen, Maßen und Gewichten bestimmte Abkürzungen vorgeschrieben sind, sollen diese gebraucht werden; vergl. Ges. u. V.Bl. 1877 S. 507, 1897 S. 243, J.M.Bl. 1874 S. 275, 1884 S. 35. Also für Mark nur *M*, nicht M., für Hektar nur ha, nicht H, für Sieben Hektar einundvierzig Ar zehn Quadratmeter nur 7,411 ha, nicht 7,41,1 ha.

Bezüglich der Anführung der Maße und Gewichte, der Geldbeträge und der Zahlen vergl. G.O. §§ 139—144, 147, 148 und unten Nr. 9 und 10.

9. Zu den Vorschriften über die äußere Form der Urkunden gehören auch die Bestimmungen der §§ 139—144 G.O. über Zahlen.

Zahlen sollen in den notariellen Urkunden mit Ziffern geschrieben werden, soweit dies im allgemeinen Verkehr üblich ist. Daß besonders wichtige Zahlen außer mit Ziffern auch mit Buchstaben geschrieben und unter Umständen besonders hervorgehoben werden sollen, ferner welche Zahlen immer als besonders wichtige Zahlen gelten, hierüber siehe §§ 139, 141, G.O. und oben Nr. 4. Trotz ihrer Wichtigkeit dürfen der Uebersichtlichkeit der Urkunden wegen ausschließlich mit Ziffern geschrieben werden:

1. Die Haus- und Katasternummern, Plannummern und Flächenangaben bei der Bezeichnung und Beschreibung von Grundstücken;
2. die Einzelaufzählungen und Einzelansätze (nicht die Gesammtergebnisse) bei Vermögens- und Massenverzeichnissen, Rechnungen und Berechnungen, Schätzungen, Theilungen, Liquidationen, dann die Meistgebote bei der Versteigerung von beweglichen Gegenständen;
3. Zahlenangaben, welche in einer und derselben Urkunde sich wiederholen, wenn sie bei ihrer erstmaligen Aufführung mit Ziffern und Buchstaben geschrieben worden sind; G.O. § 140.

Ferner dürfen nach G.O. § 142 die Zahlen, welche zur Bezeichnung von in Bezug genommenen Gesetzen, Verordnungen, Entschließungen, öffentlichen und sonstigen Büchern und Urkunden oder von Stellen in solchen dienen, ausschließlich mit Ziffern geschrieben werden. Bezüglich des Datums einer Urkunde vergl. Art. 25 Anm. 3.

Nach G.O. § 144 bleibt es den Notaren überlassen, in Fällen, wo Zahlen ausschließlich mit Ziffern geschrieben werden dürfen, soweit also nicht besonders wichtige oder nur die in G.O. § 140 angeführten Zahlen in Frage kommen, aus besonderen Gründen die Zahlenangabe in Buchstaben statt in Ziffern oder in beider Weise zu setzen.

10. Geldwährung, Maße und Gewichte. G.O. §§ 147, 148. Geldbeträge sind stets in Reichswährung, Maße und Gewichte nach der neuen Bezeichnung auszudrücken und gegebenen Falles in solche umzurechnen. Also nicht Tagwerk und Decimalen, sondern Hektar und Ar (ha, a), nicht Gulden, Kreuzer oder Thaler, sondern Mark (ℳ) und Pfennig (₰), nicht Centner und Pfund, sondern Kilogramm und Gramm, nicht Metzen und Scheffel, sondern Liter und Hektoliter, nicht Stunden und Meilen, sondern Kilometer.

Da aber fast allgemein die Flächenmaße von Grundstücken, besonders bei der ländlichen Bevölkerung noch nach Tagwerk und Decimal gehandelt und gerechnet werden, ebenso bei Gutsübergaben die Austragsreichnisse nach dem alten Maße, ist es nicht bloß zulässig, sondern auch räthlich und empfehlenswerth, in solchen Fällen neben den Werthbezeichnungen der neuen Maße und Gewichte die der älteren — abgeschafften — Maße und Gewichte beizusetzen. Handelt es sich um eine schon früher unter alter Währung begründete Schuld, so ist nach Maßgabe des Art. 14 § 4 des Münzgesetzes vom 9. Juli 1873 (R.G.Bl. 1873 S. 233), die Umrechnung des Betrages in die neue Währung vorzunehmen, wobei der Betrag nach der alten Währung beigesetzt werden kann.

Wird die Zahlung einer Schuld in ausländischer Währung vereinbart, so hat der Notar zu ermitteln, ob der Wille der Betheiligten mit den Regeln des § 244 B.G.B. übereinstimmt und andernfalls den abweichenden Willen in der Urkunde festzustellen. Vergl. hiezu B.G.B. § 244:

> „Ist eine in ausländischer Währung ausgedrückte Geldschuld im Inlande zu zahlen, so kann die Zahlung in Reichswährung erfolgen, es sei denn, daß Zahlung in ausländischer Währung ausdrücklich bedungen ist.
>
> Die Umrechnung erfolgt nach dem Kurswerte, der zur Zeit der Zahlung für den Zahlungsort maßgebend ist.“

Es muß also der Notar feststellen, ob nach dem Willen der Betheiligten die Zahlung in Reichswährung erfolgen kann oder ausdrücklich in ausländischer Währung bedungen wird.

11. Anführung der Kataster- und sonstigen Folien. Nach G.O. § 149 soll in jeder Urkunde, welche Grundstücke betrifft, oder Rechte, welche den Grundstücken gleich stehen, die Haus- und Plannummer und, soweit möglich, der Steuerdistrikt und das Katasterfolium angeführt werden. Ebenso sind nach der Anlegung des Grundbuchs die einschlägigen Stellen des Grundbuchs und in den Landestheilen r. d. Rh. bis dahin die einschlägigen Stellen des Hypothekenbuchs anzuführen. Auch ist darauf zu achten, daß die Bezeichnung und Beschreibung in diesen Büchern übereinstimmt.

Würde also der Vortrag im Kataster und im Hypothekenbuch bezüglich der Bezeichnung, Plannummer oder Fläche eines Grundstücks nicht übereinstimmen, hätte der Notar durch Erholung und Vorlage der einschlägigen Urkunden und Messungsoperate und Veranlassung der etwa erforderlichen Berichtigungen und Ergänzungen für Herbeiführung der Uebereinstimmung zu sorgen, eventuell die Differenz sowie die Thatsachen, auf welchen sie beruht, und die Unmöglichkeit der sofortigen Beseitigung zu konstatiren.

12. Zu den Vorschriften über die äußere Form der Urkunden gehören endlich noch die Bestimmungen in G.O. § 158 über Vermerk der Kosten.

> „Bei jeder Urschrift und Ausfertigung einer notariellen Urkunde sind die Kosten, ausgeschieden nach Gebühren und Auslagen des Notars, Gebühren des Staates und Besitzveränderungsabgabe der Gemeinde zu vermerken. Der Vermerk soll auch eine Verweisung auf die Gebührenregister enthalten. Er bedarf keiner Unterzeichnung und keiner Siegelung.

Der Vermerk soll bei der Beglaubigung von Unterschriften, Handzeichen und vorgelegten Abschriften seitwärts oder unterhalb der Beglaubigung, bei allen anderen notariellen Urkunden aber auf dem freien Rande der ersten Seite links neben dem Texte angebracht werden.

Bei der Ertheilung von Abschriften notarieller Urkunden genügt die Anführung der auf die Abschrift erwachsenen Kosten, bei Ausfertigungen sind die sämmtlichen Kosten, also auch die auf die Beurkundung selbst erwachsenen, aufzuführen."

2. Vorschriften über die Verwahrung der Urschriften und die Ertheilung von Ausfertigungen.

Artikel 37.

Die Urschriften der notariellen Urkunden bleiben in der Urkundensammlung des Notariats.

Bayern Art. 82; Pfalz Art. 20; Entwurf Art. 38; Motive 437; Prot. Abg. 672; Becher, Materialien 43. 184.

Anm. 1. Die Vorschrift entspricht dem bisherigen Rechte; vergl. hierüber Zinkl S. 340 ff., Volze S. 369 ff. Da die notariellen Urkunden in der Regel errichtet werden, damit die Betheiligten durch dieselben ihre Rechte beweisen und geltend machen können, bezweckt die Vorschrift, daß die Urschriften in der Urkundensammlung des Notariates zu verbleiben haben, die mit ihrer Hinausgabe an die Betheiligten verbundene Verlustgefahr zu verhüten. Außerdem aber erhalten durch die Verleihung der Behördeneigenschaft an die Notariate die Urschriften der notariellen Urkunden die Eigenschaft von behördlichen, im Eigenthume des Staates stehenden Aktenstücken, auf deren Hinausgabe die Betheiligten nur in den gesetzlich vorgesehenen Ausnahmefällen (s. flgd. Art. 38) Anspruch und berechtigtes Interesse haben.

Anm. 2. Unvollkommene Urkunden, welche z. B. an dem Fehlen des Datums oder der Unterschrift eines Betheiligten oder einem sonstigen die Rechtsgiltigkeit beeinträchtigenden Mangel leiden, darf der Notar nicht vernichten oder beseitigen, da ihm ein entscheidendes Urtheil über ihre Giltigkeit nicht zusteht und dieselben in jedem Falle noch als Privaturkunden wirken können; vergl. Enderlein S. 326 Note 5 und die dort angeführte Literatur.

Das Gleiche gilt von Urkunden, deren Rechtswirksamkeit oder Giltigkeit von der Zustimmung eines Dritten oder einer Behörde abhängt und wegen Verweigerung dieser Zustimmung nicht eingetreten ist.

Auch unfertige Urkunden sind in der Urkundensammlung zu verwahren, wenn sie vollständig aufgenommen und wenigstens von einem der Betheiligten unterschrieben sind; wenn z. B. bei Beurkundung eines Kaufvertrages das Protokoll hierüber nach den Angaben der Vertragstheile aufgenommen, vorgelesen und vom Verkäufer unterschrieben ist, der Käufer aber seine Unterschrift verweigert, weil er im letzten Augenblicke vom Vertrage zurücktritt, so ist allerdings der Vertrag nicht zu Stande gekommen, das Protokoll aber, welches immer noch als Privaturkunde in Betracht kommen kann, bleibt bestehen, ist vom Notar nach Konstatirung, daß und warum der Käufer die Unterschrift verweigert, unter Beidrückung des Amtssiegels zu unterschreiben und der Urkundensammlung einzuverleiben. Die Gebührenbewerthung einer solchen Urkunde kann natürlich, da der Kaufvertrag nicht zu Stande gekommen ist, nicht nach den Gebühren eines Kaufvertrages, sondern nur nach den Gebühren einer einseitigen Erklärung erfolgen. Hiebei ist vorausgesetzt, daß sämmtliche Vertragstheile zuvor über den Abschluß des Vertrages und dessen einzelne Bestimmungen vor dem Notariate einig waren und die Protokollirung veranlaßt haben. Würde dagegen der Notar, was weder praktisch noch empfehlenswerth ist, den Vertrag nach der einseitigen

Angabe des einen Theiles in der Annahme, daß der andere Theil einverstanden sein wird, entworfen haben, Letzterer aber nach Kenntnißnahme des Entwurfes sich hiemit nicht einverstanden erklären und eine Einigung nicht zu Stande kommen, dürfte der Notar den Entwurf nicht als fertiges Protokoll behandeln, von dem einen Theile unterschreiben lassen und abschließen, sondern es wäre dann nur ein unfertiger bedeutungsloser Entwurf, nicht eine notarielle Urkunde in Frage, welcher auch nicht als Urschrift einer solchen behandelt und in die Urkundensammlung aufgenommen werden darf.

Ebensowenig sind sonstige Entwürfe von Urkunden, die aus irgend welchem Grunde nicht zu Stande gekommen sind, als Urkunden zu erachten und daher auch nicht der Urkundensammlung einzuverleiben.

Dagegen ist bei Versteigerungen, welche aus irgend einem Grunde, weil etwa gar kein oder wenigstens kein zulässiges Gebot gelegt oder die vorbehaltene Genehmigung des Zuschlages verweigert worden ist, oder überhaupt Niemand sich eingefunden hat, resultatlos gewesen, dann bei Generalversammlungen von Gesellschaften und Vereinen, welche wegen ungenügender Betheiligung oder aus sonstigen Gründen resultatlos gewesen oder vielleicht nach ihrer Eröffnung sofort aufgehoben oder vertagt worden sind, das veranlaßte Protokoll über die amtliche Thätigkeit des Notariates aufzunehmen, nach Konstatierung des negativen Resultates vorschriftsmäßig abzuschließen und als Urschrift den Akten oder der Urkundensammlung einzuverleiben.

Anm. 3. Wegen Sammlung, Ordnung und Verwahrung der Urkunden und Akten, Anlegung von Fehlblättern, Generalakten, Repertorien und Amtsblätter vergl. G.O. §§ 58—73, 42—44, 47. Des Einzelnen sei hiezu folgendes bemerkt:

1. Die bei den Notariaten anfallenden Urkunden und Akten sind ordnungsmäßig zu sammeln und zu verwahren, ebenso die Register und Verzeichnisse mit Ausnahme der Terminskalender. Die Verwahrung soll nicht nur Sicherheit gegen Beschädigungen und Entfremdungen, sondern auch gegen die Einsichtnahme durch Unbefugte bieten. Die Verwahrungsräume dürfen weder feucht noch feuergefährlich sein. Sie müssen verschließbar sein und sollen zu anderen Zwecken als zu dienstlichen nicht benützt werden. Sie sollen endlich, soferne sie von den übrigen Amtsräumen getrennt sind, nicht allzu entlegen und für die dazu Berufenen leicht zugänglich sein. Die Akten, Urkunden, Register und Verzeichnisse brauchen im Verwahrungsraume nicht in verschlossenen Kästen oder Schränken untergebracht zu sein. Es genügt die Unterbringung in offenen Gestellen, soferne anderweit für die Sicherheit gegen Beschädigung durch Staub, Nässe und dergl. hinreichend Sorge getragen ist. G.O. §§ 58, 59, 60. Wegen Verwahrung der Testamente und der in amtliche Verwahrung zu nehmenden Erbverträge, dann der Testamentsregister und dazu gehörigen Namensverzeichnisse vergl. G.O. § 60 Abs. 2 und 3 und Art. 1 Anm. 4 II 3 (S. 20) und Anm. 10 S. 25.

2. Allgemeine Urkundensammlung. Die Urschriften derjenigen notariellen Urkunden, welche im Geschäftsregister verzeichnet sind, (§§ 27, 28 G.O.) und im Notariate verbleiben, sind nach § 61 G.O. in die allgemeine Urkundensammlung des Notariates aufzunehmen, soferne sie nicht nach § 60 Abs. 2 G.O. in die besondere amtliche Verwahrung zu nehmen sind.

Die allgemeine Urkundensammlung ist nach den Jahrgängen und fortlaufenden Nummern des Geschäftsregisters zu ordnen.

Die Urkunden sind abtheilungsweise in feste Umschläge oder in Schachteln einzulegen. Jede Abtheilung soll wenn möglich einen Jahrgang umfassen; wo dies wegen der großen Zahl der Urkunden nicht angeht, können für den Jahrgang mehrere Abtheilungen gebildet werden.

Ausnahmsweise kann eine Abtheilung auch mehr als einen Jahrgang enthalten. Auf dem Umschlage ist anzugeben, welchen Zeitraum und welche Geschäftsregisternummerreihen die Abtheilung umfaßt, z. B.: „1. Januar bis 30. Juni 1900. Nr. 1—475". G.O. § 61, 62.

3. Fehlblätter. Für die in Urschrift an die Betheiligten hinausgegebenen oder anderweitig als in der allgemeinen Urkundensammlung oder außerhalb der durch den Lauf der Geschäftsregisternummern bedingten Ordnung aufbewahrten Urkunden sind nicht mehr einzelne Fehlblätter wie bisher anzulegen. Wegen der neuen Fehlblätter siehe G.O. § 63 und das Formular X hiezu. In diesem Formulare sind unter I die in G.O. § 63 Ziff. 1, unter II die in § 63 Ziff. 2, unter III die in § 63 Ziff. 4 und unter IV die in § 63 Ziff. 3 angeführten Urkunden einzutragen. Wenn ein in der besonderen Verwahrung befindliches Testament später dem Erblasser hinausgegeben oder nach dessen Ableben verkündet und an das Nachlaßgericht abgegeben wird, ist die Nummer in Abtheilung II zu streichen und in die Abtheilung I einzutragen. Kommt eine vorübergehend versendete Urkunde in die Sammlung zurück, ist sie in Abtheilung IV zu streichen; wird sie später definitiv abgegeben, ist sie in Abtheilung I einzutragen. In dieser Weise sind die Blätter stets auf dem Laufenden zu erhalten und nach Bedarf von Zeit zu Zeit umzulegen, wobei die umgelegten Blätter zweckmäßig unterhalb dem neu angelegten Blatte in der Urkundenabtheilung aufbewahrt werden können.

4. Wegen Abweichungen von der durch den Lauf der Geschäftsregisternummern bedingten Ordnung bei Aufbewahrung der Urkunden vergl. G.O. § 64, wegen Anlage, Behandlung und Sammlung der Verlassenschafts-, Theilungs- und Subhastations-Akten vergl. G.O. §§ 66—68.

5. Nach G.O. § 65 sollen Aktenstücke über Nebengeschäfte, welche zu einer in der allgemeinen Urkundensammlung hinterliegenden Urkunde gehören, z. B. Bekanntmachungen von Versteigerungen, Schreiben, mit welchen die Urkunden übersendet werden, Vollzugs- und Genhemigungsanträge an Behörden, dann weiter Zustellungsnachweise, Postscheine, Empfangsbescheinigungen und sonstige Belege der Urkunde beigefügt werden, wenn sie sich dazu nach ihrem Umfange eignen.

Entwürfe von Schreiben, mit denen Urkunden versendet werden, können bis zum Zurückgelangen der Urkunden an deren Stelle eingelegt werden.

6. Generalakten. Nach G.O. § 69 sind in jedem Notariate Generalakten zu führen. In diese Generalakten sind aufzunehmen:

1. Verweisungen auf die in Gesetz- und Amtsblättern enthaltenen Gesetze, Verordnungen und Dienstvorschriften, welche das Notariatswesen berühren oder die Einrichtung desjenigen Notariates betreffen, bei dem die Akten geführt werden;
2. die allgemeinen Dienstvorschriften, welche, ohne in den unter Nr. 1 genannten Blättern veröffentlicht zu sein, den Notariaten in besonderen Abdrücken zugegangen sind;
3. die allgemeinen Dienstverweisungen und Visitationsbescheide der Aufsichtsbehörden, ferner die amtlichen Aktenstücke, welche den inneren Dienst des Notariates regeln, insbesondere auch die Aktenstücke über Amtsübergabe, Amtsverwesung und Verwendung von Gehilfen.

Es bleibt den Notaren überlassen, in die Generalakten auch Bemerkungen über prinzipiell wichtige Entscheidungen aufzunehmen, welche über Fragen, die das Notariat berühren, in einzelnen Fällen von den Gerichten oder Behörden getroffen worden sind. Auch Verweisungen auf einschlägige Literaturerscheinungen sollen nicht ausgeschlossen sein. Wie die Generalakten im einzelnen zu ordnen sind, ob Uebersichtsblätter dazu anzulegen, Abtheilungen zu machen sind u. s. w., werden die Notare nach Maßgabe des vorhandenen Materials und nach vernünftigem Ermessen selbst bestimmen.

Es empfiehlt sich, die Generalakten nach folgenden Abtheilungen anzulegen und jede einzelne Abtheilung mit entsprechender Ueberschrift und Umschlag zu versehen:

a) Amtsübernahme,
b) Allgemeine Dienstaufsicht,
c) Amtsvisitation,
d) Vollzug der Geschäftsordnung,
e) Gebühren und Kosten,
f) Oertliche Gebührenrevision,
g) Notariatskammer,
h) Notariatsgehilfen mit den Unterabtheilungen für rechtskundige und nicht rechtskundige Gehilfen,
i) Anlegung des Grundbuches,
k) Urlaub und Amtsverwesung,
l) Verkehr mit anderen Behörden,
m) Portofreiheit,
n) Nachlaßwesen, u. s. f.

7. Amtsblätter. Nach G.O. § 73 hat jeder Notar, um stets von den seinen Dienst betreffenden amtlichen Bekanntmachungen rechtzeitig Kenntniß zu haben,

das Reichs-Gesetzblatt,
das Gesetz- und Verordnungsblatt für das Königreich Bayern,
die Amtsblätter der Staatsministerien der Justiz und der Finanzen

und dasjenige Blatt nummernweise zu beziehen, welches dem Amtsgerichte, in dessen Bezirk das Notariat liegt, zu seinen amtlichen Bekanntmachungen dient.

Die Gesetzblätter und die Ministerialblätter sind zu sammeln und jahrgangsweise zu binden, damit sie dem Amtsnachfolger übergeben werden können. Vergl. hiezu G.O. § 6 Abs. 1 Nr. 6 und Abs. 2.

8. Für die Behandlung der in Hinterlegungs- und Gebührensachen erwachsenden Akten, dann für die Ausscheidung und Vernichtung von Akten sind besondere Vorschriften vorbehalten; G.O. §§ 70, 72.

Soweit für Aktenstücke, deren Aufbewahrung im Notariate ihrer Bedeutung wegen angezeigt ist, in den Bestimmungen der Geschäftsordnung keine Vorschriften getroffen sind, bleibt die Art ihrer Ordnung und Aufbewahrung nach G.O. § 71 dem vernünftigen Ermessen des Notares vorbehalten.

Artikel 38.

Inwieweit einzelne Arten von Urschriften den Betheitigten ausgehändigt werden dürfen oder an andere Beamte oder Behörden abzugeben sind und inwieweit Urschriften vorübergehend anderen Beamten oder Behörden im dienstlichen Interesse zur Einsicht überlassen werden sollen, bestimmt das Staatsministerium der Justiz.

Bayern Art. 82. 11 Abs. 3; Pfalz Art. 20; Entwurf Art. 39; Motive 438; Prot. Abg. 672, Becher, Materialien 53. 185.

Anm. 1. Während bisher die Ausnahmen von der Regel, daß die Urschriften aller Urkunden im Archive aufzubewahren sind, in den Notariatsgesetzen selbst (rechtsrh. Not.Ges. Art. 82, ventôse Gesetz Art. 20) behandelt sind, wird nun deren Bestimmung der Justizverwaltung überlassen, weil es sich um eine Bemessung des praktischen Bedürfnisses handelt, die gegenüber den stets wechselnden Formen des Verkehres von dem unbeweglich bleibenden Gesetze nur ungenügend wahrgenommen werden kann. Die Fassung des Gesetzes ermöglicht ferner, gleichzeitig die Fälle zu regeln, in denen sich die dauernde oder vorübergehende Abgabe von Urschriften an andere Behörden z. B. die Grundbuchämter empfiehlt, da auch die Regelung des inneren Dienstes der Grundbuchämter selbst der Verwaltungsvorschrift unterliegt. Ebenso ist die Möglichkeit der Zuweisung von einzelnen Kategorien von Notariatsurkunden (z. B. Ergänzungsurkunden) an andere Notariate (Notariate der Errichtung der Haupturkunde) vom Gesetze beabsichtigt; Motive 438. Vergl. G.O. §§ 173—178 und das Nähere hierüber unter Anm. 4.

Anm. 2. Unberührt bleiben die besonderen Vorschriften, welche für die Grundbuchanlegung über die Mittheilung von Urschriften zur Einsicht bestehen, nemlich Gesetz vom 18. Juni 1898, die Vorbereitung der Anlegung des Grundbuches in den Landestheilen rechts des Rheins betr., Art. 11:

> „Die Notare haben den Gerichten auf Ersuchen die Urschriften ihrer Urkunden zu übersenden oder über deren Inhalt Auskunft zu geben. Im Falle der Uebersendung der Urschrift ist die Zurückbehaltung einer Abschrift nicht erforderlich.
>
> Für die Erledigung eines nach Abs. 1 gestellten Ersuchens kann eine Gebühr nicht beansprucht werden."

mit § 13. 44 und 45 der Geschäftsanweisung für die Anlegungsbeamten vom 1. Oktober 1898, J.M.Bl. 1898 S. 529, 532, dann Gesetz über das Liegenschaftsrecht in der Pfalz vom 1. Juli 1898, Art. 29:

> „Die Notare haben im Anlegungsverfahren dem Amtsgericht auf Ersuchen die Urschriften ihrer Urkunden zu übersenden oder über deren Inhalt Auskunft zu geben. Im Falle der Uebersendung der Urschrift ist die Zurückbehaltung einer Abschrift nicht erforderlich.
>
> Für die Erledigung eines nach Abs. 1 gestellten Ersuchens kann eine Gebühr nicht beansprucht werden."

mit § 31 der A.V. vom 28. August 1898, die Anlegung des Grundbuches in der Pfalz betr., G.V.Bl. 1898 S. 561, J.M.Bl. S. 312, dann Grundbuchanlegungsordnung für die Pfalz vom 14. September 1898, Nummer 22^3, 100, 344 J.M.Bl. S. 315.

Anm. 3. Bezüglich Weigerung des Notars, eine Urschrift auszuhändigen vergl. Art. 44, 57 u. f.

Anm. 4. Ueber die Frage, welche Urkunden in Urschrift hinausgegeben werden dürfen, vergl. G.O. §§ 173—178. Des Einzelnen ist Folgendes anzuführen:

1. Die Urschriften der notariellen Protokolle bleiben — soweit nicht in besonderen Vorschriften anders bestimmt ist — in der Verwahrung des Notariates. Besondere Vorschriften sind in der Geschäftsordnung, wie unten besprochen, erlassen, dann in B.G.B. §§ 2259, 2261, 2300, G.O. §§ 251, 253 bezüglich der Testamente und Erbverträge.

Die Urschriften der notariellen Urkunden, welche nicht die Form von Protokollen, sondern die Form einfacher Bestätigungen haben — Beglaubigung von Abschriften, Unterschriften und Handzeichen, Zustellungsurkunden, Lebensbescheinigungen und ähnliche einfache Zeugnisse (Art. 33 Not.Ges.) — sind den Betheiligten auszufolgen. Wird für eine Urkunde freiwillig die vom Gesetze nicht verlangte Protokollform gewählt, so kann den Betheiligten ebenso die Urschrift ausgefolgt werden, wie wenn die Form einer einfachen Bestätigung gewählt wäre. G.O. § 173.

2. Wechselproteste sind nach G.O. § 174 stets in Urschrift auszufolgen. Hiedurch ist für Bayern die bisher streitige Frage, ob der Protestbeamte das Original auszuhändigen und hievon Abschrift in das nach Art. 90 der Wechselordnung vorgeschriebene Protestregister zu nehmen hat oder ob der Eintrag in das Protestregister das Original bildet, wovon er Ausfertigung dem Auftraggeber gibt, im ersteren Sinne entschieden; vergl. Staub, Wechselordnung S. 203 und 218.

3. Die Protokolle über Vollmachten, über Zurücknahme von Vollmachten, über Empfangsbescheinigungen (Quittungen), über Mahnungen und Kündigungen sind den Betheiligten auf Verlangen in Urschrift hinauszugeben; G.O. § 175. Wegen Zustellung solcher Willenserklärungen vergl. G.O. § 201 und Art. 3 Anm. 4.

Werden Erklärungen, welche von den Betheiligten einer Behörde gegenüber abzugeben sind — vergl. hiezu Art. 14 S. 60 — nicht unmittelbar vor dieser Behörde mündlich gemacht, sondern zu notariellem Protokoll abgegeben, um alsdann an die Behörde übermittelt zu werden, so ist auf Verlangen das Protokoll in Urschrift den Betheiligten auszuhändigen oder in deren Namen der Behörde vorzulegen. Dies gilt insbesondere für Anzeigen, Ersuchen und Anträge jeder Art, für Anmeldungen bei den Registerbehörden und für Beschwerden und Protestationen, Gesuche um Vormerkung, Eintragungs- und Löschungsbewilligungen, aber auch für die nach den §§ 1342, 1491 Abs. 1, 1492 Abs. 1, 1577 Abs. 2 und 3 1597 Abs. 1, 1662, 1706, 1945, 2198 B.G.B. abzugebenden Erklärungen; G.O. § 176.

4. Ist zum Zwecke der Benützung einer Urkunde im Auslande die Urschrift erforderlich, so ist sie dem Betheiligten auf Ersuchen auch dann auszufolgen, wenn sie nach den sonst geltenden Regeln in der Urkundensammlung des Notariates zu verbleiben hätte. Es ist jedoch in diesem Falle stets auf Kosten des Betheiligten, der die Urschrift erhält, eine Ausfertigung in der Urkundensammlung des Notariates zurückzubehalten. Zum Nachweise des Bedürfnisses wird in der Regel die glaubhafte Versicherung des Betheiligten genügen G.O. § 177.

5. Urkunden, welche inhaltlich keine selbständige Bedeutung haben, sondern zur Ergänzung einer anderen, bei einem anderen bayerischen Notariate aufgenommenen und in dessen Urkundensammlung verwahrten Urkunde gehören z. B. Urkunden über Nachtrags-, Genehmigungs- und Zustimmungserklärungen, sollen auf Antrag der Betheiligten in Urschrift an das andere Notariat abgegeben werden, damit sie dort im unmittelbaren Anschlusse an die Haupturkunde verwahrt (§ 64 Nr. 1 G.O.) und zugleich mit der Haupturkunde ausgefertigt werden können. Der Notar soll, wo dieses Verfahren zweckmäßig erscheint, den Betheiligten die Benützung dieser Vorschrift nahe legen. Die Betheiligten können verlangen, daß auf ihre Kosten eine beglaubigte Abschrift zurückbehalten wird. G.O. § 178.

Diese Abgabe der Zusatzurkunde in Urschrift an das Notariat, welches die Haupturkunde in Verwahr hat, erfolgt sofort nach ihrer Errichtung, nicht erst nach dem etwa veranlaßten hypothekenamtlichen Vollzug und zwar auch dann, wenn auf Verlangen der Betheiligten eine beglaubigte Abschrift zurückbehalten wird. Der Notar, welcher die Haupturkunde errichtet hat, legt dann diese mit der vom auswärtigem Notariate erhaltenen Urschrift der Zusatzurkunde dem Hypothekenamte zum Vollzuge vor und fertigt dann beide Urkunden zusammen aus.

Anm. 5. Gemäß J.M.Entschl. vom 26. April 1900 Nr. 16596 sind die Urschriften der Eheverträge der Mitglieder des allerhöchsten K. Hauses an das K. Geheime Hausarchiv abzugeben und Ausfertigungen dieser Eheverträge in den Urkundensammlungen der Notariate zurückzubehalten.

Anm. 6. Wegen Versendung von Büchern und Registern, Urkunden und Akten zum Zwecke der Einsichtsnahme durch Einsichtsberechtigte siehe die besonderen Vorschriften in §§ 193—198 G.O.

Artikel 39.

An Stelle der in der Urkundensammlung des Notariats verbleibenden Urschriften erhalten die Betheiligten auf Verlangen Ausfertigungen.

Die Ausfertigungen können nur von dem Notar ertheilt werden, der die Urschrift in seiner dauernden Verwahrung hat.

Bayern Art. 84; Pfalz Art. 21. 23; Entwurf Art. 40; Motive S. 438; Prot. Abg. 673; Becher, Materialien S. 54. 185.

Anm. 1. Die Art. 39 und folgende behandeln die Ertheilung von Ausfertigungen der notariellen Urkunden an die Betheiligten, während die Ertheilung von Abschriften in Art. 22 vorgesehen ist.

A. Ueber den bisherigen Unterschied zwischen Ausfertigungen, vollstreckbare Ausfertigungen, Auszüge und Abschriften, im Pfälzischen Rechte Ausfertigungen, Grosses und Kopien, vergl. rechtsrh. Not.Ges. Art. 87 und Enderlein S. 339, Boehm S. 209 zu Art. 126 Ziff. 5 des A.G. z. R.C.P. und K.O. und S. 364 zu Art. 235 Ziff. 11 l. c., ventose Ges. Art. 21 und Bolze S. 382. Während nach dem bisherigen rechtsrheinischen Notariatsgesetze die frühere Unterscheidung zwischen Hauptausfertigung und anderen Ausfertigungen beseitigt und die Bezeichnung „Ausfertigung“ auf die vollstreckbaren Urkundenausfertigungen eingeschränkt ist und alle anderen nicht vollstreckbaren Ausfertigungen als Abschriften oder Auszüge bezeichnet sind, bezeichnet das neue Notariatsgesetz die den Betheiligten an Stelle der Urschriften zur Geltendmachung ihrer Rechte zu ertheilenden Abschriften konform dem durch Art. 126 Ziff. 5 des bayr. Ausf.Ges. z. R.C.P.O. und K.O. abgeänderten ursprünglichen Wortlaut des rechtsrh. Not.Ges. Art. 87 und dem bisherigen Pfälzischen Notariatsgesetze als „Ausfertigungen“ und kennt Ausfertigungen, die nicht vollstreckbar sind, vollstreckbare Ausfertigungen, Auszüge und Abschriften.

B. Unterschied der Ausfertigungen und Abschriften nach dem neuen Rechte.

Aus dem Begriff und der Bestimmung der Ausfertigung, für die Betheiligten die Urschrift zu ersetzen und an deren Stelle an der Hand der Ausfertigung die aus der Urkunde sich ergebenden Rechte geltend zu machen, ergibt sich, daß von jeder eine rechtsgeschäftliche Erklärung oder das Ergebniß einer amtlichen Feststellung oder Bestätigung enthaltenden notariellen Urkunde den Betheiligten und Interessenten, für und gegen welche Ansprüche aus dem Inhalte der Urkunde geltend gemacht werden können, oder ein Rechtsverhältniß begründet, abgeändert oder aufgehoben wird, von dieser eine Ausfertigung ertheilt werden kann. Die Ausfertigung der Urkunde ist nicht nur Beweismittel der in der Urkunde enthaltenen Rechtsverhältnisse, sondern Träger dieser Rechtsverhältnisse selbst, welche auf Grund der Ausfertigung direkt aus letzterer geltend gemacht werden können. Es hat daher auf Ertheilung einer Ausfertigung Anspruch nicht bloß jeder Vertragstheil bei Verträgen, z. B. Kauf, Tausch, Uebergabe, Schenkung u. A., auch wenn er aus dem Rechtsgeschäfte befriedigt ist, und bei einseitigen rechtsgeschäftlichen Erklärungen derjenige, der die Erklärung abgibt, sowie derjenige, zu dessen Gunsten die Erklärung abgegeben wird, z. B. bei Schuldbekenntnissen der Schuldner und der Gläubiger, wenn auch die Erkärung nur von ersterem allein abgegeben ist, und bei einseitiger Erklärung des Gläubigers, z. B. über Aufgabe oder Abtretung eines Rechtes außer dem Gläubiger auch der Schuldner oder der neue Gläubiger (Cessionar), sondern ebenso auch jeder, in dessen Interesse die Urkunde errichtet ist, z. B. von einem Nachlaßinventar der Erbe, auf dessen Antrag das Inventar errichtet ist, von einer Zeugen- oder Sachverständigen-Vernehmung außer dem Zeugen oder Sachverständigen selbst derjenige, in dessen Angelegenheit die Vernehmung erfolgt ist, dann sowohl derjenge, welcher eine Versicherung an Eidesstatt abgibt, wie auch derjenige, in dessen Angelegenheit oder Interesse diese Versicherung an Eidesstatt abgegeben wird, endlich bei Protokollen über Generalversammlungen von Aktien- und sonstigen Gesellschaften, Genossenschaften und Vereinen die Gesellschaft, Genossenschaft oder der Verein, gegebenen Falles aber auch das einzelne Mitglied, welches bei der Generalversammlung mitgewirkt hat und auf Grund des Ergebnisses der letzteren gegen die Gesellschaft u. s. f. oder deren Organe Ansprüche geltend machen will.

Bedarf der Betheiligte zur Geltendmachung seiner Ansprüche aus der Urkunde mehrerer Ausfertigungen, so können ihm solche, zeitlich getrennt, oder gleichzeitig ertheilt werden; siehe Art. 42.

Aus einer Abschrift, wenn auch beglaubigten Abschrift einer Urkunde, können dagegen die Betheiligten oder Interessenten ihre Ansprüche nicht geltend machen, da eine Abschrift nur ein Beweismittel für den Inhalt der Urkunde darstellt, nicht die Urkunde selbst ersetzt. Hieraus folgt, daß derjenige, welcher aus der Urkunde selbst Rechtsansprüche nicht zu verfolgen im Stande ist, von der Urkunde auch keine Ausfertigung, sondern höchstens eine beglaubigte Abschrift zu verlangen berechtigt ist. Daß jeder Betheiligter, welcher eine Ausfertigung zu verlangen berechtigt ist, an Stelle der Ausfertigung oder neben derselben eine oder mehrere Abschriften, so viel er deren bedarf, erhalten kann, ist selbstverständlich. Abgesehen von diesen eigentlichen Betheiligten kann jedem weiteren Interessenten, welcher ein berechtigtes Interesse am Inhalte der Urkunde nachweist, von derselben eine Abschrift ertheilt werden, z. B. einem Kurrent- oder Hypothekgläubiger von Urkunden über Verträge und sonstige rechtsgeschäftliche Erklärungen seines Schuldners, durch welche seine Forderung betroffen wird. Siehe des Näheren hierüber Art. 22 Anm. 2.

Von nicht eröffneten Testamenten darf außer den Vertragstheilen selbst anderen Interessenten, z. B. den Bedachten oder Gläubigern der Disponenten, weder Ausfertigung noch Abschrift ertheilt, ebenso auch die Einsicht nicht gestattet werden; B.G.B. § 2264, G.O. §§ 199, 200.

Anm. 2. Als **Betheiligte**, welche auf Verlangen Ausfertigungen erhalten können, sind nicht nur die bei dem Rechtsgeschäfte als Vertragstheile mitwirkenden Personen oder die Personen, deren Erklärungen beurkundet werden, und deren Rechtsnachfolger zu erachten, sondern Jeder, in dessen Interesse die Urkunde errichtet ist, wenn er bei der Beurkundung auch nicht mitgewirkt hat.

Vergl. Motive S. 438:

„Die Ausfertigungen sind für die Betheiligten und nur für diese bestimmt, weil auch nur den Betheiligten ein Anspruch auf die Urschriften, an deren Stelle die Ausfertigungen treten, zugesprochen werden kann. Wer Betheiligter ist, wird im Entwurf aus demselben Grunde nicht ausdrücklich bestimmt, aus dem diese Bestimmung an anderen Stellen des Entwurfs, insbesondere auch beim Art. 23, zu geben unterlassen worden ist. In Bayern hat sich hierüber bereits eine feststehende Rechtsanwendung gebildet und diese soll durch das neue Gesetz nicht geändert werden. Unanwendbar ist auch hier die Begriffsbestimmung des § 168 des Gesetzes über die Angelegenheiten der freiwilligen Gerichtsbarkeit. Soweit die bisherige Rechtsanwendung außer den Personen, deren Erklärungen beurkundet sind, oder an deren Stelle diejenigen als Betheiligte ansieht, in deren Interesse die Urkunde errichtet ist, z. B. bei der Darlehensurkunde den Darleiher, bei der Urkunde über ein Schenkungsversprechen den Beschenkten, bei der Urkunde über die Vernehmung von Zeugen und Sachverständigen denjenigen, für dessen Rechtsangelegenheit die Vernehmung stattgefunden hat, soll es auch hiebei künftig verbleiben. Es darf erwartet werden, daß die Rechtsanwendung beim Fehlen einer ausdrücklichen Bestimmung im Gesetz an den bisher gefundenen Grundsätzen festhält, während die Aufnahme eine Begriffsbestimmung eher Verwirrung zu schaffen geeignet wäre."

Siehe auch Art. 22 Anm. 2, besonders über den Unterschied zwischen berechtigtem sind rechtlichem Interesse, dann oben Anm. 1 B.

Anm. 3. Die Bestimmung in Abs. 2 ist in Uebereinstimmung mit dem bisherigen links- und rechtsrheinischen Rechte. Ob die Urschrift, von welcher eine Ausfertigung ertheilt werden soll, von dem Notare selbst oder einem seiner Amtsvorgänger oder einem Amtsverweser beurkundet ist, macht keinen Unterschied; eine Bemerkung hierüber im Ausfertigungsvermerk ist nach G.O. § 185 Abs. 2 nicht erforderlich. Auch von einer Privaturkunde, welche nach rechtsrh. Not.Ges. Art. 22 von den Betheiligten als Urschrift hinterlegt ist, kann diesen Betheiligten — nicht aber anderen

Personen, vergl. l. c. Art. 22 Abs. 3 — eine Ausfertigung ertheilt werden; desgl. können von Ausfertigungen, welche bei Verlust der Urschrift auf Grund rechtsrh. Not.Ges. Art. 90 oder Art. 47 des gegenwärtigen Gesetzes beim Notar zu dem Zwecke hinterlegt sind, daß sie die Stelle der Urschrift vertreten, Ausfertigungen ertheilt werden.

Immer aber können die Ausfertigungen nur von dem Notar, welcher die Urschrift in dauerndem Verwahr, d. h. in seinem Archive hat, ertheilt werden; würde ein anderer Notar eine Urschrift vorübergehend in seiner Verwahrung haben, z. B. zur Einsichtnahme oder Benützung bei Aufnahme einer anderen Urkunde, könnte er davon keine Ausfertigung, sondern höchstens eine beglaubigte Abschrift ertheilen. Vergl. Prot. Abg. 673 (Regierungskommissär Landgerichtsrath Schmitt):

> „Es würde dem Begriffe der Ausfertigung widersprechen, wenn man zuließe, daß ein Anderer als der, der die Urkunde in Verwahrung hat, die Ausfertigung ertheilt. Die Ausfertigung ist begriffsmäßig die Stellvertreterin der Urschrift, sie wird statt der Urschrift gegeben, und nur wer die Urschrift geben kann, soll daher die Ausfertigung geben können. Um diesen nothwendigen und daher bei näherem Zusehen selbstverständlichen Gedanken noch besonders zum Ausdruck zu bringen, ist im Gesetzentwurf gesagt: daß nur der Notar eine Ausfertigung ertheilen kann, der die Urschrift besitzt. Darin liegt kein Verbot an die anderen Notare, sondern nur ein Hinweis auf die Folge des Begriffs. Eine Abschrift von der Urschrift, die ein anderer Notar gemacht hätte als derjenige, der die Urschrift verwahrt, könnte nie mehr sein als eine gewöhnliche Abschrift, keine Ausfertigung, deshalb könnte auch einer solchen Abschrift niemals eine Vollstreckungsklausel beigefügt und damit vollstreckt werden. Dies entspricht auch dem bisherigen Recht der Pfalz sowohl wie der Landestheile diesseits des Rheins. Es gilt der Grundsatz auch nicht nur auf dem Gebiete des Notariats, sondern ebenso auf dem Gebiete der gerichtlichen Thätigkeit. Auch die Urtheile und Beschlüsse der Gerichte können nur von dem Gerichtsschreiber desjenigen Gerichts ausgefertigt werden, bei dem sich das Urtheil oder der Beschluß im Original in Verwahrung befindet."

Siehe auch G.O. § 185.

Nicht zu verwechseln hiemit ist der Fall, wenn ein Notar mit der Amtsverwesung eines anderen Notariates betraut ist (Art. 98); in diesem Falle sind sämmtliche Urkunden des Notariats, dessen Verwesung ihm übertragen ist, in seinem Verwahr und ist er auf die Dauer der Amtsverwesung allein berechtigt, Ausfertigungen hievon zu ertheilen.

Wegen Ertheilung vollstreckbarer Ausfertigung von notariellen Urkunden vergl. C.P.O. § 797 Abs. 2:

> „Die vollstreckbare Ausfertigung notarieller Urkuuden wird von dem Notar erteilt, welcher die Urkunden verwahrt. Befindet sich die Urkunde in der Verwahrung einer Behörde, so hat diese die vollstreckbare Ausfertigung zu ertheilen."

Die Bestimmung des zweiten Satzes kommt z. B. bei den Zwangsversteigerungsurkunden, die in Urschrift an das Vollstreckungsgericht abzugeben sind, zur Anwendung.

Anm. 4. Vom 1. Januar 1900 sind den Betheiligten nicht nur von den unter der Herrschaft des neuen Notariatsgesetzes errichteten Urkunden, sondern auch von den vor dem 1. Jan. 1900 errichteten Urkunden an Stelle beglaubigter Abschriften Ausfertigungen zu ertheilen, insoferne die Voraussetzungen zur Ertheilung einer Ausfertigung zutreffen und nicht bereits vor dem 1. Januar 1900 eine beglaubigte Abschrift ertheilt ist; siehe hierüber oben Anm. 1 B. Denn von Inkrafttreten des gegenwärtigen Gesetzes an treten an Stelle der bisher den Betheiligten von ihren Verträgen und Erklärungen zu ertheilenden beglaubigten Abschriften die nicht vollstreckbaren Ausfertigungen, gleichgiltig ob die Urkunde unter der Herrschaft des alten oder neuen Notariatsgesetzes errichtet ist.

Artikel 40.

Die Ausfertigung besteht in einer mit dem Ausfertigungsvermerke versehenen Abschrift der Urschrift. Sie soll in der Ueberschrift und im Vermerk als Ausfertigung bezeichnet sein. Der Ausfertigungsvermerk soll den Ort und den Tag der Ausstellung angeben, den Betheiligten bezeichnen, dem die Ausfertigung ertheilt wird, und der Uebereinstimmung der Ausfertigung mit der Urschrift bestätigen. Er ist außer mit der Unterschrift des Notars mit dem Siegel oder dem Stempel des Notariats zu versehen.

Bayern Art. 87 Abs. 1; Pfalz Art. 21. 25; Entwurf Art. 41; Motive 438; Becher, Materialien 54.

Anm. 1. Die Vorschriften über die Form der Ausfertigungen sind im Wesentlichen die gleichen wie bisher mit dem einzigen schon beim vorigen Artikel besprochenen Unterschiede der Bezeichnung als „Ausfertigung" gegenüber der bisherigen Bezeichnung als „beglaubigte Abschrift" oder „beglaubigter Auszug".

Die Ausfertigungen bestehen aus

a) der Ueberschrift:
„Ausfertigung" oder „Vollstreckbare Ausfertigung":

b) der Abschrift der Urkunde selbst, welche deren Inhalt mit Aufschrift und Einleitung (Kopf), sachlichen Inhalt und Fertigung wortgetreu wiederzugeben hat. Wegen Nichtaufnahmen geringfügiger und unwesentlicher Aenderungen und Berichtigungen in die Ausfertigung, vergl. Art. 34 Anm. 2 und G.O. § 216;

c) dem Ausfertigungsvermerk:
„Vorstehendende, mit der Urschrift übereinstimmende Ausfertigung wird hiemit dem . . . . (Bezeichnung des Betheiligten) als Betheiligten (oder als dem Erben des Betheiligten N. N.) auf Ansuchen ertheilt."

A., den . . . . .

(Siegel). Z.,
k. Notar.

Vergl. G.O. § 180.

Dem Ausfertigungsvermerk, bei vollstreckbaren Ausfertigungen mit Vollstreckungsklausel, ist das Datum der Ausstellung und zwar in Worten, dann die amtliche Fertigung mit Siegel und Unterschrift des Notares oder Amtsverwesers unter Bezeichnung seiner Amtseigenschaft (ob k. Notar oder Amtsverweser) beizufügen.

Anm. 2. Das Fehlen der Unterschrift oder des Amtssiegels im Ausfertigungsvermerke würde als wesentlicher Mangel der Ausfertigung den Charakter einer solchen nehmen und könnte auf Grund einer solchen mangelhaft ertheilten vollstreckbaren Ausfertigung die Zwangsvollstreckung nicht erfolgen, eventuell wäre eine eingeleitete Zwangsvollstreckung nichtig.

Die übrigen Vorschriften über die Form und den Inhalt des Ausfertigungsvermerkes dagegen (Bezeichnung in Ueberschrift und Ausfertigungsvermerk als „Ausfertigung", Datum der Ausstellung, Bezeichnung des Betheiligten, dem die Ausfertigung ertheilt wird, und Bestätigung der Uebereinstimmung der Ausfertigung mit der Urschrift) sind nur dienstrechtlichen Charakters, für deren Außerachtlassung der Notar disziplinär verantwortlich ist, ohne daß ihre Außerachtlassung den Rechtsbestand der Ausfertigung beeinflußt; vergl. auch C.P.O. § 725.

Bezüglich Siegel und Stempel des Notariats vergl. Art. 25 Anm. 6.

Anm. 3. Sind der Urschrift behördliche Beschlüsse, Genehmigungs- oder Vollzugsbestätigungen, z. B. pflegamtliche Genehmigung oder hypothekenamtliche Bestätigungen über erfolgte Einträge im Hypothekenbuche beigesetzt, so soll nach G.O. § 181 in der Ausfertigung die Abschrift dieser Beschlüsse und Bestätigungen unmittelbar an die Abschrift der Haupturkunde angereiht und der Ausfertigungsvermerk an den Schluß des Ganzen gesetzt werden oder es sollen die Beilagen im Ausfertigungsvermerk ausdrücklich und einzeln aufgeführt und als mit ausgefertigt bezeichnet und unter besonderer Beglaubigung beigeheftet werden, z. B. am Schlusse der Haupturkunde:

„Vorstehende mit der Urschrift übereinstimmende Ausfertigung wird hiemit dem Herrn Paul Schmid, Kaufmann in Augsburg, als Betheiligten auf Ansuchen ertheilt. Mit ausgefertigt sind die angehefteten Beilagen, nämlich:

1) Vollmacht des Chemikers Dr. Julius Wolff in Mannheim vom 9. Mai 1901,
2) Verzeichniß von Werthpapieren ohne Datum,
3) Schlußnote des Bankhauses Rees u. Co. in Augsburg vom 17. Mai 1901

Augsburg den zwanzigsten Mai neunzehnhundert eins.

Z.
(Siegel). kgl. Notar.

und am Schlusse der Beilagen:

„Die Uebereinstimmung der vorstehenden Abschriften mit der der Urkunde vom 18. Mai 1901 Nr. 684 als Beilage beigefügten Hauptschrift wird hiemit bezeugt.

Augsburg den zwanzigsten Mai neunzehnhundert eins.

Z.
(Siegel). kgl. Notar.

Anm. 4. Eine Bezeichnung, in welcher Weise diejenige Person, welche die Ausfertigung erhält, betheiligt ist, ob als Gläubiger oder Schuldner, Käufer oder Verkäufer, Schenkgeber oder Schenknehmer, Cedent oder Cessionar, ist im Ausfertigungsvermerk selbst dann nicht erforderlich, wenn der Betheiligte bei Errichtung der Urkunde nicht mitgewirkt hat, letzteren Falles aber für die Regel wohl empfehlenswerth. Nur wenn die Ausfertigung dem Rechtsnachfolger eines Betheiligten ertheilt wird, ist nach G.O. § 182 im Ausfertigungsvermerke die Thatsache und die Art der Rechtsnachfolge ersichtlich zu machen; z. B. dem N. N. als Erben des Betheiligten Z. oder dem N. N. als nunmehrigen Gläubiger, auf welchen die Forderung von dem Betheiligten Z. nachträglich übertragen ist.

Anm. 5. Hat eine Urkunde durch eine spätere Urkunde Abänderungen oder Zusätze erhalten, so darf nach G.O. § 183 von der älteren, später abgeänderten Urkunde allein keine Ausfertigung mehr ertheilt werden, sondern es ist in die Ausfertigung stets auch die Urkunde über die Abänderungen oder Zusätze mitaufzunehmen.

Anm. 6. Wegen Verbindung der Ausfertigungen von Hypothekübertragungsurkunden mit den Ausfertigungen der Hypothekurkunde siehe G.O. § 184, wegen Vermerkung der Ausfertigungsertheilung auf der Urschrift siehe G.O. § 187.

Artikel 41.

Die Ausfertigung kann auf Antrag auch auszugsweise ertheilt werden. Die Vorschriften im Artikel 34 Abs. 2 finden entsprechende Anwendung.

Bayern Art. 87; Pfalz Art. 21; Entwurf Art. 42.

Anm. 1. Nach bisherigem Rechte können nur Auszüge in Form beglaubigter auszugsweiser Abschriften ertheilt werden, während die Zulässigkeit vollstreckbarer Urkundenauszüge gemäß Ausf.Ges. z. C.P.O. und K.O. Art. 235 Ziff. 11, wodurch der Art. 89 des rechtsrh. Not.Ges. aufgehoben wird, ausgeschlossen ist; vergl. Boehm S. 364.

In Uebereinstimmung mit diesem bisherigen Rechte können auch künftig nur auszugsweise Ausfertigungen, insoweit solche nicht vollstreckbar sind, ertheilt werden, während vollstreckbare Ausfertigungsauszüge, weil solche die C.P.O. nicht kennt, auch künftig nicht zulässig sind. Die Bestimmung des gegenwärtigen Artikels bezieht sich daher nur auf die nicht vollstreckbaren Ausfertigungen, bisher Abschriften im Sinne des rechtsrh. Rechtes, expéditions nach Art. 21 ventose Ges., nicht auf die vollstreckbaren Ausfertigungen (grosses), für welche nach Art. 45 lediglich die Bestimmungen der C.P.O. maßgebend sind.

Anm. 2. Wegen der entsprechenden Anwendung der Vorschriften in Art. 34 Abs. 2 siehe Art. 34 Anm. 2—5.

Artikel 42.

Jeder Betheiligte erhält in der Regel nur eine Ausfertigung; im Falle des Bedürfnisses kann er mehrere Ausfertigungen erhalten.

Entwurf Art. 43; Motive 438; Prot. Abg. 673; 673; Becher, Materialien 54. 186.

Die Regel, daß jeder Betheiligte nur eine Ausfertigung der Urkunde erhalten soll, ergibt sich aus der Bestimmung der Ausfertigung, die Stelle der Urschrift zu vertreten. Für den Bedürfnißfall einem Betheiligten ausnahmsweise mehrere Ausfertigungen, sei es gleichzeitig oder je nach Bedarf später, zu ertheilen, ist um so unbedenklicher, als ein Mißbrauch mit den Ausfertigungen nicht wohl gemacht werden kann. Ein solcher Bedürfnißfall ist nicht nur gegeben, wenn die ertheilte Ausfertigung zu Verlust gegangen ist, sondern auch wenn von Anfang an mehrere Ausfertigungen benöthigt werden, z. B. wenn solche bei mehreren Behörden oder Gerichten benützt werden sollen oder eine Gesellschaft je eine Ausfertigung für ihre Hauptniederlassung und ihre einzelnen Zweigniederlassungen bedarf.

Immer handelt es sich aber auch hier wie bei der Vorschrift des vorigen Art. 41 nur um nicht vollstreckbare Ausfertigungen, während für die vollstreckbaren Ausfertigungen Art. 45 maßgebend ist.

Ueber den Begriff „Betheiligte" vergl. Art. 39 Anm. 2.

Artikel 43.

Jede Ertheilung einer Ausfertigung soll auf der Urschrift vermerkt werden.

Bayern Art. 87 Abs. 2; Pfalz Art. 26; Entwurf Art. 44; Prot. Abg. 673; Becher, Materialien 186.

Die Vorschrift ist in Uebereinstimmung mit dem bisherigen Rechte und ergibt sich aus der Bestimmung des vorigen Art. 42, damit sofort aus der Urschrift ersehen werden kann, ob und wem eine Ausfertigung bereits ertheilt ist.

Zu diesem Zwecke hat der Vermerk, welcher am praktischten wie bisher auf dem freien Rande der ersten Seite formlos und in üblicher Kürze angebracht werden kann, zu enthalten, wem und an welchem Tage die Ausfertigung, ob gewöhnliche oder vollstreckbare Ausfertigung, ertheilt ist. Vergl. G.O. § 187, wonach dieser Vermerk auf der ersten Seite, womöglich in der unteren Hälfte des Randes angebracht werden soll und einer Unterzeichnung durch den Notar nicht bedarf. Können die Vermerke über Ertheilung der Ausfertigungen nicht auf der vorgeschriebenen Stelle angebracht werden, so soll dort auf die Stelle verwiesen werden, wo sie sich befinden. Letzteren Falles wird zweckmäßig der Vermerk am Schlusse der Urkunde anzubringen sein.

Artikel 44.

Weigert sich der Notar, einem Betheiligten eine Urschrift auszuhändigen oder eine Ausfertigung zu ertheilen, so entscheidet auf Antrag das Landgericht.

Ueber die Weigerung des Notars, einem anderen Beamten oder einer anderen Behörde eine Urschrift vorübergehend oder dauernd zu überlassen, entscheiden die Dienstaufsichtsbehörden.

Bayern Art. 91; Pfalz Art. 23; Entwurf Art. 45; Prot. Abg. 673; Becher, Materialien 185.

Anm. 1. Während nach bisherigem Rechte bei Weigerung des Notares, eine Ausfertigung — vollstreckbare oder nicht vollstreckbare, d. i. also letzteren Falles beglaubigte Abschrift — zu ertheilen, der Landgerichtspräsident entscheidet, gegen dessen Beschluß Beschwerde an das Landgericht erhoben werden kann (rechtsrh. Not.Ges. Art. 91, Bolze S. 423), entscheidet künftig auf Antrag das Landgericht, weil hier, wie auch in den Fällen der Art. 17 und 22 Abs. 1, weniger eine Sache des inneren Dienstes als nicht selten bedeutende materielle Interessen der Rechtsuchenden unmittelbar in Frage stehen, über welche nicht die Dienstaufsichtsbehörde, sondern das Gericht selbst entscheiden soll. Der Weigerung, eine Ausfertigung zu ertheilen, ist die Weigerung des Notares, einem Betheiligten eine Urschrift auszuhändigen, gleichgestellt; vergl. Art. 38.

Bezüglich des Verfahrens vergl. Art. 57 u. f. Gegen die Entscheidung des Landgerichtes findet das Rechtsmittel der Beschwerde statt, über welche das oberste Landesgericht entscheidet. Dieses Beschwerderecht steht aber nur dem Betheiligten, d. i. dem Antragsteller, welcher die Aushändigung der Urschrift oder Ertheilung einer Ausfertigung verlangt, nicht auch dem Notar zu; letzterer hat der Anordnung des Landgerichtes zu entsprechen und die Urschrift auszuhändigen oder die verlangte Ausfertigung zu ertheilen; Art. 60.

Wegen Anführung des Beschlusses im Ausfertigungsvermerk und Sammlung dieser Beschlüsse vergl. Art. 22 Anm. 1.

Anm. 2. Die Entscheidung, ob eine Urschrift einem Betheiligten ausgehändigt oder eine Ausfertigung ertheilt werden darf, ist der Prüfung und dem Ermessen des Notares anheimgegeben, wie im Falle des Art. 22 die Gestattung der Urkundeneinsicht und Ertheilung einer Abschrift; wegen der großen Verantwortlichkeit und Haftung in civilrechtlicher und disziplinärer Beziehung empfiehlt sich daher auch hier große Sorgfalt und Vorsicht; vergl. Art. 22 Anm. 3.

Anm. 3. Ueber den Begriff „Betheiligte" vergl. Art. 39 Anm. 2 und Art. 42.

Anm. 4. Die Bestimmung des Abs. 1 greift auch Platz, wenn bei einer notariellen Urkunde eine von einem Beamten oder einer Behörde vertretene öffentliche Korporation betheiligt ist, z. B. der Fiskus bei Grundabtretungen oder bei Forstrechtsablösungen; hier ist der Beamte oder die Behörde nur Vertreter der betheiligten öffentlichen Korporation, nicht selbst Betheiligter, der Anspruch auf Aushändigung der Urschrift oder Ertheilung einer Ausfertigung steht nur der betheiligten öffentlichen Korporation — Fiskus, Gemeinde, Kreis-Distrikts-, Kirchengemeinde u. A., nicht dem Beamten oder der Behörde als deren Vertreter zu. Weigert sich in einem solchen Falle der Notar, der öffentlichen Korporation eine Urschrift auszuhändigen, auf welche diese Anspruch macht, oder eine verlangte Ausfertigung zu ertheilen, so ist der Fall nicht anders, als wenn der Betheiligte eine Privatperson wäre, und trifft die Bestimmung des Abs. 1 zu.

Anm. 5. Die Bestimmung des Abs. 2 hängt mit den Vorschriften in Art. 22 Abs. 2 und Art. 38 zweite und dritte Alternative zusammen und bezieht sich auf die Fälle, in denen ein anderer Beamte oder eine andere Behörde die vorübergehende oder dauernde Ueberlassung einer Urschrift beansprucht; z. B. es verlangt der Untersuchungsrichter oder eine Finanzbehörde in Gebühren- oder Steuersachen eine Urschrift zur Einsicht oder zum amtlichen Gebrauch oder eine andere Behörde die dauernde Ueberlassung der Urschrift in den Fällen des Art. 3 oder des B.G.B. §§ 2261, 2300 oder ein anderes Notariat die Ueberlassung einer sogenannten Ergänzungsurkunde behufs Anheftung an die von ihm errichtete Haupturkunde. In diesen Fällen ist kein Parteiinteresse, sondern eine Angelegenheit dienstrechtlicher Natur in Frage, weshalb bei Weigerung des Notars, die Urschrift wie angesonnen zu überlassen, die Dienstaufsichtsbehörden hierüber entscheiden, d. i. erster Instanz der Landgerichtspräsident, in zweiter Instanz der Oberlandesgerichtspräsident und in letzter Instanz das Staatsministerium der Justiz.

Das Recht der Beschwerde steht hier wie in allen Angelegenheiten der Dienstaufsicht auch dem Notar zu, welcher also die Frage, ob er verpflichtet ist, einem anderen Beamten oder einer anderen Behörde eine Urschrift vorübergehend oder dauernd zu überlassen, im angeführten Instanzenzuge der Entscheidung der obersten Justizverwaltung unterbreiten kann.

Artikel 45.

Für die Vollstreckbarkeit der notariellen Urkunden und die Ertheilung vollstreckbarer Ausfertigungen sind die Bestimmungen der Civilprozeßordnung maßgebend.

Bayern Art. 80; Pfalz Art. 19. 25; Entwurf Art. 46; Motive 438; Becher, Materialien 54.

Anm. 1. Die für die Vollstreckbarkeit der notariellen Urkunden und die Ertheilung vollstreckbarer Ausfertigungen maßgebenden Bestimmungen der Civilprozeßordnung sind folgende:

§ 794. (702.) „Die Zwangsvollstreckung findet ferner*) statt:

1—4 . . . .

5. aus Urkunden, welche von einem deutschen Notar innerhalb der Grenzen seiner Amtsbefugnisse in der vorgeschriebenen Form aufgenommen sind, sofern die Urkunde über einen Anspruch errichtet ist, welcher die Zahlung einer bestimmten Geldsumme oder die Leistung einer bestimmten Quantität anderer vertretbarer Sachen oder Werthpapiere zum Gegenstande hat, und der Schuldner sich in der Urkunde der sofortigen Zwangsvollstreckung unterworfen hat. Als ein Anspruch, welcher die Zahlung einer Geldsumme zum Gegenstande hat, gilt auch der Anspruch aus einer Hypothek, einer Grundschuld oder einer Rentenschuld.

Soweit nach den Vorschriften der §§ 737, 739, 743, des § 745 Abs. 2 und des § 748 Abs. 2**) die Verurtheilung eines Betheiligten zur Duldung der Zwangsvollstreckung erforderlich ist, wird sie dadurch ersetzt, daß der Betheiligte in einer nach Abs. 1 Nr. 5 aufgenommenen Urkunde die sofortige Zwangsvollstreckung in die seinem Rechte unterworfenen Gegenstände bewilligt."

§ 795. (703.) „Auf die Zwangsvollstreckung aus den in den vorstehenden Paragraphen erwähnten Schuldtiteln finden die Bestimmungen der §§ 724—793 entsprechende Anwendung, soweit nicht in den §§ 796—800 abweichende Vorschriften enthalten sind."

§ 797. (705.) . . . .

„Die vollstreckbare Ausfertigung notarieller Urkunden wird von dem Notar ertheilt, welcher die Urkunde verwahrt. Befindet sich die Urkunde in der Verwahrung einer Behörde, so hat diese die vollstreckbare Ausfertigung zu ertheilen.

Die Entscheidung über Einwendungen, welche die Zulässigkeit der Vollstreckungsklausel betreffen, sowie die Entscheidung über Ertheilung einer weiteren voll-

---

*) nämlich außer aus Endurtheilen, welche rechtskräftig oder für vorläufig vollstreckbar erklärt sind, C.P.O. § 704 Abs. 1.

**) C.P.O. §§ 737, 739, 743, 745, 748 siehe unten.

streckbaren Ausfertigung erfolgt bei gerichtlichen Urkunden von dem im ersten Absatze bezeichneten Gerichte, bei notariellen Urkunden von dem Amtsgerichte, in dessen Bezirke der im zweiten Absatze bezeichnete Notar oder die daselbst bezeichnete Behörde den Amtssitz hat."

§ 798. „Aus Kostenfestsetzungsbeschlüssen und aus den nach § 794 Nr. 5 aufgenommenen Urkunden darf die Zwangsvollstreckung nur beginnen, wenn der Schuldtitel mindestens einen Tag vorher zugestellt ist."

§ 799. „Hat sich der Eigenthümer eines mit einer Hypothek, einer Grundschuld oder einer Rentenschuld belasteten Grundstücks in einer nach § 794 Nr. 5 aufgenommenen Urkunde der sofortigen Zwangsvollstreckung unterworfen und ist dem Rechtsnachfolger des Gläubigers eine vollstreckbare Ausfertigung ertheilt, so ist die Zustellung der die Rechtsnachfolge nachweisenden öffentlichen oder öffentlich beglaubigten Urkunde nicht erforderlich, wenn der Rechtsnachfolger als Gläubiger im Grundbuch eingetragen ist."

§ 800. „Der Eigenthümer kann sich in einer nach § 794 Nr. 5 aufgenommenen Urkunde in Ansehung einer Hypothek, einer Grundschuld oder einer Rentenschuld der sofortigen Zwangsvollstreckung in der Weise unterwerfen, daß die Zwangsvollstreckung aus der Urkunde gegen den jeweiligen Eigenthümer des Grundstücks zulässig sein soll. Die Unterwerfung bedarf in diesem Falle der Eintragung in das Grundbuch.

Bei der Zwangsvollstreckung gegen einen späteren Eigenthümer, der im Grundbuch eingetragen ist, bedarf es nicht der Zustellung der den Erwerb des Eigenthums nachweisenden öffentlichen oder öffentlich beglaubigten Urkunde.

Ist die sofortige Zwangsvollstreckung gegen den jeweiligen Eigenthümer zulässig, so ist für die im § 797 Abs. 5 bezeichneten Klagen das Gericht zuständig, in dessen Bezirke das Grundstück belegen ist."

§ 801. (706.) „Die Landesgesetzgebung ist nicht gehindert, auf Grund anderer als der in den §§ 704, 794 bezeichneten Schuldtitel die gerichtliche Zwangsvollstreckung zuzulassen und insoweit abweichende Vorschriften von den Bestimmungen dieses Gesetzes über die Zwangsvollstreckung zu treffen.

§ 724. (662.) „Die Zwangsvollstreckung erfolgt auf Grund einer mit der Vollstreckungsklausel versehenen Ausfertigung des Urtheils (vollstreckbare Ausfertigung)." . . . . .

§ 802. (707.) „Die in diesem Buche angeordneten Gerichtsstände sind ausschließliche."

§ 725. (663.) „Die Vollstreckungsklausel: ‚Vorstehende Ausfertigung wird dem u. s. w. (Bezeichnung der Partei) zum Zwecke der Zwangsvollstreckung ertheilt', ist der Ausfertigung des Urtheils am Schlusse beizufügen, von dem Gerichtsschreiber zu unterschreiben und mit dem Gerichtssiegel zu versehen."

§ 726. (664.) „Von den Urtheilen, deren Vollstreckung nach ihrem Inhalte von dem durch den Gläubiger zu beweisenden Eintritt einer anderen Thatsache als einer dem Gläubiger obliegenden Sicherheitsleistung abhängt, darf eine vollstreckbare Ausfertigung nur ertheilt werden, wenn der Beweis durch öffentliche oder öffentlich beglaubigte Urkunden geführt wird.

Hängt die Vollstreckung von einer Zug um Zug zu bewirkenden Leistung des Gläubigers an den Schuldner ab, so ist der Beweis, daß der Schuldner befriedigt oder im Verzuge der Annahme ist, nur dann erforderlich, wenn die dem Schuldner obliegende Leistung in der Abgabe einer Willenserklärung besteht."

§ 727. (665.) „Eine vollstreckbare Ausfertigung kann für den Rechtsnachfolger des in dem Urtheile bezeichneten Gläubigers sowie gegen denjenigen Rechtsnachfolger des in dem Urtheile bezeichneten Schuldners und denjenigen Besitzer der in Streit befangenen Sache, gegen welche das Urtheil nach § 325 wirksam ist, ertheilt werden, sofern die Rechtsnachfolge oder das Besitzverhältniß bei dem Gericht offenkundig ist oder durch öffentliche oder öffentlich beglaubigte Urkunden nachgewiesen wird.

Ist die Rechtsnachfolge oder das Besitzverhältniß bei dem Gericht offenkundig, so ist dies in der Vollstreckungsklausel zu erwähnen."

§ 325. „Das rechtskräftige Urtheil wirkt für und gegen die Parteien und diejenigen Personen, welche nach dem Eintritte der Rechtshängigkeit Rechtsnachfolger der Parteien geworden sind oder den Besitz der in Streit befangenen Sache in solcher Weise erlangt haben, daß eine der Parteien oder ihr Rechtsnachfolger mittelbarer Besitzer geworden ist.

Die Vorschriften des bürgerlichen Rechts zu Gunsten derjenigen, welche Rechte von einem Nichtberechtigten herleiten, finden entsprechende Anwendung.

Betrifft das Urtheil einen Anspruch aus einer eingetragenen Reallast, Hypothek, Grundschuld oder Rentenschuld; so wirkt es im Falle einer Veräußerung des belasteten Grundstücks in Ansehung des Grundstücks gegen den Rechtsnachfolger auch dann, wenn dieser die Rechtshängigkeit nicht gekannt hat. Gegen den Ersteher eines im Wege der Zwangsversteigerung veräußerten Grundstücks wirkt das Urtheil nur dann, wenn die Rechtshängigkeit spätestens im Versteigerungstermine vor der Aufforderung zur Abgabe von Geboten angemeldet worden ist."

§ 731. (667.) „Kann der nach dem § 726 Abs. 1 und den §§ 727—729 erforderliche Nachweis durch öffentliche oder öffentlich beglaubigte Urkunden nicht geführt werden, so hat der Gläubiger bei dem Prozeßgericht erster Instanz aus dem Urtheil auf Ertheilung der Vollstreckungsklausel Klage zu erheben."

§ 732. (668.) „Ueber Einwendungen des Schuldners, welche die Zulässigkeit der Vollstreckungsklausel betreffen, entscheidet das Gericht, von dessen Gerichtsschreiber die Vollstreckungsklausel ertheilt ist. Die Entscheidung kann ohne vorgängige mündliche Verhandlung erfolgen.

Das Gericht kann vor der Entscheidung eine einstweilige Anordnung erlassen; es kann insbesondere anordnen, daß die Zwangsvollstreckung gegen oder ohne Sicherheitsleistung einstweilen einzustellen oder nur gegen Sicherheitsleistung fortzusetzen sei."

§ 733*). (669.) „Eine weitere vollstreckbare Ausfertigung darf derselben Partei, sofern nicht die zuerst ertheilte Ausfertigung zurückgegeben wird, nur auf Anordnung des Vorsitzenden ertheilt werden.

Vor der Entscheidung kann der Schuldner gehört werden.

Der Gerichtsschreiber hat von der Ertheilung der weiteren Ausfertigung, wenn die Entscheidung, durch welche dieselbe angeordnet wird, nicht verkündet ist, den Gegner in Kenntniß zu setzen.

Die weitere Ausfertigung ist als solche unter Erwähnung der Entscheidung ausdrücklich zu bezeichnen."

§ 734. (670.) „Vor der Aushändigung einer vollstreckbaren Ausfertigung ist auf der Urschrift des Urtheils zu bemerken, für welche Partei und zu welcher Zeit die Ausfertigung ertheilt ist."

§ 736. „Zur Zwangsvollstreckung in das Gesellschaftsvermögen einer nach § 705 des Bürgerlichen Gesetzbuches eingegangenen Gesellschaft ist ein gegen alle Gesellschafter ergangenes Urtheil erforderlich."

§ 737. „Bei dem Nießbrauch an einem Vermögen ist wegen der vor der Bestellung des Nießbrauchs entstandenen Verbindlichkeiten des Bestellers die Zwangsvollstreckung in die dem Nießbrauch unterliegenden Gegenstände ohne Rücksicht auf den Nießbrauch zulässig, wenn der Besteller zu der Leistung und der Nießbraucher zur Duldung der Zwangsvollstreckung verurtheilt ist.

Das Gleiche gilt bei dem Nießbrauch an einer Erbschaft für die Nachlaßverbindlichkeiten."

§ 738. „Ist die Bestellung des Nießbrauchs an einem Vermögen nach der rechtskräftigen Feststellung einer Schuld des Bestellers erfolgt, so finden auf die Ertheilung einer in Ansehung der dem Nießbrauch unterliegenden Gegenstände vollstreckbaren Ausfertigung des Urtheils gegen den Nießbraucher die Vorschriften der §§ 727, 730—732 entsprechende Anwendung.

Das Gleiche gilt bei dem Nießbrauch an einer Erbschaft für die Ertheilung einer vollstreckbaren Ausfertigung des gegen den Erblasser ergangenen Urtheils."

§ 739. „Bei dem Güterstande der Verwaltung und Nutznießung, der Errungenschaftsgemeinschaft oder der Fahrnisgemeinschaft ist die Zwangsvollstreckung in das eingebrachte Gut der Ehefrau nur zulässig, wenn die Ehefrau zu der Leistung und der Ehemann zur Duldung der Zwangsvollstreckung in das eingebrachte Gut verurtheilt ist."

§ 740. „Bei dem Güterstande der allgemeinen Gütergemeinschaft, der Errungenschaftsgemeinschaft oder der Fahrnißgemeinschaft ist zur Zwangsvollstreckung in das Gesammtgut ein gegen den Ehemann ergangenes Urtheil erforderlich und genügend."

§ 741. „Betreibt die Ehefrau selbständig ein Erwerbsgeschäft, so ist zur Zwangsvollstreckung in das eingebrachte Gut und in das Gesammtgut ein gegen die Ehefrau ergangenes Urtheil genügend, es sei denn, daß zur Zeit des Eintritts der Rechtshängigkeit der Einspruch des Ehemanns gegen den Betrieb des Erwerbsgeschäfts oder der Widerruf seiner Einwilligung zu dem Betrieb im Güterrechtsregister eingetragen war."

§ 742. „Ist der Güterstand der Verwaltung und Nutznießung, der Errungenschaftsgemeinschaft oder der Fahrnißgemeinschaft erst eingetreten, nachdem ein von

*) zu § 732, 733 s. oben § 797 Abs. 2 und 3.

der Ehefrau oder gegen sie geführter Rechtsstreit rechtshängig geworden ist, so finden auf die Ertheilung einer in Ansehung des eingebrachten Gutes der Ehefrau vollstreckbaren Ausfertigung des Urtheils für oder gegen den Ehemann die Vorschriften der §§ 727, 730—732 entsprechende Anwendung.

Das Gleiche gilt für die Ertheilung einer in Ansehung des Gesammtguts vollstreckbaren Ausfertigung, wenn die allgemeine Gütergemeinschaft oder die Fahrnißgemeinschaft erst eingetreten ist, nachdem ein von der Ehefrau oder gegen sie geführter Rechtsstreit rechtshängig geworden ist."

§ 743. „Nach der Beendigung der allgemeinen Gütergemeinschaft, der Errungenschaftsgemeinschaft oder der Fahrnißgemeinschaft ist vor der Auseinandersetzung die Zwangsvollstreckung in das Gesammtgut nur zulässig, wenn beide Ehegatten zu der Leistung oder der eine Ehegatte zu der Leistung und der andere zur Duldung der Zwangsvollstreckung verurtheilt sind."

§ 744. „Ist die Beendigung der allgemeinen Gütergemeinschaft, der Errungenschaftsgemeinschaft oder der Fahrnißgemeinschaft nach der Beendigung eines Rechtsstreits des Ehemanns eingetreten, so finden auf die Ertheilung einer in Ansehung des Gesammtguts vollstreckbaren Ausfertigung des Urtheils gegen die Ehefrau die Vorschriften der §§ 727, 730—732 entsprechende Anwendung."

§ 745. „Im Falle der fortgesetzten Gütergemeinschaft ist zur Zwangsvollstreckung in das Gesammtgut ein gegen den überlebenden Ehegatten ergangenes Urtheil erforderlich und genügend.

Nach der Beendigung der fortgesetzten Gütergemeinschaft finden die Vorschriften der §§ 743, 744 mit der Maßgabe Anwendung, daß an die Stelle des Ehemanns der überlebende Ehegatte, an die Stelle der Ehefrau die antheilsberechtigten Abkömmlinge treten."

§ 746. „Zur Zwangsvollstreckung in das der elterlichen Nutznießung unterliegende Vermögen des Kindes ist ein gegen das Kind ergangenes Urtheil genügend."

§ 747. „Zur Zwangsvollstreckung in einem Nachlaß ist, wenn mehrere Erben vorhanden sind, bis zur Theilung ein gegen alle Erben ergangenes Urtheil erforderlich.

§ 748. „Unterliegt ein Nachlaß der Verwaltung eines Testamentsvollstreckers, so ist zur Zwangsvollstreckung in den Nachlaß ein gegen den Testamentsvollstrecker ergangenes Urtheil erforderlich und genügend.

Steht dem Testamentsvollstrecker nur die Verwaltung einzelner Nachlaßgegenstände zu, so ist die Zwangsvollstreckung in diese Gegenstände nur zulässig, wenn der Erbe zu der Leistung, der Testamentsvollstrecker zur Duldung der Zwangsvollstreckung verurtheilt ist.

Zur Zwangsvollstreckung wegen eines Pflichttheilsanspruchs ist im Falle des Abs. 1 wie im Falle des Abs. 2 ein sowohl gegen den Erben als gegen den Testamentsvollstrecker ergangenes Urtheil erforderlich."

§ 749. „Auf die Ertheilung einer vollstreckbaren Ausfertigung eines für oder gegen den Erblasser ergangenen Urtheils für oder gegen den Testamentsvollstrecker finden die Vorschriften der §§ 727, 730—732 entsprechende Anwendung. Auf Grund einer solchen Ausfertigung ist die Zwangsvollstreckung nur in die der Verwaltung des Testamentsvollstreckers unterliegenden Nachlaßgegenstände zulässig."

§ 750. (671.) „Die Zwangsvollstreckung darf nur beginnen, wenn die Personen, für und gegen welche sie stattfinden soll, in dem Urtheil oder in der demselben beigefügten Vollstreckungsklausel namentlich bezeichnet sind und das Urtheil bereits zugestellt ist oder gleichzeitig zugestellt wird.

Handelt es sich um die Vollstreckung eines Urtheils, dessen vollstreckbare Ausfertigung nach § 726 Abs. 1 ertheilt worden ist, oder soll ein Urtheil, welches nach den §§ 727—729, 738, 742, 744, dem § 745 Abs. 2 und dem § 749 für oder gegen eine der dort bezeichneten Personen wirksam ist, für oder gegen eine dieser Personen vollstreckt werden, so muß außer dem zu vollstreckenden Urtheil auch die demselben beigefügte Vollstreckungsklausel und, sofern die Vollstreckungsklausel auf Grund öffentlicher oder öffentlich beglaubigter Urkunden ertheilt ist, auch eine Abschrift dieser Urkunden vor Beginn der Zwangsvollstreckung zugestellt sein oder gleichzeitig mit Beginn derselben zugestellt werden."

§ 751. (672.) „Ist die Geltendmachung des Anspruchs von dem Eintritt eines Kalendertages abhängig, so darf die Zwangsvollstreckung nur beginnen, wenn der Kalendertag abgelaufen ist.

Hängt die Vollstreckung von einer dem Gläubiger obliegenden Sicherheitsleistung ab, so darf der Beginn der Zwangsvollstreckung nur erfolgen, wenn die

Sicherheitsleistung durch eine öffentliche oder öffentlich beglaubigte Urkunde nachgewiesen und eine Abschrift dieser Urkunde bereits zugestellt ist oder gleichzeitig zugestellt wird."

§ 752. (673.) „Gegen eine dem aktiven Heere oder der aktiven Marine angehörende Militärperson darf die Zwangsvollstreckung erst beginnen, nachdem von derselben die vorgesetzte Militärbehörde Anzeige erhalten hat.

Dem Gläubiger ist auf Verlangen der Empfang der Anzeige von der Militärbehörde zu bescheinigen."

§ 767. (686.), „Einwendungen, welche den durch das Urtheil festgestellten Anspruch selbst betreffen, sind von dem Schuldner im Wege der Klage bei dem Prozeßgericht erster Instanz geltend zu machen.

Dieselben sind nur insoweit zulässig, als die Gründe, auf denen sie beruhen, erst nach dem Schlusse derjenigen mündlichen Verhandlung, in welcher Einwendungen in Gemäßheit der Bestimmungen dieses Gesetzes spätestens hätten geltend gemacht werden müssen, entstanden sind und durch Einspruch nicht mehr geltend gemacht werden können.

Der Schuldner muß in der von ihm zu erhebenden Klage alle Einwendungen geltend machen, welche er zur Zeit der Erhebung der Klage geltend zu machen im Stande war."

§ 768. (687.) „Die Bestimmungen des § 767 Abs. 1, 3 finden entsprechende Anwendung, wenn in den Fällen des § 726 Abs. 1, der §§ 727—729, 738, 742, 744, des § 745 Abs. 2 und des § 749 der Schuldner den bei der Ertheilung der Vollstreckungsklausel als bewiesen angenommenen Eintritt der Voraussetzung für die Ertheilung der Vollstreckungsklausel bestreitet, unbeschadet der Befugniß des Schuldners, in diesen Fällen Einwendungen gegen die Zulässigkeit der Vollstreckungsklausel in Gemäßheit des § 732 zu erheben."

§ 792. „Bedarf der Gläubiger zum Zwecke der Zwangsvollstreckung eines Erbscheins oder einer anderen Urkunde, die dem Schuldner auf Antrag von einer Behörde, einem Beamten oder einem Notar zu ertheilen ist, so kann er die Ertheilung an Stelle des Schuldners verlangen."

§ 793. (701.) Gegen Entscheidungen, welche im Zwangsvollstreckungsverfahren ohne vorgängige mündliche Verhandlung erfolgen können, findet sofortige Beschwerde statt."

Auf Grund des in C.P.O. § 801 (siehe oben) der Landesgesetzgebung gemachten Vorbehaltes sind für das rechtsrheinische Bayern in Art. 127—139, dann für die Pfalz in Art. 220, 221 des Ausf.Ges. z. C.P.O. und K.O. besondere Vorschriften über die Vollstreckbarkeit der Hypothekenurkunden und Ewiggeldbriefe gegeben.

Hiezu vergl. E.G. z. Ges., betreffend Aenderungen der C.P.O. vom 17. Mai 1898 (R.G.Bl. S. 332) Art. VIII:

„Die landesgesetzlichen Vorschriften über die Vollstreckbarkeit von Hypothekenurkunden bleiben in Ansehung der Hypotheken in Kraft, welche schon zu der Zeit bestehen, zu welcher das Grundbuch als angelegt anzusehen ist."

und A.G. z. B.G.B. (G.B.Bl. 1899 S. 401) Art. 166:

„Das Gesetz vom 23. Februar 1879 zur Ausführung der Reichs-Civilprozeßordnung und Konkursordnung wird dahin geändert:

. . . .

XVI. Die Artikel 12 bis 19, 23 bis 33, 56 bis 67, 71 bis 77, 79 bis 87, 89 bis 121, 123 bis 126, 135, 140 bis 168, 171 bis 174, 176 bis 219, 222 bis 224 werden aufgehoben.

Die Vorschriften der Artikel 25 bis 33, 125, 171 bleiben jedoch in Kraft, bis das Grundbuch als angelegt anzusehen ist. Für das im § 82 des Hypothekengesetzes bestimmte Aufgebot verbleibt es in Ansehung des Verfahrens bei den bisherigen Vorschriften mit der Maßgabe, daß die Vorschriften des Artikel 69^b entsprechende Anwendung finden und die Aufgebotsfrist mindestens sechs Wochen betragen muß. Bei einer vertragsmäßigen Versteigerung von Grundstücken nach Artikel 202 bleiben für das Verfahren die Vorschriften des Artikel 202 Abs. 1, 4 bis 7 maßgebend.

Die Artikel 127 bis 134, 136 bleiben in Ansehung der Hypotheken in Kraft, welche zu der Zeit bestehen, zu der das Grundbuch als angelegt anzusehen ist. . . . .

Die Artikel 220, 221 bleiben für die nach den bisherigen Vorschriften errichteten Urkunden der in ihnen bezeichneten Art in Kraft. . . . . ."

Art. 176: „Dieses Gesetz tritt gleichzeitig mit dem B.G.B. in Kraft."

Art. 177: „Die in diesem Gesetz abgeänderten oder für aufgehoben erklärten Vorschriften des Liegenschaftsrechts bleiben, unbeschadet der Vorschriften des Art. 67, insoweit in Kraft, als ihre Geltung im Art. 189 des Einführungsgesetzes zum Bürgerlichen Gesetzbuche vorbehalten ist."

E.G. z. B.G.B. Art. 189:

„Der Erwerb und Verlust des Eigenthums sowie die Begründung, Uebertragung, Belastung und Aufhebung eines anderen Rechtes an einem Grundstück oder eines Rechtes an einem solchen Rechte erfolgen auch nach dem Inkrafttreten des B.G.B. nach den bisherigen Gesetzen, bis das Grundbuch als angelegt anzusehen ist. Das Gleiche gilt von der Aenderung des Inhalts und des Ranges der Rechte. Ein nach den Vorschriften des B.G.B. unzulässiges Recht kann nach dem Inkrafttreten des B.G.B. nicht mehr begründet werden.

Ist zu der Zeit, zu welcher das Grundbuch als angelegt anzusehen ist, der Besitzer als der Berechtigte im Grundbuch eingetragen, so finden auf eine zu dieser Zeit noch nicht vollendete, nach § 900 des B.G.B. zulässige Ersitzung die Vorschriften des Art. 169 entsprechende Anwendung.

Die Aufhebung eines Rechtes, mit dem ein Grundstück oder ein Recht an einem Grundstücke zu der Zeit belastet ist, zu welcher das Grundbuch als angelegt anzusehen ist, erfolgt auch nach dieser Zeit nach den bisherigen Gesetzen, bis das Recht in das Grundbuch eingetragen wird."

Hienach ergibt sich bezüglich der ferneren Geltung dieser einzelnen Vorschriften des Ausf.Ges. z. R.C.P.O. und K.O. Folgendes:

A. **Allgemein aufrecht bleiben die in Art. 137, 138 und 139 gegebenen Vorschriften über die Zwangsvollstreckung aus den älteren Hypothekenurkunden und aus den Ewiggeldbriefen.** Diese Bestimmungen lauten:

Art. 137. „Die Bestimmungen der Art. 128—136 gelten auch für die vollstreckbaren Ausfertigungen, welche nach dem Inkrafttreten des gegenwärtigen Gesetzes von den vor diesem Zeitpunkte unter der Herrschaft des Notariatsgesetzes vom 10. November 1861 errichteten Hypothekenurkunden ertheilt werden.

Die Voraussetzungen, unter welchen die Zwangsvollstreckung aus den vor dem Inkrafttreten des gegenwärtigen Gesetzes ertheilten vollstreckbaren Ausfertigungen stattfindet, sind nach den bisherigen Bestimmungen zu beurtheilen."

Art. 138. „Aus den Hypothekenbriefen, welche vor dem 1. Juli 1862 errichtet sind, findet die Zwangsvollstreckung in gleicher Weise wie aus den in Art. 137 Abs. 2 genannten vollstreckbaren Ausfertigungen statt."

Art. 139. „Aus den Ewiggeldbriefen findet wegen rückständiger Gilten Zwangsversteigerung und Zwangsverwaltung der belasteten Sache statt. Ewiggeldbriefe bedürfen der Vollstreckungsklausel nicht.

Für einen Rechtsnachfolger des ursprünglichen Ewiggeldgläubigers findet die Zwangsvollstreckung aus dem Ewiggeldbriefe nur dann statt, wenn das Ewiggeld im Grundbuche auf denselben umgeschrieben ist."

Vergl. Becher S. 1280 II.

Zu Art. 137 Abs. 2 ist **für die Zwangsvollstreckung aus den vor dem Inkrafttreten der Civilprozeßordnung, d. i. vor dem 1. Oktober 1879** (vergl. E.G. z. C.P.O. § 1 und E.G. z. G.V.G. § 1), **ertheilten vollstreckbaren Ausfertigungen früherer notarieller Hypothekenurkunden maßgebend die Vorschrift in E.G. z. C.P.O. § 22:**

„Aus einer vor dem Inkrafttreten der Civilprozeßordnung aufgenommenen Urkunde, aus welcher nach den bisherigen Gesetzen die Zwangsvollstreckung zulässig ist, findet dieselbe auch nach dem Inkrafttreten der Civilprozeßordnung statt, jedoch nur innerhalb des Rechtsgebietes, in welchem die ihre Zulässigkeit bedingenden Gesetze gegolten haben, sofern nicht die Urkunde den Erfordernissen der Civilprozeßordnung entspricht."

ferner Bayer. Prozeßordnung vom 29. April 1869:

Art. 821. „Die Zwangsvollstreckung findet vorbehaltlich besonderer gesetzlicher Bestimmung nur auf Grund einer vollstreckbaren Urkunde statt.

Setzt die vollstreckbare Urkunde zu ihrem Vollzuge das Vorhandensein einer durch die Urkunde nicht nachgewiesenen Thatsache voraus, so muß diese durch eine andere Urkunde nachgewiesen sein und gilt Alles, was bezüglich der Zustellung der vollstreckbaren Urkunde vorgeschrieben ist, auch für die Ergänzungsurkunde.

Soweit bei Geldforderungen der Betrag derselben in der vollstreckbaren Urkunde nicht genau festgestellt ist, ist die Vollstreckung erst zulässig, wenn die Feststellung durch das in der Hauptsache zuständige Gericht erfolgt ist."

Art. 835. „Der dritte Erwerber eines Anspruchs kann wegen desselben die Vollstreckung nicht beginnen oder fortsetzen, ohne seinen Erwerbstitel dem Schuldner zustellen zu lassen.

Auf Intestaterben findet diese Bestimmung nur dann Anwendung, wenn sie einen ihren Intestaterbtheil übersteigenden Betrag ansprechen."

Vergl. Boehm S. 223, Becher S. 1280 III, Enderlein S. 311.

Zu Art. 139 Zwangsvollstreckung aus Ewiggeldbriefen vergl. Becher S. 1281, Enderlein S. 311, ferner Ges.Uebergangsvorschriften:

Art. 47: „Ein Ewiggeld, das zu der Zeit besteht, zu welcher das Grundbuch als angelegt anzusehen ist, verwandelt sich in eine Rentenschuld."

B. Die übrigen Bestimmungen des A.G. z. C.P.O. und K.O. wie angeführt bleiben in Gemäßheit der Bestimmung in A.G. z. B.G.B. Art. 177 mit E.G. z. B.G.B. Art. 189 bis zur Anlegung des Grundbuchs in Kraft, insoweit sie sich auf Rechtsänderungen des Liegenschaftsrechtes, d. i. auf Erwerb und Verlust des Eigenthums, sowie Begründung, Uebertragung, Belastung und Aufhebung eines anderen Rechtes an einem Grundstücke oder eines Rechtes an einem solchen Rechte oder auf Aenderung des Inhaltes und des Ranges der Rechte beziehen.

Die Bestimmungen des A.G. z. C.P.O. und K.O. lauten:

Art. 127. „Aus Hypothekenurkunden findet die Zwangsvollstreckung statt, wenn die Hypothek vertragsmäßig für einen Anspruch bestellt ist, welcher die Zahlung einer bestimmten Geldsumme zum Gegenstande hat und durch die Urkunde festgestellt ist.

Die Unterwerfung unter die sofortige Zwangsvollstreckung ist nicht erforderlich."

Art. 128. „Die Zwangsvollstreckung aus Hypothekenurkunden findet auch gegen den dritten Besitzer der Sache statt."

Art. 129. „Die Zwangsvollstreckung aus Hypothekenurkunden findet sowohl in das bewegliche als in das unbewegliche Vermögen statt.

Gegen den dritten Besitzer der Sache ist der Gläubiger nur soweit mit der Zwangsvollstreckung vorzugehen berechtigt, als dessen Haftung nach dem Hypothekengesetze begründet ist."

Art. 130. „Die vollstreckbare Ausfertigung wird von dem Notar, welcher die Hypothekenurkunde verwahrt, oder von dem Gerichtsschreiber des Gerichts ertheilt, welches die Urkunde über die Hypothekbestellung aufgenommen hat."

Art. 131. „Wenn die Zwangsvollstreckung wegen eines Theils der beurkundeten Ansprüche von dem durch den Gläubiger zu beweisenden Eintritte einer Thatsache abhängt und diese Thatsache noch nicht eingetreten ist, so wird eine vollstreckbare Ausfertigung nur wegen jener Ansprüche ertheilt, wegen deren die Zwangsvollstreckung ohne Rücksicht auf den Eintritt der Thatsache zulässig ist. Die Beschränkung der Vollstreckbarkeit ist in der Vollstreckungsklausel auszudrücken."

Art. 132. Ist eine vollstreckbare Ausfertigung ertheilt, deren Vollstreckbarkeit auf einen Theil der beurkundeten Ansprüche beschränkt ist, so ist nach dem Eintritte der Thatsache, von deren Eintritte die Zwangsvollstreckung wegen eines anderen Theils der beurkundeten Ansprüche abhängt, auf Antrag des Gläubigers statt der Ertheilung einer neuen vollstreckbaren Ausfertigung der früher ertheilten eine neue, die Vollstreckbarkeit entsprechend ausdehnende Vollstreckungsklausel beizufügen.

In gleicher Weise ist in anderen Fällen, wenn ein Umstand eingetreten ist, welcher eine neue Vollstreckungsklausel erforderlich macht, auf Antrag des Gläubigers die neue, der eingetretenen Veränderung entsprechende Vollstreckungsklausel der früher ertheilten vollstreckbaren Ausfertigung beizufügen.

Zur Ertheilung der neuen Vollstreckungsklausel ist sowohl der Beamte, welcher die vollstreckbare Ausfertigung zu ertheilen hat (Art. 130), als das Hypothekenamt zuständig."

Art. 133. „Ist eine vollstreckbare Ausfertigung ertheilt, deren Vollstreckbarkeit auf einen Theil der beurkundeten Ansprüche beschränkt ist, so kann eine neue vollstreckbare Ausfertigung, auch wenn sie nur wegen derjenigen Ansprüche verlangt wird, auf welche die Vollstreckbarkeit der früher ertheilten sich erstreckt, nur nach Maßgabe der Vorschriften ertheilt werden, welche für die Ertheilung einer weiteren vollstreckbaren Ausfertigung gelten."

Art. 134. „Zum Nachweise eines Umstandes, welchen der Gläubiger zu beweisen hat, um die vollstreckbare Ausfertigung oder die neue Vollstreckungsklausel zu erhalten, genügt ein Eintrag im Hypothekenbuche, aus welchem der zu beweisende Umstand erhellt.

Wird die vollstreckbare Ausfertigung oder die neue Vollstreckungsklausel auf Grund des Eintrags im Hypothekenbuche ertheilt, so ist dies in der Vollstreckungsklausel zu erwähnen. Die Zustellung einer Abschrift des Eintrags findet nicht statt."

Art. 136. „Im Uebrigen finden auf die Zwangsvollstreckung aus Hypothekenurkunden die Bestimmungen der Civilprozeßordnung entsprechende Anwendung."

Art. 220. „Innerhalb des Regierungsbezirkes der Pfalz findet die Zwangsvollstreckung auch aus folgenden Schuldtiteln statt:

1. aus Notariatsurkunden über freiwillige gerichtliche Versteigerungen von Liegenschaften,
2. aus Notariatsurkunden über die Theilung einer Erb- oder sonstigen Masse oder eines sonstigen ungetheilten Gegenstandes sowie über die Theilungsversteigerungen (Licitationen)."

Art. 221. „Auf die Zwangsvollstreckung aus den in dem vorstehenden Artikel erwähnten Urkunden finden die Bestimmungen des § 703 der Civilprozeßordnung Anwendung.

Hat der Anspruch, über welchen die Notariatsurkunde errichtet ist, eine unbewegliche Sache zum Gegenstande, so ist für die Klagen gemäß § 705 Abs. 5 der Civilprozeßordnung das Gericht ausschließlich zuständig, in dessen Bezirke die Sache belegen ist."

C. Von dem Zeitpunkte an, mit welchem das Grundbuch für angelegt gilt, bleiben die ad B aufgeführten bisherigen Vorschriften nur mehr für die bis zu diesem Zeitpunkte bestehenden Hypotheken und in der Pfalz für die in Art. 220, 221 bezeichneten Urkunden in Kraft, während für die nach Anlegung des Grundbuches zu errichtenden Schuldurkunden nur mehr die Bestimmungen der C.P.O. maßgebend sind, s. oben.

Hieher gehört endlich noch bezüglich der Vollstreckung der Hypothekenbriefe über die im Wege der Zwangsvollstreckung eingetragenen Hypotheken die Uebergangsbestimmung des Artikels 52 A.G. z. Gr.B.O. und Zw.V.G.:

„Das Gesetz vom 23. Februar 1879, die Zwangsvollstreckung in das unbewegliche Vermögen wegen Geldforderungen betreffend, und das Gesetz vom 29. Mai 1886, Aenderungen der Bestimmungen über die Zwangsvollstreckung in das unbewegliche Vermögen betreffend, werden aufgehoben.

Die Vorschrift des Art. 42 des Gesetzes vom 29. Mai 1886 bleibt jedoch für die Hypotheken in Kraft, welche schon zu der Zeit bestehen, zu welcher das Grundbuch als angelegt anzusehen ist."

Art. 42 der Novelle vom 29. Mai 1886:

„Aus einem Hypothekenbriefe über die im Wege der Zwangsvollstreckung eingetragene Hypothek, welcher mit der zum Zwecke der Zwangsvollstreckung ertheilten Ausfertigung verbunden ist, findet die Zwangsvollstreckung gegen den dritten Besitzer nach Maßgabe der Art. 128 bis 136 des Ausführungsgesetzes zur Reichs-Civil-Prozeßordnung und Konkursordnung statt."

Anm. 2. Die Frage, welche notariellen Urkunden für vollstreckbar erklärt werden können, beantwortet sich aus den in Anm. 1 angeführten Gesetzesbestimmungen dahin, daß nur diejenigen notariellen Urkunden, aus welchen die Zwangsvollstreckung stattfindet, vollstreckbar ausgefertigt werden können. Es sind die in Gemäßheit der C.P.O. § 794 Nr. 5 von einem Notare aufgenommenen Urkunden, insoferne sie den darin vorgeschriebenen Bestimmungen entsprechen.

Außerdem läßt das Gesetz über die Angelegenheiten der freiwilligen Gerichtsbarkeit §§ 98, 99 die Zwangsvollstreckung bei der Auseinandersetzung eines Nachlasses oder der Gütergemeinschaft aus einer vorgängigen Vereinbarung sowie aus der rechtskräftig bestätigten Auseinandersetzung zu. Da für die Vermittelung dieser Auseinandersetzung nach A.G. z. B.G.B. § 104 neben den Amtsgerichten auch die Notare zuständig sind, ist die vollstreckbare Ausfertigung einer solchen vom Notar bethätigten Auseinandersetzung gemäß C.P.O. § 797 Abs. 2 von dem Notar, in dessen Verwahr die von ihm aufgenommene Urkunde zu verbleiben hat, zu ertheilen. Auf die Zwangsvollstreckung aus diesen Vereinbarungen und Auseinandersetzungen finden nach Ges. freiw. Ger. § 98 lediglich die Vorschriften der C.P.O. § 795 und 797 und die in § 795 angezogenen weiteren Bestimmungen der C.P.O. entsprechende Anwendung, nicht auch die Bestimmungen der C.P.O. § 794, weshalb es der Unterwerfungsklausel in der Urkunde nicht bedarf. Vergl. hiezu Art. 1 Anm. 10. I.

Was speziell die Hypothekurkunden anlangt, d. i. Urkunden, in welchen für eine Forderung Hypothek bestellt ist, ist zu beachten, daß die C.P.O. in § 794 Nr. 5 die Zwangsvollstreckung nur für zulässig erklärt aus Urkunden, welche von einem deutschen Gerichte oder von einem deutschen Notar innerhalb der Grenzen seiner Amtsbefugnisse in der vorgeschriebenen Form aufgenommen sind. Die Grundbuchämter sind in Bayern, da nach A.G. z. Gr.B.O. Art. 1 für deren Verrichtungen die Amtsgerichte zuständig sind, zwar Gerichte, doch ist ihnen weder nach Reichsrecht noch nach Landesrecht die Beurkundung der Schuldverträge (Schuldbekenntnisse) eingeräumt, sondern sind hiezu nach Art. 1 des gegenwärtigen Gesetzes ausschließlich die Notare zuständig. Hieraus ergibt sich, daß aus einem Hypothekenbrief, Grundschuldbrief und Rentenschuldbrief, welche nach Anlegung des Grundbuches gemäß B.G.B. § 1116 Abs. 1, 1192, 1199 und Gr.B.O. § 56, 70 vom Grundbuchamte ertheilt werden, die Zwangsvollstreckung nicht zulässig ist.

Will also der Hypothekgläubiger einen vollstreckbaren Titel gegen seinen Schuldner erhalten, auf Grund dessen er gegebenen Falles gegen letzteren mit der Zwangsvollstreckung vorgehen kann, und dieses wird bei den weitaus meisten Darlehenshingaben die Regel sein, so muß er verlangen, daß der Darlehensempfänger eine Schuldurkunde im Sinne des § 794 Nr. 5 C.P.O. aufnehmen läßt, und in dieser für seine Schuld Hypothek errichtet und die Eintragung der Hypothek im Grundbuche beantragt: Bei Briefhypotheken wird der Notar die für den Gläubiger bestimmte Ausfertigung der Schuldurkunde dem Grundbuchamte vorzulegen und letzteres dieselbe gemäß Gr.B.O. § 58 mit dem vom Grundbuchamte zu ertheilenden Hypothekenbriefe zu verbinden haben, worauf der Notar die Vollstreckungsklausel beizufügen hat. Hierüber werden die zu erlassenden Vorschriften über das Verfahren in Grundbuchsachen und den Verkehr der Notare mit den Grundbuchämtern das Nähere bestimmen.

Es ist ferner künftig d. i. nach Anlegung des Grundbuches zur Zulässigkeit der Zwangsvollstreckung einer notariellen Urkunde immer erforderlich, daß der Schuldner sich in der Urkunde der sofortigen Zwangsvollstreckung unterworfen hat, während die bisherige Bestimmung des Art. 127 Ausf. Ges. z. C.P.O. und K.O., wonach aus Hypothekurkunden die Zwangsvollstreckung auch stattfindet, ohne daß die Unterwerfung unter die sofortige Zwangsvollstreckung erforderlich ist, nur noch für die Uebergangszeit d. i. bis zur Anlegung des Grundbuches und von diesem Zeitpunkte an nur noch für diejenigen Hypotheken, welche zur Zeit der Anlegung des Grundbuches bestehen, in Kraft bleibt (s. oben Anm. 1).

Da übrigens nach Art. 127 Abs. 2 A.G. z. C.P.O. u. K.O. die Unterwerfungsklausel in Hypothekurkunden nicht unzulässig, sondern nur nicht erforderlich ist, weil der bisherigen Hypothekurkunde die Vollstreckbarkeit kraft Gesetzes zukommt, empfiehlt sich die Aufnahme der Vollstreckungsklausel in dieselben schon nach bisherigem Rechte zur Sicherung der Zwangsvollstreckung aus der Urkunde, wenn nicht als Hypothekurkunde so doch als notarielle Urkunde im Sinne der Civilprozeßordnung. Noch mehr empfiehlt sich aus Gründen einer möglichst einheitlichen Beurkundung die Aufnahme der Unterwerfungsklausel in die Hypothekurkunden für die Uebergangszeit, je näher der Zeitpunkt der Anlegung des Grundbuches kommt, da dieser Zeitpunkt voraussichtlich nicht der gleiche für das ganze Königreich, sondern für einzelne Landgerichts- oder wünschenswerther Oberlandesgerichts-Bezirke verschieden sein wird, damit nicht, je nachdem in dem einen Bezirke das Grundbuch angelegt ist und in dem anderen nicht, bei Aufnahme der Urkunden ein Unterschied gemacht zu werden braucht.

Um endlich dem Gläubiger die Zwangsvollstreckung auch gegen den Sondernachfolger seines ursprünglichen Schuldners d. i. gegen den Drittbesitzer in gleicher Weise zu ermöglichen, wie dies bisher auf Grund A.G. z. C.P.O. und K.O. 127 und 128 landesgesetzlich zugelassen ist, bestimmt der durch die Novelle z. C.P.O. vom 17. Mai 1898 neu eingefügte § 800 C.P.O. (siehe oben Anm. 1), daß der Eigenthümer eines mit einer Hypothek, einer Grundschuld oder einer Rentenschuld belasteten Grundstückes sich in einer nach § 794 Nr. 5*) C.P.O. aufgenommenen Urkunde in Ansehung einer Hypothek, einer Grundschuld oder einer Rentenschuld der sofortigen Zwangsvollstreckung in der Weise unterwerfen kann, daß die Zwangsvollstreckung aus der Urkunde gegen den jeweiligen Eigenthümer des Grundstückes zulässig sein soll. Diese Unterwerfung bedarf jedoch der Eintragung in das Grundbuch. (Vergl. Begründung S. 164.)

Hienach wird jeder vorsichtige Gläubiger die Hingabe eines Hypothekdarlehens davon abhängig machen, daß der Schuldner eine Schuldurkunde nicht allein im Sinne des § 794 Nr. 5 C.P.O. sondern mit der auf den Drittbesitzer erweiterten Unterwerfungsklausel des § 800 C.P.O. errichten läßt und in der Schuldurkunde die Eintragung der Unterwerfung in das Grundbuch beantragt, wodurch allein der Gläubiger die gleichen Rechte bezüglich der Zwangsvollstreckung gegen seinen Schuldner und dessen Besitznachfolger sich sichert, wie sie ihm nach bisherigem Rechte zusteht.

Anm. 3. Voraussetzungen der Vollstreckbarkeit.

Vgl. hiezu die in der deutschen Notariatszeitung 1899 S. 142 enthaltene, ebenso erschöpfende wie lichtvolle Abhandlung des kgl. Notars Dr. Brunner in München, welche leider erst nach Fertigstellung gegenwärtiger Besprechung erschienen ist und daher nicht mehr benützt werden konnte. In den weitaus meisten und wichtigsten Punkten ist diese Abhandlung in Uebereinstimmung mit nachfolgenden Ausführungen.

Die Voraussetzungen zur Vollstreckbarkeit der notariellen Urkunden, soweit die Zwangsvollstreckung aus ihnen in Gemäßheit der Bestimmungen in C.P.O. § 794 erfolgt, also von den weiter zugelassenen Vollstreckungstiteln abgesehen, lassen sich in allgemeine und besondere eintheilen. Die allgemeinen Voraussetzungen müssen in der Urkunde enthalten, mithin durch diese bewiesen sein, damit überhaupt die Zwangsvollstreckung daraus stattfinden kann; die besonderen Voraussetzungen müssen, wenn nicht durch die Urkunde selbst, so durch andere Beweismittel

---

*) Der amtliche Wortlaut in C.P.O. 798, 799, 800 citiert kurzweg „§ 794 Nr. 5", statt richtiger § 794 Abs. 1 Nr. 5, weshalb dieser amtliche Wortlaut beibehalten wird; vergl. R.G.Bl. 1898 S. 304, § 705[a], 705[b], 705[c] und S. 562, § 798, 799, 800.

erwiesen und ihr Vorhandensein in der Vollstreckungsklausel konstatirt sein, damit die Zwangsvollstreckung im konkreten Fall bethätigt werden kann; (Enderlein S. 298).

A. Allgemeine Voraussetzungen.

Damit eine notarielle Urkunde vollstreckbar erklärt werden kann, muß sie Folgendes enthalten:

a) Die Urkunde muß von einem deutschen Notar innerhalb der Grenzen seiner Amtsbefugnisse in der vorgeschriebenen Form aufgenommen sein, C.P.O. § 794 Nr. 5.

Die Grenzen der Amtsbefugnisse des Notars sind durch seine örtliche Zuständigkeit gegeben; vergl. hierüber Art. 6 Anm. 3 und 4. Gemäß der Bestimmung in Art. 6 Abs. 5 kann von einer Notariatsurkunde, welche von einem Notar außerhalb seines Amtsbezirkes errichtet ist, der Notar eine vollstreckbare Ausfertigung ertheilen. Ueber Form der Notariatsurkunden s. Art. 24—36.

Aus einer gemäß Art. 47 bei dem Notar hinterlegten Ausfertigung einer zu Verlust gegangenen Urschrift kann, da diese hinterlegte Ausfertigung in allen Beziehungen die Urschrift vollwirksam vertritt, eine vollstreckbare Ausfertigung ertheilt werden; Motive 438.

In gleicher Weise können auch aus einer gemäß Art. 22 des bisherigen rechtsrh. Not.Ges. von den Betheiligten über ein Rechtsgeschäft errichteten und von ihnen bei einem Notar hinterlegten Privaturkunde, wenn der Schuldner in dieser auf sein Betreiben errichteten Hinterlegungsurkunde sich der sofortigen Zwangsvollstreckung unterworfen hat, unter der in Abs. 3 l. c. gegebenen Einschränkung d. i. gegen diejenigen Verpflichteten, welche zur Hinterlegung der Urkunde zu dem Zwecke, ihr hiedurch die Eigenschaft einer Notariatsurkunde zu verleihen, mitgewirkt haben, vollstreckbare Ausfertigungen ertheilt werden. Denn da über diese Hinterlegung zu dem bestimmten Zwecke eine Notariatsurkunde aufgenommen ist, welche in Verbindung mit der ihr beizuheftenden Privaturkunde die Urschrift für das Rechtsgeschäft bildet, liegt eine von einem Notar in zuständiger Weise und in vorgeschriebener Form errichtete Urkunde vor; vergl. Hellmann Comm. z. C.P.O. zu § 702 (frühere Textierung), Bomhard S. 87, Zink I S. 656 Nr. 2, Rösl S. 221; dagegen a. M. Enderlein S. 298.

b) Die Urkunde muß in der Verwahrung des Notars sein, C.P.O. § 797 Abs. 2.

Von Urkunden, welche in Urschrift den Betheiligten ausgehändigt oder an andere Beamte oder Behörden abgegeben sind (Art. 38), können keine vollstreckbaren Ausfertigungen ertheilt werden, weder vor ihrer Aushändigung oder Abgabe, noch nachträglich, wenn sie zu diesem Zwecke von den Betheiligten dem Notar vorgelegt werden. Darüber, daß nur der Notar, welcher die Urschrift in seiner dauernden Verwahrung hat, eine vollstreckbare Ausfertigung hievon ertheilen kann, siehe Art. 39 Abs. 2 und Anm. 3 hiezu.

c) Die Urkunde muß über einen Anspruch errichtet sein, welcher die Zahlung einer bestimmten Geldsumme oder die Leistung einer bestimmten Quantität anderer vertretbarer Sachen oder Werthpapiere zum Gegenstande hat. C.P.O. § 794 Nr. 5.

Vertretbare Sachen sind nach B.G.B. § 91 bewegliche Sachen, die im Verkehre nach Zahl, Maß oder Gewicht bestimmt zu werden pflegen, z. B. Geld, Waare. Urkunden, in welchen Jemand zur Vornahme oder Duldung einer Handlung (z. B. Räumung einer Wohnung, Gestattung eines Baues) sich verpflichtet, können nicht vollstreckbar erklärt werden, ebensowenig Urkunden, in denen Jemand alternativ zur Vornahme einer Handlung, Leistung bestimmter unvertretbarer Sachen oder Zahlung einer bestimmten Geldsumme sich verpflichtet.

Ueber Vollstreckung einer Urkunde gegen eine Zug um Zug zu bewirkende Leistung des Gläubigers an den Schuldner vergl. C.P.O. § 726 Abs. 2 und § 756 (siehe oben Anm. 1), dann Deutsche Not.Z. 1899 S. 156 VI und § 56 der Geschäftsanweisung für die Gerichtsvollzieher vom 30. April 1900, J.M.Bl. S. 621.

Als ein Anspruch, welcher die Zahlung einer Geldsumme zum Gegenstande hat, gilt auch der Anspruch aus einer Hypothek, einer Grundschuld oder einer Rentenschuld. Dieser letztere Satz ist von der Novelle z. C.P.O. vom 17. Mai 1898 dem § 794 Nr. 5 (früher § 702 Nr. 5) C.P.O. hinzugefügt worden, um gegenüber den Bestimmungen der §§ 1113, 1147, 1191, 1192, 1199, 1200 B.G.B. jeden Zweifel darüber, daß die Ansprüche aus einer Hypothek u. s. w. auch dann hieher gehören, wenn sie gegen den dritten Besitzer des Pfandgrundstückes gerichtet sind, auszuschließen; Begründung S. 124.

Eine Ausnahme von der allgemeinen Bestimmung, daß die Zwangsvollstreckung nur aus einer Urkunde stattfindet, soferne diese über einen Anspruch errichtet ist, welcher die Zahlung einer bestimmten Geldsumme oder die Leistung einer bestimmten Quantität anderer vertretbarer Sachen oder Werthpapiere zum Gegenstande hat, ist in dem durch die Novelle z. C.P.O. vom 17. Mai 1898 neu beigefügten Absatz 2 des § 794 C.P.O. für die daselbst angeführten Fälle zugelassen, daß Jemand zur Duldung der Zwangsvollstreckung verpflichtet ist. Es sind dies die Fälle der § 737, 739, 743, 745 Abs. 2 und 748 Abs. 2 C.P.O. (s. oben Anm. 1), und ist in diesen Fällen hienach die Zwangsvollstreckung aus einer notariellen Urkunde zulässig, wenn der zur Duldung der Zwangsvollstreckung Verpflichtete in der im Uebrigen den Bestimmungen des § 794 Abs. 1 Nr. 5 C.P.O. entsprechenden Urkunde die sofortige Zwangsvollstreckung in die seinem Rechte unterworfenen Gegenstände bewilligt. Diese Bestimmung ist getroffen, um den Gläubiger in die Lage zu bringen, gegen den zur Duldung Verpflichteten auf einfacherem Wege einen vollstreckbaren Titel zu erlangen (Begründung S. 163), und wird mit Rücksicht auf die Bestimmung in § 739 C.P.O. bei Schuld- und Verpfändungsurkunden von Ehegatten regelmäßig sich empfehlen. Die Erklärung des Ehemannes wird etwa zu lauten haben: „Insoweit nach § 739 C.P.O. eine Verurtheilung zur Duldung der Zwangsvollstreckung erforderlich wäre, bewillige ich nach § 794 Abs. 2 C.P.O. die sofortige Zwangsvollstreckung sowohl in die sämmtlichen verpfändeten Objekte als auch in das gesammte jeweilige eingebrachte Frauengut.“ Die Vollstreckungsklausel wird letzteren Falles zu lauten haben: „Vorstehende mit der Urschrift übereinstimmende Ausfertigung wird der X. X. Bank in M. gegen den Kaufmann N. N. in M. und dessen Ehefrau N. N., gegen Ersteren auch in Ansehung des eingebrachten Frauengutes zum Zwecke der Zwangsvollstreckung ertheilt.“

d) Der Schuldner muß sich in der Urkunde der sofortigen Zwangsvollstreckung unterworfen haben, C.P.O. § 794 Nr. 5. Siehe das Nähere hierüber oben Anm. 2.

Dies gilt für alle notariellen Urkunden, gleichviel ob der Forderung ein Darlehensvertrag, ein Kauf, Tausch, Anerkenntniß, Abrechnung oder sonstiges Rechtsverhältniß zu Grunde liegt. Wegen des Nichterfordernisses der Unterwerfungsklausel für die Zwangsvollstreckung aus der rechtskräftig bestätigten Auseinandersetzung eines Nachlasses oder einer Gütergemeinschaft vergl. oben Anm. 2. In den unter voriger Litera c besprochenen Fällen der Duldung der Zwangsvollstreckung (C.P.O. § 794 Abs. 2) wird die Unterwerfung der sofortigen Zwangsvollstreckung durch die Bewilligung der sofortigen Zwangsvollstreckung ersetzt.

Die Unterwerfung muß in der Urkunde erklärt sein, nicht etwa nachträglich in einer Ergänzungsurkunde; würde die Haupturkunde die Unterwerfungsklausel nicht enthalten und der Schuldner solche in einer späteren Urkunde erklären, so müßte letztere alle Erfordernisse des § 794 Nr. 5 C.P.O. enthalten und könnte die Zwangsvollstreckung nur aus dieser späteren Urkunde, oder, soferne sie als Ergänzungsurkunde zur Haupturkunde behandelt wird, aus beiden Urkunden zusammen erfolgen. Eine Mitwirkung des Gläubigers bei der Urkunde ist jedoch wie bisher so auch künftig nicht erforderlich.

B. Besondere Voraussetzungen.

Wenn auch diese vorstehend besprochenen, allgemeinen Voraussetzungen vorliegen, darf der Notar doch nicht ausnahmslos ohne Rücksicht auf den konkreten Fall eine vollstreckbare Ausfertigung ertheilen, sondern hat noch Folgendes zu beachten:

a) Die Zwangsvollstreckung findet nur für und gegen die in der Vollstreckungsklausel namentlich bezeichneten Personen statt (C.P.O. § 750 Abs. 1). Wenn in der Person des Gläubigers oder des Schuldners eine Aenderung eingetreten ist, kann nach C.P.O. § 727 für den Rechtsnachfolger des in der Urkunde bezeichneten Gläubigers (Erbe, Cessionar) sowie gegen denjenigen Rechtsnachfolger des in der Urkunde bezeichneten Schuldners und denjenigen Besitzer der in Streit befangenen Sache, gegen welche die Urkunde nach § 325 C.P.O. (siehe oben Anm. 1) wirksam ist, eine vollstreckbare Ausfertigung ertheilt werden, soferne die Rechtsnachfolge oder das Besitzverhältniß offenkundig ist (C.P.O. § 291) oder durch öffentliche oder öffentlich beglaubigte Urkunden nachgewiesen wird. Die Notorietät ist in der Vollstreckungsklausel zu erwähnen, während die öffentliche oder öffentlich beglaubigte Urkunde, auf welcher die Rechtsnachfolge sich gründet, nach C.P.O. § 750 Abs. 2 außer der vollstreckbaren Ausfertigung der Urkunde vor oder mit Beginn der Zwangsvollstreckung in Abschrift zugestellt werden muß. Ist die Vollstreckungsklausel für den ursprünglichen Gläubiger oder Schuldner ertheilt und später eine Aenderung in der Person des einen oder anderen eingetreten, so muß der Gläubiger, welcher die Zwangsvollstreckung betreiben will, erst die Ertheilung einer neuen ihn als Gläubiger oder den Erben oder sonstigen Rechtsnachfolger des Schuldners als Schuldner namentlich bezeichnenden Vollstreckungsklausel erwirken. Zur Ertheilung der neuen Vollstreckungsklausel ist nach Anlegung des Grundbuchs nur der Notar, welcher die Ausfertigung ertheilt hat, oder dessen Amtsnachfolger, nicht mehr das Hypothekenamt zuständig, da Art. 132 A.G. z. C.P.O. nur mehr für die Uebergangszeit gilt.

Der Inhalt des Grundbuchs ist offenkundig, weshalb es, wenn die vollstreckbare Ausfertigung oder die neue Vollstreckungsklausel auf Grund eines Eintrages im Grundbuch ertheilt wird, der Zustellung einer Abschrift der die Rechtsnachfolge begründenden Urkunde oder des grundbuchamtlichen Eintrags nicht bedarf; dagegen muß des Eintrags in der Vollstreckungsklausel Erwähnung geschehen; C.P.O. § 727 Abs. 2.

b) Von einer Urkunde, deren Vollstreckung nach ihrem Inhalte von dem durch den Gläubiger zu beweisenden Eintritt einer anderen Thatsache als einer dem Gläubiger obliegenden Sicherheitsleistung abhängt, darf nach C.P.O. § 726 Abs. 1 (siehe oben Anm. 1) eine vollstreckbare Ausfertigung nur ertheilt werden, wenn der Beweis durch öffentliche oder öffentlich beglaubigte Urkunden geführt wird. In diesem Falle muß diese öffentliche oder öffentlich beglaubigte Urkunde nach C.P.O. § 750 Abs. 2 vor oder mit Beginn der Zwangsvollstreckung neben der vollstreckbaren Ausfertigung zugestellt werden.

Der Notar darf also eine vollstreckbare Ausfertigung nur ertheilen, wenn ihm eine öffentliche oder öffentlich beglaubigte Urkunde vorliegt, inhaltlich deren der vom Gläubiger zu beweisende Eintritt einer anderen Thatsache nachgewiesen ist. Eine solche Thatsache kann in einer Vorleistung des Gläubigers bestehen (B.G.B. § 320 ff.); bezüglich einer Zug um Zug zu gewährenden Gegenleistung dagegen ist die Bestimmung in C.P.O. § 726 Abs. 2 (siehe oben Anm. 1 und Anm. 3c) maßgebend.

Der hauptsächlichste Fall, daß die Vollstreckung von dem durch den Gläubiger zu beweisenden Eintritt einer anderen Thatsache abhängig ist, ist der Nachweis der erfolgten Kündigung. Wenn eine Urkunde über eine erst nach Ablauf einer vereinbarten Kündigungsfrist zu bezahlende Schuld für die Hauptsache für vollstreckbar erklärt werden soll, muß daher die Kündigung in öffentlicher oder öffentlich beglaubigter Urkunde erfolgt sein. Da nach § 132 B.G.B. eine Willenserklärung auch dann als zugegangen ist, wenn sie durch Vermittelung eines Gerichtsvollziehers zugestellt ist, ist eine durch einen Gerichtsvollzieher nach den Vorschriften der C.P.O. zugestellte Kündigung eine öffentliche Urkunde, auf Grund welcher die Vollstreckungsklausel ertheilt werden kann. Vergl. § 41 der Geschäftsanweisung für die Gerichtsvollzieher vom 28. April 1900, J.M.Bl. S. 621.

Von Schuldurkunden, in denen bezüglich der Hauptsache eine Kündigung bedungen ist, kann sofort nach deren Errichtung eine vollstreckbare Ausfertigung nur bezüglich der Zinsen ertheilt werden und muß diese Beschränkung aus der Vollstreckungsklausel zu ersehen sein; z. B. Vorstehende 2c. Ausfertigung wird bezüglich der jeweils fällig werdenden Zinsen aus x Mark Kaufschillingsrest für vollstreckbar erklärt und dem N. N. zum Zwecke der Zwangsvollstreckung ertheilt.

c) Hängt die Geltendmachung des Anspruchs von dem Eintritte eines Kalendertages oder die Vollstreckung von einer dem Gläubiger obliegenden Sicherheitsleistung ab, so kann die vollstreckbare Ausfertigung schon zuvor ertheilt werden, doch darf nach C.P.O. § 751 die Zwangsvollstreckung erst nach Ablauf des Kalendertages beginnen oder wenn die Sicherheitsleistung durch eine öffentliche oder öffentlich beglaubigte Urkunde nachgewiesen und eine Abschrift dieser Urkunde bereits zugestellt ist oder gleichzeitig zugestellt wird.

Es kann also bei vorliegender Kündigung in öffentlicher oder öffentlich beglaubigter Form der Notar von der Schuldurkunde sofort vollstreckbare Ausfertigung bezüglich der Hauptsache ertheilen, wenn auch die Kündigungsfrist noch nicht abgelaufen ist, weil die Zwangsvollstreckung erst nach Ablauf der letzteren beginnen darf. Die Vollstreckungsklausel wird zu lauten haben: „Vorstehende mit der Urschrift übereinstimmende Ausfertigung wird, nachdem laut vorliegenden Gerichtsvollzieherattes vom .... das Darlehen zu x Mark dem Schuldner Y. zur Heimzahlung binnen drei Monaten gekündet ist, bezüglich dieser am ..... zur Zahlung fällig werdenden Hauptsache für vollstreckbar erklärt und dem N. N. in Z. zum Zwecke der Zwangsvollstreckung ertheilt.“

Nachdem die Zwangsvollstreckung, wie angeführt, erst nach Ablauf der Kündigungsfrist beginnen darf, wird die Ertheilung der Vollstreckungsklausel im Voraus nur selten erforderlich werden und für die Regel sich empfehlen, den Ablauf der Kündigungsfrist abzuwarten. Ebenso kann eine Schuldurkunde sofort für vollstreckbar erklärt werden, wenn die Hauptsache in Fristen oder Annuitäten zu bezahlen ist; die Vollstreckungsklausel hat zu lauten: „Vorstehende 2c. Ausfertigung wird wegen der jeweils fällig werdenden Zinsen und Fristen [oder der jeweils fällig werdenden Annuitäten] für vollstreckbar erklärt und dem N. N. zum Zwecke der Zwangsvollstreckung ertheilt.“ S. auch G.O. § 186.

Die weitere Alternative des § 751 Abs. 2 C.P.O., daß die Vollstreckung von einer dem Gläubiger obliegenden Sicherheitsleistung abhängt, wird bei notariellen Urkunden nicht wohl vorkommen, eventuell wäre in der Vollstreckungsklausel die Bedingung der Sicherheitsleistung, und wie solche zu geschehen hat, genau aufzunehmen. Vergl. § 55 IV der Geschäftsanweisung für die Gerichtsvollzieher vom 28. April 1900, J.M.Bl. S. 621.

d) Prüfung der Voraussetzungen. In allen Fällen, in welchen die Ertheilung der vollstreckbaren Ausfertigung von dem Nachweise bestimmter Voraussetzungen abhängt, d. i. bei den ad A besprochenen allgemeinen Voraussetzungen und bei den besonderen Voraussetzungen ad B a und b, hat der Notar in eigener und ausschließlicher Zuständigkeit deren Vorhandensein zu prüfen und ist dem Gerichtsvollzieher eine Nachprüfung über die Zulässigkeit der Zwangsvollstreckung entzogen; der Gerichtsvollzieher ist vielmehr durch Einhändigung der vollstreckbaren Ausfertigung in diesen Fällen zur Vornahme der Zwangsvollstreckung legitimirt.

Eine Ausnahme hievon machen nur die ad B c besprochenen Fälle, in welchen die Prüfung, ob der bestimmte Kalendertag abgelaufen oder die auferlegte Sicherheit geleistet ist, dem Gerichtsvollzieher übertragen ist. Vergl. §§ 53 ff. der Geschäftsanweisung für die Gerichtsvollzieher vom 28. April 1900, J.M.Bl. S. 621.

Artikel 46.

Für die Fälle, in denen der Notar die Verwahrung einer Urschrift nach Artikel 38 aufgibt, bestimmt die Geschäftsordnung, inwieweit eine Ausfertigung in der Urkundensammlung des Notariats zurückbehalten werden soll. Die zurückbehaltene Ausfertigung vertritt die Stelle der Urschrift, bis diese zurückgelangt ist.

Bayern Art. 92; Pfalz Art. 22; Entwurf Art. 47; Motive 438; Prot. Abg. 674; Becher, Materialien 54. 187.

Anm. 1. Die Verwahrung einer Urschrift kann nach Art. 38 entweder definitiv oder nur vorübergehend aufgegeben werden; ersteres, wenn die Urschrift entweder den Betheiligten ausgehändigt, d. i. zu ihrem weiteren Gebrauch definitiv hinausgegeben, oder an andere Beamte oder Behörden, z. B. als Bestandtheil der gerichtlichen Akten an ein Gericht, an das Grundbuchamt gemäß Gr.B.O. § 9, an ein anderes Notariat als Bestandtheil der von letzterem errichteten Haupturkunde abgegeben wird, letzteres, wenn eine Urkunde in Urschrift anderen Beamten oder Behörden im dienstlichen Interesse vorübergehend überlassen wird, z. B. an das Rentamt zur Einsicht in Steuer- und Gebührensachen, an die Dienstaufsichtsstellen in Sachen der Dienstaufsicht. Bei definitiver Aufgabe der Verwahrung einer Urschrift gebraucht das Gesetz die Worte Aushändigung an die Betheiligten und Abgabe an andere Beamte oder Behörden, bei vorübergehender Aufgabe der Verwahrung den Ausdruck Ueberlassung an andere Beamte oder Behörden im dienstlichen Interesse, Art. 38, 44; nur in Art. 44 Abs. 2 ist auch die dauernde Abgabe einer Urschrift an einen anderen Beamten oder eine andere Behörde als Ueberlassung bezeichnet.

Eine vorübergehende Ueberlassung einer Urschrift an einen Betheiligten ist unzulässig und darf eine solche auch nicht in den Fällen erfolgen, in denen der Betheiligte oder Interessent von der Urschrift persönlich oder durch einen Bevollmächtigten Einsicht zu nehmen berechtigt ist; die Einsichtnahme der Urkundenurschriften darf nur in den Amtsräumen des Notariats erfolgen. Vergl. Art. 22 Anm. 6. Ebensowenig darf zu irgend einem anderen Zwecke, z. B. zum Zwecke einer Abschriftnahme, eine im Verwahre des Notariats zu verbleibende Urschrift einem Betheiligten oder Interessenten vorübergehend ausgehändigt werden. Dieses Verbot bezieht sich nicht bloß auf die Betheiligten und Interessenten, sondern selbstverständlich in gleicher Weise auf jeden Dritten; eine bei Enderlein S. 344 citirte autogr. Just.Minist.Entschl. vom 30. Juli 1868 Nr. 9686 erklärt es für unzulässig, wenn Notare an Lehrer oder andere als Aushilfsschreiber benützte Personen Urschriften aushändigen, um die Ausfertigungen in deren Privatwohnungen fertigen zu lassen. Es wird überhaupt jede vorübergehende Entfernung der Urschriften aus der Verfügungsgewalt des Notars, wenn er hiedurch auch nicht den Besitz aufgibt, also z. B. das Mitnehmen der Urschriften durch einen ständigen Notariatsgehilfen in dessen Privatwohnung behufs Fertigung von Ausfertigungen unzulässig sein. Wenn der Notar in dringenden Fällen oder um seinem Personale eine private Nebenbeschäftigung zukommen zu lassen, demselben die Fertigung von Abschriften außerhalb der Amtslokalitäten gestatten will, darf zu diesem Zwecke nur eine in den Amtsräumen gefertigte Abschrift, nicht die Urschrift überlassen werden.

Würde der Notar seinem Gehilfen gestatten, eine Urschrift zu diesem oder einem anderen Zwecke (z. B. als Muster für Vorbereitung einer anderen Urkunde) nach

Hause zu nehmen, so wäre er selbst für einen durch vis major, z. B. Brand in der Wohnung des Gehilfen, veranlaßten Verlust der Urschrift verantwortlich.

Anm. 2. Vergl. G.O. §§ 177, 178 und Art. 38 Anm. 4 Nr. 4 und 5.

Anm. 3. Von der zurückbehaltenen Ausfertigung kann der Notar den Betheiligten nur beglaubigte Abschriften, nicht Ausfertigungen ertheilen; vergl. Art. 39 Anm. 3.

Artikel 47.

Ist eine Urschrift zu Verlust gegangen, so kann eine Ausfertigung bei dem Notar zu dem Zwecke hinterlegt werden, daß sie die Stelle der Urschrift vertritt. Der Notar hat über die Hinterlegung ein Protokoll aufzunehmen und diesem die hinterlegte Ausfertigung beizuheften.

Bayern Art. 90; Entwurf Art. 48; Motive 438; Prot. Abg. 674; Becher, Materialien 54. 187.

Anm. 1. Die Bestimmung entspricht dem bisherigen rechtsrheinischen Rechte und hat sich bei Zerstörung von Notariatsarchiven durch Brand mehrfach bewährt. Ob die Urschrift durch Verschulden eines Betheiligten, des Notars oder eines Dritten oder durch vis major (force majeure des französischen Rechts), z. B. Brand, Hochwasser, Erdbeben, zu Verlust gegangen, ist gleichgiltig. Ein bloßes Verlegen der Urkunde (sie kann z. B. in einen unrichtigen Jahresfaszikel versehentlich eingelegt sein oder sich in eine andere Urkunde oder einen Akt verschoben haben) ist noch kein Verlust; findet sich eine Urschrift, welche im Archive des Notariats verwahrt sein soll, nicht am richtigen Orte vor, hat der Notar die Verpflichtung, nach ihrem Verbleib ungesäumt zu recherchiren und nöthigen Falles sein ganzes Archiv nach ihr zu durchsuchen, ebenso bei den Betheiligten nachzufragen, ob nicht etwa statt der Ausfertigung die Urschrift ausgehändigt worden ist. Erst wenn alle Versuche, die Urschrift zu finden, resultatlos sind, muß ihr Verlust angenommen werden und kann der Notar sich seiner Verantwortung für das Vorhandensein der Urkunde nicht durch seine, wenn auch noch so feste Ueberzeugung entziehen, daß sie in seiner Verwahrung sein müsse und vielleicht in irgend einem unrichtigen Jahrgang, in den sie irrthümlich eingelegt worden sein mag, schlummere. Zur Vermeidung einer solchen Möglichkeit empfiehlt sich, bei jeder Entnahme einer Urkunde aus der Urkundensammlung, wenn sie nicht sofort wieder eingelegt wird, ein Fehlblatt an ihrer Stelle einzulegen und auf diesem Zweck und Datum der Entnahme sowie Datum und Geschäftsregisternummer der Urkunde zu vermerken. Sehr praktisch und empfehlenswerth ist es auch, alle Urkunden, welche vorübergehend zu eigenem Gebrauch des Notars oder behufs Uebersendung an ein Gericht oder Hypothekenamt (z. B. anläßlich der Anlegung des Grundbuchs) aus dem Archive entnommen werden, in ein Verzeichniß aufzunehmen, welches für Datum und Geschäftsregisternummer der Urkunde, Namen der Betheiligten, Bezeichnung der Urkunde, Bezeichnung der Behörde, an welche die Urkunde übersendet worden, Datum dieser Uebersendung und des Rücklaufes der Urkunde eigene Rubriken zu enthalten hat. Vergl. wegen Anlegung und Formular der Fehlblätter § 63 G.O. und Art. 37 Anm. 4 Nr. 3.

Anm. 2. Wenn auch die Verwahrung der Urkunden zu den Amtsobliegenheiten des Notars gehört, so kann er für den Verlust einer solchen doch nur verantwortlich gemacht werden, wenn ihm ein Verschulden anzurechnen ist. Ein solches liegt nicht vor, wenn der Verlust z. B. durch Diebstahl, höhere Gewalt, Verschulden eines Dritten (die Urkunde ist z. B. vorschriftsmäßig einem Gerichte zur Genehmigung oder dem Hypothekenamte zum Vollzug vorgelegt worden und dort zu Verlust gegangen) geschehen ist. Für Verschulden der Gehilfen haftet der Notar allgemein und unbedingt ohne Einschränkung, d. i. nicht bloß für Vorsatz, sondern auch für culpa lata, levis und levissima. Siehe hierüber Art. 20 Anm. 2. Verliert also der Gehilfe eine Urkunde, die er auftragsgemäß zum Gerichte zu tragen hat, so haftet der Notar ebenso, wie wenn der Gehilfe die Urkunde versehentlich durch Uebergießen mit Tinte oder Legung auf den Ofen vernichtet.

Für den Verlust einer Urkunde durch Verschulden des Notars ist dieser nicht nur dienstrechtlich, sondern auch, insoferne den Betheiligten hiedurch ein Schaden erwächst, civilrechtlich haftbar. Da nach Art. 126 für den Schaden, den ein Notar oder ein Notariatsverweser in Ausübung des ihm anvertrauten Amtes durch Verletzung der Amtspflicht einem Dritten zufügt, der Staat verantwortlich ist, hat der Staat diesen Schaden zu ersetzen und ist der Notar dem Staate gegenüber nach A.G. z. B.G.B. Art. 60 Abs. 4 hiefür ersatzpflichtig. Vergl. Art. 126.

Anm. 3. Die an Stelle der zu Verlust gegangenen Urschrift hinterlegte Ausfertigung vertritt die Urschrift vollwirksam in allen Richtungen, tritt daher in jeder Beziehung an die Stelle der Urschrift. Es können daher von dieser hinterlegten Ausfertigung nicht nur Abschriften, sondern auch gewöhnliche und vollstreckbare Ausfertigungen unter den gleichen Voraussetzungen wie von der Urschrift selbst ertheilt werden. Diese Abschriften und Ausfertigungen sind von der ganzen Urkunde, d. i. von dem über die Hinterlegung aufgenommenen Protokolle sammt der beigehefteten Ausfertigung, nicht etwa von letzterer allein, zu ertheilen, weil nur die hinterlegte Ausfertigung in Verbindung mit dem über ihre Hinterlegung aufgenommenen Protokolle die neue Urkunde bildet. Das über die Hinterlegung aufgenommene Protokoll mit der beigehefteten Ausfertigung ist, da es eine neue Urkunde darstellt, nicht in der Reihenfolge der zu Verlust gegangenen Urschrift, sondern nach dem Datum der Hinterlegung unter eigener Geschäftsregisternummer dem Archive einzureihen, während an Stelle der zu Verlust gegangenen Nummer ein Fehlblatt mit entsprechendem Vermerk und Hinweis auf die Hinterlegungsurkunde einzulegen ist.

Anm. 4. Wenn von einer zu Verlust gegangenen Urschrift eine Ausfertigung nicht ertheilt ist, bleibt nichts übrig, als die Betheiligten zur wiederholten Aufnahme der Urkunde zu veranlassen; sollte dies z. B. wegen Ablebens oder Weigerung eines Betheiligten nicht möglich sein, so kann ein Ersatz für die Urkunde nicht beschafft werden und gilt solche als nicht errichtet. Wenn dagegen die Betheiligten eine Ausfertigung in Händen haben oder solche in Verwahr einer Behörde ist, so sind die Betheiligten oder die Behörde verpflichtet, die Ausfertigung behufs deren Hinterlegung dem Notar vorzulegen. Würden die Betheiligten trotz Aufforderung diese Hinterlegung verweigern, so hätten sie sich einen hiedurch erwachsenden Schaden selbst zuzuschreiben und könnten, insoferne durch die Hinterlegung ein ihnen etwa erwachsener oder drohender Vermögensschaden abgewendet werden würde, den Notar und den Staat für diesen Schaden nicht haftbar machen.

Würde endlich die zu Verlust gegangene Urschrift nachträglich, nachdem eine Ausfertigung zu dem Zwecke, daß sie die Stelle der Urschrift vertritt, hinterlegt worden ist, wieder zum Vorschein kommen, so wäre sie selbstverständlich ordnungsgemäß unter dem Datum ihrer Errichtung und ihrer Geschäftsregisternummer dem Archive einzuverleiben und auf der an ihrer Stelle hinterlegten Ausfertigung eine entsprechende amtliche Konstatirung zu vermerken. Spätere Ausfertigungen sind dann nur mehr von der Urkunde selbst, nicht von der hinterlegten Ausfertigung, welche im Archive zu verbleiben hat, zu ertheilen.

Vierter Abschnitt.

Gebühren.

Artikel 48.

Der Notar bezieht keinen Gehalt aus der Staatskasse, sondern Gebühren.

Den Notaren, deren reines Diensteinkommen die Höhe der Bezüge eines Amtsrichters nicht erreicht, kann bis zu deren Höhe ein Zuschuß aus der Staatskasse bewilligt werden.

Bayern Art. 104 Abs. 3; Pfalz Art. 51; Entwurf Art. 49; Motive 438; Prot. Abg. 675; Prot. R.R. XX; Verh. Abg. 892; Becher, Materialien 55. 188. 345. 413.

Anm. 1. Die Bestimmung entspricht dem bisherigen Rechte. Der Notar erhält vom Staate weder einen Gehalt noch ein sonstiges Entgelt für seine Dienstleistungen, also auch keine Vergütung seiner Geschäftsauslagen, sondern muß alle Auslagen für Kanzlei, Regie, Gehilfen und auswärtige Dienstesreisen aus eigenen Mitteln bestreiten; hiegegen hat der Notar Gebühren von den Parteien zu beanspruchen, die seine Thätigkeit in Anspruch genommen haben, gleichviel ob er auf Ersuchen der Parteien oder des Gerichts thätig wird.

Als Folge dieses organisatorischen Grundsatzes, daß der Notar, obwohl er definitiv angestellter Staatsbeamte mit dem Charakter der öffentlichen Autorität ist, vom Staat keinen Gehalt bezieht, hat er auch nicht Anspruch auf Pension, ebensowenig seine Relikten Anspruch auf Witwen- und Waisenpension oder Sustentation. Wegen Sustentation der Notare, die wider ihren Willen von ihrem Amte enthoben werden, vergl. Art. 88, wegen Versorgung der Notare und ihrer Hinterbliebenen Art. 127.

Anm. 2. Nach Geb.Ges. Art. 5 werden die Gebühren der Notare durch Königliche Verordnung bestimmt. Vergl. hieher:

Königlich Allerhöchste Verordnung,

die Notariatsgebührenordnung betreffend, vom 28. Dezember 1899.

(G.V.Bl. S. 1183. J.M.Bl. Nr. XXII, S. 761—787.)

Im Namen seiner Majestät des Königs.

Luitpold,

von Gottes Gnaden Königlicher Prinz von Bayern,

Regent.

Wir finden Uns bewogen, auf Grund der Bestimmungen des Artikel 5 des Gesetzes über das Gebührenwesen zu verordnen, was folgt:

Notariatsgebührenordnung.

Erster Abschnitt.

Allgemeine Vorschriften.

Artikel 1.

Die Vergütung für die Amtshandlungen der Notare bestimmt sich nach den Vorschriften dieser Gebührenordnung. Auf die Notariatsverweser finden diese Vorschriften, soweit nicht in einzelnen Fällen ein Anderes bestimmt ist, gleichmäßige Anwendung.

Artikel 2.

Für die Geltendmachung und Beitreibung der Gebühren und Auslagen der Notare und für das Armenrecht sind die Vorschriften des Notariatsgesetzes, für die Verjährung die Vorschriften des Bürgerlichen Gesetzbuchs, für die Buch- und Registerführung die Vorschriften der Geschäftsordnung maßgebend.

Artikel 3.

Gebühren werden, soweit nicht in besonderen Vorschriften ein Anderes bestimmt ist, nur in Parteisachen erhoben.

Für Amtshandlungen, welche unabhängig von dem Ansuchen Betheiligter von Amtswegen vorzunehmen sind, wie Eintragungen in die vorgeschriebenen Dienstregister, Anzeigen an Behörden, Vorlegung von Urkunden und Akten an solche dürfen keine Gebühren angesetzt werden. Dasselbe gilt für Zustellungen, die von Amtswegen zu erfolgen haben.

Artikel 4.

Für die Berechnung seiner Gebühren und Auslagen, die Uebersendung der Rechnungen, die Aufforderung und Mahnung zur Zahlung, endlich für die Quittung kann der Notar weder Gebühren noch Auslagen verrechnen. Wird die Uebersendung der Quittung gewünscht, so können die Auslagen für die Post oder den Boten in Ansatz kommen.

Artikel 5.

Für jedes Geschäft ist ohne Rücksicht auf die Zahl der dabei Betheiligten nur eine Gebühr zu erheben.

Artikel 6.

Geschäfte, deren Wirksamkeit an eine Bedingung geknüpft ist, sind wie unbedingte zu behandeln.

Artikel 7.

Die Gebühr bildet die Vergütung für die gesammte, zur Erledigung des Geschäfts erforderliche Thätigkeit des Notars. Für einzelne zur Abwickelung eines Geschäfts gehörende Handlungen, wie Ladung von Betheiligten zu Amt, Bestellung von Zeugen und Sachverständigen, vorbereitende Besprechungen und Korrespondenzen, Prüfung von Büchern, Registern, Akten, Urkunden, Rechnungen, Einsicht von Grund- und Hypothekenbüchern dürfen besondere Gebühren nicht verrechnet werden.

Artikel 8.

Wird ein Amtsgeschäft am Krankenlager oder zur Nachtzeit vorgenommen, so erhöht sich die Gebühr des Notars um ein Viertel. Die Erhöhung findet auch beim Zusammentreffen beider Erhöhungsgründe nur einmal statt.

Wird ein am Tage begonnenes Geschäft auf Wunsch der Betheiligten in die Nachtzeit hinein fortgesetzt, so gilt es als zur Nachtzeit vorgenommen, wenn es mehr als eine Stunde über den Beginn der Nachtzeit hinaus in Anspruch genommen hat. Der Notar kann in diesem Falle die erhöhte Gebühr nur dann beanspruchen, wenn er die Betheiligten vor der Fortsetzung in die Nachtzeit hinein auf den Eintritt der Gebührenerhöhung aufmerksam gemacht hat.

Welche Zeit als Nachtzeit zu gelten hat, bestimmt die Geschäftsordnung.

Artikel 9.

Die Notariatsgebühren werden entweder nach festen Sätzen oder nach dem Werthe des Gegenstandes des Geschäfts oder endlich nach Maßgabe der von dem Notar auf die Erledigung des Geschäfts verwendeten Zeit bemessen. (Feste Gebühren, Werthgebühren, Zeitgebühren.)

Artikel 10.

Die zum Zwecke der Erhebung der Staatsgebühr festgestellte Gegenstandssumme ist auch für die Notariatsgebühren maßgebend, wenn gleichzeitig Staatsgebühren und Notariatsgebühren nach dem Werthe des Gegenstandes erhoben werden.

Anderenfalls erfolgt die Bestimmung der Gegenstandssumme nach den besonderen Vorschriften dieser Verordnung und in Ermangelung von solchen besonderen Vorschriften nach vernünftigem Ermessen.

Artikel 11.

Bei der Berechnung der Gebühren nach dem Werthe bleiben Bruchtheile eines Pfennigs außer Ansatz. Pfennigbeträge, die nicht durch zehn theilbar sind, werden auf zehn aufgerundet.

Artikel 12.

Die volle Werthgebühr beträgt bei Gegenständen im Werthe

1.	bis zu	100	Mark				1,—	Mark
2.	von mehr als	100	„	bis	200	Mark	1,80	„
3.	„ „ „	200	„	„	300	„	2,70	„
4.	„ „ „	300	„	„	400	„	3,60	„
5.	„ „ „	400	„	„	500	„	4,50	„
6.	„ „ „	500	„	„	600	„	5,40	„
7.	„ „ „	600	„	„	900	„	6,30	„

8.	von	mehr	als	900	Mark	bis	1200	„	7,20	Mark
9.	„	„	„	1200	„	„	1500	„	8,10	„
10.	„	„	„	1500	„	„	1800	„	9,—	„
11.	„	„	„	1800	„	„	2200	„	10,50	„
12.	„	„	„	2200	„	„	2700	„	12,—	„
13.	„	„	„	2700	„	„	3300	„	13,50	„
14.	„	„	„	3300	„	„	4000	„	15,00	„
15.	„	„	„	4000	„	„	4800	„	16,50	„
16.	„	„	„	4800	„	„	5700	„	18,—	„
17.	„	„	„	5700	„	„	6700	„	19,50	„
18.	„	„	„	6700	„	„	7800	„	21,—	„
19.	„	„	„	7800	„	„	8900	„	22,50	„
20.	„	„	„	8900	„	„	10,000	„	24,—	„
21.	„	„	„	10,000	„	„	12,000	„	27,—	„
22.	„	„	„	12,000	„	„	14,000	„	30,—	„
23.	„	„	„	14,000	„	„	16,000	„	33,—	„
24.	„	„	„	16,000	„	„	18,000	„	36,—	„
25.	„	„	„	18,000	„	„	20,000	„	39,—	„
26.	„	„	„	20,000	„	„	23,000	„	42,—	„
27.	„	„	„	23,000	„	„	26,000	„	44,—	„
28.	„	„	„	26,000	„	„	29,000	„	46,—	„
29.	„	„	„	29,000	„	„	32,000	„	48,—	„
30.	„	„	„	32,000	„	„	35,000	„	50,—	„
31.	„	„	„	35,000	„	„	38,000	„	52,—	„
32.	„	„	„	38,000	„	„	41,000	„	54,—	„
33.	„	„	„	41,000	„	„	44,000	„	56,—	„
34.	„	„	„	44,000	„	„	47,000	„	58,—	„
35.	„	„	„	47,000	„	„	50,000	„	60,—	„

Die ferneren Werthklassen steigen um je 10,000 Mark und die Gebühren um je 6 Mark; beträgt der Werth des Gegenstandes mehr als 400,000 Mark, so steigt die Gebühr von da ab nur mehr um je 1 Mark in jeder Klasse.

Artikel 13.

Für die Berechnung der Zeitgebühr kommt nicht bloß die zur Vornahme des Geschäftes selbst, sondern auch die zu den nothwendigen Vorarbeiten (Besprechungen, Akteneinsicht, Prüfung von Rechnungen ꝛc.) verwendete Zeit in Anschlag, mit Ausnahme der Zeit für die nach Art. 30, 35, 134 des Notariatsgesetzes erforderliche Einsicht des Grundbuchs und des Hypothekenbuchs.

Artikel 14.

Die Zeitgebühr wird nach Stunden bemessen. Ist die insgesammt für ein Geschäft aufgewendete Zeit geringer als eine Stunde oder ergiebt sich bei der Zusammenrechnung außer vollen Stunden noch ein Bruchtheil, so wird zur vollen Stunde aufgerundet.

Artikel 15.

Die Zeitgebühr beträgt 2 Mark für jede Stunde.

Artikel 16.

Nimmt ein Geschäft, für das eine Werthgebühr anzusetzen wäre, soviel Zeit in Anspruch, daß die Zeitgebühr dafür sich höher berechnen würde als die Werthgebühr, so kann der Notar die Zeitgebühr beanspruchen.

Diese Bestimmung findet keine Anwendung, wenn die Gegenstandssumme nicht mehr beträgt als 200 Mark.

Artikel 17.

So oft der Notar die Zeitgebühr verrechnet, soll er beim Gebührenvermerk auf der Urkunde und im Gebührenregister angeben, wie viel Zeit das Geschäft in Anspruch genommen hat.

Artikel 18.

Enthält eine Urkunde mehrere der Werthgebühr unterliegende Rechtsgeschäfte, welche von einander unabhängig sind oder nicht nothwendig eines aus dem anderen fließen, so wird für jedes dieser Rechtsgeschäfte eine besondere Gebühr geschuldet.

Auf Verbindlichkeiten, welche nur als Bedingungen des Hauptvertrags erscheinen oder zur Erfüllung der Leistung oder Gegenleistung desselben bedungen oder übernommen werden, insbesondere auch auf Bürgschaften und Pfandbestellungen findet vorstehende Bestimmung keine Anwendung.

Artikel 19.

Für Geschäfte, welche zwar begonnen, aber ohne Schuld des Notars nicht vollendet worden sind, erhält der Notar die Zeitgebühr.

Bei Geschäften, die im Falle ihrer Erledigung nicht mit der Zeitgebühr hätten bewerthet werden können, darf die Gebühr des Abs. 1 nur bis zur Höhe von Dreiviertel der für die Erledigung zustehenden Gebühr gefordert werden.

Artikel 20.

Für alle Amtsgeschäfte, über welche in dieser Verordnung keine Bestimmung getroffen ist, erhält der Notar die Zeitgebühr.

Artikel 21.

Ist ein von einem Notar vorgenommenes Amtsgeschäft nutzlos oder unwirksam, so hat der Notar keine Gebühren zu beanspruchen, wenn er die Nutzlosigkeit oder Unwirksamkeit verschuldet hat.

Das Gleiche gilt von der Erstattung nutzloser Auslagen.

Zweiter Abschnitt.

Beurkundung von Rechtsgeschäften, von sonstigen Erklärungen, von Vorgängen und von Thatsachen.

Artikel 22.

Für die Beurkundung von Kauf-, Tausch-, Uebergabs- und Theilungsverträgen, Gesellschaftsverträgen, Mieth-, Pacht- und Werkverträgen wird die volle Werthgebühr erhoben.

Verträge, durch welche sich jemand verpflichtet, das Eigenthum an einem Grundstück oder an einer beweglichen Sache zu übertragen oder ein den Grundstücken gleichstehendes Recht zu bestellen oder zu übertragen, ferner Verträge, durch welche sich jemand verpflichtet, sein gegenwärtiges Vermögen oder einen Bruchtheil seines gegenwärtigen Vermögens oder sonst eine Vermögensmasse oder einen Bruchtheil davon zu übertragen, sind mit der Gebühr des Absatz 1 zu belegen, wenn nicht in den nachfolgenden Artikeln etwas Anderes bestimmt ist.

Artikel 23.

Für die Vornahme von öffentlichen Versteigerungen, einschließlich der zugehörigen Beurkundung, wird die anderthalbfache Werthgebühr erhoben.

Wird bei einer öffentlichen Versteigerung von Grundstücken der Zuschlag auf die für die einzelnen Grundstücke gelegten Gebote ertheilt, so ist die Gebühr nach den Einzelnpreisen zu berechnen.

Bei der öffentlichen Versteigerung von beweglichen Sachen und von Nutzungen, für welche nicht die sich auf Grundstücke beziehenden Vorschriften gelten, ist die Gebühr stets aus dem Gesammterlöse zu berechnen.

Artikel 24.

Für die Beurkundung eines Schuldversprechens oder Schuldanerkenntnisses, eines Bürgschaftsversprechens, einer Schuldübernahme, einer Forderungsabtretung wird bis zu einer Gegenstandssumme von 2200 Mark die Hälfte, bei höherer Gegenstandssumme zwei Drittel der vollen Werthgebühr erhoben; ebenso für die Beurkundung des Versprechens, ein Pfandrecht an einer beweglichen Sache zu bestellen, für die Beurkundung der Bestellung, Belastung oder Uebertragung eines Erbbaurechts, einer Dienstbarkeit, einer Reallast, einer Hypothek oder eines sonstigen Rechts an einem Grundstück und für die Beurkundung des Versprechens, ein solches Recht zu bestellen, zu belasten oder zu übertragen.

Artikel 25.

Für die Beurkundung von Eheverträgen wird die Hälfte der vollen Werthgebühr, jedoch nicht weniger als 4 Mark, nicht mehr als 40 Mark erhoben.

Die Gegenstandssumme wird nach dem gesammten beiderseitigen Rein-Vermögen beim Abschlusse des Ehevertrages berechnet.

Ist die Größe des Vermögens nicht ersichtlich und weigern sich die Betheiligten darüber eine Angabe zu machen, so beträgt die Gebühr 10 Mark.

Artikel 26.

Für die Beurkundung eines Vertrages zwischen Brautleuten oder Ehegatten, durch den lediglich über die religiöse Erziehung der Kinder verfügt wird, steht dem Notar eine Gebühr von 2 Mark zu.

Wird in einem vom Notar beurkundeten Ehevertrag außer anderen Vertragsbestimmungen auch über die religiöse Erziehung der Kinder eine Verfügung getroffen, so steht hiefür dem Notar keine besondere Gebühr zu.

Artikel 27.

Für die Beurkundung von Testamenten, Erbverträgen und Erbverzichtsverträgen wird die Hälfte der vollen Werthgebühr, jedoch nicht weniger als 4 Mark, nicht mehr als 40 Mark erhoben.

Die Gebühr wird nach dem Werthe des Gegenstandes oder des Vermögens berechnet, worüber verfügt ist.

Ist der Werth nicht ersichtlich und weigern sich die Betheiligten, ihn anzugeben, so beträgt die Gebühr 10 Mark.

Ist ein Ehevertrag mit einem Erbvertrage verbunden, so kommt nur eine Gebühr und zwar die höhere zur Erhebung.

Artikel 28.

Für die Beurkundung von Vereinbarungen zwischen dem Vater eines unehelichen Kindes und diesem über den Unterhalt für die Zukunft oder über eine an Stelle des Unterhalts zu gewährende Abfindung, sowie für die Beurkundung einer Vereinbarung zwischen dem Vater eines unehelichen Kindes und der Mutter über die der Mutter aus der Beiwohnung und der Entbindung entstandenen Ansprüche wird die Zeitgebühr erhoben.

Artikel 29.

Für die Beurkundung von Leibrenten- und Versicherungsverträgen wird die Hälfte der vollen Werthgebühr erhoben.

Als Werthgegenstand gilt bei Versicherungsverträgen die versicherte Summe, bei Leibrenten der Kaufpreis und in Ermangelung eines solchen der zehnfache Betrag der Rente.

Artikel 30.

Für die Beurkundung von Schenkungen und Schenkungsversprechen, dann von Stiftungsgeschäften wird die Hälfte der vollen Werthgebühr erhoben.

Für die Beurkundung der Errichtung von Familienfideikommissen kommt dem Notar die volle Werthgebühr zu.

Artikel 31.

Vergleiche unterliegen als Verträge bei ihrer notariellen Beurkundung der Gebührenbewerthung nach Maßgabe ihres Inhalts.

Artikel 32.

Für die Beurkundung von Vollmachten, Einwilligungs- und Genehmigungserklärungen wird eine Gebühr von 1 Mark erhoben, wenn die Vornahme des Geschäfts nicht mehr als eine Stunde in Anspruch nimmt, andernfalls gelangt die Zeitgebühr zur Erhebung.

Artikel 33.

Für die Beurkundung von einseitigen Erklärungen, die zur Mittheilung an Dritte bestimmt sind, wie Anzeigen und Androhungen, Aufforderungen, Anfechtungen, Zurückweisungen, Kündigungen, Widerrufs- und Rücktrittserklärungen wird die Zeitgebühr erhoben.

Für die Uebergabe der Erklärung an den Gerichtsvollzieher zum Zwecke der Zustellung nach § 132 des B.G.B. hat der Notar keine Gebühr zu beanspruchen.

Artikel 34.

Für die Beurkundung von Empfangsbekenntnissen (Quittungen), ferner für Beurkundung von Stundungen, Schulderlassen oder Verzichten wird, wenn die Gegenstandssumme mehr als 200 Mark beträgt, die Zeitgebühr, andernfalls eine Gebühr von 1 Mark erhoben. Das Gleiche gilt für die Beurkundung von Erklärungen in Hypothekensachen in den Landestheilen r. d. Rh.

Artikel 35.

Für die Beurkundung von Erklärungen, welche dem Vormundschaftsgerichte, dem Nachlaßgerichte oder einer anderen Behörde gegenüber abzugeben sind, wird, soweit nicht besondere Vorschriften bestehen, die Zeitgebühr erhoben.

Artikel 36.

Für die Beurkundung der Aussagen von Zeugen und Sachverständigen und für die Beurkundung von Schätzungen wird die Zeitgebühr erhoben, ebenso für die Beurkundung von Erklärungen, die unter Eid oder unter Versicherung an Eidesstatt abgegeben werden.

Artikel 37.

Für die Beurkundung von thatsächlichen Vorgängen wie Besitzergreifung, Uebergabe oder Vorzeigung von Gegenständen, Anbieten der Erfüllung einer

Verbindlichkeit oder der Annahme einer Leistung, Geldvorzählung u. dgl., ferner für die Beurkundung von Zuständen, z. B. Vorhandensein und Beschaffenheit einer Sache, Leben und Gesundheitszustand einer Person wird die Zeitgebühr erhoben, soweit nicht in besonderen Vorschriften für einzelne Fälle anders bestimmt ist.

Artikel 38.

Für die Aufnahme von Vermögensverzeichnissen und Inventaren wird die Zeitgebühr erhoben.

Beträgt jedoch bei Vermögensverzeichnissen der Werth des ausgewiesenen Vermögens unter Abzug der Schulden mehr als 50 000 Mark und die Zahl der aufgezählten Vermögens- und Schuldposten mehr als hundert, so hat der Notar die Hälfte der vollen Werthgebühr nach dem reinen Werthe des ausgewiesenen Vermögens zu beanspruchen.

Artikel 39.

Für die Vornahme von Siegelungen und Entsiegelungen wird die Zeitgebühr erhoben.

Artikel 40.

Für die Beurkundung des Hergangs bei Verloosungen und bei Ausloosungen von Werthpapieren wird die volle Gebühr nach dem Gesammtwerthe der verloosten oder ausgeloosten Gegenstände, jedoch nicht mehr als 300 Mark erhoben.

Artikel 41.

Für die Aufnahme des Protokolls über die Sitzungen der Generalversammlungen oder der Aufsichtsräthe von Aktiengesellschaften oder Kommanditgesellschaften auf Aktien, sowie für die Aufnahme des Protokolls über die Sitzungen der Mitgliederversammlungen sonstiger Gesellschaften und Vereinigungen oder ihrer Organe, wird die volle Werthgebühr, jedoch nicht mehr als 300 Mark erhoben.

Sofern nicht ein bestimmter Werthgegenstand erhellt, wird als Werthgegenstandssumme der Betrag von 20 000 Mark angenommen.

Artikel 42.

Für die Aufnahme eines Wechselprotestes, einschließlich der Eintragung des Protestes in das Protestregister, kommt dem Notar eine Gebühr von 5 Mark zu.

Artikel 43.

Für die zum Zwecke der Feststellung des Datums einer Privaturkunde (Art. 33 des Ausf.-Ges. zur CPO.) ertheilte Bescheinigung über die Vorlage einer Urkunde wird eine Gebühr von 1 Mark erhoben.

Die Gebühr umfaßt auch die Vergütung für die Eintragung in das vorgeschriebene Buch.

Artikel 44.

Für Zeugnisse über Gegenstände der amtlichen Wirksamkeit des Notars, z. B. über das Vorhandensein einer Notariatsurkunde, ferner für Lebensbescheinigungen und ähnliche einfache Zeugnisse, die nicht in Protokollform niedergelegt werden und nicht mehr als eine Seite zu zwanzig Zeilen mit durchschnittlich zwölf Silben in Anspruch nehmen, wird eine Gebühr von 1 Mark erhoben.

Für umfangreichere Zeugnisse und Bescheinigungen und für solche, die in Protokollform gebracht sind, wird die Zeitgebühr erhoben.

Dritter Abschnitt.

Beglaubigung von Unterschriften und Handzeichen.

Artikel 45.

Für die Beglaubigung einer Unterschrift oder eines Handzeichens erhält der Notar eine Gebühr von 1 Mark.

Sind gleichzeitig die Unterschriften oder Handzeichen mehrerer Personen unter einer und derselben Urkunde zu beglaubigen, so ist für die zweite und jede weitere Person 50 Pfennig anzusetzen.

Für die Beglaubigung von Unterschriften und Handzeichen unter Schriftstücken, welche Rechtsgeschäfte der im Artikel 22, 24 bezeichneten Art enthalten, erhält der Notar vier Zehntel der Gebühr, welche ihm für die Beurkundung dieser Rechtsgeschäfte zustünde, mindestens aber die in Absatz 1 und 2 bezeichnete Gebühr.

Artikel 46.

Beglaubigt der Notar Unterschrift oder Handzeichen von Betheiligten unter einer von ihm selbst entworfenen Urkunde, so kann er neben der Gebühr für den Entwurf eine Gebühr für die Beglaubigung nicht beanspruchen.

Vierter Abschnitt.

Vermittelung der Auseinandersetzung. Zwangsversteigerung.

Artikel 47.

Für die Vermittelung der Auseinandersetzung in Ansehung eines Nachlasses in dem Verfahren nach § 86 bis 98 des Gesetzes über die Angelegenheiten der freiwilligen Gerichtsbarkeit werden fünf Zehntheile, im Falle der Betheiligung eines minderjährigen Erben zwei Zehntheile der Sätze des § 8 des Reichsgerichtskostengesetzes erhoben. Die Gebühr kann um zwei Zehntheile erhöht werden, wenn die Thätigkeit des Notars eine besonders weitläufige und schwierige war.

Die Berechnung der Gebühr erfolgt aus dem Werthe des Nachlasses nach Abzug der Schulden.

Die Gebühr umfaßt die Vergütung für die Anfertigung des Auseinandersetzungsplans, für die Beurkundung und die Bestätigung der Auseinandersetzung und für alle vorausgegangenen Verhandlungen und Verfügungen.

Die Erhebung der Zeitgebühr an Stelle der Gebühr des Abs. 1 ist ausgeschlossen.

Artikel 48.

Auf die Vermittelung der Auseinandersetzung in Ansehung des Gesammtguts einer ehelichen Gütergemeinschaft oder einer fortgesetzten Gütergemeinschaft im Verfahren nach § 99 des Gesetzes über die Angelegenheiten der freiwilligen Gerichtsbarkeit finden die Vorschriften über die Gebühren für die Vermittelung der Auseinandersetzung in Ansehung eines Nachlasses entsprechende Anwendung. Wird die Auseinandersetzung mit der Theilung des Nachlasses eines Ehegatten verbunden, so wird der Werth des Gesammtguts nur zu dem Bruchtheil in Ansatz gebracht, welcher den Antheil des überlebenden Ehegatten bildet.

Artikel 49.

Wird der Antrag auf Vermittelung der Auseinandersetzung in den Fällen der Artikel 47, 48 vor der Erledigung des Verfahrens zurückgezogen, so kommt dem Notar für seine Thätigkeit im Verfahren die Zeitgebühr bis zum Betrage der Hälfte der für die Durchführung der Vermittelung anzusetzenden Gebühren, wenn aber der Antrag erst nach der Anfertigung des Vertheilungsplanes zurückgezogen wird, bis zum Betrage von drei Viertel jener Gebühren zu.

Artikel 50.

Beurkundet der Notar außerhalb des Verfahrens nach § 86 ff., § 99 des Gesetzes über die Angelegenheiten der freiwilligen Gerichtsbarkeit ein Uebereinkommen der Betheiligten über die Auseinandersetzung in Ansehung eines Nachlasses oder in Ansehung des Gesammtguts einer ehelichen Gütergemeinschaft oder einer fortgesetzten Gütergemeinschaft, so richten sich die Gebühren nach Artikel 22 dieser Verordnung.

Artikel 51.

Die Gebühr des Notars für die Führung des Testamentsvollstreckeramts bemißt sich nach den Vorschriften des § 2221 des Bürgerlichen Gesetzbuchs.

Artikel 52.

Wird dem Notar auf Grund des Artikel 25 des Ausführungsgesetzes zu der Grundbuchordnung und zu dem Gesetz über die Zwangsversteigerung und die Zwangsverwaltung die Ausführung einer Versteigerung übertragen, so erhält er für die gesammte Thätigkeit im Verfahren bis zum Versteigerungstermine mit Einschluß der Beurkundung von Anträgen, Erklärungen und Vereinbarungen der Betheiligten eine Gebühr von 15 Mark.

Für die Versteigerung selbst einschließlich der Beurkundung derselben und der Ertheilung des Zuschlags erhält der Notar die im Artikel 23 bestimmte Gebühr.

Die Gebühr des Absatz 1 fällt an mit der Bestimmung des Versteigerungstermins. Wird das Verfahren vor der Bestimmung des Versteigerungstermins eingestellt oder aufgehoben, so entfällt die Gebühr.

Artikel 53.

Wird unter Versagung des Zuschlags ein neuer Versteigerungstermin bestimmt, so erhält der Notar für das Verfahren bis zu dem neuen Versteigerungstermin eine Gebühr von 5 Mark.

Fünfter Abschnitt.

Verwahrung von Privaturkunden und von Testamenten. Eröffnung von Testamenten.

Artikel 54.

Für die Verwahrung einer Urkunde, die nicht ein Testament oder einen Erbvertrag enthält, und für die Rückgabe einer solchen zur Verwahrung übernommenen Urkunde an den Betheiligten wird je eine Gebühr von 2 Mark erhoben.

Die Gebühr für die Uebernahme umfaßt die Vergütung für die Beurkundung der Uebernahme, die Ertheilung des Hinterlegungsscheins und die Verwahrung, die Gebühr für die Rückgabe die Vergütung für das Aufsuchen, die Rückgabe und die über die Rückgabe aufgenommene Urkunde.

Für die vorübergehende Verwahrung von Urkunden, die dem Notar zum Zwecke der Vorbereitung eines Amtsgeschäfts übergeben sind, wird keine Gebühr erhoben.

Artikel 55.

Für die Uebernahme eines Testaments in amtliche Verwahrung — einschließlich der zugehörigen Beurkundung — wird eine Gebühr von 3,50 Mark erhoben.

Die gleiche Gebühr gelangt für die Rückgabe eines in amtliche Verwahrung genommenen Testaments zur Erhebung.

Die amtliche Verwahrung von Testamenten und Erbverträgen, die von dem Notar beurkundet sind, erfolgt gebührenfrei.

Für die Ertheilung des Hinterlegungsscheins über die in amtliche Verwahrung genommenen Testamente und Erbverträge hat der Notar in jedem Falle eine Gebühr von 1 Mark zu beanspruchen.

Artikel 56.

Für die nach § 2259 des Bürgerlichen Gesetzbuchs vorzunehmende Ablieferung eines in seiner amtlichen Verwahrung befindlichen Testaments an das Nachlaßgericht erhält der Notar eine Gebühr von 1 Mark.

Die gleiche Gebühr erhält der Notar für die Uebersendung eines bei ihm errichteten oder verwahrten Testaments an eine andere Verwahrungsbehörde zum Zwecke der Uebernahme in die amtliche Verwahrung.

Artikel 57.

Für die nach Maßgabe des bisherigen Rechts vorzunehmende persönliche Uebergabe eines bei ihm verschlossen hinterlegten Testaments oder Erbvertrags an das Nachlaßgericht erhält der Notar die Zeitgebühr.

Artikel 58.

Für die Eröffnung eines Testaments oder Erbvertrags erhält der Notar eine Gebühr von 3,50 Mark.

Die Gebühr umfaßt die Vergütung für die Vorbereitung und Anberaumung des Termins, die Ladungen, die Eröffnungsverhandlung und das darüber aufgenommene Protokoll.

Für die Bekanntgabe des Inhaltes eines Testaments oder Erbvertrages an einen Betheiligten, welcher bei der Eröffnung nicht zugegen gewesen ist, werden die im Artikel 44 vorgesehenen Gebühren erhoben.

Für die Abgabe der Akten an das Nachlaßgericht nach Erledigung der Eröffnung steht dem Notar keine Gebühr zu. Für die Zurückbehaltung der Testamentsabschrift erhält er nur die Schreibgebühr.

Sechster Abschnitt.

Zustellung, Behändigung, Vorlegung von Urkunden.

Artikel 59.

Soweit der Notar nach den dafür bestehenden Vorschriften Zustellungen von Amtswegen vorzunehmen hat, stehen ihm dafür keine Gebühren zu.

Artikel 60.

Für die Uebersendung und Aushändigung der an die Betheiligten zu verabfolgenden Urkunden (Urschriften, Ausfertigungen und Abschriften) erhält der Notar keine Gebühr.

Die Auslagen sind ihm zu vergüten.

Artikel 61.

Für die Vornahme und Beurkundung von Zustellungen und mündlichen Eröffnungen, die der Notar persönlich auf Ersuchen Betheiligter an Dritte macht, wird die Zeitgebühr erhoben.

Artikel 62.

Legt der Notar auf Ersuchen der Betheiligten eine von ihm beurkundete oder beglaubigte Erklärung einer anderen Behörde vor, so hat er für die Vorlegung eine Gebühr von 1 Mark zu beanspruchen. Die Gebühr entfällt, wenn der Notar die Urkunde schon von Amtswegen vorzulegen hat.

Siebenter Abschnitt.

Gestattung der Einsicht, Ertheilung und Beglaubigung von Abschriften und Ausfertigungen. Vollstreckungsklausel. Schreibgebühren.

Artikel 63.

Für die Gestattung der Einsicht einer in der Urkundensammlung des Notariats verwahrten Urkunde erhält der Notar eine Gebühr von 0,50 Mark.

Kann bei dem Ersuchen um Gestattung der Einsicht der Jahrgang der Errichtung der Urkunde nicht angegeben werden, so erhöht sich die Gebühr des Notars auf 1,50 Mark.

Ersucht bei oder unmittelbar nach der Einsichtnahme der Einsichtnehmende um die Ertheilung einer Abschrift oder einer Ausfertigung der eingesehenen Urkunde, so ist die Gebühr für die Einsichtnahme auf die für die Abschrift oder die Ausfertigung zu ertheilende Gebühr anzurechnen.

Artikel 64.

Wird vom Erblasser die Einsicht eines verschlossen in der Verwahrung des Notariats befindlichen Testaments oder Erbvertrags begehrt, so steht dem Notar für die gesammte Verhandlung (Aufsuchung, Eröffnung, Vorlegung zur Einsicht, neuerlicher Verschluß und Protokoll) die Zeitgebühr zu.

Artikel 65.

Für die Gestattung der Einsicht in die Verlassenschaftsakten des älteren Rechts der Landestheile r. d. Rh., für die Gestattung der Einsicht in die Akten über die Vermittelung der Auseinandersetzung in Ansehung eines Nachlasses oder des Gesammtgutes einer ehelichen oder fortgesetzten Gütergemeinschaft, in die Testamens-Eröffnungs- und Zwangsversteigerungsakten, endlich in das Wechselprotestregister und das Buch für die Eintragungen zur Feststellung des Datums von Privaturkunden kann eine Gebühr nicht beansprucht werden.

Artikel 66.

Für die Ertheilung einer Abschrift erhält der Notar eine Gebühr von 1 Mark, wenn die Abschrift nicht mehr als vier Seiten hat, andernfalls für jede weitere Seite 0,20 Mark mehr. (Schreibgebühr.)

Auf die Seite sind mindestens zwanzig Zeilen von durchschnittlich zwölf Silben zu rechnen. Angefangene Seiten werden für voll berechnet.

Für den Beglaubigungsvermerk kann keine besondere Gebühr in Ansatz gebracht werden.

Artikel 67.

Für die Ertheilung einer beglaubigten Abschrift von einer Urkunde, die dem Notar zum Zwecke der Beglaubigung der Abschrift vorgelegt worden ist, wird die gleiche Gebühr erhoben, wie für die Ertheilung einer Abschrift einer Urkunde aus der Urkundensammlung des Notars.

Wird außer der Hauptschrift auch die Abschrift dem Notar vorgelegt und nur um die Beglaubigung der Uebereinstimmung ersucht, so steht doch dem Notar die gleiche Gebühr zu, wie wenn die Abschrift von ihm angefertigt worden wäre.

Die Vorschriften im Absatz 1 und 2 finden entsprechende Anwendung auf die Auszüge.

Artikel 68.

Für die Ertheilung einer Ausfertigung steht dem Notar die gleiche Gebühr zu wie für die Ertheilung einer Abschrift.

Für die Ertheilung der Vollstreckungsklausel erhält der Notar nur dann eine besondere Gebühr, wenn die Prüfung des Eintrittes einer Thatsache oder einer Rechtsnachfolge nothwendig war. (Civilprozeßordnung §§ 726 bis 729.) Die Gebühr beträgt 1 Mark.

Artikel 69.

Für die Herstellung der Urschrift der Urkunden erhält der Notar keine Schreibgebühr.

Artikel 70.

Bei der Vermittelung der Auseinandersetzung in Ansehung eines Nachlasses oder des Gesammtguts einer ehelichen oder fortgesetzten Gütergemeinschaft und im Zangsversteigerungsverfahren bemessen sich die Schreibgebühren des Notars nach § 80 des Reichsgerichtskostengesetzes.

Achter Abschnitt.

Nebengeschäfte.

Artikel 71.

Für die Ertheilung eines mündlichen oder schriftlichen Rathes steht dem Notar keine Gebühr zu.

Die Gebühr für die Ertheilung eines von einem Betheiligten verlangten ausführlichen schriftlichen Gutachtens richtet sich nach der Vereinbarung mit dem Betheiligten, mangels eines solchen nach billigem Ermessen. Für Gutachten über Gegenstände, die nicht zur Zuständigkeit der Notare gehören, haben die Notare nach dieser Verordnung keine Gebühren zu beanspruchen.

Artikel 72.

Für das Entwerfen von Privaturkunden steht dem Notar dieselbe Gebühr zu, welche er für die notarielle Beurkundung zu erhalten hätte.

Errichtet der Notar späterhin auf Grund des Entwurfes eine öffentliche Urkunde, so hat er für diese Beurkundung nur die Zeitgebühr zu beanspruchen, wenn diese geringer ist als die sonst anzusetzende Gebühr.

Artikel 73.

Für die Bearbeitung von Liquidationen und Berechnungen hat der Notar die Zeitgebühr zu beanspruchen.

Artikel 74.

Für die Abfassung öffentlicher Bekanntmachungen wird eine Gebühr von 1 Mark erhoben. Umfaßt jedoch die öffentliche Bekanntmachung mehr als eine Seite von zwanzig Zeilen mit durchschnittlich zwölf Silben, so wird für jede weitere ganz oder theilweise in Anspruch genommene Seite gleichfalls 1 Mark vergütet.

Neunter Abschnitt

Auslagen.

Artikel 75.

An baaren Auslagen werden erhoben:

1. Die Post- und Telegraphengebühren;
2. die durch Einrückung einer Bekanntmachung in öffentliche Blätter entstehenden Kosten;
3. die an Zeugen, Sachverständige, Auskunftspersonen, Dolmetscher, Ausrufer und sonstige nothwendige Hilfspersonen zu zahlenden Beträge;
4. die an andere Behörden oder Beamte, insbesondere an den zugezogenen zweiten Notar oder an Rechtsanwälte für deren Thätigkeit zu zahlenden Beträge;
5. die zur Entrichtung der dem Staate und den Gemeinden anfallenden Gebühren gemachten Vorschüsse.

Artikel 76.

Für das zu den Urkunden, Ausfertigungen und sonstigen Schriftstücken verwendete Papier kann eine besondere Gebühr nicht in Anspruch genommen werden.

Die Kosten einer besonderen Ausstattung der Urkunde, insbesondere die Kosten, welche durch Verwendung von Pergamentpapier oder Pergament entstehen, können jedoch in Ansatz gebracht werden. Ebenso die Auslagen für die zum Schutze der Ausfertigungen wichtigerer Urkunden gebräuchlichen Decken (Mäntel).

Artikel 77.

Für die Verpackung von Schriftstücken, die an Betheiligte zu senden sind, sowie für die Adresse können Auslagen nicht berechnet werden.

Artikel 78.

Für die Bestellung von Schriftstücken an die Betheiligten dürfen in der Regel höhere Auslagen als die gewöhnlichen Postgebühren nicht angesetzt werden. Posteinschreibe- oder Versicherungs-Gebühren können nur angesetzt werden, wenn die Einschreibung oder Versicherung von den Betheiligten verlangt oder nach den Umständen erforderlich war. Höhere Botenlöhne können nur angesetzt werden, wenn besondere, vom Notar nicht zu vertretende Umstände — wie Dringlichkeit der Sache, Nothwendigkeit erhöhter Sicherheitsmaßregeln wegen außergewöhnlicher Wichtigkeit u. dergl. — die Besorgung durch einen besonderen Lohnboten erfordern.

Für die persönliche Besorgung der Bestellung einer Urkunde durch den Notar kann, sofern es sich nicht um einen förmlichen Zustellungsakt handelt, nichts verrechnet werden.

Artikel 79.

Wird ein Notar als zweiter Notar zu einer Beurkundung herangezogen, so hat er für seine Mitwirkung die Zeitgebühr und daneben gegebenen Falles die Reisekosten zu beanspruchen.

Artikel 80.

Für jeden bei einer notariellen Beurkundung zugezogenen Zeugen kann die demselben gezahlte Gebühr bis zum Betrage von 0,50 Mark für jede angefangene Stunde in Rechnung gestellt werden.

Das Gleiche gilt für die zugezogenen Vertrauenspersonen und Auskunftspersonen.

Den Betheiligten bleibt es unbenommen, sich mit Zeugen, Vertrauenspersonen und Auskunftspersonen über die Vergütung selbst zu vereinbaren.

Artikel 81.

Für Dolmetscher und Sachverständige kann die denselben unter Einhaltung der in den §§ 3 bis 11 der Gebührenordnung für Zeugen und Sachverständige enthaltenen Grundsätze gezahlte Entschädigung verrechnet werden.

Den Betheiligten bleibt anderweitige Vereinbarung über die Vergütung vorbehalten.

Artikel 82.

Ergibt sich bei Versteigerungen das Bedürfniß, einen Ausrufer beizuziehen und wird dieser nicht von den Betheiligten selbst gestellt, so kann für den beigezogenen Ausrufer die ortsübliche Gebühr in Ansatz gebracht werden.

Zehnter Abschnitt.

Entfernungsgebühren, Reisekosten.

Artikel 83.

Nimmt der Notar ein Amtsgeschäft an einem Orte vor, der außerhalb der Amtsräume, jedoch weniger als drei Kilometer von seinem Amtsſitz entfernt liegt, so hat er für die daraus entstehende Zeitversäumniß Vergütung zu beanspruchen.

Unterliegt das auswärts vorgenommene Geschäft ohnehin der Zeitgebühr, so ist die Zeit für den Hin- und Rückweg der Zeit der Vornahme des Geschäfts hinzuzurechnen. Andernfalls kommt dem Notar für die auf Hin- und Rückweg verwendete Gesammtzeit die Zeitgebühr besonders zu. Hat der Notar auf seinem Gange mehrere Geschäfte erledigt, so sind die Ganggebühren entsprechend zu vertheilen.

Artikel 84.

Bei der Vornahme von Dienstgeschäften an Orten, die außerhalb des Amtssitzes gelegen und von diesem nicht weniger als drei Kilometer entfernt sind, hat der Notar neben den Notariatsgebühren Entschädigung durch Tagegelder und Ersatz der Reisekosten zu beanspruchen.

Artikel 85.

Die Tagegelder können auf so lange beansprucht werden als das vorzunehmende Geschäft — die Reisezeit mit eingerechnet — auswärts dauert.

Erfolgt die Hin- und Rückreise an demselben Tage und erstreckt sich die nothwendige Abwesenheit zur Geschäftsvornahme auf nicht länger als sechs Stunden, so kann nur die Hälfte des Tagegeldes beansprucht werden.

Artikel 86.

Das Tagegeld beträgt für den ganzen Tag 11 Mark.

Artikel 87.

Als Reisekosten dürfen, vorbehaltlich der Bestimmungen der Artikel 90, 91 nur die wirklich entrichteten Auslagen in Aufrechnung gebracht werden.

Artikel 88.

Bei allen Dienstreisen, welche ohne Nachtheil für den Reisezweck durch Benützung von Eisenbahnen oder Dampfschiffen zurückgelegt werden können, haben die Notare nur auf Vergütung der Kosten dieser Beförderungsgelegenheit Anspruch. Auf Eisenbahnen gebührt ihnen ein Platz in der zweiten, auf Dampfschiffen in der ersten Klasse.

Artikel 89.

Soweit die Benützung der Eisenbahnen oder Dampfschiffe nicht möglich oder nicht thunlich erscheint, kann der Notar sich in gleicher Weise, wie die Richter des Amtsgerichts eines Gefährtes bedienen. Er soll sich, wenn möglich, den Akkorden anschließen, die nach § 12 der Verordnung vom 11. Februar 1875, die Aufrechnung der Tagegelder und Reisekosten bei auswärtigen Dienstgeschäften der Beamten und Bediensteten des Civilstaatsdienstes betr., abgeschlossen werden.

Artikel 90.

Ein Notar, der mit eigenem Wagen und eigenen Pferden versehen ist, darf, wenn er sich dieses Gefährtes zu Dienstreisen bedient, die Kosten in Aufrechnung bringen, welche nach den Vorschriften der vorhergehenden Artikel erwachsen wären, wenn er sich eines gemietheten Beförderungsmittels bedient hätte.

Artikel 91.

Legt ein Notar bei einer Dienstreise den Weg zu Fuß oder unter Benützung des Fahrrads zurück, so hat er Anspruch auf eine Reisekostenvergütung von 0,20 Mark für jeden vollen Kilometer des Hin- und Rückwegs. Bruchtheile von Kilometern kommen nicht in Anschlag.

Würden die Kosten bei Benützung von Eisenbahn, Dampfschiff, Gefährt geringer sein, so kann die Reisekostenvergütung nur in dem geringeren Betrage beansprucht werden.

Artikel 92.

Nimmt der Notar bei einer und derselben Dienstreise mehrere Geschäfte mit verschiedenen Betheiligten vor, so hat er die Reisegebühren nur einmal zu beanspruchen.

Artikel 93.

Haben mehrere Personen, die bei verschiedenen Geschäften betheiligt sind, eine und dieselbe Dienstreise veranlaßt, so sind die Reisegebühren unter sie nach Verhältniß der ihnen zur Last fallenden Notariatsgebühren zu vertheilen.

Das Gleiche gilt, wenn auf der Reise erst andere Geschäfte hinzukommen.

Artikel 94.

Für die Beförderung des nothwendigen Reisegepäcks werden dem Notar die thatsächlich erwachsenen Auslagen vergütet.

Artikel 95.

Die Richter und Gerichtsschreiber der Amtsgerichte erhalten für auswärtige Geschäfte, die sie als Notariatsverweser vornehmen, Tagegelder und Reisekosten ausschließlich nach denjenigen Normen vergütet, welche für die Vornahme auswärtiger Geschäfte im Richteramt oder Gerichtsschreiberamt gelten.

Artikel 96.

Dienstreisen zum Zwecke der nach Artikel 30 des Notariatsgesetzes vorgeschriebenen Einsicht des Grundbuchs oder des Hypothekenbuchs sind nur dann zulässig, wenn die Betheiligten schriftlich erklärt haben, daß sie die persönliche Einsichtnahme durch den Notar der Erholung und Einsichtnahme eines Auszugs vorziehen und bereit sind, die erwachsenden Reisekosten zu tragen. Die Höhe der erwachsenden Reisekosten ist den Betheiligten vorher bekannt zu geben.

Elfter Abschnitt.

Hinterlegungsgebühren.

Artikel 97.

Für die Uebernahme, Verwahrung und Ablieferung von Geldern, Werthpapieren und Kostbarkeiten nach Artikel 4 des Notariatsgesetzes erhalten die Notare Hinterlegungsgebühren nach Maßgabe der folgenden Bestimmungen.

Artikel 98.

Die Gebühr enthält die Vergütung für die gesammte Thätigkeit des Notars. Für die Korrespondenz über die Uebernahme, die Bescheinigung über den Empfang, die Verzeichnung und Verrechnung, die verzinsliche oder unverzinsliche Hinterlegung bei öffentlichen Banken und die Wiedereinziehung der Werthe von diesen, für die wegen der Ablieferung gepflogenen schriftlichen oder mündlichen Verhandlungen mit den Betheiligten, mit Behörden oder Dritten, endlich für die Verhandlung bei der Ablieferung selbst darf keine besondere Gebühr in Ansatz gebracht werden. Die thatsächlich erwachsenen Postportoauslagen — einschließlich der allenfallsigen Versicherungskosten — dürfen aufgerechnet werden.

Artikel 99.

Die Gebühr wird nach dem Werthe des hinterlegten Betrages oder Gegenstandes berechnet.

Als Gegenstandssumme gilt auch für die Gebühr des Notars die zum Zwecke der Bemessung der staatlichen Hinterlegungsgebühr ermittelte Summe.

Artikel 100.

Die Gebühr beträgt in der Regel:

für den Betrag bis zu 2000 Mark $^1/_4$ vom Hundert,
darüber hinaus für den Mehrbetrag $^1/_8$ vom Hundert.

Artikel 101.

Die Gebühr beträgt, wenn dem Notar die Einnahme, Aufbewahrung und Ablieferung der Strichgelder aus einer Versteigerung obliegt,

a) bei Versteigerung von unbeweglichen Gegenständen:
für den Betrag bis zu 2000 Mark 1 vom Hundert,
darüber hinaus für den Mehrbetrag $^1/_2$ vom Hundert;

b) bei Versteigerung von beweglichen Gegenständen:
für den Betrag bis zu 2000 Mark 2 vom Hundert,
darüber hinaus für den Mehrbetrag 1 vom Hundert.

Artikel 102.

Auch bei der Berechnung der Gebühr in den Fällen der Artikel 100, 101, werden Pfennigbeträge, die nicht durch zehn theilbar sind, auf zehn aufgerundet.

Artikel 103.

Für die Uebernahme, Aufbewahrung und Ablieferung von Werthen unter 20 Mark werden Gebühren nicht erhoben.

Artikel 104.

Soweit bestimmt ist, daß die Notare bei der Berechnung und Erhebung der aus Anlaß ihrer Amtsgeschäfte dem Staate und den Gemeinden anfallenden Gebühren mitzuwirken haben, haben die Notare von den Betheiligten für die Einnahme, Aufbewahrung und Ablieferung dieser Gebühren Hinterlegungsgebühren nicht zu beanspruchen.

Zwölfter Abschnitt.

Schlußbestimmungen.

Artikel 105.

Aufgehoben sind:

1. die Notariatsgebührenordnung für die Pfalz vom 9. April 1822;
2. die Verordnung vom 11. Juli 1823 über die Notariatsgebühren in der Pfalz;
3. die Verordnung vom 29. Januar 1854, die Gebühren der Notare in der Pfalz betreffend;

4. die Notariatsgebührenordnung für die Landestheile r. d. Rh. vom 30. November 1875;
5. die Verordnung vom 12. Dezember 1875, die Gebühren der Notare und Notariatszeugen in der Pfalz betreffend;
6. die Verordnung vom 21. Dezember 1877, die Gebühren der Notare in der Pfalz betreffend:
7. die Verordnung vom 15. September 1879, die Gebühren der Notare betreffend;
8. die Verordnung vom 13. Mai 1880, die Gebühren der Notare in der Pfalz betreffend.
9. die Verordnung vom 29. Juni 1886, die Gebühren der Notare betreffend.

Artikel 106.

Die im Regierungsbezirke der Pfalz üblichen Gebühren für die Anfertigung der Bordereaux und für die Uebersendung der Bordereaux an die Hypothekenämter bleiben bis zu dem Zeitpunkt, in welchem das Grundbuch als angelegt anzusehen ist, aufrecht erhalten.

Ebenso können im Regierungsbezirke der Pfalz die für die Anfertigung von Heblisten bei Versteigerungen üblichen Gebühren weiter bezogen werden.

Artikel 107.

Die Vorschriften dieser Verordnung über die Gebühren bei der Zwangsversteigerung treten, soweit sie die Schiffe betreffen, am 1. Januar 1900, im Uebrigen für jeden Grundbuchbezirk mit dem Zeitpunkt in Kraft, in welchem das Grundbuch als angelegt anzusehen ist. Bis zu diesem Zeitpunkte haben bei Zwangsversteigerungen hinsichtlich der Gebühren noch die seitherigen Bestimmungen Anwendung zu finden. Das Gleiche gilt für das Verfahren, welches gemäß § 15 des Einführungsgesetzes zu dem Gesetz über die Zwangsversteigerung und die Zwangsverwaltung noch nach den Landesgesetzen zu erledigen ist, sowie für die Zwangsversteigerung eines gemeinschaftlichen Grundstücks zum Zwecke der Aufhebung der Gemeinschaft nach den Art. 41, 113 des Gesetzes, Uebergangsvorschriften zum Bürgerlichen Gesetzbuche betreffend.

Die Erlassung besonderer Vorschriften über die Gebühren der Notare bei der Beurkundung und Beglaubigung von Verträgen und Erklärungen, für welche das Grundbuchrecht maßgebend ist, bleibt für später vorbehalten.

Artikel 108.

Ist ein Notar in den Landestheilen r. d. Rh. nach dem Inkrafttreten dieser Verordnung noch auf Grund des bisherigen Landesrechts als Verlassenschaftskommissär thätig, so gebührt ihm für Korrespondenzen und Berichte, welche ihm als Verlassenschaftskommissär obliegen, dann für die von ihm in dieser Eigenschaft auszustellenden Zeugnisse wie bisher eine Vergütung von 1 bis 4 Mark.

Artikel 109.

Gegenwärtige Verordnung tritt mit dem 1. Januar 1900 in Kraft.

Artikel 110.

Das Staatsministerium der Justiz ist beauftragt, nach Ablauf von drei Jahren über die Wirkungen dieser Verordnung und darüber zu berichten, ob nach den gemachten Erfahrungen eine Aenderung dieser Verordnung angezeigt erscheint. Bis zu dieser Zeit ist das Staatsministerium der Justiz ermächtigt, im Fall des Bedürfnisses einzelne Aenderungen und Ergänzungen vorzunehmen.

München, den 28. Dezember 1899.

Luitpold,
Prinz von Bayern,
des Königreichs Bayern Verweser.

Dr. Frhr. v. Leonrod.

Auf Allerhöchsten Befehl:
Der General-Sekretär:
Ministerialrath v. Thelemann.

Königlich Allerhöchste Verordnung

vom 28. Juli 1900, die Gebühren der Notare in Grundbuchsachen betr.

(G.V.Bl. 741, J.M.Bl. 1043.)

Im Namen seiner Majestät des Königs.

Luitpold,

von Gottes Gnaden Königlicher Prinz von Bayern,

Regent.

Wir finden Uns bewogen, auf Grund der Bestimmungen des Artikel 5 des Gesetzes über das Gebührenwesen und des Artikel 107 Abs. 2 der Notariatsgebührenordnung zur Ergänzung der letzteren über die Gebühren der Notare in Grundbuchsachen zu verordnen, was folgt:

Artikel 1.

Für die Beurkundung der Erklärungen über die Auflassung eines Grundstücks (§ 925 des Bürgerlichen Gesetzbuchs) erhält der Notar dann, wenn die Erklärungen im unmittelbaren Anschluß an den Vertrag, durch den sich der eine Theil verpflichtet, das Eigenthum zu übertragen, z. B. den Kaufvertrag (§ 313 des Bürgerlichen Gesetzbuchs) in ein und derselben Urkunde beurkundet werden, keine besondere Gebühr. Die Vergütung für die Beurkundung der Auflassung ist in diesem Falle in der Gebühr enthalten, welche dem Notar nach Artikel 22, 23 der Notariatsgebührenordnung für die Beurkundung des der Auflassung zu Grunde liegenden Vertrags zusteht.

Artikel 2.

Für die Beurkundung der Auflassung erhält der Notar die Zeitgebühr (Artikel 3 ff. der Notariatsgebührenordnung):

1. wenn die Urkunde über den der Auflassung zu Grunde liegenden Vertrag zwar von dem Notar selbst aufgenommen ist, die Betheiligten aber die Aufnahme einer besonderen Urkunde über die Auflassung verlangen;
2. wenn die Urkunde über den der Auflassung zu Grunde liegenden Vertrag von einer anderen bayerischen Behörde aufgenommen ist;
3. wenn die Verpflichtung zur Uebertragung des Eigenthums nicht auf einem nach § 313 des Bürgerlichen Gesetzbuchs der gerichtlichen und notariellen Beurkundung bedürftigen Vertrage, sondern auf einem anderen Rechtsverhältnisse (z. B. einem Vermächtnisse) beruht.

Artikel 3.

In allen übrigen Fällen erhält der Notar für die Beurkundung der Auflassung die volle Werthgebühr (Artikel 12 der Notariatsgebührenordnung). Das Gleiche gilt dann, wenn in den Fällen des Artikels 2 die Gegenstandssumme nicht mehr beträgt, als 200 Mark.

Artikel 4.

Die Vorschriften der Artikel 1 bis 3 finden entsprechende Anwendung auf die Beurkundung der Erklärungen, die zur Uebertragung des Eigenthums an einem buchungsfreien Grundstücke nach Artikel 83 des Ausführungsgesetzes zum Bürgerlichen Gesetzbuch erforderlich sind.

Artikel 5.

Für die Beurkundung der nach § 873 des Bürgerlichen Gesetzbuchs zur Belastung eines Grundstücks mit einem Rechte sowie zur Uebertragung oder Belastung eines solchen Rechtes erforderlichen Erklärungen (Eintragungsbewilligungen) erhält der Notar keine besondere Gebühr, wenn die Erklärungen im unmittelbaren Anschluß an das Rechtsgeschäft, auf dem sie beruhen, (z. B. den Darlehensvertrag, das Schuldbekenntniß, die Forderungsabtretung) in ein und derselben Urkunde beurkundet werden.

Wird die Eintragungsbewilligung für sich allein beurkundet, so steht dem Notar dafür die Gebühr des Artikel 24 der Notariatsgebührenordnung zu. Auf diese ist jedoch, wenn beide Geschäfte innerhalb eines Jahres bei demselben Notariate beurkundet wurden, die für die Beurkundung des grundlegenden Geschäfts entrichtete Gebühr insoweit anzurechnen, als die für die Eintragungsbewilligung zu entrichtende Werthgebühr die Zeitgebühr übersteigt.

Artikel 6.

Für die Beurkundung der Erklärungen über die Aufhebung eines Rechtes an einem Grundstücke (Löschungsbewilligungen) und über die Aenderung des Ranges oder des Inhalts eines Rechtes wird, wenn die Gegenstandssumme mehr als 200 Mark beträgt, die Zeitgebühr, andernfalls eine Gebühr von 1 Mark erhoben.

Das Gleiche gilt für die Beurkundung aller derjenigen Geschäfte in Grundbuchsachen, für welche weder in der Notariatsgebührenordnung noch in dieser Verordnung besondere Bestimmungen getroffen sind.

Artikel 7.

Für die Beurkundung von Eintragungsanträgen, welche im Zusammenhange mit den zu Grunde liegenden Rechtsgeschäften oder den Eintragungsbewilligungen in ein und derselben Urkunde stattfindet, werden keine besonderen Gebühren erhoben. Das Gleiche gilt für die Eintragungsanträge, welche der Notar im Anschluß an eine von ihm vorgenommene Beurkundung oder Beglaubigung auf Grund besonderer Ermächtigung seitens der Betheiligten oder auf Grund des § 15 der Grundbuchordnung stellt.

Für die selbständige Beurkundung von Eintragungsanträgen erhält der Notar die Gebühr nach Artikel 6 dieser Verordnung.

Artikel 8.

Für die Beglaubigung der zur Belastung eines Grundstücks mit einem Rechte oder zur Uebertragung oder Belastung eines solchen Rechtes (also insbesondere zur Bestellung und Uebertragung von Hypotheken) erforderlichen Erklärungen erhält der Notar $^{8}/_{10}$ der Gebühr, die ihm für die Beurkundung dieser Erklärungen zusteht, mindestens aber die im Artikel 45 Abs. 1, 2 der Notariatsgebührenordnung vorgesehene Gebühr.

Für sonstige Beglaubigungen in Grundbuchsachen erhält der Notar ausschließlich die Gebühr des Artikel 45 Abs. 1, 2 der Notariatsgebührenordnung.

Artikel 9.

Für die Ertheilung eines Theilhypothekenbriefs, Theilgrundschuldbriefs, Theilrentenschuldbriefes erhält der Notar die gleiche Gebühr wie für die Ertheilung einer Abschrift oder Ausfertigung.

Artikel 10.

Für Auszüge und Abschriften, die dem Grundbuchamte zur Aufnahme unter die Grundbuchanlagen vorzulegen sind, erhält der Notar eine Schreibgebühr von 0,20 Mark für die Seite.

Für sonstige den Betheiligten zu ertheilende Abschriften und Ausfertigungen sind die Vorschriften in den Artikeln 65 bis 68 der Notariatsgebührenordnung maßgebend.

Artikel 11.

Für die Einsicht des Grundbuchs, die Erholung von Aufschlüssen über den Inhalt des Grundbuchs, die Erholung von Auszügen aus dem Grundbuche, ferner für die Vorlegung der von ihm errichteten oder beglaubigten Urkunden an das Grundbuchamt und den darüber etwa weiter erwachsenden Schriftwechsel mit dem Grundbuchamt, endlich für die Benachrichtigung der Betheiligten von den Bekanntmachungen des Grundbuchamts erhält der Notar keine Gebühr.

Die Auslagen sind ihm zu vergüten, jedoch darf weder für die Vorlagebogen noch für das zum Schriftwechsel und zur Versendung sonst verwendete Material etwas verrechnet, noch eine Schreibgebühr angesetzt werden.

Artikel 12.

Die Vorlegung der Urschriften von Urkunden über Geschäfte, die buchungsfreie, auch nach der Beurkundung nicht einzutragende Grundstücke betreffen, ist als Amtssache vollkommen kostenfrei.

Das Gleiche gilt für die Anbringung der vorgeschriebenen Vermerke auf den Urschriften, Ausfertigungen und Abschriften und in den Registern.

Artikel 13.

Soweit in dieser Verordnung nicht besondere Vorschriften enthalten sind, welche von denen der Notariatsgebührenordnung abweichen oder sie ergänzen, sind die Vorschriften der Notariatsgebührenordnung auch in Grundbuchsachen für die Notariate maßgebend.

Artikel 14.

Diese Verordnung tritt am 1. August 1900 in Kraft.

Die Vorschrift des Artikel 110 der Notariatsgebührenordnung vom 28. Dezember 1899 ist auf sie entsprechend anzuwenden.

München, den 28. Juli 1900.

Luitpold,

Prinz von Bayern,

des Königreichs Bayern Verweser.

Staatsrath **v. Heller.**

Auf Allerhöchsten Befehl:

Der General-Sekretär:

Ministerialrath v. Thelemann.

Anm. 3. Die in Abs. 2 vorgesehene Minimalgrenze des reinen Einkommens der sog. nothleidenden Notariate erstreckt sich nicht wie bisher auf den Anfangsgehalt eines Amtsrichters, sondern je nach dem Dienstalter des Notars auf den Gesammtbezug der entsprechenden Gehaltsklasse eines Amtsrichters einschlüssig dessen nichtpragmatischen sog. Wohnungsgeldzuschusses; dagegen sind unter den Bezügen eines Amtsrichters nicht auch die eines Oberamtsrichters zu verstehen.

Ein Anspruch auf Bewilligung der Gehaltsergänzung steht dem Notar nicht zu, sondern es ist diese Bewilligung dem billigen Ermessen der Justizverwaltung anheim gegeben, damit nicht Notare, die vielleicht wegen guter Vermögensverhältnisse oder aus Rücksichten der Bequemlichkeit ihre amtliche Thätigkeit auf ein Minimum beschränken, oder aus besonderen Gründen trotz Gelegenheit, eine bessere Stelle zu erhalten, ihr Domizil nicht wechseln wollen, den Staatszuschuß beanspruchen können.

Uebrigens wird wie bisher so auch künftig nur in seltenen Ausnahmen die Bestimmung des Abs. 2 praktisch werden, da die Staatsregierung es in der Hand hat, für solche nothleidende Notariate in Gemäßheit des Art. 95 Abs. 2 einen Verweser zu bestellen.

Anm. 4. Während nach Art. 101 des bisherigen rechtsrheinischen Notariatsgesetzes der Notar an seinen Amtsvorgeher oder dessen Erben für die ihm zu übergebenden Akten eine Abfindung nicht zu leisten hat, haben in der Pfalz der abtretende Notar oder seine Erben gemäß Art. 54—59 des ventose Gesetzes von dem Amtsnachfolger Entschädigung für die Ueberlassung des Archivs zu beanspruchen. Diese letztere Vorschrift, von welcher schon bisher wenig praktischer Gebrauch gemacht worden ist, ist mit dem künftigen Charakter des Notariates als einer Staatsbehörde unvereinbar, weshalb von einer Ueberlassung der Notariatsakten zum Privatbesitz keine Rede mehr sein kann. Da auch grundsätzlich nur derjenige Notar ein Recht auf Gebühren hat, dessen Thätigkeit in Anspruch genommen ist, hat künftig auch in der Pfalz kein Notar von seinem Amtsnachfolger für die Ueberlassung des Archivs eine Abfindung zu beanspruchen.

Anm. 5. Die durch die Amtsthätigkeit des Notars veranlaßten Gebühren stehen diesem zu, auch wenn er vor deren Bezahlung mit Tod abgeht oder sonst aus dem Amte scheidet; siehe hierüber Art. 52.

Wegen des Gebührenbezugsrechtes im Falle der Bestellung eines Amtsverwesers vergl. Art. 111 ff.

Artikel 49.

Die Notariatsgebühren sind von dem zu tragen, der die Thätigkeit des Notars in Anspruch genommen hat. Haben Mehrere die Thätigkeit des Notars zu einem und demselben Geschäft in Anspruch genommen, so haften sie dem Notar gegenüber als Gesammtschuldner. Vereinbarungen der Betheiligten über die Tragung der Gebühren sind nur für die Betheiligten wirksam.

Entwurf Art. 50; Prot. Abg. 682; Prot. R.R. XX. 4; Becher, Materialien 202. 345.

Anm. 1. Die in gegenwärtigem Artikel für die Notariatsgebühren gegebene Vorschrift ist konform der für die Staatsgebühren in Art. 189 (149) Geb.G. gegebenen Bestimmung, welche lautet:

„Die Verbindlichkeit zur Entrichtung der Gebühr obliegt demjenigen, der die Thätigkeit des Notars veranlaßt hat. Ist dieselbe von Mehreren veranlaßt, so haften diese dem Staate gegenüber als Gesammtschuldner. Vereinbarungen über die Tragung der Gebühren sind nur für die Betheiligten wirksam."

Anm. 2. Unter Notariatsgebühren sind alle Gebühren zu verstehen, die der Notar zu beanspruchen hat, also die Gebühr für die Urkunde, dann die Entfernungs- und Reisegebühren, Tagegelder, Hinterlegungsgebühren, Schreibgebühren sowie alle Auslagen, Porti, Inserationskosten, Auslagen für Zeugen, Schätzungsgebühren u. A.

Anm. 3. a) Die Thätigkeit des Notars nimmt derjenige in Anspruch, welcher den Notar zu irgend einer amtlichen Thätigkeit mündlich oder schriftlich (auch telegraphisch oder telephonisch) veranlaßt, und zwar auch dann, wenn er nicht für sich selbst, sondern für einen Anderen, sei es mit oder ohne Vollmacht desselben, handelt. Es haftet also, wenn ein Bevollmächtigter einen Vertrag abschließt oder eine notarielle Erklärung abgibt, eine Ausfertigung oder Abschrift einer Urkunde beantragt oder sonstwie die Thätigkeit des Notars in Anspruch nimmt, z. B. Aufschlußertheilung über das Vorhandensein oder den Inhalt einer Urkunde beantragt, nicht der Vollmachtgeber sondern der Bevollmächtigte, welcher sein Rückgriffsrecht gegenüber seinem Auftraggeber hat.

b) Eine Ausnahme hievon wird nur dann zu machen sein, wenn für die Partei ein bevollmächtigter Rechtsanwalt handelt. Nach Geb.Ges. Art. 281 (254) ist bezüglich der Staatsgebühren in allen Fällen, in welche für die Partei ein Rechtsanwalt handelt, für die Entrichtung der Gebühren, Auslagen und desfallsigen Vorschüsse nicht der Anwalt, sondern die von ihm vertretene Partei verhaftet, wenn nicht der Anwalt ausdrücklich die Zahlung für die Partei übernommen hat; vergl. Burkhard, Gebührenwesen Seite 320 Note 7 und Seite 455 Art. 261 (frühere Textierung) Note 1 und 2. Diese für die Staatsgebühren entsprechend der zu § 81 G.K.G. gemachten erläuternden Bemerkung der Reichstagskommission in das Gebührengesetz aufgenommene Bestimmung wird auch auf die Notariatsgebühren entsprechende Anwendung finden müssen, weil inhaltlich der Verhandlung d. K. d. Abg. 1879 Abth. II S. 152 zu Art. 261, nun Art. 281 (254) Geb.Ges. der Anwalt auch insbesondere in Verhandlungen bei den Notaren von der Haftung für Gebühren seiner Mandantschaft frei ist, und weil außerdem die Befreiung des Rechtsanwalts von dieser Haftung für die Staatsgebühren dadurch, daß der Notar die Staatsgebühren vorschießt und dann als Auslagen gemäß des folgenden Artikels 50 beitreibt, umgangen werden könnte.

Dagegen hat auch in einem solchen Falle der Notar gemäß Art. 55 bis zur Entrichtung der Gebühren und Auslagen das Zurückbehaltungsrecht und mit Rücksicht auf die Bestimmung in Art. 288 Geb.G. und § 290 Gesch.O. die Zurückbehaltungspflicht bezüglich der Urkunden, Ausfertigungen und Abschriften; vergl.

hiezu § 23 Instr. z. Vollzug des Reichsgerichtskostengesetzes und des Gesetzes über das Gebührenwesen betr. vom 25. Dez. 1899, F.M.Bl. 1899 S. 300, J.M.Bl. 1900 S. 343 und § 290 Gesch.O.

c) Als Versteigerungsbeamte im Verfahren über die Zwangsversteigerung von Grundstücken ist der Notar nicht von der Partei, sondern unmittelbar vom Vollstreckungsgerichte zur Vornahme seiner Amtsthätigkeit berufen, hat also seine Gebühren und Auslagen nicht von der Partei, sondern vom Gerichte zu beanspruchen.

Anm. 4. Wenn Mehrere die Thätigkeit des Notars zu einem und demselben Geschäft in Anspruch nehmen, z. B. bei einem Vertrage, empfiehlt sich zur Vermeidung späterer Differenzen unter den Betheiligten, in die Urkunde die Verpflichtung zur Kostentragung entprechend der von den Betheiligten getroffenen Vereinbarung und mangels einer solchen entsprechend den gesetzlichen Bestimmungen aufzunehmen. In Ermangelung einer besonderen Vereinbarung hat nach B.G.B. § 449 der Käufer eines Grundstücks die Kosten der Auflassung und der Eintragung, der Käufer eines Rechtes an einem Grundstücke die Kosten der zur Begründung oder Uebertragung des Rechtes nöthigen Eintragung in das Grundbuch mit Einschluß der Kosten der zu der Eintragung erforderlichen Erklärungen und in beiden Fällen auch die Kosten der Beurkundung des Kaufes zu tragen, während bei Verkauf eines anderen Rechtes als eines solchen an einem Grundstücke, z. B. beim Verkauf einer angefallenen Erbschaft (B.G.B. § 2371) die Kosten der Begründung oder Uebertragung des Rechtes dem Verkäufer zur Last fallen, B.G.B. § 448 Abs. 2. Die Kosten der Berichtigung des Grundbuchs und der dazu erforderlichen Erklärungen hat nach B.G.B. § 897 derjenige zu tragen, welcher die Berichtigung verlangt, sofern nicht aus einem zwischen ihm und dem Verpflichteten bestehenden Rechtsverhältnisse sich ein Anderes ergibt.

Wenn auch Vereinbarungen der Betheiligten über Tragung der Gebühren nur für diese selbst wirksam sind, wird der Notar in der Regel doch zunächst die Kosten von demjenigen, welcher solche zu tragen sich verpflichtet hat, und nach den auf Jeden treffenden Anteilen einzuheben versuchen und an den anderen Vertragstheil sich erst wenden, wenn der pflichtige Theil Zahlung rechtzeitig nicht leistet. Ein Verzicht auf die Inanspruchnahme des anderen Vertragstheils ist darin, daß der Notar sich zunächst an denjenigen wendet, welcher die Zahlung übernommen hat, nicht enthalten. Wenn bei einem Kaufvertrage jeder Theil die Hälfte der Kosten übernommen hat und der eine Theil seinen Hälfteantheil nicht zahlt, ist der andere Theil für die ganzen Kosten als Gesammtschuldner haftbar, auch wenn er die ihn treffende Kostenhälfte schon bezahlt hat, und kann seine Zahlungspflicht nicht von einem vorherigen Versuch, die Kosten von dem pflichtigen anderen Theil beizutreiben, abhängig machen.

Nach Gesch.O. § 289 soll der Notar bei der Aufnahme von Urkunden über die Erklärungen mehrerer Betheiligter, wo es erforderlich ist, auf die Regelung des Kostenpunktes in der Vereinbarung aufmerksam machen und die Vereinbarung der Betheiligten über diesen Punkt im Protokolle feststellen.

Ist ein Betheiligter, welcher in der Urkunde die Verpflichtung zur Tragung der Kosten übernommen hat, mit der Zahlung im Rückstande geblieben, so soll der Notar hievon ungesäumt die anderen Betheiligten, welche ihm und der Staatskasse gegenüber für die Gebühren und Auslagen haftbar blieben, verständigen, damit ihnen der Rückgriff nicht erschwert wird.

Siehe des Weiteren über Gebührenwesen Gesch.O. §§ 287 ff.

Anm. 5. Nach B.G.B. § 196 Ziff. 15 verjähren die Gebühren und Auslagen des Notars, soweit sie nicht zur Staatskasse fließen, in 2 Jahren, letzteren Falles d. i. die Staatsgebühren, welche als öffentliche Abgaben öffentlich rechtlicher Natur sind, nach AG. z. B.G.B. Art. 124 in 3 Jahren. Die Verjährung beginnt mit dem Schlusse des Jahres, in welchem der Anspruch entstanden ist, und wird durch Abschlagszahlung, Sicherheitsleistung oder sonstige Anerkennung unterbrochen; nach der Unterbrechung beginnt eine neue Verjährung, in deren Frist die bis zur Unterbrechung verstrichene Zeit nicht eingerechnet wird; B.G.B. § 198, 201, 208, 217.

Bezüglich Verjährung der Notariatsgebühren bei Verwesung eines unbesetzten Notariats vergl. Art. 112.

Anm. 6. Bezüglich der Frage, ob und in welchen Fällen der Notar für seine Gebühren und Auslagen einen Vorschuß zu verlangen berechtigt ist, vergl. Art. 55.

Artikel 50.

Wird die Höhe der von dem Notar angesetzten Notariatsgebühren oder Auslagen von dem Betheiligten beanstandet oder ist der Notar zur Beitreibung der Gebühren oder Auslagen veranlaßt, so hat er bei dem Landgerichte die Festsetzung zu beantragen. Als Auslagen gelten hiebei auch die Gebührenvorschüsse. Durch Klage kann der Anspruch nicht geltend gemacht werden. Mit der Einreichung des Antrags auf Festsetzung treten die Wirkungen der Erhebung der Klage ein.

Aus den rechtskräftigen Festsetzungsbeschlüssen findet die Zwangsvollstreckung nach Maßgabe der Bestimmungen der Civilprozeßordnung über die Zwangsvollstreckung aus Kostenfestsetzungsbeschlüssen statt.

Bayern Art. 112; Pfalz Art. 51; Entwurf Art. 51; Motive 439; Prot. Abg. 682; Prot. R. R. XX 4; XXIII 1; Verh. Abg. 1894, Becher Materialien 9. 55. 203. 345. 417. 438.

Anm. 1. Nicht selten ist der Notar, wenn er nicht auf seine Gebühren und Auslagen verzichten will, genöthigt, solche zwangsweise beizutreiben, und zwar weniger gegenüber zahlungsunfähigen Personen, denen er in der Regel ohnehin durch Stundung oder Erlassung der Gebühren entgegenkommt, als viel häufiger gegenüber ganz zahlungsfähigen, aber zahlungsunlustigen Betheiligten. Nach den bisherigen Vorschriften hatte der Notar, der zur Beitreibung seiner Gebühren veranlaßt war, nach Art. 112 rechtsrh. Not.Ges. zunächst deren Festsetzung durch das Landgericht zu erwirken und dann den gewöhnlichen Klageweg zu beschreiten, also in der Regel beim Amtsgerichte Klage oder Antrag auf Erlassung eines Zahlungsbefehls zu stellen, um schließlich nach Erwirkung eines vollstreckbaren Urtheiles oder Vollstreckungsbefehles mit der Zwangsvollstreckung vorgehen zu können, wenn durch eine solche überhaupt ein Erfolg zu erwarten war.

Dieses umständliche, nur Verdrießlichkeiten und Kosten verursachende Verfahren, bei dem der Notar häufig genug zu spät kam und dann noch die erwachsenen Kosten selbst zahlen durfte, ist nun wesentlich und in dankenswerther Weise vereinfacht. Da die Gebühren, die der Notar für seine amtliche Thätigkeit von den Betheiligten zu beanspruchen hat, für Letztere den Charakter öffentlicher Abgaben haben, entspricht es nur der Würde und dem Ansehen des Notariates als nunmehriger Staatsbehörde und des Notars als Beamten, daß letzterer nicht mehr genöthigt ist, wegen seiner Gebühren prozessiren zu müssen. Dieses ist dadurch erreicht, daß aus dem Kostenfestsetzungsbeschlusse des Landgerichtes die Zwangsvollstreckung zugelassen, die klagsweise Verfolgung des Anspruchs aber für den Notar ausgeschlossen ist. Hiedurch ist die nach der neuen Organisation der Notariate nicht mehr passende Zuständigkeit der Amtsgerichte für die Entscheidung über den Gebührenanspruch ausgeschlossen und anderseits die Entscheidung letzter Instanz in diesen Gebührensachen, wie in den übrigen Gebührensachen dem Obersten Landesgerichte zugewiesen, wodurch die Einheitlichkeit der Rechtsprechung über alle verwandten Fragen wesentlich gefördert ist.

Auch die Betheiligten haben wegen der größeren Einfachheit, Raschheit und Billigkeit des Verfahrens davon Vortheil. Endlich sind hiedurch auch die Schwierigkeiten vermieden, die sich bei der Uebertragung von Notariatsverwesungen an Gerichtsbeamte und bei Führung von Notariaten auf Rechnung des Staates ergeben würden.

Anm. 2. Dem Falle, daß der Notar zur Beitreibung der Gebühren und Auslagen veranlaßt ist, ist der Fall gleichgestellt, daß die Betheiligten zwar nicht ihre Zahlungsverpflichtung bestreiten oder die Zahlung verweigern, aber die Höhe der vom Notar angesetzten Notariatsgebühren oder Auslagen beanstanden.

Darüber, daß in beiden Fällen neben dem Notar auch die von ihm in Anspruch Genommenen die Festsetzung der Gebühren und Auslagen beantragen können, vergl. nächsten Art. 51 Anm. 1.

Anm. 3. Unter die Gebührenvorschüsse, welche als Auslagen des Notars gelten, fallen Staatsgebühren und gemeindliche Besitzveränderungsabgaben, wenn der Notar solche staatliche und gemeindliche Gebühren vorschußweise aus eigenen Mitteln bezahlt hat.

Der ursprüngliche Regierungsentwurf (Art. 51):

„Als Auslagen gelten hiebei auch die Staatsgebührenvorschüsse", wurde in der Plenarverhandlung der K. d. Abg. vom 26. Mai 1899 auf Antrag des Abgeordneten Conrad unter Zustimmung der K. Staatsregierung dahin abgeändert, daß statt „Staatsgebührenvorschüsse" das Wort „Gebührenvorschüsse" gesetzt worden ist, damit nicht bloß die Staatsgebühren, sondern in gleicher Weise auch die gemeindlichen Besitzveränderungsabgaben vom Gesetze getroffen sind; vergl. Becher, Materialen 417. 438.

Anm. 4. Von den Wirkungen der Rechtshängigkeit kommen hier in Betracht:

a) Unterbrechung der Verjährung (B.G.B. § 209);

b) Verpflichtung des Zahlungspflichtigen, seine Schuld von dem Eintritt der Rechtshängigkeit an mit vier Prozent zu verzinsen (B.G.B. §§ 291, 288 Abs. 1);

c) die Zuständigkeit des angegangenen Landgerichtes, in dessen Bezirke das Notariat seinen Sitz hat, wird durch eine Veränderung in der Gerichtsorganisation nicht berührt (C.P.O. § 263 Abs. 2 Ziff. 2). Hiezu ist zu bemerken, daß nach Art. 58 Abs. 1 für die Entscheidung über Festsetzung der Gebühren dasjenige Landgericht zuständig ist, in dessen Bezirke das Notariat, nicht der Notar, seinen Sitz hat, so daß eine Versetzung des Notars auf die Zuständigkeit ohne Einfluß ist. Vergl. hiezu auch Art. 52 Abs. 2 und Anm. 2 hiezu.

Anm. 5. Da gegen die Entscheidung des Landgerichts nach Art. 60, 61 Abs. 2 das Rechtsmittel der Beschwerde stattfindet und solche binnen zwei Wochen nach Zustellung an den Beschwerdeführer einzulegen ist, tritt die Rechtskraft des Festsetzungsbeschlusses erst nach fruchtlosem Ablauf dieser Beschwerdefrist oder mit Erledigung der eingelegten Beschwerde ein.

Bezüglich der Zwangsvollstreckung aus Kostenfestsetzungsbeschlüssen vergl. C.P.O. §§ 794 Nr. 3, 795, 798*).

Auf das Verfahren bei Festsetzung der Gebühren und Auslagen finden dagegen die Bestimmungen der Civilprozeßordnung keine Anwendung, weil solches in den folgenden Art. 57—62 geregelt ist.

---

*) Siehe oben S. 138, 139.

Anm. 6. Das Verfahren gestaltet sich wie folgt:

Der Notar oder im Falle des folgenden Art. 51 der von ihm in Anspruch genommene Betheiligte beantragt unter kurzer Darlegung des Sachverhältnisses beim Landgericht die Festsetzung der Gebühren und Auslagen; stellt der Notar den Antrag, wird er zweckmäßig seine einschlägigen Urkunden, und zwar gemäß §§ 191 und 196 Abs. 2 Geb.O. in Urschrift, sowie etwa sonstige Belege, z. B. Informationsaufnahme, Erklärungen der Betheiligten, Korrespondenzen, Depositalbelege u. a., mit dem Antrage gleichzeitig vorlegen, da sonst die nachträgliche Erholung dieser Belege regelmäßig veranlaßt sein wird. Der Antrag des Betheiligten kann entweder schriftlich oder zum Protokolle des Notars oder des Gerichtsschreibers des Landgerichts gestellt werden. Der Landgerichtspräsident oder der von ihm aufgestellte Referent trägt in geheimer Sitzung der Civilkammer, bestehend aus dem Landgerichtspräsidenten als Vorsitzenden und zwei Beisitzern, den Antrag vor, worauf das Gericht, soweit veranlaßt, die zur Feststellung der Thatsachen erforderlichen Ermittelungen anordnet und die geeignet erscheinenden Beweise aufnimmt. Die Anordnung dieser Ermittelungen und Beweisaufnahme erfolgt also nicht durch den Landgerichtspräsidenten oder den Referenten, sondern durch das Gericht mittelst Zwischenbeschlusses; die Ermittelungen werden für gewöhnlich in der Erholung der Urkunden und sonstigen Belege, soweit sie nicht bereits vorliegen, häufig auch in der Mittheilung des Antrags an den Gegenbetheiligten, d. i., wenn der Notar den Antrag gestellt hat, an den in Anspruch genommenen Betheiligten, wenn aber der Antrag von Letzterem gestellt ist, an den Notar mit der Aufforderung zur Gegenerklärung binnen einer vorzusteckenden kurzen Frist bestehen; eine weitere Beweisaufnahme wird wohl nur selten veranlaßt sein, etwa dann, wenn eine behauptete Zahlung bestritten, die Einrede des Nachlasses oder der Verjährung geltend gemacht, der Ansatz der Gebühren beanstandet wird, weil keine Parteisache, sondern Offizialsache vorliege oder das Amtsgeschäft nutzlos oder unwirksam sei und der Notar die Nutzlosigkeit oder Unwirksamkeit verschuldet habe (Art. 3 und 21 Geb.O.). Erachtet das Landgericht die Vornahme solcher Ermittelungen und Beweise nicht für erforderlich oder sind dieselben aufgenommen, so entscheidet es über den Antrag selbst in nicht öffentlicher Sitzung ohne mündliche Verhandlung. Eine Mitwirkung des Staatsanwaltes, wie es in Art. 80 für das Dienststrafverfahren vorgesehen ist, findet nicht statt. Die Entscheidung des Landgerichts, welche mit Gründen zu versehen ist, erfolgt kostenfrei und ist sowohl dem Notar wie dem Betheiligten von Amtswegen zuzustellen. Gegen die Entscheidung steht dem Betheiligten wie auch dem Notar selbst die Beschwerde an das Oberste Landesgericht zu; die Beschwerde ist binnen einer Frist von zwei Wochen von Zustellung an den Beschwerdeführer durch Einreichung einer Beschwerdeschrift, welche der Unterzeichnung durch einen Rechtsanwalt nicht bedarf, oder durch Erklärung zum Protokolle des Gerichtsschreibers des Landgerichts oder des Obersten Landesgerichts einzulegen. Auch das Oberste Landesgericht kann, wenn erforderlich, noch Ermittelungen und Beweisaufnahme anordnen und entscheidet in einem Civilsenat in der Besetzung von fünf Mitgliedern mit Einschluß des Vorsitzenden in nicht öffentlicher Sitzung ohne mündliche Verhandlung und ohne Mitwirkung der Staatsanwaltschaft; die Entscheidung des Obersten Landesgerichts ist gleichfalls sowohl dem Notar wie dem Betheiligten von Amtswegen zuzustellen und ist sofort rechtskräftig, da weitere Rechtsmittel ausgeschlossen sind. Wenn der Beschwerde als begründet stattgegeben wird, erfolgt die Entscheidung kostenfrei; nur bei Abweisung der Beschwerde sind die Kosten der ohne Erfolg eingelegten Beschwerde dem Beschwerdeführer ganz oder theilweise aufzuerlegen.

Anm. 7. Werden auf Grund der Art. 112, 113 Not.Ges. die Geschäfte eines Notariats auf Rechnung des Staates geführt, so sind nach § 54 Abs. 3 Instr. die nach der Notariatsgebührenordnung anfallenden und für die Staatskasse zu erhebenden

Gebühren in gleicher Weise wie vor auf Antrag des Notariatsverwesers oder der von ihm in Anspruch Genommenen durch das Landgericht festzusetzen und auf Grund des rechtskräftigen Festsetzungsbeschlusses durch den Notariatsverweser beizutreiben. Siehe Art. 56 Anm. lit. f.

Artikel 51.

Auch die von dem Notar in Anspruch Genommenen können die Festsetzung der Gebühren und Auslagen beantragen und zwar selbst dann, wenn sie schon bezahlt haben. Die Vorschriften des Artikel 50 finden entsprechende Anwendung.

Nach dem Eintritte der Rechtskraft des Festsetzungsbeschlusses kann der Notar im Wege der Dienstaufsicht zur Erstattung des zu viel Erhobenen angehalten werden.

Entwurf Art. 52; Motive 439; Prot. Abg. 682; Becher Materialien 9. 56. 203.

Anm. 1. Der vom Notar in Anspruch Genommene, welcher seine Zahlungsverpflichtung im Allgemeinen bestreitet oder die Höhe der angesetzten Gebühren und Auslagen beanstandet, kann durch passives Verhalten, d. i. durch Nichtzahlung, den Notar veranlassen, die Festsetzung zu beantragen, aber auch in gleicher Weise in beiden Fällen auf die erhaltene Zahlungsaufforderung hin seinerseits die Festsetzung der Gebühren und Auslagen beantragen. Ebenso steht der Partei das Recht zu, die Festsetzung nachträglich zu betreiben, selbst wenn sie die Gebühren schon bezahlt, die Auslagen schon erstattet hat. Hiedurch wird die Geltendmachung des Rückforderungsanspruches wesentlich vereinfacht, indem die Partei nicht auf den ihr sonst zustehenden, aber kostspieligen und umständlichen Weg der klageweisen Rückforderung des irrthümlich Gezahlten beschränkt und dadurch zu einem den dienstlichen Interessen zuwiderlaufenden Austrage der Sache gezwungen ist. Dagegen ist durch diese Bestimmung die Geltendmachung der Rückforderungsklage seitens desjenigen, welcher die Zahlung geleistet hat, nicht ausgeschlossen, da er nicht, wie der Notar nach vorigem Artikel 50, die Festsetzung der Gebühren zu beantragen *hat*, sondern solche nur beantragen *kann*. Der Hinweis auf die entsprechende Anwendung der Vorschriften des vorigen Art. 50 bezieht sich nur auf die übrigen Bestimmungen dieses Artikels, nicht auf den Ausschluß der Civilklage. Wenn auch hienach das Recht der Partei, an Stelle des Antrags auf Festsetzung der Gebühren und Auslagen durch das Landgericht auf dem Rechtsweg Rückforderungsklage zu stellen, in keiner Weise beschränkt ist, so ergibt sich eine solche Beschränkung doch für den Fall, daß auf Antrag des einen oder anderen Theiles im Festsetzungsverfahren über den Anspruch bereits rechtskräftig entschieden ist. Wenn auf Antrag des Notars oder des Betheiligten die Höhe der Gebühren und Auslagen durch das Landgericht oder das Oberste Landesgericht rechtskräftig festgesetzt ist und der Betheiligte auf Grund dieses Festsetzungsbeschlusses Zahlung geleistet, oder wenn der vom Notar in Anspruch Genommene nach erfolgter Zahlung die Höhe der Gebühren und Auslagen bestritten und aus diesem Grunde deren Festsetzung beantragt hat und seine Erinnerungen gegen die Höhe der Gebühren und Auslagen rechtskräftig zurückgewiesen sind, kann nach dem Grundsatz der res judicata eine Rückforderung im Wege der Civilklage wegen Beanstandung der Höhe nicht mehr geltend gemacht werden, wohl aber wegen Bestreitung der Zahlungsverpflichtung überhaupt, wenn dieser Einwand im Festsetzungsverfahren noch nicht erhoben und entschieden oder erst später entstanden oder bekannt geworden ist.

Anm. 2. Die Bestimmung des Abs. 2 wird wohl kaum jemals in der Praxis zur Anwendung kommen, da für den Notar, wenn rechtskräftig festgesetzt ist, daß er irrthümlich zu viel Gebühren oder Auslagen erhoben hat, die Erstattung des zu viel

Erhobenen Standespflicht ist und er es, selbst wenn er anderer Anschauung ist, schon im eigenen Interesse nicht auf Zwangsmittel ankommen lassen wird.

Die Partei, welche zu viel bezahlt hat, kann, wenn der Notar trotz des rechtskräftigen Festsetzungsbeschlusses mit der Rückerstattung zögern sollte, entweder Rückforderungsklage auf Grund des Festsetzungsbeschlusses erheben oder auf Grund der in Abs. 2 gegebenen Vorschrift Antrag stellen, daß der Notar im Wege der Dienstaufsicht zur Erstattung des zu viel Erhobenen angehalten werde. Ein solcher Antrag ist nicht an das Landgericht, sondern an den Landgerichtspräsidenten als Dienstaufsichtsstelle erster Instanz zu richten; das Verfahren richtet sich nach den näheren Vorschriften des Art. 64. Eine fortgesetzte Renitenz des Notars würde als schuldhafte Verletzung der Amtspflicht ein Dienstvergehen im Sinne des Art. 67 begründen.

Auch ohne Antrag der Partei kann der Notar im Wege der Dienstaufsicht zur Erstattung des zu viel Erhobenen angehalten werden, welche Maßregel wohl nur ausnahmsweise bei besonderem Anlasse zur Anwendung gelangen dürfte.

Artikel 52.

Die Vorschriften des Artikel 50 und des Artikel 51 Abs. 1 finden auch Anwendung, wenn der Notar aus dem Amte geschieden oder gestorben ist. Der Amtsnachfolger hat auf Ersuchen für den aus dem Amte geschiedenen Notar oder für den Erben des gestorbenen Notars die Festsetzung zu betreiben. Diese selbst können an dem Verfahren nicht theilnehmen.

Ein versetzter Notar kann die Festsetzung selbst betreiben; auf sein Ersuchen hat der Amtsnachfolger ihn im Verfahren (Art. 50, 51) zu vertreten.

Entwurf Art. 53; Motive 439; Prot. Abg. 682; Prot. R.R. XX 4. Becher, Materialien 9. 56. 203. 345.

Anm. 1. Zu Absatz 1. Ist der Notar nicht mehr im Amte, sei es, daß er aus dem Amte geschieden oder gestorben ist, kann die Betreibung der Kostenfestsetzung nur vom Amtsnachfolger, nicht von dem aus dem Amte geschiedenen Notar oder den Erben des verstorbenen Notars geschehen und muß der Amtsnachfolger einem hierauf gerichteten Ersuchen des zurückgetretenen Notars oder der Erben des verstorbenen Notars entsprechen, da der vom Amte zurückgetretene Notar oder die Erben des verstorbenen Notars an dem Verfahren nicht theilnehmen können. Diese Mußvorschrift liegt gleichmäßig im Interesse der Notare und ihrer Hinterbliebenen, da sie nur mit großen Schwierigkeiten die Festsetzung selbst betreiben könnten, wie auch im Interesse des Dienstes, da sie verhütet, daß Privatpersonen der Gebührenansprüche wegen Einsicht in die Notariatsakten bekommen.

Die Mitwirkung des Amtsnachfolgers bezieht sich aber nur auf das Verfahren für die Festsetzung der Gebühren und Auslagen, da das Festsetzungsverfahren öffentlich-rechtlicher Natur ist, nicht auch auf die Beitreibung als rein civilrechtlichen Anspruch. Die Beitreibung im Zwangsvollstreckungswege auf Grund des rechtskräftigen Festsetzungsbeschlusses obliegt nicht dem Amtsnachfolger, sondern stets dem ausgeschiedenen Notar oder seinen Rechtsnachfolgern (Motive S. 439). Dieselben haben auf Grund des rechtskräftigen Festsetzungsbeschlusses eine Vollstreckungsklausel auf ihren Namen zu erwirken und die Zwangsvollstreckung nach den Vorschriften der C.P.O. zu betreiben. Soweit ein rechtskräftiger Festsetzungsbeschluß bereits beim Amtsantritt des Amtsnachfolgers vorliegt, hat dieser daher überhaupt nicht mitzuwirken.

Das Gleiche gilt, wenn die Festsetzung von einer Partei betrieben wird, indem auch hier an Stelle des ausgeschiedenen oder verstorbenen Notars der Amtsnachfolger tritt. Die Bestimmung des Art. 51 Abs. 2 kann jedoch in letzterem Falle nicht Anwendung finden, weshalb die Betheiligten die Erstattung des zu viel Erhobenen von einem aus dem Amte geschiedenen Notar oder den Erben eines verstorbenen Notars nur auf dem Rechtswege verlangen können.

Anm. 2. Zu Abs. 2. Ist der Notar nicht aus dem Amte geschieden, sondern nur versetzt, so ist es ihm freigestellt, die Festsetzung seiner Gebühren und Auslagen selbst zu betreiben oder sich im Verfahren durch seinen Amtsnachfolger vertreten zu lassen, und hat letzterer einem hierauf gerichteten Ersuchen des versetzten Notars zu entsprechen. Aber auch hier erstreckt sich die Vertretung durch den Amtsnachfolger nur auf das Verfahren der Festsetzung, nicht auf die zwangsweise Beitreibung, welche ausschließlich Sache des versetzten Notars ist. Dagegen findet hier auch die Bestimmung des Art. 51 Abs. 2 Anwendung und kann der versetzte Notar, weil er noch im Amte ist und der Dienstaufsicht untersteht, im Wege der Dienstaufsicht zur Erstattung des zu viel Erhobenen angehalten werden.

Ist der Notar in Folge seiner Versetzung der Dienstaufsicht eines anderen Landgerichtspräsidenten unterstellt als bisher, so erfolgt zwar die Festsetzung der Kosten durch das bisher dem Notar vorgesetzt gewesene Landgericht und zwar auch dann, wenn die Versetzung schon vor der gerichtlichen Anrufung erfolgt ist (Art. 58 Abs. 1), dagegen kann der Notar nur durch den Landgerichtspräsidenten, dessen Dienstaufsicht er nunmehr untersteht, im Wege der Dienstaufsicht zur Rückerstattung angehalten werden. Die Partei hat sich daher in diesem Falle unter Vorlage des rechtskräftigen Festsetzungsbeschlusses mit entsprechendem Antrage an den Landgerichtspräsidenten, dessen Dienstaufsicht der Notar in Folge seiner Versetzung untersteht, zu wenden. (Siehe auch Art. 50 Anm. 4.)

Anm. 3. Als Amtsnachfolger im Sinne des Abs. 1 und 2 kann auch ein Amtsverweser in Betracht kommen, wenn seine Amtsdauer die Durchführung des Verfahrens gestattet; Prot. Abg. 682, Becher, Materialien 203.

Artikel 53.

Der Notar ist, soweit nicht besondere Vorschriften maßgebend sind, verpflichtet, die Amtsgeschäfte vorläufig unentgeltlich vorzunehmen, wenn die Betheiligten, die ihn um die Ausübung seines Amtes angehen, zur Bezahlung der Notariatsgebühren außer Stande sind.

Ueber die Verpflichtung des Notars, sein Amt vorläufig unentgeltlich auszuüben, entscheidet auf Antrag des Betheiligten das Landgericht.

Entwurf Art. 54; Motive 439; Prot. Abg. 683; Verh. Abg. 895; Becher, Materialien 9. 56. 204. 419.

Anm. 1. Das bisherige Notariatsrecht hat ein notarielles Armenrecht nicht gekannt, ohne daß dieser Mangel zu erheblichen Härten geführt hat, weil die Notare schon bisher gegenüber unvermögenden Parteien in der Regel freiwillig auf ihre Gebühren verzichtet haben oder wenigstens durch Nachlässe und Stundung denselben jederzeit bereitwilligst entgegengekommen sind.

In Konsequenz des nunmehrigen behördlichen Charakters des Notariats ist, indem das Gesetz davon ausgeht, daß die Notariate als Staatsbehörden den gleichen Rechtsnormen unterworfen sein sollen, wie alle anderen Behörden und ein persönlicher Verzicht auf die Gebühren in den nach Art. 112 und 113 vorgesehenen Fällen der Führung eines Notariates für Rechnung des Staates nicht möglich ist, im Gesetze ausgesprochen, daß den Armen beim Notariat dieselbe Befreiung von Gebühren und Auslagen zusteht wie bei jeder anderen Staatsbehörde. Vergl. hiezu §§ 114—127 C.P.O., §§ 34—36 R.A.O., § 14 G.F.G., Art. 129 A.G. z. B.G.B., Art. 8

A.G. z. Gr.B.O. und Zw.V.Ges., Art. 4 Geb.G. und Art. 2 Not.Geb.O. Speziell für die Angelegenheiten der freiwilligen Gerichtsbarkeit finden nach § 14 G.F.G. die Vorschriften der Civilprozeßordnung über das Armenrecht (§§ 114—137 C.P.O.) sowie die Vorschriften der §§ 34—36 der Rechtsanwaltsordnung entsprechende Anwendung und zwar nicht nur für diejenigen Angelegenheiten, die durch Reichsgesetz den Gerichten übertragen sind (§ 1 G.F.G.), sondern nach Art. 129 A.G. z. B.G.B. auch für diejenigen Angelegenheiten der freiwilligen Gerichtsbarkeit, für welche die landesgesetzlichen Vorschriften maßgebend sind und nach Art. 8 A.G. z. Gr.B.O. u. Zw.V.Ges. auch für Grundbuchsachen.

Bezüglich der Notariatsgeschäfte trifft Art. 4 Abs. 2 Geb.G. Vorsorge, welcher lautet:

„In den Angelegenheiten, in welchen der Notar seine Amtsgeschäfte vorläufig unentgeltlich vorzunehmen hat, werden auch Staatsgebühren vorläufig nicht erhoben. Die über die Verpflichtung des Notars, sein Amt vorläufig unentgeltlich auszuüben, ergehende Entscheidung wirkt auch in Ansehung der Staatsgebühren. Das Recht, auf die Entscheidung des Landgerichts anzutragen, sowie die Beschwerde gegen die Entscheidung des Landgerichts steht auch der Regierungsfinanzkammer zu."

Diese neue Fassung des Art. 4 Geb.G. geht davon aus, daß die einstweilige Befreiung von den dem Notare zukommenden Gebühren von selbst auch die Befreiung von den Staatsgebühren zur Folge haben soll. Daraus folgt, daß das Verfahren, in welchem die Befreiung von den dem Notare zukommenden Gebühren festgestellt wird, auch zur Feststellung der Gebührenfreiheit gegenüber dem Staate dient, sowie, daß die Entscheidung, die über die Befreiung von den dem Notare zukommenden Gebühren ergeht, für die Befreiung von den Staatsgebühren gleichfalls wirksam ist.

Anm. 2. Die Vorschriften des gegenwärtigen Gesetzes über das Armenrecht finden keine Anwendung auf die Thätigkeit der Notare bei der Vermittelung der Auseinandersetzung des Nachlasses oder einer Gütergemeinschaft und bei der Zwangsversteigerung von Grundstücken zum Zwecke der Zwangsvollstreckung. Für diese Fälle sind die in Abs. 1 vorbehaltenen besonderen Vorschriften maßgebend. Für die Vermittelung der Auseinandersetzung eines Nachlasses oder einer Gütergemeinschaft gelten auf Grund § 194 Abs. 1 G.F.G. die in § 14 dieses Gesetzes gegebenen Vorschriften über das Armenrecht auch für die Notariate als nunmehrige Behörden. Für das Verfahren der Zwangsversteigerung von Grundstücken zum Zwecke der Zwangsvollstreckung endlich kennt weder die bayerische Subhastationsordnung vom 23. Februar 1879 mit der Novelle hiezu vom 29. Mai 1886 noch das Reichsgesetz über die Zwangsversteigerung und die Zwangsverwaltung vom 24. März 1897 ein Armenrecht. Es besteht hiefür auch kein Bedürfniß, weil die Kosten des Verfahrens, sofern solches zur Durchführung gelangt, nicht vom Antragsteller, sondern aus dem Versteigerungserlös zu decken sind (Art. 107 Subh.O., § 109 Zw.V.Ges.) und der betreibende Theil, wenn nach Einleitung des Verfahrens solches nicht zum Ziele führt, für die von ihm veranlaßten Kosten haftet und seiner Verpflichtung nicht durch Anrufung des Armenrechtes sich entziehen kann.

Zu den Kosten des Verfahrens gehören aber, wie die Gebühren und Auslagen des Staates in gleicher Weise auch die Gebühren und Auslagen des Notars, weil dieser nicht von der Partei, sondern unmittelbar vom Vollstreckungsgerichte zur Vornahme seiner Amtsthätigkeit berufen ist. (Motive 439.)

Anm. 3. Die Bewilligung des Armenrechts erfolgt ohne jede Form und sind auch formale Voraussetzungen vom Gesetze nicht verlangt. Es bedarf also im Allgemeinen keines ausdrücklichen Antrages oder Gesuches, wie für die streitige Rechtspflege in § 118 C.P.O. vorgeschrieben ist, sondern ist auch ohne Antrag der Notar berechtigt und verpflichtet, das Armenrecht zu bewilligen, wenn er aus den Verhandlungen oder Akten entnimmt, daß die Betheiligten zur Bezahlung der Gebühren außer Stande sind. Auch die Erbringung eines Nachweises der Zahlungsunfähigkeit, z. B. durch Vorlage eines behördlichen Dürftigkeitszeugnisses, ist nicht geboten, doch kann der Notar von der Beibringung eines solchen Nachweises die Bewilligung des Armenrechtes abhängig machen.

Da die Wahl des Notars den Betheiligten vollständig freigestellt ist, steht diese Wahl auch der armen Partei zu und findet nicht, wie bei den Rechtsanwälten, eine gerichtliche Zutheilung statt. In Folge dessen darf der vielbeschäftigte Notar seine Dienstleistung bei einer armen Partei wegen Geschäftsüberbürdung oder Zeitmangels nicht ablehnen und die Partei etwa an einen minderbeschäftigten Notar verweisen.

Nicht selten wird die Entscheidung, ob das Armenrecht zu bewilligen sei, erst nach Erledigung der Sache in Frage kommen, wenn die Betheiligten auf die Zahlungsaufforderung hin ein darauf gerichtetes Ersuchen stellen. Es besteht kein Hinderniß, auch jetzt noch, wenn auch die Staats- und Notariatsgebühren bereits zu Soll gestellt, und in die betreffenden Gebührenregister eingetragen sind, das Armenrecht zu bewilligen und die Gebühren in den Staats- und Notariatsgebührenregistern wieder abzuschreiben, was durch einfachen Vermerk in der letzten Rubrik etwa dahin: „Wegen nachträglicher Bewilligung des Armenrechtes abgeschrieben. M., den . . . N. N., k. Notar", geschehen kann.

Uebrigens wird eine übermäßige Belastung der Notariate durch Armensachen kaum eintreten, weil Armensachen in Notariatsangelegenheiten naturgemäß selten sind. Wenn der Erbe eines überschuldeten Nachlasses statt die Erbschaft auszuschlagen oder Konkurseröffnung zu beantragen, ein Inventar über den Nachlaß durch den Notar errichten läßt, um die Beschränkung seiner Haftung geltend machen zu können, kann von Bewilligung des Armenrechtes nicht die Rede sein. Ebenso wird bei Erwerb oder Veräußerung von Grundbesitz, Abtretung und Uebertragung von Forderungen und sonstigen Rechten, Abschluß aon Ehe- und Erbverträgen, Errichtung von Testamenten, Aufnahme von Darlehen und Hypothekbestellung hiefür und ähnlichen Rechtsgeschäften, bei welchen ein Vermögensobjekt als Vertragsgegenstand vorhanden ist, in der Regel die Bewilligung des Armenrechtes nicht in Frage kommen. Am häufigsten wird solches zu bewilligen sein bei den vom Notar von Amtswegen vorzunehmenden Geschäften, so z. B. Eröffnung und Verkündung von Testamenten und Erbverträgen, wenn ein Rücklaß überhaupt nicht oder nur ein verschuldeter Nachlaß vorhanden ist, unter Umständen auch bei Hypothekbestellung für ein zur Erhaltung des Hauswesens aus einer Unterstützungskasse bewilligtes Darlehen, bei nothwendigen Erklärungen in Nachlaßsachen und ähnlichen Fällen.

Anm. 4. Das Armenrecht umfaßt nicht bloß die Gebühren des Notars, sondern auch alle B a a r a u s l a g e n, selbstverständlich aber nur die unbedingt nothwendigen, wie z. B. Schreibkosten, Porti u. dergl. Die Betheiligten sind, wenn sie das Armenrecht beanspruchen, nicht berechtigt, ohne zwingenden Grund (Erkrankung und Unaufschieblichkeit des Geschäfts) bloß ihrer Bequemlichkeit wegen den Notar zur Amtsausübung außerhalb seiner Amtsräume zu veranlassen oder eine willkürlich hohe Zahl von Abschriften und Ausfertigungen zu verlangen; Prot. Abg. 683, Becher, Materialien 204. Wenn bei einer aufzunehmenden Schätzung von Vermögensobjekten das Armenrecht überhaupt in Frage kommen kann (siehe oben Anm. 3), so ist der Notar nicht verpflichtet, die Schätzgebühren aus eigener Tasche zu bezahlen, da er einen Ersatzanspruch nicht hat, sondern es wird die Berichtigung dieser Gebühren, wenn auf solche nicht verzichtet werden will, demjenigen, der die Aufnahme der Schätzung beantragt oder veranlaßt, obliegen. Nimmt der

Notar die Schätzung oder Inventarserrichtung im Auftrage des Gerichtes auf, sind ihm seine Gebühren und Auslagen gemäß § 7 Abs. 3 Instr. z. Vollzug des R.G.K.G. als baare Auslagen des Gerichtes aus der Staatskasse zu ersetzen.

Darüber, daß die Bewilligung des Armenrechtes für die Notariatsgebühren ohne Weiteres vorbehaltlich des der Finanzbehörde zustehenden Rechtes, auf die Entscheidung des Landgerichts anzutragen, auch die Befreiung von den Staatsgebühren nach sich zieht, siehe Art. 4 Abs. 2 Geb.G. und oben Anm. 1 a. E.

Anm. 5. Wenn der Notar dem Ersuchen auf Bewilligung des Armenrechtes nicht stattgibt, kann der Betheiligte gerichtliche Entscheidung anrufen (Abs. 2). Hier ist selbstverständlich ein ausdrücklich hierauf gerichteter Antrag erforderlich. Der Antrag auf gerichtliche Entscheidung ist an keine Frist gebunden, daher so lange zulässig, als eine Zahlung noch nicht erfolgt ist, während eine freiwillige Zahlung eine spätere Beanspruchung des Armenrechtes ausschließt. Dagegen wird eine Zahlung unter Vorbehalt der gerichtlichen Entscheidung zulässig sein. Die Entscheidung erfolgt durch das Landgericht, nicht die Dienstaufsichtsstellung, kostenfrei. Gegen die den Antrag auf Bewilligung des Armenrechtes abweisende Entscheidung des Landgerichts steht dem betheiligten Zahlungspflichtigen und gegen die landgerichtliche Entscheidung, wodurch der Notar zur vorläufig unentgeltlichen Amtsausübung für verpflichtet erklärt wird, dem Notar das Recht der Beschwerde zu, über welche das Oberste Landesgericht als letzte Instanz gleichfalls kostenfrei entscheidet. Vergl. des Näheren bezüglich des Verfahrens und der Zuständigkeit, dann der Beschwerde Art. 57—62.

Anm. 6. Das Armenrecht befreit die Betheiligten nur vorläufig von der Verbindlichkeit zur Bezahlung der Notariatsgebühren und Auslagen. Wenn ein Zahlungspflichtiger später in bessere Verhältnisse kommt, die ihn in den Stand setzen, die Kosten zu bezahlen, ist der Notar, soferne bis dorthin die Gebühren noch nicht verjährt sind, berechtigt, seine Gebühren und Auslagen nachträglich beizutreiben, eine Eventualität, die praktisch kaum jemals in Frage kommen wird.

Anm. 7. An Vollzugsvorschriften über das Armenrecht und die Portofreiheit in Armenrechtssachen vergl. hierher:

a) A.V. vom 23. Dezbr. 1899, die Ausführung des Reichsgerichtskostengesetzes und des Gesetzes über das Gebührenwesen betr., G.V.Bl. 1899 S. 1223, J.M.Bl. 1900 S. 335, F.M.Bl. 1899 S. 291.

§ 9. Die auf dem Gebiete der streitigen Rechtspflege in Armenrechtssachen vorkommenden Postsendungen unterliegen der Portopflicht.

In den Angelegenheiten der freiwilligen Gerichtsbarkeit, dann auf dem Gebiete der Verwaltung und Verwaltungsrechtspflege sind die in Armensachen von öffentlichen Behörden ausgehenden Postsendungen im internen Verkehre auch fernerhin als Dienstsachen portofrei zu behandeln, vorbehaltlich jedoch der nachträglichen Erhebung und Verrechnung des Portos im Falle der Verurtheilung einer zahlungsfähigen Gegenpartei in die Kosten.

§ 10. Die Entscheidung darüber, ob ein Gegenstand als Amts- oder Parteisache, beziehungsweise als Armensache (Art. 4 des Gesetzes über das Gebührenwesen. § 14 des Gesetzes über die Angelegenheiten der freiwilligen Gerichtsbarkeit) zu behandeln sei, steht vorbehaltlich des Erinnerungs- und Beschwerderechts der einschlägigen Finanzbehörden in allen Fällen der in der Hauptsache kompetenten Behörde, bei Amtshandlungen des Notars diesem zu.

b) M.Bktm. vom 25. Dezbr. 1899, Instruktion zum Vollzuge des Gerichtskostengesetzes und des Gesetzes über das Gebührenwesen betr., J.M.Bl. 1900 S. 343, F.M.Bl. 1899 S. 300.

§ 4. Für die Bewilligung des **Armenrechtes** in den Angelegenheiten der freiwilligen Gerichtsbarkeit finden die Vorschriften des § 14 des Gesetzes über die Angelegenheiten der freiwilligen Gerichtsbarkeit) Anwendung, welche nicht nur für diejenigen Angelegenheiten, die durch Reichsgesetze den Gerichten übertragen sind (§ 1 des Gesetzes über die Angelegenheiten der freiwilligen Gerichtsbarkeit), gelten, sondern nach Art. 129 des Ausführungsgesetzes zum Bürgerlichen Gesetzbuch auch für diejenigen Angelegenheiten der freiwilligen Gerichtsbarkeit, für welche die landesgesetzlichen Vorschriften maßgebend sind und nach Art. 8 des Ausführungsgesetzes zu der Grundbuchordnung und zu dem Gesetze über die Zwangsversteigerung und die Zwangsverwaltung auch für Grundbuchsachen. Die Vorschriften des § 14 des Gesetzes über die Angelegenheiten der freiwilligen Gerichtsbarkeit haben aber auf Grund des § 194 dieses Gesetzes auch dann Maß zu geben, wenn die Vermittlung der Auseinandersetzung in Ansehung eines Nachlasses oder des Gesammtgutes einer ehelichen Gütergemeinschaft oder einer fortgesetzten Gütergemeinschaft dem Notar übertragen ist. Der Art. 4 Abs. 2 des Gebührengesetzes bezieht sich daher nur auf die übrigen vom Notare wahrzunehmenden Geschäfte der freiwilligen Gerichtsbarkeit und bestimmt, daß die einstweilige Befreiung von den dem Notare zukommenden Gebühren (Art. 53 des Notariatsgesetzes) von selbst auch die Befreiung von den Staatsgebühren zur Folge hat. Daraus folgt, daß das Verfahren, in welchem die Befreiung von den dem Notare zukommenden Gebühren festgestellt wird, auch zur Feststellung der Gebührenfreiheit gegenüber dem Staate dient, sowie daß die Entscheidung, die über die Befreiung von den dem Notare zukommenden Gebühren ergeht, für die Befreiung von den Staatsgebühren gleichfalls wirksam ist. Ist der Fall des Art. 4 Abs. 2 des Gebührengesetzes gegeben, so hat der Notar der Urkunde beizusetzen: „vorläufig gebührenfrei". Das Recht, auf die Entscheidung des Landgerichts anzutragen, sowie die Beschwerde gegen die Entscheidung des Landgerichts steht auch der Regierungsfinanzkammer zu. Ueber die Beschwerde entscheidet das Oberste Landesgericht (Art. 60 des Notariatsgesetzes).

c) **M.Bkt. vom 31. Mai 1900, die Postportopflicht in Armenrechtssachen betr., J.M.Bl. 939, F.M.Bl. 306.**

Wie das Staatsministerium der Justiz in Erfahrung gebracht hat, ist die Bestimmung im § 9 Abs. 1 der Allerhöchsten Verordnung vom 23. Dezember 1899, betreffend die Ausführung des Reichsgerichtskostengesetzes und des Gesetzes über das Gebührenwesen (Justiz-Min.-Bl. 1900 S. 335), daß die auf dem Gebiete der streitigen Rechtspflege in Armenrechtssachen vorkommenden Postsendungen der Portopflicht unterliegen, sowie die gleichlautende Vorschrift im § 65 Abs. 2 der Dienstvorschriften für die Gerichtsvollzieher vom 28. Dezember 1899 (Justiz-Min.-Bl. S. 1133) bei einzelnen Gerichten dahin aufgefaßt worden, daß die Parteien, denen in einer streitigen Rechtssache das Armenrecht bewilligt wurde, trotz dieser Bewilligung des Armenrechts die in der Sache erwachsenden Postportis zu zahlen hätten.

Diese Auffassung ist irrthümlich. Nach dem § 115 Nr. 1 der C.P.O. erlangt durch die Bewilligung des Armenrechts die Partei die einstweilige Befreiung von der Berichtigung der Gerichtskosten einschließlich der baaren Auslagen. Zu den baaren Auslagen zählen die Postgebühren (vergl. § 79 Nr. 2 des Reichsgerichtskostengesetzes, § 13 Nr. 2 der Reichs-Gebührenordnung für Gerichtsvollzieher, Entscheidungen des Reichsgerichts vom 7. Oktober 1885 bei Bolze Bd. 2 S. 381 Nr. 1486). Die Eingangs angeführte Bestimmung besagt nicht mehr, als daß die absendenden Behörden und Beamten die Postsendungen zu frankiren haben (vergl. § 75 der Bekanntmachung vom 25. Dezember 1899, betreffend die Instruktion zum Vollzuge des Reichsgerichtskostengesetzes und des Gesetzes über das Gebührenwesen, Justiz-Min.-Bl. 1900 S. 343). Die Gebühr für die Frankirung (das Postporto) ist in Armenrechtssachen von der Staatskasse zu tragen, es darf nicht der zum Armenrechte zugelassenen Partei in Rechnung gestellt werden. Dies gilt insbesondere für die Zustellungen, um deren Bewirkung die Post von dem Gerichtsschreiber oder dem Gerichtsvollzieher ersucht wird.

Artikel 54.

Der Notar hat gegen den Staat keinen Anspruch auf Entschädigung wegen der im Falle des Artikel 53 ihm entgangenen Gebühren. Bei auswärtigen

Dienstgeschäften werden ihm Tagegelder und Reisekosten aus der Staatskasse vergütet.

Entwurf Art. 55; Motive 439; Prot. Abg. 683; Prot. R.R. XX. 4; Verh.Abg. 895; Becher, Materialien 10. 56. 205. 346. 419.

Anm. 1. Diese Bestimmung beruht auf dem Gedanken, daß der Notar die Entlohnung für die Gesammtheit seiner Dienstleistungen in der Gesammtheit seiner Gebühreneinnahmen zu suchen hat, wie auch dem Staatsbeamten sein Gesammtgehalt für seine gesammte Dienstthätigkeit geboten ist. So lange der Notar dem dürftigen Betheiligten seine Dienste in seinem Amtszimmer widmet, wird ihm hiedurch in der Regel keine Einbuße an anderen Amtsgeschäften erwachsen und ist die Bestimmung, daß er für die ihm entgangenen Gebühren keinen Ersatzanspruch gegen den Staat hat, eine natürliche und selbstverständliche Folge des Armenrechts. Anders ist es, wenn der Notar genöthigt ist, in einer Armensache eine Dienstreise zu machen, z. B. zur Beurkundung einer unaufschieblichen Erklärung eines Kranken. Hier wäre es unbillig, dem Notar neben der ohnehin unentgeltlichen Dienstesausübung noch die Auslagen für die Reisekosten zuzumuthen und hat deshalb der ursprüngliche Regierungsentwurf (Art. 55) als zweiten Satz die Bestimmung enthalten: „Die nothwendigen Reisekosten werden ihm aus der Staatskasse vergütet." Der Justizgesetzgebungsausschuß der Kammer der Abgeordneten war jedoch einstimmig der Anschauung, daß dem Notar neben dem Ersatz der Reisekosten auch das Tagegeld als wenigstens theilweise Entschädigung für die ihm während seiner Abwesenheit vom Amtssitze entgehenden Amtsgeschäfte vergütet werden solle, und hat auf Antrag des Abgeordneten von Walter die Vergütung des Tagegeldes eingesetzt. Von der Redaktionskommission des genannten Ausschusses wurde dann in seiner Sitzung vom 9. Mai 1899 der Satz zwei des gegenwärtigen Artikels, so wie nun der Gesetzestext lautet, festgestellt:

„bei auswärtigen Dienstgeschäften werden ihm Tagegelder und Reisekosten aus der Staatskasse vergütet."

(Prot. Abg. 683—731; **Becher**, Materialien 205, 284.)

Anm. 2. Die Tagegelder berechnen sich nach Art. 84—86 Geb.O., die Reisekosten nach Art. 87 ff. Geb.O.

Hienach darf der Notar in Armensachen Taggeld und Ersatz der Reisekosten der Staatskasse nur verrechnen, wenn das Dienstgeschäft an einem außerhalb des Amtssitzes gelegenen und von diesem wenigstens drei Kilometer entfernten Orte vorgenommen ist (Art. 84 Geb.O.), nicht auch in den Fällen des Art. 83 Geb.O., d. i. bei Amtsgeschäften, die zwar außerhalb der Amtsräume des Notariats, aber entweder am Amtssitze selbst oder an einem vom Amtssitze weniger wie drei Kilometer entfernten Orte vorgenommen sind, denn für letztere Fälle kennt Art. 83 nur Vergütung der Zeitversäumniß (Entfernungsgebühr), nicht aber Tagegeld und Ersatz der Reisekosten. (Vergl. des Näheren des Verfassers Handbuch zur Notariatsgebührenordnung I S. 135).

Das Tagegeld beträgt für den ganzen Tagen 11 Mark, für den halben Tag, d. i. bei einer Abwesenheit von nicht mehr wie sechs Stunden, 5,50 Mark. Als Reisekosten dürfen nur die wirklich entrichteten Auslagen für Fuhrwerk, Eisenbahn oder Dampfschiff oder bei Benützung eigener Equipage der gleiche entsprechende Betrag (Art. 90 Geb.O.), im Falle des Art. 91 Geb.O. das Wegegeld in Anrechnung gebracht werden, nicht dagegen Auslagen für Zehrung, Gepäck, Uebernachten u. dergl.

Anm. 3. Ueber Verrechnung der Tagegelder und Reisekosten mit der Staatskasse sind Vorschriften bis jetzt nicht erlassen, insbesondere kann die in § 7 Abs. 4 Instr. gegebene Vorschrift nicht analog angewendet werden, da sie nur die Gebühren und Auslagen der Notare für die im Auftrage der Gerichte vorgenommenen Staatsgeschäfte betrifft. Bis zur Erlassung einer entsprechenden Vollzugsvorschrift werden diese Tagegelder und Reisekosten beim Rentamt zu liquidieren und von demselben nach revisorischer Festsetzung durch die K. Regierung K. d. F. auszuzahlen sein. Eine wesentliche Vereinfachung wäre es, wenn durch eine Vollzugsvorschrift gestattet würde, daß der Notar diese Tagegelder und Reiseauslagen bei der monatlichen Abrechnung mit dem Rentamte unter entsprechendem Vortrage im Gebührenregister in Abzug bringen dürfte.

Artikel 55.

Der Notar kann bis zur Entrichtung der Gebühren und Erstattung der Auslagen die Aushändigung der Urschriften, Ausfertigungen und Abschriften an die Betheiligten und die Vorlegung der Urschriften, Ausfertigungen und Abschriften für die Betheiligten an Gerichte und andere Behörden verweigern, endlich die in seinen Händen befindlichen Urkunden, Gelder und Werthpapiere, soweit es erforderlich ist, zurückbehalten.

Ueber die Berechtigung der Verweigerung oder der Zurückbehaltung entscheidet auf Antrag das Landgericht. Eine Anfechtung der Entscheidung findet nicht statt.

Bayern-Pfalz Art. 107; Entwurf Art. 56; Motive 439; Prot. Abg. 685; Prot. R.R. XX. 4; Becher Materialien 10, 57, 207, 346.

Anm. 1. Schon nach dem bisherigen Notariatsrechte (Art. 107 rechtsrh. Not.Ges.) konnte der Notar bis zur Entrichtung der Notariatsgebühren und Gebühren des Staates die Aushändigung der betreffenden Urkunden an die Betheiligten verweigern und durften die Notare und Notariatsverweser von den Urkunden bis zur Entrichtung der Staats- und Notariatsgebühren keine Ausfertigung ertheilen bei Vermeidung persönlicher Haftung gegenüber dem Staate für dessen Gebühren im Falle der Nichterhebbarkeit von den Betheiligten, welche Bestimmung des rechtsrh. Notariatsgesetzes durch Art. 271 Geb.G. früherer Fassung auf die Pfalz ausgedehnt worden ist. Diese Vorschrift des früheren Rechtes ist in das neue Gesetz aufgenommen und dahin erweitert, daß der Notar bis zur Entrichtung der Gebühren und Erstattung der Auslagen nicht nur die Aushändigung der Urschriften, Ausfertigungen und Abschriften, an die Betheiligten, sondern in gleicher Weise auch die Vorlegung der Urschriften, Ausfertigungen und Abschriften für die Betheiligten an Gerichte und andere Behörden verweigern und ebenso die in seinen Händen befindlichen Urkunden, Gelder und Werthpapiere, soweit es erforderlich ist, zurückbehalten kann.

Diese Erweiterung des Zurückbehaltungsrechtes der Notare zur Sicherung der Notariatsgebühren und -auslagen hängt zusammen mit den abgeänderten Bestimmungen des Gesetzes über das Gebührenwesen in Art. 288:

> „Die Notare sollen, falls ihnen die Mitwirkung bei der Erhebung der Gebühren übertragen ist, bis zur Entrichtung der dem Staate und den Gemeinden anfallenden Gebühren die Aushändigung der Urschriften, Ausfertigungen und Abschriften an die Betheiligten und die Vorlage der Urschriften, Ausfertigungen und Abschriften für die Betheiligten an die Gerichte und andere Behörden verweigern. Thun sie dies nicht, so haften sie persönlich für die Gebühr.
>
> Die Bestimmung des Art. 55 Abs. 2 des Notariatsgesetzes findet entsprechende Anwendung."

und Art. 289:

> „Dem Grundbuchamte ist es untersagt, eine Eintragung in das Grundbuchamt eher vorzunehmen, als der Nachweis über die Entrichtung oder Hinterlegung der Gebühren vorgelegt ist. Sofern den Notaren die Mitwirkung bei der

Erhebung der Gebühren übertragen ist, bedarf es dieses Nachweises nicht, wenn die Eintragung auf Grund einer von einem bayerischen Notare errichteten oder beglaubigten Urkunde beantragt wird.

Handelt der Grundbuchbeamte dieser Bestimmung zuwider, so haftet er persönlich für die Gebühr.

Die Vorschriften der Abs. 1, 2 finden auf die Umschreibung in dem Grundsteuerkataster entsprechende Anwendung."

Vergleiche hiezu auch Instr. § 23:

„Wenn von Urkunden, für welche die dem Staate und den Gemeinden anfallenden Gebühren bei der Abrechnung mit dem Rentamte noch nicht bezahlt sind, Ausfertigungen gemacht und diese nicht etwa wegen der rückständigen Notariatsgebühren vom Notare selbst zurückbehalten wurden (Art. 55 des Notariatsgesetzes), sind dieselben bei der Abrechnung an das Rentamt zu übergeben.

Hat der Notar vor Entrichtung der dem Staate und den Gemeinden anfallenden Gebühren, Urschriften, Ausfertigungen und Abschriften an die Betheiligten ausgehändigt oder Urschriften, Ausfertigungen und Abschriften für die Betheiligten an die Gerichte und andere Behörden vorgelegt, so haftet er gemäß Art. 288 des Gebührengesetzes persönlich für die Gebühr. Eine Vorlage für die Betheiligten im Sinne dieser Vorschrift ist nicht gegeben, wenn der Notar vor Anlegung des Grundbuchs nach Art. 12 Abs. 3 des Notariatsgesetzes vom 10. November 1861 die von ihm aufgenommenen Urkunden zum Zwecke des Vollzuges in Urschrift an das Hypothekenamt übersendet."

und Gesch.O. § 290:

„Die Mitwirkung der Notare bei der Erhebung der dem Staat und den Gemeinden anfallenden Gebühren regelt sich nach den hiefür erlassenen besonderen Vorschriften.

Die Notare werden insbesondere darauf aufmerksam gemacht, daß sie gemäß Artikel 288 des Gesetzes über das Gebührenwesen bei Meidung eigener Haftung bis zur Entrichtung der dem Staate und den Gemeinden anfallenden Gebühren die Aushändigung der Urschriften, Ausfertigungen und Abschriften an die Betheiligten und die Vorlage der Urschriften, Ausfertigungen und Abschriften für die Betheiligten an die Gerichte und andere Behörden verweigern müssen.

Eine Vorlage für die Betheiligten an eine Behörde im Sinne des Art. 288 des Gebührengesetzes ist jedoch dann nicht gegeben, wenn der Notar vor der Anlegung des Grundbuchs nach Art. 12 Abs. 3 des Notariatsgesetzes vom 10. November 1861 Urkunden von Amtswegen dem Hypothekenamte zum Vollzuge vorlegt oder wenn er öffentlichen Behörden auf deren Ersuchen Urkunden zur Einsicht übersendet."

Da nach Art. 309 Geb.G. die Bestimmungen über die Gebühren in Grundbuchsachen, von den dem Gebührenpflichtigen günstigeren und deshalb bereits gleichzeitig mit dem Bürgerlichen Gesetzbuche in Kraft getretenen Gebührensätzen abgesehen, für jeden Grundbuchbezirk mit dem Zeitpunkte in Kraft treten, in welchem das Grundbuch als angelegt anzusehen ist und bis zu diesem Zeitpunkte für die Gebühren in Hypotheken- und Grundbuchsachen noch die bisherigen Bestimmungen Anwendung finden, ist, je nachdem das Grundbuch bereits angelegt ist oder nicht, zu unterscheiden.

In der Uebergangszeit, d. i. bis zur Anlegung des Grundbuchs, hat der Notar auf Grund Art. 12 Abs. 3 des rechtsrh. Not.Ges. von 1861 ohne Rücksicht auf die Frage, ob die Staatsgebühren bezahlt sind oder nicht, die von ihm aufgenommenen Urkunden, bezüglich deren eine hypothekenamtliche Thätigkeit veranlaßt ist, zum Zwecke des Vollzugs in Urschrift an das Hypothekenamt zu übersenden, welche Bestimmung lediglich bei Umschreibung des Erwerbs- oder Besitztitels über Liegenschaften oder gleichgeachtete Rechte durch das Verbot des bisherigen Art. 261 Geb.G. (nun Art. 289) eine Einschränkung findet. In Folge dieser Verpflichtung des Notars haftet er nach Art. 107 Abs. 4 des bish. Not.Ges. nicht für die Staatsgebühren bei Vorlage der Urkunden an das Hypothekenamt zum Vollzug, sondern nur bei Aushändigung der Urkunden an die Betheiligten oder Ertheilung von Ausfertigungen. Auf die Fortdauer dieses bisherigen Rechtes weist die Vorschrift in § 23 Abs. 2 Instr. und § 290 Abs. 3 Gesch.O. hin, wenn gesagt ist, daß eine Vorlage für die

Betheiligten an eine Behörde im Sinne des Art. 288 Geb.G. dann nicht gegeben ist, wenn der Notar vor der Anlegung des Grundbuchs nach Art. 12 Abs. 3 des Not-Ges. vom 10. November 1861 Urkunden von Amtswegen dem Hypothekenamte zum Vollzuge vorlegt oder wenn er öffentlichen Behörden auf deren Ansuchen Urkunden zur Einsicht übersendet.

In gleicher Weise ist auch eine Vorlegung der Urkunden u. s. f. für die Betheiligten an Gerichte und andere Behörden im Sinne des gegenwärtigen Art. 55 nicht gegeben, wenn der Notar nach dem bisherigen Recht zur Vorlage von Amtswegen verpflichtet ist, so daß die Voraussetzungen des gegenwärtigen Art. 55 sich mit denen des Art. 288 Geb.G. vollständig decken. (Vergl. des Verfassers Handbuch zur Notariatsgebührenordnung I S. 52.)

Von dem Zeitpunkte an, in welchem das Grundbuch als angelegt anzusehen ist, gilt die Regel, daß der Notar die Vorlage aller Urkunden, mögen sie die Uebertragung des Eigenthums an einem Grundstücke oder ein anderes die Eintragung in das Grundbuch betreffende Rechtsgeschäft betreffen, bis zur Entrichtung der Staats- und Gemeindegebühren verweigern soll, widrigenfalls er persönlich für diese Gebühren haftet (Art. 288 Geb.G.), und daß schon durch die Vorlage der Urkunde an das Grundbuch durch den Notar dem ersteren der Nachweis über die Entrichtung oder Hinterlegung der Gebühren erbracht ist (Art. 289 Geb.G.). Vergl. hiezu Motive z. Geb.G., Verh. d. K. d. Abg. Beil. Bd. XX Abth. I S. 499.

„Die Vorschrift des Art. 288 entspricht der bisherigen Bestimmung des Art. 107 Abs. 4 des Notariatsgesetzes vom 10. November 1861 (vergl. auch Art. 55 des Notariatsgesetzes vom 9. Juni 1899), die Vorschrift des Art. 289 der bisherigen Vorschrift des Art. 261, jedoch mit der Modifikation, daß es vor der Eintragung in das Grundbuch oder in das Grundsteuerkataster eines vorgängigen Nachweises über die Entrichtung oder Hinterlegung der Staatsgebühren dann nicht bedarf, wenn die Eintragung auf Grund einer von einem bayerischen Notar errichteten oder beglaubigten Urkunde beantragt wird und zwar deshalb nicht, weil in diesem Falle gemäß Art. 288 schon der Notar persönlich dem Staate haftet, wenn er Urkunden vor Entrichtung der betreffenden Staatsgebühren ausgehändigt hat."

Die näheren Vorschriften über Vorlegung der Urkunden an das Grundbuchamt sind in der Bektm. des Staatsministeriums der Justiz vom 23. Juli 1900, den Verkehr der Notariate mit den Grundbuchämtern betreffend, Nr. 28437 erlassen. Es sind dies:

§ 10. Wird die zu einer Eintragung erforderliche Erklärung von einem Notar beurkundet oder beglaubigt, so ist es in der Regel der Wille der Betheiligten, daß alles weiterhin zur Erwirkung der Eintragung Nöthige vom Notar besorgt wird. Der Notar ist daher, wenn die Betheiligten nicht anders verfügen, verpflichtet, die Vorlage der Urkunde bei dem Grundbuchamte zu bewirken, die nöthigen Anträge zu stellen und fernerhin alles zu thun, was zur sachgemäßen Erledigung des Geschäfts gehört. Wird er hiezu nicht schon in der Urkunde ausdrücklich ermächtigt, so gilt er nach § 15 der Grundbuchordnung als ermächtigt.

Wollen die Betheiligten bei der Vorlegung der Urkunden sich der Vermittelung des Notars nicht bedienen, so soll der Notar dies in der Urkunde oder durch Vermerk im Geschäftsregister feststellen; er soll hiebei den Betheiligten auf Verlangen, und, wo es den Umständen nach nöthig scheint, auch von Amtswegen darüber Aufschluß ertheilen, was sie zur weiteren Erledigung der Sache zu thun haben.

§ 11. Die Verpflichtung zur Vorlegung an das Grundbuchamt erstreckt sich auch auf die Urkunden über solche Grundstücke, welche im Grundbuche nicht eingetragen sind und auch nach der Beurkundung nicht eingetragen werden müssen. Die Vorlegung ist in diesem Falle rein Amtssache. Den Betheiligten steht nicht zu, darauf zu verzichten.

Die Vorlegung erfolgt in diesem Falle kurzhändig mit dem auf die Urschrift oder auf ein ihr beizufügendes Blatt zu setzenden Vermerk:

„Unter Rückerbittung an das K. Amtsgericht N (Grundbuchamt) zur Kenntnißnahme und Mittheilung eines etwaigen Widerspruchs mit dem Inhalte des Grundbuchs."

§ 12. Wo zur Eintragung der Löschung oder des Ueberganges eines an einem Grundstücke bestehenden Rechtes außer der Bewilligung des Gläubigers die Zustimmung oder der Antrag des Eigenthümers erforderlich ist (z. B. bei der Löschung einer Hypothek, Umschreibung einer heimgezahlten Hypothek auf den Namen des Eigenthümers des Grundstücks), hat der Notar, wenn er nur die Bewilligung des Gläubigers, nicht aber auch die Zustimmung oder den Antrag des Eigenthümers beurkundet oder beglaubigt, von der Vorlegung der Urkunden abzusehen, diese vielmehr dem Gläubiger oder auf dessen Verlangen dem Eigenthümer hinauszugeben.

Die Vorschriften des Abs. 1 finden entsprechende Anwendung auf den Fall der Löschung eines Rechtes, mit dem eine Hypothek, eine Grundschuld oder eine Rentenschuld belastet ist. An die Stelle des Eigenthümers des Grundstücks tritt derjenige, welchem die Hypothek, die Grundschuld oder die Rentenschuld zusteht.

§ 13. Die Vorlegung der Urkunden an das Grundbuchamt soll sofort geschehen. Hat sie nach dem Willen der Betheiligten erst später zu erfolgen, so soll der Notar dies im Geschäftsregister vermerken, wenn es sich nicht aus der Urkunde selbst ergibt; der Notar soll ferner in diesem Falle durch entsprechende Maßregeln (Vormerkung zum weiteren Betrieb, Anregung bei den Betheiligten) dafür Sorge tragen, daß die ordnungsmäßige Erledigung der Sache gesichert bleibt.

Die gleiche Sorge obliegt dem Notar, wenn eine Vorlage zeitweise um deswillen nicht erfolgen kann, weil noch Eintragungshindernisse bestehen.

§ 14. Die Verpflichtung zur Vorlegung ruht, solange nicht die Staatsgebühren, die gemeindlichen Besitzveränderungsabgaben und die Gebühren und Auslagen des Notars entrichtet sind (Art. 288 des Gebührengesetzes, Art. 55 des Notariatsgesetzes). Der Notar hat in diesem Falle den Grund der Unterlassung der Vorlegung im Geschäftsregister zu vermerken.

Die Vorschriften des Abs. 1 finden keine Anwendung, wenn die Vorlegung nach § 11 dieser Bekanntmachung zu geschehen hat.

§ 15. Die Vorlegung soll am Sitze des Notariats durch Boten oder persönlich, nach auswärts in der Regel durch die Post erfolgen. Erfolgt die Vorlegung in einem verschlossenen Umschlage, so soll die Aufschrift ersehen lassen, daß es sich um eine Grundbuchsache handelt.

§ 16. Die Vorlegung geschieht, abgesehen von den Fällen des § 11 dieser Bekanntmachung, stets schriftlich mit einem eigenen Vorlagebogen, aber nicht mittelst Ausfertignng eines förmlichen Schreibens, sondern kurzhändig mit möglichst wenigen Worten unter Datum, Unterschrift und Siegel.

Wird der Eintragungsantrag nicht schon in der Urkunde von den Betheiligten, sondern nach § 15 der Grundbuchordnung vom Notar gestellt, so kann er in die Vorlagenote selbst aufgenommen werden. Stellen die Betheiligten den Antrag in der Urkunde selbst, überlassen aber die Vorlegung der Urkunde dem Notar, so ist anzunehmen, daß sie den Notar auch zur Entgegennahme der veranlaßten Bekanntmachung des Grundbuchamts an ihrer Stelle ermächtigt haben wollen; der Notar soll jedoch diese Ermächtigung, falls sie sich nicht schon aus der Urkunde ergibt, in der Vorlage feststellen.

§ 17. Die vorzulegenden Urkunden sind dem Vorlagebogen nicht beizuheften, sondern lose beizufügen.

In welcher Form die Urkunden beizufügen sind, bestimmt sich nach den Vorschriften der §§ 18—25.

§ 18. Ist die Erklärung, auf Grund deren die Eintragung erfolgen soll, von dem Notar nicht beurkundet, sondern nur beglaubigt, so ist sie, wenn die Vorlegung von den Betheiligten dem Notar überlassen wird, stets in Urschrift dem Grundbuchamte vorzulegen, um nach dem Vollzuge bei den Grundbuchanlagen zu verbleiben.

§ 19. Sind die vom Notar beurkundeten Erklärungen, auf Grund deren die Eintragung erfolgen soll, solcher Art, daß sie nur dem Grundbuchamte gegenüber Bedeutung haben und daß Ausfertigungen der Urkunde für die Betheiligten später voraussichtlich nicht begehrt werden, wie selbständige Löschungsbewilligungen, Erklärungen über Hypothekbestellung, die nicht mit einem Schuldvertrage verbunden sind. Auflassungserklärungen, die nicht mit dem zu Grunde liegenden obligatorischen Geschäfte verbunden sind, so sollen sie ebenfalls in Urschrift dem Grundbuchamte vorgelegt werden, welches sie bei den Grundbuchanlagen zurückbehalten wird.

Die Betheiligten können jedoch verlangen, daß auf ihre Kosten statt der Urschrift eine beglaubigte Abschrift zu den Grundbuchanlagen eingereicht wird; in diesem Falle ist neben der Abschrift die Urschrift zum Zwecke der Beisetzung der Vollzugsbestätigung vorzulegen.

§ 20. Wird, wie voraussichtlich in der Regel, die Eintragungsbewilligung oder die sonstige Erklärung, auf Grund deren die Eintragung erfolgen soll, im unmittelbaren Anschluß an das Rechtsgeschäft, das ihr zu Grunde liegt (z. B. an den Kauf, den Darlehensvertrag, das Schuldbekenntniß), in ein und derselben Urkunde aufgenommen, so ist die Urschrift dieser Urkunde unter Rückerbittung, gleichzeitig aber ein zur Aufnahme unter die Grundbuchanlagen bestimmter beglaubigter Auszug dem Grundbuchamte vorzulegen. Der Auszug soll in der Ueberschrift als „Beglaubigter Auszug für das Grundbuchamt" bezeichnet werden und soll alles enthalten, was für den Vollzug beim Grundbuchamt erforderlich ist. An Stelle des beglaubigten Auszugs kann eine beglaubigte Abschrift vorgelegt werden, wenn nach der Sachlage eine nennenswerthe Ersparniß an Arbeit und Kosten durch den Auszug nicht zu erzielen ist oder wenn es die Betheiligten ausdrücklich verlangen.

Für den Fall der Auflassung und der Hypothekbestellung gelten daneben die besonderen Vorschriften der §§ 21—23.

§ 23. Die ihm nach Artikel 12 des Ausführungsgesetzes zur Grundbuchordnung bei der Beurkundung der Auflassung vorgelegte Urkunde über den Vertrag, durch den sich der Veräußerer verpflichtet, das Eigenthum an dem Grundstücke zu übertragen, braucht der Notar, soferne es nicht die Betheiligten verlangen, dem Grundbuchamte nicht mitvorzulegen. Er hat aber in der Urkunde über die Auflassung festzustellen, daß ihm die Urkunde über jenen Vertrag vorgelegt worden ist, und hat dabei diese Urkunde so genau zu bezeichnen, daß sie jederzeit erholt werden kann.

§ 22. Soll eine Hypothek eingetragen werden, so genügt dazu in der Regel die Eintragungsbewilligung des Eigenthümers des Grundstücks. Es bedarf nicht auch der Aufnahme der Erklärung des Gläubigers darüber, daß er mit der Bestellung und Eintragung der Hypothek einverstanden sei. Der Notar kann daher die von dem Eigenthümer einseitig abgegebene Eintragungsbewilligung ohne weiteres beurkunden oder beglaubigen und die Urkunde für sich allein zum Zwecke der Eintragung dem Grundbuchamte vorlegen.

Das Gleiche gilt von den Nebenbestimmungen bei der Hypothekbestellung, die nur das Recht des Eigenthümers, nicht auch das des Gläubigers berühren, insbesondere von der Unterwerfung unter die sofortige Zwangsvollstreckung und von der Ausschließung des Hypothekenbriefs. Mit Rücksicht auf die besondere Wichtigkeit dieser beiden Nebenbestimmungen sind die Notare gehalten, sich bei der Beurkundung von Hypothekbestellungen von dem Willen der Betheiligten in diesen beiden Punkten stets besonders genau zu vergewissern und auf dessen sichere Feststellung in der Urkunde besonders sorgfältig Bedacht zu nehmen.

§ 23. Wird eine Briefhypothek bestellt, so hat der Notar außer den sonst vorzulegenden Urkunden oder Auszügen die Urkunde über die Forderung (§ 58 der Grundbuchordnung) zum Zwecke der Verbindung mit dem Hypothekenbriefe mitvorzulegen.

Ist die Urkunde über die Forderung eine Privaturkunde — sei sie beglaubigt oder nicht beglaubigt —, so soll sie in Urschrift oder, wenn sich ihr Inhalt auch auf andere Angelegenheiten erstreckt, auf Verlangen der Betheiligten in einem öffentlich beglaubigten Auszuge vorgelegt werden. Ist die über die Forderung errichtete Urkunde eine gerichtliche oder notarielle, oder sonst eine öffentliche Urkunde, deren Urschrift in der Verwahrung der Behörde zu verbleiben hat, so ist sie in der für den Gläubiger bestimmten Ausfertigung oder, unter den gleichen Voraussetzungen wie die Privaturkunde, im beglaubigten Auszuge vorzulegen.

Ist eine Schuldurkunde nicht ausgestellt, so soll dies aus der vorgelegten Urkunde über die Eintragungsbewilligung ersichtlich sein; der Notar kann die Feststellung der Erklärung des Eigenthümers über das Nichtvorhandensein einer Schuldurkunde in dem Vermerk über die Beglaubigung der Eintragungsbewilligung und äußersten Falles auch in der Vorlagenote feststellen.

§ 24. Die auf die Vorlage an den Notar gehenden Mittheilungen und Verfügungen des Grundbuchamtes sind, soweit sie sich nicht auf der zurückgegebenen Urkunde selbst befinden, bei dieser oder an deren Stelle in der Urkundensammlung des Notariats zu verwahren.

§ 25. Legt der Notar Urkunden, die ihm vom Grundbuchamte wegen eines Vollzugshindernisses mit einer Zwischenverfügung oder mit ablehnendem Beschlusse zurückgegeben worden sind, später dem Grundbuchamte neuerlich zum Vollzuge vor, so hat er stets die Zwischenverfügung oder den ablehnenden Beschluß wieder mit in Vorlage zu bringen, gleichviel ob ihm diese auf dem ersten Vorlagebogen oder auf einem eigenen Blatte mitgetheilt worden sind. Der erste Vorlagebogen darf, wenn er sich dazu noch eignet, auch zu der Aufnahme der weiteren Vorlagenoten verwendet werden.

Anm. 2. Vergl. hieher Art. 114, wonach der Notariatsverweser, der die Geschäfte auf fremde Rechnung führt, von den in gegenwärtigem Art. 55 gegebenen Befugnissen Gebrauch zu machen hat und anderen Falles für die Entrichtung der Gebühren und Erstattung der Auslagen haftet. Diese Bestimmung bezieht sich nicht nur auf Notariatsverweser, welche die Geschäfte auf Grund Art. 95 Abs. 2, Art. 112 Satz 2, Art. 113 für Rechnung des Staates führen, sondern auch auf Notariatsverweser, welche die Geschäfte für den durch Beurlaubung, Suspension oder sonstig behinderten Notar führen (Art. 95 Abs. 1, Art. 111), nicht dagegen auf den Amtsnachfolger.

Anm. 3. Das Zurückbehaltungsrecht des Notars erstreckt sich nicht nur auf die Urschriften selbst und die hievon angefertigten Ausfertigungen und Abschriften, sondern auch auf alle in seinen Händen befindlichen Urkunden, mögen sie von den Betheiligten selbst oder von anderer Seite dem Notar übergeben oder von ihm erholt worden sein, ebenso auf alle bei ihm von den Betheiligten oder für diese erlegten Gelder und Werthpapiere, soweit eine solche Zurückhaltung erforderlich ist, um die Entrichtung der Gebühren und Auslagen zu erreichen.

Wenn die erlegten Gelder oder Werthpapiere oder wenigstens ein die Gebühren und Auslagen deckender Theil hievon dem gebührenpflichtigen Betheiligten selbst hinauszugeben siod, wird die Sache sich glatt erledigen dadurch, daß der Notar vor Hinausgabe an die Betheiligten sämmtliche Kosten in Abzug bringt.

Anders aber ist es, wenn der beim Notar erlegte Betrag in Baargeld oder Werthpapieren nicht an den Schuldner selbst, sondern für dessen Rechnung an einen Dritten ungeschmälert hinausgegeben werden soll. Der tägliche Fall ist der der Hypothekaufnahme zur Wegfertigung einer bisherigen Hypothek.

A nimmt von B 10000 Mark Darlehen auf, um mit diesem Betrag eine gleich große bisherige Hypothek des C wegzufertigen. B erlegt die 10000 Mark beim Notar oder ist zur Erlegung bereit unter der Bedingung, daß die für ihn von A zu bestellende Hypothek den bedungenen Rang der bisherigen Hypothek des C erhält. C bewilligt im Voraus die Löschung seiner Hypothek gegen Haftung des Notars, daß die Löschungsbewilligung nur gegen Bezahlung seiner ganzen 10000 Mark vollzogen werden darf. Hier hat der Notar wohl das Recht, die bei ihm erlegten 10000 Mark bis zur Entrichtung der Gebühren und Auslagen zurückzubehalten, wird aber mit dieser Zurückbehaltung den Zweck nicht erreichen, wenn der Schuldner A die Kosten nicht zu bezahlen im Stande ist und der bisherige Gläubiger C sich zu einem Abzug der Kosten an der ihm gebührenden Zahlung zu 10000 Mark nicht bereit findet. Oder A erhält die 10000 Mark von der Bank B in Pfandbriefen zum Kurswerth und gelangt das Darlehen unter Abrechnung der Kursdifferenz, Provision und Spesen nur mit einem Betrag von 9400 Mark zur Auszahlung. Es soll nun mit diesen 9400 Mark, welche die Bank nur ausbezahlt, wenn ihre Hypothek den bedungenen Rang erhält, wofür der Notar persönlich haftbar gemacht wird, letzterer die Hypothek des C zu 10000 Mark wegfertigen. In allen diesen und ähnlichen Fällen bleibt dem Notar, wenn er sich einem einigermaßen unsicheren Schuldner gegenüber nicht ganz bedeutenden Vermögenshaftungen aussetzen will, gar nichts Anderes übrig, als im Voraus zu berechnen, welcher Betrag einschlüssig der Kosten im Ganzen erforderlich ist und welcher Betrag zur Verfügung stehen wird, um den hienach sich berechnenden Fehlbetrag vorschußweise vom Schuldner erlegen zu lassen.

Das Zurückbehaltungsrecht der Notare bezüglich Gelder und Werthpapiere ist, damit es in den angeführten Fällen seinen Zweck erreicht, gleichbedeutend mit dem Rechte der Kompensation. Soweit erforderlich, ist der Notar berechtigt, von den bei ihm erlegten Geldern oder Werthpapieren seine Gebühren und Auslagen zu decken, und wenn er davon Gebrauch macht, erscheint in obigen Beispielen der durch Abzug der Kosten sich ergebende Fehlbetrag als Auslage, welche der Notar zur Befriedigung des Gläubigers C machen müßte, und für welche er Vorschuß zu verlangen berechtigt ist. Vergl. über das Vorschußrecht folgende Anmerkung 4.

Anm. 4. Im Allgemeinen läßt das Gesetz ein Vorschußrecht, wie es den Rechtsanwälten eingeräumt ist, nicht zu, weil es zur Sicherung der Entrichtung der Gebühren und Auslagen das Mittel der Zurückbehaltung der Urkunden, Gelder und Werthpapiere und der Verweigerung der Aushändigung der Urschriften, Ausfertigungen und Abschriften für ausreichend hält.

„Das Vorschußrecht in dem Sinne, daß von der Erlegung des Vorschusses die Vornahme des Amtsgeschäftes abhängig gemacht wird — nur in diesem Sinne würde das Vorschußrecht für die Notare eine Bedeutung haben —, wird in der neueren Gesetzgebung immer mehr und mehr verdrängt. Im Civilprozesse ist es den Gerichten der Hauptsache nach nur gegenüber Ausländern gegeben, auch in den Angelegenheiten der freiwilligen Gerichtsbarkeit findet es sich für die Verhandlungen der Gerichte nur ausnahmsweise. Man wird es deshalb ohne Noth bei anderen Behörden der freiwilligen Gerichtsbarkeit, wie künftig die Notariate sein sollen, nicht zur Einführung bringen dürfen. Eine Nothlage aber ist nicht gegeben. Die Notare sind durch das Zurückbehaltungsrecht genügend geschützt. Wer der notariellen Urkunde bedarf und zahlungsfähig ist, wird dadurch zur Erfüllung seiner Zahlungspflicht sicher angehalten. Der Fall, daß Jemand chikanöserweise eine Urkunde, deren er gar nicht bedarf, errichten ließe, um den Notar zu einer Thätigkeit zu veranlassen, für welche die Gebühr nicht zu bekommen wäre, wird kaum vorkommen. Gegenüber offenbarer Chikane steht zudem dem Notar das Recht der Verweigerung seines Dienstes nach Artikel 14 des Gesetzes zu." (Motive S. 440).

Daß diese allgemeine Regel wenigstens auf die vom Notar zu machenden Auslagen keine Anwendung findet, sondern der Notar für alle notwendigen Auslagen Vorschuß verlangen darf, ist in den Kammerverhandlungen wiederholt hervorgehoben und von der Staatsregierung als selbstverständlich bezeichnet und anerkannt worden. Nachdem im Justizgesetzgebungsausschusse der Kammer der Reichsräthe von mehreren Seiten das Vorschußrecht der Notare für ihre Auslagen als zulässig erklärt worden ist, hat sich Seine Exzellenz der Herr Staatsminister der Justiz hierüber folgendermaßen geäußert:

„Das Vorschußrecht der Notare hat weder in dem bisherigen bayerischen Notariatsgesetze, noch in dem Entwurf eine Aufnahme gefunden. Ich höre, daß die Gerichte es bisher wenigstens bezüglich der Auslagen als selbstverständlich gegeben angenommen haben und dagegen wird wohl nichts zu erinnern sein. Bei der Feststellung des Entwurfs ergab sich die Frage, ob man eine Bestimmung des Inhalts machen solle, daß die Notare die Leistung ihres Dienstes von der Leistung des Vorschusses abhängig machen dürfen. Man sah aber davon ab, weil auch die Gerichte dies der Hauptsache nach nicht dürfen und weil man den Notar durch das Zurückbehaltungsrecht für genügend gedeckt hielt."

(Prot. R.R. XX 4. Becher, Materialien 346.)

Abgesehen von den Auslagen in den in voriger Anm. 3 erwähnten Beispielen, dann für Porti, Reisen, Gebühren an Schätzleute, Zeugen und Sachverständige, Ausschreibungen, u. a. gehört hieher der Fall des Art. 283 Geb.G., wonach den Notaren und Notariatsverwesern gegenüber Ausländern, d. i. Personen, welche in Bayern nicht ihren ständigen Wohnsitz haben, dringende Fälle ausgenommen, bei Vermeidung persönlicher Haftung zur Pflicht gemacht ist, jede amtliche Thätigkeit in der Sache selbst von dem vorgängigen Erlage eines zur Deckung der Staatsgebühren und gemeindlichen Besitzveränderungsabgaben hinreichenden Vorschusses abhängig zu machen, und zwar auch dann, wenn diese Personen von einem bayerischen Rechtsanwalte vertreten sind. Vergl. zu dieser bedauerlicher Weise aufrecht erhaltenen Bestimmung des Gebührengesetzes § 24 der Instruktion vom 25. Dezbr. 1899, wonach solche rückständige Gebühren von dem Notar dem Staate gegenüber persönlich zu vertreten sind und zur Beitreibung an die Rentämter nicht überwiesen werden dürfen. Diese Vorschrift zwingt den Notar, selbst gegenüber ganz solventen Parteien, wenn er nicht gewillt oder in der Lage ist, die bei größeren Geschäften, z. B. Gründung von Gesellschaften u. dergl., oft ganz bedeutenden Beträge aus eigener Tasche vorzustrecken, entweder zu riskiren, daß dieselben das Verlangen des Gebührenvorschusses als persönliches Mißtrauen auffassen, oder die amtliche Thätigkeit abzulehnen, was Beides für den Notar einem empfindlichen und vielleicht verwöhnten Betheiligten gegenüber unter Umständen mißliche Folgen haben kann. Trotzdem kann den Notaren, besonders im Hinblick auf die angeführte Bestimmung der Instruktion, auf welcher nach den Erfahrungen der bisherigen Praxis die Finanzbehörden unnachsichtlich beharren, im eigensten Interesse nur dringend empfohlen werden, von den beiden Uebeln das kleinere zu wählen und nicht durch eine übel angebrachte Rücksicht auf die Empfindlichkeit der Betheiligten von dem gesetzlich zugelassenen Vorschußrechte abzusehen. Ob nicht eine Aenderung dieser fiskalischen Bestimmung, wenigstens vielleicht dahin, daß sie nur wirklichen Ausländern, d. h. Nichtdeutschen, gegenüber Anwendung findet, sowohl im Interesse des Ansehens der Notariate als Behörden als auch im fiskalischen Interesse des Staatsärars selbst gelegen wäre, dürfte einer wohlwollenden Erwägung der späteren Gesetzgebung empfohlen werden.

Anm. 5. Ueber die Berechtigung der Verweigerung der Aushändigung von Urschriften, Ausfertigungen und Abschriften oder der Zurückbehaltung von Urkunden, Geldern oder Werthpapieren entscheidet das Landgericht endgiltig. Zur Gewährung eines Rechtsmittels besteht kein Anlaß, weil der Betheiligte stets in der Lage ist, die Festsetzung der Gebühren und Auslagen zu betreiben und dann durch Zahlung die Vorsichtsmaßregeln überflüssig zu machen. (Motive S. 440, **Becher**, Materialien 57). Zum Antrag auf gerichtliche Entscheidung ist sowohl der Notar selbst wie jeder Betheiligte berechtigt.

Das Verfahren richtet sich nach den Vorschriften der folgenden Art. 57—59.

Artikel 56.

Der Notar hat nach näherer Bestimmung der Geschäftsordnung über seine Gebühren und Auslagen Buch zu führen.

Bayern=Pfalz Art. 108; Entwurf Art. 57; Motive 440; Prot. Abg. 685; **Becher**, Materialien 10, 57, 208.

Anm. Nach Gesch.O. § 25 Ziff. 9 hat der Notar ein Notariatsgebührenregister zu führen, worüber in Gesch.O. § 54 Folgendes angeordnet ist:

a) Der Notar hat alle seine Gebühren und Auslagen in ein Register (Notariatsgebührenregister) nach vorgeschriebenem Formular aufzunehmen.

In der Spalte IV (kurze Bezeichnung der Betheiligten und des Geschäftes) ist in entsprechender Anwendung der in Gesch.O. § 37 Abs. 3 für die Führung des Geschäftsregisters gegebenen Vorschrift bei denjenigen Geschäften, welche nach Gesch.O. § 45 im Testamentsregister vorzutragen sind, an Stelle der Bezeichnung der Betheiligten eine Verweisung auf die Nummer des Testamentsregisters zu setzen, während die Namen der Betheiligten wie nicht aus dem Geschäftsregisters, so auch nicht aus dem Notariatsgebührenregister ersehen werden dürfen; Beispiel: „Erbvertrag, Test.=Reg. Nr. 27."

b) Das Notariatsgebührenregister ist der Zeitfolge nach jahrgangsweise mit fortlaufenden Nummern zu führen. Jeder Jahrgang ist für sich ordnungsmäßig abzuschließen. In ein und dasselbe Buch können mehrere Jahrgänge aufgenommen werden.

Wenn von letzterer Befugniß Gebrauch gemacht wird, muß innerhalb des Buches jeder einzelne Jahrgang für sich abgeschlossen und der neue Jahrgang wieder mit Nummer 1 begonnen werden. Auch sind nur ganze Jahrgänge in ein und dasselbe Buch aufzunehmen, also zwei, drei oder mehr Jahrgänge; nicht etwa zwei Jahrgänge und einige Monate. Damit das mehrere Jahrgänge umfassende Buch nicht allzu umfangreich und für den täglichen Gebrauch zu schwerfällig wird, empfiehlt sich, nicht so viele Jahrgänge zusammenzufassen. Das Einbinden des Registers, wie es in Gesch.O. § 26 für das Geschäftsregister und in Gesch.O. § 48 für das Wechselprotestregister vorgeschrieben ist, ist für das Notariatsgebührenregister nicht vorgeschrieben, doch empfiehlt sich bei größerem Umfange des Registers der Schonung halber wenn nicht ein einfacher Einband so doch ein festes Brochiren. Vergl. hiezu § 8 Abs. 2 Instr., wo die Anlegung eines gebundenen Bandes für das Notariatsgebührenregister als selbstverständlich angenommen ist.

Der ordnungsmäßige Abschluß geschieht in entsprechender Anwendung der in Gesch.O. § 41 für das Geschäftsregister gegebenen Vorschrift und mit Rücksicht auf Gesch.O. § 292, wonach der Notar nach Ablauf jedes Jahres dem Präsidenten des Landgerichts über den Anfall an Notariatsgebühren im verflossenen Jahre in Tabellenform berichten und die Einrichtung der Tabelle die gleiche sein soll, wie die des Notariatsgebührenregisters, insbesondere die Ziffern dieser Tabelle mit dem Ergebnis beim jährlichen Abschluß des Notariatsgebührenregisters übereinstimmen sollen, in der Weise, daß unter dem letzten Eintrag über die ganze Breite des Registers ein Abschlußstrich gezogen und darunter der Abschlußvermerk gesetzt wird:

„Hiemit wird das Notariatsgebührenregister für das Jahr 19 . ., enthaltend . . . . Einträge, abgeschlossen.

Dasselbe ergibt als Anfall an Notariatsgebühren

. . . Mk. . . . Pf. Geschäftsgebühren,
. . . Mk. . . . Pf. Schreib- und Ausfertigungsgebühren,
. . . Mk. . . . Pf. Tagegelder,
. . . Mk. . . . Pf. Hinterlegungsgebühren.

. . . Mk. . . . Pf. Gesammtanfall.

N., den 1. Januar 19 . . .

X., kgl. Notar.

c) Die Staatsgebühren sind in das Notariatsgebührenregister summarisch ebenfalls aufzunehmen, damit das Register zum Einzuge der Gesammtgebühren verwendet werden kann.

Unter die Staatsgebühren gehören hier auch die gemeindlichen Besitzveränderungsabgaben; vergl. Ueberschrift der Spalte V des Formulars.

Da die summarische Aufnahme der Staatsgebühren in das Notariatsgebührenregister lediglich zu dem Zwecke des Einzugs der Gesammtgebühren erfolgt und im Uebrigen die angefallenen Staatsgebühren und Besitzveränderungsabgaben nicht durch das Notariatsgebührenregister, sondern durch das nach Art. 5 Not.Ges., § 1 Abs. 2 A. V. vom 23. Dezbr. 1899, die Ausführung des Reichs-Gerichtskostengesetzes und des Gesetzes über das Gebührenwesen betr., und §§ 6ff. Instr. hiezu vom 25. Dezember 1899, von den Notaren zu führende Staatsgebührenregister ausgewiesen werden, ist eine Zusammenzählung und Uebertragung der Staatsgebühren von Seite zu Seite nicht erforderlich, wohl aber der Vollständigkeit und Uebersichtlichkeit wegen empfehlenswerth; auch bietet eine monatliche Zusammenzählung der Staatsgebühren im Notariatsgebührenregister eine unfehlbare Kontrole der richtigen Führung des Staatsgebührenregisters und umgekehrt, da die Schlußsummen in beiden Registern übereinstimmen müssen.

d) Die Notariatsgebühren sind nach der Anweisung des Formulars ausgeschieden einzutragen, sie sind seitenweise zusammen zu zählen. Die Summen sind von einer Seite auf die andere zu übertragen.

Als Geschäftsgebühren sind alle Gebühren des Notars vorzutragen, insbesondere in den Fällen des Art. 18 Abs. 1 Geb.O. die Gebühr für jedes einzelne Rechtsgeschäft, ebenso die Gebühren für Nebengeschäfte (Art. 71—74 Geb.O.). In den Fällen des Art. 18 Abs. 1 Geb.O. sind die mehreren Geschäftsgebühren nur unter einer Nummer vorzutragen; wenn ein Nebengeschäft mit einem Hauptgeschäfte verbunden und die Gebühren für beide gleichzeitig anfallen, z. B. Errichtung eines Testaments durch Anfertigung des dasselbe enthaltenden Schriftstückes im Wege des Nebengeschäftes und hieran anschließende Uebergabe des Schriftstückes als Hauptgeschäft und Ausfertigung des Hinterlegungsscheines, ist es dem Notar anheimgestellt, ob er jede der drei einzelnen Gebühren unter je eigener Nummer, oder, was empfehlenswerther ist, alle zusammen unter einer gemeinschaftlichen Nummer vortragen will.

Die Eintragung der Gebühren in das Register hat mit deren Anfall zu erfolgen, also z. B. bei Schuld- und Hypothekurkunden, bei welchen später das Darlehen durch Vermittelung des Notars zur Auszahlung gelangt, ist die Geschäftsgebühr für die Urkunde mit deren Errichtung in Spalte VI und die Hinterlegungsgebühr bei Erlegung des Geldes an den Notar in Spalte IX und zwar, weil zeitlich getrennt, unter je eigener fortlaufender Nummer einzutragen. Würde die Erlegung des Geldes gleichzeitig mit Errichtung der Urkunde erfolgen, so würden beide Gebühren unter einer Nummer, nach den einzelnen Spalten ausgeschieden, einzutragen sein. Es sind in der Regel für jede Urkunde und jeden einzelnen Akt alle Gebühren, wenn auch mehrere oder verschiedene Gebühren zusammen anfallen, unter einer Nummer, aber nach den einzelnen Spalten ausgeschieden, einzutragen.

Die seitenweise Zusammenzählung und Uebertragung der Summen von einer Seite auf die andere hat durchlaufend für das ganze Kalenderjahr zu erfolgen, und, soferne mehrere Jahrgänge in ein und dasselbe Buch aufgenommen werden, mit jedem Jahrgang neu zu beginnen.

e) Die Auslagen, sowie die erfolgenden Zahlungen brauchen nicht zusammengezählt zu werden.

Als Auslagen gehören gemäß Art. 75 Geb.O. hieher:

1. die Post- und Telegraphengebühren;
2. die durch Einrückung einer Bekanntmachung in öffentliche Blätter entstehenden Kosten;
3. die an Zeugen, Sachverständige, Auskunftspersonen, Dolmetscher, Ausrufer und sonstige nothwendige Hilfspersonen zu zahlenden Beträge;
4. die an andere Behörden oder Beamte, insbesondere an den zugezogenen zweiten Notar oder an Rechtsanwälte für deren Thätigkeit zu zahlenden Beträge.

Dagegen sind die zur Entrichtung der dem Staate und den Gemeinden anfallenden Gebühren vom Notar gemachten Vorschüsse (Art. 75 Ziff. 5 Geb.O.) nicht als Auslagen in Spalte X vorzutragen, weil für diese Gebühren die Spalte V bestimmt ist und Staatsgebühren, die der Notar etwa vorschießt, nicht Auslagen des Notars im Sinne des gegenwärtigen Artikels 56 sind; vergl. Ueberschrift der Spalte XIII des Formulars und Prot. Abg. 685, Becher, Materialien 208.

Unter die Auslagen gehören auch die Kosten der Genehmigungs-, Hypothek- und sonstigen Erklärungen, welche in der Regel von einem auswärtigen Notariate aufgenommen und unter Kostennachnahme dem Notariate, bei welchem das Hauptgeschäft anhängig ist oder welches die Erklärungsabgabe veranlaßt hat, zugesendet werden.

f) **Für den Fall der Führung der Notariatsgeschäfte auf Rechnung des Staates werden über die Verzeichnung der Auslagen und der Notariatsgebühren besondere Vorschriften ergehen.** Vergl. hiezu die ergangene M.Bktm. vom 19. Januar 1900 (F.M.Bl. 89, J.M.Bl. 461). Nach § 8 Abs. 7 Instr. ist letzteren Falles das Notariatsgebührenregister nicht in einem gebundenen Bande, sondern in gleicher Weise, wie das Staatsgebührenregister, zu führen und monatlich dem Rentamte zur Abrechnung vorzulegen. Vergl. hieher auch § 54 Abs. 3 Instr, wonach in den Fällen, wenn auf Grund der Art. 112, 113 Not.Ges. die Geschäfte eines Notariats auf Rechnung des Staates geführt werden, bei der Abrechnung mit dem Rentamte die nach der Notariatsgebührenordnung anfallenden und für die Staatskassa zu erhebenden Gebühren nicht zur Zwangsbeitreibung dem Rentamte zu überweisen sind, sondern die Beitreibung durch den Notariatsverweser auf Grund der Art. 50 ff. Not.Ges. zu erfolgen hat. Dieser hat die Rückstände in dem an das Rentamt abgelieferten Notariatsgebührenregister (§ 8 Abs. 2 Instr.) ersichtlich zu machen und von den einschlägigen Vorträgen dieses Registers eine Abschrift zurückbehalten, sodann die Beitreibung ungesäumt vorzunehmen und die nachträglich eingehobenen Beträge oder die Uneinbringlichkeitsnachweise dem Rentamt zu übergeben. Auch für diese für Rechnung des Staates perzipirten oder beigetriebenen Notariatsgebühren erhält der Notariatsverweser die in § 11 A. V. v. 23. Dzbr. 1899 vorgesehenen Tantiemen.

Fünfter Abschnitt.

Gerichtliche Entscheidung, Beschwerde.

Artikel 57.

Der Antrag auf Entscheidung des Landgerichts in den Fällen des Artikel 17, des Artikel 22 Abs. 1, des Artikel 44 Abs. 1, der Artikel 50 bis 53 und des Artikel 55 kann schriftlich oder zum Protokolle des Notars oder des Gerichtsschreibers des Landgerichts gestellt werden.

Bayern Art. 50, 23, 112; Pfalz Art. 23, A. z. C.P.O. und K.O. Art. 222; Entwurf Art. 58; Motive 440; Prot. Abg. 685; Becher, Materialien 10. 58. 208.

Anm. 1. Durch die Vorschriften des zweiten, dritten und vierten Abschnittes ist den Landgerichten die Entscheidung übertragen:

a) über die Berechtigung der Weigerung des Notars ein Amtsgeschäft vorzunehmen (Art. 17),
b) über die Berechtigung der Weigerung, einem Privaten die Einsicht der Urkunden und Akten des Notariats zu gestatten, oder Abschriften davon zu ertheilen (Art. 22 Abs. 1),
c) über die Berechtigung der Weigerung, einem Betheiligten eine Urschrift auszuhändigen oder eine Ausfertigung zu ertheilen (Art. 44 Abs. 1),
d) über die Festsetzung der Gebühren und Auslagen des Notars (Art. 50 bis 52),
e) über die Gewährung des Armenrechts (Art. 53 Abs. 2),
f) über die Berechtigung der zur Sicherung der Gebühren und Auslagen ergriffenen Maßregeln (Art. 55 Abs. 2).

Gegenwärtiger Abschnitt 5 regelt das Verfahren der Landgerichte bei diesen Entscheidungen und das Beschwerdeverfahren.

Das Verfahren paßt sich dem sonstigen Verfahren der Gerichte in den Angelegenheiten der freiwilligen Gerichtsbarkeit so weit an, als dies die besonderen Verhältnisse des Notariats gestatten, und soll möglichst einfach, rasch und billig sein. Von dem Grundgedanken aus, daß die Notariate nur beurkundende, nicht entscheidende Behörden sind, überträgt das Gesetz nicht dem Notar die Entscheidung erster Instanz und läßt gegen seine Entscheidung Beschwerde und weitere Beschwerde zu, sondern es beruft das Landgericht zur Entscheidung in erster Instanz über die Weigerung oder Verfügung des Notars, die nicht die Eigenschaft einer förmlichen Entscheidung hat.

Da dementsprechend die Entscheidung nicht im Wege der Dienstaufsicht erfolgt, ist sie nicht den Dienstaufsichtsbeamten, sondern den Gerichten übertragen. Des Einzelnen ist zu bemerken:

ad a. Der Antrag auf gerichtliche Entscheidung darüber, ob die Weigerung des Notars, ein Amtsgeschäft vorzunehmen, begründet ist oder nicht (Art. 17), kann in allen Fällen der Art. 14—16 und von jedem bei der dem Notar zugemutheten Amtshandlung Betheiligten gestellt werden (vergl. Art. 17 Anm.).

ad b. Ueber Berechtigung des Notars zur Gestattung der Einsicht der Urkunden und Akten und Ertheilung von Abschriften (Art. 22 Abs. 1) vergl. Gesch.O. §§ 189, 192—200.

Hienach ist die Einsicht der Urkunden und Akten den Betheiligten, deren Erben und Rechtsnachfolgern und den Bevollmächtigten dieser Personen — soweit ihre Betheiligung reicht — ohne weitere Voraussetzungen, anderen Personen nur dann zu gestatten, wenn sie ein berechtigtes Interesse glaubhaft machen oder die Zustimmung der Betheiligten beibringen.

Ueber den Begriff „Betheiligte“ und „berechtigtes Interesse“ vergl. Art. 22 Anm. 2.

Bei Gestattung der Einsichtnahme hat der Notar die zur Sicherung der Urkunden und Akten nöthigen Maßregeln zu treffen; die Abgabe von Urkunden und Akten in die Wohnung der einsichtsberechtigten Privaten zum Zwecke der Einsichtnahme ist ist nicht gestattet (Gesch.O. § 192, Art. 22 Anm. 6).

Die Versendung der von den Notaren zu führenden Bücher und Register soll außer dem Falle der nach dem Gesetze durch gerichtlichen Beschluß erfolgten Anordnung der Vorlage in Strafsachen oder in bürgerlichen Rechtsstreitigkeiten nur an die Dienstaufsichts- und an die Disziplinarbehörden der Notare auf deren Anordnung erfolgen; die Versendung von Akten und Urschriften aus der allgemeinen Urkundensammlung darf niemals an Private, sondern immer nur an Behörden (Gerichte, Notariate und sonstige Staatsbehörden) geschehen, welche um die Uebermittelung ersucht haben oder zur Vermittelung der Einsichtsgestattung bereit sind (Gesch.O. § 194—198). Die Einsichtnahme der letztwilligen Verfügungen und Erbverträge durch die Erblasser oder die von diesen zur Einsichtnahme Ermächtigten soll nur in Gegenwart des Notars geschehen; die Versendung ist ausgeschlossen (Art. 22 Abs. 1, Gesch.O. § 199).

Die Befugniß zur Einsichtnahme umfaßt auch den Anspruch auf Ertheilung einer beglaubigten Abschrift; von letztwilligen Verfügungen und Erbverträgen soll die beglaubigte Abschrift dem Einsichtsberechtigten persönlich ausgehändigt werden (Gesch.O. § 200).

ad c. Siehe Art. 38 Anm. 4, Art. 44 Anm. 1 und 2.

ad d. Vergl. Art. 50 Anm. 6.

ad e. Vergl. Art. 53 Anm. 3—5.

ad f. Vergl. Art. 55 Anm. 1—5.

Anm. 2. Der Antrag auf gerichtliche Entscheidung ist an keine Form gebunden. Er kann mündlich oder schriftlich erfolgen, ersteren Falles entweder zum Protokoll des

Notars selbst, gegen dessen Verfügung die gerichtliche Entscheidung angerufen wird, oder zum Protokoll des Gerichtsschreibers des Landgerichts. Der schriftliche Antrag kann sowohl beim Notar wie beim Landgericht eingereicht werden. Die Regel wird die Aufnahme des Antrags zum Protokoll des Notars sein, weil der Notar das Sachverhältniß bereits kennt und zu dessen Darstellung am besten befähigt ist.

Ein solches vom Notar über den Antrag aufgenommenes Protokoll ist nicht eine Notariatsurkunde im Sinne des Gesetzes, weil nicht die notarielle Beurkundung eines Rechtsgeschäftes oder einer rechtsgeschäftlichen Erklärung in Frage steht, sondern lediglich die formlose Aufnahme eines Antrags, d. i. ein Vorgang des inneren Dienstes; es ist deshalb das über den Antrag aufzunehmende Protokoll auch nicht in das Geschäftsregister aufzunehmen (Gesch.O. § 27 Ziff. 1).

Der Notar hat den Antrag aufzunehmen und, gleich wie den schriftlich bei ihm einlaufenden Antrag, mit kurzem Berichte über die Gründe seiner Weigerung oder seiner Zurückbehaltung dem Landgerichte vorzulegen; gegebenen Falles sind die erforderlichen Urkunden oder Belege mitvorzulegen, um eine nach Art. 59 Abs. 1 zulässige Anordnung einer solchen Vorlage im Interesse der raschen Erledigung zu vermeiden.

Artikel 58.

Für die Entscheidung ist dasjenige Landgericht zuständig, in dessen Bezirke das Notariat seinen Sitz hat.

Das Landgericht entscheidet in einer Civilkammer. Der Präsident des Landgerichts hat sich in diesen Fällen der Civilkammer anzuschließen.

Entwurf Art. 59; Motive 470; Prot. Abg. 685; Becher, Materialien 10. 58. 208.

Anm. 1. Als Folge des Grundsatzes, daß die gerichtliche Entscheidung nicht Ausfluß der Dienstaufsicht ist — vergl. vorigen Art. 57 Anm. 1 — ist für die Entscheidung nicht das dem Notar vorgesetzte Landgericht, sondern dasjenige Landgericht, in dessen Bezirke das Notariat seinen Sitz hat, zuständig, was für den Fall einer Versetzung des Notars vor Einleitung des Verfahrens oder im Verlaufe desselben von Bedeutung ist.

Ist z. B. ein von Augsburg nach München versetzter Notar zur Beitreibung von Gebühren und Auslagen, die ihm in seinem früheren Amte als Notar in Augsburg erwachsen sind, veranlaßt, so hat er die Festsetzung bei dem Landgericht Augsburg zu beantragen, ebenso der von ihm in Anspruch Genommene.

Vergl. Art. 50 Anm. 4 und Art. 52 Anm. 2.

Anm. 2. Die Vorschrift, daß der Präsident des Landgerichts in den Fällen, in denen die Civilkammer zur Entscheidung über die Notariatsangelegenheiten berufen ist, sich dieser Civilkammer anzuschließen hat, enthält abweichend von den Vorschriften des Gerichtsverfassungsgesetzes (§ 161) und des Ausführungsgesetzes dazu (Art. 30) für den Landgerichtspräsidenten einen unmittelbaren Zwang, sich einer bestimmten Kammer in diesen einzelnen bestimmten Fällen anzuschließen. Diese Vorschrift bezweckt, den Präsidenten des dem Notariate vorgesetzten Landgerichts als den nächstberufenen Inhaber des Dienstaufsichtsrechts in steter Fühlung mit den Notariatsangelegenheiten zu halten, wenn auch die gerichtliche Entscheidung nicht im Dienstaufsichtswege erfolgt. Hierdurch ist aber der Präsident nicht genöthigt, sich überhaupt stets der Civilkammer, welcher die Entscheidung über solche Notariatsangelegenheiten zugewiesen ist, anzuschließen, sondern er kann sich ebenso im Allgemeinen einer anderen Civilkammer oder einer Strafkammer in Anwendung der Bestimmung in § 61 G.V.G. anschließen und hat dann nur für die Fälle, in denen über Notariatsangelegenheiten verhandelt wird, der dazu berufenen Civilkammer beizutreten.

In der Regel wird wohl bei der nach §§ 61ff. G.V.G. für das Geschäftsjahr im Voraus erfolgenden Vertheilung der Geschäfte unter die Kammern die Entscheidung der Notariatsangelegenheiten derjenigen Civilkammer, welcher sich der Präsident des Landgerichts anschließt, zugetheilt werden und werden die Fälle, daß der Präsident sich einer anderen Civilkammer oder einer Strafkammer anschließt, sehr vereinzelt sein. Tritt in einem solchen Ausnahmefalle der Landgerichtspräsident in die Civilkammer, der er nicht schon im Allgemeinen sich angeschlossen hat, ein, so hat für diesen Fall deren ständiger Vorsitzender auszutreten, da der Landgerichtspräsident nur als Vorsitzender, mithin hier als Ersatz des ständigen Vorsitzenden, an den Verhandlungen theilnehmen kann (Motive 440). Ist der Landgerichtspräsident verhindert, so entscheidet die Civilkammer in ihrer gewöhnlichen Besetzung und wird der Präsident nicht durch seinen ständigen Stellvertreter in den Präsidialgeschäften vertreten.

Artikel 59.

Das Gericht hat von Amtswegen die zur Feststellung der Thatsachen erforderlichen Ermittelungen zu veranstalten und die geeignet erscheinenden Beweise aufzunehmen.

Die Entscheidung erfolgt in nicht öffentlicher Sitzung ohne mündliche Verhandlung. Sie ist dem Notar und dem Betheiligten von Amtswegen zuzustellen.

Entwurf Art. 60; Motive 440; Prot. Abg. 685; Becher, Materialien 10. 58. 208.

Anm. 1. Die Vorschrift des gegenwärtigen Artikels schließt sich den Bestimmungen in §§ 12 und 16 G.F.G. an. Die Anordnung der etwa erforderlichen Ermittelungen und die Aufnahme der geeignet erscheinenden Beweise erfolgt nicht durch den Landgerichtspräsidenten oder den Referenten, sondern durch das Landgericht auf Grund kollegialer Berathung. Nach Erhebung der Ermittelung und Aufnahme der Beweise erfolgt die Entscheidung in nicht öffentlicher Sitzung ohne mündliche Verhandlung und ohne Zuziehung des Staatsanwalts. Eine Vorladung des Notars oder der Betheiligten zur Verhandlung findet nicht statt. Wenn das Gericht es erforderlich erachtet, kann es vorher den Notar hören, was in der Regel schriftlich erfolgen wird. Ueber das Verfahren s. das Nähere Art. 50 Anm. 6.

Anm 2. Nach § 16 G.F.G. werden gerichtliche Verfügungen mit der Bekanntmachung an denjenigen, für welchen sie ihrem Inhalte nach bestimmt sind, wirksam, weshalb die Entscheidung des Landgerichts nach der Vorschrift in Abs. 2 dem Notar und den Betheiligten von Amtswegen zuzustellen ist. Vergl. hiezu §§ 2, 46—53 der M.Bktm. vom 16. Dzbr. 1899, die Ausführung der Zustellungen von Amtswegen betr., J.M.Bl. 1899 S. 475; dann M.Bktm. vom 26. Dzbr. 1899, die Niederlegung von Schriftstücken im Zustellungsverfahren betr., J.M.Bl. 1900 S. 150. M.Bktm. vom 1. März 1900, die Zustellungen von Amtswegen betr., J.M.Bl. S. 582; M.Bktm. vom 16. März 1900 die Portopflicht der Zustellungen von Amtswegen betr., J.M.Bl. S. 591; M.Bktm. vom 5. Juni 1900, die Formulare zu den Urkunden über Zustellungen von Amtswegen betr., J.M.Bl. S. 962.

Artikel 60.

Gegen die Entscheidung des Landgerichts findet in den Fällen der Artikel 22, 44, 50 bis 53 das Rechtsmittel der Beschwerde statt. In den Fällen der Artikel 50 bis 53 steht die Beschwerde auch dem Notar zu.

Ueber die Beschwerde entscheidet das Oberste Landesgericht in einem Civilsenat in der Besetzung von fünf Mitgliedern mit Einschluß des Vorsitzenden.

Entwurf Art. 61; Motive 440; Prot. Abg. 685; Becher, Materialien 10. 59. 209.

Anm. 1. Das Rechtsmittel der Beschwerde gegen die erstinstanzielle Entscheidung findet statt in den Fällen:

a) wenn der Notar sich weigert, die Einsicht der Urkunden oder Akten zu gestatten oder eine Abschrift zu ertheilen, Art. 22 Abs. 1,

b) wenn der Notar sich weigert, einem Betheiligten eine Urschrift auszuhändigen oder eine Ausfertigung zu ertheilen, Art. 44 Abs. 1;

c) in den Gebühren- und Armenrechtssachen, Art. 50—53.

Dagegen ist eine Beschwerde nicht zulässig in den Fällen der Verweigerung der Amtsthätigkeit (Art. 17) und der Maßregeln zur Sicherung der Gebühren und Auslagen (Art. 55). Für den ersteren Fall besteht kein Bedürfniß zu einem Rechtsmittel. Entscheidet das Landgericht, daß für den Notar ein Grund zur Verweigerung der Amtsthätigkeit nicht vorliegt, so ist diese Entscheidung für ihn bindend und hat er das Amtsgeschäft vorzunehmen (vergl. Art. 17 Anm.). Erachtet aber das Landgericht die Weigerung der Amtsthätigkeit für begründet, so werden die persönlichen oder sachlichen Gründe der Weigerung immerhin so dringend sein, daß eine weitere Nachprüfung durch eine Beschwerdeinstanz weder mit dem dienstlichen noch mit dem sachlichen Interesse vereinbar ist. Liegt der Grund der Weigerung in der Person des Notars, so kann leichter durch Angehung eines anderen Notars als auf dem Beschwerdewege geholfen werden. Liegt er in dem Geschäfte, so ist ein Zwang gegen den Notar, bei einem seiner Anschauung nach strafbaren oder nichtigen Geschäft amtlich mitzuwirken, dann nicht mehr angezeigt, wenn auch das Landgericht die Anschauung des Notars theilt. Auf alle Fälle ist es vortheilhaft, in dieser Frage zu einer raschen Erledigung zu kommen (Motive 433, Becher, Materialien 45). Hinsichtlich der endgiltigen Entscheidung des Landgerichts bezüglich der Maßregeln zur Sicherung der Gebühren und Auslagen (Art. 55) siehe Art. 55 Anm. 5.

In den Gebühren- und Armenrechtssachen (Art. 50—53) ist auch dem Notar wegen seiner materiellen Betheiligung das Beschwerderecht eingeräumt, in den übrigen Fällen aber nicht, weil der Notar hier keine Parteistellung hat.

Anm. 2. Die Zuweisung der Entscheidung über die Beschwerde an das Oberste Landesgericht entspricht der Bestimmung des Art. 42 Abs. 3 A.G. z. G.V.G. in der Fassung des Art. 167 XII A.G. z. B.G.B., wonach dem Obersten Landesgerichte, unbeschadet der Zuständigkeit des Reichsgerichts, die Entscheidung über das Rechtsmittel der weiteren Beschwerde in Grundbuchsachen und anderen Angelegenheiten der freiwilligen Gerichtsbarkeit zugewiesen ist. Da das Notariatsrecht in allen Notariatssachen, auch im Dienststrafverfahren — vergl. Art. 81 Abs. 4, Art. 83 — nur zwei Instanzen kennt und das Rechtsmittel der weiteren Beschwerde nicht zuläßt, ist behufs Gleichstellung der notariellen Angelegenheiten mit den übrigen Angelegenheiten der freiwilligen Gerichtsbarkeit als Beschwerdeinstanz das Oberste Landesgericht bestimmt. Auch die Bestimmung der Besetzung des Civilsenats des Obersten Landesgerichts mit fünf Mitgliedern entspricht der Besetzung des Obersten Landesgerichts bei der Entscheidung über das Rechtsmittel der weiteren Beschwerde gegen Entscheidungen der Landgerichte als Beschwerdegerichte; vergl. Art. 48 A.G. z. G.V.G. in der Fassung des Art. 167 XIII A.G. z. B.G.B. Diese besondere Art der Besetzung rechtfertigt sich dadurch, daß die Angelegenheiten, zu deren Beurtheilung das Oberste Landesgericht durch gegenwärtigen fünften Abschnitt des Gesetzes berufen ist, und die Angelegenheiten, zu deren Entscheidung nach dem allegirten Art. 48 A.G. z. G.V.G. berufen ist, sachlich einander ganz ähnlich sind und es sich empfiehlt, sachlich gleichartige

Angelegenheiten auch in oberster Instanz in möglichst gleicher Weise zu erledigen (Motive 440, Becher, Materialien 59).

Artikel 61.

Die Einlegung der Beschwerde erfolgt durch Einreichung einer Beschwerdeschrift oder durch Erklärung zum Protokolle des Gerichtsschreibers des Landgerichts oder des Obersten Landesgerichts. Der Unterzeichnung der Beschwerdeschrift durch einen Rechtsanwalt bedarf es nicht.

In den Fällen der Artikel 50 bis 52 ist die Beschwerde binnen einer Frist von zwei Wochen einzulegen. Die Frist beginnt mit einem Zeitpunkt, in welchem die Entscheidung des Landgerichts dem Beschwerdeführer zugestellt worden ist.

Auf das Verfahren des Obersten Landesgerichts finden die Vorschriften des Artikels 59 Anwendung.

Entwurf Art. 62; Motive 440; Prot. Abg. 685; Becher, Materialien 11. 59. 209.

Anm. Die Einlegung der Beschwerde erfolgt in der gleichen formlosen Weise wie in den übrigen Angelegenheiten der freiwilligen Gerichtsbarkeit — siehe § 21 G.F.G. — schriftlich durch Einreichung einer Beschwerdeschrift oder mündlich zu Protokoll des Gerichtsschreibers des Landgerichts als erstinstanziellen Gerichts oder des Obersten Landesgerichts als Beschwerdeinstanz. Ob die Beschwerde bei dem einen oder anderen Gericht, ob mündlich oder schriftlich angebracht werden will, ist dem Beschwerdeführer anheim gegeben und kann sie also auch in nicht dringenden Fällen gleich beim Beschwerdegericht eingereicht oder zu Protokoll des Gerichtsschreibers erklärt werden.

Für die Beschwerdeschrift ist weder Form noch Inhalt vorgeschrieben, insbesondere ist die Beschwerde nicht auf die Verletzung einer Rechtsnorm oder auf die in erster Instanz vorgebrachten Thatsachen beschränkt; sie braucht weder einen Antrag zu enthalten noch einen Beschwerdegrund anzugeben, wenn nur der Wille, gegen die landgerichtliche Verfügung Beschwerde erheben zu wollen, kundgegeben wird. Auch die Einlegung der Beschwerde zu Protokoll des Gerichtsschreibers eines Amtsgerichts wird in analoger Anwendung der in § 11 G.F.G. gegebenen Vorschrift zulässig sein, desgleichen die Einlegung zu Protokoll des Notars, in welchen Fällen die Protokollarerklärung als Beschwerdeschrift gilt und die Beschwerde erst durch Einreichung des Protokolls bei dem Landgericht oder dem Obersten Landesgericht eingelegt ist, wozu der Gerichtsschreiber des Amtsgerichts oder der Notar verpflichtet ist.

Da die schriftliche Form für die Beschwerde vom Gesetz nicht vorgeschrieben, sondern nur alternativ zugelassen ist, kommt § 126 B.G.B. nicht in Betracht, weshalb die Beschwerdeschrift nicht einmal der Unterschrift des Beschwerdeführers bedarf, wenn nur erkenntlich ist, daß sie von ihm herrührt (cfr. Schneider, G.F.G. § 21 Anm. 4).

Auch eine telegraphische Einlegung der Beschwerde wird als genügende Beschwerdeschrift erachtet werden dürfen. Telephonische Uebermittelung dagegen ist nicht schriftlich sondern mündlich und, da die mündliche Einlegung zu Protokoll des Gerichtsschreibers zu erfolgen hat, deshalb unzulässig. Anwaltszwang ist ausgeschlossen, was im Gesetz ausdrücklich hervorgehoben ist.

Eine Frist zur Einlegung der Beschwerde ist nur für das Verfahren bei Festsetzung der Gebühren gesetzt, weil sie hier wegen der Rechtskraft und Vollstreckung der Erkenntnisse unentbehrlich ist. Im Uebrigen ist die Einlegung der Beschwerde an keine Frist gebunden.

Auch für das Verfahren des Obersten Landesgerichts gelten die Grundsätze des reinen Offizialverfahrens. Die Entscheidung erfolgt in nicht öffentlicher Sitzung ohne

mündliche Verhandlung und ohne Mitwirkung der Staatsanwaltschaft und ist dem Notar und dem Betheiligten von Amtswegen zuzustellen. Siehe das Nähere über das Verfahren Art. 50 Anm. 6.

Artikel 62.

Die Entscheidungen des Landgerichts erfolgen kostenfrei. Das Gleiche gilt von den Entscheidungen des Obersten Landesgerichts in den Fällen des Artikel 53. In den Fällen der Artikel 22, 44, 50 bis 52 sind die Kosten einer ohne Erfolg eingelegten Beschwerde dem Beschwerdeführer ganz oder theilweise aufzuerlegen.

Entwurf Art. 63; Motive 441; Prot. Abg. 685; Becher, Materialien 11, 59. 209.

Anm. Die Entscheidungen des Landgerichts sind in allen Fällen kostenfrei, weil sie zum größeren Theil dienstrechtliche Natur haben. In Armenrechtssachen ist auch die Entscheidung der Beschwerdeinstanz immer kostenfrei, wenn auch der Antrag auf Bewilligung des Armenrechts abgewiesen wird. In den übrigen Fällen ist eine gleiche Kostenfreiheit für das Verfahren der zweiten Instanz mit Rücksicht auf die Gefahr des Anreizes zu unbegründeten Beschwerden nicht zugelassen. Hat die Beschwerde Erfolg und wird ihr stattgegeben, erfolgt die Entscheidung kostenfrei, da dem Gegner des Beschwerdeführers niemals Kosten auferlegt werden können. Nur die Kosten einer ohne Erfolg eingelegten Beschwerde sind dem Beschwerdeführer aufzuerlegen, wobei es dem Ermessen des Obersten Landesgerichts überlassen ist, ob diese Kosten dem Beschwerdeführer ganz oder nur theilweise aufzuerlegen sind; vollständig kostenfrei kann letzteren Falles die Entscheidung nicht erfolgen, mindestens theilweise müssen sie dem Beschwerdeführer auferlegt werden.

Für die Höhe der Gebühren finden nach Art. 39 Geb.G. die Vorschriften der §§ 45, 46, 80^b G.K.G. entsprechende Anwendung. Soweit der Wertgegenstand nicht bereits wie bei den Gebührenangelegenheiten feststeht, erfolgt die Festsetzung durch das Beschwerdegericht nach freiem Ermessen bei der Entscheidung im Kostenpunkt.

Sechster Abschnitt.

Dienstaufsicht und Disziplin.

1. Dienstaufsicht.

Artikel 63.

Die Dienstaufsicht steht zu:

1. dem Präsidenten des Landgerichts über die Notare des Landgerichtsbezirks;
2. dem Präsidenten des Oberlandesgerichts über die Notare des Oberlandesgerichtsbezirks;
3. dem Staatsministerium der Justiz über alle Notare des Königreichs.

Der Präsident des Oberlandesgerichts und des Landgerichts kann sich mit Genehmigung des Staatsministeriums der Justiz bei der Erledigung einzelner Aufsichtsgeschäfte, die sich auf ein untergebenes Notariat beziehen, durch einen richterlichen Beamten des Gerichts, dessen Vorstand er ist, vertreten lassen.

Bayern-Pfalz Art. 113. 124. 125. 143. 145; A.G. z. R.St.Pr.O. Art. 121; Entwurf Art. 64; Motive 428. 441; Prot. Abg. 686. Prot. R.R. XX 5; Verh. Abg. 895; Becher, Materialen 11. 35. 59. 209. 348. 420.

Anm. 1. Die bisherige Zweitheilung der Dienstaufsicht über die Notare in Ueberwachung und Visitation durch die Staatsanwaltschaft und eigentliche Aufsicht mit

Strafbefugniß des Landgerichtspräsidiums hat sich als schwerfällig und ebenso dem Zwecke der Aufsicht wie nicht minder dem Ansehen des Notariatsinstituts selbst hemmend erwiesen und ist mit dem künftigen Charakter des Notariats als einer Staatsbehörde nicht vereinbar. Außer diesen allgemeinen Gründen war für die Uebertragung der Dienstaufsicht an die Präsidenten des Landgerichts auch noch der besondere Grund von ausschlaggebender Bedeutung, daß die Aufsicht über die Notariate und über die Grundbuchämter in einer Hand vereint sein müssen. Denn die Geschäfte der Notariate und der Grundbuchämter greifen so enge ineinander, daß unmöglich verschiedene Personen zur Beaufsichtigung dieser beinahe ein Ganzes bildenden Thätigkeit berufen sein können. In Konsequenz dieser Erwägung hätte zur vollständigen Gleichstellung der Notariate mit den Gerichten die Dienstaufsicht in analoger Anwendung der Vorschrift des Art. 69 Abs. 3 A.G. z. G.V.G. in der Fassung des Art. 167 XIX A.G. z. B.G.B. den Präsidien des Landgerichts und des Oberlandesgerichts übertragen werden müssen. Das Gesetz hat aber von einer solchen Heranziehung der Präsidien zur Dienstaufsicht über die Notariate, damit nicht die Raschheit und Energie der Aufsichtsthätigkeit Schaden leidet und die Präsidien überlastet werden, abgesehen und die Dienstaufsicht ausschließlich dem Präsidenten des Landgerichts und Oberlandesgerichts zugewiesen.

Um einer drohenden Ueberlastung des Präsidenten in Folge der Vermehrung der Aufsichtsgeschäfte vorzubeugen, ist in Abs. 2 eine Vertretung durch einen richterlichen Beamten des Gerichts, dessen Vorstand der Präsident ist, vorgesehen.

Anm. 2. Zur Dienstaufsicht gehört auch die Entbindung des Notars vom Amtsgeheimniß bei dessen Vernehmung als Zeuge in Civil- und Strafsachen; handelt es sich um eine Thätigkeit oder Beobachtung des Notars in einer früheren Stellung oder an einem früheren Notariate, ist immer nur der Landgerichtspräsident, welcher zur Zeit der Vernehmung des Notars die Dienstaufsicht hat, d. i. der Landgerichtspräsident des Wohnsitzes des Notars, zuständig.

Anm. 3. Bezüglich Handhabung der Dienstaufsicht über die Notare und Visitation derselben vergl.

M.Bktm. vom 11. Juli 1900, die Handhabung der Dienstaufsicht über die Gerichte und Notare durch die äußeren Dienstaufsichtsbehörden betr., J.M.Bl. S. 997:

Zum Vollzuge der Art. 69 ff. des Ausführungsgesetzes vom 23. Februar 1879 zum Gerichtsverfassungsgesetz in der Fassung des Art. 167 des Ausführungsgesetzes zum B.G.B. vom 9. Juni 1899 und der Art. 63 ff. des Notariatsgesetzes vom 9. Juni 1899 ergehen hinsichtlich der Handhabung der Dienstaufsicht über die Gerichte und Notare im Einverständnisse mit dem K. Staatsministerium der Finanzen folgende Vorschriften:

§ 1.

Die Dienstaufsicht steht zu

1. dem Präsidenten des Oberlandesgerichts hinsichtlich dieses Gerichts sowie der Gerichte und Notare des Bezirkes,
2. dem Präsidenten des Landgerichts hinsichtlich dieses Gerichts sowie der Gerichte und Notare des Bezirkes,
3. dem Ober-Amtsrichter, welchem die Dienstaufsicht übertragen ist, hinsichtlich des Amtsgerichts.

Die Senatspräsidenten der Oberlandesgerichte und die Direktoren der Landgerichte haben sich — abgesehen von der ihnen als Vorsitzenden der Senate bei den Oberlandesgerichten und der Civil- und Strafkammern bei den Landgerichten und bei Beschlußfassungen des Präsidiums obliegenden Mitwirkung bei der Aufsicht, dann vorbehaltlich ihrer Inanspruchnahme auf Grund des Art. 68 Abs. 2 und des Art. 69 Abs. 2 des Ausführungsgesetzes zum Gerichtsverfassungsgesetz und des Art. 63 Abs. 2 des Notariatsgesetzes — mit selbständiger Besorgung von Aufsichtsgeschäften nur bei Verhinderung der Präsidenten und auch in diesem Falle nur dann zu befassen, wenn die fraglichen Geschäfte keinen Aufschub zulassen.

Das Recht der Dienstaufsicht erstreckt sich auf alle bei den bezeichneten Behörden angestellten oder beschäftigten Beamten, Bediensteten und Staatsdienstadspiranten.

In dem Rechte der Aufsicht liegt die Befugniß, die ordnungsmäßige Ausführung der Geschäfte und die standesgemäße Führung zu überwachen, innerhalb des Rahmens der Gesetze Weisungen zu geben, erforderlichenfalls die Einschreitung im Disziplinarstrafverfahren zu veranlassen und, soweit in Gesetzen oder anderen Vorschriften die Befugniß hiezu eingeräumt ist, die Erledigung eines Amtsgeschäfts durch Zwangsstrafen herbeizuführen.

§ 2.

Zur Handhabung der Dienstaufsicht über ein Gericht ist in erster Linie dessen Vorstand berufen.

Der Gerichtsvorstand hat alsbald nach seinem Dienstantritte sich eine genaue Kenntniß von allen Angelegenheiten zu verschaffen, die das Gericht betreffen. Zu diesem Zwecke hat er insbesondere von dem Stande der Geschäfte in allen Zweigen des gerichtlichen Dienstes eingehend Einsicht zu nehmen und sich über die Leistungen und die dienstliche wie außerdienstliche Führung der Beamten, Bediensteten und Staatsdienstadspiranten zu unterrichten.

Er hat sodann Vorkehrungen dahin zu treffen, daß er fortwährend von dem Stande der Geschäfte in allen Zweigen des gerichtlichen Dienstes und von den Leistungen des gesammten bei dem Gerichte verwendeten Personals unterrichtet bleibt. Insbesondere hat er auch von Zeit zu Zeit den gesammten Dienst der Gerichtsschreiberei einer eingehenden Prüfung zu unterwerfen.

In der Befugniß, die ordnungsgemäße Ausführung der Geschäfte zu überwachen, ist auch die Verpflichtung enthalten, dafür zu sorgen, daß der Dienst durch Eintracht unter dem gesammten Personale sowie durch wechselseitige Unterstützung erleichtert und gefördert wird, daß die Geschäfte mit der ihrer Natur nach gebotenen Beschleunigung erledigt werden, daß jede unnöthige Weitläufigkeit und jeder überflüssige Kostenaufwand vermieden, daß das Schreibwerk überall auf das geringste nothwendige Maß beschränkt wird, daß mit den den Beamten und Bediensteten zur Verfügung gestellten Räumen, Einrichtungsgegenständen und Büchern schonend verfahrend, daß von den Vorräthen an Formularen, Schreib-, Pack-, Heizungs- und Beleuchtungsmaterialien ein sachgemäßer Gebrauch gemacht wird, und daß diese Gegenstände und Vorräthe ausschließlich zu den Zwecken, für die sie bestimmt sind, verwendet werden. Weiter hat der Vorstand darauf zu achten, daß alle Beamten und Bediensteten des Gerichts im Verkehr mit dem Publikum sich eines dem Ansehen und der Würde des Gerichts entsprechenden ruhigen und höflichen Benehmens befleißigen.

Der Gerichtsvorstand kann sich jederzeit den gesammten Auslauf des Gerichts vorlegen lassen. Berichte an die höheren Dienstaufsichtsbehörden sind durch den Gerichtsvorstand vorzulegen.

Der Gerichtsvorstand hat darüber zu wachen, daß gleichartige Geschäfte, auch wenn deren Besorgung in verschiedenen Händen liegt, nach einheitlichen Grundsätzen erledigt werden. Er hat sich zu diesem Zwecke von der Behandlung und Erledigung der Geschäfte in geeigneter Weise (Akteneinsicht, Anwesenheit bei Verhandlungen u. s. w.) Kenntniß zu verschaffen und behufs Herbeiführung eines gleichmäßigen Vorgehens gemeinsame Besprechungen unter den Betheiligten zu veranstalten. Ueber die formelle Geschäftsbehandlung kann der Gerichtsvorstand Weisungen erlassen. Er wird sie insbesondere dann zu erlassen haben, wenn über die formelle Geschäftsbehandlung Meinungsverschiedenheiten innerhalb des Gerichts zu Tage treten, die durch gegenseitige Besprechung der Betheiligten nicht beseitigt werden können.

Der Gerichtsvorstand hat alle Geschäftseinrichtungen zu treffen, die neben den auf allgemeinen Anordnungen beruhenden zur Regelung des Geschäftsganges bei dem einzelnen Gerichte erforderlich sind. Bei diesen Einrichtungen ist insbesondere darauf Bedacht zu nehmen, daß alle Rechtsuchenden mit ihren Angelegenheiten, welche sie bei Gericht zu erledigen haben, thunlichst rasch abgefertigt werden können.

Beschwerden, welche gegen die bei dem Gericht angestellten oder verwendeten Beamten und Bediensteten insbesondere wegen Mängel ihrer Geschäftsführung erhoben werden, hat der Gerichtsvorstand zu untersuchen und, soweit nicht im einzelnen Falle andere Behörden hiezu berufen sind, durch angemessene Verfügungen zu erledigen.

§ 3.

Die Dienstaufsicht der höheren Dienstaufsichtsbehörden hat den Zweck, diese Behörden über die richtige Handhabung der Dienstaufsicht durch die untergebenen Gerichtsvorstände zu unterrichten und sie in Kenntniß von dem Zustande zu erhalten, in welchem jeder Zweig der Rechtspflege bei den einzelnen Gerichten und Notariaten sich befindet. Zugleich soll die Aufsicht zu einer verlässigen Beurtheilnng der einzelnen Beamten und Bediensteten führen.

Die Aufsicht hat sich sowohl bei den Gerichten als bei den Notaren nicht bloß auf die formelle, sondern auch auf die materielle Seite der Geschäftsbehandlung zu erstrecken. Aufgabe der Dienstaufsicht ist es auch, die Beobachtung der für den Dienst des Gerichtsschreibers, des Gerichtsvollziehers und des Botenpersonals bestehenden Vorschriften zu überwachen, die in diesen Dienstzweigen und in der formellen Seite der Geschäftsführung der Gerichte wahrgenommenen Mängel abzustellen, und gegen Verzögerungen sowie gegen Nachlässigkeiten und sonstige Pflichtwidrigkeiten Abhilfe zu schaffen.

§ 4.

Die Dienstaufsicht der Oberlandesgerichtspräsidenten und der Landgerichtspräsidenten als höherer Dienstaufsichtsbehörden wird ausgeübt theils im laufenden Dienste (§§ 5, 6), theils im Wege von Besichtigungen (§§ 7, 14) und Visitationen (§§ 8—13, 15).

§ 5.

Im laufenden Dienste wird die Dienstaufsicht hauptsächlich ausgeübt:

1. durch Einsicht der Geschäftsausweise, Geschäftsübersichten und statistischen Uebersichten, sowie der Geschäftsbücher (z. B. Hypothekentagebuch), welche in Gemäßheit der hierüber bestehenden besonderen Vorschriften den Präsidenten der Oberlandesgerichte und der Landgerichte vorzulegen sind.

   Diese Ausweise, Uebersichten und Geschäftsbücher werden den Präsidenten nicht nur einen Ueberblick über die Geschäfte bei den ihrer Aufsicht unterstellten Gerichten und Notaren gewähren, sondern auch Anhaltspunkte bieten, um sich über die Thätigkeit der Gerichte und Notare bei, der Behandlung der verschiedenen Geschäftszweige sowie über den Stand und Fortgang der Geschäfte in Kenntniß zu erhalten;

2. durch Benützung derjenigen Anhaltspunkte, welche sich aus den dem Oberlandesgericht und dem Landgericht als Obergerichten, insbesonders in Berufungs- und Beschwerdesachen, in Vorlage kommenden Akten über die Geschäftsbehandlung der unterstellten Gerichte und Notare entnehmen lassen.

   Die mit der Entscheidung der Sache befaßten Senate der Oberlandesgerichte und die Civil- und Strafkammern der Landgerichte haben bei etwa wahrgenommenen Mißständen in der Geschäftsthätigkeit der Gerichte und Notare die Akten vor der Rücksendung unter Bezeichnung der wahrgenommenen Ungehörigkeiten dem Präsidenten des Oberlandesgerichts oder Landgerichts zur Einsichtnahme vorzulegen. Dieser hat entweder die sofortige Beschlußfassung des Präsidiums herbeizuführen oder, sofern dies ohne Verzögerung der Hauptsache nicht geschehen kann, anzuordnen, daß die Akten wieder vorgelegt werden, sobald dadurch der Fortgang des Verfahrens nicht mehr gehindert wird.

   Nimmt das Amtsgericht erhebliche Mißstände bei der Geschäftsführung eines Notars wahr, so hat der Amtsgerichtsvorstand alsbald dem Präsidenten des Landgerichts zu berichten;

3. durch Benützung der Berichte, welche von den Vorständen der unterstellten Gerichte bei sich ergebenden Anlässen zu erstatten sind.

§ 6.

Die Dienstaufsicht im laufenden Dienste wird ferner ausgeübt durch die Einsichtnahme der Geschäftsbücher, der Generalakten- und Aufsichtsakten, sowie einzelner Akten der Gerichte und Notare, welche die Präsidenten sich zu diesem Zwecke von den Gerichten und Notaren vorlegen lassen.

Die Präsidenten der Oberlandesgerichte und der Landgerichte sind berechtigt, die vorgeschriebenen Geschäftsbücher, wie solche in Gegenständen der streitigen Gerichtsbarkeit, insbesondere durch die Dienstvorschriften für die Gerichtsschreiber und die Vorschriften für die Geschäftsbehandlung in den zur Zuständigkeit der

Schöffengerichte gehörigen Strafsachen bestimmt, und in Gegenständen der freiwilligen Gerichtsbarkeit nach den hierüber bestehenden besonderen Vorschriften zu führen sind, dann alle General- und Spezialakten zur Einsicht abzuverlangen, sofern die Uebersendung ohne Störung des Geschäftsganges und des Verfahrens in den einzelnen Sachen geschehen kann und nach der Natur der betreffenden Akten überhaupt thunlich erscheint.

Die Präsidenten können ferner in Ansehung aller ihrer Aufsicht unterliegenden Dienstzweige von den gerichtlichen Beamten und den Notaren jederzeit mündliche oder schriftliche Aufklärung über die Behandlung der Geschäfte verlangen.

Die Einholung schriftlicher Erklärungen soll jedoch nicht ohne besondere Veranlassung und nur insoweit geschehen, als die erforderlichen Aufschlüsse nicht mit der Einsicht der einzelnen Akten erlangt werden können.

§ 7.

Die Präsidenten der Oberlandesgerichte und der Landgerichte haben sobald als möglich nach dem Antritt ihres Amtes die Gerichte und Notare ihres Bezirks zu besuchen, sich an Ort und Stelle im allgemeinen von dem Stande der Geschäfte zu überzeugen und sich eine eingehende Orts- und Personalkenntniß zu verschaffen.

Ueber diese informatorischen Besichtigungen haben die Präsidenten unmittelbar nach jeder Besichtigung auf dem Dienstweg an das Staatsministerium der Justiz kurz zu berichten und hiebei etwa vorgefundene besondere Mängel oder Beanstandungen darzulegen.

§ 8.

Die Präsidenten der Oberlandesgerichte und der Landgerichte haben sodann periodisch die Gerichte und Notare ihres Bezirkes eingehend zu visitiren.

Bis auf weiteres wird bestimmt, daß der Landgerichtspräsident jedes Amtsgericht und jeden Notar seines Bezirkes binnen zwei Jahren einmal und der Präsident des Oberlandesgerichts jedes Landgericht seines Bezirkes binnen drei Jahren einmal zu visitiren hat.

Der Präsident des Oberlandesgerichts soll alljährlich auch mehrere Amtsgerichte und Notare des Bezirkes visitiren. Für die Auswahl werden hiebei die Berichte über die Besichtigungen und Visitationen der Landgerichtspräsidenten und die sonstigen Wahrnehmungen maßgebend sein.

§ 9.

Die Bestimmung der auf die Visitation eines Gerichts und eines Notars zu verwendenden Zeitdauer bleibt dem pflichtgemäßen Ermessen des Präsidenten überlassen.

Bei der Wahl des Termins für die Visitation ist darauf Bedacht zu nehmen, daß das Visitationsgeschäft womöglich ohne Unterbrechung durch Sonn- und Feiertage vorgenommen werden kann.

Die Visitation der Notare soll, wenn irgend thunlich, unmittelbar vor oder unmittelbar nach der Visitation des Amtsgerichts, die eine Visitation im Anschluß an die andere, erfolgen.

§ 10.

Bei der Visitation ist genau zu erforschen, ob in allen Zweigen der Rechtspflege den Gesetzen gemäß vorgegangen wird, ob und wiefern den Beamten und Bediensteten etwa Vernachlässigung ihrer Amtspflichten zur Last fällt und wie etwa den bestehenden Mißbräuchen zu begegnen ist. Zugleich hat sich der visitirende Präsident mit den Fähigkeiten und persönlichen Eigenschaften der Beamten und Bediensteten nach Möglichkeit bekannt zu machen, da seine hierauf bezüglichen Wahrnehmungen die Grundlage für seine Mitwirkung bei den zu bethätigenden Qualifikationen der Beamten und Bediensteten zu bilden haben werden.

Der visitirende Präsident hat deshalb die gesammte Geschäftsführung eingehend zu prüfen, die Richtigkeit der Register, Bücher und Verzeichnisse durch Vergleichungen mit den Akten und Urkunden festzustellen, mündlichen Verhandlungen anzuwohnen, sich von der sachlichen Geschäftsbehandlung durch Einsicht von erledigten oder in der Bearbeitung befindlichen Akten und Urkunden und von der Richtigkeit der in den letzten Jahren vorgelegten Geschäftsausweise durch Vergleichung einiger Angaben mit den einschlägigen Akten und Urkunden oder auf andere Weise soviel als möglich zu überzeugen. Mit Hilfe der Akten, Register und Verzeichnisse ist zu untersuchen, ob und in welchem Umfang etwa einzelne Beamte oder Notare mit der Erledigung der Geschäfte sich im Rückstande befinden.

Durch mündlichen Verkehr mit den Beamten ist zu erforschen, ob sie die für ihre Thätigkeit wichtigen neuen Gesetze und Ausführungsvorschriften hinreichend kennen; zweifelhafte Rechtsfragen sind mit ihnen zu erörtern, etwaige Vorschläge für Justizverwaltungsangelegenheiten sind entgegenzunehmen.

Der Präsident hat sich auch über den Zustand und die Beschaffenheit der Amtsräume, des Inventars, der Bibliothek und bei den Gerichten und den auf Rechnung des Staates geführten Notariaten über die zweckmäßige und wirthschaftliche Verwendung der zu Regiezwecken bewilligten Aversen und Maximalbeträge zu unterrichten.

Der Präsident hat sich auch Kenntniß zu verschaffen, in welcher Weise der Amtsgerichtsvorstand den ihm in Ansehung des Amtsgerichtsgefängnisses zugewiesenen Obliegenheiten nachkommt. Zu diesem Behufe hat er sich erforderlichenfalls persönlich von dem Zustande des Amtsgerichtsgefängnisses zu überzeugen.

Bei den Notaren ist die Prüfung von einzelnen Urkunden und Akten in der Regel nur soweit auszudehnen, als es erforderlich ist, um dem Präsidenten Kenntniß von den nicht nur vereinzelt vorkommenden Mängeln und Unregelmäßigkeiten zu verschaffen und ihm ein eigenes und sicheres Urtheil über den Zustand des Amtes zu ermöglichen. Bezüglich des Ansatzes der Notariatsgebühren ist es im Allgemeinen genügend, wenn bei der Einsicht der Urkunden und der Register auch auf die Berechnung der Gebühren Rücksicht genommen wird. Eine eingehende Prüfung der Gebührenansätze ist nur erforderlich, wenn Ueberschreitungen der Gebührenordnung bekannt geworden sind.

Ueber wahrgenommene Gebrechen sind der Gerichtsvorstand und der Notar und nach Umständen auch andere Beamte und Bedienstete zu vernehmen, im Uebrigen ist aber nach Thunlichkeit alles zu vermeiden, wodurch dem Ansehen und der Ehre des Gerichts oder des Notars nahe getreten oder eine Stockung in der Geschäftsbehandlung verursacht werden könnte.

§ 11.

Die Visitation eines Gerichts oder Notars wird der Präsident zweckmäßiger Weise durch das Studium aller in seinen Händen befindlichen, auf das Gericht und dessen Personal sowie den Notar bezüglichen Akten (der früheren Respizienzakten, der Akten über Extraditions- und Visitationsverhandlungen bei den Gerichten, der von den Oberstaatsanwälten und I. Staatsanwälten an die Präsidenten abgegebenen Notariatsakten, der letzten Geschäftsausweise und Uebersichten u. s. w.) und insbesondere bei den Gerichten auch durch Einsichtnahme einer angemessenen Zahl von Akten aus allen Geschäftszweigen, welche er sich zu diesem Zwecke hat vorlegen lassen, entsprechend vorbereiten, um schon an der Hand dieser Akten im Allgemeinen ein Bild von den Verhältnissen und dem Geschäftsstande der zu visitirenden Behörde zu erhalten.

§ 12.

Ueber jede Visitation sind Vormerkungen zu errichten, welche die an jedem einzelnen Vor- und Nachmittage vorgenommenen Visitationshandlungen unter Bezeichnung der Gegenstände, auf welche sich die Visitation erstreckte, nachzuweisen und die hiebei gemachten Wahrnehmungen in gedrängter Kürze zu enthalten haben.

Die Präsidenten der Landgerichte haben zu diesen Vormerkungen die ihnen hiezu noch besonders zugehenden Anleitungen zu benützen.

Die Präsidenten der Oberlandesgerichte können bei den Visitationen der Amtsgerichte und Notariate die gleichen Anleitungen benützen, bei der Visitation der Landgerichte haben sie diese Anleitungen in analoger Weise zur Anwendung zu bringen.

§ 13.

Ueber das Ergebniß jeder Visitation ist sobald als möglich nach deren Beendigung und zwar ausgeschieden nach den in den Anleitungen angegebenen Geschäftszweigen unter Vorlage der Vormerkungen an das Staatsministerium der Justiz zu berichten.

Der Bericht hat sich in der Regel zu beschränken auf die Darstellung der bei der Visitation und etwa vor der Visitation im laufenden Dienste (§§ 5, 6) wahrgenommenen Mängel und Unregelmäßigkeiten und auf die Darstellung der von der Aufsichtsbehörde zur Beseitigung der Mißstände getroffenen Maßnahmen, da alles Uebrige aus den Vormerkungen sich ergeben wird. Die erlassenen Präsidialbeschlüsse können zur Abkürzung des Berichts im Auszuge beigelegt werden. Der Bericht kann sich auch über Zweifel hinsichtlich der richtigen Behandlung einzelner Geschäfte und über wünschenswerthe Abänderungen der bestehenden Gesetze und allgemeinen Vorschriften verbreiten.

Den Visitationsberichten des Landgerichtspräsidenten hat der Oberlandesgerichtspräsident bei der Vorlage an das Staatsministerium der Justiz die ihm angemessen erscheinenden Bemerkungen und Aeußerungen beizufügen.

§ 14.

Die Präsidenten der Oberlandesgerichte und der Landgerichte sind — abgesehen von den ihnen obliegenden informatorischen Besichtigungen (§ 7) und ordentlichen Visitationen (§§ 8—13) der Gerichte und Notare des Bezirkes — ermächtigt, in allen Fällen, in welchen sich nach ihrer Ansicht eine Justizverwaltungsangelegenheit besser und einfacher mündlich an Ort und Stelle als auf dem schriftlichen Wege erledigen läßt, sich zur Erholung genauer Informationen an Ort und Stelle zu begeben und persönlich die Angelegenheit zu regeln.

Die Berichterstattung hierüber hat in der im § 7 vorgeschriebenen Weise zu erfolgen.

§ 15.

In gleicher Weise sind die Präsidenten ermächtigt, wenn besondere Veranlassung besteht, die Visitation eines Gerichts oder Notars hinsichtlich einer einzelnen Geschäftssparte oder auch des ganzen Geschäftsumfanges in kürzeren als in den im § 8 bezeichneten Zeiträumen zu wiederholen.

Ueber die Gründe, welche zu dieser Maßregel Anlaß gegeben haben, ist alsbald an das Staatsministerium der Justiz zu berichten.

Ueber das Ergebniß einer solchen außerordentlichen Visitation ist in der in den §§ 12, 13 vorgeschriebenen Weise zu berichten.

§ 16.

Die gerichtlichen Beamten und Bediensteten und die Notare haben den visitirenden Präsidenten bei der Vornahme des Visitationsgeschäfts jeden förderlichen Beistand zu leisten und alle zur richtigen Würdigung des Geschäftszustandes dienenden Aufschlüsse rückhaltslos zu gewähren.

Andererseits werden aber auch die visitirenden Präsidenten im Auge behalten, daß es sich zunächst nur um eine allgemeine Erforschung des jeweiligen Geschäftszustandes handelt, daß mithin während der Visitation über wahrgenommene Mängel in der Amtsführung keineswegs ins Einzelne gehende, zeitraubende und weitläufige Erhebungen stattfinden sollen, vielmehr erst die Ergebnisse der Visitation zu eingehenden Untersuchungen und anderen Maßnahmen Veranlassung bieten können.

§ 17.

Die Gerichtsvorstände und die höheren Dienstaufsichtsbehörden können bei Erledigung der ihnen obliegenden Geschäfte der Justizverwaltung die Mitwirkung der ihnen unterstellten Beamten in Anspruch nehmen.

Die Präsidenten der Oberlandesgerichte und der Landgerichte haben die ihnen obliegenden Besichtigungen und Visitationen persönlich vorzunehmen. Ist ein Präsident auf längere Zeit an der Vornahme von Besichtigungen oder Visitationen gehindert, so hat er oder sein Stellvertreter hierüber an das Staatsministerium der Justiz zu berichten. Die Genehmigung des Staatsministeriums der Justiz zur Vertretung des Präsidenten bei Besichtigungen und Visitationen durch einen richterlichen Beamten des Gerichts, dessen Vorstand der Präsident ist, wird in der Regel nur dann gegeben werden, wenn der Präsident erkrankt ist und das Geschäft keinen Aufschub erleidet.

§ 18.

Die Präsidenten der Oberlandesgerichte und der Landgerichte können bei Mängeln und Unregelmäßigkeiten, welche sie während des laufenden Dienstes bei einem Gericht oder Notar wahrnehmen, dem Gericht oder Notar die sofortige Beseitigung schriftlich oder mündlich anheim geben.

Bei einem großen Theile der während einer Besichtigung oder Visitation hervorgetretenen Mängel und Unregelmäßigkeiten wird mündliches Benehmen des Präsidenten mit den Beamten genügen, um sofort Abhilfe zu schaffen. In solcher Weise beseitigte Fehler können in den Visitationsvormerkungen unerwähnt bleiben, es sei denn, daß der Präsident eine weitere Kontrolle beabsichtigt oder daß nach der Zahl oder der Beschaffenheit der wahrgenommenen Fehler oder wegen der Wiederkehr von Fehlern, auf deren Abstellung schon früher hingewirkt worden ist, Anlaß zu weiteren Maßregeln gegeben ist oder doch das Vorkommniß für die Qualifikation des Beamten von Bedeutung erscheint.

Von den auf den baulichen Zustand eines Gebäudes und auf das Amtsgerichtsgefängniß bezüglichen Wahrnehmungen, soweit sie den Wirkungskreis des Oberstaatsanwalts berühren, hat der Präsident dem Oberstaatsanwalte Kenntniß zu geben.

Erachtet der Präsident eine Entschließung von Aufsichtswegen bezüglich der untergebenen Gerichte veranlaßt, so hat er Antrag an das Präsidium zu stellen und dessen Beschlußfassung zu erwirken. Bezüglich der Notare hat er in eigener Zuständigkeit zu verfügen.

Stimmt der Präsident des Landgerichts mit dem Beschlusse des Präsidiums nicht überein, so kann er die Sache dem Präsidenten des Oberlandesgerichts vorlegen. Dieser hat den Beschluß des Präsidiums des Oberlandesgerichts herbeizuführen oder die Akten dem Staatsministerium der Justiz vorzulegen. Stimmt der Präsident des Oberlandesgerichts mit einem Beschlusse des oberlandesgerichtlichen Präsidiums nicht überein, so hat er in jedem Falle die Akten sofort dem Staatsministerium der Justiz vorzulegen.

Auch außer diesen Fällen sind wichtige Beschlüsse und Verfügungen der Präsidien und Präsidenten, wenn sie nicht schon in den Berichten über die Besichtigungen und Visitationen erwähnt sind, dem Staatsministerium der Justiz auf dem Dienstwege zur Kenntniß zu bringen.

§ 19.

Ist Anlaß gegeben, gegen einen Beamten oder Bediensteten eine Maßregel der Aufsicht oder der Disziplin vorzukehren, so hat der Präsident die zu diesem Behufe von seiner Seite erforderlichen Schritte zu thun.

§ 20.

Die Oberlandesgerichtspräsidenten erhalten als Vergütung für den Aufwand, welcher mit den außerhalb des Amtssitzes vorzunehmenden Visitationsgeschäften verbunden ist, einen Bauschbetrag (Reiseaversum), der für jede Finanzperiode im Voraus festgesetzt und in vierteljährigen, bei Beginn des Vierteljahrs fälligen Theilbeträgen bezahlt wird. Dieser Bauschbetrag dient nicht nur zur Deckung des Aufwandes, welchen die regelmäßigen Visitationen erfordern, sondern ist auch für die durch die informatorischen Besichtigungen (§§ 7, 14) und für die durch die außerordentlichen Visitationen (§ 15) veranlaßten Dienstreisen bestimmt.

Die Landgerichtspräsidenten und die etwa mit der Stellvertretung des Oberlandesgerichtspräsidenten oder Landgerichtspräsidenten bei Vornahme von Visitationsgeschäften betrauten Beamten erhalten für die zum Behufe von Visitationen gemachten Dienstreisen die verordnungsmäßigen Tagegelder und Reisekosten. Die Liquidation dieser Kosten erfolgt auf dem für die Liquidation von Reisekosten überhaupt vorgeschriebenen Wege.

§ 21.

Die Oberlandesgerichtspräsidenten und die Landgerichtspräsidenten haben die zum Behufe von Besichtigungen und Visitationen gemachten Dienstreisen in ein Vormerkungsbuch nach Maßgabe des in der Anlage beigefügten Formulars unter Beobachtung der auf der Titelseite des Formulars enthaltenen Vorschriften einzutragen. In dem Vormerkungsbuche der Oberlandesgerichtspräsidenten bleibt jedoch die zur Verzeichnung der Tagegelder und Reisekosten bestimmte Spalte V des vorgeschriebenen Formulars unausgefüllt. Mehrere auf einer Reise an dem nämlichen Orte vorgenommenen Besichtigungen oder Visitationen werden unter einer Nummer vorgetragen.

In das Vormerkungsbuch sind auch die von etwaigen Stellvertretern gemachten Dienstreisen aufzunehmen.

§ 22.

Die Oberlandesgerichtspräsidenten und die Landgerichtspräsidenten haben bis zum 15. Januar jeden Jahres dem Staatsministerium der Justiz einen Auszug aus dem Vormerkungsbuche vorzulegen, welcher die Einträge über die während des vorausgegangenen Geschäftsjahrs gemachten Dienstreisen enthält.

§ 23.

Durch vorstehende Vorschriften werden die besonderen Vorschriften über die Visitation der Arbeiten für die Anlegung des Grundbuchs nicht berührt.

Den Präsidenten der Landgerichte rechts des Rheins bleibt es überlassen, die Visitationen der Vorarbeiten für die Anlegung des Grundbuchs mit einer Besichtigung oder Visitation eines Amtsgerichts oder Notariats zu verbinden.

§ 24.

Insoweit die dermalen im Amte befindlichen Präsidenten der Oberlandesgerichte und der Landgerichte die Verhältnisse der einzelnen ihnen unterstellten Gerichte und Notare noch nicht an Ort und Stelle kennen gelernt haben, haben sie die in § 7 vorgeschriebenen Besichtigungen mit thunlichster Beschleunigung vorzunehmen.

Die Reihenfolge der nach Maßgabe dieser Vorschriften zu bethätigenden Visitationen bleibt vorerst dem Ermessen der Präsidenten überlassen.

Artikel 64.

In dem Rechte der Aufsicht liegt die Befugniß, die ordnungsgemäße Ausführung der Geschäfte und die standesgemäße Führung der Notare zu überwachen, innerhalb des Rahmens der Gesetze Weisungen zu erlassen, die Erledigung eines Amtsgeschäfts durch Zwangsstrafen herbeizuführen und erforderlichenfalls die Einschreitung im Dienststrafverfahren zu veranlassen.

Der Festsetzung der Zwangsstrafe muß eine schriftliche Androhung vorausgehen. Die einzelne Strafe darf den Betrag von fünfzig Mark nicht übersteigen; die Festsetzung der Strafe erfolgt schriftlich. Gegen die Strafverfügung des Präsidenten des Landgerichts und des Oberlandesgerichts ist Beschwerde im Dienstaufsichtswege zulässig.

Bayern-Pfalz Art. 143; Entwurf Art. 65; Motive 441; Prot. Abg. 686; Prot. R.R. XX 5; Verh. Abg. 896; Becher, Materialien 11. 60. 211. 348. 420.

Anm. 1. Der Notar hat das Recht, gegen Weisungen ebenso wie gegen Strafverfügungen zu remonstrieren d. i. in einem dienstlichen Berichte die Sachlage darzustellen, seine Rechtsauffassung zu begründen, seine Thätigkeit zu rechtfertigen und um Aufhebung der Verfügung zu bitten und eventuell sich zu beschweren. Die Beschwerde im Dienstaufsichtswege geht gegen eine Verfügung des Landgerichtspräsidenten an den Oberlandesgerichtspräsidenten, gegen eine Verfügung des Letzteren an das Staatsministerium der Justiz als letzte und oberste Instanz; sie ist an keine Frist oder Form gebunden, hat also auch keine aufschiebende Wirkung, weshalb die Strafverfügung stets vorläufig vollstreckbar ist.

Anm. 2. Zur ordnungsgemäßen Ausführung der Amtsgeschäfte gehört auch deren rechtzeitige Erledigung, und kann der Notar hiezu von Aufsichtswegen angehalten werden, wenn die Gründe der Verzögerung nicht außerhalb seines Amtes oder seiner Person liegen.

Anm. 3. Das Zwangsstrafrecht steht ausschließlich den Dienstaufsichtsbehörden d. i. dem Präsidenten des Landgerichts, des Oberlandesgerichts und dem Staatsministerium der Justiz, nicht den Gerichten oder Präsidien des Landgerichts oder Oberlandesgerichts zu. Die bisher nach Art. 143 Abs. 2 bayr. Not.Ges. den Gerichten zugestandene Befugnis, Ordnungsstrafen als Zwangsmittel zur Befolgung eines Auftrags anzudrohen und zu verhängen, paßt nicht für die Organisation der Notariate als Behörden, gegen welche die Erzwingung einer Amtshandlung und die Ausübung eines Zwangsstrafrechtes nur der vorgesetzten Dienstaufsichtsstelle zusteht. Hat ein Gericht oder eine Behörde ein berechtigtes Interesse an dem Zwange, z. B. Befolgung einer von der Finanzbehörde erlassenen Weisung (s. Art. 66 und Anm. hiezu), so ist der Präsident des Landgerichts zu ersuchen, den Notar zur Vornahme der Amtshandlung unter Androhung einer Zwangsstrafe zu beauftragen und bei fortgesetzter Weigerung des Notars die Zwangsstrafe festzusetzen.

Bezüglich Weigerung des Notars, die Einsicht von Urkunden und Akten zu gestatten oder eine Abschrift zu ertheilen, siehe Art. 22 und 57.

Steht jedoch nicht eine Amtshandlung, sondern eine private Handlung des Notars z. B. als Partei, Vormund oder Testamentsvollstrecker in Frage, so können die Gerichte und sonstigen Behörden das ihnen gegen Private zustehende Zwangsstrafrecht auch gegen den Notar anwenden.

Anm. 4. Die Zwangsstrafe ist keine Ordnungs- oder Disziplinarstrafe, sondern nur ein Mittel zur Erzwingung der Vornahme einer Amtshandlung oder des Vollzugs dienstlicher Weisungen; ob eine Renitenz des Notars oder die Nichtvornahme oder nicht ordnungsgemäße Ausführung eines Amtsgeschäftes als Dienstvergehen zu ahnden ist, ist eine weitere Frage für sich, über welche nicht der Präsident als Dienstaufsichtsstelle, sondern auf dessen Vortrag das Gericht gemäß Art. 80 entscheidet.

Artikel 65.

Die Notare sind verpflichtet, den Beamten, denen die Dienstaufsicht zusteht, sowie den von diesen beauftragten Beamten die Einsicht ihrer Akten und Urkunden, Bücher und Register zu gestatten, dienstliche Aufschlüsse jeder Art zu geben und auf Verlangen die in ihrer amtlichen Verwahrung befindlichen Gelder und sonstigen Gegenstände vorzuzeigen. Testamente und Erbverträge, die noch nicht verkündet sind, dürfen nicht eingesehen werden.

Bayern-Pfalz Art. 125; Entwurf Art. 66; Motive 441; Prot. Abg. 690; Becher, Materialien 60. 218.

Anm. Die Vorschrift dieses Artikels bezweckt, den Dienstaufsichtsbeamten die Möglichkeit zu bieten, die ganze Geschäftsführung des Notars genau zu prüfen; es kann daher der Landgerichtspräsident oder Oberlandesgerichtspräsident mit der Einsicht der Akten, Urkunden, Gelder u. s. w. nicht jeden Richter oder Beamten, sondern, weil es sich um Handhabung der Dienstaufsicht handelt, nur in Gemäßheit des Art. 63 Abs. 2 mit Genehmigung des Staatsministeriums der Justiz ein Mitglied seines Gerichtes beauftragen.

Die Ertheilung der dienstlichen Aufschlüsse kann mündlich, in der Regel gelegentlich der Amtsvisitation oder schriftlich verlangt und gegeben werden. Vergl. §§ 6, 10, 16, 18 der M.Bkt. vom 11. Juli 1900, die Handhabung der Dienstaufsicht über die Gerichte und Notare durch die äußeren Dienstaufsichtsstellen betr. Inwieweit Urkunden und Akten zu diesem Zwecke in Urschrift der Dienstaufsichtsstelle eingesendet werden dürfen, siehe Art. 38 und G.O. § 190, 196 lit. c.

Artikel 66.

Die Finanzbehörden sind jederzeit berechtigt, das Depositenwesen der Notare (Art. 4) sowie deren Thätigkeit bei Berechnung und Erhebung von Staats- oder Gemeindegebühren (Art. 5), insbesondere die gesammte hierauf bezügliche Buch- und Kassaführung durch beauftragte Beamte prüfen zu lassen.

Die Notare haben diesen Beamten gegenüber die gleichen Verpflichtungen, wie sie ihnen im Artikel 65 gegenüber den dienstaufsichtführenden Beamten auferlegt sind, und haben den wegen Erledigung ihrer finanziellen Geschäfte, insbesondere der Buch- und Kassaführung, ergehenden Weisungen der Finanzbehörden Folge zu leisten. Zur Erledigung der finanziellen Geschäfte sind die Notare auf Veranlassung der Finanzbehörden durch Zwangsstrafen anzuhalten: die Notare unterliegen bei Verletzung ihrer diesbezüglichen Dienstpflichten der Einschreitung im Dienststrafwege.

Prot. Abg. 738. 896; Prot. R.R. XX 6; Becher, Materialien 298. 349. 421.

Anm. Die Kontrolle der Berechnung und Erhebung der Staatsgebühren ist schon bisher auf Grund der A.B. vom 20. September 1879, die Ausführung des Reichsgerichtskostengesetzes und des Gesetzes über das Gebührenwesen betr.; G.V.Bl. 1879 S. 1195, J.M.Bl. 1309, insbesondere § 2, dann der hiezu erlassenen Instruktion vom 21. September 1879, J.M.Bl. 1317, F.M.Bl. 205, den Finanzbehörden übertragen gewesen. Nunmehr sind hiefür maßgebend die A.B. vom 23. Dezember 1899, die Ausführung des Reichs-Gerichtskosten-Gesetzes und des Gesetzes über das Gebührenwesen, G.V.Bl. 1899 S. 1223, J.M.Bl. 1900 S. 335, F.M.Bl. 1899 S. 291, und die hiezu erlassene M.Bktm. vom 25. Dezember 1899, Instruktion zum Vollzuge des Reichsgerichtskostengesetzes und des Gesetzes über das Gebührenwesen betr., J.M.Bl. 1899 S. 300, F.M.Bl. 1900 S. 343.

Mit Rücksicht auf die in Art. 5 den Notaren zugewiesene Vereinnahmung und Verrechnung der Gemeindegebühren (örtliche Besitzveränderungsabgaben) ist die Kontrolle der Finanzbehörden auf die gemeindlichen Gebühren erweitert. Außerdem hat sich die Kontrolle der Finanzbehörden auch auf die Depositengeschäfte der Notare zu erstrecken in Konsequenz der in Art. 4 denselben auferlegten amtlichen Verpflichtung zur Uebernahme der Depositen und der in Art. 126 statuirten Haftung des Staates für die vom Notar in amtlichen Verwahr übernommenen Gelder und Werthe. In letzterer Beziehung sind in Art. 4 Abs. 2 mit Gesch.O. § 11 besonderen Anordnungen vorbehalten, bis zu deren Erlassung nach Gesch.O. § 276 das Verfahren nach den bisherigen Vorschriften sich regelt.

Zur Befolgung der von den Finanzbehörden ergehenden Weisungen ist der Notar nöthigenfalls durch Zwangsstrafen anzuhalten. Zur Androhung und Verhängung solcher Zwangsstrafen ist jedoch die Finanzbehörde nicht zuständig, sondern der von ihr hierum anzugehende Landgerichts-Präsident als Dienstaufsichtsstelle erster Instanz; vergl. Art. 64 Note 2.

Noch nicht verkündete Testamente oder Erbverträge dürfen wie bisher so auch künftig von den Finanzbehörden ebensowenig wie von den Dienstaufsichtsstellen eingesehen werden. Vergl. Gesch.O. §§ 190. 199.

2. Dienststrafrecht.

Artikel 67.

Der Notar, der die ihm durch sein Amt auferlegten Pflichten schuldhaft verletzt oder durch sein Verhalten in oder außer dem Amte gegen die Ehre und Würde des Standes verstößt, macht sich eines Dienstvergehens schuldig.

Bayern-Pfalz Art. 116; Entwurf Art. 67; Motive 428. 141; Prot. Abg. 693; Pr. R.R. XX 6; Becher, Materialien 12. 35. 61. 219. 349.

Anm. 1. Das Dienststrafrecht der Notare ist im engen Anschlusse an das Dienststrafrecht der Richter, wie es im Disziplinargesetz für richterliche Beamte vom

28. März 1881 (G.V.Bl. S. 183, J.M.Bl. S. 249) enthalten ist, ausgebildet. Nur einzelne Abweichungen erwiesen sich mit Rücksicht auf die Eigenart des Notariats als nothwendig, so ist der dem Richterdisziplinargesetz unbekannte Unterschied zwischen Ordnungsstrafen und Disziplinarstrafen, wie er bisher schon nach Art. 113 rechtsrh. Not.Ges. mit Art. 121 A.G. z. Str.Pr.O. für das ganze Königreich bestand, beibehalten (s. Art. 69 Anm.) und für die Notare eine wesentlich höhere Grenze der Geldstrafe als für die Richter bestimmt, entsprechend dem Umstande, daß die Einnahmen einzelner Notare sich über die der Richter wesentlich erheben.

Zu dem in gegenwärtigen Artikel 67 bestimmten **Begriff** des Dienstvergehens vergl. Art. 13 R.D.G.: „Ein Richter, welcher

1. die ihm durch sein Amt auferlegten Pflichten schuldhafter Weise verletzt, oder
2. sich durch sein Verhalten in oder außer dem Amte der Achtung, die sein Beruf erfordert, unwürdig zeigt,

macht sich eines Dienstvergehens schuldig und unterliegt den Vorschriften des gegenwärtigen Gesetzes." Trotz des theilweise abweichenden Wortlautes besteht sachlich kein begrifflicher Unterschied, indem „ein Verstoß gegen die Ehre und Würde des Standes" gleichbedeutend ist mit „einem der Achtung, die der Beruf erfordert, unwürdigen Verhalten." Die Aenderung der Wortfassung ist daher nur redaktioneller Art; Motive 441. Becher Materialien 61.

Anm. 2. Unter ein Verhalten, welches gegen die Ehre und Würde des Standes verstößt, fällt jeder unlautere Wettbewerb, so insbesondere die Ansetzung geringerer Gebühren als nach der Gebührenordnung treffen würde, — nicht zu verwechseln mit einem theilweisen Gebührennachlaß gegenüber einer dürftigen Partei — oder das sogen. Zutreiberwesen. In letzterer Hinsicht ist leider im Justizgesetzgebungsausschuß der Kammer der Abgeordneten ohne Widerspruch als eine nicht unbekannte Thatsache bezeichnet worden, daß manche Notare sich zur Hebung ihres Geschäftes der Unterhändler, Packträger und dergl. Personen bedienen. Daß ein solches Verhalten mit der Ehre und Würde des Standes unvereinbar ist, unterliegt keinem Zweifel und enthält ein Dienstvergehen schwerer Art. Es wurde als übereinstimmende Auffassung der k. Staatsregierung und des Gesetzgebungsausschusses konstatirt, daß lediglich wegen der Schwierigkeit, eine passende Fassung zu finden, welche den in Frage stehenden Fall der illoyalen Konkurrenz genau decken würde, ohne eine Gesetzesumgehung zu erleichtern, dieser Fall im Gesetz nicht ausdrücklich als Dienstvergehen aufgenommen worden ist, daß aber die Gerichte die illoyale Konkurrenz in jeder Form als schweres Disziplinarreat erachten müssen und, durch keine Fassung beengt, am sichersten jede Uebertretung zu ahnden im Stande sind. (Prot. Abg. 694, Verh. Abg. 896. **Becher** Materialien 221, 422.) Unbedenklich dagegen ist die Zulassung der Unterhändler bei Aufnahme der von ihnen vermittelten Rechtsgeschäfte, insoweit solches die Betheiligten wünschen oder verlangen, da vielfach die Meinung besteht, daß der Unterhändler sein bedungenes oder verdientes Honorar nicht beanspruchen könne, wenn er bei Beurkundung des von ihm vermittelten Geschäftes nicht zugezogen sei, indem solches dann nicht als von ihm vermittelt angesehen wird. Nur muß der Notar, um auch den Schein zu meiden, sich hüten, dem Unterhändler irgend eine Entlohnung z. B. in der Form von Zeugengebühr zu verabfolgen.

Artikel 68.

Ein Verstoß gegen die Ehre und Würde des Standes ist immer anzunehmen, wenn ein Notar:

1. Börsenspekulationen oder Spekulationen mit Grundstücken, Rechten, Forderungen und Erbschaftsmassen oder Mäklergeschäfte betreibt;

2. sich an Geschäften betheiligt, bei denen er amtlich mitwirkt;
3. unter seinem Namen fremde Geschäfte macht oder auf seinen Namen fremde Gelder anlegt, die ihm aus Anlaß seiner Amtsgeschäfte anvertraut worden sind;
4. sich unter was immer für einem Titel als Gewährsmann oder Bürge für Geschäfte verpflichtet, welche durch seine amtliche Vermittelung zu Stande gekommen sind oder bei denen er amtlich mitwirken soll.

Bayern-Pfalz Art. 10. 117 Ziff. 3; Entwurf Art. 68; Motive 441; Prot. Abg. 693; Prot. R.R. XX. 6; Verh. Abg. 896; Becher, Materialien 12. 61. 220. 350. 422.

Anm. 1. Neben der im vorigen Art. 67 gegebenen allgemeinen Bestimmung des Begriffs des Dienstvergehens sind in gegenwärtigem Artikel 68 einzelne Dienstvergehen besonders aufgeführt, die den Verboten des bisherigen Art. 10 des rechtsrheinischen Notariatsgesetzes entsprechen.

Diese speziellen Verbote sind, obwohl sie bereits unter Art. 67 fallen und daher eigentlich nicht besonders hervorgehoben zu werden brauchen, vom Gesetze entsprechend dem bisherigen Rechte speziell aufgenommen worden, um die Auffassung zu verhüten, als ob das Fehlen dieser bisherigen Vorschriften eine Aufhebung derselben bedeute. Weil diese Fälle nicht neben den Dienstvergehen des Art. 67 bestehen, sondern nur einzelne und hauptsächliche Arten der Dienstvergehen enthalten, sind sie auch nicht in das allgemeine Dienstrecht, sondern in das Dienststrafrecht aufgenommen.

Anm. 2. Als Beispiele, welche nicht unter die einzelnen Verbote fallen, sind in den Kammerverhandlungen erwähnt worden:

ad 1: einzelne Ankäufe und Verkäufe von Werthpapieren, soweit sich diese Geschäfte in dem Rahmen halten, in dem ein solider Privatmann sie ohne Schaden für seinen Ruf macht, indem nur „Spekulationen" im schlimmen Sinne vom Gesetze gemeint sind;

ad 3: vorübergehende, verzinsliche oder unverzinsliche Anlegung fremder Gelder bei einer Bank auf den Namen des Betheiligten, wenn auch zur Verfügung des Notars, indem durch das Verbot der Ziff. 3 der Notar nur keinen Gewinn für sich mit fremden Geldern machen darf, während eine Anlegung der Sicherheit halber, bis das Geld benöthigt wird, auf den Namen des Betheiligten vollständig zulässig ist;

ad 4: eine Haftungsübernahme durch den Notar für die Folgen eines anläßlich eines von ihm vorgenommenen Amtsgeschäftes unterlaufenen Verschuldens, weil hier die Haftung nicht für das Geschäft selbst, sondern für die Verschuldung des Notars übernommen wird.

Artikel 69.

Minder erhebliche Dienstvergehen sind mit Ordnungsstrafen zu ahnden, erheblichere mit Disziplinarstrafen.

Bayern-Pfalz Art. 114. 115; Entwurf Art. 69; Motive 428. 442; Prot. Abg. 694; Prot. R.R. XX 6; Verh. Abg. 897; Becher, Materialien 12. 35. 61. 221. 349. 422.

Anm. Das Gesetz hat, wie schon bei Art. 67 bemerkt, den Unterschied des bisherigen Rechtes zwischen Ordnungsstrafen und Disziplinarstrafen aufrecht erhalten, weil die Notare, zu deren Hauptpflichten die Wahrung der Form gehört, einer viel größeren Menge von formellen Ordnungsvorschriften unterworfen sind als die Richter, weil ferner die Durchführung dieser Ordnungsvorschriften die Vorkehrung geringerer Dienststrafen unentbehrlich macht und weil es endlich den Interessen des Dienstes ebenso wie den Interessen der Notare und der Bedeutung der Sache nicht entsprechen würde, wenn man die Ahndung solcher geringfügiger Verfehlungen mit der Umständlichkeit und dem Ansehen der eigentlichen Disziplinarbestrafung umgeben wollte. (Motive 442, Becher, Materialien 61.)

Dagegen hat es das Gesetz unterlassen, kasuistisch auszuscheiden, für welche Dienstvergehen Ordnungsstrafen und für welche Disziplinarstrafen zu verhängen sind. Die Gesetzesmotive (S. 442) bezeichnen den von dem rechtsrheinischen Notariatsgesetze (Art. 114, 115) in dieser Beziehung gemachten Versuch als mißlungen. Der Satz, daß Verstöße gegen Formvorschriften, deren Verletzung die Nichtigkeit des Aktes nicht zur Folge hat, mit Ordnungsstrafen, andere Verstöße mit Disziplinarstrafen zu ahnden sind, hat vielfach zu Urtheilen geführt, die der Billigkeit widersprochen haben. Die Gerichte waren in Folge dieser formalen Gebundenheit häufig veranlaßt, für entschuldbare Versehen Disziplinarstrafen zu verhängen, während einzelne erhebliche Vergehen verhältnißmäßig nur geringe Sühne finden konnten.

Für die Schwere des Vergehens ist nunmehr nur die Gesammtlage des einzelnen Falles maßgebend und ist die Unterscheidung zwischen Ordnungsstrafsachen und Disziplinarstrafsachen den Gerichten ebenso überlassen, wie die Wahl der Art und der Höhe der Strafe innerhalb des Strafrahmens und die Erwägung, inwieweit die Verursachung der Unwirksamkeit eines Geschäfts etwa als besonderer Erschwerungsgrund gelten soll.

Das Gericht hat zunächst zu prüfen, ob überhaupt ein Dienstvergehen im Sinne der Art. 67 oder 68 in Frage steht. Nicht jedes formale Versehen, welches ohne Wissen des Notars unterläuft, enthält schon eine schuldhafte Verletzung der ihm durch sein Amt auferlegten Pflichten. Zu einer schuldhaften Verletzung der Pflichten, d. i. zu einer dem Notar anzurechnenden Schuld gehört nothwendig eine Kenntniß, ein Wissen des Notars oder aber eine auf grober Nachlässigkeit beruhende Unkenntniß. Schreibversehen, unrichtige Namensangaben, das Fehlen eines Wortes oder einer Zahl und ähnliche formale Mängel, die dem Notar auch bei der größten Gewissenhaftigkeit beim Vorlesen oder Durchlesen entgehen können, werden daher, soferne sie nicht zu häufig vorkommen und dann etwa auf eine allgemeine Nachlässigkeit bei der Geschäftsbehandlung schließen lassen, nicht als Dienstvergehen zu erachten sein.

Erst wenn das Gericht das Vorhandensein eines Dienstvergehens überhaupt findet, hat es sich schlüssig zu machen, ob es ein minder erhebliches oder ein erheblicheres oder vielleicht auch nur ein unerhebliches Dienstvergehen für gegeben erachtet. Denn die vom Gesetze gemachte Unterscheidung zwischen minder erheblichen und erheblicheren Dienstvergehen läßt nach der Absicht des Gesetzes als ersten und niedersten Grad des Dienstvergehens auch unerhebliche Dienstvergehen denken, welche ganz außer Strafe bleiben sollen. Die mit Strafe zu ahndenden Dienstvergehen müssen immer mehr oder minder erheblich sein, während ganz unerhebliche Dienstvergehen auch nicht mit einer Ordnungsstrafe belegt, sondern straflos bleiben sollen. Es ist dies im Justizgesetzgebungsausschuß der Kammer der Abgeordneten Seitens des Vertreters der kgl. Staatsregierung ausdrücklich hervorgehoben und hiezu Folgendes bemerkt worden: „Die Fassung ist nicht unabsichtlich gewählt, denn sie läßt noch ein Drittes im Hintergrund. Ganz unerhebliche Sachen sollen überhaupt nicht gestraft werden. Es kann Fälle geben, die so unerheblich sind, daß man sie überhaupt nicht bestrafen soll. Dazu hat die Fassung des bisherigen Gesetzes keine Befugniß gegeben und das war — wie Sie wissen — manchmal recht mißlich, hier heißt es nun: erheblichere, dann minder erhebliche Verstöße; die ganz unerheblichen wird der Präsident nicht vor die Kammer bringen, sondern allenfalls im Wege des Vorhalts erledigen.“ (Prot. Abg. 694, Becher, Materialien 222.)

Aber auch wenn der Landgerichtspräsident nicht ein ganz unerhebliches, sondern ein zu ahndendes minder erhebliches oder erheblicheres Dienstvergehen für gegeben erachtet und die Sache an die Kammer bringt, steht der letzteren allein gemäß Art. 80 die Entscheidung hierüber zu und kann die Civilkammer die Sache als unerheblich erklären und die Einschreitung ablehnen.

Artikel 70.

Ordnungsstrafen sind:

1. Warnung,
2. Geldstrafe bis zu fünfzig Mark;

Disziplinarstrafen sind:

1. Verweis,
2. Geldstrafe von mehr als fünfzig bis zu dreitausend Mark,
3. Strafversetzung,
4. Dienstentlassung.

Die Art und das Maß der Strafe sind nach der Schwere des Dienstvergehens unter besonderer Rücksichtnahme auf das gesammte Verhalten des Notars zu bestimmen.

Beim Zusammentreffen mehrerer Dienstvergehen kann neben der Dienstentlassung auf eine andere Strafe nicht erkannt werden.

Bayern=Pfalz Art. 113. 122; Entwurf Art. 76; Motive 428. 442; Prot. Abg. 695; Becher, Materialien 12. 35. 61. 223.

Anm. 1. Die Eintheilung der einzelnen Strafen sowohl ihrer Art wie ihrer Abstufung nach ist wesentlich verschieden von der bisherigen Eintheilung und beruht auf dem Grundgedanken, daß nicht mehr wie bisher die unbedeutendsten Versehen und Verfehlungen besonders gegen die zahlreichen formalen Vorschriften des Gesetzes mit Disziplinarstrafen, sondern lediglich mit Ordnungsstrafen geahndet, die Disziplinarstraffälle dagegen auf die ihrer Schwere nach dazu geeigneten Fälle beschränkt werden sollen. Während nach den bisherigen Disziplinarbestimmungen — man erinnere sich nur an den dehnbaren Art. 45 rechtsrh. Not.Ges. oder vergleiche die zahllosen bei Enderlein zitirten Disziplinarerkenntnisse — es auch für den gewissenhaftesten Notar fast mehr ein glücklicher Zufall wie ein wirkliches Verdienst gewesen, wenn er im Laufe seiner Dienstjahre ohne jede Disziplinirung durchgekommen ist, was schon Bomhard in seinem Leitfaden ahnungsvoll vorausgesehen hat, indem er von den Bestimmungen des Gesetzes über Ausübung der Disziplinargewalt über die Notare und die Folgen ihrer Verletzungen sagt, wer in den Fall dieser Titel und Artikel gerät, mag sich seinen eigenen Faden suchen, um sich wieder herauszufinden, — werden künftig disziplinare Einschreitungen gegen Notare das sein, was sie dem Wortlaut und dem Zwecke nach sein sollen, d. i. wirkliche und empfindliche Strafen gegen schwere Verfehlungen des Dienstes oder des Standes.

Von diesem Grundgedanken ausgehend ist als leichteste Ordnungsstrafe nicht wie bisher Verweis, sondern Warnung bestimmt und wird der Verweis, welcher gegenüber der in der Warnung liegenden Strafandrohung als wirkliche Strafe empfunden wird, in Uebereinstimmung mit Art. 5 R.D.G. als unterste Disziplinarstrafe erklärt.

Dagegen ist die Geldstrafe, welche bisher als Ordnungsstrafe unter 9 Mk. und als Disziplinarstrafe 9—180 Mk. betragen hat, bei beiden Strafarten wesentlich erhöht. Der erweiterte Rahmen der Geldstrafe als Ordnungsstrafe (bis zu 50 Mk.) ist eine selbstverständliche Folge des Grundsatzes, alle minder erheblichen Dienstvergehen mit Ordnungsstrafen zu ahnden, da bei der Mannigfachigkeit der Fälle und der persönlichen und sachlichen Momente das Gericht immerhin einen größeren Spielraum bezüglich des Maßes der Strafe haben muß. Diese Erweiterung des Strafmaßes bezüglich der Geldstrafe als Ordnungsstrafe ist nur im wohlgemeinten Interesse der Notare selbst gelegen, da andernfalls das Gericht in manchen Fällen, in denen das für die Ordnungsstrafe normirte Höchstmaß der Geldstrafe nicht als ausreichend erachtet werden würde, dazu kommen würde, das Dienstvergehen nicht mit Ordnungsstrafe zu ahnden, sondern als Disziplinarstrafsache zu erklären und die Einleitung des Disziplinarstrafverfahrens zu veranlassen.

Die wesentliche Erhöhung der Maximalgrenze der Geldstrafe als Disziplinarstraße (von bisher 180 Mk. auf 3000 Mk.) ist im Justizgesetzgebungsausschuß der Kammer der Abgeordneten Gegenstand eingehender Besprechung gewesen und beruht einerseits auf den verschiedenen Einkommenverhältnissen der Notare, welche bei der Strafausmessung berücksichtigt werden sollen, anderseits auf der Erwägung, daß es für gewöhnlich bei der Geldstrafe verbleiben und die noch schärferen und ungleich strengeren Strafen der Strafversetzung und der Dienstentlassung, wenn sie auch nicht ganz entbehrlich sind, doch möglichst selten ausgesprochen werden sollen. Es ist deshalb auch bezüglich der Geldstrafe als Disziplinarstrafe dem Gerichte ein weiter Spielraum gegeben, um ohne auf eine höhere Strafart greifen zu müssen, alle subjektiven und objektiven Momente berücksichtigen zu können. Schließlich wird das Strafmaximum wohl nur beim Zusammentreffen mehrerer Dienstvergehen in Frage kommen, weil auch in diesen Fällen die Maximalgrenze von dreitausend Mark nicht überschritten werden kann; vergl. Anm. 3.

Die Strafversetzung, welche bisher keine selbständige Strafart gewesen, sondern nach Art. 122 rechtsrh. Not.Ges. mit Art. 121 A.G. z. R.Str.Pr.O. als Folge wiederholter Disziplinarbestrafung oder strafgerichtlicher Verurtheilung ausgesprochen werden konnte, daher nur Nebenstrafe war, ist nunmehr als eigene Strafe erklärt und kann abgesehen von den Fällen des Art. 74, in welcher auf Strafversetzung zu erkennen ist, auch in allen anderen Fällen je nach deren Schwere ausgesprochen werden.

Lediglich für die Strafe der Dienstentlassung bestimmt das Gesetz die Fälle, in welchen solche ausgesprochen werden kann (Art. 72) oder ausgesprochen werden muß (Art. 71), während auf alle anderen Strafarten je nach Ermessen des Gerichtes erkannt werden kann.

Die Suspension, welche bisher in der Dauer von nicht unter einem Monate und nicht über ein Jahr als Strafe erkannt werden konnte, hat sich in der Eigenschaft als Strafe nicht bewährt, ist auch durch den höheren Rahmen der Geldstrafe und die Strafversetzung entbehrlich und daher als Dienststrafe nicht zugelassen, sondern nur als vorläufige Maßregel im Interesse des Dienstes; siehe hierüber Art. 91 ff.

Anm. 2. Bei Bestimmung der Strafart und des Strafmaßes ist das Gericht nicht an die Reihenfolge und Abstufung der Strafe gebunden, sondern kann je nach Schwere des Dienstvergehens auch schon das erstemal auf eine höhere Strafart oder innerhalb des Strafrahmens auf ein entsprechend hohes Maß der Geldstrafe erkennen, wie in den Fällen der Artikel 71 und 74 auf Dienstentlassung der Strafversetzung auch schon im ersten Falle unbedingt zu erkennen ist. Abgesehen von den Fällen der letzteren Art ist bei Bestimmung der Strafe jedesmal das gesammte dienstliche wie außerdienstliche Verhalten des Notars besonders zu berücksichtigen.

Anm. 3. Für die Fälle des Zusammentreffens mehrerer Dienstvergehen (reale Concurrenz) kann neben der Dienstentlassung auf keine andere Strafe erkannt werden, während im übrigen eine Strafanhäufung zulässig ist. Es kann also beim Zusammentreffen mehrerer Dienstvergehen nebeneinander auf Verweis und Geldstrafe und unter Umständen auch auf Strafversetzung erkannt werden. Dagegen darf bei mehrfacher Geldstrafe das Strafmaximum von 3000 Mk. nicht überschritten werden, da eine Geldstrafe nur bis zu diesem Strafmaximum ausgesprochen werden kann, weshalb dasselbe auch so außergewöhnlich hoch bestimmt ist.

Vergl. ebenso Art. 5 Abs. 2 R.D.G.

Anm. 4. Bezüglich Vollzugs der Ordnungsstrafen vergl. Art. 82, bezüglich Vollzugs der Disziplinarstrafen Art. 84 Abs. 1 des gegenwärtigen Gesetzes mit Art. 58 R.D.G. Hienach erfolgt der Vollzug der Warnung durch den Präsidenten des Landgerichts, der Vollzug des Verweises durch den Präsidenten der Notariats-Disziplinarkammer, d. i. den Präsidenten des Oberlandesgerichts (Art. 12, 13 R.D.G.), während die Vollstrecknng der Geldstrafen sowohl im Ordnungs- wie im Disziplinarstrafverfahren nach den Vorschriften der Civilprozeßordnung durch den Staatsanwalt des Landgerichts auf Grund einer von dem Gerichtsschreiber des Landgerichts (bei Ordnungsstrafen) oder der Notariatsdisziplinarkammer (bei Disziplinarstrafen) ertheilten, mit der Bescheinigung der Vollstreckbarkeit versehenen Ausfertigung der Urtheilsformel geschieht.

Eine Umwandlung einer nicht beizutreibenden Ordnungs- oder Disziplinar-Geldstrafe in eine Freiheitsstrafe findet nicht statt. Ueber Vollzug der Dienstentlassung und der Strafversetzung siehe Art. 7 Anm. 2 und Art. 74 Anm. 2.

Artikel 71.

Auf Dienstentlassung ist zu erkennen, wenn ein Notar durch grobe Verletzung der Amtspflicht oder durch unsittliches oder die Achtung, welche der Beruf erfordert, entziehendes Handeln oder Verhalten sich eines Dienstvergehens von solcher Schwere schuldig macht, daß er ohne offenbaren Nachtheil für die Würde des Standes oder ohne schwere Gefährdung der Interessen der Rechtsuchenden nicht im Amte belassen werden kann.

Bayern-Pfalz Art. 117. 118; Entwurf Art. 71; Motive 442; Prot. Abg. 696; Becher, Materialien 12. 62. 226.

Anm. 1. Die Bestimmung ist sachlich übereinstimmend mit der Vorschrift des Art. 6 Abs. 2 R.D.G. und sind die Fälle, in welchen auf Dienstentlassung zu erkennen ist, für Notare und Richter die gleichen, nur bei ersteren mit der Erweiterung, daß außer dem offenbaren Nachtheil für die Würde des Standes bei den Notaren alternativ die schwere Gefährdung der Interessen der Rechtsuchenden in Berücksichtigung kommt. Die Fälle des gegenwärtigen Artikels sind zwingende Mußvorschriften, sobald das Gericht zur Feststellung der Voraussetzungen gelangt, entgegen den Fällen des folgenden Art. 72, in denen auf Dienstentlassung erkannt werden kann, nicht muß.

Anm. 2. Der Vollzug der Dienstentlassung erfolgt gleich der der Strafversetzung nach Art. 84 Abs. 1 des gegenwärtigen Gesetzes mit Art. 58 Abs. 3 R.D.G. durch das K. Staatsministerium der Justiz auf Grund einer von der Notariats-Disziplinarkammer und, soferne die Entscheidung durch den Notariats-Disziplinarhof ergangen ist, von letzterem vorzulegenden Ausfertigung des rechtskräftigen Urteils.

Artikel 72.

Auf Dienstentlassung kann erkannt werden:

1. in den Fällen der Artikel 103 bis 106, 109 des Ausführungsgesetzes zur Srafprozeßordnung;

2. wenn in sonstigen Fällen ein Notar bereits dreimal eine Disziplinarbestrafung erlitten hat und neuerdings zur Verhängung einer Disziplinarstrafe Anlaß gibt.

Bayern-Pfalz Art. 117; Bayern Art. 9. Abs. 2, Art. 37 Abs. 2; Entwurf Art. 72; Motive 442; Prot. Abg. 696. 738; Becher, Materialien 12*), 62. 226. 299.

Anm. 1. Auch diese Bestimmung ist gleichlautend mit der Vorschrift des Art. 6 Abs. 3 R.D.G. und sind Notare und Richter bezüglich der schwersten Strafe der Dienstentlassung vollständig gleich gestellt.

Anm. 2. Vergl. A.G. z. R.Str.Pr.O.

Art. 103: „Beamte, welche glaubhafte Kenntniß von der bevorstehenden Ausführung eines Verbrechens oder Vergehens oder einer strafbaren Zuwiderhandlung gegen die gesetzlichen Vorschriften über Erhebung und Sicherung öffentlicher Abgaben oder Gefälle erlangt haben und vermöge ihres Amtes oder öffentlichen Dienstes die Begehung der Handlung zu verhindern verpflichtet sind, sollen, wenn sie diese Verhinderung vorsätzlich unterlassen und die betreffende strafbare Handlung ausgeführt oder ein strafbarer Versuch derselben begangen worden ist, mit Geld bis zu neunhundert Mark disziplinär bestraft werden, soferne nicht nach sonstigen gesetzlichen Bestimmungen eine anderweitige Strafe Platz greift."

Art. 104: „Beamte, welchen die Verübung eines Verbrechens oder eines Vergehens oder einer strafbaren Zuwiderhandlung gegen die gesetzlichen Vorschriften in Bezug auf Erhebung und Sicherung öffentlicher Abgaben oder Gefälle bekannt geworden ist, sollen, wenn sie zur Anzeige dieser strafbaren Handlungen vermöge ihres Amtes verpflichtet sind und diese Anzeige vorsätzlich unterlassen, bei unterlassener Anzeige eines Verbrechens mit Geld bis zu sechshundert Mark und in den übrigen Fällen bis zu dreihundert Mark disziplinär bestraft werden, soweit nicht anderweitige Strafbestimmungen hiefür bestehen."

Art. 105: „Ein Beamter, welcher vorsätzlich seiner Dienstpflicht zuwiderhandelt, um dadurch einem Anderen Schaden zuzufügen oder sich oder einem Dritten einen rechtswidrigen Vortheil zu verschaffen, wird, wenn die Handlung unter keine andere Strafbestimmung fällt, disziplinär mit Geld bis zu dreihundert Mark bestraft."

Art. 106: „Jeder Beamte ist verpflichtet, über die vermöge seines Amtes ihm bekannt gewordenen Angelegenheiten, deren Geheimhaltung ihrer Natur nach erforderlich oder von seinen Vorgesetzten vorgeschrieben ist, Verschwiegenheit zu beobachten. Diese Verpflichtung dauert fort, auch nachdem das Dienstverhältniß aufgelöst ist.

Zuwiderhandlungen werden, soferne nicht eine anderweitige Strafe verwirkt ist, disziplinär mit Geld bis zu sechshundert Mark bestraft."

Art. 109: „Wenn ein Beamter bei Ausübung seines Dienstes oder unter Mißbrauch seines Dienstverhältnisses eine strafbare, jedoch nicht in dem 28. Abschnitte des Strafgesetzbuches für das Deutsche Reich behandelte That verübt hat und deshalb zu einer Gefängnisstrafe von mehr als einem Jahre verurtheilt wird, so kann gegen denselben, soferne er nicht ohnehin zufolge der allgemeinen Strafbestimmungen der Fähigkeit zur Bekleidung öffentlicher Aemter verlustig wird, disziplinär auf Entziehung seines Amtes erkannt werden."

Das Verhältniß dieser Strafbestimmungen, welche nach Art. 112 Abs. 2 A.G. z. Str.Pr.O. auf die Notare Anwendung finden, zu der Vorschrift des gegenwärtigen Artikels 72 ist folgendes:

Zunächst werden für gewöhnlich die milderen Strafbestimmungen des A.G. z. Str.Pr.O. genügen und Anwendung finden, wobei nach Art. 113 Abs. 2 A.G. z. Str.Pr.O. gegen Notare die Einleitung des Disziplinarverfahrens sich nach den bezüglich dieser Beamten bestehenden Disziplinarvorschriften richtet d. i. jetzt Art. 83 ff. Not.Ges.

*) Der bei Bechers Materialien angeführte Text des Gesetzentwurfes: „Auf Dienstentlassung kann nicht erkannt werden", beruht auf einem Druckfehler und soll richtig lauten: „Auf Dienstentlassung kann auch erkannt werden." Das Wörtchen „auch" wurde bei der zweiten Lesung des Gesetzentwurfes vom Justizgesetzgebungsausschusse der Kammer der Abgeordneten als überflüssig gestrichen; Prot. Abg. 738, Becher, Materialien 299.

Wenn aber diese milderen Strafbestimmungen nicht als ausreichend erachtet werden, kommen die in diesen Spezialstrafbestimmungen vorgesehenen und vorbehaltenen allgemeinen Bestimmungen für Dienstvergehen (Art. 67 ff. Not.Ges.) zur Anwendung und kann auf Grund der letzteren, wie bezüglich der Richter auf Grund Art. 6 Abs. 2 und Art. 80 R.D.G. auf Dienstentlassung erkannt werden. Wie aber mit Rücksicht auf die nur fakultative, nicht obligatorische Vorschrift das Gericht nicht gezwungen ist, auf Dienstentlassung zu erkennen, wenn es auch das Maximum der in Art. 103 bis 106 A.G. z. Str.Pr.O. angedrohten Geldstrafen nicht für ausreichend erachtet, ist es auch nicht auf den Strafrahmen dieser Spezialstrafbestimmungen beschränkt, sondern kann, da der Thatbestand der Spezialstrafbestimmung immer auch den Thatbestand eines allgemeinen Dienstvergehens im Sinne des Art. 67 Not.Ges. erschöpft, wie auf die schwerste Strafe der Dienstentlassung so auch auf eine geringere Strafe innerhalb des Rahmens und Maßes des notariellen Dienststrafrechtes erkennen. Wenn also das Gericht in einem Falle des Art. 103 A.G. z. Str.Pr.O. das dort angedrohte Strafmaximum von 900 Mk. nicht für ausreichend erachtet, kann es auf Grund Art. 67 und 70 Not.Ges. auf eine höhere Geldstrafe bis zu 3000 Mk. oder auf Strafversetzung und in letzter Linie auf Dienstentlassung erkennen.

Anm. 3. Zu Ziff. 2. Ob die dreimalige Disziplinar-Vorbestrafung eine Disziplinarstrafe nach neuerem oder nach früherem Rechte gewesen, ist für Anwendung der gegenwärtigen Bestimmung gleich, obwohl nach früherem Rechte auf eine Disziplinarbestrafung nicht selten schon bei viel leichteren Verfehlungen erkannt werden konnte, als wie nach nunmehrigem Rechte zu erkennen sein wird. Da das Gesetz in dieser Beziehung keinen Unterschied macht und die neue Bestimmung gleiches Recht für die Notare schafft, wie schon bisher nach Art. 6 R.D.G. für die Richter gilt, müssen Disziplinarstrafen, die nach früherem Rechte ausgesprochen worden sind, ebenso wie solche des neuen Rechtes zählen.

Dagegen haben die Disziplinargerichte die Frage des Rückfalls nach dem gesammten Verhalten des Notars zu bestimmen (Art. 70 Abs. 2) und werden daher, wenn die früheren Disziplinarbestrafungen zeitlich weit zurückliegen oder nach früherem Rechte nur wegen verhältnißmäßig geringer Verfehlungen erkannt sind, wegen des Rückfalles allein nicht auf die höchste Strafe der Dienstentlassung erkennen. Einer in dieser Beziehung im Justizgesetzgebungsausschuß der Kammer der Abgeordneten gemachten Anregung, ob sich nicht die Aufnahme einer Bestimmung empfiehlt, daß auf Dienstentlassung nicht erkannt werden soll, wenn ein Notar nach Ablauf eines längeren Zeitraums, etwa 10 Jahre, wieder einer Verfehlung sich schuldig macht, wurde zwar mit Rücksicht auf die Vorschrift des Richterdisziplinargesetzes und darauf, daß die Notare nicht günstiger gestellt werden sollen wie die Richter, nicht weiter aufrecht erhalten. Es ist aber hiebei ohne Widerspruch konstatiert worden, „daß, wenn vor 15 Jahren einmal eine Disziplinarstrafe ausgesprochen wurde und jetzt nach 15 Jahren wieder eine Strafe zu verhängen ist, wohl keine Disziplinarkammer sich veranlaßt sehen wird, deshalb den Art. 72 anzuwenden." (Prot. Abg. 697, Becher, Materialien 226).

Dagegen müssen alle drei Vorbestrafungen Disziplinarstrafen sein, während Ordnungsstrafen des früheren oder nunmehrigen Rechtes nicht zählen.

Artikel 73.

Die Dienstentlassung hat den Verlust des Notartitels und des dem Notar als solchem verliehenen Ehrentitels von Rechtswegen zur Folge.

Entwurf Art. 73; Prot. Abg. 697; Becher, Materialien 13. 227.

Anm. Der Verlust des Amtes ist als begriffliche Folge der Dienstentlassung vom Gesetze nicht besonders erwähnt. Mit dem Verlust des Amtes ist auch jeder

Anspruch auf Gebührenbezug oder auf Ruhegehalt, Sustentation oder sonstige Unterstützung verbunden. Eine weitere von Rechtswegen eintretende Folge der Dienstentlassung ist der Verlust des Titels und zwar des Titels „Notar" und eines dem Notar als solchem etwa verliehenen Ehrentitels in analoger Anwendung der für die Richter in Art. 5 Abs. 4 R.D.G. bestehenden Bestimmung, daß die Dienstentlassung den Verlust des Titels und der Funktionszeichen von Rechtswegen zu Folge hat.

Der Ehrentitel, dessen Verlust mit der Dienstentlassung von Rechtswegen verbunden ist, muß dem Notar als solchem d. h. in seiner Eigenschaft als Notar und mit Bezug auf seine notarielle Berufsthätigkeit verliehen sein. Die zu Neujahr oder bei Enthebung vom Amte übliche Auszeichnung verdienter Notare mit dem Titel „Justizrat", in ganz besonderen Fällen auch mit dem Titel „Hofrat" und „geheimer Hofrat" ist ein dem Notar als solchem verliehener Ehrentitel. Würde dagegen dieser oder ein anderer Ehrentitel einem Notar in anderer Eigenschaft, etwa als Mitglied einer wissenschaftlichen oder sonstigen Korporation oder anläßlich einer Festlichkeit z. B. Empfang des Landesherren verliehen werden, würde die Dienstentlassung nicht den Verlust des Ehrentitels von Rechtswegen zur Folge haben.

Den Verlust verliehener Orden und Ehrenzeichen hat die Dienstentlassung niemals zur Folge; dieser tritt nur nach den Bestimmungen des Strafgesetzbuches (§ 33) als Folge der Aberkennung der bürgerlichen Ehrenrechte ein. Siehe über den Verlust des Titels und Ehrentitels auch Art. 76.

Artikel 74.

Auf Strafversetzung ist zu erkennen:

1. wenn ein Notar durch eine Handlung, die ein Dienstvergehen bildet, die Achtung oder das Vertrauen der Bevölkerung des Notariatsbezirks verloren hat, so daß er in diesem Bezirke nicht belassen werden kann;
2. wenn nach Lage des Falles die Verhängung einer Geldstrafe ungenügend und nicht die Verhängung der Dienstentlassung veranlaßt ist.

Bayern-Palz Art. 122; Entwurf Art. 74; Motive 442; Prot. Abg. 697; Becher, Materialien 13. 62. 227.

Anm. 1. Das neue Notariatsrecht kennt eine Strafversetzung und eine Zwangsversetzung, erstere als Disziplinarstrafe, letztere als Administrativmaßregel im Interesse der Bevölkerung und des Dienstes ohne dem Charakter und den Folgen einer Strafe.

Ueber Strafversetzung siehe oben Art. 70 Anm. 1, über Zwangsversetzung Art. 86.

Sind die Voraussetzungen des gegenwärtigen Artikels gegeben, ist auf Strafversetzung als Mußvorschrift zu erkennen. Ob aber diese Voraussetzungen gegeben sind und insbesondere, ob nach Lage des Falles die Verhängung einer Geldstrafe genügend oder ungenügend und doch die Verhängung der Dienstentlassung nicht veranlaßt ist, ist immer Ermessungsfrage des Gerichts. Für die Frage, ob die Verhängung einer Geldstrafe, wenn auch im Höchstmaße von dreitausend Mark, genügend oder ungenügend ist, werden neben der Schwere des Vergehens und dem gesammten Verhalten des Notars auch dessen Einkommens- und Vermögensverhältnisse in Betracht kommen und nicht selten ausschlaggebend sein.

Anm. 2. Der Vollzug der Strafversetzung erfolgt gleich dem der Dienstentlassung nach Art. 84 Abs. 1 des gegenwärtigen Gesetzes mit Art. 58 Abs. 3 R.D.G. durch das K. Staatsministerium der Justiz auf Grund einer von der Notariatsdisziplinarkammer und, soferne die Entscheidung durch den Notariats-Disziplinarhof ergangen ist, von diesem letzteren vorzulegenden Ausfertigung des rechtskräftigen Urtheils.

Anm. 3. Der zur Strafe versetzte Notar erhält im Gegensatz zu dem nach Art. 86 zwangsweise versetzten Notar keine Vergütung der Umzugskosten.

Artikel 75.

Die Strafverfolgung von Dienstvergehen verjährt in fünf Jahren.

Jede Handlung des Richters im Strafverfahren und im Dienstrafverfahren, welche wegen der begangenen That gegen den Thäter gerichtet ist, unterbricht die Verjährung. Nach der Unterbrechung beginnt eine neue Verjährung.

Bayern-Pfalz Art. 142; Entwurf Art. 75; Motive 442; Prot. Abg. 697; B. Abg. 897; Becher, Materialien 13. 62. 227. 423.

Anm. 1. Die bisher zweijährige Verjährungsfrist für alle Dienstvergehen der Notare ist nun in Uebereinstimmung mit der Bestimmung in Art. 2 R.D.G. auf fünf Jahre erweitert, weil der Zeitraum von zwei Jahren wegen der Unmöglichkeit, innerhalb desselben die Geschäftsführung der Notariate genügend zu prüfen, als zu kurz sich erwiesen hat. Auch ein Unterschied zwischen Ordnungsstrafsachen und Disziplinarstrafsachen ist bezüglich der Verjährung nicht gemacht, weil das neue Recht noch weniger wie das bisherige eine äußere Grenze zwischen beiden Strafsachen kennt, sondern die Grenze ganz dem Ermessen des Gerichts überläßt.

Nach dem allgemeinen Grundsatz, daß bei Verschiedenheit der Gesetze von der Zeit der begangenen Handlung bis zur Aburtheilung das mildeste Gesetz anzuwenden ist, fallen unter die neue längere Verjährungsfrist von fünf Jahren nur die nach Inkrafttreten des gegenwärtigen Gesetzes begangenen Dienstvergehen, während die vor dem 1. Januar 1900 verübten Dienstvergehen, wenn sie auch erst nach diesem Zeitpunkt verfolgt werden, nach der bisherigen Bestimmung in zwei Jahren verjähren.

Anm. 2. Nach § 8 M.B. vom 11. Juli 1900, die Handhabnng der Dienstaufsicht über die Gerichte und Notare durch die äußeren Dienstaufsichtsbehörden betr.*), ist bis auf Weiteres bestimmt, daß der Landgerichtspräsident jeden Notar seines Bezirkes binnen zwei Jahren einmal zu visitieren hat und außerdem der Präsident des Oberlandesgerichts alljährlich mehrere Notare des Bezirkes visitiren soll.

Artikel 76.

Ein vom Amte enthobener Notar kann wegen eines Dienstvergehens nur dann verfolgt werden, wenn auf Dienstentlassung zu erkennen wäre, falls er sich noch im Dienste befände. In diesem Falle ist statt auf Dienstentlassung auf Verlust des Titels und des Ehrentitels zu erkennen.

Hat der vom Amte enthobene Notar auf den Titel und Ehrentitel verzichtet, so kann er wegen eines Dienstvergehens nicht mehr verfolgt werden.

Wird im Laufe des wegen eines Dienstvergehens eingeleiteten Verfahrens die Bestrafung des Notars durch die Enthebung vom Amte oder den Verzicht auf Titel und Ehrentitel unzulässig, so ist das Verfahren einzustellen.

---

*) Vergl. S. 205.

Die Vorschriften des Artikels 106 des Ausführungsgesetzes zur Strafprozeßordnung bleiben unberührt.

Entwurf Art. 76; Motive 442; Prot. Abg. 697; Becher, Materialien 13. 62. 228.

Anm. 1. Die Frage der Verfolgung der Dienstvergehen, die während des Dienstverhältnisses begangen wurden, nach dessen Lösung ist im Allgemeinen übereinstimmend mit den Vorschriften in den Art. 8 und 9 R.D.G. geregelt. Eine solche Regelung ist aber nur für den vom Amte enthobenen Notar, sei es, daß die Enthebung seinem Ansuchen entsprechend erfolgt oder nach Art. 88 wider seinen Willen ausgesprochen worden ist, nicht auch für den zur Strafe entlassenen Notar erforderlich, weil gegen letzteren, der bereits zur höchsten Strafe der Dienstentlassung verurteilt ist, eine weitere Disziplinarbestrafung auch wegen solcher Dienstvergehen nicht mehr zulässig ist, die zwar vor der Dienstentlassung begangen, aber erst später bekannt geworden sind. Wie aber der pensionirte oder quiescirte Richter auch im Ruhestande wegen solcher schwerer Dienstes- oder Standesvergehen, die in der Dienstesaktivität zur Dienstentlassung geführt haben würden, noch der disziplinären Dienstaufsicht untersteht, so verlangt dies das Dienstes- und Standesinteresse auch von dem vom Amte zurückgetretenen Notar.

Die Verfolgung eines vom Amte enthobenen Notars d. i. Einleitung des Disziplinarverfahrens erfolgt nur wegen eines Dienstvergehens, bei welchem auf Dienstentlassung erkannt werden muß, d. i. in den Fällen des Art. 71, nicht auch in denen des Art. 72. Würde das Hauptverfahren wegen eines nach Art. 71 mit Dienstentlassung zu bestrafenden Dienstvergehens eröffnet sein, das Gericht aber auf Grund der mündlichen Hauptverhandlung zu dem Resultate kommen, daß auf Dienstentlassung nicht zu erkennen wäre, dürfte keine andere Strafe ausgesprochen, sondern mußte auf Freisprechung erkannt werden.

Anm. 2. Ueber Begriff „Ehrentitel" vergl. oben Art. 73 Anm. Auch hier ist nur auf Verlust eines dem Notar als solchen d. h. mit Bezug auf seinen Notariatsberuf verliehenen Ehrentitels zu erkennen. Die gegen einen vom Amte enthobenen Notar ausgesprochene Strafe auf Verlust des Titels und des Ehrentitels wirkt gerade so wie die Dienstentlassung gegen den im Amte befindlichen Notar.

Anm. 3. Die Bestimmung des Absatz 2 bezieht sich auf die Fälle, wenn der vom Amte enthobene Notar schon vor Einleitung des Disziplinarverfahrens, wenn auch vielleicht mit Rücksicht auf dessen bevorstehende Einleitung, auf Titel und Ehrentitel verzichtet hat. Einen derartigen Verzicht kann der Notar jeder Zeit, sei es anläßlich seiner Bitte um Enthebung vom Amte, sei es später, erklären und ist eine solche Verzichtserklärung an das Staatsministerium der Justiz zu richten und auf dem Dienstwege einzureichen.

Auch nach Einleitung des Disziplinarverfahrens kann der Notar durch die von ihm erbetene Enthebung vom Amte oder, wenn er bereits vom Amte enthoben ist oder ein Dienstvergehen in Frage steht, wegen dessen auf Dienstentlassung zu erkennen ist, durch Verzicht auf Titel und Ehrentitel eine Verurtheilung aufhalten und zwar selbst dann, wenn bereits die Disziplinarkammer ein verurtheilendes Erkenntniß gefällt hat, solange dies noch nicht rechtskräftig ist. Erfolgt die erbetene Amtsenthebung während eines anhängigen Dienststrafverfahrens, ist nicht auf Freisprechung zu erkennen, sondern das Verfahren einzustellen, weil das Gericht nicht über die Hauptsache entscheidet. Die Bestimmung des Absatz 3 greift daher nicht bloß in den Fällen Platz, in denen es sich um ein Strafverfahren gegen einen vom Amte bereits enthobenen Notar handelt, sondern ebenso auch dann, wenn das Disziplinarverfahren gegen einen noch im Amte befindlichen Notar wegen irgend eines Dienstvergehens eingeleitet ist und letzterer im Verlauf des Verfahrens auf sein Ansuchen oder gemäß Art. 88 wider seinen Willen vom Amte enthoben wird.

Anm. 4. Nach Art. 106 A.G. z. Str.Pr.O.*) dauert die Verpflichtung zur Wahrung der Amtsverschwiegenheit auch nach Auflösung des Dienstverhältnisses fort. Diese Bestimmung gilt nach Abs. 3 auch für die vom Amte enthobenen Notare, bildet daher eine Ausnahme von der Regel der Abs. 1 bis 3 und findet selbst dann Anwendung, wenn der vom Amte enthobene Notar auf Titel und Ehrentitel verzichtet hat.

Artikel 77.

Hat ein Notar wegen seines früheren Dienstverhältnisses als Staatsbeamter oder als öffentlicher Beamter ein Dienstvergehen begangen, so unterliegt er auch hiewegen den Vorschriften dieses Gesetzes.

Wegen einer Handlung, die ein Notar vor seiner Anstellung zu einer Zeit begangen hat, zu der er weder Staatsbeamter noch öffentlicher Beamter war, ist ein Einschreiten im Dienstverfahren nur dann zulässig, wenn jene Handlung die Strafversetzung oder die Dienstentlassung begründet.

Entwurf Art. 77; Motive 442; Prot. Abg. 697; Becher, Materialien 13. 62. 228.

Anm. 1. Gegenwärtiger Artikel regelt die Verfolgung von Vergehen, die schon vor der Entstehung des Dienstverhältnisses begangen sind, und bestimmt, daß wegen solcher früherer Dienstvergehen der Notar nur den Vorschriften des gegenwärtigen Notariatsgesetzes, nicht etwa dem Disziplinarstrafrecht der früheren Dienstesstelle unterliegt. Es greift diese Bestimmung nicht bloß bei dem im Amte befindlichen Notar, sondern ebenso bei einem vom Amte enthobenen Notar Platz, so daß gegen einen letzteren Notar wegen eines während seines früheren Dienstverhältnisses als Staatsbeamter oder als öffentlicher Beamter begangenen Dienstvergehens oder wegen einer vor seiner Anstellung im Privatleben begangenen Handlung nur in den Fällen des Art. 76 eingeschritten werden kann.

Bezüglich der im Amte befindlichen Notare unterscheidet das Gesetz, ob die zu verfolgende Handlung in einem früheren öffentlichen Dienstverhältnisse oder im Privatleben begangen ist. Ersteren Falles besteht, soweit die allgemeinen Voraussetzungen des Dienststrafrechtes vorliegen, vom Standpunkte der Dienstaufsicht keine Beschränkung. Es unterliegt der im Amte befindliche Notar wegen aller solcher früher begangenen Dienstvergehen dem Dienststrafrechte nach gegenwärtigem Gesetze und kann gegen ihn sowohl auf Ordnungs- wie Disziplinarstrafe erkannt werden, je nach dem das Vergehen als minder erheblich oder als erheblicher sich darstellt. Steht dagegen eine Handlung in Frage, welche der Notar vor seiner Anstellung im Privatleben begangen, so ist ein Einschreiten nur bei solchen Dienstvergehen geboten, deren Schwere ein Verbleiben des Notars im Amte oder wenigstens in seinem Bezirke unmöglich macht, bei welchen also auf Strafversetzung oder Dienstentlassung zu erkennen ist. Art. 72, 74.

Speziell muß in den Fällen des Abs. 2 die in Frage stehende Handlung für sich allein, nicht mit Rücksicht auf frühere Disziplinarbestrafungen als Rückfall im Sinne des Art. 72 Ziff. 2, die Dienstentlassung begründen.

Der Thatbestand des Vergehens muß in allen Fällen mit den allgemeinen in Art. 67 gegebenen Voraussetzungen eines Dienstvergehens sich decken; es muß ein Dienstvergehen oder eine Handlung in Frage stehen, welche, wenn sie der Notar im

---

*) Vergl. S. 218.

Amte begangen hätte, ein Dienstvergehen im Sinne des Art. 67 begründen würde. Handlungen, welche in Art. 68 als speziell gegen die Ehre und Würde des Notariatsstandes verstoßend bezeichnet sind, verstoßen bei einem anderen Beamten nicht unbedingt gegen die Ehre und Würde seines Standes und sind bei einem Privatmann, soweit sie hier überhaupt in Frage kommen, vielleicht ganz unbedenklich, weshalb solche frühere Handlungen dem Notar als Dienstvergehen nur angerechnet werden können, wenn sie ohne Bezug auf die besonderen Rücksichten gegen den Notariatsberuf allgemein herabwürdigend sind.

Anm. 2. Voraussetzung der Verfolgung ist selbstverständlich, daß wegen der Handlung nicht bereits eine Disziplinareinschreitung, wenn auch mit Freisprechung erfolgt und nicht Verjährung eingetreten ist. Ist die Verjährungsfrist nach dem Rechte des früheren Dienstverhältnisses kürzer wie fünf Jahre, so verbleibt es bei dieser kürzeren Verjährungsfrist; für die Fälle des Abs. 2 gilt die fünfjährige Verjährungsfrist des Art. 75. Fällt das Vergehen in die Zeit vor Inkrafttreten des gegenwärtigen Gesetzes, so unterliegt es der kürzeren zweijährigen Verjährungsfrist des früheren Notariatsrechtes; vergl. Art. 75 Anm. 1.

Anm. 3. Staatsbeamter ist unmittelbarer Beamter des bayerischen Staates oder Staatsdiener im Sinne der Dienstespragmatik, öffentlicher Beamter jeder im Dienste des Reiches, des Hofes, der Kirche oder der Gemeinde definitiv oder provisorisch angestellter Beamter. Rechtsanwälte sind keine öffentlichen Beamte; ein früherer Rechtsanwalt fällt daher nur unter die Bestimmung des Abs. 2. Vergl. hiezu R.A.O. § 28 „Der Rechtsanwalt ist verpflichtet, seine Berufsthätigkeit gewissenhaft auszuüben und durch sein Verhalten in Ausübung des Berufs, sowie außerhalb desselben sich der Achtung würdig zu zeigen, die sein Beruf erfordert", und § 62: „Ein Rechtsanwalt, welcher die ihm obliegenden Pflichten (§ 28) verletzt, hat die ehrengerichtliche Bestrafung verwirkt." Ein Notar, welcher sich in seiner früheren Eigenschaft als Rechtsanwalt einer Verletzung der ihm obgelegenen Pflichten schuldig gemacht hat, kann daher wegen Dienstvergehens verfolgt werden, wenn diese Pflichtverletzung, soferne sie von ihm als Notar begangen wäre, die Strafversetzung oder Dienstentlassung begründen würde.

Artikel 78.

Hat der Staatsanwalt in einem strafgerichtlichen Verfahren die öffentliche Klage erhoben, so darf gegen den Beschuldigten wegen der nämlichen Thatsachen vor Beendigung des strafrechtlichen Verfahrens das Dienststrafverfahren weder eingeleitet noch fortgesetzt werden.

Ist im strafgerichtlichen Verfahren wegen Abwesenheit des Beschuldigten die vorläufige Einstellung beschlossen, so kann das Dienststrafverfahren eingeleitet und fortgesetzt werden.

Bayern-Pfalz Art. 142 Abs. 2; Entwurf Art. 78; Motive 442; Prot. Abg. 698; Becher, Materialien 13. 62. 228.

Anm. In den Artikeln 78 und 79 ist die Frage der Konkurrenz von Dienststrafverfahren und Kriminalstrafen übereinstimmend mit den Vorschriften in den Artikeln 10 und 11 R.D.G. geregelt.

Entscheidend ist, ob der Staatsanwalt im strafgerichtlichen Verfahren die öffentliche Klage erhoben hat, von welchem Zeitpunkt an das Dienststrafverfahren ruht.

Ueber Erhebung der öffentlichen Klage siehe Str.Pr.O. § 151 ff., über Unterbrechung der Verjährung Art. 75 Abs. 2. Ist das Dienststrafverfahren vor Erhebung der öffentlichen Klage im strafgerichtlichen Verfahren bereits eingeleitet gewesen, so erfolgt nicht die Einstellung des Verfahrens, sondern letzteres ruht von Amtswegen, bis das strafrechtliche Verfahren rechtskräftig beendet ist.

Die Abwesenheit des Beschuldigten, der sich der Aburtheilung durch die Flucht entzogen hat, hindert zwar in der Regel die Fortsetzung des strafgerichtlichen Verfahrens, welches in diesem Falle nach § 203 Str.Pr.O. vorläufig einzustellen ist, nicht aber die Einleitung oder Fortsetzung des Dienststrafverfahrens. Letzteres ist vielmehr gerade gegen einen abwesenden Beschuldigten jederzeit einzuleiten und durchzuführen, da das Verlassen des Amtes allein schon ein grobe Verletzung der Amtspflicht enthält, welche auf Grund Art. 71 die Dienstentlassung rechtfertigt.

Wenn der Beschuldigte nach der That in Geisteskrankheit verfallen ist, erfolgt wie im Strafverfahren nach § 203 Str.Pr.O. so im Dienststrafverfahren nach Art. 84 Abs. 1 des gegenwärtigen Gesetzes mit Art. 35 Abs. 2 R.D.G. die vorläufige Einstellung des Verfahrens. Der Mangel oder die rechtzeitige Zurücknahme des zur strafgerichtlichen Verfolgung erforderlichen Strafantrages ist auf die Einleitung und Fortsetzung des Dienststrafverfahrens ohne Einfluß, soferne die in Frage stehende Handlung an sich oder mit Rücksicht auf die Ehre und Würde des Standes als Dienstvergehen sich darstellt. Wegen Einflusses der Verjährung vergl. folgenden Art. 79 Abs. 2.

Artikel 79.

Wenn vom Strafgericht auf Freisprechung erkannt ist, so findet wegen derjenigen Thatsachen, welche im strafgerichtlichen Verfahren Gegenstand der Aburtheilung waren, ein Dienststrafverfahren nur noch insoferne statt, als jene Thatsachen an sich und ohne ihre Beziehung zu dem gesetzlichen Thatbestande der strafbaren Handlung, auf welche das Strafverfahren sich erstreckte, ein Dienstvergehen enthalten.

Die Freisprechung wegen Verjährung schließt die Einleitung oder Fortsetzung des Dienststrafverfahrens nicht aus, solange die Strafverfolgung noch nicht nach Artikel 75 ausgeschlossen ist.

Ist in einem strafgerichtlichen Verfahren eine Verurtheilung erfolgt, welche nicht den Verlust des Amtes zur Folge hat, so bleibt es dem Ermessen der Aufsichtsbehörden überlassen, zu entscheiden, ob die Einleitung des Dienststrafverfahrens zu veranlassen sei. Ist das Dienststrafverfahren schon eingeleitet, so bleibt die Entscheidung darüber, ob es fortzusetzen sei, dem Ermessen des Gerichts überlassen.

Entwurf Art. 79; Motive 442; Prot. Abg. 698; Becher, Materialien 14. 62. 228.

Anm. Im Gegensatz zu vorigem Art. 78 behandelt gegenwärtiger Artikel die Fälle, in denen das Strafgericht bereits urtheilsmäßig erkannt, den Notar also entweder freigesprochen oder verurtheilt hat.

Die Bestimmungen der Abs. 1 und 2 sind gleichlautend mit Art. 11 Abs. 1 und 2 R.D.G. Im Falle einer strafgerichtlichen Freisprechung kann aus verschiedenen Gründen die Thatsache, welche Gegenstand der Aburtheilung war, an sich wenigstens ein Dienstvergehen enthalten, z. B. wenn die Freisprechung im strafgerichtlichen Verfahren wegen non liquet erfolgt, der Thatbestand des strafgerichtlichen Vergehens nicht vollständig erschöpft ist, der erforderliche dolus mangelt u. s. w. In allen diesen und ähnlichen Fällen kann trotz der strafgerichtlichen Freisprechung die den Gegenstand derselben bildende Thatsache selbständig als Dienstvergehen verfolgt werden.

Ist ein Notar wegen eingetretener Verjährung vom Strafgerichte freigesprochen worden, kann trotzdem das Dienststrafverfahren gegen ihn eingeleitet und fortgesetzt werden, wobei die Bestimmung des Art. 75 zu beachten ist, nach welcher die Strafverfolgung aller Dienstvergehen nunmehr erst in fünf Jahren verjährt. Vergl. Art. 75 Anm. 1.

Die Bestimmung in Abs. 3 enthält eine Abweichung vom Richter-Disziplinargesetz, welche lediglich eine Vereinfachung des Verfahrens bezweckt. Wenn im strafgerichtlichen Verfahren eine Verurtheilung erfolgt ist, welche den Verlust des Amtes nicht zur Folge gehabt hat, ein Disziplinarverfahren aber noch nicht eingeleitet ist, so hat nach Art. 11 Abs. 3 R.D.G. das Disziplinargericht zu entscheiden, ob außerdem das Disziplinarverfahren einzuleiten ist, zu welchem Zwecke ein Antrag dahin zu stellen ist, daß das Gericht in Würdigung der Sachlage von der Eröffnung des Disziplinarverfahrens Umgang nehmen wolle. Zur Vermeidung eines solchen Antrages an das Disziplinargericht überläßt die Bestimmung in Abs. 3 die Entscheidung, ob die Einleitung des Dienststrafverfahrens zu veranlassen sei, direkt dem Ermessen der Aufsichtsbehörden. Sieht sich der Landgerichtspräsident nicht veranlaßt, das Dienststrafverfahren einzuleiten, kann er hiezu nur von den höheren Dienstaufsichtsbehörden d. i. dem Oberlandesgerichtspräsidenten oder dem Staatsministerium der Justiz von Aufsichtswegen veranlaßt werden, während dem Staatsanwalte auf die Einleitung des Verfahrens kein Einfluß, daher auch kein Beschwerderecht bei Nichteinleitung zusteht.

Ist dagegen vor der strafgerichtlichen Verurtheilung das Dienststrafverfahren schon eingeleitet gewesen und hat solches auf Grund Art. 78 Abs. 1 einstweilen geruht, so kann die Entscheidung über Fortsetzung oder Einstellung desselben nicht mehr der Dienstaufsichtsbehörde, sondern nur dem Ermessen des Gerichts, bei welchem es bereits eingeleitet ist, überlassen werden, d. i. der Civilkammer des Landgerichts im Ordnungsstrafverfahren und der Notariatsdisziplinarkammer im Disziplinarstrafverfahren. Hier steht gegen die gerichtliche Entscheidung auf Freisprechung oder Außerverfolgungsetzung dem Staatsanwalt das Rechtsmittel der Beschwerde nach Art. 81, 84 Abs. 1 dieses Gesetzes mit Art. 35 R.D.G. zu.

Ist endlich im strafgerichtlichen Verfahren auf Verlust des Amtes oder auf eine Strafe, mit welcher der Verlust des Amtes verbunden ist, erkannt — vergl. §§ 31—36, 331 ff., 358, 359 Str.G.B. —, so kann ein Dienststrafverfahren wegen der nemlichen Strafhandlung nicht mehr eingeleitet oder durchgeführt werden, weil auf eine höhere Strafe, wie bereits strafgerichtlich ausgesprochen, nicht erkannt werden kann. Vergl. auch Art. 76 Anm. 1.

3. Dienststrafverfahren.

Artikel 80.

Die Ordnungsstrafen werden von der Civilkammer des Landgerichts verhängt, in dessen Bezirke der Notar zur Zeit der Einleitung des Verfahrens seinen Amtssitz hat. Der Präsident des Landgerichts hat sich in diesen Fällen der Civilkammer anzuschließen.

Das Landgericht soll, wenn es zur Aufklärung des Sachverhältnisses nöthig ist, den Notar hören, die erforderlichen Ermittelungen von Amtswegen vornehmen und den Staatsanwalt von der Einleitung des Verfahrens in Kenntniß setzen; der Staatsanwalt kann die Akten einsehen und sich mündlich oder schriftlich äußern.

Die Entscheidung erfolgt in nicht öffentlicher Sitzung ohne mündliche Verhandlung. Sie ist mit Gründen zu versehen, dem Verurtheilten von Amtswegen zuzustellen und dem Staatsanwalte zur Einsicht vorzulegen; die Vorlegung gilt als Zustellung an den Staatsanwalt.

Bayern-Pfalz Art. 113. 128; Entwurf Art. 80; Motive 442; Prot. Abg. 698. 739; Prot. R. R. XX 8; Verh. Abg. 897; Becher, Materialien 14. 62. 229. 300. 352. 423.

Anm. 1. Das Dienststrafverfahren ist verschieden, je nachdem es sich um Verhängung einer Ordnungs- oder einer Disziplinarstrafe handelt. Die Artikel 80—82 handeln von dem Ordnungsstrafverfahren, die Artikel 83—85 von dem Disziplinarstrafverfahren.

Das Ordnungsstrafverfahren soll im Interesse des Dienstes wie der Notare einfach, rasch und von möglichst wenigen Formvorschriften belastet sein und ist deshalb dem Strafbefehlverfahren ähnlich gestaltet. Dadurch, daß die Ordnungsstrafen von einem Kollegialgericht verhängt werden, ist hinreichende Gewähr gegen willkürliche Behandlung gegeben.

Zuständig ist das Landgericht, in dessen Bezirke der Notar zur Zeit der Einleitung des Verfahrens, nicht zur Zeit der Begehung der Dienststrafhandlung, seinen Amtssitz hat. Ergibt sich gegen einen Notar Anlaß zur Einleitung des Dienststrafverfahrens erst nach seiner Versetzung in einen anderen Landgerichtsbezirk, so kann nur der Präsident des Landgerichts, in dessen Bezirk der Notar seinen neuen Amtssitz hat, auf Grund der ihm zustehenden Dienstaufsicht die Einleitung des Dienststrafverfahrens veranlassen, zu welchem Zwecke der dem Notar bisher vorgesetzt gewesene Landgerichtspräsident der nunmehrigen Dienstaufsichtsbehörde die erforderlichen Mittheilungen zu machen hat. Anderseits wird die Zuständigkeit des mit der Sache befaßten Landgerichts nach Einleitung des Verfahrens durch Versetzung des Notars nicht berührt. Daß auch hier der Präsident des Landgerichts in allen Fällen der Civilkammer sich anzuschließen, also als deren Vorsitzender zu fungiren hat, ergibt sich aus seiner Stellung als nächstberufener Inhaber des Dienstaufsichtsrechtes; vergl. Art. 58 Anm. 2.

Anm. 2. Die vorherige Anhörung des Notars ist zwar nicht obligatorisch, soll aber, wenn sie nicht schon anläßlich der Amtsvisitation erfolgt ist oder es sich um so offenkundige Thatsachen handelt, daß ein formelles Gehör des Notars ganz und gar nutzlos wäre, die Regel bilden. Das Gericht soll immer dann, wenn irgend eine Veranlassung hiezu gegeben ist, den Notar hören; eine solche Veranlassung wird insbesondere dann gegeben sein, wenn der Staatsanwalt, welchem in allen Fällen Gelegenheit zur Aeußerung gegeben werden muß, von diesem Rechte Gebrauch macht und neue Behauptungen vorbringt. Die Motive des Gesetzentwurfes äußern sich hierüber folgendermaßen: „Der Notar soll vor der Entscheidung der Civilkammer gehört werden, wenn es zur Aufklärung des Sachverhalts nöthig ist. Dies wird zumeist nicht der Fall sein. Denn einmal handelt es sich in der Regel um einfache aktenmäßige und offenkundige Versehen, sodann ist gewöhnlich schon auf mündliche oder schriftliche Anfrage des Präsidenten, z. B. aus Anlaß der Vornahme der Geschäftsvisitation, die nötige Aufklärung und Verantwortung von Seiten des Notars erfolgt und wird vom Präsidenten mit vorgetragen. Genügt das Vorgetragene nicht, so soll die Kammer den Notar hören. Die Erklärungen des Notars können auch schriftlich verlangt und gegeben werden." (Motive 443, Becher, Materialien 63.) Bei den Verhandlungen des Justizgesetzgebungsausschusses der Kammer der Abgeordneten wurde allseitig angeregt, es solle gegenüber der Mitwirkung des Staatsanwaltes auch dem Notar im vorbereitenden Verfahren die Verteidigung ermöglicht werden. Die K. Staatsregierung widersprach zwar der Aufnahme einer allgemeinen Bestimmung über obligatorisches Gehör des Notars, weil in den weitaus meisten Fällen solches ganz überflüssig sein wird und nur unnötige Verzögerung veranlassen würde, erklärte es aber als selbstverständlich, daß dann, wenn der Staatsanwalt zur Sache sich äußert, das Landgericht auch Veranlassung nehmen wird, den Notar zu hören. (Pr. Abg. 699ff., 739; Verh. Abg. 897; Becher, Materialien 232ff., 300, 423.)

Anm. 3. Die Mitwirkung des Staatsanwaltes ist im Interesse der Dienstesdisziplin erforderlich, damit die Rechtsprechung der Civilkammern in Ordnungsstrafsachen gleichmäßig und angemessen erfolgt. Der Staatsanwalt muß deßhalb die Einlegung von Rechtsmitteln veranlassen und zu diesem Zwecke am Verfahren in der Weise sich betheiligen können, daß er von der Einleitung des Verfahrens Kenntniß erhält, sich äußern kann und Beschwerde einlegen kann. Nur hiedurch kann vorgebeugt werden, daß etwa die eine Civilkammer eine außerordentlich laxe, die andere wieder eine außerordentlich strenge Praxis hätte, und wird Garantie geschaffen, daß die gesammelten Erfahrungen gegenseitig verwerthet werden können. Auch für die Fälle, daß etwa Civilkammern Fälle als Ordnungsstrafen erledigen, die ihrer Schwere nach vor die Disziplinarkammern gehören, oder daß der Präsident von den anderen beiden Mitgliedern der Civilkammer überstimmt wird, muß dem Staatsanwalt als dem einzigen Organ, welches die im Interesse des Dienstes nöthige Beschwerde ergreifen kann, das Recht zustehen, die Sache im Wege der Beschwerde an die Disziplinarkammer zu bringen.

Die mündliche Aeußerung des Staatsanwaltes, zu welcher dieser wohl nur ausnahmsweise in besonders wichtigen oder zweifelhaften Fällen Anlaß haben wird, kann dem Präsidenten gegenüber oder der Civilkammer in deren Sitzung gemacht werden, doch darf der Staatsanwalt der Berathung und Beschlußfassung nicht beiwohnen, muß sich vielmehr nach Abgabe seiner Aeußerung entfernen. Vergl. § 195 G.V.G.

Anm. 4. Nur im Falle einer Verurtheilung, nicht auch bei Freisprechung ist die Entscheidung dem Notar zuzustellen. Auch diese Frage bildete im Justizgesetzgebungsausschusse Gegenstand eingehender Erörterung, besonders weil die Begründung des Gesetzentwurfes, daß es einer Zustellung des freisprechenden Erkenntnisses an den Notar nicht bedarf, da er auch eine Mittheilung über die Einleitung des Verfahrens nicht erhalten hat (Motive S. 443), gegenüber der im Ausschuß einhellig gebilligten und von der K. Staatsregierung im Allgemeinen anerkannte Anregung, daß die vorherige Anhörung des Notars die Regel bilden solle, nicht mehr vollständig zutrifft. Die K. Staatsregierung machte jedoch geltend, daß auf den Zwang zur Mittheilung der im Ordnungsstrafverfahren auf Freisprechung lautenden Beschlüsse der Civilkammern aus Gründen der Disziplin und der Autorität des Landgerichtspräsidenten nicht eingegangen werden könne. Erhält der Notar, wenn er überhaupt von der Einleitung eines Verfahrens gegen ihn Kenntniß hat und hierüber gehört worden ist, innerhalb der nächsten Zeit nicht eine Strafentscheidung zugestellt, so darf er annehmen, daß das Verfahren beendet ist. Will er hierüber Gewißheit, bleibt ihm das einfache Mittel der Anfrage, auf welche ihm vom Landgerichtspräsidenten umgehend Aufschluß zu ertheilen ist. (Prot. Abg. 700, Becher, Materialien 232).

Wenn der Staatsanwalt gegen die auf Freisprechung lautende Entscheidung Beschwerde eingelegt hat, ist die Entscheidung dem Notare, welcher dann auch Gelegenheit zu seiner Verteidigung und zur Erwiderung der Beschwerdeschrift erhalten muß, mit letzterer zuzustellen; vergl. nächsten Art. 81 Abs. 1.

Artikel 81.

Gegen die Entscheidung des Landgerichts steht dem Staatsanwalt und dem Verurtheilten binnen einer Frist von zwei Wochen die Beschwerde zu. Die Frist beginnt mit dem Zeitpunkt, in dem die Entscheidung dem Beschwerdeführer zugestellt worden ist. Die Beschwerde ist bei dem Landgerichte durch Einreichung einer Beschwerdeschrift einzulegen. Eine Abschrift der Beschwerdeschrift ist dem Gegner des Beschwerdeführers von Amtswegen mitzutheilen. Ist die vom Staatsanwalt angefochtene Entscheidung nicht schon nach Artikel 80 Abs. 3 dem Notar zugestellt worden, so ist sie ihm mit der Beschwerdeschrift mitzutheilen.

Ueber die Beschwerde entscheidet die nach dem Disziplinargesetze für richterliche Beamte vom 26. März 1881 bei dem Oberlandesgericht errichtete Disziplinarkammer als Notariatsdisziplinarkammer auf Vortrag eines Berichterstatters in nicht öffentlicher Sitzung. Im Uebrigen finden auf das Verfahren die Vorschriften des Artikel 80 entsprechende Anwendung.

Das Beschwerdegericht kann die Beschwerde verwerfen, die Entscheidung des Landgerichts ändern oder die Einleitung des Disziplinarstrafverfahrens beschließen. Hat nur der Notar die Beschwerde eingelegt, so kann das Beschwerdegericht die Ordnungsstrafe nicht erhöhen.

Gegen die Entscheidung des Beschwerdegerichts findet ein Rechtsmittel nicht statt.

Bayern-Pfalz Art. 128; Entwurf Art. 81; Motive 443; Prot. Abg. 698; Verh. Abg. 897; Becher, Materialien 63. 229. 428.

Anm. 1. Das Verfahren in Ordnungsstrafsachen wird sich folgendermaßen gestalten:

Wenn der Landgerichtspräsident bei der Geschäftsvisitation eines Notariats, also bei der Handhabung der Dienstaufsicht, oder bei anderem Anlasse, z. B. aus einer dem Gerichte als Beweismittel vorgelegten Urkunde oder aus Akten die Wahrnehmung macht, daß der Notar ein Dienstvergehen begangen hat, welches durch eine Ordnungsstrafe zu ahnden ist, wird er in der Regel sofort den Notar zur Aufklärung und Verantwortung auffordern, die mündlich oder schriftlich gegeben werden kann. Der Präsident wird dann das Verfahren einleiten, indem er eine Sitzung der Civilkammer einberuft, dem Staatsanwalt von der Einleitung des Verfahrens durch kurzhändige Zuleitung seiner Aktenvormerkung behufs allenfallsiger mündlicher oder schriftlicher Aeußerung Kenntniß gibt und, soferne dieß zur Aufklärung des Sachverhaltes nöthig ist, besonders wenn etwa der Staatsanwalt neue Momente geäußert hat, dem Notar Gelegenheit zur Abgabe einer Erklärung gibt, welche wieder mündlich oder schriftlich erfolgen kann. Der Präsident trägt dann in geheimer Sitzung der Civilkammer, welcher er sich als Vorsitzender anschließen muß, den Sachverhalt vor und die Civilkammer beschließt über die zu verhängende Strafe, wobei sie auch zuvor etwa noch erforderliche Ermittelungen vornehmen kann. Es können nun folgende Fälle eintreten:

1. Die Civilkammer entscheidet, daß überhaupt ein strafbares Dienstvergehen nicht vorliegt.

In diesem Falle ist auf Freisprechung zu erkennen. Das mit Gründen zu versehende Erkenntniß ist dem Staatsanwalt zur Einsicht vorzulegen, wodurch es ihm zugestellt gilt. Der Staatsanwalt bestätigt die Vorlegung durch Unterschrift und Datumsbeifügung und kann binnen einer Nothfrist von zwei Wochen, beginnend vom Tage der Vorlage des Erkenntnisses an ihn, Beschwerde hiegegen einlegen. Diese Beschwerde ist weder auf den Rechtspunkt noch auf die in erster Instanz vorgebrachten Thatsachen beschränkt. Dem Notar wird das freisprechende Erkenntniß vorerst nicht zugestellt, sondern erst und nur dann, wenn der Staatsanwalt Beschwerde eingelegt hat.

2. **Der Notar erhält eine Ordnungsstrafe.** In diesem Falle ist das Erkenntniß dem verurtheilten Notar von Amtswegen zuzustellen und dem Staatsanwalt an Zustellungsstatt vorzulegen. Beiden steht das Rechtsmittel der Beschwerde zur Notariatsdisziplinarkammer zu, welche die Disziplinarkammer des betreffenden Oberlandesgerichtsbezirkes ist. Wird Beschwerde ergriffen, ist sie wieder innerhalb der Nothfrist von zwei Wochen von Zustellung an durch Einreichung einer Beschwerdeschrift beim Landgericht einzulegen. Die Beschwerdeschrift ist an keine Form und an keinen Anwaltszwang gebunden und ist nach ihrer Einreichung dem Gegner des Beschwerdeführers abschriftlich mitzutheilen.

Die Notariatsdisziplinarkammer kann erforderlichenfalls Ermittelungen von Amtswegen anordnen, hat die Akten zur Einsichtnahme und etwaigen Aeußerung dem Oberstaatsanwalte vorzulegen und beschließt dann in nicht öffentlicher Sitzung, also ohne Zuziehung des Notars und des Oberstaatsanwaltes, in der Besetzung von fünf Richtern, bestehend aus dem Oberlandesgerichtspräsidenten oder bei dessen Verhinderung dem dienstältesten Senatspräsidenten und vier Oberlandesgerichtsräthen, über die Beschwerde. (Art. 13 und 17 R.D.G.)

Die Notariatsdisziplinarkammer kann die Beschwerde verwerfen, die von der Civilkammer des Landgerichts ausgesprochene Ordnungsstrafe vermindern oder ganz aufheben und den Notar freisprechen, die Ordnungsstrafe auch erhöhen, letzteres aber nur, wenn der Staatsanwalt Beschwerde eingelegt hat. Hat dagegen nur der Notar allein Beschwerde eingelegt, so ist nach dem allgemeinen Grundsatze, daß eine reformatio in pejus nicht stattfindet, die Erhöhung der Strafe ausgeschlossen. Die Notariatsdisziplinarkammer kann aber auch finden, daß nicht die Verhängung einer Ordnungsstrafe, sondern einer Disziplinarstrafe angezeigt ist, sei es daß hierauf die Beschwerde gestützt ist oder nicht, und ist an einer solchen Entscheidung auch dann nicht abgehalten, wenn nur der Notar allein Beschwerde eingelegt hat. In diesem Falle hat sie sich einer Entscheidung in der Sache zu enthalten und Beschluß auf Eröffnung des Disziplinarstrafverfahrens zu erlassen.

Gegen die Entscheidung der Disziplinarkammer als Beschwerdegericht findet ein weiteres Rechtsmittel nicht statt und zwar auch dann nicht, wenn sie unter Aufhebung des erstinstanziellen Erkenntnisses Eröffnung des Disziplinarverfahrens beschließt.

3. **Die Civilkammer des Landgerichts findet, daß nicht ein Ordnungsstraffall, sondern ein Disziplinarstraffall vorliegt.** In diesem Falle hat die Civilkammer der Entscheidung sich zu enthalten und der Präsident des Landgerichts die Einleitung des Disziplinarstrafverfahrens bei der Notariatsdisziplinarkammer zu veranlassen, da die Civilkammer weder selbst die Disziplinarstrafe verhängen, noch das Disziplinarverfahren einleiten und das Verfahren bei der Disziplinarkammer am Oberlandesgerichte eröffnen kann. Eines förmlichen Unzuständigkeitsbeschlusses bedarf es nicht, ebensowenig einer Zustellung oder Mittheilung an den Notar, welcher dann, wenn die Notariatsdisziplinarkammer später das Disziplinarstrafverfahren gegen ihn einleitet, den hierauf gerichteten Beschluß der Disziplinarkammer ohnehin zugestellt erhält. (Art. 84 Not.Ges. mit Art. 23, 30 R.D.G.)

Anm. 2. Bezüglich der Kosten des Verfahrens vergl. Art. 90.

Artikel 82.

Der Vollzug der im Ordnungsstrafverfahren verhängten Warnung erfolgt durch den Präsidenten des Landgerichts. Die Vollstreckung der Geldstrafen geschieht nach den Vorschriften der Civilprozeßordnung. Der Staatsanwalt hat auf Grund einer von dem Gerichtsschreiber des Landgerichts ertheilten, mit der Bescheinigung der Vollstreckbarkeit versehenen Ausfertigung der Urtheilsformel die Beitreibung der Geldstrafe zu erwirken.

Entwurf Art. 82; Becher, Materialien 15.

Anm. 1. Der Vollzug der Ordnungsstrafen erfolgt in analoger Anwendung der für den Vollzug der Disziplinarstrafen in Art. 58 R.D.G. mit Art. 84 Abs. 1 des gegenwärtigen Gesetzes gegebenen Vorschriften.

Die Warnung wird regelmäßig schriftlich erfolgen, indem der Präsident nach eingetretener Rechtskraft des Erkenntnisses an den Notar eine die Warnung aussprechende Verfügung erläßt. Eine mündliche Ertheilung wäre an sich wohl zulässig, würde aber eine wesentliche Verschärfung enthalten, die schon in der Ladung des Notars zum Präsidenten zum Zwecke der Verwarnung liegen würde.

Anm. 2. Der Vollzug der Geldstrafen erfolgt sowohl im Ordnungs- wie im Disziplinarstrafverfahren (Art. 58 Abs. 2 R.D.G.) durch den Staatsanwalt und zwar durch den Ersten Staatsanwalt am Landgericht, auch wenn die Geldstrafe nicht von der Civilkammer, sondern erst von der 2. Instanz ausgesprochen ist. Die Zwangsvollstreckung erfolgt nach den Vorschriften des achten Buches der Civilprozeßordnung, insbesondere §§ 704 Abs. 1, 705, 706, 724, 725.

Eine Umwandlung einer nicht beizutreibenden Geldstrafe in eine Freiheitsstrafe findet nicht statt.

Artikel 83.

Für die Entscheidungen im Disziplinarstrafverfahren sind die nach dem Gesetze vom 26. März 1881 errichteten Disziplinargerichte zuständig. In erster Instanz entscheidet die Disziplinarkammer als Notariatsdisziplinarkammer, in zweiter Instanz der Disziplinarhof als Notariatsdisziplinarhof.

Bayern-Palz Art. 113. 129; Entwurf Art. 83; Becher, Materialien 15.

Anm. 1. Das Gesetz sieht davon ab, die Aburtheilung der Dienstvergehen der Notare eigenen Standesgerichten zu überweisen, ähnlich den für die Rechtsanwälte eingeführten Ehrengerichten (§ 67 R.A.O.), oder die Disziplinargerichte wenigstens theilweise mit Mitgliedern des Notariatsstandes zu besetzen, weil bei der nunmehrigen Organisation der Notariate als Behörden die Notare als Beamte bezüglich der Disziplinargewalt den Richtern möglichst gleichgestellt sein sollen und es sich nicht rechtfertigen würde, den Notaren in dieser Beziehung eine Sonderstellung einzuräumen.

Auch im übrigen Deutschland sind für die Notare nirgends besondere Standes- oder Ehrengerichte zugelassen, dagegen kennen eine theilweise Besetzung der Disziplinargerichte mit Notaren das Königreich Sachsen*), das Großherzogthum Hessen**) und theilweise auch die freie Hansastadt Bremen***).

Anm. 2. Nach Art. 12—21 des Disziplinargesetzes für richterliche Beamte vom 26. März 1881 (siehe nächsten Art. 84) sind die zuständigen Disziplinargerichte:

---

*) § 83 der Verordnung zur Ausführung einiger mit dem Bürgerlichen Gesetzbuche zusammenhängender Reichsgesetze vom 24. Juli 1899, Becher, Ausf.G. z. B.G.B. XVII S. 39.

**) Art. 50, 51 des Gesetzes, das Notariat betr., vom 15. März 1899, Becher, Ausf.G. z. B.G.B. VIII S. 7 u. 8.

***) §§ 29, 32, 33 des Gesetzes, betr. die Ausführung des Reichsgesetzes über die Angelegenheit der freiwilligen Gerichtsbarkeit, vom 18. Juli 1899, Becher, Ausf.G. z. B.G.B. V S. 73 u. 74.

1. in erster Instanz die Disziplinarkammer als Notariatsdisziplinarkammer, bestehend aus dem Präsidenten des Oberlandesgerichts oder bei dessen Verhinderung dem dienstältesten Senatspräsidenten und vier Räthen des Oberlandesgerichts,

2. in zweiter Instanz der Disziplinarhof als Notariatsdisziplinarhof, bestehend aus dem Präsidenten des Obersten Landesgerichts oder bei dessen Verhinderung dem dienstältesten Senatspräsidenten und sechs Räthen des Obersten Landesgerichts.

Artikel 84.

Die Vorschriften der Artikel 12 bis 50, des Artikel 52 Abs. 1, des Artikel 54 Abs. 2 bis 6, der Artikel 55, 56, 58 des Gesetzes vom 26. März 1881 finden auf das Disziplinarstrafverfahren entsprechende Anwendung.

Für die Einreichung der Schriftsätze zur Rechtfertigung und Beantwortung der Berufung bestehen keine Fristen. Die Akten werden alsbald nach Ablauf der Frist für die Anmeldung der Berufung an den Disziplinarhof eingesendet.

Ist die Berufung nicht auf bestimmte Beschwerdepunkte beschränkt, oder ist eine Rechtfertigung überhaupt nicht erfolgt, so gilt der ganze Inhalt des Urtheils als angefochten.

Bayern-Pfalz Art. 129—138; Entwurf Art. 84; Motive 448; Prot. Abg. 699; Becher, Materialien 15. 64. 231.

Anm. 1. Die Bestimmungen des Disziplinargesetzes für richterliche Beamte vom 26. März 1881 (G.V.Bl. S. 183, J.M.Bl. S. 249) lauten:

Zweite Abtheilung.

Verfassung und Zuständigkeit der Disziplinargerichte.

Artikel 12.

Die zuständigen Disziplinargerichte sind:
1. in erster Instanz die Disziplinarkammern,
2. in zweiter Instanz der Disziplinarhof.

Artikel 13.

Bei jedem Oberlandesgerichte wird eine Disziplinarkammer errichtet. Dieselbe besteht aus fünf Mitgliedern und wird aus dem Präsidenten und vier Räthen des Oberlandesgerichts gebildet.

Artikel 14.

Zuständig im einzelnen Falle ist jene Disziplinarkammer, in deren Bezirk der Beschuldigte zur Zeit der Einleitung des Disziplinarverfahrens seinen dienstlichen Wohnsitz hat, und wenn sich dieser Wohnsitz außerhalb Bayerns befindet, die Disziplinarkammer bei dem Oberlandesgerichte München.

Hinsichtlich der in Art. 8 genannten Richter ist der letzte dienstliche Wohnsitz maßgebend.

Streitigkeiten über die Zuständigkeit verschiedener Disziplinarkammern entscheidet der Disziplinarhof.

Artikel 15.

Der Disziplinarhof kann auf Antrag des Staatsanwalts oder des Beschuldigten die Verweisung der Sache an eine andere Disziplinarkammer beschließen, wenn Gründe vorliegen, welche die Unbefangenheit der zuständigen Disziplinarkammer zweifelhaft machen.

Artikel 16.

Der Disziplinarhof besteht aus dem Präsidenten und sechs Räthen des obersten Landesgerichts.

Artikel 17.

Der Präsident des obersten Landesgerichts ist kraft des Gesetzes zugleich Präsident des Disziplinarhofs und hat die Leitung der Geschäfte und den Vorsitz in den Sitzungen.

Gleiches ist der Fall bei den Präsidenten der Oberlandesgerichte bezüglich der Disziplinarkammern.

In Verhinderungsfällen treten die Senats-Präsidenten der betreffenden Gerichtshöfe an die Stelle der Präsidenten.

Unter mehreren Senatspräsidenten ist zur Stellvertretung der dem Dienstalter und bei gleichem Dienstalter der der Geburt nach älteste berufen.

Die übrigen in Art. 13 und 16 erwähnten Mitglieder der Disziplinarkammern und des Disziplinarhofs, sowie die erforderliche Zahl von Stellvertretern derselben werden auf Vorschlag des Präsidiums der dort bezeichneten Gerichtshöfe auf die Dauer des von ihnen zur Zeit ihrer Ernennung bekleideten Hauptamtes durch den König ernannt.

Artikel 18.

Zur Giltigkeit der Entscheidungen der Disziplinarkammern, sowie des Disziplinarhofs ist die Mitwirkung der in Art. 13 und 16 bezeichneten Mitglieder oder ihrer Stellvertreter erforderlich.

Artikel 19.

Die Verrichtungen der Staatsanwaltschaft bei den Disziplinarkammern obliegen dem Oberstaatsanwalte an dem betreffenden Oberlandesgerichte.

Bei dem Disziplinarhofe besorgt der Oberstaatsanwalt am obersten Landesgerichte die Geschäfte der Staatsanwaltschaft.

Den Dienst des Gerichtsschreibers bei den vorbezeichneten Disziplinargerichten versehen die Gerichtsschreiber der betreffenden Gerichtshöfe.

Artikel 20.

Eine besondere Verpflichtung der Mitglieder der Disziplinarkammern und des Disziplinarhofs auf die Erfüllung ihrer Obliegenheiten findet nicht statt.

Artikel 21.

Die Bestimmungen der Reichs-Strafprozeßordnung über Ausschließung und Ablehnung der Gerichtspersonen finden mit Ausnahme des § 23 Abs. 3 des vorbezeichneten Gesetzes auf die Mitglieder der Disziplinarkammern und des Disziplinarhofs entsprechende Anwendung.

Ueber die Ablehnung oder Ausschließung entscheidet das Disziplinargericht, welchem der betreffende Richter angehört.

Wird die Disziplinarkammer durch Ausscheiden der abgelehnten Mitglieder beschlußunfähig, so entscheidet der Disziplinarhof und verweist erforderlichen Falles die Aburtheilung der Sache an eine andere Disziplinarkammer.

Ablehnungsgesuche wegen Besorgniß der Befangenheit sind bei Vermeidung des Ausschlusses spätestens vor Beginn der Hauptverhandlung bei jenem Disziplinargerichte anzubringen, welchem die abzulehnenden Mitglieder angehören.

Gegen den auf ein Ablehnungsgesuch erlassenen Beschluß des Disziplinargerichts findet ein Rechtsmittel nicht statt.

Dritte Abtheilung.

Verfahren bei den Disziplinargerichten.

Artikel 22.

Der Verhängung einer Disziplinarstrafe muß in allen Fällen eine mündliche Hauptverhandlung vor dem zuständigen Disziplinargerichte vorhergehen.

Steht blos eine der in Art. 5 Ziff. 1 und 2 bezeichneten Strafen in Aussicht, so kann von Einleitung einer Voruntersuchung Umgang genommen werden.

Dagegen hat in allen Fällen, in welchen Strafversetzung oder Dienstentlassung in Frage steht, eine förmliche Voruntersuchung stattzufinden.

Artikel 23.

Die Einleitung des Disziplinarverfahrens kann nur durch Beschluß der Disziplinarkammer erfolgen. Die Beschlußfassung erfolgt von Amtswegen nach Vernehmung des Staatsanwalts.

Bei Gefahr auf Verzug können auch vor verfügter Einleitung des Disziplinarverfahrens von denjenigen Beamten, welchen das Recht der Aufsicht zusteht, die zur Sicherung des Beweises nothwendigen Untersuchungshandlungen vorgenommen werden.

Artikel 24.

Die Bestimmungen der Reichs-Strafprozeßordnung über den Fristenlauf und über die Wiedereinsetzung in den vorigen Stand gegen Ablauf von Fristen (§§ 42 bis 47) finden auf das Verfahren in Disziplinarsachen entsprechende Anwendung.

Artikel 25.

Zeugen und Sachverständige werden, soweit nicht durch die nachstehenden Bestimmungen Ausnahmen begründet sind, eidlich vernommen.

Die Bestimmungen der Reichs-Strafprozeßordnung über die Verpflichtung, vor Gericht zu erscheinen und sich als Zeuge oder Sachverständiger vernehmen zu lassen, über die Folgen des Nichterscheinens und der Verweigerung des Zeugnisses oder der Eidesleistung, sowie über die Zulässigkeit der Beeidigung und der Berufung auf einen früher geleisteten Eid, ferner die Vorschriften dieser Prozeßordnung und des Gesetzes zur Ausführung derselben vom 18. August 1879 über die Form der Eidesleistung und über den Gebrauch gewisser Betheuerungsformeln an Stelle des Eides gelten auch für Disziplinarsachen.

Artikel 26.

Die im Disziplinarverfahren an den Beschuldigten ergehenden schriftlichen Mittheilungen sollen unter Umschlag, welcher mit dem Dienstsiegel zu versehen ist, zugestellt werden.

Die Zustellung ist als giltig erfolgt anzusehen, wenn sie an denjenigen, an welchen die Mittheilung gerichtet ist, nachweislich bewirkt wurde.

Wird der Beschuldigte nicht angetroffen, so kann die Zustellung in seiner Wohnung an einen zu der Familie gehörenden erwachsenen Hausgenossen oder an eine in der Familie dienende erwachsene Person, oder, wenn solche Personen nicht angetroffen werden, an den in demselben Hause wohnenden Hauswirth oder Vermiether erfolgen, soferne diese zur Annahme des Schriftstücks bereit sind.

Ist die Zustellung nach diesen Bestimmungen nicht ausführbar, so kann dieselbe an den Bürgermeister oder dessen Stellvertreter geschehen.

Ist der Aufenthalt des Beschuldigten unbekannt, oder hält sich derselbe außerhalb seines dienstlichen Wohnsitzes im Auslande auf, so kann die Zustellung an dem letzten dienstlichen Wohnorte desselben bewirkt werden. Eine öffentliche Ladung ist unzulässig.

Hinsichtlich der Zustellungen an den Staatsanwalt finden die Bestimmungen des § 41 der Reichs-Strafprozeßordnung Anwendung.

Das kgl. Staatsministerium der Justiz ist ermächtigt, im Uebrigen die Formen der Zustellung durch Vollzugsvorschriften näher zu regeln.

Artikel 27.

Alle im Disziplinarverfahren ergehenden Entscheidungen sind mit Gründen zu versehen.

Artikel 28.

Erachtet die Disziplinarkammer eine Voruntersuchung für nöthig, so beauftragt der Präsident des Oberlandesgerichts ein Mitglied des Gerichtshofes oder eines untergebenen Landgerichts mit der Führung der Untersuchung.

Artikel 29.

Beschließt die Disziplinarkammer, daß ein Verfahren nicht zu eröffnen sei, so steht dem Staatsanwalte gegen diesen Beschluß die Beschwerde an den Disziplinarhof zu.

Artikel 30.

Wird gemäß Art. 22 Abs. 2 von Einleitung einer Voruntersuchung Umgang genommen, so ist der Angeschuldigte mit seiner schriftlichen Verantwortung zu hören und das zur mündlichen Hauptverhandlung etwa weiter Erforderliche vorzubereiten.

Artikel 31.

Die Voruntersuchung hat den Zweck, den Sachverhalt zu ermitteln und die erforderlichen Beweise zu erheben.

Der Angeschuldigte wird unter Mittheilung der Anschuldigungspunkte vorgeladen und, wenn er erscheint, in Abwesenheit des Staatsanwalts mit seinen Erklärungen und Anträgen gehört. Die Verhaftung, vorläufige Festnahme oder Vorführung des Angeschuldigten ist unzulässig.

Den Vernehmungen der Zeugen oder Sachverständigen darf weder der Staatsanwalt noch der Angeschuldigte beiwohnen. Ausnahmsweise ist denselben die Anwesenheit zu gestatten, wenn ein Zeuge oder Sachverständiger vernommen wird, welcher voraussichtlich am Erscheinen in der Hauptverhandlung verhindert oder dessen Erscheinen wegen großer Entfernung besonders erschwert sein wird.

Ist zu befürchten, daß der Zeuge in Gegenwart des Angeschuldigten die Wahrheit nicht sagen werde, so kann letzterer von der Anwesenheit bei der Verhandlung ausgeschlossen werden.

Artikel 32.

Ueber jede Untersuchungshandlung ist ein Protokoll unter Beobachtung der in § 186 der Reichs-Strafprozeßordnung enthaltenen Vorschriften aufzunehmen.

Artikel 33.

Der Staatsanwalt kann stets, ohne daß jedoch das Verfahren dadurch aufgehalten werden darf, von dem Stande der Voruntersuchung durch Einsicht der Akten Kenntniß nehmen und die ihm geeignet scheinenden Anträge stellen.

Artikel 34.

Erachtet der mit Führung der Voruntersuchung beauftragte Richter die Untersuchung für geschlossen, so übermittelt er die Akten dem Staatsanwalte zur Stellung seiner Anträge.

Beantragt der Staatsanwalt eine Ergänzung der Voruntersuchung, so hat der untersuchungführende Richter, wenn er dem Antrage nicht stattgeben will, die Entscheidung der Disziplinarkammer einzuholen.

Artikel 35.

Erscheint nach dem Ergebnisse der Voruntersuchung oder der Vorerhebungen (Art. 30) kein Grund zur Fortsetzung des Verfahrens gegeben, so hat die Disziplinarkammer den Angeschuldigten außer Verfolgung zu setzen und demselben Ausfertigung des darauf bezüglichen Beschlusses zu ertheilen.

Steht dem weiteren Verfahren der Umstand entgegen, daß der Angeschuldigte nach der That in Geisteskrankheit verfallen ist, so kann die vorläufige Einstellung des Verfahrens beschlossen werden.

Artikel 36.

Erscheint der Angeschuldigte durch die Voruntersuchung oder durch die in Art. 30 bezeichneten Vorerhebungen eines Disziplinarvergehens hinreichend verdächtig, so verweist die Disziplinarkammer die Sache zur mündlichen Hauptverhandlung.

Auf die Abfassung des Beschlusses findet § 205 Abs. 1 der Reichs-Strafprozeßordnung entsprechende Anwendung.

Artikel 37.

Gegen den Beschluß, durch welchen der Angeschuldigte außer Verfolgung gesetzt wird, steht dem Staatsanwalte die Beschwerde an den Disziplinarhof zu.

Artikel 38.

Hat die Disziplinarkammer beschlossen, daß ein Disziplinarverfahren nicht zu eröffnen, oder daß der Angeschuldigte außer Verfolgung zu setzen sei, so kann auf Grund neuer Thatsachen oder Beweismittel die Disziplinarkammer von Amtswegen nach Vernehmung des Staatsanwalts einen neuen Beschluß fassen.

Artikel 39.

Beschließt die Disziplinarkammer die Verweisung der Sache zur Hauptverhandlung, so hat der Präsident Termin anzuberaumen und die erforderlichen Ladungen und sonst nöthigen Vorbereitungen zu bewirken.

Der Angeschuldigte ist unter abschriftlicher Mittheilung der von dem Staatsanwalte anzufertigenden Anschuldigungsschrift, in welche auch die wesentlichen Ergebnisse der stattgehabten Ermittelungen aufzunehmen sind, mit der Warnung zu laden, daß die Verhandlung im Falle seines Ausbleibens gleichwohl stattfinden werde.

Zwischen der Zustellung der Ladung und dem Tage der Hauptverhandlung muß eine Frist von mindestens einer Woche liegen. Ist diese Frist nicht eingehalten worden, so kann der Angeschuldigte die Aussetzung der Verhandlung verlangen, so lange nicht in der Sitzung mit dem Vortrage über den Inhalt der Anschuldigungsschrift begonnen ist.

Die Ladung von Zeugen oder Sachverständigen erfolgt von Amtswegen, insoweit solche der Präsident der Disziplinarkammer nach dem Ergebnisse des Vorverfahrens nöthig erachtet. Anträge des Staatsanwalts und des Beschuldigten auf Vorladung von Zeugen oder Sachverständigen werden, unbeschadet der etwaigen Erneuerung bei der Hauptverhandlung, von dem Präsidenten beschieden.

Die ergehenden Verfügungen sind den Betheiligten bekannt zu geben.

Lehnt der Präsident den Antrag auf Ladung einer Person ab, so kann der Beschuldigte die letztere unmittelbar laden lassen und hat dieß zugleich dem Präsidenten anzuzeigen. Eine unmittelbar geladene Person ist nur dann zum Erscheinen verpflichtet, wenn ihr bei der Ladung die gesetzliche Entschädigung für Reisekosten und Versäumniß baar dargeboten oder deren Hinterlegung bei dem Gerichtsschreiber nachgewiesen wird.

Der Angeschuldigte kann sich des Beistandes eines Rechtsanwaltes als Vertheidigers bedienen. Dem letzteren ist die Einsicht der Akten zu gestatten.

Artikel 40.

Die Hauptverhandlung findet statt, auch wenn der Angeschuldigte nicht erschienen ist.

Derselbe kann sich durch einen Rechtsanwalt vertreten lassen. Der Disziplinarkammer steht es jedoch frei, das persönliche Erscheinen des Angeschuldigten unter der Warnung anzuordnen, daß bei seinem Ausbleiben ein Vertheidiger zu seiner Vertretung nicht würde zugelassen werden.

Die Verhandlung ist nicht öffentlich. Auf Antrag des Beschuldigten können einzelne Personen nach dem Ermessen des Präsidenten als Zuhörer zugelassen werden.

Bezüglich der Handhabung der Sitzungspolizei finden die Bestimmungen des Reichs-Gerichtsverfassungsgesetzes entsprechende Anwendung.

Artikel 41.

Bei der Hauptverhandlung wird der wesentliche Inhalt der Anschuldigungsschrift von dem Staatsanwalte vorgetragen.

Hierauf folgt die Vernehmung des Angeschuldigten. Gesteht derselbe die den Gegenstand der Anschuldigung bildenden Thatsachen ein, und walten gegen die Glaubwürdigkeit seines Geständnisses keine Bedenken ob, so beschließt die Disziplinarkammer, daß eine Beweisverhandlung nicht stattfinde.

Andernfalls gibt ein von dem Präsidenten der Disziplinarkammer aus der Zahl der Mitglieder ernannter Berichterstatter auf Grund der bisherigen Erhebungen eine Darstellung der Beweisaufnahme, soweit sie sich auf die in der Anschuldigungsschrift enthaltenen Anschuldigungspunkte bezieht und nicht durch unmittelbare Beweiserhebung in der Sitzung (Art. 42 und 43) ersetzt wird.

Urkunden und andere als Beweismittel dienende Schriftstücke sind zu verlesen, ebenso die Protokolle über die Aussagen der vernommenen Zeugen, sowie die Gutachten der Sachverständigen, soferne nicht die Vernehmung dieser Personen bei der Hauptverhandlung erfolgt.

Die Verlesung der Aussage eines vor der Hauptverhandlung vernommenen Zeugen, welcher erst in der Hauptverhandlung von seinem Rechte, das Zeugniß zu verweigern, Gebrauch macht, hat jedoch zu unterbleiben.

Zum Schlusse wird der Staatsanwalt mit seinem Antrage und der Angeschuldigte mit seiner Vertheidigung gehört. Dem Angeschuldigten steht das letzte Wort zu.

Artikel 42.

Wenn die Disziplinarkammer im Laufe der Hauptverhandlung auf Antrag des Angeschuldigten, des Staatsanwalts oder von Amtswegen die Vernehmung von Zeugen oder Sachverständigen, sei es vor der Disziplinarkammer oder durch einen beauftragten Richter, oder die Herbeischaffung anderer Beweismittel für angemessen erachtet, so erläßt sie den erforderlichen Beschluß und verlegt nöthigenfalls die Fortsetzung der Verhandlung auf einen anderen Tag, welcher bekannt zu geben ist.

Artikel 43.

Die Vernehmung der Zeugen und Sachverständigen muß auf Antrag des Staatsanwalts oder des Angeschuldigten in der Hauptverhandlung erfolgen, wenn die Thatsachen erheblich sind, über welche die Vernehmung stattfinden soll, und die Disziplinarkammer diese Vernehmung zur näheren Aufklärung der Sache für erforderlich erachtet.

Artikel 44.

Stehen dem Erscheinen eines Zeugen oder Sachverständigen Krankheit, oder andere unabweisbare Hindernisse entgegen, oder ist deren Erscheinen wegen großer Entfernung besonders erschwert, so ist von der Disziplinarkammer die Vernehmung derselben durch einen beauftragten oder ersuchten Richter anzuordnen.

Von dem zum Zwecke dieser Vernehmung anberaumten Termine sind der Staatsanwalt, der Angeschuldigte und dessen Vertheidiger vorher zu benachrichtigen; ihrer Anwesenheit bei der Vernehmung bedarf es nicht.

Artikel 45.

Ueber das Ergebniß der Beweisaufnahme entscheidet die Disziplinarkammer nach ihrer freien, aus dem Inbegriffe der Verhandlung geschöpften Ueberzeugung und erkennt auf Freisprechung oder Verurtheilung in die entsprechende Disziplinarstrafe. Die Verurtheilung des Angeschuldigten in eine Disziplinarstrafe kann nur wegen derjenigen That erfolgen, welche in dem Beschlusse auf Verweisung der Sache zur mündlichen Hauptverhandlung bezeichnet ist.

Zu einer jeden dem Angeschuldigten nachtheiligen Entscheidung, welche die Schuldfrage oder die Verurtheilung zur Strafe der Dienstentlassung betrifft, ist eine Mehrheit von zwei Dritttheilen der Stimmen erforderlich.

Die Entscheidung, welche einschließlich der Gründe schriftlich festzustellen ist, wird am Schlusse der Verhandlung oder spätestens innerhalb einer Woche darnach verkündet. Die Verkündung erfolgt durch Verlesung der Urtheilsformel sowie der Entscheidungsgründe. Dem Angeschuldigten ist eine Ausfertigung des Urtheils zu ertheilen.

Im Uebrigen finden bezüglich der Beurkundung der Urtheile und der Ertheilung von Ausfertigungen und Auszügen derselben die Vorschriften des § 275 Abs. 2 bis 4 der Reichs-Strafprozeßordnung, dann bezüglich der Berathung und Abstimmung die Vorschriften der §§ 194 bis 199 des Reichs-Gerichtsverfassungsgesetzes entsprechende Anwendung.

Artikel 46.

Ueber die Hauptverhandlung wird ein Protokoll aufgenommen, welches den Ort und den Tag der Verhandlung, die Namen der mitwirkenden Richter, des Staatsanwalts und Gerichtsschreibers, dann des Angeschuldigten und seines Vertheidigers sowie das Wesentliche über den Gang und über das Ergebniß der Verhandlung enthalten und die verlesenen Schriftstücke bezeichnen muß.

In dasselbe sind ferner die im Laufe der Verhandlung gestellten Anträge, die ergangenen Entscheidungen und die Urtheilsformel aufzunehmen.

Kommt es auf die Feststellung eines Vorganges in der Hauptverhandlung oder des Wortlautes einer Aussage oder Aeußerung an, so hat der Präsident die vollständige Niederschreibung und Verlesung anzuordnen. In dem Protokolle ist zu bemerken, daß die Verlesung geschehen und die Genehmigung erfolgt ist, oder welche Einwendungen erhoben sind. Das Protokoll ist von dem Präsidenten und dem Gerichtsschreiber zu unterschreiben. Ist der Präsident verhindert, so unterschreibt für ihn der älteste beisitzende Richter.

Artikel 47.

Ist weder der Angeschuldigte noch ein Vertreter desselben bei der Hauptverhandlung erschienen, so kann ersterer gegen das Urtheil binnen einer Woche nach der Zustellung die Wiedereinsetzung in den vorigen Stand unter den gleichen Voraussetzungen wie gegen die Versäumung einer Frist nachsuchen.

Artikel 48.

Gegen das Urtheil der Disziplinarkammer steht sowohl dem Staatsanwalt als dem Angeschuldigten die Berufung an den Disziplinarhof offen.

Neue Thatsachen, welche die Grundlage einer anderen Beschuldigung bilden, dürfen in der Berufungs-Instanz nicht vorgebracht werden.

Jede von dem Staatsanwalte eingelegte Berufung hat die Wirkung, daß das angefochtene Urtheil auch zu Gunsten des Angeschuldigten abgeändert oder aufgehoben werden kann.

War das Urtheil nur von dem Angeschuldigten oder zu Gunsten des letzteren von dem Staatsanwalte angefochten worden, so darf dasselbe nicht zum Nachtheile des Angeschuldigten abgeändert werden.

Die Zurücknahme einer zu Gunsten des Angeschuldigten eingelegten Berufung ist nur mit Zustimmung des letzteren statthaft.

Artikel 49.

Die Berufung muß bei der Disziplinarkammer, welche das anzugreifende Urtheil erlassen hat, entweder schriftlich oder zu Protokoll des Gerichtsschreibers angemeldet werden. Von Seite des Angeschuldigten kann die Anmeldung auch durch einen mit schriftlicher Vollmacht versehenen Bevollmächtigten geschehen.

Die Anmeldungsfrist beträgt zwei Wochen. Sie beginnt für den Staatsanwalt mit der Verkündung des Urtheils, für den Angeschuldigten von dem Tage ab, an welchem ihm die Ausfertigung des Urtheils zugestellt worden ist.

Die Bestimmung des § 356 der Reichs-Strafprozeßordnung findet, falls ein Gesuch um Wiedereinsetzung in den vorigen Stand gestellt wird, entsprechende Anwendung.

Artikel 50.

Durch rechtzeitige Einlegung der Berufung wird die Rechtskraft des Urtheils, soweit dasselbe angefochten ist, gehemmt.

Artikel 52.

Die Anmeldung der Berufung und die etwa eingegangene Rechtfertigungsschrift wird dem Gegner, und zwar dem Beschuldigten in Abschrift, dem Staatsanwalte nach Maßgabe des Art. 26 Abs. 6 gegenwärtigen Gesetzes zugestellt.

— — —

Artikel 54.

— — —

Der Präsident des Disziplinarhofs kann die zur Aufklärung der Sache etwa erforderlichen Verfügungen erlassen. Sodann bestimmt derselbe eine Sitzung zur Hauptverhandlung, zu welcher der Angeschuldigte unter der in Art. 39 Abs. 2 erwähnten Warnung vorzuladen und der Staatsanwalt zuzuziehen ist.

Hinsichtlich der Zustellung der Ladung an den Angeschuldigten findet die Bestimmung des Art. 39 Abs. 3 mit der Maßgabe Anwendung, daß der dort erwähnte Antrag auf Aussetzung der Verhandlung vor Beginn der im nachstehenden Absatz bezeichneten Berichterstattung erfolgen muß.

Bei der Hauptverhandlung gibt zunächst der von dem Präsidenten des Disziplinarhofs aus der Zahl seiner Mitglieder ernannte Berichterstatter eine Darstellung der bis dahin stattgefundenen auf die Anschuldigungspunkte bezüglichen Verhandlungen.

Zum Schlusse wird der Staatsanwalt sowie der Angeschuldigte mit ihren Ausführungen und Anträgen, und zwar der Beschwerdeführer zuerst, gehört. Dem Angeschuldigten gebührt das letzte Wort.

Der Prüfung des Disziplinarhofs unterliegt das Urtheil nur, insoweit dasselbe angefochten ist. Im Uebrigen wird nach Maßgabe der in Art. 39 Abs. 4 bis 6, Art. 40, 41 Abs. 2 bis 5, Art. 42 bis 47 enthaltenen Bestimmungen verfahren.

Artikel 55.

Die Wiederaufnahme eines durch rechtskräftiges Urtheil geschlossenen Verfahrens findet nur nach Maßgabe der Einschränkungen statt, welche in der Reichs-Strafprozeßordnung für die von den Schöffengerichten behandelten Sachen bestimmt sind.

Artikel 56.

Auf die Beschwerde in den Fällen der Art. 29, 37 und 64 des gegenwärtigen Gesetzes finden die Bestimmungen der Reichs-Strafprozeßordnung über die sofortige Beschwerde entsprechende Anwendung.

Artikel 58.

Der Vollzug der rechtskräftigen Disziplinarurtheile erfolgt, soferne auf Verweis erkannt ist, durch den Präsidenten der Disziplinarkammer.

Die Vollstreckung von Geldstrafen geschieht nach den Vorschriften der Civilprozeßordnung über die Vollstreckung der Urtheile der Civilgerichte. Der Staatsanwalt desjenigen Landgerichts, in dessen Sprengel der Wohnsitz des verurtheilten Richters gelegen ist, hat auf Grund einer von dem Gerichtsschreiber der Disziplinarkammer zu ertheilenden, mit der Bescheinigung der Vollstreckbarkeit versehenen beglaubigten Abschrift der Urtheilsformel die Beitreibung der Geldstrafe zu erwirken. Die Umwandlung einer nicht beizutreibenden Geldstrafe in eine Freiheitsstrafe findet nicht statt.

Ist auf Strafversetzung oder Dienstentlassung erkannt, so wird die Vollstreckung durch das k. Staatsministerium der Justiz auf Grund einer von der Disziplinarkammer und, soferne die Entscheidung durch den Disziplinarhof erging, von diesem letzteren vorzulegenden beglaubigten Abschrift des rechtskräftigen Urtheils erwirkt.

Anm. 2. Der Abs. 2 enthält durch die Verkürzung der im Richterdisziplinargesetze zugelassenen Fristen die einzige wesentliche Aenderung gegenüber dem Verfahren nach dem R.D.G. Im Artikel 51 R.D.G. ist dem Berufungsführer nach dem Ablaufe der zweiwöchentlichen Frist für die Anmeldung der Berufung noch eine weitere zweiwöchige Frist für die Rechtfertigung der Berufung gegeben, an die sich nach Art. 52 Abs. 2 für den Gegner des Berufungsführers eine dritte zweiwöchige Frist für die Beantwortung der Berufung reiht. Erst nach Ablauf aller dieser Fristen, die nach Art. 53 auch noch von der Disziplinarkammer auf Antrag verlängert werden können, werden nach Art. 54 Abs. 1 die Akten dem Disziplinarhofe eingesendet. Bis zur Verhandlung vor dem Disziplinarhofe vergeht dann, da — abgesehen von der Ladungsfrist — auch dem Referenten eine entsprechende Frist zum Studium der Akten gegeben werden muß, eine weitere beträchtliche Zeit. Es haben sich diese langen Fristen im Richterdisziplinarverfahren als durchaus unpraktisch erwiesen, da die hieraus sich ergebende Verschleppung der Disziplinarprozesse den dienstlichen Interessen ebenso zuwiderläuft wie den Interessen der Betheiligten. Deßhalb ist eine Uebertragung dieses Verhältnisses auf das Notariatsdisziplinarrecht vermieden. Die für die Einlegung der Berufung gegebene Frist von zwei Wochen genügt in der Regel auch für die schriftliche Rechtfertigung, welche überhaupt nicht abgegeben werden m u ß, sondern dem Berufungsführer freigestellt ist, während eine allenfallsige Berufungsbeantwortung in der Zeit bis zur Verhandlung dem Notariatsdisziplinarhofe vorgelegt oder auch in der Verhandlung selbst mündlich vorgetragen werden kann. Ist ausnahmsweise ein Bedürfniß zu umfangreicherem Schriftenwechsel oder zur Sammlung von Beweismaterial, so wird auf Antrag des Betheiligten der Präsident des Disziplinarhofes bei der Bestimmung der Sitzung zur Hauptverhandlung darauf Rücksicht nehmen oder auch den Termin zu diesem Zwecke vertagen. Die Akten sollen aber grundsätzlich dem Disziplinarhof unmittelbar nach Ablauf der Frist zur Einlegung der Berufung vorgelegt werden.

Anm. 3. Die Bestimmung im Absatz 3 ist gleichlautend mit der Vorschrift des Art. 51 Abs. 2 R.D.G., wozu zu bemerken ist, daß nach Art. 48 R.D.G. neue Thatsachen, welche die Grundlage einer anderen Beschuldigung bilden, im Disziplinarstrafverfahren — entgegen dem Ordnungsstrafverfahren, vergl. Art. 81 Anm. 1 Ziff. 1 — in der Berufungsinstanz nicht vorgebracht werden dürfen, ferner daß auf jede von dem Staatsanwalte eingelegte Berufung das angefochtene Urtheil auch zu Gunsten des Angeschuldigten abgeändert oder aufgehoben werden kann, eine Abänderung des Urtheils, wenn es nur von dem Angeschuldigten allein oder zu dessen Gunsten von dem Staatsanwalte angefochten ist, nicht zum Nachtheile des Angeschuldigten erfolgen darf und die Zurücknahme einer zu Gunsten des Angeschuldigten eingelegten Berufung nur mit dessen Zustimmung statthaft ist.

Anm. 4. Auf Grund der ober angeführten Bestimmungen des R.D.G. gestaltet sich das Disziplinarstrafverfahren wie folgt:

I. Wenn der Landgerichtspräsident auf Grund der Amtsvisitation oder aus anderem Anlasse von einem Dienstvergehen des Notars Kenntniß erhält, welches nach seiner Meinung so erheblich ist, daß es mit einer Disziplinarstrafe zu ahnden ist, hat er seine Vormerkung hierüber mit näherem Berichte und den etwa vom Notar auf Vorhalt mündlich oder schriftlich gegebenen Aufschlüssen der Disziplinarkammer des Oberlandesgerichts zur zuständigen Beschlußfassung über Einleitung des Verfahrens vorzulegen. Zur Vornahme von Ermittelungen oder Beweiserhebungen vor verfügter Einleitung des Disziplinarverfahrens durch die Disziplinarkammer ist der Landgerichtspräsident nur bei Gefahr auf Verzug behufs Sicherung des Beweises zuständig. Die Vorlage oder Anhängigmachung der Sache erfolgt nicht an den Oberlandesgerichtspräsidenten als vorgesetzte Dienstaufsichtsstelle, sondern an die Disziplinarkammer, weil sonst der Oberlandesgerichtspräsident kraft seiner Dienstaufsicht über den Landgerichtspräsidenten die Sache dem letzteren mit dem Auftrage, sie im Ordnungsstrafverfahren zu behandeln, zurückgeben könnte, während die Entscheidung, ob ein Disziplinarverfahren zu eröffnen ist oder nicht, nach Art. 23 Abs. 1, Art. 29 N.D.G. und mit Rücksicht auf das letzteren Falles dem Oberstaatsanwalte zustehende Beschwerderecht nur der Disziplinarkammer, nicht dem Vorsitzenden derselben zusteht.

II. Der Oberlandesgerichtspräsident als Vorsitzender der Disziplinarkammer stellt aus der Zahl der Mitglieder der letzteren einen Referenten auf und leitet die Akten an den Oberstaatsanwalt, welcher sich über den Antrag gutachtlich zu äußern hat. Sodann beschließt die Disziplinarkammer in geheimer Sitzung in der Besetzung von allen 5 Mitgliedern oder ihrer Stellvertreter (Art. 18 N.D.G.) über die Einleitung d. i. Eröffnung des Disziplinarverfahrens.

Der Beschluß kann lauten:

a) auf Nichteröffnung des Disziplinarverfahrens, wenn die Disziplinarkammer das Vorhandensein einer Disziplinarstrafsache nicht gegeben erachtet, sei es daß sie überhaupt kein Dienstvergehen oder wenigstens nur ein minder erhebliches, mit einer Ordnungsstrafe zu ahndendes Dienstvergehen annimmt. Auch letzteren Falles beschließt die Disziplinarkammer nicht die Verhängung einer Ordnungsstrafe oder die Verweisung der Sache an das Landgericht zu diesem Zwecke, sondern überläßt es der Dienstaufsichtsbehörde, die Erlassung einer Ordnungsstrafe zu veranlassen. Ein solcher Beschluß auf Nichteinleitung des Disziplinarverfahrens wird nur selten vorkommen, weil bei glatter Sachlage der Landgerichtspräsident die Sache kaum bei der Disziplinarkammer wird anhängig machen, bei zweifelhafter Sachlage aber die Disziplinarkammer zunächst das Disziplinarverfahren einleiten wird, um sich erst bei der späteren Beschlußfassung über Eröffnung des Hauptverfahrens über die Sache selbst und deren rechtliche Qualifikation schlüssig zu machen.

Gegen den Beschluß auf Nichteröffnung des Disziplinarverfahrens steht dem Oberstaatsanwalte die Beschwerde an den Disziplinarhof zu (Art. 29 N.D.G.), welche binnen einer Woche nach Vorlegung des Beschlusses an den Oberstaatsanwalt bei der Disziplinarkammer einzulegen ist (Art. 26 Abs. 6, Art. 56 N.D.G., §§ 41, 353 R.Str.Pr.O.).

An den Notar erfolgt eine Zustellung des Beschlusses auf Nichteinleitung des Verfahrens nicht.

b) Auf Einleitung des Disziplinarverfahrens. Steht ein Dienstvergehen in Frage, bei welchem nur auf Verweis oder Geldstrafe erkannt werden wird, kann von einer Einleitung einer Voruntersuchung Umgang genommen werden und lautet dann der Beschluß einfach auf Einleitung des Verfahrens.

Der Beschluß bedarf keiner Zustellung, da eine Beschwerde hiegegen nicht zulässig ist. Der Notar erfährt von der Einleitung des Verfahrens dadurch, daß er vom Oberlandesgerichtspräsidenten unter Vorsetzung einer entsprechenden Frist zur schriftlichen Verantwortung aufgefordert wird. Eine mündliche Vernehmung des

Notars erfolgt in diesem Vorverfahren nicht. Gleichzeitig ordnet der Oberlandesgerichtspräsident weiter erforderliche Ermittelungen und das sonst zur mündlichen Hauptverhandlung etwa Erforderliche an z. B. Erholung von Akten und Urkunden. Ist die schriftliche Verantwortung des Notars eingelaufen oder die Frist hierfür, welche auf sein Ansuchen gegebenen Falles auch verlängert werden kann, abgelaufen und das Erforderliche vorbereitet, beschließt die Disziplinarkammer wieder in der Besetzung aller fünf Mitglieder in geheimer Sitzung über die Verweisung der Sache zur Hauptverhandlung.

c) Auf Einleitung der Voruntersuchung. In allen Fällen, in denen Strafversetzung oder Dienstentlassung in Frage steht, hat eine förmliche Voruntersuchung stattzufinden, welche aber auch in den übrigen Fällen je nach Ermessen der Disziplinarkammer eingeleitet werden kann. Die Voruntersuchung hat den Zweck, den Sachverhalt zu ermitteln und die erforderlichen Beweise zu erheben. Auch dieser Beschluß ist nicht zuzustellen, eine Beschwerde hiergegen nicht zulässig.

Der Oberlandesgerichtspräsident beauftragt ein Mitglied seines Gerichtshofes, welches nicht nothwendig Mitglied der Disziplinarkammer sein muß, praktischer sogar mit Rücksicht auf die Ausschließung des Untersuchungsrichters von der Betheiligung bei der Hauptverhandlung (Art. 21 Abs. 1 R.D.G., § 23 Abs. 2 R.Str.Pr.O.) aus der Zahl der übrigen Oberlandesgerichtsräthe bestimmt wird, oder ein Mitglied eines untergeordneten Landgerichts mit der Führung der Untersuchung.

Der Angeschuldigte wird unter Mittheilung der Anschuldigungspunkte vom Untersuchungsrichter vorgeladen und, wenn er erscheint, in Abwesenheit des Oberstaatsanwaltes mit seinen Erklärungen und Anträgen zu Protokoll gehört. Ein Zwang zum Erscheinen besteht für den Angeschuldigten nicht und ist die Verhaftung, vorläufige Festnahme oder Vorführung unzulässig. Die Einreichung einer schriftlichen Verantwortung ist im Gesetze zwar nicht vorgesehen, aber unbedenklich zuzulassen. Zeugen und Sachverständige werden vom Untersuchungsrichter nach den Bestimmungen der Strafprozeßordnung eidlich vernommen und zwar in der Regel in Abwesenheit des Oberstaatsanwaltes und des Angeschuldigten.

Nach Schluß der Untersuchung übermittelt der Untersuchungsrichter die Akten dem Oberstaatsanwalte, welcher schon während des Laufes der Voruntersuchung jederzeit die Akten einsehen und Anträge stellen kann, zur Stellung seiner Anträge.

III. Nach durchgeführtem Vorverfahren (IIb) und nach geschlossener Voruntersuchung (IIc) hat die Disziplinarkammer Beschluß über Eröffnung des Hauptverfahrens zu erlassen. Dieser Beschluß kann lauten:

a) Auf Außerverfolgungsetzung des Angeschuldigten, wenn nach dem Ergebnisse der Voruntersuchung oder der Vorerhebungen kein Grund zur Strafeinschreitung wegen eines Disziplinardienstvergehens gegeben und auch keine hinreichenden Anhaltspunkte für die Annahme eines minder erheblichen, mit einer Ordnungsstrafe zu ahnenden Dienstvergehens vorliegen.

Dieser Beschluß ist dem Oberstaatsanwalte durch Vorlegung zuzustellen, welchem hiegegen binnen einer Frist von einer Woche Beschwerde an den Disziplinarhof zusteht. Dem Angeschuldigten ist Ausfertigung des Beschlusses zu ertheilen.

b) Auf Verweisung der Sache an das Landgericht, wenn zwar kein Grund zur Strafeinschreitung wegen einer Disziplinarstrafsache, dagegen hinreichende Anhaltspunkte für die Annahme eines minder erheblichen Dienstvergehens vorliegen. Siehe hierüber folgenden Artikel 85 Anm. 1.

c) Auf Verweisung der Sache zur mündlichen Hauptverhandlung, wenn der Angeschuldigte durch die Voruntersuchung oder die Vorerhebungen eines erheblicheren Dienstvergehens, welches mit Disziplinarstrafe zu ahnden ist, hinreichend verdächtig erscheint. In dem Beschlusse ist die dem Angeschuldigten zur Last gelegte That unter Hervorhebung ihrer gesetzlichen Merkmale und der anzuwendenden Disziplinarstrafbestimmungen des Notariatsgesetzes sowie die Disziplinarkammer, vor welcher die Hauptverhandlung stattzufinden hat, zu bezeichnen. Dieser Beschluß, gegen welchen kein Rechtsmittel besteht, wird dem Notar erst mit der Ladung zur Hauptverhandlung mitgetheilt.

IV. Vorbereitung der Hauptverhandlung. Beschließt die Disziplinarkammer die Verweisung der Sache zur Hauptverhandlung, so hat der Oberstaatsanwalt eine Anschuldigungsschrift (die Anklageschrift der Strafprozeßordnung) anzufertigen, in welche auch die wesentlichen Ergebnisse der stattgehabten Ermittelungen aufzunehmen sind. Der Präsident des Oberlandesgerichts beraumt Termin zur Hauptverhandlung an, bewirkt die Ladung des Angeschuldigten, der Zeugen und Sachverständigen, soweit solche vom Präsidenten für nöthig erachtet werden, und die sonst nöthigen Vorbereitungen. Die Ladung des Angeschuldigten erfolgt unter abschriftlicher Mittheilung des Eröffnungsbeschlusses und der Anschuldigungsschrift mit der Warnung, daß die Verhandlung im Falle des Ausbleibens des Angeschuldigten gleichwohl stattfinden werde. Der Disziplinarkammer, nicht dem Präsidenten, steht es frei, das persönliche Erscheinen des Angeschuldigten unter der Warnung anzuordnen, daß bei seinem Ausbleiben ein Vertheidiger zu seiner Vertretung nicht würde zugelassen werden.

Sowohl der Oberstaatsanwalt wie der Beschuldigte können die Ladung von Zeugen und Sachverständigen beantragen, worüber der Präsident nach Ermessen verfügt. Lehnt der Präsident den Antrag auf Ladung eines Zeugen oder Sachverständigen ab, so kann der Beschuldigte solche unmittelbar laden lassen, hat aber hiervon gleichzeitig dem Präsidenten Anzeige zu erstatten. Die Verpflichtung einer unmittelbar geladenen Person zum Erscheinen besteht nur unter der allgemeinen Voraussetzung des § 219 R.Str.Pr.O. (Erlegung der Zeugengebühren).

Zwischen der Zustellung der Ladung an den Angeschuldigten und dem Tage der Hauptverhandlung muß eine Frist von mindestens einer Woche liegen, andernfalls kann der Angeschuldigte bis zum Beginn des Vortrags über den Inhalt der Anschuldigungsschrift in der Sitzung die Aussetzung der Verhandlung verlangen.

Der Angeschuldigte kann sich eines Rechtsanwaltes als Verteidigers bedienen, welchem die Einsicht der Akten zu gestatten ist.

Bis spätestens vor Beginn der Hauptverhandlung kann vom Oberstaatsanwalte und vom Angeschuldigten die Ablehnung der Disziplinarkammer-Mitglieder wegen Besorgniß der Befangenheit beantragt werden, worüber die Disziplinarkammer entscheidet; gegen deren Beschluß hierauf findet ein Rechtsmittel nicht statt. Wird die Disziplinarkammer durch Ausscheiden der abgelehnten Mitglieder beschlußunfähig, so entscheidet der Disziplinarhof und verweist die Aburtheilung an eine andere Disziplinarkammer.

V. Hauptverhandlung. In der Hauptverhandlung entscheidet die Disziplinarkammer in der Besetzung von fünf Mitgliedern, bestehend aus dem Oberlandesgerichtspräsidenten oder bei dessen Verhinderung dem dienstältesten Senatspräsidenten und den vier weiteren Mitgliedern der Disziplinarkammer oder deren Stellvertretern. Die allgemeinen Voraussetzungen, bei denen ein Richter von der Ausübung des Richteramtes kraft Gesetzes ausgeschlossen ist (Betheiligung als Verletzter, nahe Verwandtschaft, frühere Thätigkeit als Staatsanwalt, Zeuge, Sachverständige, Untersuchungsrichter oder Richter erster Instanz) gelten auch für die Mitglieder der Disziplinarkammer, nicht aber auch die weitere Bestimmung der Strafprozeßordnung (§ 23 Abs. 3), daß an der Hauptverhandlung mehr als zwei von denjenigen Richtern, welche bei der Entscheidung über die Eröffnung des Hauptverfahrens (siehe Absatz III) mitgewirkt haben, und namentlich der Richter, welcher Bericht über den Antrag des Oberstaatsanwaltes erstattet hat, nicht theilnehmen dürfen. Denn im Disziplinarstrafverfahren erfolgen alle Entscheidungen der Disziplinarkammer auch außerhalb der Hauptverhandlung in der Besetzung von sämtlichen fünf Mitgliedern oder deren Stellvertretern (Art. 18 R.D.G.), weßhalb bei Anwendung der Bestimmung des § 23 Abs. 3 R.Str.Pr.O. eine ständige Heranziehung der Stellvertreter zur

Hauptverhandlung erforderlich wäre und hiedurch die Mehrzahl der stellvertretenden Mitglieder der Disziplinarkammer regelmäßig das erkennende Gericht bilden würde, während diese nur zur Stellvertretung bei Behinderung der ordentlichen Mitglieder berufen sind.

Die Hauptverhandlung findet unter Zuziehung des Oberstaatsanwaltes oder dessen Stellvertreters und des erschienenen Angeschuldigten, im übrigen nicht öffentlich statt und zwar auch dann, wenn der Angeschuldigte nicht erschienen ist. Der Angeschuldigte kann sich durch einen Rechtsanwalt vertreten lassen, soferne nicht die Disziplinarkammer das persönliche Erscheinen des Angeschuldigten unter der Warnung anordnet, daß bei seinem Ausbleiben ein Vertheidiger zu seiner Vertretung nicht zugelassen würde (siehe oben Absatz IV).

In der Hauptverhandlung trägt zunächst der Oberstaatsanwalt den wesentlichen Inhalt der Anschuldigungsschrift vor, worauf die Vernehmung des Angeschuldigten erfolgt. Bei glaubwürdigem Geständniß des letzteren über die den Gegenstand der Anschuldigung bildenden Thatsachen unterbleibt auf Beschluß der Disziplinarkammer jede Beweisverhandlung. Andernfalls erfolgt durch den Berichterstatter Referat über die bisherige Beweisaufnahme, wobei Urkunden und andere Schriftstücke sowie die Zeugen- und Sachverständigen-Aussagen zu verlesen sind, soweit nicht die Vernehmung dieser Personen in der Hauptverhandlung erfolgt. Zum Schlusse wird der Oberstaatsanwalt mit seinem Antrage und der Angeschuldigte mit seiner Vertheidigung und dessen allenfallsiger Vertheidiger gehört; dem Angeschuldigten steht das letzte Wort zu.

Erachtet das Gericht sei es von Amtswegen sei es auf Antrag des Oberstaatsanwaltes oder des Angeschuldigten eine weitere Beweiserhebung für erforderlich, hat es solche durch Beschluß anzuordnen und hierbei zu bestimmen, ob diese Beweiserhebung vor der Disziplinarkammer oder durch einen beauftragten Richter zu pflegen ist, und kann zu diesem Zwecke die Verhandlung vertagen, wobei im Beschlusse der neue Termin zur Fortsetzung der Verhandlung bekannt zu geben ist. Auf Antrag des Oberstaatsanwaltes oder des Angeschuldigten muß die Vernehmung der Zeugen und Sachverständigen *in der Hauptverhandlung* erfolgen, wenn die Thatsachen *erheblich* sind *und* die Disziplinarkammer die Vernehmung zur näheren Aufklärung der Sache für erforderlich erachtet. Bei Erkrankung oder sonstiger Behinderung oder großer Entfernung des Zeugen oder Sachverständigen ist von der Disziplinarkammer deren Vernehmung durch einen beauftragten oder ersuchten Richter anzuordnen und sind der Oberstaatsanwalt, der Angeschuldigte und dessen Vertheidiger vom Vernehmungstermin zu benachrichtigen; ihrer Anwesenheit hierbei bedarf es nicht.

VI. *Urtheil.* Dasselbe lautet entweder:

a) auf *Freisprechung*, wenn bereits zwei von den fünf Richtern für Nichtvorhandensein eines Dienstvergehens, weder eines minder erheblichen noch eines erheblicheren, stimmen;

oder

b) auf *Verurtheilung zu einer Disziplinarstrafe.* Zur Bejahung der Schuldfrage ist eine $^2/_3$ Majorität erforderlich, d. h. es müssen wenigstens vier von den fünf Richtern für schuldig eines Dienstvergehens stimmen. Bei der Strafzumessung genügt für Verweis, Geldstrafe und Strafversetzung absolute Stimmenmehrheit, also 3 : 2, für Verurtheilung zur Strafe der Dienstentlassung dagegen ist wieder $^2/_3$ Majorität, also mindestens 4 Stimmen erforderlich;

oder

c) *auf Verurtheilung zu einer Ordnungsstrafe.* Findet die Disziplinarkammer auf Grund der Hauptverhandlung, daß nicht eine Disziplinarstrafe sondern nur eine Ordnungsstrafe zu verhängen ist, so hat sie die Sache nicht an das Landgericht zu verweisen, sondern sofort selbst auf die Ordnungsstrafe zu erkennen; vergl. folg. Artikel 85. Auch in diesem Falle ist für die Schuldfrage eine $^2/_3$ Majorität, für die Strafzumessung dagegen absolute Stimmenmehrheit erforderlich.

Das Urtheil ist einschließlich der Gründe schriftlich festzustellen und am Schlusse der Verhandlung oder spätestens innerhalb einer Woche darnach durch Vorlesung der Urtheilsformel und der Entscheidungsgründe zu verkünden.

Dem Angeschuldigten ist eine Ausfertigung des Urtheils zuzustellen.

VII. Wiedereinsetzung in den vorigen Stand. Ist weder der Angeschuldigte noch ein Vertreter desselben in der Hauptverhandlung erschienen, so kann ersterer gegen das Urtheil binnen einer Woche nach der Zustellung die Wiedereinsetzung in den vorigen Stand nachsuchen, wenn er durch Naturereignisse oder andere unabwendbare Zufälle (Erkrankung) am Erscheinen verhindert worden ist. Als unabwendbarer Zufall ist es anzusehen, wenn der Angeschuldigte von der Ladung zur Hauptverhandlung ohne sein Verschulden keine Kenntniß erlangt hat. Die dem Gesuche stattgebende Entscheidung der Disziplinarkammer unterliegt keiner Anfechtung; gegen die das Gesuch verwerfende Entscheidung findet sofortige Beschwerde an den Disziplinarhof statt. (Art. 47 N.D.G., § 44, 46 R.Str.Pr.O.)

VIII. Berufung. Gegen das Urtheil steht dem Oberstaatsanwalt und dem Angeschuldigten die Berufung an den Disziplinarhof offen. Die Berufung ist bei der Disziplinarkammer schriftlich oder zu Protokoll des Gerichtsschreibers anzumelden und zwar vom Oberstaatsanwalt binnen zwei Wochen nach Verkündung des Urtheils, vom Angeschuldigten binnen zwei Wochen nach Zustellung des Urtheils an ihn. Der Angeschuldigte kann die Berufung auch durch einen mit schriftlicher Vollmacht versehenen Bevollmächtigten, welcher nicht Rechtsanwalt sein muß, anmelden. Durch ein Gesuch um Wiedereinsetzung in den vorigen Stand wird der Beginn der Frist zur Einlegung der Berufung nicht ausgeschlossen (§ 356 R.Str.Pr.O.).

Nach Ablauf der Berufungsfrist sind die Akten an den Disziplinarhof einzusenden, ohne daß der Einlauf einer Berufungsrechtfertigung oder einer Beantwortung der Berufung, für deren Einreichung Fristen nicht bestehen, abzuwarten ist; vergl. Anm. 2 u. 3.

Das Verfahren am Disziplinarhof ist analog dem in erster Instanz. Bei der Hauptverhandlung, bei welcher der Präsident des Obersten Landesgerichtes, event. der älteste Senatspräsident, und die übrigen sechs Mitglieder des Disziplinarhofes (Räthe des Obersten Landesgerichtes) oder deren Stellvertreter mitzuwirken haben, erstattet der aufgestellte Berichterstatter Referat, worauf der Generalstaatsanwalt sowie der Angeschuldigte mit ihren Ausführungen und Anträgen, und zwar der Beschwerdeführer zuerst, gehört werden; dem Angeschuldigten gebührt das letzte Wort.

Der Prüfung des Disziplinarhofes unterliegt das Urtheil nur, insoweit dasselbe angefochten ist. Im übrigen gelten alle Bestimmungen der ersten Instanz über Verfahren und Verhandlung, Zuziehung des Vertheidigers, Beweiserhebung, Abstimmung und Urtheilsfassung auch für die Berufungsinstanz. Da zur Bejahung der Schuldfrage eine $^2/_3$ Stimmenmehrheit erforderlich, ist das Stimmenverhältniß für die Schuldfrage und für Erkennung auf Dienstentlassung 5 : 2, bezüglich der übrigen Strafzumessung die absolute Majorität 4 : 3.

IX. Vollzug des Urtheils.

Der Vollzug der rechtskräftigen Disziplinarurtheile, soweit sie auf Verweis oder Geldstrafe lauten, erfolgt in der gleichen Weise wie der Vollzug der Ordnungsstrafen mit dem Unterschiede, daß an Stelle des Landgerichtspräsidenten der Oberlandesgerichtspräsident als Präsident der Disziplinarkammer den Verweis ertheilt; vergl. Art. 82 Anm. 1 u. 2. Die Strafversetzung und Dienstentlassung erfolgt durch das Kgl. Staatsministerium der Justiz.

Anm. 5. Vergl. hieher die **Bekanntmachung des Kgl. Staatsministeriums der Justiz vom 25. April 1901,** den Vollzug der gesetzlichen Vorschriften über die Disziplin der Notare betr., J.M.Bl. Seite 321.

Auf Grund des Artikel 139 des Notariatsgesetzes vom 9. Juni 1899 werden zum Vollzuge der gesetzlichen Bestimmungen über die Disziplin der Notare nachstehende Vorschriften erlassen:

§ 1.

Erscheint es dem Präsidenten des Landgerichts geboten, gegen einen Notar oder einen nicht zu den Gerichtsbeamten gehörigen Notariatsverweser die Einschreitung im Disziplinarstrafverfahren zu veranlassen, so hat er hievon der Disziplinarkammer Mittheilung zu machen.

Erlangt eine höhere Dienstaufsichtsbehörde Kenntniß von der Verübung eines der Disziplinarkammer noch nicht angezeigten Dienstvergehens, das nach ihrer Anschauung die Einschreitung im Disziplinarstrafverfahren erheischt, so veranlaßt sie entweder den Landgerichtspräsidenten zur Mittheilung an die Disziplinarkammer oder sie macht die Mittheilung selbst und benachrichtigt hievon den Landgerichtspräsidenten.

Ist der Notar oder Notariatsverweser nicht mehr im Amte, so obliegt die Mittheilung nach Abs. 1, 2 den Behörden, die ihm vor seinem Ausscheiden aus dem Amte zuletzt vorgesetzt waren.

§ 2.

Erscheint dem Präsidenten des Landgerichts die Verhängung einer Ordnungsstrafe gegen einen Notar oder einen nicht zu den Gerichtsbeamten gehörigen Notariatsverweser geboten, so beruft er die Zivilkammer zur Entscheidung nach Artikel 80 des Notariatsgesetzes.

Erlangt eine höhere Dienstaufsichtsbehörde Kenntniß von der Verübung eines minder erheblichen Dienstvergehens, wegen dessen ein Dienststrafverfahren noch nicht eingeleitet ist, so veranlaßt sie den Präsidenten des Landgerichts zur Berufung der Zivilkammer.

§ 3.

Im strafrechtlichen Verfahren gegen Notare und Notariatsverweser ist zu Zwecken der Dienstaufsicht Mittheilung zu machen:

1. von der Erhebung der öffentlichen Klage und der Privatklage,
2. von der Verhängung und Aufhebung der Untersuchungshaft,
3. von dem Inhalte des auf das vorbereitende Verfahren oder auf die Voruntersuchung erlassenen, nicht mehr anfechtbaren Beschlusses,
4. von dem rechtskräftigen Strafurtheil oder Strafbefehle,
5. von dem Beginne, der Unterbrechung und der Beendigung des Vollzugs einer Freiheitsstrafe.

Die Mittheilung obliegt dem mit der Sache befaßten Amtsanwalt oder Staatsanwalte, die Mittheilung von Verurtheilungen dem Amtsanwalt oder dem Staatsanwalte bei dem aburtheilenden Gerichte, die Mittheilung von der Erhebung von Privatklagen dem Staatsanwalte, dem sie zur Aeußerung über die Uebernahme der Verfolgung vorgelegt werden.

Die Mittheilung ist an den dem Notar oder Notariatsverweser vorgesetzten Landgerichtspräsidenten zu richten; ist der Notar oder Notariatsverweser nicht mehr im Amte, so ist sie an das Staatsministerium der Justiz zu richten.

§ 4.

Der Landgerichtspräsident erstattet über die ihm nach § 3 zugehenden Mittheilungen auf dem Dienstwege Bericht an das Staatsministerium der Justiz. Ist wegen der nämlichen Thatsachen, wegen deren eine strafgerichtliche Verurtheilung erfolgt ist, ein Dienststrafverfahren schon eingeleitet, so hat der Landgerichtspräsident von der ihm mitgetheilten Verurtheilung mit Rücksicht auf Artikel 79 Abs. 3 Satz 2 des Notariatsgesetzes sofort auch das Gericht, bei dem das Dienststrafverfahren anhängig ist, in Kenntniß zu setzen. Ist ein Dienststrafverfahren noch nicht eingeleitet, die Einleitung eines solchen aber nach der Anschauung der Aufsichtsbehörde veranlaßt (Art. 79 Abs. 3 Satz 1 des Not.-Ges.), so hat diese nach §§ 1, 2 zu verfahren.

§ 5.

Im Disziplinarstrafverfahren gegen Notare und Notariatsverweser ist Mittheilung zu machen:

1. von dem Beschluß auf Einleitung des Disziplinarverfahrens,
2. von dem Beschluß auf Verweisung der Sache zur Hauptverhandlung,

3. von dem rechtskräftigen Beschlusse, durch den die Einleitung des Disziplinarverfahrens abgelehnt, das Disziplinarverfahren vorläufig eingestellt oder der Angeschuldigte außer Verfolgung gesetzt wird,
4. von jedem Beschlusse, durch den die Suspension verhängt oder aufgehoben wird,
5. von jedem rechtskräftigen Urtheile sofort nach Eintritt der Rechtskraft,
6. von jedem Urtheile, das auf Dienstentlassung lautet, auch schon vor dem Eintritte der Rechtskraft unmittelbar nach der Verkündung.

Die Mittheilung obliegt dem Präsidenten desjenigen Disziplinargerichts, von welchem der Beschluß oder das Urtheil erlassen ist. Die Mittheilung ist an den Landgerichtspräsidenten, dem der Notar oder Notariatsverweser untersteht, und an das Staatsministerium der Justiz zu richten. Ist der Notar oder der Notariatsverweser nicht mehr im Amte, so erfolgt sie an das Staatsministerium der Justiz allein. Jeder Mittheilung an das Staatsministerium der Justiz ist eine Abschrift des Beschlusses oder des Urtheils beizufügen.

§ 6.

Im Ordnungsstrafverfahren ist von den Landgerichtspräsidenten über alle rechtskräftigen Strafbescheide unter kurzer Darlegung des Sachverhalts auf dem Dienstweg an das Staatsministerium der Justiz zu berichten.

§ 7.

Scheint dem Präsidenten des Landgerichts bei einem Notar des Bezirks ein Fall des Artikel 86 oder des Artikel 88 des Notariatsgesetzes gegeben zu sein, so hat er dies unter eingehender Darlegung des Sachverhalts auf dem Dienstweg an das Staatsministerium der Justiz zu berichten. Die gleiche Pflicht hat der Oberlandesgerichtspräsident, wenn er Kenntniß von einem solchen Falle bekommt.

§ 8.

Von jeder Entscheidung nach Artikel 87 oder nach Artikel 89 des Notariatsgesetzes hat der Präsident der Disziplinarkammer dem Staatsministerium der Justiz alsbald eine Ausfertigung in Vorlage zu bringen.

§ 9.

Reicht ein Notar, gegen den ein Verfahren nach Artikel 87 oder nach Artikel 89 des Notariatsgesetzes oder ein Disziplinarstrafverfahren anhängig ist, ein Gesuch um Enthebung vom Amte bei der Dienstaufsichtsbehörde ein, so hat diese hievon sofort dem Disziplinargerichte Mittheilung zu machen. Das Gesuch ist auf dem Dienstwege dem Staatsministerium der Justiz vorzulegen.

Die Vorschrift des Abs. 1 findet entsprechende Anwendung, wenn ein Notariatsverweser nach Artikel 117 des Notariatsgesetzes auf die fernere Verwendung im Notariatsdienste verzichtet.

§ 10.

Wird ein im Amte befindlicher Notar oder Notariatsverweser von der Eröffnung des Konkursverfahrens, der Einleitung des Entmündigungsverfahrens oder der Stellung unter vorläufige Vormundschaft betroffen, so hat hievon das Gericht, das die Anordnung trifft, sofort dem Präsidenten des Landgerichts Mittheilung zu machen. Dieser ergreift die nöthigen vorsorglichen Maßregeln und berichtet weiter auf dem Dienstweg an das Staatsministerium der Justiz.

In gleicher Weise ist die Beendigung des Konkursverfahrens, des Entmündigungsverfahrens, die Aufhebung der Entmündigung und der vorläufigen Vormundschaft mitzutheilen.

Bringt der Präsident des Landgerichts oder der Präsident des Oberlandesgerichts in Erfahrung, daß ein Notar sich ohne Urlaub von seinem Amtssitz entfernt hat und steht nicht die baldige Rückkehr des Notars an seine Stelle in sicherer Aussicht (Art. 94 Nr. 1 des Not.-Ges.), so ist hievon sofort dem Staatsministerium der Justiz unmittelbar Bericht zu erstatten. Die Einleitung des Dienststrafverfahrens wird hiedurch nicht gehindert.

§ 11.

Im Januar jedes Jahres haben die Präsidenten der Disziplinargerichte eine Uebersicht der von den Gerichten im Vorjahr entfalteten Thätigkeit in Notariatsdisziplinarsachen, die Landgerichtspräsidenten eine Uebersicht der im

Vorjahr auf Grund des Notariatsgesetzes gegen Notare und Notariatsverweser ihres Bezirks ergangenen Ordnungsstrafen dem Staatsministerium der Justiz in Vorlage zu bringen.

Die von dem Präsidenten der Disziplinargerichte vorzulegenden Uebersichten sollen nach dem Muster der über die Richterdisziplinarsachen vorzulegenden Geschäftsübersichten gehalten sein.

Die von den Landgerichtspräsidenten vorzulegenden Uebersichten sollen die Bezeichnung der Bestraften sowie Zahl, Art und Höhe der verhängten Ordnungsstrafen ersehen lassen. Sie sollen in doppelter Fertigung dem Präsidenten des Oberlandesgerichts vorgelegt werden. Dieser behält ein Exemplar bei seinen Akten und leitet das andere an das Staatsministerium der Justiz weiter.

Für das Jahr 1900 sind die Uebersichten zum 1. Juli 1901 vorzulegen.

§ 12.

Die Vorschriften in den §§ 7, 8, 9, 15, 16, 17 der Vollzugsbekanntmachung zum Richterdisziplinargesetze (J.M.Bl. 1881 S. 279 ff.) finden auf die Notariatsdisziplinarsachen entsprechende Anwendung.

Bezüglich des Musters der über die Disziplinarsachen nach § 11 vorzulegenden Geschäftsübersichten vgl. J.M.Bl. 1881 S. 287—292:

Tabelle A.

Geschäfts-Uebersicht

der Notariats-Disziplinarkammer bei dem Oberlandesgerichte

für das Jahr 19 . .[1])

Fortlaufende Nummer		Zahl[2]) Für Notare	Für Notariats-Verweser	zusammen	Bemerkungen
1	I. Beschlüsse, daß ein Verfahren nicht zu eröffnen sei[3])				
2	II. Beschlüsse auf Einleitung eines Disziplinarverfahrens				
3	Eröffnete Voruntersuchungen . . .				
	III. Von den anhängig gewesenen[4]) Vorverfahren[5])				
4	wurden erledigt[6])				
	hiervon durch				
5	Einstellung gemäß Disz.Ges. Art. 9				

Bemerkungen:

[1]) Die Uebersicht ist nach dem Stande der Sachen am Schlusse des Geschäftsjahres herzustellen. Urtheile, welche in diesem Zeitpunkte noch der Rechtskraft entbehren, bleiben außer Betracht. Das Gleiche gilt von Beschlüssen, wenn dieselben noch mit Beschwerde anfechtbar sind oder die erhobene Beschwerde noch nicht erledigt ist.

[2]) Jeder Beschluß, jedes Urtheil u. s. w. ist nur einmal in Ansatz zu bringen, auch wenn mehrere Dienstvergehen derselben Person den Gegenstand des Beschlusses, Urtheils u. s. w. bilden.

[3]) Ist beschlossen worden, daß ein Disziplinarverfahren nicht zu eröffnen oder der Angeschuldigte außer Verfolgung zu setzen sei, und wird in einem späteren Jahre neuer Beschluß gemäß Disz.Ges. Art. 38 gefaßt, so ist auch dieser in die Tabelle aufzunehmen, zugleich aber in der Spalte „Bemerkungen" das Geeignete vorzutragen.

[4]) Gleichgültig, ob aus dem Vorjahre übergegangen oder neu angefallen.

[5]) Vorerhebungen und Voruntersuchungen nach beschlossener Einleitung des Disziplinarverfahrens.

[6]) Im Falle der vorläufigen Einstellung (Disz.Ges. Art. 35 Abs. 2) ist das Verfahren als erledigt nicht anzusehen.

Fortlaufende Nummer		Zahl Für Notare	Zahl Für Notariats-Verweser	Zahl zusammen	Bemerkungen
6	Außerverfolgungssetzung der Angeschuldigten [7]) [8])				
7	Verweisung der Sache zur Hauptverhandlung				
8	blieben unerledigt				
	IV. Zur Hauptverhandlung verwiesene Sachen [4])				
9	wurden erledigt				
	hievon durch				
10	Einstellung gemäß Disz.Ges. Art. 9				
11	Verurtheilung des Angeschuldigten				
12	Freisprechung des Angeschuldigten [8])				
13	blieben unerledigt				
	V. Von den Urtheilen lauten auf . .				
14	Strafversetzung				
15	Dienstentlassung				
16	Verlust des Titels und des Ehrentitels [9])				
17	VI. Am Jahresschlusse anhängige Sachen, in welchen vorläufige Einstellung des Verfahrens beschlossen ist [10]) .				
18	VII. Wiederaufnahmen durch rechtskräftiges Urtheil geschlossener Verfahren [11])				
19	VIII. Vorläufige Dienstenthebungen (Art. 91, 93 Not.Ges.)				
	IX. Beschlüsse des Oberlandesgerichts, daß der Fall der Zwangsversetzung				
20	vorliege (Art. 87 Not.Ges.)				
21	nicht vorliege				
22	X. Beschlüsse des Oberlandesgerichts, daß die Zwangsenthebung zulässig sei (Art. 88 Not.Ges.)				
23	nicht zulässig sei				

. . . . ., den . . . . 19 . .

. . . .

[7]) Wenn der Angeschuldigte auch nur wegen eines von mehreren Dienstvergehen zur Hauptverhandlung verwiesen wurde, ist hier ein Eintrag nicht veranlaßt.

[8]) Wenn der Angeschuldigte auch nur wegen eines von mehreren Dienstvergehen verurtheilt wurde, ist hier ein Eintrag nicht veranlaßt.

[9]) Disz.Ges. Art. 8 mit Art. 76 Not.Ges.

[10]) Gleichgültig, ob der Beschluß auf vorläufige Einstellung im letzten oder in einem früheren Jahre ergangen ist.

[11]) Die Art der Erledigung ist in der Spalte „Bemerkungen" anzugeben.

Tabelle B.

Geschäfts-Uebersicht
des Notariats-Disziplinarhofes
für das Jahr 19 . .

Fortlaufende Nummer		Zahl²) Für Notare	Für Notariats-Verweser	zusammen	Bemerkungen
1	I. Beschlüsse auf Grund des Art. 14 Abs. 3, 15 und 21 Abs. 3 Disz.Ges.				
	II. Beschwerden¹)				
2	waren anhängig				
3	hierunter aus dem Vorjahr . . .				
4	wurden erledigt²)				
5	hievon für begründet erklärt³) . .				
6	blieben unerledigt				
	III. Berufungen¹)				
7	waren anhängig				
8	hierunter aus dem Vorjahr . . .				
9	wurden erledigt²)				
10	hievon durch Abänderung des Urtheils erster Instanz				
11	blieben unerledigt				
12	IV. Wiederaufnahmen durch rechtskräftiges Urtheil geschlossener Verfahren⁴) . . .				

. . . . ., den . . . . 19 . .

. . . .

Die in vorstehendem § 12 angezogenen Vorschriften der M.B. vom 24. Mai 1881, den Vollzug des Disziplinargesetzes für richterliche Beamte betr., lauten:

§ 7. Die Zustellung der von Amtswegen angeordneten Ladungen von Zeugen und Sachverständigen erfolgt entweder auf Ersuchen des Gerichtsschreibers durch die Post oder durch den Gerichtsvollzieher. Letzterer ist nur aus besonderen Gründen mit der Zustellung zu beauftragen.

Für den Nachweis der Zustellung sind die durch Ziff. 1 der Bekanntmachung vom 29. August 1879 — JustizMin.Bl. S. 555 *) — bestimmten vereinfachten Formen maßgebend.

Der mit der Führung der Voruntersuchung beauftragte Richter kann Zeugen und Sachverständige auch in der in Ziff. 2 der vorerwähnten Bekanntmachung **) bezeichneten Weise zum Vernehmungstermin bestellen.

Bemerkungen:

[1]) Ist ein Beschluß oder ein Urtheil sowohl von der Staatsanwaltschaft als von dem Beschuldigten angefochten worden, so sind die beiderseitigen Beschwerden oder Berufungen zusammen nur als eine Beschwerde oder eine Berufung in Ansatz zu bringen.

[2]) Beschwerden und Berufungen sind erst dann als erledigt zu erachten, wenn die Akten an die Disziplinarkammer abgegeben worden sind.

[3]) Wenn auch nur theilweise.

[4]) Die Art der Erledigung ist in der Spalte „Bemerkungen" anzugeben.

*) Aufgehoben durch § 73 M.B. vom 16. Dezember 1899, die Ausführung der Zustellungen von Amtswegen betr., J.M.Bl. S. 475, und ersetzt durch §§ 54—58 dieser M.B.

**) Aufrecht erhalten laut § 58 M.B. vom 16. Dezember 1899, die Ausführung der Zustellungen von Amtswegen betr., J.M.Bl. S. 475.

Auf die unmittelbare Ladung von Zeugen und Sachverständigen durch den Angeschuldigten finden die Bestimmungen der §§ 37, 38 der Reichs-Strafprozeßordnung*) Anwendung.

§ 8. Die Verrichtungen der Staatsanwaltschaft bei den Disziplinargerichten müssen durch die Oberstaatsanwälte persönlich besorgt und dürfen nur in Fällen unabwendbarer Verhinderung einem Stellvertreter übertragen werden.

§ 9. Die Bestimmungen der Bekanntmachung vom 29. Dezember 1879 16. März und 13. November 1880, die Sitzungskleidung betreffend, (J.M.Bl. S. 1909, 1880 S. 75 und 353) gelten auch für die Disziplinargerichte und für die bei denselben auftretenden Rechtsanwälte**).

§ 15. Die Regiebedürfnisse der Disziplinargerichte werden aus den Regiemitteln der Gerichtshöfe bestritten, bei welchen sie errichtet sind.

§ 16. Jede bei einem Disziplinargerichte anfallende Disziplinarsache ist in ein Register einzutragen, über dessen Anlegung und Führung der Präsident dieses Gerichts die erforderlichen Anordnungen erläßt.

Bezüglich der Behandlung der im Disziplinarverfahren erwachsenen Akten finden die Bestimmungen des § 47 Ziff. 3 der Bekanntmachung vom 14. September 1879, die Dienstvorschriften für die Gerichtsschreiber betreffend (J.M.Bl. S. 823 fg.), entsprechende Anwendung.

§ 17. Ueber das in der fünften und sechsten Abtheilung des Disziplinargesetzes behandelte Verfahren, welches die unfreiwillige Versetzung eines Richterbeamten auf eine andere Stelle oder in den Ruhestand bezielt, werden gesonderte Akten nach Maßgabe der von den Präsidenten der betreffenden Gerichtshöfe zu erlassenden Anordnungen geführt.

Anm. 6. Nach einer autografirten Entschließung des Kgl. Staatsministeriums der Justiz vom 23. Mai 1901 Nr. 22959 sollen dienstliche Rügen nicht zu den Akten in der Sache, deren Behandlung Anlaß zu der Rüge gegeben hat, genommen, sondern in die Aufsichtsakten eingelegt werden. Demgemäß soll, wenn die Behandlung einer Sache Anlaß zu einer Rüge gibt, die hiewegen ergehende Verfügung nicht mit der zur Sache selbst ergehenden Verfügung verbunden werden; die beiden Verfügungen sollen gesondert erlassen werden. Ferner soll durch geeignete Behandlung bei der Versendung, insbesondere durch entsprechenden Vermerk auf der Adresse (§ 7 Abs. 3 der Bekanntm. vom 28. April 1901, die Vereinfachung des dienstlichen Verkehrs betr.) dafür Sorge getragen werden, daß dienstliche Rügen nur zur Kenntniß des von der Rüge betroffenen Beamten oder Bediensteten und des Vorstandes der Behörde, bei der dieser angestellt ist, nicht zur Kenntniß anderer Beamten oder Bediensteten dieser Behörden gelangen.

Artikel 85.

Findet die Disziplinarkammer oder der Disziplinarhof bei der Entscheidung über die Eröffnung des Hauptverfahrens, daß nur für die Annahme eines minder erheblichen Dienstvergehens hinreichende Anhaltspunkte vorliegen, so ist die Sache an das Landgericht zu verweisen. Gegen den Beschluß der Disziplinarkammer auf Verweisung an das Landgericht steht dem Staatsanwalte die Beschwerde an den Disziplinarhof zu. Das Landgericht hat nach Maßgabe des

---

*) R.Str.Pr.O. § 37:

Auf das Verfahren bei Zustellungen finden die Vorschriften der Civilprozeßordnung über Zustellungen entsprechende Anwendung.

§ 38: Die bei dem Strafverfahren betheiligten Personen, denen die Befugniß beigelegt ist, Zeugen und Sachverständige unmittelbar zu laden, haben mit der Zustellung der Ladung den Gerichtsvollzieher zu beauftragen.

**) Tragen der Robe und des Barets obligatorisch für die Richter, Staatsanwälte und Gerichtsschreiber, fakultativ neben schwarzer Kleidung und schwarzem Frack für die Rechtsanwälte.

Artikel 80 zu verfahren und hiebei die Anschauung, daß kein erheblicheres Dienstvergehen vorliegt, seiner Entscheidung zu Grunde zu legen.

Findet die Disziplinarkammer oder der Disziplinarhof auf Grund der Hauptverhandlung, daß nicht eine Disziplinarstrafe, sondern nur eine Ordnungsstrafe zu verhängen ist, so ist durch Urtheil auf die Ordnungsstrafe zu erkennen. Die Verweisung an das Landgericht findet nicht statt. Das Urtheil steht in Ansehung der Rechtsmittel und des Vollzugs einem Urtheile gleich, durch das eine Disziplinarstrafe ausgesprochen ist.

Entwurf Art. 85; Motive 443; Prot. Abg. 699; Becher, Materialien 15. 65. 231.

Anm. 1. Mit Rücksicht auf die Besonderheit der Trennung der Ordnungsstrafsachen und Disziplinarstrafsachen kann die Disziplinarkammer eine Sache nur dann zur Hauptverhandlung verweisen, wenn sie hinreichende Anhaltspunkte für das Vorliegen eines erheblicheren Dienstvergehens d. i. eines eigentlichen Disziplinarstraffalles findet. Findet sie dagegen auf Grund der geführten Voruntersuchung oder der gepflogenen Vorerhebungen (Art. 22 Abs. 2 u. 3, 28, 30 R.D.G.) bei der Entscheidung über Eröffnung des Hauptverfahrens, welche nach Art. 35, 36 R.D.G. entweder auf Verweisung der Sache zur mündlichen Hauptverhandlung oder auf Außerverfolgungssetzung zu lauten hätte, daß zwar kein Disziplinarstraffall, aber doch ein Ordnungsstraffall vorliegt, so hätte sie nach den angezogenen Bestimmungen des Richterdisziplinargesetzes den Angeschuldigten außer Verfolgung zu setzen und müßte die Civilkammer des Landgerichts um Verhängung einer Ordnungsstrafe angegangen werden.

Zur Vermeidung eines solchen schwerfälligen Verfahrens und der Möglichkeit, daß die landgerichtliche Civilkammer auf Grund der Annahme, daß entgegen der Auffassung des Disziplinargerichts doch ein Disziplinarstraffall vorliegt, die Einschreitung verweigert, ordnet das Gesetz in Abweichung von dem Verfahren des Richterdisziplinargesetzes an, daß in einem solchen Falle das Disziplinargericht die Sache an das Landgericht zu verweisen und letzteres die Anschauung des Disziplinargerichts, daß kein Disziplinarstraffall vorliegt, seiner Entscheidung zu Grunde zn legen hat. Das Landgericht ist dadurch an einem freisprechenden Erkenntniß nicht gehindert, wenn es zu der Ueberzeugung gelangt, daß gar kein Verschulden vorliegt.

Für das Verfahren vor dem Landgericht und die Rechtsmittel gegen seine Entscheidung gelten die nämlichen Grundsätze, wie wenn die Sache ohne Verweisung von Seite des Disziplinargerichts unmittelbar durch den Landgerichtspräsidenten anhängig gemacht worden wäre. (Motive S. 444.)

Erfolgt die Verweisung durch Beschluß der Disziplinarkammer, so steht dem Staatsanwalt in Gemäßheit der Bestimmung in Art. 27 und 37 R.D.G. die Beschwerde an den Disziplinarhof zu. Erfolgt dagegen die Verweisung an das Landgericht erst in zweiter Instanz durch den Disziplinarhof, so gibt es hiergegen keine weitere Instanz. Bezüglich der Fälle, daß das Disziplinargericht nicht erst beim Beschluß über Eröffnung des Hauptverfahrens sondern schon beim vorausgehenden Beschluß über Einleitung des Vorverfahrens das Vorhandensein eines nur minder erheblichen, daher mit Ordnungsstrafe zu ahnenden Dienstvergehens gegeben erachtet, vergl. vorigen Artikel 84 Anm. 4 IIa S. 240.

Nach Beschluß des Notariatsdisziplinarhofes vom 15. März 1902 ist die Einleitung des Dienststrafverfahrens gegen einen Notar nicht von einer Anregung der Aufsichtsbehörde abhängig und ist daher auch die Beschlußfassung der Disziplinarkammer, wenn die Aufsichtsbehörde die Einschreitung beantragt hat, nicht auf die von der Aufsichtsbehörde ins Auge gefaßten Vorkommnisse beschränkt. Vergl. Samml. d. Entsch. n. F. Bd. 3 S. 1080, Zeitschrift f. d. Notariat in Bayern Bd. IV S. 175.

Anm. 2. Die Bestimmung in Absatz 2 trifft für den Fall Vorsorge, daß erst in der Hauptverhandlung vor der Disziplinarkammer oder dem Disziplinarhof sich die geringere Erheblichkeit des Dienstvergehens herausstellt. In diesem Falle wäre eine Verweisung an das Landgericht unzweckmäßig. Das Disziplinargericht hat sofort in der Sache selbst durch Urtheil zu entscheiden und auf Ordnungsstrafe zu erkennen.

Für das Verfahren und die Rechtsmittel verbleibt es bei den allgemeinen Bestimmungen über das Disziplinarstrafverfahren, weil man sonst zu einer unerwünschten Verwickelung des ganzen Verfahrens käme. Dem Staatsanwalt und dem Angeschuldigten steht also nicht die Beschwerde sondern die Berufung an den Disziplinarhof zu (Art. 48 R.D.G.) Wenn der Staatsanwalt Berufung eingelegt hat, weil nicht auf Disziplinarstrafe sondern auf Ordnungsstrafe erkannt ist, kann der Disziplinarhof unter Abänderung des Urtheils ein erheblicheres Dienstvergehen annehmen und auf Disziplinarstrafe erkennen, nicht aber die Sache an die landgerichtliche Civilkammer verweisen. Hat nur der Angeschuldigte allein gegen das Urtheil Berufung eingelegt, so kann es nach Art. 48 Abs. 4 R.D.G. nicht zu seinen Ungunsten abgeändert, also nicht auf Disziplinarstrafe erkannt werden.

4. Zwangsversetzung und Zwangsenthebung.

Artikel 86.

Ein Notar kann wider seinen Willen auf eine andere Stelle versetzt werden:

1. wenn ohne sein Verschulden Umstände eingetreten sind, durch die seine amtliche Wirksamkeit auf der bisherigen Stelle in einer nicht blos vorübergehenden Art erheblich gestört wird;
2. wenn solche Umstände zwar nicht ohne sein Verschulden eingetreten sind, die Verfolgung im Dienststrafverfahren aber wegen Verjährung nicht erfolgen kann.

Dem auf Grund dieser Vorschriften versetzten Notar sind die Umzugskosten aus der Staatskasse zu vergüten.

Bayern=Pfalz Art. 122; Entwurf Art. 86; Motive 444; Prot. Abg. 704. 732; Prot. R.R. XX 9; Verh. Abg. 897; Becher, Materialien 15. 65. 241. 286. 353. 424.

Anm. 1. Das neue Notariatsrecht kennt drei Arten der unfreiwilligen Versetzung eines Notars auf eine andere Stelle, die Versetzung in Folge organisatorischer Veränderung (Art. 8), die Strafversetzung (Art. 70, 74) und die Zwangsversetzung (Art. 86, 87). Die Einführung der dem bisherigen Notariatsrechte unbekannten administrativen Zwangsversetzung rechtfertigt sich durch die Erwägung, daß das Gesammtinteresse der Bevölkerung des Bezirks und das Interesse des Dienstes im Kollisionsfalle dem Einzelinteresse des Notars vorgehen muß und es nicht angeht, von dem allgemeinen Satze, daß jeder Beamte, selbst der Richter, sich versetzen lassen muß, wenn seine Stellung am Orte unhaltbar wird, zu Gunsten der Notare eine Ausnahme zu machen. Das Bedenken, daß das Institut der Zwangsversetzung für die Notare insoferne eine größere Gefahr birgt wie für Beamte mit fester Besoldung, als diesen ihr Gehalt gesichert bleibt, während dem Notar der Natur der Sache nach eine gleich gute Stelle nicht verbürgt werden kann, muß gegenüber dem Interesse der Rechtsuchenden an der Versetzung zurücktreten. Dem billigen Ermessen der Justizverwaltung wird es gelingen, allzu große Härte zu vermeiden. Auch hat der Notar im Falle der Zwangsversetzung zum mindesten keine größere Berücksichtigung zu beanspruchen wie in dem Fall einer unfreiwilligen Versetzung wegen Veränderung in der Organisation der Notariate oder ihrer Bezirke.

Anm. 2. Die Voraussetzungen der Zwangsversetzung sind die gleichen wie bei den Richtern (Art. 65 R.D.G.).

Die in Nummer 1 erwähnten Umstände werden in der Regel mehr persönlicher wie dienstlicher Natur sein, insbesondere werden Familienverhältnisse in Betracht kommen; es kann z. B. in der Familie eines Notars Vorfälle geben, für die er nicht verantwortlich ist, unter denen aber sein Ansehen so leidet, daß er nicht am Orte belassen werden kann. Nach Erklärung der K. Staatsregierung bei den Kammerverhandlungen werden übrigens die Fälle der Zwangsversetzung nur selten vorkommen und wird die Justizverwaltung in einer so ernsten Sache mit aller Vorsicht vorgehen und die Zwangsversetzung eines Notars nur dann betreiben, wenn es unmöglich ist, ihn auf seiner Stelle zu belassen. (Prot. Abg. 706; Becher, Materialien 244).

Wenn die Umstände, welche eine Zwangsversetzung rechtfertigen, vom Notar selbst verschuldet sind, werden sie immer den Thatbestand eines Dienstvergehens im Sinne des Artikels 67 erschöpfen und eine Strafversetzung im Dienststrafverfahren rechtfertigen, auch wenn das Vergehen nicht von übermäßiger Schwere, doch von solcher Art ist, daß man den Notar nicht in seinem Bezirke lassen kann. Nur wenn in einem solchen Falle die Verfolgung im Dienststrafverfahren wegen Verjährung nicht mehr möglich, eine Strafversetzung also ausgeschlossen ist, kann auf Grund der Bestimmung in Nummer 2 die Zwangsversetzung erfolgen.

Anm. 3. Die Umzugskosten erhält der Notar in beiden Fällen der Zwangsversetzung (Nummer 1 und 2) aus der Staatskasse vergütet. Der ursprüngliche Gesetzesentwurf wollte die Umzugsgebühren dem Notar nur im Falle der Nummer 1 zubilligen, nicht auch für den Fall, wenn den Notar ein Verschulden trifft. Zur Uebereinstimmung mit der Vorschrift in Artikel 65 Abs. 2 R.D.G. wurde vom Justizgesetzgebungsausschusse der Kammer der Abgeordneten mit Zustimmung der K. Staatsregierung die Einschränkung auf die Fälle der Nummer 1 gestrichen.

Als Umzugskosten hat der Notar nur die wirklich erwachsenen Barauslagen zu beanspruchen, d. i. seine und seiner Familie Reisekosten und Auslagen für Mehraufwand, die Transportkosten für die Hauseinrichtung, gegebenen Falles die Auslagen für doppelte Wohnungen und Amtsräume und deren Instandsetzung, wenn die bisherige Miete nicht sofort gelöst werden kann oder vom Amtsnachfolger nicht übernommen wird.

Die Umzugskosten werden vom Notar beim Rentamt unter Beifügung der Belege zu liquidiren und nach Revision und Festsetzung Seitens der K. Regierung Kammer der Finanzen durch das Rentamt auszuzahlen sein.

Darüber, daß Umzugsgebühren der Notar nicht zu beanspruchen hat, wenn er in seine Versetzung willigt, siehe folgenden Artikel 87 Anm. 1.

Anm. 4. Nach § 7 der Minist.Bekanntm. vom 25. April 1901, dem Vollzug der gesetzlichen Vorschriften über die Disziplin der Notare betr.*), hat der Präsident des Landgerichts, wenn ihm bei einem Notar des Bezirks ein Fall der Zwangsversetzung gegeben zu sein scheint, dies unter eingehender Darlegung des Sachverhalts auf dem Dienstweg an das Staatsministerium der Justiz zu berichten; die gleiche Pflicht hat der Oberlandesgerichtspräsident, wenn er Kenntniß von einem solchen Falle bekommt.

---

*) Vergl. S. 246.

Artikel 87.

Soll ein Notar auf Grund des Artikel 86 versetzt werden, so wird ihm dies im Auftrage des Staatsministeriums der Justiz durch den Präsidenten des Oberlandesgerichts schriftlich unter Angabe der Gründe und mit der Aufforderung eröffnet, binnen einer Frist von zwei Wochen eine Erklärung abzugeben.

Willigt der Notar in die Versetzung, so kann diese ohne Weiteres erfolgen. Erhebt der Notar Einsprache und erachtet das Staatsministerium der Justiz die Einsprache für begründet, so erklärt es die Sache für beruhend und benachrichtigt davon den Notar.

Wird die Einsprache nicht für begründet erachtet oder gibt der Notar innerhalb der Frist eine Erklärung nicht ab, so entscheidet auf Veranlassung des Justizministeriums die Disziplinarkammer über die Zulässigkeit der Versetzung. Vor der Entscheidung hat der Präsident des Oberlandesgerichts oder ein von ihm beauftragter Richter die nöthigen Ermittelungen vorzunehmen. Dem Notar und dem Staatsanwalt ist Gelegenheit zu geben, sich über das Ergebniß der Ermittelungen zu äußern. Die Disziplinarkammer entscheidet in der für Disziplinarstrafsachen vorgeschriebenen Besetzung in nicht öffentlicher Sitzung auf Vortrag eines Berichterstatters. Die Entscheidung ist in beglaubigter Abschrift dem Notar zuzustellen. Eine Anfechtung der Entscheidung findet nicht statt.

Entwurf Art. 87; Motive 444; Prot. Abg. 705. 732; Prot. R.R. XX 9; Verh. Abg. 898; Becher, Materialien 16. 66. 243. 286. 354. 424.

Anm. 1. Erhält das Staatsministerium der Justiz durch die Berichte der Dienstaufsichtsstellen (§ 7 M.Bekanntm. vom 25. April 1901, den Vollzug der gesetzlichen Vorschriften über die Disziplin der Notare betr.*), davon Kenntniß, daß ein Fall der Zwangsversetzung gegeben sei, so wird dem Notar durch die an ihn ergehende Eröffnung mit Aufforderung zur Erklärungsabgabe Gelegenheit gegeben, seine Erinnerungen vorzubringen und, auch wenn er die Gründe für die Zwangsversetzung anerkennen muß, letztere dadurch zu vermeiden, daß er in seine Versetzung willigt.

Die Erklärung des Notars, wenn er eine solche überhaupt abgeben will, ist nicht an die Disziplinarkammer, sondern an den Präsidenten des Oberlandesgerichtes zu richten, weil die Disziplinarkammer mit der Sache vorerst noch nicht befaßt ist. Die Erklärung kann, ohne daß der Notar auf die Sache selbst sich zu äußern braucht, kurz dahin lauten, daß er in seine Versetzung willige, oder er kann zur Sache selbst sich äußern mit der schließlichen gleichen Zustimmung zu seiner Versetzung oder er kann auch gegen die für seine Versetzung ihm mitgetheilten Gründe Erinnerungen vorbringen und Einsprache erheben. In allen Fällen wird die Erklärung vom Oberlandesgerichtspräsidenten berichtlich dem Staatsministerium der Justiz vorgelegt, welches je nachdem den Notar seinem Ansuchen entsprechend versetzt oder dessen Einsprache prüft und bescheidet. Gibt der Notar eine Erklärung überhaupt nicht ab, so berichtet dies der Präsident des Oberlandesgerichtes nach Ablauf der Frist dem Ministerium.

Willigt der Notar in seine Versetzung, so kann er bis zur wirklichen Versetzung nicht suspendirt werden, weil die Suspension nur verhängt werden kann, wenn durch Entscheidung der Disziplinarkammer die Zwangsversetzung für zuläßig erklärt ist; vergl. Art. 94 Nummer 3. Vergütung der Umzugskosten hat der Notar, welcher in seine Versetzung willigt, nicht zu beanspruchen, weil seine Versetzung nicht wider

---

*) Vergl. S. 246 und vorigen Artikel 86 Anm. 4.

seinen Willen erfolgt. Die Bestimmung des Artikel 86 Abs. 2 findet nur Anwendung, wenn die Versetzung wider seinen Willen von der Disziplinarkammer für zulässig erklärt ist. Auch nach der Entscheidung der Disziplinarkammer kann der Notar den Vollzug der Zwangsversetzung durch die freiwillige Bitte um Versetzung aufhalten.

Anm. 2. Das Verfahren bei der Zwangsversetzung regelt sich analog der in Artikel 66—70 R.D.G. enthaltenen Vorschriften. Die Zwangsversetzung erfolgt wie beim Richter auf Grund eines Richterspruches darüber, daß ihre Voraussetzungen gegeben sind.

Zur Entscheidung ist die Notariatsdisziplinarkammer berufen, weil diese nach ihrer sonstigen Thätigkeit am besten mit den einschlägigen Verhältnissen vertraut ist. Die Disziplinarkammer wird aber mit der Sache nur auf Veranlassung des Justizministeriums befaßt, kann also nicht von Amtswegen in Thätigkeit treten.

Die Funktionen des Staatsanwalts werden durch den Oberstaatsanwalt des Oberlandesgerichtes ausgeübt. Ein Beschluß auf Einleitung oder Eröffnung des Verfahrens wird nicht erlassen. Die vom Oberlandesgerichtspräsidenten oder dem von ihm beauftragten Richter vorzunehmenden Ermittelungen werden in Vernehmung des Notars, der Zeugen und Sachverständigen und allenfalls sonst veranlaßter Beweiserhebung bestehen. Der vom Oberlandesgerichtspräsidenten mit den Ermittelungen zu beauftragende Richter braucht nicht ein Mitglied des Oberlandesgerichtes zu sein, da nicht die Erledigung eines einzelnen Aufsichtsgeschäftes (Artikel 63 Abs. 2) in Frage steht, sondern die Vorbereitung eines Disziplinarverfahrens, womit der Oberlandesgerichtspräsident auch einen Richter eines untergebenen Landgerichts beauftragen kann. Nach Vornahme der Ermittelungen werden die Akten dem Oberstaatsanwalte zur Aeußerung zugeleitet, während dem Notar, soferne ihm nicht eine Abschrift der Ermittelungen zugesendet werden kann, nur Gelegenheit zu geben sein wird, die Akten binnen einer angemessenen Frist beim Oberlandesgerichte persönlich einzusehen; eine Zusendung der Akten an ihn oder an das Amtsgericht seines Wohnsitzes kann nicht stattfinden. Der nicht öffentlichen Sitzung kann der Oberstaatsanwalt nicht beiwohnen, wie eine Ladung des Notars hiezu nicht erfolgt. Für die Entscheidung genügt Mangels anderer Bestimmung des Gesetzes einfache Stimmenmehrheit, sohin 3 : 2. Die Zustellung der Entscheidung an den Notar erfolgt durch die Gerichtsschreiberei des Disziplinargerichtes. Dem Staatsministerium der Justiz hat der Präsident der Disziplinarkammer alsbald eine Ausfertigung in Vorlage zu bringen (§ 8 M.Bekanntm. vom 25. April 1901, den Vollzug der gesetzlichen Vorschriften über die Disziplin der Notare betr.)*).

Wegen der Kosten des Verfahrens vergl. Artikel 90.

Anm. 3. Reicht ein Notar, gegen den ein Verfahren auf Zwangsversetzung anhängig ist, ein Gesuch um Enthebung vom Amte bei der Dienstaufsichtsbehörde ein, so hat diese nach § 9 der angeführten Minist.Bekanntm. vom 25. April 1901*) hievon sofort dem Disziplinargerichte Mittheilung zu machen. Das Gesuch ist auf dem Dienstwege dem Staatsministerium der Justiz vorzulegen.

Anm. 4. Die Entscheidung der Notariatsdisziplinarkammer ist sofort endgültig und ist ein Rechtsmittel hiergegen ebenso ausgeschlossen wie beim Richter nach den Bestimmungen des Richterdisziplinargesetzes. Damit ein Notar, dessen Zwangsversetzung für zulässig erklärt ist, nicht sofort auf die nächste sich erledigende, wenn auch viel schlechtere Stelle versetzt zu werden braucht, ist für den Fall, daß sein Verbleiben

*) Vergl. S. 246.

auf seiner bisherigen Stelle bis zur Erledigung einer für ihn geeignete Stelle nicht thunlich sein sollte, in Artikel 94 Nr. 3 die Zulässigkeit seiner Suspension vorgesehen, d. h. er wird vom Dienste enthoben, nicht aber vom Amte, und bezieht während der Dauer der Suspension alle anfallenden Gebühren seines von einem Verweser auszuübenden Amtes unter Abzug der Kosten der Amtsverwesung; siehe das Nähere hierüber Art. 94.

Artikel 88.

Ein Notar kann wider seinen Willen vom Amte enthoben werden:

1. wenn er wegen eines körperlichen Gebrechens oder wegen Schwäche seiner körperlichen oder geistigen Kräfte zur Erfüllung seiner Amtspflichten unfähig ist;
2. wenn ohne sein Verschulden Umstände eingetreten sind, durch die seine amtliche Wirksamkeit auch auf einer anderen Stelle nicht blos vorübergehend gestört wäre;
3. wenn solche Umstände zwar nicht ohne sein Verschulden eingetreten sind, die Verurtheilung zur Dienstentlassung aber wegen Verjährung oder aus anderen Gründen nicht erfolgen kann.

Entwurf Art. 88; Motive 444; Prot. Abg. 706; Prot. R.R. XX. 9; Verh. Abg. 898; Becher, Materialien 16. 66. 245. 354. 425.

Anm. 1. Wie die Zwangsversetzung so ist auch die Zwangsenthebung — im Gegensatz zur Dienstentlassung — nicht eine Strafe, sondern eine administrative Verfügung im Interesse des Dienstes und des Publikums. Die gleichen Gründe, welche eine Zwangsversetzung erheischen, können noch dringender für eine zwangsweise Enthebung des Notars von seinem Amte vorliegen, ohne daß die Voraussetzungen einer strafrechtlich oder disziplinär auszusprechenden Dienstentlassung gegeben zu sein brauchen. Wenn ein Notar wegen körperlicher oder geistiger Erkrankung, Gebrechlichkeit, Altersschwäche und dergl. dauernd unfähig ist, sein Amt auszuüben, so muß es ein Mittel geben, ihn auch gegen seinen Willen vom Amte zu entheben, da sonst das Amt und die Interessen der Bevölkerung darunter leiden. Ueber die Nothwendigkeit der Einführung der Zwangsenthebung vergl. Motive 444: „Auch die Zwangsenthebung der Notare ist dem bisherigen Landesrechte fremd. Der Grund dafür ist in der Auffassung des Notariats als persönlicher Funktion zu suchen. Dieser Auffassung entspricht es, den Dienstunfähigen nicht zu entheben, sondern neben ihm einen weiteren Notar zu ernennen. Die Umgestaltung der Notariate zu Behörden macht eine Aenderung auch in diesem Punkte nöthig. Die Einführung der Zwangsenthebung entspricht aber auch einem dringenden praktischen Bedürfnisse. Nicht gerade selten hat sich der Fall ereignet, daß Notare in Geisteskrankheit verfallen sind. Ihre Belassung im Amte war und ist noch eine Gefahr für die Bevölkerung, ihre Entfernung war mangels einer gesetzlichen Handhabe gegen ihren Willen unmöglich. Dieser Zustand ist auf die Dauer unhaltbar. Es kann ihm aber nur abgeholfen werden durch die Einführung der Zwangsenthebung. Wird die Zwangsenthebung für die Notare eingeführt, so ergibt sich bezüglich ihrer Voraussetzungen und bezüglich des Verfahrens die Anwendung der für die Richter geltenden Vorschriften als das nächstliegende. Die Artikel 88 und 89 des Gesetzentwurfes (nun des Gesetzes) führen diesen Gedanken aus. Nicht übertragen läßt sich in das Notariatsrecht die dem Richterrechte eigene Folge der Zwangsenthebung, daß dem Enthobenen sein Standesgehalt verbleibt. Da indessen die bayerischen Notare auf ihre Einnahmen angewiesen sind und in Folge der Enthebung den Unterhalt für sich und ihre Familie verlieren würden, so erscheint es als eine Forderung der Billigkeit, in solchen Fällen den Unterhalt des Notars sicher zu stellen. Der Gesetzentwurf enthält trotzdem keine diesbezügliche Bestimmung, und zwar aus dem Grunde, weil die Frage aufs engste verknüpft ist mit der Frage der Versorgung dienstunfähiger Notare überhaupt und weil diese Frage zur Entscheidung noch nicht bereift ist und solange nicht bereift sein kann, als nicht die künftige Organisation des Notariats gesetzlich festgelegt ist. Nach dem dermaligen Stande der Sache erscheint es nicht unmöglich, daß eine Versorgungsanstalt geschaffen wird, welche die Lebenshaltung der enthobenen Notare sicher stellt, und deren Kosten, wenn nicht ausschließlich, so doch zum größten Theil von den Notaren selbst getragen werden".

Anm. 2. Die Frage der Zwangsenthebung hängt innig zusammen mit der Frage der Versorgung der Notare für den Fall der Dienstesunfähigkeit (Invalidität). Bis zur Gründung des seit 1. Januar 1902 bestehenden Pensionsvereins für die bayerischen Notare hat die K. Staatsregierung für entsprechende Sustentation derjenigen Notare, die gegen ihren Willen auf Grund der neuen Gesetzgebung wegen Invalidität vom Amte enthoben worden sind, durch staatliche Mittel gesorgt. Für diese Notare verbleibt es bei den ihnen bewilligten Sustentationen und haben sie keinen Anspruch an den neuen Pensionsverein. Mit A.V. vom 1. Februar 1902 (Ges. u. V.Bl. S. 27, J.M.Bl. S. 253) ist mit Wirkung vom 1. Januar 1902 der Pensionsverein für die bayerischen Notare genehmigt und ihm die Rechtsfähigkeit und die Eigenschaft eines Vereins des öffentlichen Rechts verliehen worden. Siehe das Nähere hierüber bei Art. 127. Wegen Gesuchs um Pensionseinweisung im Falle der Zwangsenthebung so M.Bktm. vom 3. Februar 1902, die Pensionsvereine für die Notare und ihre Hinterbliebenen, hier das Pensionsverfahren betr., IV J.M.Bl. 1902 S. 302.

Anm. 3. Die hauptsächlichsten Fälle der Zwangsenthebung sind körperliche oder geistige dauernde Unfähigkeit des Notars zur Erfüllung seiner Amtspflichten. Was darunter fällt, ist Thatfrage. Als körperliche Gebrechen dieser Art werden gänzlicher Verlust des Augenlichtes oder des Gehörs in der Regel erachtet werden müssen; kein körperliches Gebrechen, das den Notar zur Erfüllung seiner Amtspflichten unfähig macht, wird der Verlust eines Armes oder einer Hand sein, wenn er mit der andern Hand oder ohne Hand zu schreiben vermag. Ständige Erkrankung, die ihn immerwährend an das Krankenlager fesselt oder vom Berufe abhält, kann je nach den Umständen unter Schwäche der körperlichen Kräfte oder unter die in Nr. 2 vorgesehenen objektiven Gründe fallen. Vorübergehende Erkrankung begründet, solange Wiederherstellung zu erwarten ist, nicht den Fall der Zwangsenthebung. Hierüber sagen die Motive (S. 444): „Daß die Enthebung von Notaren wegen Krankheit nicht schon bei vorübergehender Erkrankung erfolgen soll, ergibt sich aus den Bestimmungen des Gesetzes selbst. Ist es nicht unwahrscheinlich, daß die Wiederherstellung in angemessener Zeit wieder eintritt, so wird wie bisher durch Gewährung von Urlaub und Aufstellung von Amtsverwesern geholfen werden können." Dies gilt nicht blos von körperlicher sondern auch von geistiger vorübergehender Erkrankung.

Alter allein begründet nicht die Zwangsenthebung, sondern nur eine durch Alter verursachte Schwäche der körperlichen oder geistigen Kräfte von solchem Grade, daß sie den Notar zur Erfüllung seiner Amtspflichten unfähig macht.

Die Umstände, die mit oder ohne Verschulden des Notars ihn zur ferneren Amtsausübung unfähig machen, können sowohl in seiner Person wie in äußeren Verhältnissen, insbesondere in den Verhältnissen seiner Familie liegen, subjektiver und objektiver Natur sind. Es können Umstände eintreten, die ein ferneres Belassen des Notars im Amte, wenn auch an einem anderen Platze, vollständig unmöglich machen.

Fällt dem Notar ein Verschulden hieraus überhaupt nicht zur Last, ist der Fall der Nr. 2 gegeben.

Aber auch bei concurrirendem Verschulden muß nicht unbedingt eine Verurtheilung zur Dienstentlassung erfolgen. Es kann ein Disziplinareinschreiten wegen Verjährung ganz ausgeschlossen sein oder aus anderen Gründen z. B. weil die subjektiven Momente (mildernde Umstände) die höchste Strafe der Dienstentlassung mit der Folge des Verlustes jeden Anspruchs auf Diensteinkommen nicht rechtfertigen, eine Verurtheilung zur Dienstentlassung unterbleiben müssen. Für solche Fälle ist in Nr. 3 die Zulässigkeit der Zwangsenthebung vorgesehen, um die Entfernung eines Notars aus dem Amte, der mit oder ohne eigenes Verschulden so compromittirt ist, daß seine Belassung im Amte ohne Schädigung der Würde des Amtes nicht möglich ist, auch gegen seinen Willen zu erzwingen.

Artikel 89.

Auf das Verfahren bei der Enthebung eines Notars vom Amte nach Art. 88 finden die Vorschriften des Art. 87 entsprechende Anwendung.

Vor der Entscheidung sind durch einen beauftragten Richter die erforderlichen Zeugen und Sachverständigen zu vernehmen, sowie alle zur Ermittelung des Sachverhaltes dienenden Erhebungen zu pflegen. Ueber das Gesamtergebniß der Erhebungen muß der Notar schriftlich oder zu Protokoll vernommen werden, sofern nicht nach ärztlichem Gutachten sein körperlicher oder geistiger Zustand die Zulässigkeit der Vernehmung ausschließt.

Zum Zwecke der Abgabe seiner Erklärungen ist dem Notar die Einsicht der Akten zu gestatten.

Entwurf Art. 89; Motive 444; Prot. Abg. 707; Prot. R. R. XX 11; Becher, Materialien 16. 66. 247. 358.

Anm. 1. Auch hier wird die Einleitung des Verfahrens veranlaßt durch entsprechende Anzeige der Dienstaufsichtsbehörde an das Justizministerium; § 7 der M.E. vom 25. April 1901, den Vollzug der gesetzlichen Vorschriften über die Disziplin der Notare betr.*), und Art. 86 Anm. 4.

Von der bevorstehenden Einleitung des Verfahrens ist dem Notar in Anwendung des Art. 87 Abs. 1 Eröffnung zu machen und kann er die Zwangsenthebung durch freiwillige Bitte um Amtsenthebung vermeiden.

Die Einleitung des Verfahrens selbst beginnt mit der Entschließung des Staatsministeriums der Justiz an den Oberlandesgerichtspräsidenten, womit die Disziplinarkammer mit der Sache befaßt wird. Von diesem Zeitpunkte an, nicht schon mit der Eröffnung an den Notar von der bevorstehenden Einleitung und der Aufforderung zur Erklärungsabgabe, kann die Disziplinarkammer nach Art. 93 Nr. 3 die Suspension gegen den Notar verhängen, was bei der Zwangsversetzung während des Verfahrens nicht zulässig ist. Die Zulässigkeit der Suspension schon vor der Entscheidung über die Zwangsenthebung ist mit Rücksicht auf die Dienstesinteressen gerechtfertigt. Macht die Disziplinarkammer von der Befugniß der Suspension vor der Endentscheidung keinen Gebrauch, so kann, wie bei der Zwangsversetzung so auch bei der Zwangsenthebung, wenn deren Zulässigkeit ausgesprochen ist, das Staatsministerium der Justiz nach Art. 94 Nr. 3 die Suspension für die Zeit bis zur wirklichen Dienstenthebung verhängen. Letztere Bestimmung ist im Interesse des Notars, damit das Ministerium mit dem Vollzug der Zwangsenthebung je nach den Verhältnissen noch zuwarten kann.

---

*) Vergl. S. 245.

Anm. 2. Die obligatorische Anordnung, daß der Notar über das Gesamtergebniß der Erhebungen zu vernehmen ist, bietet eine erhöhte Garantie dafür, daß die Zwangsenthebung nur für zulässig erklärt wird, wenn Thatsachen vorliegen, welche die Belassung des Notars im Amte, auch auf einer anderen Stelle, im Interesse des Dienstes und des Publikums unmöglich machen.

Die protokollarische Vernehmung des Notars erfolgt vor dem beauftragten Richter, nicht in der Sitzung der Disziplinarkammer.

Sollte der Notar, obwohl nach ärztlichem Gutachten seine Vernehmung möglich, trotz Aufforderung eine schriftliche Erklärung nicht einreichen und trotz Ladung zur protokollarischen Vernehmung sich nicht einfinden, so kann seine commissarische Vernehmung durch den beauftragten Richter in seiner Wohnung erfolgen. Dies wird aber nur dann geboten sein, wenn der Notar zwar vernommen werden, aber bei Gericht sich nicht einfinden kann. Vereitelt er ohne zutreffende Behinderung seine Vernehmung, indem in der Ladung einfach nicht Folge leistet, obwohl er Folge leisten könnte, so ist dem Gesetze Genüge geschehen und der Notar nicht beschwert, wenn seine Vernehmung, zu der ihm Gelegenheit gegeben war, nicht erfolgt.

Die Einsicht der Akten wird in der Regel beim Disziplinargerichte zu erfolgen haben; auch können die Akten an das Amtsgericht des Amtssitzes des Notars gesendet und bei diesem Amtsgerichte eingesehen werden.

Artikel 90.

Für das Dienststrafverfahren und das Verfahren nach den Artikeln 87, 89 werden nur baare Auslagen in Ansatz gebracht.

Wird der Angeschuldigte verurtheilt oder bleibt ein von ihm eingelegtes Rechtsmittel erfolglos, so hat er die im Verfahren erwachsenen Auslagen ganz oder theilweise zu erstatten.

Die Kosten des nach Artikel 76 Abs. 3 eingestellten Verfahrens trägt der Beschuldigte, die Kosten eines von einem Verurtheilten zurückgenommenen Rechtsmittels der Verurtheilte. Baare Auslagen, welche in dem in den Artikeln 87, 89 behandelten Verfahren für erfolglose, durch Schuld des Notars veranlaßte Ermittelungen erwachsen sind, sind von diesem zu erstatten.

Ueber die Pflicht zur Tragung der Kosten ist gleichzeitig mit der Entscheidung in der Hauptsache zu erkennen.

Entwurf Art. 90; Motive 444; Prot. Abg. 708; Becher, Materialien 17. 66. 247.

Anm. Während in der streitigen und nichtstreitigen Rechtspflege, in den Verwaltungs- und den Verwaltungsrechts-Angelegenheiten und im ordentlichen Strafverfahren der Staat nach den Bestimmungen des Gerichtskostengesetzes und des Gesetzes über das Gebührenwesen für seine Thätigkeit Gebühren erhebt und insbesondere im ordentlichen Strafverfahren der verurtheilte Angeschuldigte neben der Strafe noch die Kosten des Verfahrens zu tragen hat, ist in Disziplinarsachen prinzipieller Grundsatz, daß Gebühren für den Staat nicht erhoben werden. Analog dem Art. 77 R.D.G. spricht diesen Grundsatz gegenwärtiger Artikel 90 sowohl für das Dienststrafverfahren (Abschnitt 3) wie für das Zwangsversetzungs- und das Zwangsenthebungsverfahren (Abschnitt 4) aus.

Nur Baare Auslagen, die dem Staate selbst erwachsen, können in Ansatz gebracht werden. Hierunter fallen Gebühren an Zeugen und Sachverständige, Reiseauslagen des beauftragten Richters, nicht aber dessen Tagegelder, auch nicht Schreibgebühren, Porti nur soweit, als nicht Portofreiheit in Betracht kommt.

Erfolgt im Dienststrafverfahren Freisprechung, so können dem Beschuldigten auch keine Auslagen auferlegt werden, die Kosten sind vielmehr mit der Entscheidung in der Hauptsache der Staatskasse zu überbürden. Auch bei einer Verurtheilung des Angeschuldigten oder Verwerfung eines von ihm eingelegten Rechtsmittels kann auf verhältnißmäßige Teilung der Auslagen zwischen ihm und der Staatskasse erkannt werden, ein Teil dieser Kosten muß aber dann immer den Beschuldigten überbürdet werden.

Das Zwangsversetzungs- und Zwangsenthebungsverfahren ist für den beteiligten Notar in der Regel vollständig kostenlos und sind, auch wenn die Zwangsversetzung oder Zwangsenthebung für zulässig erklärt wird, die notwendigen Auslagen stets von der Staatskasse zu tragen. Nur vom Notar verschuldete d. i. auf seinen Antrag erwachsene und erfolglos gewesene Auslagen (z. B. für Zeugen und Sachverständige, deren Vernehmung er beantragt hat) sind ihm zu überbürden, und auch nur dann, wenn die Zwangsversetzung oder Zwangsenthebung wirklich für zulässig erklärt wird.

5. Suspension.

Vorbemerkung.

Die Bestimmungen über die vorläufige Enthebung des Notars vom Dienste (Suspension) sind gegenüber dem früheren Rechte wesentlich umgestaltet. Das frühere bayerische Notariatsrecht behandelte die Suspension der Hauptsache nach als Strafe (Art. 9, 37, 113, 117, 118 des rechtsrheinischen, Art. 6, 23 des pfälzischen Notariatsgesetzes), doch findet sie sich daneben in den Artikeln 99, 140, 141 des rechtsrheinischen Notariatsgesetzes auch als vorläufige Maßregel. Außerdem ist für die Suspension im Falle des Strafvollzugs gegen einen Notar die Vorschrift des Art. 111 Abs. 2 A.G. z. R.Str.P.O. in Betracht gekommen.

Das neue Gesetz geht von dem Grundsatz aus, daß die Suspension nicht mehr Strafe sondern nur vorläufige Schutzmaßregel sein soll.

Als Strafe hat sie sich nicht bewährt. Ein Notar, dem zur Strafe die Ausübung seines Amtes untersagt ist, ist dadurch derart diskreditirt, daß er weder an seinem bisherigen noch an einem anderen Amtssitze seinem Beruf mit Erfolg obliegen kann, weil er das Vertrauen, das ihm notwendig ist, verloren hat. Deshalb kann nach der Uebergangsbestimmung des Art. 135 auch in den zur Zeit des Inkrafttretens dieses Gesetzes anhängigen Ordnungs- und Disziplinarstrafsachen nicht mehr auf Suspension als Strafe erkannt werden.

Dagegen kann die Suspension als provisorische Maßregel im Interesse des Dienstes und des Ansehens des Amtes nicht entbehrt werden. Die Fälle, in denen die Suspension in Frage kommt, sind im neuen Rechte gegenüber dem früheren Rechte wesentlich vermehrt; sie weichen von den Fällen des Art. 140 des rechtsrheinischen Notarictsgesetzes, dessen Geltung durch Art. 121 A.G. z. R.Str.P.O. auch auf die Pfalz ausgedehnt ist, mehrfach ab und halten sich an das Vorbild der Bestimmungen des Richterdisziplinargesetzes Art. 59 ff.; vergl. auch § 65 R.A.O.

Artikel 91.

Die vorläufige Enthebung des Notars vom Dienste (Suspension) tritt entweder kraft des Gesetzes ein oder sie wird von dem Disziplinargericht oder dem Staatsministerium der Justiz verhängt.

Der suspendirte Notar hat sich der Vornahme von Amtshandlungen zu enthalten.

Amtshandlungen eines suspendirten Notars sind jedoch nicht deshalb unwirksam, weil sie der Vorschrift des Abs. 2 zuwider vorgenommen worden sind.

Bayern-Pfalz Art. 113. 118; Entwurf Art. 91; Motive 444. 445; Prot. Abg. 709; Prot. R. R. XX 11; Becher, Materialen 17. 67. 248. 358. 425.

Anm. 1. Das Gesetz unterscheidet dreierlei Fälle der Suspension; solche, in welchen die Suspension kraft Gesetzes eintritt, ohne daß es eines Ausspruchs hierüber durch die Disziplinar- oder Aufsichtsbehörde bedarf; solche, in denen die Suspension von dem Disziplinargericht verhängt werden kann, nicht muß; und endlich solche, in denen die Suspension vom Staatsministerium der Justiz als der obersten Dienstaufsichtsbehörde verhängt werden kann. Das Nähere hierüber siehe die folgenden Art. 92—94.

Anm. 2. Gesetzliche Folge der Suspension ist, daß der suspendirte Notar sich der Vornahme von Amtshandlungen zu enthalten hat. Nimmt der suspendirte Notar trotzdem Amtshandlungen vor, ist er disziplinär verantwortlich, doch sind diese Amtshandlungen im Interesse der Rechtssicherheit wirksam.

Für den suspendirten Notar ist nach Art. 95 Abs. 1 und Art. 99 Abs. 1 auf die Dauer der Suspension von Amtswegen ein Amtsverweser aufzustellen, welcher, da der suspendirte Notar nicht seines Amtes verlustig, sondern nur an dessen Ausübung verhindert ist, nach Art. 111 die Geschäfte für Rechnung des Notars führt. Die während der Suspension anfallenden Gebühren gehören daher dem Notar, welcher auch den Verweser zu vergüten und für die sonstigen Ausgaben des Amtes aufzukommen hat.

Ueber weitere Folgen der Suspension vergl. §§ 3, 4, 6 der Notariatskammerordnung vom 4. Mai 1900, wonach die aktive und passive Wahlfähigkeit des Notars zur Notariatskammer und die Kammermitgliedschaft eines der Notariatskammer angehörigen Notars, welcher der Suspension verfällt, während der Dauer der Suspension ruht.

Artikel 92.

Die Suspension tritt kraft des Gesetzes ein:

1. wenn im gerichtlichen Strafverfahren gegen den Notar die Untersuchungshaft verhängt ist, für deren Dauer;
2. wenn gegen den Notar wegen eines Verbrechens oder wegen eines Vergehens, das den Verlust des Amtes nach sich ziehen kann, das Hauptverfahren eröffnet ist, für die Zeit bis zur Erledigung des Strafverfahrens;
3. wenn im Disziplinarstrafverfahren ein noch nicht rechtskräftiges Urtheil auf Dienstentlassung ergangen ist, für die Zeit bis zur Aufhebung oder zum Vollzuge des Urtheils;
4. mit dem Antritt einer Freiheitsstrafe für die Dauer der Vollstreckung;
5. mit der Eröffnung des Konkursverfahrens für dessen Dauer;
6. mit der Einleitung des Entmündigungsverfahrens für dessen Dauer, im Falle der Entmündigung auch für die Zeit bis zu deren Wiederaufhebung;
7. mit der Stellung unter vorläufige Vormundschaft für die Dauer der vorläufigen Vormundschaft.

Bayern-Pfalz Art. 140. 141; Entwurf Art. 92; Motive 445; Prot. Abg. 709; Prot. R. R. XX 11; Becher, Materialen 17. 67. 248. 358.

Anm. 1. Die Fälle, in welchen die Suspension kraft Gesetzes eintritt, sind solche, in denen der Notar an der persönlichen Ausübung seines Amtes entweder faktisch oder doch mit Rücksicht auf das Ansehen des Amtes verhindert ist. Die Fälle der ersten vier Nummern stimmen überein mit Art. 59 R.D.G. mit der einzigen Abänderung zu Nr. 4, daß das Richterdisziplinargesetz die Suspension kraft Gesetzes nur mit dem Antritt einer wegen Verbrechens oder Vergehens zuerkannten Feiheitsstrafe mit Ausnahme der Haft zuläßt, während Nr. 4 des gegenwärtigen Artikels die Suspension für den Fall der Verbüßung jeder Freiheitsstrafe, also auch einer Haftstrafe verhängt; nach den Motiven (S. 445) besteht nach der besonderen Gestaltung der Suspension im Notariatsrechte zu einer Ausnahme für die Haftstrafe kein Anlaß. Die Fälle der Nr. 5, 6, 7 sind als Suspensionsfälle neu, aber sachlich notwendig. Während nach Art. 61 R.D.G. in den Fällen der Untersuchungshaft und des Vollzuges einer Freiheitsstrafe die Suspension bis zum Ablaufe des zehnten Tages nach Beendigung der Freiheitsentziehung dauert, hat das Notariatsgesetz von einer Wirkung der Suspension über das Ende der Freiheitsentziehung hinaus abgesehen und bestimmt, daß die Suspension nur für die Dauer der Freiheitsentziehung eintritt.

Anm. 2. Wegen Mittheilung zu Zwecken der Dienstaufsicht im strafrechtlichen und im Disziplinarstrafverfahren gegen Notare vergl. §§ 3, 5 der M.B. vom 25. April 1901, den Vollzug der gesetzlichen Vorschriften über die Disziplin betr.*), wegen Mittheilung der Eröffnung des Konkursverfahrens, der Einleitung des Entmündigungsverfahren oder der Stellung unter vorläufige Vormundschaft, dann der Beendigung und Aufhebung dieser Maßregeln vergl. § 10 a. a. O. Auf Grund dieser dienstlichen Anzeigen hat der Landgerichtspräsident, wenn ein Fall der Suspension kraft Gesetzes gegeben ist, wegen Bestellung eines Amtsverwesers an das Staatsministerium der Justiz zu berichten und in dringenden Fällen einen solchen vorläufig in eigener Zuständigkeit zu bestellen;, vergl. hierüber Art. 100 mit §§ 100 ff. Gesch.O.

Anm. 3. Zu den einzelnen Fällen:

Zu Nr. 2 vergl. §§ 33, 331, 333, 339—341, 350—353, 357, 358 Str.G.B.

Zu Nr. 3: Da die Dienstentlassung erst nach Rechtskraft des Urtheils vom Staatsministerium der Justiz verfügt wird (vergl. Art. 71 Anm. 2), der Notar aber, gegen den auf Dienstentlassung erkannt ist, jedenfalls so schwer compromittirt ist, daß eine weitere Ausübung des Amtes durch ihn mit dem Ansehen des Amtes und Standes unvereinbar ist, ist seine Suspension als gesetzliche Folge des Urtheils gerechtfertigt. Sie ist aber auch im Interesse des Notars, weil das Ministerium mit dem Vollzuge der Dienstentlassung unter Umständen, z. B. bei schwerer Erkrankung des Notars, zuwarten kann.

Zu Nr. 4: Ueber den Antritt der Freiheitsstrafe hat der Notar zuvor so rechtzeitig Bericht zu erstatten, daß die Aufstellung des Verwesers und die Uebergabe des Amtes an diesen ordnungsmäßig erfolgen kann.

Zu Nr. 7: vergl. §§ 114, 1906 B.G.B.

Artikel 93.

Die Suspension kann von der Disziplinarkammer verhängt werden:

1. wenn gegen den Notar ein Disziplinarverfahren anhängig ist, bei dem die Verurtheilung zur Strafversetzung oder Dienstentlassung in Aussicht steht;

---

*) S. oben S. 245.

2. wenn außer dem Falle des Artikel 92 Nr. 2 gegen den Notar eine Voruntersuchung oder ein Hauptverfahren wegen eines Verbrechens oder Vergehens eröffnet ist;
3. wenn gegen den Notar ein Verfahren nach den Artikeln 88, 89 eingeleitet ist.

Die Entscheidung erfolgt von Amtswegen oder auf Antrag des Staatsanwalts. Sie ist mit Gründen zu versehen und dem Notar zuzustellen. Gegen die Entscheidung ist Beschwerde zum Disziplinarhofe zulässig. Die Beschwerde hat keine aufschiebende Wirkung.

Im Falle des Abs. 1 Nr. 1 kann die Suspension im Laufe des Berufungsverfahrens vom Disziplinarhof auch dann verhängt werden, wenn die Disziplinarkammer eine Entscheidung darüber nicht getroffen hat.

Bayern-Pfalz Art. 140. 141; Entwurf Art. 93; Motive 445; Prot. Abg. 709. 732; Prot. R. R. XX 11; Verh. Abg. 809; Becher, Materialien 17. 67. 248. 287. 358. 425.

Anm. 1. Außer den im vorigen Paragraphen besprochenen Fällen kann auch in einem gegen den Notar anhängigen Disziplinar- oder Strafverfahren und im Verfahren wegen Zwangsenthebung die Suspension des Notars als nothwendig sich erweisen. Die Entscheidung hierüber steht den Disziplinargerichten zu und ist Ermessensfrage. Sie kann in jedem Stadium des Verfahrens, in den Fällen der Nr. 1 und 3 mit Einleitung des Verfahrens oder im späteren Verlauf desselben, im Falle der Nr. 2 nach Eröffnung der Voruntersuchung durch den Untersuchungsrichter oder des Hauptverfahrens durch die Strafkammer oder im weiteren Verlauf des Strafverfahrens erfolgen.

Die Fälle in Nr. 1 und 2 sind dem Art. 69 R.D.G. entnommen und kommen bei der Strafversetzung (Art. 74) und der Dienstentlassung (Art. 71, 72) sowie im Strafverfahren wegen eines Verbrechens oder Vergehens, das nicht den Verlust des Amtes nach sich zieht, in Frage, während Nr. 3 die Suspension im Falle der Zwangsenthebung zuläßt. Bei Zwangsversetzung (Art. 86) im Gegensatze zur Strafversetzung kann die Suspension nicht von der Disziplinarkammer verhängt werden sondern nur vom Staatsministerium der Justiz im Falle des Art. 94 Nr. 3; siehe dort und Anm. 4 zu Art. 94.

Anm. 2. Die Entscheidung erfolgt in allen Fällen von der Disziplinarkammer, deren Präsident in den Fällen der Nr. 2 durch den an ihn vom Landgerichtspräsidenten gemäß §§ 3, 4 der M.E. vom 25. April 1901*) zu erstattenden Bericht Kenntniß von der Eröffnung der Voruntersuchung oder des Hauptverfahrens erhält und den Beschluß der Disziplinarkammer zu veranlassen hat. Antragsberechtigt ist in allen Fällen der Staatsanwalt der Disziplinarkammer d. i. der Oberstaatsanwalt des Oberlandesgerichts.

Gegen den die Suspension verhängenden Beschluß steht dem Notar, gegen den Beschluß, durch welchen der Antrag des Staatsanwalts auf Verhängung der Suspension abgelehnt ist, letzterem Beschwerde zum Disziplinarhof zu. Die Beschwerde ist eine einfache und an keine Frist gebunden. Daß die Beschwerde keine aufschiebende Wirkung hat, rechtfertigt sich aus der Natur der Suspension, deren Wirkung sonst illusorisch wäre.

Während in den Fällen der Nr. 2 und 3 der Disziplinarhof über die Frage der Suspension nur zu entscheiden hat, wenn hierüber die Disziplinarkammer in erster Instanz Entscheidung getroffen hat und diese Entscheidung mit Beschwerde angefochten

---

*) S. oben S. 245.

ist, sei es daß der Notar gegen die verhängte Suspension oder der Staatsanwalt gegen die Ablehnung seines Antrags auf Verhängung der Suspension Beschwerde eingelegt hat, ist der Disziplinarhof im Falle der Nr. 1, wenn Strafversetzung oder Dienstentlassung in Frage kommen, zuständig, die Suspension auch dann zu verhängen, wenn über diese von der ersten Instanz weder von Amtswegen noch auf Antrag des Staatsanwalts eine Entscheidung getroffen, der Disziplinarhof mit der Sache nur wegen Beschwerde in der Hauptsache befaßt ist.

Artikel 94.

Die Suspension kann vom Staatsministerium der Justiz verhängt werden:

1. wenn der Notar sich ohne Urlaub von seinem Amtssitz entfernt, für die Dauer der Abwesenheit und der darauf folgenden zehn Tage;
2. wenn gegen den Notar die Zulässigkeit der Enthebung vom Amte nach Artikeln 88 ausgesprochen ist, für die Zeit bis zur Enthebung;
3. wenn der Notar rechtskräftig zur Strafversetzung verurtheilt oder nach Artikeln 86, für versetzbar erklärt ist, für die Zeit bis zur Versetzung. Die Suspension tritt mit dem Ablaufe von sechs Monaten außer Wirksamkeit, wenn die Versetzung bis dahin nicht erfolgt ist.

Entwurf Art. 94; Motive 445; Prot. Abg. 710. 711; Prot. R. R. XX 11; Verh. Abg. 899; Becher, Materialien 18. 68. 251. 358. 426.

Anm. 1. Die Vorschriften über Verhängung der Suspension durch das Staatsministerium der Justiz sind gegenüber dem früheren Rechte vollständig neu. Die Suspension im Falle unerlaubter Entfernung ist an sich selbstverständlich und nur deshalb vom Gesetze ausdrücklich aufgenommen, weil es unter Umständen geboten sein kann, die Suspension über die Dauer der thatsächlichen Abwesenheit hinaus auszudehnen. Eine solche Ausdehnung kann dann veranlaßt sein, wenn für die Zeit der unerlaubten Abwesenheit ein Amtsverweser bestellt ist. Die Beendigung der Suspension mit dem Augenblicke der Rückkehr des Notars könnte den Notariatsverweser in bedenkliche Verlegenheit bringen, weshalb im Interesse des Verwesers, damit er nicht plötzlich durch die unerwartete Rückkehr des Notars seiner Funktion entsetzt ist, das Gesetz eine Schutzfrist von zehn Tagen bestimmt hat. Da die Suspension nicht verhängt werden muß, sondern nur verhängt werden kann, wenn die Verhältnisse solche erfordern, ist es auch dem Ermessen des Ministeriums anheim gegeben, ob die Suspension über die Dauer der Abwesenheit des Notars und ob volle zehn Tage oder kürzer wirken soll. Es wird unbedenklich sein, die Suspension mit der Rückkehr des Notars wieder aufzuheben, wenn gegen die sofortige Amtsübernahme durch diesen keine dienstlichen Bedenken bestehen und ein bei ihm vielleicht ohnehin beschäftigter Praktikant als Verweser bestellt oder der Verweser mit seiner sofortigen Enthebung einverstanden ist.

Ist die baldige Rückkehr des Notars in sicherer Aussicht, z. B. bei einer eigenmächtigen Urlaubsüberschreitung oder wenn der Notar unverschuldet durch vis major von der rechtzeitigen Rückkehr abgehalten wird (Naturereigniß, plötzliche Erkrankung u. a.), kann eine Suspension überhaupt unterbleiben; vergl. § 10 Abs. 3 der M.E. vom 25. April 1901*).

---

*) S. oben S. 245.

Anm. 2. Ueber Urlaub vergl. Not.Gesch.O.

§ 293. Ohne Urlaub darf der Notar seinen dienstlichen Wohnsitz nicht auf mehr als vierundzwanzig Stunden verlassen.

Bis zur Dauer von drei Tagen kann er sich selbst beurlauben; von der Selbstbeurlaubung hat er dem Landgerichtspräsidenten unverzüglich Anzeige zu erstatten. Die Befugniß zur Selbstbeurlaubung kann im Falle des Mißbrauchs vom Staatsministerium der Justiz entzogen werden.

§ 294. Der Präsident des Landgerichts kann dem Notar auf Ansuchen für jedes Geschäftsjahr einen regelmäßigen Geschäftsurlaub bis zur Dauer von einem Monat ertheilen.

Außer dem regelmäßigen Geschäftsurlaub kann der Präsident des Landesgerichts dem Notar aus erheblichen Gründen außerordentlichen Urlaub bis zur Dauer einer Woche bewilligen.

§ 295. Gesuche um Geschäftsurlaub auf längere Dauer als einen Monat, sowie Gesuche um außerordentlichen Urlaub auf länger als eine Woche sind auf dem Dienstweg an das Staatsministerium der Justiz zu richten.

Die Gesuche sind entsprechend zu begründen und erforderlichen Falls zu belegen.

§ 296. Jede Urlaubsbewilligung setzt voraus, daß für ordnungsmäßige Wahrnehmung des Dienstes gesorgt ist.

Der Notar hat daher mit seinem Urlaubsgesuche seine Vorschläge für die Amtsverwesung zu verbinden.

Hierzu folgende Bemerkungen:

1. Abwesenheit auf auswärtige Amtsgeschäfte wird in der Regel nicht über 24 Stunden dauern; sollte ausnahmsweise ein auswärtiges Geschäft so viele Zeit beanspruchen, daß der Notar am gleichen Tage nicht mehr heimkehren kann, z. B. wenn eine Versteigerung einer größeren Anzahl von Grundstücken bis in den späten Abend dauert und nicht abgebrochen werden kann, ist dieser Fall, da der Notar dienstlich abwesend ist, nicht als unerlaubte Abwesenheit vom Wohnsitz zu erachten.

2. Erkrankung des Notars. Bei leichterer oder plötzlicher Erkrankung des Notars ist derselbe nicht gehindert, im Krankenzimmer oder sogar vom Krankenlager aus zu amtiren, wenn hiermit keine besondere Belästigung der Betheiligten verbunden ist und diese hierzu bereit sind. Man denke z. B. an den Fall, daß während der Aufnahme eines durch Vorbesprechungen, Correspondenzen, Einsicht des Hypothekenbuches u. dergl. schon vorbereiteten Amtsgeschäftes der Notar plötzlich erkrankt und sich legen muß.

Nach einer autogr. M.Entschl. vom 9. Mai 1900 Nr. 18017 „bedarf ein Notar, welcher wegen Erkrankung sein Amt auf einige Zeit nicht ausüben kann, für die voraussichtliche Dauer der Krankheit eines Urlaubs nur dann, wenn er seinen Amtssitz zum Zwecke der Kur oder Erholung zu verlassen veranlaßt ist; anderenfalls kann ihm vom Landgerichtspräsidenten und, wenn der Fall dessen Zuständigkeit überschreitet, vom Staatsministerium der Justiz auch ohne Urlaubsgewährung ein Amtsverweser bestellt werden".

Nach der gleichen M.Entschl. „ist, wenn ein Notar wegen Krankheit auf längere Zeit um Urlaub oder um Bestellung eines Amtsverwesers bittet, nicht unbedingt die Vorlegung eines amtsärztlichen Zeugnisses erforderlich, sondern kann auch ein Zeugniß des behandelnden Arztes genügen. Jedoch bleibt es den Aufsichtsbehörden vorbehalten, im einzelnen Falle ein amtsärzliches Zeugniß einzufordern. Dies soll immer dann geschehen, wenn die Dauer der Amtsunfähigkeit sich voraussichtlich auf länger als sechs Wochen erstreckt oder wenn die Amtsverwesung die Aufwendung von Kosten für die Staatskasse zur Folge hat".

3. Selbstbeurlaubung. Nach der oben angeführten M.Entschl. vom 9. Mai 1900 „hat der Notar, wenn er von dem Recht der Selbstbeurlaubung auf drei Tage Gebrauch macht, selbstverständlich die Pflicht, soweit möglich dafür zu sorgen, daß hieraus nicht dem Dienste oder den Gerichtsbaren Schaden erwächst. Doch wird nicht

in jedem Falle gefordert werden können, daß die Bestellung eines Amtsverwesers stattfindet. Nicht selten wird sogar hiervon ohne jeden Schaden für die Bevölkerung Umgang genommen werden können, wenn ein anderer Notar sich in der Nähe befindet oder ein Anfall unverschieblicher Geschäfte unwahrscheinlich ist. In anderen Fällen wird bei unvorhergesehener Nothwendigkeit der Abreise des Notars nach den Umständen sogar die Möglichkeit der Bestellung eines Amtsverwesers auf so kurze Zeit ausgeschlossen sein. Für Nothfälle bei der Testamentserrichtung geben die Vorschriften in § 2249 B.G.B. Abhilfe. Der Notar wird deshalb im Falle der Selbstbeurlaubung zunächst selbst pflichtmäßig zu erwägen haben, ob nach den Umständen die Bestellung eines Amtsverwesers erforderlich und möglich ist; er bleibt hierfür dienstlich verantwortlich und ist selbstverständlich auch in diesem Punkte verpflichtet, den Weisungen der vorgesetzten Stellen Folge zu leisten".

Die Fälle der Selbstbeurlaubung können mannigfach privater oder dienstlicher Natur sein, z. B. eine Familien- oder sonstige Feier, dringende Privatgeschäfte, auch dienstliche Behinderung u. dergl. Selbsturlaub ist auch zulässig, wenn der Notar zwar nicht vom Amtssitze abwesend, aber von der Vornahme von Amtsgeschäften abgehalten ist, und kann auch für einen und selbst für einen halben Tag genommen werden, wenn z. B. ein unaufschiebliches Amtsgeschäft angesagt, der Notar aber abgehalten ist, es selbst vorzunehmen.

Die Selbstbeurlaubung bis zu drei Tagen ist nicht auf einen einmaligen Fall im Jahre beschränkt, sondern kann im gleichen Jahre wiederholt erfolgen, sofern nur die Ausübung der Befugniß nicht mißbraucht wird; hierfür ist weniger die Häufigkeit als wie der Anlaß der Selbstbeurlaubung entscheidend. Hieraus ergibt sich, daß wenigstens bei häufiger Selbstbeurlaubung, um nicht in den Verdacht des Mißbrauchs zu kommen, die Angabe des Anlasses sich empfiehlt. Die Tage der Selbstbeurlaubung werden in den regelmäßigen Geschäftsurlaub nicht eingerechnet.

4. Einberufung zum Militärdienst. Nach einer Entschließung des K. Staatsministeriums der Justiz vom 29. April 1902 Nr. 18595 haben Notare, die zu militärischen Uebungen einberufen sind, wie alle Beamte für die Zeit ihres Fernbleibens vom Dienste zum Zwecke der Ableistung der Uebung um Urlaub nachzusuchen. S. auch M.Bktm. vom 23. April 1901, die Einberufung zu militärischen Uebungen betr., J.M.Bl. S. 321.

5. Außerordentlicher Urlaub. Wenn besondere Anlässe den Notar nötigen, länger wie drei Tage vom Amtssitze abwesend zu sein, oder ihn von der persönlichen Amtsausübung abhalten, z. B. Trauerfall oder sonstige besondere Ereignisse in der Familie, dringende auswärtige Privatgeschäfte, welche die längere Abwesenheit des Notars vielleicht im Ausland erfordern, Antheilnahme an Landtags- und Reichstagsverhandlungen, Einberufung zum Militärdienst (siehe vorige Nr. 4), kann der Landgerichtspräsident dem Notar nach § 294 Abs. 2 Gesch.O. einen außerordentlichen Urlaub bis zu einer Woche bewilligen. Bei längerer Abwesenheit ist zur Urlaubsbewilligung nach § 295 Gesch.O. das Staatsministerium der Justiz zuständig. Auch ein solcher außerordentlicher Urlaub wird in den regelmäßigen Geschäftsurlaub, auf den der Notar bis zur Dauer eines Monats als Erholungsurlaub Anspruch hat, nicht angerechnet.

Anm. 3. Neben der Suspension, die auch bei unerlaubter Entfernung des Notars für diesen nicht die Eigenschaft einer Strafe hat, sondern nur im Interesse des Dienstes ausgesprochen wird, um auf die Dauer der Abwesenheit des Notars einen Amtsverweser bestellen zu können, bleibt selbstverständlich die disziplinäre Einschreitung gegen den Notar wegen unerlaubter Entfernung d. i. wegen eines Dienstvergehens nach Art. 67 mit § 293 Abs. 1 Gesch.O. vorbehalten.

Anm. 4. Wenn die Disziplinargerichte von der Befugniß des vorigen Art. 93 Nr. 3 im Laufe des Verfahrens keinen Gebrauch gemacht haben, kann das Staatsministerium der Justiz zwar nicht während des Verfahrens, aber nach erfolgtem Ausspruch über Zulässigkeit der Zwangsenthebung, welcher gemäß Art. 89 Abs. 1 mit Art. 87 Abs. 3 letzter Satz sofort rechtskräftig ist, bis zum Vollzug der Zwangsenthebung die Suspension verhängen. Diese Bestimmung wie auch die gleiche Bestimmung bei Strafversetzung und Zwangsversetzung liegt im Interesse des Notars selbst, weil sie der Justizverwaltung die Möglichkeit gewährt, die Entfernung des Notars von seiner Stelle mit einer gewissen Schonung auszuführen und mit dem Vollzug einige Zeit zuzuwarten, während anderen Falls das Interesse der Bevölkerung zur sofortigen Entfernung des Notars zwingen würde (Motive 445).

Siebenter Abschnitt.

Notariatsverweser.

Bayern Art. 39—42. 103; Bayern-Pfalz Art. 120. 123; Pfalz Art. 1—8 Ges. vom 16. Mai 1868.

Vorbemerkung.

Die Vorschriften des neuen Notariatsgesetzes über die Notariatsverweser stehen gegenüber dem bisherigen Rechte auf einer neuen Grundlage. Bisher war der Notariatsverweser mit Rücksicht auf die Auffassung des Notariats als einer persönlichen Funktion nur persönlicher Stellvertreter des Notars. Er übte die Funktion des Notars aus und verlor deshalb sein Amt von selbst durch den Tod oder die Amtsenthebung des Notars. Solange ein Notar nicht vorhanden, die Stelle nicht besetzt war, konnte ein Verweser nicht bestellt werden, was insbesondere bei Erledigung von Stellen durch Todesfall sich sehr unangenehm fühlbar gemacht hat.

Nach neuem Recht ist in Folge der Verleihung der Behördeneigenschaft an die Notariate der Notariatsverweser nicht mehr Vertreter des Notars, sondern statt des Notars Vertreter der Behörde und vom Notar unabhängig. Es kann in Folge dessen künftig bei Erledigung eines Notariates ein Verweser für dasselbe aufgestellt werden, so daß eine die Interessen der Bevölkerung beeinträchtigende Unterbrechung der Notariatsgeschäfte vermieden wird.

Des Einzelnen enthalten Art. 95 die Fälle, in denen ein Notariatsverweser bestellt werden kann, Art. 96 die Voraussetzungen zur Ernennung als Notariatsverweser, Art. 97, 98 Bestimmungen über Aufstellung von Gerichtsbeamten und Notaren zu Notariatsverwesern, Art. 99, 100 Vorschriften über die Bestellung von Notariatsverwesern, Art. 101—103 Bestimmungen über die Dauer der Amtsverwesung, Art. 104 solche über Bekanntmachung der Amtsverwesung, Art. 105 über Eidesleistung, Art. 106 Vorschrift über Benützung der Amtsräume des Notariats durch den Verweser, Art. 107, 108 Bestimmungen bei Bestellung eines Gerichtsbeamten zum Notariatsverweser, Art. 109 Vorschrift über Verwendung der Notariatsgehilfen durch den Amtsverweser, Art. 110 Vorschrift über die Unterschrift des Notariatsverwesers, Art. 111—114 die Frage, auf wessen Rechnung die Geschäfte vom Notariatsverweser zu führen sind, Art. 115 behandelt die Haftung des Notars und des Notariatsverwesers für die Amtshandlungen des letzteren, Art. 116—117 geben Bestimmungen über Dienstaufsicht und Disziplin über die Notariatsverweser und Art. 118 erklärt die übrigen für die Notare gegebenen Vorschriften des Gesetzes auf die Notariatsverweser entsprechend anwendbar.

Die Vollzugsvorschriften bezüglich der Amtsverwesung sind enthalten in §§ 299—311 Not.Gesch.O.; siehe des Näheren hierüber und bezüglich der weiter erlassenen Vollzugsbestimmungen unten bei den einzelnen Artikeln.

Artikel 95.

Für die Dauer der Beurlaubung, der Suspension, der sonstigen Behinderung des Notars oder der vorübergehenden Erledigung eines Notariats soll die Wahrnehmung der Amtsgeschäfte einem Amtsverweser (Notariatsverweser) übertragen werden.

Ein Notariatsverweser soll ferner bestellt werden, wenn die Besetzung eines Notariats mit einem Notar wegen der Geringfügigkeit der Zahl der Amtsgeschäfte unthunlich ist.

Entwurf Art. 95; Motive 419. 445; Prot. Abg. 712; Verh. d. Abg. 902; Prot. R.R. XX 12; Becher, Materialien 18. 68. 253. 427. 359.

Anm. 1. In Abs. 1 sind die Fälle der vorübergehenden, zeitweisen Bestellung eines Amtsverwesers, in Abs. 2 der Fall der ständigen Aufstellung eines solchen behandelt. In allen Fällen ist es dem Ermessen der Justizverwaltung überlassen, ob sie die Bestellung eines Notariatsverwesers für erforderlich erachtet, und kann von einer solchen abgesehen werden, wenn z. B. die Abwesenheit, Erkrankung oder sonstige Behinderung des Notars von ganz kurzer Dauer ist. Das Gesetz schreibt deshalb nicht imperativ vor, daß und in welchen Fällen ein Notariatsverweser bestellt werden muß, sondern nur, daß ein solcher bestellt werden soll.

Ueber die Fälle der Beurlaubung vergl. §§ 293—298 Gesch.O. und oben Art. 94 Anm. 2, über Suspension, Art. 91—94. Sonstige Behinderung des Notars sind Abwesenheit, Erkrankung, private oder dienstliche Abhaltung; darüber insbesondere, daß in Erkrankungsfällen auch ohne Urlaubsgewährung ein Amtsverweser bestellt werden kann, vergl. Art. 94 Anm. 2 Nr. 2 und die dortselbst angeführte M.Entschl. vom 9. Mai 1900 Nr. 18017; das gleiche gilt auch für sonstige Behinderung des Notars. Vorübergehende Erledigung eines Notariats tritt beim Ableben oder bei Pensionirung, Amtsenthebung des Notars bis zur Ernennung seines Amtsnachfolgers ein.

Anm. 2. Von einschneidender Bedeutung ist die in Abs. 2 gegebene Bestimmung der Organisation. Die Vorschrift des Art. 6 des Gesetzes, daß in jedem Amtsgerichtsbezirke wenigstens ein Notariat bestehen soll, in Verbindung mit der Vorschrift des Art. 7, daß jedes Notariat mit einem Notar besetzt wird, würde an sich zur Folge haben, daß auch die kleinsten Notariate mit nur geringfügigem Geschäftsanfall mit einem Notar besetzt werden müßten, dessen Gebührenanfälle zu seinem standesgemäßen Unterhalte nicht ausreichen würden; abgesehen von dieser Frage des Einkommens würden diese Notare an so kleinen Notariaten auch nur ungenügend beschäftigt sein. Eine Zuschußbewilligung aus der Staatskasse in Anwendung der in Art. 84 Abs. 2 vorgesehenen Ausnahmebestimmung bei allen s. g. nothleidenden Notariaten würde außerdem die Staatskasse unverhältnißmäßig belasten. Deßhalb räumt das Gesetz der Staatsregierung die Befugniß ein, solche kleine Notariate unbesetzt zu lassen und für sie einen Verweser zu bestellen. Es ist dies eine Ausnahme von der Regel des Art. 7; das Notariat bleibt unbesetzt und werden die Geschäfte von einem Verweser besorgt; vergl. Art. 7 Anm. 1. Von dieser Befugniß ist in § 2 der Allerh. Verordnung vom 22. Dezember 1899, die Zahl und die Sitze der Notariate und ihre Besetzung betr., G.V.Bl. 1899 S. 1205, J.M.Bl. 1899 S. 733 für mehrere Notariate Gebrauch gemacht; vergl. Art. 6 Anm. 5.

Anm. 3. Ueber Amtsverwesung sind die näheren Vollzugsvorschriften in §§ 299—311 Gesch.O. erlassen.

§ 299. Ergibt sich die Nothwendigkeit der Bestellung eines Notariatsverwesers, so hat der Notar und bei dessen Verhinderung oder Abwesenheit das Amtsgericht, in dessen Bezirk das Notariat sich befindet, dem Präsidenten des Landgerichts Bericht zu erstatten.

Der Präsident des Landgerichts kann auch sonst, wenn er von der Nothwendigkeit der Bestellung eines Notariatsverwesers Kenntniß erhält, ohne weiteres das Erforderliche anordnen.

§ 300. Die Präsidenten der Landgerichte sind nach Art. 100 Abs. 2 des Notariatsgesetzes berufen, in dringlichen Fällen Notariatsverweser vorläufig zu bestellen.

Die Präsidenten der Landgerichte sind ferner auf Grund Art. 100 Abs. 3 des Notariatsgesetzes vom Staatsministerium der Justiz ermächtigt, Notariatsverweser in den Fällen der Beurlaubung für diejenige Zeit zu bestellen, für welche sie den Urlaub ertheilen und in den Fällen der Erkrankung oder sonstigen Behinderung eines Notars sowie der Erledigung eines Notariats auf solange, als sie Urlaub ertheilen können.

§ 301. Die Präsidenten der Landgerichte sollen zu Notariatsverwesern nur Notare (unter Einhaltung der Bestimmungen des Art. 98 des Notariatsgesetzes), Gerichtsbeamte (Oberamtsrichter, Amtsrichter, rechtskundige Sekretäre des Amtsgerichts, in dessen Bezirk das Notariat liegt), und solche nach Art. 96 des Notariatsgesetzes zur Uebernahme von Notariatsverwesungen befähigte Personen bestellen, welche vom Staatsministerium der Justiz ein Zeugniß für die allgemeine Zulassung zu diesem Dienste erhalten haben.

Die Gesuche um Ertheilung solcher Zeugnisse sind auf dem Dienstwege mit eingehenden Gutachten vorzulegen.

Die ertheilten Zeugnisse können vom Staatsministerium der Justiz eingezogen werden.

§ 302. Liegt ein Fall vor, in welchem der Landgerichtspräsident zur Bestellung eines Verwesers nicht zuständig ist, oder hat der Landgerichtspräsident Bedenken über seine Zuständigkeit, so ist an das Staatsministerium der Justiz zu berichten.

Das Gleiche soll geschehen, wenn eine Person als Notariatsverweser aufgestellt werden soll, zu deren Aufstellung der Landgerichtspräsident nach § 301 nicht ermächtigt ist, oder wenn der Landgerichtspräsident hinsichtlich der aufzustellenden Person Bedenken hat.

§ 303. So oft es sich darum handelt, daß die Geschäfte eines Notariats auf Rechnung des Staates geführt werden sollen, ist der Notariatsverweser vom Präsidenten des Landgerichts nur vorläufig zu bestellen, und über die Bestellung und die Uebernahme auf Rechnung des Staates an das Staatsministerium der Justiz zu berichten.

§ 304. Im Falle des Art. 111 Abs. 2 Satz 2 des Notariatsgesetzes kann der Landgerichtspräsident vor der Bestellung des Notariatsverwesers von dem Notar die Abgabe der Erklärung über die Verpflichtung zur Rückvergütung verlangen. Ueber die Gewährung von Vergütungen ist stets an das Staatsministerium der Justiz zu berichten.

§ 305. Uebersteigt die Zeit, für welche ein Notariatsverweser bestellt wird, nicht eine Woche, so hat der Verweser selbst von seiner Bestellung der zuständigen Kreisregierung, dem Amtsgerichte und dem Rentamt Anzeige zu erstatten. Erfolgt die Bestellung auf längere Zeit, gleichviel ob sie durch das Staatsministerium der Justiz oder durch den Landgerichtspräsidenten verfügt wird, so hat der Landgerichtspräsident die in § 4 Abs. 2 der Geschäftsordnung vorgesehenen Mittheilungen zu machen; dem Verweser obliegt in solchem Falle die Anzeige nach § 4 Abs. 3 der Geschäftsordnung. Die Aufstellung ständiger Verweser im Falle des Art. 95 Abs. 2 des Notariatsgesetzes wird überdies im Justizministerialblatte bekannt gemacht.

§ 306. Ueber alle Fälle, in welchen der Landgerichtspräsident einen Notariatsverweser auf längere Zeit, als auf eine Woche bestellt, ist dem Staatsministerium der Justiz Anzeige zu erstatten. Die Anzeigen können für ein bis zwei Monate zusammengefaßt werden.

§ 307. Der aufgestellte Amtsverweser ist vom Präsidenten des Landgerichts zum Dienstantritte einzuberufen und, soweit nöthig, zu vereidigen. Die §§ 1 und 2 der Geschäftsordnung finden entsprechende Anwendung. Die Vereidigung kann dem Amtsgericht übertragen werden, in dessen Bezirke sich das Notariat befindet. Der Präsident des Landgerichts soll von der Uebertragungsbefugniß Gebrauch machen, wenn er keinen Anlaß hat, das persönliche Erscheinen des

Verwesers zu wünschen. Von der Uebertragung soll er den Verweser in Kenntniß setzen.

Der § 3 Abs. 3 der Geschäftsordnung findet auch auf Verweser entsprechende Anwendung.

§ 308. Die Amtsübernahme durch den Verweser hat in der gleichen Weise zu erfolgen, wie die Amtsübernahme durch den Notar. Ist bei besetztem Notariate die Amtsverwesung nur für den Fall vorübergehenden Bedürfnisses bestimmt, die Rückübernahme durch den Uebergebenden also in absehbarer Zeit zu erwarten, so kann die Uebergabe, wenn beide Teile damit einverstanden sind, in Bausch und Bogen und ohne Protokoll erfolgen. Der im § 8 vorgeschriebene Vermerk im Geschäftsregister hat dagegen stets stattzufinden.

Das Staatsministerium der Justiz behält sich vor, für einzelne Fälle abweichende Bestimmungen zu treffen.

§ 309. Die Beisetzung der amtlichen Eigenschaft als Verweser zur Unterschrift (Art. 110 des Notariatsgesetzes) kann in der Form

„X.
Notariatsverweser“

erfolgen.

Hat der Notariatsverweser sich im Protokolle mit seiner Amtseigenschaft zu bezeichnen, so kann dies in der Form

„Verweser des K. Notariats N.“

geschehen. Einer Angabe darüber, von wem oder aus welchem Anlaß die Bestellung des Verwesers geschehen ist, bedarf es nicht.

§ 310. Die Vorschrift des Art. 101 Satz 2 des Notariatsgesetzes, daß der Notar sich während der Zeit, in welcher der Verweser zur Führung der Geschäfte berufen ist, der Vornahme von Amtsgeschäften enthalten soll, ist dahin zu verstehen, daß der Notar in solchem Falle auch nicht dem Amtsverweser Gehilfendienste leisten darf.

Dies schließt die Ertheilung von Aufschlüssen und eine gewisse Mitüberwachung nicht aus. Dagegen soll der Notar, dem ein Amtsverweser bestellt ist, weder von diesem Amtsverweser noch von einem anderen Notar als „zweiter Notar“ beigezogen werden.

§ 311. Im Falle der vorzeitigen Endigung einer Notariatsverwesung nach Art. 103 des Notariatsgesetzes hat der Verweser hievon dem Präsidenten des Landgerichts Anzeige zu erstatten. Dieser berichtet dem Staatsministerium der Justiz, sofern dasselbe von der Aufstellung des Verwesers Kenntniß hat.

Artikel 96.

Notariatsverweser kann nur werden, wer die Voraussetzungen für die Ernennung zum Notar erfüllt hat.

Von dem Erfordernisse der Ableistung eines Vorbereitungsdienstes bei einem Notariate kann für die Bestellung zum Notariatsverweser außer bei Personen, die das Richteramt bekleiden oder bekleidet haben, auch bei den zum Richteramte befähigten Gerichtsschreibern der Amtsgerichte abgesehen werden.

Ein Rechtsanwalt kann nicht zum Notariatsverweser bestellt werden.

Entwurf Art. 96; Motive 420. 446; Prot. Abg. 712; Prot. R.R. XX 12; Becher, Materialien 18. 69. 253. 360.

Anm. 1. Die Voraussetzungen für Bestellung zum Notariatsverweser sind im Allgemeinen die gleichen, wie für die Ernennung zum Notar, nämlich Erlangung der Fähigkeit zum Richteramt und in der Regel zweijähriger Vorbereitungsdienst bei einem Notariat, welcher Vorbereitungsdienst nach der Erlangung der Fähigkeit zum Richteramt, d. i. nach bestandenem juristischen Staatskonkurs abgeleistet werden soll; vergl. Art. 9.

Bezüglich der Vorbereitungspraxis siehe des Näheren A.V. vom 4. Januar 1901, die Praxis der Bewerber um Anstellung im höheren Justizstaatsdienste betr., G.V.Bl. 1901 S. 31, J.M.Bl. 1901 S. 49 und M.Bktm. gleichen Betr. vom 7. Januar 1901 J.M.Bl. S. 54.

Von der Regel der mindestens zweijährigen Vorbereitungspraxis sind wie bei der Anstellung zum Notar so auch bei der Bestellung zum Notariatsverweser Ausnahmen zulässig; gut qualifizirte Notariatspraktikanten werden mitunter schon vor vollendeter zweijähriger Vorbereitungspraxis wenn auch nicht als Verweser eines unbesetzten Notariats, so doch in den Fällen der Beurlaubung, Erkrankung oder sonstigen Behinderung des Notars als Notariatsverweser bestellt.

Wie für die Ernennung zum Notar (Art. 9 Abs. 3), so kann auch für die Bestellung zum Notariatsverweser bei Personen, die das Richteramt bekleiden oder bekleidet haben, abgesehen werden, weil sie durch die Befähigung zum Richteramte in der Regel auch die Befähigung zum Notariatsdienste erlangt haben werden; auch würde es sonst schwierig und oft nicht möglich sein, Richterbeamte mit der Verwesung eines Notariates zu betrauen, wie dies in Art. 97 besonders vorgesehen ist. Um zur Vermeidung einer übermäßigen Belastung der Richter bei den Amtsgerichten auch die rechtskundigen Sekretäre der Amtsgerichte im Bedarfsfalle als Notariatsverweser bestellen zu können, war es notwendig zu bestimmen, daß auch bei den zum Richteramte befähigten Gerichtsschreibern der Amtsgerichte, welche im Allgemeinen die gleiche Vorbildung und Vorbereitungspraxis wie die Bewerber um das Richteramt haben, von dem Erfordernisse der Ableistung eines Vorbereitungsdienstes bei einem Notariate abgesehen werden kann.

Dagegen können Rechtsanwälte aus dem gleichen Grunde, wie sie nicht zu Notaren ernannt werden können, wenn sie nicht die allgemeinen Voraussetzungen hierzu erfüllt haben, auch nicht zu Notariatsverwesern bestellt werden. Nach dem von dem Gesetze aufrecht erhaltenen Prinzip der Unvereinbarkeit der Rechtsanwaltschaft mit dem Notariate muß ein Rechtsanwalt, welcher zum Notariatsdienste übertreten will, seine Rechtsanwaltschaft niederlegen und kann nur Notar oder Notariatsverweser werden, wenn er entweder schon vor der Rechtsanwaltschaft oder nach Niederlegung derselben eine mindestens zweijährige Vorbereitungspraxis bei einem Notariate abgeleistet hat; vergl. Art. 9 Anm. 3.

Anm. 2. Nach §§ 3, 4 der Notariatskammer-Ordnung vom 4. Mai 1900, G.V.Bl. S. 435, J.M.Bl. S. 837 sind Notariatsverweser als solche zur Notariatskammer weder wahlberechtigt noch wählfähig.

Artikel 97.

Die Richter und die zum Richteramte befähigten Gerichtsschreiber der Amtsgerichte sind verpflichtet, sich am Sitze des Gerichts zum Notariatsverweser bestellen zu lassen.

Entwurf Art. 97; Motive 420. 446; Prot. Abg. 712; Verh. Abg. 903; Prot. R.R. XX 12; Becher, Materialien 18. 69. 254. 360. 427.

Anm. 1. Bei den Notariaten, für welche wegen Geringfügigkeit der Zahl der Amtsgeschäfte ein ständiger Notariatsverweser bestellt ist, würde Letzterer ebenso wenig ausreichend beschäftigt sein als der Notar. Um dies zu verhüten, sieht das Gesetz vor, daß die Amtsverwesung den Richtern und rechtskundigen Gerichtsschreibern der Amtsgerichte als Nebenamt übertragen werden kann. Unter Richter sind nur die Richter des Amtsgerichtes (Amtsrichter und Oberamtsrichter) verstanden. Die Vergütung eines zum vorübergehenden oder ständigen Verweser eines unbesetzten Notariates bestellten Gerichtsbeamten ist in Art. 113 geregelt.

Die Verpflichtung der Richter und der zum Richteramte befähigten Gerichtsschreiber der Amtsgerichte, sich am Sitze ihres Gerichts zum Notariatsverweser bestellen zu lassen, ist nicht auf die Notariate mit unzureichender Geschäftslast (Art. 95 Abs. 2) beschränkt, sondern greift ebenso Platz bei vorübergehender Notariatsverwesung (Art. 95 Abs. 1). Diese Beamten werden insbesondere in den Fällen plötzlicher, vorübergehender Erledigung eines Notariats und vorübergehender Behinderung eines Notars, ja selbst im Beurlaubungsfalle zu Notariatsverwesern heranzuziehen sein, soweit es ohne Schädigung des Dienstes oder Beeinträchtigung der Beamten möglich ist; (Motive 446).

Anm. 2. Nach einer M.Entschl. vom 9. Mai 1900 Nr. 18017 (vergl. Art. 94 Anm. 2 Nr. 2) „ist es, wenn ein Notar die Bestellung eines Gerichtsbeamten als Amtsverweser beantragt, zunächst seine Sache, mit dem betreffenden Beamten vor dem Vorschlage ins Benehmen zu treten, damit schon zu dieser Zeit sich ergibt, ob nicht die Personal- oder Geschäftsverhältnisse hindernd im Wege stehen, und damit wegen der Zeit und der Art und Weise der Stellvertretung nach den Bedürfnissen des beiderseitigen Amts und den Verhältnissen der beteiligten Beamten eine entsprechende Ausgleichung stattfindet. Es ist Sache des Notars, wenn er einen Gerichtsbeamten als Stellvertreter vorschlägt, gleichzeitig zu berichten, daß er sich deshalb mit dem Vorgeschlagenen und gegebenenfalls auch mit dem Amtsvorstande desselben ins Benehmen gesetzt hat, und welches das Ergebniß des Benehmens gewesen ist.“

Artikel 98.

Ein Notar oder Notariatsverweser soll zum Verweser eines anderen Notariats, das nicht am gleichen Orte seinen Sitz hat, nur ausnahmsweise bestellt werden.

Entwurf Art. 98; Motive 420. 446; Prot. Abg. 713; Prot. R.R. XX 12; Becher, Materialen 49. 69. 254. 255. 360.

Anm. 1. Durch gegenwärtige Bestimmung soll verhütet werden, daß durch Uebernahme der Amtsverwesung durch den Notar eines anderen Ortes die Absicht der in Art. 6 Abs. 3 gegebenen Vorschrift, der Bevölkerung den Notar ebenso leicht zugänglich zu machen wie das Amtsgericht, vereitelt wird. Liegen besondere Umstände vor, die eine Schädigung der Bevölkerung ausgeschlossen erscheinen lassen, wie kurze Dauer der Amtsverwesung, Eintritt der Amtsverwesung zu einer Zeit, in der Notariatsgeschäfte überhaupt selten sind, günstige Verbindungen mit dem Sitze des Nachbarnotars, Gewährleistung der raschen Abwickelung des Dienstes durch Uebernahme der Abhaltung von Amtstagen u. dergl., läßt das Gesetz für solche Fälle Ausnahmen zu. (Vergl. Motive 446.)

Dagegen besteht kein Hinderniß, an einem Orte mit zwei oder mehreren Notariaten das eine oder andere Notariat in Anwendung des Art. 95 Abs. 2 zutreffenden Falles unbesetzt zu lassen und als Verweser desselben einen Notar des nämlichen Ortes zu bestellen; hiervon hat die Justizverwaltung in einzelnen Fällen auch Gebrauch gemacht.

Anm. 2. Nach der bereits angeführten M.Entschl. vom 9. Mai 1900 Nr. 18017 ist auch in den hier vorgesehenen Ausnahmefällen die Bestellung der Amtsverweser nicht dem Staatsministerium der Justiz vorbehalten, vielmehr kann sie auch durch den Landgerichtspräsidenten erfolgen, wenn der Fall sonst in dessen Zuständigkeit fällt.

Artikel 99.

Wird die Bestellung eines Notariatsverwesers wegen der Erledigung des Notariats oder wegen der Suspension des Notars nothwendig, so erfolgt sie von Amtswegen.

In allen übrigen Fällen hat zunächst der Notar auf dem Dienstwege die Aufstellung eines Notariatsverwesers zu beantragen und eine geeignete Person vorzuschlagen.

Entwurf Art. 99; Motive 420. 446; Prot. Abg. 713; Prot. R.R. XX 12; Verh. Abg. 993; Becher, Materialien 19. 69. 255. 359. 360. 427.

Anm. 1. Die Bestellung des Notariatsverwesers erfolgt grundsätzlich nicht durch den Notar, sondern stets durch die vorgesetzte Behörde nach den näheren Bestimmungen des folgenden Art. 100. Doch ist dem beurlaubten oder sonstig behinderten Notar mit Ausnahme der Suspension mit Rücksicht auf sein persönliches Interesse an der Führung des Amtes vom Gesetz ein Vorschlagsrecht zugestanden. Nur im Falle der Suspension eines Notars kann ihm ein Vorschlagsrecht für die Amtsverwesung nicht eingeräumt werden. Diesem Vorschlagsrechte des Notars entspricht anderseits seine Verpflichtung zum Vorschlag. Selbstverständlich ist die Aufsichtsbehörde, der die Bestellung des Notariatsverwesers obliegt, an den Vorschlag, wenn er ihr ungeeignet erscheint, nicht gebunden.

Anm. 2. Ueber die in Abs. 2 vorgeschriebene Verpflichtung des Notars, für seine Beurlaubung, die Dauer seiner Erkrankung oder sonstigen Behinderung die Aufstellung eines Notariatsverwesers zu beantragen und eine geeignete Person vorzuschlagen, ist in der oben (S. 265) angeführten M.Entschl. vom 9. Mai 1900 Nr. 18017 hervorgehoben, „daß es durchaus unzulässig sei, sich damit zu begnügen, unter der Anzeige, ein Amtsverweser stünde nicht zur Verfügung, sich krank zu melden oder um Urlaub zu bitten. Die Meinung, es sei die Bereitstellung eines Amtsverwesers durch das neue Notariatsgesetz in erster Reihe Sache der Justizverwaltung geworden, widerspricht den gesetzlichen Bestimmungen. Das Notariats-Gesetz hat in diesem Punkte an dem bisherigen Rechte nichts geändert, sondern hält in Abs. 2 des Art. 99 ausdrücklich daran fest, daß es zunächst Pflicht des Notars ist, einen geeigneten Verweser vorzuschlagen. Daß der Justizverwaltung vom Gesetze die Möglichkeit gegeben ist, im Nothfalle Gerichtsbeamte zur Hilfeleistung heranzuziehen, vermindert die Pflicht der Notare zur eigenen Vorsorge in keiner Weise."

Artikel 100.

Die Bestellung zum Notariatsverweser erfolgt durch das Staatsministerium der Justiz; sie ist widerruflich.

In dringlichen Fällen kann der Landgerichtspräsident einen Notariatsverweser vorläufig bestellen.

Das Staatsministerium der Justiz kann die Befugniß zur Bestellung von Notariatsverwesern den Oberlandesgerichtspräsidenten oder den Landgerichtspräsidenten übertragen.

Entwurf Art. 100; Motive 420. 446; Prot. Abg. 713; Prot. R.R. XX 12; Verh. Abg. 903; Becher, Materialien 19. 69. 256. 359. 427.

Anm. 1. Zur Bestellung des Notariatsverwesers ist regelmäßig das Staatsministerium der Justiz zuständig. Für dringliche Fälle ist den Landgerichtspräsidenten die Befugniß zur vorläufigen Bestellung eines Notariatsverwesers eingeräumt, weil außerdem die durch die Einhaltung des Dienstweges bedingte Verzögerung zur Schädigung der Betheiligten führen könnte. Die durch den Landgerichtspräsidenten erfolgte vorläufige Bestellung muß vom Justizministerium bestätigt werden.

Die Widerruflichkeit der Bestellung ergibt sich aus dem provisorischen Charakter der Amtsverwesung, die nur für solange angeordnet wird, als die Voraussetzungen hiezu bestehen. Wie die Bestellung, so erfolgt auch der Widerruf (Enthebung) in der Regel durch das Staatsministerium der Justiz, in dringlichen Fällen durch den Landgerichtspräsidenten. Daß Letzterer den von ihm vorläufig bestellten Notariatsverweser so lange selbst abberufen kann, bis die Bestellung vom Justizministerium bestätigt ist, wurde auf Anfrage des Referenten vom K. Staatsminister der Justiz in der Ausschußverhandlung der Kammer der Abgeordneten als selbstverständlich bezeichnet; (vergl. Prot. Abg. 713). Aber auch nach der Bestätigung der vom Präsidenten erfolgten Bestellung des Verwesers durch das Staatsministerium, wie nicht minder die vom Justizministerium von Anfang an erfolgte Bestellung des Verwesers wird in dringlichen Fällen, wenn z. B. der bestellte Verweser erkrankt oder sich als unfähig erweist oder sich etwas zu Schulden kommen läßt, vom Landgerichtspräsidenten widerrufen werden können; dies ergibt sich aus der Befugniß zur Bestellung und den hierfür maßgebenden, angeführten Gründen. Außer der Enthebung von Amtswegen kann sie auch auf Ansuchen des Verwesers oder des Notars bei Wegfall des Grundes oder sonstiger Aenderung der Verhältnisse erfolgen. Ueber einen Fall der vorzeitigen Endigung einer Notariatsverwesung vergl. Art. 103.

Anm. 2. Von der in Abs. 3 vorbehaltenen Befugniß ist in § 300 Abs. 2 Gesch.O. Gebrauch gemacht. Hiernach sind die Präsidenten der Landgerichte ein für alle Male ermächtigt, Notariatsverweser in den Fällen der Beurlaubung für diejenige Zeit zu bestellen, für welche sie den Urlaub ertheilen können, d. i. nach § 294 Gesch.O. für den regelmäßigen Geschäftsurlaub eines jeden Geschäftsjahres bis zu einem Monat, und für einen außerordentlichen Urlaub bis zur Dauer einer Woche, ferner für die Dauer eines Monats in den Fällen der Erkrankung oder sonstigen Behinderung eines Notars, sowie bei Erledigung eines Notariats. Wenn letzteren Falles zum Verweser eines unbesetzten Notariats ein Gerichtsbeamter bestellt wird, werden nach Art. 113 (siehe dortselbst) die Geschäfte auf Rechnung der Staatskasse geführt; ein solcher Notariatsverweser kann nach § 303 Gesch.O. vom Präsidenten des Landgerichts nur vorläufig bestellt werden und ist über die Bestellung und die Uebernahme auf Rechnung des Staates an das Staatsministerium der Justiz zu berichten.

Nach § 301 Gesch.O. sollen die Präsidenten der Landgerichte nur solche Notariatspraktikanten zu Notariatsverwesern bestellen, welche vom Staatsministerium der Justiz ein Zeugniß für die allgemeine Zulassung zu diesem Dienste erhalten haben. Die Gesuche um Ertheilung solcher Zeugnisse sind auf dem Dienstwege mit eingehenden Gutachten vorzulegen. Die ertheilten Zeugnisse können vom Staatsministerium der Justiz eingezogen werden.

Die Zeugnisse werden in der Regel erst ertheilt, wenn der Notariatspraktikant eine mindestens zweijährige Vorbereitungspraxis im Notariat mit Erfolg abgeleistet und mindestens eine Amtsverwesung zur Zufriedenheit geführt hat. Nach § 15 der Dienstanweisung für die Notariatskammern vom 4. Mai 1900 wird den Notariatskammern, um ihnen zu ermöglichen, daß sie den Notaren ihres Bezirkes im Bedürfnißfalle zur Ermittelung geeigneter Amtsverweser behilflich sind, künftig von der Ertheilung der Verweserzeugnisse Kenntniß gegeben werden.

Weitere Vorschriften für die Bestellung von Notariatsverwesern s. §§ 302, 306 Gesch.O.

Artikel 101.

Die Amtsbefugniß des Notariatsverwesers beginnt mit der Uebernahme der Geschäfte des Notariats und endigt mit der Uebergabe der Geschäfte an den Notar oder einen anderen Notariatsverweser. Während dieser Zeit soll sich der Notar der Vornahme von Amtsgeschäften enthalten.

Entwurf Art. 101; Motive 420. 446; Prot. Abg. 714; Verh. Abg. 903; Becher, Materialien 19. 70. 256. 428.

Anm. 1. Die Vorschriften über die Amtsübergabe an den Notariatsverweser und von diesem an den Notar sind in § 308 Gesch.O. geregelt und sind hiernach die gleichen wie bei der Amtsübernahme durch den Notar. Der Notariatsverweser hat rechtzeitig von dem Notar, von dem etwa aufgestellten Amtsverweser oder von dem mit der vorläufigen Sicherung und Verwahrung der Amtsbestände betrauten Beamten das Amt zu übernehmen (§ 5 Gesch.O.). Als Amtsbestände sind zu übernehmen: 1. die Amtssiegel (Trockensiegel und Farbdrucksiegel); 2. die gesammelten Urkunden einschließlich ihrer Umhüllungen (Umschläge, Schachteln); 3. die amtlichen Akten, insbesondere die Generalakten, die amtlichen Korrespondenzen und Belege; 4. die amtlichen Register und Verzeichnisse; 5. die in amtlicher Verwahrung befindlichen Gelder, Werthpapiere und Kostbarkeiten; 6. die Gesetzblätter, Justizministerialblätter und Finanzministerialblätter vom Jahrgang 1900 ab, ferner diejenigen Bücher und Einrichtungsgegenstände, welche dem Notariat auf Rechnung des Staates mit der Bestimmung geliefert worden sind, daß sie dortselbst verbleiben sollen. Für die Uebernahme dieser Bestände ist keine Entschädignng oder Abfindung zu entrichten (§ 6). Wegen Uebernahme und Ablösung der Geschäftsräume und ihrer Einrichtung vergl. § 7 Gesch.O. Die Uebernahme ist im Geschäftsregister unmittelbar nach dem letzten Geschäftseintrag mit roter Tinte zu vermerken; der Vermerk soll den Tag der Uebernahme angeben und von dem Uebergebenden und dem Uebernehmenden unterzeichnet sein. Findet sich im Geschäftsregister bei der Uebergabe noch kein Eintrag, so ist der Vermerk an den Eingang zu setzen. Findet eine Uebergabe nicht statt, weil das Notariat neu errichtet ist, so bedarf es keines Vermerkes. (§ 8 Gesch.O.)

Beispiel 1: Wegen Beurlaubung des K. Notars N. N. wurde das Amt heute an Herrn X. X. als Notariatsverweser — oder an den Herrn Notariatspraktikanten X. X. als Notariatsverweser übergeben.

. . . . . den 15. Juli 1904.

N. N. (Siegel). X. X.
K. Notar. Notariatsverweser.

Beispiel 2: Das Amt wurde heute von dem K. Notar N. N. wieder übernommen.

. . . . . den 14. August 1904.

X. X. (Siegel). N. N.
Notariatsverweser. K. Notar.

Ueber das Uebernahmegeschäft ist nach § 9 Gesch.O. ein Protokoll aufzunehmen. In dem Protokoll ist festzustellen, daß die nach § 6 zu übergebenden Bestände richtig übergeben worden sind. Die Register sind einzeln aufzuzählen, bezüglich der Akten und Urkunden genügt die Feststellung, daß die Akten und Urkunden, welche nach Ausweis der Register sich in der amtlichen Verwahrung befinden sollen, übergeben worden sind. Fehlen Urkunden oder Protokolle, so ist dies im einzelnen festzustellen. Ebenso sind im Uebernahmsprotokoll etwa sonst sich zeigende wesentliche Mängel festzustellen. Der Uebergabe der amtlich verwahrten Gelder, Werthpapiere und Kostbarkeiten, des Zustandes der Verwahrungsbücher und Verwahrungsbelege ist nur im Allgemeinen Erwähnung zu thun, wenn hierüber ein besonderes Protokoll aufgenommen wird. Das Uebernahmsprotokoll soll von dem Uebergebenden und dem Uebernehmenden unterzeichnet, mit dem Amtssiegel versehen und dem Landgerichtspräsidenten in Urschrift mit einer Abschrift in Vorlage gebracht werden. Der Landgerichtspräsident wird die Urschrift mit der veranlaßten Verfügung zurücksenden. Nach § 10 Gesch.O. hat der Uebergebende bei der Amtsübergabe den Uebernehmenden von dem Stande der noch unerledigten Geschäfte zu unterrichten und ihm auch sonst die nöthigen Aufschlüsse über die dienstlichen Angelegenheiten zu geben. Wegen der Uebergabe der in der amtlichen Verwahrung befindlichen Gelder, Werthpapiere und Kostbarkeiten, der Prüfung und des Abschlusses der Verwahrungsbücher und insbesondere der Betheiligung der Beamten der

Finanzverwaltung bei dieser Uebergabe bleiben nach § 11 Gesch.O. weitere Anordnungen vorbehalten.

Diese sämmtlichen Vorschriften über die Amtsübernahme durch den Notariatsverweser sind in § 308 Gesch.O. mit einziger Ausnahme des Vermerks im Geschäftsregister erlassen, wenn bei besetztem Notariate die Amtsverwesung nur für den Fall vorübergehenden Bedürfnisses (Urlaub, kurze Erkrankung oder sonstige Behinderung des Notars) bestimmt, die Rückübernahme durch den Uebergebenden also in absehbarer Zeit zu erwarten ist und beide Theile mit der Uebergabe in Bausch und Bogen und ohne Protokoll einverstanden sind. Wenn in einem solchen Fall in der Regel auch von Errichtung eines Protokolls, Aufzählung der Akten und Urkunden abgesehen wird, empfiehlt sich doch, wenigstens die vorhandenen Gelder und Depositen zu notiren und durch beiderseitige Unterschrift anzuerkennen.

Anm. 2. Nach § 310 Gesch.O. ist die Vorschrift, daß der Notar während der Zeit, in welcher der Verweser zur Führung der Geschäfte berufen ist, der Vornahme von Amtsgeschäften sich enthalten soll, dahin zu verstehen, daß der Notar in solchem Falle auch nicht dem Amtsverweser Gehilfendienste leisten darf. Dies schließt aber die Ertheilung von Aufschlüssen und eine gewisse Mitüberwachung nicht aus. Dagegen soll der Notar, dem ein Amtsverweser bestellt ist, weder von diesem Amtsverweser noch von einem anderen Notar als „zweiter Notar" beigezogen werden. Amtsgeschäfte, welche der Notar entgegen der Vorschrift während der Zeit der Verwesung vornimmt, sind nicht ungiltig, doch ist der Notar wegen Dienstvergehens disziplinär verantwortlich.

Artikel 102.

Ist ein Notar, für den wegen Erkrankung oder Abwesenheit ein Notariatsverweser für bestimmte Zeit bestellt ist, mit Ablauf dieser Zeit nicht dienstfähig geworden oder nicht zurückgekehrt, so hat der Notariatsverweser hievon Anzeige zu erstatten und die Geschäfte des Notariats bis auf Weiteres fortzuführen.

Das Gleiche gilt für den Fall, daß ein Notar, für den ein Notariatsverweser bestellt ist, während der Dauer der Geschäftsführung des Notariatsverwesers stirbt.

Entwurf Art. 102; Motive 420. 446; Prot. Abg. 714; Becher, Materialien 19. 70. 256.

Anm. Die Amtsverwesung hat naturgemäß so lange zu dauern, als der Notar an der Ausübung des Amtes verhindert oder das Amt unbesetzt ist. Wenn der Notariatsverweser nicht für eine zeitlich bestimmte Zeit sondern für die Dauer der Erkrankung oder Suspension des Notars bestellt ist, endet die Verwesung erst mit der Wiederübernahme des Amtes durch den Notar. Die gleiche Fürsorge für eine ungestörte Fortführung der Geschäfte ist auch für die Fälle geboten, daß der Verweser nur für eine bestimmte Zeit bestellt und bei Ablauf dieser Zeit der Notar nicht in der Lage ist, sein Amt wieder selbst zu übernehmen. In solchen Fällen konnte nach bisherigem Rechte der nur für eine bestimmte Zeit aufgestellte Verweser nicht ohne Weiteres das Amt weiter führen, weßhalb bis zur Beseitigung des auf Seiten des Notars gegebenen Hindernisses oder Neubestellung des Verwesers das Amt stille stand. Um ein solches Stillstehen der Geschäfte im Interesse der Bevölkerung zu verhüten, bestimmt das Gesetz, daß ein für bestimmte Zeit einmal bestellter Verweser auch nach Ablauf der Zeit, für die er bestellt ist, bei Abwesenheit des Notars die Geschäfte bis auf Weiteres fortzuführen hat.

Für den Verweser, dessen Bestellung jederzeit widerruflich, ergibt sich aus der Verpflichtung zur vorläufigen Fortführung der Geschäfte kein Rechtsanspruch hierauf.

Von praktischer Bedeutung wird gegenwärtige Bestimmung außer dem Falle der Erkrankung des Notars häufig im Falle des Abs. 2 werden.

Die in Art. 115 vorgesehene Haftung des Notars für Amtsgeschäfte des auf seinen Vorschlag bestellten Verwesers kommt im Falle des Abs. 2 nicht in Frage, da für die Fortdauer der Amtsverwesung nach dem Tode des Notars selbstverständlich der Amtsverweser nicht mehr auf Vorschlag des Notars bestellt, sondern direkt vom Gesetze als Offizialvertreter berufen ist.'

Artikel 103.

Ein Notar, für den wegen Beurlaubung oder Erkrankung für bestimmte Zeit ein Notariatsverweser bestellt ist, kann vor Ablauf dieser Zeit die Geschäfte wieder übernehmen.

Entwurf Art. 103; Motive 420. 446; Prot. Abg. 714; Becher, Materialien 19. 70. 257.

Anm. Aus den gleichen Erwägungen, wie bei längerer Behinderung des Notars als angenommen der nur für eine bestimmte Zeit bestellte Notariatsverweser bis zur wirklichen Uebernahme des Amtes durch den Notar das Amt vorerst weiter zu führen hat, muß es dem beurlaubten oder erkrankten Notar gestattet sein, bei früherer Beseitigung der Behinderung sein Amt sofort wieder zu übernehmen und nicht zuzuwarten, bis die bei Bestellung des Verwesers bestimmte Zeit abgelaufen ist. Diese nach bisherigem Rechte verschieden behandelte Frage ist nun im Interesse der Notare vom Gesetze geregelt. Gegebenen Falles ist selbstverständlich der vorzeitig der Funktion enthobene Notariatsverweser vom Notar entsprechend schadlos zu halten. Streitigkeiten hierüber sind nach Art. 111 Abs. 1 (s. des Näheren dortselbst) unter Ausschluß des Rechtsweges vom K. Staatsministerium der Justiz nach Anhörung der Notariatskammer zu entscheiden.

Nach § 311 Gesch.O. hat der Verweser im Falle der vorzeitigen Endigung der Verwesung hiervon dem Landgerichtspräsidenten Anzeige zu erstatten, welcher hierüber dem Staatsministerium der Justiz berichtet, soferne dasselbe von der Aufstellung des Verwesers Kenntniß hat.

Artikel 104.

Inwieweit die Bestellung der Notariatsverweser und die Wiederübernahme der Geschäfte durch den Notar öffentlich bekannt zu machen ist und wie die Bekanntmachung zu erfolgen hat, bestimmt das Staatsministerium der Justiz.

Entwurf Art. 104; Motive 420; Prot. Abg. 714; Becher, Materialen 19. 257.

Anm. Die näheren Bestimmungen hiezu sind in § 305 Gesch.O. gegeben. Hienach erfolgt die Bekanntmachung nicht mehr wie früher durch Ausschreibung im Kreisamtsblatt, sondern durch Mittheilung an die Kreisregierung, an das Rentamt und an das Amtsgericht, zu deren Bezirk das Notariat gehört, und zwar durch den Notariatsverweser selbst, wenn er nicht für länger wie eine Woche bestellt ist, bei längerer Verwesung, gleichviel ob sie durch das Staatsministerium der Justiz oder durch den Landgerichtspräsidenten verfügt wird, durch den Landgerichtspräsidenten; letzteren Falles hat der Verweser überdies seinen Amtsantritt noch selbst dem Amtsgericht und dem Rentamt mündlich oder schriftlich anzuzeigen. Diese Mittheilungen und Anzeigen erfolgen seitens des Landgerichtspräsidenten mit der Bestellung oder Einberufung des Notariatsverwesers, seitens des Verwesers selbst mit dem Amtsantritt.

Außerdem wird die Aufstellung ständiger Verweser im Falle des Art. 95 Abs. 2 im Justizministerialblatte unter den Dienstesnachrichten bekannt gemacht.

Eine weitere Bekanntmachung, etwa durch Anschlag an der Gerichtstafel oder im Amtslokal des Notariates, findet nicht statt.

Artikel 105.

Der Notariatsverweser soll, sofern er nicht Richter an einem Amtsgericht ist, vor dem Amtsantritte den Amtseid der Notare leisten. Der Eid wird in der öffentlichen Sitzung des Landgerichts geleistet. Der Präsident des Landgerichts kann die Abnahme des Eides dem Amtsgericht übertragen, in dessen Bezirke das Notariat seinen Sitz hat; die Eidesleistung erfolgt in der öffentlichen Sitzung des Amtsgerichts.

Ein Notariatsverweser, der den Eid geleistet hat, braucht ihn als Verweser nicht noch einmal zu leisten.

Entwurf Art. 105; Motive 420. 446; Prot. Abg. 714. 715; Prot. R.R. XX 13; Becher, Materialien 19. 70. 258. 361.

Anm. 1. Die Vorschriften über Beeidigung der Notariatsverweser sind übereinstimmend mit denen über Beeidigung der Notare. Ein Richter des aktiven Dienstes, der als Notariatsverweser bestellt wird, braucht den Amtseid der Notare nicht mehr zu leisten, weil der von ihm geleistete Richtereid den Notareid ersetzt. Ueber den Notareid vergl. Art. 10.

Nach § 307 Gesch.O. ist der aufgestellte Notariatsverweser vom Präsidenten des Landgerichts zum Dienstantritt rechtzeitig einzuberufen und, soweit nöthig, zu vereidigen. Eine Vereidigung ist nicht nöthig, wenn ein Richter des aktiven Dienstes (Art. 97) zum Verweser bestellt ist, oder wenn der Verweser schon früher als Verweser den Eid geleistet hat (Abs. 2). Die §§ 1, 2 der Geschäftsordnung über Einberufung und Beeidigung des Notars finden entsprechende Anwendung. Von der Befugniß, die Vereidigung dem Amtsgerichte zu übertragen, in dessen Bezirk das Notariat seinen Sitz hat, soll der Landgerichtspräsident Gebrauch machen, wenn er keinen Anlaß hat, das persönliche Erscheinen des Verwesers zu wünschen. Letzteres kann erwünscht sein, wenn der Präsident den Notariatsverweser über die Verhältnisse des Notariats aufzuklären und ihm etwa mündlich Instruktionen zu ertheilen veranlaßt ist. Von der Uebertragung der Vereidigungsbefugniß an das Amtsgericht soll der Landgerichtspräsident den Verweser in Kenntniß setzen.

Auch unabhängig von der Frage der Beeidigung kann der Landgerichtspräsident in entsprechender Anwendung des § 3 Abs. 3 Gesch.O. den Notariatsverweser vor oder unmittelbar nach dem Amtsantritte zur Besprechung dienstlicher Angelegenheiten und zur Entgegennahme von dienstlichen Weisungen an den Landgerichtssitz einberufen.

Anm. 2. Die Beeidigung erfolgt in öffentlicher Sitzung des Landgerichts oder des Amtsgerichts, ersteren Falles in einer ordentlichen oder außerordentlichen Sitzung der nach Art. 58 Abs. 2 zusammengesetzten Zivilkammer des Landgerichts, der sich also der Präsident des Landgerichts oder bei dessen Behinderung sein Stellvertreter als Vorsitzender anzuschließen hat. Eine Zuziehung des Staatsanwalts, wie dies früher in § 2 Instr. z. Not.Ges. von 1861 vorgesehen war, findet nicht statt. Beim Amtsgericht erfolgt die Vereidigung gleichfalls in öffentlicher Zivilsitzung und zwar, da es sich um Handhabung der Dienstaufsicht handelt, durch den Vorstand des Amtsgerichts oder dessen Stellvertreter.

Außer dem Diensteid des Notars (Art. 10) hat der Verweser nach § 2 Abs. 2 Gesch.O. auch den Eid auf die Verfassung und den Eid wegen der Nichttheilnahme an verbotenen Vereinen nach der Vorschrift des Tit. X § 3 der Verfassungsurkunde und der allerh. Verordnung vom 15. März 1850 zu leisten, wenn er diese Eide nicht schon geleistet hat.

Die Eidesleistung ist in dem landgerichtlichen Register für Beeidigungen zu beurkunden und in den Personalakten des Verwesers zu vermerken. Das Protokoll über die beim Amtsgericht erfolgte Beeidigung ist vom Amtsgerichtsvorstand dem Landgerichtspräsidenten einzusenden und von diesem in gleicher Weise wie ersteren Falles zu behandeln.

Anm. 3. Durch die Vorschrift des Abs. 2 wird die häufige Wiederholung des Amtseides bei mehrmaliger Uebernahme von Notariatsverwesungen im Interesse der Feierlichkeit der Eidesleistung vermieden.

Wird aber ein Notariatsverweser zum Notar ernannt, hat er den Amtseid noch einmal zu leisten. Wird ein Notar als Verweser eines anderen Notariats bestellt, braucht er selbstverständlich den Eid nicht nochmals zu leisten.

Artikel 106.

Der für einen verhinderten Notar bestellte Notariatsverweser soll die Amtsgeschäfte in den Geschäftsräumen des Notars vornehmen.

Ist ein Notar oder ein Gerichtsbeamter für einen verhinderten Notar zum Notariatsverweser bestellt, so kann er die Geschäfte, soweit es nach den Umständen angeht, auch in seinen eigenen Amtsräumen vornehmen.

Entwurf Art. 106; Motive 420; Prot. Abg. 715; Becher, Materialien 19. 20. 258.

Anm. 1. Der Notariatsverweser ist, wie der Notar selbst, gehalten, seine Wohnung am Sitze des Notariats zu nehmen; diese allgemeine Residenzpflicht ist als selbstverständlich im Gesetze nicht ausdrücklich hervorgehoben, ergibt sich aber auch aus Art. 118 mit Art. 11.

Die Regel, daß der Notariatsverweser in den Geschäftsräumen des Notars amtiren soll, ist schon eine Folge des bei Art. 11 hervorgehobenen Grundsatzes, daß der Notar nur e i n e n Geschäftsraum halten darf. Ist ein Geschäftsraum einmal vorhanden, so muß er folgegemäß auch vom Notariatsverweser in der Regel benützt werden. Auch kann der behinderte Notar nicht gehalten werden, neben seinen bereits vorhandenen Geschäftsräumen für den Verweser andere Geschäftsräume bereit zu stellen.

Die im Abs. 2 vorgesehenen Ausnahmen sind im Interesse der Geschäftsvereinfachung begründet. Ein Notar, der neben seinem eigenen Amte als Verweser eines anderen Notariats am gleichen Orte vorübergehend bestellt ist, wird häufig bequemer und für das Publikum ohne Belästigung in seinen eigenen Geschäftsräumen amtiren, als zwischen den beiden Geschäftsräumen hin und her zu wechseln. Das Gleiche trifft in den ohnehin seltenen Fällen zu, daß ein Notar eines anderen Notariats, das nicht am gleichen Orte seinen Sitz hat, nach Art. 98 zum Verweser bestellt wird. In diesem Falle wird, wie bisher so auch künftig, wohl dadurch den beiderseitigen Interessen Rechnung getragen werden, daß der als Verweser eines benachbarten Notariats bestellte Notar an im Voraus bestimmten und bekannt gegebenen Tagen in den Amtsräumen des fremden Notariats, sonst in seinen eigenen Geschäftsräumen amtirt und für das Publikum zu treffen ist. Da Gerichtsbeamte, die nach Art. 97 am Sitze ihres Gerichts zu Notariatsverwesern bestellt sind, diese Verwesung nur im Nebenamte ausüben, werden sie praktisch dieses Nebenamt in ihren eigenen Amtsräumen d. i. im Amtsgerichtsgebäude ausüben.

Soweit es im Interesse des Dienstes oder des Publikums nothwendig oder wünschenswerth ist, kann und wird der Verweser auch in den Ausnahmefällen des

Abs. 2 ständig oder vorübergehend in den Geschäftsräumen des Notars amtiren, da die Benützung der eigenen Amtsräume nicht vorgeschrieben sondern nur zugelassen ist.

Anm. 2. Gegenwärtiger Artikel trifft nur Fürsorge für den Fall der vorübergehenden Bestellung eines Verwesers bei besetztem Amte, also bei Behinderung des Notars durch Beurlaubung, Erkrankung, Abwesenheit, Suspension und dergl. Für den Verweser eines unbesetzten Amtes (Art. 95 Abs. 2) ist eine gleiche Bestimmung nicht veranlaßt. Ein solcher kann sich seine Geschäftsräume selbst bestimmen oder hat die ihm hiezu von der Justizverwaltung angewiesenen Räume zu benützen; insbesondere besteht kein Bedenken, dem Notariatsverweser seinen Geschäftsraum im Amtsgerichtsgebäude, etwa im Hypothekenamte, wenn kein eigenes Zimmer nothwendig oder vorhanden ist, anzuweisen. Bei Behinderung eines solchen Notariatsverwesers wird für ihn zur Erledigung der Notariatsgeschäfte in der Regel ohnehin ein Gerichtsbeamter (Art. 97) als Verweser bestellt werden, der die Geschäfte in seinem Bureau erledigen kann.

Artikel 107.

Gerichtsbeamte, die zu Notariatsverwesern bestellt sind, bedürfen zur Uebernahme des Amtes des Testamentsvollstreckers der Genehmigung der Dienstaufsichtsbehörde.

Entwurf Art. 107; Motive 420. 446; Prot. Abg. 715; Becher, Materialien 20. 70. 259.

Anm. Nach Art. 13 Abs. 2 bedarf der Notar zur Uebernahme des Amtes des Testamentsvollstreckers keiner dienstaufsichtlichen Genehmigung, weil er als Testamentsvollstrecker nicht eine amtliche Funktion sondern eine private Thätigkeit ausübt. Aus diesem Grunde ist der für einen behinderten Notar bestellte Notariatsverweser als solcher nicht befugt, für den Notar die Geschäfte der Testamentsvollstreckung zu besorgen. Ein Notariatsverweser kann also niemals in seiner Eigenschaft als Verweser des zum Testamentsvollstrecker ernannten Notars sondern nur dann, wenn er persönlich zum Testamentsvollstrecker ernannt ist, in die Lage kommen, das Amt des Testamentsvollstreckers zu übernehmen, und bedarf hiezu im Allgemeinen ebensowenig einer dienstaufsichtlichen Genehmigung wie der Notar.

Eine Ausnahme hiervon ist aus dienstlichen Interessen für die zu Notariatsverwesern bestellten Gerichtsbeamten d. i. aktiven Richter und Sekretäre des Amtsgerichts (Art. 97) geboten. Die Thätigkeit des Testamentsvollstreckers befaßt sich häufig nicht bloß mit Flüssigmachung und Vertheilung des Nachlasses sondern auch mit Verwaltung des Nachlasses, Kündigung und Beitreibung der Ausstände, Vermittelung von Differenzen, alles Geschäfte, die nicht selten mit den Funktionen und Obliegenheiten des Nachlaß- und Grundbuchrichters und der Gerichtsschreiber kollidiren. Streitigkeiten und Meinungsverschiedenheiten des Testamentsvollstreckers mit den Erben, Beschwerden der letzteren oder sonstigen Betheiligten gegen den Testamentsvollstrecker und dessen Amtsführung sind vom Nachlaßgerichte zu bescheiden, was wieder zu Kollisionen führen kann, wenn ein Gerichtsbeamter Testamentsvollstrecker ist. Auch kann bei bedeutenderem Nachlasse oder bei längerer Dauer der Testamentsvollstreckung, wenn z. B. die Verwaltung des Nachlasses bis zum Eintritt der Nacherbfolge erforderlich ist, die Thätigkeit des Testamentsvollstreckers so viele Zeit und Arbeitskraft beanspruchen, daß hierunter die dienstlichen Interessen der Gerichtsbeamten leiden würden. Mit Rücksicht auf diese Verhältnisse ist es geboten, im Falle der Notariatsverwesung durch Richter oder Gerichtsschreiber die Uebernahme einer Testamentsvollstreckung von der Genehmigung der Aufsichtsbehörde abhängig zu machen, welche hierüber nach bestem Ermessen zu entscheiden hat. Beschwerde gegen den versagenden Bescheid ist im Dienstaufsichtswege zuläßig.

Da die angeführten Erwägungen nur für aktive, nicht für pensionirte Gerichtsbeamte zutreffen, bezieht sich gegenwärtige Vorschrift nicht auf letztere. Inwieweit aktive Gerichtsbeamte, die nicht zu Notariatsverwesern bestellt sind, zur Uebernahme einer Testamentsvollstreckung einer dienstlichen Genehmigung bedürfen, richtet sich nach den allgemeinen Bestimmungen über Uebernahme von Nebenbeschäftigungen durch Staatsbeamte.

Artikel 108.

Ist ein Gerichtsbeamter zum Verweser eines unbesetzten Notariats bestellt, so kann das Staatsministerium der Justiz die Besorgung des gesammten Gebührenwesens dem rechnungsführenden Gerichtsschreiber des Amtsgerichts übertragen.

Entwurf Art. 108; Motive 420; Prot. Abg. 715; Becher, Materialien 20. 259.

Anm. 1. Auf Grund Art. 5 Not.Ges. mit § 1 Abs. 2 der A.V. vom 23. Dezember 1899, die Ausführung des Gerichtskostengesetzes und des Gesetzes über das Gebührenwesen betr., (vergl. bei Art. 5), haben die Notare bei Berechnung und Erhebung der aus Anlaß ihrer Amtsgeschäfte dem Staate und den Gemeinden anfallenden Gebühren unter Leitung und Aufsicht der Finanzbehörden mitzuwirken. Diese Vorschrift findet gemäß Art. 118 auf die Notariatsverweser entsprechende Anwendung. Da nach Art. 113, wenn ein Gerichtsbeamter zum Verweser eines unbesetzten Notariats bestellt ist, die Geschäfte auf Rechnung der Staatskasse geführt werden, ist es zweckmäßig, für diesen Fall die Besorgung des Gebührenwesens dem rechnungsführenden Gerichtsschreiber des Amtsgerichts zu übertragen. Macht das Justizministerium von der ihm eingeräumten Befugniß keinen Gebrauch, hat der zum Notariatsverweser bestellte Gerichtsbeamte wie ein anderer Notariatsverweser das Gebührenwesen selbst zu besorgen.

Anm. 2. Das Gebührenwesen umfaßt hier nicht nur die anfallenden Gebühren des Staates und der Gemeinden sondern auch die nach der Notariatsgebührenordnung anfallenden und für die Staatskasse zu erhebenden Gebühren d. i. die Notariatsgebühren. Es hat also an Stelle des Notariatsverwesers der mit Besorgung des Gebührenwesens betraute rechnungsführende Gerichtsschreiber des Amtsgerichts neben dem Staatsgebührenregister (Formular A nach § 8 Abs. 1 Ziff. 1 der Vollzugsinstruktion z. G.K.G. vom 25. Dezember 1899) auch das nach § 8 Abs. 2 vorgeschriebene Notariatsgebührenregister zu führen; bezüglich letzteren Registers vergl. M.Bkt. vom 19. Januar 1900, die Führung von Notariaten auf Rechnung des Staates, hier die Verrechnung der Notariatsgebühren betr., J.M.Bl. 461, F.M.Bl. 89; siehe hierüber bei Art. 113. Nach § 54 Abs. 3 der Vollzugs-Instruktion vom 25. Dezember 1899 dürfen, wenn die Geschäfte eines Notariats auf Rechnung des Staates geführt werden, bei der Abrechnung mit dem Rentamte rückständige Notariatsgebühren nicht zur Zwangsbeitreibung dem Rentamte überwiesen werden; die Beitreibung erfolgt vielmehr auf Grund Art. 50 u. ff. durch den Notariatsverweser, im Falle des gegenwärtigen Artikels durch den rechnungsführenden Gerichtsschreiber.

Artikel 109.

Der für einen verhinderten Notar bestellte Notariatsverweser hat die Gehilfen des Notars zum Dienste zu verwenden. Er kann nöthigenfalls Gehilfen aufnehmen und entlassen.

Entwurf Art. 109; Motive 420. 446. 474; Prot. Abg. 716; Becher, Materialien 20. 71. 260.

Anm. Gegenwärtige Bestimmung ist öffentlichrechtlicher Natur, sodaß die Gehilfen des Notars gegen den Notariatsverweser keinen Rechtsanspruch auf Verwendung haben, geht aber in ihren Wirkungen über das Dienstrecht hinaus und greift in das bürgerliche Recht über. Da nach Art. 111 der für einen verhinderten Notar bestellte Verweser die Geschäfte stets für Rechnung des Notars führt, wird für die Dauer der Verwesung kein neues Vertragsverhältniß zwischen dem Notariatsverweser und den Gehilfen geschaffen. Für die vom Verweser verwendeten Gehilfen des Notars sind unverändert ihre Dienstverträge und in Ermangelung von solchen die Bestimmungen der M.Entschl. vom 1. Mai 1901 J.M.Bl. 341 (siehe hierüber bei Art. 129) maßgebend, wonach auch die Frage der Entlassung sich regelt. Auch die Aufnahme neuer Gehilfen begründet nur ein Vertragsverhältniß zwischen diesen und dem Notar, gleichgiltig ob sie mit oder ohne Wissen und Willen des Notars erfolgt. Vergl. hierzu § 15 M.Entschl. vom 1. Mai 1901.

Selbstverständlich ist der Notariatsverweser bei Aufnahme und Entlassung von Gehilfen ebenso wie der Notar selbst an die hiefür bestehenden Vorschriften gebunden und hat hiebei die Interessen des Dienstes und des Notars in gleicher Weise zu wahren; soweit möglich, wird er zuvor mit dem Notar sich benehmen. Sollte der Verweser ohne triftigen Anlaß, etwa nur aus persönlichen Gründen, Gehilfen aufnehmen oder entlassen, würde er dienstrechtlich und außerdem dem Notar gegenüber bürgerlichrechtlich verantwortlich sein.

Durch Ableben des Notars erlischt nicht das Dienstverhältniß der Gehilfen; auch die Erben und der Amtsnachfolger eines verstorbenen Notars und der Verweser eines Notariats sind an die für die Kündigung eines Gehilfen bestehenden Dienstverträge und Vorschriften gebunden. Nach Ableben des Notars wird der Verweser in der Regel die Geschäfte des unbesetzten Notariats gemäß Art. 112 auf eigene Rechnung führen; trotzdem wirkt die von ihm vorgenommene Aufnahme und Entlassung von Gehilfen für den später ernannten Notar.

Artikel 110.

Der Notariatsverweser soll seiner Unterschrift seine amtliche Eigenschaft als Verweser beisetzen.

Entwurf Art. 110; Motive 420; Prot. Abg. 716; Becher, Materialien 20. 260.

Anm. Nach § 309 Gesch.O. (vergl. oben S. 270) kann die Beisetzung der amtlichen Eigenschaft als Verweser zur Unterschrift in der Form:

„X.
Notariatsverweser“

erfolgen. Hat der Notariatsverweser sich im Protokolle mit seiner Amtseigenschaft zu bezeichnen, so kann dies in der Form:

„Verweser des K. Notariats X.“

geschehen. Einer Angabe darüber, von wem oder aus welchem Anlaß die Bestellung des Verwesers geschehen ist, bedarf es nicht.

Für die Unterzeichnung genügt nach § 155 Gesch.O. das Unterschreiben mit dem Familiennamen; die Beifügung von Vornamen ist gestattet, aber nicht erforderlich. Der Notariatsverweser soll auch in dieser Beziehung gleich dem Notar bei der Anbringung seiner Unterschrift stets gleichmäßig verfahren, nicht das einemal mit Vor- und Familiennamen, das anderemal mit Familiennamen allein unterschreiben.

Für die Bezeichnung des Notariatsverwesers Eingangs der Protokolle sind die Vorschriften der Art. 26 Abs. 2 Not.Ges., §§ 161, 162, 163 Gesch.O. maßgebend, wonach die Bezeichnung nach Vor- und Zunamen, Amtseigenschaft und Amtssitz erfolgen soll; also:

„Heute den . . . finden sich vor mir Carl Pestalozza, Verweser des K. Notariats N. im Amtszimmer ein.“

Artikel 111.

Der für einen verhinderten Notar bestellte Notariatsverweser führt die Geschäfte auf Rechnung des Notars. Er kann von dem Notar eine angemessene Vergütung für seine Dienstleistung beanspruchen. Entsteht Streit über die Vergütung, so entscheidet das Staatsministerium der Justiz nach Anhörung der Notariatskammer. Der Rechtsweg ist ausgeschlossen.

Einem Richter oder Gerichtsschreiber darf von dem Notar eine Vergütung weder gewährt noch zugesagt werden. Das Staatsministerium der Justiz kann dem Richter oder Gerichtsschreiber bei längerer Dauer der Geschäftsführung für seine außerordentlichen Dienstleistungen eine angemessene Vergütung aus der Staatskasse bewilligen; es kann die Bestellung des Notariatsverwesers davon abhängig machen, daß der verhinderte Notar die Stellvertretungskosten dem Staate vergütet.

Entwurf Art. 111; Motive 420. 421. 447; Prot. Abg. 716; Verh. Abg. 904; Becher, Materialien 20. 71 260. 428.

Anm. 1. Für die Notariatsverwesung im Falle des besetzten Notariats gilt ausnahmslos, daß das Amt auf Rechnung des verhinderten Notars geführt wird. Der Notar, für welchen wegen Beurlaubung, Erkrankung, Abwesenheit, Suspension oder sonstiger Behinderung ein Verweser, gleichgiltig ob nach seinem Vorschlag oder ohne solchen, bestellt ist, bezieht alle anfallenden Gebühren und hat den Dienstaufwand zu bestreiten. Dies gilt insbesondere auch für den Fall der Suspension des Notars, da die Suspension keine Strafe ist; Motive 447. Zu dem Dienstaufwande gehört die angemessene Vergütung des Verwesers, welche in der Regel der gütlichen Vereinbarung vorbehalten bleibt. Ein Streit über die Vergütung wird wohl selten vorkommen; die Bestimmung, daß Streitigkeiten hierüber, die nicht nur die Höhe der Vergütung sondern auch die Verpflichtung zur Abrechnung zwischen Notar und Verweser betreffen können, durch das Justizministerium mit Ausschluß des Rechtsweges entschieden werden, ist im Interesse des Amtsansehens gelegen.

Anm. 2. Die Gewährung oder Zusage von Vergütungen seitens der Notare an Richter und Gerichtsschreiber ist grundsätzlich unzulässig; dagegen kann solchen Notariatsverwesern aus Gründen der Billigkeit für außerordentliche Dienstleistungen eine Vergütung aus der Staatskasse bewilligt werden.

Nach § 304 Gesch.O. kann der Landgerichtspräsident vor der Bestellung des Notariatsverwesers von dem Notar die Abgabe der Erklärung über die Verpflichtung zur Rückvergütung verlangen. Ueber die Gewährung von Vergütungen ist stets an das Staatsministerium der Justiz zu berichten.

Hiezu hat die oben (S. 265) angeführte M.Entschl. vom 9. Mai 1900 Nr. 18017 ausgesprochen, daß es im Interesse des Notars liegt, im Falle des Art. 111 Abs. 2 Satz 2 Not.Ges. seinem Stellvertretungsvorschlage sogleich die Erklärung über die Schadloshaltung der Staatskasse beizufügen, widrigenfalls er, wenn nicht die Abweisung, doch die Verzögerung der Genehmigung des Gesuchs zu gewärtigen hat.

Nach den Motiven und der Erklärung der K. Staatsregierung haben Notare, auf welche die Bestimmung des Art. 48 Abs. 2 Anwendung findet, d. i. deren reines Diensteinkommen die Höhe der Bezüge eines Amtsrichters nicht erreicht, die Vergütung der Staatskasse nicht zu leisten; Motive 447, Prot. Abg. 716, Verh. Abg. 904.

Artikel 112.

Der Verweser eines unbesetzten Notariats führt, wenn er nicht Gerichtsbeamter ist, die Geschäfte auf eigene Rechnung. Das Staatsministerium der Justiz kann bestimmen, daß die Geschäfte auf Rechnung des Staates geführt werden. In diesem Falle ist dem Notariatsverweser ein fester Bezug aus der Staatskasse zu bewilligen. Der Bezug soll in der Regel die Anfangsbezüge eines Amtsrichters nicht übersteigen.

Entwurf Art. 112; Motive 447; Prot. Abg. 717. 740; Prot. R.R. XX 12; Verh. Abg. 904; Becher, Materialien 71. 261. 302. 359. 428.

Anm. 1. Im Fall eines besetzten Notariats wird, wie in Art. 111 bestimmt ist, ausnahmslos das Amt auf Rechnung des verhinderten Notars geführt.

Anders ist es bei unbesetzten Notariaten; hier gilt der Grundsatz, daß der Notariatsverweser das Amt auf eigene Rechnung zu führen hat. Dem Notariatsverweser fallen also die sämmtlichen Gebühren an, dagegen hat er auch den Dienstaufwand aus seiner eignen Tasche zu bestreiten.

Diese Regel der Geschäftsführung auf eigene Rechnung des Verwesers greift jedoch nicht Platz, wenn der Verweser ein Gerichtsbeamter ist (vergl. den folgenden Art. 113); in welchem Falle die Geschäfte auf Rechnung der Staatskasse geführt werden. Die gleiche Führung der Geschäfte auf Rechnung des Staats kann aber das Staatsministerium der Justiz auch in anderen Fällen anordnen, wenn Zweckmäßigkeitsgründe dafür sprechen; insbesondere wird dies zutreffen bei kurzzeitigen Amtsverwesungen. Hier würde es oft eine unbillige Zumuthung an den Amtsverweser sein, das Amt auf eigene Rechnung zu führen, weil die Gebühren oft erst später eingehen, während die Auslagen sofort anfallen. Falls es bei der Regel des Art. 112 sein Bewenden haben sollte, würde sonst die Zwangslage geschaffen werden, daß an Stelle eines vorhandenen und passenden Notariatspraktikanten ein Gerichtsbeamter gewählt werden müßte. (Becher, Mat. S. 72.)

Anm. 2. Da der Verweser, der nicht Gerichtsbeamter ist, im Fall der Dienstführung auf Rechnung des Staates keine Einnahmen hätte, ist ihm vom Staate eine verhältnißmäßige Vergütung zu gewähren.

Anm. 3. Bezüglich der auf Rechnung des Staats geführten Notariate ist im Einzelnen noch Folgendes zu bemerken: die Notariatsgebühren, die nach der Notariatsgebührenordnung anfallen, sind zwar auch hier für die Staatskasse zu erheben; sie dürfen aber doch nicht in dem Staatsgebührenregister Formular A, welches die nach dem Gebührengesetz anfallenden Staatsgebühren sowie die örtlichen Besitzveränderungsabgaben enthält, verrechnet werden; sondern es ist für sie gemäß § 8 Abs. 2 der Instruktion zum Vollzug des Gerichtskostengesetzes und Gebührengesetzes das Notariatsgebührenregister (§ 54 Not.Gesch.O.) zu führen und auch monatlich dem Rentamt zur Abrechnung vorzulegen. Dieses Register ist nach den in der Bekanntmachung vom 19. Januar 1900 J.M.Bl. 1900, 461. Fin.M.Bl. 89) veröffentlichten Formular IX a anzulegen und nach der diesem Formular beigefügten Gebrauchsanweisung zu führen.

Die Behandlung der für den Staat anfallenden Notariatsgebühren bei den Staatsnotariaten ist auch insofern die gleiche wie bei den andern Notariaten, als die rückständigen Notariatsgebühren auch nicht dem Rentamt zur Zwangsbeitreibung überwiesen werden; sondern, wie schon bei Art. 108 bemerkt, im Festsetzungsverfahren nach Art. 50 Not.Ges. durch den Verweser selbst beigetrieben werden. (§ 54 Abs. II Vollz.Instr. zum G.K.G. und Geb.Ges.) —

Bezüglich Entfernungsgebühren und Reisekosten der Notariatsverweser sowie Behandlung der Auslagen im Gebührenregister bei den auf Rechnung der Staatskasse geführten Notariaten vgl. auch die Bekanntm. vom 5. Januar 1901 das Rechnungsschema für die XXV. Finanzperiode 1900/01 betr. (J.M.Bl. S. 173).

Anm. 4. Für die Zuweisung der Tantièmen an die beiden Notars-Pensionsvereine gemäß der Verordnung vom 1. Februar 1902 (J.M.Bl. 253) ist es gleichgiltig, ob das Notariat auf Rechnung eines Verwesers oder des Staats geführt wird. Also auch in letzterem Fall und zwar sowohl wenn die Führung auf Rechnung des Staates eine dauernde oder vorübergehende ist, kommen die Tantièmen den Vereinen zu Gute.

Eine Ausnahme davon hat nur dann statt, wenn die Verwesung eines ständig unbesetzten Notariats durch einen Gerichtsbeamten geführt wird (Art. 113) und dem rechnungsführenden Gerichtsschreiber des Amtsgerichts die Besorgung des gesammten Gebührenwesen des Notariats übertragen ist (Art. 108); dann gebühren die Tantièmen dem Gerichtsschreiber und zwar in der Höhe wie sie im § 11 Vollz.Inst. z. G.K.G. und Geb.Ges. festgestellt sind. Bek. vom 2. Februar 1902 (J.M.Bl. 293).

Anm. 5. Bei den Staatsnotariaten hat ein Vorschießen der Staatsgebühren oder der gemeindlichen Besitzveränderungsabgaben, zu dem der Notar zwar nicht verpflichtet, aber doch berechtigt ist, nicht statt. Vgl. Ziff. 4 der Vorschriften über die Führung des Notariatsgebührenregisters bei Staatsnotariaten und Bek. vom 2. Februar 1902 IV Abs. 2 (s. o. Anm. 4).

Anm. 6. Zur Bestreitung der Regiekosten für Schreibmaterialien und sonstige Kanzleibedürfnisse, für Buchbinder- und Buchdruckerlöhne, Postporti und Botenlöhne, für die Anschaffung von Literalien bei den Staatsnotariaten erhalten diese Regiebeiträge. Wegen Behandlung dieser Regiebeiträge ist Entschließung vom 20. Februar 1901 Nr. 5425 (Gen. S. 35)*) ergangen, die im Einzelnen folgendes bestimmt:

1. Die bewilligten Summen haben nicht die Natur von Aversen sondern von Meistkrediten. Die Ausgaben sind daher der Staatskasse zu verrechnen, der Ueberschuß fällt der Staatskasse heim.

2. Die Besorgung der Regiegeschäfte gehört zur dienstlichen Aufgabe des Notariatsverwesers. Er hat die bewilligten Regiesummen in Empfang zu nehmen, die nötigen Anschaffungen zu besorgen, die Zahlungen für die Anschaffung der Regiebedürfnisse u. s. w. zu leisten, sowie die Rechnung zu führen und ist für die Einhaltung seines Etats verantwortlich.

3. Der Notariatsverweser soll dem Amtsgerichtsvorstande jederzeit auf Verlangen über die Regiegeschäfte Aufschluß und in seine Aufzeichnungen und Bestände Einsicht gewähren. Er hat ferner alljährlich vor dem Abschlusse der amtsgerichtlichen Regierechnung zwei Ausfertigungen der notariellen Regierechnung dem Amtsgerichtsvorstande vorzulegen, damit dieser ein Exemplar nach Nr. VII, 4e (am Schlusse) der Vorschriften über das Rechnungsschema (J.M.Bl. 1901 S. 182) der amtsgerichtlichen Regierechnung als Anhang beifügt. Das zweite Exemplar ist bestimmt, durch Vermittelung des Amtsgerichtsvorstandes auf dem Dienstwege dem Justizministerium vorgelegt zu werden**). Hat der Amtsgerichtsvorstand Bedenken gegen die Rechnungsführung des Notariatsverwesers und können diese nicht im sofortigen Benehmen mit dem Notariatsverweser behoben werden, so soll der Amtsgerichtsvorstand den Sachverhalt bei Vorlage der Zweitschrift der Rechnung auf dem Dienstwege berichten.

---

*) Gen. = Bayerische Notariats-Generaliensammlung. München 1906.

**) Durch die Vorlage dieser Regierechnungen ist die Vorlegung der sonstigen Uebersichten über den Dienstaufwand nach der Entschließung vom 15. Januar 1901 Nr. 2574 die Erträgnisse der Notariate betr. entbehrlich.

4. Die gesamte Kassa- und Rechnungsführung soll für die Notariatsregie, soweit nicht besondere Bestimmungen gegeben sind, in ganz der gleichen Weise und nach denselben Formularen behandelt werden wie die Regie des Amtsgerichts. Die Rechnung soll in fünf Unterabteilungen zerfallen:

a) Schreibmaterialien und sonstige Kanzleibedürfnisse, soweit sie nicht aus dem Schreibmaterialienaversum zu bestreiten sind,

b) Schreibmaterialienaversen des Verwesers und des etwa auf Ziff. VIII Kap. 1 Lit. G. des Etats beigegebenen Schreibgehilfen,

c) Porti und Botenlöhne,

d) Buchbinder- und Buchdruckerlöhne,

e) Literalien.

Bei der Bewilligung ist veranschlagt und soll als Regel gelten, daß von der bewilligten Regiesumme auf die Position c (Porti und Botenlöhne) etwa 10 Mk., auf die Position d (Buchbinder- und Buchdruckerlöhne) etwa 30 Mk., auf die Position e (Literalien) etwa 40 Mk. treffen, doch sollen alle Positionen zur gegenseitigen Ergänzung bestimmt sein.

5. Nimmt der Notariatsverweser wahr, daß in Folge besonderer Umstände die bewilligte Summe voraussichtlich nicht reicht, so hat er dies in einem Berichte darzustellen, und den Bericht rechtzeitig durch Vermittelung des Amtsgerichtsvorstandes auf dem Dienstwege vorzulegen. Der Amtsgerichtsvorstand hat sich dazu bei der Vorlage gutachtlich zu äußern.

6. Die etwa für Stellvertretung und für Schreibaushilfe erwachsenden Kosten, sowie die etwaigen Kosten für Möbel und Einrichtungsgegenstände werden jeweils durch besondere Entschließungen bewilligt und außerhalb der Regierechnung des Notariats verrechnet. Die Kosten für Beheizung, Beleuchtung und Reinigung der Räume des Notariats werden von den Amtsgerichtsvorständen getragen, deren Aversen hiezu, soweit nötig, erhöht worden sind.

7. Für solche dem Notariat ausschließlich zugewiesene Gegenstände, welche nach den für die Amtsgerichte geltenden Vorschriften zu inventarisieren sind, hat der Notariatsverweser ein Inventar als Anhang zum amtsgerichtlichen Inventar und nach den für dessen Führung geltenden Normen zu führen.

Diejenigen Bücher und Einrichtungsgegenstände, die den Notariaten auf Rechnung des Staates mit der Bestimmung geliefert werden, daß sie dortselbst verbleiben sollen, gehören zu den „Amtsbeständen" des Notariats. (§ 6 Not.Gesch.O.)

Anm. 7. Für diejenigen Notariate, bei welchen die Geschäfte dauernd auf Rechnung des Staates geführt werden, werden im Allgemeinen die Schreibkräfte durch die Vorstände der Amtsgerichte beigegeben.

Diese Schreibkräfte sind dann auch nicht als Notariatsgehilfen im eigentlichen Sinn zu erachten, sondern ihr Dienstverhältniß bestimmt sich nach den für das amtsgerichtliche Kanzleipersonal geltenden Vorschriften. (§ 1 Bek. vom 1. Mai 1901 [J.M.Bl. 341] siehe des Näheren bei Art. 129.) In die Stellung dieses Personals treten wohl auch die bei einem Notariat, das auf Rechnung des Staats übernommen wird, schon befindlichen Notariatsgehilfen (§ 15 der erwähnten Bekanntmachung).

Ueber die Zuziehung von Gerichtsschreibereibediensteten zur Mitwirkung bei auswärtigen Dienstgeschäften und über die Vergütung dieser Bediensteten für die Betheiligung an den auswärtigen Dienstgeschäften ist die Bekanntmachung vom 21. Juni 1901 (J.M.Bl. S. 206) ergangen, die lautet:

Bei denjenigen Notariaten, welche nach Art. 95 Abs. 2 des Notariatsgesetzes ständig auf Rechnung des Staates geführt werden, haben sich Zweifel darüber ergeben, ob zu auswärtigen Dienstgeschäften von dem Notariatsverweser Gerichtsschreibereibedienstete des Amtsgerichts zum Niederschreiben des Protokolls zugezogen werden können und welche Vergütung den Zugezogenen für die Beteiligung an dem auswärtigen Dienstgeschäfte gebührt. Zur Beseitigung dieser Zweifel wird Nachstehendes eröffnet:

1. Ist die Zuziehung eines Protokollführers nach den Umständen des Geschäfts erforderlich, wie z. B. bei Versteigerung einer großen Zahl von Grundstücken, Grundabtretung zu Eisenbahnbauten, Testamenten u. dgl., so unterliegt

es keinem Bedenken, daß zum Niederschreiben des Protokolls vom Notariatsverweser Gerichtsschreibereibedienstete zugezogen werden. Der Notariatsverweser hat sich deshalb vorher, sofern nicht Gefahr im Verzug ist, an den Vorstand des Amtsgerichts zu wenden, und dieser hat dem Ersuchen statt zu geben, wenn keine dienstlichen Bedenken bestehen.

2. Den zugezogenen Gerichtsschreibereibediensteten gebührt eine Vergütung für ihre Mitwirkung dann nicht, wenn der Ort der Geschäftsvornahme weniger als drei Kilometer vom Amtsitz entfernt ist.

Ist der Ort, an dem das auswärtige Geschäft vorgenommen wird, von dem Amtsitze drei Kilometer weit oder weiter entfernt, so gebührt den zugezogenen Gerichtsschreibereibediensteten Ersatz der Reisekosten und Tagegeld nach den Bestimmungen der Allerhöchsten Verordnung vom 11. Februar 1875 (J.M.Bl. S. 49, F.M.Bl. S. 37).

3. Die Liquidationen der zugezogenen Protokollführer sind gleichzeitig mit den Liquidationen der Notariatsverweser bei den Rentämtern einzureichen und wie diese nach Nummer 5 bis 7 der Vorschriften für die Verrechnung der Notariatsgebühren und die Führung des Notariatsgebührenregisters im Falle der Führung der Notariatsgeschäfte auf Rechnung des Staates (J.M.Bl. 1900 S. 463, F.M.Bl. 1900 S. 91) zu behandeln.

4. Den Beteiligten können die Kosten für die Zuziehung von Protokollführern nach der Notariatsgebührenordnung nicht auferlegt werden. Dies gilt auch für den Fall der Führung der Notariatsgeschäfte auf Rechnung des Staates. Die Tagegelder und die Reisekosten des Protokollführers bleiben daher zu Lasten der Staatskasse. Doch werden ausscheidbare Reisekosten für die Protokollführer in der Regel nicht erwachsen.

Anm. 8. Das Entwerfen von Privaturkunden und Erstatten von Gutachten ist den Notariatsverwesern, die das Amt auf Rechnung des Staates führen, untersagt (§ 276 Abs. 2 Gesch.O.).

Artikel 113.

Wird ein Gerichtsbeamter zum Verweser eines unbesetzten Notariats bestellt, so werden die Geschäfte auf Rechnung der Staatskasse geführt. Dem Verweser kann bei längerer Dauer der Geschäftsführung eine angemessene Vergütung bewilligt werden.

Entwurf Art. 113; Motive 447; Prot. Abg. 717. 740; Prot. R.R. XX 12; Verh. Abg. 904; Becher, Materialien 72. 261. 302. 359. 428.

Anm. 1. Aus der Regel des Art. 112, daß der Verweser eines unbesetzten Notariats, der nicht Gerichtsbeamter ist, die Geschäfte auf eigene Rechnung führt, ergibt sich schon, daß wenn der Verweser eines solchen Notariats Gerichtsbeamter ist, die Geschäfte immer auf Rechnung der Staatskasse geführt werden. Es ist diese Folgerung aber nochmals ausdrücklich in Art. 113 ausgesprochen.

Die Führung der Geschäfte durch den Gerichtsbeamten ist auch hier wie im Fall der Verwesung eines besetzten Notariats (Art. 111 Abs. 2) an sich eine unentgeltliche; es kann aber auch hier eine Vergütung gewährt werden; aber ebenso wie dort nur bei längerer Geschäftsführung.

Anm. 2. Die Vergütung soll eine „angemessene“ sein; für den Begriff der Angemessenheit wird es nach der Erklärung der Kgl. Staatsregierung in der Sitzung des Justiz-Gesetzgebungsausschusses der Abgeordneten-Kammer vom 6. Mai 1899 auf den Umfang der besonderen Arbeit ankommen, die dem Beamten aus der Besorgung der Notariatsgeschäfte neben seinem laufenden Dienste erwächst, auf die Quantität und Qualität seiner Extraleistung. Für die Vergütung werden eben dieselben Grundsätze maßgebend sein wie bei Remunerationen, die überhaupt auch für sonstige neben dem laufenden Dienst gemachte außerordentliche Leistungen der Staatsbeamten bewilligt werden.

Es kann deßhalb der Fall sein, daß trotz längerer Dauer der Verwesung keine Vergütung gewährt wird, z. B. dann, wenn es sich um ein Notariat handelt, bei dem alle Wochen nur ein paar Urkunden aufzunehmen sind und der Beamte ohnehin zu wenig beschäftigt ist. Andererseits wird aber auch, wenn es sich um ein Notariat mit bedeutenden Arbeitspensum handelt, die Remunerationsgewährung von liberalem Gesichtspunkt aus behandelt werden.

Bezüglich Zuweisung der Tantièmen an den Gerichtsschreiber, dem die Führung des gesamten Gebührenwesens des Notariats übertragen ist, vergl. die Bek. vom 2. Februar 1902 oben bei Art. 108 und 112.

Bezüglich Ladung und Vernehmung eines zum Notariatsverweser bestellten aktiven Gerichtsbeamten als Zeuge und Sachverständiger vgl. Bek. vom 27. März 1902 (J.M.Bl. S. 520).

Artikel 114.

Der Notariatsverweser, der die Geschäfte auf fremde Rechnung führt, hat von den im Artikel 55 gegebenen Befugnissen Gebrauch zu machen. Unterläßt er dies, so haftet er für die Entrichtung der Gebühren und die Erstattung der Auslagen.

Entwurf Art. 114; Motive 447; Prot. Abg. 717. 740; Prot. R.R. XX 12; Verh. Abg. 904; Becher, Materialien 72. 262. 302. 360. 428.

Anm. 1. Das im Art. 55 dem Notar wegen seiner Gebühren und Auslagen gegebene Zurückbehaltungsrecht verwandelt sich beim Notariatsverweser, der die Geschäfte auf fremde Rechnung führt, in eine Zurückbehaltungs**pflicht**.

Der Grund ist, weil beim Entgang der Gebühren der Verweser nicht sich selbst, sondern den andern, dem sonst die Gebühren zukommen, schädigt.

Auf „fremde Rechnung" führt der Verweser die Geschäfte nicht bloß dann, wenn er bei besetztem Notariat das Amt für einen verhinderten Notar verwest (Art. 111), sondern auch dann, wenn er bei unbesetztem Notariat die Geschäfte auf Rechnung des Staates führt (Art. 112). Bei Verletzung dieser Zurückbehaltungspflicht macht sich der Verweser dem Notar oder dem Staat gegenüber haftbar. Vergl. auch § 288 Gesch.O., wo ausdrücklich die Notariatsverweser auf die jetzt für die Notariatsgebühren nach § 196 B.G.B. geltende kurze Verjährungsfrist von zwei Jahren hingewiesen werden.

Anm. 2. Bezüglich der Zurückbehaltungspflicht wegen der **Staatsgebühren** und der **gemeindlichen Besitzveränderungsabgaben** ist ebenso wie für den Notar auch für den Notariatsverweser des Art. 288 Geb.Ges. maßgebend. Daß die sonst geltende Verpflichtung zur ungesäumten Vorlage von Urkunden an die Behörden beruht, solange die Staatsgebühren, die gemeindlichen Besitzveränderungsabgaben und die Gebühren und Auslagen des Notars nicht entrichtet sind, ist ausdrücklich in § 563 Dienstanweisung f. d. Grundbuchämter r. d. Rh. gesagt.

Artikel 115.

Hat ein auf den Vorschlag des Notars bestellter Notariatsverweser durch eine Amtshandlung einem Dritten Schaden zugefügt, so ist zum Ersatze des Schadens und der bei der Geltendmachung des Ersatzanspruchs erwachsenen Kosten auch der Notar verpflichtet. Der Notar und der Notariatsverweser haften dem Beschädigten als Gesamtschuldner; im Verhältnis zwischen ihnen ist der Notariatsverweser allein verpflichtet.

Entwurf Art. 115; Motive 447; Prot. Abg. 717. 740; Prot. R.R. XX 12; Verh. Abg. 904; Becher, Materialien 72. 263. 302. 360. 429.

Anm. 1. Der Notariatsverweser ist ebenso Beamter wie der Notar, da er gleich diesem selbständiger Vertreter einer staatlichen Behörde ist und da er seine Berufung von der obersten Staatsverwaltungsstelle erhält.

Die Haftung des Notariatsverwesers für Schadenfälle, die durch eine Verletzung seiner Amtspflichten entsteht, bemißt sich demnach aus § 839 B.G.B.

§ 839 B.G.B. betrifft die Verletzung einer Amtspflicht, die dem Beamten gegenüber dem Geschädigten, also nicht blos gegenüber seinem Dienstherrn obliegt. Die Verletzung muß eine schuldhafte sein d. h. sie muß entweder auf Vorsatz oder auf Fahrlässigkeit beruhen.

Anm. 2. Für den von dem Verweser verursachten Schaden ist die Mitverantwortlichkeit des Notars aus Billigkeitsgründen aufgestellt: da der Notar die Gebühren, die aus den Amtsgeschäften des Verwesers anfallen, erhält, und die Gebühren auch eine Risikoprämie darstellen, so wurde es für billig erachtet, daß der Notar auch an der Haftung für die Geschäftsführung des Verwesers theilnimmt. Die Haftung des Verwesers wie die des Notars ist die aus einer unerlaubten Handlung. —

Anm. 3. Notar und Verweser haften daher dem Beschädigten als Gesammtschuldner; der Beschädigte braucht sich also nicht erst an den Verweser halten, sondern kann in Gemäßheit des § 421 B.G.B. sofort den Notar und zwar auf das Ganze in Anspruch nehmen. Diese Gesammthaftung gilt aber blos nach außen; im Verhältniß nach innen, zwischen Notar und Verweser, ist nach dem Grundsatz des § 841 B.G.B. der Verweser allein schadensersatzpflichtig; der Notar kann also, wenn er bereits Ersatz geleistet hat, gegen den Verweser Regreß nehmen und andernfalls Befreiung von seiner Schadensersatzpflicht verlangen.

Anm. 4. Die Mithaftung des Notars für die durch den Verweser verursachten Schadenfälle greift aber nur Platz wenn der Verweser auf Vorschlag des Notars bestellt wurde.

Nach Art. 99 Abs. II hat ja der Notar, wenn er einen Verweser will, prinzipiell diesen selbst vorzuschlagen, wobei natürlich das Justizministerium an den Vorschlag nicht gebunden ist. Von Amtswegen erfolgt die Aufstellung eines Verwesers, wenn der Notar suspendiert wird. Wird eine andere Person als die vom Notar vorgeschlagene zum Notariatsverweser bestellt, oder erfolgt die Bestellung ohne Vorschlag, so beruht die Wahl des Verwesers nicht auf dem Willen des Notars und man kann ihm in diesem Fall auch nicht die Mittragung der Verantwortlichkeit zumuthen. Die Mithaftung des Notars bezieht sich deßhalb auch auf den letzteren Fall der Bestellung eines Verwesers nicht.

Ist die Bestellung des Verwesers zwar auf Vorschlag des Notars erfolgt, stirbt aber der Notar während der Verwesung, so tritt für die Schadenfälle, die nach dem Ableben des Notars entstehen, eine Mithaftung seiner Erben nicht ein, da der Amtsverweser vom Augenblick des Todes an nicht mehr Verweser eines besetzten sondern Verweser eines unbesetzten Notariats und als solcher Offizialvertreter ist (Art. 102). Bezüglich Haftung des Staates für den von einem Notar oder Notariatsverweser angerichteten Schaden vergl. Art. 126.

Artikel 116.

Notariatsverweser, die Gerichtsbeamte sind, unterliegen hinsichtlich der Dienstaufsicht und Disziplin den für sie als Gerichtsbeamte bestehenden Vorschriften auch bei der Führung der Notariatsgeschäfte.

Andere Notariatsverweser sind wie Notare zu behandeln, doch ist die Verhängung der Strafversetzung und der Dienstentlassung gegen Notariatsverweser, soferne sie nicht Notare sind, ausgeschlossen. Statt auf Dienstentlassung ist auf Ausschluß von der Verwendung als Notariatsverweser zu erkennen.

Entwurf Art. 116; Motive 447; Prot. Abg. 717. 740; Prot. R.R. XX 12; Verh. Abg. 904; Becher, Materialien 72. 263. 302. 360. 429.

Anm. 1. Die Dienstaufsicht und Disziplin über die Notariatsverweser ist im Allgemeinen die gleiche wie über die Notare (Art. 63—94). Würde dieser Grundsatz aber streng durchgeführt, dann würden die Richter oder Gerichtsschreiber, die ein Notariat verwesen, in ihrer Eigenschaft als Notariatsverweser einer andern Disziplin unterworfen sein als wie in ihrer Eigenschaft als Gerichtsbeamte. Das ist natürlich nicht angängig, und es wurde deßhalb bestimmt, daß für diese Gerichtsbeamten hinsichtlich Dienstaufsicht und Disziplin, auch soweit sie als Notariatsverweser in Betracht kommen, das Recht ihres Hauptamtes maßgebend bleiben solle.

Anm. 2. Bezüglich der übrigen Notariatsverweser gilt der obige Satz, daß sie der gleichen Dienstaufsicht und Disziplin unterstehen wie die Notare selbst. Die Eigenartigkeit der Dienstesstellung der Notariatsverweser macht aber wieder Besonderheiten hinsichtlich der Strafversetzung und der Dienstentlassung nothwendig. Die Bestellung zum Notariatsverweser ist eine widerrufliche; daraus folgt, daß die Strafversetzung (Art. 70 Ziff. 3) beim Notariatsverweser überhaupt in Wegfall kommt und daß an Stelle des Ausspruchs auf Dienstentlassung (Art. 70 Ziff. 4) der Ausspruch auf Ausschluß von der ferneren Verwendung als Notariatsverweser tritt. Ebenso wie die Strafversetzung sind beim Notariatsverweser infolge der Widerruflichkeit seiner Stellung unanwendbar die Strafen der Zwangsversetzung durch Verfügung der Disziplinargerichte oder des Staatsministeriums der Justiz (Art. 93, 94), der Zwangsenthebung (Art. 86) und der Suspension (Art. 88), was noch ausdrücklich in Art. 118 (s. dort) gesagt ist. An deren Stelle tritt der Widerruf der Bestellung.

Im Uebrigen können die sonstigen Zwangsstrafen, Ordnungsstrafen und Disziplinarstrafen auch über die Notariatsverweser verhängt werden.

Anm. 3. Ist der Notariatsverweser ein Notar, so greifen ihm gegenüber auch als Verweser selbstverständlich die gleichen Bestimmungen über Dienstaufsicht und Disziplin wie gegenüber den Notaren im Allgemeinen Platz.

Anm. 4. Die Gelder, die auf Grund der über Notariatsverweser verhängten Strafen eingehen, fließen ebenfalls dem Pensionsverein für die Wittwen und Waisen der Notare zu. (Art. 128.)

Anm. 5. Ueber die Handhabung der Disziplin vergl. noch die Vollzugsbekanntmachung vom 25. April 1901 (J.M.Bl. 321), die, weil sie noch nicht bei Art. 80 abgedruckt ist, hier folgt:

Königliches Staatsministerium der Justiz.

Auf Grund des Art. 139 des Notariatsgesetzes vom 9. Juni 1899 werden zum Vollzuge der gesetzlichen Bestimmungen über die Disziplin der Notare nachstehende Vorschriften erlassen:

§ 1.

Erscheint es dem Präsidenten des Landgerichts geboten, gegen einen Notar oder einen nicht zu den Gerichtsbeamten gehörigen Notariatsverweser die Einschreitung im Disziplinarstrafverfahren zu veranlassen, so hat er hievon der Disziplinarkammer Mitteilung zu machen.

Erlangt eine höhere Dienstaufsichtsbehörde Kenntnis von der Verübung eines der Disziplinarkammer noch nicht angezeigten Dienstvergehens, das nach ihrer Anschauung die Einschreitung im Disziplinarstrafverfahren erheischt, so veranlaßt sie entweder den Landgerichtspräsidenten zur Mitteilung an die Disziplinarkammer oder sie macht die Mitteilung selbst und benachrichtigt hievon den Landgerichtspräsidenten.

Ist der Notar oder Notariatsverweser nicht mehr im Amte, so obliegt die Mitteilung nach Abs. 1, 2 den Behörden, die ihm vor seinem Ausscheiden aus dem Amte zuletzt vorgesetzt waren.

§ 2.

Erscheint dem Präsidenten des Landgerichts die Verhängung einer Ordnungsstrafe gegen einen Notar oder einen nicht zu den Gerichtsbeamten gehörigen Notariatsverweser geboten, so beruft er die Zivilkammer zur Entscheidung nach Art. 80 des Notariatsgesetzes.

Erlangt eine höhere Dienstaufsichtsbehörde Kenntnis von der Verübung eines minder erheblichen Dienstvergehens, wegen dessen ein Dienststrafverfahren noch nicht eingeleitet ist, so veranlaßt sie den Präsidenten des Landgerichts zur Berufung der Zivilkammer.

§ 3.

Im strafrechtlichen Verfahren gegen Notare und Notariatsverweser ist zu Zwecken der Dienstaufsicht Mitteilung zu machen:

1. von der Erhebung der öffentlichen Klage und der Privatklage,
2. von der Verhängung und Aufhebung der Untersuchungshaft,
3. von dem Inhalte des auf das vorbereitende Verfahren oder auf die Voruntersuchung erlassenen, nicht mehr anfechtbaren Beschlusses,
4. von dem rechtskräftigen Strafurteil oder Strafbefehle,
5. von dem Beginne, der Unterbrechung und der Beendigung des Vollzugs einer Freiheitsstrafe.

Die Mitteilung obliegt dem mit der Sache befaßten Amtsanwalte oder Staatsanwalte, die Mitteilung von Verurteilungen dem Amtsanwalt oder dem Staatsanwalte bei dem aburteilenden Gerichte, die Mitteilung von der Erhebung von Privatklagen dem Staatsanwalte, dem sie zur Aeußerung über die Uebernahme der Verfolgung vorgelegt werden.

Die Mitteilung ist an den dem Notar oder Notariatsverweser vorgesetzten Landgerichtspräsidenten zu richten; ist der Notar oder Notariatsverweser nicht mehr im Amte, so ist sie an das Staatsministerium der Justiz zu richten.

§ 4.

Der Landgerichtspräsident erstattet über die ihm nach § 3 zugehenden Mitteilungen auf dem Dienstwege Bericht an das Staatsministerium der Justiz. Ist wegen der nämlichen Thatsachen, wegen deren eine strafgerichtliche Verurteilung erfolgt ist, ein Dienststrafverfahren schon eingeleitet, so hat der Landgerichtspräsident von der ihm mitgeteilten Verurteilung mit Rücksicht auf Art. 79 Abs. 3 Satz 2 des Notariatsgesetzes sofort auch das Gericht, bei dem das Dienststrafverfahren anhängig ist, in Kenntnis zu setzen. Ist ein Dienststrafverfahren noch nicht eingeleitet, die Einleitung eines solchen aber nach der Anschauung der Aufsichtsbehörde veranlaßt (Art. 79 Abs. 3 Satz 1 des Not.Ges.), so hat diese nach §§ 1, 2 zu verfahren.

§ 5.

Im Disziplinarstrafverfahren gegen Notare und Notariatsverweser ist Mitteilung zu machen:

1. von dem Beschluß auf Einleitung des Disziplinarverfahrens,
2. von dem Beschluß auf Verweisung der Sache zur Hauptverhandlung,
3. von dem rechtskräftigen Beschlusse, durch den die Einleitung des Disziplinarverfahrens abgelehnt, das Disziplinarverfahren vorläufig eingestellt oder der Angeschuldigte außer Verfolgung gesetzt wird,
4. von jedem Beschlusse, durch den die Suspension verhängt oder aufgehoben wird,
5. von jedem rechtskräftigen Urteile sofort nach Eintritt der Rechtskraft,
6. von jedem Urteile, das auf Dienstentlassung lautet, auch schon vor dem Eintritte der Rechtskraft unmittelbar nach der Verkündung.

Die Mitteilung obliegt dem Präsidenten desjenigen Disziplinargerichts, von welchem der Beschluß oder das Urteil erlassen ist. Die Mitteilung ist an den Landgerichtspräsidenten, dem der Notar oder Notariatsverweser untersteht, und an das Staatsministerium der Justiz zu richten. Ist der Notar oder der Notariatsverweser nicht mehr im Amte, so erfolgt sie an das Staatsministerium der Justiz allein. Jeder Mitteilung an das Staatsministerium der Justiz ist eine Abschrift des Beschlusses oder des Urteils beizufügen.

§ 6.

Im Ordnungsstrafverfahren ist von den Landgerichtspräsidenten über alle rechtskräftigen Strafbescheide unter kurzer Darlegung des Sachverhalts auf dem Dienstweg an das Staatsministerium der Justiz zu berichten.

§ 7.

Scheint dem Präsidenten des Landgerichts bei einem Notar des Bezirks ein Fall des Art. 86 oder des Art. 88 des Notariatsgesetzes gegeben zu sein, so hat er dies unter eingehender Darlegung des Sachverhalts auf dem Dienstweg an das Staatsministerium der Justiz zu berichten. Die gleiche Pflicht hat der Oberlandesgerichtspräsident, wenn er Kenntnis von einem solchen Falle bekommt.

§ 8.

Von jeder Entscheidung nach Art. 87 oder nach Art. 89 des Notariatsgesetzes hat der Präsident der Disziplinarkammer dem Staatsministerium der Justiz alsbald eine Ausfertigung in Vorlage zu bringen.

§ 9.

Reicht ein Notar, gegen den ein Verfahren nach Artikel 87 oder nach Art. 89 des Notariatsgesetzes oder ein Disziplinarstrafverfahren anhängig ist, ein Gesuch um Enthebung vom Amte bei der Dienstaufsichtsbehörde ein, so hat diese hiervon sofort dem Disziplinargerichte Mitteilung zu machen. Das Gesuch ist auf dem Dienstwege dem Staatsministerium der Justiz vorzulegen.

Die Vorschrift des Abs. 1 findet entsprechende Anwendung, wenn ein Notariatsverweser nach Art. 117 des Notariatsgesetzes auf die fernere Verwendung im Notariatsdienste verzichtet.

§ 10.

Wird ein im Amte befindlicher Notar oder Notariatsverweser von der Eröffnung des Konkursverfahrens, der Einleitung des Entmündigungsverfahrens oder der Stellung unter vorläufige Vormundschaft betroffen, so hat hievon das Gericht, das die Anordnung trifft, sofort dem Präsidenten des Landgerichts Mitteilung zu machen. Dieser ergreift die nötigen vorsorglichen Maßregeln und berichtet weiter auf dem Dienstweg an das Staatsministerium der Justiz.

In gleicher Weise ist die Beendigung des Konkursverfahrens, des Entmündigungsverfahrens, die Aufhebung der Entmündigung und der vorläufigen Vormundschaft mitzuteilen.

Bringt der Präsident des Landgerichts oder der Präsident des Oberlandesgerichts in Erfahrung, daß ein Notar sich ohne Urlaub von seinem Amtssitz entfernt hat und steht nicht die alsbaldige Rückkehr des Notars auf seine Stelle in sicherer Aussicht (Art. 94 Nr. 1 des Not.Ges.), so ist hievon sofort dem Staatsministerium der Justiz unmittelbar Bericht zu erstatten.

Die Einleitung des Dienststrafverfahrens wird hiedurch nicht gehindert.

§ 11.

Im Januar jedes Jahres haben die Präsidenten der Disziplinargerichte eine Uebersicht der von den Gerichten im Vorjahr entfalteten Thätigkeit in Notariatsdisziplinarsachen, die Landgerichtspräsidenten eine Uebersicht der im Vorjahr auf grund des Notariatsgesetzes gegen Notare und Notariatsverweser ihres Bezirks ergangenen Ordnungsstrafen dem Staatsministerium der Justiz in Vorlage zu bringen.

Die von den Präsidenten der Disziplinargerichte vorzulegenden Uebersichten sollen nach dem Muster der über die Richterdisziplinarsachen vorzulegenden Geschäftsübersichten gehalten sein.

Die von den Landgerichtspräsidenten vorzulegenden Uebersichten sollen die Bezeichnung der Bestraften, sowie Zahl, Art und Höhe der verhängten Ordnungsstrafen ersehen lassen. Sie sollen in doppelter Fertigung dem Präsidenten des Oberlandesgerichts vorgelegt werden. Dieser behält ein Exemplar bei seinen Akten und leitet das andere an das Staatsministerium der Justiz weiter.

Für das Jahr 1900 sind die Uebersichten zum 1. Juli 1901 vorzulegen.

§ 12.

Die Vorschriften in den §§ 7, 8, 9, 15, 16, 17 der Vollzugsbekanntmachung zum Richterdisziplinargesetze (J.M.Bl. 1881 S. 279 ff.) finden auf die Notariatsdisziplimarsachen entsprechende Anwendung.

Artikel 117.

Wegen eines während der Dauer der Amtsführung begangenen Dienstvergehens kann der Notariatsverweser auch nach der Beendigung der Amtsführung verfolgt werden. Die Verfolgung des Notariatsverwesers, der nicht Gerichtsbeamter ist, ist ausgeschlossen, wenn er der Dienstaufsichtsbehörde gegenüber schriftlich auf die fernere Verwendung im Notariatsdienste verzichtet.

Wegen eines Dienstvergehens, das ein Notariatsverweser nach der Beendigung seiner Amtsführung begangen hat, kann er, abgesehen von dem Falle des Artikel 106 des Ausführungsgesetzes zur Strafprozeßordnung, nicht verfolgt werden.

Entwurf Art. 117; Motive 447; Prot. Abg. 718. 740; Prot. R.R. XX 12; Verh. Abg. 904; Becher, Materialien 72. 263. 302. 360. 429.

Anm. 1. Die Disziplinargewalt ist eine Folge des Dienstverhältnisses; mit dessen Lösung erreicht sie deßhalb auch regelmäßig ihr Ende (Seydel, Bayer. Staatsrecht Bd. III S. 501 Nr. 2). Im bisherigen Recht war es eine Streitfrage, in wie weit ein Notariatsverweser für ein während seiner Amtsführung begangenes Dienstvergehen auch nach deren Beendigung noch zur Verantwortung gezogen werden konnte. Zur Abschneidung von Zweifeln ist die in Satz 1 enthaltene Bestimmung getroffen worden. Grundsätzlich wird also die Verfolgung der Dienstvergehen der Notariatsverweser durch die Beendigung der Amtsverwesung nicht ausgeschlossen. Die Gründe für die Fortdauer der Verfolgungsmöglichkeit waren solche der Gerechtigkeit und der Aufrechterhaltung der Disziplin; denn da in den meisten Fällen die Entscheidung der Dienstvergehen erst nach Beendigung der Amtsverwesung erfolgte, so würde eine anderweitige Regelung zu einer nahezu vollkommenen Straflosigkeit der Notariatsverweser geführt haben.

Der Notariatsverweser kann der Strafverfolgung erst dadurch entgehen, daß er überhaupt auf fernere Verwendung im Notariatsdienst — nicht im Staatsdienst allgemein — verzichtet.

Die Leistung dieses Verzichts steht aber selbstverständlich nicht auch den Richtern oder Gerichtsschreibern, die Verweser sind, zu, weil auf diese ja die für die Gerichtsbeamten geltenden Disziplinarvorschriften Anwendung finden. (Art. 116.)

Anm. 2. Die Erklärung des Verzichts seitens des Notariatsverwesers hat schriftlich der Dienstaufsichtsbehörde gegenüber zu erfolgen.

Letztere hat hievon sofort dem Disziplinargericht Mittheilung zu machen. Die Verzichtserklärung ist auf dem Dienstwege dem Justizministerium vorzulegen.

§ 9 Bek. vom 25. April 1901 (s. b. Art. 116).

Anm. 3. Wegen der Verfehlungen, die sich ein früherer Amtsverweser nach Beendigung seiner Amtsführung zu Schulden hat kommen lassen, eine Strafverfolgung eintreten zu lassen, wurde nicht für nothwendig befunden, da zwischen solchen Vergehen und dem Dienst ein Zusammenhang nicht besteht und übrigens der Schuldige von jeder ferneren Verwendung im Notariatsdienst durch Anordnung im Verwaltungswege jederzeit ausgeschlossen werden kann.

Ein anderes aber ist es, wenn die Verfehlung in einer Verletzung des Amtsgeheimnisses besteht.

Nach Art. 21 Not.Ges. hat der Notar das Amtsgeheimniß zu wahren; nach Art. 106 A.G. z. St.P.O. ist jeder Beamte verpflichtet, über die vermöge seines Amtes ihm bekannt gewordenen Angelegenheiten, deren Geheimhaltung ihrer Natur nach erforderlich oder von seinem Vorgesetzten vorgeschrieben ist, Verschwiegenheit zu beobachten. Es besteht also auch für den Notariatsverweser — selbst wenn er nicht Notar oder nicht Gerichtsbeamter ist — die Verpflichtung zur Wahrung des Amtsgeheimnisses. Ueberdies spricht noch Art. 118 Not.Ges. ausdrücklich die Anwendbarkeit der für die Notare gegebenen Vorschriften auch für die Notariatsverweser aus.

Die Verpflichtung zum Amtsgeheimniß nach Art. 106 a. a. O. dauert bei jedem Beamten für die Zeit nach Auflösung des Dienstverhältnisses fort. Daraus ergibt sich die Ausnahme von dem obigen Grundsatz, daß für Verfehlungen nach Beendigung der Verwesung keine Strafverfolgung eintritt. Der auch nach der Beendigung der Verwesung begangene Bruch des Amtsgeheimnisses stellt ein Dienstvergehen dar, und es tritt deßhalb auch hiewegen Strafverfolgung ein.

Das Vergehen charakterisirt sich als Disziplinarstrafvergehen, es steht Geldstrafe bis zum Höchstbetrag von 600 Mk. darauf. (Art. 106 A.G. z. St.P.O.)

Artikel 118.

Soweit nicht in diesem Abschnitt ein Anderes bestimmt ist, finden die in den vorhergehenden Abschnitten für die Notare gegebenen Vorschriften auf die Notariatsverweser entsprechende Anwendung. Die Vorschriften der Artikel 86 bis 89, 93, 94 finden auf die Notariatsverweser keine Anwendung.

Entwurf Art. 118; Motive 447; Prot. Abg. 718. 740; Prot. R.R. XX 12; Verh. Abg. 904; Becher, Materialien 72. 264. 302. 360. 429.

Anm. 1. Der Charakter des Art. 118 ist der eines sogenannten Vorsichtsartikels. Alle in den ersten fünf Abschnitten des Gesetzes enthaltenen Rechte und Befugnisse der Notare stehen im Allgemeinen auch den Notariatsverwesern zu, ebenso wie aber auch alle darin aufgezählten Obliegenheiten und Verpflichtungen der Notare im Allgemeinen solche der Notariatsverweser sind.

Es haben also insbesondere die Notariatsverweser dieselbe Zuständigkeit wie die Notare (Art. 1, 2, 3), und haben sie auch denselben Pflichtenkreis (Art. 4. 5).

Die Vorbedingungen für die Bestellung zum Notariatsverweser sind auch die gleichen wie die zur Ernennung zum Notar (Art. 9); die Ausnahmen sind im Art. 96 Abs. II bezeichnet.

Der Amtseid der Notare ist auch der der Notariatsverweser.

Die Residenzpflicht ist bei beiden auch die gleiche.

Anm. 2. Ebenso hat auch die Dienstführung der Notariatsverweser nach den gleichen Grundsätzen wie die der Notare zu erfolgen, es gelten also auch für sie insbesondere die Bestimmungen über die Ausschließlichkeit des Dienstes (Art. 12), über die Nebengeschäfte mit dem Abmaße, daß Gerichtsbeamte zur Uebernahme des Amts des Testamentsvollstreckers nach Art. 107 der Genehmigung der Dienstaufsichtsbehörde bedürfen (Art. 13), über die Verpflichtung zur Dienstleistung (Art. 14, 15, 16, 17), über Zeit und Ort der Vornahme der Amtsgeschäfte (Art. 18, 19), über die Wahrung des Amtsgeheimnisses (Art. 21, 22), über die Führung der Geschäftsregister (Art. 23). Daß der Verweser die vorhandenen Gehilfen zum Dienst verwenden und auch neu aufnehmen kann, ist ausdrücklich nochmal in Art. 109 gesagt. Die Vorschriften über die notariellen Urkunden, die in den Art. 25—47 aufgezählt sind und in den Reichsgesetzen, sowie in besonderen landesgesetzlichen Vorschriften enthalten sind, sind natürlich auch solche für die Urkunden der Notariatsverweser; bei Errichtung der Urkunden (Art. 25—36) und bei der Verwahrung der Urschriften und Ertheilung der Ausfertigungen (Art. 37—47) hat also der Notariatsverweser ebenso zu verfahren, wie die Notare.

Bezüglich des vierten Abschnittes (Art. 48—56), der von den Gebühren der Notare handelt, ergeben sich gewiß Verschiedenheiten, je nachdem der Notariatsverweser die Geschäfte auf fremde Rechnung oder auf eigene Rechnung führt. Das im Art. 55 den Notaren gewährte Zurückbehaltungsrecht verwandelt sich bei den Notariatsverwesern, die die Geschäfte auf fremde Rechnung führen, in eine Zurückbehaltungspflicht (siehe Art. 114).

Die Vorschriften über die gerichtlichen Entscheidungen und Beschwerden (Art. 57—62) sind auch bei den Notariatsverwesern anwendbar.

Daß von den Vorschriften über die Dienstaufsicht und Disziplin nicht alle auf den Notariatsverweser mit Rücksicht auf die Eigenthümlichkeit seiner Stellung gelten können, wurde schon bei Art. 116 (siehe dort) gesagt. Ausdrücklich ist noch in Art. 118 bemerkt, daß die Vorschriften über die Zwangsversetzung und über das Verfahren hiebei (Art. 86, 88), über die Zwangsenthebung und das Verfahren hiebei (Art. 88, 89), und über die Suspension durch Verfügung der Disziplinargerichte oder des Staatsministeriums der Justiz (Art. 93, 94) nicht für die Notariatsverweser gelten.

Anm. 3. Die Suspension kraft Gesetzes tritt auch bei dem Notariatsverweser ein:

wenn im gerichtlichen Strafverfahren gegen ihn die Untersuchungshaft verhängt ist, auf deren Dauer,

wenn gegen ihn wegen eines Verbrechens oder wegen eines Vergehens, das den Verlust des Amts nach sich ziehen kann, das Hauptverfahren eröffnet ist, für die Zeit bis zur Erledigung des Strafverfahrens,

mit dem Eintritt einer Freiheitsstrafe für die Dauer der Vollstreckung,

mit der Eröffnung des Konkursverfahrens für dessen Dauer,

mit der Einleitung des Entmündigungsverfahrens für dessen Dauer, im Falle der Entmündigung auch für die Zeit bis zu deren Wiederaufhebung,

mit der Stellung unter vorläufige Vormundschaft für die Dauer der vorläufigen Vormundschaft (Art. 92 Ziff. 1, 2, 4—7).

Anm. 4. Wegen Anzeige von der Eröffnung des Konkursverfahrens, der Einleitung des Entmündungsverfahrens oder der Stellung unter vorläufige Vormundschaft und wegen Anzeige von der Beendigung des Konkursverfahrens, des Entmündigungsverfahrens, von der Aufhebung der Entmündigung und der vorläufigen Vormundschaft vergl. § 10 der Bek. vom 25. April 1901 (siehe oben bei Art. 116).

Achter Abschnitt.

Sammelarchive.

Artikel 119.

Das Staatsministerium der Justiz kann bestimmen, daß die Urkunden, welche sich seit längerer Zeit — mindestens aber seit zwanzig Jahren — bei den Notaren in Verwahrung befinden, in Sammelarchive abgeliefert werden.

Testamente und Erbverträge, die noch nicht verkündet sind, sind von der Ablieferung ausgeschlossen.

Die Ablieferung und die weitere Verwahrung erfolgt auf Staatskosten.

Die zur Verwaltung der Sammelarchive berufenen Beamten haben bezüglich der in die Archive abgelieferten Urkunden die gleichen Befugnisse und Pflichten, welche die Notare vor der Ablieferung hatten.

Entwurf Art. 119; Motive 448; Prot. Abg. 718; Prot. R.R. XX 13; Verh. Abg. 904; Becher, Materialien 22. 73. 264. 362. 429.

Im rechtsrheinischen Bayern sind die Archive bei den einzelnen Notariaten, besonders in den größeren Städten, so angewachsen, daß ihre Unterbringung und Sicherung gegen Feuers-, Verlust- oder Beschädigungsgefahr mit jedem Jahr schwieriger wird; auch ein rasches Nachschlagen im Bedarfsfalle ist hiedurch sehr erschwert. Die fernere Aufbewahrung der älteren Urkunden- und Aktenbestände bei einer Zentralstelle empfiehlt sich daher sowohl zur besseren Sicherung des Urkundenmaterials wie zur Entlastung der Notariate und auch zur Bequemlichkeit des Publikums, welches mit Rücksicht auf den im Verlaufe der Jahrzehnte eingetretenen Wechsel in der Person des Notars häufig in Unkenntniß ist, wo eine Urkunde der früheren Jahre zu finden ist. Mit Rücksicht auf diese Verhältnisse räumt das Gesetz dem Justizministerium die Befugniß ein, Sammelarchive anzulegen und in Abweichung von der gesetzlichen Regel des Art. 37 (§ 58 Gesch.O.), wonach die Urschriften der notariellen Urkunden in der Urkundensammlung des Notariats bleiben, die Ablieferung älterer Urkunden in das Sammelarchiv anzuordnen. Vergl. Motive S. 448: „Die Vorschrift, daß die Notare die Urschriften der von ihnen errichteten Urkunden in ihrer ständigen Verwahrung behalten müssen, führt zur Anhäufung bedeutender Urkundenmengen in einzelnen Notariaten. Mit dem Wachsen dieser Massen vermehrt sich die Schwierigkeit ihrer Unterbringung und Sicherung, während für die älteren Bestände gleichzeitig die Fälle sich vermindern, in denen auf die Urkunden zurückgegriffen wird. Eine Ausscheidung und Vernichtung der älteren Urkunden, wie sie bei behördlichen Akten erfolgt, könnte für die Notariatsurkunden wegen ihrer Wichtigkeit für die Betheiligten nur in geringem Umfang in Aussicht genommen werden. Eine Herausgabe der älteren Urkunden an die Betheiligten dagegen würde mit außerordentlicher Mühe und außerordentlichem Aufwande verbunden sein und doch nicht vollkommen durchgeführt werden können. Unter solchen Umständen ist es angezeigt, die Entlastung der Notariatsarchive in der Weise zu bewirken, daß die älteren Urkunden bezirksweise in Sammelarchive abgeliefert werden. Die Einrichtung hat außer der Entlastung der Notariatsarchive und der besseren Verwahrung der Urkunden für die Betheiligten den Vortheil, daß die Urkunden leichter aufgesucht werden können. Nach Ablauf langer Zeit werden die Betheiligten, meist die Erben und Rechtsnachfolger derer, welche die Urkunde errichten ließen, häufig nicht mehr in der Lage sein, angeben zu können, in welchem Notariate die Urkunde errichtet wurde, während der größere Bezirk, innerhalb dessen sie errichtet wurde, meist bekannt ist."

Die Einrichtung der Sammelarchive geschieht auf Staatskosten. Voraussichtlich werden die Sammelarchive in den Gerichtsgebäuden untergebracht; ob im Landgerichtsgebäude oder im Amtsgerichtsgebäude ist eine Frage des einzelnen Falles (Becher, Mat. S. 362).

Von der im Gesetz der Justizverwaltung eingeräumten Befugniß ist bis jetzt ein Gebrauch noch nicht gemacht worden. — Für München ist die Anlegung eines Sammelarchivs nach Fertigstellung des auf Grund Gesetzes vom 3. April 1902, den Bedarf von Justizbauten betr., (G.V.Bl. 153) im Bau begriffenen Erweiterungsbaues zum Justizpalast bevorstehend. Ob ein oder mehrere Sammelarchive, ob solche für Landgerichts- oder Oberlandesgerichtsbezirke angelegt werden, hängt von dem Bedürfniß ab und ist ebenso dem Ermessen des Ministeriums anheimgegeben wie der Zeitpunkt der Anlegung und die Entscheidung über Einrichtung, Verwaltung und Beaufsichtigung der Archive.

Da in der Pfalz wegen der dortigen besonderen Verhältnisse ein Bedürfniß zur Entlastung der Notariate weniger oder vielleicht gar nicht besteht und die dortigen Notare, obwohl bei ihnen Urkunden und Akten von mehr wie hundert Jahren angesammelt sind als Archivare der Familienpapiere von ihren Urkunden nur ungerne sich trennen würden, wäre es zulässig, wenn das Ministerium von Anlegung eines Sammelarchivs für die Pfalz ganz absehen oder für ein solches andere Anordnungen treffen würde. Ueberhaupt soll die Bestimmung, daß die Ablieferung auf die Urkunden beschränkt sein soll, welche sich mindestens 20 Jahre lang in der Verwahrung befinden, nur die Möglichkeit geben, im Bedürfnißfalle bis auf diese Altersgrenze herabzugehen. Ob nicht vorerst die Grenze auf 25, 30 oder mehr Jahre festzusetzen sei, ist ebenfalls der Prüfung der Justizverwaltung anheimgestellt. Nach Erklärung des Herrn Staatsministers der Justiz in der Plenarverhandlung der Kammer der Abgeordneten (Verh. Abg. S. 905) wird es auch zulässig sein, die älteren Jahrgänge der Verlassenschaftsakten an das Sammelarchiv abzugeben, was eine wesentliche Entlastung der Registraturen wäre. Andere ältere Handakten dagegen Wechselproteste, Register über Feststellung des Datums von Privaturkunden, Depositenbelege u. dergl. werden Mangels eines öffentlichen Interesses sich nicht zur Abgabe an das Sammelarchiv eignen, sondern nach Ablauf eines größeren Zeitraumes unbedenklich vernichtet werden dürfen. Die Geschäftsregister nebst den zugehörigen Repertorien werden gleichfalls von der Ablieferung ausgeschlossen sein und ständig ohne Rücksicht auf den Zeitablauf bei den Notariaten zu verbleiben haben.

Da nach Art. 1 Abs. 2 des gegenwärtigen Gesetzes die amtliche Verwahrung von Testamenten und Erbverträgen nur durch die Notare erfolgt, sind die noch nicht oder nicht vollständig eröffneten Testamente und Erbverträge selbstverständlich von der Ablieferung in das Sammelarchiv ausgeschlossen. Zu den nicht ablieferungspflichtigen Erbverträgen gehören natürlich auch die in eine Urkunde zusammengenommenen Ehe- und Erbverträge sowie die nicht in der besonderen amtlichen Verwahrung befindlichen Erbverträge (§ 2277 B.G.B.).

Ebenso sind natürlich von der Ablieferung ausgeschlossen diejenigen gemeinsamen Verfügungen von Todeswegen, die bei Ableben eines der Erblasser eröffnet, dann aber wieder in die amtliche Verwahrung genommen wurden.

Die Befugnisse und Pflichten, welche nach Abs. 3 von den Notaren auf die zur Verwaltung der Sammelarchive berufenen Beamten übergehen, betreffen Gestattung und Verweigerung der Einsicht, Abschriftertheilung, Verwahrung, Aushändigung an die Betheiligten, Abgabe und vorübergehende Ueberlassung an andere Beamte oder Behörden im dienstlichen Interesse (Art. 22, 38 Not. G., §§ 173 ff., 189 ff. Gesch.O.).

Die Maßregeln, die verhüten sollen, daß unverkündete Testamente und Erbverträge sich in den Archiven häufen, sind im Art. 108 Ausf.G. z. B.G.B. getroffen.

Neunter Abschnitt.

Notariatskammern.

Bayern Art. 146. 147; Pfalz Art. 50 Ventose Ges.; Motive 448; Prot. R.R. XX 14; Becher, Materialien 22. 74. 267. 363.

Vorbemerkung.

Das Institut der Notariatskammern wurde im Allgemeinen ungeändert vom bisherigen Notariatsrechte in das neue Recht übernommen. Nach Art. 146 des rechtsrh. Not.G. war den Notariatskammern die Vertretung des Standes in Bezug auf seine inneren Angelegenheiten, die Erstattung von Gutachten und die Vermittelung dienstlicher Streitigkeiten zwischen den Notaren übertragen. Die gleichen Befugnisse mit der Ausdehnung auf Vermittelung von Streitigkeiten zwischen dritten Personen und Notaren wegen Amtsverrichtungen der letzteren hatten nach Art. 50 des Ges. vom 25. Ventose XI (16. März 1803) mit Art. 1 u. 2 des hiezu erlassenen Beschlusses vom 2. Nivose XII (24. Dezember 1803) die Notariatskammern der Pfalz, wo ihnen die innere Disziplin der Notare oblag („les chambres qui seront établies pour la discipline intérieure des notaires, . . .“ Art. 50 Ventose Ges.). Die den Kammern in der Pfalz in ausschließlicher Zuständigkeit eingeräumt gewesenen weitgehenden Disziplinarbefugnisse (Art. 9 ff. des Beschl. vom 2. Nivose XII) sind durch Art. 121 A.G. z. Str.P.O., wonach die Bestimmungen des rechtsrh. Not.G. vom 10. November 1861, betreffend die Ausübung der Disziplinargewalt über die Notare, auf die Notare der Pfalz Anwendung finden, derogirt, so daß seither die Befugnisse und Aufgaben der Notariatskammern in ganz Bayern in der Hauptsache die gleichen waren. Die näheren Vorschriften über die Notariatskammern waren enthalten in der K. Verordnung vom 2. September 1862, die Notariatskammern in den Landestheilen diesseits des Rheins betr., Reg.Bl. 1862 S. 2189, Zink S. 492.

Organisation und Zuständigkeit der Notariatskammern sind nach dem neuen Recht die gleichen wie bisher. Es ist davon abgesehen, den Notariatskammern eine Disziplinarstrafgewalt einzuräumen. Die ihnen nach § 8 der Dienstanweisung zustehende Befugniß, Warnungen und Tadel auszusprechen, ist nicht die Ausübung einer Strafgewalt, sondern der Ausfluß des Berufes, über die Wahrung der Standesehre zu wachen. Förmliche Strafen zu verhängen, ist den Disziplinarbehörden vorbehalten, an welche sich die Notariatskammern zu wenden haben, wenn eine Strafeinschreitung veranlaßt ist. Ebenso ist davon abgesehen, den Notariatskammern die Eigenschaft von förmlichen Disziplinar-Ehrengerichten zu geben, wie sie den Vorständen der Anwaltskammern in § 67 R.A.O. gegeben ist, oder die Notariatskammern wie in Hessen und Sachsen*) durch theilweise Besetzung der Disziplinargerichte mit Kammermitgliedern an der Disziplinargerichtsbarkeit Theil nehmen zu lassen, was mit der Eigenschaft der Notariate als Staatsbehörden und der Nothwendigkeit, die Disziplin in den Händen der Justizverwaltung zu erhalten, nicht vereinbar ist. Vergl. Motive 448 und oben Art. 83 Anm. 1.

Die Notariatskammern sind nur eine korporative Standesvertretung ohne Behördeneigenschaft und ohne die Rechte einer juristischen Person, daher auch nicht rechtsfähig und weder aktiv noch passiv prozeßfähig. Ihr **Wirkungskreis** ist ein dreifacher,

überwachend zur Wahrung der Standesehre, Art. 121 Nr. 1,
vermittelnd bei Streitigkeiten unter den Notaren oder zwischen Notaren und Parteien, Art. 121 Nr. 2 u. 3,
begutachtend in Angelegenheiten der Rechtspflege und des Notariats, Art. 122.

Die Notariatskammern unterstehen direkt und ausschließlich der Aufsicht des Staatsministeriums der Justiz, doch kann das Ministerium die Ausübung der Dienstaufsicht in einzelnen Fällen dem Oberlandesgerichtspräsidenten oder dessen Stellvertreter übertragen. Vergl. Art. 125 u. § 21 D.A.

---

*) Nach Art. 50 des Gr.Hess.Ges., das Notariat betr. vom 15. März 1899 (Großh.-Hess.Reg.Bl. S. 47) bestehen die Disziplinarkammern für Notare aus den Landgerichtspräsidenten als Vorsitzenden und zwei Notaren, der Disziplinarhof für Notare aus dem Präsidenten des Oberlandesgerichts als Vorsitzenden, einem Senatspräsidenten oder Rathe desselben Gerichts und drei Notaren. Ebenso für Sachsen nach § 83 der Verordnung zur Ausführung einiger mit dem Bürgerl. Gesetzbuche zusammenhängender Reichsgesetze vom 24. Juli 1899 (Ges. u. V.Bl. f. d. Königr. Sachsen 1899 S. 217).

Artikel 120.

In jedem Oberlandesgerichtsbezirke wird mindestens eine Notariatskammer gebildet.

Die zum Vollzuge dieser Vorschrift erforderlichen Bestimmungen werden durch Königliche Verordnung getroffen.

Bayern K. Verordnung vom 2. September 1862, die Notariatskammern in den Landestheilen diesseits des Rheins betr., (Reg. Bl. 1862, S. 2189 Zink S. 492); Entwurf Art. 120.

Anm. 1. Vergl. Allerh. Verordnung vom 4. Mai 1900, die Bildung der Notariatskammern betr., (Notariatskammerordnung). G.V.Bl. 435, J.M.Bl. 837.

Luitpold,

von Gottes Gnaden Königlicher Prinz von Bayern,

Regent.

Wir finden Uns bewogen, zum Vollzuge des Art. 120 des Notariatsgesetzes vom 9. Juni 1899 zu verordnen, was folgt:

§ 1.

Für den Bezirk eines jeden Oberlandesgerichts wird eine Notariatskammer errichtet.

Die Notariatskammer hat ihren Sitz am Orte des Oberlandesgerichts.

§ 2.

Jede Notariatskammer besteht aus neun gewählten Mitgliedern.

§ 3.

Wahlberechtigt ist jeder im Amte befindliche Notar des Oberlandesgerichtsbezirks.

Die Wahlberechtigung ruht während der Dauer der Suspension.

Notariatsverweser sind als solche nicht wahlberechtigt.

§ 4.

Wählbar zum Mitgliede der Notariatskammer ist jeder im Amte befindliche Notar des Oberlandesgerichtsbezirks.

Notariatsverweser sind als solche nicht wählbar.

Ein suspendirter Notar kann während der Dauer der Suspension nicht zum Notariatskammermitgliede gewählt werden.

§ 5.

Die Wahl zum Kammermitgliede darf ablehnen:

1. wer das fünfundsechzigste Lebensjahr vollendet hat;
2. wer fünfzehn Jahre lang Kammermitglied gewesen ist;
3. wer die letztvergangenen drei Jahre Kammermitglied war, für die nächsten drei Jahre.

§ 6.

Verliert ein Kammermitglied während der Amtsdauer die Wählbarkeit*), so scheidet es aus der Kammer aus.

Verfällt ein der Notariatskammer angehöriger Notar der Suspension, so ruht seine Kammermitgliedschaft während der Dauer der Suspension.

§ 7.

Das freiwillige Ausscheiden eines Mitgliedes bedarf der Zustimmung der Kammer. Die Zustimmung soll nur aus wichtigen Gründen erteilt werden.

§ 8.

Durch die Wahl werden die Gewählten auf drei Jahre zum Amte berufen.

Scheidet ein Mitglied vor dem Ablaufe der Wahlperiode aus, so findet eine Ersatzwahl solange nicht statt, als noch sieben Kammermitglieder vorhanden sind. Ergibt sich das Ausscheiden im letzten Halbjahre der Wahlperiode, so findet eine Ersatzwahl nicht statt, solange noch fünf Mitglieder vorhanden sind. Durch

*) Z. B. wenn das Mitglied in einen anderen Oberlandesgerichtsbezirk versetzt wird.

jede Ersatzwahl ist die Kammer auf den Bestand von neun Mitgliedern zu ergänzen. Die Ersatzwahl erfolgt für den Rest der Wahlperiode.

§ 9.

Die Neuwahlen sollen innerhalb der letzten sechs Wochen vor dem Ablaufe der Wahlperiode, die Ersatzwahlen alsbald nach dem Eintritte des Bedürfnisses vorgenommen werden.

§ 10.

Die Wahl erfolgt durch Abgabe von Stimmzetteln in einer am Sitze des Oberlandesgerichts vorzunehmenden Wahlverhandlung.

§ 11.

Die Anberaumung und Leitung der Wahl obliegt dem Vorsitzenden der Notariatskammer, bei dessen Fehlen oder Verhinderung dem stellvertretenden Vorsitzenden und, wenn auch dieser fehlen oder verhindert sein sollte, dem nach seiner Ernennung zum Notar dienstältesten unbehinderten Mitgliede der Notariatskammer.

Hat die Neuwahl wegen Auflösung der Kammer oder aus einem sonstigen Grunde nach dem Ablaufe der Amtsdauer der letztgewählten Notariatskammer stattzufinden, so ist derjenige Notar zur Anberaumung und Leitung der Neuwahl berufen, dem diese Aufgabe zukommen würde, wenn die letzte Notariatskammer noch im Amte wäre.

§ 12.

Der zur Leitung Berufene hat die übrigen Wahlberechtigten zur Wahlverhandlung schriftlich zu laden.

Die Ladung soll enthalten:

1. die Angabe der Veranlassung zur Wahl und der Zahl der zu wählenden Mitglieder;
2. den Ort und die Zeit der Wahlverhandlung;
3. die Aufforderung an die Geladenen, ihre Stimmen bis zum Schlusse der Wahlverhandlung schriftlich abzugeben.

Die Zustellung der Ladungen geschieht mittels eingeschriebenen Briefes. Zwischen der Aufgabe der Briefe zur Post und dem Wahltermine soll eine Ladungsfrist von einem Monat liegen.

§ 13.

Den Vorsitz in der Wahlverhandlung führt der zur Leitung der Wahl Berufene. Außer ihm müssen mindestens zwei wahlberechtigte Notare des Oberlandesgerichtsbezirks anwesend sein.

Der Vorsitzende eröffnet die Verhandlung, übernimmt die Stimmzettel und legt sie in die Wahlurne, eröffnet nach Schluß der Abstimmung die Stimmzettel und gibt das Wahlergebnis den Anwesenden bekannt. Zu seiner Unterstützung bei dem Wahlgeschäfte kann er einen oder mehrere von den anwesenden Notaren berufen.

§ 14.

Die Abstimmung ist geheim; die Stimmzettel sollen nur die Bezeichnung der Gewählten enthalten und dürfen den Abstimmenden nicht ersehen lassen. Sie sollen so zusammengefaltet sein, daß ihr Inhalt bei dem Einlegen in die Wahlurne nicht ersichtlich wird.

§ 15.

Die Stimmzettel werden entweder von den Abstimmenden selbst bei der Wahlverhandlung dem Vorsitzenden übergeben oder durch die Post oder durch Dritte bis zum Schlusse der Abstimmung verschlossen an ihn übermittelt.

In dem Umschlage, mit dem der Stimmzettel eingeschickt wird, soll ein zweiter Umschlag enthalten sein, der nur den Stimmzettel enthält, mit dem Amtssiegel des abstimmenden Notars geschlossen und mit der Aufschrift versehen ist:

„Stimmzettel des K. Notars N. N. zu der Notariatskammerwahl vom . . . .
N., K. Notar."

Der Vorsitzende der Wahlverhandlung gibt, nachdem die Anwesenden persönlich ihre Stimme abgegeben haben, bekannt, welche Stimmzettel ihm verschlossen übermittelt worden sind, stellt fest, daß der Verschluß der Umschläge unversehrt ist, eröffnet die Umschläge, entnimmt ihnen die Stimmzettel und legt sie ungelesen in die Wahlurne.

§ 16.

Zur Giltigkeit der Wahl ist nötig, daß mindestens die Hälfte der Wahlberechtigten abgestimmt hat.

§ 17.

Gewählt ist, wer mehr als die Hälfte der abgegebenen Stimmen erhalten hat.

Soweit im ersten Wahlgange nicht die nötige Zahl gewählt ist, ist die Wahl in einem weiteren Wahlgange fortzusetzen, bei welchem bis zur Erfüllung der nötigen Zahl diejenigen als gewählt gelten, welche von den abgegebenen Stimmen verhältnismäßig am meisten erhalten haben. Ist auch dann noch zwischen mehreren wegen Gleichheit der Stimmen die Wahl fraglich, so entscheidet unter diesen das Dienstalter und bei gleichem Dienstalter das Lebensalter.

Die Anberaumung des zweiten Wahlganges erfolgt sofort, wenn das Ergebnis des ersten bekannt gegeben ist, durch den Vorsitzenden. Sind bei der Wahlverhandlung zwei Drittel der Wahlberechtigten oder mehr anwesend, so kann die Anberaumung des zweiten Wahlgangs durch Verkündung erfolgen und die Wahl im unmittelbaren Anschluß an die erste stattfinden. Anderenfalls hat eine neue Ladung, und zwar für die Anwesenden durch Verkündung, für die übrigen schriftlich, nach Maßgabe des § 12 zu erfolgen. Der Vorsitzende kann in diesem Falle die Ladungsfrist auf eine Woche abkürzen.

Die §§ 15 und 16 finden auch auf den zweiten Wahlgang Anwendung.

§ 18.

Ueber jede Wahlverhandlung ist ein Protokoll zu errichten.

Das Protokoll soll den Hergang der Wahl und deren Ergebnis ersehen lassen. Es soll insbesondere ersehen lassen, wer persönlich und wer durch Uebermittelung eines verschlossenen Stimmzettels abgestimmt hat.

Das Protokoll ist von dem Vorsitzenden und den von ihm zu seiner Unterstützung bei der Wahl berufenen Notaren und, wenn solche nicht berufen worden sind, von zwei anderen erschienenen Wahlberechtigten zu unterschreiben.

§ 19.

Nach Beendigung der Wahl der Notariatskammermitglieder wählen diese alsbald aus ihrer Mitte einen Vorsitzenden, einen stellvertretenden Vorsitzenden, einen Schriftführer und einen stellvertretenden Schriftführer.

§ 20.

Ist die Neubildung der Notariatskammer durch Maßgabe der §§ 13 bis 18 und des § 19 vollzogen, so erstattet der Vorsitzende der neuen Kammer und bei dessen Verhinderung der stellvertretende Vorsitzende hierüber Bericht.

Ebenso ist über jede Aenderung im Bestande der Kammer alsbald zu berichten.

Der Personalbestand der Notariatskammern wird beim Beginne der Wahlperiode durch das Gesetz- und Verordnungsblatt bekannt gemacht*).

§ 21.

Das Amt der Vorsitzenden, Schriftführer und Mitglieder der Notariatskammer ist ein Ehrenamt und wird unentgeltlich geführt. Die baren Auslagen werden erstattet.

§ 22.

Die Notariatskammern führen ein Dienstsiegel und zwar

1. als Oblaten- oder Lacksiegel das Ovalsiegel der Klasse IV,
2. als Schwarzdrucksiegel das Ovalsiegel der Klasse VIII,

beide mit der Unterschrift:

„Notariatskammer N."

§ 23.

Aufgehoben sind:

1. die Verordnung über die rechtsrheinischen Notariatskammern vom 2. September 1862;
2. die für die Pfalz maßgebende Verordnung über die Bildung der Notariatskammern vom 2. nivôse XII;
3. alle Vorschriften, die zur Abänderung, Ergänzung und Ausführung dieser Verordnungen ergangen sind.

---

*) Personalstand der Notariatskammern für 1906 bis 1908 (G.V.Bl. 1906 S. 176, J.M.Bl. S. 837).

Die Vorschriften über die Postportofreiheit der Notariatskammern bleiben unberührt.

§ 24.

Diese Verordnung tritt mit dem Tage ihrer Verkündung im Gesetz- und Verordnungsblatt in Kraft.

§ 25.

Alsbald nach dem Inkrafttreten dieser Verordnung sind die ersten Neuwahlen für die Notariatskammern vorzunehmen.

Hiebei obliegt die Anberaumung und Leitung der Wahl in jedem Oberlandesgerichtsbezirke dem Vorsitzenden derjenigen seitherigen Notariatskammer, in deren Bezirke sich der Sitz des Oberlandesgerichts befindet. Im übrigen finden die Vorschriften des § 11 entsprechende Anwendung.

Die Wahl der Vorsitzenden und stellvertretenden Vorsitzenden, Schriftführer und stellvertretenden Schriftführer der Notariatskammern findet, so lange nicht das Wahlverfahren in den nach Artikel 123 Abs. 1 des Notariatsgesetzes festzustellenden Geschäftsordnungen geregelt ist, noch nach den bisherigen Bestimmungen oder Gebräuchen statt.

Die erste ordentliche Wahlperiode erstreckt sich von dem Inkrafttreten dieser Verordnung bis zum 31. Dezember 1902.

§ 26.

Für das Recht zur Ablehnung der Wahl nach § 5 Nr. 2, 3 zählt auch die Zeit der Mitgliedschaft bei einer nach bisherigem Rechte bestehenden Notariatskammer.

§ 27.

Die zur Durchführung dieser Verordnung weiterhin nötigen Vollzugs- und Uebergangsbestimmungen werden von dem Staatsministerium der Justiz erlassen.

Hiezu Bekanntmachung des K. Staatsministeriums der Justiz vom 4. Mai 1900 Nr. 17821, Dienstanweisung für die Notariatskammern betr., J.M.Bl. S. 844.

Dienstanweisung für die Notariatskammern.

§ 1.

Die Versammlungen der Notariatskammern finden, soweit nicht etwas Anderes bestimmt ist, am Sitze der Kammern statt.

Durch Kammerbeschluß kann jederzeit auch ein anderer Versammlungsort bestimmt werden.

§ 2.

In jedem Geschäftsjahre soll wenigstens eine Notariatskammerversammlung stattfinden.

Im übrigen bleibt es den Kammern überlassen, nach Maßgabe des Bedürfnisses über die Abhaltung von Versammlungen zu bestimmen.

§ 3.

Die Kammerbeschlüsse erfordern nicht immer eine vorgängige mündliche Verhandlung und Abstimmung. In einfacheren und minder wichtigen Angelegenheiten kann die Beschlußfassung auch in der Weise erfolgen, daß der Vorsitzende den schriftlichen Vorschlag unter den Mitgliedern zur Abgabe der Erklärungen und Stimmen in Umlauf setzt. Den Notariatskammern bleibt vorbehalten, hierüber in der Geschäftsordnung nähere Bestimmungen zu treffen.

§ 4.

Gewöhnliche Geschäftsberichte und Aufschlüsse, geschäftsleitende Verfügungen, Anfragen und Ersuchen, die der Natur der Sache nach eine Beschlußfassung der Kammer nicht erfordern, ergehen lediglich vom Vorsitzenden oder stellvertretenden Vorsitzenden unter dem Namen und Siegel der Kammer.

§ 5.

Der Vorsitzende oder stellvertretende Vorsitzende hat den laufenden Dienst, soweit ihm dessen Erledigung obliegt, an seinem Amtssitze zu führen. Befindet sich der Amtssitz nicht am Orte des Oberlandesgerichts, so hat der Vorsitzende unmittelbar nach der Wahl die Postanstalt des Ortes des Oberlandesgerichts zu ersuchen, anzuordnen, daß ihm die für die Notariatskammer einlaufenden Sendungen an seinen Amtssitz übermittelt werden. Außerdem hat der Vorsitzende in jedem Falle beim Antritte seines Amtes der Postanstalt seines Amtssitzes von seiner Erwählung Mitteilung zu machen.

Verläßt der Vorsitzende der Notariatskammer als beurlaubt seinen Amtssitz, so kann er die Führung der Geschäfte der Kammer beibehalten, wenn nicht Gründe der Zweckmäßigkeit entgegenstehen. Behält der Vorsitzende die Führung der Geschäfte auswärts bei, so hat er für die Nachsendung Sorge zu tragen; die bei Aufenthalt im Auslande für die Nachsendung erwachsenden Postgebühren fallen ihm persönlich zur Last.

§ 6.

Im schriftlichen Verkehre mit dem Ministerien und dem Oberlandesgericht ihres Bezirks hat die Notariatskammer die Form und die Ausdrucksweise einzuhalten, die vorgesetzten Stellen gegenüber geboten ist, im Verkehre mit sonstigen Zentral- und Kreisstellen die Form des Verkehrs mit ranghöheren Stellen, im übrigen die Form des Ersuchens und der Mitteilung

§ 7.

Die den Notariatskammern im Artikel 121 Nr. 1 des Notariatsgesetzes gegebene Pflicht, über die Wahrung der Standesehre durch die Notare zu wachen, bildet ihre erste und wichtigste Aufgabe. Die Notariatskammern sollen das Gefühl der Zusammengehörigkeit zu gunsten der Disziplin nutzbar machen, indem sie durch ihre Tätigkeit bei den Notaren den Gedanken wach halten, daß jede ernstliche Pflichtverletzung das Ansehen des Standes schädigt, und deshalb die Standesgenossen mitverletzt.

§ 8.

Die Notariatskammern sollen daher, wenn Anzeichen dafür bestehen, daß ein Notar durch dienstliches oder außerdienstliches Verhalten die Ehre des Standes gefährdet, sofort sich möglichst genaue Kenntnis über den Sachverhalt verschaffen und, wenn eine Gefährdung vorhanden ist, den Notar zur Abstellung veranlassen.

Hiebei sind die Notariatskammern — obwohl ihnen keine Disziplinarbefugniß zusteht — nicht nur berechtigt, sondern auch verpflichtet, ernste Mahnungen und Rügen ergehen zu lassen, wenn die gefährdende Handlung auf Leichtfertigkeit oder bösem Willen beruht oder wenn sie trotz Warnung fortgesetzt wird. Bleibt auch dieses erfolglos, oder zeigt sich, daß schon eine ernsthafte Verletzung der Standesehre vorliegt, so soll die Notariatskammer den Fall der Aufsichtsbehörde zur Einschreitung mitteilen*).

§ 9.

Die Notariatskammern sollen insbesondere dahin wirken, daß auch jeder Verdacht eines unlauteren Wettbewerbes oder gewinnsüchtiger Ausnützung des Amtes ferngehalten wird.

Sie sind befugt und verpflichtet, wenn sie bemerken, daß unter Mißbrauch der Freiheit der Wahl des Notars von außen her auf die Lauterkeit der Amtsführung eingewirkt wird, die nötigen Abhilfemaßregeln zu treffen und vorzuschlagen, und erforderlichenfalls Anzeige zu erstatten. Auch sonst sind die Notariatskammern befugt und berufen, zu vermitteln, und nötigenfalls Anzeige zu erstatten, wenn äußere Umstände die Interessen oder die Würde des Standes gefährden.

§ 10.

Sind Streitigkeiten unter Notaren oder zwischen Notaren und Dritten von der Art oder dem Umfange, daß sie das Ansehen des Standes gefährden, so ist es Sache der Notariatskammer, auch ohne Anrufen der streitenden Teile einzugreifen und die zur Wahrung der Würde des Standes erforderlichen Maßregeln zu treffen.

§ 11.

Die Notariatskammern können in den Fällen des Art. 121 Nr. 2, 3 des Notariatsgesetzes und der §§ 8—10 dieser Vorschriften die beteiligten Notare veranlassen, persönlich vor der Kammer zu erscheinen.

*) Vorladungsrecht der Notariatskammern in Fällen des § 8 der Dienstanweisung, sowie in den Fällen der §§ 9 und 10 Dienstanweisung, s. § 11 Dienstanweisung.

§ 12.

Das Staatsministerium der Justiz wird wie bei der Vorbereitung des Notariatsgesetzes, der Geschäftsordnung für die Notariate und der Notariatsgebührenordnung auch künftig bei der Vorbereitung wichtiger Aenderungen der allgemeinen Normen für den notariellen Dienst und die Dienst- und Standesverhältnisse der Notare die Notariatskammern mit ihrem Gutachten hören und behält sich vor, auch sonst in Einzelfragen die Gutachten einzelner oder aller Kammern einzuholen.

§ 13.

Jede Notariatskammer hat am Schlusse des Geschäftsjahres dem Staatsministerium der Justiz einen Bericht über ihre Tätigkeit zu erstatten.

Der Bericht soll die wichtigeren Vorkommnisse des Jahres behandeln, etwa eingetretene Mißstände anzeigen und die Vorschläge zu deren Beseitigung enthalten. Er soll insbesondere bis auf weiteres Aeußerungen darüber enthalten, wie die den notariellen Dienst berührenden neuen Gesetze, Verordnungen und Entschließungen gewirkt haben und ob sie nach der Anschauung der Kammer der Abänderung oder Ergänzung bedürfen.

Die Jahresberichte sollen durch Vermittelung der Präsidenten der Oberlandesgerichte, und zwar zum erstenmal im Dezember 1901, vorgelegt werden.

Den Notariatskammern bleibt es vorbehalten, in wichtigen und dringlichen Fällen auch während des Jahres Sonderberichte zu erstatten. Diese Berichte können unmittelbar in Vorlage gebracht werden.

§ 14.

Damit die Notariatskammern den zur wirksamen Erfüllung ihrer Obliegenheiten nötigen genaueren Einblick in die Dienstverhältnisse bekommen, werden sie von allen das Notariatswesen betreffenden allgemeinen Anordnungen und Entschließungen Kenntnis erhalten, und zwar, soweit diese Anordnungen und Entschließungen von dem Staatsministerium der Justiz oder dem Präsidenten des Oberlandesgerichts herrühren, in dessen Bezirke die Notariatskammer ihren Sitz hat, durch den Präsidenten des Oberlandesgerichts, soweit sie von dem Präsidenten eines im Bezirke der Notariatskammer gelegenen Landgerichts erlassen sind, durch diesen. Ebenso werden den Notariatskammern die gegen Notare ihres Bezirks ergangenen rechtskräftigen Disziplinarurteile mitgeteilt werden.

Das Staatsministerium der Justiz behält sich vor, den Notariatskammern auch von anderen das Notariatswesen betreffenden Entscheidungen und von den Ergebnissen der Prüfung des Geschäftsgangs der Notariate in geeigneten Fällen Kenntnis zu geben.

§ 15.

Um den Notariatskammern zu ermöglichen, daß sie den Notaren ihres Bezirks im Bedürfnisfalle zur Ermittelung geeigneter Amtsverweser behilflich sind, wird ihnen künftig von der Erteilung der nach § 301 der Geschäftsordnung auszustellenden Verweserzeugnisse Kenntniß gegeben werden.

§ 16.

Die Notariatskammern haben nach den im Justizministerialblatt enthaltenen Bekanntmachungen ein Verzeichnis der Notare des Bezirks herzustellen und auf dem Laufenden zu erhalten. In dem Verzeichnisse soll auch das Dienstalter und das Lebensalter vermerkt sein; die erforderlichen Aufschlüsse können von den Notaren selbst oder von dem Präsidenten des Oberlandesgerichts erholt werden.

§ 17.

Die Pflichten, die den Vorsitzenden, Schriftführern und sonstigen Mitgliedern der Notariatskammern auf Grund des Notariatsgesetzes, der Notariatskammer-Ordnung und dieser Vorschriften obliegen, sind Dienstpflichten, die ihnen als Notaren zukommen. Sie sind daher für die Verletzung dieser Pflichten ebenso dienstlich verantwortlich wie für die Außerachtlassung irgend einer anderen Amtspflicht.

Das Gleiche gilt für die Pflicht zur Annahme der Wahl zum Mitgliede, Vorsitzenden und Schriftführer der Notariatskammer.

§ 18.

Die Pflichten, die nach dem Notariatsgesetze, der Notariatskammer-Ordnung oder nach diesen Vorschriften den Notaren gegenüber den Notariatskammern obliegen, sind Dienstpflichten, die den Notaren als solchen zukommen. Ihre Verletzung unterliegt der gleichen dienstlichen Ahndung wie die Verletzung einer sonstigen Dienstpflicht.

Die Notare sind den Notariatskammern die gleiche Achtung schuldig wie einer vorgesetzten Dienstesstelle.

§ 19.

Die Notariatskammern können gegen einen Notar, der seine Pflicht ihnen gegenüber verletzt, die Dienstaufsichtsbehörde um ihr Einschreiten ersuchen. Im Falle der Ablehnung des Ersuchens steht ihnen die Beschwerde im Dienstaufsichtsweg offen.

§ 20.

Glaubt ein Notar, durch eine Verfügung oder Mitteilung des Kammervorsitzenden zu Unrecht betroffen zu sein, so kann er hierüber einen Kammerbeschluß beanspruchen.

Erachtet sich ein Notar durch einen Kammerbeschluß verletzt, so kann er Beschwerde zum Staatsministerium der Justiz erheben. Dies gilt auch für die Erhebung von Umlagen (Art. 123 Abs. 2 des Notariatsgesetzes).

§ 21.

Das Staatsministerium der Justiz behält sich vor, von dem Stande und dem Gange der Notariatskammergeschäfte durch den Oberlandesgerichtspräsidenten oder dessen Stellvertreter oder durch einen besonders beauftragten Ministerialbeamten Kenntnis zu nehmen, auch zu diesem Zwecke die Anberaumung von Kammerversammlungen anzuordnen. Den Beauftragten ist der Zutritt zu den Versammlungen zu gewähren und bei den Verhandlungen auf Verlangen jederzeit das Wort zu erteilen.

§ 22.

Von denjenigen Notariatskammern, welche bisher am Sitze der Oberlandesgerichte bestanden, gehen die Amtsbestände (Siegel, Bücher, Akten u. s. w.) ohne weiteres auf die neuen Kammern über. Wegen der Verfügung über die Amtsbestände der übrigen bisherigen Notariatskammern ist von deren Vorsitzenden oder stellvertretenden Vorsitzenden und, wenn beide fehlen sollten, von demjenigen Notar, der die Verwahrung zur Zeit hat, unmittelbar an das Staatsministerium der Justiz zu berichten.

Die Amtsbestände der künftigen Notariatskammern sind, soweit nicht die Kammern besondere Verfügung treffen, von deren Vorsitzenden zu verwahren.

§ 23.

Diese Vorschriften treten gleichzeitig mit der Notariatskammer-Ordnung vom 4. Mai 1900 in Kraft.

§ 24.

Alsbald nach der Wahl und dem Zusammentritte der neuen Notariatskammern sind deren Geschäftsordnungen festzustellen*).

Den Kammern wird anheimgegeben, vor der Feststellung mit einander ins Benehmen zu treten, um möglichste Gleichmäßigkeit zu erzielen.

§ 25.

Soweit die Vorschriften über den Geschäftsgang der Kammern der von diesen selbst zu erlassenden Geschäftsordnungen vorbehalten sind, bleiben bis zum Zustandekommen dieser Geschäftsordnungen für jede Notariatskammer die Regeln maßgebend, welche bisher für die Notariatskammer am Sitze des Oberlandesgerichts galten.

Anm. 2. Mitglieder der Notariatskammern können nur Notare nicht Notariatsverweser sein; diese selbstverständliche Bestimmung ist in § 4 der N.O. ausdrücklich

*) Genehmigung der Geschäftsordnung durch das Justizministerium s. Art. 123 Not.G.

hervorgehoben mit der weiteren Einschränkung auf die im Amte befindlichen Notare des Oberlandesgerichtes. Ein Kammermitglied scheidet mit seiner Versetzung in einen anderen Oberlandesgerichtsbezirk oder dem Verlust des Amtes (Amtsrücktritt, Pensionierung, Zwangsenthebung, Dienstentlassung) kraft Gesetzes aus der Kammer aus. Die Ablehnungsgründe der §§ 5, 25 der N.K.O. sind persönlich; sie sind sofort nach Bekanntgabe des Wahlergebnisses geltend zu machen, damit erforderlichen Falles ein weiterer Wahlgang angesetzt werden kann. Die Wahl der Kammermitglieder ist erst beendet, wenn die gewählten Mitglieder stillschweigend oder ausdrücklich angenommen haben. Hat ein Notar die Wahl zum Kammermitglied angenommen, obwohl er nach §§ 5, 25 der N.K.O. hätte ablehnen können, kann er nur mehr mit Zustimmung der Kammer aus wichtigen Gründen freiwillig ausscheiden; § 7 N.K.O.

Die Wahlverhandlung ist stets am Sitze des Oberlandesgerichts vorzunehmen (§ 10 N.K.O.), während für die übrigen Kammer-Verhandlungen und -Versammlungen durch Kammerbeschluß — nicht ein für allemal durch die Geschäftsordnung — entweder von Fall zu Fall oder für eine bestimmte Dauer auch ein anderer Versammlungsort bestimmt werden kann (§ 1^II D.A.); doch wird von letzterer Befugniß wohl nur in besonderen Ausnahmefällen Gebrauch gemacht werden und für gewöhnlich es bei der Regel des § 1^I D.A. bleiben. Ueber Beschlußfähigkeit der Versammlungen (Sitzungen), das zur Giltigkeit der Beschlüsse erforderliche Stimmenverhältniß und die ganze übrige Geschäftsführung, soweit die N.K.O. und D.A. keine Bestimmungen treffen, haben die Geschäftsordnungen das Erforderliche festzustellen. Siehe hierüber Art. 123.

Bezüglich des schriftlichen Verkehrs der Notariatskammern mit den K. Stellen und Behörden, dann den Notaren siehe § 6 D.A. und M.Bektm. vom 28. April 1901, die Vereinfachung des dienstlichen Verkehrs betr., J.M.Bl. 363, sowie die autogr. J.M.Entschl. vom 19. Juli 1905 Nr. 27626. Auch im Verkehr der Notariatskammern mit den Notaren ist die Form des Ersuchens und der Mittheilung einzuhalten. Bezüglich der in § 23 N.K.O. aufrecht erhaltenen Vorschriften über die Postportofreiheit der Notariatskammern vergl. die bei Stahl S. 499ff. abgedruckten K. A.V. vom 23. Juni 1829, die Postportofreiheit im Amtssachen betr., J.M.E. vom 11. März 1863, Instruktion der K. Generaldirektion der Verkehrsanstalten an die K. Postanstalten vom 9. Februar 1863 und Entschl. der letzteren Generaldirektion, Post-Abtheilung, vom 8. Januar 1878. Hienach sind alle dienstlichen Correspondenzen und Aktensendungen der Notariatskammern unter sich sowie mit Behörden und Notaren und umgekehrt portofrei, Geldsendungen dagegen portopflichtig. Packetsendungen sind auf Grund § 16 der angeführten A.V. vom 23. Juni 1829 und mit Rücksicht auf die nunmehrige Behördeneigenschaft der Notariate nur portofrei, wenn sie an das Notariat, nicht an die persönliche Adresse des Notars gerichtet sind.

Artikel 121.

Den Notariatskammern liegt ob:

1. über die Wahrung der Standesehre durch die Notare zu wachen;
2. Streitigkeiten unter den Notaren auf Antrag zu vermitteln;
3. Streitigkeiten zwischen Notaren und Parteien wegen der Amtsführung der Notare auf Antrag der streitenden Theile zu vermitteln.

Entwurf Art. 121.

Anm. 1. Nach § 7 D.A. bildet die Ueberwachung der Wahrung der Standesehre durch die Notare die erste und wichtigste Aufgabe der Notariatskammern, denen zur Erfüllung dieser Aufgabe in den §§ 8 und 9 der D.A. besondere Befugnisse eingeräumt und Pflichten auferlegt sind. In Fällen in denen es sich um Wahrung der Standesehre handelt, ist das Eingreifen der Kammern von keinem Antrag abhängig, sondern sie haben von Amtswegen die Sache zu prüfen, die Betheiligten einzuvernehmen und die erforderlichen Maßregeln zu treffen. In den Fällen der Nr. 2 und 3 dagegen ist, solange nicht eine Gefährdung der Standesehre in Frage steht, die Vermittelung der Kammern von einem Antrag der Betheiligten abhängig. Würden die Streitigkeiten aber der Art sein, daß sie Ansehen und Würde des Standes gefährden, haben die Kammern auch in diesen Fällen nach § 10 D.A. ohne Anrufen der streitenden Theile einzugreifen und Abhilfe zu schaffen. Die in § 11 D.A. vorgesehene Befugniß, die betheiligten Notare zum persönlichen Erscheinen vor der Kammer zu veranlassen, gibt der Kammer ein Mittel in wichtigeren Fällen oder wenn es zur Aufklärung der Sache oder Beilegung der Zwistigkeiten zweckdienlich erscheint, durch persönliche Einvernehmung der Betheiligten auf Abstellung der Ungehörigkeit oder Schlichtung des Streites hinzuwirken. Würde ein Notar der Ladung zum persönlichen Erscheinen ohne genügenden Entschuldigungsgrund nicht nachkommen, könnte die Kammer, da ihr Zwangs- und Strafmittel nicht zustehen, das Erscheinen nur durch Vermittlung der Dienstaufsichtsstelle erzwingen (vergl. Art. 64). Ein solches Verhalten des Notars würde eine Verletzung der nach § 18 Abs. 2 DA. der Notariatskammer schuldigen Achtung enthalten und deßhalb wohl als Dienstpflichtverletzung im Sinne des § 18 Abs. 1, 19 D.A. Strafeinschreitung der Dienstaufsichtsbehörde rechtfertigen.

Anm. 2. Ueber das Verfahren haben die Geschäftsordnungen die näheren Bestimmungen zu treffen. Dasselbe wird in analoger Anwendung der für die Dienstaufsichtsstellen und Disziplinarbehörden bestehenden Vorschriften sich gestalten; nur stehen den Notariatskammern keine Zwangsmittel gegen die Betheiligten oder Zeugen, zu, ebenso nicht das Recht auf eidliche Vernehmungen. Die Erhebungen einschließlich schriftlicher oder mündlicher Vernehmung der Zeugen werden vom Vorsitzenden oder einem von der Kammer beauftragten anderem Mitgliede der letzteren zu pflegen sein, worauf der Notar unter Bekanntgabe der Anschuldigungspunkte zur Verantwortung aufzufordern, nach eingekommener Verantwortung oder fruchtlosem Ablauf der hiefür vorgesteckten Frist eine Kammersitzung zur Verhandlung anzuberaumen und hievon dem Notar behufs schriftlicher oder mündlicher Rechtfertigung Kenntniß zu geben ist. In der Kammersitzung ist nach Vortrag des Referenten die schriftliche oder mündliche Rechtfertigung des Notars zu hören, worauf nach Abtreten des Notars die Kammer Beschluß zu fassen hat. Soferne nicht eine einfache Abstellung des die Standesehre gefährdenden Verhaltens genügt oder zu erreichen ist, kann die Kammer in den Fällen der Nr. 1 nicht auch der Nr. 2 und 3, eine Mahnung oder Rüge aussprechen (§ 8 Abs. 2 D.A.) in letzter Linie unter den dort vorgesehenen Voraussetzungen die Einschreitung der Aufsichtsbehörde veranlassen. Der Kammerbeschluß, soferne er für den Notar beschwerend ist, wird dem anwesenden Notar mündlich, dem abwesenden schriftlich mitzutheilen sein; hiergegen steht diesem nach § 20 D.A. Beschwerde zum Ministerium zu, welche an keine Frist gebunden ist.

Artikel 122.

Den Notariatskammern liegt ferner ob, auf Verlangen der Justizverwaltungsbehörden Berichte, Uebersichten und Gutachten zu erstatten. Sie sind befugt, Vorstellungen und Anträge, die das Interesse der Rechtspflege oder des Notariats betreffen, an das Staatsministerium der Justiz zu richten.

Entwurf Art. 122.

Anm. Gegenwärtiger Artikel mit den dazu gehörigen Bestimmungen der §§ 12—15 D.A. behandelt die begutachtende Aufgabe der Notariatskammern. Die Berichte,

Uebersichten und Gutachten, welche die Notariatskammern verlangen können, werden zwar im Allgemeinen gleichfalls sich auf die Verhältnisse der Rechtspflege oder des Notariats beziehen müssen, wie die von den Kammern ausgehenden Vorstellungen und Anträge, doch ist der Natur der Sache nach der Kreis der ersteren weniger beschränkt wie bei letzteren. Während beispielsweise in Fragen der allgemeinen Gerichtsorganisation Bildung der Gerichtsbezirke, Wirkung der Gesetze u. dergl. die Notariatskammern kaum Anlaß haben werden, aus eigener Initiative sich mit einer Vorstellung oder einem Antrage an das Ministerium zu wenden, können gerade solche und ähnliche Fragen, auch in Personalverhältnissen, Gegenstand von Berichten oder Gutachten bilden, die von den Notariatskammern sei es im Auftrag des Staatsministeriums der Justiz oder auf Ersuchen der sonstigen Justizverwaltungsbehörden, der Staatsanwaltschaften und Oberstaatsanwaltschaften zu erstatten sind. In Fragen der Notariatsorganisation, der Einziehung bestehender oder Errichtung neuer Notariate, dann in Geschäftsordnungs- und Gebührenfragen und ähnlichen Angelegenheiten werden die Kammern zu Vorstellungen und Anträgen aus eigener Initiative befugt sein. Vergl. auch § 13 Abs. 4 D.A.

Artikel 123.

Die Notariatskammern haben ihre Geschäftsordnung festzustellen. Die Geschäftsordnung bedarf der Genehmigung des Staatsministeriums der Justiz.

Die Notariatskammern haben die Mittel zur Bestreitung des für die gemeinschaftlichen Angelegenheiten erforderlichen Aufwandes festzusetzen und die Beiträge der Mitglieder zu bestimmen.

Entwurf Art. 123; Prot. Abg. 720; Becher, Materialien 267.

Anm. 1. Vergl. hiezu §§ 24, 25 D.A. (s. oben Art. 120 Anm. 1).

Die Geschäftsordnungen werden hauptsächlich folgende Punkte zu behandeln haben:

1. Mittheilung des Wahlergebnisses durch den Wahlvorstand an die gewählten Kammermitglieder mit Aufforderung zur Erklärung über Annahme der Wahl, soweit eine solche nicht bereits im Wahltermine abgegeben ist, und Einladung der gewählten Kammermitglieder zur Wahl des Vorsitzenden, des Schriftführers und ihrer Stellvertreter (§ 19 K.O.);
2. Bestimmungen über die Wahl dieser Kammerbeamten (§§ 19, 25 Abs. 3 K.O.);
3. Nähere Begrenzung der Befugnisse und Pflichten des Vorsitzenden, Schriftführers und Kassiers.
4. Bestimmungen über Rechnungs- und Kassaführung, Vermögensanlage, Kassarevision, Verwahrung der Akten, Bücher und Belege;
5. Anstellung oder Verwendung von Hilfspersonal und Ablohnung desselben;
6. Modalitäten über Zustandekommen der Kammerbeschlüsse, Stimmverhältniß, Fälle, in denen zu einem Kammerbeschluß mündliche Berathung und Abstimmung erforderlich sind;
7. Bestimmungen über Zeit und Ort der Sitzungen, Einberufung derselben, Tagesordnung und Reihenfolge der Erledigung;
8. Verfahren in Angelegenheiten zur Wahrung der Standesehre und Vermittlung von Streitigkeiten (Art. 12) Not.G., §§ 8—11 D.A.), Feststellung des Thatbestandes Einvernahme des Notars, Berichterstattung durch den Referenten, Beschlußfassung, Mittheilung an die Betheiligten;
9. Uebernahme und Aufbewahrung der Amtsbestände der früheren Notariatskammern;
10. sonstige Uebergangs- und Formationsbestimmungen.

Nach § 25 D.A. bleiben bis zum Zustandekommen der neuen Geschäftsordnungen die Bestimmungen der bisherigen Geschäftsordnungen maßgebend.

Anm. 2. Unter den für die gemeinschaftlichen Angelegenheiten erforderlichen Aufwand fallen die Kosten der Regie und des Hilfspersonals, die Reiseauslagen der auswärtigen Kammermitglieder (§ 21 K.O.), Auslagen für Ehrungen, Unterstützungen und andere Zwecke; nach dem Voranschlag für diesen Aufwand sind die Mitgliederbeiträge zu bestimmen. Das den einzelnen Notaren in § 20 Abs. 2 D.A. eingeräumten Beschwerderecht gegen die Erhebung von Umlagen bezieht sich nicht auf die Umlagenerhebung als solche sondern nur auf die Höhe der Umlagen, wenn ein Notar glaubt, daß die Kammer diese zu unzulässigen Zwecken oder in übertriebener Höhe bestimmt hat.

Artikel 124.

Die Notariatskammern sind gleich den Justizverwaltungsbehörden befugt, von den Notaren Berichte und Gutachten zu verlangen, die das Interesse der Rechtspflege oder des Notariats betreffen.

Entwurf Art. 124; Prot. Abg. 721; Becher, Materialien 269.

Anm. Bezüglich Inhalts und Gegenstands der Berichte und Gutachten siehe Anm. zu Art. 122.

Die Erstattung der Berichte und Gutachten ist für die Notare nach § 18 D.A. Dienstpflicht, deren Erfüllung von der hierum anzurufenden Dienstaufsichtsstelle gemäß Art. 54 Not.G. erzwungen werden kann. Unabhängig hievon kann eine grundlose Weigerung gegen den Notar Einschreitung der Dienstaufsichtsbehörde wegen Dienstpflichtverletzung begründen (§ 19 D.A.).

Artikel 125.

Die Aufsicht über die Geschäftsführung der Notariatskammern steht dem Staatsministerium der Justiz zu.

Das Staatsministerium der Justiz kann die Auflösung einer Notariatskammer verfügen. Binnen sechs Wochen nach der Auflösung ist die Neubildung der Notariatskammer zu veranlassen.

Bayern Art. 147; Entwurf 125; Prot. Abg. 720; Becher, Materialien 268.

Anm. Vergl. Schlußsatz der Vorbemerkung und § 21 D.A.

Die Auflösung einer Notariatskammer ist, obwohl sie auch nach Art. 147 des rechtsrheinischen Notariatsgesetzes von 1861 vorgesehen war, noch niemals in Frage gekommen und wird wohl auch nach neuem Recht kaum jemals als nothwendig sich erweisen. Möglich wäre es, daß einmal aus irgend welchem Grunde, der selbstverständlich triftig und begründet sein müßte, eine Kammer nicht mehr das Vertrauen der Notare genießt, für welchen Fall die Staatsregierung von dem Rechte der Auflösung Gebrauch machen könnte.

Nach dem alten Notariatsgesetz betrug die Frist bis zur Neubildung 6 Monate; die Abkürzung der Frist geschah, weil ein langes Interregnum weder für die Regierung noch für die Notare wünschenswerth ist (Becher, Mat. S. 268).

Zehnter Abschnitt.

Haftung des Staates*).

Artikel 126.

Für den Schaden, den ein Notar oder ein Notariatsverweser in Ausübung des ihm anvertrauten Amtes durch Verletzung der Amtspflicht einem Dritten zufügt, ist der Staat nach Maßgabe der Artikel 60, 61 des Ausführungsgesetzes zum Bürgerlichen Gesetzbuche verantwortlich.

Der Notar oder der Notariatsverweser hat dem Staate nach Maßgabe des Artikel 60 Abs. 4 des Ausführungsgesetzes zum Bürgerlichen Gesetzbuche den Schaden zu ersetzen, der dem Staate aus der Verletzung der Amtspflicht entsteht. Für den Schaden, den hienach ein Notariatsverweser dem Staate zu ersetzen hat, haftet dem Staate neben dem Notariatsverweser der Notar nach Maßgabe des Artikel 115.

Für den Schaden, den ein Notar oder ein Notariatsverweser in Ausübung des Amtes des Testamentsvollstreckers einem Dritten zufügt, haftet der Staat nicht.

Entwurf Art. 126; Motive 448; Prot. Abg. 639. 721. 733. 740; Prot. R.R. XIX 414; Verh. Abg. 887. 907; Becher, Materialien 23. 75. 121. 270. 289. 303. 313. 363. 404. 434.

Anm. 1. Der durch Art. 126 geschaffene Rechtszustand hinsichtlich der Haftpflicht des Staates für die Notare ist ein anderer als bisher.

Nach dem rechtsrheinischen Notariatsgesetz von 1861 (Art. 149) haftete für einen Schaden, der durch gesetzwidrige Handlungen oder Unterlassungen der Notare innerhalb ihres amtlichen Wirkungskreises verursacht wurde, der Staat nur dann, wenn der Notar aus Auftrag des Gerichts sein Amt auszuüben hatte.

Im pfälzischen Notariatsgesetz war eine Bestimmung über die Haftung des Staates für die Notare überhaupt nicht enthalten.

Nachdem im neuen Gesetz den Notaren die Stellung von öffentlichen Beamten zugewiesen wurde und nachdem im Ausführungsgesetz zum Bürgerlichen Gesetzbuche die Haftpflicht des Staates für seine Beamten ausgesprochen worden war, erübrigte nichts anderes als die Beamtenhaftpflicht des Staats auch auf die Notare auszudehnen.

Die Beibehaltung des bisherigen Rechtszustandes würde, wie in den Motiven ausgeführt wurde, der nahezu vollständigen Ablehnung der Haftung des Staates gleich gekommen sein, da eine Handlung der Notare im Auftrage des Staates in Zukunft nur im Fall der Zwangsversteigerung von Grundstücken zum Zwecke der Zwangsvollstreckung statt hat; sie wäre auch mit der nunmehrigen Beamtenstellung der Notare nicht verträglich gewesen.

Der Umstand, daß im einzelnen Fall der Notar von den Betheiligten frei gewählt wird, konnte gegen die Ausdehnung der Beamtenhaftpflicht nicht ins Gewicht fallen, da ja Notariatszwang herrscht, die Betheiligten es also in den meisten Fällen gar nicht in der Hand haben, ob sie die notarielle Beurkundung wollen oder nicht.

---

*) Vergl. dazu insbesondere:
Oertmann, Bayer. Landesprivatrecht S. 256.
Derselbe, Die Haftung der Notare, insbes. nach bayer. Recht. Lobe, Ctbl. IV. S. 771.
Boden, Haftung der Beamten der freiwilligen Gerichtsbarkeit für Verschulden. Lobe, Ctbl. II. S. 244 ff.
Delius, Die Haftpflicht der Beamten, D.J.Z. 1904, S. 9ff.

Würde die Haftung des Staats auf die Fälle beschränkt worden sein, in denen der Notar neben den Gerichten oder anderen Behörden zuständig ist, so würde dieses eine Herabdrückung der Notare zur Folge gehabt haben, da ja dann die Zuständigkeit der Notare in einzelnen Beziehungen eine minderwerthige wäre.

Gegen eine Beschränkung hat weiter noch der Umstand gesprochen, daß im Fall der Uebertragung von Notariatsverwesungen an Gerichtsbeamte bei der Prüfung der Haftfrage jedesmal unterschieden werden müßte, ob der Beamte seine Amtshandlung in dieser oder jener Eigenschaft vorgenommen hat.

Aus allen diesen Gründen ist schon im Entwurf zum Notariatsgesetz die Haftpflicht des Staates auch für die Notare in Aussicht genommen worden.

Anm. 2. Die Voraussetzung der Haftpflicht des Staates ist eine dreifache:

a) Die Zufügung des Schadens muß „in Ausübung des Amtes" erfolgt sein.

Der Wortlaut „in Ausübung des Amtes" ist dem Art. 53 des Entwurfs eines Ausführungsgesetzes zum Bürgerlichen Gesetzbuch nachgebildet, die dort gebrauchten Worte „in Ausübung der anvertrauten öffentlichen Gewalt" sind selbst wieder dem Art. 77 E.G. z. B.G.B. entnommen.

Der Schaden muß also durch eine Amtshandlung zugefügt sein. Soweit eine Amtshandlung nicht vorliegt, ist auch keine Haftung des Staats gegeben. Maßgebend wird sein, ob die schädigende Handlung in den Kreis der Maßnahmen fällt, welche die Ausübung des dem Notar anvertrauten Amtes darstellen*).

Eine Amtshandlung wird insbesondere auch die Rathsertheilung in den zur Zuständigkeit der Notariate gehörigen Angelegenheiten darstellen**).

Andererseits greift die Haftpflicht aber auch nicht blos bei Verletzung der besonderen Amtspflicht Platz, sondern auch dann, wenn eine zugleich die Verletzung der Amtspflicht enthaltende unerlaubte Handlung nach § 823 B.G.B. vorliegt. Die ideale Concurrenz, die zwischen dem dienstlichen Vergehen und der unerlaubten Handlung besteht, schließt die Haftpflicht nicht aus; daneben bleibt aber auch noch die Individualhaftung des Notars auf Grund des § 823 B.G.B. bestehen; die staatliche und individuelle Haftpflicht bilden dann ein Gesammtschuldverhältniß nach § 840 B.G.B.***).

Zu den Amtshandlungen des Notars gehören weiter insbesondere die Hinterlegungsgeschäfte. Nach dem Entwurf eines Notariatsgesetzes war dieses nicht der Fall. Nach dem Entwurf (Art. 13) war dem Notar nur die Erlaubniß ertheilt, nicht die Pflicht auferlegt, Gelder, Werthpapiere und Kostbarkeiten, die ihm aus Anlaß seiner Amtsgeschäfte von den Betheiligten übergeben werden, zur Aufbewahrung für die Betheiligten, oder zur Ablieferung an Dritte oder an eine Behörde zu übernehmen. Die Verwahrung war deßhalb keine amtliche Verwahrung und demnach auch keine amtliche Handlung des Notars. Art. 126 des Entwurfs schloß deßhalb auch ausdrücklich die Haftung des Staates für die Fälle des Art. 13 aus, soweit nicht der Notar zur Uebernahme der Verwahrung wie z. B. bei Hinterlegung von Sicherungsleistungen in der Zwangsversteigerung amtlich verpflichtet war. Auf Antrag des Abgeordneten Landmann wurde jedoch vom Justizgesetzgebungsausschuß der Kammer der Abgeordneten die Uebernahme der amtlichen Verwahrung als eine Amtspflicht des Notars aufgestellt†). Der so abgeänderte Art. 13 des Entwurfs wurde dann von der Redaktionskommission des genannten Ausschusses als Art. 3a hinter Art. 3 eingestellt††) und erscheint im Gesetz selbst nunmehr als Art. 4.

---

*) Oertmann, Bayer. Landesprivatrecht S. 261.

**) Kaisenberg, Not.Geb.O. Anm. 1 zu Art. 71.

***) Oertmann, a. a. O. S. 262.

†) Becher, Mat. I 137.

††) A. a. O. S. 285.

Als Gegenleistung für die dadurch eintretende Erweiterung der Haftung des Staates wurde dann im Art. 284 Geb.Ges. dem Staat die Erhebung von Depositalgebühren als einer Art von Versicherungsprämien nach der Verordnung vom 25. Dezember 1899 gewährt, nnd weiter im Art. 66 Not.Ges. den Finanzbehörden ein Aufsichtsrecht über die Führung des Depositenwesens seitens der Notare eingeräumt*).

Bezüglich der Haftpflicht des Staates aus den Hinterlegungsgeschäften, so muß die in Verwahrungnahme seitens des Notars nach dem Wortlaut des Artikels 4 „aus Anlaß eines Amtsgeschäfts" erfolgen.

Der Begriff „aus Anlaß eines Amtsgeschäfts" ist nach der Erklärung des Vertreters der K. Staatsregierung im Justizgesetzgebungsausschuß der Abgeordnetenkammer so aufzufassen, daß es sich um Uebernahmen handeln muß, die in einem inneren ursächlichen Zusammenhang mit dem Amtsgeschäft stehen: Wenn also ein bei der Abwicklung eines Amtsgeschäfts Betheiligter bei Gelegenheit dieser Abwicklung dem Notar Geld u. s. w. zur Aufbewahrung anvertraut oder solches, das zufolge eines Amtsgeschäfts ihm auszuhändigen wäre, auch nach Erledigung dieses Amtsgeschäfts dem Notar zur Aufbewahrung beläßt, so handelt es sich nicht mehr um ein Depositum im eigentlichen Sinn, sondern um ein reines Privatgeschäft des Notars, für welches der Staat nicht zu haften hat**).

Die Abwicklung eines Amtsgeschäftes ist aber nach der von dem Abgeordneten Lerno abgegebenen und auch vom Vertreter der K. Staatsregierung ausdrücklich als zutreffend gebilligten Erklärung in einem erweiterten Sinn dahin zu verstehen, daß die Haftung des Staats nur dann nicht mehr in Anspruch genommen werden darf, wenn eine der betheiligten Parteien gewissermaßen privatim das Geld noch längere Zeit nach der Abwicklung des Geschäfts bei dem Notar stehen läßt. Es komme — führte der genannte Abgeordnete aus — z. B. häufig vor, daß ein Hypothekschuldner ein neues Hypothekkapital aufnimmt zur Wegzahlung eines andern, für das er höhere Zinsen bezahlen mußte, und es wird nun die betreffende neue Hypothekbestellung vom Notar beurkundet. Von den Banken werde nämlich in solchen Fällen in der Regel ein ganz neues Schuldbekenntniß verlangt; sie begnügten sich nicht mit der einfachen Cession; auch bestehen wohl in den meisten Fallen die Bank oder der neue Gläubiger, welcher das Geld hergibt, darauf, daß dieses Geld dem Hypothekschuldner nicht ausgehändigt werde, bis nicht der Eintrag bezw. die Umschreibung im Hypothekenbuch erfolgt sei.

Nach der Auslegung des Abgeordneten Lerno ist das Geschäft nicht schon mit der Aufnahme der Urkunde, — wie es nach der Auslegung des Regierungsvertreters scheint, — erledigt, sondern erst dann, wenn der Notar Veranlassung hatte, das Geld herauszugeben. Erst dann, wenn der Hypothekschuldner oder überhaupt ein Empfangsberechtigter aus irgend welchen persönlichen oder privaten Gründen das Geld noch einige Zeit bei dem Notar freiwillig liegen läßt, kann die Haftung des Staats nicht mehr in Anspruch genommen werden***).

Auch später noch, in den Ausschußverhandlungen der Kammer der Reichsräte wurde diese Anschauung vom Regierungsvertreter gebilligt****).

Keine Amtshandlung des Notars ist seine Thätigkeit als Testamentsvollstrecker; nach Art. 13 des Gesetzes besteht im Gegensatz zum Entwurf eine Verpflichtung des Notars zur Uebernahme des Amtes eines Testamentsvollstreckers nicht. Der Notar kann das Amt übernehmen, aber er muß es nicht; übernimmt er es, so handelt es sich auch bei ihm um ein reines Privatgeschäft; er ist dann nicht Beamter im Sinne

*) Becher, Mat. I 293. 318.
**) Becher a. a. O. S. 291.
***) Becher a. a. O. S. 292.
****) Becher a. a. O. S. 318.

des Notariatsgesetzes, sondern nur ein Privatmann im Sinne der Vorschriften des Bürgerlichen Gesetzbuchs über Testamentsvollstreckung.

Der Entwurf ging, wie gesagt, davon aus, daß der Notar zur Uebernahme des Amtes eines Testamentsvollstreckers verpflichtet sei (Art. 14); trotzdem aber war doch auch schon im Entwurf die Haftung des Staats für die Notare als Testamentsvollstrecker verneint (Art. 126 Abs. 3 Satz 3) und zwar, wie es in der Begründung dazu heißt, weil das Amt des Testamentsvollstreckers ein privates sei, es könne von jedem Privatmann ausgeübt werden; werde es von einem Beamten ausgeübt, so komme dessen Beamteneigenschaft nicht in Betracht; der Beamte habe als Testamentsvollstrecker keine öffentliche Gewalt und genieße als solcher auch keinen öffentlichen Glauben.

Nachdem im Gesetz selbst diese Dienstpflicht des Notars fallen gelassen worden war, ist ein Zweifel über die Privatnatur seiner Thätigkeit als Testamentsvollstrecker nicht ausgeschlossen;

der abgeänderten Fassung des Art. 13 wegen mußte auch der Wortlaut des Art. 126 eine Umwandlung in seine jetzige Fassung erfahren.

Die Gelder, die von einem Notar als Testamentsvollstrecker in Empfang genommen werden, gehen deßhalb auch nur in seine Privatverwahrung über; wie ihm keine Hinterlegungsgebühren zukommen, so auch dem Staat keine solchen (s. ob. bei Art. 13); andererseits entsteht aber auch für den Staat aus einer etwaigen Unterschlagung von Geldern hiebei keine Haftung.

Keine Amtshandlung ist auch in der Ausstellung der sog. Haftscheine bei Darlehensaufnahmen enthalten (R.G. Urt. v. 28. April 1906)*).

b) Die Verletzung muß eine vorsätzliche oder fahrlässige sein.

Es hat dieses zwar im Gesetz nicht Ausdruck gefunden, aber es ergibt sich aus dem in Bezug genommenen Art. 60 A.G. z. B.G.B., der selbst wieder auf § 839 B.G.B. fußt**).

Die Haftung des Staats greift deßhalb auch nicht weiter, als die in § 839 B.G.B. bestimmte Verantwortlichkeit; daraus folgt aber, daß, falls dem Beamten nur Fahrlässigkeit zur Last fällt, die Entschädigungspflicht des Staates auch nur insoweit in Anspruch genommen werden kann, als der Verletzte nicht auf andere Weise Ersatz zu erlangen vermag.

Bei der fahrlässigen Verletzung der Amtspflicht wird nicht unterschieden, ob die Fahrlässigkeit eine grobe oder eine leichte ist. Wie aber der Wortlaut des Gesetzestextes ersehen läßt, wird immer ein Verschulden des Beamten vorausgesetzt; für die Haftpflicht des Staats gilt demnach nicht das Verursachungsprincip, jedoch andererseits auch nicht das Verschuldungsprincip, da es sich nicht um ein eigenes Verschulden des Staats, sondern um ein von diesem zu vertretendes seiner Beamten handelt. Der Haftung des Staats liegt demgemäß der Vertretungsgedanke zu Grunde; die Haftung des Staats für den Vertreter, die das Bürgerliche Gesetzbuch im § 89 nur für privatrechtliche Verhältnisse ausgesprochen hat, wird übertragen auf ein Verhältniß des öffentlichen Rechts. Der Staat, der die Ausübung des Amtes seinen Beamten überträgt, soll, wenn der Beamte dabei schuldhaft einem Dritten Schaden zufügt, für das Verschulden seines Vertreters einstehen***).

Keine Haftung tritt dann ein, wenn ein Verschulden des Beamten überhaupt nicht vorhanden ist, z. B. wenn der Schaden seinen Grund hat in einer unverschuldeten Unkenntniß bestimmter Verhältnisse seitens des Beamten.

Andererseits aber greift die Haftpflicht auf Grund des angezogenen Art. 61

---

*) Bl. f. R.A., 71. Jahrg., S. 388.

**) Oertmann, Bayer. Landesprivatrecht S. 364.

***) Becher, Mat. I S. 882.

A.G. z. B.G.B. auch dann Platz, wenn der Notar nur deßhalb nicht verantwortlich ist, weil er sich im Zustande der Bewußtlosigkeit oder in einem die freie Willensbestimmung ausschließenden Zustande krankhafter Störung der geistigen Thätigkeit befunden hat, z. B. bei Nervenüberreizung infolge Geschäftsüberbürdung.

c) Der Schaden muß einem Dritten zugefügt sein.

Das ist auch nicht ausdrücklich im Art. 126 gesetzt; es ergiebt sich aber ebenfalls aus dem in Bezug genommenen Art. 60 A.G. z. B.G.B.

Es genügt also zu Entstehung der Haftpflicht nicht schon die Verletzung irgend einer Ordnungsvorschrift, wodurch einem Dritten Schaden entsteht, sondern es muß sich um die Verletzung einer Amtspflicht handeln, die dem Beamten nicht nur gegenüber dem Staat, sondern zugleich jedem Dritten gegenüber zukommt.

Keine solche Amtspflicht ist z. B. die Verpflichtung des Notars zur Erstattung der Besitzveränderungsanzeige an das Rentamt; vergl. Urth. d. Oberst. Landesgerichts vom 21. Febr. 1901 (Sammlg. Bd. 2 S. 112).

Dritter ist nicht blos derjenige, der die Beurkundung beantragt hat, sondern, wie das Reichsgericht im Urtheil vom 20. Juni 1904 (Sammlg. i. Z.S. Bd. 58 S. 296) ausgesprochen hat, jeder, dessen Interessen nach der besonderen eigenen Natur des Geschäftes (nicht nur infolge hinzutretender äußerlicher Umstände) durch dasselbe berührt werden*).

Bei fehlerhafter Errichtung von letztwilligen Verfügungen, insbesondere gehören zu diesen Interessenten auch die in der letztwilligen Verfügung Bedachten.

Anm. 3. Für den Anspruch des Verletzten auf Entschädigung ist es an sich gleichgiltig, ob er Deutscher ist oder nicht; es kann aber, wenn der Verletzte ein Ausländer ist, die Entschädignng bei Mangel des Nachweises der Gegenseitigkeit verweigert werden (A.G. z. B.G.B. Art. 60 Abs. 2).

Anm. 4. Die Haftpflicht des Staates ist auch bei den Notaren eine primäre; nachdem an Stelle der im Entwurf eines A.G. z. B.G.B. (Art. 53) vorgeschlagenen subsidiären Haftpflicht im Gesetz selbst die primäre getreten ist. Der Verletzte kann also aus den Verfehlungen des Notars den Staat sofort in Anspruch nehmen; der Verletzte hat auch gar nicht die Wahl, ob er den Notar persönlich haftbar machen oder den Staat in Anspruch nehmen will. Der Staat haftet an Stelle des Notars dem Verletzten.

Die Entschädigungspflicht des Staates ist eine unbegrenzte, soweit es sich jedoch um eine blose fahrlässige Amtspflichtverletzung handelt, kann die Entschädigungspflicht des Staates nur insoweit in Anspruch genommen werden, als der Verletzte nicht auf eine andere Weise Ersatz zu finden vermag. Das ergiebt sich aus der in § 839 B.G.B. fixierten Haftpflicht des Beamten, über deren Rahmen die in Art. 60 A.G. B.G.B. aufgestellte Haftpflicht des Staates nicht hinausgehen kann.

Kein Ersatzanspruch steht dem Beschädigten dann zu, wenn er selbst absichtlich oder fahrlässig es unterlassen hat, die zur Abwendung des drohenden schädigenden Erfolges ihm zu Gebote stehenden, zur Abhilfe geeigneten und von der Sachlage erforderten Mittel anzuwenden; denn es ist dann der zur Begründung des Schadensersatzanspruchs erforderliche ursächliche Zusammenhang zwischen dem fehlerhaften Handeln und dem entstandenen Schaden aufgehoben; vergl. Urth. des Oberst. L.G. v. 15. Dez. 1902 (Sammlg. Bd. 3 S. 1038).

---

*) Vergl. Josef, Der Schadensersatzberechtigte bei Amtspflichtverletzungen des Beamten, insbesondere des Notars i. „Arch. f. civil. Praxis" Bd. 98 S. 426. Schellhorn, Die Amtshaftpflicht gegenüber Dritten nach deutschem und bayerischem Bürgerlichen Rechte in „Annalen des Deutschen Reichs", 1906, S. 439.

Anm. 5. Dem Staat steht aus seiner Haftpflicht der Regreßanspruch gegen den Notar zu; es ist dies ausdrücklich in Abs. II ausgesprochen. Der Grund der besonderen Hervorhebung ist der gleiche wie bei Art. 60 A.G. B.G.B., nämlich um Zweifel zu vermeiden, die bei der Construktion einer gesetzlichen Ueberweisung der Schuld des den Staat vertretenden Beamten auf den Staat über die Frage des Regresses etwa entstehen könnten (vergl. Böhm-Klein, A.G. S. 107).

Ziel und Maß des Regreßanspruchs ist gleich dem des Regreßanspruchs bei den anderen Beamten (vergl. Art. 60 A.G. B.G.B.).

Anm. 6. Im gleichen Umfang wie für den Notar haftet der Staat auch für Amtspflichtverletzungen des Notariatsverwesers.

Nach bisherigem Recht war die Haftung des Staates für den Notariatsverweser auf den Fall beschränkt, daß der Verweser nicht nach dem Vorschlag des Notars ernannt wurde. War die Bestellung von Amtswegen dadurch veranlaßt, daß der Notar unterlassen hatte, für die Dauer seiner Abwesenheit einen Amtsverweser zu bestellen, so traf die Haftung zunächst die Amtskaution des Notars*), erst dann tritt die Haftung des Staates ein.

Jetzt wird nicht mehr unterschieden, ob die Aufstellung des Verwesers auf Vorschlag des Notars beruht oder nicht, und es ist auch gleichgiltig, ob der Verweser ein Gerichtsbeamter ist oder nicht.

Die Voraussetzung der Haftpflicht des Staates für den Notariatsverweser sind die gleichen wie bei einem Notar; der Staat haftet also auch in diesem Fall nur, wenn den Verweser ein Verschulden trifft.

Aus dieser gleichmäßigen Haftung folgt auch, daß dem Staat dem Notariatsverweser gegenüber derselbe Regreßanspruch zustehen muß wie gegenüber dem Notar. Der Rückgriff ist insofern erweitert, als dem Staat neben dem Notariatsverweser noch der Notar haftet.

Nach den Motiven war diese Ausdehnung der Haftung eine nothwendige Folge aus dem Grundgedanken des Art. 115. Wie dort im Verhältniß nach außen die Mithaftung des Notars für seine Verweser ausgesprochen wurde, so mußte im Verhältniß zum Staat — falls dieser in Anspruch genommen wurde — auch die Mithaftung des Notars — als Gesammtschuldner — gegeben sein. Diese Mithaftung besteht aber natürlich nicht bezüglich jedes Verwesers, sondern aus den gleichen Gründen wie bei Art. 115 nur bezüglich des auf Vorschlag des Notars bestellten Verwesers.

Der Notar selbst wird, wenn er zum Ersatz des Schadens vom Staat herangezogen wird, wieder Regreß gegen den Verweser nehmen können.

Anm. 7. Die Haftung des Staates ist nicht auf die Fälle beschränkt, daß der Notar oder Verweser selbst bei der Schaden zufügenden Amtshandlung thätig war; sie tritt auch dann ein, wenn der Schaden auf einem Thun eines Gehilfen beruht; aber Voraussetzung wird immer sein, daß dieses Thun mit der Verwendung des Gehilfen im Notariatsdienst in Verbindung steht, und daß auch hiebei ein Verschulden des Notars vorliegt.

Anm. 8. Die rechtliche Natur der Haftung des Notars und demgemäß auch der des Staates ist eine deliktische, da zwischen dem Notar und denjenigen, die seine Dienste in Anspruch nehmen, infolge der Beamtenstellung des Notars kein privat-

---

*) Die Stellung einer Kaution seitens der Notare ist jetzt nicht mehr nothwendig; das Gesetz hat den über das Kautionswesen jetzt herrschenden Ansichten entsprechend die Kautionen beseitigt. (Becher, Mat. S. 36.)

rechtliches Verhältniß besteht, sondern die Dienstleistung des Notars den absoluten Charakter eines Amtsgeschäftes hat.

Bei der Geltendmachung der staatlichen Haftung ist eine Vorentscheidung des Verwaltungsgerichtshofs, ob der Notar sich einer Ueberschreitung seiner Amtsbefugniß schuldig gemacht hat, nicht nothwendig, da der Notar ein Beamter der freiwilligen Gerichtsbarkeit ist (Art. 7 V.G.H.Ges.).

Elfter Abschnitt.

Versorgung der Notare und Notariatsgehilfen und ihrer Hinterbliebenen.

Artikel 127.

Durch Königliche Verordnung kann bestimmt werden, daß die nach dem Tage der Verkündung dieses Gesetzes ernannten Notare Mitglieder der öffentlichen Vereine und Anstalten werden, welche die Versorgung der Notare und ihrer Hinterbliebenen zum Zwecke haben. Die Notare werden Mitglieder dieser Vereine und Anstalten mit ihrer Ernennung oder, wenn zu dieser Zeit die Vereine oder Anstalten noch nicht bestehen, mit deren Errichtung.

Entwurf Art. 127.

Anm. 1. Hierzu sind folgende Vollzugsbestimmungen erlassen.

1. Allerh. Verordnung vom 1. Februar 1902, den Vollzug der Art. 127, 128 des Notariatsgesetzes betr., (G.V.Bl. 1902 S. 21, J.M.Bl. 1902 S. 253):

Im Namen seiner Majestät des Königs.

Luitpold,

von Gottes Gnaden Königlicher Prinz von Bayern,

Regent.

Wir finden Uns bewogen, zum Vollzuge der Artikel 127, 128 des Notariatsgesetzes zu verordnen, was folgt:

§ 1.

Wir erteilen den hier folgenden Satzungen des Pensionsvereins für die bayerischen Notare und des Pensionsvereins für die Witwen und Waisen der bayerischen Notare hiemit Unsere Genehmigung und verleihen beiden Vereinen die Rechtsfähigkeit und die Eigenschaft von Vereinen des öffentlichen Rechts.

§ 2.

Wir bestimmen auf Grund des Art. 127 des Notariatsgesetzes, daß alle künftig zur Anstellung gelangenden Notare mit ihrer Ernennung Mitglieder dieser beiden Pensionsvereine werden.

§ 3.

Die Tantièmen, die bis zum 1. Januar 1902 als Vergütung für die Besorgung des Gebührenwesens und für die Erhebung der örtlichen Abgaben auf Grund der Vorschriften im § 11 Abs. 1, 2, 3, 4, 5 der Verordnung über die Ausführung des Gerichtskostengesetzes und des Gebührengesetzes vom 23. Dezember 1899 und auf Grund der Vorschriften im Art. 1 Abs. 4 des Gesetzes über die Einführung einer Besitzveränderungsabgabe für Gemeinden vom 15. Juni 1898 den Notaren und Notariatsverwesern zugekommen sind, fallen vom 1. Januar 1902 an den beiden im § 1 genannten öffentlichen Pensionsvereinen zu*).

---

*) Ausgenommen im Falle der Bestellung eines Gerichtsbeamten zum Verweser eines ständig unbesetzten Notariats (s. Bekanntm. v. 2. Febr. 1902 I Abs. 2 unter Ziffer 2).

Die Vorschriften über die Verteilung des Gesamtbetrags der Tantièmen auf die beiden Vereine und über das Verfahren bei der Verrechnung, Feststellung und Ablieferung der Tantièmen werden von den Staatsministerien der Justiz und der Finanzen erlassen*).

An den Vorschriften über die Verpflichtung der Notare und der Notariatsverweser zur Mitwirkung bei der Berechnung und Erhebung der aus Anlaß ihrer Amtsgeschäfte anfallenden Gebühren und örtlichen Abgaben und zur Bestreitung der dabei erwachsenden Auslagen wird nichts geändert.

§ 4.

Die Gelder, die auf Grund der Verhängung von Zwangsstrafen**), Ordnungsstrafen oder Disziplinarstrafen***) gegen Notare oder Notariatsverweser eingehen, sind dem Pensionsvereine für die Witwen und Waisen der bayerischen Notare zuzuwenden.

§ 5.

Die Staatsministerien der Justiz und der Finanzen sind mit dem Vollzuge dieser Verordnung betraut.

Sie sind insbesondere beauftragt, die ihnen durch die Satzungen der beiden Pensionsvereine vorbehaltenen Befugnisse auszuüben und im Falle einer Unserer Genehmigung vorbehaltenen Satzungsänderung Bericht zu erstatten.

Folgen als Anlagen die Satzung des Pensionsvereins für die bayerischen Notare (G.V.Bl. 1902 S. 29) und die Satzung des Pensionsvereins für die Wittwen und Waisen der bayerischen Notare (G.V.Bl. 1902 S. 42).

2. Bekanntmachung der K. Staatsministerien der Justiz und der Finanzen vom 2. Februar 1902 Nr. 5300, den Vollzug der Art. 127, 128 des Notariatsgesetzes, hier die Tantièmen für die Erhebung der Gebühren und örtlichen Abgaben durch die Notariate und die Einführung einer Gebühr für das Vorschießen der Gebühren und Abgaben betr. (G.V.Bl. 1902 S. 57, J.M.Bl. 1902 S. 292, F.M.Bl. 1902 S. 26):

Auf Grund der §§ 3, 5 der Allerhöchsten Verordnung vom 1. Februar 1902, über den Vollzug der Art. 127, 128 des Notariatsgesetzes und auf Grund der Vorschrift im Art 110 Satz 2 der Notariatsgebührenordnung wird Nachstehendes bekannt gegeben:

I.

Die in der Allerhöchsten Verordnung vom 1. Februar 1902 enthaltenen Vorschriften über die Zuweisung der Tantièmen an die Pensionsvereine für die Notare und ihre Hinterbliebenen erstrecken sich ausnahmslos auf alle Tantièmen, die für die Besorgung des Gebührenwesens und für die Erhebung der örtlichen Abgaben der Gemeinden bisher den Notaren und den Notariatsverwesern angefallen sind†). Eine Ausnahme besteht also auch nicht für den Fall, daß das Notariat auf Rechnung des Verwesers oder vorübergehend oder dauernd auf Rechnung des Staates geführt wird. Auch begründet es keinen Unterschied, ob der Verweser Notar, Gerichtsbeamter, Notariatspraktikant oder sonst eine zur Uebernahme von Notariatsverwesungen nach dem Gesetze zugelassene Person ist.

Dagegen findet die Zuweisung der Tantièmen an die Pensionsvereine nicht statt, wenn im Falle der Bestellung eines Gerichtsbeamten zum Verweser eines ständig unbesetzten Notariats das Justizministerium gemäß Art. 108 des Notariatsgesetzes die Besorgung des gesamten Gebührenwesens des Notariats nicht dem Notariatsverweser belassen, sondern dem rechnungsführenden Gerichtsschreiber des Amtsgerichts übertragen hat. In diesem Falle gebühren dem Gerichtsschreiber nach wie vor Tantièmen.

II.

Die Höhe der Tantièmen bleibt vorerst unverändert††).

---

*) S. Bekanntm. v. 2. Febr. 1902 unter Ziffer 2.

**) Art. 64 Not.Ges.

***) Art. 70 Not.Ges.

†) § 11 V.O. v. 23. Dez. 1899 (G.V.Bl. S. 1223).

††) Sie beträgt 2% aus den Gebührenanfall bis zu 80000 Mk. und 1% aus dem Ueberschuß V.O. v. 23. Dez. 1899 (G.V.Bl. S. 294).

III.

Der Gesamtbetrag der den Pensionsvereinen künftig zukommenden Tantièmen aus den Staatsgebühren und örtlichen Abgaben wird den Vereinen durch besondere Verfügungen ratenweise zugewiesen werden.

Es wird bis auf weiteres erhalten:

a) der Pensionsverein für die Witwen und Waisen der bayerischen Notare vorweg jährlich den Betrag von 74000 Mark;

b) der Pensionsverein für die bayerischen Notare denjenigen Betrag, welcher an Tantièmen außer jenen 74000 Mark eingeht, bis zum Höchstbetrage von 210000 Mark im Jahre.

Sollte der Gesamtanfall 284000 Mark im Jahre übersteigen, so werden vom Ueberschuß ein Drittel dem Reservefond des Pensionsvereins für die Witwen und Waisen der bayerischen Notare, zwei Drittel dem Reservefond des Pensionsvereins für die bayerischen Notare zugewiesen werden.

IV.

Nach § 3 Abs. 2 der Allerhöchsten Verordnung vom 1. Februar 1902 wird an den Vorschriften über die Verpflichtung der Notare und der Notariatsverweser zur Mitwirkung bei der Berechnung und Erhebung der Gebühren und örtlichen Abgaben nichts geändert. Den Notaren obliegt also auch fernerhin die Pflicht, mit den ihnen zu Gebote stehenden Mitteln für die Einbringung der Gebühren und Abgaben zu wirken.

Für die Beteiligten die geschuldeten Gebühren und Abgaben vorschußweise aus eigenen Mitteln bei dem Rentamte zu erlegen, sind die Notare wie bisher auch künftig nicht verpflichtet. Schießt der Notar auf Wunsch der Beteiligten freiwillig die Gebühren und Abgaben vor, so hat er dafür künftig von den Beteiligten eine Vorschußgebühr von einem Prozent der vorgeschossenen Summe zu beanspruchen. Sonstige Vergütung oder Verzinsung der vorgeschossenen Summen darf nicht beansprucht werden.

Bei Notariaten, die auf Rechnung des Staates geführt werden, hat ein Vorschießen der Gebühren und Abgaben nicht stattzufinden*).

V.

Ueber die künftige rechnerische Behandlung der Tantièmen werden besondere Vorschriften ergehen**).

3. Bekanntmachung der K. Staatsministerien der Justiz und der Finanzen vom 2. Februar 1902 Nr. 5301. Die rechnerische Behandlung der Tantièmen für die Erhebung der Gebühren und Abgaben aus Notariatsakten betr., (J.M.Bl. 1902 S. 295, F.M.Bl. 1902 S. 28):

Zum Vollzuge der Allerhöchsten Verordnung vom 1. Februar 1902, den Vollzug der Artikel 127, 128 des Notariatsgesetzes vom 9. Juni 1899 betreffend, wird angeordnet:

§ 1.

Die Notare und die Notariatsverweser haben künftig die von ihnen erhobenen Staatsgebühren und örtlichen Abgaben der Gemeinden ohne Abzug von Tantièmen in ihrem vollen Betrag an die Rentämter abzuliefern.

§ 2.

1. Die Rentamtmänner haben mit dem Gebührenquartalsakte der Regierungsfinanzkammer nach Maßgabe des hier beigefügten Formulars eine Uebersicht vorzulegen, welche

a) die Tantièmen aus den vom Notar oder Notariatsverweser erhobenen Staatsgebühren und

b) die Tantièmen aus den von dem Notar oder Notariatsverweser erhobenen örtlichen Besitzveränderungsabgaben der Gemeinden ersehen läßt.

2. Die Uebersicht, die mit dem Gebührenakte für das IV. Quartal vorzulegen ist, hat die Tantièmenberechnung für das ganze Jahr unter Berücksichtigung der

*) Dem Satz VI entspricht jetzt der Art. 104 Not.Geb.O. i. d. Festf. der Novelle vom 4. Juli 1903 (GVBl. S. 381).

**) S. Bekanntm. v. 2. Febr. 1902 unter folgender Ziffer 3.

Rückvergütungen zu umfassen, wie diese Berechnung bisher in der Tantiemenberechnung XXXII geschah. (Vgl. F.M.Bl. 1901 S. 107.)

3. Die Berechnung der Tantiemen erfolgt nach den bisherigen Vorschriften (§ 11 der Allerhöchsten Verordnung vom 23. Dezember 1899, § 15 der Bekanntmachung vom 25. Dezember 1899, § 11 der Bekanntmachung vom 25. Juni 1898 und Finanz-Ministerial-Entschließung vom 2. Januar 1900 Nr. 29804). Selbstverständlich kommt die Ausstellung einer Quittung seitens des Notars oder Notariatsverwesers künftig in Wegfall.

4. Da die Tantiemen nicht mehr den Notaren und den Notariatsverwesern, sondern den Pensionsvereinen zufließen, so erscheint es auch nicht mehr veranlaßt, bei der Berechnung der Tantiemen aus den Staatsgebühren auf die Möglichkeit eines während des Jahres eintretenden Wechsels in der Besetzung des Notariats Rücksicht zu nehmen. Es ist daher die Tantieme aus den Staatsgebühren bis zur Erreichung der Grenzsumme von 80000 Mark durchgehends mit 2 % und nach Erfüllung dieser Summe mit 1 % zu berechnen. Die Vorschriften im § 11 Abs. 4 der Allerhöchsten Verordnung vom 23. Dezember 1899 und in der Finanz-Ministerial-Entschließung vom 31. August 1881 Nr. 11497 sind daher für den Fall der Erhebung von Gebühren und Abgaben durch die Notare und die Notariatsverweser gegenstandslos geworden.

§ 3.

Die Regierungsfinanzkammern haben sofort nach dem Einlaufen des Quartalsakts die Tantiemenübersicht prüfen zu lassen, über den Tantiemenanfall für die sämmtlichen Notariate des Regierungsbezirks unter ausgeschiedenem Vortrage der einzelnen Notariate eine Hauptübersicht nach dem gleichen Formulare wie die Rentämter anzufertigen und diese spätestens bis zum Ablaufe des auf das betreffende Quartal folgenden Monats unter Umschlag an das Staatsministerium der Justiz einzusenden.

§ 4.

Die Tantiemen aus den örtlichen Besitzveränderungsabgaben sind, wie bisher, an der Ablieferungssumme für die Gemeinden zu kürzen und nach erfolgter Prüfung der Tantiemenübersichten und Anweisung seitens der Regierung der Kreiskasse zuzurechnen, die ihrerseits vierteljährlich mit der Zentralstaatskasse abrechnet. Der Empfang der Tantiemen aus den örtlichen Besitzveränderungsabgaben ist durch das Rentamt in den mit den Gemeinden zu pflegenden Abrechnungen zu bescheinigen.

§ 5.

Die Staatsministerien der Justiz und der Finanzen werden nach dem Einlaufen der Regierungsübersichten wegen der Abführung der Tantiemen an die Pensionsvereine Verfügung erlassen.

Die Verausgabung erfolgt bei der Zentralstaatskasse.

§ 6.

Der Bedarf an Formularpapier für die Uebersichten wird den Regierungen und den Rentämtern von Amtswegen zur Verfügung gestellt werden.

4. Bekanntmachung des K. Staatsministeriums der Justiz vom 3. Februar 1902 Nr. 5302, die Pensionsvereine für die Notare und ihre Hinterbliebenen, hier das Pensionierungverfahren betr., (J.M.Bl. 1902 S. 302, F.M.Bl. 1902 S. 34):

Zur Durchführung der neuen Vorschriften über die Versorgung der Notare und ihrer Hinterbliebenen wird Nachstehendes angeordnet:

I.

Will ein Notar wegen durch Krankheit oder Alter herbeigeführter Dienstunfähigkeit in den Ruhestand treten und gleichzeitig Anspruch auf Gewährung der Pension aus dem Pensionsvereine für die Notare erheben, so hat er ein an die Allerhöchste Stelle zu richtendes Gesuch um Versetzung in den Ruhestand und gleichzeitig ein an das Staatsministerium der Justiz zu richtendes Gesuch um Vermittelung der Pensioneinweisung bei dem vorgesetzten Landgerichtspräsidenten einzureichen. Ist der Notar geschäftsunfähig, so können die Gesuche von dem zu seiner gesetzlichen Vertretung aufgestellten Vormund oder Pfleger eingereicht werden.

Der Landgerichtspräsident hat die Gesuche in der gleichen Weise wie die Pensionierungsgesuche der ihm unterstellten pragmatischen Staatsbeamten zu instruieren und auf dem Dienstwege dem Staatsministerium der Justiz vorzulegen.

Die Einholung der Gutachten zweier Amtsärzte ist für die Regel unerläßlich. Dagegen genügt es im übrigen, wenn der Präsident des Landgerichts, dem der Notar in der Regel selbst persönlich bekannt sein wird, von einem oder mehreren Richterbeamten des Amtsgerichts, in dessen Bezirke sich das Notariat befindet, gutachtliche Aeußerungen erholt, und ist die Einvernehmung weiterer „kompetenter Geschäftsmänner" nicht erforderlich.

Alle Gutachten sollen sich bestimmt darüber aussprechen, ob die Aussicht auf Wiederkehr der Dienstfähigkeit für immer ausgeschlossen ist oder auf wie lange Zeit sie nach den Umständen als ausgeschlossen zu gelten hat.

Macht ein Notar, der vor dem Jahre 1906 in den Ruhestand treten will, nach § 17 Abs. 2 der Satzung des Pensionsvereins für die bayerischen Notare, wegen Mangels hinreichenden anderweitigen Einkommens Anspruch darauf, daß die satzungsgemäß sonst eintretende Pensionskürzung unterbleibt, so ist dessen anderweitiges Einkommen durch Einholen des Aufschlusses der zuständigen Steuerbehörden und erforderlichenfalls durch sonstige geeignete und sichere Ermittelungen festzustellen.

II.

Stirbt ein Notar des aktiven Dienstes oder ein im Ruhestande befindlicher Notar und machen dessen Hinterbliebene Anspruch auf Pension aus dem Pensionsvereine für die Witwen und Waisen der bayerischen Notare, so haben die Hinterbliebenen oder deren gesetzliche Vertreter ein an das Staatsministerium der Justiz zu richtendes Gesuch um Vermittelung der Pensionseinweisung bei dem Präsidenten des Landgerichts einzureichen, in dessen Bezirke der Notar seinen letzten Amtssitz hatte. Nach dem Tode eines aktiven Notars hat zu diesem Zwecke der für das Notariat bestellte Amtsverweser oder der Amtsnachfolger der Witwe oder dem gesetzlichen Vertreter der minderjährigen Waisen an die Hand zu gehen und — soweit erforderlich — dafür Sorge zu tragen, daß das Gesuch rechtzeitig und ordnungsmäßig einkommt.

Dem Gesuch um Vermittelung der Einweisung von Witwen- und Waisenpensionen sind die Sterbeurkunde für den Notar und die Heiratsurkunde für die Witwe und, wenn minderjährige Waisen hinterlassen worden sind, die Geburtsurkunde für diese beizufügen. Bei Notaren, die in Dienstesaktivität gestorben sind, bedarf es der Beibringung der Sterbeurkunde nicht; vielmehr ist die Zeit des Todes durch die Dienstaufsichtsbehörde von Amtswegen festzustellen.

Die Präsidenten der Landgerichte haben die Gesuche — soweit erforderlich — zu instruieren und unmittelbar dem Staatsministerium der Justiz vorzulegen.

III.

Die Amtsgerichte haben, wenn bei ihnen die Anzeige über den Tod eines im Ruhestande befindlichen Notars oder über den Tod einer Notarswitwe oder einer minderjährigen Notarswaise einläuft, hievon dem Staatsministerium der Justiz unmittelbar Mitteilung zu machen.

IV.

Die Vorschriften über das Verfahren bei der Enthebung von Notaren vom Dienste nach Artikel 88 des Notariatsgesetzes bleiben unberührt.

Soll ein Notar wegen durch Alter oder Krankheit herbeigeführten Dienstunfähigkeit nach Artikel 88 des Notariatsgesetzes vom Amte enthoben werden, so kann er gleichzeitig mit der in diesem Verfahren abzugebenden Erklärung über seine Einwilligung für deu Fall der Enthebung ein Gesuch um Vermittelung der Pensionseinweisung beifügen. Dieses Gesuch ist, wenn es die Bitte um Umgangnahme von der Pensionskürzung (Nr. I Abs. 4) enthält, nach vorheriger diesbezüglicher Instruktion, andernfalls ohne solche, von dem Oberlandesgerichtspräsidenten an das Staatsministerium der Justiz zu leiten.

Anm. 2. Aus der Satzung des Pensionsvereins für die bayerischen Notare vom 22. Dezember 1901 (G.V.Bl. S. 29, J.M.Bl. 1902 S. 256) ist folgendes anzuführen:

Mitglieder des Vereins sind die bayerischen Notare des aktiven Dienststandes und zwar die nach Verkündung des Notariatsgesetzes ernannten Notare kraft des Art. 127 des gegenwärtigen Gesetzes und der dazu erlassenen Allerh. Verordnung vom 1. Februar 1902 (s. o.), die vorher ernannten Notare kraft ihrer Eintrittserklärung (§ 2 der Satzung). Die Mitgliedschaft dauert bei allen Notaren solange, als sie ihr Amt bekleiden; ein Austritt aus dem Vereine findet nicht statt (§ 3).

Der Verein hat seinen Sitz in München und führt den Namen „Pensionsverein für die bayerischen Notare".

Zur Deckung der Lasten des Vereins leisten die Notare für die Regel keine unmittelbaren Vereinsbeiträge. An die Stelle von solchen Vereinsbeiträgen tritt derjenige Betrag, welchen der Staat aus den für die Perzeption der Gebühren des Staates und der Gemeinden anfallenden Tantièmen der Vereinskasse zuweist (§ 5). Nur ausnahmsweise ist, wenn in einem Verwaltungsjahre die Lasten des Vereins weder aus den laufenden Einnahmen noch aus dem Reservefond des Vereins gedeckt werden können, der Fehlbetrag im darauffolgenden Jahre durch Umlagen einzubringen, was auf Bericht des Vereins vom Staatsministerium der Justiz angeordnet wird (§§ 6, 7).

Wird ein Mitglied auf Ansuchen oder im Verfahren nach Art. 88 des gegenwärtigen Gesetzes wegen durch Alter oder Krankheit bewirkter Dienstunfähigkeit — Invalidität — vom Amte enthoben d. i. in den Ruhestand versetzt, so hat es Anspruch auf Versorgung durch Pension aus der Vereinskasse (§ 14).

Der Genuß der Pension beginnt mit dem ersten Tage des auf das Ausscheiden aus dem Amte folgenden Monats und endet 1. im Falle des Todes mit dem ersten Tage des auf das Ableben folgenden Monats; 2. im Falle der Wiederanstellung als Notar oder sonst als Beamter im Staatsdienste mit dem Anstellungstage; 3. im Falle der Wiedererlangung der Dienstfähigkeit selbst ohne Wiederanstellung auch dann, wenn der Pensionsberechtigte der Zurückberufung zum Dienst als Notar nicht Folge leistet. Für die Annahme der Weigerung ist der Inhalt der Mittheilung des Staatsministeriums der Justiz maßgebend (§§ 15, 16 der Satzung). Die Zahlung der Pensionen geschieht monatlich und zwar für jeden Monat im Wege der Nachzahlung zu Beginn des nächsten Monats. (§ 18).

Die Jahrespension beträgt:

1. wenn das Mitglied beim Eintritt in den Ruhestand nicht mehr als 10 Jahre im aktiven Dienst als bayerischer Notar zurückgelegt hat: 1600 Mk.;

2. wenn das Mitglied beim Eintritt in den Ruhestand mehr als 10, aber nicht mehr als 15 Jahre im aktiven Dienste als bayerischer Notar zurückgelegt hat: 2000 Mk.;

3. wenn das Mitglied beim Eintritt in den Ruhestand mehr als 15, aber nicht mehr als 20 Jahre im aktiven Dienste als bayerischer Notar zurückgelegt hat: 2500 Mk.;

4. wenn das Mitglied beim Eintritt in den Ruhestand mehr als 20, aber nicht mehr als 25 Jahre im aktiven Dienste als bayerischer Notar zurückgelegt hat: 3000 Mk.;

5. wenn das Mitglied beim Eintritt in den Ruhestand mehr als 25 Jahre im aktiven Dienst als bayerischer Notar zurückgelegt hat: 3500 Mk.

Die nach Abs. 1 Nr. 3, 4, 5 anfallenden Jahrespensionen werden gekürzt um 40 Prozent, wenn das Mitglied im Jahre 1902, um 30 Prozent, wenn es im Jahre 1903, um 20 Prozent, wenn es im Jahre 1904; und um 10 Prozent, wenn es im Jahre 1905 schon in den Ruhestand tritt. Die Kürzung tritt jedoch insoweit nicht ein, als dadurch die Jahrespension unter 2000 Mk. oder das Gesammtjahreseinkommen aus Privatvermögen und Pension unter 4000 Mk. sinken würde (§ 17 der Satzung).

Wenn ein Notar vor dem 1. Januar 1906 in den Ruhestand getreten ist und nach § 17 Abs. 2 der Satzung gekürzte Pension bezieht, ist die Kürzung definitiv und fällt später nicht weg; ein Notar, der im Jahr 1904 mit einer um 20 Prozent gekürzten Pension in den Ruhestand getreten ist, hat keinen Anspruch, daß seine Pension im Jahr 1906 nur mehr um 10 Prozent und vom Jahr 1906 ab überhaupt nicht gekürzt wird, sondern behält für die ganze Dauer seiner Pensionierung die um 20 Prozent gekürzte Pension.

Für die Pension eines reaktivierten Notars werden die Jahre seines zeitlichen Ruhestandes nicht als Dienstjahre gerechnet, da nach § 17 der Satzung für die Pensionsberechnung nur die im aktiven Dienste als bayerischer Notar zurückgelegten Jahre zählen; aus dem gleichen Grunde zählen auch nicht die Dienstjahre einer früheren Anstellung im Staats- oder Gemeindedienst.

Die Verwaltungsorgane des Vereins sind der Vorstand, der Verwaltungsrath, das Schiedsgericht und die Generalversammlung (§ 22 ff. der Satzung);

Vorstand ist der erste Vorsitzende des Verwaltungsrathes (§ 23); der Verwaltungsrath besteht aus 5 Mitgliedern und 5 Ersatzmännern (§ 25); das Schiedsgericht besteht aus 7 Mitgliedern und 7 Ersatzmännern (§ 32); die Generalversammlung besteht aus den Mitgliedern des Verwaltungsrathes und aus Abgeordneten der Mitglieder des Vereins (§ 34).

Zusammensetzung des Verwaltungsrathes und des Schiedsgerichts für die Verwaltungsperiode 1902/1907: J.M.Bl. 1904 S. 274 mit J.M.Bl. 1902 S. 291.

Das Einkommen des Vereins besteht aus

1. den Summen, die an Stelle von Vereinsbeiträgen aus den Tantièmen für die Erhebung von Gebühren des Staates und der Gemeinden dem Vereine zugewiesen werden, soweit sie nicht dem Reservefonds zufließen*).
2. den etwa zur Erhebung gelangenden Umlagen;
3. den Zinsen des Vereinsvermögens;
4. den etwa anfallenden freigebigen Zuwendungen (§ 167 der Satzung).

Der Verein ist ein Verein des öffentlichen Rechts und steht unter der Oberleitung und Aufsicht des Justizministeriums (§ 57 der Satzung).

Jahresübersichten des Pensionsvereins, auf das Jahr 1902: J.M.Bl. 1903 S. 324, auf das Jahr 1903: J.M.Bl. 1904 S. 117, auf das Jahr 1904: J.M.Bl. 1905 S. 728, auf das Jahr 1905: J.M.Bl. 1906 S. 146.

Anm. 3. **Bezüglich Pensionsverein für die Wittwen und Waisen der bayerischen Notare vergl.:**

1. Königl. Allerh. Verordnung vom 5. August 1900, den Vollzug der Art. 127, 128 des Notariatsgesetzes betr., G.V.Bl. 1900 S. 1017. J.M.Bl. 1900 S. 1117:

Im Namen Seiner Majestät des Königs.

Luitpold,

von Gottes Gnaden Königlicher Prinz von Bayern,

Regent.

Wir finden Uns bewogen, auf Grund der Bestimmungen der Artikel 127, 128 des Notariatsgesetzes vom 9. Juni 1899 zu verordnen, was folgt:

Artikel 1.

Wer in den Landesteilen rechts des Rheins die Anstellung als Notar erlangt, wird mit der Ernennung zum Notar Mitglied des Pensionsvereins für Witwen und Waisen der Notare in den Landesteilen diesseits des Rheins**).

---

*) Bekanntm. v. 2. Febr. 1902 s. o. Anm. 1².

**) Bezüglich der bisherigen Verhältnisse vergl. V.O. betr. die Gründung eines Pensionsvereins für Wittwen und Waisen der Notare mit den Satzungen dieses Vereins (Reg.Bl. 1867

Die seit dem Tage der Verkündung des Notariatsgesetzes vom 9. Juni 1899 in den Landesteilen rechts des Rheins angestellten Notare, welche noch nicht Mitglieder des im Abs. 1 bezeichneten Vereins sind, werden kraft dieser Verordnung Mitglied mit Wirksamkeit vom Tage ihrer Ernennung an*).

Artikel 2.

Die Gelder, welche auf Grund der Verhängung von Zwangsstrafen, Ordnungsstrafen oder Disziplinarstrafen gegen Notare und Notariatsverweser in den Landesteilen rechts des Rheins eingehen, sind dem Pensionsverein für Witwen und Waisen der Notare in den Landesteilen diesseits des Rheins zuzuwenden**). Das Gleiche gilt hinsichtlich der seit dem 1. Januar 1900 schon eingegangenen Gelder.

Artikel 3.

Dehnt der Pensionsverein für Witwen und Waisen der Notare in den Landesteilen diesseits des Rheins durch eine Aenderung seiner Satzung seine Wirksamkeit auf die Pfalz aus, so gelten vom Tage des Inkrafttretens dieser Aenderungen an die Bestimmungen der Artikel 1, 2 für das ganze Königreich und für alle Notare des Königreichs***).

2. Obige A.V. vom 1. Februar 1902, den Vollzug der Art. 127, 128 des Notariatsgesetzes betr.: (siehe Anm. 1 und die dortselbst angeführte jetzige Satzung des Pensionsvereins für die Wittwen und Waisen der bayer. Notare.

Aus dieser Satzung ist anzuführen:

Die Notare des Königreichs Bayern bilden zum Zwecke der Versorgung ihrer Wittwen und Waisen einen Pensionsverein. Der Verein hat seinen Sitz in München und führt den Namen „Pensionsverein für die Wittwen und Waisen der bayerischen Notare.“ (§ 1.)

Mitglieder des Vereins sind:

1. diejenigen Notare, welche nach dem 31. Dezember 1901 ernannt werden, kraft des Art. 127 des Notariatsgesetzes und der dazu erlassenen Allerh. Verordnung vom 5. August 1900;

2. Die bisherigen Mitglieder des Pensionsvereins für Wittwen und Waisen der Notare in den Landestheilen diesseits des Rheins kraft ihrer bisherigen Mitgliedschaft;

3. diejenigen pfälzischen Notare, welche nach der Verkündung des Notariatsgesetzes, aber vor dem 1. Januar 1902 ernannt worden sind, kraft des Art. 127 des Notariatsgesetzes und der dazu erlassenen Allerh. Verordnung vom 5. August 1900;

4. diejenigen pfälzischen Notare, welche schon vor der Verkündung des Notariatsgesetzes ernannt worden sind, wenn sie unter Leistung der für sie versicherungstechnisch berechneten Kapitalsnachzahlung in den Verein eintreten, auf Grund ihrer Eintrittserklärung. (§ 2.)

Die Mitgliedschaft dauert

1. bei allen Notaren, solange sie ihr Amt bekleiden;

2. bei denjenigen Notaren, welche wegen Invalidität (durch Krankheit oder Alter bewirkter Dienstunfähigkeit) in den Ruhestand treten oder deswegen auf grund

---

S. 633, 639); J.M.Entschl. v. 8. Aug. 1867 gleichen betreffs (J.M.Bl. S. 183); V.O. v. 29. Nov. 1875 mit den revidierten Vereinssatzungen (G.V.Bl. S. 833, 834); V.O. v. 16. Jan. 1880 (G.V.Bl. S. 15) betr. Abänderung einiger Bestimmungen der Satzungen des Pensionsvereins; V.O. v. 16. Nov. 1892 (J.M.Bl. 1892) betr. neue Fassung des § 13 der Satzung.

*) Die Bestimmung wurde getroffen, weil man für den Schluß des Jahres 1899 einen besonders großen Wechsel im Notariat erwartete und dann die Neuangestellten den Grundstock für die neue Anstalt abgeben sollten (Becher, Mat. S. 273).

**) S. aber Art. 3 der V.O.

***) Die Ausdehnung erfolgte durch § 2 Ziff. 3 u. 4 der neuen Satzungen vom 22. Dezember 1901.

des Art. 88 des Not.G. in den Ruhestand versetzt werden, auch während der Zeit des Ruhestandes;

3. bei denjenigen Notaren, welche schon vor dem Inkrafttreten dieser Satzung*) vom Amte zurückgetreten oder nach Art. 88 des Not.G. vom Amte enthoben worden sind, wenn sie nach § 24 der Satzungen des Pensionsvereins für Wittwen und Waisen der Notare in den Landestheilen diesseits des Rheins sich die Mitgliedschaft vorbehalten haben, solange als sie die schuldigen Beiträge fortentrichten. (§ 3.)

Notare, die sich noch im Amte befinden, können aus dem Vereine nicht austreten. (§ 4.)

Die im Amte befindlichen Notare und die nach dem Inkrafttreten dieser Satzung wegen Alters oder Krankheit in den Ruhestand versetzten Notare leisten keine unmittelbaren Vereinsbeiträge. An die Stelle von solchen Vereinsbeiträgen tritt derjenige Betrag, welchen der Staat aus den für die Perzeption der Gebühren des Staates und der Gemeinden verfallenden Tantièmen der Vereinskasse zuweist. (§ 7.)

Notare, die schon vor dem Inkrafttreten dieser Satzung aus dem Amte geschieden sind, aber sich die Mitgliedschaft oder den Pensionsanspruch für die Relikten gewahrt haben, leisten fernerhin den bisherigen Jahresbeitrag von 88 Mk. (§ 8.)

Notare, die künftig aus anderen Gründen als wegen Invalidität aus dem Amte scheiden und sich dabei die Pensionsansprüche für ihre Hinterbliebenen vorbehalten, leisten besondere für sie jeweils versicherungstechnisch festzusetzende Jahresbeiträge. (§ 9.)

Nach dem Ableben eines Mitglieds oder eines vormaligen Mitglieds, das seinen Hinterbliebenen die Pensionsansprüche gewahrt hat, erhalten dessen Wittwe und dessen minderjährige eheliche Kinder Versorgung durch Pensionen aus der Vereinskasse. (§ 15.)

Der Genuß der Pension beginnt a) bei Wittwen mit dem ersten Tage des auf den Todestag des Ehegatten folgenden Monats, b) bei Waisen am ersten Tage nach dem Sterbemonate des Vaters und bezw. der Mutter, c) bei nachgeborenen Kindern nach Ablauf des Monats, in dem sie geboren wurden. (§ 18.)

Das Recht auf Pension erlischt mit dem Tode der Berechtigten, bei Wittwen auch mit der Wiederverehelichung, bei Waisen mit der Erreichung der Volljährigkeit oder mit der Verehelichung. Die Pension ist in jedem Falle noch für dasjenige Kalendervierteljahr auszuzahlen, in dem der Tod eintritt, die Verehelichung erfolgt oder die Volljährigkeit erreicht wird. (§ 19.)

Die Jahrespension beträgt für die Wittwen 600 Mk.,
" " " für einfache Waisen 120 Mk.,
" " " für Doppelwaisen 180 Mk. (§ 20.)

Die nach den Satzungen des Pensionsvereins für Wittwen und Waisen der Notare in den Landestheilen diesseits des Rheins pensionsberechtigten Wittwen und Waisen von solchen Notaren der Landestheile diesseits des Rheins, welche schon vor Inkrafttreten dieser Satzung gestorben sind, erhalten die Pensionsbezüge in der bisherigen Höhe weiter. (§ 21.)

Die Zahlung der Pensionen geschieht vierteljährlich und zwar im Wege der Nachzahlung am Schlusse des Kalendervierteljahres. Die nach § 21 Pensionsberechtigten erhalten die Pensionen wie bisher auch fernerhin vierteljährlich im Wege der Vorauszahlung. (§ 23.)

Die Verwaltungsorgane des Vereins sind ebenso wie beim Pensionsverein für die Notare der Vorstand, der Verwaltungsrath, das Schiedsgericht und die Generalversammlung. (§ 26 der Satzung.)

Die Bildung der Vereinsorgane ist die gleiche wie dort.

---

*) Also vor dem 1. Jan. 1902 (§ 65 der Satzung).

Bezüglich Zusammensetzung des Verwaltungsraths und des Schiedsgerichts für die Verwaltungsperiode 1902/1907 s. J.M.Bl. 1902 S. 291.

Das Einkommen des Vereins besteht in

1. den Zinsen des Vereinsvermögens;
2. den vom Staat gewährten Zuschüssen;
3. der Summe, die an Stelle von Vereinsbeiträgen aus den Tantièmen für die Erhebung der Gebühren des Staates und der Gemeinden dem Vereine zugewiesen werden, soweit sie nicht dem Reservefonds zufließen*);
4. den Beiträgen der Mitglieder, die noch zu Beitragsleistungen verpflichtet sind;
5. den Strafgeldern, die dem Verein nach Art. 128 des Not.Ges. zufließen;
6. den etwa anfallenden freigebigen Zuwendungen. (§ 53 der Satzung.)

Der Verein ist ebenso wie der andere ein Verein des öffentlichen Rechts und steht wie dieser unter der Oberleitung und der Aufsicht des Justizministeriums.

Jahresübersichten des Pensionsvereins, auf das Jahr 1902: J.M.Bl. 1903 S. 325; auf das Jahr 1903: J.M.Bl. 1904 S. 118; auf das Jahr 1904: J.M.Bl. 1905 S. 728, auf das Jahr 1905: J.M.Bl. 1906 S. 147.

Artikel 128.

Durch Königliche Verordnung kann bestimmt werden, daß die Gelder, welche auf Grund der Verhängung von Zwangsstrafen, Ordnungsstrafen oder Disziplinarstrafen gegen Notare oder Notariatsverweser eingehen, den im Art. 127 genannten Vereinen oder Anstalten zuzuwenden sind.

Entwurf Art. 128; Becher, Materialien 76. 272. 303. 434.

Anm. Nach Art. 2 der A.V. vom 5. August 1900, den Vollzug der Art. 127, 128 des Notariatsgesetzes betr., und § 4 der A.V. vom 1. Februar 1902 gleichen Betreffs (vergl. Anm. 1 u. 3 zu Art. 127) sind die Geldstrafen sämmtlich dem Pensionsvereine für die Wittwen und Waisen der bayerischen Notare zugewendet.

Der Art. 128 entspricht dem bisherigen Art. 144 des rechtsrheinischen Notariatsgesetzes und ist im Hinblick auf Art. 64 und 70 des Gesetzes entsprechend ergänzt.

Die Verhängung von Zwangsstrafen betrifft: Art. 66, die von Ordnungs- und Disziplinarstrafen: Art. 70.

Die Notariatsverweser unterstehen der gleichen Dienstaufsicht und Disziplin wie die Notare (Art. 116 Not.Ges.); es können deßhalb auch über sie die gleichen Geldstrafen verhängt werden.

Artikel 129.

Das Staatsministerium der Justiz kann Vorschriften über die Aufnahme und Entlassung der Notariatsgehilfen und über die Entlohnung der nichtrechtskundigen Notariatsgehilfen erlassen und insbesondere bestimmen, daß nichtrechtskundige Personen als Notariatsgehilfen nur verwendet werden dürfen, wenn sie den öffentlichen Vereinen und Anstalten angehören, welche für die Versorgung der Notariatsgehilfen und ihrer Hinterbliebenen bestimmt sind.

Entwurf Art. 129; Motive 53; Prot. Abg. 722. 741; Prot. R.R. XX 14; Verh. Abg. 907; Becher, Materialen 76. 272. 303. 364. 434.

Anm. 1. Der hier vom Gesetze im weiteren Sinne gebrauchte Begriff eines Notariatsgehilfen umfaßt das gesamte Gehilfenpersonal der Notariate, rechtskundige und nichtrechtskundige Gehilfen.

---

*) Bekanntm. v. 2. Febr. 1902 s. oben Anm. 1².

Auf Grund Allerhöchsten Signates vom 30. April 1901 werden in der amtlichen Schreibweise die bei den Notariaten beschäftigten geprüften Rechtspraktikanten als „Notariatspraktikanten", die bei den Notariaten verwendeten ständigen Schreibgehilfen aber ohne den Beisatz „nichtrechtskundig" als „Notariatsgehilfen" bezeichnet.

Wenn auch kein Bedenken besteht, die mit der Buchführung beschäftigten Gehilfen, deren Hauptaufgabe nicht die Schreibarbeit, sondern die Führung der Bücher und Register sowie Besorgung des Kassa- und Gebührenwesens ist, wie bisher so auch ferner Buchhalter zu nennen, wie dies auch die M.Bktm. vom 4. August 1900 J.M.Bl. 1900 S. 1085 thut, so sind dieselben doch Notariatsgehilfen im Sinne der amtlichen Sprachweise. Es ist dies auch in der Satzung des Pensions- und Unterstützungsvereins der bayerischen Notariatsgehilfen zum Ausdruck gebracht, nach deren § 3 ordentliches Mitglied des Vereins jeder bei einem bayerischen Notariate gegen Gehalt angestellte Kanzleigehilfe (Notariatsgehilfe) werden kann, der das 16. Lebensjahr vollendet und das 35. Lebensjahr noch nicht überschritten hat.

Außerdem kennt die M.Bktm. vom 1. Mai 1901, das Kanzleipersonal bei den Notariaten betr., (J.M.Bl. 1901 S. 341 siehe unten S. 342) noch Inzipienten d. i. junge Leute, die sich für den Dienst eines Notariatsgehilfen vorbereiten, und unständige Schreibkräfte. Als letztere können nach § 25 Abs. 2 der genannten Ministerialbekanntmachung auch weibliche Hilfskräfte verwendet werden, sofern sie sonst die nötige Gewähr bieten.

Das gesammte Gehilfenpersonal der Notariate theilt sich hiernach in

1. Notariatspraktikanten d. i. geprüfte Rechtspraktikanten
2. Notariatsgehilfen, einschließlich der Notariatsbuchhalter,
3. Inzipienten,
4. unständige Schreibkräfte.

Anm. 2. Auf die rechtskundigen Gehilfen d. s. die Notariatspraktikanten finden die für die geprüften Rechtspraktikanten erlassenen allgemeinen Vorschriften Anwendung; es sind dies:

1. **K. Allerh. Verordnung vom 4. Januar 1901, die Praxis der Bewerber um Anstellung im höheren Justizstaatsdienste betr., G.V.Bl. 1901 S. 31, J.M.Bl. 1901 S. 49:**

Im Namen Seiner Majestät des Königs.

Luitpold,

von Gottes Gnaden Königlicher Prinz von Bayern,

Regent.

Wir finden Uns bewogen, über die Praxis der Bewerber um Anstellung im höheren Justizstaatsdienste, welche die Fähigkeit zum Richteramt erlangt haben, zu verordnen, was folgt:

§ 1.

Die geprüften Rechtspraktikanten, die sich um Anstellung im höheren Justizstaatsdienste bewerben, haben alsbald nach dem Bestehen der zweiten Prüfung für den höheren Justiz- und Verwaltungsdienst die Praxis bei einer bayerischen Justizbehörde oder bei einem Rechtsanwalt oder als Rechtsanwalt in Bayern fortzusetzen*).

Die vom Schlusse der zweiten Prüfung an bis zur Bekanntgabe des Prüfungsergebnisses erstandene Praxis wird der nach der Bekanntgabe des Prüfungsergebnisses fortgesetzten Praxis gleichgeachtet.

§ 2.

Mit Genehmigung des Staatsministeriums der Justiz können die geprüften Rechtspraktikanten auch Praxis bei einer Justizbehörde oder bei einem Rechts-

*) Die Thätigkeit eines geprüften Rechtspraktikanten als Notariatsverweser gilt als Fortsetzung der Praxis in obigem Sinn. Aut. Entschl. v. 10. Dezbr. 1902 Nr. 49001.

anwalt in einem anderen deutschen Bundesstaate nehmen oder die Zulassung zur Rechtsanwaltschaft bei einem Gericht eines anderen Bundesstaats erwerben oder sich bei einer nicht in dem § 1 genannten Behörde oder Stelle oder bei einer öffentlichen oder privaten Anstalt oder Unternehmung, welche die nötige Gewährschaft für gedeihliche Fortbildung gibt (z. B. Bankanstalt oder größeres Bankgeschäft, Handels- und Gewerbekammer, Berufsgenossenschaft, Versicherungsanstalt) beschäftigen lassen.

§ 3.

Soweit nicht ein Anderes bestimmt ist, sind die Wahl und der Wechsel der Praxis oder Beschäftigung freigegeben.

§ 4.

Das Staatsministerium der Justiz kann die Praxis bei einzelnen Behörden oder Rechtsanwälten sowie die Beschäftigung bei einzelnen Anstalten oder Unternehmungen verbieten. Es kann die Bewilligung zum Eintritt in die Praxis bei einzelnen Justizbehörden von seiner Genehmigung abhängig machen.

§ 5.

Die Zahl der bei einer Justizbehörde zur Fortsetzung der Praxis zuzulassenden geprüften Rechtspraktikanten ist nach der Möglichkeit ihrer zweckmäßigen und vollständigen Ausbildung zu bemessen.

Die Bewilligung zum Eintritt in die Praxis bei einer Justizbehörde wird von dem Vorstande der Behörde erteilt.

§ 6.

Die Beamten der Justizbehörden, bei denen die geprüften Rechtspraktikanten in Praxis stehen, haben dafür zu sorgen, daß die Praxis den geprüften Rechtspraktikanten volle Gelegenheit bietet, sich in allen Geschäftszweigen wissenschaftlich und praktisch genügend auszubilden und den Dienst in materieller und formeller Hinsicht genau kennen zu lernen.

Die Beaufsichtigung und Leitung der Praxis liegt den Vorständen der Behörden ob, bei denen die geprüften Rechtspraktikanten die Praxis ableisten.

§ 7.

Das Staatsministerium der Justiz kann, soweit nicht schon gesetzliche Bestimmungen bestehen, allgemein für die Bewerber um Anstellung in einem bestimmten Dienstzweig eine besondere Art und Dauer der Fortsetzung der Praxis vorschreiben*).

§ 8.

Das Staatministerium der Justiz kann im einzelnen Falle anordnen, daß ein Bewerber die auf Grund des § 7 allgemein vorgeschriebene Praxis verlängere oder eine Praxis bestimmter Art nehme, wenn seine bisherige Praxis oder Beschäftigung ihrer Art, ihrer Dauer oder ihrem Ergebnisse nach für die erstrebte Anstellung nicht genügend erscheint.

§ 9.

Die bei einer Justizbehörde in Praxis befindlichen geprüften Rechtspraktikanten unterstehen der Dienstaufsicht des Vorstandes der Behörde und der vorgesetzten Behörden; die bei einem Rechtsanwalt in Praxis befindlichen geprüften Rechtspraktikanten der Dienstaufsicht des Rechtsanwalts, des Vorstandes des Gerichts, bei dem der Rechtsanwalt zugelassen ist und der vorgesetzten Aufsichtsbehörden; die in Bayern in Beschäftigung nach § 2 stehenden geprüften Rechtspraktikanten der Dienstaufsicht des Präsidenten des Landgerichts und der vorgesetzten Aufsichtsbehörden.

Ist der Rechtsanwalt, bei dem sich ein geprüfter Rechtspraktikant in Praxis befindet, bei mehreren Gerichten verschiedener Ordnung zugelassen, so untersteht der geprüfte Rechtspraktikant der Dienstaufsicht des Vorstandes des Gerichts niederer Ordnung und der diesem vorgesetzten Aufsichtsbehörden, im Falle gleichzeitiger Zulassung des Rechtsanwalts bei den Landgerichten München I und II der Dienstaufsicht des Präsidenten des Landgerichts München I und der diesem vorgesetzten Aufsichtsbehörden.

---

*) Das ist geschehen durch die Bekanntmachung vom 7. Jan. 1901 § 20[4] siehe Ziffer 2.

§ 10.

Die bei einer Justizbehörde in Praxis befindlichen geprüften Rechtspraktikanten unterstehen der Disziplin des Amtsvorstandes, die Rechtspraktikanten, welche die Praxis bei einem Rechtsanwalte fortsetzen, der Disziplin des Präsidenten des Landgerichts.

Disziplinarmittel ist die Zurechtweisung. Ist diese fruchtlos oder mit Rücksicht auf die Verfehlungen ungenügend, so ist an das Staatsministerium der Justiz zu berichten. Inzwischen kann der Inhaber der Disziplinargewalt dem Rechtspraktikanten die Fortsetzung der Praxis vorläufig untersagen.

Das Staatsministerium der Justiz kann je nach der Schwere des Verschuldens einen Verweis mit Androhung der Entlassung oder Ausschließung von der Praxis, die Entlassung aus der Praxis ohne Untersagung der anderweitigen Fortsetzung oder die zeitweilige oder dauernde Ausschließung von der Fortsetzung der Praxis überhaupt verfügen.

Für die zur Rechtsanwaltschaft zugelassenen Bewerber bewendet es bei den Vorschriften der Rechtsanwaltsordnung. Das Staatsministerium der Justiz kann einen solchen Bewerber aus disziplinären Erwägungen aus der Liste der Bewerber streichen.

§ 11.

Die bei einer bayerischen Justizbehörde die Praxis fortsetzenden geprüften Rechtspraktikanten sind verpflichtet, jederzeit eine Geschäftsaushilfe oder eine Hilfsarbeiterstelle bei einer bayerischen Justizbehörde zu übernehmen. Dieser Dienst gilt als Fortsetzung der Praxis*).

Dieses findet entsprechende Anwendung auch auf Bewerber, die in Bayern zur Rechtsanwaltschaft zugelassen sind oder die Praxis bei einem Rechtsanwalt in Bayern fortsetzen, sobald sie um Anstellung im höheren Justizstaatsdienste nachgesucht haben.

Bezüglich der Gewährung von Vergütungen, Tagegeldern und Reisekosten im Falle der Einberufung zur Geschäftsaushilfe oder auf Hilfsarbeiterstellen bewendet es bei den bestehenden Vorschriften.

§ 12.

Bei der Erstattung von Anträgen auf Anstellung als dritter Staatsanwalt soll in erster Linie auf die mit den besten Noten gewürdigten Bewerber jedes Prüfungsjahrs und bezüglich der Anstellung im richterlichen Dienste außer auf die dritten Staatsanwälte insbesondere auf diejenigen Sekretäre Bedacht genommen werden, welche bei der zweiten Prüfung mit der ersten oder zweiten Note gewürdigt worden sind, zur Förderung der Geschäftsaufgaben der Gerichtsschreiberei wesentlich beigetragen und sich eine gründliche Ausbildung für den Richterdienst angeeignet haben.

Bei der Erstattung von Anträgen auf Besetzung von Notariaten sollen vorzugsweise diejenigen Bewerber berücksichtigt werden, welche mit der ersten oder zweiten Note gewürdigt wurden und bei der Verwesung von Notariaten Ersprießliches geleistet haben.

§ 13.

Diese Verordnung tritt mit dem Tage ihrer Veröffentlichung im Gesetz- und Verordnungsblatt an die Stelle der bisher für die Fortsetzung der Praxis der Bewerber um Anstellung im höheren Justizstaatsdienste geltenden Vorschriften.

§ 14.

Das Staatsministerium der Justiz wird ermächtigt, die zum Vollzuge dieser Verordnung nötigen Vorschriften zu erlassen**).

2. Bekanntmachung des K. Staatsministeriums der Justiz vom 7. Januar 1901, die Praxis der Bewerber um Anstellung im höheren Justizstaatsdienste betr., J.M.Bl. 1901 S. 54:

---

*) Vergl. aut. Entschl. v. 2. Juli 1904 Nr. 25 582, wonach ein Notariatspraktikant, der auf Anstellung im Notariatsdienst rechnet, ohne triftige Gründe sich der Uebernahme einer Amtsverwesung nicht entziehen darf und wonach jeder Notar sein rechtskundiges Hilfspersonal für solche Notfälle dem Kollegen abzulassen hat.

**) Siehe die folgende Bekanntmachung vom 7. Januar 1901.

(Auszug.)

Bekanntmachung.

Königliches Staatsministerium der Justiz.

Zur Ausführung der Königlich Allerhöchsten Verordnung vom 4. Januar 1901, die Praxis der Bewerber um Anstellung im höheren Justizstaatsdienste betreffend, werden auf Grund des § 14 folgende Vorschriften erlassen:

§ 1.

Die geprüften Rechtspraktikanten, die den Vorschriften der Verordnung vom 4. Januar 1901 entsprechend die Praxis fortsetzen oder Beschäftigung nehmen, werden, sofern nicht der Verzicht auf Anstellung ausdrücklich erklärt wird, als Bewerber um Anstellung im höheren Justizstaatsdienste betrachtet und in das bei dem Staatsministerium der Justiz geführte Hauptverzeichnis der Bewerber um Anstellung im höheren Justizstaatsdienst eingetragen.

§ 4.

Ein geprüfter Rechtspraktikant, der den Eintritt in eine den Vorschriften der Verordnung entsprechende Praxis oder Beschäftigung länger als drei Monate nach der Bekanntgabe des Prüfungsergebnisses unterlassen hat, hat um die Aufnahme in das Hauptverzeichnis förmlich nachzusuchen. Das Gesuch ist bei dem Staatsministerium der Justiz einzureichen und mit Zeugnissen darüber zu belegen, wie sich der Gesuchsteller seit der zweiten Prüfung beschäftigt und geführt hat. Im Gesuch ist zugleich anzugeben, in welcher Weise der geprüfte Rechtspraktikant die Praxis fortsetzen will. Bevor die Aufnahme in das Hauptverzeichnis vom Staatsministerium der Justiz bewilligt ist, darf der Rechtspraktikant bei keiner Justizbehörde zur Fortsetzung der Praxis zugelassen werden.

§ 5.

Ein geprüfter Rechtspraktikant, welcher die Praxis oder Beschäftigung länger als drei Monate unterbrochen hat, wird vom Hauptverzeichnisse gestrichen. Auf seine Wiederaufnahme in das Hauptverzeichnis und seine Zulassung zur Praxis bei einer Justizbehörde finden die Vorschriften des § 4 entsprechende Anwendung.

§ 7.

Die Unterlassung der rechtzeitigen Fortsetzung der Praxis und eine längere Unterbrechung der Praxis, die nicht durch besondere Umstände entschuldbar erscheint, haben für die geprüften Rechtspraktikanten unter allen Umständen den Nachteil zur Folge, daß sie bei Vorschlägen zur Besetzung erledigter Stellen unter sonst gleichen Verhältnissen denjenigen Bewerbern nachstehen müssen, welche sich solche Unterbrechungen und Unterlassungen nicht oder in geringerem Maße haben zu Schulden kommen lassen.

§ 8.

Die Wahl und der Wechsel der Praxis oder Beschäftigung sind den geprüften Rechtspraktikanten freigegeben. Es liegt jedoch ebensosehr im Interesse der Justizverwaltung als der geprüften Rechtspraktikanten selbst, daß sie sich vor ihrer Anstellung im Justizstaatsdienst ene möglichst umfassende und gründliche Ausbildung in allen Zweigen des Justizdienstes und eine allseitige Kenntnis des praktischen Lebens aneignen. Die geprüften Rechtpraktikanten haben daher bei der Auswahl und dem Wechsel der Praxis oder Beschäftigung den Gesichtspunkt ihrer entsprechenden allseitigen Ausbildung im Auge zu behalten.

Sie werden gut daran tun, nicht nur bei Justizbehörden, sondern insbesondere auch eine Zeitlang bei der Rechtsanwaltschaft Praxis zu nehmen. Da für jeden rechtskundigen Sekretär und für jeden Richter eines Amtsgerichts die Möglichkeit eintreten kann, vorübergehend die Verwesung eines Notariats übernehmen zu müssen, so ist es nur erwünscht, wenn auch diejenigen Bewerber, welche nicht ausschließlich Verwendung im Notariatsdienst anstreben, eine Zeit lang Praxis bei einem Notariate nehmen.

Auch eine zeitweise Beschäftigung bei einer Bankanstalt, einem größeren Bankgeschäft, einer Versicherungsanstalt oder ähnlichen Anstalt oder Unternehmung wird nur dazu beitragen, die allseitige Ausbildung der geprüften Rechtspraktikanten zu fördern, ihren Blick zu erweitern und die für ihren künftigen Beruf dringend gebotene Kenntnis des praktischen Lebens zu vertiefen.

§ 9.

Die Praxis oder Beschäftigung soll in der Regel jeweils nur bei einer einzigen Stelle genommen werden. Gleichzeitige Beschäftigung bei mehreren Stellen ist nur mit Genehmigung des Staatsministeriums der Justiz zulässig.

Gleichzeitige Beschäftigung bei einer Justizbehörde und bei einem Rechtsanwalt oder bei einer Justizbehörde und bei einer privaten Anstalt oder Unternehmung wird nicht gestattet werden.

§ 11.

Ein geprüfter Rechtspraktikant, der einem auf Grund des § 4 der Verordnung erlassenen Verbote zuwider die Praxis oder Beschäftigung fortsetzt, wird vom Hauptverzeichnisse gestrichen.

§ 13.

Die geprüften Rechtspraktikanten, welche die Praxis bei einer Justizbehörde fortsetzen wollen, haben bei dem Vorstande der Behörde um die Zulassung zur Fortsetzung der Praxis nachzusuchen.

Die Zulassung ist abzulehnen, wenn bei der Behörde schon so viele geprüfte Rechtspraktikanten in Praxis oder nicht geprüfte Rechtspraktikanten im Vorbereitungsdienste stehen, daß eine zweckmäßige und vollständige Ausbildung mit Rücksicht auf die Zahl der Bewerber und den Umfang der Geschäfte nicht möglich erscheint (vergl. § 79 der Bekanntmachung vom 6. Juli 1899 J.M.Bl. S. 229). Sie kann auch aus sonstigen wichtigen Gründen abgelehnt werden. Gegen den ablehnenden Bescheid steht die Beschwerde im Dienstaufsichtsweg offen.

Die Zulassung kann jederzeit aus denselben Gründen zurückgenommen werden, aus denen sie verweigert werden kann.

§ 14.

Bei dem Eintritt in die Praxis bei einer Justizbehörde ist der geprüfte Rechtspraktikant an die gemäß § 29 der Königlich Allerhöchsten Verordnung vom 4. Juli 1899 geleisteten Eide zurückzuerinnern.

Bei dem Austritt eines geprüften Rechtspraktikanten aus der Praxis bei einer Justizbehörde hat der Vorstand der Behörde, gegebenen Falles nach Anhörung derjenigen Beamten, welchen der Rechtspraktikant zur besonderen Aufsicht zugeteilt war, ein Zeugnis über die Dauer der Praxis, über das dienstliche und außerdienstliche Verhalten, sowie über die Leistungen des Rechtspraktikanten und die hiebei hervorgetretenen Mängel auszustellen und zu den Personalakten des Rechtspraktikanten zu nehmen.

§ 15.

Auf die Praxis der geprüften Rechtspraktikanten bei einer Justizbehörde finden die Vorschriften, die in den §§ 81, 82, 83, im § 84 Abs. 1, 2 und in den §§ 85, 86 der Bekanntmachung vom 6. Juli 1899, die Prüfungen für den höheren Justiz- und Verwaltungsdienst und die Vorbereitung für diese Prüfungen betreffend, für den Vorbereitungsdienst der Rechtspraktikanten vor Ablegung der zweiten Prüfung gegeben sind, entsprechende Anwendung. Selbstverständlich sind die geprüften Rechtspraktikanten während ihrer Praxis bei einer Justizbehörde — unabbrüchig des eigentlichen Zweckes ihrer Praxis, ihrer allseitigen praktischen Ausbildung und wissenschaftlichen Fortbildung — zur Erledigung der laufenden Geschäfte der Behörde entsprechend heranzuziehen.

§ 16.

Den bei den Gerichten, Staatsanwaltschaften und Notariaten in Praxis stehenden geprüften Rechtspraktikanten ist die Teilnahme an den für die Rechtspraktikanten im Vorbereitungsdienste nach § 84 Abs. 3, § 87 der Bekanntmachung vom 6. Juli 1899, die Prüfungen für den höheren Justiz- und Verwaltungsdienst und die Vorbereitung für diese Prüfungen betreffend, stattfindenden Unterweisungen und Uebungen zu gestatten. Es können auch besondere Uebungen und Unterweisungen für sie abgehalten werden.

§ 19.

Die bei einer bayerischen Justizbehörde in Praxis stehenden geprüften Rechtspraktikanten dürfen sich ohne Genehmigung des Amtsvorstandes nicht über 24 Stunden vom Amtssitz entfernen.

Urlaub kann ihnen in jedem Geschäftsjahre bis zur Dauer von einem Monate vom Amtsvorstand erteilt werden. Gesuche um Urlaub von längerer

Dauer sind vom Amtsvorstande mit gutachtlicher Aeußerung dem Staatsministerium der Justiz vorzulegen.

Gesuche um Erteilung eines Urlaubs von mehr als drei Tagen sind schriftlich anzubringen und zu verbescheiden.

Zum Zwecke der Ableistung von militärischen Uebungen bedürfen die geprüften Rechtspraktikanten keines Urlaubs. Sie haben lediglich dem Vorstande der Behörde den Nachweis des Beginnes und der Dauer der Uebung vorzulegen.

§ 20.

Auf Grund des § 7 der Verordnung werden bis auf weiteres folgende Bestimmungen getroffen:

4. Für die Bewerber um Anstellung als Notar bewendet es bei den Bestimmungen im § 9 des Notariatsgesetzes vom 9. Juni 1899. Es wird jedoch Gewicht darauf gelegt, daß der Bewerber vor Einreichung seines Gesuchs um Anstellung als Notar mindestens einmal als Verweser eines Notariats in der Dauer von mindestens vier Wochen zur Zufriedenheit Dienste geleistet hat.

§ 23.

Den Bewerbern wird angeraten, die im § 20 vorgeschriebene Praxis rechtzeitig abzulegen, damit sie, wenn die Reihe des Vorschlags zur Anstellung sie trifft, nicht hinter Bewerbern aus dem gleichen Prüfungsjahr und mit gleicher Note, welche die vorgeschriebene Praxis bereits erstanden haben, zurückstehen müssen.

§ 25.

Erhält eine Justizbehörde Kenntnis von Tatsachen, die geeignet sind, Disziplinareinschreitung gegen einen Bewerber um Anstellung im höheren Justizstaatsdienste zu veranlassen oder die auf die Frage seiner künftigen Verwendung im Justizdienste von Einfluß sein können, so hat sie diese Tatsachen und die etwaigen Beweismittel derjenigen Justizbehörde mitzuteilen, welcher die Dienstaufsicht über den Bewerber in erster Linie zusteht.

Die Dienstaufsichtsbehörde hat die ihr mitgeteilten und die zu ihrer Kenntnis kommenden Tatsachen, die von Einfluß auf die Frage der Anstellung des Bewerbers sein können, so insbesondere auch Erkrankungen, welche die dauernde Dienstfähigkeit zweifelhaft erscheinen lassen, sowie jede Disziplinierung eines Bewerbers dem Staatsministerium der Justiz zu berichten.

Ist der Bewerber zur Rechtsanwaltschaft zugelassen, so tritt an die Stelle der Dienstaufsichtsbehörde der Vorstand des im § 2 Abs. 3 bezeichneten Gerichts.

§ 26.

Von jeder Einleitung eines Strafverfahrens gegen einen Bewerber um Anstellung im höheren Justizstaatsdienste sowie von jeder Einleitung eines ehrengerichtlichen Verfahrens gegen einen zu den Bewerbern um Anstellung im höheren Justizstaatsdienste zählenden Rechtsanwalt haben die Staatsanwälte unter Mitteilung des Sachverhaltes sofort dem Staatsministerium der Justiz Anzeige zu erstatten. Sie haben weiter von Zeit zu Zeit über den Fortgang des Verfahrens zu berichten und nach der Erledigung eine Abschrift des rechtskräftigen Urteils dem Staatsministerium der Justiz vorzulegen.

§ 27.

Die Bewerber um Anstellung im höheren Justizstaatsdienste, die nach § 11 der Verordnung verpflichtet sind, eine Geschäftsaushilfe oder eine Hilfsarbeiterstelle zu übernehmen, müssen jederzeit zur Uebernahme bereit sein. Von der Uebernahme eines solchen Auftrages kann nur aus wichtigen Gründen entbunden werden.

Die Weigerung, einen solchen Auftrag zu übernehmen, ist sofort dem Staatsministerium der Justiz zu berichten. Sie hat die Streichung des Bewerbers aus dem Hauptverzeichnisse zur Folge.

Rechtsanwälten und geprüften Rechtspraktikanten, die sich gegen Bezahlung bei Notariaten oder Rechtsanwälten in Praxis befinden, wird der Auftrag zur Uebernahme einer Geschäftsaushilfe oder einer Hilfsarbeiterstelle nur dann zugehen, wenn Aussicht besteht, daß die Funktion längere Zeit dauert oder daß bei ihrer Beendigung der Vorschlag zur Anstellung erfolgen kann.

§ 28.

Damit bei dem Staatsministerium der Justiz das Hauptverzeichnis der Bewerber um Anstellung im höheren Justizstaatsdienste stets richtig und vollständig geführt werden kann, muß das Staatsministerium der Justiz von jedem Eintritt eines Bewerbers in eine Praxis oder Beschäftigung sofort Kenntnis erhalten.

Um dies zu ermöglichen, wird Folgendes bestimmt:

1. Von jedem Eintritt eines geprüften Rechtspraktikanten in die Praxis bei einer bayerischen Justizbehörde und von jedem Austritte hat der Vorstand der Behörde sofort dem Staatsministerium der Justiz Anzeige zu erstatten.
2. Bewerber, die bei einem Rechtsanwalt oder bei einer anderen als einer Justizbehörde oder bei einer privaten Anstalt oder Unternehmung in Praxis oder Beschäftigung treten, haben, wenn die Praxis oder Beschäftigung in Bayern genommen wird, den Eintritt in die Praxis oder Beschäftigung und den Austritt stets binnen einer Woche der zunächst vorgesetzten Aufsichtsbehörde (§ 9 der Verordnung) anzuzeigen.
   Die Aufsichtsbehörden haben diese Anzeigen sofort dem Staatsministerium der Justiz vorzulegen.
3. Bei der Vorlegung jeder Anzeige ist das Jahr und das Ergebnis der zweiten Prüfung anzugeben.
4. Die Anzeigen sind für jeden Rechtspraktikanten gesondert zu erstatten.
5. Diese Vorschriften finden auf Anzeigen von dem Tode eines geprüften Rechtspraktikanten entsprechende Anwendung.

§ 29.

Unterlassungen der in § 28 Ziff. 2 vorgeschriebenen Anzeigen haben für die geprüften Rechtspraktikanten die gleichen Nachteile wie die Unterlassung des rechtzeitigen Eintrittes oder die Unterbrechung der Praxis (§ 7) zur Folge.

§ 30.

Die Aufsichtsbehörden haben darüber zu wachen, daß die Königlich Allerhöchste Verordnung vom 20. August 1868, die Verehelichung der Staatsdienstaspiranten betreffend (Reg.Bl. S. 1609), beobachtet wird.

Hat sich ein geprüfter Rechtspraktikant verehelicht, ohne daß die Verehelichung vom dienstlichen Standpunkte aus gewürdigt wurde, so hat er um Aufnahme in das Hauptverzeichnis förmlich nachzusuchen. Das Gesuch ist bei dem Staatsministerium der Justiz einzureichen. Vor der Bewilligung der Aufnahme in das Hauptverzeichnis darf der Rechtspraktikant bei keiner Justizbehörde zur Fortsetzung der Praxis zugelassen werden.

Ein Bewerber um Anstellung im höheren Justizstaatsdienste, der sich verehelicht, ohne daß seine Verehelichung vom dienstlichen Standpunkt aus gewürdigt worden ist, wird vom Hauptverzeichnisse gestrichen.

Von der Verehelichung eines Bewerbers ist dem Staatsministerium der Justiz Anzeige zu erstatten. Dabei ist ausdrücklich zu bemerken, ob die Bewilligung zur Verehelichung erteilt worden ist.

In allen Anzeigen über den Eintritt eines geprüften Rechtspraktikanten in eine Praxis oder Beschäftigung ist der Familienstand anzugeben und gegebenen Falles zu bemerken, ob die Verehelichung vom dienstlichen Standpunkt aus gewürdigt wurde.

Die Rechtsanwälte sind nach Abgabe der in § 2 bezeichneten Erklärung von dem Vorstande des im § 2 Abs. 3 bezeichneten Gerichts auf die Bestimmungen der Verordnung vom 20. August 1868 ausdrücklich hinzuweisen. Dem Vorstande dieses Gerichts obliegt die Verpflichtung zu Anzeigeerstattung nach dem Absatz 4; ihm hat der Rechtsanwalt seine Verehelichung anzuzeigen.

Im übrigen finden auf die Erstattung der Anzeige von der Verehelichung eines Bewerbers und auf die Verpflichtung der Bewerber um Anstellung im höheren Justizstaatsdienst, ihre Verehelichung anzuzeigen, die Vorschriften der §§ 28, 29 entsprechende Anwendung. Ist hienach eine Behörde, der die Anzeige zu erstatten ist, nicht bestimmt, so ist sie an das Staatsministerium der Justiz unmittelbar zu richten.

§ 31.

Die Präsidenten der Landgerichte und die Präsidenten der Oberlandesgerichte müssen stets einen Ueberblick über die in ihrem Bezirk in Praxis oder Beschäftigung befindlichen Bewerber um Anstellung im höheren Justizstaatsdienste besitzen.

Zu diesem Behufe haben sie

1. für jedes Gericht und jedes Notariat des Bezirks sowie für jeden im Bezirk ihres Gerichts zugelassenen Rechtsanwalt ein gesondertes Verzeichnis der dort in Praxis stehenden geprüften Rechtspraktikanten nach dem beigefügten Formular A;
2. für die in einer sonstigen Praxis oder Beschäftigung im Gerichtsbezirke stehenden geprüften Rechtspraktikanten ein gemeinsames Verzeichnis nach dem beigefügten Formular B und
3. für die Rechtsanwälte, die Erklärungen nach § 2 abgegeben haben, ein gemeinsames Verzeichnis nach Formular C zu führen.

Diese Verzeichnisse sind auf Grund der auf dem Dienstwege dem Staatsministerium der Justiz vorzulegenden und auf diese Weise zur Kenntnis der Präsidenten der Landgerichte und Oberlandesgerichte gelangenden Anzeigen stets auf dem Laufenden zu erhalten.

Die Verzeichnisse derjenigen geprüften Rechtspraktikanten, welche sich bei einem der zur Rechtsanwaltschaft bei den Landgerichten München I und II gleichzeitig zugelassenen Rechtsanwälte in Praxis befinden, und die Verzeichnisse der gleichzeitig bei den Landgerichten München I und II zugelassenen Rechtsanwälte, die Erklärungen im Sinne des § 2 abgegeben haben, führt der Präsident des Landgerichts München I.

§ 32.

Die Oberstaatsanwälte haben nach dem Formular A über die bei den Staatsanwaltschaften des Oberlandesgerichtsbezirks in Praxis stehenden und über die als Amtsanwälte aufgestellten geprüften Rechtspraktikanten Verzeichnisse zu führen.

Formular A.

Verzeichnis

der bei dem (Amtsgerichte, Landgerichte, Notariate, Rechtsanwalte) in Praxis getretenen geprüften Rechtspraktikanten.

Fortl. Nummer	Familien- und Vor-Name, dann Heimat des Rechtspraktikanten	Prüfungs-		Zeit des Eintrittes			Zeit des Austrittes			Bemerkungen
		Jahr	Note	Tag	Monat	Jahr	Tag	Monat	Jahr	
1.	***Wachter*** *Franz von Tölz*	*1900*	*II $^{21}/_{40}$*	*1.*	*Januar*	*1901*	*15.*	*März*	*1901*	

Anmerkung: In das Verzeichnis sind auch diejenigen Rechtspraktikanten aufzunehmen, welche vor Bekanntgabe des Prüfungsergebnisses in Praxis getreten sind.

§ 33.

Die Präsidenten der Oberlandesgerichte haben ein weiteres Verzeichnis zu führen, in das sie auf Grund der von ihnen nach § 31 zu führenden Verzeichnisse und der an sie gelangenden Anzeigen diejenigen Bewerber einzutragen haben, welche auf Grund der Bestimmung im § 11 der Verordnung zur Uebernahme einer Geschäftsaushilfe oder einer Hilfsarbeiterstelle herangezogen werden können.

§ 34.

Bis zum 15. Januar jeden Jahres haben die Landgerichtspräsidenten über den durch die Verzeichnisse nach § 31 Ziff. 1 für das abgelaufene Kalenderjahr ausgewiesenen Zu- und Abgang eine Uebersicht nach dem beigefügten Formular D dem Präsidenten des Oberlandesgerichts vorzulegen. Der Präsident des Oberlandesgerichts legt sie mit den nötigen Ergänzungen nach dem von ihm geführten Verzeichnisse dem Staatsministerium der Justiz vor.

Formular D.

Uebersicht

über den

Zu- und Abgang an geprüften Rechtspraktikanten im Bezirke des K. Landgerichts .... im Geschäftsjahr 19 ....

Bezeichnung der I. Gerichte II. Notariate III. Rechtsanwälte	Zahl der bei dem Gerichte angestellten Richter	Zahl der am Schlusse des Geschäftsjahrs 1900 in Praxis gestandenen geprüften Rechtspraktikanten	Zahl der im Geschäftsjahre 1901 eingetretenen geprüften Rechtspraktikanten	Zahl der im Geschäftsjahre 1901 ausgetretenen geprüften Rechtspraktikanten	Zahl der am Schlusse des Geschäftsjahrs 1901 in Praxis gestandenen geprüften Rechtspraktikanten	Bemerkungen
I. Gerichte.						
1. Landgericht N.	*10*	*3*	*1*	*3*	*1*)*	**) Hilfsarbeiter des Landgerichts-Präsidenten.*
2. Amtsgericht N.	*3*	*2*	*2*	*1*	*3*	*In nebiger Ziffer ist der zur Bereinigung des Hypothekenwesens aufgestellte Funktionär N. einbegriffen.*
3. „ N.	*2*	*1*	*1*	—	*2*	*In nebiger Ziffer ist der Anlegungskommissär einbegriffen.*
II. Notariate.						
1. Notariat N.	—	*1*	—	—	*1*	
III. Rechtsanwälte.						

Anmerkung: Befinden sich unter der in Spalte 6 vorgetragenen Ziffer Rechtspraktikanten, deren Prüfungsnote noch nicht bekannt ist, so ist die Zahl derselben in Spalte 7 zu bemerken.

Bis zum gleichen Tage haben die Oberstaatsanwälte die Uebersichten bezüglich der bei der Oberstaatsanwaltschaft und den landgerichtlichen Staatsanwaltschaften in Praxis stehenden und der als Amtsanwälte in Praxis stehenden geprüften Rechtspraktikanten dem Staatsministerium der Justiz vorzulegen.

§ 36.

Alle nach der Verordnung und nach dieser Bekanntmachung vorgeschriebenen Vorlagen an das Staatsministerium der Justiz haben stets auf dem Dienstwege zu erfolgen.

Anm. 3. Unter den Notariatsgehilfen sind hier nicht nur die eigentlichen Notariatsgehilfen d. i. die ständigen, nicht rechtskundigen Notariatsgehilfen, sondern auch die Inzipienten und die unständigen Schreibkräfte zu verstehen; jedoch nicht die Schreibkräfte der Staatsnotariate d. h. derjenigen Notariate, bei welchen die Geschäfte dauernd auf Rechnung des Staates geführt werden.

Die Verhältnisse dieser Schreibkräfte bestimmen sich ausschließlich nach den Vorschriften für das amtsgerichtliche Kanzleipersonal.

Maßgebend für die Verhältnisse der Notariatsgehilfen ist die Bekanntmachung vom 1. Mai 1901 das Kanzleipersonal bei den Notariaten betr. (J.M.Bl. S. 341), die wegen ihrer Wichtigkeit im Wortlaut unten (Anm. 4a) folgt; sie hat durch die Bekanntmachung vom 9. August 1906 gleichen Betreffs (J.M.Bl. S. 220) theilweise eine Abänderung erfahren.

Auf die Notariatsgehilfen i. e. S. beziehen sich die §§ 1—23 der Bekanntmachung, hiezu sind später noch ergangen:

die Bekanntmachung vom 10. Februar 1903 die Berichterstattung über die Notariatsgehilfen betr. (J.M.Bl. S. 78; s. Anm. 4b);

die aut. M.Entschl. vom 30. November 1903, Nr. 45126 die Zulassung von Notariatsgehilfen als Prozeßvertreter betr. (Gen. S. 91);

die aut. M.Entschl. vom 2. Februar 1904 die Dienstverhältnisse der Notariatsgehilfen betr. (Gen. S. 93),

die Bekanntmachung vom 19. Juli 1905 die Qualifikation des Personals betr. (J.M.Bl. S. 781).

Das Dienstverhältniß der Notariatsgehilfen i. e. S. ist vertraglicher Natur, aber doch nicht in dem Sinn, daß die Gehilfen in einem rein persönlichen Verpflichtungsverhältniß zum Notar stehen, sondern ihr Dienstverhältniß ist an das Amt geknüpft. (§ 15 Bekanntm. v. 1. Mai 1901.)

Daraus folgt, daß das Dienstverhältniß nicht durch die Versetzung des Notars oder durch dessen Pensionierung oder seinen Tod erlischt, sondern die Gehilfen gehen mit dem Notariat auf den Amtsnachfolger über. Dieser hat das vorhandene Gehilfenpersonal ohne weiteres zu übernehmen; er kann nur, wenn dienstliche Gründe, wie z. B. dienstwidriges Verhalten des Gehilfen, Abnahme der Geschäfte vorhanden sind, im Wege der Kündigung eine Aenderung eintreten lassen (s. §§ 14 ff. der Bekanntm. vom 1. Mai 1901, unten S. 345).

Aus der Verknüpfung des Dienstverhältnisses der Notariatsgehilfen mit dem Notariat ergibt sich weiter, daß im Falle der Behinderung eines Notars auch der Notariatsverweser dessen Gehilfenpersonal zum Dienst zu verwenden hat.

Im Falle der Aufhebung eines Notariats oder im Falle der Uebernahme eines Notariats dauernd auf Rechnung des Staates ist zwar ein Amt, mit dem das Dienstverhältniß der Notariatsgehilfen verknüpft wäre, nicht mehr vorhanden; es wird aber dadurch das Gehilfenpersonal darunter nicht zu leiden haben, da dann das Justizministerium für das Personal, soweit es nicht in andere Stellen übertritt, Sorge trägt; es wird dann wohl das Personal in die Gerichtsschreibereien der Amtsgerichte übernommen werden. (Becher, Mat. S. 278.)

Wie das Dienstverhältniß selbst, so beruht auch der Gehalt der Notariatsgehilfen auf vertraglicher Regelung des Notars mit den Gehilfen. Der freien Vereinbarung in dieser Beziehung sind aber im Interesse der Gehilfen auch hier gewisse Schranken gezogen, insofern als für die Notariatsgehilfen der Mindestbetrag eines Jahresgehalts festgesetzt ist, und als der Gehalt den Leistungen des Gehilfen, sowie den Verhältnissen des Orts und der Stelle entsprechen muß. (§ 7 Bekanntm. v. 1. Mai 1901 n. F.)

Die Voraussetzungen für die Aufnahme als Notariatsgehilfe sind in § 3 der Bekanntmachung n. F. geregelt; sie sind im allgemeinen folgende:

a) Erreichung eines gewissen Lebensalters,
b) Besitz der nöthigen Fähigkeiten und Kenntnisse,
c) Tadelloser Leumund,
d) Gesundheit und Rüstigkeit,
e) Mitgliedschaft beim Notariatsgehilfen-Pensions- und Unterstützungsverein.

Die Dienstpflicht der Notariatsgehilfen enthält die Verpflichtung für sie, ihre ganze Arbeitskraft dem Notariatsdienst zu widmen; zur Uebernahme von Nebengeschäften bedürfen sie daher der Erlaubnis seitens des Notars; gewisse Geschäfte, die in näherer Beziehung zum Notariatsdienst stehen, sind ihnen ganz verboten. (§ 10 a. a. O.)

Im Fall der Verwendung der Notariatsgehilfen zu auswärtigen Amtsgeschäften kommt ihnen ein Tagegeld, im Falle der Verwendung bei Geschäften zur Nachtzeit oder am Krankenlager eine besondere Vergütung zu. § 7 b, 7 c der Bekanntm. n. F.

Der amtliche Charakter des Notariatsgehilfendienstes kommt insbesondere dadurch zum Ausdruck, daß über die Gehilfen eine Dienstaufsicht geführt und eine Disziplin gehandhabt wird.

Schwerste Disziplinarstrafe ist die Dienstentlassung;

die Entlassung kann auch nur als solche Strafe ausgesprochen werden; andernfalls ist eine Entlassung nicht möglich. Das Dienstverhältniß kann sonst nur durch Kündigung gelöst werden. Aber auch die Kündigung seitens des Notars ist nicht in sein freies Belieben gestellt, sondern steht ihm, da sie für ihn Dienstsache ist, nur aus dienstlichen Gründen zu. Anders ist es beim Gehilfen. (§ 12.)

Zum Behelf für die Handhabung der Dienstaufsicht werden über jeden Notariatsgehilfen Personalbogen und Personalakten geführt. (§ 18 ff. a. a. O.)

Zur Versorgung der Notariatsgehilfen und ihrer Angehörigen besteht der „Pensions- und Unterstützungsverein der bayerischen Notariatsgehilfen". Gegründet wurde der Verein am 11. Juni 1900 unter dem Namen:

„Pensions- und Unterstützungsverein der nicht rechtskundigen Gehilfen bei den Königlich bayerischen Notariaten".

Die Aenderung des Namens beruht auf dem genehmigten Beschluß der Mitgliederversammlung vom 29. September 1901, nachdem mit dem oben erwähnten (S. 326) allerhöchsten Signat vom 30. April 1901 für die ständigen Schreibgehilfen bei den Notariaten die Bezeichnung „Notariatsgehilfen" gestattet worden war.

Der Verein hat gemäß allerhöchster Entschließung vom 17. Juli 1902 die Eigenschaft eines Vereins des öffentlichen Rechts (J.M.Bl. 1902 S. 679); er hat seinen Sitz in München und steht unter der Oberaufsicht des Justizministeriums.

Zweck des Vereins ist nach seiner mit Bekanntmachung vom 4. August 1900 (J.M.Bl. S. 1085) veröffentlichten Satzung:

1. Die Gewährung von Pensionen an die ordentlichen Mitglieder, sowie an die Wittwen und Waisen von solchen,

2. die Gewährung von Unterstützungen an die ordentlichen Mitglieder bei Krankheiten, welche vorübergehende Dienstunfähigkeit und Verlust des Gehaltbezugs zur Folge haben. (§ 1 der Satzung.)

Die Mitglieder des Vereins sind ordentliche Mitglieder und Ehrenmitglieder.

Ordentliche Mitglieder sind die Notariatsgehilfen i. e. S., für die ja der Beitrittszwang besteht.

Ehrenmitglieder sind solche Personen, die sich um den Verein verdient gemacht haben. (§ 3.)

Voraussetzung der ordentlichen Mitgliedschaft ist die Dienstleistung bei einem bayerischen Notariat; eine Aufrechterhaltung der Mitgliedschaft unabhängig von dieser Voraussetzung läßt der § 7 der Satzung in der neuen Fassung vom 27. September 1903 (s. u.) zu; vgl. hiezu auch die Bekanntm. v. 29. Dezember 1905 (J.M.Bl.

1906 S. 5), wonach die Notare jeden aus dem Dienst tretenden Gehilfen gleich zur Erklärung über Beibehaltung der Mitgliedschaft veranlassen sollen.

Der Verein vermittelt, wie bemerkt, seinen Mitgliedern die Gewährung von Pension und von Krankenunterstützung.

a) Pensionsberechtigt sind die ordentlichen Mitglieder und die Wittwen und Waisen derselben. (§ 17 der Satzung.)

Der Pensionsfall eines ordentlichen Mitgliedes ist bei voraussichtlich die Dauer eines Jahres überschreitenden Erwerbsunfähigkeit gegeben. (§ 19 a. a. O.)

Die Pension beträgt 30% des festen Jahresgehaltsbezugs, dessen Betrag nach einem festgesetzten Schema zu berechnen ist. (§ 20 a. a. O.)

Die Pension der Wittwe beträgt 15% des letzten festen Jahresgehaltsbezugs des Mannes, die Waisenpension beträgt für Doppelwaisen 3% des genannten Jahresgehaltsbezugs, für einfache Waisen 1½% desselben.

Die Pension des Mannes ist eine lebenslängliche; die der Wittwe ebenfalls, falls sie sich nicht wieder verheirathet; die der Waisen dauert bis zum 14. Lebensjahr.

b) Krankenunterstützungsberechtigt sind die ordentlichen Mitglieder.

Voraussetzung der Krankenunterstützung ist eine Erkrankung, die den Verlust des Diensteinkommens zur Folge hat (§ 28 a. a. O.), d. i. also, wenn die Erkrankung länger als 6 Wochen dauert; von da ab erfolgt die Gewährung der Krankenunterstützung auf die Dauer von 6 Monaten.

Der Betrag der Krankenunterstützung ist 20% des obengenannten Jahresgehaltsbezugs.

Die Satzung des Vereins hat auf Grund genehmigten Beschlusses der Mitgliederversammlung vom 27. September 1903 eine Abänderung erfahren, die sich auf die §§ 7 und 9 bezieht. (J.M.Bl. 1903 S. 422.)

Dadurch ist die Frist für die freiwillige Aufrechterhaltung der Mitgliedschaft auf ein Jahr verlängert worden (§ 7) und hat der Verwaltungsrath die Ermächtigung zur ausnahmsweisen Wiederaufnahme eines früheren Mitgliedes erhalten.

Alljährlich wird über die Rechnungsergebnisse des Vereins eine Uebersicht veröffentlicht. Es finden sich die Uebersichten:

für 1900/1901 im J.M.Bl. 1901 S. 633, die
„ 1901/1902 „ J.M.Bl. 1902 S. 1104, „
„ 1902/1903 „ J.M.Bl. 1903 S. 469, „
„ 1903/1904 „ J.M.Bl. 1904 S. 252, „
„ 1904/1905 „ J.M.Bl. 1905 S. 816.

Zum Vollzug der Satzung ist die folgende Bekanntmachung vom 4. August 1900 (J.M.Bl. S. 1085) ergangen:

Bekanntmachung.

Königliches Staatsministerium der Justiz.

Durch Entschließung des Staatsministeriums des Königlichen Hauses und des Aeußern vom 31. vor. Mts. wurde auf Grund Allerhöchster Ermächtigung für diejenigen Postsendungen, welche in Angelegenheiten des Pensions- und Unterstützungsvereins der nichtrechtskundigen Gehilfen bei den Königlich bayerischen Notariaten an den Verwaltungsrat gerichtet werden, die Portofreiheit auf den bayerischen Postämtern unter der Voraussetzung bewilligt, daß die Sendungen in der Aufschrift mit dem Vermerk „Angelegenheit des Pensionsvereins der nichtrechtskundigen Notariatsgehilfen" („Angel. d. Pens.-Ver. d. nichtrechtskund. Not.Geh.") versehen sind und im übrigen hinsichtlich der Ausfertigung den Erfordernissen des § 2 Ziff. 1 bis 3 der Königlichen Verordnung vom 23. Juni 1829, die Postportofreiheit in Amtssachen betreffend, entsprechen.

Im Anschlusse hieran erläßt das Staatsministerium der Justiz die folgenden Anordnungen:

1. Auf Grund des Artikel 129 des Notariatsgesetzes wird bestimmt, daß nichtrechtskundige Personen als Notariatsgehilfen künftig nur dann verwendet

werden dürfen, wenn sie dem Pensions- und Unterstützungsvereine der nichtrechtskundigen Gehilfen bei den Königlich bayerischen Notariaten angehören. Die Notare und Notariatsverweser dürfen deshalb Personen, welche wegen Ueberschreitung der in der Satzung bestimmten Altersgrenze oder aus einem sonstigen Grunde dem Vereine nicht beitreten können, als Notariatsgehilfen nicht aufnehmen und haben Gehilfen, welche nicht alsbald nach ihrem Dienstantritte dem Vereine beitreten oder die Angehörigkeit zum Vereine nachträglich verlieren, aus dem Dienste zu entlassen.

Die Vorschrift des Abs. 1 findet keine Anwendung auf Schreibgehilfen, die nicht zu ständiger Verwendung, sondern nur zu vorübergehender Aushilfe aufgenommen werden, auf Schreibgehilfen, die das sechzehnte Lebensjahr noch nicht vollendet haben und auf Personen, welche sich lediglich zum Zwecke der Ausbildung im Notariatskanzleidienste bei dem Notariate befinden. Die Vorschrift findet ferner keine Anwendung auf die dermalen im Dienste befindlichen Notariatsgehilfen, solange sie bei demselben Notariate bleiben; treten sie in ein anderes Notariat über, so ist, wenn sie nicht in diesem Zeitpunkte die in der Satzung bestimmte Altersgrenze überschritten haben, die Vorschrift des Abs. 1 zur Anwendung zu bringen.

2. Die Aufnahme eines nichtrechtskundigen Notariatsgehilfen in den Dienst und dessen Austritt aus dem Dienste sind unter Benützung der Formulare A und B alsbald unmittelbar dem Staatsministerium der Justiz und dem Verwaltungsrate des Pensions- und Unterstützungsvereins der nichtrechtskundigen Gehilfen bei den Königlich bayerischen Notariaten anzuzeigen. Auch über jede Aenderung der Bezüge der Gehilfen ist dem Staatsministerium der Justiz und dem Verwaltungsrate des Vereins unmittelbar Anzeige zu erstatten*).

3. Der Verkehr des Vorstands und des Verwaltungsrats des Vereins mit den ordentlichen Mitgliedern und der ordentlichen Mitglieder mit dem Vorstand und dem Verwaltungsrat erfolgt ausschließlich durch die Vermittelung der Notariate, bei denen die Mitglieder angestellt sind.

Bei allen Gesuchen und Mitteilungen, welche die Notariatsgehilfen an den Vorstand oder den Verwaltungsrat richten, haben die Notare und Notariatsverweser die tatsächlichen Angaben zu prüfen und deren Richtigkeit auf dem Schriftstücke zu bestätigen. Die zum Nachweise der dauernden oder vorübergehenden Dienstunfähigkeit eines ordentlichen Mitgliedes erforderlichen amtsärztlichen Zeugnisse sind von Amtswegen zu erholen.

4. Die Notare und Notariatsverweser haben den in Vereinsangelegenheiten von dem Vorstand oder dem Verwaltungsrate des Vereins an sie gerichteten Ersuchen Folge zu leisten.

5. Die Einhebung der Vereinsbeiträge erfolgt durch die Vermittelung des Notariats und des rechnungsführenden Sekretärs desjenigen Amtsgerichts, in dessen Bezirk das Notariat seinen Sitz hat.

Der Notar oder Notariatsverweser zieht zu Beginn des Monats den Gehilfen die Beiträge am Funktionsbezug ab, verzeichnet sie in dem Formulare, welches ihm vom Vereinskassier zu diesem Zwecke zur Verfügung gestellt wird und liefert spätestens bis zum 5. des Monats das ausgefüllte Formular und die Beiträge an den rechnungsführenden Sekretär des Amtsgerichts ab. Dieser legt das Verzeichnis der Beiträge der Notariatsgehilfen mit dem Verzeichnisse der Beiträge der Kanzlisten des Amtsgerichts, das er nach Nr. 8 der Bekanntmachung vom 11. Juli 1891 (J.M.Bl. S. 141) an den Verwaltungsrath des Pensions- und Unterstützungsvereins der Kanzlisten bei den Justizbehörden Bayerns einzusenden hat, in einen und denselben Umschlag und sendet beide Verzeichnisse unter gemeinschaftlicher Adresse ab. Ebenso sendet er mittels der Postanweisung, die er zur Einsendung der Beiträge der Kanzlisten bei dem Amtsgerichte benützt, zugleich unausgeschieden die Summe der Beiträge der Notariatsgehilfen ein; auf der Rückseite des Postanweisungsabschnittes vermerkt er jedoch, welcher Teilbetrag auf jeden der beiden Vereine trifft. Diese Vereinfachung ist dadurch ermöglicht, daß dieselbe Person Kassier beider Vereine ist und derselbe Geschäftsraum im Justizpalaste zu München zur Abwickelung der laufenden Geschäfte beider Vereine dient. Der Portofreiheitsvermerk auf der Aufschrift der gemein-

*) Die Vorschrift der Ziffer 2 gilt jetzt nur noch für die Anzeigen an den Verwaltungsrath des Pensions- und Unterstützungsverein; im übrigen gibt jetzt die Bekanntmachung vom 1. Mai 1901 Maß; vergl. die Bekanntmachung vom 10. Februar 1903 (siehe Anm. 4b); s. auch § 19 Bek. v. 1. Mai 1901 n. F.

Anlage A.

Antrag

zur Aufnahme als ordentliches Mitglied in den Pensions- und Unterstützungsverein der nichtrechtskundigen Gehilfen bei den Königlich bayerischen Notariaten.

Familienname ....

Taufname .....

Wohnort ....

Tag, Monat und Jahr der Geburt ....

Dienstesstellung

Dienstesbehörde ....

Monatlicher voller Gehaltsbezug nach § 15 der Satzung berechnet .....

Der Unterzeichnete beantragt hiermit die Aufnahme als ordentliches Mitglied in den Pensions- und Unterstützungsverein der nichtrechtskundigen Gehilfen bei den Königlich bayerischen Notariaten, erkennt an, daß ihm die Satzung des Vereins bekannt ist und unterwirft sich derselben.

(Ort und Datum:) (Unterschrift:)

Bemerkungen:
1. Ist der Antragsteller minderjährig, so ist der Antrag von seinem gesetzlichen Vertreter unter Angabe dieser Eigenschaft mit zu unterzeichnen.
2. Diesem Antrag ist nach § 4 der Satzung ein amtliches Geburtszeugnis und eine Bescheinigung der Dienstesbehörde über die Aufnahme in den Dienst und den Betrag des Gehaltsbezuges beizufügen.

Anlage B.

Pensions- und Unterstützungsverein
der nichtrechtskundigen Gehilfen bei den Königlich bayerischen Notariaten.

Aufnahmsurkunde

für die ordentlichen Mitglieder

Herr ....
ist auf grund seines Antrages vom .... und der mit demselben vorgelegten Bescheinigungen als ordentliches Mitglied in den Verein aufgenommen worden. Die Mitgliedschaft beginnt für ihn nach § 6 der Satzung des Vereins am ....

München, den ....

Der Verwaltungsrat
des Pensions- und Unterstützungsvereins der nichtrechtskundigen Gehilfen bei den K. B. Notariaten.

(Unterschrift:) (Unterschrift:)

Vorsitzender des Verwaltungsrates. Mitglied des Verwaltungsrates.

schaftlichen Sendungen kann lauten: „Angel. d. Pens.-Ver. d. Just. Kanzl. u. d. nichtrechtskund. Not.Geh.“

Die Münchener Notariate haben die Beitragsverzeichnisse und die Beiträge in der Zeit vom 1. bis zum 10. jeden Monats unmittelbar an den Kassier des Vereins zu übergeben.

Der Kassier des Vereins hat über jede Einzahlung Quittung zu leisten.

6. Die Notare und Notariatsverweser haben diese Bekanntmachung, gleichzeitig mit der Bekanntmachung über die Verbesserung der Lage der Notariatsgehilfen vom 30. vor. Mts. (J.M.Bl. S. 1115, siehe unten) allen ihren nichtrechtskundigen Gehilfen zu eröffnen und die Gehilfen, soweit sie nach der Satzung ordentliche Mitglieder werden können, aufzufordern, ihre Aufnahme in den Verein zu beantragen; daß beides geschehen ist, soll von den Gehilfen durch Unterschrift bestätigt, die Bestätigung soll bei den Generalakten des Notariats verwahrt werden.

Die Notare und Notariatsverweser sollen ferner die hierauf von den Gehilfen gestellten Aufnahmeanträge an den Verein übermitteln. Die dazu nötige Zahl von Formularen wird ebenso wie die erforderliche Zahl von Abdrucken der Satzung (zur Aushändigung an die Gehilfen) den Notariaten demnächst von Amtswegen übersendet werden. Reichen die übersendeten Drucksachen nicht aus, so sind weitere bei dem Verwaltungsrate des Vereins zu erholen; überschüssige Exemplare können für späteren Bedarf zurückbehalten werden.

7. Bis zum 16. September d. Js. haben sämtliche Notariate — mit Ausnahme derer, die ständig auf Rechnung des Staates geführt werden, — unter entsprechender Verwendung des Formulars A über den Personalstand des Notariats an Gehilfen und darüber, ob die Gehilfen dem Vereine beigetreten sind, unmittelbar hieher zu berichten. Ist ein Gehilfe nicht beigetreten, so ist in dem Berichte der Grund kurz anzugeben.

Durch die Mitgliedschaft beim Pensions- und Unterstützungsverein wird die Versicherungspflicht der Notariatsgehilfen nach dem Reichskrankenversicherungsgesetz nicht berührt. Dieses findet gemäß § 1 Nr. 2a auch auf das Gehilfenpersonal Anwendung; nach § 6 Abs. II in der Fassung vom 25. Mai 1903 dauert die Krankenunterstützung 26 Wochen lang.

Die Krankenversicherungsbeiträge sind ganz von dem Notar, die Beiträge zum Pensionsverein- und Unterstützungsverein für die Notariatsgehilfen mindestens zur Hälfte von dem Notar zu bezahlen, § 7a Bekanntm. v. 1. Mai 1901 n. F.

Dagegen unterstehen die Notariatsgehilfen dem Invalidenversicherungsgesetz nicht, da sie infolge der ihnen in Aussicht stehenden Pension gemäß § 5 des Invalidenversicherungsgesetzes in der Fassung der Bekanntmachung des Reichskanzlers vom 19. Juli 1899 von der Versicherungspflicht befreit sind.

In Bezug auf die Versicherung der Notariatsgehilfen sind ergangen:

a) die Bekanntmachung des K. Staatsministeriums der Justiz vom 30. Juli 1900 die Verbesserung der Lage der Notariatsgehilfen betr. (J.M.Bl. S. 1115):

Bekanntmachung.

Königliches Staatsministerium der Justiz.

Auf Grund Allerhöchster Ermächtigung wird bekannt gemacht, daß für die Gewährung staatlicher Unterstützungen an das Kanzleipersonal bei den Notariaten — die nichtrechtskundigen Notariatsgehilfen — bis auf weiteres die Grundsätze entsprechende Anwendung finden, welche in der Bekanntmachung vom 9. Juli 1891, die Verbesserung der Lage des Kanzleipersonals bei den Gerichten und Staatsanwaltschaften betreffend (J.M.Bl. S. 133), unter Nr. 1 bis 3 und 5 bis 9 für die Gewährung von Unterstützungen an die Sekretariatsgehilfen und Gerichtsschreibergehilfen aufgestellt sind.

Die nach Nr. 9 der Bekanntmachung belegten Unterstützungsgesuche von Notariatsgehilfen oder von Hinterbliebenen solcher, sind von den Notariaten auf dem Dienstwege vorzulegen.

An Notariatsgehilfen, die dem Pensions- und Unterstützungsvereine der nichtsrechtskundigen Gehilfen bei den Königlich bayerischen Notariaten nicht beigetreten sind, obwohl ihnen der Beitritt nach der Satzung möglich war, werden

Unterstützungen nicht verabfolgt. Auch deren Hinterbliebene haben keine Aussicht auf Erlangung einer staatlichen Unterstützung.

Die Notare und Notariatsverweser haben sämtliche im Dienste befindlichen nichtrechtskundigen Notariatsgehilfen auf diese Bestimmungen aufmerksam zu machen.

b) Die aut. Entschließung des K. Staatsministeriums der Justiz vom 16. November 1900 Nr. 41147, den Vollzug des Invalidenversicherungsgesetzes, hier die Versicherungspflicht der nichtrechtskundigen Notariatsgehilfen betr.:

1. Seine Königliche Hoheit Prinz Luitpold, des Königreichs Bayern Verweser, haben mit Allerhöchstem Signate vom 24. vor. Mts. die Ermächtigung zu erteilen geruht, daß denjenigen nichtstatusmäßigen Bediensteten, deren dienstliche Beschäftigung ihren Hauptberuf bildet und denen im Falle der Versetzung in den Ruhestand tatsächlich eine Sustentation im Mindestbetrage der Invalidenrente nach den Sätzen der ersten Lohnklasse in Aussicht steht, durch Entschließung der beteiligten Staatsministerien eine Anwartschaft auf Pension im Mindestbetrage der Invalidenrente nach den Sätzen der ersten Lohnklasse zugesichert werde, unbeschadet der Gewährung einer Sustentation in höherem Betrage, sofern die in Aussicht gestellte Sustentation im Einzelfalle den Betrag jener Pension übersteigt.

2. Auf Grund dieser allerhöchsten Ermächtigung wird hiemit den nichtrechtskundigen Notariatsgehilfen die Anwartschaft auf Pension in dem bezeichneten Mindestbetrage zugesichert. Die Zusicherung wird jedoch nicht auf diejenigen Notariatsgehilfen erstreckt, welche dem Pensions- und Unterstützungsvereine der nichtrechtskundigen Gehilfen bei den Königlich bayerischen Notariaten nicht beigetreten sind, obwohl ihnen der Beitritt nach der Satzung möglich war.

Die Zusicherung soll mit dem 1. Dezember 1900 in Wirksamkeit treten.

3. Infolge dieser Pensionszusicherung erlischt für die im Dienste befindlichen Notariatsgehilfen, denen die Zusicherung erteilt ist, nach § 5 des Invalidenversicherungsgesetzes vom 13. Juli 1899 die Versicherungspflicht am 1. Dezember 1900. Für die Zeit bis zu diesem Termine sind die Beiträge weiter zu leisten. Im eigenen Interesse wie im Interesse der Notariatsgehilfen werden die Notare beim letztmaligen Einkleben der Beitragsmarken diese entwerten und, sofern nicht die Versicherung nach § 14 des Gesetzes freiwillig fortgesetzt wird, dafür sorgen, daß die Quittungskarten zur Ablieferung gelangen, weil auf diese Weise sicher dem sonst leicht möglichen Verlust und Mißbrauche der Karten vorgebeugt und den Notariatsgehilfen für den Fall späteren Uebertritts in eine versicherungspflichtige Beschäftigung ihre Ansprüche, soweit es gesetzlich möglich ist, sicher gewahrt werden. Die Ablieferung hat bei der Gemeindebehörde gegen Aufrechnungsbescheinigung oder mittelst Schreibens unmittelbar an die Versicherungsanstalt des Kreises zu erfolgen.

Für Notariatsgehilfen, die vom 1. Dezember 1900 an oder später aufgenommen werden, tritt nach § 5 des Invalidenversicherungsgesetzes infolge der Pensionszusicherung die Versicherungspflicht nicht ein.

4. Eine Rückerstattung der für die Zeit bis zum 1. Dezember 1900 geleisteten Beiträge an die Notariatsgehilfen, für welche in Folge der Pensionszusicherung die Versicherungspflicht erlischt und welche die Versicherung nicht nach § 14 des Gesetzes freiwillig fortsetzen, findet nach dem Gesetze nicht statt.

5. Auf Personen, welche im Kanzleidienste der Notariate nur vorübergehend aushilfsweise beschäftigt werden, oder deren Verwendung im Kanzleidienste der Notariate nur eine Nebenbeschäftigung für sie bildet, und denen hienach die Eigenschaft eines ordentlichen ständigen Notariatsgehilfen nicht zukommt, finden die Bestimmungen der Nr. 1 bis 3 keine Anwendung. Für diese Personen bleibt die Versicherungspflicht bestehen, soweit sie bisher bestand. Die Notare haben daher bezüglich dieser Personen wie bisher für die ordnungsmäßige Leistung der Beiträge zu sorgen und den sie treffenden Teil der Beiträge zu tragen.

Das Gleiche gilt hinsichtlich derjenigen Notariatsgehilfen, welche dem Pensionsvereine nicht beigetreten sind, obwohl ihnen der Beitritt nach der Satzung möglich war. Wird ein solcher Notariatsgehilfe nachträglich Mitglied des Pensionsvereins, so erwirbt er damit auch die Anwartschaft aus der in Nr. 2 gegebenen Pensionszusicherung; gleichzeitig erlischt für ihn die Versicherungspflicht.

c) Die Bekanntmachung des K. Staatsministeriums der Justiz vom 31. Dezember 1900, den Vollzug des Invalidenversicherungsgesetzes, hier die Versicherungspflicht der im Justizdienst angestellten Personen betr. (J.M.Bl. 1901 S. 3.)

Bekanntmachung.

Königliches Staatsministerium der Justiz.

Im Namen Seiner Majestät des Königs.

Seine Königliche Hoheit Prinz Luitpold, des Königreichs Bayern Verweser, haben allergnädigst die Ermächtigung zu erteilen geruht, daß denjenigen nichtstatusmäßigen Bediensteten, deren dienstliche Beschäftigung ihren Hauptberuf bildet, und denen im Falle der Ruhestandsversetzung tatsächlich eine Sustentation im Mindestbetrage der Invalidenrente nach den Sätzen der ersten Lohnklasse in Aussicht steht, durch Entschließung der beteiligten Staatsministerien eine Anwartschaft auf Pension im Mindestbetrag der Invalidenrente zugesichert werde, unbeschadet der Gewährung einer Sustentation im höheren Betrage, soferne die in Aussicht gestellte Sustentation im Einzelfalle den Betrag jener Pension übersteigt.

Auf Grund dieser allerhöchsten Ermächtigung wird zum Vollzuge des § 5 Abs. 1 des Invalidenversicherungsgesetzes in der Fassung der Bekanntmachung des Reichskanzlers vom 19. Juli 1899 Nachstehendes bekannt gegeben.

I.

Die Anwartschaft auf Pension im Mindestbetrage der Invalidenrente nach den Sätzen der ersten Lohnklasse wird den Gerichtsschreibergehilfen ohne Beschränkung, den nichtrechtskundigen Notariatsgehilfen insoweit zugesichert, als sie nicht durch Unterlassung des Beitritts zu dem für sie gegründeten Pensions- und Unterstützungsvereine nach der Bekanntmachung vom 30. Juli 1900 (J.M.Bl. S. 1115) von der Aussicht auf Erlangung einer staatlichen Unterstützung ausgeschlossen sind.

Infolge der im Absatz 1 eröffneten Anwartschaft auf Pension unterliegen die damit ausgestatteten Personen gemäß § 5 Abs. 1 des Invalidenversicherungsgesetzes in der Fassung der Bekanntmachung des Reichskanzlers vom 19. Juli 1899 der Versicherungspflicht nicht. Demgemäß sind für die Gerichtsschreibergehilfen, die schon bisher der Versicherungspflicht nicht unterlagen, auch künftig weder Quittungskarten zu beschaffen noch Beiträge durch Einkleben von Marken zu leisten. Für die Notariatsgehilfen erlischt mit der Wirksamkeit der Zusicherung die Versicherungspflicht; die deshalb wegen der Entwertung der Beitragsmarken und der Einlieferung der Quittungskarten erforderlichen Anordnungen sind durch die autographierte Entschließung vom 16. November 1900 Nr. 41147 getroffen worden.

Als Gerichtsschreibergehilfen im Sinne des Absatz 1 sind auch diejenigen Personen zu betrachten, welche bei einzelnen Gerichten aus Anlaß der Vereinigung des Hypothekenwesens oder der Anlegung des Grundbuchs oder sonst wegen einer länger dauernden, aber doch vorübergehenden Geschäftsvermehrung oder wegen längerer Behinderung einzelner im Status des Gerichts befindlichen Personen als Gerichtsschreibergehilfen außer dem Status des Gerichts aufgenommen worden sind.

II.

Auch ohne Zusicherung einer Pensionsanwartschaft seitens des Staatsministeriums der Justiz unterliegen der Invalidenversicherungspflicht nicht alle diejenigen Bediensteten, welche nach der Allerhöchsten Verordnung vom 26. Juni 1894 über die Dienstverhältnisse der nichtpragmatischen Staatsbeamten und Staatsbediensteten (G.- u. V.-Bl. S. 321) zum nichtpragmatischen statusmäßigen Personal des Justizressorts gehören. Diese im Gesetz- und Verordnungsblatte für 1894 auf S. 352 bis 355 nach Kategorien aufgezählten Personen gründen ihre Pensionsanwartschaft und damit ihre Freiheit von der Invalidenversicherungspflicht unmittelbar auf die Allerhöchste Verordnung vom 26. Juni 1894; denn die dort in Aussicht gestellten Pensionen belaufen sich in jedem Falle höher als der Mindestbetrag der Invalidenrente.

III.

Diejenigen Personen des niederen Justizdienstes, welche weder nach Nr. I noch nach Nr. II dieser Bekanntmachung eine Anwartschaft auf Pension haben, unterliegen auch fernerhin unter den gleichen Voraussetzungen wie bisher der Invalidenversicherungspflicht.

Hiezu gehören insbesondere:

1. Die Aushilfsschreiber bei den Gerichten, Staatsanwaltschaften und Strafanstalten, soferne sie nicht nach Nr. I Absatz 3 als Gerichtsschreibergehilfen außer dem Status des Gerichts aufgestellt sind,
2. die Hilfsaufseher bei den Strafanstalten und Gefängnissen,
3. die im Heizerdienste bei den Justizbehörden verwendeten nichtstatusmäßigen Personen (Hilfsheizer, Saisonheizer),
4. die noch vorhandenen Amtsgerichtsdienergehilfen und die aushilfsweise im Botendienste der Justizbehörden verwendeten Personen.

Die Justizbehörden werden wegen dieser Personen auf die im § 6 des Invalidenversicherungsgesetzes enthaltenen Vorschriften über die Befreiung von der Versicherungspflicht auf Antrag (wenn der Versicherungspflichtige eine Pension, Sustentation oder Rente schon bezieht) und darauf aufmerksam gemacht, daß die Versicherungspflicht nach § 1 Nr. 2 des Invalidenversicherungsgesetzes bei Angestellten dieser Art überhaupt nur dann gegeben ist, wenn ihre dienstliche Beschäftigung ihren Hauptberuf bildet.

Ergibt sich nach Vorstehendem, daß eine im Justizdienste gegen Bezahlung aus der Staatskasse angestellte oder verwendete Person der Versicherungspflicht nach dem Invalidenversicherungsgesetz unterliegt, so hat ihr Amtsvorstand dafür Sorge zu tragen, daß eine Quittungskarte ausgestellt wird, wenn eine solche nicht schon vorhanden ist, sowie dafür, daß die vorschriftsmäßigen Beitragsmarken beschafft, eingeklebt und entwertet werden. Die Kosten sind bei den Gerichten und Staatsanwaltschaften aus Regiemitteln, bei den Strafanstalten aus den laufenden Mitteln der Anstalt zu bestreiten, bei den Gerichtsgefängnissen auf Ziff. IX Lit. B Kap. 2 des Etats zu verrechnen.

IV.

Personen, welche auf statusmäßige Stellen des niederen Justizdienstes zunächst auf Probe angestellt werden, sind für die Dauer dieser Probedienstzeit nicht versicherungspflichtig. Der Probedienst gilt als Beschäftigung zur Ausbildung für den zukünftigen Beruf im Sinne des § 5 Abs. 1 des Invalidenversicherungsgesetzes.

Zu dem Gehilfenpersonal im weiteren Sinn gehören auch die Inzipienten und die unständigen Schreibkräfte.

Auf diese beziehen sich die §§ 24 und 25 der Bekanntmachung vom 1. Mai 1901; zur Auslegung des § 24 hinsichtlich Zweifelsfragen bezüglich der Inzipienten ist noch die aut. Entschließung vom 17. Juli 1903, Nr. 2001 (s. unten bei § 24 der Bekanntmachung) ergangen.

Anm. 4. a) Die Bekanntmachung vom 1. Mai 1901, das Kanzleipersonal bei den Notariaten betr. in d. Fassung der Bekanntm. v. 9. Aug. 1906 lautet:

Bekanntmachung.

Königliches Staatsministerium der Justiz.

Auf Grund der Artikel 129, 139 des Notariatsgesetzes vom 9. Juni 1899 werden über die Verhältnisse des Kanzleipersonals bei den Notariaten nachfolgende Bestimmungen getroffen.

§ 1.

Die Notare und Notariatsverweser können jederzeit nach eigenem Ermessen zur Bewältigung des ordentlichen laufenden Kanzleidienstes ständige nichtrechtskundige Gehilfen — Notariatsgehilfen —, zur Hilfeleistung unständige Schreibkräfte und zur Ausbildung Inzipienten aufnehmen.

Die Beigabe der Schreibkräfte für diejenigen Notariate, bei welchen die Geschäfte dauernd auf Rechnung des Staates geführt werden*), erfolgt, vorbehaltlich der besonderen Bestimmungen der Dienstaufsichtsbehörden, durch die Vorstände der Amtsgerichte.

Auf diese Schreibkräfte sind ausschließlich die Vorschriften für das amtsgerichtliche Kanzleipersonal anzuwenden.

§ 2.

Für die ständigen Gehilfen**) — Notariatsgehilfen — gelten die Vorschriften der §§ 3 bis 24.

§ 3.

Als Notariatsgehilfen dürfen nur Personen aufgenommen werden, die das 16. Lebensjahr vollendet und das 35. Lebensjahr nicht überschritten haben***), die nötigen Fähigkeiten und Kenntnisse und die nötige Gesundheit und körperliche Rüstigkeit haben und tadellos beleumundet sind†).

Die Aufnahme ist an die Voraussetzung geknüpft, daß der Aufzunehmende dem Pensions- und Unterstützungsvereine für die nichtrechtskundigen Gehilfen bei den Königlich Bayerischen Notariaten angehört oder ihm sofort beitritt††)†††).

Mit Genehmigung des Staatsministeriums der Justiz können ausnahmsweise auch solche Personen aufgenommen werden, welche das 35. Lebensjahr überschritten haben und demgemäß dem Pensionsvereine nicht beitreten können†*).

§ 4.

Notariatsgehilfen, die aus einem Notariat in ein anderes übertreten wollen, können in diesem aufgenommen werden, auch wenn sie beim Uebertritte das vorgeschriebene Alter schon überschritten haben†**)†***)†****).

Verläßt ein Notariatsgehilfe den Dienst, ohne sofort eine andere Stelle im Kanzleidienst eines bayerischen Notariats zu finden oder tritt ein Notariatsgehilfe in den Dienst einer anderen bayerischen Justizbehörde als eines Notariats, so kann er späterhin auch ohne Rücksicht auf sein Lebensalter wieder als Notariatsgehilfe aufgenommen werden, solange er Mitglied des Pensions- und Unterstützungsvereins für die nichtrechtskundigen Gehilfen bei den Königlich Bayerischen Notariaten geblieben ist.

§ 5.

Ueber sein Alter und seinen Leumund hat sich der Aufzunehmende durch Vorlegung eines Geburtszeugnisses und eines Leumundszeugnisses auszuweisen. Das Leumundszeugnis soll in jüngster Zeit ausgestellt sein und es soll daraus insbesondere auch hervorgehen, daß das Strafregister einen Eintrag nicht enthält. Gibt das Zeugnis diesen Aufschluß nicht, so hat der Notar ihn von Amtswegen zu erholen.

Das Vorhandensein der nötigen Gesundheit und körperlichen Rüstigkeit ist durch den Amtsarzt festzustellen. Das amtsärztliche Zeugnis hat der Notar von Amtswegen zu erholen. Aus dem Zeugnisse muß insbesondere hervorgehen, daß der Aufzunehmende frei von Anlagen zu chronischen Krankheiten und frei von Gebrechen ist, die ihn zur allseitigen Verwendung im Notariatsdienst unbrauchbar machen†*****).

Die Beibringung von Zeugnissen ist entbehrlich, wenn der Aufzunehmende kurz vorher bei einer anderen Behörde im Dienste war und deren Akten das

---

*) Art. 112 Not.Ges.

**) Bezüglich der Inzipienten und unständigen Schreibkräfte siehe §§ 24 u. 25.

***) Die Bestimmung wegen der Altersgrenze ist dem § 1 der Satzung des Notariatsgehilfenpensionsvereins nachgebildet.

†) Die jetzige Fassung des Abs. 1 beruht auf der Bekanntm. v. 3. Aug. 1906.

††) Der Gehilfe ist also nicht ohne weiteres mit seinem Dienstantritt Mitglied des Pensionsvereins.

†††) Verfahren bei Aufnahmsgesuchen: § 4 der Satzung des Pensionsvereins.

†*) § 1 der Satzung dieses Vereins.

†**) Keine Wiederholung des Handgelübdes bei bloßem Uebertritt: § 9; ebenso auch keine Beibringung eines Leumundszeugnisses in diesem Fall: § 5.

†***) Anzeige vom Austritt und Eintritt an den Verwaltungsrath des Notariatsgehilfenpensionsvereins: Bekanntm. v. 10. Febr. 1903 (J.M.Bl. S. 78; siehe unten Buchstabe b).

†****) Erholung der Personalakten: Bekanntm. v. 10. Febr. 1903 (a. a. O.).

†*****) Die jetzige Fassung des Abs. 1 u. 2 beruht auf der Bekanntm. v. 9. August 1906.

Nötige ergeben. Der Notar hat sich in diesem Falle bei der anderen Behörde die nötigen Aufschlüsse zu erholen und, wenn die andere Behörde eine Justizbehörde ist, um die Abtretung der vorhandenen Personalakten zu ersuchen.

§ 6.

Ueber die Aufnahme ist ein Protokoll zu errichten. In dem Protokoll ist festzustellen, daß dem Aufzunehmenden die Vorschriften dieser Bekanntmachung eröffnet werden sind, oder, wenn sie ihm schon früher bekannt waren, daß er darauf bei der Aufnahme hingewiesen worden ist. Ferner sind dem Protokoll über die Aufnahme die besonderen Bestimmungen einzuverleiben, die wegen der Entlohnung vereinbart worden sind*).

Das Protokoll ist von dem Notar und dem Notariatsgehilfen zu unterschreiben.

§ 7.**)

Dem Notariatsgehilfen ist ein fester Jahresgehalt zu gewähren.

Der Gehalt soll den Leistungen des Gehilfen und den Verhältnissen des Ortes und des Amtes entsprechen. Er soll nicht weniger als 600 Mk., bei volljährigen Gehilfen, die schon länger als ein Jahr im Notariatsdienste standen, nicht weniger als 900 Mk. betragen. Will ein Notar mit einem volljährigen Gehilfen einen Gehalt von weniger als 900 Mk. vereinbaren, so hat er darüber an den Landgerichtspräsidenten zu berichten. Der Landgerichtspräsident kann die Vereinbarung gutheißen, wenn sie der Billigkeit entspricht***).

Der Jahresgehalt ist in monatlichen Teilbeträgen je am Schlusse des Monats zu zahlen.

§ 7a.

Der Notar hat für den Gehilfen ohne Anrechnung auf den Gehalt die Krankenversicherungsbeiträge ganz, die Beiträge zum Pensions- und Unterstützungsvereine für die Notariatsgehilfen mindestens zur Hälfte zu zahlen.

§ 7b.

Wird der Gehilfe bei der Vornahme eines Amtsgeschäfts an einem Orte außerhalb des Amtssitzes in einem Falle zugezogen, in dem nach den Vorschriften der Notariatsgebührenordnung der Notar ein Tagegeld zu beanspruchen hat, so erhält er ebenfalls ein Tagegeld. Dieses beträgt für den ganzen Tag 4 Mk., für den halben Tag 2 Mk.

Die dem Gehilfen entstehenden Reisekosten hat der Notar zu bestreiten. Im Falle des Art. 91 der Notariatsgebührenordnung beträgt die dem Gehilfen gebührende Vergütung 0,10 Mk. für das Kilometer.

Die Tagegelder und Reisekosten des Gehilfen dürfen weder von seinen sonstigen Bezügen abgezogen, noch den bei dem Amtsgeschäfte Beteiligten aufgerechnet werden.

§ 7c.

Wird der Gehilfe bei der Vornahme eines Amtsgeschäfts zugezogen, das am Krankenlager oder zur Nachtzeit vorzunehmen ist, so erhält er als besondere Vergütung ein Drittel des Betrags, um den sich in diesem Falle die Gebühr des Notars erhöht.

§ 7d.

Die Notariatsgehilfen leisten ihre Dienste, soweit nicht besondere Umstände ein anderes erheischen, in den Amtsräumen des Notariats während der ordentlichen Geschäftszeit (§ 14 der Geschäftsordnung für die Notariate).

Ist es notwendig, daß sie außerhalb der ordentlichen Geschäftszeit Dienste leisten, so ist ihnen zu anderer Zeit ein entsprechender Teil der Dienststunden freizugeben oder die Dienstleistung angemessen zu vergüten.

Auf die Beschäftigung der Gehilfen an Sonn- und Feiertagen sind die Vorschriften über die Sonntagsruhe in den Kanzleien der staatlichen Behörden (Bekanntmachung vom 11. Juli 1900, G.- u. V.-Bl. S. 702; Bekanntmachung vom 29. Dezember 1902, J.M.Bl. S. 1112; Bekanntmachung vom 25. Februar 1903, J.M.Bl. S. 85) anzuwenden.

---

*) Feststellung der Verpflichtung im Protokoll s. § 9.

**) Die jetzigen §§ 7, 7a, 7b, 7c, 7d, 7e, 7f und 8 beruhen auf der Bekanntm. v. 9. August 1906.

***) Die Gehaltsmehrung von 900 Mk. hat erstmals am 1. August 1907 einzutreten, Abs. II Bekanntm. v. 9. August 1906.

§ 7e.

Den Notariatsgehilfen soll auf Verlangen, ohne daß sie ein Bedürfnis nachzuweisen brauchen, einmal im Jahre ein ordentlicher Urlaub bewilligt werden. Die Dauer des Urlaubs soll bei den Gehilfen, die als solche eine zehnjährige Dienstzeit im Notariatsdienste zurückgelegt haben, vierzehn Tage betragen, bei den übrigen eine Woche.

Der Gehalt ist ihnen auch für die Zeit des Urlaubs zu zahlen.

Die Zeit des Urlaubs bestimmt der Notar nach den dienstlichen Interessen.

§ 7f.

Im Falle der Einberufung zu militärischen Uebungen bedürfen die Notariatsgehilfen eines Urlaubs nicht. Der Gehalt ist ihnen auch für die Zeit der Uebung zu zahlen.

§ 8.

Ein Notariatsgehilfe, der durch Krankheit vom Dienste abgehalten ist, bleibt sechs Wochen lang im Bezuge des Gehalts†).

Endigt das Dienstverhältnis, weil es zur Zeit der Erkrankung des Gehilfen schon gekündigt war, oder aus einem sonstigen Grunde vor dem Ablaufe der sechs Wochen, so ist der Gehalt nur für die Zeit bis zur Beendigung des Dienstverhältnisses zu zahlen. Macht im Falle des § 14c der Notar von dem Rechte, das Dienstverhältnis unter Einhaltung einer Kündigungsfrist von nur zwei Wochen zu kündigen, nicht Gebrauch, so ist dem Gehilfen der Gehalt bis zur Beendigung des Dienstverhältnisses zu zahlen, auch wenn diese erst nach dem Ablaufe der sechs Wochen eintritt.

§ 9.

Der Notariatsgehilfe ist bei seiner Aufnahme von dem Notar oder Notariatsverweser durch Handgelübde an Eidesstatt dahin zu verpflichten,

„daß er die Obliegenheiten eines Notariatsgehilfen getreulich erfüllen und das Amtsgeheimnis gewissenhaft bewahren werde."

Die Verpflichtung ist in dem Aufnahmeprotokolle festzustellen††).

Ein Notariatsgehilfe, der das Handgelübde einmal geleistet hat, braucht es im Falle des Uebertritts in ein anderes Notariat nicht noch einmal zu leisten.

§ 10.

Der Notariatsgehilfe hat seine ganze Arbeitskraft dem Dienste zu widmen. Zu der Uebernahme von Nebengeschäften gegen Vergütung bedarf er der Erlaubnis des Notars. Die Erlaubnis kann nicht erteilt werden zur gewerbsmäßigen Vermittelung von Darlehens- oder Kaufgeschäften; diese ist vielmehr den Notariatsgehilfen unbedingt verboten; Zuwiderhandlungen haben die Dienstentlassung und nach Umständen die Ausschließung von der Wiederverwendung im Dienste zur Folge*).

Die Notare und Notariatsverweser sollen, soweit es der Dienst gestattet und die Beanlagung der Notariatsgehilfen zuläßt, dem Notariatsgehilfen Gelegenheit zur Beschäftigung und Ausbildung in jedem Zweige des Notariatskanzleidienstes gewähren.

§ 12.

Die Notariatsgehilfen stehen unter der Dienstaufsicht und Disziplin zunächst des Notars oder des Notariatsverwesers, dann der diesen vorgesetzten Dienstaufsichtstellen**)***).

---

†) Für die folgende Zeit tritt die Krankenunterstützung seitens des Pensionsvereins ein, § 28 der Satzung.

††) Aufnahmeprotokoll: § 6.

*) Keine Ausübung der Thätigkeit als Prozeßvertreter seitens der Notariatsgehilfen, aut. Entschl. v. 30. Nov. 1903 Nr. 45126 (Gen. S. 91);

keine entgeltliche oder unentgeltliche Vermittlung von Darlehens- oder Kaufsgeschäften durch die Gehilfen, aut. Entschl. v. 2. Febr. 1904 Nr. 4242 (Gen. S. 93).

Bezüglich der Unterstützung der Darlehenssucher durch die Notare selbst s. aut. Entschl. 21. Febr. 1906 Nr. 8261.

**) Vergl. dazu die Bekanntm. v. 11. Juli 1900 die Handhabung der Dienstaufsicht über die Gerichte und Notare durch die äußeren Dienstaufsichtsbehörden betr. (J.M.Bl. S. 997) und die Bekanntm. v. 19. Juli 1905 gleichen Betreffs. (J.M.Bl. S. 783.)

***) Anzeige von der Einberufung zu militärischen Dienstleistungen, Bekanntm. v. 23. April 1901 (J.M.Bl. S. 321).

Bei dienstlichen oder außerdienstlichen Verfehlungen können gegen sie Warnungen und Zurechtweisungen ergehen und nötigenfalls Disziplinarstrafen — Verweis und Dienstetnlassung — verfügt werden. Die Dienstentlassung soll nur wegen schwerer Verfehlungen, insbesondere wegen Verletzung des Dienstgeheimnisses, Verweigerung des Gehorsams, grober Nachlässigkeit verfügt werden*).

Die Verfügung von Warnungen, Zurechtweisungen und Disziplinarstrafen steht jedem mit der Dienstaufsicht Betrauten zu. Die Disziplinarstrafverfügungen sind unter Begründung schriftlich festzustellen und schriftlich oder mündlich zu Protokoll zu eröffnen; sie können durch Beschwerde auf dem gewöhnlichen Dienstweg angefochten werden. Wird die Verhängung eines Verweises nicht innerhalb einer Woche mit Beschwerde angefochten, so ist sie in dem Personalbogen vorzumerken und auf dem Dienstweg an das Staatsministerium der Justiz zu berichten. Die Dienstentlassung ist bei der Verhängung in dem Personalbogen einzutragen und nach § 19 zur Anzeige zu bringen.

§ 13.

Will ein Notariatsgehilfe sich verehelichen, so hat er von diesem Vorhaben rechtzeitig dem Notar Anzeige zu erstatten. Der Notar würdigt das Vorhaben vom dienstlichen Standpunkt aus und eröffnet dem Notariatsgehilfen alsbald, ob dienstliche Bedenken bestehen oder nicht. Wer die rechtzeitige Anzeige unterläßt oder trotz der Eröffnung über das Vorhandensein dienstlicher Bedenken zur Verehelichung schreitet, hai die Dienstentlassung zu gewärtigen.

§ 14**).

Das Dienstverhältnis kann, abgesehen von der nach § 12 Abs. 2 zulässigen Dienstentlassung, durch Vereinbarung und durch Kündigung beendigt werden. Das Kündigungsrecht steht jedem Teile zu. Die Kündigung ist nur für den Schluß der ersten oder der zweiten Hälfte eines Monats und nur unter Einhaltung einer Kündigungsfrist von sechs Wochen zulässig.

Der Notar kann das Dienstverhältnis nur kündigen, wenn ein dienstlicher Grund vorliegt, insbesondere wenn der Gehilfe infolge bestimmter Vorkommnisse das Vertrauen des Notars verloren hat, wenn sein Verhalten mit den Interessen des Dienstes unvereinbar ist, wenn er dienstunfähig geworden ist oder seine Leistungen sich so gemindert haben, daß sie billigen Anforderungen nicht mehr genügen.

§ 14a.

Haben sich die Leistungen eines Notariatsgehilfen so gemindert, daß sie zwar nicht vollkommen ungenügend sind, aber doch außer Verhältnis zu dem Betrage seines Gehalts stehen, so kann dieser auf dem Wege der Kündigung gemindert werden, jedoch nicht weiter als auf den im § 7 Abs. 2 bestimmten Mindestbetrag.

§ 14b.

Der Notar kann das Dienstverhältnis auch kündigen, wenn wegen anhaltender Abnahme der Geschäfte die Zahl der Notariatsgehilfen vermindert werden muß. Die Kündigungsfrist beträgt in diesem Falle drei Monate.

§ 14c.

Ist ein Notariatsgehilfe durch anhaltende Krankheit an der Dienstleistung verhindert, so kann das Dienstverhältnis für den Schluß der ersten oder der zweiten Hälfte eines Monats unter Einhaltung einer Kündigungsfrist von nur zwei Wochen gekündigt werden, wenn von der im § 8 Abs. 1 bestimmten sechswöchigen Frist vier Wochen abgelaufen sind***).

§ 14d.

Vereinbarungen, durch welche die Vorschriften über die Beschäftigung, die Entlohnung und die Beurlaubung der Notariatsgehilfen und über die Kündigung des Dienstverhältnisses zu ungunsten der Gehilfen geändert werden sollen, sind unzulässig.

*) Dienstentlassung wegen Ausübung unzulässiger Nebengeschäfte, § 10; wegen dienstwidriger Verheirathung, § 13.

**) Die jetzigen §§ 14, 14a, 14b, 14c, 14d und 14e beruhen auf der Bekanntm. v. 9. August 1906.

***) Gehaltszahlung bei Nichtgebrauch des Kündigungsrechtes s. § 8 Abs. 2 der Bekanntm.

Im übrigen wird der Inhalt des Dienstvertrags durch freie Vereinbarung bestimmt. Es kann also insbesondere vereinbart werden, daß der Gehilfe in Beziehung auf Beschäftigung, Entlohnung und Beurlaubung und auf Kündigung besser gestellt wird, als er nach diesen Vorschriften beanspruchen kann.

§ 14e.

Daß die Kündigung erfolgt ist, hat der Notar unverzüglich in den Akten festzustellen. Hat der Notar gekündigt, so hat er auch den Grund der Kündigung in den Akten festzustellen.

§ 15.

Das Dienstverhältnis des Notariatsgehilfen ist an das Amt geknüpft.

Es haben deshalb nicht nur die Notariatsverweser, die für einen behinderten Notar das Amt führen, dessen Gehilfen zum Dienste zu verwenden (Art. 109 des Not.-Ges.), sondern auch die Notariatsverweser und Notare, die ein erledigtes Amt übernehmen, die bei der Uebernahme des Amtes vorhandenen Gehilfen mit zu übernehmen. Einer Neuaufnahme bedarf es in diesem Falle nicht. Die Kündigung steht dem Uebernehmenden, falls dienstliche Gründe dazu vorhanden sind, frei.

Wird ein Notariat aufgehoben oder für die Dauer auf die Rechnung des Staates übernommen, so wird das Staatsministerium der Justiz für das vorhandene Personal, soweit es nicht in andere Stellen übertritt, Sorge tragen.

§ 16.

Muß das Dienstverhältnis gelöst werden, weil der Gehilfe wegen Krankheit oder Altersgebrechen zur Leistung des Dienstes dauernd oder doch auf längere Zeit (vergl. § 8) nicht imstande ist, so soll der Notar den Gehilfen rechtzeitig — spätestens alsbald nach der Kündigung — zur Einreichung der veranlaßten Anträge und Gesuche um Bewilligung der nach der Satzung des Pensionsvereins und der Bekanntmachungen des Staatsministeriums der Justiz in Aussicht stehenden Bezüge veranlassen und diese Anträge und Gesuche instruieren und vorlegen. Insbesondere ist hiebei auf die Beifügung der ordnungsmäßigen Belege (amtsärztlichen Zeugnisse, Vermögenszeugnisse, Zeugnisse über dienstliches und außerdienstliches Wohlverhalten, Bestätigung über die Gesamtdienstzeit, die letzten Funktionsbezüge, die etwa schon angefallenen Pensionen, Sustentationen und Invalidenrenten) Bedacht zu nehmen.

§ 17.

Den aus dem Dienste scheidenden Notariatsgehilfen ist auf Verlangen ein amtliches Dienstzeugnis auszustellen.

Das Zeugnis soll die Art und die Dauer des Dienstes ersehen lassen und ein Urteil über die Fähigkeiten, Kenntnisse und Leistungen des Gehilfen enthalten. Sein Inhalt ist zu den Akten festzustellen.

§ 18*).

Ueber jeden Notariatsgehilfen ist bei dem Notariat ein Personalbogen nach dem anliegenden Muster zu führen. Zwei Abschriften des Personalbogens hat der Notar nach der Aufnahme des Gehilfen unverzüglich dem Landgerichtspräsidenten vorzulegen. Dieser behält eine davon bei seinen Akten und sendet die andere unmittelbar an das Staatsministerium der Justiz.

Für einen Gehilfen, der von einem anderen Notariat übertritt, ist nicht ein neuer Personalbogen anzulegen, sondern der bei dem anderen Notariat über ihn geführte ist mit den Personalakten dort zu erholen. Gehört das Notariat, aus dem er übertritt, zum Bezirk eines anderen Landgerichts, so erholt auch der Präsident des Landgerichts die bei dem Präsidenten des anderen befindliche Abschrift des Personalbogens.

§ 19**).

Der Inhalt des Personalbogens muß immer richtig sein. Die Notariatsgehilfen haben daher alle hinsichtlich ihrer Person und in ihren Familienverhältnissen eingetretenen Aenderungen dem Notar anzuzeigen. Dieser hat den Per-

---

*) Die jetzige Fassung der §§ 18, 19 und 20 beruht auf der Bekanntm. v. 9. Aug. 1906.

**) Wegen Form der Berichterstattung s. auch die Entschl. v. 19. Juli 1905 Nr. 27626, wonach die Ergänzungen der Personalbögen ohne jedes Begleitschreiben vorzulegen sind (§ 10 Abs. III Bekanntm. v. 28. April 1901, J.M.Bl. S. 363).

Vermerk der Disziplinarstrafen im Personalbogen, § 12.

sonalbogen darnach zu berichtigen und über die Aenderung dem Landgerichtspräsidenten zu berichten. Der Landgerichtspräsident berichtigt den bei seinen Akten befindlichen Personalbogen und sendet den Bericht des Notars unmittelbar an das Staatsministerium der Justiz.

Der Notar hat über jede Aenderung des Gehalts, jeden Austritt eines Notariatsgehilfen aus dem Notariatsdienst und jeden Uebertritt in ein anderes Notariat, überhaupt über jede Aenderung, die eine Berichtigung des Personalbogens notwendig macht, dem Landgerichtspräsidenten in einfacher Form zu berichten. Dieser sendet nach Berichtigung des bei seinen Akten befindlichen Personalbogens den Bericht unmittelbar an das Staatsministerium der Justiz. Wird das Dienstverhältnis durch Dienstentlassung oder durch Kündigung des Notars beendigt, so müssen in dem Berichte die Gründe der Entlassung genau angegeben werden.

Die Aenderungen sind unverzüglich nach ihrem Eintritte dem Notar anzuzeigen und von diesem dem Landgerichtspräsidenten zu berichten. Wird das Dienstverhältnis gekündigt oder dessen Beendigung für einen späteren Zeitpunkt vereinbart, so ist darüber unmittelbar nach der Kündigung oder dem Zustandekommen der Vereinbarung zu berichten. Wird später die Kündigung zurückgenommen oder die Vereinbarung aufgehoben, so ist darüber unverzüglich zu berichten; andernfalls braucht nicht nach der Beendigung des Dienstverhältnisses nochmals berichtet zu werden.

Hinsichtlich der Anzeigen an den Pensions- und Unterstützungsverein für die Notariatsgehilfen verbleibt es bei den Vorschriften der Bekanntmachung vom 4. August 1900 (J.M.Bl. S. 1085, s. oben S. 336). Auf diese Anzeigen sind die Vorschriften des Abs. 3 entsprechend anzuwenden*).

§ 20.

Alle vier Jahre hat nach der Bekanntmachung vom 19. Juli 1905 (J.M.Bl. S. 781) der Notar oder Notariatsverweser eine allgemeine Qualifikation der Notariatsgehilfen vorzunehmen. Das Ergebnis hat er in die dafür bestimmten Spalten des Personalbogens einzutragen und unter Angabe des Tages der Eintragung zu unterschreiben**).

§ 21.

Für die Vornahme der Qualifikation im einzelnen sind bis auf weiteres die Vorschriften in den §§ 6, 7 der Bekanntmachung vom 16 Februar 1886 (J.M.Bl. S. 76)†) anzuwenden.

---

*) Siehe dazu auch die unter Buchstabe b unten abgedruckte Bekanntm. v. 10. Febr. 1903.
**) Erstmals erfolgt die Qualifikation wieder im März 1908.
†) Diese lauten:

§ 6.

Für die Qualifikation bezüglich der Fähigkeiten, der Kenntnisse, der Geschäftsgewandtheit sowie der Ordnung und Reinlichkeit bestehen drei Noten. Die Note I „vorzüglich" ist denjenigen zu erteilen, welche die für den Dienst erforderlichen Eigenschaften in besonders hohem Maße und sich dadurch vor anderen, welche den Anforderungen des Dienstes gleichfalls vollkommen gewachsen sind, auszeichnen; die Note — II „gut" ist denjenigen zu erteilen, welche diese Eigenschaften in dem Maße besitzen, welches zur ordnungsmäßigen Führung des Dienstes erforderlich ist; die Note III „unzureichend" ist denjenigen zu erteilen, welche den dienstlichen Anforderungen nicht vollständig entsprechen.

Für die Qualifikation bezüglich des Fleißes bestehen zwei Noten, I „pflichtgemäß", II „ungenügend".

Das sittliche Verhalten ist entweder als „tadellos" oder als „nicht tadelfrei" zu bezeichnen.

Bei der Beurteilung der Gesundheitsverhältnisse sind die Anforderungen des Dienstes als Maßstab zugrunde zu legen. Besondere Gebrechen oder Mängel sind ausdrücklich anzugeben.

Bezüglich der Vermögensverhältnisse ist insbesondere anzugeben, ob dieselben geordnet und ob der Bedienstete nicht einen seine Verhältnisse übersteigenden Aufwand macht.

Die Erteilung der I. oder der III. Note bezüglich der Fähigkeiten der Kenntnisse oder der Geschäftsgewandtheit, die Erteilung der II. Note bezüglich des Fleißes und die Bezeichnung des sittlichen Verhaltens als „nicht tadelfrei"

§ 22*).

Die Qualifikationen sind dem Staatsministerium der Justiz vorzulegen; dazu ist für jeden Gehilfen ein besonderer Qualifikationsbogen nach dem Muster des Personalbogens zu verwenden. In den Qualifikationsbogen ist der Inhalt des Personalbogens zu verwenden. In den Qualifikationen ist der Inhalt des Personalbogens überzutragen; sodann hat ihn der Notar bis zum 1. April in einfacher Fertigung dem Landgerichtspräsidenten vorzulegen. Dieser prüft die Qualifikationen, läßt sie in die bei seinen Akten befindlichen Personalbogen übertragen, versieht die Qualifikationsbogen mit den veranlaßten Bemerkungen und legt sie gesammelt dem Staatsministerium der Justiz unmittelbar vor.

§ 23.

Ueber jeden Notariatsgehilfen sind bei dem Notariate Personalakten zu bilden. Diese sollen alle auf die persönlichen Verhältnisse der Notariatsgehilfen bezüglichen Aktenstücke enthalten, an erster Stelle den Personalbogen, die übrigen Aktenstücke nach der Zeitfolge geordnet.

Die Personalakten stehen unter dem persönlichen Verschlusse des Amtsvorstandes und sind beim Uebertritte des Gehilfen an ein anderes Notariat oder eine sonstige Justizbehörde an die neue Dienstbehörde abzugeben (vergl. § 5 Abs. 3 Satz 2).

§ 24.

Die Notare sollen, soweit es die Verhältnisse des Amtes zulassen, die Aufnahme von Inzipienten nicht verweigern**). Die als Inzipienten Eintretenden sollen in der Regel das 14. Lebensjahr vollendet haben***). Die Aufnahme erfolgt auf Ruf und Widerruf. Bei der Aufnahme ist den Inzipienten strenge Verschwiegenheit einzuschärfen.

Die Beschäftigung der Inzipienten ist so einzurichten, daß der Ausbildungszweck so gut wie immer möglich gefördert wird; unbeschadet dessen dürfen die Inzipienten aushilfsweise auch zur Bewältigung des ordentlichen Dienstes herangezogen und hiefür entlohnt werden. Doch soll die Entlohnung den Mindestgehalt eines Notariatsgehilfen nicht erreichen.

Personen, die das 16. Lebensjahr vollendet haben, dürfen in einem Notariate nicht über zwei Jahre lang als Inzipienten verwendet werden†).

---

ist in der für Bemerkungen bestimmten Spalte kurz zu begründen*). In gleicher Weise sind die Einträge über Auszeichnungen und Strafen sowie Beanstandungen bezüglich der Vermögensverhältnisse durch Bemerkungen zu erläutern.

§ 7.

Wenn der Amtsvorstand wegen mangels der nötigen eigenen Erfahrungen, insbesondere deshalb, weil der Bedienstete seine Stelle erst kurze Zeit bekleidet, ein bestimmtes Urteil nicht oder nicht in allen Punkten abgeben kann, so sind ohne Eintragung von Noten lediglich die über die Tüchtigkeit des Bediensteten gemachten Wahrnehmungen in der für die Bemerkungen bestimmten Spalte vorzutragen.

---

*) Die jetzige Fassung des § 22 beruht auf der Bekanntm. v. 9. Aug. 1906.

**) Die Inzipienten unterstehen wie die unständigen Schreibkräfte dem Krankenversicherungsgesetz und Invalidenversicherungsgesetz nach den allgemeinen Bestimmungen.

***) Schulpflichtige sind von der Aufnahme gänzlich ausgeschlossen; Becher, Materialien S. 303.

†) Zur Auslegung des Abs. III erging die aut. Entschl. v. 17. Juli 1903 Nr. 20001 (Gen. S. 89), in der ausgeführt ist, daß Inzipienten, die schon vor der Vollendung des 16. Lebensjahres aufgenommen worden sind, bis zur Vollendung des 18. Lebensjahres, Inzipienten, die erst nach der Vollendung des 16. Lebensjahres aufgenommen worden sind, nicht länger als zwei Jahre vom Tag ihrer Aufnahme an als Inzipienten beschäftigt werden dürfen. Die Zeit der Beschäftigung vor der Vollendung des 16. Lebensjahres ist also in die Frist des Abs. 3 nicht einzurechnen. Nach dem Ablauf der Frist darf die Verwendung des seitherigen Inzipienten in dieser Eigenschaft nicht mehr stattfinden. Dagegen kann ein bis zum Ablauf der Frist als Inzipient Beschäftigter von da an zur Aushilfe beibehalten werden, vorausgesetzt, daß er wirklich nur zur Aushilfeleistung verwendet wird und nicht etwa an der Stelle einer ständigen Arbeitskraft steht.

*) Die Ertheilung der Note II ist jetzt nicht mehr zu begründen, die Ertheilung der Note I nur dann, wenn bei der letzten Qualifikation eine andere Note ertheilt worden war, Nr. 7 der erwähnten Bekanntm. v. 19. Juli 1905.

Kgl. Notariat ....

Personal- und Qualifikationsbogen

für den

Notariatsgehilfen ....

190......

I.	II.	III.	IV.	V.	VI.			VII.						VIII.			IX.								X.	XI.	XII.
Vor- u. Zuname Dermalige dienstliche Stellung Datum des Diensteintritts Jahresfunktionsbezug	Heimat	Geburtszeit	Religion	Beruf oder Gewerbe vor dem Eintritt in den Zivildienst	Familienverhältnisse			Militärverhältnisse						Früherer Zivildienst (bei Behörden, Notaren, Anwälten)			Qualifikation								Gesundheits-Verhältnisse	Vermögens-Verhältnisse	Bemerkungen (Begründung der Noten; Art der Verwendung, Selbständigkeit im Arbeiten, Kenntnis der Stenographie, fremder Sprachen, besonders schöne Handschrift 2c.) Ob und seit wann Mitglied des Notariatsgehilfen-Pensionsvereins
						Kinder		Früherer Militärdienst			Militär-Versorgung				Dauer							Führung					
					ledig, verheiratet, verwitwet	versorgte	unversorgte	Dauer Jahre	Dauer Monate	erreichter Dienstgrad	Zivilversorgungsschein Nr.	Militär-Pension M.	Jetziges Wehr- oder Militärverhältnis	Diente als: bei:	Jahre	Monate	Fähigkeiten	Kenntnisse	Geschäftsgewandtheit	Fleiß	Ordnung u. Reinlichkeit	dienstliche	außerdienstliche	Auszeichnungen, Strafen			

§ 25.

Bei der Aufnahme von unständigen Schreibkräften und ihrer Entlohnung sind die Notare, abgesehen von den durch die dienstlichen Interessen gebotenen Voraussetzungen, insbesondere der Voraussetzung der persönlichen Verlässigkeit, an keine weiteren Vorschriften gebunden*).

Sie können daher auch ältere Personen oder Personen, die einen anderweitigen Hauptberuf haben, im Ruhestande befindliche Personen, vorübergehend stellenlose Notariatsgehilfen oder sonstige Schreibgehilfen zur Aushilfe heranziehen; auch gegen die Verwendung weiblicher Hilfskräfte besteht, soferne sie sonst die nötige Gewähr bieten, keine Erinnerung.

§ 26.

Jede strafrechtliche Verurteilung eines Notariatsgehilfen, eines Inzipienten oder einer im Notariate beschäftigten Hilfsperson soll bei Eintritt der Rechtskraft von dem Amtsanwalt oder Staatsanwalte des aburteilenden Gerichts dem Notar mitgeteilt und von diesem auf dem Dienstwege dem Staatsministerium der Justiz berichtet werden.

Kommen sonst einer Justizbehörde bezüglich einer im Notariatskanzleidienste beschäftigten Person Tatsachen zur Kenntnis, welche geeignet scheinen, die Entlassung aus dem Dienste oder sogar die Ausschließung von der Wiederverwendung zu begründen, so soll die Justizbehörde hievon den Notar verständigen.

Der Notar soll in jedem Falle, in dem die Ausschließung einer bei ihm beschäftigten Person von der ferneren Verwendung im niederen Justizdienst in Frage kommt, auf dem Dienstweg an das Staatsministerium der Justiz berichten.

b) Bezüglich der Berichterstattung über die Notariatsgehilfen ist früher noch die Bekanntmachung des K. Staatsministeriums der Justiz vom 10. Februar 1903 (J.M.Bl. S. 78) ergangen:

Bekanntmachung.

Die Berichterstattung über die Notariatsgehilfen betr.

Königliches Staatsministerium der Justiz.

Hinsichtlich der Anzeigen, welche die Notare über die Aufnahme und den Austritt von Notariatsgehilfen, über die Aenderung ihrer Bezüge und anderer persönlicher Verhältnisse zu erstatten haben, wird nicht immer vorschriftsmäßig verfahren.

Im Abs. 4 Nr. 2 der Bekanntmachung vom 4. August 1900 (J.M.Bl. S. 1085) wurde vorgeschrieben, daß die Aufnahme und der Austritt eines Notariatsgehilfen sowie jede Aenderung der Bezüge der Gehilfen unter Benützung bestimmter Formulare unmittelbar dem Staatsministerium der Justiz und dem Verwaltungsrate des Pensions- und Unterstützungsvereins der Notariatsgehilfen angezeigt werden. Diese Vorschrift gilt jetzt nur noch für die Anzeigen an den Verwaltungsrat des Pensions- und Unterstützungsvereins; im übrigen ist sie ersetzt durch die Vorschriften der Bekanntmachung vom 1. Mai 1901 (J.M.Bl. S. 341).

Hiernach gilt für die Anzeigen jetzt folgendes:

1. Die Aufnahme eines nichtrechtskundigen Notariatsgehilfen in den Dienst ist nach dem in der Bekanntmachung vom 4. August 1900 vorgeschriebenen Formulare dem Verwaltungsrate des Pensions- und Unterstützungsvereins anzuzeigen. Im übrigen ist verschieden zu verfahren, je nachdem ein Personalbogen für den Gehilfen schon geführt wurde oder nicht.

War der Gehilfe vorher nicht im Dienste eines Notariats oder einer anderen Justizbehörde, besteht also ein Personalbogen für ihn noch nicht, so hat der Notar nach Maßgabe der § 18 der Bekanntmachung vom 1. Mai 1901 einen Personalbogen für ihn herzustellen und drei Abschriften davon dem Präsidenten des Landgerichts vorzulegen.

War der Gehilfe vorher im Dienste eines Notariats oder einer anderen Justizbehörde, so hat der Notar die Personalakten, falls sie ihm nicht schon zugegangen sind, zu erholen, die Aufnahme in den Personalbogen zu vermerken

*) Verwendung von bisherigen Inzipienten als unständige Schreibkräfte s. d. Entschl. v. 17. Juli 1903 bei § 24.

und sie dem Präsidenten des Landgerichts anzuzeigen; Abschriften der Anzeige sind nicht beizufügen. In der Anzeige sollen der Name des Gehilfen, die Stelle, von der er kommt, der Tag des Uebertritts und die mit der neuen Stelle verbundenen Bezüge angegeben werden.

2. Der Austritt eines Notariatsgehilfen aus dem Dienste ist dem Verwaltungsrate des Pensions- und Unterstützungsvereins nach dem in der Bekanntmachung vom 4. August 1900 vorgeschriebenen Formular anzuzeigen, im Personalbogen zu vermerken und dem Präsidenten des Landgerichts anzuzeigen; Abschriften dieser Anzeige sind nicht beizufügen. In der Anzeige soll der Name des Gehilfen, der Zeitpunkt und der Grund des Austritts angegeben und, soweit es möglich ist, auch bemerkt werden, wohin sich der Gehilfe nach dem Austritte gewendet hat oder wenden wird. Tritt der Gehilfe unmittelbar in den Dienst eines anderen Notariats oder einer anderen Justizbehörde über, so sind die Personalakten alsbald dorthin zu senden*).

3. Die Aenderung des Gehalts oder der ständigen Nebenbezüge eines im Dienste bleibenden Gehilfen ist im Personalbogen zu vermerken und dem Verwaltungsrate des Pensions- und Unterstützungsvereins sowie dem Präsidenten des Landgerichts anzuzeigen. Im Falle der Minderung von Bezügen soll in der Anzeige an den Landgerichtspräsidenten der Grund der Minderung angegeben werden.

4. Sonstige Aenderungen der persönlichen Verhältnisse eines Gehilfen, die die Berichtigung oder Ergänzung des Personalbogens notwendig machen, sind nur dem Präsidenten des Landgerichts anzuzeigen.

5. Eine Anzeige an den Präsidenten des Oberlandesgerichts oder an das Staatsministerium der Justiz findet nicht statt, sofern sie nicht im einzelnen Falle besonders angeordnet wird.

6. Die dem Landgerichtspräsidenten vorzulegenden Abschriften der Personalbogen und die Anzeigen an den Verwaltungsrat müssen die Angabe des Ortes und des Tages der Vorlegung oder der Anzeige enthalten und mit der Unterschrift und dem Amtssiegel des Notars versehen sein; eines Begleitschreibens und einer inneren Adresse bedarf es nicht. Die Form der dem Präsidenten des Landgerichts zu erstattenden einfachen Anzeigen von dem Eintritte, dem Austritt und der Aenderung der Bezüge oder der persönlichen Verhältnisse eines Gehilfen bemißt sich nach den Vorschriften der Bekanntmachung vom 28. April 1901 (J.M.Bl. S. 363). Der Betreff soll lauten: „Die Berichterstattung über die Notariatsgehilfen." Zu den Anzeigen können halbe Bogen verwendet werden.

7. Die Präsidenten der Landgerichte werden die ihnen zugehenden drei Abschriften der Personalbogen prüfen und, soweit es nötig ist, ergänzen und sodann zwei davon dem Präsidenten des Oberlandesgerichts vorlegen. Dieser wird nach ihrer Prüfung und etwa nötigen Ergänzung eine Abschrift dem Staatsministerium der Justiz vorlegen. Den Inhalt der einfachen Anzeigen wird der Präsident des Landgerichts, nachdem er ihn geprüft hat, im Personalbogen vormerken; die Anzeigen wird er dem Präsidenten des Oberlandesgerichts vorlegen. Dieser wird sie nach dem gleichen Verfahren dem Staatsministerium der Justiz vorlegen. Für die Vorlegung genügen, sofern eine sachliche Bemerkung nicht veranlaßt ist, der Vermerk „vorgelegt" und die Beidrückung des Amtssiegels; die Angabe des Ortes und des Tages der Vorlegung, die Unterschrift des Präsidenten und eine innere Adresse sind entbehrlich.

Zwölfter Abschnitt.

Schluß- und Uebergangsbestimmungen.

Artikel 130.

Aufgehoben sind:

1. das Gesetz vom 10. November 1861 über das Notariat in den Landestheilen rechts des Rheines;

*) Die Notare haben die austretenden Notariatsgehilfen auf den § 7 der Satzung des Pensions- und Unterstützungsvereins aufmerksam zu machen und sie zur Abgabe einer Erklärung über Beibehaltung der Mitgliedschaft zu veranlassen. Bekanntm. v. 29. Dez. 1905 (J.M.Bl. 1906 S. 5).

2. das Gesetz vom 29. Juli 1876, die Abänderung einiger Bestimmungen des Notariatsgesetzes betreffend;
3. das pfälzische Notariatsgesetz vom 25. ventôse XI mit dem Beschlusse vom 2. nivôse XII über die Errichtung und Organisation der Notariatskammern und dem Dekrete vom 4. April 1806 über die Ernennung der Mitglieder der Notariatskammern;
4. das Gesetz vom 16. Mai 1868 über das Notariat in der Pfalz.

Entwurf Art. 130; Motive 54; Prot. Abg. 726. 741; Prot. R.R. XX 15; Verh. Abg. 908; Becher, Materialien 77. 279. 304. 364. 436.

Anm. 1. Das Notariatswesen in Bayern war bisher verschieden geregelt; für das Notariat in den Landestheilen rechts des Rheins war das Gesetz vom 10. November 1861 über das Notariat maßgebend und das pfälzische Notariatswesen richtete sich nach dem Gesetz vom 25. ventôse XI (16. März 1803) mit dem Beschlusse vom 2. nivôse XII (24. Dezember 1803) über die Errichtung und Organisation der Notariatskammern und dem Dekrete vom 4. April 1806 über die Ernennung der Mitglieder der Notariatskammern sowie nach dem Gesetz vom 16. Mai 1868 über das Notariat in der Pfalz.

Nach Art. 55 E.G. z. B.G.B. und §§ 185. 189 ff. R.G. über die Angelegenheiten der freiwilligen Gerichtsbarkeit wurden die in den bisherigen Gesetzen enthaltenen Vorschriften insoweit außer Wirksamkeit gesetzt, als sie den Vorschriften der Reichsgesetze entgegen standen.

Da aber die meisten dieser Vorschriften vom Reichsrecht nicht berührt wurden, und im gegenwärtigen Gesetz wiederkehren, sind die bisherigen beiden Notariatsgesetze (das rechtsrheinische vom 10. November 1861 und das pfälzische vom 25. ventôse XI) durch Art. 130 förmlich außer Kraft gesetzt worden, und ebenso auch die zu ihrer Ergänzung und Abänderung erlassenen Gesetze und mit Gesetzeskraft bekleideten Verordnungen.

Anm. 2. Die weiter zu den bisherigen Notariatsgesetzen ergangenen Novellen, nämlich das Gesetz vom 28. Februar 1880 die Abänderung des Art. 9 des pfälzischen Notariatsgesetzes vom 25. ventôse XI betreffend und das Gesetz vom 8. März 1896 die Abänderung des Art 19 des Notariatsgesetzes vom 1. November 1861 wurden durch Art. 175 Ausf.Ges. z. B.G.B. (Ziff. 28 u. 34) aufgehoben.

Bezüglich Inkraftbleibens der liegenschaftsrechtlichen und erbrechtlichen Bestimmungen der bisherigen Gesetze siehe Art 132. Bezüglich Aufrechterhaltung gewisser auf Grund der bisherigen Vorschriften erlassenen Anordnungen vergl. Art. 138.

Artikel 131.

Dieses Gesetz tritt gleichzeitig mit dem Bürgerlichen Gesetzbuch in Kraft.

Entwurf Art. 131.

Anm. Bei der mit Rücksicht auf das Bürgerliche Gesetzbuch getroffenen neuen Regelung des Notariatswesens mußte natürlich das Gesetz gleichzeitig mit dem Bürgerlichen Gesetzbuch, also nach Art. 1 E.G. z. B.G.B. am 1. Januar 1900 in Kraft treten.

Artikel 132.

Die liegenschaftsrechtlichen und erbrechtlichen Vorschriften der durch den Artikel 130 aufgehobenen Gesetze bleiben insoweit in Kraft, als ihre Geltung in den Artikeln 189, 213 des Einführungsgesetzes zum Bürgerlichen Gesetzbuche vorbehalten ist.

Entwurf Art. 132; Motive 54; Prot. Abg. 726. 741; Prot. R.R. XX 15; Verh. Abg. 908; Becher, Materialien 77. 279. 304. 364. 436.

Anm. 1. Nach Art. 189 E.G. z. B.G.B. erfolgt der Erwerb und Verlust des Eigenthums sowie die Begründung, Uebertragung, Belastung und Aufhebung eines anderen Rechtes an einem Grundstücke oder eines Rechtes an einem solchen Rechte, ferner die Aenderung des Inhalts und des Rangs solcher Rechte auch nach dem Inkrafttreten des Bürgerlichen Gesetzbuchs noch nach den bisherigen Vorschriften, bis das Grundbuch als angelegt anzusehen ist; ein nach den Vorschriften des Bürgerlichen Gesetzbuchs unzulässiges Recht z. B. Emphyteusis, Erbzinsrecht, Erbpachtrecht, Antichrese (Mot. z. B.G.B. Bd. III S. 628ff. 808) kann jedoch schon seit 1. Januar 1900 nicht mehr begründet werden. Der Grund ist, weil das Liegenschaftsrecht des Bürgerlichen Gesetzbuchs das Vorhandensein des Grundbuchs voraussetzt und weil es deßhalb erst mit dem Zeitpunkt in Kraft treten kann, in welchem das Grundbuch gemäß Art. 186 Abs. I E.G. z. B.G.B. als angelegt anzusehen ist.

Das bisherige Liegenschaftsrecht gilt also bis zum genannten Zeitpunkt weiter; daraus folgt, daß die im bisherigen Notariatsgesetz enthaltenen, einen Bestandtheil des bisherigen Liegenschaftsrechts bildenden Vorschriften auch weiter bestehen müssen und daß sie deßhalb von der im Art. 130 ausgesprochenen Aufhebung nicht betroffen werden dürfen.

Anm. 2. Liegenschaftsrechtliche Vorschriften solcher Art sind in den Art. 11 Abs. 3, 12, 13, 14, 15 u. 51 des bisherigen Notariatsgesetzes enthalten.

Die wichtigste dieser Vorschriften ist der Art. 14; seine Bedeutung ist aber jetzt auf den dinglichen Vertrag beschränkt, d. h. er gilt nur noch für die unmittelbare Verfügung über ein Grundstück oder ein Recht an einem solchen. Für die Eingehung der Verpflichtung, eine Rechtsänderung dieser Art zu bewirken, sind nur die Vorschriften des Bürgerlichen Gesetzbuchs maßgebend. Daraus folgt, daß der notariellen Beurkundung nur diejenigen Verträge bedürfen, wodurch sich der eine Theil zur Uebertragung des Eigenthums an dem Grundstück oder zur Begründung oder Uebertragung eines Erbbaurechts verpflichtet, und daß alle anderen obligatorischen Verträge formfrei sind; insbesondere sind deßhalb nicht mehr notariell zu beurkunden die Verträge, wodurch sich jemand zur Bestellung einer Hypothek, einer Dienstbarkeit verpflichtet, während die Bestellung der Hypothek, der Dienstbarkeit selbst notariell beurkundet werden muß. Vergl. u. A. Oberst. G.H., Urth. v. 23. Okt. 1903 (Sammlg. Bd. 4 S. 733), Jacubetzky, „Art. 14 d. bayer. Notariatsgesetzes v. 1861 und § 313 B.G.B." (Bl. f. R.A. Bd. 68 S. 449), Schneider „Zum bayer. Uebergangsrecht" (Bayr. ZfR. 1. J. S. 6), ferner Urtheil des O.L.G. Nürnberg v. 30. Oktober 1905 (a. a. O. 2. J. S. 22), wo unter Bezugnahme auf den Beschluß des Obersten Landesgerichts vom 27. März 1903 (Sammlg. Bd. 4 S. 232) ausgesprochen ist, daß durch den Prozeßvergleich die Beurkundungsform des Art. 14 Not.Ges. hinsichtlich der dinglichen Wirkung nicht ersetzt wird.

Mit den liegenschaftsrechtlichen Vorschriften der Landesgesetze bleiben auch die dienstrechtlichen Vorschriften aufrecht, welche das Verfahren der Notare bei der Beurkundung der unter jene Gesetzesvorschriften fallenden Liegenschaftsgeschäfte regeln (§ 277 Gesch.O.).

Soweit Grundbuchrecht nicht gilt, gibt für das Zwangsversteigerungsverfahren die bayerische Subhastationsordnung Maß; nach dieser regelt sich auch die Behandlung der Zwangsversteigerungsakten (§ 67 Gesch.O.).

Bezüglich Fortdauer der bisherigen gebührenrechtlichen Bestimmungen bei der Bewerthung liegenschaftsrechtlicher Akte siehe Art. 311 Geb.Ges.; die dort enthaltene

Vorschrift, daß schon vor dem Zeitpunkt, in dem das Grundbuch als angelegt anzusehen ist, an Stelle der bisherigen Gebührensätze die neuen zu treten haben, ist, wie das Oberste Landesgericht mit Beschl. v. 7. Juli 1902 (Sammlg. Bd. 3 S. 618) ausgesprochen hat, nur auf die Höhe der Gebühr zu beziehen.

Gemäß der Bekanntmachung vom 6. März 1905 (J.M.Bl. S. 562 Fin.M.Bl. S. 124) ist seit 1. Mai 1905 das Grundbuch als angelegt anzusehen für die Bezirke des Oberlandesgerichts München, der Landgerichte Amberg, Regensburg, Weiden, mit Ausnahme einer Reihe von Grundstücken in Steuergemeinden der Amtsgerichtsbezirke Bruck, Traunstein, Deggendorf, Hengersberg, Waldkirchen und Straubing; bezüglich der ausgenommenen Grundstücke vergl. aber weiter die Bek. v. 9. Aug. 1905 (J.M.Bl. S. 795), wonach auch für gewisse solche Grundstücke in den Steuergemeinden der Amtsgerichte Bruck, Hengersberg und Straubing das Grundbuch jetzt als angelegt anzusehen ist.

In der Pfalz gilt das Grundbuchrecht nach dem Stand vom 1. Oktober 1906 nun überall, mit Ausnahme der Steuergemeinden Mittelbrunn, A.G. Landstuhl; Föckelberg, A.G. Wolfstein.

Anm. 3. Ebenso wie liegenschaftsrechtliche Bestimmungen des alten Notariatsgesetzes waren erbrechtliche Vorschriften desselben aufrecht zu erhalten.

Nach Art. 213 E.G. z. B.G.B. ist für erbrechtliche Verhältnisse immer die Zeit des Todes des Erblassers maßgebend; es greifen also, wenn der Erblasser nach dem Inkrafttreten des Bürgerlichen Gesetzbuchs gestorben ist, die Vorschriften des Bürgerlichen Gesetzbuchs Platz und bleiben, wenn der Erblasser vor diesem Zeitpunkt gestorben ist, die bisherigen Gesetze maßgebend.

Diesem Grundsatz entsprechend konnten auch die erbrechtlichen Vorschriften des bisherigen Notariatsgesetzes der Aufhebung entrückt werden.

Erbrechtliche Vorschriften finden sich in den Artikeln 11, 13, 27, 28, 29, 30, 32, 33, 34, 35, 51, 52 Not.Ges. Keinen Unterschied macht es, ob die betreffenden Vorschriften Bestimmungen des materiellen Civilrechts oder Verfahrensbestimmungen enthalten. Die allgemeinen Formvorschriften jedoch, wie sie im 3. Abschnitt dieses Gesetzes enthalten sind, sind natürlich auch auf diese altrechtlichen Verfahren anwendbar.

Die Aufrechterhaltung der bisherigen Vorschriften kann, da sie auf Art. 213 E.G. z. B.G.B. fußt, überhaupt nur eine solche im Rahmen des genannten Artikels sein; sie können deßhalb auch nur insoweit Anwendung finden, als erbrechtliche Verhältnisse im Sinne des Art. 213 gegeben sind.

Zu den erbrechtlichen Verhandlungen gehören insbesondere auch die Vorschriften über die Eröffnung und Verkündung der Testamente.

Diese sind zwar Verfahrensvorschriften, sie hängen aber so eng mit den materiellen Vorschriften zusammen, daß sie nicht verschieden beurtheilt werden können. Die §§ 2259 bis 2264 des B.G.B. finden deßhalb nur Anwendung, im Falle der Erblasser unter dem Geltungsbereiche des neuen Rechts gestorben ist, im übrigen vollzieht sich die Eröffnung und Verkündung nach den bisherigen Vorschriften.

Von diesen sind demnach insbesondere bezüglich der altrechtlichen Erbfälle noch die Artikel 27 und 28 Not.Ges. v. 1861 maßgebend; hienach hat der Notar, wenn er vom Tod einer Person, die eine letztwillige Verfügung bei ihm errichtet oder übergeben hat, Kenntniß erhält, davon ungesäumt das Nachlaßgericht zu benachrichtigen und sodann eine Ausfertigung der von ihm aufgenommenen letztwilligen Verfügung an das Nachlaßgericht abzugeben, falls das Gericht ihn zur Mittheilung dieser Verfügung beauftragt hat. Falls ein solcher Auftrag nicht ergeht, so erschöpft sich in der Benachrichtigung von dem Vorhandensein der letztwilligen Verfügung die Amtspflicht und Amtsbefugniß des Notars; insbesondere kommt es ihm nicht zu, die letztwillige

Verfügung von sich aus ohne weiteres an das Nachlaßgericht abzuliefern (Oberst. L.G., Beschl. v. 11. Mai 1904, Sammlg. Bd. 5 S. 213).

Bezüglich der neurechtlichen Erbfälle regeln sich die Pflichten des Notars verschieden, je nachdem der Todesfall vor dem 1. Oktober 1902 oder nach diesem Zeitpunkt eingetreten ist; vergl. darüber Art. 2 des Nachlaßgesetzes vom 9. Aug. 1902 und § 243 Gesch.O. n. F.

Artikel 133.

Die Notare und Notariatsverweser, welche sich zur Zeit des Inkrafttretens dieses Gesetzes im Amte befinden, gelten als auf Grund dieses Gesetzes aufgestellt.

Soweit nach einer Vorschrift des bisherigen Landesrechts, deren Geltung im Artikel 189 des Einführungsgesetzes zum Bürgerlichen Gesetzbuche vorbehalten ist, zur Vornahme gewisser Geschäfte nur die Notare der Landestheile rechts des Rheins oder nur die Notare der Pfalz berufen wären, haben künftig alle bayerischen Notare als berufen zu gelten.

Entwurf Art. 133; Motive 450; Prot. Abg. 280. 741; Prot. R.R. XX 15; Verh. Abg. 908; Becher, Materialien 77. 280. 304. 364. 436.

Anm. 1. Im Interesse der Gleichheit konnten für die bei Inkrafttreten des Gesetzes schon im Amt befindlichen Notare und Notariatsverweser keine anderen Vorschriften gelten wie die für die neuangestellten. Das ist eigentlich selbstverständlich; um aber keinen Zweifel zu lassen, ist nochmals in Abs. 1 ausgesprochen worden, daß die ersteren Notare und Notariatsverweser als auf Grund dieses Gesetzes angestellt gelten. Das neue Notariatsgesetz findet also gleichmäßig auf alle Notare und Notariatsverweser Anwendung, mögen sie erst nach dem 1. Januar 1900 angestellt worden sein oder schon früher.

Anm. 2. Des weiteren ist auch jetzt kein Unterschied mehr zwischen rechtsrheinischen und pfälzischen Notaren zu machen. Das ist auch nochmal ausdrücklich in Abs. II ausgedrückt worden; es sollte damit aller Zweifel ausgeschlossen werden, der sich etwa an die Auslegung der ja gemäß Art. 189 E.G. z. B.G.B. mit Art. 132 Not.Ges. noch bis zur Zeit des Inkrafttretens des Grundbuchrechtes geltenden liegenschaftsrechtlichen Vorschriften, insbesondere des Art. 14 des Not.Ges. und Art. 219 A.G. z. C.P.O. f. d. Pfalz knüpfen könnte. Art. 14 des alten Notariatsgesetzes wurde ja immer von der Rechtsprechung dahin aufgefaßt, daß er sich nur auf diesrheinischen Grundbesitz beziehe und daß auch nur die rechtsrheinischen Notare zu Beurkundungen über diesen Grundbesitz zuständig seien, vergl. u. A. Oberst. L.G. Urth. v. 7. Dez. 1894 (Sammlg. Bd. 15 S. 448), Beschl. v. 14. Juli 1898 (Sammlg. Bd. 17 S. 177).

Zu dieser Unterscheidung zwischen rechts- und linksrheinischen Notaren ist nun kein Raum mehr; jetzt können auch schon vor der Zeit, wo das Grundbuch als angelegt zu gelten hat, auch die dinglichen Verträge über rechtsrheinische Grundstücke vor einem pfälzischen Notar und ebensogut solche Verträge über linksrheinische Grundstücke vor einem rechtsrheinischen Notar verbrieft werden.

Demzufolge bestimmt denn auch § 278 Abs. 2 Gesch.O., daß die Vorschriften, welche bisher den rechtsrheinischen Notaren für ihr Verfahren bei der Beurkundung von Geschäften über rechtsrheinische Liegenschaften und für ihren Verkehr mit den rechtsrheinischen Hypothekenämtern gegeben waren, vom 1. Januar 1900 ab bis zur Anlegung des Grundbuches auch auf die pfälzischen Notare für den Fall, daß sie Geschäfte über rechtsrheinische Liegenschaften beurkunden, zu erstrecken sind. Für diese Fälle gelten demnach insbesondere auch für die Notare der Pfalz die Vorschriften der §§ 274—285 Gesch.O.

Für den Verkehr der Notariate mit den rechtsrheinischen Grundbuchämtern giebt jetzt die Dienstanweisung für die Grundbuchämter in den Landestheilen rechts des Rheins vom 27. Februar 1905 (J.M.Bl. S. 63) Maß, während für den Verkehr der Notariate mit den pfälzischen Grundbuchämtern noch die aut. Bekanntmachung vom 23. Juli 1900 Nr. 28437 über den Verkehr der Notariate mit den Grundbuchämtern Geltung hat.

Artikel 134.

Der Artikel 30 findet in den Landestheilen rechts des Rheins schon vor dem Zeitpunkt Anwendung, in welchem das Grundbuch als angelegt anzusehen ist. An die Stelle der Einsicht des Grundbuchs tritt die Einsicht des Hypothekenbuchs.

Entwurf Art. 134; Motive 450; Prot. Abg. 668. 727. 741; Prot. R.R. XX 15; Verh. Abg. 889. 908; Becher, Materialien 78. 177. 281. 304. 364. 408. 436.

Anm. 1. Der Art. 30 betrifft die Verpflichtung des Notars zur Einsicht des Grundbuchs vor der Beurkundung eines liegenschaftsrechtlichen Geschäftes. Diese Vorschrift setzt also die Geltung des Grundbuchrechts voraus.

Nach dem bisherigen Notariatsgesetz bestand zwar auch schon für die Notare die Verpflichtung, bei der Aufnahme von Urkunden über Liegenschaften sich über den einschlägigen Inhalt des Hypothekenbuches genaue Kenntniß zu verschaffen (Art. 45 Not.Ges., Aut. Min.E. v. 4. Mai 1864*); aber direkt im Gesetz selbst war die Pflicht nicht ausgesprochen. Da das neue Gesetz die Verpflichtung ausdrücklich enthält und da bis zum Inkrafttreten des neuen Liegenschaftsrechtes das Bedürfniß zur Einsicht des Hypothekenbuches ebenso vorhanden ist, wie seiner Zeit zur Einsicht des Grundbuchs, mußte für die Uebergangszeit eine ergänzende Vorschrift erlassen werden.

Dementsprechend hat der Notar unter denselben Voraussetzungen, wie er später das Grundbuch einzusehen hat, jetzt das Hypothekenbuch einzusehen, also insbesondere vor der Beurkundung von Erklärungen, die betreffen die Uebertragung des Eigenthums an einem Grundstück, die Belastung eines Grundstückes mit einem Rechte, die Uebertragung oder Belastung eines auf dem Grundstück lastenden Rechtes nach Inhalt und Rang; gleichgiltig, ob es sich um einen dinglichen Vertrag oder nur um einen obligatorischen handelt; vergl. des Näheren die zum Vollzug des Art. 30 ergangenen §§ 90—95 der Gesch.O., die sich ausdrücklich sowohl auf Einsicht des Grundbuchs wie des Hypothekenbuchs beziehen. Soweit an Stelle der Einsicht des Grundbuchs selbst die Einsicht eines Grundbuchauszugs gestattet ist, ist dieses auch bezüglich eines Hypothekenbuchauszugs der Fall.

Anm. 2. Durch die Bekanntm. v. 22. Febr. 1901 (J.M.Bl. S. 263) sind ausdrücklich die Vorschriften des § 6 der Bekanntmachung über den Verkehr der Notariate mit den Grundbuchämtern vom 23. Juli 1900, Nr. 28437 auch auf den Verkehr der Notariate mit den rechtsrheinischen Hypothekenämtern für entsprechend anwendbar erklärt worden. Diese Vorschriften lauten:

„Die Einsicht des Grundbuchs soll der Notar in der Regel in Person oder durch die nach der Geschäftsordnung zugelassenen Vertreter an Ort und Stelle bei dem Grundbuchamte vornehmen. Ausnahmsweise ist dem Notar gestattet, das Grundbuchamt von Amtswegen um schriftlichen Aufschluß zu ersuchen; dies jedoch nur dann, wenn es sich um einfachere Fragen handelt, die leichter auf diesem Wege als durch Aufstellung eines Grundbuchauszugs erledigt werden können.

Zeigt sich erst beim Grundbuchamte, daß die Ertheilung eines solchen Aufschlusses

---

*) Abgedruckt bei Enderlein, Mat. S. 143.

umständlicher sein würde als die Ertheilung eines Auszugs, so ist es dem Grundbuchamt unbenommen, den Notar auf die Erholung eines Auszugs zu verweisen, wenn ein solcher nicht schon vorsorglich für diesen Fall erbeten ist.

Das Ersuchen um schriftlichen Aufschluß soll so gehalten sein, daß die Antwort mit wenigen Worten gegeben werden kann. Ausgeschlossen ist das Ersuchen um schriftlichen Aufschluß, abgesehen von Nothfällen, dann, wenn das Notariat sich an dem Sitze des Grundbuchamts befindet."

An die Stelle der Bekanntmachung vom 23. Juli 1900 ist zwar jetzt die Dienstanweisung für die Grundbuchämter r. d. Rh. getreten, aber nach § 614 D.A. nur für den Verkehr der Notariate mit den Grundbuchämtern; § 6 der genannten Bekanntmachung gilt also bezüglich des Verkehrs mit den Hypothekenbuchämtern noch weiter.

Im gleichen Umfang wie von der Einsicht des Grundbuchs ist auch Befreiung von der Einsicht des Hypothekenbuchs gewährt.

Die in § 91 Abs. 2 Gesch.O. getroffene Bestimmung, daß bei der Beurkundung von Erklärungen über Uebertragung von Hypotheken, Grundschulden oder Rentenschulden, für welche ein Hypothekenbrief ausgestellt ist, die Verpflichtung des Notars sich bloß auf die Einsicht des Briefes erstreckt, ist natürlich ohne Bedeutung, soweit noch bayerisches Hypothekenrecht gilt; denn der in § 91 Abs. 2 erwähnte Hypothekenbrief ist ein solcher des Grundbuchrechts, nicht einer nach bayerischem Hypothekenrecht.

Inwieweit die Einsichtnahme des Hypothekenbuchs durch den Notar persönlich zu erfolgen hat oder durch seine Gehilfen geschehen kann, ist ebenfalls gleich der Einsichtnahme des Grundbuchs geregelt.

Die Verpflichtung zur Einsicht des Hypothekenbuchs ist nicht auf die Fälle förmlicher Beurkundungen beschränkt, sie hat auch schon bei der Beglaubigung von Unterschriften unter Erklärungen und Verträgen über liegenschaftsrechtliche Geschäfte der oben aufgeführten Art stattzufinden (§ 210 Gesch.O.).

Artikel 135*).

Für die zur Zeit des Inkrafttretens dieses Gesetzes anhängigen Ordnungsstrafsachen und Disziplinarstrafsachen verbleibt es in Ansehung des Verfahrens bei den bisherigen Vorschriften. Für die Entscheidung darüber, ob die Strafnormen des bisherigen Dienststrafrechts oder die Strafnormen dieses Gesetzes anzuwenden sind, ist der § 2 Abs. 2 des Strafgesetzbuchs maßgebend. Auf die Strafe der Suspension kann nicht mehr erkannt werden.

Entwurf Art. 136; Motive 450; Prot. Abg. 727. 741; Prot. R.R. XX 15; Verh. Abg. 908; Becher, Materialien 78. 281. 304. 364. 436.

Anm. 1. In Art. 135 ebenso wie Art. 136 und 137 wird die Behandlung der zur Zeit des Inkrafttretens des neuen Gesetzes in Notariatsangelegenheiten bei Gericht anhängigen Sachen geregelt.

Satz 1 des Art. 135 ist formellrechtlicher Natur; er spricht aus, daß für die zur Zeit des Inkrafttretens des neuen Notariatsgesetzes anhängigen Ordnungsstrafsachen und Disziplinarstrafsachen das Verfahren nach den bisherigen Vorschriften weitergeführt werden solle.

*) Der Art. 135 des Entwurfs bestimmte, daß in der Pfalz die neue Eintheilung der Notariatsbezirke erst später und nach Lage der Umstände allmählich ins Leben treten sollte, damit eine plötzliche Schädigung der im Amt befindlichen Notare vermieden würde. Der Artikel wurde aber auf Veranlassung der pfälzischen Abgeordneten im Justizgesetzgebungsausschusses gestrichen, damit schon vom 1. Januar 1900 an für alle Notare gleiches Recht geschaffen würde. (Becher, Mat. S. 281. 402.)

Der Grund der Bestimmung ist, daß die alten Vorschriften von den neuen zu sehr verschieden sind, als daß ein Uebergang von der einen in die andere Verfahrensart möglich wäre.

Die bisherigen Vorschriften über die Zuständigkeit und das Verfahren in Disziplinarsachen finden sich in den Artikeln 128—142 des alten Notariatsgesetzes.

Satz 2 des Art. 135 hat materiellrechtliche Bedeutung; er bestimmt, daß, wie es ja auch der Billigkeit entspricht, der Grundsatz des § 2 Abs. 2 R.St.G.B., wonach bei Verschiedenheit der Gesetze von der Zeit der begangenen Handlungsweise bis zu deren Aburtheilung das mildeste Gesetz anzuwenden ist, auch für die Anwendung der Strafnormen in anhängigen Ordnungsstrafsachen und Disziplinarstrafsachen Geltung haben soll.

Anm. 2. Nach dem alten Notariatsgesetz (Art. 113) konnte die Suspension als Disziplinarstrafe und zwar auf die Dauer von 1 Monat bis zu 1 Jahr verhängt werden. Das jetzige Gesetz kennt die Suspension als Strafe nicht; die Suspension hat nunmehr lediglich den Charakter einer vorläufigen Schutzmaßregel, die kraft Gesetzes eintritt oder auch von der Disziplinarkammer oder vom Justizministerium verhängt werden kann (vergl. Art. 91—94).

Nach Satz 3 des Art. 135 kann die Suspension auch in den Uebergangsfällen nicht mehr als Strafe ausgesprochen werden.

Artikel 136.

Die Vorschriften der Artikel 17, 22, 44, 55, 57 bis 62 finden auch auf diejenigen Angelegenheiten Anwendung, welche zur Zeit des Inkrafttretens dieses Gesetzes anhängig sind. Ist vor dem Inkrafttreten dieses Gesetzes schon eine Entscheidung ergangen, so finden auf das Beschwerdeverfahren die bisherigen Vorschriften Anwendung.

Entwurf Art. 137; Motive 451; Prot. Abg. 727. 741; Prot. R.R. XX 15; Verh. Abg. 908; Becher, Materialien 78. 282. 304. 364. 436.

Anm. 1. Ist ein Verfahren anhängig, bei dem es sich um die Verweigerung der Ausübung des Amtes (Art. 17), Verweigerung der Gestattung der Einsicht in Urkunden und Akten (Art. 22), Verweigeruug der Aushändigung von Urschriften, Abschriften oder Ausfertigungen (Art. 44), Zurückbehaltung von Urkunden, Geldern und Werthpapieren (Art. 55) handelt, so finden auf dieses in materiellrechtlicher sowohl wie in formellrechtlicher Beziehung die neuen Vorschriften Anwendung.

Nach diesen Vorschriften (Art. 57—62) wird über die Weigerung des Notars auf Antrag vom Landgericht entschieden, gegen dessen Entscheidung in den Fällen der Verweigerung der Gestattung der Einsicht in Urkunden und Akten, der Verweigerung der Aushändigung von Urschriften, Abschriften und Ausfertigungen, der Zurückbehaltung von Urkunden, Geldern und Werthpapieren das Rechtsmittel der Beschwerde an das Oberste Landesgericht zusteht.

Anm. 2. Für die Entscheidung sind die Grundsätze des neuen Rechts maßgebend und auch das Verfahren bestimmt sich ohne weiteres nach diesen; hiefür war in ersterer Beziehung der Umstand ausschlaggebend, daß ja auch der abgewiesene Antrag jederzeit neu gestellt und dadurch die Sache dem neuen Rechte hätte unterworfen werden können; in letzter Hinsicht war bestimmend, daß die neuen Vorschriften von den alten nicht zu sehr abweichen.

Anm. 3. Von dieser allgemeinen Regel wurde nur eine Ausnahme für die Fälle getroffen, in denen schon eine Entscheidung ergangen ist, gleichviel ob eine einzelrichterliche von Seiten des Landgerichtspräsidenten oder eine Entscheidung des Landgerichts. Hier sollten auf das Beschwerdeverfahren die bisherigen Vorschriften Anwendung finden.

Der Grund war der, daß es nicht wohl angeht, die nach altem Recht ergangenen Entscheidungen in einem Beschwerdeverfahren nachprüfen zu lassen, das ein anders geartetes erstinstanzielles Verfahren voraussetzt (Mot. 451).

Artikel 137.

Ist vor dem Inkrafttreten dieses Gesetzes über die Festsetzung der Gebühren und Auslagen eines Notars schon eine richterliche Entscheidung erfolgt, oder der Anspruch auf Zahlung von Gebühren und Erstattung von Auslagen bei den ordentlichen Gerichten anhängig gemacht, so finden auf das weitere Verfahren die bisherigen Vorschriften Anwendung. Anderenfalls gelten auch für das Festsetzungsverfahren und die Beitreibung der vor dem Inkrafttreten dieses Gesetzes entstandenen Forderungen solcher Art die Vorschriften dieses Gesetzes.

Entwurf Art. 138; Motive 451; Prot. Abg. 727. 741; Prot. R.R. XX 15; Verh. Abg. 908; Becher, Materialien 79. 282. 304. 364. 436.

Anm. Nach dem alten Notariatsgesetz mußte es zu einer Festsetzung der Notariatsgebühren dann kommen, wenn die Größe der angesetzten Gebühren von den Betheiligten beanstandet oder die Gebühren nicht bezahlt wurden. Letzteren Falls mußte der Notar seine Gebührenforderung im Wege der Klage vor den ordentlichen Gerichten anbringen, und war die Festsetzung der Kosten Voraussetzung der Klage; durch die Festsetzung wurde lediglich der Betrag der Gebühr fixiert. Die Festsetzung erfolgte durch das Landgericht des Wohnsitzes des Notars. Gegen die Festsetzung stand das Rechtsmittel der Beschwerde zum Obersten Landesgericht offen (Art. 112 Not.Ges. v. 1861).

Die Anwendung der neuen Vorschriften im Gebührenfestsetzungsverfahren bestimmt sich darnach, ob im dienstrechtlichen Verfahren nicht schon eine richterliche Entscheidung ergangen oder gar der Gebührenanspruch bei den ordentlichen Gerichten anhängig gemacht worden ist.

Gleich der sonstigen Regelung der schwebenden Notariatssachen wurde der Wegfall der bisherigen Vorschriften schon an den Eintritt der ersteren Thatsache geknüpft.

War das Verfahren bereits bis zur Anrufung des Prozeßgerichts gediehen, so war die Einwirkung der neuen Vorschriften erst recht veranlaßt, weil ein Eingriff in die Verhandlungen der ordentlichen Gerichte vermieden werden wollte.

Artikel 138.

Die auf Grund der Artikel 100, 102 des Notariatsgesetzes vom 10. November 1861, des Artikel 61 des pfälzischen Notariatsgesetzes vom 25. ventôse XI und des Artikel 4 Abs. 1 des Gesetzes vom 16. Mai 1868, das Notariat in der Pfalz betreffend, erlassenen Anordnungen bleiben auch nach dem Inkrafttreten dieses Gesetzes in Wirksamkeit, bis ein Notar ernannt oder ein Notariatsverweser bestellt ist.

Entwurf Art. 139; Motive 451; Prot. Abg. 727. 741; Prot. R.R. XX 15; Verh. Abg. 908; Becher, Materialien 79. 282. 304. 364. 436.

Anm. Der Artikel ist ein Vorsichtsartikel. Im Art. 100 des Notariatsgesetzes von 1861 war bestimmt, daß im Fall der Erledigung eines Notariats durch Tod, Entlassung oder Versetzung des bisherigen Inhabers dessen Urschriften und Repertorien nebst dem Amtssiegel von dem Amtsgerichte zu verwahren sind, bis der Landgerichtspräsident einen Notar desselben Sitzes oder einen Nachbarnotar vorsorglich mit deren Uebernahme betraut hat. Im Art. 102 desselben Gesetzes ist ferner bestimmt, daß im Fall der Suspension eines Notars die Ausfertigung von Urkunden aus den in dessen Besitz befindlichen Urschriften durch den Landgerichtspräsidenten einem anderen Notar desselben oder des nächstgelegenen Amtssitzes übertragen wird. Der Art. 61 des pfälzischen Notariatsgesetzes und der Art. 4 Abs. 1 des Gesetzes vom 16. Mai 1868 enthalten ähnliche Vorschriften.

Die auf Grund dieser Artikel vor dem 1. Januar 1900 vorsorglich getroffenen Anordnungen sollen nun auch nach diesem Zeitpunkt in Wirksamkeit bleiben.

Die Bestimmung ist, wie bemerkt, blos vorsichtshalber in das Gesetz aufgenommen worden.

Artikel 139.

Die zur Ausführung dieses Gesetzes erforderlichen Vorschriften werden, soweit nicht in dem Gesetz ein Anderes bestimmt ist, einschließlich der Geschäftsordnung für die Notare, vom Staatsministerium der Justiz erlassen.

Gegeben zu München den 9. Juni 1899.

Luitpold,
Prinz von Bayern,
Des Königreichs Bayern Verweser.

Dr. **Frhr. von Crailsheim.** Dr. **Frhr. von Riedel.** **Frhr. von Feilitzsch.**
Dr. **Frhr. von Leonrod.** **Frhr. von Asch.** Dr. **von Landmann.**

Auf Allerhöchsten Befehl:
Der Oberregierungsrath im
k. Staatsministerium des Innern
Dr. **Proebst.**

Entwurf Art. 140; Motive 451; Prot. Abg. 728. 741; Prot. R.R. XX 15; Verh. Abg. 908; Becher, Materialien 79. 283. 304. 364. 436.

Anm. Königlicher Verordnung sind im Gesetz vorbehalten die Bestimmung über die Mitwirkung der Notare bei Berechnung und Erhebung der staatlichen und gemeindlichen Gebühren (Art. 5), die Bestimmung über die Zahl und die Sitze der Notariate (Art. 5), die Erlassung der Notariatskammerordnung (Art. 120), die Bestimmung über die Mitgliedschaft der Notare bei den Pensionsvereinen (Art. 127), die Zuweisung der Strafgelder an die Pensionsvereine (Art. 128).

Der Regelung durch die Geschäftsordnung sind nach dem Gesetze insbesondere überlassen:

Die Uebertragung der eidlichen Vernehmung von Zeugen und Sachverständigen, der Abnahme von Eiden und der Bewirkung von Zustellungen in Auslandssachen an die Notare (Art. 3), die Führung des Geschäftsregisters (Art. 23), die Verwendung von Notariatsgehilfen zur Einsicht des Grundbuchs (Art. 30), die Vorschriften über die äußere Form der notariellen Urkunden, über die Art und Weise der Vornahme von Aenderungen in den Urkunden, über die mechanischen Mittel zur Herstellung und Vervielfältigung der Urkunden (Art. 36), die Buchführung bezüglich der Notariatsgebühren und Auslagen (Art. 56).

Die Geschäftsordnung selbst wurde mit Bekanntmachung vom 24. Dezember 1899 (J.M.Bl. S. 591) erlassen; mit Bekanntmachung vom 5. Juli 1903 (J.M.Bl. S. 338) wurde sie theilweise abgeändert.

Anhang.

Geschäftsordnung für die Notariate.

Geschäftsordnung für die Notariate.

Bekanntmachung des K. Staatsministeriums der Justiz vom 24. Dezember 1899, die Geschäftsordnung für die Notariate betr., Nr. 41852 (J.M.Bl. 1899 S. 591).

Erster Abschnitt.

Amtsübernahme.

§ 1. Der neuernannte Notar wird von dem Landgerichtspräsidenten unter Mitteilung einer Abschrift des Ernennungsdekrets zur Eidesleistung und zum Dienstantritte schriftlich einberufen.

Die Einberufung geschieht, wenn möglich, so frühzeitig, daß der Dienstantritt an dem Tage erfolgen kann, auf welchen der Notar ernannt ist.

Stehen dem rechtzeitigen Dienstantritte Hindernisse entgegen, so hat der Ernannte sofort dem Landgerichtspräsidenten Anzeige zu erstatten. Hat in solchem Falle der Ernannte von seiner Ernennung schon vor der Einberufung Kenntnis erhalten, so soll er die Anzeige über das Hindernis alsbald erstatten, ohne damit auf die Einberufung zu warten.

1. Die Gesch.O. wurde abgeändert durch die Bekanntmachung vom 5. Juli 1903 die Aenderung der Geschäftsordnung für die Notariate betr. (J.M.Bl. S. 338). Die Abänderung betrifft die §§ 45—47, 60, 158, 242—253, 254—261, 274; sie war veranlaßt durch das Nachlaßgesetz vom 9. August 1902.
2. Die Ernennung erfolgt durch den König auf Lebensdauer, Art. 8 N.G.*).
3. Form der Eidesleistung, Art 10 N.G.
4. Entsprechende Anwendung des § 1 Abs. 2 u. 3 bei Versetzung eines Notars, § 3 Abs. 4 G.O. **).

§ 2. Die Beeidigung des Notars ist in einer ordentlichen oder außerordentlichen Sitzung der nach Art. 58 Abs. 2 des Notariatsgesetzes vom 9. Juni 1899 zusammengesetzten Zivilkammer des Landgerichts vorzunehmen.

Der Notar hat den im Art. 10 des Notariatsgesetzes vorgeschriebenen Diensteid zu leisten. Er hat außerdem den Eid auf die Verfassung und den Eid wegen der Nichtteilnahme an verbotenen Vereinen nach der Vorschrift des Tit. X § 3 der Verfassungsurkunde und der allerhöchsten Verordnung vom 15. März 1850 zu leisten, wenn er diese Eide nicht schon geleistet hat.

Die Eidesleistung ist in dem landgerichtlichen Register für Beeidigungen zu beurkunden und in den Personalakten des Notars zu vermerken.

Der Landgerichtspräsident hat sich der Zivilkammer anzuschließen, Art. 58 Abs. 2 N.G.

§ 3. Der auf eine andere Stelle versetzte Notar wird von dem Präsidenten desjenigen Landgerichts, zu dessen Bezirk sein neuer Amtssitz gehört, unter Mitteilung einer Abschrift des Versetzungsdekrets zum Dienstantritte einberufen.

---

*) N.G. = Notariatsges. v. 1899.

**) G.O. = Notariatsgeschäftsordnung. Soweit im folgenden bei den Paragraphen eine nähere Bezeichnung fehlt, sind immer die Vorschriften der Geschäftsordnung gemeint.

Eine Wiederholung der Eidesleistung oder eine Rückerinnerung an den geleisteten Eid findet auch dann nicht statt, wenn der Diensteid nach früheren Normen geleistet worden ist.

Der Präsident des Landgerichts kann den versetzten Notar vor oder unmittelbar nach dem Amtsantritte zur Besprechung dienstlicher Angelegenheiten und zur Entgegennahme von dienstlichen Weisungen an den Landgerichtssitz einberufen.

Die Vorschriften im § 1 Abs. 2 und 3 finden auch auf den Fall der Versetzung eines Notars entsprechende Anwendung.

§ 4. Die Ernennung oder Versetzung eines Notars wird durch das Justizministerialblatt öffentlich bekannt gemacht.

Der Landesgerichtspräsident hat von dem Wechsel in der Besetzung des Notariats der Kreisregierung, dem Rentamt und dem Amtsgerichte, zu deren Bezirk das Notariat gehört, Mitteilung zu machen.

Ueberdies soll der Notar selbst seinen Amtsantritt dem Amtsgericht und dem Rentamte mündlich oder schriftlich anzeigen.

1. Auch die Aufstellung eines ständigen Verwesers wird im Justizministerialblatt bekannt gemacht, § 305.
2. Anzeigen bei Notariatsverwesungen, § 305
3. Die Anzeige für die Kreisregierung geht an die Regierungsfinanzkammer.

§ 5. Der neuernannte oder versetzte Notar hat rechtzeitig von seinem Vorgänger, von dem etwa aufgestellten Amtsverweser oder von dem mit der vorläufigen Sicherung und Verwahrung der Amtsbestände betrauten Beamten das Amt zu übernehmen.

1. Amtsbestände, § 6.
2. Sicherung der Amtsbestände beim Tod eines Notars oder Notariatsverwesers, § 312.
3. Mithilfe des Amtsnachfolgers bei Einreichung der Pensionsgesuche, Bekanntm vom 3. Februar 1902 (J.M.Bl. S. 302).
4. Amtsübernahme bei Verwesung, § 308.

§ 6. Als Amtsbestände sind zu übernehmen:

1. Die Amtssiegel (Trockensiegel und Farbdrucksiegel);
2. die gesammelten Urkunden einschließlich ihrer Umhüllungen (Umschläge, Schachteln);
3. die amtlichen Akten, insbesondere die Generalakten, die amtlichen Korrespondenzen und Belege;
4. die amtlichen Register und Verzeichnisse;
5. die in amtlicher Verwahrung befindlichen Gelder, Wertpapiere und Kostbarkeiten;
6. die Gesetzblätter, Justizministerialblätter und Finanzministerialblätter vom Jahrgang 1900 ab, ferner diejenigen Bücher und Einrichtungsgegenstände, welche dem Notariat auf Rechnung des Staates mit der Bestimmung geliefert worden sind, daß sie dortselbst verbleiben sollen.

Für die Übernahme dieser Bestände ist keine Entschädigung oder Abfindung zu entrichten.

1. Führung der Siegel, Bekanntm. vom 22. Dezember 1899 (J.M.Bl. S. 758).
2. Generalakten, § 69, s. oben S. 127; Register, §§ 23 ff.; Depositen, Art. 4 N.G.
3. Regie der Staatsnotariate, Entschl. vom 20. Februar 1901 (Gen. S. 35).
4. Haltung und Sammlung der Gesetzblätter, § 73.

§ 7. Im übrigen ist die Übernahme und Ablösung der Geschäftsräume und ihrer Einrichtung, sowie der literarischen Hilfsmittel und der Bestände an Formularen und Schreibmaterialien der Vereinbarung der Beteiligten überlassen.

Wünschenswert ist aus dienstlichen Rücksichten die Uebernahme der zur Verwahrung der Gelder, Wertpapiere und Kostbarkeiten und der Testamente dienenden Behältnisse, soferne ihr Zustand den dienstlichen Anforderungen entspricht und die

Übernahme der Gesetzblätter und Ministerialblätter aus der Zeit vor dem 1. Januar 1900 unter der gleichen Voraussetzung.

§ 8. Die Amtsübernahme ist im Geschäftsregister unmittelbar nach dem letzten Geschäftseintrag des Vorgängers mit roter Tinte zu vermerken. Der Vermerk soll den Tag der Übernahme angeben und von dem Übergebenden und dem Übernehmenden unterzeichnet sein.

Findet sich im Geschäftsregister bei der Übergabe noch kein Eintrag, so ist der Vermerk an den Eingang zu setzen.

Findet eine Übergabe nicht statt, weil das Notariat neu errichtet ist, so bedarf es keines Vermerks.

Vermerk nach § 8 auch bei Verwesungen, § 308.

§ 9. Über das Übernahmegeschäft ist ein Protokoll aufzunehmen. In dem Protokoll ist festzustellen, daß die nach § 6 zu übergebenden Bestände richtig übergeben worden sind. Die Register sind einzeln aufzuzählen, bezüglich der Akten und Urkunden genügt die Feststellung, daß die Akten und Urkunden, welche nach Ausweis der Register sich in der amtlichen Verwahrung befinden sollen, übergeben worden sind. Fehlen Urkunden oder Akten, so ist dies im einzelnen festzustellen. Ebenso sind im Übernahmsprotokoll etwa sonst sich zeigende wesentliche Mängel festzustellen.

Der Übergabe der amtlich verwahrten Gelder, Wertpapiere und Kostbarkeiten, des Zustandes der Verwahrungsbücher und Verwahrungsbelege ist nur im allgemeinen Erwähnung zu tun, wenn hierüber ein besonderes Protokoll aufgenommen wird.

Das Übernahmsprotokoll soll von dem Übergebenden und dem Übernehmenden unterzeichnet, mit dem Amtssiegel versehen und dem Landgerichtspräsidenten in Urschrift mit einer Abschrift in Vorlage gebracht werden. Der Landgerichtspräsident wird die Urschrift mit der veranlaßten Verfügung zurücksenden.

1. Kein Protokoll bei nur vorübergehender Verwesung, § 308.
2. Keine Aufnahme des Protokolls in das Geschäftsregister, § 27.

§ 10. Bei der Amtsübergabe hat der Übergebende den Übernehmenden von dem Stande der noch unerledigten Geschäfte zu unterrichten und ihm auch sonst die nötigen Aufschlüsse über die dienstlichen Angelegenheiten zu geben.

Erledigungspflicht seitens des Amtsnachfolgers, Oberst. L.G. vom 4. April 1905 (Sammlung Bd. 6 S. 767).

§ 11. Wegen der Übergabe der in der amtlichen Verwahrung befindlichen Gelder, Wertpapiere und Kostbarkeiten, der Prüfung und des Abschlusses der Verwahrungsbücher und insbesondere der Beteiligung der Beamten der Finanzverwaltung bei dieser Übergabe bleiben weitere Anordnungen vorbehalten.

Zweiter Abschnitt.

Allgemeine Vorschriften über die Amtsführung.

Allgemeine Amtspflicht.

§ 12. Der Notar soll bei Ausübung der Amtsgeschäfte die berechtigten Interessen der Beteiligten nach bestem Wissen wahrnehmen und keinen Teil bevorzugen.

Er soll den Willen der Beteiligten sorgfältig ermitteln und feststellen und ihnen — wo es nach den Umständen nötig ist — Aufklärung und Rat auch unaufgefordert erteilen.

1. Sicherung der Leibgedinge, aut. Entschl. vom 6. April 1901 (Gen. S. 61), vom 20. April 1901 (a. a. O. S. 46), vom 1. Juni 1901 (a. a. O. S. 48) unter Berücksichtigung des Wandels der Gesetzgebung, vom 3. Juni 1901 (a. a. O. S. 50), vom 13. Juli 1902 (a. a. O. S. 78).

2. Vorbereitung der Amtstage, aut. Entschl. vom 8. Juli 1903 (Gen. S. 89).
3. Verbindung von Übergabe= und Erbverträgen, aut. Entschl. vom 4. Oktober 1900 (Gen. S. 17).
4. Prüfung des Kostenunterschieds bei Teilungsverträgen oder Auseinandersetzungen § 254a.
5. Fürsorge für Regelung des Kostenpunktes in der Urkunde bei Beteiligung Mehrerer, § 289.
6. Hinweis auf Notwendigkeit des Erbscheines bei Auseinandersetzungen und Mitwirkung bei dessen Beschaffung, § 255.
7. Aufmerksammachung auf die Nützlichkeit der Fristverlängerung nach Art. 94 Abs. 4 Geb.G., Hinweis auf die Anrechnungsbefugnis wegen der Kosten der Auseinandersetzung, § 257a.
8. Anzeigepflicht bei Erbteilungsverträgen, § 257b.
9. Form der Gesamtgutsauseindersetzungen, Bekanntm. vom 14. August 1904 (J.M.Bl. S. 211), aut. Entschl. vom 12. April 1905 (Gen. S. 103); siehe aber jetzt die durch Gebührennovelle vom 20. August 1906 (G.V.Bl. S. 573) getroffene Regelung.
10. Behandlung der Forstrechtstransferierungen, aut. Entschl. vom 25. September 1905 (Gen. S. 107).
11. Beurkundung der Erklärung über Eintragung des Ehevertrags im Güterrechtsregister, Bekanntm. vom 31. Januar 1900 (J.M.Bl. S. 483).
12. Antragsrecht und Informationspflicht des Notars in Personenstandssachen, Bekanntm. vom 29. April 1900 (J.M.Bl. S. 862).
13. Vorsorgliche Zuziehung von Zeugen bei Zweifel über die Natur eines Erbvertrags, aut. Entschl. vom 22. Juli 1901 (Gen. S. 51).
14. Möglichst genaue Feststellung der Rechte der Beteiligten in der Urkunde, aut. Entschl. vom 24. Juli 1901 (Gen. S. 53).
15. Belehrung der Beteiligten über die Form des Widerrufs von Testamenten, aut. Entschl. vom 5. Dezember 1900 (Gen. S. 26), aut. Entschl. vom 21. März 1902 (a. a. O. S. 65).
16. Fernhaltung von Zweifeln und Zweideutigkeiten aus der Urkunde, aut. Entschl. vom 18. Juli 1903 (Gen. S. 90)
17. Feststellung hinsichtlich des übergeleiteten Güterstandes, gleiche Entschl.
18. Bestellung von Zinsen= und Kostenkautionshypotheken bei Anlegung von Gemeinde= und Stiftungsgeldern vor dem Inkrafttreten des Grundbuchrechts, Bekanntm. vom 13. Mai 1905 § 25 (J.M.Bl. S. 701).
19. Dingliche Unterwerfungsklausel, Mithaftung der Frau bei Hypothekbestellung für solche Gelder, § 10 a. a. O.
20. Sichere Feststellung des Willens der Beteiligten bei Beurkundung von Hypothekbestellungen hinsichtlich Unterwerfung unter die sofortige Zwangsvollstreckung und Ausschließung des Hypothekenbriefs, § 571 D.A.*)
21. Bezeichnung der Anteile oder Angabe des Gemeinschaftsverhältnis (Güterstandes) beim Erwerb Mehrerer, aut. Entschl. vom 30. Januar 1906 Nr. 4936; vgl. hierzu auch Beschl. d. Oberst. L.G. vom 3. September 1902 (Sammlung Bd. 3 S. 687), Beschl. d. gl. G.H. vom 1. Juli 1903 (a. a. O. Bd. 4 S. 957), siehe auch Nachtr. zu Art. 63 N.G.
22. Pflicht zur Mitteilung rechtlicher Bedenken, Oberst. L.G., Urteil vom 22. März 1905 (a. a. O. Bd 6 S. 768).
23. Vorlage eines Entwurfs der Urkunde an die genehmigungsberechtigte Behörde, § 87.
24. Mithilfe bei Beischaffung von Geschäftszeugen, § 111.
25. Fragepflicht wegen der Schreibweise von zum Gebrauch im Ausland bestimmten Urkunden, § 146.
26. Fragepflicht wegen Legalisation von Urkunden, § 188, Entschl. vom 19. Dezember 1900 (Gen. S. 27).
27. Fürsorge zur Beifügung der nach § 58 Abs. 3 G.O. erforderlichen Erklärung zu der Privaturkunde vor der Beglaubigung, § 572 Abs. 3 D.A.
28. Fürsorge für den Inhalt von Vollmachten, die zur Regelung von Nachlässen in Neu=Süd=Wales bestimmt sind, Bekanntm. vom 14. November 1900 (J.M.Bl. S. 1225).
29. Fragepflicht wegen Versendung der Urschriften von Urkunden § 196a.
30. Ermittlung des Willens der Beteiligten wegen Haftung einer Schuld in ausländischer Währung, § 147.
31. Unterstützung der Darlehenssucher durch die Notare bei Aufnahme von Darlehen seitens Hypothekenbanken, Stiftungen, Darlehenskassen und ähnlichen Anstalten,

---

*) D.A. = Dienstanweisung für die Grundbuchämter rechts des Rheins vom 27. Februar 1905 (J.M.Bl. S. 63).

aut. Entschl. des St.M. der Justiz vom 21. Februar 1906 Nr. 8261; aut. Entschl. des St.M. des Innern vom 20. Aug. 1906 Nr. 11768.

§ 13. Der Notar nimmt die Amtsgeschäfte nur auf Ansuchen von Beteiligten oder von Behörden vor, soweit nicht für einzelne Geschäfte anders bestimmt ist.

Hat der Notar auf Ansuchen innerhalb seiner Zuständigkeit ein Amtsgeschäft übernommen, so hat er von sich aus alles weitere zu tun, was zur ordnungsmäßigen Durchführung dieses Geschäfts gehört. Hiernach kann er veranlaßt sein, zu Nachtrags- und Ergänzungserklärungen aufzufordern und namens der Beteiligten sonst mit dritten oder mit anderen Behörden und Stellen zu verhandeln, wenn der Natur der Sache nach vermutet werden muß, daß das Ansuchen der Beteiligten sich auch auf die Vornahme dieser weiteren Handlungen erstreckt.

Zweifel über die Tragweite des Ansuchens sind durch Rückfrage bei den Beteiligten zu heben.

Der innere Dienst — insbesondere die Führung der Bücher, Verzeichnisse und Register — ist von den Anträgen der Beteiligten unabhängig.

1. Pflicht des Notars, nicht nur für die Gültigkeit der Urkunde, sondern auch für deren Vollziehbarkeit zu sorgen, aut. Entschl. vom 30. Juni 1902 (Gen. S. 77).
2. Sorge für Beibringung der Zustimmung des Schuldners zu Hypotheklöschungen, aut. Entschl. vom 24. April 1904 (Gen. S. 95).
3. Belehrung der Beteiligten über die Notwendigkeit der Zustimmung des Schuldners bei Hinausgabe der Löschungsbewilligung, § 561 D.A.
4. Anzeige vom Widerruf eines Testamentes, aut. Entschl. vom 5. Dezember 1900 (Gen. S. 22).
5. Ermittlungspflicht wegen Legalisation von Urkunden, Entschl. vom 19. Dezember 1900 (Gen. S. 27).
6. In Verkehrtreten mit den Beteiligten zum Zweck der Vornahme der Beurkundung, aut. Entschl. vom 21. August 1902 (Gen. S. 79).
7. Einwirkung auf Stellung des Antrags auf urschriftliche Abgabe einer Nachtragsurkunde, § 178.
8. Sorge für nachträgliche Einwilligung der Ehefrau, Entschl. vom 8. März 1902 (Gen. S. 66).
9. Erwirkung einer behördlichen Genehmigung, insbesondere des Vormundschaftsgerichts, § 87.
10. Betrieb wegen der Dorftestamente, Bekanntm. vom 24. Dezember 1900 (J.M.Bl. 1901 S. 21).
11. Betriebspflicht hinsichtlich Erledigung der Urkunden § 559 D.A.; siehe auch aut. Entschl. vom 9. April 1906 Nr. 12493, die Führung des Grundbuchs betr., worin den Notaren die eifrige Behebung von Vollzugshindernissen besonders nahe gelegt wird.
12. Beruhen der Vorlagepflicht beim Ausstehen von Pfandfreigaben, Bekanntm. vom 9. Februar 1900 (J.M.Bl. S. 499).
13. Benachrichtigung der Beteiligten vom Vollzug der Urkunden §§ 56 n. F.; 565, 574 D.A. Beihilfe zur Beseitigung von Vollzugshindernissen, § 283.
14. Beschaffung der Bodenzinszeugnisse, Entschl. vom 21. Februar 1900 (Gen. S. 57), keine nachträgliche Beibringung der Zeugnisse, Entschl. vom 12. Oktober 1900 (a. a. O. S. 17); keine Erholung des Zeugnisses bei Eheverträgen, Entschl. vom 16. April 1902 (a. a. O. S. 69); Bekanntgabe des Inhalts des Zeugnisses an die Beteiligten und Feststellung darüber im Protokoll, Entschl. vom 8. Juli 1903 (a. a. O. S. 89); vorherige Erholung der Zeugnisse bei Amtstagen; vgl. auch die im Nachtrag zu Art. 63 Not.Ges. aufgeführten Entscheidungen des Obersten Landesgerichts als Notariatsdisziplinarhof vom 15. April 1902 und vom 7. Juli 1903.
15. Vermerke über den inneren Dienst im Geschäftsregister, § 40.
16. Vermittlung der konsularischen Beglaubigung bei zum Gebrauch im Ausland bestimmten Urkunden, Bekanntm. vom 16. Juli 1904 (J.M.Bl. S. 148).

Zeit und Ort der Amtsausübung.

§ 14. Die Notariate sollen zur ordentlichen Geschäftszeit den Beteiligten zugänglich sein.

Der Notar soll die persönlichen Verhandlungen mit den Beteiligten in der Regel in der ordentlichen Geschäftszeit vornehmen.

Außerhalb der ordentlichen Geschäftszeit Amtsgeschäfte vorzunehmen, ist der Notar gemäß Artikel 18 des Notariatsgesetzes nur in dringlichen Fällen verpflichtet.

Als ordentliche Geschäftszeit gilt für das Notariat Mangels einer besonderen Vorschrift die für das Amtsgericht des gleichen Ortes vorgeschriebene Geschäftszeit.

1. Geschäftszeit, Art. 18 u. 19 Not.Ges.
2. Keine Wechselprotestſtunden in Bayern, Bekanntm. vom 17. Mai 1900 (J.M.Bl. S. 935).

§ 15. Zur Nachtzeit sowie an Sonntagen und an allgemeinen Feiertagen sollen Amtsgeschäfte mit den Beteiligten nicht vorgenommen werden, wenn es nicht durch besonders triftige Gründe gerechtfertigt wird.

Der Umstand, daß die Beteiligten, welche um die Vornahme eines Amtsgeschäftes nachsuchen, nicht am Sitze des Notariats wohnen oder bei Vornahme des Geschäfts zu anderer Zeit einen Verdienstentgang erleiden würden oder daß das beabsichtigte Geschäft unter den Beteiligten sich bei Aufschub zerschlagen könnte, rechtfertigt für sich allein die Ausnahme nicht.

Die Rechtfertigung der Ausnahme ist im Geschäftsregister zu bemerken. Bei der Aufnahme von letztwilligen Verfügungen kranker Personen bedarf es keiner weiteren Rechtfertigung der Ausnahme.

1. Beurkundung bei Generalversammlungen größerer Versicherungsvereine an Sonntagen, Entschl. vom 24. Dezember 1904 s. Nachtr. zu Art. 18 N.G.
2. Sonntagsruhe bei den Justizbehörden, Bekanntm. vom 11. Juli 1900 (G.V.Bl. S. 702, Bekanntm. vom 29. Dez. 1902 (J.M.Bl. S. 1112).
3. Vermerk der Ausnahme in der letzten Spalte des Geschäftsregisters, § 40.

§ 16. Die Nachtzeit umfaßt die Stunden von 9 Uhr abends bis 6 Uhr morgens.

Als allgemeine Feiertage gelten die ohne Rücksicht auf die konfessionellen Verhältnisse des Ortes des Notariatssitzes gebotenen Feiertage und außerdem an Orten, die nicht konfessionell gemischt sind, die gebotenen Feiertage der dort herrschenden Konfession.

Bei Zweifeln hat der Notar sich der Übung des Amtsgerichts anzuschließen.

Bei der Vornahme auswärtiger Amtsgeschäfte entscheiden die Verhältnisse des Ortes der Geschäftsvornahme.

1. Notariatsgebühr bei Amtsgeschäften zur Nachtzeit, Art. 8 N.G.O.*)
2. Besondere Vergütung des Personals bei Verwendung zu außerordentlichen Geschäften, § 7 c, Bekanntm. vom 1. Mai 1901 (J.M.Bl. 1906 S. 221), siehe oben Anm. zu Art. 129 Not.Ges.

§ 17. Der Notar hat, soweit möglich, dafür Sorge zu tragen, daß eine begonnene Verhandlung sich nicht in die Nachtzeit hinein fortsetzt.

War es nicht möglich, dies durch entsprechende Festsetzung des Beginns der Verhandlung zu verhüten und sprechen wichtige Gründe gegen eine Unterbrechung, so ist die Fortsetzung statthaft und unter Umständen geboten.

Vermerk über die Fortsetzung im Geschäftsregister, § 32.

§ 18. Die Amtsräume der Notariate sollen so beschaffen sein, wie es der Würde des Amtes, den Anforderungen des Dienstes und insbesondere auch dem Gebote der Wahrung der Privatgeheimnisse entspricht.

Wahrung des Amtsgeheimnisses, Art. 21 N.G.

§ 19. Verhandlungen außerhalb des Amtssitzes, welche nicht in der Wohnung eines Beteiligten vorgenommen werden können, sollen in Wirtshäusern nur dann vorgenommen werden, wenn ein anderer passender Raum dafür schlechterdings nicht zu beschaffen ist.

Die Sorge für die Beschaffung eines passenden Raumes obliegt bei solchen Verhandlungen, welche auf Ansuchen eines Beteiligten vorgenommen werden sollen,

*) N.G.O. = Notariatsgebührenordnung.

wie bei freiwilligen Versteigerungen, zunächst den Ansuchenden. Der Notar wird ihnen hierbei, soweit es erforderlich und angezeigt ist, behilflich sein. Bei Geschäften, die ohne Ansuchen eines Beteiligten vorzunehmen sind, obliegt die Sorge für die Beschaffung eines entsprechenden Raumes dem Notar.

Ist in dem Orte, wo das Geschäft vorgenommen wird, eine für amtliche Verhandlungen bestimmte Räumlichkeit (z. B. ein Verhandlungsraum im Rathause, Gemeindehause u. dgl., ein Versteigerungslokal) vorhanden und zu erlangen, so ist dieses zu benützen.

1. Für Verhandlungen außerhalb der Amtsräume, aber am Amtssitz gelten die gleichen Grundsätze.

2. Entfernungsgebühren und Reisekosten bei auswärtigen Amtsgeschäften, Art. 83 bis 96 N.G.O., Vergütung an das Gehilfenpersonal, §§ 7b, 7c, Bekanntm. vom 1. Mai 1901 (J.M.Bl. 1906 S. 220), siehe Anm. zu Art. 129 (S. 345); Vermerk im Geschäftsregister über die Amtsvornahme im Wirtshaus, § 20.

3. Keine Abhaltung von Amtstagen in Wirtshäusern, § 21.

§ 20. Läßt sich die Vornahme der Versteigerung oder des sonstigen Amtsgeschäfts im Wirtshause nicht vermeiden, so soll zunächst ein Raum in diesem Hause zur Vornahme der Verhandlung gewählt werden, welcher von den Räumlichkeiten, in denen der Wirtschaftsbetrieb stattfindet, vollkommen getrennt ist.

Die Räumlichkeiten, in denen der Wirtschaftsbetrieb stattfindet, dürfen nur dann benützt werden, wenn während der ganzen Dauer der Verhandlung der Wirtschaftsbetrieb darin eingestellt wird. Zeigt sich die Durchführung der Betriebs-Einstellung im Laufe der Verhandlung als unmöglich, so hat der Notar die Fortsetzung des Amtsgeschäfts zu verweigern.

Zur Aufrechthaltung der Ruhe und Ordnung werden, wo es erforderlich ist, die Polizeibehörden dem Notar Unterstützung leisten.

Jede Vornahme eines Amtsgeschäfts in einem Wirtshause ist im Geschäftsregister zu vermerken.

Vermerk in der letzten Spalte des Geschäftsregisters, § 40.

§ 21. Die Abhaltung von Amtstagen wird künftig nicht mehr gestattet werden, wenn dafür zur Vornahme der Verhandlungen kein anderer passender Raum als ein Wirtshausraum zur Verfügung gestellt wird.

1. Zur Abhaltung von Amtstagen ist Erlaubnis des Justizministeriums notwendig, Art. 19 N.G.

2. Keine Verrechnung von Tagegeldern und Reisekosten bei Amtstagen, Entschl. vom 20. Februar 1901 (Gen. S. 37).

3. Abhaltung von Amtstagen in Schulräumen, Entschl. vom 17. Februar 1902 (a. a. O. S. 63).

4. Vorbereitung der Amtstage, Entschl. vom 8. Juli 1903 (a. a. O. S. 89).

§ 22. Alle auswärtigen Amtsgeschäfte sind mit tunlichster Beschleunigung durchzuführen. Soweit möglich, sind auch außerhalb der Amtstage mehrere auswärtige Geschäfte bei einer Reise zu verbinden.

Dritter Abschnitt.

Registerführung.

Allgemeines.

§ 23. Die von den Notaren zu führenden Bücher und Register sollen vorschriftsgemäß, sauber und deutlich geführt werden.

1. Format der Bücher und Register dem Ermessen des Notars überlassen, § 118 Abs. 3.
2. Aeußere Form der Urkunden, § 118.
3. Sammlung der Register und Verzeichnisse, § 58.
4. Versendung der Bücher und Register im allgemeinen nur an die Dienstaufsichts- und Disziplinarbehörden, § 194.

§ 24. Ausschabungen sind unzulässig; auch Einschaltungen und Zwischenschreibungen sollen möglichst vermieden werden.

Wo Verbesserungen nötig sind, sollen sie so vorgenommen werden, daß der ursprüngliche Text erkennbar bleibt. Sie sollen ferner durch eine von dem Notar unterschriebene Bemerkung erklärt und genehmigt werden.

Berichtigungen in den Urkunden, §§ 131 ff.

§ 25. Der Notar hat zu führen:

1. ein Geschäftsregister,
2. ein Testamentsregister,
3. ein Wechselprotestregister,
4. ein Buch zum Eintrage von Privaturkunden zum Zwecke der Feststellung des Datums,
5. ein Verzeichnis über die bei ihm angefallenen Auseinandersetzungen von Nachlaß- und Gütergemeinschaftsmassen,
6. ein Verzeichnis über die angefallenen Zwangsversteigerungen,
7. ein Zustellungsregister,
8. ein Aufschreibbuch für Behändigung von Urkunden, Akten u. dgl.,
9. ein Notariatsgebührenregister,
10. ein Vormerkungsbuch für Termine, Wiedervorlagen u. dgl.

1. Geschäftsregister §§ 27 ff.
2. Alphabetisches Namensverzeichnis zum Geschäftsregister, § 42.
3. Testamentsregister, §§ 45 ff.
4. Alphabetisches Namensverzeichnis zum Testamentsregister, § 47.
5. Wechselprotestregister, §§ 48, 49.
6. Buch zur Feststellung des Datums von Privaturkunden, § 50.
7. Verzeichnis über Auseinandersetzungen, § 51.
8. Verzeichnis über Zwangsversteigerungen, § 52.
9. Zustellungsregister, § 53.
10. Aufschreibbuch, § 53 Abs. 2.
11. Notariatsgebührenregister, § 54
12. Terminkalender, § 55.
13. Weitere Register:

Depositenbuch, Staatsgebührenregister, Verzeichnis der örtliche Besitzveränderungsabgaben erhebenden Gemeinden, Verzeichnis der von der Verwendung im niederen Justizdienst ausgeschlossenen Personen.

Geschäftsregister.

§ 26. Das Geschäftsregister wird jahrgangsweise geführt.

Für jedes Jahr ist ein gebundenes, mit fortlaufenden Seitenzahlen versehenes Buch in Gebrauch zu nehmen.

Bevor der erste Eintrag gemacht wird, soll der Notar auf dem Titelblatte des Geschäftsregisters unter Beifügung von Datum, Unterschrift und Siegel feststellen, wie viele Seiten der Band enthält.

1. Verzeichnis der Amtsgeschäfte im Geschäftsregister, Art. 23 N.G.
2. Vermerk der Geschäftsregisternummer auf den Urkunden, § 137.
3. Namensverzeichnis zum Geschäftsregister; Anlegung desselben auf mehrere Jahre, § 42.
4. Fortlaufende Führung des Testamentsregisters, § 46.

§ 27. In das Geschäftsregister sollen aufgenommen werden:

1. alle von dem Notar aufgenommenen Protokolle mit Ausnahme der Protokolle über Vorgänge des inneren Dienstes, wie Amtsübergabe, Depositensturz, Verpflichtung von Gehilfen;
2. die von dem Notar bewirkten Beglaubigungen von Unterschriften und Handzeichen;
3. die Beglaubigungen von Abschriften und Auszügen von Hauptschriften, welche sich nicht in der Verwahrung des Notariats befinden;

4. die Urkunden über Lebensbescheinigungen und die sonstigen Zeugnisse, welche nicht die Form von Protokollen haben.

Die Erteilung von Hinterlegungsscheinen über letztwillige Verfügungen (§ 2246 Abs. 2 B.G.B.) ist nicht als eigenes Geschäft in das Geschäftsregister aufzunehmen.

1. Unterschriftsbeglaubigungen, Art. 35 N.G., §§ 205 ff.
2. Abschriftsbeglaubigungen, Art. 33 N.G., §§ 216 ff.
3. Lebensbescheinigungen, Art. 33 N.G.
4. Keine Gebühr mehr für die Erteilung der Hinterlegungsscheine, Art. 55 N.G.O. n. F.

§ 28. Ausgenommen von der Aufnahme in das Geschäftsregister sind:

1. Wechselprotesturkunden,
2. Urkunden über die Feststellung des Datums von Privaturkunden,
3. Urkunden, welche Bestandteile eines bei dem Notar anhängigen Auseinandersetzungs- oder Zwangsversteigerungsverfahrens bilden.

1. Wechselprotestregister, § 48.
2. Buch zur Feststellung des Datums von Privaturkunden, § 50.
3. Auseinandersetzungsverzeichnis, § 51.

§ 29. Die Erteilung von Abschriften und Ausfertigungen von Hauptschriften, die sich in der Verwahrung des Notariats befinden, ist als eigenes Geschäft in das Geschäftsregister auch dann nicht einzutragen, wenn sie nicht im unmittelbaren Anschluß an die Beurkundung, sondern erst späterhin auf besonderen Antrag erfolgt.

Dagegen ist die Erteilung der Abschrift oder Ausfertigung bei dem Geschäftsregistereintrag über die Hauptschrift zu vermerken (vgl. § 40 Abs. 2).

Das gleiche gilt für die Gestattung der Einsichtnahme.

1. Erteilung von Abschriften, § 200; Erteilung von Ausfertigungen § 179.
2. Einsichtnahme, Art. 22 N.G., § 189.

§ 30. Nebengeschäfte, welche zu einem im Geschäftsregister aufzunehmenden Hauptgeschäfte gehören, wie Bekanntmachungen von Versteigerungen, Schreiben, mit welchen Urkunden übersendet werden, Vollzugs- und Genehmigungsanträge an Behörden u. dergl. sind im Geschäftsregister nicht als eigene Geschäfte einzutragen.

Dagegen sind sie bei dem Eintrag über das Hauptgeschäft zu vermerken (§ 40).

Verwahrung der Aktenstücke über Nebengeschäfte, § 65.

§ 31. Sind in einer notariellen Urkunde mehrere Geschäfte der Beteiligten zusammengefaßt, so hat doch der Eintrag im Geschäftsregister nur einmal und unter einer Nummer zu erfolgen.

Notariatsgebühr bei Mehrheit von Geschäften, Art. 18 N.G.O.

§ 32. Kommt ein von einem Notar begonnenes Geschäft nicht am selben Tage zur Erledigung, sondern muß, nachdem es zum Teil schon beurkundet ist, an einem späteren Tage fortgesetzt werden, so ist die Fortsetzung nicht als neues Geschäft im Geschäftsregister einzutragen.

Dagegen ist dem ersten Eintrag ein entsprechender Vermerk über die Fortsetzung des Geschäfts beizufügen (vgl. § 40).

Fortsetzung von Geschäften, §§ 17, 172.

§ 33. Die Geschäfte sind nach der Zeitfolge geordnet unter fortlaufenden Nummern in das Geschäftsregister aufzunehmen.

Voranstellung der Geschäftsregisternummern auf den Urkunden, § 157.

§ 34. Für die einzelnen Einträge im Geschäftsregister ist das anliegende Formular maßgebend. Form. I.

§ 35. Die erste Spalte des Formulars ist für die Nummer, die zweite für den Tag des Geschäfts bestimmt.

Es wird gestattet, daß in der für den Tag bestimmten Spalte auf jeder Seite die Monatsbezeichnung obenan geschrieben wird, damit sie nicht bei jedem Eintrage wiederholt werden muß. Doch ist zu beachten, daß nicht beim Beginn eines neuen Monats dessen Bezeichnung in der Spalte unterbleibt.

§ 36. Die dritte Spalte dient der Bezeichnung des Geschäfts; die Bezeichnung soll so kurz und doch so erschöpfend als möglich sein. Die Art des Geschäfts soll immer ersichtlich sein, der Gegenstand nur im allgemeinen und soweit es unbeschadet der Kürze zu erreichen ist. Es ist also insbesondere nicht erforderlich, die verkauften oder verpfändeten Gegenstände im einzelnen zu bezeichnen, wenn deren eine Mehrzahl oder sogar eine große Zahl sein sollte. Die Notare werden sich im eigenen Interesse und im Interesse der Beteiligten bemühen, eine nach Lage des einzelnen Falles möglichst zweckmäßige Bezeichnung zu wählen.

§ 37. In der vierten Spalte sollen die am Geschäfte Beteiligten bezeichnet werden.

Sind dabei, wie bei Versteigerungen, die auf einer Seite Beteiligten zahlreich, so soll für sie eine zusammenfassende Bezeichnung, wie: „an 20 verschiedene Ansteigerer," genügen.

Bei denjenigen Geschäften, welche nach § 45 auch im Testamentsregister vorzutragen sind, ist in der vierten Spalte des Geschäftsregisters an Stelle der Bezeichnung der Beteiligten eine Verweisung auf die Nummer des Testamentsregisters zu setzen. Das Geschäftsregister darf die Namen der Beteiligten nicht ersehen lassen.

1. Grund des Abs. 3, Entschl. vom 15. Mai 1900 (Gen. S. 10).
2. Entsprechende Anwendung des Abs. 3 beim Notariatsgebührenregister, § 54.
3. Angabe der Beteiligten bei Ueberweisung' der Gebühr, Entschl. vom 27. August 1901 (Gen. S. 55).
4. Zusammenfassung der Namen der Beteiligten im Namensverzeichnis zum Geschäftsregister, § 43.

§ 38. In der fünften Spalte soll bei Protokollen angegeben werden, wohin sie allenfalls in Urschrift abgegeben worden sind. Ein Eintrag in diese Spalte hat jedoch nur dann zu erfolgen, wenn die Abgabe für immer, nicht wenn sie bloß vorübergehend, z. B. zur Einsichtnahme an eine Behörde erfolgt ist.

Vermerk in Spalte 7 bei vorübergehender Abgabe, § 40.

§ 39. In der sechsten Spalte ist auf die Eintragung des Geschäfts in den Gebührenregistern zu verweisen.

§ 40. Die letzte Spalte des Geschäftsregisters, welche möglichst viel Raum haben soll, ist bestimmt für die Aufnahme von Bemerkungen.

Hierher gehören Bemerkungen über vorübergehende Hinausgabe von Urschriften an Behörden und Stellen, über die nachträgliche Erteilung von Ausfertigungen und Abschriften und über Einsichtsgestattung, Verweisungen auf andere Geschäfte, Vermerke über Fortsetzung eines Geschäfts an einem anderen Tage, über die Vornahme von Nebengeschäften, welche nach § 30 keine eigene Nummer im Geschäftsregister erhalten, über die Vornahme eines Geschäfts in einem Wirtshause, über die Vornahme eines Geschäfts zur Nachtzeit und sonstige, den inneren Dienst betreffende Bemerkungen, zu denen Anlaß gegeben ist.

1. Bei Abgabe für immer Vermerk in Spalte 5, § 38.
2. Vermerk über Geschäfte an Sonntagen und allgemeinen Feiertagen; Rechtfertigung der Ausnahme im Geschäftsregister, § 15.
3. Vermerke wegen Vorlegens oder Nichtvorlegung der Urkunden, §§ 562, 563 D.A.
4. Vermerk der Ablieferung einer Verfügung von Todes wegen, § 245.
5. Vermerk über die äußeren Umstände der Identitätsfeststellung § 76.

§ 41. Sofort nach Ablauf des Kalenderjahres ist das Geschäftsregister abzuschließen.

Der Abschluß geschieht in der Weise, daß unter den letzten Eintrag über die ganze Breite des Registers ein Abschlußstrich gezogen und darunter der Abschlußvermerk gesetzt wird:

„Hiermit wird das Geschäftsregister für das Jahr 19 . ., enthaltend . . . . Einträge, abgeschlossen.

N., den 1. Januar 19 . .

Siegel. X., K. Notar.“

Gleichzeitig ist an den Präsidenten des Landgerichts zu berichten, wann und mit wieviel Einträgen abgeschlossen wurde.

1. Abschluß am 1. Januar des folgendes Jahres, s. S. 78.

2. Mitteilung der Erträgnisstatistik, Entschl. vom 15. Januar 1901 (Gen. S. 29); dadurch § 292 jetzt gegenstandslos.

§ 42. Zu dem Geschäftsregister hat der Notar ein alphabetisches Namensverzeichnis zu führen, welches das Auffinden der einzelnen Eintragung ermöglicht.

Das alphabetische Namensverzeichnis soll gebunden sein und eine Einrichtung besitzen, die das rasche Auffinden fördert (eingeschnittenes oder angeklebtes Alphabet). Es wird zweckmäßig auf eine längere Reihe von Jahren anzulegen sein und um so mehr Jahre umfassen können, je geringer die Zahl der bei dem Notariate jährlich anfallenden Geschäfte ist. Mehr als fünfzehn Jahrgänge sollen nicht zusammengefaßt werden.

Das Namensverzeichnis soll möglichst stetig mit dem Geschäftsregister auf dem Laufenden gehalten werden.

Jahrgangsweise Anlegung des Geschäftsregisters, § 26.

§ 43. In das Namensverzeichnis einzutragen sind die Namen der Beteiligten, wie sie sich aus dem Geschäftsregister ergeben. Doch ist nicht unbedingt erforderlich, daß stets die Namen aller Beteiligten aufgenommen werden. Sind mehrere Beteiligte vorhanden, so genügt es, wenn bei Veräußerungsgeschäften der Veräußernde, bei Schuldgeschäften der Schuldner, bei Eheverträgen der Bräutigam oder Ehemann eingetragen wird. Sind in einer Urkunde neben einem Hauptgeschäft noch Nebengeschäfte beurkundet, z. B. eine Bürgschaftsübernahme für eine Darlehensschuld, so genügt es, wenn bloß das Hauptgeschäft im Namensverzeichnis behandelt wird. Veräußert nach ein und derselben Urkunde eine Mehrzahl von Personen an ein und dieselbe Person wie z. B. bei Grundabtretungen zu Eisenbahnbauten oder ähnlichen öffentlichen Zwecken, so genügt es, wenn der Name des erwerbenden Teiles eingetragen wird.

Im übrigen bleibt die Eintragung dem Ermessen des Notars überlassen.

Keine Bezeichnung der Erblasser im Namensverzeichnis, Entschl. vom 15. Mai 1900 (Gen. S. 10).

§ 44. Das Namensverzeichnis ist nach dem anliegenden Formular zu führen. Form. II.

Bei den Eintragungen sind Abkürzungen jeder Art zulässig, soweit dadurch nicht die Verständlichkeit leidet.

Die Eintragungen brauchen nicht unmittelbar aufeinander zu folgen. Es soll vielmehr bei der Auswahl des Platzes für die einzelne Eintragung, soweit tunlich, darauf Rücksicht genommen werden, daß spätere Eintragungen möglichst in der alphabetischen Folge geschehen können. Die Einfügung von Blättern sowie die Umlegung und Ersetzung einzelner unübersichtlich gewordener Teile des Verzeichnisses ist zulässig, hat jedoch so zu erfolgen, daß die Haltbarkeit und Brauchbarkeit des Verzeichnisses nicht beeinträchtigt wird.

Die Bezeichnung des Geschäfts in der ersten Spalte soll so kurz wie möglich gehalten sein; sie braucht weder den Gegenstand des Rechtsgeschäfts, noch den Wert des Gegenstandes ersehen zu lassen.

Die Worte „Kauf“, „Tausch“, „Darlehen“, „Bürgschaft“, „Beglaubigung“, „Lebensbescheinigung“ und dergleichen genügen.

In der zweiten Spalte kann nach dem Ermessen des Notars außer dem Jahrgang auch der Tag der Geschäftsvornahme angegeben werden.

Die vierte Spalte dient für Berichtigungen und Verweisungen.

Testamentsregister.

§ 45. Neben dem Geschäftsregister hat der Notar ein Testamentsregister nach Form. III. dem beiliegenden Formulare zu führen.

In dieses Testamentsregister sind, nach der Zeitfolge geordnet, alle Geschäfte aufzunehmen, welche die Errichtung von Testamenten und solchen Erbverträgen betreffen, die in besondere amtliche Verwahrung zu nehmen sind (§ 2277 Abs. 1 B.G.B.), ferner die Protokolle über den Widerruf und über die Zurückgabe von solchen Testamenten und Erbverträgen, die Aufnahme übergebener oder übersendeter Testamente oder Erbverträge in die besondere amtliche Verwahrung, die Uebernahme der nach § 41 Abs. 2 der Nachlaßordnung eingehenden Anzeigen, endlich die Protokolle über die Gestattung der Einsicht in Testamente und Erbverträge, welche noch nicht eröffnet sind.

Die Protokolle über die Eröffnung von Testamenten sowie die Protokolle über den Widerruf und die Zurückgabe solcher Testamente, die im Testamentsregister eingetragen sind, werden im Testamentsregister nicht unter eigener Nummer aufgeführt, sondern lediglich bei dem Eintrag über die Errichtung oder Uebergabe des Testaments vermerkt.

1. Die jetzige Fassung der §§ 45—47 beruht auf der Bekanntm. vom 5. Juli 1903.
2. Verwahrung der Testamentsregister und deren Namensverzeichnisse, § 60.
3. Wegen Eintragung der Protokolle über Rückgabe von Testamenten, s. auch § 240.
4. Durch den jetzigen Abs. 3 sind die an die frühere Fassung des § 45 geknüpften Zweifel wegen Eintragung der Protokolle über den Widerruf oder Rückgabe von Testamenten gelöst, s. auch die Entschl. vom 6. August 1900 (Gen. S. 15).
5. Verwahrung der Protokolle über den Widerruf und über die Rückgabe von Testamenten sowie der Anzeigen nach § 41 Abs. 2 Nachl.O., § 60.

§ 46. Das Testamentsregister wird nicht für einzelne Geschäftsjahre geführt, wie das Geschäftsregister, sondern fortlaufend für die Dauer.

In dem Register sind die Geschäfte nach der Zeitfolge unter fortlaufenden Nummern zu verzeichnen.

In der dritten Spalte ist das Geschäft lediglich nach seiner Art als „Testament", „Erbvertrag", „Testamentszurücknahme", „Uebergabe eines eigenhändigen Testaments" zu bezeichnen. Der Gegenstand, über den verfügt wird, und sein Wert sind nicht zu erwähnen.

In die vierte Spalte sind Name, Stand und Wohnort aller Personen, die in dem Testament oder Erbvertrag eine Verfügung von Todeswegen getroffen haben, einzeln aufzuführen, auch ist ihr Lebensalter nach ihrer eigenen Angabe oder in Ermangelung einer solchen nach der Schätzung des Notars einzutragen.

In die für Bemerkungen bestimmte letzte Spalte des Registers ist auf das Geschäftsregister und auf die etwaigen früheren oder späteren Vorträge des Testamentsregisters zu verweisen. Auch sind hier die Angaben der Erblasser darüber, wo nach ihrem Verbleib geforscht werden kann, die späteren Nachforschungen und deren Ergebnisse, endlich die Eröffnung der Testamente und Erbverträge zu vermerken.

1. Lebensnachforschungen, § 234.
2. Vermerk der Ablieferung der Testamente, § 245.

§ 47. Zu dem Testamentsregister ist ein alphabetisches Namenverzeichnis nach demselben Formulare zu führen wie zu dem Geschäftsregister. Dieses Verzeichnis ist nicht auf eine bestimmte Zahl von Jahren, sondern für die Dauer anzulegen.

In das Verzeichnis sind alle im Testamentsregister vorkommenden Namen aufzunehmen. Außerdem sind aber auch darin mit dem Hinweis auf Jahrgang und Nummer des Geschäftsregisters die Namen aller derjenigen Personen aufzunehmen, von denen Verfügungen von Todeswegen vorliegen, die nur ins Geschäftsregister nicht aber auch ins Testamentsregister eingetragen sind, weil ihre Aufnahme in die besondere amtliche Verwahrung — wie es bei Ehe- und Erbverträgen und bei Uebergabsverträgen mit erbrechtlichen Bestimmungen üblich ist — nach dem Willen der Beteiligten unterblieb.

Das Namenverzeichnis zum Testamentsregister ist bei der Eröffnung der Testamente und Erbverträge, bei Widerruf und Aufhebung und dergl. durch Verweisungen und Zeichen (leichten Durchstreichungen und dergl.) auf dem Laufenden zu halten; es ist umzulegen, wenn es unübersichtlich wird.

1. Die Vorschrift, daß das Namenverzeichnis zum Testamentsregister auch die Namen derjenigen Erblasser ersehen lassen soll, deren Verfügungen nur im Geschäftsregister eingetragen sind, wirkt zurück auf die Zeit seit dem 1. Januar 1900. Schlußbestimmung der Bekanntm. vom 5. Juli 1903; im übrigen sind die Vorschriften der Bekanntmachung mit ihrer Verkündung in Kraft getreten.

2. Zweckmäßig ist auch noch die Angabe der Nummer des Testamentsregisters.

Wechselprotestregister.

§ 48. Das von den Notaren zu führende Wechselprotestregister ist nicht für einen bestimmten Zeitraum anzulegen.

Es soll gebunden und mit fortlaufenden Seitenzahlen versehen sein. Auf dem Titelblatte hat der Notare vor der Ingebrauchnahme die Zahl der Seiten des Buches festzustellen; der Feststellungsvermerk soll mit Datum, Unterschrift und Siegel versehen sein.

Verfahren bei Erhebung und Aufnahme der Wechselproteste, § 272.

§ 49. In das Wechselprotestregister hat der Notar die aufgenommenen Proteste Tag für Tag nach Ordnung des Datums einzutragen.

Die Eintragung soll eine wortgetreue Abschrift des Wechselprotestes und damit zugleich eine Abschrift des Wechsels enthalten. In der Abschrift des Wechsels sollen alle Zeichen und Striche wiedergegeben sein, die der Wechsel trägt; auch soll daraus ersichtlich sein, welche Stempelmarken auf dem Wechsel verwendet sind und wie sie angebracht und entwertet sind.

Buch zur Feststellung des Datums von Privaturkunden.

§ 50. Die Notare haben nach der Vorschrift der allerhöchsten Verordnung vom 8. September 1879 zum Eintrage von Privaturkunden zum Zwecke der Feststellung des Datums ein Buch nach dem beiliegenden Formulare zu führen. Form. IV.

Die Einträge in das Buch haben sofort bei der Vorlegung der Urkunde durch den Notar zu erfolgen.

Der Inhalt der Einträge hat sich zunächst nach Artikel 33 des Gesetzes zur Ausführung der Reichs-Zivilprozeßordnung und Konkursordnung in der Fassung der Bekanntmachung vom 26. Juni 1899 zu bemessen. Das Datum der Vorlegung der Urkunde ist stets mit Worten zu schreiben.

Am Schlusse jedes einzelnen Eintrags hat der Notar mit seinem Namen und mit Bezeichnung seiner Amtseigenschaft zu unterschreiben und das Siegel beizudrücken. Unterhalb dieser Fertigung ist jeder Eintrag mit einem Querstrich abzuschließen. Spätere Beisätze oder Abänderungen sind unzulässig.

Verfahren bei Feststellung des Datums einer Privaturkunde, § 271.

Verzeichnis über Auseinandersetzungen.

§ 51. Jedes Verfahren zur Vermittlung der Auseinandersetzung eines Nachlasses oder einer ehelichen oder fortgesetzten Gütergemeinschaft, welches bei einem

Notar anhängig wird, ist sogleich in ein nach der Zeitfolge geordnetes Verzeichnis einzutragen.

Form. V. Das Verzeichnis ist nach dem beiliegenden Formulare zu führen.

Die Numerierung erfolgt jahrgangsweise; die Einträge jedes Jahrgangs sind durch Querstriche abzuschließen.

In das Verzeichnis sind auch die Verlassenschaften einzutragen, deren Auseinandersetzung dem Notar nach den Normen des älteren Rechts übertragen wird.

Keine Eintragung der Urkunden über die Auseinandersetzungen im Geschäftsregister, dagegen Eintragung der Erbteilungsverträge dort, Entschl. vom 24. Juli 1901 (Gen. S. 52), vom 16. April 1902 (a. a. O. S. 69), § 257b.

Verzeichnis über Zwangsversteigerungen.

§ 52. Ebenso ist jedes Verfahren zur Versteigerung von Grundstücken im Wege der Zwangsvollstreckung, das bei einem Notar anhängig wird, alsbald in das zu Form. VI. diesem Zwecke nach dem beiliegenden Formulare zu haltende Verzeichnis einzutragen.

Hierher gehört insbesondere auch die Versteigerung von Grundstücken im Wege der Zwangsvollstreckung zum Zwecke der Teilung (§ 753 des Bürgerlichen Gesetzbuchs, Art. 41 des Gesetzes, betreffend Uebergangsvorschriften zum Bürgerlichen Gesetzbuch vom 9. Juni 1899).

Keine Eintragung der Versteigerungsurkunden im Geschäftsregister, § 28³.

Zustellungsregister.

Form. VII. **§ 53.** Ueber die Zustellungen, welche in den bei den Notariaten anhängigen Sachen nach dem Gesetz über die Angelegenheiten der freiwilligen Gerichtsbarkeit, dem Gesetze über die Zwangsversteigerung und die Zwangsverwaltung, der bisherigen bayerischen Subhastationsordnung und den zu diesen Gesetzen erlassenen Ausführungsbestimmungen von Amtswegen zu erfolgen haben, ist ein besonderes Zustellungsregister zu führen. In dieses Register können auch die sonst nach den Regeln der Zivilprozeßordnung auszuführenden Zustellungen aufgenommen werden, deren Vermittlung dem Notar obliegt.

Für die Verzeichnung der Zustellung von Akten und Urkunden (Urschriften, Ausfertigungen, Abschriften), welche an Beteiligte oder an Behörden durch die Post mittels einfachen Briefs oder Einschreibebriefs oder durch Boten übersendet oder unmittelbar übergeben werden, genügt ein einfaches Aufschreibbuch. Hierzu kann ein nach beiliegendem Formular eingerichtetes Buch verwendet werden. Die Verwendung eines Form. VIII. anderen Formulars ist nicht ausgeschlossen.

1. Ausführung der Zustellungen, § 203 und die Anmerkungen dort.
2. Vermerk der Zustellungen im Zustellungsregister, Bekanntm. vom 16. März 1900 (J.M.Bl. S. 591).
3. Kein Eintrag der einfacheren Zustellungen mittels einfachen oder eingeschriebenen Briefs, Postkarte im Zustellungsregister, Bekanntm. vom 8. Januar 1902 (J.M.Bl. S. 305).

Notariatsgebührenregister.

§ 54. Der Notar hat alle seine Gebühren und Auslagen in ein Register Form. IX. (Notariatsgebührenregister) nach dem beiliegenden Formular aufzunehmen. § 37 Abs. 3 findet entsprechende Anwendung.

Das Register ist der Zeitfolge nach jahrgangsweise mit fortlaufenden Nummern zu führen. Jeder Jahrgang ist für sich ordnungsgemäß abzuschließen. In ein und dasselbe Buch können mehrere Jahrgänge aufgenommen werden.

Die Staatsgebühren sind in dieses Register summarisch ebenfalls aufzunehmen, damit das Register zum Einzuge der Gesamtgebühren verwendet werden kann.

Die Notariatsgebühren sind nach der Anweisung des Formulars ausgeschieden einzutragen; sie sind seitenweise zusammenzuzählen. Die Summen sind von einer Seite auf die andere zu übertragen.

Die Auslagen, sowie die erfolgenden Zahlungen brauchen nicht zusammengezählt zu werden.

Für den Fall der Führung der Notariatsgeschäfte auf Rechnung des Staates werden über die Verzeichnung der Auslagen und der Notariatsgebühren besondere Vorschriften ergehen.

1. Notariatsgebührenregister, Art. 56 N.G., s. auch die Anmerkungen dort.
2. Bei Testamenten Verweisung auf die Testamentsregisternummer.
3. Staatsgebührenregister, § 8 Vollzugsinstruktion z. G.K.G. u. Geb.G. v. 25. Dezember 1899.
4. Wegen Verrechnung der Notariatsgebühren und Führung des Notariatsgebührenregisters bei Führung der Notariatsgeschäfte auf Rechnung des Staates, siehe die Bekanntm. vom 19. Januar 1900 (J.M.Bl. S. 461, F.M.Bl. S. 89).
5. Vermerk der Auslagen im Rechtshilfeverfahren im Staatsgebührenregister, Bekanntm. vom 10. November 1904 (J.M.Bl. S. 269, F.M.Bl. S. 225).
6. Vermerk der Vergütungen nach Art. 54 N.G. in Armensachen im Notariatsgebührenregister, Bekanntm. vom 21. Januar 1901 (J.M.Bl. S. 20 ff., F.M.Bl. S. 213).
7. Verweisung auf die Gebührenregister beim Kostenvermerk auf den Urkunden, § 158.
8. Bei Überweisung rückständiger Gebühren, Bezeichnung der Beteiligten gegenüber dem Rentamt, Entschl. vom 27. August 1901 (siehe Anm. 3 zu § 37).
9. Form des Jahresabschlusses, siehe oben S. 193.

Terminkalender.

§ 55. Der Notar hat ein Buch oder Verzeichnis zu führen, worin die von ihm angesetzten Verhandlungstermine, die Termine für die Erstattung eingeforderter Berichte und für die Wiedervorlage von Urkunden und Akten zum Zwecke des Weiterbetriebs von Amtsgeschäften aufzunehmen sind.

Die Einrichtung dieses Verzeichnisses bleibt dem Ermessen des Notars überlassen. Es ist insbesondere gestattet, dazu einen passenden Kalender zu verwenden.

1. Keine Sammlung der Terminkalender, § 58.
2. Vormerkung wegen der Dorftestamente, Bekanntm. vom 24. Dezember 1900 (J.M.Bl. 1901 S. 21).
3. Vermerk wegen Vorlage der Urkunden, § 562 D.A.
4. Vormerkung wegen Einlangens der Empfangsbestätigung bei Versendung von Testamenten, § 244.
5. Vormerkung wegen Fristverlängerung bezüglich der Auseinandersetzungen, § 257a.

§ 56. Die Vorschriften über die Buch- und Registerführung in Hinterlegungssachen und bei der Erhebung und Verrechnung der dem Staate und den Gemeinden anfallenden Gebühren werden durch besondere Entschließung erlassen.

1. Hinterlegungswesen, Art. 4 N.G., § 276.
2. Depositenbuch, Entschl. vom 5. Juni 1897 (Gen. S. 59).
3. Staatsgebührenregister, § 8 Vollzugsinstruktion G.K.G. u. Geb.G. vom 25. Dezember 1899.
4. Prüfungspflicht bezüglich der Entrichtung der Stempelabgaben, § 136 Ausf. Best. z. R.St.G. vom 3. Juni 1906 (G.V.Bl. S. 343).

§ 57. Die Verzeichnisse, welche nach bisherigem Rechte über die gerichtlich entmündigten Personen und in den Landesteilen, in denen allgemeine Gütergemeinschaft gesetzlicher Güterstand der Ehen war, über die Gütergemeinschaftsausschlüsse geführt wurden, sind zwar zunächst beizubehalten, aber nicht weiter zu führen.

1. Art. 48 N.G. v. 1861. § 127 Vollzugsinstruktion dazu.
2. Bekanntm. vom 26. November 1900 (J.M.Bl. S. 1226).

Vierter Abschnitt.

Vorschriften über die Sammlung, Ordnung und Verwahrung der Urkunden und Akten.

§ 58. Die bei den Notariaten anfallenden Urkunden und Akten sind ordnungsmäßig zu sammeln und zu verwahren.

Gleiches gilt für die Register und Verzeichnisse mit Ausnahme der Terminskalender.

1. Verwahrung der Urschriften Art. 37 ff. N.G.
2. Abgabe von Urschriften, § 173.
3. Sammlung der Aktenstücke in den amtlichen Vermittlungen, §§ 66, 257[b].
4. Kurze Abgabe von Urkunden, Entschl. vom 16. April 1902 Ziff. 4 (Gen. S. 69).
5. Verwahrung der Zwischenverfügungen und ablehnenden Beschlüsse des Grundbuchamts, § 573 D.A.

§ 59. Die Verwahrung soll nicht nur Sicherheit gegen Beschädigungen und Entfremdungen, sondern auch gegen die Einsichtnahme durch Unbefugte bieten.

Die Verwahrungsräume dürfen weder feucht noch feuergefährlich sein. Sie müssen verschließbar sein und sollen zu anderen Zwecken als zu dienstlichen nicht benützt werden. Sie sollen endlich, soferne sie von den übrigen Arbeitsräumen getrennt sind, nicht allzu entlegen und für die dazu Berufenen leicht zugänglich sein.

§ 60. Die Akten, Urkunden, Register und Verzeichnisse brauchen im Verwahrungsraume nicht in verschlossenen Kästen oder Schränken untergebracht zu werden. Es genügt die Unterbringung in offenen Gestellen, sofern anderweit für die Sicherheit gegen Beschädigung durch Staub, Nässe und dergl. hinreichend Sorge getragen ist.

Testamente sind samt den zugehörigen Protokollen bis zu ihrer Eröffnung in besonderen Behältnissen, am besten in den feuer- und einbruchsicheren Kassen, unter Verschluß zu halten. Ebenso sind die Protokolle über den Widerruf und die Zurücknahme von Testamenten und die nach § 41 Abs. 2 der Nachlaßordnung eingehenden Anzeigen zu behandeln. Das gleiche gilt für Erbverträge, soweit sie nach den gesetzlichen Vorschriften in die besondere amtliche Verwahrung zu nehmen sind.

Die Testamentsregister und die Namenverzeichnisse dazu sind stets bei den in die besondere amtliche Verwahrung genommenen uneröffneten Verfügungen von Todeswegen aufzubewahren, solange sie nicht amtlich gebraucht werden. Der Notar hat die Schlüssel zu den Behältnissen persönlich in Gewahrsam zu behalten und hat das Oeffnen und Schließen selbst zu besorgen. Die Duplikate der Schlüssel sollen in einem mit dem Amtssiegel verschlossenen und mit einer Aufschrift versehenen Umschlage bei dem Amtsgerichte hinterlegt werden.

1. Die jetzige Fassung der Absätze 2 und 3 beruht auf der Bekanntmachung vom 5. Juli 1903 (J.M.Bl. S. 341).
2. Eintragung der Protokolle über den Widerruf und über die Rückgabe von Testamenten sowie der Anzeigen nach § 41 Abs. 2 NachlaßO. im Testamentsregister, § 45.
3. Besondere amtliche Verwahrung der Erbverträge, § 2277 B.G.B.

§ 61. Die Urschriften derjenigen notariellen Urkunden, welche im Geschäftsregister verzeichnet sind (§§ 27, 28) und im Notariat verbleiben, sind in die allgemeine Urkundensammlung des Notariats aufzunehmen, soferne sie nicht nach § 60 Abs. 2 in die *besondere* amtliche Verwahrung zu nehmen sind.

Keine Aufnahme der Auseinandersetzungs- und Zwangsversteigerungsprotokolle in die Urkundensammlung, dagegen der Urkunden über Erbteilungsverträge, § 257[b].

§ 62. Die allgemeine Urkundensammlung ist nach den Jahrgängen und fortlaufenden Nummern des Geschäftsregisters zu ordnen.

Die Urkunden sind abteilungsweise in feste Umschläge oder in Schachteln einzulegen. Jede Abteilung soll wenn möglich einen Jahrgang umfassen; wo dies wegen der großen Zahl der Urkunden nicht angeht, können für den Jahrgang auch mehrere Abteilungen gebildet werden. Ausnahmsweise kann eine Abteilung auch mehr als einen Jahrgang enthalten.

Auf dem Umschlag ist anzugeben, welchen Zeitraum und welche Geschäftsregisternummerreihen die Abteilung umfaßt, z. B.:

„1. Januar bis 30. Juni 1900"
„Nr. 1—475."

§ 63. Damit stets sofort ersehen werden kann, welche einzelnen Urkunden in den Abteilungen fehlen, ist in jeder Abteilung vor der zu oberst liegenden Urkunde ein Blatt einzulegen, aus welchem zu ersehen ist Form. X.

1. für welche Geschäftsregisternummern Urkunden in der allgemeinen Sammlung überhaupt nicht hinterliegen, weil die Urschriften den Beteiligten ausgehändigt oder an andere Beamte oder Behörden für die Dauer abgegeben worden sind (§§ 174 ff.);
2. für welche Nummern die Urkunden sich in der besonderen Verwahrung befinden (§ 60 Abs. 2);
3. für welche Nummern Urkunden zur Zeit nicht hinterliegen, weil sie zu vorübergehendem Gebrauch an andere Beamte oder Behörden abgegeben worden sind (§§ 197 ff.);
4. welche Urkunden aus besonderen Gründen nicht nach der Nummernfolge geordnet eingelegt sind und wo sich dieselben befinden (§ 64).

Diese Blätter sind stets auf dem Laufenden zu erhalten und nach Bedarf von Zeit zu Zeit umzulegen.

§ 64. Abweichungen von der durch den Lauf der Geschäftsregisternummern bedingten Ordnung sollen nur ausnahmsweise stattfinden in folgenden Fällen:

1. Urkunden, welche inhaltlich keine selbständige Bedeutung haben, sondern zur Ergänzung einer anderen in der allgemeinen Urkundensammlung befindlichen Urkunde gehören, z. B. Urkunden über Nachtrags-, Genehmigungs- und Zustimmungserklärungen, sollen im unmittelbaren Anschlusse an die Haupturkunde verwahrt werden;
2. Urkunden, welche zwar der selbständigen Bedeutung nicht entbehren, aber dem Gegenstande nach mit anderen Urkunden der Sammlung eine Gesamtheit bilden, so daß sie im Bedarfsfalle voraussichtlich meist zusammen gebraucht werden, dürfen beisammen verwahrt werden;
3. zur Verwahrung übergebene Urkunden (Art. 1 Abs. 1 des Notariatsgesetzes), welche sich ihres Umfangs halber nicht zur Unterbringung in der allgemeinen Urkundensammlung eignen, dürfen samt dem über die Uebergabe errichteten Protokoll an einem anderen geeigneten Orte verwahrt werden.

In den Fällen der Ziff. 1 können die vereinigten Urkunden zusammengeheftet werden; geschieht dies nicht, so sind sie wenigstens durch ein äußerliches Bindemittel, (Umschlag, Band oder Schnur rc.) zusammenzufassen. Letzteres soll auch in den Fällen der Ziff. 2 geschehen.

Behandlung nachträglich übergebener Vollmachten, § 83.

§ 65. Aktenstücke über Nebengeschäfte (§ 30), welche zu einer in der allgemeinen Urkundensammlung hinterliegenden Urkunde gehören, sollen dieser Urkunde in der Sammlung beigefügt werden, wenn sie sich dazu nach ihrem Umfang eignen.

Entwürfe von Schreiben, mit denen Urkunden versendet werden, können bis zum Zurückgelangen der Urkunden an deren Stelle eingelegt werden.

§ 66. Die Aktenstücke, welche die Vermittlung der Auseinandersetzung eines Nachlasses oder einer ehelichen oder fortgesetzten Gütergemeinschaft betreffen, sind bei den Notariaten in der gleichen Weise zu sammeln und zu behandeln, wie es für die Aktenstücke gleicher Art, die bei den Amtsgerichten erwachsen, vorgeschrieben ist.

Auf den Aktenumschlägen ist außer dem Betreff der Sache der Jahrgang und die Nummer des Verzeichnisses anzugeben.

Die Akten über die noch nach bisherigem Rechte zu behandelnden Verlassenschaftsauseinandersetzungen sind nach denselben Regeln zu behandeln.

1. Ablieferung der Akten nach beendigter Vermittlung an das Nachlaßgericht, § 257b.
2. Verwahrung der auf Vorverhandlungen erwachsenen Aktenstücke, § 71, Entschl. vom 6. April 1902 (Gen. S. 69).

§ 67. Für die Behandlung der Zwangsversteigerungsakten sind, soweit nicht die Zwangsversteigerung nach den Vorschriften des Reichsgesetzes über die Zwangsversteigerung und die Zwangsverwaltung zu erfolgen hat, auch fernerhin die Vorschriften der bayerischen Subhastationsordnung anzuwenden.

Für die nach Reichsrecht zu erledigenden Fälle bleibt die Erlassung besonderer Vorschriften vorbehalten.

Wegen des reichsrechtlichen Zwangsversteigerungs- und Zwangsverwaltungsverfahrens siehe die Erlasse im Nachtrag zu Art. 2 N.G.

§ 68. Die nach § 66 und 67 zu bildenden Akten sind nach Gruppen gesondert und nach Jahrgängen und Verzeichnisnummern geordnet aufzubewahren.

§ 69. In jedem Notariate sind Generalakten zu führen. In diese Generalakten sind aufzunehmen:

1. Verweisungen auf die in Gesetz- und Amtsblättern enthaltenen Gesetze, Verordnungen und Dienstvorschriften, welche das Notariatswesen berühren oder die Einrichtung desjenigen Notariats betreffen, bei dem die Akten geführt werden;
2. die allgemeinen Dienstvorschriften, welche, ohne in den unter Nr. 1 genannten Blättern veröffentlicht zu sein, den Notariaten in besonderen Abdrücken zugegangen sind;
3. die allgemeinen Dienstweisungen und Visitationsbescheide der Aufsichtsbehörden, ferner die amtlichen Aktenstücke, welche den inneren Dienst des Notariats regeln, insbesondere auch die Aktenstücke über Amtsübergabe, Amtsverwesung und Verwendung von Gehilfen.

Es bleibt den Notaren überlassen, in die Generalakten auch Bemerkungen über prinzipiell wichtige Entscheidungen aufzunehmen, welche über Fragen, die das Notariat berühren, in einzelnen Fällen von den Gerichten oder Behörden getroffen worden sind. Auch Verweisungen auf einschlägige Literaturerscheinungen sollen nicht ausgeschlossen sein.

Wie die Generalakten im einzelnen zu ordnen sind, ob Uebersichtsblätter dazu anzulegen, Abteilungen zu machen sind u. s. w. werden die Notare nach Maßgabe des vorhandenen Materials und nach vernünftigem Ermessen selbst bestimmen.

Ordnung der Generalakten, siehe oben S. 127.

§ 70. Die Behandlung der in Hinterlegungs- und Gebühren-Sachen erwachsenden Akten wird durch besondere Entschließung geregelt werden.

Verwahrung der Einnahme- und Ausgabebelege, Entschl. vom 5. Juni 1897 (Gen. S. 59).

§ 71. Soweit für Aktenstücke, deren Aufbewahrung im Notariat ihrer Bedeutung wegen angezeigt ist, in den vorstehenden Bestimmungen keine Vorschriften getroffen sind, bleibt die Art ihrer Ordnung und Aufbewahrung dem vernünftigen Ermessen des Notars vorbehalten.

Aufbewahrung der Akten über Vorverhandlungen bei den amtlichen Vermittlungen s. bei § 66.

§ 72. Die Erlassung besonderer Vorschriften für die Ausscheidung und Vernichtung von Akten bleibt vorbehalten.

Ausscheidung und Vernichtung von Akten bei den Amtsgerichten, § 528 D.A., Bekanntm. vom 28. Februar 1905 (J.M.Bl. S. 565).

§ 73. Jeder Notar hat, um stets von den seinen Dienst betreffenden amtlichen Bekanntmachungen rechtzeitig Kenntnis zu erhalten,

das Reichs-Gesetzblatt,

das Gesetz- und Verordnungsblatt für das Königreich Bayern,

die Amtsblätter der Staatsministerien der Justiz und der Finanzen

und dasjenige Blatt nummernweise zu beziehen, welches dem Amtsgericht, in dessen Bezirk das Notariat liegt, zu seinen amtlichen Bekanntmachungen dient.

Die Gesetzblätter und Ministerialamtsblätter sind zu sammeln und jahrgangsweise zu binden, damit sie dem Amtsnachfolger übergeben werden können.

Die Gesetzesblätter zu den Amtsbeständen gehörig, § 6.

Fünfter Abschnitt.

Vorschriften für das Verfahren bei der Beurkundung.

Allgemeines.

§ 74. Vor der Aufnahme jeder Urkunde soll der Notar sich über den festzustellenden Sachverhalt genau vergewissern (§ 12). Die Feststellung soll er in der Urkunde so vornehmen, daß für den, der sie liest, Irrtum oder Zweifel über den Sachverhalt ausgeschlossen ist.

Bei der Beurkundung von Rechtsgeschäften soll der Notar sich, soweit es ihm möglich ist, von deren Rechtswirksamkeit überzeugen und soll den Beteiligten zum Zwecke der Sicherstellung der Rechtswirksamkeit die nötigen Aufklärungen erteilen.

Verweigerung der Amtstätigkeit bei unlauteren und unwahren Geschäften, Art. 16 N.G.

Feststellung der Identität der Beteiligten.

§ 75. Ein Hauptgewicht ist bei dem Beurkunden von Rechtsgeschäften und von sonstigen Erklärungen auf die Feststellung der Identität der Beteiligten (Erklärenden) zu legen.

Sofern der Notar nicht schon von früherer Begegnung her die Ueberzeugung gewonnen hat, daß der Beteiligte wirklich diejenige Person ist, welche in der Urkunde aufgeführt wird, soll er sich diese Ueberzeugung bei der Verhandlung über die Aufnahme der Urkunde zu verschaffen suchen.

Hierbei ist der Notar an gesetzliche Beweisregeln nicht gebunden. Er hat sich seine Ueberzeugung in freier und gewissenhafter Würdigung aller Verhältnisse zu bilden und ist für schuldhafte Unterlassung der nötigen Vorsicht verantwortlich. Er wird aber um so vorsichtiger verfahren müssen, je größer nach den Umständen die Möglichkeit und das Interesse einer absichtlichen Täuschung sein kann.

Werden Auskunftspersonen zur Feststellung der Identität beigezogen, so obliegt es dem Notar, deren Glaubwürdigkeit zu prüfen. Er wird dann besonders genau prüfen müssen, wenn einzelne Personen gewohnheitsmäßig Identitätsbestätigungen abgeben, ohne daß ersichtlich ist, wie sie dazu kommen, die vorgestellten Beteiligten zu kennen, oder wenn sich aus sonstigen Gründen ein Verdacht gegen die Zuverlässigkeit der Auskunft ergibt.

Andererseits wird unter Umständen die Bestätigung der Identität durch einen Gegenbeteiligten, die Vorzeigung unverdächtiger Legitimationspapiere oder sonstiger Beweisbehelfe, ja sogar eine im Gespräche bewiesene genaue Sachkenntnis zur Feststellung der Identität genügen können.

1. Ort der Feststellung der Identität in der Urkunde, § 164.
2. Bei mangelhafter Persönlichkeitsfeststellung, Verletzung der Amtspflicht, Art. 126 N.G.
3. Unterzeichnung seitens der Auskunftspersonen, § 76.

4. Besondere Vorsicht bei Feststellung der Persönlichkeit, Entschl. vom 21. Januar 1901 (Gen. S. 34), insbesondere bei Errichtung von Testamenten, § 229, bei Inverwahrungnahme eigenhändiger Testamente, § 238.
5. Gebühr der Auskunftspersonen, § 80 N.G.O.
6. Identitätsfeststellung bei Beglaubigungen, § 206.
7. Keine ausdrückliche Identitätsfeststellung bezüglich der Geschäftszeugen, § 112.
8. Nachholung der Identitätsfeststellung, § 137.

§ 76. In dem Protokoll über die Erklärung soll angegeben werden, ob der Notar die Beteiligten kennt (die Ueberzeugung von ihrer Identität von früherer Begegnung her hat), oder ob er sich die Gewißheit über ihre Persönlichkeit erst bei der Verhandlung über die Aufnahme des Protokolls verschafft hat. Im letzteren Falle soll im Protokoll auch angegeben werden, wie der Notar sich die Gewißheit verschafft hat; diese Angabe braucht nicht in einer ausführlichen Darlegung und Beschreibung der beigebrachten Beweismittel zu bestehen, sondern kann mit kurzen Worten gemacht werden. Dem Notar bleibt es überlassen, wenn er es zu seiner Deckung für angezeigt hält, sich über die näheren Umstände der Identitätsfeststellung im Geschäftsregister oder auf einem gesonderten Blatte Aufzeichnungen zu machen. Daß der Notar die Auskunftspersonen ihre Angaben im Protokoll unterzeichnen läßt, ist gesetzlich nicht erforderlich, aber rätlich und soll deshalb, da es bisher zu geschehen hatte, auch künftig die Regel bilden.

Der Wortlaut der Identitätsfeststellung ist dem Notar überlassen. Es ist z. B. nicht erforderlich, wenn auch gestattet, die bisher übliche Formel „mir nach Namen, Stand und Wohnort bekannt" zu gebrauchen; es genügt auch die Formel „mir persönlich bekannt" oder eine ähnliche Redewendung, welche keinen Zweifel übrig läßt.

1. Vgl. § 176 Abs. 3 G.F.G.
2. Bei Unterlassung der Feststellung, in welcher Weise sich der Notar Gewißheit verschaffte, die Urkunde ihre Beweiskraft für die Feststellung der Identität nicht verlierend, O.L.G. Colmar, 13. Juli 1906 (R. 944).

§ 77. Kennt der Notar einen Beteiligten nicht und kann er sich auch bei der Verhandlung über die Aufnahme des Protokolls die Ueberzeugung von der Identität desselben nicht verschaffen, so kann darin ein genügender Anlaß zur Verweigerung der Vornahme des Amtsgeschäfts liegen.

Dies wird insbesondere dann der Fall sein, wenn nach den Umständen der Beteiligte wohl in der Lage wäre, das zur Feststellung der Identität Erforderliche beizubringen, sich dessen aber weigert, oder wenn ersichtlich ist, daß die Vornahme des Amtsgeschäfts ohne Feststellung der Identität von keinem Nutzen sein kann.

Nimmt der Notar auf Verlangen das Amtsgeschäft ohne Feststellung der Identität vor, so hat er in dem Protokolle deutlich anzugeben, daß er sich von der Persönlichkeit der Beteiligten keine Gewißheit hat verschaffen können. Er soll in diesem Falle den Sachverhalt und dasjenige, was zur Feststellung der Persönlichkeit beigebracht ist, in das Protokoll aufnehmen.

Verweigerung der Tätigkeit, Art. 16 N.G.

Prüfung der Geschäftsfähigkeit der Beteiligten.

§ 78. Ebenso soll der Notar sich von der Geschäftsfähigkeit der bei der Beurkundung von Rechtsgeschäften Beteiligten überzeugen.

1. Vgl. Art. 28 N.G. und Anmerkungen dazu, oben S. 86 ff.
2. Prüfung der Geschäftsfähigkeit auch bei Beglaubigungen, Art. 35 N.G.
3. Geschäftsfähigkeit einer nicht entmündigten geistesbeschränkten und schwerhörigen Person, Oberst. G.H., Beschl. vom 7. Dezember 1901 (Sammlung Bd. 2 S. 882).
4. Prüfung der Geschäftsfähigkeit seitens des Hypothekenamts, O.G.H., Beschl. vom 13. Februar 1903 (Sammlung Bd. 4 S. 160).
5. Ausdrückliche Feststellung der Geschäftsfähigkeit bei kranken Personen, § 81.
6. Prüfung der Eigenschaften der Geschäftszeugen, § 112.

7. Besondere Vorsicht bezüglich Feststellung der Geschäftsfähigkeit bei Testamenten, § 229.

§ 79. Die Volljährigkeit der Beteiligten wird in der Regel ohne weitere Nachforschung feststehen. Eine Angabe darüber wird im Protokolle gewöhnlich nicht veranlaßt sein. Wo sich Zweifel ergeben, werden sie durch Anfrage bei den Beteiligten behoben werden können.

Der Notar kann, wo es ihm veranlaßt erscheint, in dem Protokolle feststellen, daß der Beteiligte nach seiner Angabe und gegebenenfalls auch nach Angabe der übrigen Beteiligten volljährig ist oder welches Alter er erreicht hat.

Bei Rechtsgeschäften Minderjähriger soll in der Regel im Protokolle festgestellt werden, wie alt sie nach den vorgelegten Belegen oder nach ihren und der Mitbeteiligten Angaben sind.

Können die Beteiligten die erforderlichen Angaben nicht machen, oder scheinen die Angaben dem Notar aus besonderen Gründen nicht überzeugend, sind auch sonstige Beweisbehelfe nicht zur Hand, so daß Zweifel an dem zur Vornahme des Geschäfts erforderlichen Alter der Beteiligten übrig bleiben, so hat der Notar dies gemäß Art. 28 Abs. 1 des Notariatsgesetzes im Protokolle festzustellen.

§ 80. Auch darüber, ob ein Beteiligter in einem die freie Willensbestimmung ausschließenden Zustande krankhafter Störung der Geistestätigkeit sich befindet, ob er wegen Geisteskrankheit, Geistesschwäche, Verschwendung, Trunksucht entmündigt oder unter vorläufige Vormundschaft gestellt ist, braucht der Notar besondere Nachforschungen nicht anzustellen, wenn ihm nicht hierüber aus Anlaß von Beobachtungen bei der Verhandlung oder von früheren Wahrnehmungen Bedenken entstehen.

Entstehen ihm Bedenken, so soll er sich in zweckentsprechender Weise Aufklärung zu verschaffen versuchen. Er wird hierbei insbesondere das im Notariate noch aufliegende Verzeichnis der Entmündigten einzusehen haben.

Gelangt der Notar zu der Ueberzeugung, daß der Beteiligte überhaupt geschäftsunfähig oder zur Vornahme des zu beurkundenden Rechtsgeschäftes gesetzlich nicht zugelassen ist, so hat er die Beurkundung abzulehnen. Bleibt er im Zweifel, so hat er dies nach Art. 28 Abs. 1 des Notariatsgesetzes im Protokolle festzustellen.

§ 81. Beurkundet der Notar Rechtsgeschäfte schwerkranker Personen (insbesondere letztwillige Verfügungen), so hat er auf die Ermittelung der Geschäftsfähigkeit besondere Sorgfalt zu verwenden. Ein Benehmen mit dem Arzte ist, wenn es tunlich erscheint, nicht ausgeschlossen.

Der Notar soll in solchen Fällen stets von dem Vorhandensein der Krankheit und von seinem Befund über die Geschäftsfähigkeit in dem Protokoll Erwähnung tun.

Prüfung der Vertretungsmacht.

§ 82. Sollen Willenserklärungen beurkundet werden, die jemand innerhalb der ihm zustehenden Vertretungsmacht im Namen des Vertretenen abgibt, so hat der Notar die Frage der Bevollmächtigung außer Zweifel zu stellen.

Ist die Vollmacht in einer von ihm errichteten Urkunde erteilt worden und die Urkunde noch in seiner Verwahrung, so soll er dies in dem Protokoll über die Vornahme des Geschäfts durch den Bevollmächtigten entsprechend feststellen, soferne nicht die Beifügung einer beglaubigten Abschrift der Vollmacht vorgezogen wird.

Wird dem Notar eine andere öffentliche Urkunde über die Erteiluug der Vollmacht vorgelegt, so soll er diese oder eine beglaubigte Abschrift davon dem Protokolle beifügen oder unter genauer Bezeichnung der Urkunde deren Inhalt, soweit er sich auf die Vollmacht bezieht, im Protokoll angeben.

Im Falle die öffentliche Urkunde über die Vollmachtserteilung im Ausland errichtet worden ist, soll angegeben werden, ob sie die erforderlichen Legalisationsvermerke trägt.

Im Falle der Vorlage einer Privaturkunde über die Vollmacht ist ebenso zu verfahren, wie im Falle der Vorlage einer öffentlichen Urkunde, jedoch muß im Protokoll ausdrücklich festgestellt werden, ob die Vollmachtserklärung beglaubigt oder nicht beglaubigt ist und wann und durch wen die Beglaubigung stattgefunden hat.

Bei der Vorlage von Spezialvollmachten wird in der Regel die Beifügung der Urschrift zu erfolgen haben.

Zeigen sich an der vorgelegten Vollmacht Mängel, welche deren Glaubwürdigkeit zu beeinträchtigen geeignet sind, so ist dies im Protokolle zu erwähnen.

Kann oder will der Bevollmächtigte seine Vollmacht nicht durch Vorlegung einer Urkunde nachweisen, so ist dies im Protokolle festzustellen. Die Aufnahme des Protokolls wird hierdurch allein nicht gehindert.

1. Feststellung bezüglich Vorlage der Vollmacht in Urschrift oder in Ausfertigung, O.G.H., Beschl. vom 23. März 1905 (Sammlung Bd. 6 S. 212).
2. Erkundigungspflicht des Notars bezüglich Gültigkeit einer Vollmacht, Entschl. vom 30. Juni 1902 (Gen. S. 77).
3. Form der Vollmacht zu Grundstücksverträgen, O.G.H., Urt. vom 7. Dezember 1894 (Sammlung Bd. 15 S. 445), Beschl. vom 2. Mai 1901 (Sammlung n. F. Bd. 2 S. 289).
4. Verbindung der Vollmacht mit der Urkunde, § 150.

§ 83. Wird bei der Errichtung einer notariellen Urkunde über die Vornahme eines Rechtsgeschäfts durch einen Vertreter die nachträgliche Beibringung einer Urkunde über die Erteilung der Vollmacht oder der Genehmigung vorbehalten und diese Urkunde späterhin übergeben, so ist sie der Haupturkunde mit einem Vermerk über die Übergabe beizuheften. Der Vermerk soll den Tag und den Ort der Uebergabe und die Bezeichnung des Uebergebenden enthalten und mit der Unterschrift des Notars und dem Amtssiegel versehen sein.

Wird die Urkunde über die Erteilung der Vollmacht oder der Genehmigung nachträglich nicht zur Beiheftung übergeben, sondern nur zur Feststellung ihres Inhalts vorgelegt, so ist über die Vorlegung ein Protokoll aufzunehmen, worin der Inhalt der Vollmacht oder der Genehmigung festzustellen ist. Dieses Protokoll soll der Haupturkunde beigeheftet werden.

In den Fällen des Abs. 1 und 2 soll auf der Haupturkunde am Rande der einschlägigen Stelle auf die beigeheftete Nachtragsurkunde verwiesen werden.

§ 84. Tritt für einen Beteiligten, der geschäftsunfähig oder in der Geschäftsfähigkeit beschränkt ist, ein gesetzlicher Vertreter auf, so ist dieses Verhältnis in der Urkunde festzustellen.

Eines Nachweises der gesetzlichen Vertretungsmacht bedarf es in der Regel nicht, es genügt die Feststellung der Angabe des Vertreters über seine Vertretungsmacht. Doch soll der Vormund zur Vorlage seiner Bestallung veranlaßt und, wenn die Vorlage erfolgt, eine entsprechende Bemerkung in die Urkunde aufgenommen werden.

Gesetzliche Vertretung, s. oben S. 88ff.

§ 85. Bei der Beurkundung von rechtsgeschäftlichen Erklärungen juristischer Personen ist deren Rechtsfähigkeit und die Vertretungsmacht der für sie auftretenden Organe zu erheben und festzustellen. Ist beides amtsbekannt, so ist dies im Protokolle zu erwähnen.

Bei der Beteiligung juristischer Personen des öffentlichen Rechts bedarf es einer ausdrücklichen Feststellung über die Rechtsfähigkeit und Vertretungsmacht im Protokolle nicht, da sich diese aus dem Gesetz ergibt. Den Notaren wird jedoch insbesondere wegen der nicht seltenen irrigen Aufführung von Schulgemeinden, Steuergemeinden und dergl. als juristischer Personen genaueste Prüfung des Rechtsverhältnisses auch in diesen Punkten zur besonderen Pflicht gemacht.

1. Gesetzliche Vertretung der Gemeinden, Entschl. vom 19. April 1901 (Gen. S. 43).
2. Rechtsfähigkeit der privilegierten Schützengesellschaften, Entschl. vom 20. Februar 1902 (Gen. S. 64).
3. Charakter der Marianischen Kongregationen, Oberst. G.H., Beschl. vom 3. Juni 1904 (Sammlung Bd. 5 S. 238).
4. Vertretungsmacht des Vorstands eines landwirtschaftlichen Kreditvereins, Oberst. G.H., Beschl. vom 11. Juli 1902 (Sammlung Bd. 3 S. 1089).
5. Vertretungsmacht der Vorstände der Aktiengesellschaften rc. nach außen, Weber in bayer. Not.Z. 2. Jahrg. S. 222.
6. Keine besondere Rechtspersönlichkeit der gemeindlichen Sparkassen, Oberst. G.H., Beschl. vom 8. November 1901 (Sammlung Bd. 2 S. 698), vom 4. Mai 1906 (a. a. O. Bd. 7 S. 250).
7. Vertretung von Stiftungen, Oberst. G.H., Beschl. vom 16. Februar 1906 (Sammlung Bd. 7 S. 99).
8. Vertretungsmacht des Armenpflegschaftsrates bei Löschung von Hypotheken für Ansprüche der Armenpflege, L.G. München II, Beschl. vom 8. August 1906 (Justizb. Bl. 1906 S. 102).

Prüfung der Frage der Notwendigkeit einer Bestätigung, Genehmigung, Zustimmung.

§ 86. Ist zur Rechtswirksamkeit eines Geschäfts nach gesetzlicher Vorschrift eine Bestätigung, Genehmigung oder Zustimmung erforderlich, so soll der Notar die Beteiligten nötigenfalls darauf aufmerksam machen und zur Aufnahme eines entsprechenden Vorbehalts in ihre Erklärungen veranlassen; erkennen die Beteiligten das Erfordernis der Bestätigung, Genehmigung oder Zustimmung nicht als vorhanden an, so soll der Notar die Meinungsverschiedenheit im Protokolle feststellen, sofern er nicht zur Verweigerung der Vornahme des Geschäfts veranlaßt ist.

Die Notare werden hierbei auf die Bestimmungen des Bürgerlichen Gesetzbuchs über die Notwendigkeit der Genehmigung des Vormundschafsgericht zu Verfügungen des Vormundes und des Pflegers,

auf die Vorschriften bezüglich der Verfügungen in Angelegenheiten der Gemeinden und gemeindlichen Stiftungen, insbesondere die Vorschriften in den Artikeln 112, 147, 153 Abs. 9, 159, 63, 66 und 69 der rechtsrheinischen, Art. 47, 50, 53, 91 der pfälzischen Gemeindeordnung,

wegen der Genehmigung von Stiftungen auf § 80 des Bürgerlichen Gesetzbuchs und wegen der erforderlichen Genehmigung zum Vermögenserwerb für juristische Personen auf die Artikel 7, 8, 9, 10 des Ausführungsgesetzes zum Bürgerlichen Gesetzbuche hingewiesen.

1. S. oben S. 90ff.
2. Bei genehmigungsbedürftigem Erwerb Aufnahme eines entsprechenden Vorbehalts in die Urkunde, Entschl. vom 8. Juli 1903 (Gen. S. 88).
3. Kein Eigentumserwerb seitens der geistlichen Gesellschaften vor Genehmigung, Oberst. G.H., Beschl. vom 3. Juni 1904 (§ 85).
4. Grundstückserwerb seitens Versicherungsaktiengesellschaften und Versicherungsgesellschaften auf Gegenseitigkeit, § 54 Abs. 1 R.G. über die Privatversicherungsunternehmungen vom 12. Mai 1901 (R.G.Bl. S. 139); Bekanntm. vom 2. Januar 1902 (J.M.Bl. S. 239).
5. Staatsaufsichtliche Genehmigung bei Anlegung von Gemeinde- und Stiftungsgeldern, Bekanntm. vom 13. Mai 1905 (J.M.Bl. S. 701, F.M.Bl. S. 169), bei Anlegung von Geldern der Kultusstiftungen und Kirchengemeinden, Bekanntm. vom 17. Mai 1905 (J.M.Bl. S. 717, F.M.Bl. S. 185).
6. Staatlich beaufsichtigte juristische Personen des öffentlichen Rechtes in Bayern sind: die K. Bank, die Gemeinden und Ortschaften, die Distrikts- und Kreisgemeinden, die Kirchengemeinden, die öffentlich-rechtlichen Stiftungen (darunter die Fürstlich Castellsche alte Kreditkasse in Castell), die Landesuniversitäten, § 19 der obigen Bekanntm. vom 13. Mai 1905.
7. Erfordernis der vormundschaftsgerichtlichen Genehmigung §§ 1643, 1821 B.G.B., siehe u. A. auch Oberst. G.H., Beschl. vom 10. Juli 1902 (Sammlung Bd. 3 S. 646), Beschl. vom 3. Dez. 1902 (Sammlung Bd. 4 S. 942), B. N.G. 1905 S. 34.
8. Verhalten des Notars bei Notwendigkeit der Zustimmung eines Ehegatten, § 89.

§ 87. Soll der Notar ein Rechtsgeschäft beurkunden, das der Genehmigung durch eine Behörde bedarf, so kann er, wenn die Beteiligten damit einverstanden sind, vor der Errichtung der Urkunde einen Entwurf der wesentlichen Bestimmungen des Geschäfts der Behörde mit dem Ersuchen um Bekanntgabe der etwa bestehenden Bedenken vorlegen oder vorlegen lassen.

Der Notar soll den Beteiligten dieses Verfahren in den Fällen nahelegen, in welchen es zweckmäßig scheint, insbesondere auch in den Fällen, wo die Genehmigung des Vormundschaftsgerichts erforderlich ist.

1. Genehmigung des Vormundschaftsgerichts, §§ 1643, 1821, 1822 B.G.B.
2. Vorherige Anfrage bei Abtrennung von Gemeinderechten, § 88.

§ 88. Handelt es sich um die Beurkundung eines Geschäfts, wodurch ein in den Landesteilen rechts des Rheins auf den Gemeindeverband sich gründendes Recht von dem Hause oder Grundstück, auf dem es ruht, abgetrennt werden soll, so ist der Notar veranlaßt, die Beteiligten über die Notwendigkeit der Erholung der Genehmigung zur Abtrennung genau aufzuklären und hierbei darauf hinzuweisen, daß nach Art. 33 der rechtsrheinischen Gemeindeordnung (in der Fassung der Bekanntmachung vom 14. März 1890) diese Genehmigung nur ganz ausnahmsweise erteilt werden kann.

Bestehen die Beteiligten auch dann noch auf der Beurkundung, so soll der Notar seine Mitwirkung von der Einhaltung des in § 87 bezeichneten Weges der vorherigen Anfrage abhängig machen.

1. Gewerbepolizeiliche Genehmigung zur Übertragung radizierter Gewerbsrechte, Oberst. G.H., Beschl. vom 17. November 1900 (Sammlung Bd. 1 S. 595).
2. Forstherrliche Genehmigung bei Forstrechtstransferierungen, Entschl. vom 25. September 1905 (Gen. S. 107).
3. Zustimmung des Hypothekgläubigers bei Forstrechtsablösung, Oberst. G.H., Beschl. vom 20. Februar 1903 (Sammlung Bd. 4 S. 176).
4. Rechtliche Natur der Gemeindenutzungsrechte, Oberst. G.H., Urt. vom 10. Januar 1906 (Sammlung Bd. 7 S. 3).

§ 89. Kommt bei Rechtsgeschäften, wenn sie von einer verheirateten Person vorgenommen werden, in Frage, ob der Erschienene zu einer Verfügung der Zustimmung oder der Einwilligung des anderen Ehegatten bedarf, so soll der Notar vor der Beurkundung über die maßgebenden Verhältnisse, also über den Familienstand und über den nach Gesetz oder Vertrag bestehenden ehelichen Güterstand sich Aufklärung verschaffen. Hierzu wird in der Regel die Anfrage bei den Beteiligten genügen; wo es nach den Umständen erforderlich und angängig ist, sollen weitere Nachforschungen, insbesondere durch Einsichtnahme von Ehevertragsurkunden und Güterrechtsregistereinträgen erfolgen.

Ergibt sich hiernach die Notwendigkeit der Zustimmung oder der Einwilligung des nichterschienenen Ehegatten, so hat der Notar nach § 86 Abs. 1 zu verfahren.

Wo irgend ein Zweifel bestehen kann, empfiehlt es sich, die Angaben oder den Befund über den Familienstand und den ehelichen Güterstand im Protokolle festzustellen.

Die Vorschriften in Abs. 1 bis 3 finden entsprechende Anwendung für den Fall der Fortsetzung der Gütergemeinschaft zwischen dem überlebenden Ehegatten und den gemeinschaftlichen Abkömmlingen.

1. Angabe des Güterstandes in den Urkunden, s. Anm. zu § 12.
2. Zustimmung der in Gütergemeinschaft lebenden Frau, § 1445 B.G.B., insbesondere zur Bestellung von Kaufschillingshypotheken, s. Oberst. G.H., Beschl. vom 6. November 1903 (Sammlung Bd. 4 S. 782) und die dort angeführten Entscheidungen, zur dinglichen Unterwerfungsklausel, Oberst. G.H., Beschl. vom 24. Mai 1902 (Sammlung Bd. 3 S. 440).
3. Eintragung des Eigentumsübergangs ohne die Kaufpreishypothek, gl. G.H., Beschl. vom 27. November 1903 (Sammlung Bd. 4 S. 860); die Anschauung des Obersten Landesgerichts ist aber nicht bedenkenfrei, s. bayer. Not.Z. 1906 S. 93).

4. Zustimmung des Ehemanns eines Abkömmlings zur Verfügung über das Gesamtgut der fortgesetzten Gütergemeinschaft, Oberst. G.H., Beschl. vom 1. März 1904 (Sammlung Bd. 5 S. 107).

5. In der Genehmigung des Ehemanns zu der von der Frau erteilten Vollmacht seine Einwilligung in die von dem Bevollmächtigten vorzunehmenden Rechtsgeschäfte enthalten, Oberst. G.H., Beschl. v. 8. Januar 1906 (Sammlung Bd. 7 S. 1).

Verpflichtung zur Einsicht des Hypothekenbuchs und des Grundbuchs.

§ 90. Der Notar soll nach Art. 30 des Notariatsgesetzes vor der Beurkundung von Erklärungen, welche betreffen:

1. Die Übertragung des Eigentums an einem Grundstücke,
2. die Belastung eines Grundstücks mit einem Rechte,
3. die Übertragung oder Belastung eines auf einem Grundstücke lastenden Rechtes,
4. die Änderung eines auf einem Grundstücke lastenden Rechtes nach Inhalt oder Rang,

zur Verhütung von Irrtümern über die Wirksamkeit des Geschäfts sich über den Stand des Grundbuchs, und, solange dieses noch nicht angelegt ist, in den Landesteilen rechts des Rheins über den Stand des Hypothekenbuchs in vorgeschriebener Weise Gewißheit verschaffen und zwar ohne Unterschied, ob die Erklärung unmittelbar die Übertragung des Eigentums, die Bestellung, Übertragung, Belastung oder Änderung des Rechts bewirken oder nur eine vertragsmäßige Verpflichtung zur Vornahme der Übertragung, Bestellung, Belastung oder Änderung schaffen soll.

Was von Grundstücken gilt, soll nach Art. 30 Abs. 2 des Notariatsgesetzes auch von solchen Rechten gelten, die den Grundstücken gleichstehen.

1. Vgl. die Anmerkungen zu Art. 30 N.G. und im Nachtrag zu diesem Artikel.
2. Entsprechende Anwendung der §§ 90—95 auch bei Beglaubigungen, § 210 G.O., § 554 D.A.
3. Sorgfältige Berücksichtigung der Ergebnisse der Grundbucheinsicht bei der Urkundenabfassung, § 553 II D.A.
4. Einsicht des Grundbuchs, §§ 554 ff. D.A.

§ 91. Die Verpflichtung zur Einsicht des Hypothekenbuchs und des Grundbuchs ist nach Artikel 30 des Notariatsgesetzes nicht erstreckt auf die Fälle der Beurkundung solcher Erklärungen, welche die Aufgabe des Eigentums an einem Grundstücke (§ 928 B.G.B) und die Aufgabe eines Rechts betreffen, mit dem ein Grundstück belastet ist. Sie erstreckt sich insbesondere nicht auf die Löschungserklärungen. Die Einsicht ist übrigens auch in diesen Fällen zu pflegen, wenn die Beteiligten es wünschen oder wenn ein besonderer Anlaß dazu besteht.

Die Verpflichtung erstreckt sich ferner der Natur der Sache nach bei der Beurkundung von Erklärungen über die Übertragung von Hypotheken, Grundschulden oder Rentenschulden, für welche ein Hypothekenbrief, Grundschuldbrief oder Rentenschuldbrief ausgestellt ist, nicht weiter als auf die Einsicht des Briefs.

Gemeint ist natürlich der Hypothekenbrief des neuen Rechts, § 555 D.A.

§ 92. In der Verpflichtung zur Einsicht des Grundbuchs und des Hypothekenbuchs liegt auch die Verpflichtung zur Einsicht derjenigen Beilagen, auf welche zur Ergänzung des Inhalts einer Eintragung im Buche Bezug genommen ist, sowie die Verpflichtung zur Einsicht der noch nicht erledigten Eintragungsanträge.

Der Notar wird daher bei der Einsicht des Buchs sich zu vergewissern haben, ob unerledigte Eintragungsanträge vorliegen, welche die in Frage stehenden Grundstücke oder Rechte betreffen.

§ 93. Der Notar soll das Grundbuch oder Hypothekenbuch womöglich persönlich einsehen. Ist ihm dies nach den Umständen anderer Geschäfte halber oder wegen sonstiger Verhinderung nicht möglich, so kann er — ohne Minderung seiner Verantwortlichkeit — die Einsichtnahme durch einen in seinem Notariate beschäftigten geprüften Rechtspraktikanten und unter bestimmten Voraussetzungen auch durch einen in seinen Diensten stehenden nichtrechtskundigen Notariatsgehilfen bewirken lassen.

Nichtrechtskundige Notariatsgehilfen, welche zur Einsicht des Grundbuchs verwendet werden sollen, müssen das achtzehnte Lebensjahr überschritten haben und mindestens ein Jahr in einem Notariate verwendet gewesen sein.

Will der Notar einen geprüften Rechtspraktikanten oder einen nichtrechtskundigen Notariatsgehilfen ein für allemal zur Vornahme der Buchseinsicht an seiner statt ermächtigen, so hat er dies dem Landgerichtspräsidenten und dem beteiligten Amtsgerichte anzuzeigen und für die Vorstellung dieses seines Stellvertreters bei dem Hypothekenbeamten Sorge zu tragen. Überträgt er die Buchseinsicht nur im einzelnen Falle, so hat er eine entsprechende Sondervollmacht auszustellen.

Dem Präsidenten des Landgerichts ist es vorbehalten, wenn er gegen die Verwendung einer Person zur Buchseinsicht Bedenken trägt, diese Verwendung von Dienstaufsichtswegen zu untersagen. Der Hypothekenbeamte oder Grundbuchbeamte kann, wenn er Anhaltspunkte für die Annahme eines Mißbrauchs hat — vorbehaltlich des Rechts des Notars zur Beschwerde an den Landgerichtspräsidenten — den vom Notar mit der Buchseinsicht Betrauten vorläufig zurückweisen.

Das Staatsministerium der Justiz behält sich vor, wenn ein Notariat sich nicht am Sitze eines Amtsgerichts befindet, in einzelnen Ausnahmefällen zu gestatten, daß der Notar zur Bewirkung der Buchsaufsicht und Übermittelung der Ergebnisse der Einsicht sich der Hilfe eines im Hypotheken- oder Grundbuchamte verwendeten Kanzleigehilfen bedient.

Vgl. auch § 538 D.A.

§ 94. Die Einsicht eines Auszugs an Stelle der Einsicht des Buches selbst ist mit der Beschränkung gestattet, daß der Auszug in jüngster Zeit ausgestellt oder berichtigt sein muß.

Eine Bestimmung des Begriffs jüngste Zeit ist im Gesetze nicht gegeben. Der Notar hat also nach pflichtmäßigem Ermessen zu verfahren. Er wird annehmen können, daß der Auszug noch gebraucht werden kann, wenn nach den Umständen das Dazwischenkommen einer Änderung in der seit der Ausstellung oder Richtigstellung verflossenen Zeit als unwahrscheinlich betrachtet werden muß. Je nach Lage der Verhältnisse kann hiernach ein vor einer größeren Zahl von Tagen ausgestellter oder berichtigter Auszug noch als in jüngster Zeit ausgestellt betrachtet werden. Immer aber wird der Auszug als in jüngster Zeit ausgestellt oder berichtigt zu gelten haben, wenn seit seiner Ausstellung oder Berichtigung nicht mehr Zeit verflossen ist, als dem ordentlichen Verlaufe nach zur Übermittelung an die Beteiligten und von diesen an das Notariat nötig war.

Zur Erfüllung des Erfordernisses der Richtigstellung des Auszuges bedarf es nicht unbedingt einer förmlichen Bestätigung des Hypothekenamts oder Grundbuchamts auf dem Auszuge selbst. Es kann auch eine auf telegraphischem oder telephonischem Wege erholte Auskunft darüber, ob seit der Ausstellung oder Richtigstellung Aenderungen vorgekommen sind, genügen. Anfragen dieser Art sollen jedoch nur dann gestellt werden, wenn es durch die Dringlichkeit und Wichtigkeit der Sache gerechtfertigt wird.

1. Telegraphische oder telephonische Auskunft, Entschl. vom 20. April 1901 (Gen. S. 44).
2. Erteilung schriftlicher Aufschlüsse seitens der Grundbuchämter, §§ 543, 556 D.A.

§ 95. Der Notar soll in der Urkunde feststellen, daß er das Grundbuch oder Hypothekenbuch oder einen Auszug daraus eingesehen hat und im letzteren Falle auch angeben, wann die Ausstellung oder die letzte Richtigstellung dieses Auszugs stattgefunden hat. Hat er die Einsicht unterlassen, was nur im Notfalle geschehen darf, so soll er die Unterlassung und deren Grund feststellen.

Zeigt sich bei der Einsichtnahme ein Widerspruch zwischen dem Buchinhalt und dem beabsichtigten Geschäft und bestehen die Beteiligten trotz der Mitteilung hiervon auf der Vornahme der Beurkundung, so soll der Notar, wenn er nicht Grund zur Verweigerung seines Dienstes zu haben glaubt, den Widerspruch, die Mitteilung davon an die Beteiligten und deren Beharren auf der Vornahme in der Urkunde feststellen.

Die Feststellungen sollen unbeschadet ihrer Deutlichkeit so kurz wie möglich und so gefaßt sein, daß sie im Texte der Urkunde nicht störend wirken.

Nachträgliche Feststellung der Einsicht, Entschl. vom 24. Juli 1901 (Gen. S. 52).

Amtssprache, Dolmetscher. Verhandlungen mit Personen, die körperlich behindert sind.

§ 96. Die notariellen Urkunden sollen in deutscher Sprache errichtet werden. Eine Ausnahme hiervon darf nur im Falle des § 2245 des Bürgerlichen Gesetzbuchs bei der Errichtung von Testamenten stattfinden.

(Notariatsgesetz Art. 25 Abs. 1 Satz 2, Gesetz über die Angelegenheiten der freiwilligen Gerichtsbarkeit § 175).

§ 2245 B.G.B.: Errichtung eines fremdsprachlichen Testamentes ohne Zuziehung eines Dolmetschers.

§ 97. Sollen abgesehen von dem Falle des § 2245 B.G.B. — rechtsgeschäftliche oder andere — Erklärungen einer Person beurkundet werden, die angibt, der deutschen Sprache nicht mächtig zu sein, so soll der Notar diese Angabe im Protokoll feststellen und, wenn er nicht selbst die fremde Sprache beherrscht, einen beeidigten Dolmetscher beiziehen.

Die Beeidigung des Dolmetschers erfolgt, wenn derselbe nicht für Übertragungen der betreffenden Art im allgemeinen beeidigt ist, in welchem Falle er lediglich unter Berufung auf den geleisteten Eid überträgt, und wenn auch nicht von den Beteiligten auf seine Beeidigung verzichtet wird.

(§ 191 des Gerichtsverfassungsgesetzes, § 179 des Gesetzes über die Angelegenheiten der freiwilligen Gerichtsbarkeit, Notariatsgesetz Art. 31)

auf Ersuchen des Notars durch das Amtsgericht.

Das Protokoll ist dem der deutschen Sprache nicht mächtigen Beteiligten durch den Dolmetscher, oder, wenn ein Dolmetscher nicht zugezogen worden ist, durch den Notar in der fremden Sprache vorzutragen und hat die Feststellung zu enthalten, daß dies geschehen ist.

1. Gebühr des Dolmetschers, Art. 81 N.G.O.
2. Bezugnahme auf fremdsprachliche Schrift, § 98.

§ 98. Nehmen die Beteiligten im Falle des § 97 auf eine in der fremden Sprache abgefaßte Schrift in ihrer Erklärung Bezug, so soll diese Schrift samt einer von dem Dolmetscher, oder wenn ein solcher nicht beigezogen ist, von dem Notar gefertigten deutschen Übersetzung dem Protokoll als Anlage beigefügt werden. Im Protokoll soll die Beifügung der Schrift und der Übersetzung festgestellt werden.

§ 99. Ist ein bei der Beurkundung einer Erklärung Beteiligter stumm oder sonst am Sprechen verhindert und auch zu einer schriftlichen Verständigung nicht im stande, was im Protokoll festzustellen ist, so hat der Notar stets einen vereideten Dolmetscher beizuziehen.

Die Beiziehung des Dolmetschers darf auch dann nicht unterbleiben, wenn der Notar glauben würde, selbst sich durch Zeichensprache mit dem Beteiligten verständigen zu können.

Auf die Beeidigung des Dolmetschers, für welche im übrigen § 97 Abs. 2 maßgebend ist, kann nicht verzichtet werden.

(§ 178 des Gesetzes über die Angelegenheiten der freiwilligen Gerichtsbarkeit, Notariatsgesetz Art. 31.)

§ 100. Als Dolmetscher dürfen, wenn es sich um die Beurkundung von Rechtsgeschäften handelt, solche Personen nicht beigezogen werden, welche als Geschäftszeugen nicht beigezogen werden sollen.

(Gesetz über die Angelegenheiten der freiwilligen Gerichtsbarkeit § 180, Bürgerliches Gesetzbuch § 2244 Abs. 1.)

§ 101. Ist ein bei der Beurkundung einer Erklärung Beteiligter stumm oder sonst am Sprechen behindert, schriftliche Verständigung mit ihm jedoch möglich, so hat der Notar zu dem Geschäft einen zweiten Notar oder zwei Zeugen zuzuziehen.

Das Gleiche gilt für den Fall, daß ein Beteiligter taub ist. Dem tauben Beteiligten soll das Protokoll zur Durchsicht vorgelegt werden, auch wenn er es nicht verlangt. Im Protokolle soll festgestellt werden, daß die Vorlegung geschehen ist.

(Gesetz über die Angelegenheiten der freiwilligen Gerichtsbarkeit § 169, Notariatsgesetz Art. 29 Abs. 1, Art. 31.)

1. Gebühr der Zeugen, § 80 N.G.O.
2. Gebühr des zweiten Notars, § 79 N.G.O.
3. Keine Zuziehung von Zeugen bei bloßen Beglaubigungen, § 207.
4. Eigenschaften der Geschäftszeugen, § 107—110.
5. Eigenschaften des zweiten Notars, § 116.
6. Mitwirkung bei Beschaffung der Zeugen, § 111.

§ 102. Ist ein bei der Beurkundung einer Erklärung Beteiligter taub und außerdem nicht im stande, Geschriebenes zu lesen, so soll — unbeschadet der Notwendigkeit der Zuziehung eines zweiten Notars oder zweier Zeugen — zur Verständigung mit ihm eine Vertrauensperson zugezogen werden. Als Vertrauensperson kann auch der zugezogene zweite Notar oder einer der zugezogenen Zeugen oder ein etwa aus sonstigen Gründen zugezogener Dolmetscher dienen.

Die Auswahl der Vertrauensperson ist dem pflichtmäßigen Ermessen des Notars überlassen. Die für Zeugen und Sachverständige erforderlichen Eigenschaften braucht die Vertrauensperson nicht zu besitzen.

Im Protokolle soll festgestellt werden, daß der Beteiligte nach der Überzeugung des Notars die Vertrauensperson verstanden hat.

(Gesetz über die Angelegenheiten der freiwilligen Gerichtsbarkeit § 169, Notariatsgesetz Art. 29 Abs. 2, Art. 31.)

1. Gebühr der Vertrauensperson, § 80 N.G.O., des Dolmetschers § 81 a. a. O.
2. Keine Zuziehung des Notars, für den das Amt verwest wird, als „zweiter Notar", § 310 Abs. 2.

§ 103. Ist ein bei der Beurkundung einer Erklärung Beteiligter taubstumm, so ist, je nachdem eine schriftliche Verständigung mit ihm möglich ist oder nicht, nach § 99 oder nach § 101 zu verfahren.

§ 104. Ist ein bei der Beurkundung einer Erklärung Beteiligter blind, so hat der Notar einen zweiten Notar oder zwei Zeugen beizuziehen.

(Gesetz über die Angelegenheiten der freiwilligen Gerichtsbarkeit § 169, Notariatsgesetz Art. 31.)

§ 105. Ist ein bei der Beurkundung einer Erklärung Beteiligter des Lesens und Schreibens unkundig, so bedarf es deshalb allein zur Beurkundung keiner anderen als der gewöhnlichen Form. Erklärt der Beteiligte, daß er auch seinen Namen zum Zwecke der Beisetzung der Unterschrift nicht schreiben könne, so ist, wenn es sich um die Beurkundung von Rechtsgeschäften handelt, diese Erklärung im Protokolle festzustellen, und es ist bei der Vorlesung und Genehmigung ein Zeuge zuzuziehen, wenn nicht schon gemäß § 169 des Gesetzes über die Angelegenheiten der freiwilligen Gerichtsbarkeit ein zweiter Notar oder zwei Zeugen zugezogen sind.

(Gesetz über die Angelegenheiten der freiwilligen Gerichtsbarkeit § 177.)

Bei der Beurkundung von nichtrechtsgeschäftlichen Erklärungen bedarf es dieser Formen nicht. Dem Notar bleibt es jedoch überlassen, wenn es ihm der Wichtigkeit der Sache angemessen erscheint, mit Zustimmung der Beteiligten die gleichen Formen einzuhalten wie bei der Beurkundung von Rechtsgeschäften.

1. Vgl. auch § 167.
2. Zuziehung nur eines Schreibzeugen bei zwei schreibensunfähigen Beteiligten, Entschl. vom 8. März 1902 (Gen. S. 64).

Geschäftszeugen.

§ 106. Abgesehen von den Fällen der §§ 101, 102, 103, 104, 105 ist die Zuziehung zweier Geschäftszeugen oder eines zweiten Notars unbedingt erforderlich

nach § 2233 des Bürgerlichen Gesetzbuchs für die Beurkundung der Testamentserrichtung und nach § 2276 des Bürgerlichen Gesetzbuchs für die Beurkundung eines Erbvertrags, wenn dieser nicht zwischen Ehegatten oder zwischen Verlobten geschlossen und mit einem Ehevertrag in derselben Urkunde verbunden wird.

§ 107. Als Geschäftszeuge darf nicht beigezogen werden, wer minderjährig, wer nicht im Besitze der bürgerlichen Ehrenrechte, wer nach den Bestimmungen der Strafgesetze unfähig ist, als Zeuge eidlich vernommen zu werden.

(Gesetz über die Angelegenheiten der freiwilligen Gerichtsbarkeit § 173 Nr. 1, 2, 3, Notariatsgesetz Art. 31, Bürgerliches Gesetzbuch § 2237 Nr. 1, 2, 3.)

§ 108. Als Geschäftszeuge darf ferner nicht beigezogen werden:

bei der Beurkundung von Rechtsgeschäften:

1. wer bei der Errichtung einer Urkunde als Beteiligter selbst auftritt oder durch einen andern vertreten ist, sowie derjenige, zu dessen Gunsten in der Urkunde eine Verfügung getroffen wird;
2. wer mit einer der nach Nr. 1 ausgeschlossenen Personen oder mit dem Notar verheiratet ist oder verheiratet war;

wer mit einer der nach Nr. 1 ausgeschlossenen Personen oder mit dem Notar in gerader Linie oder im zweiten Grade der Seitenlinie verwandt oder verschwägert ist,

bei der Beurkundung von Erklärungen überhaupt:

wer als Gesinde oder Gehilfe im Dienste des Notars steht. (Gesetz über die Angelegenheiten der freiwilligen Gerichtsbarkeit § 170, 171, 172, 173 Nr. 4, Notariatsgesetz Art. 31, Bürgerliches Gesetzbuch §§ 2234, 2235, 2236, 2237 Nr. 4.)

§ 109. Als Zeugen dürfen endlich solche Personen nicht beigezogen werden, welche zur Wahrnehmung der Vorgänge wegen körperlicher oder geistiger Gebrechen unfähig sind, sowie solche Personen, welche das Protokoll zu unterschreiben nicht im stande sind.

Personen, welche der deutschen Sprache nicht mächtig sind, können als Geschäftszeugen beigezogen werden; der Notar soll ihnen die Verhandlungen und die Erklärungen der Beteiligten in ihrer Sprache vortragen oder durch den Dolmetscher vortragen lassen. Ist dies nicht möglich, so soll von ihrer Zuziehung als Geschäftszeugen abgesehen werden.

§ 110. Frauen und Ausländer, denen keiner der in den §§ 107, 108, 109 genannten Hinderungsgründe entgegensteht, können als Geschäftszeugen zugezogen werden.

§ 111. Die Sorge für die Beischaffung der zuzuziehenden Zeugen obliegt zunächst den Beteiligten. Der Notar soll ihnen dabei behiflich sein und nötigenfalls die Beischaffung der Zeugen selbst bewirken.

Ein Zwang zum Erscheinen als Geschäftszeuge ist ausgeschlossen, eine förmliche Ladung nicht erforderlich.

§ 112. Der Notar hat zu prüfen, ob die zuzuziehenden Zeugen die vom Gesetze verlangten und vorausgesetzten Eigenschaften besitzen. Unter den mehreren als Zeugen sich darbietenden Personen hat er eine geeignete Auswahl zu treffen.

Hierzu ist erforderlich, daß der Notar die Zuzuziehenden entweder kennt oder doch sich von ihrer Persönlichkeit zuverlässig überzeugt. Eine ausdrückliche Identitätsfeststellung ist gesetzlich nicht vorgeschrieben, jedoch rätlich.

§ 113. Ob die zuzuziehenden Zeugen zu den Beteiligten in einer nach § 108 ihre Mitwirkung hindernden Beziehung stehen, wird der Notar durch Nachfrage bei den Zeugen und Beteiligten ermitteln können; das Gleiche gilt vom Alter der Zeugen und den in § 109 geforderten Eigenschaften, sofern hierüber nach dem Augenschein ein Zweifel sein kann.

Anfragen über den Besitz der bürgerlichen Ehrenrechte und die Eidesfähigkeit zu stellen, wird der Notar soviel wie möglich vermeiden müssen. Es wird seine Sache sein, möglichst solche Zeugen zu wählen, bei denen eine solche Anfrage nicht nötig ist.

Einer ausdrücklichen Feststellung des Vorhandenseins der erforderlichen Zeugeneigenschaften im Protokolle bedarf es nach dem Gesetze nicht.

§ 114. Bei der Auswahl unter den nach dem Gesetze tauglichen Zeugen soll der Notar mit wohlbemessener Rücksicht auf die Wichtigkeit des Geschäfts und die Verhältnisse der Beteiligten verfahren.

Er soll insbesondere nicht unterschiedslos und gewohnheitsmäßig stets die gleichen Personen als Geschäftszeugen zuziehen.

§ 115. Wollen in einem Falle, wo das Gesetz die Zuziehung von Zeugen nicht vorschreibt, die Beteiligten freiwillig solche zuziehen und überlassen sie deren Auswahl dem Notar, so soll dieser hierbei in gleicher Weise wie bei der Auswahl gesetzlich erforderlicher Zeugen verfahren.

Wollen jedoch in solchem Falle die Beteiligten bestimmte Personen als Zeugen zuziehen, so können diese auch ohne Rücksicht auf das Vorhandensein der gesetzlichen Eigenschaften zugelassen werden.

§ 116. Als zweiter Notar darf bei der Beurkundung von Rechtsgeschäften nicht zugezogen werden:

1. Wer bei der Errichtung der Urkunde als Beteiligter selbst auftritt oder durch einen anderen vertreten ist;
2. der Ehegatte einer bei der Errichtung der Urkunden Beteiligten oder Vertretenen, auch wenn die Ehe nicht mehr besteht;
3. wer mit einem bei der Errichtung der Urkunde Beteiligten oder Vertretenen oder mit dem beurkundenden Notar in gerader Linie oder im zweiten Grade der Seitenlinie verwandt oder verschwägert ist;
4. derjenige, zu dessen Gunsten in der Urkunde eine Verfügung getroffen wird;
5. derjenige, welcher mit einer Person, zu deren Gunsten in der Urkunde eine Verfügung getroffen wird, verheiratet oder in gerader Linie oder im zweiten Grade der Seitenlinie verwandt oder verschwägert ist.

(Gesetz über die Angelegenheiten der freiwilligen Gerichtsbarkeit § 170, 171, 172, Bürgerliches Gesetzbuch §§ 2234, 2235, 2236.)

§ 117. Auf den Fall der freiwilligen Zuziehung eines zweiten Notars finden die Vorschriften des § 115 entsprechende Anwendung.

Äußere Form der Urkunden.

§ 118. Der Notar soll zu seinen Urkunden und Akten nur ganz haltbares weißes Papier von dem vorgeschriebenen Formate (33 Zentimeter Höhe und 21 Zentimeter Breite des halben Bogens) verwenden.

Das Gleiche gilt für die von ihm ausgehenden Mitteilungen, Anzeigen, Anträge an andere Behörden und für seine Berichte an die vorgesetzte Stelle.

Das Format des Papiers für die gewöhnliche amtliche Korrespondenz mit den Beteiligten ist dem Ermessen des Notars freigegeben. Das Gleiche gilt bis auf weiteres für das Format der Bücher und Register, welche der Notar zu führen hat.

1. Vgl. Art. 36 N.G. die Anmerkungen dazu, S. 116ff.
2. Schreibweise im innern Dienst, Bekanntm. vom 28. April 1901 (J.M.Bl. S. 363).

§ 119. Neben dem Texte der Urkunden soll ein etwa 7 Zentimeter breiter Rand für Berichtigungen und Verweisungen frei bleiben.

Der Rand soll stets nach der Mitte des Bogens hin frei gelassen werden, so daß er sich auf den ersten, dritten, fünften und den weiteren ungeraden Seiten links, auf den übrigen Seiten rechts vom Texte befindet.

Auf den Rand darf keine weitere Urkunde gesetzt werden.

§ 120. Die notariellen Urkunden sollen in der Regel handschriftlich mit haltbarer schwarzer Tinte hergestellt werden.

Die Benützung der Schreibmaschine ist untersagt, ebenso die Verwendung von Stempeln zum Aufdrucken von Beglaubigungsvermerken.

Ausnahmen von der handschriftlichen Herstellung der Urschrift, § 122, 123, 124.

§ 121. Zur Herstellung von Abschriften und Ausfertigungen ist die Verwendung des Buchdrucks, der Autographie und der Lithographie unter der Voraussetzung der vollständigen Lesbarkeit und Haltbarkeit gestattet.

Herstellung von für das Grundbuchamt bestimmten Abschriften und Auszügen durch mechanische Vervielfältigung jeder Art, also auch wohl durch Schreibmaschinen, § 556 D.A.

§ 122. Es ist gestattet, den Text einer notariellen Urkunde vor der Verhandlung so vorzubereiten, daß er in der Verhandlung nur mehr der handschriftlichen Ergänzung in einzelnen Punkten und der Unterfertigung bedarf.

Kann der Text einer bestimmten Urkunde schon vor der Verhandlung so genau festgestellt und vorbereitet werden, daß es in der Verhandlung nur mehr der Beifügung des Datums, der Unterschriften und des Siegels bedarf, so ist für den Fall des Bedürfnisses die Verwendung des Buchdrucks, der Autographie und der Lithographie auch für die Herstellung der Urschrift gestattet.

§ 123. Zu den Urschriften einzelner Arten von notariellen Urkunden, welche häufig vorkommen und mit geringen Abweichungen stets denselben Inhalt haben, wie Vollmachten, Wechselproteste, Urkunden über Darlehen von Banken und Sparkassen, dürfen geschriebene, gedruckte, autographierte und lithographierte Formulare, letztere soferne sie ebenso gut lesbar und haltbar sind wie die handschriftlich hergestellten, verwendet werden.

Formulare, worin eine Unzahl von Klauseln, welche nur in einzelnen Fällen zutreffen, zu dem Zwecke aufgenommen ist, um die Verwendung in allen möglichen Fällen zu gestatten, sollen nicht benützt werden.

Den Dienstaufsichtsbehörden bleibt es jederzeit vorbehalten, die Weiterverwendung unzweckmäßiger Formulare zu untersagen.

§ 124. Es ist allgemein zulässig, zu den Urschriften, Ausfertigungen und Abschriften, geschriebene, gedruckte, autographierte oder lithographierte Formulare zu verwenden, in denen lediglich der Eingang der Urkunde und auf dem Rande die vorgeschriebenen Vermerke über die Einträge in die Register, die Erteilung von Ausfertigungen und dergl. vorgesehen sind (Kopfbögen).

§ 125. Bei der Verwendung von vorbereiteten Entwürfen und von Formularen haben die Notare strengstens darauf zu achten, daß nicht zu Gunsten der Aufrechterhaltung des Entwurfs oder der Verwendbarkeit des Formulars der Wille der Beteiligten irgendwie beeinflußt wird.

§ 126. Im inneren Dienste und zur Korrespondenz mit anderen Beamten und Behörden oder mit Privaten ist die Verwendung mechanischer Mittel zur Herstellung des Textes und die Verwendung von Formularen unter der Voraussetzung der Lesbarkeit und Haltbarkeit ohne weitere Beschränkung gestattet.

Verwendung von Schreibmaschinen im inneren Dienst, s. § 11 der Bekanntm. vom 25. April 1901 (J.M.Bl. S. 363).

§ 127. Die Verwendung von Formularen und Entwürfen ist in allen Fällen zu unterlassen, wo die notwendigen Änderungen und Zusätze eine unziemliche Verunstaltung der Urkunde oder des Schriftstücks zur Folge haben würden.

§ 128. Lücken sollen im Texte der Notariatsurkunden nicht willkürlich, sondern nur da gelassen werden, wo es der Übersichtlichkeit wegen, z. B. zur Bildung von Absätzen, erforderlich ist oder wo es sich wegen der Benützung von Formularen nicht umgehen läßt.

§ 129. Die in den notariellen Urschriften, Ausfertigungen, beglaubigten Abschriften gelassenen Lücken, sollen durch Füllstriche gegen nachträgliche Einschaltungen gesichert werden.

Wo nach den Umständen auch ohne Anbringung von Füllstrichen jede nachträgliche Einschaltung sofort als solche auffallen müßte, kann die Anbringung unterlassen werden.

§ 130. Die Füllstriche müssen nicht stets wagrecht laufen, sondern können, insbesondere bei größeren Lücken, auch senkrecht oder schräg gezogen werden, wenn sie nur so eingerichtet sind, daß nachträgliche Einschaltungen nicht erfolgen können, ohne als solche aufzufallen.

Berichtigungen.

§ 131. Werden bei der Errichtung von Urkunden Berichtigungen des Textes notwendig, so sollen sie so vollzogen werden, daß deutlich ersichtlich ist wie der Text vor der Aenderung gelautet hat und wie er richtig lauten soll. Es darf deshalb nichts ausgeschabt oder sonst unleserlich gemacht und nichts so ausgestrichen werden, daß der ursprüngliche Text nicht mehr erkannt werden kann. Verboten ist ferner das Einschalten durch Schreiben über einer Zeile oder zwischen den Zeilen, das Ueberschreiben von Buchstaben und Worten in der Zeile und das Einschieben in zufällige Lücken.

1. Berichtigungen in den Registern, § 84.
2. Unbeachtlichkeit offenbarer Versehen in den Urkunden für deren Vollzug, Oberst. G.H., Beschl. vom 25. November 1905 (Sammlung Bd. 6 S. 681).
3. Entsprechende Anwendung der §§ 131—137 auf die Protokolle bei den Grundbuchämtern, § 89 II D.A.

§ 132. Bei der Berichtigung des Textes soll unzweideutig ersichtlich sein, daß die Personen, welche die Urkunde zu genehmigen hatten, auch mit der Anbringung der Berichtigung einverstanden gewesen sind.

Wird im Verlaufe der Urkunde eine Berichtigung in der Art angebracht, daß ein falsches Wort oder eine falsche Zahl unmittelbar darauf unter Beifügung eines erklärenden Zwischenwortes durch das Richtige ersetzt wird

z. B. „vierzehn", lies „fünfzehn"

so gilt diese Änderung als durch die am Schlusse der Urkunde sich findende Billigung der ganzen Urkunde mitgenehmigt und bedarf deshalb keiner besonderen Genehmigung. Wird in dieser Weise eine Mehrzahl von Worten berichtigt, so empfiehlt es sich, die ersetzten Worte samt dem Erklärungsworte der Deutlichkeit halber einzuklammern. Eine größere Zahl von Worten, ein ganzer Satz oder Abschnitt soll nicht in dieser Weise, sondern eher durch Ausstreichen berichtigt werden.

§ 133. Werden im Texte der Urkunde Worte ausgestrichen, so soll dies daneben am Rande der Urkunde oder am Schluß der Urkunde im Texte selbst genehmigt werden.

Der Wortlaut der Genehmigung muß genau ersehen lassen, was als ungiltig ausgestrichen ist.

Es soll deshalb angegeben werden, wie viele Worte oder wie viele ganze Zeilen oder wie viel Zeilen und Worte gestrichen sind.

Wenn die Genehmigung der Streichung am Schlusse der Urkunde erfolgt, soll dabei außerdem angegeben sein, auf welche Seite und in welcher Zeile die Streichung stattgefunden hat; am Rande neben der Streichung soll auf die am Schlusse befindliche Genehmigung verwiesen werden, z. B.

„Genehmigung der Streichung siehe am Schlusse."

Die gestrichenen Worte brauchen, sofern nicht ein besonderer Anlaß dafür besteht, bei der Genehmigung nicht wiederholt zu werden.

Erfolgt die Genehmigung der Streichung am Rande, so ist die Genehmigungsbemerkung von denjenigen Personen zu unterschreiben, welche die Urkunde selbst zu unterschreiben haben.

§ 134. Sollen ausgelassene Worte in den Text der Urkunde eingesetzt werden, so kann dies unter Anbringung von Auslassungszeichen neben dem Texte am Rande oder unter einer entsprechenden Verweisung am Rande auch am Schlusse der Urkunde vor den Unterschriften geschehen.

Geschieht die Beisetzung am Rande, so soll unmittelbar darauf die Genehmigungsbemerkung folgen, in welcher anzugeben ist, wie viele Worte dem Texte zugesetzt werden. Die Genehmigungsbemerkung ist ebenso zu unterschreiben wie bei der Streichung.

Verweisung auf die an späterer Stelle der Urkunde kommende Persönlichkeitsfeststellung, § 164.

§ 135. Ist eine Änderung offenbar unwesentlich und geringfügig, z. B. Durchstreichung eines Wortes, das aus Versehen zweimal hintereinander geschrieben wurde (und und), Ersetzung eines nach den Regeln der Rechtschreibung falschen Buchstabens durch einen anderen und dergleichen, so bedarf es keiner besonderen Genehmigung der Änderung.

Keine Berücksichtigung solch unwesentlicher oder geringfügiger Änderungen bei Herstellung beglaubigter Abschriften von anderen als notariellen Urkunden, § 217.

§ 136. Zeigt sich die Notwendigkeit der Berichtigung des Textes eines Protokolls erst nach Schluß der Verhandlung und nach Abschluß des Protokolls, so ist über die Berichtigung eine Nachtragsurkunde aufzunehmen, welche im unmittelbaren Anschlusse an die Haupturkunde geschrieben werden soll und nicht in Form eines Protokolls errichtet zu werden braucht.

Diese nachträgliche Berichtigung ist von denselben Personen zu unterschreiben, wie die Haupturkunde und soll mit Datum, Unterschrift des Notars und Amtssiegel versehen sein.

Die Vorschrift des Abs. 1 findet keine Anwendung auf die Fälle, in denen es sich nicht um die Berichtigung eines Versehens im Protokolle, sondern um eine nachträgliche Änderung des Willens der Beteiligten handelt.

In diesen Fällen sind besondere Protokolle aufzunehmen.

§ 137. Ist in einem Protokolle von dem Notar versehentlich die Identitätsfeststellung unterlassen worden, so kann diese in einem Nachtrage zum Protokolle nachgeholt werden. Dieser Nachtrag bedarf der Unterschrift der Beteiligten nicht, ist aber von dem Notar mit dem Datum, Siegel und Unterschrift zu versehen.

Identitätsfeststellung, § 75.

Abkürzungen.

§ 138. In notariellen Urkunden sind nur solche Abkürzungen zulässig, welche im täglichen Verkehr üblich und weder im allgemeinen noch nach den Umständen des gegebenen Falles einem Mißverständnisse ausgesetzt sind, wie z. B.

K., Kgl., Königl. für königlich, K. B. für Königlich Bayerisch, Nr. für Nummer, Pl.Nr. für Plannummer u. dergl.

Abkürzungen sollen ferner nur in den Fällen angewendet werden, wo sie auch im täglichen Leben regelmäßig gebraucht werden.

Soweit für die Bezeichnung von Münzen, Maßen und Gewichten bestimmte Abkürzungen vorgeschrieben sind, sollen diese gebraucht werden. Vgl. Ges. u. V.Bl. 1877 S. 527, 1897 S. 243, Just. M.Bl. 1874 S. 275, 1884 S. 35.

1. Vgl. die Ausführungen oben S. 123.
2. Abkürzungen in den grundbuchamtlichen Protokollen, § 238 II D.A.

Zahlen.

§ 139. Zahlen sollen in den notariellen Urkunden mit Ziffern geschrieben werden, soweit dies im allgemeinen Verkehr üblich ist.

Besonders wichtige Zahlen sollen außer mit Ziffern auch mit Buchstaben geschrieben und, wo es nach den Umständen angeht, noch dadurch hervorgehoben werden, daß sie in ihrer Bezeichnung mit Ziffern und mit Buchstaben je in eine eigene, sonst freie Zeile gesetzt werden.

Besonders wichtige Zahlen, § 141.

§ 140. Der Uebersichtlichkeit der Urkunden wegen dürfen trotz ihrer Wichtigkeit ausschließlich mit Ziffern geschrieben werden:

1. Die Haus- und Katasternummern, Plannummern und Flächenangaben bei der Bezeichnung und Beschreibung von Grundstücken;
2. die Einzelaufzählungen und Einzelansätze (nicht die Gesamtergebnisse) bei Vermögens- und Massenverzeichnissen, Rechnungen und Berechnungen, Schätzungen, Teilungen, Liquidationen, dann die Meistgebote bei der Versteigerung von beweglichen Gegenständen;
3. Zahlenangaben, welche in ein und derselben Urkunde sich wiederholen, wenn sie bei ihrer erstmaligen Aufführung mit Ziffern und Buchstaben geschrieben worden sind.

§ 141. Als besonders wichtige Zahlen sollen immer gelten:

1. Die Zahlen des Datums der Urkunde;
2. die Schuldsummen in Schuldurkunden, die Kaufsummen in Kaufurkunden, und in anderen Urkunden die Summen, welche für diese dieselbe Bedeutung haben, wie die Kaufsummen und Schuldsummen für die Kauf- und Schuldurkunden;

3. die Zahlen, welche die Zeit der Fälligkeit einer Verbindlichkeit bezeichnen (Kündigungstermine, Zahlungstermine).

1. Schreibweise der Zahlen, § 139.
2. Schreibweise des Datums bei Beglaubigungen, § 143.
3. Schreibweise der sich wiederholenden Zahlen, § 140³.

§ 142. Die Zahlen, welche zur Bezeichnung von in Bezug genommenen Gesetzen, Verordnungen, Entschließungen, öffentlichen und sonstigen Büchern, öffentlichen und sonstigen Urkunden oder von Stellen in solchen dienen, dürfen ausschließlich mit Ziffern geschrieben werden.

§ 143. Wird das Datum der Errichtung einer Urkunde nicht, wie bei Protokollen im Text aufgeführt, sondern, wie bei Beglaubigungen an den Schluß der Urkunde gesetzt, so genügt es, wenn dasselbe nur mit Buchstaben geschrieben wird.

§ 144. Es bleibt den Notaren überlassen, in Fällen, wo nach den vorstehenden Vorschriften Zahlen ausschließlich mit Ziffern geschrieben werden dürfen, aus besonderen Gründen die Zahlenangabe in Buchstaben an die Stelle der Angabe in Ziffern oder neben dieselbe zu setzen.

Leserlichkeit, Verständlichkeit, Übersichtlichkeit.

§ 145. Die notariellen Urkunden sollen deutlich und leserlich geschrieben sein. Dies gilt insbesondere auch von der Unterschrift des Notars. Der Notar soll in der Art, wie er seine Unterschrift gibt, nicht willkürlich wechseln, damit nicht Zweifel an der Echtheit der Unterschrift entstehen.

1. Rechtschreibung, Bekanntm. vom 30. Dezember 1902 (J.M.Bl. S. 1109).
2. Familienname des Notars genügend, § 155.

§ 146. Die notariellen Urkunden sollen mit deutschen Buchstaben geschrieben werden. Fremdwörter, welche üblicher Weise nicht mit deutschen Buchstaben geschrieben werden, Familiennamen und Anführungen aus fremden Sprachen können auch in Notariatsurkunden mit lateinischen Buchstaben wiedergegeben werden. Auch können lateinische Buchstaben und römische Ziffern zur Bezeichnung von Abschnitten und Absätzen verwendet werden.

Notarielle Urkunden, die zum Gebrauch außerhalb des deutschen Sprachgebiets bestimmt sind, sollen mit lateinischen Buchstaben geschrieben werden, wenn dies von den Beteiligten gewünscht wird. Der Notar soll, wo es nach den Umständen des Falles veranlaßt ist, die Beteiligten hierüber befragen.

Lateinische Schrift für die Eigennamen im Grundbuch, §§ 205, 344 D.A.

§ 147. Bei der Beurkundung von Angaben oder Verfügungen über Geldsummen hat der Notar die über die Währung geltenden Vorschriften zu beachten.

Es sind daher die Geldbeträge in Reichswährung auszudrücken, auch wenn sie von den Beteiligten dem Notar in einer älteren, nun abgeschafften Währung angegeben werden.

Handelt es sich um eine schon früher unter alter Währung begründete Schuld, so ist nach Maßgabe des Art. 14 § 4 des Münzgesetzes vom 9. Juli 1873 zu verfahren.

Wird die Zahlung einer Schuld in ausländischer Währung vereinbart, so hat der Notar zu ermitteln, ob der Wille der Beteiligten mit den Regeln des § 244 des Bürgerlichen Gesetzbuchs übereinstimmt und andernfalls den abweichenden Willen in der Urkunde festzustellen.

§ 148. Bei der Anführung von Maßen und Gewichten hat der Notar die in den Gesetzen und Verordnungen vorgeschriebenen Bezeichnungen zu gebrauchen und, wenn ihm von den Beteiligten ältere — abgeschaffte — Maße und Gewichte an=

gegeben werden, die für die Angabe einer abgeschafften Währung gegebenen Grundsätze entsprechend anzuwenden.

Angabe des alten Flächenmaßes bei Veräußerung von Teilflächen, Oberst. G.H., Beschl. vom 15. April 1902 (Sammlung Bd. 3 S. 1082).

§ 149. In jeder Urkunde, welche Grundstücke betrifft oder Rechte, welche den Grundstücken gleichstehen, soll die Haus- und Plannummer und, soweit möglich, der Steuerdistrikt und das Katasterfolium angeführt werden.

Ebenso sind nach der Anlegung des Grundbuchs die einschlägigen Stellen des Grundbuchs und in den Landesteilen rechts des Rheins bis dahin die einschlägigen Stellen des Hypothekenbuches anzuführen.

Es ist darauf zu achten, daß die Bezeichnung und Beschreibung in diesen Büchern übereinstimmt.

1. Vgl. auch § 161 und die Anm. dort.
2. Bezeichnung der Grundstücke in der Eintragungsbewilligung, Oberst. G.H., Beschl. vom 27. März 1903 (Sammlung Bd. 4 S. 232); §§ 137, 557, 553, 558 D.A.
3. Angabe des Flächeninhalts, Oberst. G.H., Beschl. vom 14. Februar 1900 (Sammlung Bd. 1 S. 75).
4. Bezeichnung der Grundstücke bei Bestellung von Dienstbarkeiten, Ol. G.H., Beschl. vom 17. August 1901 (Sammlung Bd. 2 S. 558).
5. Bezeichnung von wegveräußerten Teilflächen, s. Beschl. d. Oberst. G.H. bei § 148.
6. Bedeutung der Plannummern mit Buchstaben, Bekanntm. vom 24. Oktober 1901 (J.M.Bl. S. 662, F.M.Bl. S. 525), §§ 171, 295 D.A.
7. Bedeutung der Sternplannummern, Bekanntm. vom 29. Dezember 1902 (J.M.Bl. 1903 S. 2); Oberst. G.H., Beschl. vom 20. März 1903 (Sammlung Bd. 4 S. 221), §§ 175, 297 D.A.

§ 150. Jede notarielle Urkunde (Urschrift, Ausfertigung oder Abschrift) soll, wenn sie mehr als einen Bogen umfaßt, mit fortlaufenden Seitenzahlen bezeichnet werden. Die Seitenzahlen sind in der Mitte des oberen Randes anzubringen.

Jede notarielle Urkunde, welche mehr als einen Bogen umfaßt, ist zu heften. Der Heftfaden ist mit dem Siegel, welches die Urkunde abschließt, verlässig anzusiegeln.

In der gleichen Weise sind Vollmachten und andere Beilagen mit der Urkunde zu verbinden.

Behandlung der Vollmachten als Beilagen, § 82.

§ 151. Die Darstellung in den notariellen Urkunden soll deutlich und verständlich, übersichtlich, kurz und bündig sein.

Fremdwörter, die sich nicht auch im Volke eingebürgert haben, und technische Ausdrücke, die nur dem Fachmanne verständlich sind, endlich übermäßig lange Sätze und verwickelte Satzgefüge sollen vermieden werden.

Bei größeren Urkunden ist es nicht nur gestattet, sondern geboten, den Stoff zweckentsprechend in Absätze zu gliedern, den Absätzen, Überschriften, Nummern oder Paragraphenbezeichnungen zu geben, besonders wichtiges durch eigenartige Stellung, stärkere Schrift oder Unterstreichen hervorzuheben, kurz nach bestem Ermessen alles zu tun, was dazu dienen kann, daß der Leser sich in der Urkunde rasch und sicher zurechtfindet. Es ist ferner gestattet, zu gleichem Zwecke am Rande der Urkunde Vermerke und Verweisungen anzubringen.

Amtliche Schreibweise, § 11 der Bekanntm. vom 28. April 1901 (J.M.Bl. S. 363), aut. Entschl. vom 9. Juli 1905 Nr. 27626.

Bestätigungen und Protokolle.

§ 152. Die notariellen Urkunden haben die Form einfacher Bestätigungen über amtlich wahrgenommene Begebenheiten und Tatsachen, oder die Form von Protokollen d. h. solchen Urkunden, welche bei einer amtlichen Verhandlung über deren Verlauf aufgenommen werden.

Begriff des Protokolls s. oben S. 83.

Gemeinsame Erfordernisse für alle Arten von notariellen Urkunden.

§ 153. Gemeinsame Erfordernisse für beide Arten von notariellen Urkunden sind: die Bezeichnung des Ortes, die Angabe der Zeit der Errichtung, die Unterschrift des Notars und das Amtssiegel. (Notariatsgesetz Art. 25, vgl. auch Gesetz über die Angelegenheiten der freiwilligen Gerichtsbarkeit § 177 Abs. 3, § 183, Abs. 2).

1. Vgl. Art. 25 N.G. und die Anmerkungen dazu (oben S. 80).
2. Besondere Formvorschriften für die Protokolle, § 160ff.

§ 154. Die Bezeichnung der Zeit und des Ortes der Errichtung der Urkunde soll bei Protokollen in den Eingang, sonst an den Schluß der Urkunde gesetzt werden.

Zur Ortsbezeichnung genügt bei Urkunden, die nicht in Protokollform errichtet werden, in der Regel der Ortsname; bei Protokollen soll noch ersichtlich gemacht werden, ob sie an der Amtsstelle oder sonst innerhalb des genannten Ortes aufgenommen worden sind.

Die Zeit der Errichtung der Urkunde soll nach Tag, Monat und Jahr bezeichnet werden.

Schreibweise der Zahlen des Datums, § 141.

§ 155. Die Unterschrift des Notars und das Siegel sollen stets am Schlusse der Urkunde nach den Unterschriften der Beteiligten und der sonst Mitwirkenden beigefügt werden.

Das Unterschreiben mit dem Familiennamen allein genügt für die Unterschrift des Notars. Die Beifügung von Vornamen ist gestattet. Der Notar soll auch in dieser Beziehung bei der Anbringung seiner Unterschrift stets gleichmäßig verfahren. Zur Unterschrift soll in allen Fällen zur Bezeichnung der Amtseigenschaft der Zusatz

„K. Notar“

gemacht werden (Notariatsgesetz Art. 25 Abs. 2).

Das Siegel soll möglichst neben oder unter die Unterschrift des Notars gesetzt werden. Ob das Trockensiegel (Lacksiegel, Oblatensiegel) oder das Farbdrucksiegel (Schwarzdrucksiegel) angewendet werden soll, richtet sich nach dem Bedürfnisse des einzelnen Falles. Wo das Siegel zur Sicherung eines Verschlusses oder zum Festhalten von Schnur und Faden und dgl. benützt werden soll, wird das Trockensiegel zu benützen sein, im übrigen wird das Farbdrucksiegel verwendet werden können. Die Anbringung des Farbdrucks beim Ansiegeln mittels Oblate ist nicht ausgeschlossen.

Andere als die amtlich gelieferten Siegel zur Fertigung von Urkunden zu verwenden, ist dem Notar verboten. Privatsiegel oder Stempel dürfen nicht zur Verwendung kommen.

1. Unterschrift des Verwesers, § 309.
2. Siegel oder Stempel, Bekanntm. vom 2. Oktober 1902 (J.M.Bl. S. 962), § 25 D.A.

§ 156. Allen notariellen Urkunden mit Ausnahme der Beglaubigung von Unterschriften und Handzeichen und der Beglaubigungen unter vorgelegten Abschriften sollen Überschriften gegeben werden, die den Gegenstand kurz bezeichnen, wie „Kaufvertrag“, „Pachtvertrag“, „Testament“, „Versteigerung“, „Schuldbekenntnis“, „Hypothekbestellung“, „Hinterlegungsschein“.

Umständliche Ueberschriften sollen ebenso vermieden werden, wie zu allgemeine (nicht: Vertrag, Verhandlung, Protokoll). Bei Abschriften lautet die Überschrift: „Abschrift“ oder „Beglaubigte Abschrift“, bei Ausfertigungen: „Ausfertigung“ oder „Vollstreckbare Ausfertigung“.

§ 157. Allen Urkunden, die im Geschäftsregister vorgetragen werden, ist die Geschäjsregisternummer voranzustellen.

Sie soll bei den Urkunden, welche eine Ueberschrift haben, oberhalb der Ueberschrift, bei den übrigen Urkunden vor dem Beginne des Textes angebracht werden. Es genügt das abgekürzte Nummerzeichen, z. B. „Nr. 10" oder Gesch. R. Nr. 10".

Aufnahme der Geschäfte nach fortlaufender Nummer im Geschäftsregister, § 33.

§ 158. Bei jeder Urschrift und Ausfertigung einer notariellen Urkunde sind die Kosten, ausgeschieden nach Gebühren und Auslagen des Notars, Gebühren des Staates und Besitzveränderungsabgabe der Gemeinde zu vermerken. Der Vermerk soll auch eine Verweisung auf die Gebührenregister enthalten. Er bedarf keiner Unterzeichnung und keiner Siegelung. Ist bei der Beurkundung von Testamenten, Eheverträgen und Erbverträgen aus dem Inhalte der Urkunde der Wert des Gegenstandes nicht ersichtlich, so soll die vom Notar ermittelte, der Gebührenrechnung zu Grunde gelegte Gegenstandssumme im Gebührenvermerk angeführt werden; ist die Meistgebühr zu erheben, so genügt die Angabe „Meistgebühr."

Der Vermerk soll bei der Beglaubigung von Unterschriften, Handzeichen und vorgelegten Abschriften seitwärts oder unterhalb der Beglaubigung bei allen anderen notariellen Urkunden aber auf dem freien Rande der ersten Seite links neben dem Texte angebracht werden.

Bei der Erteilung von Abschriften notarieller Urkunden genügt die Anführung der auf die Abschrift erwachsenen Kosten, bei Ausfertigungen sind die sämtlichen Kosten, also auch die auf die Beurkundung selbst erwachsenen, aufzuführen.

1. Satz 2 Abs. 1 beruht auf der Bekanntm. vom 5. Juli 1903.
2. Fälligkeit der Meistgebühr bei Eheverträgen, Art. 25 N.G.O., bei Testamenten und Erbverträgen, Art. 27 a. a. O.

§ 159. Es wird dem Notar empfohlen, zum Zwecke der Erleichterung des Auffindens der Urschriften in der Sammlung auf dem Rande der ersten Seite links oben die Zeit der Errichtung kurz zu vermerken und allenfalls auch die Registernummer dort beizufügen.

Besondere Vorschriften für die Protokolle.

§ 160. Die Protokollform ist für notarielle Urkunden die regelmäßige Form.

Sie ist insbesondere unerläßlich für die Beurkundung von Rechtsgeschäften. (Notariatsgesetz Art. 26 Abs. 1; Gesetz über die Angelegenheiten der freiwilligen Gerichtsbarkeit § 175.)

Die Protokollform ist ausgeschlossen für die Beglaubigung von Unterschriften und Handzeichen und von Abschriften. (Gesetz über die Angelegenheiten der freiwilligen Gerichtsbarkeit § 183, Notariatsgesetz Art. 34.)

Die Protokollform ist nicht erforderlich für die Beurkundung von Zustellungen, die Ausstellung von Lebensbescheinigungen und ähnlichen einfachen Zeugnissen.

Hierher gehören insbesondere auch Bestätiguugen über den Inhalt von Urkunden und Akten, Verlassenschaftszeugnisse des älteren Rechts, soweit sie von den Notaren auszustellen sind, Hinterlegungsscheine u. dgl. (Notariatsgesetz Art. 33).

Protokollform auch für die Beurkundung der in Abwesenheit von Beteiligten erfolgenden Testamentseröffnung, Entschl. vom 13. August 1900 (Gen. S. 16).

§ 161. Die Protokolle sollen außer den für alle Urkunden erforderlichen Angaben über Zeit und Ort der Errichtung und Siegel und Unterschrift des Notars enthalten:

1. Die Bezeichnung der Personen, deren Erklärungen beurkundet werden — der Beteiligten — und die Feststellung ihrer Identität;
2. die Bezeichnung der Personen, die bei der Beurkundung mitwirken, also die Bezeichnung des Notars, des zugezogenen zweiten Notars, der zugezogenen Zeugen, des zugezogenen Dolmetschers;

3. die Darstellung des zu beurkundenden Vorganges, also insbesondere die Erklärungen der Beteiligten;
4. die Feststellung darüber, daß der Protokollinhalt vorgelesen, durchgelesen, von den Beteiligten und gegebenen Falls auch vom Dolmetscher genehmigt und unterschrieben ist;
5. die Unterschriften der Beteiligten;
6. die Unterschriften der außer dem Notar mitwirkenden Personen.

(Notariatsgesetz Artikel 26 Abs. 2, Artikel 31, Gesetz über die Angelegenheiten der freiwilligen Gerichtsbarkeit §§ 176, 177, Bürgerliches Gesetzbuch §§ 2241, 2242, 2244.)

1. Siehe auch die Anm. zu § 146.
2. Weitere Feststellungen: der Hypothekenbuchseinsicht § 95; bei Sprachfremden § 97, 98; bei Stummen § 101; bei Tauben § 102; bei Taubstummen § 103; bei Analphabeten § 105, 167; bezüglich der Vollmacht § 82; der Einigung über die Kostentragung § 289; Verweisung auf das Grundbuch § 557, 558 D.A.; der Nichtvorlage der Verpflichtungsurkunde in der Auflassungsurkunde § 570 D.A.; bezüglich Unterwerfung unter die sofortige Zwangsvollstreckung und Ausschließung des Hypothekenbriefs, § 571 a. a. O.; hinsichtlich Ausnahme eines Grundstücks von der Grundbuchanlegung § 554 a. a. O.; über Nichtvorlegung der Urkunde durch den Notar § 559 II a. a. O.
3. Darstellung der Erklärungen der Beteiligten in direkter Rede, vgl. § 91 D.A.
4. Inhalt des grundbuchamtlichen Protokolls, § 95 D.A.

§ 162. Die bisher bei der Abfassung notarieller Urkunden übliche Reihenfolge:
1. Bezeichnung der Zeit der Errichtung, des Notars und des Ortes der Errichtung;
2. Bezeichnung der Beteiligten;
3. Bezeichnung der Zeugen, Dolmetscher unter Angabe des Grundes ihrer Zuziehung;
4. Darstellung des Vorgangs, der Erklärungen;
5. Feststellung der Verlesung, Genehmigung der Unterzeichnung;
6. Unterschriften der Beteiligten, dann der Zeugen, Dolmetscher ꝛc.;
7. Unterschrift des Notars;
8. Siegel

kann als für die Regel zweckentsprechend auch künftig beibehalten werden.

Ist nach der Beschaffenheit des Falles eine Abweichung hievon veranlaßt, so bleibt es dem Notar unbenommen, die Anordnung des Stoffes den besonderen Verhältnissen anzupassen und insbesondere die Beteiligten und Mitwirkenden anderweit an entsprechender Stelle aufzuführen.

Unterschrift und Siegel des Notars ist stets am Schlusse beizusetzen (§ 155 Abs. 1).

Siegel, siehe § 155 und Anm. dort.

§ 163. Die Bezeichnung des Notars soll nach Vor- und Zunamen, Amtseigenschaft und Amtssitz erfolgen, die Bezeichnung der sonst bei der Beurkundung Mitwirkenden und der Beteiligten so genau, daß möglichst jeder Zweifel und jede Verwechselung ausgeschlossen ist. Es soll also jedenfalls Vor- und Zuname — bei mehreren Vornamen mindestens der Rufname —, Stand oder Gewerbe und der Wohnort angegeben, und wo wegen häufigen Vorkommens gleicher Namen an einem Orte ein besonders kennzeichnender Beiname vorhanden ist, auch dieser aufgeführt werden. Die genauere Bezeichnung durch Beifügung der Hausnummer und dergl. ist, wo sie in der Bevölkerung üblich ist, nicht nur gestattet, sondern kann den Umständen nach geboten sein.

Ehefrauen sind mit dem Familiennamen ihres Mannes zu bezeichnen; die Beifügung des Mädchennamens mit einem entsprechenden Beiworte (geborene, geb.) ist gestattet und unter Umständen angezeigt.

1. Unterzeichnung seitens des Notars bloß mit dem Familiennamen, § 155, seitens der Beteiligten mit Vor- und Zunamen, § 166.

2. Lateinische Schreibweise der Familiennamen, § 146.
3. Unterstreichen der Rufnamen, § 151.
4. Gleiche genaue Bezeichnung der Beteiligten bei den Unterschriftsbeglaubigungen, § 211.
5. Bezeichnung der Beteiligten im Grundbuch, §§ 259 ff. D.A.

§ 164. Die Feststellung der Identität soll im Protokoll in der Regel bei der erstmaligen Bezeichnung der Beteiligten erfolgen. Ist dies wegen des Umfanges der Feststellungsbemerkung unzweckmäßig oder ist es aus sonst einer Ursache nicht geschehen, so kann die Feststellung auch an einer anderen passenden Stelle des Protokolls, insbesondere am Schlusse nachgeholt werden.

Der Notar soll aber davon am Rande neben der Stelle, wo die Beteiligten erstmals aufgeführt sind, auf die spätere Feststellung durch einen kurzen Vermerk verweisen. Die Verweisung bedarf keiner Genehmigung oder Unterzeichnung.

Die Vorschriften in Abs. 1 und 2 finden auf die Feststellung der Identität von Mitwirkenden, wenn solche im Protokoll erfolgt, entsprechende Anwendung.

Feststellung der Identität, siehe oben bei § 75 ff.

§ 165. Die Feststellung über die Genehmigung und Unterzeichnung kann wie bisher an den Schluß des Textes und vor die Unterschriften der Beteiligten gesetzt werden.

Die bisher übliche kurze Formel

„Vorgelesen, genehmigt und unterschrieben"

ist mit Rücksicht auf den Wortlaut des § 177 des Gesetzes über die Angelegenheiten der freiwilligen Gerichtsbarkeit und des Art. 26 Abs. 3 des Notariatsgesetzes zu ergänzen durch Aufnahme einer Bemerkung über die Genehmigung durch die Beteiligten und gegebenenfalls durch den Dolmetscher, über die Eigenhändigkeit ihrer Unterschrift, endlich darüber, ob der Notar die Urkunde selbst vorgelesen, oder doch durchgelesen hat. Sie wird also etwa zu lauten haben:

„Vorgelesen vom Notar, von den Beteiligten genehmigt und eigenhändig unterschrieben

oder

„Vorgelesen, vom Notar durchgelesen, von den Beteiligten genehmigt und eigenhändig unterschrieben".

1. Über die Eigenhändigkeit der Unterschrift, Bayer. Not.Z. 1900 S. 21; 1905 S. 79.
2. Unterschrift der Beteiligten auch vor der Unterschriftsklausel, R.G., 15. Februar 1901 (Bd. 61 S. 1).

§ 166. Die Unterschriften der Beteiligten sollen unmittelbar unter der sie ankündigenden Unterschriftsklausel und über den Unterschriften der Mitwirkenden und dem Siegel stehen.

Der Beteiligte hat stets seinen eigenen, persönlichen Namen zu unterschreiben. Es soll nicht zugelassen werden, daß der Vertreter den Namen des Vertretenen, der Kaufmann den von seinem persönlichen Namen verschiedenen Firmennamen unterschreibt.

Die Beteiligten sollen veranlaßt werden, mit Vor- und Zunamen zu unterschreiben. Der Notar soll darauf sehen, daß kein Widerspruch zwischen der Bezeichnung der Beteiligten im Protokoll und ihrer Unterschrift besteht, und soll gegebenen Falls für die Berichtigung des Protokolls Sorge tragen.

Geben Vertreter von Gesellschaften, Vereinen, juristischen Personen an, ihrer Unterschrift nach den Satzungen den Stempel der Gesellschaft beifügen zu müssen, so kann dies, wenn es die Urkunde nicht verunstaltet, gestattet werden. Ebenso ist ein handschriftlicher Zusatz über Vertretungs- und Firmenverhältnis gestattet.

1. Begriff der Unterschrift, § 126 B.G.B., B. N.G., 1905 S. 79.
2. Unterschrift der Mitwirkenden, § 168; des Notars, § 155.

§ 167. Erklärt ein Beteiligter, daß er nicht schreiben könne, so muß bei der Beurkundung von Rechtsgeschäften diese Erklärung im Protokolle festgestellt werden und — falls nicht schon aus anderem Grunde die Zuziehung zweier Zeugen oder eines zweiten Notars erfolgt ist — bei der Vorlesung und Genehmigung ein Zeuge beigezogen werden.

Handelt es sich nicht um die Beurkundung eines Rechtsgeschäfts, so bedarf es nach dem Gesetze weder der Feststellung im Protokolle noch der Beiziehung eines Zeugen. Der Notar soll indessen, wo es ihm rätlich erscheint, auch in solchen Fällen eine entsprechende Feststellung im Protokolle vornehmen.

Daß Personen, die des Schreibens unfähig sind, durch Beifügung von Kreuzen unterzeichnen, ist im Gesetze nicht vorgesehen. Es ist jedoch — unbeschadet der gesetzlichen Pflicht zur Feststellung der Unfähigkeit des Beteiligten zu schreiben — gestattet, diese Zeichen unter einer entsprechenden Bemerkung beifügen zu lassen. Den Notaren wird anheimgegeben, von dieser Ermächtigung insbesondere dort, wo bisher das Unterkreuzen allgemein üblich war, im Interesse der Beteiligten Gebrauch zu machen. Ein Zwang zur Beifügung der Kreuze darf nicht stattfinden.

1. Vgl. § 105.
2. Zuziehung nur eines Schreibzeugen bei 2 Schreibensunfähigen siehe die Anm. bei § 105.

§ 168. Die neben dem Notar Mitwirkenden sollen womöglich unterhalb der Unterschriften der Beteiligten mit Vor- und Zunamen unterschreiben. Den Unterschriften beizusetzen „als Zeuge", „als zweiter Notar", „als Dolmetscher" ist gestattet.

Unterschrift des Notars, § 155.

§ 169. Der Notar hat bei der Verhandlung sowohl wie bei dem Verlesen des Protokolls und bei dem Unterschreiben durch die Beteiligten und Mitwirkenden anwesend zu sein, der zugezogene Dolmetscher bei der Beurkundung, der Vorlesung, der Genehmigung und der Unterzeichnung des Geschäfts, zu dessen Beurkundung er zugezogen ist; die Zeugen und der zweite Notar haben — abgesehen von der Testamentserrichtung und vom Erbvertrag, wo sie der ganzen Verhandlung anzuwohnen haben — jedenfalls bei der Vorlesung, Genehmigung und Unterzeichnung des Geschäfts, zu dem sie zugezogen sind, anwesend zu sein.

(Gesetz über die Angelegenheiten der freiwilligen Gerichtsbarkeit § 174, Notariatsgesetz Artikel 31, Bürgerliches Gesetzbuch § 2239.)

Gegenwart der Zeugen bei der Testamentserrichtung, R.G., Urt. vom 20. November 1905 (Bl. f. R.A., 71. Jahrg. S. 602).

§ 170. Daß die Beteiligten bei der Beurkundung ihrer Erklärungen und der Verlesung des Beurkundeten anwesend zu sein haben, ergibt sich aus der Natur der Sache.

Inwieweit sie bei der Beurkundung der Erklärungen solcher Personen, die an dem Geschäfte mit oder neben ihnen beteiligt sind, anwesend sein müssen, ist nach der Art der einzelnen Geschäfte zu beantworten.

Es wird darauf hingewiesen, daß für den Adoptionsvertrag, für den Ehevertrag, den Erbvertrag und das Auflassungsgeschäft im Bürgerlichen Gesetzbuche (§§ 925, 1015, 1434, 1750, 2276, 2290) gleichzeitige Anwesenheit beider Teile verlangt, im übrigen aber für die Verträge, welche notarieller Beurkundung bedürfen, die gesonderte Aufnahme der beiderseitigen Erklärungen gestattet ist (§ 128 B.G.B.). Wegen der Auflassung bei Versteigerungen vgl. Art. 82 des Ausführungsgesetzes zum B.G.B.

Gleichzeitige Anwesenheit beider Teile im Geltungsbereich des Art. 14 N.G. von 1861, Oberst. G.H., Beschl. vom 28. März 1904 (Sammlung Bd. 5 S. 165).

§ 171. Werden in einem Protokolle verschiedene Rechtsgeschäfte nacheinander beurkundet, so kann das Vorlesen, Genehmigen und Unterschreiben für die einzelnen Rechtsgeschäfte gesondert stattfinden.

Dies gilt namentlich für Versteigerungen, wenn nicht sämtliche Ansteigerer bis zum Schlusse der ganzen Versteigerung beisammen bleiben, sondern diejenigen Meistbietenden, welche früher zum Zuge gekommene Gegenstände ersteigert haben, sich an der Versteigerung nicht weiter beteiligen wollen. Es besteht kein Bedenken dagegen, daß ein solcher Beteiligter sofort nach der Beurkundung seines Meistgebots unterschreibt und sich entfernt, während die Unterschrift des Versteigerers und Siegel und Unterschrift des Notars erst nach der Beurkundung der ganzen Verhandlung mit Wirksamkeit für alle Einzelakte am Schlusse der Urkunde beigesetzt wird.

Das gleiche Verfahren kann auch bei anderen ähnlich gelagerten Fällen z. B. bei der Zusammenfassung einer Mehrzahl von Grundabtretungen zu öffentlichen Zwecken sich als zweckmäßig erweisen.

Wegen der Beurkundungsform bei Versteigerungen, s. auch § 223.

§ 172. Kann eine Verhandlung nicht in ununterbrochenem Fortlauf am nämlichen Tage vollendet werden, so ist es Sache des Notars, nach Lage des einzelnen Falles zu bemessen, ob bei der Vertagung der Verhandlung das Protokoll von den Beteiligten und Mitwirkenden zu unterschreiben und förmlich abzuschließen und im nächsten Termin über die Fortsetzung der Verhandlung ein neues selbständiges Protokoll aufzunehmen ist, oder ob das Protokoll ohne förmlichen Abschluß im nächsten Termine einfach fortzusetzen ist.

Wird das letztere Verfahren eingehalten, so ist dies im Protokolle unter Bezeichnung des Tages der Fortsetzung genau festzustellen.

Ist bei der Vertagung zur Fortsetzung der Verhandlung ungewiß, wann der nächste Termin stattfinden kann, oder kann dieser nicht in nächster Zeit stattfinden, so soll stets das Protokoll über den ersten Teil der Verhandlung abgeschlossen und über die Fortsetzung ein neues Protokoll aufgenommen werden.

Z. B. bei Lotterieziehungen.

Abgabe von Urschriften, Erteilung von Ausfertigungen.

§ 173. Die Urschriften der notariellen Protokolle bleiben — soweit nicht in besonderen Vorschriften anderes bestimmt ist — in der Verwahrung des Notariats.

Die Urschriften der notariellen Urkunden, welche nicht die Form von Protokollen, sondern die Form einfacher Bestätigungen haben — Beglaubigung von Abschriften, Unterschriften und Handzeichen, Zustellungsurkunden, Lebensbescheinigungen und ähnliche einfache Zeugnisse (Artikel 33 des Notariatsgesetzes) — sind den Beteiligten auszufolgen.

Wird für eine Urkunde freiwillig die vom Gesetze nicht verlangte Protokollform gewählt, so kann den Beteiligten ebenso die Urschrift ausgefolgt werden, wie wenn die Form einer einfachen Bestätigung gewählt wäre.

1. Vgl. Art. 38 N.G. und die Anmerkungen dazu, oben S. 128 ff., sowie Nachtr. zu Art. 38.
2. Zurückbehaltung von Urschriften beim Grundbuchamt, § 567 D.A.
3. Ausfolgung der Urschrift des Protokolls über Abnahme von Eiden und Versicherungen an Eidesstatt, § 262.
4. Vermerk der Hinausgabe der Urschriften im Geschäftsregister, § 38.
5. Verwahrung der Entwürfe von Privaturkunden, Gutachten außerhalb der allgemeinen Urkundensammlung, § 275.

§ 174. Wechselproteste sind stets in Urschrift auszufolgen.

Keine Aufnahme der Wechselproteste in das Geschäftsregister, § 28[1].

§ 175. Die Protokolle über Vollmachten, über Zurücknahme von Vollmachten über Empfangsbescheinigungen (Quittungen), über Mahnungen und Kündigungen sind den Beteiligten auf Verlangen in Urschrift hinauszugeben.

§ 176. Werden Erklärungen, welche von den Beteiligten einer Behörde gegenüber abzugeben sind, nicht unmittelbar vor dieser mündlich gemacht, sondern zu notariellem Protokoll abgegeben, um alsdann an die Behörde übermittelt zu werden, so ist auf Verlangen das Protokoll in Urschrift den Beteiligten auszuhändigen oder in deren Namen der Behörde vorzulegen.

Dies gilt insbesondere für Anzeigen, Ersuchen und Anträge jeder Art, für Anmeldungen bei den Registerbehörden und für Beschwerden, Protestationen, Gesuchen um Vormerkung, Eintragungs- und Löschungsbewilligungen, aber auch für die nach den §§ 1342, 1491 Abs. 1, 1492 Abs. 1, 1577 Abs. 2, 1597 Abs. 1, 1662, 1706, 1945, 2198 des Bürgerlichen Gesetzbuchs abzugebenden Erklärungen.

Vgl. oben S. 130.

§ 177. Ist zum Zwecke der Benützung einer Urkunde im Auslande die Urschrift erforderlich, so ist sie dem Beteiligten auf Ersuchen auch dann auszufolgen, wenn sie nach den sonst geltenden Regeln in der Urkundensammlung des Notariats zu verbleiben hätte. Es ist jedoch in diesem Falle stets auf Kosten des Beteiligten, der die Urschrift erhält, eine Ausfertigung in der Urkundensammlung des Notariats zurückzubehalten.

Zum Nachweise des Bedürfnisses wird in der Regel die glaubhafte Versicherung der Beteiligten genügen.

§ 178. Urkunden, welche inhaltlich keine selbständige Bedeutung haben, sondern zur Ergänzung einer anderen, bei einem anderen bayerischen Notariate aufgenommenen und in dessen Urkundensammlung verwahrten Urkunde gehören z. B. Urkunden über Nachtrags-, Genehmigungs- und Zustimmungserklärungen, sollen auf Antrag der Beteiligten in Urschrift an das andere Notariat abgegeben werden, damit sie dort im unmittelbaren Anschlusse an die Haupturkunde verwahrt (§ 64 Nr. 1) und zugleich mit der Haupturkunde ausgefertigt werden können.

Der Notar soll, wo dieses Verfahren zweckmäßig erscheint, den Beteiligten die Benützung dieser Vorschrift nahe legen. Die Beteiligten können verlangen, daß auf ihre Kosten eine beglaubigte Abschrift zurückbehalten wird.

§ 179. An Stelle der Urschriften, welche in der Urkundensammlung der Notariate verbleiben, erhalten die Beteiligten auf Verlangen Ausfertigungen. (Art. 39 des Notariatsgesetzes.)

1. Vgl. oben S. 130 ff.
2. Vermerk der Erteilung der Ausfertigung im Geschäftsregister, § 29.
3. Ersatz der Benachrichtigung durch Erteilung einer Ausfertigung, § 283, 374 D.A.
4. Vorlage von Ausfertigungen seitens der Beteiligten an die Steuerstellen nach dem Reichsstempelgesetz, § 46 der Ausführungsbestimmungen des Bundesrats z. R.St.G. G.V.Bl. 1906 S. 343.
5. Keine Erteilung von Ausfertigungen vor Beifügung der Vollzugsbestätigung oder des Unvollziehbarkeitsvermerkes, § 282.
6. Entfall der Zustellung einer Kostenrechnung bei Aushändigung einer mit der Berechnung der Kosten versehenen Ausfertigung, § 287.

§ 180. Die Ausfertigungen beginnen mit der Überschrift

„Ausfertigung“;

unmittelbar darauf folgt eine genaue Abschrift der Urschrift, und den Schluß bildet der Ausfertigungsvermerk:

„Vorstehende, mit der Urschrift übereinstimmende Ausfertigung wird hiermit dem . . . . (Bezeichnung des Beteiligten) als Beteiligtem (oder als dem Erben ꝛc. des Beteiligten N. N.) auf Ansuchen erteilt."

A., den . . . . .

Z.

(Siegel.) K. Notar.

1. Vgl. Art. 40, 41, 42 N.G. und die Anm. dazu, oben S. 134 ff., ferner § 156.
2. Kostenvermerk auf den Ausfertigungen, § 158.
3. Vermerk des Nichtvollzugs auf der Ausfertigung, § 575 D.A.

§ 181. Wenn einer Urschrift behördliche Beschlüsse oder Genehmigungs- oder Vollzugsbestätigungen, z. B. hypothekenamtliche Bestätigungen über erfolgte Einträge im Hypothekenbuche beigesetzt sind, so soll in der Ausfertigung die Abschrift dieser Beschlüsse und Bestätigungen unmittelbar an die Abschrift der Haupturkunde angereiht und der Ausfertigungsvermerk an den Schluß des Ganzen gesetzt werden.

Gehören Beilagen zu einer auszufertigenden Urschrift, so soll in gleicher Weise verfahren, oder es sollen die Beilagen im Ausfertigungsvermerk ausdrücklich und einzeln aufgeführt und als mitausgefertigt bezeichnet und unter besonderer Beglaubigung beigeheftet werden.

z. B. am Schlusse der Haupturkunde

„Vorstehende . . . . . . erteilt (wie im § 180)"

„Mit ausgefertigt sind die angehefteten Beilagen, nämlich:

1) . . . .

2) . . . .

3) . . . .

A., den . . . . .

Z.

(Siegel.) K. Notar.

und am Schlusse der Beilagen:

„Die Übereinstimmung der vorstehenden Abschriften mit der der Urkunde vom . . . . . . Nr. . . . . . als Beilage beigefügten Hauptschrift wird hiemit bezeugt"

A., den . . . . .

Z.

(Siegel.) K. Notar.

§ 182. Wird die Ausfertigung dem Rechtsnachfolger eines Beteiligten erteilt, so ist im Ausfertigungsvermerke die Tatsache und die Art der Rechtsnachfolge ersichtlich zu machen. (Vgl. das Beispiel zu § 180).

§ 183. Hat eine Urkunde durch eine spätere Urkunde Abänderungen oder Zusätze erhalten, so darf von der älteren, später abgeänderten Urkunde allein keine Ausfertigung mehr erteilt werden, sondern es ist in die Ausfertigung stets auch die Urkunde über die Abänderungen oder Zusätze mit aufzunehmen.

§ 184. Die Ausfertigungen von notariellen Urkunden über die Übertragung einer Hypothekforderung können auf die Ausfertigung der Hypothekurkunde geschrieben oder dieser beigeheftet werden.

Für die Zeit nach der Anlegung des Grundbuchs bleiben hierüber besondere Vorschriften vorbehalten.

Über Verbindung der Urkunde mit dem Hypothekenbrief, vgl. §§ 486, 498 D.A.

§ 185. Die Ausfertigungen können nur von dem Notar erteilt werden, der die Urschriften in seiner dauernden Verwahrung hat. (Art. 39 Abs. 2 des Notariatsgesetzes.)

Ob der Notar, welcher die Ausfertigung erteilt, die Urkunde selbst errichtet oder von einem anderen Notar, einem Vorgänger oder Amtsverweser übernommen hat, ist ohne Belang. Eine Bemerkung hierüber im Ausfertigungsvermerk ist nicht erforderlich.

§ 186. Für die Vollstreckbarkeit der notariellen Urkunden und die Erteilung vollstreckbarer Ausfertigungen sind in erster Reihe die Bestimmungen der Zivilprozeßordnung (Z.P.O. §§ 794, 724 bis 793, 795, 797 bis 800), außerdem in den Landesteilen rechts des Rheins die Artikel 127 bis 134, 136 bis 139, in der Pfalz die Artikel 220, 221 des Ausführungsgesetzes zur Zivilprozeßordnung in Verbindung mit Artikel 166 Nr. XVI des Ausführungsgesetzes zum Bürgerlichen Gesetzbuche maßgebend (Art. 45 des Notariatsgesetzes).

Daneben sind die Bestimmungen in den §§ 179 bis 185 dieser Geschäftsordnung entsprechend anzuwenden.

Die Überschrift der vollstreckbaren Ausfertigungen von notariellen Urkunden soll

„Vollstreckbare Ausfertigung"

heißen, der Ausfertigungsvermerk soll lauten:

„Vorstehende, mit der Urschrift übereinstimmende Ausfertigung wird dem u. s. w. (Bezeichnung des Beteiligten) zum Zwecke der Zwangsvollstreckung erteilt."

1. Vgl. oben Art. 45 und die Anm. dazu, S. 138, sowie Nachtr. zu Art. 45.
2. Die Ueberschrift keine Voraussetzung der Vollstreckung, J.D.Bl. 1906 Nr. 1 S. 5.

§ 187. Jede Erteilung einer Ausfertigung ist auf der Urschrift zu vermerken. Der Vermerk soll auf der ersten Seiten der Urschrift seitwärts am Rande, womöglich in der untern Hälfte des Randes, angebracht werden und soll ersehen lassen, ob eine vollstreckbare oder eine einfache Ausfertigung erteilt worden ist, wann sie erteilt worden ist und wem sie erteilt worden ist. Einer Unterzeichnung bedarf der Vermerk nicht. Können die Vermerke nicht auf der vorgeschriebenen Stelle angebracht werden, so soll dort auf die Stelle verwiesen werden, wo sie sich finden.

1. Vermerk der Erteilung einer Ausfertigung im Geschäftsregister, § 29.
2. Vermerk der Übersendung einer Ausfertigung an die Erbschaftssteuerämter, Ausführungsbestimmungen des Bundesrats zum Reichserbschaftsgesetz, § 31 (G.B.Bl. 1906 S. 235).
3. Streit über Erteilung einer Ausfertigung, Art. 43, 44 N.G.

Legalisation.

§ 188. Notarielle Urkunden, welche zum Zwecke der Benutzung im Auslande der gerichtlichen Beglaubigung (Vertrag mit Österreich-Ungarn vom 25. Februar 1880 und 13. Juni 1881 R.G.Bl. 1881 S. 4 und 253) oder der gerichtlichen und ministeriellen Beglaubigung bedürfen, sind auf Antrag der Beteiligten vom Notar dem Präsidenten des Landgerichts mit der Bitte um Bewirkung der Beglaubigung und um Rückleitung oder Vorlage an das Staatsministerium der Justiz einzureichen (Artikel 31 des Ausführungsgesetzes zum Gerichtsverfassungsgesetze).

Der Notar soll die Beteiligten, soweit es veranlaßt ist, auf die Notwendigkeit der Beglaubigung aufmerksam machen.

Ist nach den Vorschriften des anzuwendenden ausländischen Rechts der Konsul oder der Gesandte ermächtigt, die Beglaubigung ohne Zwischenbeglaubigung seitens der Gerichte und Ministerien unmittelbar selbst vorzunehmen, und ist die Beglaubigung auf diesem Wege nach den Umständen leichter zu erlangen als auf dem Wege der Vermittelung durch den Landgerichtspräsidenten und die Ministerien, so ist die Erwirkung der unmittelbaren Beglaubigung gestattet und angezeigt.

Die Notare werden für die Fälle der Legalisation auf die in den besonderen Bekanntmachungen des Staatsministeriums der Justiz enthaltenen Mitteilungen über die Notwendigkeit der Beifügung von Abschriften und die Legalisationsgebühren bei den einzelnen fremden Staaten aufmerksam gemacht.

1. Legalisation von zum Gebrauch in Oesterreich-Ungarn bestimmten Urkunden, Entschl. vom 19. Dezember 1900 (Gen. S. 27).
2. Konsularische Beglaubigung, Vermittlung dieser durch die Notariate, Bekanntm. vom 16. Juli 1904 (J.M.Bl. S. 148).
3. Lateinische Schrift bei zum Gebrauch im Ausland bestimmten Urkunden, § 188.
4. Feststellung des Legalisationsvermerks bei Vorlage ausländischer Urkunden, § 82.
5. Gebühr der Beglaubigung bei zum Gebrauch in Rußland bestimmten Urkunden, Bekanntm. vom 11. Februar 1905 (J M.Bl. S. 57).
6. Legalisierungsgebühren der österreichisch-ungarischen Konsularämter, Bekanntm. vom 20. September 1902 (J.M.Bl. S. 956).
7. Zuständigkeit der Konsule in Angelegenheiten der freiwilligen Gerichtsbarkeit, R G. über die Konsulargerichtsbarkeit vom 7. April 1900 (R.G.Bl. S. 213).

Gestattung der Einsicht, Erteilung von Abschriften.

§ 189. Die Einsicht der Urkunden und Akten ist den Beteiligten, deren Erben und Rechtsnachfolgern und den Bevollmächtigten dieser Personen — soweit ihre Beteiligung reicht — ohne weitere Voraussetzungen, anderen Personen nur dann zu gestatten, wenn sie ein berechtigtes Interesse glaubhaft machen oder die Zustimmung der Beteiligten beibringen.

Die Entscheidung über die Gestattung der Einsicht hat zunächst der Notar zu treffen. Eine vorherige Anfrage bei den Dienstaufsichtstellen findet nicht statt.

1. Vgl. Art. 22 N G. und die Anm. dazu, S. 73 oben, sowie den Nachtr. z. Art. 22.
2. Vermerkung der Gestattung der Einsicht im Geschäftsregister, § 29.

§ 190. Den mit der Ausübung der Dienstaufsicht betrauten Justizbeamten und den mit der Überwachung und Prüfung des Hinterlegungs- und Gebührenwesens der Notariate beauftragten Finanzbeamten ist die Einsicht nach Maßgabe der Artikel 65, 66 des Notariatsgesetzes, den Steuerbehörden nach Maßgabe der Steuergesetze, den Staatsanwälten, Untersuchungsrichtern und Gerichten einschließlich der Verwaltungsgerichte nnd Disziplinargerichte nach Maßgabe der bestehenden Prozeßgesetze zu gestatten.

1. Einsichtsrecht der Erbschaftssteuerämter nach dem Reichserbschaftssteuergesetz, siehe Nachtr. zu Art. 22.
2. Versendung der Urkunden zur Einsicht, § 196.

§ 191. Auch den zur Wahrnehmung der Angelegenheiten der freiwilligen Gerichtsbarkeit — einschließlich des Grundbuchwesens und Hypothekenwesens — berufenen Behörden sowie den übrigen Staatsbehörden soll auf Ersuchen im dienstlichen Interesse die Einsicht der Urkunden und Akten, Bücher und Register gestattet werden.

Sollte jedoch aus der Einsichtnahme nach der Anschauung des Notars eine Gefährdung der berechtigten Interessen der Beteiligten oder eine erhebliche Störung des notariellen Dienstes zu besorgen sein, so ist hierüber vorerst im Dienstaufsichtswege zu berichten.

§ 192. Der Notar hat bei der Gestattung der Einsichtnahme die zur Sicherung der Urkunden und Akten nötigen Maßregeln zu treffen.

Die Abgabe von Urkunden und Akten in die Wohnung der einsichtsberechtigten Privaten zum Zweck der Einsichtnahme ist nicht gestattet.

§ 193. Für die Versendung von Büchern und Registern, Urkunden und Akten zum Zwecke der Einsichtsnahme durch Einsichtsberechtigte gelten die besonderen Vorschriften der §§ 194—198.

§ 194. Die von den Notaren zu führenden Bücher und Register sollen außer dem Falle der nach dem Gesetze durch gerichtlichen Beschluß erfolgten Anordnung der

Vorlage in Strafsachen oder in Bürgerlichen Rechtsstreitigkeiten nur den Dienstaufsichts- und den Disziplinarbehörden der Notare auf deren Anordnung übersendet werden.

§ 195. Die Versendung von Verlassenschaftsakten und Zwangsversteigerungsakten soll unter den gleichen Voraussetzungen erfolgen, wie bei den Gerichten.

§ 196. Die Versendung von Urschriften aus der allgemeinen Urkundensammlung hat zu erfolgen:

a) Wenn zur Rechtswirksamkeit des beurkundeten Geschäfts eine Bestätigung, Genehmigung oder Zustimmung erforderlich ist und die Beteiligten die Versendung der Urschrift zum Zwecke der Beibringung dieser Bestätigung, Genehmigung oder Zustimmung beantragen; der Notar soll nötigenfalls die Beteiligten zur Äußerung über die Versendung und darüber veranlassen, ob sie die Zurückhaltung einer Abschrift oder Ausfertigung in der Urkundensammlung auf ihre Kosten beantragen;

b) wo nach den bis zur Anlegung des Grundbuchs fortgeltenden Regeln des bisherigen Liegenschaftsrechts die Vorlage von Urschriften an die Hypothekenämter oder nach den für die Grundbuchanlegung erlassenen Bestimmungen die Vorlage von Urschriften an die mit der Anlegung des Grundbuchs betrauten Beamten oder Behörden vorgeschrieben ist;

c) in den Fällen, in welchen die Notare nach § 190 die Einsicht zu gestatten haben, wenn die Vorlegung der Urschrift als erforderlich bezeichnet wird.

Soweit die Anordnung zur Vorlage von den Aufsichts- und Disziplinarbehörden ausgeht, bestimmen diese selbst, ob der Notar eine Ausfertigung zurückbehalten soll, im Falle der Einholung von Urschriften durch die Finanzbehörden bestimmt es auf Anfrage des Notars der Landgerichtspräsident, in den übrigen Fällen bestimmt es der Notar selbst.

Der Notar soll von der Zurückbehaltung einer Ausfertigung nur dann absehen, wenn eine Verlustgefahr nach den Umständen unwahrscheinlich ist und das alsbaldige Zurückgelangen der Urkunde in sicherer Aussicht steht. Zweifel hierüber können durch Anfrage bei den ersuchenden Behörden behoben werden.

Die Versendung von Urschriften aus der allgemeinen Urkundensammlung kann auch im Falle § 191 erfolgen, wenn sie nach den Umständen zweckmäßig und nach dem Ermessen des Notars unbedenklich erscheint. Die Zurückbehaltung einer Ausfertigung findet nicht statt. Ist der Fall so gelagert, daß der Sicherheit wegen bei Versendung der Urschrift eine Ausfertigung zurückbehalten werden müßte, so soll nicht die Urschrift versendet, sondern der ersuchenden Behörde anheimgestellt werden, eine Abschrift zu verlangen.

Vgl. Art. 38 N.G. und die Anm. dazu, oben S. 128 ff.

§ 197. Die Versendung darf niemals an Private, sondern immer nur an Behörden (Gerichte, Notariate und sonstige Staatsbehörden) geschehen, welche um die Übermittelung ersucht haben oder zur Vermittelung der Einsichtsgestattung bereit sind.

§ 198. Bei der Versendung hat der Notar sorgfältigst die nach Lage der Sache veranlaßten Sicherungs- und Kontrollmaßregeln zu treffen.

§ 199. Die in der besonderen Verwahrung der Notare befindlichen Urkunden (Testamente, Erbverträge) dürfen anderen Personen als denjenigen, deren Verfügungen darin enthalten sind oder die von diesen zur Einsichtnahme ermächtigt sind, nicht vorgezeigt werden. Die Einsichtnahme wie die Ermächtigung soll in Gegenwart des Notars geschehen. Die Versendung ist ausgeschlossen.

Bezüglich Einsichtsrecht der Finanzbehörden siehe die im Nachtr. zu Art. 22 angeführten Entschließungen.

§ 200. Die Befugnis zur Einsichtnahme umfaßt auch den Anspruch auf Erteilung einer beglaubigten Abschrift. Im Falle des § 199 soll die beglaubigte Abschrift dem Einsichtsberechtigten ausgehändigt werden.

1. Erteilung von Abschriften der Schenkungsurkunden an die Erbschaftssteuerämter, § 6 Vollzugsbekanntm. vom 10. August 1906 (G.V.Bl. S. 509).
2 Vermerk der Abschriftserteilung im Geschäftsregister, § 29.

Zustellung von Urkunden.

§ 201. Wird der Notar nach der Beurkundung einer Willenserklärung, die einem anderen gegenüber abzugeben ist, z. B. einer Aufforderung oder Kündigung, eines Widerrufs oder Verzichts um die Vermittelung der Zustellung der Erklärung ersucht, so soll er gemäß § 132 des Bürgerlichen Gesetzbuchs einen Gerichtsvollzieher um die Bewirkung der Zustellung angehen, oder beim Vorliegen der Voraussetzungen das zuständige Amtsgericht um die Bewilligung der öffentlichen Zustellung ersuchen.

Erscheint es nach den Verhältnissen zweckmäßig und der Sache angemessen, so kann die Erklärung auf Ersuchen des Beteiligten dem Gegenbeteiligten bei Amt oder an anderem geeignetem Orte vom Notar persönlich übergeben oder eröffnet und hierüber eine Urkunde aufgenommen werden.

§ 202. Soll die Zustellung einer im Ausland ergangenen Erklärung, Eröffnung oder Verfügung nach dem maßgebenden ausländischen Rechte durch einen Notar erfolgen, so kann diese Zustellung innerhalb Bayerns durch einen bayerischen Notar vorgenommen werden. Sie soll jedoch von dem Notar nur dann übernommen werden, wenn sie innerhalb des Amtsgerichtsbezirkes, in welchem das Notariat seinen Sitz hat, ausgeführt werden kann.

Die Zustellung soll in der Weise ausgeführt werden, daß der Notar derjenigen Person, welcher zugestellt werden soll, das zuzustellende Schriftstück bei Amt, oder wenn dies nicht geschehen kann, in ihrer Wohnung persönlich übergibt und hierüber eine Urkunde errichtet.

§ 203. Bei dem Zwangsversteigerungsverfahren, der Vermittelung der Auseinandersetzung in Ansehung eines Nachlasses oder des Gesamtguts einer ehelichen oder fortgesetzten Gütergemeinschaft und dem amtlichen Verfahren über die Eröffnung von Testamenten und Erbverträgen sind die erforderlichen Zustellungen von Amtswegen zu bewirken.

Die Ausführung der Zustellungen richtet sich nach den Vorschriften der Bekanntmachung vom 16. Dezember 1899 (J.M.Bl. S. 475).

Dem Notar obliegen dabei die Verrichtungen des Gerichtsschreibers.

Der Notar beauftragt, wo die Zustellung durch den Gerichtsdiener veranlaßt ist, den Gerichtsdiener desjenigen Amtsgerichts, in dessen Bezirke das Notariat liegt, mit der Ausführung der Zustellung. Sind mehrere Gerichtsdiener vorhanden, so erläßt der Gerichtsvorstand die nötigen Anordnungen wegen der Verteilung der Geschäfte.

Bei der Zustellung durch die Post soll der Notar die Aushändigung an die Post persönlich oder durch seinen Gehilfen betätigen; er kann auch das von ihm ausgehende Schreiben mit der Postzustellungsurkunde dem Postboten zur Aufgabe bei der Postanstalt mitgeben, wenn der Postbote auf seinem regelmäßigen Zustellungsgange sich auf dem Notariat einfindet. Die Zustellung durch Aufgabe zur Post hat der Notar stets persönlich zu erledigen.

Die Zustellungen sind in das Zustellungsregister des Notariats (§ 53 Abs. 1) einzutragen.

1. Zustellungen im Zwangsversteigerungs- und Zwangsverwaltungsverfahren, Bekanntm. vom 31. März 1905 die Zwangsvollstreckung in das unbewegliche Vermögen betr. (J.M.Bl. S. 587).
2. Zustellungen im Auseinandersetzungsverfahren, Art. 6 u. 8 Nachl.G., § 137 Nachl.O.

3. Bezüglich Ausführung der Zustellungen vgl. insbesondere noch Bekanntm. vom 16. März 1900, die Portopflicht der Zustellungen von Amtswegen betr. (J.M.Bl. S. 591); Bekanntm. vom 28. April 1900, Geschäftsanweisung für die Gerichtsvollzieher (J.M.Bl. S. 621): Beauftragung des Gerichtsvollziehers statt des Gerichtsdieners mit der Bewirkung von Zustellungen von Amtswegen; Bekanntm. vom 1. März 1900, die Zustellungen von Amtswegen betr. (J.M.Bl. S. 582): Form der Zustellungen an Gefangene; Bekanntm. vom 7. Juni 1903, Zustellung von Amtswegen an Gefangene betr. (J.M.Bl. S. 308); Bekanntm. vom 22. Juni 1901, die Ersuchschreiben der Notare um Bewirkung von Zustellungen im Ausland betr. (J.M.Bl. S. 459): kein direkter Verkehr mit den Gesandten oder Konsuln oder auswärtigen Behörden; aut. Ministerialentschl. vom 29. Juli 1901, die Ladungen im Auslande betr. (Gen. S. 55): bei Bekanntheit des Aufenthaltsortes von Beteiligten im Ausland für Zustellungen nicht der Weg der diplomatischen Vermittlung, sondern der der Einschreibsendung gegen Rückschein zu wählen; Bekanntm. vom 8. Januar 1902, die Zustellungen von Amtswegen betr. (J.M.Bl. S. 305): in der freiwilligen Gerichtsbarkeit hat die Bekanntmachung einer Verfügung durch Zustellung in den Formen der Zivilprozeßordnung im Allgemeinen nur in den gesetzlich vorgeschriebenen Fällen zu erfolgen, sonst ist die einfachere Art der Bekanntmachung durch eingeschriebenen oder einfachen Brief, Behändigung zu wählen, jährlicher Bericht über die A-Zustellungen; Postordnung für das Königreich Bayern vom 27. März 1900 (G.V.Bl. S. 227): insbes. § 21 (Briefe mit Postzustellungsurkunde, unentgeldliche Lieferung der Zustellungsformulare), § 27 (postdienstliche Feiertage), § 28 (Bescheinigung der Aufgabe, Rückschein); Bekanntm. vom 31. Januar 1900, Anweisung zur postdienstlichen Behandlung der Schreiben mit Zustellungsurkunde (J.M.Bl. S. 503): insbes. § 2 (äußere Beschaffenheit der postamtlich zuzustellenden Sendungen, Art der Einlieferung durch die Notare), § 7 (Zustellungen an Notare); Bekanntm. vom 5. Januar 1900, die Formulare zu den Urkunden über Zustellungen von Amtswegen betr. (J.M.Bl. S. 962); insbes.: unbedingtes Erfordernis der Angabe der Geschäftsnummer auf der Zustellungsurkunde nur auf dem Briefumschlag; Bekanntm. vom 5. Januar 1902, die Formblätter für Postzustellungsurkunden betr. (J.M.Bl. S. 240): Bestellung des Bedarfs an Formblättern ausschließlich bei der Post selbst; Bekanntm. vom 16. März 1903, die durch die Post zu bewirkenden Zustellungen betr. (J.M.Bl. S. 102): genaue Adressierung und rechtzeitige Aufgabe der Sendungen; Ministerialentschl. vom 27. April 1901, die Portoauslagen der Notare betr. (Gen. S. 47): Ersatz von Portoauslagen für Zustellungen von Amtswegen aus der Staatskasse lediglich in Subhastationssachen; Bekanntm. vom 9. April 1904, die Bezeichnung der portopflichtigen Dienstbriefe betr. (J.M.Bl. S. 72): Zulässigkeit von Nachnahmesendungen als „portopflichtige Dienstsache". Zustellungen seitens der Grundbuchämter an die Notariate, § 107 D.A.

§ 204. Für die Übermittelung der notariellen Urkunden (Urschriften, Ausfertigungen, Abschriften) und sonstigen amtlichen Schriftstücke an die Beteiligten in den Fällen, welche nicht durch die §§ 200 bis 202 geregelt sind, bedarf es keiner förmlichen Zustellung.

Die Übermittelung kann, soferne die Beteiligten nicht persönlich bei dem Notar zur Entgegennahme erscheinen, durch die Gehilfen des Notars, durch sonstige verlässige Personen oder durch die Post erfolgen. Der Notar hat jedoch je nach der Wichtigkeit der zu übermittelnden Schriftstücke alle ihm zu Gebote stehenden Mittel zur Sicherung der Sendungen gewissenhaft zu benützen.

Bescheinigungsbuch, § 53 Abs. 2.

Sechster Abschnitt.

Besondere Vorschriften für einzelne Geschäfte.

1. Unterschriftsbeglaubigung.

§ 205. Der Notar darf eine Unterschrift nur dann beglaubigen, wenn sie in seiner Gegenwart vollzogen oder anerkannt wird.

Die Anerkennung muß persönlich vor dem Notar erfolgen. Schriftliche Anerkennung, Anerkennung durch einen Vertreter oder Anerkennung gegenüber einem Vertreter des Notars genügt selbst dann nicht, wenn der Notar daraus die Überzeugung von der Echtheit der Unterschrift gewonnen haben sollte. (§ 183 Abs. 1 des Gesetzes über die Angelegenheiten der freiwilligen Gerichtsbarkeit.)

1. Ausschließliche Zuständigkeit der Notare zur öffentlichen Beglaubigung, Art. 1 N.G.
2. Keine Überschrift bei Beglaubigungen, § 156.
3. Eintrag der Beglaubigungen im Geschäftsregister, § 27 Z. 3.
4. Vermerk der Geschäftsregisternummer auf der Beglaubigung, § 157.
5. Kostenvermerk auf der Beglaubigung, § 158.
6. Keine Protokollform bei Beglaubigungen, § 160.
7. Ausfolgung der Beglaubigungen, § 173.
8. Urschriftliche Vorlage der Beglaubigungen des Grundbuchamts, § 566 D.A.
9. Korrekturen in beglaubigten Privaturkunden als Vollzugshindernis, K.G., Beschl. vom 24. Oktober 1904 (Bayer. Not.Z. 6. Jahrg. S. 62).
10. Fürsorge für die Beifügung der Erklärung nach § 58³ Gb.O. zur Privaturkunde vor der Beglaubigung, § 572 D.A.
11. Beglaubigung von Handzeichen, § 214.

§ 206. Von der Identität der Person, welche die zu beglaubigende Unterschrift in der Gegenwart des Notars vollzieht oder anerkennt, soll sich der Notar in derselben Weise Gewißheit verschaffen, wie es für die Beurkundung von Rechtsgeschäften vorgeschrieben ist. Die Bestimmungen des § 75 finden entsprechende Anwendung. (Artikel 35 des Notariatsgesetzes, § 176 Abs. 3 des Gesetzes über die Angelegenheiten der freiwilligen Gerichtsbarkeit.)

Für die Feststellung der Identität im Beglaubigungsvermerke besteht die Erleichterung, daß der Notar, wenn er den Beteiligten von früher her kennt, dies nicht ausdrücklich anzugeben braucht, so daß beim Mangel einer Angabe angenommen werden muß, daß der Notar den Beteiligten bei dem Vollzug oder der Anerkennung der Unterschrift schon gekannt hat. Hat der Notar dagegen erst bei dieser Gelegenheit sich die Gewißheit von der Persönlichkeit des Beteiligten verschafft, so muß dies und die Art der Legitimierung aus dem Vermerk ersichtlich sein.

Kann der Notar sich von der Identität des Beteiligten nicht überzeugen, so wird er in der Regel veranlaßt sein, die Beglaubigung als nutzlos abzulehnen; nimmt er die Beglaubigung aus besonderen Gründen doch vor, so muß aus dem Vermerk ersichtlich sein, was zur Feststellung der Persönlichkeit beigebracht ist und daß der Notar sich von der Identität des Beteiligten nicht hat überzeugen können.

§ 207. Die besonderen Vorschriften, welche für den Fall der Beurkundung der Erklärungen von Personen gelten, welche blind, taub, stumm, am Sprechen sonst behindert, der deutschen Sprache nicht mächtig oder des Lesens und Schreibens unkundig sind, finden auf den Fall der Beglaubigung von Unterschriften und Handzeichen keine Anwendung. Dem Notar ist es überlassen, in diesen Fällen nach pflichtmäßigem Ermessen diejenigen Vorkehrungen zu treffen, welche ihm geeignet erscheinen, Zweifel und Täuschung auszuschließen.

S. oben §§ 96 ff.

§ 208. Der Notar soll vor der Beglaubigung einer Unterschrift von dem Inhalte des Schriftstücks, zu dem die Unterschrift gehört, Kenntnis nehmen (Artikel 35 Satz 1 des Notariatsgesetzes).

Weigern sich die Beteiligten, dies zu gestatten, so ist der Notar zur Ablehnung der Vornahme der Beglaubigung veranlaßt.

Handelt es sich um die Beglaubigung der Unterschrift eines Schriftstückes, das in einer fremden, dem Notar nicht geläufigen Sprache, oder in fremden, dem Notar unbekannten Schriftzeichen abgefaßt ist, so braucht der Notar sich zum Zwecke der Kenntnisnahme nicht eines Dolmetschers zu bedienen, es ist ihm vielmehr jeder nach Lage der Sache gebotene Weg zur Vergewisserung über den Inhalt gestattet. Insbesondere kann der Notar sich, wenn kein Grund zum Mißtrauen besteht, die nötige Auskunft von Beteiligten selbst erholen.

Keine Ablehnung der Beglaubigung, aber Feststellung der Verweigerung der Einsichtsgestattung nach Lübeck. Not.O. vom 27. April 1900 § 21 III.

§ 209. Macht der Notar bei der Kenntnisnahme von dem Inhalte des Schriftstückes die Wahrnehmung, daß das Schriftstück ein Geschäft enthält, welches gegen ein Strafgesetz verstößt oder nur zum Schein oder zum Scherz vorgenommen werden soll, so hat er nach Artikel 16 des Notariatsgesetzes die Vornahme der Beglaubigung zu verweigern. Zweifelt der Notar an der Giltigkeit des Geschäfts, so soll er davon dem Beteiligten Mitteilung machen und, wenn der Zweifel nicht beseitigt werden kann, im Anschluß an den Beglaubigungsvermerk vor der Beisetzung seiner Unterschrift eine entsprechende Feststellung machen. (Art. 28 Abs. 2, Art. 35 des Notariatsgesetzes). Gleiche Feststellung soll der Notar dann machen, wenn das Schriftstück ein Rechtsgeschäft enthält und der Notar an der Rechtsfähigkeit des Beteiligten zweifelt. (Art. 28 Abs. 1, Art. 35 des Notariatsgesetzes.)

§ 210. Vor der Beglaubigung von Unterschriften unter Erklärungen und Verträgen über Grundstücke, über Rechte an solchen, und über Rechte, die den Grundstücken gleichstehen, hat der Notar das Grundbuch und das Hypothekenbuch ebenso einzusehen, wie er es vor der Beurkundung solcher Erklärungen und Verträge zu tun hätte. Die Bestimmungen der §§ 90 bis 95 finden entsprechende Anwendung. (Artikel 35, 30 des Notariatsgesetzes.)

1. Vgl. auch §§ 554 ff. D.A.
2. Erholung eines Hypothekenbuchsauszugs, § 95.

§ 211. Der Beglaubigungsvermerk muß die Bestätigung enthalten, daß die Unterschrift „echt ist", d. h. von der im Vermerke bezeichneten Person herrührt. Die Person ist im Vermerk ebenso genau zu bezeichnen, wie sie in einem notariellen Protokolle zu bezeichnen wäre (§ 163). Eine Feststellung im Vermerk, ob die Beglaubigung auf Grund der Anerkennung der Unterschrift oder der Vollziehung der Unterschrift in Gegenwart des Notars erfolgt, ist vom Gesetze nicht vorgeschrieben; sie ist indessen gestattet und im Falle der Anerkennung ratsam.

Der Vermerk muß den Ort und den Tag der Ausstellung angeben und mit der Unterschrift des Notars und dem Siegel versehen sein. (§ 183 Abs. 2 des Gesetzes über die Angelegenheiten der freiwilligen Gerichtsbarkeit.)

Schreibweise des Datums, § 143.

§ 212. Der Beglaubigungsvermerk darf unbeschadet seiner Vollständigkeit und Deutlichkeit so kurz wie möglich sein.

Beispiele:

„Nr. 890. Die Echtheit vorstehender Unterschrift des Kaufmanns N. N. zu X wird hiermit beglaubigt.

München, den zehnten Oktober Neunzehnhundert.

(Siegel) X,

K. Notar."

„Nr. 727.

Vorstehende Unterschrift wird als die des Bäckermeisters Adam Gebhard in Altheim, wohnhaft Bennostraße 27, hiemit auf grund der Anerkennung beglaubigt.

Datum, Fertigung."

§ 213. Der Beglaubigungsvermerk ist auf die Urkunde, auf welcher sich die zu beglaubigende Unterschrift befindet, und zwar unmittelbar unter die Unterschrift zu setzen. Fehlt es in der Urkunde selbst an Raum, so soll der Vermerk wenigstens auf derselben unmittelbar unter der Unterschrift begonnen und auf einem beizufügenden Blatte fortgesetzt werden; das zur Fortsetzung des Vermerks beizufügende Blatt ist der Urkunde anzuheften. Der Heftfaden ist mit dem Siegel verlässig zu befestigen.

Ist die Anheftung untunlich, so kann das beizufügende Blatt angeklebt werden. In diesem Falle ist das Farbdrucksiegel auf der Verbindungsstelle so anzubringen, daß es zum Teil auf der Urkunde, zum Teil auf dem angeklebten Blatte steht.

Keine Verwendung von Stempeln für die Beglaubigungen, § 160 Abs. 2.

§ 214. Für die Beglaubigung von Handzeichen gelten dieselben Vorschriften wie für die Beglaubigung von Unterschriften. (§ 183 Abs. 3 des Gesetzes über die Angelegenheiten der freiwilligen Gerichtsbarkeit.)

§ 215. Wird vom Notar eine Bestätigung darüber verlangt, daß jemand seinen Namen oder sein Handzeichen auf ein sonst unbeschriebenes Blatt gesetzt hat, so kann eine solche Bestätigung zwar erteilt werden, sie soll aber zur Verhinderung einer Verwechselung mit der Unterschriftsbeglaubigung ersehen lassen, daß eine Schrift, welcher der Name oder das Handzeichen als Unterschrift oder Unterzeichnung gedient hätte, bei der Bestätigung nicht vorhanden war.

2. Beglaubigung von Abschriften.

§ 216. Bei der Herstellung von beglaubigten Abschriften von **notariellen** Urkunden brauchen solche Berichtigungen, welche in der vorgeschriebenen Form ausgeführt und ordnungsmäßig genehmigt sind, nicht ersichtlich gemacht zu werden, da sie nicht als Mängel im Sinne des Art. 34 Abs. 1 des Notariatsgesetzes gelten können. Bei der Anfertigung der Abschrift kann vielmehr der Text so, wie er nach der ordnungsmäßigen Berichtigung lautet, wiedergegeben werden, soferne nicht von demjenigen, der die Abschrift verlangt, ein anderes gewünscht wird oder sonst die Umstände eine förmliche Nachbildung der Urschrift angezeigt erscheinen lassen. Das gleiche gilt bei notariellen Urkunden für solche Änderungen, welche keiner Form bedürfen. (Geschäftsordnung § 135.)

Die Wiedergabe in der berichtigten Form (glatte Abschrift) soll dann vermieden werden, wenn sie voraussetzen würde, daß der Notar selbst den Text, sei es auch nur in geringfügiger Weise, ändert.

§ 217. Bei der Herstellung beglaubigter Abschriften von anderen als notariellen Urkunden sollen Änderungen stets ersichtlich gemacht werden, wenn sie nicht im Sinne des § 135 der Geschäftsordnung offenbar unwesentlich und geringfügig sind.

§ 218. Werden Berichtigungen, Änderungen u. dgl., die sich auf der abzuschreibenden Hauptschrift finden, in die Abschrift übernommen, so soll ersichtlich gemacht werden, daß sie sich schon auf der Hauptschrift befunden haben.

Ebenso soll, wenn beim Abschreiben ein Versehen unterläuft und die Abschrift deshalb nach der Hauptschrift berichtigt werden muß, dieses Verhältnis bei der Berichtigung ersichtlich gemacht werden.

§ 219. Der Vorschrift des Artikel 34 des Notariatsgesetzes vom 9. Juni 1899, daß Durchstreichungen, Änderungen, Ausschabungen oder andere Mängel der Hauptschrift in dem Beglaubigungsvermerk angegeben werden sollen, kann auch dadurch Genüge geleistet werden, daß der Mangel in der Abschrift an den betreffenden Stellen des Textes, wo sie sich finden, oder am Rande daneben beschrieben und im Beglaubigungsvermerk auf diese Feststellung Bezug genommen wird.

Dieses Verfahren wird aus Zweckmäßigkeitsgründen stets dann einzuhalten sein, wenn die Mängel zahlreich sind oder ihre Beschreibung umständlich ist.

§ 220. Bei Auszügen, welche von dem Notar beglaubigt werden, soll durch Striche angedeutet sein, wo Stellen der Urkunde, aus welcher der Auszug entnommen ist, weggeblieben sind.

§ 221. Da dem Notar kein Urteil darüber zusteht, ob die Privaturkunde, von welcher die Abschrift entnommen ist, von demjenigen, welcher als deren Urheber angegeben wird, wirklich herrührt, so kann der Notar nicht die Übereinstimmung der Abschrift mit der Urschrift (dem Original), sondern nur deren Übereinstimmung mit der vorgelegten Schrift bestätigen; der Notar soll daher in diesen Fällen im Beglaubigungsvermerk nur bemerken, daß die vorgelegte Schrift ihm bei der Vorlage als Urschrift bezeichnet worden ist.

Bei Abschriften öffentlicher Urkunden, welche von inländischen Gerichten oder Behörden herrühren, kann der Notar die Übereinstimmung der Abschrift mit der Urschrift bestätigen.

Form der Beglaubigung, Art. 34 N.G.

§ 222. Bei der Beglaubigung von Abschriften aus Handelsbüchern und anderen dergleichen Urkunden ist es dem Notar unverwehrt, das Aussehen und die Beschaffenheit des Buchs, dessen Spalteneinteilung, ob es mit Seitenzahlen versehen, ob es von Ausschabungen frei und andere Tatsachen dieser Art festzustellen.

3. Versteigerungen.

§ 223. Für die notarielle Beurkundung von Versteigerungen gelten die Vorschriften für die Beurkundung von Rechtsgeschäften mit den folgenden besonderen Ausnahmen bezüglich der Bieter:

1. Bieter, welche an ihr Gebot nicht gebunden sind (z. B. überbotene Bieter), sollen nach § 181 des Gesetzes über die Angelegenheiten der freiwilligen Gerichtsbarkeit nicht als Beteiligte behandelt werden. Es ist darum weder die Aufführung und Identitätsfeststellung im Protokoll, noch die Unterschrift dieser Bieter nötig. Auch bildet ihr Mitbieten, wenn sie mit dem Notar in gerader Linie verwandt oder verschwägert sind, für den Notar kein Hindernis, die Versteigerung zu beurkunden. Da jedoch dieses Hindernis sofort eintreten würde, wenn sie meistbietend bleiben und den Zuschlag erhalten sollten, und ein Mitbieten in der Voraussicht, den Zuschlag nicht erhalten zu können, zwecklos ist, so wird der Notar seine Mitwirkung bei der Beurkundung von vorneherein davon abhängig zu machen haben, daß solche Personen nicht mitbieten, deren Beziehungen zu ihm ihn im Falle des Meistgebots an der Ausübung des Amts gesetzlich hindern würden.
2. Auch diejenigen Bieter, welche an ihr Gebot gebunden bleiben, brauchen das Protokoll nicht unter allen Umständen zu unterschreiben. Entfernt sich ein solcher Bieter vor dem Schlusse der Verhandlung, so genügt nach § 181 des Gesetzes über die Angelegenheiten der freiwilligen Gerichtsbarkeit an Stelle seiner Unterschrift die Angabe des Grundes, aus welchem sie unterblieben ist.

Wegen der Zwischenunterschriften vgl. den § 171 der Geschäftsordnung.

§ 224. Handelt es sich bei der Beurkundung einer öffentlichen Versteigerung nicht um die Feststellung der einzelnen Rechtsgeschäfte, sondern nur um die Feststellung des Versteigerungsverfahrens und der Erlöse, wie in der Regel dann, wenn bei Versteigerung von beweglichen Gegenständen der Erlös der versteigerten Sachen sofort gegen deren Aushändigung bar zu zahlen ist, so bedarf es weder einer Unterzeichnung durch die Meistbietenden, noch ihrer Aufführung im Protokoll.

§ 225. Für die Fälle der freiwilligen Versteigerung von Liegenschaften wird darauf aufmerksam gemacht, daß, wie bisher, so auch künftig das ganze Geschäft entweder in einem Zuge stattfinden kann, wenn der Veräußernde bei der Versteigerung selbst anwesend oder vertreten ist und die erforderlichen Erklärungen abgibt oder abgeben läßt, oder aber in zwei getrennten Verhandlungen derart, daß im Versteigerungstermine nur die Erklärungen der Bieter abgegeben und festgestellt werden, während die Erklärung des Veräußerers für später vorbehalten wird. Beide Geschäfte können selbständig beurkundet werden. Bei der Versteigerung von Liegenschaften ist die nachträglich abgegebene Erklärung des Veräußerers sowohl gemäß § 313 des Bürgerlichen Gesetzbuchs wie nach dem bisherigen Landesrechte, soweit dieses noch anwendbar bleibt, notariell zu beurkunden. Der Notar soll auf Ersuchen die Schlußerklärung denjenigen Beteiligten, welche bei ihrer Beurkundung nicht zugegen gewesen sind, mitteilen. Das Protokoll über die Schlußerklärung ist bei der Verwahrung, Vorlegung und Ausfertigung als Ergänzungsurkunde zum Versteigerungsprotokolle zu behandeln.

§ 226. Mit Rücksicht auf die Vorschrift des § 156 des Bürgerlichen Gesetzbuchs sind die Notare veranlaßt, bei der Beurkundung von Versteigerungen darauf hinzuwirken, daß in den Versteigerungsbedingungen ausdrücklich gesagt wird, ob die Bieter an ihre Gebote auch im Falle des Übergebots oder des Schlusses der Verhandlung ohne Erteilung des Zuschlags gebunden bleiben sollen.

§ 156 B.G.B. bestimmt, daß ein Gebot erlischt, wenn ein Übergebot abgegeben oder die Versteigerung ohne Erteilung des Zuschlags geschlossen wird.

§ 227. Soweit die Notare im Zwangsversteigerungsverfahren zur Mitwirkung berufen sind, haben sie die dafür erlassenen besonderen gesetzlichen Vorschriften und Dienstanweisungen zu beobachten.

Maßgebend ist hiernach insbesondere bei der Zwangsversteigerung von Grundstücken und von Rechten, die den Grundstücken gleichstehen, bis zu dem Zeitpunkte, in welchem das Grundbuch als angelegt anzusehen ist, die bisherige bayerische Subhastationsordnung; für die Zwangsversteigerung eines im Schiffsregister eingetragenen Schiffes ist vom 1. Januar 1900 ab und für die Zwangsversteigerung von Grundstücken nach der Anlegung des Grundbuchs das Reichsgesetz über die Zwangsversteigerung und die Zwangsverwaltung und das dazu erlassene bayerische Ausführungsgesetz anzuwenden.

Es wird hierbei darauf aufmerksam gemacht, daß in allen Fällen das Versteigerungsprotokoll nach Beendigung der dem Notar obliegenden Tätigkeit in Urschrift an das Vollstreckungsgericht abzugeben ist, ohne daß eine Ausfertigung zurückzubehalten wäre.

Vgl. Bekanntm. vom 31. März 1905 die Zwangsvollstreckung in das unbewegliche Vermögen betr. (J.M.Bl. S. 587); Bekanntm. vom 2. November 1905 gleich. Betreffs (a. a. O. S. 828); Bekanntm. vom 15. Mai 1906 (a. a. O. S. 74); siehe auch Nachtrag zu Art. 2 des Gesetzes.

4. Beurkundung und Eröffnung letztwilliger Verfügungen.

§ 228. Bei der Mitwirkung zur Errichtung von Testamenten hat der Notar zunächst die in den §§ 2229 bis 2246 des Bürgerlichen Gesetzbuchs enthaltenen Vorschriften und hiernach die weiteren ergänzenden Vorschriften des Notariatsgesetzes und der Geschäfsordnung über die Beurkundung von Rechtsgeschäften und von letztwilligen Verfügungen insbesondere einzuhalten.

1. Bei Beurkundung eines Testaments, durch das ein bei einer anderen Behörde verwahrtes Testament widerrufen wird, Anzeige des Widerrufs an die andere Behörde, aut. Entschl. vom 5. Dezember 1900 (Gen. S. 12).

2. Die Gebühr für die Testamentserrichtung durch das Reichserbschaftssteuergesetz nicht berührt, § 29 Vollzugsbekanntm. vom 10. August 1906, Art. 111. 166 Geb.Ges.

3. Anführung der Gegenstandssumme im Gebührenvermerk, § 158.

4. Siehe auch Anm. S. 9 oben sowie Nachtrag zu Art. 1 des Gesetzes.

§ 229. Die Errichtung des Testaments vor dem Notar hat nach § 2064 des B.G.B. stets persönlich durch den Erblasser zu erfolgen.

Bezüglich der Feststellung der Identität und der Geschäftsfähigkeit des Erblassers ist bei der Beurkundung von Testamenten besondere Vorsicht angezeigt. Es empfiehlt sich in solchen Fällen die Feststellung im Protokoll noch genauer zu fassen als sonst und insbesondere bei kranken Personen die Prüfung des Geisteszustands durch ein vorher geführtes Gespräch und die Feststellung des Befundes im Protokolle nicht zu unterlassen. Im übrigen sind wegen der Fähigkeit zur Testamentserrichtung die Vorschriften der §§ 2229, 2230 des B.G.B. zu beachten.

Feststellung der Identität § 75, der Geschäftsfähigkeit § 78.

§ 230. Der Erblasser braucht, wenn er volljährig ist und Geschriebenes zu lesen vermag, seinen letzten Willen nicht mündlich zu erklären, er kann auch eine Schrift mit der mündlichen Erklärung übergeben, daß die Schrift seinen letzten Willen enthalte. Der Notar wird sich also, wenn ein Testament durch Übergabe einer Schrift errichtet werden soll, darüber vergewissern, ob der Erblasser volljährig ist und Geschriebenes zu lesen vermag. Zumeist wird dies nach Lage der Sache von vorneherein feststehen. Wo Zweifel bestehen können, soll der Notar sie zu heben suchen und gegebenenfalls die zur Sicherung gegen Anfechtungen erforderlichen Feststellungen im Protokolle machen.

Die Schrift braucht nicht von dem Erblasser selbst geschrieben zu sein, sie kann auch von einer anderen Person, sie kann insbesondere auch von dem Notar geschrieben sein. Einer Unterschrift bedarf die übergebene Schrift nicht.

Die Schrift kann offen oder verschlossen übergeben werden. Wird sie offen übergeben, so ist es nach dem Gesetze weder erforderlich, daß der Notar von ihrem Inhalte Kenntnis nimmt, noch daß sie mit dem Protokolle verlesen wird. Beides soll jedoch geschehen, wenn der Erblasser es wünscht. Der Notar soll daher den Erblasser hierüber, soweit nötig, befragen.

Über die Behandlung der verschlossen übergeben werdenden Testamente siehe die im Nachtrag zu Art. 1 erwähnte aut. Entschl. vom 13. Januar 1900 (Gen. S. 2).

§ 231. Soll die Schrift, welche den letzten Willen des Erblassers enthält, verschlossen übergeben werden, so kann der Notar auf Ersuchen des Erblassers an dem Verschließen durch Beidrückung seines Amtssiegels mitwirken.

Siehe die bei § 230 angeführte Entschließung.

§ 232. Schreibt ein Erblasser, der wegen Behinderung am Sprechen das Testament nur durch Übergabe einer Schrift errichten kann, bei der Verhandlung die eigenhändige Erklärung, daß die übergebene Schrift seinen letzten Willen enthalte, nicht in das Protokoll selbst, sondern auf ein eigenes Blatt, so soll der Inhalt dieses Blattes als zum Protokolle gehörig mit dem Protokolle vorgelesen werden. Bei diesem Anlaß wird auf § 2243 Abs. 2 B.G.B. besonders aufmerksam gemacht.

Nach § 2243 Abs. 2 B.G.B. muß das eigenhändige Niederschreiben der Erklärung sowie die Überzeugung des Notars, daß der Erblasser am Sprechen verhindert ist, im Protokoll festgestellt werden.

§ 233. Für die Heranziehung von Dolmetschern bei Testamenten gelten folgende besondere Regeln:

1. Die Heranziehung findet nur in dem einen Falle statt, wenn der Erblasser erklärt, daß er der deutschen Sprache nicht mächtig ist.

   Ein Erblasser, der stumm oder sonst am Sprechen verhindert ist und mit dem eine schriftliche Verständigung nicht möglich ist, kann ein Testament überhaupt nicht errichten; ist ein tauber Erblasser nicht imstande Geschriebenes zu lesen, so ist nach Artikel 29 Abs. 2 des Notariatsgesetzes zu verfahren.

2. Die Zuziehung des Dolmetschers darf nicht wie bei sonstigen Rechtsgeschäften, schon dann unterlassen werden, wenn der beurkundende Notar der fremden Sprache

mächtig ist, sondern nur dann, wenn auch die sonst Mitwirkenden (der zweite Notar, die Zeugen) ebenfalls die fremde Sprache beherrschen.

3. Auf die Beeidigung des Dolmetschers kann nicht verzichtet werden.
4. Das Protokoll muß in der nach § 2244 Abs. 2 und 2245 Abs. 2 vorgeschriebenen Art zweisprachig sein.

§ 234. Der Notar soll gelegentlich der Beurkundung des Testaments sich nach dem Alter des Erblassers, sowie danach erkundigen, wo und wie allenfalls späterhin nach dem Leben des Erblassers Nachforschungen angestellt werden können, wo er seinen Wohnsitz zu halten gedenkt und dergl., sofern nicht die betreffenden Verhältnisse ihm — dem Notar — ohnehin bekannt sind. Über das Ermittelte oder ihm Bekannte soll der Notar eine Vormerkung im Testamentsregister machen.

Vermerk in der letzten Spalte des Testamentsregisters, §§ 46 ff.

§ 235. Das über die Errichtung des Testaments aufgenommene Protokoll soll nebst Anlagen, insbesondere im Falle der Errichtung durch Übergabe einer Schrift nebst dieser Schrift, von dem Notar in Gegenwart der übrigen mitwirkenden Personen — also der Testamentszeugen, des zweiten Notars, des Dolmetschers — und des Erblassers mit dem Amtssiegel verschlossen und mit einer das Testament näher bezeichnenden Aufschrift, die von dem Notar zu unterschreiben ist, versehen werden (§ 2246 B.G.B.).

Zum Verschluß kann durch Einbiegen die etwa freie Rückseite des Protokolls, aber ebensogut und wohl noch besser ein entsprechender undurchsichtiger Umschlag (Briefumschlag) verwendet werden. Die Aufschrift soll zunächst ersehen lassen, daß sich in dem Umschlag ein Testament befindet, sodann genau angeben, von wem und wann es errichtet worden ist. Über die Aufschrift soll die Geschäftsregisternummer und die Testamentsregisternummer gesetzt werden.

Z. B.:

Gesch. 2. Nr. 187. Test.-Reg.-Nr. 10.
„Testament des ...... (Bezeichnung des Erblassers nach Name, Stand und Wohnort) vom ....

X.
K. Notar."

Das Siegel des Notariats ist so anzubringen, daß es verlässig schließt.

Es besteht keine Erinnerung dagegen, daß das Siegel mehrmals zum Abdrucke gebracht wird, wenn dies nach den Umständen zweckentsprechend ist.

1. Über Vorbereitung der Testamentsprotokolle s. Harasser i. Bayer. Not.Z., 5. Jahrg. S. 97.
2. Gleicher Verschluß und Aufschrift bei den zur Verwahrung übernommenen Dorftestamenten, s. § 237, Bekanntm. vom 24. Dezember 1901 (J.M.Bl. 1901 S. 21).

§ 236. Das nach § 235 verschlossene Testament soll gemäß § 2246 Abs. 1 des B.G.B. in besondere amtliche Verwahrung genommen werden.

Zur Übernahme von Testamenten in besondere amtliche Verwahrung sind in Bayern, gemäß Art. 1 Abs. 2 des Notariatsgesetzes, ausschließlich die Notare berufen. Welcher Notar im einzelnen Falle das Testament zu übernehmen hat, ist im Gesetze nicht ausdrücklich gesagt. Zuständig ist daher, wenn der Erblasser nicht anderweitig verfügt, derjenige Notar, welcher das Testament beurkundet hat; der Erblasser kann jedoch jederzeit die Verwahrung bei einem anderen bayerischen Notar oder bei einer außerbayerischen deutschen Behörde verlangen, welche nach dem für sie geltenden Rechte zur Übernahme der Verwahrung zuständig ist. Die Versendung geschieht im letzteren Falle stets auf Antrag des Erblassers durch den Notar.

Der Notar soll bei der Versendung die nach § 234 ermittelten, für die Eröffnung des Testaments belangreichen Umstände der Verwahrungsbehörde bekannt geben, diese Behörde um Bestätigung des Empfangs der Sendung ersuchen und den Einlauf der Empfangsbestätigung überwachen.

Er soll endlich die zur Sicherung der Sendung nötigen Vorsichtsmaßregeln treffen.

1. Zuständigkeit der Notare zur Verwahrung auch der nach § 2250 B.G.B. errichteten Dorftestamente, aut. Entschl. vom 2. Juli 1900 (Gen. S. 11).

2. Notariatsgebühr für Übernahme eines Testaments in Verwahrung; Gebührenfreiheit der Inverwahrungnahme bei den vom verwahrenden Notar selbst beurkundeten Testamenten, Art. 55 Not.Geb.O. n. F.

§ 237. Wird einem Notar von einem zur Beurkundung der Testamentserrichtung zuständigen Gericht, Notar oder Gemeindevorsteher (B.G.B. § 2249) ein Testament zur Übernahme in die besondere amtliche Verwahrung übersandt, so hat er dasselbe zu übernehmen, die Ubernahme zur Verwahrung auf dem der Sendung beiliegenden Schreiben, oder auf dem Umschlag des Testaments zu vermerken und im Geschäftsregister wie im Testamentsregister einzutragen, endlich der übersendenden Stelle den Empfang zu bestätigen.

1. Behandlung der Dorftestamente, vgl. Bekanntm. vom 24. Dez. 1900 (J.M.Bl. S. 21).

2. Übernahme von Dorftestamenten von anderen Personen als dem Bürgermeister, aut. Entschl. vom 22. Juli 1901 Nr. 29845 (Gen. S. 51).

§ 238. Wird dem Notar ein nach § 2231 Nr. 2 des Bürgerlichen Gesetzbuchs errichtetes (eigenhändiges, holographisches) Testament gemäß § 2248 des Bürgerlichen Gesetzbuchs in amtliche Verwahrung übergeben, so hat er über die Übergabe ein Protokoll aufzunehmen und diesem das Testament beizufügen.

Das übergebene Testament braucht, wenn es offen übergeben wird, nicht verschlossen zu werden.

Die Identität der übergebenden Person soll genau festgestellt werden. Übergibt nicht der Erblasser persönlich, so soll der Notar im Protokolle feststellen, ob und in welcher Weise ihm nachgewiesen worden ist, daß das Testament von dem Erblasser herrührt, und daß die Übergabe zur amtlichen Verwahrung auf sein Verlangen geschieht. Fehlt es an solchen Nachweisen, so kann die Übernahme abgelehnt werden, jedenfalls aber ist der Mangel im Protokolle festzustellen.

Notariatsgebühr für Übernahme eines Testamentes in Verwahrung, Art. 55 Not.-Geb.O. n. F.

§ 239. Über die Übernahme des Testaments in die besondere amtliche Verwahrung soll dem Erblasser auch ohne Verlangen ein Hinterlegungsschein erteilt werden (B.G.B. § 2246 Abs. 2, § 2248 Satz 2).

1. Keine besondere Gebühr mehr für die Erteilung des Hinterlegungsscheines, Art. 55 Not.Geb.O. n. F.

2. Die Erteilung des Hinterlegungsscheines nicht als eigenes Geschäft in das Geschäftsregister aufzunehmen, § 27.

3. Keine Protokollform bei Ausstellung des Hinterlegungsscheines, § 160.

§ 240. Dem Erblasser ist jederzeit auf Verlangen das in amtliche Verwahrung genommene Testament zurückzugeben.

Die Rückgabe beschränkt sich nicht auf die allenfalls übergebene Testamentsschrift, sondern umfaßt auch das zugehörige Protokoll.

Die Rückgabe darf nur an den Erblasser persönlich erfolgen.

Über die Rückgabe ist ein Protokoll zu errichten. Das Protokoll ist im Geschäftsregister als eigenes Geschäft einzutragen, im Testamentsregister ist darauf lediglich bei dem Vortrag über die Testamentserrichtung oder über die Verwahrungsübernahme zu verweisen.

Der Notar soll, wo es nach den Umständen veranlaßt erscheint, den Erblasser auf die sich an die Rückgabe nach § 2256 Abs. 1 und nach § 2256 Abs. 3 des B.G.B. knüpfenden Folgen aufmerksam machen.

1. Rückgabe der Testamente durch Vermittlung eines anderen Notariats, aut. Entschl. vom 5. Dezember 1900 (Gen. S. 22), vom 21. März 1902 (a. a. O. S. 65).

2. Die bloße Verweisung im Testamentsregister erfolgt aber nur bei den seit 1. Januar 1900 errichteten Testamenten; sonst ist auch im Testamentsregister die Rückgabe als besonderes Geschäft vorzutragen, § 45 n. F.

§ 241. Verlangt der Erblasser, daß ihm das verschlossen in amtlicher Verwahrung befindliche Testament nicht zurückgegeben, sondern zur Einsichtnahme geöffnet und vorgelegt werde, etwa weil er sich des Inhalts nicht mehr genau erinnert und im Zweifel ist, ob er eine Abänderung vornehmen soll, so soll der Notar den Verschluß in Gegenwart des Erblassers öffnen, das Testament dem Erblasser zur Einsicht vorlegen, nach genommener Einsicht wieder vorschriftsmäßig verschließen und über den ganzen Hergang ein Protokoll aufnehmen.

Der Notar soll während der ganzen Dauer der Einsichtnahme durch den Erblasser, vom Augenblicke der Öffnung bis zur Vollendung des Wiederverschließens anwesend sein; im Protokolle soll dies festgestellt werden. Ebenso soll festgestellt werden, daß der Verschluß vor dem Öffnen unverletzt befunden worden ist.

Der Sicherung gegen Anfechtungen halber können auf Verlangen des Erblassers zur ganzen Verhandlung zwei Zeugen oder ein zweiter Notar herbeigezogen werden.

Aufhebung des Verschlusses bei Erbverträgen und Entnahme derselben aus der besonderen amtlichen Verwahrung, Staudinger, Komm. z. B.G.B. Anm. 5 zu § 2277.

§ 242. Da die Notare nach dem Ableben des Erblassers die bei ihnen verwahrten Testamente und sonstigen Verfügungen von Todes wegen teils zu eröffnen, teils zur Eröffnung abzugeben oder mitzuteilen haben, so ist es — unbeschadet der dem Nachlaßgericht und anderen Behörden zufallenden Obliegenheiten — auch ihre Pflicht, soweit möglich, dahinzuwirken, daß ihnen die Kunde vom Ableben der Erblasser nicht verborgen bleibt.

Die Notare sollen deshalb nicht nur die ihnen hierüber von den Amtsgerichten zugehenden Mitteilungen genau mit den Namenverzeichnissen und Registern vergleichen, sondern auch von sich aus in den Fällen Nachforschung halten, in denen das Ableben des Erblassers nach Lage der Sache wahrscheinlich ist. Anhaltspunkte dafür können aus dem Inhalte des Testamentsregisters entnommen werden (vgl. § 234). Die Nachforschungen darüber, ob der Erblasser noch lebt, können durch Einsicht der bei dem Amtsgerichte hinterliegenden Todesanzeigen und standesamtlichen Nebenregister angestellt werden, ferner durch Anfrage bei den Nachlaßgerichten, den Ortspolizeibehörden, bei den Testamentszeugen, wenn diese dem Notar bekannt sind, oder bei denjenigen Personen, welche der Erblasser zu diesem Zwecke bezeichnet hat. Die Nachforschungen sind stets so anzustellen, daß das Testamentsgeheimnis gewahrt bleibt.

1. Die jetzige Fassung der §§ 242 bis 253 beruht auf der Bekanntm. vom 5. Juli 1903.

2. Die Zuständigkeit zur Eröffnung der Verfügungen von Todes wegen ist jetzt durch Art. 2 Nachl.Ges. vom 9. August 1902 geregelt.

§ 243. Erhält der Notar von dem Ableben des Erblassers Kenntnis, so hat er je nach dem letzten Wohnsitz des Erblassers und je nach dem Zeitpunkte des Erbfalls verschieden zu verfahren.

Ist der Erblasser vor dem 1. Januar 1900 verstorben, so hat der Notar nach den früheren Vorschriften zu verfahren. Vgl. für die Landesteile r. d. Rh. die Art. 27, 28 des Notariatsgesetzes vom 10. November 1861 (auch J.M.E. vom 2. Juni 1866, J.M.Bl. S. 133), für die Pfalz die Bestimmungen des Art. 1007 des Code civil und die Art. 918, 920 des Code de procédure civile.

Ist der Erblasser nach dem 31. Dezember 1899 verstorben und ist nach den Vorschriften des Gesetzes über die Angelegenheiten der freiwilligen Gerichtsbarkeit die Zuständigkeit eines außerbayerischen deutschen Nachlaßgerichtes begründet, so hat der Notar die Verfügung von Todes wegen gemäß § 2259 Abs. 2 des B.G.B. in Urschrift an das Nachlaßgericht abzuliefern.

Ist der Erblasser nach dem 31. Dezember 1899, aber vor dem 1. Oktober 1902 gestorben und nach den Vorschriften des Gesetzes über die Angelegenheiten der freiwilligen Gerichtsbarkeit die Zuständigkeit eines bayerischen Nachlaßgerichts begründet, so hat der Notar die in seiner Verwahrung befindliche Verfügung von Todes wegen zu eröffnen.

Ist der Erblasser nach dem 30. September 1902 verstorben, und ist nach den Vorschriften des Gesetzes über die Angelegenheiten der freiwilligen Gerichtsbarkeit die Zuständigkeit eines bayerischen Nachlaßgerichts begründet, so hat der Notar die Verfügung von Todes wegen nur dann selbst zu eröffnen, wenn sie sich verschlossen in seiner Verwahrung befindet und das Nachlaßgericht in einem anderen Orte seinen Sitz hat als das Notariat; anderenfalls hat er die Verfügung an das zuständige Nachlaßgericht abzuliefern.

Zweifel über die Zuständigkeit des Nachlaßgerichts sind durch Anfrage vorher zu heben.

Die verschiedene Zuständigkeit beruht darauf, daß das Nachlaßgesetz am 1. Oktober 1902 in Kraft getreten ist, Art. 12 Nachl.Ges. § 27 Nachl.O.; siehe auch die Darstellung von G. Schmitt in Bayer. Zeitschr. f. R., 2. Jahrg. S. 451.

§ 244. Bei der Ablieferung der Verfügungen von Todes wegen an das Nachlaßgericht ist mit Vorsicht zu verfahren.

Wird die Verfügung nach auswärts versendet, so ist die Sendung als Einschreibsendung zu bezeichnen. Der Postaufgabeschein ist bis zum Einlangen der Empfangsbestätigung zu verwahren, das Einlangen der Empfangsbestätigung ist durch Vormerkung eines Betriebstermins (§ 55) zu überwachen. War die Verfügung offen in der Verwahrung des Notariats und hat der Erblasser davon noch keine Ausfertigung erhalten, so hat der Notar vor der Versendung eine beglaubigte Abschrift davon zu fertigen und an Stelle der Urschrift zu verwahren.

Ist die Verfügung dem Nachlaßgericht am Orte des Notariatssitzes abzuliefern, so hat dies durch den Notar persönlich oder unter der Verantwortlichkeit des Notars durch einen Notariatspraktikanten oder einen zur Einsicht des Grundbuchs befugten Gehilfen des Notars zu erfolgen; offene Verfügungen von Todes wegen sind vom Notar vor der Ablieferung in einen Umschlag zu verschließen.

Vgl. dazu § 39 Nachl.O.

§ 245. Die Ablieferung erfolgt gegen Empfangsbestätigung an den nach § 39 Abs. 1 Satz 2 der Nachlaßordnung zur Entgegennahme befugten Beamten. Der Notar soll den Entwurf der Empfangsbestätigung zur Unterzeichnung mitgeben. Die Empfangsbestätigung ist an der nach der Geschäftsregisternummer der Urschrift gebührenden Stelle der allgemeinen Urkundensammlung zu verwahren.

Die Ablieferung ist im Testamentsregister und im Geschäftsregister bei dem Eintrag über die Errichtung oder die Übergabe der Verfügung von Todes wegen zu vermerken.

§ 246. Ist beim Notariate nicht die Verfügung selbst, sondern nur die nach § 41 Abs. 2 der Nachlaßordnung eingegangene Mitteilung über die anderwärts erfolgte Errichtung oder Aufhebung eines Testaments verwahrt, so ist diese beim Tode des Erblassers dem Nachlaßgerichte gegen Empfangsbestätigung zu übermitteln. Bei der Versendung bedarf es nicht des Einschreibens; die Übermittelung an das am Orte des Notariatssitzes befindliche Nachlaßgericht kann außer durch die im § 244 Abs. 3 genannten Personen auch durch sonstige verlässige Boten oder durch die Post erfolgen.

Wegen der Vermerkung der Vorlage an das Nachlaßgericht und der Verwahrung der Empfangsbestätigung ist wie bei der Testamentsvorlage zu verfahren.

§ 247. Liegt dem Notar die Eröffnung des Testaments oder des Erbvertrages ob, so hat er dabei nach den Vorschriften im § 31, § 32 Abs. 1 bis 3, § 33, § 35, § 36 Abs. 1 und 4 der Nachlaßordnung und den nachfolgenden Vorschriften zu verfahren.

1. Wegen Zuständigkeit des Notars zur Testamentseröffnung s. Art. 2 Nachl.Ges., § 243 Gesch.O.
2. Angabe des Nachlaßwertes im Eröffnungsprotokoll; Berechnung der Staatsgebühr bei Verweigerung der Vermögensangabe, Bekanntm. vom 16. Dezember 1900 (J.M.Bl. S. 1256).
3. Erhebung der Gebühren für die Testamentseröffnung durch den Notar, Art. 111, 166 Geb.Ges.
4. Kein Ersatz für die Auslagen bei Testamentseröffnungen, insbesondere auch nicht für Kosten der Zustellungen aus der Staatskasse, aut. Entschl. vom 10. März 1901 (Gen. S. 38).
5. Keine Prüfungspflicht bezüglich der wegen Zeitablaufs unwirksamen Dorftestamente, aut. Entschl. vom 17. Oktober 1901 (Gen. S. 56).
6. Eröffnung anscheinend rechtsunwirksamer Testamente, Oberst. G.H., Beschl. vom 7. Februar 1903 (Sammlung Bd. 4 S. 147).

§ 248. Von der Bestimmung des Eröffnungstermins soll der Notar, wenn er nicht die Eröffnung auf Mitteilung und Ersuchen des Nachlaßgerichts vornimmt, das Nachlaßgericht unverzüglich in Kenntnis setzen.

Im Eröffnungstermine soll der Notar den Erschienenen auch bekannt geben, daß er die Akten alsbald nach Eröffnung an das Nachlaßgericht abgeben wird, und welches dieses Gericht ist.

1. Mitteilungspflicht des Nachlaßgerichts, § 28 Nachl.O.
2. Keine Verkündung bei Abwesenheit von Beteiligten, aut. Entschl. vom 13. August 1900 (Gen. S. 16); das verschlossene Testament ist lediglich zu öffnen und ist über den Hergang ein Protokoll aufzunehmen, § 33 Nachl.O., siehe auch Nachtr. zu Art. 1.
3. Benachrichtigung der nicht Erschienenen durch das Nachlaßgericht, § 251 Abs. 4. § 14 Nachl.O.

§ 249. Bei der Eröffnung von gemeinschaftlichen Testamenten und zweiseitigen Erbverträgen darf der Notar die Verfügungen des Überlebenden, soweit sie sich sondern lassen, weder verkünden noch sonst zur Kenntnis der Beteiligten bringen (B.G.B. § 2273, Satz 1, § 2300).

Nach der Eröffnung eines solchen Testaments oder Erbvertrags hat der Notar von den Verfügungen des verstorbenen Erblassers eine beglaubigte Abschrift zu fertigen und dem Eröffnungsprotokolle beizufügen, soferne diese Verfügungen nicht schon wörtlich im Eröffnungsprotokoll aufgeführt sind. Das Testament oder der Erbvertrag ist sodann wieder zu verschließen und in die besondere amtliche Verwahrung zu übernehmen.

Mitteilung einer Abschrift der verkündeten Verfügungen von Todes wegen § 251.

§ 250. In dem Protokoll über die Eröffnung des gemeinschaftlichen Testaments oder zweiseitigen Erbvertrags ist stets anzugeben, ob ein Teil und welcher Teil der Verfügung von Todes wegen geheim gehalten worden ist, ferner ob das Testament wieder verschlossen und wieder in die besondere amtliche Verwahrung übernommen worden ist.

Kann die Verschließung und die Übernahme in die besondere amtliche Verwahrung nicht im Eröffnungstermine erfolgen, so ist über sie in einem Nachtrage zum Eröffnungsprotokoll eine kurze Feststellung zu machen; der Nachtrag wird vom Notar allein von Amts wegen errichtet.

Vgl. § 37 Nachl.O.

§ 251. Nach der Abhaltung des Eröffnungstermins hat der Notar die Urschrift der Verfügung von Todes wegen sowie eine beglaubigte Abschrift des über die Eröffnung aufgenommenen Protokolls dem Nachlaßgerichte zu übersenden, von der Urschrift der Verfügung von Todes wegen jedoch vorher eine beglaubigte Abschrift anzufertigen.

Die Urschrift des Eröffnungsprotokolls hat der Notar samt der beglaubigten Abschrift der Verfügung von Todes wegen und der ihm vom Nachlaßgerichte zukommenden Empfangsbestätigung in der allgemeinen Urkundensammlung zu verwahren.

Kann die Urschrift der Verfügung von Todes wegen dem Nachlaßgerichte nicht übersendet werden, weil sie nach § 249 Abs. 2 in die besondere amtliche Verwahrung zu übernehmen ist, so hat der Notar dem Nachlaßgerichte mit der beglaubigten Abschrift des Eröffnungsprotokolls auch die beglaubigte Abschrift der Verfügungen des verstorbenen Erblassers und im Falle des § 250 Abs. 2 auch eine beglaubigte Abschrift des Nachtrags zum Eröffnungsprotokolle zu übersenden.

Die in den §§ 2262, 2300 des B.G.B. vorgeschriebenen Mitteilungen an die Beteiligten, welche bei der Eröffnung nicht zugegen gewesen sind, hat der Notar stets dem Nachlaßgerichte zu überlassen.

1. Vgl. auch § 40 Nachl.O.
2. Mitteilung von der Nichterhebung der staatlichen Testamentseröffnungsgebühr bei Übersendung der Nachlaßakten, Bekanntm. vom 16. Dezember 1900 (J.M.Bl. S. 1256).
3. Über Mitteilungen an die Erbschaftssteuerämter wegen der Reichserbschaftssteuer siehe Vollzugsbekanntm. vom 10. August 1906 (J.M.Bl. S. 509).

§ 252. Befindet sich ein Testament oder ein Erbvertrag seit mehr als vierundfünfzig Jahren in amtlicher Verwahrung und haben die deshalb nochmals angestellten Nachforschungen eine Gewißheit darüber, ob der Erblasser noch lebt oder gestorben ist, nicht ergeben, so hat der Notar das Testament oder den Erbvertrag dem Amtsgerichte seines Amtssitzes zur Eröffnung abzuliefern.

1. § 252 entspricht dem Art. 108ᵇ (A.G. z. B.G.B.).
2. Vgl. auch über das Anwendungsgebiet des Art. 108 A.G. z. B.G.B. Oberregierungsrat Gottfried Schmitt in Bayer. Not.Z. 7. Jahrg S. 124.

§ 253. Die Ablieferung und die Eröffnung der Verfügungen von Todes wegen und die Übersendung der Eröffnungsakten sind als vordringliche Geschäfte zu behandeln und so sehr zu beschleunigen als es mit den Verhältnissen der Beteiligten vereinbar ist. Eine Verzögerung der Ablieferung oder Übersendung wegen mangelnder Kostendeckung darf nicht stattfinden.

1. Art. 55 Not.G. greift also nicht Platz.
2. Beitreibung der Staatsgebühren durch den Gerichtsschreiber bei Umgangnahme von der Gebührenerhebung seitens des Notars, Bekanntm. vom 16. Dezember 1900 (J.M.Bl S. 1256).

5. Teilungen und Auseinandersetzungen.

§ 254. Die Auseinandersetzung eines Nachlasses oder des Gesamtguts einer ehelichen oder fortgesetzten Gütergemeinschaft kann auf dem Wege des gewöhnlichen Vertrags — Teilungsvertrags — oder auf dem Wege der amtlichen Vermittelung durch die zuständige Behörde nach den Vorschriften der §§ 86—99 des Gesetzes über die Angelegenheiten der freiwilligen Gerichtsbarkeit herbeigeführt werden.

Der Teilungsvertrag ist nur dann möglich, wenn die Beteiligten imstande und gewillt sind, die zur Vereinbarung notwendigen Erklärungen persönlich oder durch Vertreter abzugeben. Durch das Vermittelungsverfahren nach den §§ 86ff. des F.G.G. kann die Auseinandersetzung auch dann herbeigeführt werden, wenn einzelne Beteiligte sich zur Abgabe der nötigen Erklärungen nicht herbeilassen, sondern in den zu diesem Zwecke nach den §§ 91, 93 des F.G.G. anberaumten Terminen nicht erscheinen, ihr Schweigen wird als Einverständnis angenommen, die Urkunde über die Auseinander=

setzung ist auch ihnen gegenüber verbindlich und vollstreckbar. Das Vermittelungsverfahren kann aber auch, wenn alle Beteiligte zur Abgabe ihrer Erklärungen bereit sind, der Kostenersparung halber oder aus sonstigen Zweckmäßigkeitsgründen, insbesondere mit Rücksicht auf die Vollstreckbarkeit der bestätigten Auseinandersetzung von den Beteiligten an Stelle des gewöhnlichen Teilungsvertrages gewählt werden.

1. Die jetzige Fassung der §§ 254 bis 261 beruht auf der Bekanntm. vom 5. Juli 1903.
2. Wegen des Auseinandersetzungsverfahrens, s. Art. 6 Nachl.Ges., §§ 120 ff. Nachl.O.
3. Eintragung jedes Verfahrens zur Vermittelung der Auseinandersetzung im Auseinandersetzungsverzeichnis, § 51.

§ 254a. Ob die Beteiligten die Auseinandersetzung durch Teilungsvertrag oder durch das Vermittelungsverfahren herbeiführen wollen, ist ihrem Ermessen anheim gegeben. Auch nach der Einleitung des Vermittelungsverfahrens können die Beteiligten zum Teilungsvertrag übergehen.

Der Notar, der wegen der Auseinandersetzung angegangen wird, hat stets unter Würdigung aller Umstände einschließlich des Kostenunterschieds zu prüfen, ob für die Beteiligten der Teilungsvertrag oder die Auseinandersetzung in den Formen des Vermittelungsverfahrens vorteilhafter ist, und hat hiernach die Beteiligten zu beraten. In gleicher Weise hat er zu verfahren, wenn sich im Laufe der Verhandlungen die Gelegenheit zum Übergehen von dem einen Wege auf den anderen bietet.

Kosten des Auseinandersetzungsverfahrens, Art. 165 Geb.Ges. in d. Fassg. d. Nachl.-Ges. vom 9. August 1902.

§ 255. Bedürfen die Beteiligten zum Vollzuge der Auseinandersetzung oder sonst zu ihrer Legitimation eines Erbscheins und ist ein solcher noch nicht erteilt, so soll der Notar schon vor dem Eintreten in die Verhandlungen hierauf aufmerksam machen; er soll den Beteiligten zur Antragstellung durch seinen Rat behilflich sein und soll, wenn es für die Beteiligten vorteilhaft ist und von ihnen gewünscht wird, die Antragstellung durch Aufnahme des Antrags und Übersendung des Antrags und der Belege an das Nachlaßgericht vermitteln.

Erteilung von Aufklärung und Rat seitens des Notars, auch unaufgefordert, § 12.

§ 255a. Während beim Notar ein Teilungsvertrag beurkundet oder ein Vermittelungsverfahren anhängig gemacht wird, kann anderwärts schon ein solcher Vertrag abgeschlossen sein, ein Verfahren in Aussicht stehen, eingeleitet oder durchgeführt sein. Um dies rechtzeitig zu erfahren und Verwickelungen zu vermeiden, hat deshalb der Notar in jedem Falle, in dem er mit der Beurkundung einer Erbteilung betraut wird oder den Antrag auf Vermittelung der Auseinandersetzung eines Nachlasses entgegennehmen soll, sofort das Nachlaßgericht davon in Kenntnis zu setzen und um die Überlassung der Nachlaßakten zu ersuchen.

§ 256. Zur Vermittelung der Auseinandersetzung eines Nachlasses auf Antrag eines Beteiligten sind die Notare neben den Amtsgerichten zuständig. Örtlich zuständig ist nur derjenige Notar, der am Sitze oder im Bezirke des Nachlaßgerichts aufgestellt ist. Ob hiernach das Nachlaßgericht oder der Notar und welcher von mehreren örtlich zuständigen Notaren den Vorzug hat, bestimmt sich nach der ersten amtlichen Tätigkeit in der Sache (§ 4 des F.G.G., § 126 Abs. 2 und § 127 Abs. 3 der Nachlaßordnung).

Durch Vereinbarung aller Beteiligten kann die Vermittelung der Auseinandersetzung auch einem nach Abs. 1 örtlich nicht zuständigen Notar übertragen werden.

1. Vermittelung der Auseinandersetzung auf Antrag, Art. 8 Nachl.Ges.
2. Vermittelung der Auseinandersetzung in Ansehung des Gesamtgutes einer ehelichen oder einer fortgesetzten Gütergemeinschaft, § 258.

§ 256a. In den Fällen, in denen nach Art. 4 des Gesetzes über das Nachlaßwesen vom 9. August 1902 die Vermittelung der Auseinandersetzung eines Nachlasses ohne Antrag der Beteiligten von Amts wegen zu erfolgen hat, wird die Vermittelung ausschließlich vom Nachlaßgericht eingeleitet.

Die Überweisung der Durchführung einer bei dem Nachlaßgericht anhängig gewordenen Vermittelung an den Notar erfolgt nach Maßgabe der Vorschriften in den Artikeln 6 und 7 des Gesetzes über das Nachlaßwesen und der §§ 120 Abs. 1, 122, 130 Abs. 1 der Nachlaßordnung.

§ 257. Die Durchführung der Vermittelung der Auseinandersetzung eines Nachlasses hat nach den Vorschriften in den §§ 86ff. des F.G.G. und der §§ 121, 131 der Nachlaßordnung zu erfolgen.

§ 257a. Ist anzunehmen, daß eine vom Nachlaßgerichte dem Notar überwiesene Auseinandersetzung innerhalb eines Jahres seit der Verweisung nicht erfolgt und daß deshalb die besondere Gebühr des Art. 94 Abs. 4 des Gebührengesetzes anfällt, so soll der Notar die Beteiligten hierauf rechtzeitig aufmerksam machen und ihnen zur Stellung des Antrags auf Verlängerung der Frist für die Auseinandersetzung behilflich sein. Der Notar soll sich zu diesem Zwecke in jedem Falle der Überweisung einer Vermittelung dieser Art eine Betriebsvormerkung im Terminskalender (§ 55) machen.

Ebenso soll der Notar, wenn nach Ablauf jener Frist die Auseinandersetzung bei ihm stattfindet, die Beteiligten auf die ihnen zustehende Anrechnungsbefugnis hinweisen.

(Vgl. die Bekanntmachung vom 11. März 1903 über die Gebühren in Nachlaßsachen J.M.Bl. S. 247.)

Art. 94 Geb Ges. in d. Fassg. d. Nachl.Ges. vom 9. August 1902.

§ 257b. Hat der Notar einen Erbteilungsvertrag beurkundet, so hat er hievon dem Nachlaßgericht unter Angabe des Datums und der Geschäftsregisternummer der Urkunde Mitteilung zu machen; die Urkunde bleibt in der Verwahrung des Notars und ist in die allgemeine Urkundensammlung aufzunehmen. Dies gilt auch dann, wenn die Beteiligten bei dem Notar früher den Antrag auf Vermittlung der Auseinandersetzung gestellt hatten oder ihm die Durchführung der Vermittlung vom Gerichte überwiesen war, die Beteiligten aber von dem Vermittelungsverfahren abgestanden sind.

Hat der Notar die Auseinandersetzung vermittelt, so hat er nach dem Eintritte der Rechtskraft des die Auseinandersetzung bestätigenden Beschlusses die bei ihm erwachsenen Aktenstücke einschließlich der Auseinandersetzungsurkunde sowie die Akten des Nachlaßgerichts an dieses abzuliefern. Vor der Ablieferung hat er die von den Beteiligten verlangten Ausfertigungen und Abschriften zu fertigen.

Wird das Vermittelungsverfahren für beruhend erklärt oder eingestellt, so hat der Notar dem Nachlaßgerichte die auf die Vermittelung erwachsenen Akten samt den gerichtlichen Akten abzuliefern.

Wird der Antrag auf Vermittelung zurückgenommen, so hat der Notar, falls nicht innerhalb eines Monats vom Tage der Antragszurücknahme der Antrag erneuert oder um Beurkundung eines Teilungsvertrags ersucht worden ist, nach Ablauf dieses Monats nach der Vorschrift des Abs. 3 zu verfahren.

1. Benachrichtigung des Nachlaßgerichts von dem Anfall einer Erbteilung oder einer Vermittelung, § 255a.
2. Aufnahme der Urkunden über die Erbteilungsverträge im Geschäftsregister, § 28.
3. Sammlung und Behandlung der im Auseinandersetzungsverfahren erwachsenden Aktenstücke, § 66.

§ 258. Hat der Notar nach Beendigung einer ehelichen oder einer fortgesetzten Gütergemeinschaft die Auseinandersetzung in Ansehung des Gesamtguts zu vermitteln, so finden die Vorschriften der §§ 256, 256a Abs. 2, 257, 257b entsprechende Anwendung.

Das Gleiche gilt für die im Art. 24 Abs. 2 des Übergangsgesetzes zum Bürgerlichen Gesetzbuche zugelassene Vermittelung zum Zwecke der Ausgleichung des Ehegewinns nach Beendigung einer Gemeinschaft des Zugewinnstes.

§ 259. Da die Vermittelung der Auseinandersetzung nach den Bestimmungen des Gesetzes über die Angelegenheiten der freiwilligen Gerichtsbarkeit eine rein amtliche Tätigkeit, also Amtsgeschäft des Notariats ist, so ist der zur Vermittelung berufene Notar nicht gehindert, auf Ersuchen auch solche Verfügungen der Beteiligten über die auseinanderzusetzende Masse oder deren Bestandteile, welche außerhalb des Rahmens des Vermittelungsverfahrens (z. B. Verkäufe, Versteigerungen), zu beurkunden, die Masse oder deren Bestandteile in Verwahrung zu nehmen und die tatsächliche Teilung durchzuführen.

1. Die Urkunden über außerhalb des Rahmens des Vermittelungsverfahrens fallenden Verfügungen bilden selbständige Rechtsakte, auch hinsichtlich der Bewertung, Haberstumpf-Barthelmeß, Nachl.Ges. S. 71.

2. Zuständigkeit der Notare zur Erteilung der Zeugnisse nach §§ 37, 38 Geb.O. § 155 D.A.

§ 260. Als amtliche Verlassenschaftskommissäre im Sinne der Vorschriften des Notariatsgesetzes vom 10. November 1861 können die Notare künftig nur dann tätig sein, wenn der Erblasser vor dem 1. Januar 1900 gestorben und deshalb das bisherige Recht auf die Auseinandersetzung des Nachlasses anzuwenden ist.

Anwendung des bisherigen Rechtes, Art. 213 E.G. z. B.G.B.

§ 261. Ist ein Notar in einem vor dem 1. Januar 1900 errichteten Testamente zum Verlassenschaftskommissär bestellt und der Erblasser nach dem 31. Dezember 1899 gestorben, so kann der Notar zwar nicht als Verlassenschaftskommissär tätig sein, die Bestellung bleibt jedoch soweit wirksam, als darin die Ernennung zum Testamentsvollstrecker liegt. Der Notar hat sich in diesem Falle bezüglich der Annahme oder Ablehnung des Amtes des Testamentsvollstreckers und bezüglich der Führung des Amtes nach den Bestimmungen des Bürgerlichen Gesetzbuches zu richten.

Die Testamentsvollstreckung ist nicht Amtsgeschäft des Notariats, sondern persönliches Privatamt des Notars.

Keine dienstaufsichtliche Erlaubnis zur Übernahme des Amtes eines Testamentsvollstreckers, Art. 13 Abs. 2 Not.Ges.; vgl. auch die Anmerkungen oben S. 57, 58.

6. Abnahme von Eiden und Versicherungen an Eidesstatt.

§ 262. Bei der Abnahme von Versicherungen an Eidesstatt, die abgegeben werden, um einer öffentlichen Behörde eine tatsächliche Behauptung oder eine Aussage glaubhaft zu machen, haben die Notare das den Gerichten für solche Fälle vorgeschriebene Verfahren einzuhalten.

Über den Hergang ist ein Protokoll aufzunehmen. Das Protokoll kann den Beteiligten in Urschrift ausgefolgt werden.

Vgl. die Anmerkungen zu Art. 3 Not.Ges., oben S. 39ff.

§ 263. Eine Beeidigung findet in inländischen Angelegenheiten durch die Notare nicht statt.

In ausländischen Angelegenheiten ist sie insoweit ausgeschlossen, als es sich um Strafsachen handelt. Im übrigen werden in ausländischen Angelegenheiten die Notare auf Grund des Art. 3 des Notariatsgesetzes vom 9. Juni 1899 zur eidlichen Vernehmung von Zeugen und Sachverständigen und zur Abnahme von Eiden insoweit für zuständig erklärt, als nach dem fremden Rechte oder nach der Bestimmung einer fremden Behörde die eidliche Vernehmung oder Beeidigung von einem Notar vorgenommen werden soll (z. B. in gewissen englischen Konkurssachen, amerikanischen und englischen Pensions- und Rentenangelegenheiten 2c.).

§ 264. Der Nachweis, daß die Vernehmung und Beeidigung zum Zwecke der Verfolgung von Rechten im Auslande geschehen soll und daß ihre Vornahme durch den Notar nach den maßgebenden ausländischen Bestimmungen zulässig und erforderlich ist, braucht nicht durch förmliche Bestätigung seitens der berufenen ausländischen und inländischen Behörden geführt zu werden. Es soll vielmehr regelmäßig die glaubhafte Versicherung der Beteiligten genügen.

§ 265. Die Beteiligten, die Zeugen und die Sachverständigen sollen, wenn sie nicht unmittelbar auf Ersuchen desjenigen, der die Vernehmung oder Beeidigung veranlaßt, bei Amt erscheinen, nicht im Wege der förmlichen behördlichen Ladung vor den Notar berufen, sondern im Namen dessen, der die Vernehmung veranlaßt, zum Erscheinen eingeladen werden.

Irgend ein Zwang zum Erscheinen, zur Abgabe einer Erklärung oder zur Eidesleistung findet nicht statt.

§ 266. Die Vernehmung und Beeidigung geschieht nach den Vorschriften der Zivilprozeßordnung durch den Notar. Auch die Beurkundung des Hergangs geschieht durch den Notar allein. Zieht der Notar zur Führung des Protokolls einen Gehilfen bei, so ist dieser nicht als Mitwirkender aufzuführen.

Wird um die Einhaltung besonderer Förmlichkeiten ersucht, so kann diesem Ersuchen stattgegeben werden, wenn kein inländisches Verbotsgesetz und auch sonst kein begründetes Bedenken entgegensteht.

Vernehmung und Beeidigung von Zeugen, §§ 391 ff. Z.P.O., von Sachverständigen, §§ 401 ff. Z.P.O.

7. Feststellung des Zustands von Personen und Sachen. Schätzungen.

§ 267. In den Fällen, in denen nach den Vorschriften des bürgerlichen Rechtes jemand den Zustand oder den Wert einer Sache durch Sachverständige feststellen lassen kann (B.G.B. §§ 1034, 1067, 1372, 1439, 1528, 1550, 2122, H.G.B. §§ 438, 464, 608, 609), sind die Notare für die Ernennung, Beeidigung und Vernehmung der Sachverständigen in amtlichen Verfahren nicht zuständig. Diese Geschäfte gehören vielmehr nach § 164 des Gesetzes über die Angelegenheiten der freiwilligen Gerichtsbarkeit ausschließlich zur Zuständigkeit der Amtsgerichte.

Dagegen kann, abgesehen von diesem amtlichen Verfahren, die notarielle Beurkundung unbeeidigter freiwilliger Aussagen über den Zustand oder den Wert einer Sache oder über den geistigen oder körperlichen Zustand einer Person von jedem begehrt werden, der daran ein rechtliches Interesse hat.

§ 268. Der Notar selbst kann auf Ersuchen seine Wahrnehmungen über die Beschaffenheit einer Sache, den geistigen oder körperlichen Zustand einer Person in einer notariellen Urkunde feststellen.

Er hat sich jedoch hierbei der Rolle des Sachverständigen zu enthalten und die Feststellung nur dann vorzunehmen, wenn der Zustand so deutlich zu Tage liegt, daß es vernünftigem Ermessen nach der Hilfe eines Sachverständigen nicht bedarf.

§ 269. Nach Art. 97 des Ausführungsgesetzes zum Bürgerlichen Gesetzbuche sind die Notare neben den Amtsgerichten zuständig, die Sachverständigen zu vernehmen, durch welche der Eigentümer eines Grundstücks den Wert des Grundstücks mit Rücksicht auf die Sicherheit von Hypotheken, Grundschulden oder Rentenschulden feststellen lassen kann.

Die Aufstellung der Sachverständigen und ihre Beeidigung erfolgt durch das Amtsgericht, dem Notar obliegt nur die Vernehmung des vom Amtsgericht aufgestellten und beeidigten Sachverständigen. Bei der Vernehmung hat der Notar die dafür von den Staatsministerien der Justiz und des Innern aufgestellten Vorschriften einzuhalten.

1. Für die Beeidigung und Vernehmung sind auch die Vorschriften der §§ 402 ff. C.P.O. maßgebend.
2. Staatsgebühr, Art. 158 Geb.Ges.; Notariatsgebühr, Art. 36 Not.Geb.O.

§ 270. In den Landesteilen r. d. Rh. sind die Notare bis zur Anlegung des Grundbuchs zuständig neben den Amtsgerichten nach Maßgabe des § 132 des Hypothekengesetzes, des § 14 der Instruktion für die Schätzungen in Hypothekensachen vom 13. März 1823 und der Justizministerialentschließung vom 10. Oktober 1862 (J.M.Bl. 1863 S. 40*), bei den Hypothekenschätzungen durch Vernehmung der Schätzmänner auf Ersuchen des Gerichts oder der Beteiligten mitzuwirken.

1. Anlegung des Grundbuchs s. Anm. zu Art. 132 Not.Ges.
2. Grundbuchanlegung bezüglich Pertinenzgrundstücke, aut. Just.Min.Entschl. vom 3. Oktober 1906 Nr. 29691.

8. Feststellung des Datums von Privaturkunden.

§ 271. Das Verfahren der Notare bei der Feststellung des Datums einer Privaturkunde richtet sich nach den Vorschriften der Königlich allerhöchsten Verordnung vom 8. September 1879 (G.V.Bl. 1879 S. 1161).

1. Aufnahme der Feststellungsurkunde in das besonders vorgeschriebene Buch, § 25[4], nicht in das Geschäftsregister, § 28[3].
2. Staatsgebühr, Art 172 Geb.Ges.; Notariatsgebühr, Art. 43 Not.Geb.O.

9. Wechselproteste.

§ 272. Bei der Erhebung und Aufnahme von Wechselprotesten richtet sich das Verfahren des Notars nach den Bestimmungen der Wechselordnung, insbesondere die §§ 87 bis 92, 58, 62 der W.O.

Die Erhebung des Protestes hat, soferne die Voraussetzungen dazu gegeben sind, unverzüglich zu geschehen. Die Aufnahme der Protesturkunde soll sofort erfolgen; der Notar soll dieselbe demjenigen, der um die Erhebung des Protestes ersucht hat, womöglich noch an dem nämlichen oder längstens am nächsten Tage zur Verfügung stellen.

Wenn von einem Inhaber mehrere Wechsel auf einen und denselben Bezogenen mit gleichem Inhalte, d. h. gleichem Aussteller, gleichem Giranten, gleicher Ausstellungs- und Verfallzeit — nur in verschiedenem oder auch gleichem Betrage zur Protesterhebung vorgelegt werden, so können dieselben auf Verlangen des Inhabers der Wechsel in *einen* Protest aufgenommen werden. Der Protesturkunde müssen jedoch in einem solchen Falle *vollständige* Abschriften *sämtlicher* Wechsel beigefügt werden.

1. Wechselprotestregister, §§ 25[3], 48.
2. Staatsgebühr, Art. 169 Geb.Ges.; Notariatsgebühr, Art. 42 Not.Geb.O.
3. Instruktion über Aufnahme von Wechselprotesten, J.M.E. vom 3. Juli 1856 (Weber, G.V. Sammlung Bd. VI S. 761).
4. Keine Proteststunden in Bayern, Bekanntm. vom 17. Mai 1900 (J.M.Bl. S. 935).
5. Gebührenfreiheit der an die Notare als Protestbeamte erteilten polizeilichen Wohnungsaufschlüsse, Bekanntm. vom 29. Juni 1902 (J.M.Bl. S. 614).

10. Übernahme von Urkunden zur Verwahrung.

§ 273. Werden andere Urkunden als Testamente nach Art. 1 Abs. 1 des Notariatsgesetzes dem Notar zur Verwahrung übergeben, so hat er über die Übergabe ein Protokoll aufzunehmen, diesem die Urkunde beizufügen und beide zusammen in die Urkundensammlung aufzunehmen. (Vgl. hierzu § 64 Nr. 3.)

Die übergebene Urkunde kann von dem Beteiligten jederzeit zurückverlangt werden. Über die Rückgabe braucht kein Protokoll aufgenommen zu werden. Dieselbe kann vielmehr lediglich auf dem Übergabsprotokoll vermerkt werden. Die Rückgabe ist nicht als eigenes Geschäft im Geschäftsregister einzutragen, sondern nur bei dem Eintrag über die Übergabe zu vermerken.

Notariatsgebühr, Art. 54 Not.Geb.O.

11. Vornahme von Geschäften im Auftrage des Nachlaßgerichts.

§ 274. Wird dem Notar vom Nachlaßgerichte die Vornahme einer Siegelung oder Entsiegelung übertragen, so hat er nach den Vorschriften in den §§ 7, 8, 10, 11, 14, 16, 21 der Nachlaßordnung und nach den besonderen Anordnungen des Nachlaßgerichts zu verfahren.

Für das Verfahren des Notars bei der Aufnahme von Nachlaßverzeichnissen sind die Vorschriften der §§ 15, 16, 23 der Nachlaßordnung maßgebend, auf das Verfahren der Notare bei der Errichtung von Nachlaßinventaren sind die Vorschriften in den §§ 94 bis 97 der Nachlaßordnung entsprechend anzuwenden.

1. Der jetzige § 274 beruht auf der Bekanntm. vom 5. Juli 1903.
2. Die Notare nicht ohne weiteres zuständig zur Siegelung oder Entsiegelung eines Nachlasses, aut. Entschl. vom 1. Juni 1901 (Gen. S. 50).

12. Entwerfen von Privaturkunden. Erstatten von Gutachten.

§ 275. Entwirft der Notar Privaturkunden oder erstattet er ausführliche schriftliche Gutachten, so soll er, wenn er dafür eine Gebühr verrechnet, von dem Inhalte der Entwürfe oder Gutachten eine kurze Aufzeichnung machen und diese — jedoch außerhalb der allgemeinen Urkundensammlung — verwahren. Es bleibt ihm unbenommen, auch eine Abschrift zurückzubehalten.

Notariatsverweser, welche das Amt auf Rechnung des Staates führen, sollen das Entwerfen von Privaturkunden und Erstatten von Gutachten nicht übernehmen.

Gebühr für das Entwerfen von Privaturkunden, Art. 72 Not.Geb.O., für Erteilung von Gutachten, Art. 71 a. a. O.

13. Übernahme von Geldern, Wertpapieren und Kostbarkeiten.

§ 276. Das Verfahren der Notare bei der ihnen nach Art. 4 des Notariatsgesetzes obliegenden Übernahme von Geldern, Wertpapieren und Kostbarkeiten zur Verwahrung und Ablieferung regelt sich bis zur Erlassung der Hinterlegungsordnung für die Notariate nach den bisherigen Vorschriften.

Entschl. vom 5. Juni 1897 Nr. 2197 die Buchführung der Notariate betr. (Gen. S. 59); siehe auch die Anm. zu Art. 4 Not.Ges., sowie den Nachtrag zu Art. 4 des Gesetzes und die Anmerkungen zu § 56.

Siebenter Abschnitt.

Verkehr zwischen Hypothekenämtern und den Notaren.

§ 277. Gemäß Art. 132 des Notariatsgesetzes vom 9. Juni 1899 bleiben die liegenschaftsrechtlichen Vorschriften des Notariatsgesetzes vom 10. November 1861 insoweit in Kraft, als der Vorbehalt des Artikel 189 des Einführungsgesetzes zum Bürgerlichen Gesetzbuche reicht.

Mit den liegenschaftsrechtlichen Vorschriften der Landesgesetze bleiben auch die dienstrechtlichen Vorschriften aufrecht, welche das Verfahren der Notare bei der Beurkundung der unter jene Gesetzesvorschriften fallenden Liegenschaftsgeschäfte und ihren Verkehr mit den Hypothekenämtern regeln.

1. Geltungsbereich des Grundbuchrechts siehe Anm. zu Art. 132 Not.Ges.
2. Für den Verkehr der Notariate mit den rechtsrheinischen Grundbuchämtern geben jetzt die §§ 552—577 der Dienstanweisung für die Grundbuchämter r. d. Rh. vom 27. Februar 1905 Maß. Dadurch hat jetzt die Bekanntm. vom 28. Juli 1900 Nr. 28437 nur mehr Bedeutung für den Verkehr mit den pfälzischen Notariaten.
3. Über Vorlage der Urkunden an das Hypothekenamt s. die aut. Entschl. vom 21. April 1903, Nr. 16667 (Gen. S. 85).
4. Antragsbefugnis des Notars im Anmeldungsverfahren, § 33, Bekanntm. vom 11. Juli 1901 (J.M.Bl. S. 489).
5 Bezeichnungen der für das Grundbuchamt bestimmten verschlossenen Sendungen als „Grundbuchsachen", § 31 D.A.
6. Benachrichtigung der Beteiligten vom Vollzug der Urkunden, der Hypothekenbanken insbesondere vom Kaufpreis, § 56 D.A. in der Fassung der Bekanntm. vom 2. November 1905 (J.M.Bl. S. 829).
7. Verhalten in Fällen der „formlosen Erinnerung", § 72 D.A.; aut. Entschl. vom 9. April 1906 Nr. 12793 die Führung des Grundbuchs betr.

§ 278. Nach Artikel 133 Abs. 2 des Notariatsgesetzes vom 9. Juni 1899 sind künftig zur Beurkundung der Liegenschaftsgeschäfte über rechtsrheinische Grundstücke, welche nach bisheriger Annahme durch die Vorschriften des rechtsrheinischen Notariatsgesetzes ausschließlich den rechtsrheinischen Notaren vorbehalten war, künftig ebenso auch die Notare der Pfalz zuständig.

Demzufolge sind die Vorschriften, welche bisher den rechtsrheinischen Notaren für ihr Verfahren bei der Beurkundung von Geschäften über rechtsrheinische Liegenschaften und für ihren Verkehr mit den rechtsrheinischen Hypothekenämtern gegeben waren, vom 1. Januar 1900 ab bis zur Anlegung des Grundbuchs auch auf die pfälzischen Notare zu erstrecken für den Fall, daß sie Geschäfte über rechtsrheinische Liegenschaften beurkunden. Es gelten daher für diese Fälle auch für die Notare der Pfalz insbesondere die Vorschriften der §§ 279 bis 285.

§ 279. Die notariellen Urkunden über Verträge und Schuldbekenntnisse, auf deren Grund ein Eintrag oder eine Vormerkung im Hypothekenbuche stattzufinden hat oder eine Änderung eines Eintrages vorzunehmen ist, oder durch welches die gänzliche oder teilweise Löschung eines Eintrages bedungen wird, sind zum Zwecke des Vollzugs mittels einfacher Note in Urschrift an das Hypothekenamt zu übersenden. (Art. 12 des Notariatsgesetzes vom 10. November 1861.)

1. Angabe der Bruchteile oder des Gemeinschaftsverhältnisses in den Urkunden beim Erwerb seitens mehrerer, aut. Entschl. vom 30. April 1906 Nr. 4936.
2. Beibringung der Zustimmung des Schuldners zu Hypotheklöschungen, aut. Entschl. vom 27. April 1904 (Gen. S. 95).

§ 280. Findet das Hypothekenamt, daß der beabsichtigte Eintrag vorgenommen werden kann, so nimmt es den Eintrag im Hypothekenbuche vor, setzt die Bestätigung des Vollzugs gemäß Art. 15 Abs. 4 des Notariatsgesetzes vom 10. November 1861 auf die Urschrift der Notariatsurkunde und sendet diese an den Notar zurück, welcher die Bestätigung des Hypothekenamts in alle von ihm zu erteilenden Abschriften und Ausfertigungen aufzunehmen hat.

§ 281. Stehen dem beabsichtigten Eintrag im Hypothekenbuche Hindernisse entgegen, z. B. wenn derjenige, welcher die Hypothek bewilligt, noch nicht als Besitzer im Hypothekenbuch eingetragen ist, oder wenn die Bezeichnung des Hypothekenobjektes in der Notariatsurkunde mit der Bezeichnung desselben im Hypothekenbuche nicht übereinstimmt u. dergl., so setzt das Hypothekenamt, insoferne nicht die Beseitigung dieser Hindernisse von kurzer Hand im Benehmen mit dem Notar herbeigeführt werden kann, seinen Beschluß, in welchem die Hindernisse kurz zu bezeichnen sind, gleichfalls auf die Urschrift der Notariatsurkunde und sendet sie an den Notar zurück. (J.M.Bl. 1866 S. 253, 254; 1872 S. 130.) Auch dieser Gerichtsbeschluß ist vom Notar in alle von ihm zu erteilenden Abschriften und Ausfertigungen aufzunehmen. (Artikel 15 Abs. 4 des Notariatsgesetzes vom 10. November 1861.)

1. Keine Zurückweisung der Eintragungsanträge beim kleinsten Mangel, aut. Entschl. vom 27. November 1902 Nr. 45486 (Gen. S. 81).

2. Zurücknahme der Eintragungsanträge, aut. Entschl. vom 9. April 1900 Nr. 12793.

§ 282. Da die Vollzugsbestätigung oder der abweisende Beschluß des Hypothekenamts in alle Ausfertigungen der notariellen Urkunde aufzunehmen ist, so sollen Ausfertigungen solcher Urkunden insolange nicht erteilt werden, als nicht der Urschrift die Vollzugsbestätigung oder der Beschluß des Hypothekenamts beigefügt ist.

Öffentlichen Behörden können jedoch beglaubigte Abschriften zum Zwecke der Genehmigungserteilung u. dergl. auch vorher schon erteilt werden.

§ 283. Da nach Artikel 15 Abs. 5 des Notariatsgesetzes vom 10. November 1861 die Mitteilung hypothekenamtlicher Beschlüsse an den Notar auf die von ihm gemachten Vorlagen die Stelle der unmittelbaren Mitteilung dieser Beschlüsse von seiten des Hypothekenamtes an die Beteiligten vertritt, so hat der Notar den Beteiligten, insoweit sie nicht ohnehin durch Zustellung einer Ausfertigung der notariellen Urkunde von der Verfügung des Hypothekenamts Kenntnis erhalten, von derselben alsbald Nachricht zu geben.

Im Falle der Ablehnung des Vollzugs soll der Notar den Beteiligten, soweit erforderlich, zur Beseitigung der Hindernisse mit seinem Rat behilflich sein.

1. Durch die Zustellung einer Ausfertigung auch nach Grundbuchrecht die Benachrichtigung ersetzt, § 574 D.A.

2. Über Bekanntmachung der Eintragungen nach Grundbuchrecht s. § 56 D.A. n. F.

§ 284. Auch wenn eine Eintragung oder Änderung im Hypothekenbuche nicht bedingt ist, hat der Notar von allen Verträgen, die einer Veränderung des Besitzes unbeweglicher Sachen oder diesen gleichgeachteter Rechte betreffen, dem Hypothekenamte die Urschriften zur Kenntnisnahme mitzuteilen.

Vorlage auch der Urkunden über blattfreie Grundstücke an das Grundbuchamt, § 560 D.A.

§ 285. Da den Notaren nach den Artikeln 30 und 134 des Notariatsgesetzes vom 9. Juni 1899 für die Zeit vor der Anlegung des Grundbuchs die Einsicht des Hypothekenbuchs in ausgedehntem Maße zur Pflicht gemacht ist, so ist ihnen die Einsicht der Hypothekenbücher zu amtlichen Zwecken von den Hypothekenämtern ohne weitere Legitimation zu gestatten.

Das Gleiche gilt von denjenigen Gehilfen der Notare, welchen nach den Vorschriften der Geschäftsordnung die Erlaubnis erteilt ist, an Stelle des Notars das Hypothekenbuch einzusehen.

Einsicht des Grundbuchs, §§ 554 ff. D.A.

§ 286. Da nach Artikel 133 Abs. 2 des Notariatsgesetzes vom 9. Juni 1899 künftig die rechtsrheinischen Notare ebenso zu Beurkundungen von Liegenschaftsgeschäften über pfälzische Grundstücke berufen sind, wie die pfälzischen Notare hinsichtlich der rechtsrheinischen Grundstücke, so haben auch die rechtsrheinischen Notare, wenn sie Liegenschaftsgeschäfte über pfälzische Grundstücke beurkunden, nicht nur das pfälzische Liegenschaftsrecht, sondern auch die zu dessen Ausführung bestimmten Vorschriften über das Verfahren bei der Beurkundung und den Verkehr mit den pfälzischen Hypothekenämtern einzuhalten.

Dies gilt insbesondere für das Verfahren zur Bewirkung der Einschreibung von Hypotheken- und Vorzugsrechten (Kaufsprivilegien).

Achter Abschnitt.

Gebührenwesen.

§ 287. Der Notar soll den Beteiligten über die von ihnen zu zahlenden Gebühren und Auslagen eine von ihm unterschriebene, ins einzelne gehende Rechnung zustellen.

Die Zustellung der Rechnung kann im Falle des Verzichts der Beteiligten unterbleiben, wenn den Beteiligten eine Urschrift, Ausfertigung oder Abschrift behändigt wird, worauf sich die Berechnung befindet.

Über den Empfang der Gebühren und Auslagen soll der Notar quittieren.

1. Die Staatsgebühren bestimmen sich nach dem Gebührengesetz in der Fassung der Bekanntm. vom 11. November 1899 (G.V.Bl. 904).

Das Gebührengesetz ist teilweise durch das Nachlaßgesetz vom 9. August 1902 (G.V.Bl. S. 463) sowie durch die Novellen vom 22. Dezember 1903 (G.V.Bl. S. 679, bezüglich Art. 121) und vom 20. August 1906 (G.V.Bl. S. 573) abgeändert worden.

Zum Vollzug des Gebührengesetzes in Grundbuchsachen ist noch die Bekanntm. vom 22. Februar 1905 die Gebühren in Grundbuchsachen betr. (J.M.Bl. S. 592; J.M.Bl. S. 93) ergangen.

Bezüglich der staatlichen Hinterlegungsgebühren s. die V.O. vom 25. Dezember 1899 (G.V.Bl. S. 1235).

2. Die Notariatsgebühren bestimmen sich nach der Notariatsgebührenordnung vom 28. Dezember 1899 (G.V.Bl. S. 1183, J.M.Bl. S. 761); diese wurde durch die V.O. vom 4. Juli 1903 die Revision der Notariatsgebührenordnung betr. (G.V.Bl. S. 381; J.M.Bl. S. 333) abgeändert.

Für die Gebühren der Notare in Grundbuchsachen gibt die V.O. vom 28. Juli 1900 (G.V.Bl. S. 741; J.M.Bl. S. 1043) Maß; abgeändert wurde sie auch teilweise durch die V.O. vom 25. Februar 1905 (G.V.Bl. S. 859; J.M.Bl. S. 561).

3. Inkrafttreten der Bestimmungen über die Gebühren in Grundbuchsachen, Art. 309 Geb.Ges.

§ 288. Das Anhäufen von Rückständen soll auch bei den Notariatsgebühren soviel wie möglich hintangehalten werden.

Die Notare werden auf die künftig geltende wesentlich kürzere Verjährungsfrist, die Notariatsverweser, welche das Amt nicht auf eigene Rechnung führen, insbesondere darauf hingewiesen, daß sie sich durch schuldhafte Säumnis in der Gebührenerhebung schadenersatzpflichtig machen.

1. Zweijährige Verjährungsfrist, § 196 B.G.B.
2. Unterbrechung der Verjährung durch die Einreichung des Antrags auf Festsetzung der Gebühren und Auslagen, Oberst. G.H., Beschl. vom 7. Februar 1906 (Sammlung Bd. 7 S. 61).
3. Haftpflicht des Verwesers, Art. 114 Not.Ges.

§ 289. Der Notar soll nicht verfehlen, bei der Aufnahme von Urkunden über die Erklärungen mehrerer Beteiligter, wo es erforderlich ist, auf die Regelung des Kostenpunktes in der Vereinbarung aufmerksam zu machen und die Vereinbarung der Beteiligten über diesen Punkt im Protokolle festzustellen.

Ist ein Beteiligter, welcher in der Urkunde die Verpflichtung zur Tragung der Kosten übernommen hat, mit der Zahlung im Rückstande geblieben, so soll der Notar hievon ungesäumt die anderen Beteiligten, welche ihm und der Staatskasse gegenüber für die Gebühren und Auslagen haftbar blieben, verständigen, damit ihnen der Rückgriff nicht erschwert wird.

§ 290. Die Mitwirkung der Notare bei der Erhebung der dem Staat und den Gemeinden anfallenden Gebühren regelt sich nach den hiefür erlassenen besonderen Vorschriften.

Die Notare werden insbesondere darauf aufmerksam gemacht, daß sie gemäß Artikel 288 des Gesetzes über das Gebührenwesen bei Meidung eigener Haftung bis zur Entrichtung der dem Staate und den Gemeinden anfallenden Gebühren die Aushändigung der Urschriften, Ausfertigungen und Abschriften an die Beteiligten und die Vorlage der Urschriften, Ausfertigungen und Abschriften für die Beteiligten an die Gerichte und andere Behörden verweigern müssen.

Eine Vorlage für die Beteiligten an eine Behörde im Sinne des Art. 288 des Gebührengesetzes ist jedoch dann nicht gegeben, wenn der Notar vor der Anlegung des Grundbuchs nach Art. 12 Abs. 3 des Notariatsgesetzes vom 10. November 1861 Urkunden von Amts wegen dem Hypothekenamte zum Vollzuge vorlegt oder wenn er öffentlichen Behörden auf deren Ersuchen Urkunden zur Einsicht übersendet.

1. Mitwirkung hinsichtlich Einhebung der Staatsgebühren, §§ 1, 13ff. Vollz.V.O. z. G.K.G. u. Geb.Ges. vom 23. Dezember 1899 (G.V.Bl. S. 1223), §§ 6ff. Vollz.Instruktion z. G.K.G. u. Geb.Ges. vom 25. Dezember 1899 (J.M.Bl. S. 343, F.M.Bl. S. 300).

2. Mitwirkung hinsichtlich Einhebung der örtlichen Besitzveränderungsabgaben, Vollz.-Bekanntm. vom 25. Juni 1898 zum Gesetz, die Einführung einer Besitzveränderungsabgabe für Gemeinden betr. (J.M.Bl. S. 27).

3. Keine Aussetzung der Urkundenvorlage bis zur Bezahlung der Staats- und Notariatsgebühren, aut. Entschl. vom 21. April 1903 Nr. 16647 (Gen. S. 85).

4. Beruhen der Vorlagepflicht nach Anlegung des Grundbuchs bei Nichtbezahlung der Gebühren, § 563 D.A.

§ 291. Der Notar hat, wenn er dem Hypothekenamt eine Urkunde vorlegt, auf der vorgelegten Urkunde bei dem Gebührenvermerke deutlich ersichtlich zu machen, ob die Gebühren des Staates und der Gemeinde bezahlt sind oder nicht.

Es bleibt dem Notar unverwehrt, in solchen Fällen, wie es bisher schon üblich war, durch Beifügung des Vermerks „Gebühr vorgeschossen" oder eines anderen gleichbedeutenden deutlichen Vermerks dem Hypothekenbeamten und der Staatskasse gegenüber die Haftung für den Eingang der Gebühr zu übernehmen, um den alsbaldigen Vollzug der Urkunde zu bewirken. Diesem Vermerk ist aber ebenso wie dem Vermerk des Notars, daß die Gebühr bezahlt sei, zur Vermeidung jeden Zweifels die Unterschrift beizufügen.

1. Vorlagepflicht des Notars im Grundbuchrecht, §§ 559ff. D.A.

2. Vorschußgebühr, Art. 104 Not.Gb.O. n. F.

§ 292. Der Notar soll nach Ablauf jedes Jahres dem Präsidenten des Landgerichts über den Anfall an Notariatsgebühren im verflossenen Jahre berichten.

Der Bericht soll in Tabellenform erstattet werden; die Einrichtung der Tabelle soll die gleiche sein wie die des Notariatsgebührenregisters (Form. IX), ihre Ziffern sollen übereinstimmen mit dem Ergebnis beim jährlichen Abschluß des Notariatsgebührenregisters.

Das Staatsministerium der Justiz behält sich vor, weitere Berichterstattungen über die Notariatsgebühren anzuordnen.

1. Bericht über den Abschluß des Geschäftsregister und die Zahl der Einträge, § 41.

2. Der Bericht über den Gebührenanfall erfolgt jetzt in der Erträgnisstatistik nach der aut. Entschl. vom 15. Januar 1901 Nr. 2574 die Erträgnisse der Notariate betr. (Gen. S. 29).

3. Vereinfachte Vorlageform, § 10 Abs. 3, Bekanntm. vom 28. April 1901 (J.M.Bl. S. 363) die Vereinfachung des dienstlichen Verkehrs betr.; Ziff. 9 der aut. Entschl. vom 19. Juli 1905 Nr. 27626 gleichen Betreffs.

Neunter Abschnitt.

Urlaub, Amtsverwesung, Sicherung der Amtsbestände.

1. Urlaub.

§ 293. Ohne Urlaub darf der Notar seinen dienstlichen Wohnsitz nicht auf mehr als vierundzwanzig Stunden verlassen.

Bis zur Dauer von drei Tagen kann er sich selbst beurlauben; von der Selbstbeurlaubung hat er dem Landgerichtspräsidenten unverzüglich Anzeige zu erstatten. Die Befugnis zur Selbstbeurlaubung kann im Falle des Mißbrauchs vom Staatsministerium der Justiz entzogen werden.

1. Suspension bei Entfernung ohne Erlaub, Art. 94[1] N.G.
2. Anzeige seitens des Landgerichtspräsidenten oder Oberlandesgerichtspräsidenten an das Justizministerium bei Entfernung des Notars ohne Erlaub, § 10 Bekanntm. vom 24. April 1901 (J.M.Bl. S. 321).
3. Die Urlaubsvorschriften für die Notare durch die V.O. vom 8. Juni 1904 die Beurlaubungen bei den Justizbehörden betr. (G.V.Bl. S. 167, J.M.Bl. S. 105) nicht berührt.
4. Urlaub der Notariatspraktikanten, § 19 Bekanntm. vom 19. Januar 1901 (J.M.Bl. S. 56).
5. Bestellung eines Verwesers bei Selbstbeurlaubung, nach den Umständen des einzelnen Falles zu beurteilen, Ziff. 3 der aut. Entschl. vom 9. Mai 1900 Nr. 18017 (Gen. S. 8); vgl. auch das Urteil des Oberst. G.H. als Disziplinarhof vom 3. Februar 1904 (Sammlung Bd. 5 S. 714) über Selbstbeurlaubung eines Richters.
6. Bei Erkrankung des Notars Urlaubsbewilligung nur beim Verlassen des Amtssitzes veranlaßt, Entschl. unter Ziff. 5.
7. Urlaub der Notariatsverweser, §§ 297, 298.
8. Bestellung von Verwesern durch die Landgerichtspräsidenten, §§ 299 ff.
9. Sicherungsmaßregeln bei Entfernung des Notars, § 312.

§ 294. Der Präsident des Landgerichts kann dem Notar auf Ansuchen für jedes Geschäftsjahr einen regelmäßigen Geschäftsurlaub bis zur Dauer von einem Monat erteilen.

Außer dem regelmäßigen Geschäftsurlaub kann der Präsident des Landgerichts dem Notar aus erheblichen Gründen außerordentlichen Urlaub bis zur Dauer einer Woche bewilligen.

Berechnung des Monats nach den Sätzen der §§ 188, 191 B.G.B., aut. Entschl. vom 11. Juli 1900 Nr. 26770 (Gen. S. 13).

§ 295. Gesuche um Geschäftsurlaub auf längere Dauer als einen Monat, sowie Gesuche um außerordentlichen Urlaub auf länger als eine Woche sind auf dem Dienstweg an das Staatsministerium der Justiz zu richten.

Die Gesuche sind entsprechend zu begründen und erforderlichen Falls zu belegen.

Vorlage eines ärztlichen Zeugnisses bei außerordentlichem Urlaub wegen Erkrankung; das Zeugnis braucht nicht immer ein amtsärztliches zu sein f. Entschl. unter Ziff. 5 bei § 293.

§ 296. Jede Urlaubsbewilligung setzt voraus, daß für ordnungsmäßige Wahrnehmung des Dienstes gesorgt ist.

Der Notar hat daher mit seinem Urlaubsgesuche seine Vorschläge für die Amtsverwesung zu verbinden.

1. Vorschlagspflicht des Notars, f. die Entschl. unter Ziff. 5 bei § 293.
2. Besondere Maßnahmen bei Vorschlag eines Gerichtsbeamten als Verweser a. a. O.
3. Mitwirkung der Notariatskammern zur Ermittlung geeigneter Amtsverweser, § 15 D.A. f. d. Not.Kammern.
4. Aufstellung von auswärtigen Notaren als Verweser, Art. 98 N.G., f. auch die unter Ziff. 1 erwähnte Entschl.

§ 297. Notariatsverweser, welche nach Artikel 95 Abs. 2 des Notariatsgesetzes zur ständigen Führung der Geschäfte eines Notariats berufen sind, unterliegen hinsichtlich des Urlaubs denselben Bestimmungen, wie die Notare.

Sind solche Notariatsverweser zugleich Gerichtsbeamte, so haben sie keine Befugnis zur Selbstbeurlaubung, wenn sie diese nicht auch in ihrer Eigenschaft als Gerichtsbeamte hätten. Sie können von dem Gerichtsvorstande Urlaub bis zu drei Tagen erhalten und haben im übrigen ihre Urlaubsgesuche durch Vermittlung des Gerichtsvorstandes dem Landgerichtspräsidenten vorzulegen. Der Gerichtsvorstand wird sich bei der Vorlage über die Abkömmlichkeit von den gerichtlichen Geschäften und die Vorsorge für deren Vornahme während der Beurlaubung des Beamten äußern. Der Landgerichtspräsident kann den Urlaub unter denselben Voraussetzungen und auf dieselbe Dauer erteilen, wie für Notare.

§ 298. Notariatsverwesern, die nur für die Dauer einer vorübergehenden Behinderung oder Erledigung aufgestellt sind, kann der Landgerichtspräsident Urlaub nicht erteilen. An die Stelle der Beurlaubung tritt die Aufstellung eines anderen Notariatsverwesers.

Die Befugnis zur Selbstbeurlaubung und bei Gerichtsbeamten die Befugnis des Gerichtsvorstandes zur Beurlaubung auf drei Tage, ist dieselbe wie bei ständigen Notariatsverwesern.

2. Amtsverwesung.

§ 299. Ergibt sich die Notwendigkeit der Bestellung eines Notariatsverwesers, so hat der Notar und bei dessen Verhinderung oder Abwesenheit das Amtsgericht, in dessen Bezirk das Notariat sich befindet, dem Präsidenten des Landgerichts Bericht zu erstatten.

Der Präsident des Landgerichts kann auch sonst, wenn er von der Notwendigkeit der Bestellung eines Notariatsverwesers Kenntnis erhält, ohne weiteres das Erforderliche anordnen.

1. Pflicht der Notariatspraktikanten zur Übernahme von Verwesungen, und Pflicht der Notare zur Abgabe ihres rechtskundigen Hilfspersonals behufs Verwesungen, aut. Entschl. vom 2. Juli 1904 Nr. 25582 (Gen. S. 97).
2. Pflicht der Gerichtsbeamten zur Übernahme von Verwesungen, Art. 97 N.G.

§ 300. Die Präsidenten der Landgerichte sind nach Art. 100 Abs. 2 des Notariatsgesetzes berufen, in dringlichen Fällen Notariatsverweser **vorläufig** zu bestellen.

Die Präsidenten der Landgerichte sind ferner auf Grund Art. 100 Abs. 3 des Notariatsgesetzes vom Staatsministerium der Justiz ermächtigt, Notariatsverweser in den Fällen der Beurlaubung für diejenige Zeit zu bestellen, für welche sie den Urlaub erteilen und in den Fällen der Erkrankung oder sonstigen Behinderung eines Notars sowie der Erledigung eines Notariats auf solange, als sie Urlaub erteilen können.

Anzeige von der Verweserbestellung an das Justizministerium, § 306.

§ 301. Die Präsidenten der Landgerichte sollen zu Notariatsverwesern nur Notare (unter Einhaltung der Bestimmungen des Artikel 98 des Notariatsgesetzes), Gerichtsbeamte (Oberamtsrichter, Amtsrichter, rechtskundige Sekretäre des Amtsgerichts, in dessen Bezirk das Notariat liegt), und solche nach Artikel 96 des Notariatsgesetzes zur Übernahme von Notariatsverwesungen befähigte Personen bestellen, welche vom Staatsministerium der Justiz ein Zeugnis für die allgemeine Zulassung zu diesem Dienste erhalten haben.

Die Gesuche um Erteilung solcher Zeugnisse sind auf dem Dienstwege mit eingehenden Gutachten vorzulegen.

Die erteilten Zeugnisse können vom Staatsministerium der Justiz eingezogen werden.

1. Aufstellung von nur aktiven Notaren oder nur aktiven Gerichtsbeamten als Verweser seitens der Landgerichtspräsidenten, s. Entschl. unter Ziff. 5 bei § 293.
2. Bei Aufstellung vormaliger Notare oder vormaliger Gerichtsbeamte als Verweser Bericht an das Justizministerium, a. a. O.
3. Keine Aufstellung aktiver Gerichtsbeamte als Verweser außerhalb ihres Amtsbezirks, a. a. O.
4. Benachrichtigung der Notariatskammern von der Erteilung der Verweserzeugnisse, § 15 D.A. f. d. Not.Kammern.

§ 302. Liegt ein Fall vor, in welchem der Landgerichtspräsident zur Bestellung eines Verwesers nicht zuständig ist, oder hat der Landgerichtspräsident Bedenken über seine Zuständigkeit, so ist an das Staatsministerium der Justiz zu berichten.

Das Gleiche soll geschehen, wenn eine Person als Notariatsverweser aufgestellt werden soll, zu deren Aufstellung der Landgerichtspräsident nach § 301 nicht ermächtigt ist, oder wenn der Landgerichtspräsident hinsichtlich der aufzustellenden Person Bedenken hat.

§ 303. So oft es sich darum handelt, daß die Geschäfte eines Notariats auf Rechnung des Staates geführt werden sollen, ist der Notariatsverweser vom Präsidenten des Landgerichts nur vorläufig zu bestellen, und über die Bestellung und die Übernahme auf Rechnung des Staates an das Staatsministerium der Justiz zu berichten.

Führung von Notariaten auf Rechnung des Staates, Art. 112 N.G.

§ 304. Im Falle des Artikel 111 Abs. 2 Satz 2 des Notariatsgesetzes kann der Landgerichtspräsident vor der Bestellung des Notariatsverwesers von dem Notar die Abgabe der Erklärung über die Verpflichtung zur Rückvergütung verlangen. Über die Gewährung von Vergütungen ist stets an das Staatsministerium der Justiz zu berichten.

Gewährung einer Vergütung an die verwesenden Gerichtsbeamten, Art. 111 Abs. 2 N.G.

§ 305. Übersteigt die Zeit, für welche ein Notariatsverweser bestellt wird, nicht eine Woche, so hat der Verweser selbst von seiner Bestellung der zuständigen Kreisregierung, dem Amtsgericht und dem Rentamt Anzeige zu erstatten. Erfolgt die Bestellung auf längere Zeit, gleichviel ob sie durch das Staatsministerium der Justiz oder durch den Landgerichtspräsidenten verfügt wird, so hat der Landgerichtspräsident die im § 4 Abs. 2 der Geschäftsordnung vorgesehenen Mitteilungen zu machen; dem Verweser obliegt in solchem Falle die Anzeige nach § 4 Abs. 3 der Geschäftsordnung. Die Aufstellung ständiger Verweser im Falle des Art. 95 Abs. 2 des Notariatsgesetzes wird überdies im Justizministerialblatte bekannt gemacht.

Anzeige an die Finanzkammer der Kreisregierung, s. Anm. bei § 4.

§ 306. Über alle Fälle, in welchen der Landgerichtspräsident einen Notariatsverweser auf längere Zeit, als auf eine Woche bestellt, ist dem Staatsministerium der Justiz Anzeige zu erstatten. Die Anzeigen können für ein bis zwei Monate zusammengefaßt werden.

§ 307. Der aufgestellte Amtsverweser ist vom Präsidenten des Landgerichts zum Dienstantritt einzuberufen und, soweit nötig, zu vereidigen. Die §§ 1 und 2 der Geschäftsordnung finden entsprechende Anwendung. Die Vereidigung kann dem Amtsgericht übertragen werden, in dessen Bezirke sich das Notariat befindet. Der Präsident des Landgerichts soll von der Übertragungsbefugnis Gebrauch machen, wenn er keinen Anlaß hat, das persönliche Erscheinen des Verwesers zu wünschen. Von der Übertragung soll er den Verweser in Kenntnis setzen.

Der § 3 Abs. 3 der Geschäftsordnung findet auch auf Verweser entsprechende Anwendung.

§ 308. Die Amtsübernahme durch den Verweser hat in der gleichen Weise zu erfolgen wie die Amtsübernahme durch den Notar. Ist bei besetztem Notariate die Amtsverwesung nur für den Fall vorübergehenden Bedürfnisses bestimmt, die Rückübernahme durch den Übergebenden also in absehbarer Zeit zu erwarten, so kann die Übergabe, wenn beide Teile damit einverstanden sind, in Bausch und Bogen und ohne Protokoll erfolgen. Der im § 8 vorgeschriebene Vermerk im Geschäftsregister hat dagegen stets stattzufinden.

Das Staatsministerium der Justiz behält sich vor, für einzelne Fälle abweichende Bestimmungen zu treffen.

Amtsübernahme, §§ 75 ff.

§ 309. Die Beisetzung der amtlichen Eigenschaft als Verweser zur Unterschrift (Artikel 110 des Notariatsgesetzes) kann in der Form

„X
Notariatsverweser"

erfolgen.

Hat der Notariatsverweser sich im Protokolle mit seiner Amtseigenschaft zu bezeichnen, so kann dies in der Form

„Verweser des K. Notariats N."

geschehen. Einer Angabe darüber, von wem oder aus welchem Anlaß die Bestellung des Verwesers geschehen ist, bedarf es nicht.

Unterschrift des Notars, § 155.

§ 310. Die Vorschrift des Artikel 101 Satz 2 des Notariatsgesetzes, daß der Notar sich während der Zeit, in welcher der Verweser zur Führung der Geschäfte berufen ist, der Vornahme von Amtsgeschäften enthalten soll, ist dahin zu verstehen, daß der Notar in solchem Falle auch nicht dem Amtsverweser Gehilfendienste leisten darf.

Dies schließt die Erteilung von Aufschlüssen und eine gewisse Mitüberwachung nicht aus. Dagegen soll der Notar, dem ein Amtsverweser bestellt ist, weder von diesem Amtsverweser noch von einem anderen Notar als „zweiter Notar" beigezogen werden.

Zuziehung eines zweiten Notars, §§ 102 ff.

§ 311. Im Falle der vorzeitigen Endigung einer Notariatsverwesung nach Artikel 103 des Notariatsgesetzes hat der Verweser hievon dem Präsidenten des Landgerichts Anzeige zu erstatten. Dieser berichtet dem Staatsministerium der Justiz, sofern dasselbe von der Aufstellung des Verwesers Kenntnis hat.

Wiederübernahme der Amtsgeschäfte durch den Notar, Art. 103 N.G.

3. Sicherung der Amtsbestände.

§ 312. Nach dem Tode eines Notars oder Notariatsverwesers hat das Amtsgericht, in dessen Bezirk das Notariat liegt, für die Sicherung der Amtsbestände (Siegel, Urkunden, Bücher und Register, Gelder, Wertpapiere und Kostbarkeiten) Sorge zu tragen, soweit ein Bedürfnis besteht. Das Amtsgericht kann insbesondere die Anlegung von Siegeln anordnen.

Gleiches obliegt dem Amtsgerichte dann, wenn im Falle der Entfernung des Notars oder einer geistigen Erkrankung das Bedürfnis einer amtlichen Fürsorge gegeben ist. Über die getroffenen Sicherungsmaßregeln ist sofort dem Präsidenten des Landgerichts Bericht zu erstatten. Der Präsident des Landgerichts kann weitere Sicherungsmaßregeln anordnen und die bestehenden aufheben.

1. Amtsbestände, § 6.
2. Sicherungsmaßregeln seitens der Aufsichtsbehörde, Art. 106 A.G. z. B.G.B., V.O. vom 7. Dezember 1899 Sicherungsmaßregeln beim Tod eines Beamten betr. (G.V.Bl. S. 1013; J.M.Bl. S. 549), § 26 Nachl.O.
3. Mitteilungspflicht der Amtsgerichte beim Tod eines im Ruhestande befindlichen Notars, einer Notarswitwe, einer minderjährigen Notarswaise, Bekanntm. vom 3. Februar 1902 das Verfahren bei Pensionierungen von Notaren betr. (J.M.Bl. S. 302); Beobachtung dieser Pflicht nochmals eingeschärft durch die aut. Entschl. vom 27. Januar 1903 Nr. 4003 (Gen. S. 83).

Zehnter Abschnitt.

Schlußbestimmungen.

§ 313. Diese Geschäftsordnung tritt mit dem 1. Januar 1900 in Kraft.

Die Geschäftsordnung ist gleichzeitig mit dem Notariatsgesetz in Kraft getreten, Art. 131 N.G.

§ 314. Soweit nach dem 31. Dezember 1899 auf die von dem Notar zu beurkundenden oder vorzunehmenden Geschäfte die Bestimmungen des bisherigen Landesrechts noch fernerhin anzuwenden sind, bleiben auch die zur Durchführung dieser Bestimmungen den Notaren gegebenen besonderen Dienstvorschriften in Geltung.

Inkraftbleiben der bisherigen liegenschaftsrechtlichen und erbrechtlichen Vorschriften, Art. 132 N.G. und die Anm. dort.

§ 315. Die Vorschriften, wonach den Notaren zu Steuerzwecken Anzeigen an die Steuerbehörden obliegen, ferner die Vorschriften über die Erstattung von Besitzveränderungsanzeigen an die Rentämter und über die sonstige Heranziehung der Notare zu Zwecken der Instandhaltung der Kataster bleiben unberührt.

1. Die Anzeigepflicht bezüglich der Erbschaftssteuer bestimmt sich jetzt nach dem Reichserbschaftssteuergesetz vom 3. Juni 1906 (R.G.Bl. S. 654) § 40, nach den dazu ergangenen Ausführungsbestimmungen des Bundesrats (G.V.Bl. 1906 S. 235) § 4, sowie nach der bayerischen Vollzugsbekanntm. vom 10. August 1906 (G.V.Bl. S. 509, J.M.Bl. S. 238) § 6; danach obliegt den Notaren im allgemeinen keine Mitteilungspflicht bezüglich der von ihnen eröffneten Verfügungen von Todes wegen, sondern diese kommt dem Nachlaßgericht zu; nur im Fall der Eröffnung einer Verfügung von Todes wegen eines Ausländers hat unter Umständen eine Mitteilungspflicht des Notars statt, § 6 Ziff. 4 der Vollzugsbekanntm.

Bezüglich der Erbschaftssteuer von Schenkungen unter Lebenden und der dem Notar hiewegen zukommenden Übersendung einer Abschrift der Schenkungsurkunden, s. § 20 der genannten Vollzugsbekanntm.

Wegen noch fortdauernder Anwendung des bisherigen bayerischen Erbschaftssteuergesetzes vom 18. August 1870 in der Fassung der Bekanntm. vom 11. November 1899 (G.V.Bl. S. 889) vgl. § 29 der genannten Vollzugsbekanntm.

Zur Anwendung des bayerischen Erbschaftssteuergesetzes s. noch die Vollzugsbekanntm. vom 27. Dezember 1899 (J.M.Bl. 1900 S. 467; F.M.Bl. 1900 S. 341), mit Änderung durch Bekanntm. vom 19. Dezember 1902 (J.M.Bl. 1903 S 214, F.M.Bl. 1903 S. 7); ferner Bekanntm. vom 6. Oktober 1900 (J.M.Bl. S. 1168), wonach die Bestätigung der Auseinandersetzung in Ansehung des Gesamtguts einer fortgesetzten Gütergemeinschaft dem Rentamt nicht mitzuteilen ist; Bekanntm. vom 28. Februar 1905 (J.M.Bl. S. 575), über Hintanhaltung der Doppelbesteuerung des Nachlasses eines Ausländers, insbesondere eines russischen Staatsangehörigen.

2. Wegen Mitwirkung der Notare bei Führung des Grundsteuerkatasters sind insbesondere maßgebend

a) im Geltungsbereich des bisherigen Liegenschaftsrechtes:

Grundsteuergesetz vom $\frac{\text{15. August 1828}}{\text{19. Mai 1881}}$ (G.V.Bl. 1881 S. 686) in der Fassung des Art. 136 A.G. z. B.G.B. § 72 (Anmeldepflicht bezüglich aller mittels notarieller Urkunde erfolgenden Besitzveränderungen); Vollzugsvorschriften zum Grundsteuergesetz vom 29. Januar 1882 (G.V.Bl. S. 49) §§ 3, 5 (Anmeldepflicht einschließlich der Subhastationssachen und der bei den Notaren verhandelten Verlassenschaften);

Bekanntm. vom 15. Juni 1862 (Rgsbl. S. 1445) § 1 (katastermäßige Bezeichnung der Grundstücke in den Urkunden, Angabe des Amtsgerichts, der Steuergemeinden, der Haus- oder Besitznummern, des Katasterfoliums), § 4 (monatliche Übermittlung der Besitzveränderungsanzeigen an das Rentamt), § 7 (monatliche Übersendung der Katasterauszüge dorthin); Bekanntm. vom 16. Dezember 1877 (J.M.Bl. S. 257); Bekanntm. vom 23. September 1879 (J.M.Bl. S. 1590); Bekanntm. vom 23. Dezember 1899 (J.M.Bl. 1900 S. 481); des Näheren vgl. dazu die Bemerkungen zu Art. 150 N.G. von 1861 bei Enderlein, Materialien, sowie Rehm, Not.Ges.

b) im Geltungsbereich des Grundbuchrechtes:

Fin.Min.Bekanntm. vom 23. Februar 1905 die Fortführung des Grundsteuerkatasters betr. (J.M.Bl. S. 593) §§ 9, 12, 13, 19; § 577 D.A.; aut. Just.Min.Entschl. vom 3. Oktober 1906 Nr. 29691, die Visitation des Umschreibwesens für 1906 betr., erläutert bezüglich der Verpflichtung zur Anzeige der Besitzveränderungen näher den Begriff der Grundstücke, für die das Grundbuch als angelegt anzusehen ist.

Vgl. auch noch Fin.Min.Bekanntm. vom 24. März 1903, die Katasterumschreibung aus Anlaß von Todesfällen (F.M.Bl. S. 230); Just.Min.Bekanntm. vom 25. März 1903 gleichen Betreffs (J.M.Bl. S. 228).

3. Haftung des Notars aus der Unterlassung von Besitzveränderungsanzeigen nur gegenüber dem Staate, nicht gegenüber jedem Dritten, Oberst. G.H., Urt. vom 21. Februar 1901 (Sammlung Bd. 2 S. 112).

§ 316. Die Vorschriften über das Verfahren der Notare in Grundbuchsachen und den Verkehr der Notare mit den Grundbuchämtern werden bei dem Inkrafttreten des Grundbuchrechts erlassen werden.

1. In den Landesteilen rechts des Rheins ist jetzt maßgebend die „Dienstanweisung für die Grundbuchämter in den Landesteilen r. d. Rh.", Bekanntm. vom 27. Februar 1905 (J.M.Bl. S. 63), insbesondere die §§ 552—557.

Die Bekanntm. vom 23. Juli 1900 Nr. 28437 über den Verkehr der Notariate mit den Grundbuchämtern gilt nur mehr für den Verkehr der Notariate mit den pfälzischen Grundbuchämtern, § 614 D.A.

2. Wegen des Verfahrens in Grundbuchsachen siehe noch weiter:

V.O. vom 25. Februar 1905 die Führung des Grundbuchs in den Landesteilen r. d. Rh. betr. (G.V.Bl. S. 57; J.M.Bl. S. 61);

Bekanntm. vom 6. März 1905 die Anlegung des Grundbuchs in den Landesteilen r. d. Rh. betr. (J.M.Bl. S. 571): Anlegung des Grundbuchs für die Bezirke des Oberlandesgerichts München, der Landgerichte Amberg, Regensburg Weiden;

Bekanntm. vom 31. März 1905 die Zwangsvollstreckung in das unbewegliche Vermögen betr. (J.M.Bl. S. 587);

Bekanntm. vom 2. November 1905 gleichen Betreffs (J.M.Bl. S. 828): Zustellung der Terminsbestimmung auch an den Kaminkehrer;

Bekanntm. vom 2. November 1905 die Dienstanweisung für die Grundbuchämter in den Landesteilen r. d. Rh. betr. (J.M.Bl. S. 829): Abänderung des § 56 D.A.;

aut. Entschl. vom 28. November 1905 Nr. 41659, die Behandlung der Gräben und Wege, Berichtigung notarieller Urkunden ꝛc. betr. (Gen. S. 109): Mitteilung von der Berichtigung notarieller Urkunden seitens des Anlegungsbeamten;

Bekanntm. vom 15. Mai 1906 die Zwangsvollstreckung in das unbewegliche Vermögen betr. (J.M.Bl. S. 74);

aut. Entschl. vom 3. Oktober 1906 Nr. 29691 die Visitation des Umschreibwesens für 1906 betr. (siehe oben bei § 315).

Formular I.

Geschäftsregister

des K. Notariats N.

für das Jahr 1900.

Fort-laufende Nummer	Tag der Vornahme des Geschäfts	Bezeichnung des Geschäfts nach Art, Gegenstand und Wert des Gegenstandes	Bezeichnung der Beteiligten nach Name, Stand und Wohnort	In Urschrift hinausgegeben an	Notariatsgebühren-register-Nummer Staatsgebühren-register-Nummer	Bemerkungen

Formular II.

Namensverzeichnis

zu den Geschäftsregistern des K. Notariats N.

und zwar für die Jahrgänge

1900, 1901, 1902, 1903 ....

Bezeichnung des Beteiligten Bezeichnung des Geschäfts	Geschäftsregister		Bemerkungen
	Jahrgang	Nummer	

Formular III.

Testamentsregister

des K. Notariats N.

Nummer	Tag des Geschäfts	Bezeichnung des Geschäfts	Der Beteiligten		Bemerkungen
			Name, Stand, Wohnort	Alter Jahre	

Formular IV.

K. Notariat X.

Buch

zum Eintrage der behufs Feststellung ihres Datums vorgelegten Privaturkunden.

Ordnungsnummer	**Vor-** und **Familiennamen, Stand oder Gewerbe** und **Wohn- oder Aufenthaltsort** des Produzenten	Angabe des in der Urkunde genannten **Ausstellungsortes** und des **Datums** der Ausstellung	**Vor-** und **Familiennamen** der Aussteller der Urkunde	**Wesentlicher Inhalt** der Urkunde	Wahrgenommene Auffallenheiten	Jahr, Monat und Tag der erfolgten Vorlage der Urkunde auf dem Notariate	Vormerkung über erteilte Abschriften oder sonstige Bemerkungen Verweisung auf das Notariatsgebührenregister und auf das Staatsgebührenregister
1	2	3	4	5	6	7	8

Formular V.

Verzeichnis

über die bei dem K. Notariate N.

anhängig gewordenen

Vermittelungen der Auseinandersetzung

von

Nachlaß- und Gütergemeinschaftsmassen.

Vom 1. Januar 1900 bis 31. Dezember . . . .

Nummer	Bezeichnung des Erblassers / der Vermögensteilhaber nach Namen, Stand und Wohnort	Jahrgang				Notariatsgebühren-register-Nummer / Staatsgebühren-register-Nummer	Bemerkungen
		Anfall		Erledigung			
		Tag	Monat	Tag	Monat		

Formular VI.

Verzeichnis

über die bei dem K. Notariate N.

anhängig gewordenen

Zwangsversteigerungen.

Vom 1. Januar 1900 bis 31. Dezember . . . .

Nummer	Bezeichnung des Gläubigers und des Schuldners oder der Miteigentümer bei der Zwangsversteigerung zum Zwecke der Teilung	Kurze Bezeichnung des Gegenstandes der Versteigerung	Jahrgang				Notariatsgebührenregister-Nummer	Bemerkungen
			Anfall		Erledigung			
			Tag	Monat	Tag	Monat	Staatsgebührenregister-Nummer	

Formular VII.

Zustellungsregister
des K. Notariats X.

Vom 1. Januar 1900 bis ....

Nummer	Tag der Veranlassung und Tag der **Erledigung***) **der Zustellung**	Namen des Zustellungs-Empfängers	Bezeichnung der Sache	Akten-zeichen	Art der Zustellung a) Gerichts-diener b) Post c) Aufgabe zur Post	Bemerkungen
1	2	3	4	5	6	7

Kgl. Notariat X. **Formular VIII.**

Aufschreibbuch
für die Übersendung und Behändigung
von
Akten und Urkunden
(Urschriften, Ausfertigungen, Abschriften)
an
Behörden, Beamte und Private.

Vom 1. Januar 1900 bis ....

Tag der Behändigung oder der Absendung	Kurze Bezeichnung des auszuantwortenden Schriftstücks oder Aktes nach seiner Art und dem Geschäfts- oder Aktenzeichen	Kurze Bezeichnung des Empfängers	Empfangs-bestätigung	Bemerkung ob durch Post, Boten, Einschreibbriefe 2c.

*) Tag der Erledigung im Sinn der Ziff. 2 Form. VII ist der Tag der Rücklieferung der Zustellungsurkunde. Ist dieser Tag nicht vermerkt, dann liegt eine unbestellbare Zustellung vor. Statistik der unbestellbaren sogen. A.-Zustellungen, aut. Entschl. v. 13. Jan. 1903 Nr. 2176.

Formular IX.

Notariatsgebührenregister

für das

K. Notariat N.

Vom 1. Januar 1900 bis ....

Fortlaufende Nummer	Tag des Anfalls	Verweisung auf das Geschäftsregister oder sonstige Register, worin die Sache vorgetragen ist	Kurze Bezeichnung der Beteiligten und des Geschäfts	Gesamtsumme der Staatsgebühren und der gemeindlichen Besitzveränderungsabgaben		Gebühren und Auslagen des Notars										Summe aller Gebühren und Auslagen V bis X		Zahlungen		Kurze Bemerkungen über Stundung, Mahnung, Überweisung, Beitreibung, Vorschuß von Staatsgebühren (welche nicht in Spalte X zu behandeln ist)
						Geschäftsgebühren		Schreib- und Ausfertigungsgebühren		Tagegelder		Hinterlegungsgebühren des Notars		Auslagen						
				M.	₰	M.	₰	M.	₰	M.	₰	M.	₰	M.	₰	M.	₰	M.	₰	
I	II	III	IV	V		VI		VII		VIII		IX		X		XI		XII		XIII
			Übertrag																	
			Summe																	

Formular X.

Fehlblatt

zur allgemeinen Urkundensammlung, hier zur Abteilung für die Zeit vom
bis .... Geschäftsregisternummer .... bis

I. **Abgegeben** an Beteiligte, Behörden oder Beamte sind die Nummern:

II. **In der Sammlung der Testamente** 2c. befinden sich die Nummern:

III. **Aus Zweckmäßigkeitsgründen an anderer Stelle eingeordnet sind die Nummern:**

IV. **Vorübergehend versendet** sind die Nummern:

Nachtrag.

Nachtrag.

Zu Art. 1.

1. Nach dem Nachlaßgesetz vom 9. August 1902 (G.V.Bl. S. 463) kommt den Notaren die Vermittlung der Auseinandersetzung bezüglich eines Nachlasses und der Auseinandersetzung bezüglich des Gesamtgutes einer aufgehobenen ehelichen oder fortgesetzten Gütergemeinschaft zu (Art. 6, 8 Nachl.Ges.).

Die Zuständigkeit der Notare ist eine verschiedene, je nachdem die Auseinandersetzung auf Antrag oder von Amts wegen erfolgt; die Auseinandersetzung bezüglich eines Nachlasses geschieht sowohl von Amts wegen wie auf Antrag, die bezüglich eines Gesamtgutes einer ehelichen oder fortgesetzten Gütergemeinschaft nur auf Antrag.

Für die Vermittlung der Auseinandersetzung auf Antrag sind die Notare neben den Amtsgerichten zuständig; die Durchführung des Auseinandersetzungsverfahrens geht aber auf die Notare ausschließlich über, wenn Grundstücke in Betracht kommen.

Für die Einleitung der Auseinandersetzung von Amts wegen sind die Amtsgerichte ausschließlich zuständig; die Überweisung an den Notar hat aber auch hier zu erfolgen, wenn Grundstücke zur Auseinandersetzungsmasse gehören, oder wenn sämtliche Beteiligte die Überweisung beantragen.

Als Vermittlungsbehörde tritt der Notar ganz an die Stelle des Nachlaßgerichts. Als solche Vermittlungsbehörde sind die Notare nun auch zuständig zur Erteilung der den Erbschein und das Zeugnis über die Fortsetzung der Gütergemeinschaft ersetzenden Zeugnisse der §§ 37, 38 der Grundbuchordnung sowie zu der nach den Gesetzen über das Reichsschuldbuch oder das Staatsschuldbuch eines Bundesstaates*) beizubringenden Bescheinigung über die Verfügungsmacht eines Rechtsnachfolgers (Art. 9 Nachl.Ges.).

Über die Form der Zustellungen an im Ausland lebende Personen bei den erwähnten Auseinandersetzungen siehe die Bekanntmachung vom 22. Juni 1901, die Ersuchschreiben der Notare um Bewirkung von Zustellungen im Auslande betr. (J.M.Bl. S. 659).

2. Keine Zuständigkeit der Notare zur Aufnahme von Darlehen für den Staat; die sog. Haftscheine sind deshalb auch keine öffentlichen Urkunden.

3. Über Mitteilungspflicht des Notars bei Beurkundung von Schenkungen und bei Eröffnung der Verfügungen von Todes wegen bezüglich der Reichserbschaftssteuer vgl. § 40 Reichserbschaftssteuergesetz vom 3. Juni 1906 (Rgbl. S. 654), §§ 4, 31 Ausführungsbestimmungen des Bundesrats vom 16. Juni 1906 (G.V.Bl. S. 235), §§ 6, 20 Vollzugsbekanntm. vom 10. August 1906 (a. a. O. S. 509):

bei Schenkungen sind von den Notaren den Rentämtern oder nichtbayerischen Erbschaftssteuerämtern Abschriften der betreffenden Urkunden zu übersenden;

die Mitteilung der von den Notaren eröffneten Verfügungen von Todes wegen liegt aber im allgemeinen den Nachlaßgerichten ob.

4. Die Feststellung der Vollmacht eines Vertreters bei den Beurkundungen und Beglaubigungen gehört zum Amtskreis des Notars; die Feststellung hat sich auch

---

*) In Bayern gibt es ein Staatsschuldbuch übrigens bis jetzt nicht.

darauf zu erstrecken, ob die Vollmacht in Urschrift oder in Ausfertigung vorgelegt wurde (Oberst. L.G., Beschl. vom 23. März 1905, Sammlung Bd. 5 S. 212).

5. Über die Form der Eheverträge der Mitglieder des Königlichen Hauses und der mit solchen Eheverträgen verbundenen Erbverträge ist die K. Allerh. Verordnung vom 16. Juni 1900 (G.V.Bl. S. 481) ergangen:

die Eheverträge der Mitglieder des Königlichen Hauses und ebenso die Ehe- und Erbverträge derselben bedürfen der schriftlichen Form;

die schriftliche Form wird durch die Beurkundung des Vertrages durch den Staatsminister des K. Hauses und des Äußeren ersetzt. Auf die Beurkundung finden für die notarielle Beurkundung geltende Vorschriften Anwendung.

6. Zur Art der Verwahrung der Testamente ist die aut. Entschließung vom 13. Februar 1900 (Gen. S. 5) ergangen, wonach die Verwahrung der Testamente ebenso wie die der Depositen in einem entsprechenden feuer- und einbruchsicheren Kassaschrank zu geschehen hat.

7. Keine Anwendung der Hinterlegungsordnung auf die Inverwahrungnahme der an die Gerichte abgelieferten Testamente und Erbverträge; diese sind kein Gegenstand der gerichtlichen Hinterlegung, sondern sie gehören zu den Nachlaßakten: aut. Entschl. vom 21. Februar 1901 (Gen. S. 6).

8. Zur amtlichen Verwahrung von Testamenten sind allein die Notare zuständig; das bezieht sich auch auf die vor dem Gemeindevorsteher errichteten Testamente, die sog. Dorftestamente: aut. Entschl. vom 2. Juli 1900 (Gen. S. 11).

9. Bezüglich Registrierung der Rücknahme von Testamenten aus der Verwahrung siehe jetzt die §§ 45 ff. der Gesch.O. n. F.

10. Über die Behandlung der verschlossen übergeben werdenden Testamente siehe aut. Entschl. vom 13. Januar 1900 (Gen. S. 3): es ist nicht mehr erforderlich, daß die übergebene Schrift mit einer Aufschrift oder einem vom Notar und den Zeugen unterzeichneten Übergabsvermerk versehen wird; ebensowenig braucht der nach § 2246 B.G.B. auf den Umschlag des Ganzen zu setzende Vermerk noch von den Zeugen und dem Erblasser unterschrieben zu werden und ersehen lassen, daß der Verschluß in Gegenwart des Erblassers und der Zeugen erfolgt ist.

11. Die Inverwahrungnahme eines Dorftestaments seitens des Notars hat statt, auch wenn das Testament nicht vom Bürgermeister, sondern von einer anderen Person, z. B. vom Erblasser selbst oder als Irrläufer von einem Gericht übermittelt wird: aut. Entschl. vom 22. Juli 1901 (Gen. S. 51).

Inverwahrungnahme eines Dorftestaments seitens eines Notars erfolgt nicht beim Ableben des Erblassers vor Verbringung in die besondere amtliche Verwahrung: eine Verwahrung nach dem Tod des Erblassers ist begrifflich ausgeschlossen, es liegt tatsächlich nur eine Ablieferung zur Eröffnung vor: aut. Entschl. vom 18. Oktober 1901 (Gen. S. 57).

Anders ist es bezüglich gemeinschaftlicher Dorftestamente beim Ableben eines Ehegatten vor Verbringung in die amtliche Verwahrung: hier muß die Verwahrung hinsichtlich der Verfügungen des überlebenden Ehegatten eintreten, a. a. O.

Über die Behandlung der Dorftestamente seitens der Notare vgl. des Näheren überhaupt § 237 Not.Gesch.O. und die im Anschluß an eine gemeinschaftliche Bekanntmachung der K. Staatsministerien der Justiz und des Innern vom 19. Dezember 1900 über das Verfahren der Gemeindevorsteher bei der Aufnahme von Dorftestamenten*) ergangene Bekanntmachung des K. Staatsministeriums der Justiz vom 24. Dezember 1900, die Errichtung von Testamenten vor dem Gemeindevorsteher betr.

Die Notariatsgebühr für die Übernahme eines Dorftestaments in die Verwahrung beträgt jetzt 5 Mk., nicht mehr 3 Mk. 50 Pfg.; dagegen ist die bisherige

*) Amtsblatt des K. Staatsministeriums des Innern 1901 S. 4 ff.

Gebühr von 1 Mk. für die Erteilung des Hinterlegungsscheines weggefallen (Art. 55 Not.Geb.O. n. F.).

12. Bezüglich Wiederverwahrung gemeinschaftlicher Testamente und Erbverträge nach Eröffnung bei Ableben eines Erblassers vgl. §§ 37 u. 38 der Nachl.O.

13. Satz 2 Abs. 2 des Art. 1 wurde durch das Gesetz vom 9. August 1902 das Nachlaßwesen betr. (G.V.Bl. S. 463), Art. 11 Abs. 1, **aufgehoben**; an seine Stelle ist jetzt Art. 2 dieses Gesetzes getreten.

Dieser Artikel 2 lautet:

> „Für die Eröffnung einer Verfügung von Todes wegen sind die Amtsgerichte zuständig.
>
> Befindet sich jedoch die Verfügung von Todes wegen verschlossen in der amtlichen Verwahrung eines bayerischen Notars und hat dieser seinen Amtssitz an einem anderen Orte als das Nachlaßgericht, so liegt dem Notar die Eröffnung der Verfügung von Todes wegen ob. Die Verfügung ist nebst einer beglaubigten Abschrift des über die Eröffnung aufgenommenen Protokolls dem Nachlaßgerichte zu übersenden; eine beglaubigte Abschrift der Verfügung ist zurückzubehalten."

Die durch Artikel 2 Nachl.Ges. geregelte Zuständigkeit zur Eröffnung einer Verfügung von Todes wegen bezieht sich aber, da das Nachlaßgesetz am 1. Oktober 1902 in Kraft getreten ist (Art. 12), nur auf die Erbfälle nach dem 30. September 1902. Wegen der Zuständigkeit im übrigen vgl. § 243 Not.Gesch.O. n. F.

Über die Formalien bei Ablieferung der Verfügungen von Todes wegen an die Nachlaßgerichte siehe §§ 244—246 Not.Gesch.O. n. F. mit § 39 Nachlaßordnung vom 20. März 1903 (J.M.Bl. S. 111).

Über die Formalien bei Eröffnung der Verfügung von Todes wegen siehe §§ 247—251 Not.Gesch.O. n. F. mit §§ 31 ff. Nachl.O.

14. Über Eröffnung der Dorftestamente auch nach Ablauf der dreimonatigen Frist des § 2252 B.G.B. s. aut. Min.Entschl. vom 17. Oktober 1901 (Gen. S. 56).

15. Über den Ersatz der bei Testamentseröffnungen entstandenen Portoauslagen vgl. die aut. Entschl. vom 10. März 1901 Nr. 8987 (Gen. S. 40); hiernach sind die Porti für Zustellungen, die nicht in den Formen der Zivilprozeßordnung, sondern in der Form eingeschriebener oder uneingeschriebener Briefe oder von Postkarten erfolgen, als Nachlaßkosten von den Beteiligten zu tragen, während bei Zustellungen, die in den Formen der Zivilprozeßordnung nach Orten außerhalb Bayerns ergehen, die Porti weder von den Beteiligten zu tragen noch vom Staat zu vergüten sind, sondern dem Notar als Entgänge verbleiben.

16. Die Eröffnung einer Verfügung von Todes wegen umfaßt das Öffnen einer verschlossenen Verfügung und die Verkündung des Inhalts der Verfügung. Die Öffnung und die Verkündung der Verfügung kann je nach den Umständen unterbleiben; erstere unterbleibt, wenn es sich um eine nicht verschlossene Verfügung von Todes wegen handelt, letztere, wenn im Eröffnungstermin niemand erschienen ist. Letzteren Falles beschränkt sich die Amtshandlung auf die Öffnung der Verfügung von Todes wegen: aut. Entschl. vom 6. August 1900 (Gen. S. 15). Daran hat sich auch nichts durch das neue Nachlaßgesetz geändert. Auch § 33 der Nachl.O. schreibt nur vor, daß wenn im Eröffnungstermin niemand erscheint, die Unversehrtheit des Verschlusses des Testaments festzustellen, das Testament zu öffnen und über den Hergang ein Protokoll aufzunehmen ist.

Haberstumpf-Barthelmeß, Nachl.Ges. (S. 167) nehmen doch die Notwendigkeit einer Verkündung an: die Verkündung bestehe im gegebenen Fall darin, daß der Nachlaßrichter vom Inhalt der Verfügung Kenntnis nimmt, um ihn dann den Beteiligten mitzuteilen. Eine solche Kenntnisnahme wird man aber wohl kaum „Verkündung" bezeichnen können. Unter Verkündung im Sinne des § 2260 B.G.B. ist nach dem ganzen Zusammenhang lediglich eine mündliche Mitteilung des Inhalts der Verfügung an die erschienenen Beteiligten zu verstehen. Auf die gleiche Stufe wie die Verkündung ist die Vorlegung der Verfügung gesetzt. Wie Vorlegung aber Anwesenheit von Beteiligten im Eröffnungstermin so auch die Verkündung.

17. Über die Behandlung der Widerrufe von Testamenten, insbesondere über die Fragen, ob und inwieweit widerrufene Testamente zu eröffnen und zu verkünden sind, inwieweit die Eröffnung und Verkündung der Urkunden statt hat, welche den Widerruf enthalten, und ob der Erblasser zum Zwecke des Widerrufs auch die Herausgabe solcher öffentlicher Testamente verlangen kann, welche vor dem 1. Januar 1900 von den Notaren errichtet worden sind, vgl. die aut. Entschließung vom 5. Dezember 1900 (Gen. S. 22).

18. Das Eröffnungsprotokoll hat eine Feststellung über den reinen Wert des Nachlasses zu enthalten. Die Feststellung und Einhebung der staatlichen Eröffnungsgebühr unterbleibt, wenn im Eröffnungstermin niemand erscheint, wenn die erschienenen Beteiligten keine Wertsangaben machen oder wenn der Notar die gemachten Angaben als nicht dem wahren Wert des Nachlasses entsprechend hält; dann erfolgt die Festsetzung des Wertes durch das Nachlaßgericht und obliegt die Erhebung der Gebühr dem Gerichtsschreiber. Die Erhebung der notariellen Gebühren und Auslagen ist Sache des Notars selbst. Bekanntm. v. 16. Dezember 1900 (J.M.Bl. S. 1756, Bekanntm. v. 11. März 1903 (J.M.Bl. S. 247). Bezüglich Führung des Testamentsregisters vgl. jetzt die §§ 45 ff. Gesch.O. n. F.

19. Über die Form der Zustellungen an im Auslande befindliche Personen im Verfahren der Eröffnung einer Verfügung von Todes wegen vgl. die unter Ziffer 1 angeführte Bekanntm. vom 22. Juni 1901, die Ersuchschreiben der Notare um Bewirkung von Zustellungen im Auslande betr.

20. Wegen der nunmehrigen Übersendung der eröffneten Verfügungen von Todes wegen an die Erbschaftssteuerämter und Mitteilungen an diese s. o. Ziffer 3.

Zu Art. 2.

1. Zur Mitwirkung bei einem vom Erben selbst aufgenommenen Nachlaßinventar sind nur die Notare zuständig, § 89 Nachl.O. vom 20. März 1903.

Auch die amtliche Aufnahme von Nachlaßinventaren kommt grundsätzlich den Notaren zu; Bagatellinventare, d. h. solche Inventare, bei denen der Wert des Nachlasses ohne Abzug der Schulden den Betrag von 2000 Mk. nicht oder nicht erheblich übersteigt, können jedoch auch durch den Gerichtsschreiber aufgenommen werden, Artikel 63 A.G. z. G.V.G. i. d. Fassung des Artikel 167, XVI. A.G. z. B.G.B. § 90 Nachl.O.

Für das Verfahren bei Errichtung von Nachlaßinventaren geben die §§ 94—97 Nachl.O., § 274 Not.Gesch.O. Maß.

2. Zur selbständigen Anlegung oder Abnahme von Siegeln in Nachlaßsachen ist der Notar nicht befugt; es kommt ihm dies nur auf Ersuchen des Nachlaßgerichts zu; folglich kann der Notar die zur Sicherung eines Nachlasses von der Ortspolizeibehörde angelegten Siegel nicht selbständig abnehmen, sondern darf die Abnahme der Siegel nur auf Anordnung des Nachlaßgerichts vornehmen, aut. Entschl. v. 1. Juni 1901 Nr. 23369 (Gen. S. 49).

Die Vornahme der Siegelungen und Entsiegelungen hat sich jetzt nach Maßgabe der Vorschriften nach den §§ 7. 8. 10. 11. 14. 16. 21 Nachl.O. zu vollziehen. § 274 Gesch.O. n. F.

3. Bezüglich Vornahme der Zwangsversteigerungen siehe noch

a) Bekanntmachung vom 16. März 1900 die Portopflicht der Zustellungen von Amts wegen betr. (J.M.Bl. S. 591): im Subhastations- sowie im Zwangsversteigerungs- und Zwangsverwaltungsverfahren sind die sämtlichen Zustellungen von Amts wegen, die in den Formen der Zivilprozeßordnung durch die Post geschehen, im innern Verkehr Bayerns portofrei.

b) Bekanntmachung vom 28. April 1900 die Geschäftsanweisung für die Gerichtsvollzieher betr. (J.M.Bl. S. 621): Mitwirkung der Gerichtsvollzieher bei der Zwangsvollstreckung in das unbewegliche Vermögen (§§ 43, 186, 188).

c) Aut. Entschließung vom 1. April 1902, die Anheftung der Terminsbestimmung im Zwangsversteigerungsverfahren an die Gemeindetafel betr. (Gen. S. 67).

Die Anheftung der Versteigerungsbekanntmachung an die Gemeindetafel erfolgt im altrechtlichen Zwangsversteigerungsverfahren ausschließlich durch den Gerichtsvollzieher.

Die Anheftung der Terminsbestimmung an die Gemeindetafel im neurechtlichen Zwangsversteigerungsverfahren findet entweder durch den Gerichtsdiener oder durch den Gerichtsvollzieher statt. Eine Inanspruchnahme der Gemeindebehörden ist nicht zulässig.

Der Notar kann mit der Anheftung sowohl den Gerichtsvollzieher wie den Gerichtsdiener beauftragen.

d) Bekanntmachung vom 31. März 1905, die Zwangsvollstreckung in das unbewegliche Vermögen betr. (J.M.Bl. S. 687): enthält Vollzugsvorschriften zum Zwangsversteigerungsgesetz für die Gebiete, in denen das Grundbuch als angelegt anzusehen ist.

e) Bekanntmachung vom 2. November 1905 gleichen Betreffs (J.M.Bl. S. 828): die Terminsbestimmung ist bei einem Grundstück, das mit einem Gebäude versehen ist, auch den Kaminkehrer mitzuteilen, in dessen Kehrbezirk das Grundstück liegt.

f) Bekanntmachung vom 15. Mai 1906 gleichen Betreffs (J.M.Bl. S. 74), wonach die Beteiligten, für die eine Hypothek der im Artikel 1 des Gesetzes vom 15. Mai 1906 (G.V.Bl. S. 190) bezeichneten Art im Grundbuch eingetragen ist, bei der Zustellung der Terminsbestimmung veranlaßt werden sollen, spätestens im Versteigerungstermin vor der Aufforderung zur Abgabe von Geboten sich darüber zu erklären, ob und in welchem Betrag Ansprüche auf Zinsen, Kosten und andere Nebenleistungen, zu deren Sicherheit die Hypothek eingetragen ist, bestehen, und wonach in den Fällen, in denen nach § 44 Zw.Verst.Ges. eine Hypothek der vorbezeichneten Art bei der Feststellung des geringsten Gebots zu berücksichtigen wäre, auf eine Abänderung der Versteigerungsbedingungen dahin zu wirken ist, daß die Berücksichtigung vollständig oder teilweise unterbleibt.

Zu Art. 4.

1. Bezüglich der staatlichen Hinterlegungsgebühren ist zum Vollzug der A.V.O. vom 25. Dezember 1899 die Bekanntmachung vom 12. Januar 1900 die Erhebung von Hinterlegungsgebühren betr. ergangen (J.M.Bl. S. 301; F.M.Bl. S. 81).

2. Die Verwahrung der Depositalbestände hat in einem ganz entsprechenden feuer- und einbruchsicheren Kassaschrank neuester Konstruktion zu erfolgen aut. Entschließung vom 13. Februar 1900 (Gen. S. 5).

3. Artikel 100 der Not.Geb.O. ist durch die Verordnung vom 4. Juli 1903 die Revision der Not.Ges.O. betr. (G.V.Bl. S. 381, J.M.Bl. S. 333) dahin ergänzt worden, daß, wenn die hinterlegte Summe mehr als 400000 Mk. beträgt, für den Mehrbetrag nur ein Zehntel vom Tausend als Hinterlegungsgebühr zu entrichten ist.

Zu Art. 5.

1. Seit dem 1. Januar 1902 kommen den Notaren keine Tantiemen mehr für die Besorgung des Gebührenwesens und für die Erhebung der örtlichen Besitzveränderungsabgaben zu; diese fallen vielmehr nun an den Pensionsverein für die bayerischen Notare und den Pensionsverein für die Witwen und Waisen der bayerischen Notare. Verordnung vom 1. Februar 1902. (Siehe hierüber des Näheren Artikel 127 N.G. und die Anmerkungen dort).

2. Artikel 104 Not.Geb.O. hat durch die Verordnung vom 4. Juli 1903 die Revision der Not.Geb.O. betr. eine Ergänzung bezüglich Leistung einer Vorschußgebühr von 1 Prozent von den vorgeschossenen Staatsgebühren und gemeindlichen Besitzveränderungsabgaben erfahren.

Zu Art. 6.

1. Bezüglich Führung eines Amtsschildes s. die aut. Entschließung vom 9. Juli 1900 Nr. 26 715 (Gen. S. 11): an der Außenseite jedes Hauses, in dem sich ein Notariat befindet, ist ein vorschriftsmäßiges Amtsschild anzubringen. Das Amtsschild hat der jetzigen Organisation der Notariate als Behörden entsprechend nicht mehr wie bisher den Namen des Notars, sondern lediglich die Behördenbezeichnung des Notariats „Königl. Bayer. Notariat N.“ zu tragen.

2. Wegen der Amtssiegel der Notariate s. die bei Artikel 25 unter Anm. 7 abgedruckte Bekanntmachung vom 22. Dezember 1899 die Amtssiegel der Notariate betr. (J.M.Bl. S. 758). Neue Dienstsiegel im Fall der Abnützung oder des Verlustes oder im Falle vermehrten Bedarfs sind nicht unmittelbar, sondern nur durch Vermittlung des Justizministeriums vom Hauptmünzamte zu beziehen. Bekanntm. vom 16. September 1902 (J.M.Bl. S. 955).

3. Die Zahl der Notariate hat eine Vermehrung erfahren durch Errichtung des Notariats Ludwigshafen III (Verordnung vom 28. Juni 1902; J.M.Bl. S. 609), des Notariats Ansbach II (Verordnung vom 17. November 1902; J.M.Bl. S. 1047), des Notariats Pirmasens III und des Notariats Neustadt a. d. H. III (Verordnung vom 2. März 1904; J.M.Bl. S. 50).

Für den Sitz des Notariats Lauf gelten nach der Verordnung vom 24. März 1903 (G.V.Bl. S. 159; J.M.Bl. S. 251) die Gemeinden Lauf und Heuchling als ein Ort.

4. Bezüglich der Kosten der Rechtshilfe in der freiwilligen Rechtspflege s. die Bekanntmachung vom 10. November 1904, die Kosten der Rechtshilfe unter den Behörden verschiedener Bundesstaaten betr. (J.M.Bl. S. 267): Gebühren werden für die Erledigung der Ersuchen um Rechtshilfe nicht erhoben. Die durch die Erledigung der Ersuchen erwachsenen Auslagen werden der ersuchten Behörde nicht erstattet. Der Betrag der Auslagen wird der ersuchenden Behörde mitgeteilt. Die mitgeteilten Auslagen sind in das Staatsgebührenregister in der Spalte „Bemerkungen“ unter Bezeichnung als Rechtshilfekosten einzustellen und wie Staatsgebühren von der Partei einzuziehen oder dem Rentamt zur zwangsweisen Beitreibung zu überweisen.

5. Die Erhebung der Notariate zu staatlichen Behörden bildet keinen Hinderungsgrund für Unterstützung der Darlehenssucher durch die Notare bei Aufnahme von Darlehen seitens Hypothekenbanken, Stiftungen, Darlehenskassen und ähnlichen Anstalten, aut. Entschl. des Staatsministeriums der Justiz vom 21. Februar 1906 Nr. 8261; siehe auch die aut. Entschl. des Staatsministeriums des Innern vom 20. August 1906 Nr. 11768.

Zu Art. 8.

1. Die Notare sind Beamte der freiwilligen Gerichtsbarkeit. Bei Inanspruchnahme der Haftung des Staates aus Handlungen des Notars ist daher eine Vorentscheidung des Verwaltungsgerichtshofs darüber, ob der Notar sich einer Überschreitung seiner Amtsbefugnisse oder der Unterlassung einer ihm obliegenden Amtshandlung schuldig gemacht hat, nicht notwendig. Artikel 7 Abs. 2 Verwaltungsgerichtshofgesetz s. auch bei Artikel 126.

2. Aus der Beamtenstellung des Notars folgt auch seine Verpflichtung zur Erledigung unvollzogener Urkunden seines Amtsvorgängers dem Staate gegenüber; vgl. Urteil des Reichsgerichts vom 22. März 1905 (Jur. Wochenschr. 1904 S. 582 Nr. 23).

Für die Erledigung dieser Geschäfte können Gebühren nur von demjenigen, der die Tätigkeit des Notars in Anspruch genommen hat, gefordert werden.

Ein Anspruch für die Erledigung der unvollendeten Geschäfte gegenüber den Hinterbliebenen des Amtsvorgängers ist aber dem Notar in keiner Weise gegeben. Urteil des Oberst. L.G. als Disziplinarhof vom 4. April 1905 (Sammlung Bd. 6 S. 1767).

3. Die Vorschriften für die Vereinfachung des dienstlichen Verkehrs gelten auch für die Notare;

vgl. die Bekanntmachung vom 28. April 1901, die Vereinfachung des dienstlichen Verkehrs betr. (J.M.Bl. S. 363); die Bekanntmachung vom 28. April 1901 den dienstlichen Verkehr betr. (J.M.Bl. S. 378), die aut. Entschließung vom 9. Juli 1905 Nr. 27626 gleichen Betreffs; letztere Entschließung weist u. a. darauf hin, daß die Ergänzungen der Personalbögen sowie die Übersichten über die Erträgnisse der Notariate ohne jedes Begleitschreiben vorzulegen sind.

4. Den Notaren ist es ebenso wie den sonstigen bayerischen Justizbehörden verboten, mit den Gesandten oder Konsuln oder mit den auswärtigen Behörden direkt zu verkehren. Zu Übersendungen von Ersuchen haben sich deshalb auch die Notare der Vermittlung der Staatsanwaltschaft bei dem vorgesetzten Landgericht zu bedienen; siehe die zu Artikel 1 Ziff. 1 des Nachtrags angeführte Bekanntmachung vom 22. Juni 1901.

5. Die Erteilnng der dienstlichen Verehelichungsbewilligung an Notare erfolgt auch jetzt noch durch das Landgericht, obwohl dazu eigentlich jetzt der Landgerichtspräsident zuständig wäre. Zur Erteilung der Bewilligung wird aber der Landgerichtspräsident nach der aut. Entschließung vom 6. April 1901 Nr. 15289, die Erteilung der dienstlichen Verehelichungsbewilligung an Notare betr. (Gen. S. 41) diejenige Zivilkammer berufen, der er sich nach Artikel 58 N.G. selbst anzuschließen hat, wodurch er zur Wahrung der dienstaufsichtlichen Interessen in der Lage ist.

Zuständigkeit des Landgerichtspräsidenten zur dienstlichen Würdigung der Anzeigen der Notariatspraktikanten von der beabsichtigten Verehelichung oder Wiederverehelichung, siehe aut. Entschließung vom 8. März 1901, die Verehelichung der Bewerber um Anstellung im höheren Justizstaatsdienste betr. (Gen. S. 38).

6. Über die Ladung der Notare und ihres Personals in Zivil-, Straf-, Verwaltungs- und Verwaltungsrechtssachen, sowie über deren Vernehmung als Zeugen oder Sachverständige ist mit Rücksicht auf die neue Organisation der Notariate die Bekanntm. vom 27. März 1902 die Ladung öffentlicher Beamter oder Bediensteter in Zivil-, Straf-, Verwaltungs- und Verwaltungsrechtssachen und deren Vernehmung als Zeugen oder Sachverständige betr. (G.V.Bl. S. 161; J.M.Bl. S. 520) ergangen;

hiernach hat bei Vorladung eines Notars oder Notariatsverwesers die vorgeschriebene Benachrichtigung an den Landgerichtspräsidenten als vorgesetzte Dienstbehörde zu erfolgen.

Bei Vorladung des sonstigen Personals (Notariatspraktikanten, Notariatsgehilfen, Aushilfsschreiber, Inzipienten) geschieht die Benachrichtigung an das „Notariat“, d. h. den Notar oder den Notariatsverweser.

Die Genehmigung zur Vernehmung des Notars, Notariatsverwesers und des Personals als Zeugen über Umstände, auf welche sich die Amtsverschwiegenheit bezieht, wird stets durch den Landgerichtspräsidenten erteilt.

Der Landgerichtspräsident ist auch allein zuständig zur Abgabe der Erklärung, daß die Vernehmung eines Notars oder einer sonst im Notariat dienstlich verwendeten Person als Sachverständigen den dienstlichen Interessen Nachteile bereiten würde.

Besonderheiten gelten für die Vorladung und Vernehmung eines zum Notariatsverweser bestellten aktiven Gerichtsbeamten oder eines in der Notariatskanzlei beschäftigten Gerichtsbediensteten (Abs. III der Bekanntm.).

7. Bezüglich der jetzigen Regelung des Pensionswesens siehe die Satzungen des Pensionsvereins für die bayerischen Notare und die des Pensionsvereins für die Witwen und Waisen der bayerischen Notare bei Artikel 127.

8. Verdienten Notaren wird der Titel eines Justizrats, neuestens auch der Titel eines Geheimen Justizrats verliehen.

Zu Art. 9.

1. Die V.O. vom 4. Juli 1899 die Prüfungen für die höheren Justiz- und Verwaltungsdienst und die Vorbereitung zu diesen Prüfungen betr. hat durch die V.O. vom 20. Mai 1904 die Zulassung von Ausländern zu den juristischen Prüfungen betr. (G.V.Bl. S. 161; J.M.Bl. S. 109) eine Ergänzung dahin erfahren, daß Voraussetzung der Zulassung zu den Prüfungen jetzt auch der Besitz der deutschen Reichsangehörigkeit ist.

2. Bezüglich Ableistung des Vorbereitungsdienstes s. die bei Art. 127 abgedruckte V.O. vom 4. Januar 1901 die Praxis der Bewerber um Anstellung im höheren Justizdienste betr. (G.V.Bl. S. 31; J.M.Bl. S. 50) und

die ebenfalls dort abgedruckte Bekanntm. vom 7. Januar 1901 gleichen Betreffs (J.M.Bl. S. 54).

Zu Art. 11.

Ähnlich wie bei den Gemeinden Krumbach und Hürben gelten für den Sitz des Notariats Lauf die Gemeinden Lauf und Heuchling als ein Ort. V.O. vom 26. März 1903 (s. oben Ziff. 3 Art. 6 des Nachtr.).

Zu Art. 12.

Wie das Notariat mit der Rechtsanwaltschaft unvereinbar ist, so schließt auch der Dienst eines Notariatsgehilfen die Tätigkeit eines gewerblichen Parteivertreters aus. Aut. Entschl. vom 30. November 1903 Nr. 45126 den Vollzug des § 157 Abs. 4 Z.P.O., hier die Zulassung von Notariatsgehilfen als Prozeßvertreter betr. (Gen. S. 91).

Zu Art. 13.

1. Aushändigung von an Verstorbene gerichteten Postsendungen an den Testamentsvollstrecker, § 37 XII PostO. f. Bayern vom 27. März 1900 in der Fassung der Bekanntm. vom 27. Juni 1906 (G.V.Bl. S. 213).

2. Haftung der Testamentsvollstrecker für die Reichserbschaftssteuer s. § 32 Reichserbschaftssteuergesetz vom 3. Juni 1906 (R.G.Bl. S. 654);

Anzeigepflicht der Testamentsvollstrecker bezüglich der Reichserbschaftssteuer s. §§ 36. 37. 38 des erwähnten Gesetzes).

3. Bezüglich Bestellung eines Notars zum amtlichen Verlassenschaftskommissär vgl. jetzt auch die §§ 260 u. 261 der Not.Gesch.O. n. F.

Zu Art. 16.

1. Aut. Entschl. vom 28. Januar 1902 Nr. 2833 (Gen. S. 62): bei offenbarer betrüglicher Benachteiligungsabsicht ist der Notar zur Verweigerung der Amtsausübung verpflichtet; die bloße Feststellung der Belehrung der Beteiligten über Anfechtbarkeit des Rechtsgeschäfts in der Urkunde genügt nicht.

2. Die gleiche Ablehnungspflicht besteht bei Scheingeschäften mit sog. Strohmännern. Urt. d. Oberst. L.G. als Disziplinarhof vom 22. März 1905 (Sammlung Bd. 6 S. 768).

3 Ablehnung der Unterschriftsbeglaubigung bei Mangel der Persönlichkeitsfeststellung, § 206 Not.Gesch.O., bei anrüchigen Geschäften, § 209 a. a. O., Ablehnung der Inverwahrungnahme eigenhändiger Testamente bei mangelhafter Persönlichkeitsfeststellung, § 238.

Zu Art. 19.

1. Bezüglich Abhaltung von Amtstagen s. die Anmerkungen zu § 21 Gesch.O.

2. Für die Zuziehung von Gehilfen zum Niederschreiben der Urkunden bei auswärtigen Dienstgeschäften dürfen keine Gebühren oder Auslagen mehr verrechnet werden, Art. 84 Abs. 2 Not.Geb.O. in der Fassung der V.O. vom 4. Juli 1903. Das gilt auch für die Zuziehung von Gerichtsschreibereibediensteten als Protokollführer bei den ständig auf Rechnung des Staates geführten Notariaten. Die Tagegelder und Reisekosten dieser Protokollführer fallen der Staatskasse zur Last, Bekanntm. vom 21. Januar 1901 (J.M.Bl. S. 206).

Über Gewährung eines Tagegeldes an die Gehilfen bei Zuziehung zu auswärtigen Amtsgeschäften und Bestreitung deren Reisekosten seitens des Notars vgl. § 7b der Bekanntm. vom 1. Mai 1901 in der Fassung der Bekanntm. vom 9. August 1906 (J.M.Bl. 1906 S. 220).

5. Bezüglich Entfernungsgebühren und Reisekosten der Verweser von auf Rechnung des Staates geführten Notariaten vgl. die Bekanntm. vom 5. Januar 1901 das Rechnungsschema für die XXV. Finanzperiode 1900/1901 betr. (J.M.Bl. S. 173).

6. Über Verrechnung der Entfernungsgebühren und Reisekosten im Gebührenregister bei den auf Rechnung der Staatskasse geführten Notariaten siehe die Bekanntm. vom 19. Januar 1900, die Führung von Notariaten auf Rechnung des Staates, hier die Verrechnung der Staatsgebühren betr. (J.M.Bl. S. 89).

7. Bei Benützung eines eigenen Kraftfahrzeuges (Automobil oder Motorfahrrad) können in Anwendung des Artikel 90 Not.Geb.O. die Kosten angerechnet werden, die im Fall der Benutzung eines gemieteten Pferdefuhrwerks entstanden sein würden, aut. Entschließung vom 5. Juni 1905 Nr. 17034 (Gen. S. 106).

Eine Befreiung von der Reichsstempelabgabe für die Ingebrauchnahme von Kraftfahrzeugen würde dann eintreten, wenn der Notar das Kraftfahrzeug ausschließlich zu dienstlichen Zwecken benützt. Nr. 8 des Tarifs zum Reichsstempelgesetz vom 3. Juni 1906 (R.G.Bl. S. 66).

Zu Art. 20.

Für die rechtskundigen Notariatsgehilfen gilt nun auf Grund Allerh. Signats vom 30. April 1901 die Bezeichnung „Notariatspraktikanten", und für die nichtrechtskundigen ständigen Schreibgehilfen die Bezeichnung „Notariatsgehilfen". Zu den Notariatsgehilfen im weiteren Sinn gehören noch die unständigen Schreibkräfte und die Inzipienten. Über die Verhältnisse des Kanzleipersonals siehe des Näheren die Anm. zu Artikel 129.

Zu Art. 21.

1. Bezüglich Wahrung des Amtsgeheimnisses durch das Personal sind die Gehilfen bei ihrer Aufnahme durch Handgelübde an Eidesstatt zur gewissenhaften Bewahrung des Amtsgeheimnisses zu verpflichten (§ 9 der Bekanntm. vom 1. Mai 1901); ebenso ist den Inzipienten bei ihrer Aufnahme strenge Verschwiegenheit einzuschärfen (§ 24 a. a. O.).

Auf Verletzung des Dienstgeheimnisses seitens der Gehilfen steht die Strafe der Dienstentlassung (§ 12 a. a. O.).

2. Wegen Vorladung und Vernehmung des Personals als Zeuge und Sachverständige siehe die Bekanntm. vom 27. März 1902 (J.M.Bl. S. 549).

3. Wahrung des Testamentsgeheimnisses bei den Lebensnachforschungen, § 242 Gesch.O.

Zu Art. 22.

1. Aut. Entschließung vom 27. August 1901 Nr. 22 986, den Vollzug der §§ 37. 54 der Geschäftsordnung für die Notariate betr. (Gen. S. 55):

Im Fall ein Erblasser mit der Zahlung der Testamentserrichtungsgebühr im Rückstand bleibt, kann dem Rentamt bei der Überweisung der Gebühr zur zwangsweisen Beitreibung der Name des gebührenpflichtigen Erblassers und alles, was sonst zur Beitreibung selber nötig ist, aus dem Testamentsregister mitgeteilt werden.

2. Aut. Entschließung vom 21. Juli 1903 Nr. 28 625, die Einsicht der Finanzbehörden in die notariellen Urkunden betr. (Gen. S. 90):

Testamente und Erbverträge können vor ihrer Verkündung seitens der Finanzbehörden auch dann nicht eingesehen werden, wenn die Urkunden sich offen in der allgemeinen Urkundensammlung befinden.

Dagegen steht den Finanzbehörden die Einsicht in solche offen hinterlegte Urkunden zu, die außer erbvertraglichen Bestimmungen auch andere Rechtsgeschäfte, z. B. Eheverträge oder Gutsübergaben enthalten.

3. Wegen Einsichtnahme der Nachlaßverhandlungen bezüglich der Reichserbschaftssteuer seitens der Erbschaftssteuerämter siehe § 41 Reichserbschaftssteuergesetz. § 12 Vollzugsbekanntm. vom 10. August 1906 (G.V.Bl. S. 506).

Wegen Mitteilung der eröffneten Verfügungen von Todes wegen und wegen Erteilung von Abschriften der Schenkungsverträge an die Erbschaftssteuerämter siehe § 40 des Reichserbschaftssteuergesetzes mit §§ 6. 37 der Ausf.Bestimmungen des Bundesrats vom 3. Juni 1906 (G.V.Bl. 235) §§ 6. 20 Ob. Vollzugsbekanntm. vom 10. August 1906.

Zu Art. 23.

Bei der jährlichen Berichterstattung über den Abschluß des Geschäftsregisters kommt gemäß der Bekanntm. vom 28. April 1901 die Vereinfachung des dienstlichen Verkehrs betr. § 3 (J.M.Bl. S. 363) ebenfalls die Unterwürfigkeitsformel in Wegfall und sind Höflichkeitsausdrücke zu vermeiden.

Zu Art. 25.

1. Über das Protokoll bei Aufnahme von Nachlaßverzeichnissen und Errichtung von Nachlaßinventaren siehe § 274 Gesch.O. mit §§ 15, 96 der Nachl.O. vom 20. März 1903.

2. Bezüglich der unterschiedlichen Handhabung von Siegel und Stempel vgl. die Bekanntm. vom 2. Oktober 1902, das Verfahren bei der Anlegung gerichtlicher Siegel betr. (J.M.Bl. S. 962) und § 25 der Dienstanweisung für die Grundbuchämter r. d. Rh.

Zu Art. 28.

Wegen der Ablehnungspflicht des Notars siehe auch den Nachtrag zu Artikel 16.

Zu Art. 30.

Bezüglich der Einsicht des Grund- und Hypothekenbuchs sind folgende Erlasse ergangen:

1. Aut. Entschließung vom 12. Oktober 1900 Nr. 37679 die Bucheinsicht vor Ehevertragbeurkundung betr. (Gen. S. 17):

Bei Beurkundung eines Ehevertrags, durch den lediglich die allgemeine Gütergemeinschaft eingeführt wird, bedarf es der Einsicht des Hypothekenbuchs nicht.

2. Bekanntm. vom 22. Februar 1901 den Verkehr der Notariate mit den Hypothekenämtern, hier die Erholung von Aufschlüssen über den Inhalt des Hypothekenbuchs betr. (J.M.Bl. S. 265):

Die Bekanntmachung spricht insbesondere den amtlichen Charakter der Aufschlußerholung und Aufschlußerteilung und deren Gebühren- und Portofreiheit aus.

3. Aut. Entschließung vom 20. April 1901 Nr. 17353, den Vollzug des Artikel 30 N.G. betr. (Gen. S. 44):

In der Entschließung werden die Voraussetzungen der telegraphischen und telephonischen Auskunft erörtert.

4. Entschließung vom 8. Juli 1903 (Gen. S. 99) über Vorbereitung der Amtstage durch vorherige Einsicht des Hypothekenbuchs.

5. Über Einsicht des Grundbuchs insbesondere vgl. §§ 538. 554ff. der Dienstanweisung für die Grundbuchämter r. d. Rh.

6. Wegen Beschwerdeberechtigung des Notars bei Verweigerung der Gestattung der Hypothekenbuchseinsicht siehe Beschluß des Oberst. L.G. vom 26. März 1903 (Sammlung Bd. 4 S. 215).

Zu Art. 31.

Die Anmerkungen zu Artikel 31 sind dahin zu berichtigen, daß die in Artikel 31 für entsprechend anwendbar erklärten Vorschriften keine Mußvorschriften im eigentlichen Sinne sind und daß daher ihre Verletzung auf die Gültigkeit der Beurkundung ohne Einfluß ist. § 200 Abs. 2 G.F.G.

Zu Art. 32.

Bei der Beurkundung von Beschlüssen der Generalversammlung einer Aktiengesellschaft handelt es sich nicht um die Beurkundung eines Rechtsgeschäfts, sondern lediglich um die Beurkundung eines tatsächlichen Vorgangs. Der Notar stellt nicht den Inhalt der Erklärungen der Beteiligten nach vorheriger Verhandlung mit diesen zu Protokoll fest, sondern beurkundet nur den tatsächlichen Vorgang der sich vor ihm abspielt. Oberst. G.H., im Beschl. vom 29. Oktober 1902 (Sammlung Bd. 3 S. 891).

Zu Art. 35.

Bezüglich Beglaubigung von Unterschriften und Handzeichen von Personen mit körperlichen Fehlern oder von Analphabeten siehe § 207 Gesch.O.; hiernach finden die besonderen Vorschriften, welche für den Fall der Beurkundung von solchen Personen gelten, auf die Beglaubigungen keine Anwendung.

Zu Art. 36.

Über die Schreibweise in den Urkunden siehe die Bekanntm. vom 30. Dezember 1902, einheitliche Gestaltung der deutschen Rechtschreibung betr. (J.M.Bl. S. 1109).

Zu Art. 38.

1. Über die Hinausgabe der Urschriften aufgehobener Erbverträge an die Beteiligten ist die Bekanntm. vom 31. Januar 1901 (J.M.Bl. S. 209) ergangen.

Die hierin zugelassene Hinausgabe von Vorschriften bezieht sich aber nur auf die reinen Erbverträge; anders ist es bei Ehe- und Erbverträgen. Ein Erbvertrag, der mit einem Ehevertrag in einer und derselben Urkunde verbunden ist, darf den Beteiligten, wenn er später seinem ganzen Umfang nach aufgehoben wird, selbst dann nicht in Urschrift hinausgegeben werden, wenn gleichzeitig auch der Ehevertrag aufgehoben wird, aut. Entschl. vom 8. März 1902 Nr. 10907 (Gen. S. 64).

2. Wegen Übersendung eröffneter Verfügungen von Todes wegen an die Erbschaftssteuerämter siehe § 4 der Ausführungsbestimmungen des Bundesrats zum Reichserbschaftssteuergesetz (G.V.Bl. 1906 S. 235; § 6 der Vollzugsbekanntmachung (a. a. O. S. 509).

3. Über Vorlegung von Urschriften an das Grundbuchamt zur Verwahrung siehe § 567 D.A. f. d. Grundb.Ä. r. d. Rh.

4. Verwahrung der Zwischenverfügungen und ablehnenden Beschlüsse des Grundbuchamts, § 573 a. a. O.

Zu Art. 43.

Vermerk der Erteilung der für die Erbschaftssteuerämter bestimmten Abschrift einer Schenkungsurkunde auf der Urschrift, § 31 der Ausf.Bestimmungen des Bundesrats zum Reichserbschaftssteuergesetz; siehe Nachtr. zu Art. 38.

Zu Art. 45.

1. Zur Erteilung der vollstreckbaren Ausfertigung der notariellen Urkunde über eine Schuld, die bei nicht rechtzeitiger Zinszahlung kündbar ist, genügt der Nachweis der ordnungsmäßigen Kündigung; ein Nachweis der nicht rechtzeitigen Zinszahlung ist nicht notwendig, Oberst. G.H., Urt. vom 25. Februar 1902 (Sammlung Bd. 3 S. 174).

2. Der Nachweis der erfolgten Kündigung wird nur durch die Vorlage der öffentlich — also durch den Notar — beurkundeten oder beglaubigten Kündigungserklärung geführt.

Eine die Kündigung erklärende Privaturkunde wird durch ihre Zustellung durch einen Gerichtsvollzieher nicht zu einer öffentlich beglaubigten Urkunde im Sinn des § 726 Z.P.O. Willenserklärungen zu beurkunden, ist der Gerichtsvollzieher nicht zuständig, er kann sie nur zustellen, Oberst. G.H., Beschl. vom 11. Juli 1906 (Sammlung Bd. 6 S. 457).

Zu Art. 48.

1. Die Not.Geb.O. vom 28. Dezember 1899 hat durch die V.O. vom 4. Juli 1903 die Revision der Notariatsgebührenordnung betr. (G.V.Bl. S. 381; J.M.Bl. S. 333) Abänderung erfahren. Die Abänderung erstreckt sich auf die Artikel 25, 27, 40, 41, 49, 55, 56, 57, 58.

Im Namen Seiner Majestät des Königs.

Luitpold,

von Gottes Gnaden Königlicher Prinz von Bayern,

Regent.

Wir finden Uns bewogen, auf Grund des Artikel 5 des Gebührengesetzes zu verordnen, was folgt:

I. An die Stelle der Artikel 25, 27, 40, 41, 49, 55, 56, 57, 58 der Notariatsgebührenordnung vom 28. Dezember 1899 treten folgende Vorschriften:

Artikel 25.

Für die Beurkundung von Eheverträgen wird die Hälfte der Wertgebühr nach dem Reinwerte des Gegenstandes erhoben, über den verfügt wird, jedoch nicht mehr als 40 Mark und nicht weniger als 4 Mark. Die Vermögensangabe kann unterbleiben, wenn die Beteiligten die Höchstgebühr entrichten.

Zuwendungen von beweglichem Vermögen, die in Eheverträgen einem der Vertragsteile von seinen Eltern oder Stiefeltern gemacht werden, sind nicht als selbständige Rechtsgeschäfte zu betrachten.

Artikel 27.

Für die Beurkundung von Testamenten und Erbverträgen wird die Hälfte der Wertgebühr nach dem Reinwerte des Gegenstandes erhoben, über den verfügt ist, jedoch nicht mehr als 50 Mark und nicht weniger als 5 Mark. Die Wertangabe kann unterbleiben, wenn die Beteiligten die Höchstgebühr entrichten.

Die Gebühr des Abs. 1 wird auch dann erhoben, wenn ein Testament nach dem § 2238 des Bürgerlichen Gesetzbuchs durch Übergabe einer Schrift errichtet wird, jedoch nicht dann, wenn ein nach dem § 2231 Nr. 2 des Bürgerlichen Gesetzbuchs schon errichtetes Testament lediglich zur Übernahme in die amtliche Verwahrung übergeben wird.

Ist ein Ehevertrag mit einem Erbvertrage verbunden, so wird nur eine Gebühr, und zwar die höhere, erhoben.

Artikel 27a.

Für die Beurkundung eines Vertrags zwischen Verwandten oder Ehegatten, durch den lediglich auf das gesetzliche Erbrecht verzichtet wird (Erbverzicht), wird die Zeitgebühr, jedoch nicht weniger als 5 Mark, nicht mehr als 50 Mark erhoben.

Artikel 40.

Für die Beurkundung des Hergangs bei Verlosungen und Auslosungen wird die Wertgebühr nach dem Gesamtwerte der verlosten oder ausgelosten Gegenstände, jedoch nicht mehr als 300 Mark erhoben.

Werden Serien und Nummern in getrennten Verhandlungen gezogen, so steht, wenn beide Verhandlungen von demselben Notariate beurkundet werden, für die erste Beurkundung die Wertgebühr nach Abs. 1, für die zweite die Zeitgebühr zu.

Artikel 41.

Für die Aufnahme des Protokolls über die Sitzungen der Generalversammlungen oder der Aufsichtsräte von Aktiengesellschaften oder Kommanditgesellschaften auf Aktien, sowie für die Aufnahme des Protokolls über die Sitzungen der Mitgliederversammlungen sonstiger Gesellschaften und Vereinigungen oder ihrer Organe werden Gebühren nach den Vorschriften der Artikel 41a und 41b erhoben.

Artikel 41a.

Betrifft die Beratung und die Beschlußfassung die Verteilung des Geschäftsgewinnes oder die Verteilung von Gesellschaftsvermögen, so wird nach dem Betrage der zur Verteilung gelangenden Werte, betrifft die Beratung und die Beschlußfassung die Erhöhung oder die Herabsetzung des Grund- oder Aktienkapitals, so wird nach dem Betrage der beschlossenen Erhöhung oder Herabsetzung die Wertgebühr, jedoch nicht mehr als 300 Mark und nicht weniger als 24 Mark erhoben.

Artikel 41b.

Betrifft die Beratung und Beschlußfassung Satzungsänderungen, Wahl von Gesellschaftsorganen, Abhör und Genehmigung von Rechnungen, Aufstellung von Voranschlägen oder sonstige im Artikel 41a nicht erwähnte Gegenstände, so beträgt die Gebühr 24 Mark.

Treffen Gegenstände, die unter die Vorschrift des Abs. 1 fallen, in derselben Sitzung mit solchen Gegenständen zusammen, welche die Erhebung der Gebühr des Artikel 41a rechtfertigen, so wird nur die letztere Gebühr erhoben.

Artikel 49.

Wird der Antrag auf Vermittelung zurückgenommen oder endigt das Verfahren, weil ein Beteiligter im Termine der Vermittelung widerspricht, so wird ein Drittel, wenn aber der Notar bereits den Verteilungsplan aufgestellt hatte, die Hälfte der im Artikel 47 bestimmten Gebühr erhoben. Das gleiche gilt, wenn das Verfahren für beruhend erklärt wird, weil im Termine kein Beteiligter erschienen und das Verfahren seitdem mehr als sechs Monate lang nicht betrieben worden ist.

Wird innerhalb eines Monats nach der Zurücknahme des Antrags auf Vermittelung oder der Erledigung des Verfahrens durch Widerspruch eines Beteiligten im Termine von den sämtlichen Beteiligten zu Urkunde desjenigen Notariats, bei dem die Vermittelung anhängig war, eine freiwillige Vereinbarung über die Auseinandersetzung geschlossen, so ist die im Abs. 1 bestimmte Gebühr auf die Gebühr für die Beurkundung der Vereinbarung anzurechnen.

Artikel 55.

Für die Übernahme eines Testaments in die besondere amtliche Verwahrung wird eine Gebühr von 5 Mark erhoben.

Die Gebühr umfaßt die Vergütung für die Übernahme, für deren Beurkundung, für die Erteilung der Hinterlegungsscheine und für die Verwahrung selbst.

Die Übernahme der von dem Notar selbst beurkundeten und im Anschlusse daran in die besondere amtliche Verwahrung übernommenen Testamente und Erbverträge erfolgt gebührenfrei. Ebenso die neuerliche Übernahme solcher gemeinschaftlicher Testamente und gegenseitiger Erbverträge, die nach dem Tode des einen Erblassers zum Zwecke der Eröffnung aus der besonderen amtlichen Verwahrung des Notariats genommen worden sind und nach der Eröffnung gemäß den §§ 2273, 2300 des Bürgerlichen Gesetzbuchs wieder dorthin zurückgebracht werden. Das gleiche gilt von der Übernahme und der neuerlichen Übernahme solcher eigenhändig errichteten Testamente, die von dem Notar gegen Entrichtung der in den Artikeln 27, 72 bestimmten Gebühr entworfen sind und alsbald demselben Notar in die besondere amtliche Verwahrung übergeben werden.

Die Übernahme der nach § 41 Abs. 2 der Nachlaßordnung eingehenden Mitteilungen erfolgt stets gebührenfrei.

Artikel 56.

Für die Zurückgabe eines in die besondere amtliche Verwahrung übernommenen Testaments und deren Beurkundung kommt dem Notar eine Gebühr von 3,50 Mark zu.

Für die Übersendung eines bei ihm errichteten oder verwahrten Testaments an eine andere Verwahrungsbehörde zum Zwecke der Übernahme in die besondere amtliche Verwahrung erhält der Notar eine Gebühr von 1 Mark.

Artikel 57.

Für die nach dem Tode des Erblassers erfolgende Ablieferung der Verfügungen von Todes wegen an das Nachlaßgericht erhält der Notar keine Gebühr. Auch hat er keinen Anspruch auf Schreibgebühren für die etwa zurückzubehaltende beglaubigte Abschrift und auf Ersatz der bei der Versendung erwachsenden Auslagen.

Artikel 58.

Für die Eröffnung eines Testaments oder Erbvertrags erhält der Notar eine Gebühr von 3,50 Mark

Die Gebühr umfaßt die Vergütung für die Vorbereitung und die Anberaumung des Termins, die Ladungen, die Eröffnungsverhandlung und das darüber aufgenommene Protokoll.

Sind gleichzeitig mehrere Verfügungen desselben Erblassers von demselben Notar zu eröffnen, so steht die Gebühr nur einmal zu.

Für die Abgabe der Akten an das Nachlaßgericht erhält der Notar keine Gebühr; für die etwa erforderliche Zurückbehaltung einer Abschrift der Verfügung von Todes wegen erhält er die Schreibgebühr.

II. Dem Artikel 84 der Notariatsgebührenordnung wird folgender Absatz beigefügt:

„Für die Zuziehung von Gehilfen zum Niederschreiben der Urkunden dürfen Gebühren oder Auslagen nicht verrechnet werden."

III. Dem Artikel 100 wird folgender Absatz beigefügt:

„Beträgt die hinterlegte Summe mehr als 400,000 Mark, so ist für den Mehrbetrag nur ein Zehntel vom Tausend zu entrichten."

IV. Dem Artikel 104 wird folgender Satz beigesetzt:

„Werden auf Wunsch der Beteiligten die Staatsgebühren und die gemeindlichen Besitzveränderungsabgaben vom Notar vorgeschossen, so haben die Beteiligten dafür eine Gebühr von einem Prozent der vorgeschossenen Summe zu entrichten; sonstige Vergütung oder Verzinsung der vorgeschossenen Summen darf nicht beansprucht werden."

V. Der Artikel 110 soll lauten:

„Das Staatsministerium der Justiz ist mit der Ausführung dieser Verordnung beauftragt. Es ist ermächtigt, deren Vorschriften im Falle des Bedürfnisses durch Bestimmungen nicht grundsätzlicher Art zu ändern und zu ergänzen."

VI. Gegenwärtige Verordnung tritt am 1. Oktober 1903 in Kraft. Die Verordnung vom 28. Juli 1900 über die Gebühren der Notare in Grundbuchsachen bleibt unverändert.

München, den 4. Juli 1903.

Luitpold,
Prinz von Bayern,
des Königreichs Bayern Verweser.

v. Miltner.

Auf Allerhöchsten Befehl:
Der General-Sekretär
Statt dessen:
Ministerialrat Pohl

2. Die V.O. vom 28. Juli 1900 die Gebühren der Notare in Grundbuchsachen betr. ist durch die V.O. vom 25. Februar 1905 gleichen Betreffs (G.V.Bl. S. 59; J.M.Bl. S. 561) abgeändert worden. Die Abänderung bezieht sich auf die Artikel 10 u. 11.

Im Namen Seiner Majestät des Königs.

Luitpold,
von Gottes Gnaden Königlicher Prinz von Bayern,
Regent.

Wir finden Uns bewogen, die Verordnung vom 28. Juli 1900, die Gebühren der Notare in Grundbuchsachen betreffend (Gesetz- und Verordnungsblatt S. 741), folgendermaßen zu ändern:

1. An die Stelle des Artikels 10 Abs. 1 treten folgende Vorschriften:

Für Auszüge und Abschriften, die dem Grundbuchamte zur Verwahrung bei den Grundbuchanlagen vorzulegen sind, erhält der Notar eine Schreibgebühr von 0,10 Mark für die Seite. Beträgt die Gegenstandssumme des Geschäfts, zu dessen Vollzuge die Vorlegung erfolgt, nicht mehr als 200 Mark oder ist für das Geschäft dem Notar eine feste Gebühr oder nach Artikel 20 der Notariatsgebührenordnung die Zeitgebühr zu entrichten, so erhält der Notar für den Auszug oder die Abschrift keine Gebühr.

2. Der Artikel 11 Abs. 1 erhält folgenden Zusatz:

Er erhält ferner keine Gebühr für die Einlegung der Beschwerde oder der weiteren Beschwerde in Grundbuchsachen, wenn er den Eintragungsantrag gestellt oder die ihn enthaltende Urkunde vorgelegt hat.

Diese Verordnung tritt im ganzen Königreich an dem Tage in Kraft, an dem für einen Bezirk der Landesteile rechts des Rheins das Grundbuch als angelegt anzusehen ist.

München, den 25. Februar 1905.

Luitpold,
Prinz von Bayern,
des Königreichs Bayern Verweser.

v. Miltner.

Auf Allerhöchsten Befehl:
Der General-Sekretär:
Ministerialrat Dr. v. Henle.

3. Zur Natur der Notariatsgebühren heißt es in dem Urteil des Obersten Landesgerichts vom 4. April 1906 (Sammlung Bd. 6 S. 767), daß die Gebühren, die der Notar bezieht, die Stelle des Gehalts vertreten, den der Staatsbeamte bezieht; sie bilden die Vergütung, die das Gesetz dem Notar dafür zu erheben gestattet, daß er eine Tätigkeit ausübt, die im öffentlichen Rechte wurzelt und die er unter dem Schutze und der Leitung des Staates ausübt, um Aufgaben der Rechtspflege zu erfüllen.

4. Bezüglich der jährlichen Statistik über den Anfall an Gebühreneinnahmen und über die Ausgaben siehe die aut. Entschl. vom 15. Januar 1901 Nr. 2574 die Erträgnisse der Notariate betr. (Gen. S. 29).

5. Soweit für die Benützung des Telephons vom Notar eine Jahrespauschalgebühr entrichtet wird, können den Beteiligten für Gespräche keine Gebühren aufgerechnet werden, aut. Entschl. vom 9. Juni 1903 Nr. 23351 (Gen. S. 86).

6. Keine Verrechnung von Gebühren und Auslagen für die Zuziehung von Gehilfen zum Niederschreiben der Urkunden bei auswärtigen Amtsgeschäften. Art. 84 Abs. 2 Not.Geb.O. n. F. s. Nachtr. zu Art 20.

7. Erhebung der bei Eröffnung von Verfügungen von Todes wegen anfallenden Notariatsgebühren ist Sache des Notars selbst. Bekanntm. vom 16. Dezember 1900 (J.M.Bl. S. 1256), Bekanntm. vom 11. März 1903 (J.M.Bl. S. 247); siehe auch Nachtr. zu Art. 1.

8. Bezüglich Kosten der Rechtshilfe siehe die Bekanntm. vom 15. Mai 1903 die Kosten der Rechtshilfe in der freiwilligen Gerichtsbarkeit im Verkehr mit Baden betr. (J.M.Bl. S. 291) und die jetzt allgemein geltende Bekanntm. vom 10. November 1904, die Kosten der Rechtshilfe unter den Behörden verschiedener Bundesstaaten betr. (J.M.Bl. S. 267).

Zu Art. 49.

1. Schuldner der Notariatsgebühren ist derjenige, der die Tätigkeit des Notars in Anspruch nimmt, ohne Rücksicht darauf, ob ihm gegenüber auf Grund anderweitiger Vereinbarung ein anderer zur Entrichtung der Gebühren verpflichtet ist, Oberst. L.G., Beschl. vom 9. Juli 1901 (Sammlung Bd. 2 S. 519).

2. Bezüglich des Schuldners bei Hypotheklöschungsbewilligungen s. Oberst. L.G., Beschl. vom 25. Februar 1903 (a. a. O. Bd. 4 S. 182), bei öffentlicher Versteigerung von Grundstücken, Oberst. L.G., Beschl. vom 16. Februar 1904 (a. a. O. Bd. 5 S. 72).

3. Haftung Mehrerer, die die Tätigkeit des Notars in Anspruch genommen haben, als Gesamtschuldner, gl. G.H., Beschluß vom 1. Februar 1904 (a. a. O. S. 54).

3. Für die Gebühren und Auslagen des Notars haftet im allgemeinen nur die Partei selbst, nicht auch ihr Bevollmächtigter; letzterer nur dann, wenn er die eigene Haftung für die Gebühren und Auslagen übernommen hat, gl. G.H., Beschl. vom 25. November 1901 (a. a. O. Bd. 2 S. 729).

4. Haftung der Erben für die Kosten der Testamentseröffnung, gl. G.H., Beschl. vom 29. Oktober 1901 (a. a. O. S. 666).

5. Bei Erledigung von Geschäften seitens des Amtsnachfolgers ist der Amtsvorgänger nicht für die Gebühren und Auslagen verhaftet. Oberst. G.H., Urt. vom 4. April 1905 (Sammlung Bd. 6 S. 767).

6. Bezüglich Vorschußgebühr siehe jetzt Art. 84 Abs. 2 Not.Geb.O. n. F.

Zu Art. 50.

1. Umfang des Festsetzungsverfahrens: bei diesem Verfahren handelt es sich der Hauptsache nach nur um die ziffernmäßige Festsetzung der Gebühren und Auslagen; über privatrechtliche Einwendungen des Gebührenschuldners gegen den Notar kann dabei nicht befunden werden, Oberst. L.G., Beschl. vom 3. Juli 1900 (Sammlung Bd. 1 S. 360);

vgl. hiezu auch Beschluß des gleichen Gerichtshofs vom 5. Februar 1902 (Sammlung Bd. 3 S. 113), vom 23. November 1903 (Sammlung Bd. 4 S. 828).

Die Geltendmachung von Nebenansprüchen (Zinsen ꝛc.) ist im Festsetzungsverfahren ausgeschlossen, Beschluß des gleichen Gerichtshofs vom 7. Februar 1906 (Sammlung Bd. 7 S. 61).

2. Das Festsetzungsverfahren kann sich nur gegen denjenigen richten, der auf Grund der nach Artikel 49 N.G. bestehenden öffentlich rechtlichen Verbindlichkeit zur Tragung der Gebühren und Auslagen verpflichtet ist, wobei anderweitige privatrechtliche Vereinbarungen unter den Beteiligten nicht in Betracht kommen; siehe die bei Artikel 49 des Nachtrags angeführten Oberstrichterlichen Beschlüsse vom 1. Februar 1904 und 16. Februar 1904.

3. Folge des Festsetzungsverfahrens ist Unterbrechung der Verjährung, Oberst. G.H., Beschl. vom 7. Februar 1906 (siehe oben Ziff. 1).

Zu Art. 54.

1. Bezüglich der rechnerischen Behandlung der in Armensachen gewährten Vergütungen der Tagegelder und Reisekosten siehe die Bekanntm. vom 21. Januar 1901 (J.M.Bl. S. 207, F.M.Bl. S. 213).

2. Bezüglich Ersatz der Auslagen bei Testamentseröffnungen siehe die aut. Entschl. vom 10. März 1901 Nr. 8987 die Auslagen der Notare betr. (Gen. S. 38).

3. Bezüglich Ersatz der Portoauslagen für Zustellungen von Amts wegen in Nachlaßsachen sowie in Subhastationssachen siehe die aut. Entschl. vom 27. April 1901 Nr. 6743 die Portoauslagen der Notare betr. (Gen. S. 47).

Zu Art. 55.

1. Wegen der Hinterlegungsgebühr steht das Zurückbehaltungsrecht auch bezüglich der hinterlegten Sachen zu, § 12 V.O. vom 12. Dezember 1899 die Erhebung von Hinterlegungsgebühren betr. (G.V.Bl. S. 1235).

2. Der Notar ist bis zur Entrichtung der Gebühren auch zur Verweigerung der Einsicht in die Urkunden berechtigt, L.G. München I vom 18. November 1901 (Bayer. Not.Z. 3. J. S. 53).

3. Ein Zurückbehaltungsrecht an den Akten bei der Testamentseröffnung besteht seitens des Notars zur Sicherung seiner Gebühren und Auslagen nicht, Aut. Entschl. vom 27. Juni 1902 Nr. 15417 (Bayer. Not.Z. 3. J. S. 135).

4. Daß die nach Artikel 12 Abs. 3 N.G. von 1861 zu bewirkende Vorlegung von Urkunden keine „Vorlage für die Beteiligten" im Sinne des Artikel 288 GebG. ist, sondern vielmehr von Amts wegen erfolgt und deshalb nicht unter Artikel 55 N.G. fällt, wurde auch in der aut. Entschl. vom 21. April 1903 Nr. 16647 die Vorlage der Urkunden an das Hypothekenamt betr. (Gen. S. 85) ausgesprochen; siehe auch § 290 Gesch.O.

5. Über die Anwendbarkeit des Artikel 289 GebG. vgl. auch die Bekanntm. vom 22. Februar 1905 die Gebühren in Grundbuchsachen betr. (J.M.Bl. S. 592, F.M.Bl. S. 93).

6. Bezüglich Vorlegung der Urkunden an das Grundbuchamt ist jetzt die Dienstanweisung für die Gebührenämter r. d. Rh. (§§ 559 ff.) maßgebend.

Zu Art. 57.

1. Die Entscheidungen nach Artikel 57 ff. erfolgen kostenfrei, Oberst. G.H., Beschl. vom 5. August 1901 (Sammlung Bd. 2 S. 547).

2. Vernehmung aller Beteiligten und Beschwerderecht derselben im Verfahren nach Art. 57, Oberst. G.H., Beschl. vom 20. März 1906 (Sammlung Bd. 7 S. 157).

Zu Art. 60.

Die Beschwerde gegen die Festsetzung von Gebühren und Auslagen ist binnen einer Frist von zwei Wochen einzulegen; die Frist beginnt mit dem Zeitpunkt, in welchem die beschwerende Entscheidung dem Beschwerdeführer zugestellt ist, Oberst. L.G., Beschl. vom 14. September 1901 (Sammlung Bd. 2 S. 585).

Zu Art. 62.

Artikel 62 ist eine Sonderbestimmung und stellt deshalb eine Ausnahme von der Vorschrift des Artikel 131 b.A.G. B.G.B. dar; siehe den bei Artikel 57 des Nachtrags angeführten Beschl. vom 5. August 1901.

Zu Art. 63.

1. Die Bekanntm. vom 11. Juli 1900 die Handhabung der Dienstaufsicht über die Gerichte und Notare durch die äußeren Dienstaufsichtsbehörden ist bezüglich der §§ 7—19 durch die Bekanntm. vom 19. Juli 1905 gl. Betreffs (J.M.Bl. S. 783) abgeändert worden.

Königliches Staatsministerium der Justiz.

An die Stelle der §§ 7 bis 19 der Bekanntmachung vom 11. Juli 1900 (J.M.Bl. S. 997) treten folgende Vorschriften:

§ 7.

Alsbald nach dem Antritte des Amtes hat der Präsident des Landgerichts die Amtsgerichte und die Notariate des Landgerichtsbezirks zu besuchen und sich dabei die für den Dienst nötige Kenntnis der Verhältnisse und einen Überblick über den allgemeinen Stand der Geschäfte zu verschaffen.

Außerdem steht es ihm frei, Gerichte und Notariate des Bezirks zu besuchen, so oft er aus irgend einem Grunde persönlichen Einblick in die Führung auch nur eines Teiles der Geschäfte für nötig oder persönliches Eingreifen zur Ordnung und Erledigung einer Angelegenheit oder zur Feststellung eines Vorkommnisses für zweckmäßig hält.

Über diese Besuche (informatorische Besichtigungen) haben die Landgerichtspräsidenten Berichte nicht zu erstatten, sofern nicht eine dabei gemachte Wahrnehmung wegen ihrer besonderen Wichtigkeit zur Kenntnis höherer Dienstaufsichtsstellen gebracht werden muß oder das Einschreiten einer solchen Stelle notwendig erscheinen läßt.

§ 8.

Innerhalb der Qualifikationsperiode hat der Landgerichtspräsident bei jedem Amtsgericht und bei jedem Notariate des Bezirks einmal eine eingehende Prüfung der Geschäfte vorzunehmen (ordentliche Visitation).

Außerdem kann er, wenn ein besonderer Grund dazu vorliegt, jederzeit bei einzelnen Amtsgerichten und Notariaten eine außerordentliche Visitation vornehmen. Diese kann auf die Prüfung einzelner Geschäftszweige beschränkt werden.

§ 9.

Bei der Visitation ist genau zu erforschen, ob in allen Geschäftszweigen gesetzmäßig verfahren wird und ob die zur Wahrnehmung der Geschäfte getroffenen Einrichtungen ihrem Zwecke entsprechen. Zugleich soll sich der Präsident dabei nach Möglichkeit Kenntnis von den Fähigkeiten und den sonstigen persönlichen Eigenschaften der Beamten und Bediensteten verschaffen.

§ 10.

Die Prüfung der Geschäfte soll erschöpfend und eingehend sein. Der Präsident wird insbesondere mündlichen Verhandlungen anwohnen, erledigte und in der Bearbeitung begriffene Akten und Urkunden, Bücher und Register prüfen. Er wird dabei, ohne die formelle Behandlung außer acht zu lassen, sein Hauptaugenmerk darauf richten, ob die Geschäfte sachlich richtig, zweckmäßig und mit der nötigen Beschleunigung erledigt werden und ob das Verhalten der Beamten und Bediensteten im Verkehre mit der Bevölkerung angemessen ist.

§ 11.

Nimmt der Präsident bei der Visitation Mängel, Mißstände oder Mißbräuche wahr, so hat er zunächst zu erwägen, ob sie nicht auf der Stelle durch mündliches Benehmen beseitigt werden können Die mündliche Erledigung wird insbesondere immer einzutreten haben, wenn die Mängel minder erheblich sind und die Beanstandung des Präsidenten sofort als richtig anerkannt wird.

Ist die Erlassung eines schriftlichen Visitationsbescheids an ein Amtsgericht nötig, so ist dazu ein Beschluß des Präsidiums des Landgerichts zu erwirken Ist der Präsident mit einem Beschlusse des Präsidiums nicht einverstanden, so hat er die höhere Aufsichtsbehörde anzurufen.

§ 12.

Bei der Visitation wird sich der Präsident, soweit er es für veranlaßt hält durch mündlichen Verkehr davon überzeugen, ob die Beamten und Bediensteten die für ihre Tätigkeit wichtigen neuen Gesetze und Ausführungsvorschriften hinreichend kennen. Er wird ferner, wenn sich Gelegenheit dazu gibt, mit den Beamten zweifelhafte Rechtsfragen erörtern. Er wird endlich etwaige Vorschläge in Justizverwaltungssachen entgegennehmen und die an ihn kommenden Bitten und Beschwerden erledigen oder auf den rechten Weg verweisen.

§ 13.

Über das Ergebnis der Visitation hat der Präsident so bald als möglich dem Staatsministerium der Justiz zu berichten.

§ 14.

Alsbald nach dem Antritte des Amtes hat der Präsident des Oberlandesgerichts die Landgerichte des Gerichtsbezirks zu besuchen und sich dabei die für den Dienst nötige Kenntnis der Verhältnisse und einen Überblick über den allgemeinen Stand der Geschäfte zu verschaffen.

Außerdem steht es ihm frei, Landgerichte des Bezirks zu besuchen, so oft er aus irgend einem Grunde persönlichen Einblick in die Führung auch nur eines Teiles der Geschäfte für nötig oder persönliches Eingreifen zur Ordnung und Erledigung einer Angelegenheit oder zur Feststellung eines Vorkommnisses für zweckmäßig hält.

Der Präsident des Oberlandesgerichts wird nach und nach auch die Amtsgerichte und die Notariate des Bezirks besuchen, sobald er neben dem laufenden Dienste Zeit dazu findet Außerdem kann er Amtsgerichte und Notariate des Bezirks auch in den im Abs 2 bezeichneten Fällen besuchen

Auf die Berichterstattung über die Besuche der Oberlandesgerichtspräsidenten finden die Vorschriften im § 7 Abs 3 entsprechende Anwendung.

§ 15

Im Laufe der beiden letzten Jahre der Qualifikationsperiode hat der Oberlandesgerichtspräsident bei jedem Landgerichte des Bezirks einmal eine eingehende Prüfung der Geschäfte vorzunehmen (ordentliche Visitation).

Außerdem kann er, wenn ein besonderer Grund dazu vorliegt, jederzeit bei einzelnen Landgerichten eine außerordentliche Visitation vornehmen Diese kann auf die Prüfung einzelner Geschäftszweige beschränkt werden.

Auf die Vornahme der Visitationen und auf die Berichterstattung darüber finden die für die Visitationen der Landgerichtspräsidenten geltenden Vorschriften entsprechende Anwendung

§ 16.

Besteht Anlaß, gegen einen Beamten oder Bediensteten eine Maßregel der Dienstaufsicht oder der Disziplin zu ergreifen, so hat der Präsident des Landgerichts oder des Oberlandesgerichts, dem der Beamte oder Bedienstete untersteht, die dazu erforderlichen Schritte zu tun.

§ 17.

Ergibt sich bei der Handhabung der Dienstaufsicht die Notwendigkeit sofortigen Eingreifens oder sofortiger Kenntnisnahme durch eine höhere Dienstaufsichtsbehörde, so ist dieser unverzüglich auf dem kürzesten Wege zu berichten. Ergibt sich die Notwendigkeit bei einer Visitation, so ist der Bericht noch während der Visitation zu erstatten und im späteren Visitationsberichte darauf zu verweisen

Erstattet hiernach ein Landgerichtspräsident oder ein Amtsgerichtsvorstand einen Bericht unmittelbar an eine ihm nicht zunächst vorgesetzte Stelle, so hat er gleichzeitig den Zwischenstellen davon Mitteilung zu machen.

§ 18.

Erläßt der Präsident eines Landgerichts eine allgemeine dienstaufsichtliche Anordnung von Wichtigkeit oder beschließt eine solche das Präsidium des Landgerichts, so sind Abdrucke davon dem Präsidenten des Oberlandesgerichts und dem Staatsministerium der Justiz vorzulegen.

Die Präsidenten der Oberlandesgerichte werden von allgemeinen Anordnungen solcher Art, die sie selbst erlassen oder die das Präsidium des Oberlandesgerichts beschließt, ebenfalls Abdrucke dem Staatsministerium der Justiz vorlegen.

Auch außer diesen Fällen sind wichtige Beschlüsse der Präsidien und wichtige Verfügungen der Präsidenten in Dienstaufsichtssachen in der im Abs. 1 und Abs. 2 vorgeschriebenen Weise zur Kenntnis der höheren Dienstaufsichtsbehörden zu bringen.

§ 19.

Die Vorstände der Amtsgerichte und die Präsidenten der Landgerichte und der Oberlandesgerichte können bei der Erledigung der ihnen obliegenden Dienstaufsichtsgeschäfte die Mitwirkung der ihnen unterstellten Beamten in Anspruch nehmen.

Die Beamten und Bediensteten der Behörden, bei denen Visitationen oder informatorische Besichtigungen vorgenommen werden, haben dem Präsidenten, der sie vornimmt, in jeder Weise förderlichen Beistand zu leisten und alle zur Erforschung der Verhältnisse von ihnen verlangten Aufschlüsse rückhaltlos zu erteilen.

München, den 19. Juli 1905.

v. Miltner.

2. Bezüglich der Qualifikation siehe jetzt die Bekanntm. vom 19. Juli 1905 die Qualifikation des Personals betr. (J.M.Bl. S. 781).

3. Wegen Anzeige an die Aufsichtsbehörden bei Einberufung zu militärischen Dienstleistungen siehe die Bekanntm. vom 23. April 1901 die Einberufung zu militärischen Übungen betr. (J.M.Bl. S. 321).

4. Die Dienstaufsicht und Disziplin über die Notariatspraktikanten ist in der V.O. vom 6. Januar 1901 (J.M.Bl. S. 50) geregelt.

5. An Entscheidungen des Notariatsdisziplinarhofs sind ergangen:

über die Notwendigkeit der Belehrung bei der Beurkundung eines im voraus abgegebenen Empfangsbekenntnisses, Beschl. vom 7. Dezember 1901 (Sammlung Bd. 2 S. 882);

über die Unterlassung der Bezeichnung der Forderung in einem Rangvorbehalt, Beschl. vom 7. Januar 1902 (a. a. O. Bd. 3 S. 1076);

über Einleitung des Dienststrafverfahrens ohne Anregung der Aufsichtsbehörde, Beschl. vom 15. März 1902 (a. a. O. S. 1080);

über Bezeichnung des Vertragsgegenstandes, insbesondere bei Veräußerung von Teilflächen, Beschl. vom 15. April 1902 (a. a. O. S. 1082);

über Notwendigkeit der Vorlegung des Bodenzinszeugnisses, gleicher Beschl.;

über Feststellung der Vertretungsmacht, insbesondere bei der Vorstandschaft eines landwirtschaftlichen Kreditvereins, Beschl. vom 11. Juli 1902 (a. a. O. S. 1089);

über Erteilung einer Bestätigung bezüglich Ernennung des Testamentsvollstreckers, Beschl. vom 27. September 1902 (a. a. O. S. 1093);

über Nichtbeachtung der Änderung des Art. 55 Abs. 1 Nr. 1 SubhastationsO., Urt. vom 31. Januar 1903 (a. a. O. Bd. 4 S. 955);

über Angabe des Güterstandes beim Erwerb seitens Ehegatten bezw. Bezeichnung der Anteile, zu denen der Erwerb erfolgt, in den Urkunden, Beschl. vom 1. Juli 1903 (a. a. O. S. 957);

über Beibringung des Bodenzinszeugnisses im Zwangsversteigerungsverfahren, Urt. vom 7. Juli 1903 (a a. O. S. 960);

über Verpflichtung des Notars zur Erledigung der Geschäfte seines Amtsvorgängers, Urt. vom 4. April 1905 (a. a. O. Bd. 6 S. 767);

über Pflicht des Notars zur Mitteilung rechtlicher Bedenken, Urt. vom 22. März 1905 (a. a. O. S. 768).

Zu Art. 64.

Die Gelder aus den Zwangsstrafen fließen dem Pensionsverein für die Witwen und Waisen der bayerischen Notare zu, V.O. vom 1. Februar 1902; siehe Anm. bei Art. 128.

Zu Art. 66.

1. Bezüglich Einsicht der Finanzbehörden in die offen beim Notariat hinterlegten, mit einem anderen Vertrag verbundenen Erbverträge siehe die aut. Entschl. vom 21. Juli 1903 (siehe oben Nachtrag zu Art. 22).

2. Über Einsichtsrecht der Erbschaftsteuerämter in die Nachlaßverhandlungen, § 41 Reichserbschaftssteuergesetz, § 12 Vollzugsbekanntm. vom 10. August 1906 (G.V.Bl. S. 509).

Zu Art. 67.

Keine disziplinäre Verantwortlichkeit des Notars bei ungerechtfertigter Ablehnung von Eintragungen seitens des Gerichts, Oberst. G.H., im Beschl. vom 20. März 1903 (Sammlung Bd. 4 S. 215).

Zu Art. 70.

Die Gelder aus den Ordnungs- und Disziplinarstrafen fließen ebenso wie die aus den Zwangsstrafen dem Pensionsverein für die Witwen und Waisen der Notare zu, siehe Nachtr. zu Art. 64.

Zu Art. 80.

Die im Ordnungsstrafverfahren ergehenden Entscheidungen der Zivilkammern der Landgerichte sind auch als „Erkenntnisse in Disziplinarstrafsachen der Notare" im Sinne der Allerh. V.O. vom 24. Juli 1879 anzusehen und deshalb unter der Formel „Im Namen Seiner Majestät des Königs von Bayern" zu erlassen, aut. Entschl. vom 16. April 1902 Nr. 2172 (Gen. S. 72).

Zu Art. 88.

Bezüglich des Anspruchs auf Pension bei Enthebung wegen Invalidität siehe § 14 der Satzungen des Notarspensionsvereins (bei Art. 137);

wegen Fortdauer der Mitgliedschaft beim Notars-Witwen- und Waisen-Pensionsverein im Falle der gleichen Enthebung siehe § 3 der Satzungen dieses Vereins (bei Art. 127);

wegen Sicherung der Pensionsansprüche bei diesem Verein für die Angehörigen im Fall der Amtsenthebung aus anderen Gründen als wegen Invalidität siehe § 6 der Satzungen des Vereins.

Zu Art. 95.

1. Bei den ständig auf Rechnung des Staates geführten Notariaten entfällt die Vorlegung der jährlichen Übersicht über den Dienstaufwand, siehe die im Nachtr. zu Art. 48 erwähnte aut. Entschl. vom 15. Januar 1901.

2. Die Tätigkeit eines geprüften Rechtspraktikanten als Notariatsverweser ist Fortsetzung der Praxis im Sinn des § 1 der V.O. vom 4. Januar 1901, aut. Entschl. vom 10. Dezember 1902 (Gen. S. 82).

3. Bezüglich Verpflichtung der Notariatspraktikanten zur Übernahme von Notariatsverwesungen siehe die aut. Entschl. vom 2. Juli 1904 (Gen. S. 97).

Alphabetisches Register.

A.

B.

C.

D.

E.

F.

G.

K.

L.

O.

P.

Q.

R.

S.

T.

U.

V.

W.

Z.

FSC
www.fsc.org
MIX
Papier | Fördert
gute Waldnutzung
FSC® C083411

Kolibri 360 GmbH
Ferdinand-Jühlke-Straße 7
99095 Erfurt, Deutschland
produktsicherheit@kolibri360.de